UNION

2024년 법원행정고시 1차 대비

헌법

법원행시
기출문제집
선택 진도별

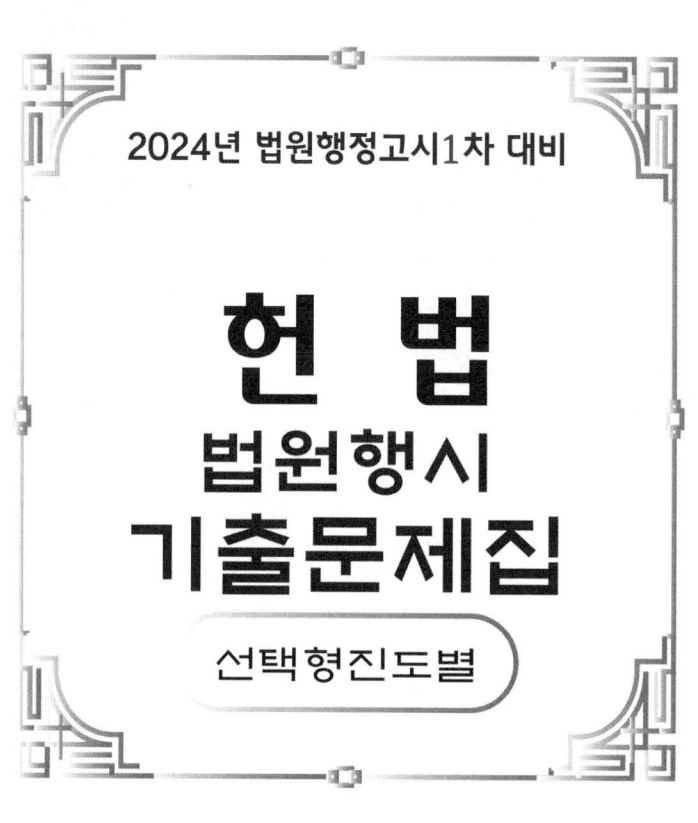

2024년 법원행정고시1차 대비

헌 법
법원행시
기출문제집

선택형진도별

PREFACE

『UNION 법원행시 기출문제집』은 가장 신뢰할 수 있는 법원행시 준비를 위한 수험서라고 생각합니다. 그 이유는 최근 실시된 기출문제에 대하여 단 하나의 지문도 빠짐없이 집단토론과 반복된 검수작업을 통하여 명쾌하고 신뢰성 있는 해설을 제시하고 있을 뿐만 아니라 기존 기출문제라 할지라도 제·개정된 법·조문을 꼼꼼하게 반영하고 전수검토를 통하여 업그레이드 하고 있기 때문입니다. 보다 구체적인 본 교재의 특징을 간단히 살펴보면 다음과 같습니다.

첫째, 최근 출제된 8년간 기출문제(2016~2023)를 수록하였습니다.

둘째, 제·개정된 법조문과 판례 변경사항(2023.11.) 등을 꼼꼼하게 반영하였습니다.

셋째, 논쟁의 여지가 있는 문제에 대해서는 집단토론과 숙의과정을 통하여 해설을 완성하였습니다.

넷째, MGI Point를 통하여 수험효과성이 극대화될 수 있도록 입체화하였습니다.

모쪼록 본 교재를 통하여 합격의 영광이 있기를 간절히 바랍니다. 도서출판인해 역시 수험생의 의견을 최우선시 하여 더 좋은 교재가 될 수 있도록 노력을 멈추지 않을 것임을 약속드립니다.

2023.11. 희망이 오는 길목에서
MGI 메가고시 연구소 일

CONTENTS

제1편 헌법총론 ◆ 07

제1장 | 헌법과 헌법학 ◆ 08
제❶절 | 헌법의 의의와 특질 ◆ 08
제❷절 | 헌법의 해석 ◆ 08
제❸절 | 헌법의 제정·개정·변천 ◆ 08
제❹절 | 헌법의 수호 ◆ 12

제2장 | 대한민국 헌법 ◆ 13
제❶절 | 대한민국 헌정사 ◆ 13
제❷절 | 대한민국의 국가형태와 구성요소 ◆ 16
  제1관 국적 ◆ 16
  제2관 영역 ◆ 22
제❸절 | 헌법전문과 헌법의 기본원리 ◆ 22
  제1관 헌법전문 ◆ 22
  제2관 국민주권의 원리 ◆ 24
  제3관 민주주의의 원리 ◆ 24
  제4관 사회국가의 원리 ◆ 24
  제5관 문화국가의 원리 ◆ 30
  제6관 법치국가의 원리 ◆ 30
  제7관 국제평화주의 ◆ 38
제❹절 | 대한민국헌법의 기본제도 ◆ 41
  제1관 헌법과 제도적 보장 ◆ 41
  제2관 정당제도 ◆ 41
  제3관 선거제도 ◆ 48
  제4관 공무원제도 ◆ 61
  제5관 지방자치제도 ◆ 77
  제6관 군사제도 ◆ 87
  제7관 교육제도 ◆ 87
  제8관 가족제도 ◆ 87

제2편 기본권 ◆ 89

제1장 | 기본권 총론 ◆ 90
제❶절 | 기본권의 의의·성격·보장의 역사 ◆ 90
제❷절 | 기본권의 주체 ◆ 90
제❸절 | 기본권의 효력·보호의무·경합과 충돌 ◆ 98
제❹절 | 기본권의 한계와 제한 ◆ 106
제❺절 | 기본권의 침해와 구제 ◆ 119

제2장 | 기본권 각론 ◆ 122
제❶절 | 인간의 존엄과 가치·행복추구권 ◆ 122
제❷절 | 평등권·평등원칙 ◆ 139
제❸절 | 인신에 관한 자유 ◆ 150
  제1관 생명권 ◆ 150
  제2관 신체를 훼손당하지 않을 권리 ◆ 152
  제3관 신체의 자유 ◆ 152
제❹절 | 사생활 영역의 자유 ◆ 175
  제1관 사생활의 비밀과 자유 ◆ 175
  제2관 주거의 자유 ◆ 183
  제3관 거주·이전의 자유 ◆ 183
  제4관 통신의 자유 ◆ 189
제❺절 | 정신생활 영역의 자유 ◆ 195
  제1관 양심의 자유 ◆ 195
  제2관 종교의 자유 ◆ 201
  제3관 언론·출판·집회·결사의 자유 ◆ 204
  제4관 학문과 예술의 자유 ◆ 228
제❻절 | 경제생활 영역의 자유 ◆ 231
  제1관 재산권 ◆ 231
  제2관 직업의 자유 ◆ 245
제❼절 | 정치적 기본권(참정권) ◆ 259

제❽절 ▍청구권적 기본권 ◆ 264
　제1관 청원권 ◆ 264
　제2관 재판청구권 ◆ 268
　제3관 국가배상청구권 ◆ 295
　제4관 형사보상청구권 ◆ 298
　제5관 범죄피해자구조청구권 ◆ 300
제❾절 ▍사회적 기본권 ◆ 300
　제1관 사회적 기본권의 구조와 체계 ◆ 300
　제2관 인간다운 생활권 ◆ 301
　제3관 교육을 받을 권리 ◆ 303
　제4관 근로의 권리 ◆ 311
　제5관 근로3권 ◆ 319
　제6관 환경권 ◆ 323
　제7관 혼인·가족·모성보호·보건에 관한 권리 ◆ 325
제❿절 ▍국민의 기본적 의무 ◆ 328

▍제3편 통치구조론 ◆ 331

제1장 ▍통치구조의 구성원리 ◆ 332

제2장 ▍통치구조의 형태 ◆ 335

제3장 ▍통치기구 ◆ 335

제❶절 ▍국회 ◆ 335
　제1관 의회제도·국회의 헌법상 지위 ◆ 335
　제2관 국회의 구성과 조직 ◆ 335
　제3관 국회의 운영과 의사절차 ◆ 340
　제4관 국회의 권한 ◆ 355
　제5관 국회의원의 헌법상 지위·특권·권한·의무 ◆ 373

제❷절 ▍대통령 ◆ 380
　제1관 대통령선거·헌법상 지위·신분상 지위 ◆ 380
　제2관 대통령의 권한 ◆ 388
　제3관 대통령의 권한행사방법과 그 통제 ◆ 405
제❸절 ▍정부 ◆ 408
　제1관 국무총리 ◆ 408
　제2관 국무위원·국무회의 ◆ 410
　제3관 대통령의 자문기관 ◆ 412
　제4관 행정각부 ◆ 412
　제5관 감사원 ◆ 412
　제6관 행정권에 대한 통제 ◆ 416
제❹절 ▍선거관리위원회 ◆ 416
제❺절 ▍법원 ◆ 417
　제1관 사법권의 독립 ◆ 417
　제2관 법원의 조직 ◆ 422
　제3관 법원의 권한 ◆ 428

제4장 ▍헌법재판소 ◆ 433

제❶절 ▍헌법재판의 의의 및 유형 ◆ 433
제❷절 ▍헌법재판소의 지위 및 구성과 조직 ◆ 438
제❸절 ▍심판절차의 일반원칙 ◆ 439
제❹절 ▍위헌법률심판 ◆ 442
　제1관 위헌법률심판의 요건 ◆ 442
　제2관 위헌법률심판의 심리·결정 ◆ 447
　제3관 위헌법률심판결정의 효력 ◆ 447
제❺절 ▍헌법소원심판 ◆ 448
　제1관 권리구제형 헌법소원 ◆ 448
　제2관 위헌심사형 헌법소원 ◆ 482
제❻절 ▍권한쟁의심판 ◆ 483
제❼절 ▍탄핵심판제도 ◆ 488

2024년 법원행정고시 1차 대비

헌 법
법원행시
기출문제집
선택형진도별

제1편 헌법총론

제1장 | 헌법과 헌법학
제2장 | 대한민국 헌법

제1장 헌법과 헌법학

제❶절 ▎ 헌법의 의의와 특질

제❷절 ▎ 헌법의 해석

제❸절 ▎ 헌법의 제정·개정·변천

문 1

다음 설명 중 가장 옳은 것은?[2023년 30번]

① 관습헌법의 성립요건으로 관행의 존재, 관행의 반복·계속성, 항상성이 필요하고, 관행이 명료해야하지만, 국민이 그 관습헌법이 강제력을 가진다고 믿고 있을 필요는 없다.
② 관습헌법은 주권자인 국민의 헌법적 결단의 의사의 표현이지만 성문헌법과 동등한 효력을 가지는 것은 아니다.
③ 관습헌법은 헌법 제130조에 의거한 헌법개정의 방법에 의하지 않는 한, 그것을 지탱하고 있는 국민적 합의성을 상실하였다는 사정만으로 법적효력을 상실할 수 없다.
④ 특정의 법률이 반드시 헌법전에서 규율하여야 할 기본적인 헌법사항을 헌법을 대신하여 규율하는 경우에도 곧바로 경성헌법의 체계에 위반하여 헌법위반에 해당한다고 보아서는 안 되며, 그 내용이 상위의 헌법규범에 배치되는지 여부를 따져보아 위헌성을 가려야 한다.
⑤ 입법기관의 직무소재지라는 것은 수도로서의 성격의 중요한 요소의 하나이지만, 정부 각 부처의 소재지 및 헌법재판권을 포함한 사법권이 행사되는 장소는 수도를 결정하는 데 있어서 별도로 결정적인 요소가 된다고 볼 필요는 없다.

MGI Point 관습헌법 ★★

- 관습헌법의 성립요건 ⇨ 관행의 존재, 반복·계속성, 항상성, 명료성, 국민적 합의
- 관습헌법의 효력 ⇨ 성문헌법과 동일
- 관습헌법에 대한 국민적 합의의 상실 ⇨ 효력 상실
- 특정의 법률이 반드시 헌법전에서 규율하여야 할 기본적인 헌법사항을 헌법을 대신하여 규율하는 경우⇨ 곧바로 헌법위반에 해당
- 수도로의 필수적 요소 ⇨ 입법기관○, 정부 각 부처×, 헌법재판권을 포함한 사법권×

---

① (X) 관습헌법이 성립하기 위하여서는 관습법의 성립에서 요구되는 일반적 성립 요건이 충족되어야 한다. 첫째, 기본적 헌법사항에 관하여 어떠한 관행 내지 관례가 존재하고, 둘째, 그 관행은 국민이 그 존재를 인식하고 사라지지 않을 관행이라고 인정할 만큼 충분한 기간 동안 반복 내지 계속되어야 하며(반복·계속성), 셋째, 관행은 지속성을 가져야 하는 것으로서 그 중간에 반대되는 관행이 이루어져서는 아니 되고(항상성), 넷째, 관행은 여러 가지 해석이 가능할 정도로 모호한 것이 아닌 명확한 내용을 가진 것이어야 한다(명료성). 또한 다섯째, 이러한 관행이 헌법관습으로서 국민들의 승인 내지 확신 또는 폭넓은 컨센서스를 얻어 국민이 강제력을 가진다고 믿고 있어야 한다(국민적 합의)(헌법재판소 2004. 10. 21. 2004헌마554·566(병합) 전원재판부).

② (X) 우리나라는 성문헌법을 가진 나라로서 기본적으로 우리 헌법전(憲法典)이 헌법의 법원(法源)이 된다. 그러나 성문헌법이라고 하여도 그 속에 모든 헌법사항을 빠짐없이 완전히 규율하는 것은 불가능하고 또한 헌법은 국가의 기본법으로서 간결성과 함축성을 추구하기 때문에 형식적 헌법전에는 기재되지 아니한 사항이라도 이를 불문헌법(不文憲法) 내지 관습헌법으로 인정할 소지가 있다. 특히 헌법제정 당시 자명(自明)하거나 전제(前提)된 사항 및 보편적 헌법원리와 같은 것은 반드시 명문의 규정을 두지 아니하는 경우도 있다. 그렇다고 해서 헌법사항에 관하여 형성되는 관행 내지 관례가 전부 관습헌법이 되는 것은 아니고 강제력이 있는 헌법규범으로서 인정되려면 엄격한 요건들이 충족되어야만 하며, 이러한 요건이 충족된 관습만이 관습헌법으로서 성문의 헌법과 동일한 법적 효력을 가진다(헌법재판소 2004. 10. 21. 2004헌마554·566(병합) 전원재판부).

③ (X) 어느 법규범이 관습헌법으로 인정된다면 그 개정가능성을 가지게 된다. 관습헌법도 헌법의 일부로서 성문헌법의 경우와 동일한 효력을 가지기 때문에 그 법규범은 최소한 헌법 제130조에 의거한 헌법개정의 방법에 의하여만 개정될 수 있다. 따라서 재적의원 3분의 2 이상의 찬성에 의한 국회의 의결을 얻은 다음(헌법 제130조 제1항) 국민투표에 붙여 국회의원 선거권자 과반수의 투표와 투표자 과반수의 찬성을 얻어야 한다(헌법 제130조 제3항). 다만 이 경우 관습헌법규범은 헌법전에 그에 상반하는 법규범을 첨가함에 의하여 폐지하게 되는 점에서, 헌법전으로부터 관계되는 헌법조항을 삭제함으로써 폐지되는 성문헌법규범과는 구분된다. 한편 이러한 형식적인 헌법개정 외에도, 관습헌법은 그것을 지탱하고 있는 국민적 합의성을 상실함에 의하여 법적 효력을 상실할 수 있다. 관습헌법은 주권자인 국민에 의하여 유효한 헌법규범으로 인정되는 동안에만 존속하는 것이며, 관습법의 존속요건의 하나인 국민적 합의성이 소멸되면 관습헌법으로서의 법적 효력도 상실하게 된다. 관습헌법의 요건들은 그 성립의 요건일 뿐만 아니라 효력 유지의 요건이다(헌법재판소 2004. 10. 21. 2004헌마554·566(병합) 전원재판부).

④ (X) 특정의 법률이 반드시 헌법전에서 규율하여야 할 기본적인 헌법사항을 헌법을 대신하여 규율하는 경우에는 그 내용이 상위의 헌법규범에 배치되는지 여부와 관계없이 경성헌법의 체계에 위반하여 헌법위반에 해당하는 것이다. 일반적으로 법률의 위헌이 문제되는 것은 그 내용이 헌법조항이나 헌법원칙에 위배되는 경우일 것이나 이러한 정도를 넘어서서 당해 법률이 반드시 헌법에 의하여 규율되고 개정되어야 할 사항을 단순법률의 형태로 규정하고자 한 경우에는 이는 국민이 주권자로서 헌법의 제·개정에 관하여 가지는 권한을 직접적으로 침해하는 것이 된다(헌법재판소 2004. 10. 21. 2004헌마554·566(병합) 전원재판부).

⑤ (○) 대통령제의 통치구조 아래에서 대통령은 국가원수일 뿐 아니라 행정부의 수반이므로 정부의 소재지는 대통령의 소재지로서 대표된다고 볼 수도 있기 때문에 대통령의 소재지를 수도의 특징적 요소로 보는 한 정부 각 부처의 소재지는 수도를 결정하는 데 있어서 별도로 결정적인 요소가 된다고 볼 필요는 없다. 한편 헌법재판권을 포함한 사법권이 행사되는 장소와 도시의 경제적 능력 등은 수도를 결정하는 필수적인 요소에는 해당하지 아니한다고 볼 것이다. 요컨대 수도란 최소한 정치·행정의 중추적 기능을 수행하는 국가기관의 소재지를 뜻하는 것이라 할 것이다(헌법재판소 2004. 10. 21. 2004헌마554·566(병합) 전원재판부).

정답 ⑤

문 1

헌법의 개정에 관한 다음 설명 중 가장 옳지 않은 것은? [2022년 6번]

① 헌법개정은 국회재적의원 과반수 또는 대통령의 발의로 제안되고, 헌법개정안에 대한 국회의 의결은 국회의원 재적의원 3분의 2 이상의 찬성을 얻어야 한다.

② 헌법개정안은 국회가 의결한 후 30일 이내에 국민투표에 붙여야 하고, 국회의원선거권자 과반수의 투표와 투표자 과반수의 찬성을 얻어야 한다.
③ 우리나라 헌법은 9차례 개정되었는데, 그 중 국회의 의결과 국민투표를 모두 거쳐 개정된 헌법은 제6차 및 제9차 개정헌법이다.
④ 헌법개정절차에 국민투표가 처음 도입된 것은 제5차 개정헌법이다.
⑤ 현행 헌법은 제9차 개정헌법으로 국회의 의결을 거친 다음 국민투표에 의하여 확정되었고, 대통령이 즉시 이를 공포함으로써 그 효력이 발생하였다.

MGI Point 헌법개정 ★★

- 헌법개정 ⇨ 국회재적의원 과반수 또는 대통령의 발의로 제안 / 국회의원 재적의원 3분의 2 이상의 찬성 要
- 헌법개정안 ⇨ 국회가 의결한 후 30일 이내에 국민투표, 국회의원선거권자 과반수의 투표와 투표자 과반수의 찬성 要
- 국회의 의결과 국민투표를 모두 거쳐 개정된 헌법 ⇨ 제6차, 제9차(현행) 헌법
- 헌법개정절차에 국민투표 처음 도입 ⇨ 제5차 개정헌법
- 현행 헌법 ⇨ 제9차 개정헌법, 부칙에서 발효시기 확정

---

① (○) 헌법 제128조 제1항, 제130조 제1항 참조.

> 헌법 제128조 ① 헌법개정은 국회재적의원 과반수 또는 대통령의 발의로 제안된다.
> 헌법 제130조 ① 국회는 헌법개정안이 공고된 날로부터 60일 이내에 의결하여야 하며, 국회의 의결은 재적의원 3분의 2 이상의 찬성을 얻어야 한다.

② (○) 헌법 제130조 제2항 참조.

> 헌법 제130조 ② 헌법개정안은 국회가 의결한 후 30일 이내에 국민투표에 붙여 국회의원선거권자 과반수의 투표와 투표자 과반수의 찬성을 얻어야 한다.

③ (○) 국회의결과 국민투표를 모두 거쳐 확정된 것은 제6차개헌과 현행헌법 뿐이다.
④ (○) 1962년 제5차 개정헌법은 헌법개정에 필수적 국민투표제를 도입하였다(제121조).
⑤ (X) 현행 헌법은 부칙에서 발효시기를 확정하였다.

> 부 칙 〈헌법 제10호, 1987.10.29.〉
> 제1조 이 헌법은 1988년 2월 25일부터 시행한다. 다만, 이 헌법을 시행하기 위하여 필요한 법률의 제정·개정과 이 헌법에 의한 대통령 및 국회의원의 선거 기타 이 헌법시행에 관한 준비는 이 헌법시행 전에 할 수 있다.

정답 ⑤

문 2

헌법개정에 관한 다음 설명 중 가장 옳지 않은 것은? [2020년 3번]

① 헌법개정은 국회재적의원 과반수 또는 대통령의 발의로 제안된다.
② 대통령이 발의하는 헌법개정안에 대하여는 국무회의의 심의를 거쳐야 한다.
③ 헌법개정안에 대한 국회의 의결은 재적의원 2/3 이상의 찬성을 얻어야 한다.

④ 국회에서 의결된 헌법개정안은 국민투표에 붙여져 국회의원 선거권자 과반수의 투표와 투표자 2/3 이상의 찬성을 얻어야 헌법개정이 확정된다.
⑤ 개정된 헌법규정에 위헌의 의심이 있더라도 헌법의 개별규정 자체는 헌법소원에 의한 위헌심사의 대상이 될 수 없다.

> **MGI Point 헌법개정** ★★
>
> ■ 헌법개정은 ① 국회재적의원 과반수 또는 ② 대통령의 발의로 제안
> ■ 헌법개정안은 국무회의 심의를 거쳐야 함
> ■ 헌법개정안은 국회가 의결한 후 (국회의 의결은 재적의원 3분의 2 이상의 찬성 要) 30일 이내 국민투표
>   ⇨ 국회의원선거권자 과반수 투표 + 투표자 과반수 찬성 要
> ■ 헌법재판소의 입장 ⇨ 헌법개별규정에 대한 위헌심사 不可

① (○) 헌법 제128조 제1항 참조.

> 헌법 제128조 ① 헌법개정은 국회재적의원 과반수 또는 대통령의 발의로 제안된다.
> ② 대통령의 임기연장 또는 중임변경을 위한 헌법개정은 그 헌법개정 제안 당시의 대통령에 대하여는 효력이 없다.
> 헌법 제129조 제안된 헌법개정안은 대통령이 20일 이상의 기간 이를 공고하여야 한다.
> 헌법 제130조 ① 국회는 헌법개정안이 공고된 날로부터 60일 이내에 의결하여야 하며, 국회의 의결은 재적의원 3분의 2 이상의 찬성을 얻어야 한다.
> ② 헌법개정안은 국회가 의결한 후 30일 이내에 국민투표에 붙여 국회의원선거권자 과반수의 투표와 투표자 과반수의 찬성을 얻어야 한다.
> ③ 헌법개정안이 제2항의 찬성을 얻은 때에는 헌법개정은 확정되며, 대통령은 즉시 이를 공포하여야 한다.

② (○) 헌법 제89조 3호 참조.

> 헌법 제89조 다음 사항은 국무회의의 심의를 거쳐야 한다.
> 3. 헌법개정안·국민투표안·조약안·법률안 및 대통령령안

③ (○) 헌법 제130조 제1항 참조.
④ (X) 헌법 제130조 제2항 참조.
⑤ (○) 헌법 제111조 제1항 제1호 및 헌법재판소법 제41조 제1항은 위헌법률심판의 대상에 관하여, 헌법 제111조 제1항 제5호 및 헌법재판소법 제68조 제2항, 제41조 제1항은 헌법소원심판의 대상에 관하여 그것이 법률임을 명문으로 규정하고 있으며, 여기서 위헌심사의 대상이 되는 법률이 국회의 의결을 거친 이른바 형식적 의미의 법률을 의미하는 것에는 아무런 의문이 있을 수 없다. 따라서 형식적 의미의 법률과 동일한 효력을 갖는 조약 등은 포함된다고 볼 것이지만 헌법의 개별규정 자체는 그 대상이 아님이 명백하다. … 국민투표에 의하여 확정된 현행 헌법의 성립과정과 헌법 제130조 제2항이 헌법의 개정을 국민투표에 의하여 확정하도록 하고 있음에 비추어, 헌법은 그 전체로서 주권자인 국민의 결단 내지 국민적 합의의 결과라고 보아야 할 것으로, 헌법의 규정을 헌법재판소법 제68조 제1항 소정의 공권력 행사의 결과라고 볼 수도 없다(헌재 1995.12.08. 95헌바3).

정답 ④

문 3

헌법개정에 관한 다음 설명 중 가장 옳지 않은 것은?(다툼이 있는 경우 대법원 및 헌법재판소 판례에 의함) [2017년 23번]

① 대통령의 임기연장 또는 중임변경을 위한 헌법개정은 그 헌법개정 제안 당시의 대통령에 대하여는 효력이 없다.
② 헌법개정은 국회재적의원 과반수 또는 대통령의 발의로 제안되고, 제안된 헌법개정안은 대통령이 20일 이상의 기간 이를 공고하여야 한다.
③ 국회는 공고기간이 만료된 날로부터 60일 이내에 의결하여야 하며, 국회의 의결은 재적의원 3분의 2 이상의 찬성을 얻어야 한다.
④ 헌법개정안이 국민투표에서 찬성을 얻은 때에는 헌법개정은 확정되며, 대통령은 즉시 이를 공포하여야 한다.
⑤ 헌법개정안은 국회가 의결한 후 30일 이내에 국민투표에 붙여 국회의원선거권자 과반수의 투표와 투표자 과반수의 찬성을 얻어야 한다.

해설 ★★

① (○), ② (○), ③ (X), ④ (○), ⑤ (○) 헌법 제128조, 제129조, 제130조 참조.

> 헌법 제128조 ① 헌법개정은 국회재적의원 과반수 또는 대통령의 발의로 제안된다.
> ② 대통령의 임기연장 또는 중임변경을 위한 헌법개정은 그 헌법개정 제안 당시의 대통령에 대하여는 효력이 없다.
> 헌법 제129조 제안된 헌법개정안은 대통령이 20일 이상의 기간 이를 공고하여야 한다.
> 헌법 제130조 ① 국회는 헌법개정안이 공고된 날로부터 60일 이내에 의결하여야 하며, 국회의 의결은 재적의원 3분의 2 이상의 찬성을 얻어야 한다.
> ② 헌법개정안은 국회가 의결한 후 30일 이내에 국민투표에 붙여 국회의원선거권자 과반수의 투표와 투표자 과반수의 찬성을 얻어야 한다.
> ③ 헌법개정안이 제2항의 찬성을 얻은 때에는 헌법개정은 확정되며, 대통령은 즉시 이를 공포하여야 한다.

정답 ③

제4절 | 헌법의 수호

제2장 대한민국 헌법

제❶절 | 대한민국 헌정사

문 4

대한민국헌법의 역사에 관한 다음 설명 중 가장 옳지 않은 것은? [2021년 32번]

① 1948년 제헌헌법은 대통령과 부통령을 국회에서 각각 선거하도록 하고 1차에 한하여 중임하도록 하였으며, 국무총리는 대통령이 임명하고 국회의 승인을 얻도록 규정하였다.
② 1952년 개정헌법(제1차 개헌)의 주요 개정 내용은 대통령과 부통령의 직선제, 양원제 국회, 국회의 국무원 불신임제, 국무위원 임명에 대한 국무총리의 제청권이다.
③ 1948년 제헌헌법에 규정된 국회의 국정감사권은 1972년 개정헌법(제7차 개헌)과 1980년 개정헌법(제8차 개헌)에서 폐지되었으나, 1987년 현행헌법에서 다시 부활하였다.
④ 국회의 의결과 국민투표를 모두 거쳐 확정된 것은 제헌헌법, 1969년 개정헌법(제6차 개헌), 1987년 현행헌법이다.
⑤ 1960년 개정헌법(제3차 개헌)은 법관의 자격이 있는 자로 조직되는 선거인단이 대법원장과 대법관을 선거하고 대통령이 확인하도록 하였다.

MGI Point 헌정사 ★★

- 1948년 제헌헌법
  - 대통령과 부통령 : 국회에서 간선, 1차에 한하여 중임
  - 국무총리 : 대통령이 임명, 국회의 승인 要
- 1952년 개정헌법 (제1차 개헌)
  - 대통령과 부통령 : 직선제
  - 양원제 국회
  - 국회의 국무원 불신임제
  - 국무위원 임명 : 국무총리의 제청권
- 1960년 개정헌법 (제3차 개헌)
  ⇨ 대법원장과 대법관 : 선거인단 선거 + 대통령 확인
- 국회의 의결과 국민투표를 모두 거쳐 확정 ⇨ 1969년 개정헌법 (제6차 개헌), 1987년 현행헌법
- 헌법상 국정감사·조사제도

	제1공화국	제2공화국	제3공화국	제4공화국	제5공화국	현행헌법
국정감사	○	○	○	×	×	○
국정조사	×	×	×	×	○	○

① (○) 1948년 제헌헌법은 대통령과 부통령을 국회에서 각각 간접선거하고 1차에 한하여 중임하도록 하였으며, 국무총리는 대통령이 임명하고 국회의 승인을 얻도록 규정하였다.
② (○) 1952년 개정헌법(제1차 개헌)은 대통령과 부통령의 직선제, 양원제 국회, 국회의 국무원 불신임제, 국무위원 임명에 대한 국무총리의 제청권을 규정하였다.
③ (○) 1948년 제헌헌법에 규정된 국회의 국정감사권은 1972년 개정헌법(제7차 개헌)과 1980년 개정헌법(제8차 개헌)에서 폐지되었으나, 1987년 현행헌법에서 다시 부활하였다.

④ (X) 국회의 의결과 국민투표를 모두 거쳐 확정된 것은 1969년 개정헌법(제6차 개헌), 1987년 현행헌법 뿐이다. 제헌헌법은 1948. 7. 12. 국회에서 통과되어 국회의장 이승만이 1948. 7. 17. 서명·공포하여 시행되었다.
⑤ (O) 1960년 개정헌법(제3차 개헌)은 법관의 자격이 있는 자로 조직되는 선거인단이 대법원장과 대법관을 선거하고 대통령이 확인하도록 규정하였다.

정답 ④

문 5

1948. 7. 17. 공포된 제헌헌법에 관한 다음 설명 중 가장 옳지 않은 것은? [2018년 31번]

① 제헌헌법은 국회에서 통과되어 국회의장이 서명·공포하여 시행되었다.
② 대통령은 임기 4년으로 국회에서 무기명투표로 간접선거하고 1차에 한하여 중임이 허용되었다.
③ 광복 이전의 반민족행위자를 처벌하는 특별법을 제정할 수 있는 권한을 제헌국회에 부여하였다.
④ 헌법위원회는 부통령을 위원장으로 하고 대법관 5인과 국회의원 5인의 위원으로 구성한다.
⑤ 대통령과 부통령의 탄핵사건을 심판할 때에는 대법원장이 탄핵사건을 담당하는 헌법위원회 위원장의 직무를 행한다.

해설 ★★

① (O) 제헌헌법은 1948. 7. 12. 국회에서 통과되어 국회의장 이승만이 1948. 7. 17. 서명 공포하여 시행되었다 (김유향, 기본강의 헌법 전정6판, p.64).
② (O), ③ (O), ④ (O), ⑤ (X) 제헌헌법 제47조, 제53조, 제55조, 제81조, 제101조 참조.

> 제헌헌법 제47조 탄핵사건을 심판하기 위하여 법률로써 탄핵재판소를 설치한다. 탄핵재판소는 부통령이 재판장의 직무를 행하고 대법관 5인과 국회의원 5인이 심판관이 된다. 단, 대통령과 부통령을 심판할 때에는 대법원장이 재판장의 직무를 행한다. 탄핵판결은 심판관 3분지 2이상의 찬성이 있어야 한다. 탄핵판결은 공직으로부터 파면함에 그친다. 단, 이에 의하여 민사상이나 형사상의 책임이 면제되는 것은 아니다.
> 제헌헌법 제53조 대통령과 부통령은 국회에서 무기명투표로써 각각 선거한다. 전항의 선거는 재적의원 3분지 2이상의 출석과 출석의원 3분지 2이상의 찬성투표로써 당선을 결정한다. 단, 3분지 2이상의 득표자가 없는 때에는 2차투표를 행한다. 2차투표에도 3분지 2이상의 득표자가 없는 때에는 최고득표자 2인에 대하여 결선투표를 행하여 다수득표자를 당선자로 한다. 대통령과 부통령은 국무총리 또는 국회의원을 겸하지 못한다.
> 제헌헌법 제55조 대통령과 부통령의 임기는 4년으로 한다. 단, 재선에 의하여 1차중임할 수 있다. 부통령은 대통령재임 중 재임한다.
> 제헌헌법 제81조 대법원은 법률의 정하는 바에 의하여 명령, 규칙과 처분이 헌법과 법률에 위반되는 여부를 최종적으로 심사할 권한이 있다. 법률이 헌법에 위반되는 여부가 재판의 전제가 되는 때에는 법원은 헌법위원회에 제청하여 그 결정에 의하여 재판한다. 헌법위원회는 부통령을 위원장으로 하고 대법관 5인과 국회의원 5인의 위원으로 구성한다. 헌법위원회에서 위헌결정을 할 때에는 위원 3분지 2이상의 찬성이 있어야 한다. 헌법위원회의 조직과 절차는 법률로써 정한다.
> 제헌헌법 제101조 이 헌법을 제정한 국회는 단기 4278년 8월 15일 이전의 악질적인 반민족행위를 처벌하는 특별법을 제정할 수 있다.

정답 ⑤

문 6

대한민국 헌정사에 관한 다음 설명 중 가장 옳지 않은 것은? [2016년 20번]

① 1948년 건국헌법은 대통령 국회간선제, 국회단원제, 국무총리제, 국정감사 제도를 규정하였다.
② 1952년 1차 개정헌법은 대통령직선제, 국회양원제를 규정하였다.
③ 1954년 2차 개정헌법은 초대 대통령의 중임제한 폐지, 국무총리제 폐지, 국민투표제를 규정하였다.
④ 1960년 3차 개정헌법은 의원내각제, 국회단원제, 대통령 국회간선제를 규정하였다.
⑤ 1962년 5차 개정헌법은 대통령직선제, 국회단원제, 국무총리제를 규정하였다.

해설 ★★★

① (○) 1948년 건국헌법은 ㉠ 국회를 단원제로 운영하였으며, ㉡ 대통령은 국회에서 간선으로 선출하였고, 대통령의 유고시를 대비한 부통령제와 국무총리제를 함께 운영하였다. ㉢ 국정감사제도는 건국헌법부터 도입되었다가 1972년 제7차 개정헌법에서 삭제, 현행헌법에서 부활하였다(국정조사제도는 1980년 제8차 개정헌법에서 도입).
② (○) 1952년 제1차 개정헌법은 ㉠ 국회를 양원제로 규정하였으나, 실제로 양원제로 운영되지는 못하였고(실제로 양원제국회가 운영된 것은 제2공화국 때), ㉡ 대통령과 부통령은 국민직선제로 개정하였다.
③ (○) 1954년 제2차 개정헌법은 ㉠ 초대대통령에 한하여 중임제한의 적용을 배제하였고, ㉡ 국무총리제를 폐지하였으며, ㉢ 대통령의 궐위시에는 부통령이 그 지위를 계승하도록 하였고, ㉣ 국민투표제를 최초로 도입하여 주권의 제약과 영토변경을 위한 개헌은 국민투표를 실시하도록 하였다.
④ (X) 1960년 제3차 개정헌법은 ㉠ 제1차 개정헌법에서 도입하고 실시하지 않았던 양원제를 의원내각제로 변경하면서 실시하였고, ㉡ 대통령은 국회간선제로 선출하였으나 실권이 거의 없는 상징적 존재였다.
⑤ (○) 1962년 제5차 개정헌법은 ㉠ 단원제 국회를 규정하였으며, ㉡ 대통령은 국민직선으로 선출되며 임기 4년에 1차에 한하여 중임할 수 있었고, ㉢ 국회의 동의 없이 국무총리 임명을 할 수 있었다.

정답 ④

문 7

역대 헌법상 헌법재판제도에 관한 다음 설명 중 옳지 않은 것은 모두 몇 개인가? [2016년 36번]

㉠ 1948년 건국헌법에서는 위헌법률심판권을 헌법위원회에 부여하였다.
㉡ 1960년 3차 개정 헌법(2공화국 헌법)에서는 입법권에 대한 통제를 강화한다는 차원에서 헌법위원회를 폐지하고 헌법재판소를 신설하였다.
㉢ 1962년 5차 개정 헌법(3공화국 헌법)에서는 헌법재판소를 폐지하고 대법원에 위헌법률심판권을 부여하였다.

ⓔ 1972년 7차 개정 헌법(4공화국 헌법)에서는 헌법위원회를 부활시켜 위헌법률심판권을 헌법위원회에 부여하였다.
ⓜ 1980년 8차 개정 헌법(5공화국 헌법)에서는 4공화국 헌법의 헌법재판제도에 별다른 변경을 가하지 않았으나, 1987년 9차 개정 헌법(6공화국 헌법)에서는 다시 헌법위원회를 폐지하고 헌법재판소를 신설하였다.

① 0개
② 1개
③ 2개
④ 3개
⑤ 4개

해설 ★★

㉠ (○), ㉡ (○), ㉢ (○), ㉣ (○), ㉤ (○) 모두 옳은 지문이다.

❖ 헌법재판제도의 역사

구분	위헌법률심판	탄핵심판	위헌정당해산	권한쟁의심판	헌법소원심판
1공	헌법위원회	탄핵재판소	×	×	×
2공	헌법재판소				×
3공	대법원	탄핵심판위원회	대법원	×	×
4공	헌법위원회			×	×
5공	헌법위원회			×	×
6공	헌법재판소				

정답 ①

제❷절 ┃ 대한민국의 국가형태와 구성요소

제1관 국적

문 2

대한민국 국민의 요건 및 국적법에 관한 다음 설명 중 옳지 않은 것은 모두 몇 개인가? [2023년 15번]

ㄱ. 헌법 제2조 제1항은 대한민국 국적의 '취득'뿐만 아니라 국적의 유지, 상실을 둘러싼 전반적인 법률관계를 법률에 규정하도록 위임하고 있는 것으로 풀이할 수 있다.
ㄴ. 재산권 및 행복추구권은 외국인도 그 주체가 될 수 있으나, 외국인이 복수국적을 누릴 자유는 우리 헌법상 행복추구권에 의하여 보호되는 기본권이 아니다.
ㄷ. 헌법 제2조 제2항의 재외국민보호조항으로부터 재외국민은 외교통상부장관에게 미성년자보호협약에의 가입 등을 청구할 수 있다고 인정되지 않으므로, 이에 대하여 아무런 조치를 취하

지 않더라도 위헌적인 공권력의 불행사에 해당한다고 할 수 없다.
ㄹ. 국적법 제5조 제3항에서 외국인이 귀화허가를 받기 위해서는 '품행이 단정할 것'의 요건을 갖추도록 한 부분은 명확성원칙에 위배되지 아니한다.
ㅁ. 법무부장관으로 하여금 거짓이나 그 밖에 부정한 방법으로 귀화허가를 받은 자에 대하여 그 허가를 취소할 수 있도록 규정하면서도 그 취소권의 행사기간을 따로 정하고 있지 아니한 국적법 제21조는 침해의 최소성원칙에 위배되지 아니한다.

① 없음 ② 1개 ③ 2개 ④ 3개 ⑤ 4개

MGI Point 국적 ★

- 헌법 제2조 제1항의 위임 범위 ⇨ 국적의 '취득'뿐만 아니라 국적의 유지, 상실을 둘러싼 전반적인 법률관계
- 외국인이 복수국적을 누릴 자유 ⇨ 우리 헌법상 기본권×
- 외교통상부장관의 미성년자보호협약 미가입 ⇨ 공권력의 불행사×
- 국적법 조항 중 '품행이 단정할 것' ⇨ 명확성 원칙 위배×
- 법무부장관의 귀화허가 취소권의 행사기간을 따로 정하고 있지 아니한 것 ⇨ 침해의 최소성원칙 위배×(합헌)

ㄱ. (○) 국적에 관한 사항은 국가의 주권자의 범위를 확정하는 고도의 정치적 속성을 가지고 있어서 당해 국가가 역사적 전통과 정치·경제·사회·문화 등 제반사정을 고려하여 결정할 문제이다. 헌법 제2조 제1항은 "대한민국의 국민이 되는 요건은 법률로 정한다"고 하여 기본권의 주체인 국민에 관한 내용을 입법자가 형성하도록 하고 있다. 이는 대한민국 국적의 '취득'뿐만 아니라 국적의 유지, 상실을 둘러싼 전반적인 법률관계를 법률에 규정하도록 위임하고 있는 것으로 풀이할 수 있다(헌법재판소 2014. 6. 26. 2011헌마502 전원재판부).

ㄴ. (○) 참정권과 입국의 자유에 대한 외국인의 기본권주체성이 인정되지 않고, 외국인이 대한민국 국적을 취득하면서 자신의 외국 국적을 포기한다 하더라도 이로 인하여 재산권 행사가 직접 제한되지 않으며, 외국인이 복수국적을 누릴 자유가 우리 헌법상 행복추구권에 의하여 보호되는 기본권이라고 보기 어려우므로, 외국인의 기본권주체성 내지 기본권침해가능성을 인정할 수 없다(헌법재판소 2014. 6. 26. 2011헌마502 전원재판부).

ㄷ. (○) 행정권력내지 사법행정권의 부작위에 대한 헌법소원은 공권력의 주체에게 헌법에서 유래하는 작위의무가 특별히 구체적으로 규정되어 있어 이에 의거하여 기본권의 주체가 행정행위 등 공권력의 행사를 청구할 수 있음에도 공권력의 주체가 그 의무를 해태하는 경우에 허용되는 것인데, 헌법 제2조 제2항은 "국가는 법률이 정하는 바에 의하여 재외국민을 보호할 의무를 진다"고 규정하고 있으나, 위 규정이나 다른 헌법규정으로부터도 청구인이 외교통상부장관이나 법원행정처장에게 청구인 주장과 같은 공권력의 행사를 청구할 수 있다고는 인정되지 아니하므로 이 부분에 관한 이 사건 헌법소원심판청구는 부적법하다(헌법재판소 1998. 5. 28. 97헌마282 전원재판부).

ㄹ. (○) 심판대상조항은 외국인에게 대한민국 국적을 부여하는 '귀화'의 요건을 정한 것인데, '품행', '단정' 등 용어의 사전적 의미가 명백하고, 심판대상조항의 입법취지와 용어의 사전적 의미 및 법원의 일반적인 해석 등을 종합해 보면, '품행이 단정할 것'은 '귀화신청자를 대한민국의 새로운 구성원으로서 받아들이는 데 지장이 없을 만한 품성과 행실을 갖춘 것'을 의미하고, 구체적으로 이는 귀화신청자의 성별, 연령, 직업, 가족, 경력, 전과관계 등 여러 사정을 종합적으로 고려하여 판단될 것임을 예측할 수 있다. 따라서 심판대상조항은 명확성원칙에 위배되지 아니한다(헌법재판소 2016. 7. 28. 2014헌바421 결정).

ㅁ. (○) 부정한 방법으로 귀화허가를 받았음에도 상당기간이 경과하였다고 하여 귀화허가의 효력을 그대로 둔 채 행정형벌이나 행정질서벌 등으로 제재를 가하는 것은 부정한 방법에 의한 국적취득을 용인하는 결과가

된다. 이 사건 법률조항의 위임을 받은 시행령은 귀화허가취소사유를 구체적이고 한정적으로 규정하고 있을 뿐 아니라, 법무부장관의 재량으로 위법의 정도, 귀화허가 후 형성된 생활관계, 귀화허가취소시 받게 될 당사자의 불이익 등은 물론 귀화허가시부터 취소시까지의 시간의 경과 정도 등을 고려하여 취소권 행사 여부를 결정하도록 하고 있으며, 귀화허가가 취소된다고 하더라도 외국인으로서 체류허가를 받아 계속 체류하거나 종전의 하자를 치유하여 다시 귀화허가를 받을 수 있으므로, 이 사건 법률조항이 귀화허가취소권의 행사기간을 제한하지 않았다고 하더라도 침해의 최소성원칙에 위배되지 아니한다(헌법재판소 2015. 9. 24. 2015헌바26 결정).

정답 ①

문 8

다음 설명 중 가장 옳은 것은? [2022년 16번]

① 헌법상 통일 관련 조항의 해석으로 국민의 통일에 대한 기본권이 도출된다.
② 대한민국 영토에서 출생한 자는 원칙적으로 대한민국 국민이 된다.
③ 헌법상 영토조항만을 근거로 국민의 구체적 기본권이 도출된다고 할 수는 없으므로 영토에 관한 권리를 이른바 '영토권'이라 구성하여 헌법소원으로 그 구제를 청구하는 것은 불가능하다.
④ 북한은 국제연합에도 가입한 국제법상의 국가이므로 북한과 체결한 '남북사이의 화해와 불가침 및 교류·협력에 관한 합의서'는 국가 간의 '조약'으로서 국내법과 동일한 효력을 갖는다.
⑤ 헌법 제3조는 "대한민국의 영토는 한반도와 그 부속도서로 한다."라고 규정하고 있으므로 북한지역은 당연히 대한민국의 영토가 되지만, 입법자는 남북한의 특수관계적 성격을 고려하여 북한지역을 외국에 준하는 지역으로 규정할 수 있다.

MGI Point　영토, 국적, 조약　★★

- 통일 관련 조항 ⇨ 기본권 도출 불가
- 대한민국 영토에서 출생한 자 ⇨ 부모가 모두 분명하지 아니한 경우나 국적이 없는 경우에 국적 취득
- 영토에 관한 권리인 영토권 ⇨ 헌법소원의 대상인 기본권의 하나로 간주하는 것은 가능
- 남북사이의 화해와 불가침 및 교류·협력에 관한 합의서 ⇨ 조약 ×
- 남북한의 특수관계적 성격을 고려하여 북한지역을 외국에 준하는 지역으로 규정 可

---

① (X) 헌법상의 여러 통일관련 조항들은 국가의 통일의무를 선언한 것이기는 하지만, 그로부터 국민 개개인의 통일에 대한 기본권, 특히 국가기관에 대하여 통일과 관련된 구체적인 행동을 요구하거나 일정한 행동을 할 수 있는 권리가 도출된다고 볼 수 없다(헌재 2000.07.20. 98헌바63).
② (X) 국적법 제2조 제1항 제3호 참조.

> 국적법 제2조(출생에 의한 국적 취득) ① 다음 각 호의 어느 하나에 해당하는 자는 출생과 동시에 대한민국 국적(國籍)을 취득한다.
> 1. 출생 당시에 부(父)또는 모(母)가 대한민국의 국민인 자
> 2. 출생하기 전에 부가 사망한 경우에는 그 사망 당시에 부가 대한민국의 국민이었던 자
> 3. 부모가 모두 분명하지 아니한 경우나 국적이 없는 경우에는 대한민국에서 출생한 자

③ (X) 국민의 개별적 기본권이 아니라 할지라도 기본권보장의 실질화를 위하여서는, 영토조항만을 근거로 하여 독자적으로는 헌법소원을 청구할 수 없다 할지라도, 모든 국가권능의 정당성의 근원인 국민의 기본권 침해에 대한 권리구제를 위하여 그 전제조건으로서 영토에 관한 권리를, 이를테면 영토권이라 구성하여, 이를 헌법소원의 대상인 기본권의 하나로 간주하는 것은 가능한 것으로 판단된다(헌재 2001.03.21. 99헌마139 등).

④ (X) 남북합의서는 남북관계를 "나라와 나라 사이의 관계가 아닌 통일을 지향하는 과정에서 잠정적으로 형성되는 특수관계"(전문 참조)임을 전제로 하여 이루어진 합의문서인바, 이는 한민족공동체 내부의 특수관계를 바탕으로 한 당국간의 합의로서 남북당국의 성의있는 이행을 상호 약속하는 일종의 공동성명 또는 신사협정에 준하는 성격을 가짐에 불과하다(헌재 1997.01.16. 92헌바6 등).

⑤ (○) 우리 헌법이 "대한민국의 영토는 한반도와 그 부속도서로 한다"는 영토조항(제3조)을 두고 있는 이상 대한민국의 헌법은 북한지역을 포함한 한반도 전체에 그 효력이 미치고 따라서 북한지역은 당연히 대한민국의 영토가 되므로, 북한을 법 소정의 "외국"으로, 북한의 주민 또는 법인 등을 "비거주자"로 바로 인정하기는 어렵지만, 개별 법률의 적용 내지 준용에 있어서는 남북한의 특수관계적 성격을 고려하여 북한지역을 외국에 준하는 지역으로, 북한주민 등을 외국인에 준하는 지위에 있는 자로 규정할 수 있다고 할 것이다(헌재 2005.06.30. 2003헌바114).

정답 ⑤

문 9

국적에 관한 다음 설명 중 가장 옳지 않은 것은? [2021년 37번]

① 현행 국적법은 부모양계혈통주의에 기초한 속인주의를 원칙으로 하면서 예외적으로 속지주의를 채택하고 있다.
② 대한민국에 특별한 공로가 있는 외국인으로서 대한민국에 주소가 있는 사람은 자신의 자산이나 기능에 의하거나 생계를 같이하는 가족에 의존하여 생계를 유지할 능력이 없더라도 귀화허가를 받을 수 있다.
③ 대한민국 국민의 양자로서 입양 당시 대한민국의 민법상 성년이었던 외국인은 대한민국에 3년 이상 계속하여 주소가 있는 경우 귀화허가를 받을 수 있다.
④ 대한민국 국적을 취득한 외국인으로서 외국 국적을 가지고 있는 자는 대한민국 국적을 취득한 날로부터 1년 내에 그 외국 국적을 포기하여야 하고 이를 이행하지 아니한 자는 대한민국 국적을 상실하며 이후 대한민국 국적을 재취득할 수 없다.
⑤ 대한민국의 국민으로서 외국 국적을 취득하여 대한민국 국적을 상실하게 된 자의 배우자나 미성년의 자로서 그 외국의 법률에 따라 함께 그 외국 국적을 취득하게 된 자는 그 외국 국적을 취득한 때부터 6개월 내에 법무부장관에게 대한민국 국적을 보유할 의사가 있다는 뜻을 신고하지 아니하면 그 외국 국적을 취득한 때로 소급하여 대한민국 국적을 상실한 것으로 본다.

MGI Point 국적 ★★★

- **현행 국적법상 원칙**: 부모양계혈통주의에 기초한 속인주의, 예외적인 속지주의(국적법 제2조)
- **특별귀화 요건(국적법 제7조)**: 대한민국에 주소가 있는 외국인 + 대한민국에 특별한 공로가 있는 자
  ⇨ 자신의 자산이나 기능에 의하거나 생계를 같이하는 가족에 의존하여 생계를 유지할 능력이 없더라도 귀화 可
- **간이귀화 요건(국적법 제6조)**: 대한민국에 3년 이상 계속하여 주소가 있는 외국인 + 대한민국 국민의 양자로서 입양 당시 대한민국의 민법상 성년이었던 자
- **외국인의 원국적 포기의무와 국적재취득(국적법 제10조)**
  - 대한민국국적 취득한 외국인은 1년 내 원국적 포기 要
  - 1년이 지나 대한민국국적 상실한 자 ⇨ 1년 이내 외국 국적을 포기하면 법무부장관에게 신고로 국적재취득 可
- **국적상실(국적법 제15조)**
  대한민국 국민으로서 외국인과 혼인하여 그 배우자 국적을 취득하게 된 자 + 외국 국적 취득한 때부터 6개월 내 법무부장관에게 국적 보유의사 신고 × ⇨ 그 외국 국적을 취득한 때로 소급하여 대한민국 국적을 상실한 것으로 봄

① (O) 헌법 제2조, 국적법 제2조 제1항 참조.

> 헌법 제2조 ① 대한민국의 국민이 되는 요건은 법률로 정한다.
> 국적법 제2조 (출생에 의한 국적 취득) ① 다음 각 호의 어느 하나에 해당하는 자는 출생과 동시에 대한민국 국적을 취득한다.
> 1. 출생 당시에 부 또는 모가 대한민국의 국민인 자
> 2. 출생하기 전에 부가 사망한 경우에는 그 사망 당시에 부가 대한민국의 국민이었던 자
> 3. 부모가 모두 분명하지 아니한 경우나 국적이 없는 경우에는 대한민국에서 출생한 자

② (O), ③ (O) 국적법 제5조 제4호, 제7조 제1항 제2호 및 국적법 제6조 제1항 제3호 참조.

> 국적법 제5조 (일반귀화 요건) 외국인이 귀화허가를 받기 위해서는 제6조나 제7조에 해당하는 경우 외에는 다음 각 호의 요건을 갖추어야 한다.
> 1. 5년 이상 계속하여 대한민국에 주소가 있을 것
> 1의2. 대한민국에서 영주할 수 있는 체류자격을 가지고 있을 것
> 2. 대한민국의 「민법」상 성년일 것
> 3. 법령을 준수하는 등 법무부령으로 정하는 품행 단정의 요건을 갖출 것
> 4. 자신의 자산이나 기능에 의하거나 생계를 같이하는 가족에 의존하여 생계를 유지할 능력이 있을 것
> 5. 국어능력과 대한민국의 풍습에 대한 이해 등 대한민국 국민으로서의 기본 소양을 갖추고 있을 것
> 6. 귀화를 허가하는 것이 국가안전보장·질서유지 또는 공공복리를 해치지 아니한다고 법무부장관이 인정할 것
> 국적법 제7조 (특별귀화 요건) ① 다음 각 호의 어느 하나에 해당하는 외국인으로서 대한민국에 주소가 있는 사람은 제5조제1호·제1호의2·제2호 또는 제4호의 요건을 갖추지 아니하여도 귀화허가를 받을 수 있다.
> 1. 부 또는 모가 대한민국의 국민인 사람. 다만, 양자로서 대한민국의 「민법」상 성년이 된 후에 입양된 사람은 제외한다.
> 2. 대한민국에 특별한 공로가 있는 사람
> 3. 과학·경제·문화·체육 등 특정 분야에서 매우 우수한 능력을 보유한 사람으로서 대한민국의 국익에 기여할 것으로 인정되는 사람
> 국적법 제6조 (간이귀화 요건) ① 다음 각 호의 어느 하나에 해당하는 외국인으로서 대한민국에 3년 이상 계속하여 주소가 있는 사람은 제5조제1호 및 제1호의2의 요건을 갖추지 아니하여도 귀화허가를 받을 수 있다.
> 1. 부 또는 모가 대한민국의 국민이었던 사람
> 2. 대한민국에서 출생한 사람으로서 부 또는 모가 대한민국에서 출생한 사람
> 3. 대한민국 국민의 양자로서 입양 당시 대한민국의 「민법」상 성년이었던 사람

④ (X) 국적법 제10조 제1항, 제3항 및 11조 제1항 참조.

> 국적법 제10조 (국적 취득자의 외국 국적 포기 의무) ① 대한민국 국적을 취득한 외국인으로서 외국 국적을 가지고 있는 자는 대한민국 국적을 취득한 날부터 1년 내에 그 외국 국적을 포기하여야 한다.
> ③ 제1항 또는 제2항을 이행하지 아니한 자는 그 기간이 지난 때에 대한민국 국적을 상실한다.
> 국적법 11조 (국적의 재취득) ① 제10조제3항에 따라 대한민국 국적을 상실한 자가 그 후 1년 내에 그 외국 국적을 포기하면 법무부장관에게 신고함으로써 대한민국 국적을 재취득할 수 있다.

⑤ (○) 국적법 제15조 제2항 제4호 참조.

> 국적법 제15조 (외국 국적 취득에 따른 국적 상실) ② 대한민국의 국민으로서 다음 각 호의 어느 하나에 해당하는 자는 그 외국 국적을 취득한 때부터 6개월 내에 법무부장관에게 대한민국 국적을 보유할 의사가 있다는 뜻을 신고하지 아니하면 그 외국 국적을 취득한 때로 소급하여 대한민국 국적을 상실한 것으로 본다.
> 4. 외국 국적을 취득하여 대한민국 국적을 상실하게 된 자의 배우자나 미성년의 자로서 그 외국의 법률에 따라 함께 그 외국 국적을 취득하게 된 자

정답 ④

문 10

국적에 관한 다음 설명 중 가장 옳은 것은?(다툼이 있는 경우 헌법재판소 판례에 의함) [2017년 38번]

① 헌법 전문의 '대한민국임시정부 법통의 계승' 또는 헌법 제2조 제2항의 '재외국민 보호의무' 규정은 대한민국 정부에게 중국동포와 같이 특수한 국적상황에 처해 있는 사람들의 이중국적 해소 또는 국적선택을 위한 특별법 제정의무를 명시적으로 위임한 것이다.
② 대한민국에 특별한 공로가 있는 외국인은 대한민국에 주소가 없어도 귀화허가를 받을 수 있다.
③ 대한민국 국적을 취득한 외국인으로서 외국 국적도 가지고 있던 사람이 대한민국 국적을 취득한 날로부터 1년 이내에 외국 국적을 포기하지 아니하여 대한민국 국적을 상실하였더라도, 그 후 1년 내에 그 외국 국적을 포기하면 법무부장관에게 신고함으로써 대한민국 국적을 재취득할 수 있다.
④ 외국인이 귀화허가를 받기 위해서는 '품행이 단정할 것'의 요건을 갖추도록 규정한 국적법 제5조 제3호는 명확성원칙에 위배된다.
⑤ 외국인으로서 대한민국의 국민인 부 또는 모에 의하여 인지된 사람은 국적법에 따라 법무부장관에게 신고함으로써 출생시로 소급하여 대한민국 국적을 취득할 수 있다.

:: 해설   ★★★

① (X) 헌법 전문의 '대한민국임시정부 법통의 계승' 또는 제2조 제2항의 '재외국민 보호의무' 규정이 중국동포와 같이 특수한 국적상황에 처해 있는 자들의 이중국적 해소 또는 국적선택을 위한 특별법 제정의무를 명시적으로 위임한 것이라고 볼 수 없고, 뿐만 아니라 동 규정 및 그 밖의 헌법규정으로부터 그와 같은 해석을 도출해 낼 수도 없다(헌재 2006.03.30. 2003헌마806).

② (X) 국적법 제7조 참조.

> 국적법 제7조(특별귀화 요건) ① 다음 각 호의 어느 하나에 해당하는 외국인으로서 대한민국에 주소가 있는 자는 제5조제1호·제2호 또는 제4호의 요건을 갖추지 아니하여도 귀화허가를 받을 수 있다.
>   2. 대한민국에 특별한 공로가 있는 자

③ (○) 국적법 제10조, 제11조 참조.

> 국적법 제10조(국적 취득자의 외국 국적 포기 의무) ① 대한민국 국적을 취득한 외국인으로서 외국 국적을 가지고 있는 자는 대한민국 국적을 취득한 날부터 1년 내에 그 외국 국적을 포기하여야 한다.
> ③ 제1항 또는 제2항을 이행하지 아니한 자는 그 기간이 지난 때에 대한민국 국적을 상실(喪失)한다.
> 국적법 제11조(국적의 재취득) ① 제10조제3항에 따라 대한민국 국적을 상실한 자가 그 후 1년 내에 그 외국 국적을 포기하면 법무부장관에게 신고함으로써 대한민국 국적을 재취득할 수 있다.

④ (X) 심판대상조항은 외국인에게 대한민국 국적을 부여하는 '귀화'의 요건을 정한 것인데, '품행', '단정' 등 용어의 사전적 의미가 명백하고, 심판대상조항의 입법취지와 용어의 사전적 의미 및 법원의 일반적인 해석 등을 종합해 보면, '품행이 단정할 것'은 '귀화신청자를 대한민국의 새로운 구성원으로서 받아들이는 데 지장이 없을 만한 품성과 행실을 갖춘 것'을 의미하고, 구체적으로 이는 귀화신청자의 성별, 연령, 직업, 가족, 경력, 전과관계 등 여러 사정을 종합적으로 고려하여 판단될 것임을 예측할 수 있다. 따라서 심판대상조항은 명확성원칙에 위배되지 아니한다(헌재 2016.07.28. 2014헌바421).

⑤ (X) 국적법 제3조 참조.

> 국적법 제3조(인지에 의한 국적 취득) ① 대한민국의 국민이 아닌 자로서 대한민국의 국민인 부 또는 모에 의하여 인지된 자가 다음 각 호의 요건을 모두 갖추면 법무부장관에게 신고함으로써 대한민국 국적을 취득할 수 있다.
>   1. 대한민국의 「민법」상 미성년일 것
>   2. 출생 당시에 부 또는 모가 대한민국의 국민이었을 것
> ② 제1항에 따라 신고한 자는 그 신고를 한 때에 대한민국 국적을 취득한다.

정답 ③

제2관 영역

제❸절 | 헌법전문과 헌법의 기본원리

제1관 헌법전문

문 11

헌법 전문(前文)의 규범적 의미에 관한 다음 설명 중 가장 옳지 않은 것은?(다툼이 있는 경우 헌법재판소 판례에 의함) [2016년 30번]

① 현행 헌법의 전문에는 국민주권주의와 자유민주주의에 입각한 입헌민주헌법의 본질적 기본원리가 담겨 있으며, 이는 헌법전을 비롯한 모든 법령해석의 기준이 되고, 입법형성권 행사의 한계와 정책결정의 방향을 제시하며, 나아가 모든 국가기관과 국민이 존중하고 지켜가야 하는 최고의 가치규범이다.
② 따라서 헌법의 전문은 재판규범으로서 효력이 있어, 법률이 이에 위반되면 위헌으로서 선언되어 효력이 상실될 수 있다.
③ 헌법 전문 중 '3.1운동으로 건립된 대한민국임시정부의 법통을 계승'한다는 부분은 대한민국이 일제에 항거한 독립운동가의 공헌과 희생을 바탕으로 이룩된 것임을 선언한 것이므로, 국가는 일제로부터 조국의 자주독립을 위하여 공헌한 독립유공자와 그 유족에 대하여는 응분의 예우를 하여야 할 헌법적 의무를 지닌다.
④ 이와 같이 헌법 전문에 기재된 3.1정신은 우리나라 헌법의 연혁적·이념적 기초로서 헌법이나 법률의 해석에서 해석기준으로 작용할 뿐만 아니라, 이로부터 국민의 기본권이 도출되므로 독립유공자의 유족으로서 국가보훈처장에게 서훈추천을 신청하였다가 거부된 경우에는 공권력의 불행사에 대한 헌법소원을 청구할 수 있다.
⑤ 헌법 전문 중 '3.1운동으로 건립된 대한민국임시정부의 법통을 계승'한다는 부분은 현행 헌법이 일본제국주의의 식민통치를 배격하고 우리 민족의 자주독립을 추구한 대한민국임시정부의 정신을 헌법의 근간으로 하고 있다는 점을 뜻하므로, 일제강점기에 우리 민족을 부정한 친일반민족행위자들의 친일행위에 대하여 그 진상을 규명하고 그러한 친일행위의 대가로 취득한 재산을 공적으로 회수하는 등 일본제국주의의 식민지로서 겪었던 잘못된 과거사를 청산함으로써 민족의 정기를 바로세우고 사회정의를 실현하며 진정한 사회통합을 추구해야 하는 것은 헌법적으로 부여된 임무이다.

해설 ★★★

① (○) 우리 헌법의 전문과 본문의 전체에 담겨있는 최고 이념은 국민주권주의와 자유민주주에 입각한 입헌민주헌법의 본질적 기본원리에 기초하고 있다. 기타 헌법상의 제원칙도 여기에서 연유되는 것이므로 이는 헌법전을 비롯한 모든 법령해석의 기준이 되고, 입법형성권 행사의 한계와 정책결정의 방향을 제시하며, 나아가 모든 국가기관과 국민이 존중하고 지켜가야 하는 최고의 가치규범이다(헌재 1989.09.08. 88헌가6).

② (○) 정당추천후보자에 비하여 무소속후보자를 과도하게 차별 제한하는 이 사건 법률 제55조의3 제7항, 제56조는 헌법 전문, 헌법 제11조 제1항, 제25조, 제41조 제1항에 반하고, 선거운동의 기회균등을 보장하여야 한다는 제116조 제1항에 위반되는 것이므로 주문과 같이 지역구 무소속후보자에게도 정당추천후보자가 누리는 관계법규정에 준하는 선거운동의 기회를 균등하게 보장하지 아니하는 한 헌법에 위반된다(헌재 1992.03.13. 92헌마37).

③ (○) 헌법은 국가유공자 인정에 관하여 명문 규정을 두고 있지 않으나 전문(前文)에서 "3.1운동으로 건립된 대한민국임시정부의 법통을 계승"한다고 선언하고 있다. 이는 대한민국이 일제에 항거한 독립운동가의 공헌과 희생을 바탕으로 이룩된 것임을 선언한 것이고, 그렇다면 국가는 일제로부터 조국의 자주독립을 위하여 공헌한 독립유공자와 그 유족에 대하여는 응분의 예우를 하여야 할 헌법적 의무를 지닌다(헌재 2005.06.30. 2004헌마859).

④ (X) 독립유공자의 구체적 인정절차는 입법자가 헌법의 취지에 반하지 않는 한 입법재량으로 정할 수 있다. 독립유공자 인정의 전 단계로서 상훈법에 따른 서훈추천은 해당 후보자에 대한 공적심사를 거쳐서 이루어지며, 그러한 공적심사의 통과 여부는 해당 후보자가 독립유공자로서 인정될만한 사정이 있는지에 달려 있다. 이에 관한 판단에 있어서 국가는 나름대로의 재량을 지닌다. 따라서 국가보훈처장이 서훈추천 신청자에 대한 서훈추천을 하여 주어야 할 헌법적 작위의무가 있다고 할 수는 없으므로, 서훈추천을 거부한 것에 대하여 행정권력의 부작위에 대한 헌법소원으로서 다툴 수 없다(헌재 2005.06.30. 2004헌마859).

⑤ (○) 현행 헌법 전문(前文)은 '유구한 역사와 전통에 빛나는 우리 대한국민은 3·1운동으로 건립된 대한민국임시정부의 법통을 계승'할 것을 규정하고 있는데, 여기서 '3·1운동'의 정신은 우리나라 헌법의 연혁적·이념적 기초로서 헌법이나 법률해석에서의 해석기준으로 작용하는 것이다. '대한민국이 3·1운동으로 건립된 대한민국임시정부의 법통을 계승'한다고 선언한 헌법 전문의 의미는, 오늘날의 대한민국이 일제에 항거한 독립운동가의 공헌과 희생을 바탕으로 이룩된 것이라는 점 및 나아가 현행 헌법은 일본제국주의의 식민통치를 배격하고 우리 민족의 자주독립을 추구한 대한민국임시정부의 정신을 헌법의 근간으로 하고 있다는 점을 뜻한다고 볼 수 있다. 그렇다면 일제강점기에 우리 민족을 부정한 친일반민족행위자들의 친일행위에 대하여 그 진상을 규명하고 그러한 친일행위의 대가로 취득한 재산을 공적으로 회수하는 등 일본제국주의의 식민지로서 겪었던 잘못된 과거사를 청산함으로써 민족의 정기를 바로세우고 사회정의를 실현하며 진정한 사회통합을 추구해야 하는 것은 헌법적으로 부여된 임무라고 보아야 한다(헌재 2011.03.31. 2008헌바141).

정답 ④

제2관 국민주권의 원리
제3관 민주주의의 원리
제4관 사회국가의 원리

문 12

헌법상 경제질서에 관한 다음 설명 중 옳은 것은 모두 몇 개인가? [2022년 10번]

ㄱ. 우리 헌법은 제119조 제1항에서 "대한민국의 경제질서는 개인과 기업의 경제상의 자유와 창의를 존중함을 기본으로 한다."라고 규정하여 자유경쟁을 존중하는 시장경제를 기본으로 하면서도, 같은 조 제2항에서 "국가는 균형있는 국민경제의 성장 및 안정과 적정한 소득의 분배를 유지하고, 시장의 지배와 경제력의 남용을 방지하며, 경제주체간의 조화를 통한 경제의 민주화를 위하여 경제에 관한 규제와 조정을 할 수 있다."라고 규정함으로써 우리 헌법의 경제질서가 사회정의, 공정한 경쟁질서, 경제민주화 등을 실현하기 위한 국가의 규제와 조정을 허용하는 사회적 시장경제임을 밝히고 있다.

ㄴ. 헌법 전문에서 천명하고 있는 '경제 영역에 있어서 각인의 기회를 균등히 하고, 능력을 최고도로 발휘하게 하는 것'은 시장에서의 자유경쟁이 공정한 경쟁질서를 토대로 할 때 비로소 가능하고, 다양한 경제주체들의 공존을 전제로 하는 경제의 민주화가 이루어져야만 경제활동에 관한 의사결정이 한 곳에 집중되지 아니하고 분산됨으로써 경제주체간의 견제와 균형을 통해 시장기능의 정상적 작동이 가능하게 된다.

ㄷ. 입법자는 경제현실의 역사와 미래에 대한 전망, 목적달성에 소요되는 경제적·사회적 비용, 당해 경제문제에 관한 국민 내지 이해관계인의 인식 등 제반 사정을 두루 감안하여 시장의 지배와 경제력의 남용 방지, 경제의 민주화 달성 등의 경제영역에서의 국가목표를 이루기 위하여 가능한 여러 정책 중 필요하다고 판단되는 경제정책을 선택할 수 있고, 입법자의 그러한 정책판단과 선택은 그것이 현저히 합리성을 결여한 것이라고 볼 수 없는 한 경제에 관한 국가적 규제·조정권한의 행사로서 존중되어야 한다.

ㄹ. 가맹본부가 가맹점사업자에 대하여 가지는 계약상 지위의 우월성을 형식적인 자유시장의 논리 또는 계약의 자유를 강조하여 가맹본부가 상품의 공급에 관여하면서 이로부터 과도한 이득을 얻을 수 있도록 방임한다면, 자영업자가 많은 우리의 현실에서 대다수가 중소상인인 가맹점사업자들의 생존을 위협하여 국민생활의 균등한 향상 등 경제영역에서의 사회정의가 훼손될 수 있는바, 이는 우리 헌법이 지향하는 사회적 시장경제질서에 부합하지 않으므로, 국가는 헌법 제119조 제2항에 따라 가맹본부가 우월적 지위를 남용하는 것을 방지하고, 가맹본부와 가맹점사업자 간의 부조화를 시정하거나 공존과 상생을 도모하기 위해 규제와 조정을 할 수 있다.

ㅁ. 대형마트 등과 지역 전통시장이나 중소유통업자들의 경쟁을 형식적 자유시장 논리에 따라 그대로 방임한다면, 유통시장은 소수 대형유통업체 등의 시장지배로 인해 공정한 경쟁질서가 깨어지고, 유통시장에서의 의사결정이 소수 대형유통업체 등에 집중됨으로써 다양한 경제주체간의 견제와 균형을 통한 시장기능의 정상적 작동이 저해되며, 중소상인들의 생존 위협으로 국민생활의 균등한 향상 등 경제영역에서의 사회정의가 훼손될 수 있는바, 이러한 결과는 우리 헌법이 지향하는 사회적 시장경제질서에 부합하지 않는다.

① 1개   ② 2개   ③ 3개   ④ 4개   ⑤ 5개

MGI Point 헌법상 경제질서 ★★

- 우리 헌법의 경제질서 ⇨ 국가의 규제와 조정을 허용하는 사회적 시장경제
- 경제 영역에 있어서 각인의 기회를 균등히 하고, 능력을 최고도로 발휘하게 하는 것 ⇨ 시장에서의 자유경쟁이 공정한 경쟁질서를 토대로 할 때 비로소 가능
- 입법자는 경제영역에서의 국가목표를 이루기 위하여 가능한 여러 정책 중 필요하다고 판단되는 경제정책을 선택 可
- 가맹본부와 가맹점사업자 간 ⇨ 공존과 상생을 도모하기 위해 규제와 조정 可
- 대형마트 등과 지역 전통시장이나 중소유통업자들 간 경쟁을 방임 ⇨ 사회적 시장경제질서에 부합하지 않음

ㄱ. (○) ㄴ. (○) ㄷ. (○) 직업수행의 자유와 같은 경제적 기본권 제한에 대한 위헌심사에 있어서는 헌법 제119조에 규정된 경제질서 조항의 의미를 충분히 고려하여야 한다. 우리 헌법은 제119조 제1항에서 "대한민국의 경제질서는 개인과 기업의 경제상의 자유와 창의를 존중함을 기본으로 한다."고 규정하여 자유경쟁을 존중하는 시장경제를 기본으로 하면서도, 같은 조 제2항에서 "국가는 균형있는 국민경제의 성장 및 안정과 적정한 소득의 분배를 유지하고, 시장의 지배와 경제력의 남용을 방지하며, 경제주체간의 조화를 통한 경제의 민주화를 위하여 경제에 관한 규제와 조정을 할 수 있다."고 규정함으로써 우리 헌법의 경제질서가 사회정의, 공정한 경쟁질서, 경제민주화 등을 실현하기 위한 국가의 규제와 조정을 허용하는 사회적 시장경제임을 밝히고 있다. 헌법 전문에서 천명하고 있는 '경제 영역에 있어서 각인의 기회를 균등히 하고, 능력을 최고도로 발휘하게 하는 것'은 시장에서의 자유경쟁이 공정한 경쟁질서를 토대로 할 때 비로소 가능하고, 다양한 경제주체들의 공존을 전제로 하는 경제의 민주화가 이루어져야만 경제활동에 관한 의사결정이 한 곳

에 집중되지 아니하고 분산됨으로써 경제주체간의 견제와 균형을 통해 시장기능의 정상적 작동이 가능하게 된다. 나아가 국가는 '국민생활의 균등한 향상' 등 경제영역에서 사회정의를 실현하기 위해서나, 그 밖에 헌법에 구체적으로 명시된 목표인 균형있는 지역경제의 육성, 중소기업의 보호·육성, 농·어민의 이익 보호(헌법 제123조 제2항, 제3항, 제4항) 등을 위해서 적극적인 보호조치 등을 할 수 있다. 따라서 입법자는 경제현실의 역사와 미래에 대한 전망, 목적달성에 소요되는 경제적·사회적 비용, 당해 경제문제에 관한 국민 내지 이해관계인의 인식 등 제반 사정을 두루 감안하여 시장의 지배와 경제력의 남용 방지, 경제의 민주화 달성 등의 경제영역에서의 국가목표를 이루기 위하여 가능한 여러 정책 중 필요하다고 판단되는 경제정책을 선택할 수 있고, 입법자의 그러한 정책판단과 선택은 그것이 현저히 합리성을 결여한 것이라고 볼 수 없는 한 경제에 관한 국가적 규제·조정권의 행사로서 존중되어야 한다(헌재 2003.07.24. 2001헌가25 참조).

ㄹ. (○) 가맹본부가 가맹점사업자에 대하여 갖는 계약상 지위의 우월성을 형식적인 자유시장의 논리 또는 계약의 자유를 강조하여 가맹본부가 상품의 공급에 관여하면서 이로부터 과도한 이득을 얻을 수 있도록 방임한다면, 가맹본부와 가맹점사업자 사이에 분쟁을 야기할 것이고, 분쟁이 발생하지 않는다고 하더라도 가맹본부의 과도한 이득은 상품가격에 반영되어 소비자에게 전가될 가능성이 크므로, 그 가맹본부는 소비자로부터 외면 받게 되어 우선적으로는 해당 가맹점사업자에게 타격을 줄 것이고, 결국 그 가맹본부도 타격을 받는 등 가맹사업 전반을 위축시킬 수도 있다. 이러한 결과는 자영업자가 많은 우리의 현실에서 대다수가 중소상인인 가맹점사업자들의 생존을 위협하여 국민생활의 균등한 향상 등 경제영역에서의 사회정의가 훼손될 수 있다. 이는 앞서 본 바와 같이 우리 헌법이 지향하는 사회적 시장경제질서에 부합하지 않으므로, 국가는 헌법 제119조 제2항에 따라 가맹본부가 우월적 지위를 남용하는 것을 방지하고, 가맹본부와 가맹점사업자 간의 부조화를 시정하거나 공존과 상생을 도모하기 위해 규제와 조정을 할 수 있다(헌재 2021.10.28. 2019헌마288).

ㅁ. (○) 자본력 등에 차이가 있는 대형마트 등과 지역 전통시장이나 중소유통업자들의 경쟁을 형식적 자유시장 논리에 따라 그대로 방임한다면, 결국 대기업이 운영주체인 대형마트 등만 시장을 장악하여 유통시장을 독과점하는 한편, 지역 전통시장과 중소유통업자들은 현저히 위축되거나 도태될 개연성이 매우 높다. 이에 따라 유통시장은 소수 대형유통업체 등의 시장지배로 인해 공정한 경쟁질서가 깨어지고, 유통시장에서의 의사결정이 소수 대형유통업체 등에 집중됨으로써 다양한 경제주체간의 견제와 균형을 통한 시장기능의 정상적 작동이 저해되며, 중소상인들의 생존 위협으로 국민생활의 균등한 향상 등 경제영역에서의 사회정의가 훼손될 수 있다. 이러한 결과는 앞서 본 바와 같이 우리 헌법이 지향하는 사회적 시장경제질서에 부합하지 않으므로, 국가는 헌법 제119조 제2항에 따라 대형마트 등이 유통시장을 지배하고 경제력을 남용하는 것을 방지하고, 대형마트 등과 중소유통업체 등의 관련 경제주체간의 부조화를 시정하거나 공존·상생을 도모하기 위해 규제와 조정을 할 수 있다(헌재 2018.06.28. 2016헌바77 등).

정답 ⑤

문 13

헌법상 경제조항에 관한 다음 설명 중 가장 옳지 않은 것은? [2019년 25번]

① 국가는 균형있는 국민경제의 성장과 안정, 적정한 소득의 분배를 유지하기 위하여 경제에 관한 규제와 조정을 할 수 있다.

② 국가는 농지에 관하여 경자유전의 원칙이 달성될 수 있도록 노력하여야 하며, 농지의 소작제도는 금지되나, 농업생산성의 제고와 농지의 합리적인 이용을 위하거나 불가피한 사정으로 발생하는 농지의 임대차와 위탁경영은 허용될 수 있다.

③ 국가는 국민 모두의 생산 및 생활의 기반이 되는 국토의 효율적이고 균형있는 이용·개발과 보전을 위하여 법률이 정하는 바에 의하여 그에 관한 필요한 제한과 의무를 과할 수 있다.
④ 국가는 지역간의 균형있는 발전을 위하여 지역경제를 육성할 의무를 진다.
⑤ 대한민국의 경제질서는 개인과 기업의 경제상의 자유와 창의를 존중함을 기본으로 하며, 공기업의 설립은 허용되지 아니한다.

> **MGI Point** **헌법상 경제조항** ★★
> - 균형있는 국민경제의 성장과 안정, 적정한 소득 분배를 유지 ⇨ 국가는 경제에 관한 규제와 조정을 할 수 있음
> - 농지 ⇨ 원칙 : 경자유전 / 예외 : 법률이 정하는 바에 의해 임대차 ○ 위탁경영 ○ (But 소작 ×)
> - 국가는 국토의 효율적이고 균형 있는 이용·개발과 보전을 위하여 법률이 정하는 바에 따라 필요한 제한과 의무 부과 가, 지역간 균형 발전 위해 지역경제 육성의무 부담
> - 대한민국의 경제질서는 개인과 기업의 경제상의 자유와 창의를 존중, 공기업의 설립 허용

① (○) 헌법 제119조 제2항 참조.

> 헌법 제119조 ② 국가는 균형있는 국민경제의 성장 및 안정과 적정한 소득의 분배를 유지하고, 시장의 지배와 경제력의 남용을 방지하며, 경제주체간의 조화를 통한 경제의 민주화를 위하여 경제에 관한 규제와 조정을 할 수 있다.

② (○) 헌법 제121조 참조.

> 헌법 제121조 ① 국가는 농지에 관하여 경자유전의 원칙이 달성될 수 있도록 노력하여야 하며, 농지의 소작제도는 금지된다.
> ② 농업생산성의 제고와 농지의 합리적인 이용을 위하거나 불가피한 사정으로 발생하는 농지의 임대차와 위탁경영은 법률이 정하는 바에 의하여 인정된다.

③ (○) 헌법 제122조 참조.

> 헌법 제122조 국가는 국민 모두의 생산 및 생활의 기반이 되는 국토의 효율적이고 균형있는 이용·개발과 보전을 위하여 법률이 정하는 바에 의하여 그에 관한 필요한 제한과 의무를 과할 수 있다.

④ (○) 헌법 제123조 제2항 참조.

> 헌법 제123조 ① 국가는 농업 및 어업을 보호·육성하기 위하여 농·어촌종합개발과 그 지원등 필요한 계획을 수립·시행하여야 한다.
> ② 국가는 지역간의 균형있는 발전을 위하여 지역경제를 육성할 의무를 진다.
> ③ 국가는 중소기업을 보호·육성하여야 한다.
> ④ 국가는 농수산물의 수급균형과 유통구조의 개선에 노력하여 가격안정을 도모함으로써 농·어민의 이익을 보호한다.
> ⑤ 국가는 농·어민과 중소기업의 자조조직을 육성하여야 하며, 그 자율적 활동과 발전을 보장한다.

⑤ (X) 헌법 제119조 제1항 및 공공기관의 운영에 관한 법률 참조.

> 헌법 제119조 ① 대한민국의 경제질서는 개인과 기업의 경제상의 자유와 창의를 존중함을 기본으로 한다.
> 공공기관의 운영에 관한 법률 제1조(목적) 이 법은 공공기관의 운영에 관한 기본적인 사항과 자율경영 및 책임경영체제의 확립에 관하여 필요한 사항을 정하여 경영을 합리화하고 운영의 투명성을 제고함으로써 공공기관의 대국민 서비스 증진에 기여함을 목적으로 한다.

참조판례 현대국가는 국민의 생활배려라는 공급행정의 일환으로서 국가의 기간산업 육성, 사회간접자본의 확충, 지역개발, 소비자보호, 재정확보 등 국가정책을 실현하기 위하여 독립법인을 설립하거나 사기업에 직·간접으로 출자하여 다양한 국책사업을 수행하고 있다. 이와 같은 사업은 국민생활에 필수적인 사업임에도 불구하고 거액의 투자를 요하거나 그에 대한 수요의 탄력성이 매우 낮아서 사기업의 자유경쟁에 맡겨서는 사회적 이익을 기대할 수 없는 경우가 대부분이고 또한 성질상 사인에게 경영시키는 것이 적합하지 않은 경우도 많기에, 국가가 사인의 경제생활에 개입하여 그것을 감독, 유도할 뿐 아니라 직접 기업을 설립하고 경영에 참가하게 되었는데 이러한 기업을 공기업이라고 한다(헌재 2005.04.28. 2003헌바40).

정답 ⑤

문 14

소비자보호운동에 관한 다음 설명 중 옳지 않은 것은 모두 몇 개인가? [2018년 7번]

ㄱ. 헌법 제124조는 현대 자유시장경제질서 하에서 생산물품 또는 용역의 가격이나 품질의 결정, 그 유통구조 등의 결정과정이 지나치게 사업자 중심으로 왜곡되어 소비자들이 사회적 약자의 지위에 처하게 되는 결과 구조적 피해를 입을 수 있음을 인식하고, 미약한 소비자들의 역량을 사회적으로 결집시키기 위하여 소비자보호운동을 최대한 보장·촉진하도록 국가에게 요구함으로써, 소비자의 권익을 옹호하고 나아가 시장의 지배와 경제력의 남용을 방지하며 경제주체간의 조화를 통해 균형있는 국민경제의 성장을 도모할 수 있도록 소비자의 권익에 관한 헌법적 보호를 창설한 것이다.

ㄴ. 현행 헌법이 보장하는 소비자보호운동이란 '공정한 가격으로 양질의 상품 또는 용역을 적절한 유통구조를 통해 적절한 시기에 안전하게 구입하거나 사용할 소비자의 제반 권익을 증진할 목적으로 이루어지는 구체적 활동'을 의미하고, 단체를 조직하고 이를 통하여 활동하는 형태, 즉 근로자의 단결권이나 단체행동권에 유사한 활동뿐만 아니라, 하나 또는 그 이상의 소비자가 동일한 목표로 함께 의사를 합치하여 벌이는 운동이면 모두 이에 포함된다.

ㄷ. 소비자보호운동의 일환으로서, 구매력을 무기로 소비자가 자신의 선호를 시장에 실질적으로 반영하려는 시도인 소비자불매운동은 모든 경우에 있어서 그 정당성이 인정될 수는 없고, 헌법이나 법률의 규정에 비추어 정당하다고 평가되는 범위에 해당하는 경우에만 형사책임이나 민사책임이 면제된다.

ㄹ. 소비자불매운동의 목표로서의 '소비자의 권익'이란 원칙적으로 사업자가 제공하는 물품이나 용역의 소비생활과 관련된 것으로서 상품의 질이나 가격, 유통구조, 안전성 등 시장적 이익에 국한된다. 따라서 일간신문의 정치적 입장이나 보도논조의 편향성은 해당 신문을 구매하는 '소비자의 권익'과 관련되는 문제가 아니므로, 헌법이 보장하는 소비자불매운동의 목표가 될 수 없다.

ㅁ. 일간신문에 대한 불매운동의 수단으로 해당 신문에 광고를 게재하는 광고주들을 대상으로 '전화걸기'는, 설령 그것이 조직적으로 행해진 것이라 하더라도, 전화 그 자체만으로는 심리적 압박과 두려움을 느낄 정도의 물리력 행사로서 사회통념의 허용한도를 벗어나 피해자의

자유의사를 제압하기에 족한 '위력'이 될 수 없으므로, 형법상 '위력에 의한 업무방해죄'의 구성요건에 해당하지 않는다.

① 0개
② 1개
③ 2개
④ 3개
⑤ 4개

:: 해설   ★★

ㄱ. (○) 우리 헌법 제124조는 "국가는 건전한 소비행위를 계도하고 생산품의 품질향상을 촉구하기 위한 소비자보호운동을 법률이 정하는 바에 의하여 보장한다."라고 규정하고 있다. 이는 현대 자유시장경제질서 하에서 생산물품 또는 용역의 가격이나 품질의 결정, 그 유통구조 등의 결정과정이 지나치게 사업자 중심으로 왜곡되어 소비자들이 사회적 약자의 지위에 처하게 되는 결과 구조적 피해를 입을 수 있음을 인식하고, 미약한 소비자들의 역량을 사회적으로 결집시키기 위하여 소비자보호운동을 최대한 보장·촉진하도록 국가에게 요구함으로써, 소비자의 권익을 옹호하고 나아가 시장의 지배와 경제력의 남용을 방지하며 경제주체간의 조화를 통해 균형있는 국민경제의 성장을 도모할 수 있도록 소비자의 권익에 관한 헌법적 보호를 창설한 것이다(헌재 2011.12.29. 2010헌바54).

ㄴ. (○) 현행 헌법이 보장하는 소비자보호운동이란 '공정한 가격으로 양질의 상품 또는 용역을 적절한 유통구조를 통해 적절한 시기에 안전하게 구입하거나 사용할 소비자의 제반 권익을 증진할 목적으로 이루어지는 구체적 활동'을 의미하고, 단체를 조직하고 이를 통하여 활동하는 형태, 즉 근로자의 단결권이나 단체행동권에 유사한 활동뿐만 아니라, 하나 또는 그 이상의 소비자가 동일한 목표로 함께 의사를 합치하여 벌이는 운동이면 모두 이에 포함된다 할 것이다(헌재 2011.12.29. 2010헌바54).

ㄷ. (○) 소비자보호운동의 일환으로서, 구매력을 무기로 소비자가 자신의 선호를 시장에 실질적으로 반영하려는 시도인 소비자불매운동은 모든 경우에 있어서 그 정당성이 인정될 수는 없고, 헌법이나 법률의 규정에 비추어 정당하다고 평가되는 범위에 해당하는 경우에만 형사책임이나 민사책임이 면제된다고 할 수 있다(헌재 2011.12.29. 2010헌바54).

ㄹ. (X) 일간신문을 구매하는 소비자의 입장에서 볼 때, 해당 신문의 정치적 입장이나 보도논조는 신문에 실리는 정보 또는 지식의 품질이나 구매력과 밀접한 연관성이 있어서 신문의 구매여부를 결정하는 중요한 요소로서 신문이라는 상품의 품질이나 가격의 핵심적 부분을 차지하고 있다는 점에 비추어 볼 때, 청구인들이 문제삼고 있는 조중동 일간신문의 정치적 입장이나 보도논조의 편향성은 '소비자의 권익'과 관련되는 문제로서 불매운동의 목표가 될 수 있다 할 것이다(헌재 2011.12.29. 2010헌바54).

ㅁ. (X) 소비자불매운동은 소비자가 그의 주장을 관철하기 위하여 불매운동 대상자의 업무의 정상적인 운영을 저해하는 행위이다. 여러 사람에 의한 집단적 행동으로서 '위력'의 개념요소인 '위세와 인원수' 요건을 이미 충족하고 있으며, 압력을 가하는 실력행사를 통해 정상적인 업무를 저해한다는 속성상 '업무방해'가 야기될 것 역시 불매운동의 행위태양 자체에 내재되어 있으므로, '위력에 의한 업무방해죄'의 구성요건을 대부분 충족시킨다. … 헌법이 위와 같이 소비자보호운동을 보장하고 있는 취지를 충분히 감안하여 신중히 법률을 해석·적용해야 할 것이다. … 헌법과 법률이 보장하고 있는 한계를 넘어선 소비자불매운동 역시 정당성을 결여한 것으로서 정당행위 기타 다른 이유로 위법성이 조각되지 않는 한 업무방해죄로 형사처벌할 수 있다고 할 것이다. [2] 위 광고주들에 대한 소비자불매운동의 정당성 여부를 판단함에 있어 이 사건 청구인들이 불매

운동의 수단으로 선택한 '무차별적 전화걸기' 자체가 가지는 위력도 충분히 고려해야 할 것이다. 항의전화 횟수, 그와 더불어 행해진 홈페이지 글남기기 등과 어울려 조직적으로 계획된 비정상적인 전화공세는, 그 내용의 정당성 여부를 떠나서 계속해서 걸려오는 전화 그 자체만으로도 심리적 압박과 두려움을 느낄 정도의 물리력 행사로서 사회통념의 허용한도를 벗어나 피해자의 자유의사를 제압하기에 족한 '위력'이 될 수도 있기 때문이다(헌재 2011.12.29. 2010헌바54).

정답 ③

제5관 문화국가의 원리
제6관 법치국가의 원리

문 15

소급입법에 관한 다음 설명 중 가장 옳지 않은 것은? [2020년 11번]

① 전자장치 부착명령은 전통적 의미의 형벌이 아닐뿐더러, 피부착자의 행동 자체를 통제하는 것이 아니어서 처벌적인 효과를 가진다고 보기 어렵다. 따라서 이는 형벌과 구별되는 비형벌적 보안처분으로서 소급효금지의 원칙이 적용되지 아니한다. 그러므로 전자장치 부착명령 제도가 처음 도입되어 시행될 당시 부착명령의 대상에서 제외되었던 자들을 법 시행 이후의 법 개정을 통하여 새로이 부착명령 대상에 포함시키더라도 위헌이라고 볼 수 없다.

② 진정소급입법이란 새로운 입법으로 이미 종료된 사실관계에 적용하게 하는 것을 뜻하는 것으로서 헌법적으로 허용되지 않는 것이 원칙이고 특단의 사정이 있는 경우에만 예외적으로 허용된다. 이에 비해 부진정소급입법은 현재 진행 중인 사실관계에 적용하는 것으로서 원칙적으로 허용된다. 다만 소급효를 필요로 하는 공익상의 사유와 신뢰보호의 요청 사이의 교량과정에서 신뢰보호의 관점이 입법자의 형성권에 제한을 가할 뿐이다.

③ 노역장유치조항은 벌금이 납입되지 않는 경우를 대비한 것으로서 벌금을 납입한 때에는 집행될 여지가 없고, 그 자체로 형벌적 성격을 가지거나 징역형에 준할 정도로 신체의 자유를 박탈한다고 볼 수 없다. 따라서 노역장유치조항은 형벌불소급원칙의 적용대상이 아니다.

④ 수급권자 자신이 종전에 지급받던 평균임금을 기초로 산정된 장해보상연금을 수령하고 있던 수급권자에게, 실제의 평균임금이 노동부장관이 고시한 한도금액 이상인 경우 그 한도금액을 실제 임금으로 의제하는 내용으로 신설된 최고보상제도를 일정 유예기간 후 적용하도록 하는 내용의 산업재해보상보험법 부칙조항은, 신뢰보호의 원칙에 위배하여 새로운 제도의 시행 이전에 이미 재해를 입고 수급권이 확정적으로 발생한 사람들의 재산권을 침해한다.

⑤ 현재 공무원이나 사립학교 교직원으로 재직하고 있는 자가 퇴직연금에 대하여 가지는 기대는 아직 완성되지 아니하고 진행과정에 있는 사실 또는 법률관계를 규율대상으로 하는 이른바 부진정소급입법에 해당한다. 따라서 종래의 법적 상태의 존속을 신뢰한 자들에 대한 신뢰보호만이 문제될 뿐, 소급입법에 의한 재산권박탈의 문제는 생기지 않는다.

> **MGI Point** **소급입법** ★★
>
> - 전자장치 부착명령 ⇨ 비형벌적 보안처분으로서 소급효금지원칙 적용 ×
> - 진정소급입법 : 원칙적 허용 ×, 예외적 허용 ○
>   부진정소급입법 : 원칙적 허용 ○, 비교형량으로 제한 가능
> - 노역장유치조항
>   - 신체의 자유를 박탈하는 것으로서 징역형과 유사한 형벌적 성격 ⇨ 형벌불소급원칙의 적용대상 ○
> - 산업재해보상보험법에 신설된 최고보상제도를 기존 기준에 따른 수급권자에게도 유예기간 후 적용
>   - 장래 이행기가 도래하는 장해연금수급권의 내용 변경 ⇨ 진정소급입법 ×
>   - 신뢰보호원칙 위반 ○, 재산권 침해 ○
> - 현직 공무원들이 장래에 지급받을 퇴직연금을 감액하는 개정 법률조항
>   - 부진정소급입법 ○, 소급입법에 의한 재산권박탈의 문제 ×
>   - 신뢰보호원칙 위반 ×

① (○) 전자장치 부착은 전통적 의미의 형벌이 아니며, 이를 통하여 피부착자의 위치만 국가에 노출될 뿐 그 행동 자체를 통제하지 않는다는 점에서 비형벌적 보안처분에 해당되므로, 이를 소급적용하도록 한 부칙경과조항은 헌법 제13조 제1항 전단의 소급처벌금지원칙에 위배되지 아니한다. 전자장치 부착명령의 소급적용은 성폭력범죄의 재범 방지 및 사회 보호에 있어 실질적인 효과를 나타내고 있는 점, 장래의 재범 위험성으로 인한 보안처분의 판단시기는 범죄의 행위시가 아닌 재판시가 될 수밖에 없으므로 부착명령 청구 당시 형 집행 종료일까지 6개월 이상 남은 출소예정자가 자신이 부착명령 대상자가 아니라는 기대를 가졌더라도 그 신뢰의 보호가치는 크지 아니한 점, 피부착자의 기본권 제한을 최소화하기 위하여 법률은 피부착자에 대한 수신자료의 열람·조회를 엄격히 제한하고 부착명령의 탄력적 집행을 위한 가해제 제도를 운영하고 있는 점 등을 고려할 때, 부칙경과조항은 과잉금지원칙에 반하여 피부착자의 인격권 등을 침해하지 아니한다(헌재 2015.09.24. 2015헌바35).

② (○) 소급입법은 새로운 입법으로 이미 종료된 사실관계 또는 법률관계에 작용케 하는 진정소급입법과 현재 진행중인 사실관계 또는 법률관계에 작용케 하는 부진정소급입법으로 나눌 수 있는바, 부진정소급입법은 원칙적으로 허용되지만 소급효를 요구하는 공익상의 사유와 신뢰보호의 요청 사이의 교량과정에서 신뢰보호의 관점이 입법자의 형성권에 제한을 가하게 되는데 반하여, 기존의 법에 의하여 형성되어 이미 굳어진 개인의 법적 지위를 사후입법을 통하여 박탈하는 것 등을 내용으로 하는 진정소급입법은 개인의 신뢰보호와 법적 안정성을 내용으로 하는 법치국가원리에 의하여 특단의 사정이 없는 한 헌법적으로 허용되지 아니하는 것이 원칙이고, 다만 일반적으로 국민이 소급입법을 예상할 수 있었거나 법적 상태가 불확실하고 혼란스러워 보호할 만한 신뢰이익이 적은 경우와 소급입법에 의한 당사자의 손실이 없거나 아주 경미한 경우 그리고 신뢰보호의 요청에 우선하는 심히 중대한 공익상의 사유가 소급입법을 정당화하는 경우 등에는 예외적으로 진정소급입법이 허용된다(헌재 1999.07.22. 97헌바76).

③ (X) 형벌불소급원칙에서 의미하는 '처벌'은 형법에 규정되어 있는 형식적 의미의 형벌 유형에 국한되지 않으며, 범죄행위에 따른 제재의 내용이나 실제적 효과가 형벌적 성격이 강하여 신체의 자유를 박탈하거나 이에 준하는 정도로 신체의 자유를 제한하는 경우에는 형벌불소급원칙이 적용되어야 한다. 노역장유치는 그 실질이 신체의 자유를 박탈하는 것으로서 징역형과 유사한 형벌적 성격을 가지고 있으므로 형벌불소급원칙의 적용대상이 된다. 노역장유치조항은 1억 원 이상의 벌금형을 선고받는 자에 대하여 유치기간의 하한을 중하게 변경시킨 것이므로, 이 조항 시행 전에 행한 범죄행위에 대해서는 범죄행위 당시에 존재하였던 법률을 적용하여야 한다. 그런데 부칙조항은 노역장유치조항의 시행 전에 행해진 범죄행위에 대해서도 공소제기의 시기가 노역장유치조항의 시행 이후이면 이를 적용하도록 하고 있으므로, 이는 범죄행위 당시 보다 불이익한 법률을 소급 적용하도록 하는 것으로서 헌법상 형벌불소급원칙에 위반된다(헌재 2017.10.26. 2015헌바239, 2016헌바177(병합)).

④ (○) 장해급여제도는 본질적으로 소득재분배를 위한 제도가 아니고, 손해배상 내지 손실보상적 급부인 점에 그 본질이 있는 것으로, 산업재해보상보험이 갖는 두 가지 성격 중 사회보장적 급부로서의 성격은 상대적으로 약하고 재산권적인 보호의 필요성은 보다 강하다고 볼 수 있어 다른 사회보험수급권에 비하여 보다 엄격한 보호가 필요하다. 장해급여제도에 사회보장 수급권으로서의 성격도 있는 이상 소득재분배의 도모나 새로운 산재보상사업의 확대를 위한 자금마련의 목적으로 최고보상제를 도입하는 것 자체는 입법자의 결단으로서 형성적 재량권의 범위 내에 있다고 보더라도, 그러한 입법자의 결단은 최고보상제 시행 이후에 산재를 입는 근로자들부터 적용될 수 있을 뿐, 제도 시행 이전에 이미 재해를 입고 산재보상수급권이 확정적으로 발생한 청구인들에 대하여 그 수급권의 내용을 일시에 급격히 변경하여 가면서까지 적용할 수 있는 것은 아니라고 보아야 할 것이다. 따라서, 심판대상조항은 신뢰보호의 원칙에 위배하여 청구인들의 재산권을 침해하는 것으로서 헌법에 위반된다(헌재 2009.05.28. 2005헌바20).

⑤ (○) [1] 공무원연금법 제27조 제3항, 사립학교교직원연금법 제35조 제3항은 현재 공무원이나 사립학교 직원으로 재직하고 있는 자로서 퇴직연금에 대한 기여금을 납입하고 퇴직하는 경우 장차 받게 될 퇴직연금에 대한 급여액의 산정기초를 종전에 '퇴직 당시의 보수월액'으로 하던 것을 '최종 3년간 평균보수월액'으로 변경한 것이므로, 위 퇴직연금에 대한 기대는 재산권의 성질을 가지고 있으나 확정되지 아니한 형성 중에 있는 권리로서 이는 아직 완성되지 아니하고 진행과정에 있는 사실 또는 법률관계를 규율대상으로 하는 이른바 부진정소급입법에 해당되는 것이어서, 종래의 법적 상태의 존속을 신뢰한 청구인들에 대한 신뢰보호만이 문제될 뿐, 소급입법에 의한 재산권박탈의 문제는 아니므로, 위 법률조항은 소급입법에 의한 재산권박탈금지의 원칙을 선언하고 있는 헌법 제13조 제2항에 위반되지 아니한다. [2] 연금급여가 직업공무원제도의 한 내용이라는 점을 감안하더라도, 연금급여의 성격상 그 급여의 구체적인 내용은 국회가 사회정책적 고려, 국가의 재정 및 연금기금의 상황 등 여러 가지 사정을 참작하여 보다 폭넓은 입법재량으로 결정할 수 있고, 연금급여의 후불임금적 성격을 고려할 때 그 퇴직연금급여는 최종보수월액을 기초로 하는 것보다 오히려 공무원으로 재직한 전 기간 평균보수월액으로 하는 것이 합리적이라고 할 수 있는바, 종전의 '최종보수월액'을 '최종 3년간 평균보수월액'으로 개정한 공무원연금법상 위 급여액산정기초규정은 그 자체로 타당성이 인정된다. 아울러 그 법률규정은 기존의 공무원연금제도를 유지하는 경우 연금재정이 파탄에 이르러 그 제도 자체를 유지·존속하기 어렵게 된 상황에 직면하여 국회가 공무원·정부·연금수급자 3자의 책임분담을 통하여 부담률을 높이고 지급수준을 낮추어 40년간 누적되어 온 연금적자문제를 해소하고 연금재정안정을 도모하는 일련의 연금제도개선책의 일환으로 개정한 것으로, 그로 인하여 달성되는 공익은 실로 중대하다고 하지 않을 수 없다고 할 것이고, 그 제도변경으로 인하여 감소되는 연금급여액의 정도는 상대적으로 크지 않다. 그리고, 사학연금법상 급여액산정기초규정 역시 그 입법취지나 경위 및 사정이 이와 유사하고, 그것이 비록 직업공무원제도의 한 내용은 아니라 하여도 이와 달리 볼 것은 못된다. 따라서, 위 법률조항은 신뢰보호의 원칙에 위배되지 아니한다(헌재 2003.09.25. 2001헌마93).

정답 ③

문 16

소급입법금지의 원칙에 관한 다음 설명 중 가장 옳은 것은? [2018년 37번]

① 진정소급입법은 개인의 신뢰보호와 법적 안정성을 내용으로 하는 법치국가원리에 의하여 허용될 여지가 없다.
② 신법이 피적용자에게 유리한 경우에는 시혜적인 소급입법을 하여야 하므로, 순직공무원의 적용범위를 확대한 개정 공무원연금법을 소급하여 적용하지 아니하도록 한 개정 법률 부칙은 평등의 원칙에 위배된다.

③ 개발이익 환수에 관한 법률 시행 전에 이미 개발에 착수하였다면 비록 법 시행 당시 개발이 완료되지 아니하였더라도 개발부담금을 부과하는 것은 소급입법금지의 원칙에 위배된다.
④ 종전의 수산업법에 의하여 아무런 제한 없이 주장이 가능하던 관행어업권에 대하여 수산업법 시행 이후부터는 등록하여야만 주장할 수 있는 것으로 변경하는 것은 재산권을 소급적으로 박탈하는 규정으로 위헌이다.
⑤ 현재 공무원으로 재직 중인 자가 퇴직하는 경우 장차 받게 될 퇴직연금의 지급시기를 변경하는 것은, 아직 완성되지 아니한 사실 또는 법률관계를 규율대상으로 하는 부진정소급입법에 해당되는 것이어서 원칙적으로 허용된다.

해설 ★★

① (X) 기존의 법에 의하여 형성되어 이미 굳어진 개인의 법적 지위를 사후입법을 통하여 박탈하는 것 등을 내용으로 하는 진정소급입법은 개인의 신뢰보호와 법적 안정성을 내용으로 하는 법치국가원리에 의하여 헌법적으로 허용되지 않는 것이 원칙이지만, 특단의 사정이 있는 경우, 즉 기존의 법을 변경하여야 할 공익적 필요는 심히 중대한 반면에 그 법적 지위에 대한 개인의 신뢰를 보호하여야 할 필요가 상대적으로 정당화될 수 없는 경우에는 예외적으로 허용될 수 있다(헌재 1996.02.16. 96헌가2).

② (X) 신법이 피적용자에게 유리한 경우에는 이른바 시혜적인 소급입법이 가능하지만, 그러한 소급입법을 할 것인지 여부는 그 일차적인 판단이 입법기관에 맡겨져 있으므로 입법자는 입법목적, 사회실정, 법률의 개정이유나 경위 등을 참작하여 결정할 수 있고, 그 판단이 합리적 재량의 범위를 벗어나 현저하게 불합리하고 불공정한 것이 아닌 한 헌법에 위반된다고 할 수는 없다. 소방공무원이 재난·재해현장에서 화재진압이나 인명구조작업 중 입은 위해뿐만 아니라 그 업무수행을 위한 긴급한 출동·복귀 및 부수활동 중 위해에 의하여 사망한 경우까지 그 유족에게 순직공무원보상을 하여 주는 제도를 도입하면서 이 사건 부칙조항이 신법을 소급하는 경과규정을 두지 않았다고 하더라도 소급적용에 따른 국가의 재정부담, 법적 안정성 측면 등을 종합적으로 고려하여 입법정책적으로 정한 것이므로 입법재량의 범위를 벗어나 불합리한 차별이라고 할 수 없다(헌재 2012.08.23. 2011헌바169).

③ (X) 개발이익환수에 관한 법률 부칙 제2조는 동법이 시행된 1990. 1. 1. 이전에 이미 개발을 완료한 사업에 대하여 소급하여 개발부담금을 부과하려는 것이 아니라 동법 시행 당시 개발이 진행 중인 사업에 대하여 장차 개발이 완료되면 개발부담금을 부과하려는 것이므로, 이는 아직 완성되지 아니하여 진행과정에 있는 사실관계 또는 법률관계를 규율대상으로 하는 이른바 부진정소급입법에 해당하는 것이어서 원칙적으로 헌법상 허용되는 것이다(헌재 2001.02.22. 98헌바19).

④ (X) 이 사건 심판대상조항은 구 수산업법의 시행일 이전까지 존재하던 관행어업권에 관하여 규율하는바 없이 장래에 대하여 관행어업권의 행사방법에 관하여 규제할 뿐이므로 그 규정의 법적 효과가 시행일 이전의 시점에까지 미친다고 할 수 없다. 그리고 이 사건 심판대상조항은 종전의 수산업법에 의하여 인정되던 관행어업권을 일방적으로 박탈하는 것이 아니고, 일정한 기간 내에 등록만 하면 관행어업권을 인정하여 주는 것이므로 이를 가리켜 재산권을 소급적으로 박탈하는 규정이라고 할 수 없고, 다만 그 행사방법을 변경 내지 제한하는 규정이라고 할 것이다(헌재 1999.07.22. 97헌바76).

⑤ (O) 이 사건 법률조항들은 현재 공무원으로 재직 중인 자가 퇴직하는 경우 장차 받게 될 퇴직연금의 지급시기를 변경한 것으로, 아직 완성되지 아니한 사실 또는 법률관계를 규율대상으로 하는 부진정소급입법에 해당되는 것이어서 원칙적으로 허용되고, 입법목적으로 달성하고자 하는 연금재정 안정 등의 공익이 손상되는 신뢰에 비하여 우월하다고 할 것이어서 신뢰보호원칙에 위배된다고 볼 수 없다. 따라서 이 사건 법률조항들은 공무원의 재산권을 침해하지 아니한다(헌재 2015.12.23. 2013헌바259).

정답 ⑤

문 17

소급입법금지의 원칙에 관한 다음 설명 중 가장 옳지 않은 것은?(다툼이 있는 경우 헌법재판소 판례에 의함) [2017년 7번]

① 법률의 개정시 구법질서에 대한 당사자의 신뢰가 합리적이고도 정당하며 법률의 개정으로 야기되는 당사자의 손해가 극심하여 새로운 입법으로 달성하고자 하는 공익적 목적이 그러한 당사자의 신뢰의 파괴를 정당화할 수 없다면 그러한 새 입법은 신뢰보호의 원칙상 허용될 수 없다.

② 조세법의 영역에 있어서는 국가가 조세·재정정책을 탄력적·합리적으로 운용할 필요성이 매우 큰 만큼, 조세에 관한 법규·제도는 신축적으로 변할 수밖에 없다는 점에서 납세의무자로서는 구법질서에 의거한 신뢰를 바탕으로 적극적으로 새로운 법률관계를 형성하였다든지 하는 특별한 사정이 없는 한 원칙적으로 세율 등 현재의 세법이 변함없이 유지되리라고 기대하거나 신뢰할 수는 없다.

③ 과거의 사실관계 또는 법률관계를 규율하기 위한 소급입법의 태양에는 이미 과거에 완성된 사실 또는 법률관계를 규율의 대상으로 하는 이른바 진정소급효의 입법과 이미 과거에 시작하였으나 아직 완성되지 아니하고 진행과정에 있는 사실 또는 법률관계를 규율의 대상으로 하는 이른바 부진정소급효의 입법을 상정할 수 있다. 다만 이러한 구분기준이 실제에 있어서 항상 명확한 결과를 도출해 내는 것은 아니다.

④ 부진정소급효의 경우 구법질서에 대하여 기대했던 당사자의 신뢰보호보다는 광범위한 입법권자의 입법형성권을 경시해서는 안 될 일이므로 특단의 사정이 없는 한 새 입법을 하면서 구법관계 내지 구법상의 기대이익을 존중하여야 할 의무가 발생하지는 않는다.

⑤ 기존의 법에 의하여 형성되어 이미 굳어진 개인의 법적 지위를 사후입법을 통하여 박탈하는 것을 내용으로 하는 진정소급입법은 개인의 신뢰보호와 법적안정성을 내용으로 하는 법치국가원리에 반하므로 헌법적으로 허용될 여지가 없다.

해설 ★★★

① (○) 법률의 개정 시 구법 질서에 대한 당사자의 신뢰가 합리적이고도 정당하며, 법률의 개정으로 야기되는 당사자의 손해가 극심하여 새로운 입법으로 달성하고자 하는 공익적 목적이 당사자의 신뢰의 파괴를 정당화할 수 없다면 새로운 입법은 신뢰보호의 원칙 등에 비추어 허용될 수 없다(대판 2016.11.09. 2016두3228).

② (○) 조세법의 영역에 있어서는 국가가 조세·재정정책을 탄력적·합리적으로 운용할 필요성이 매우 큰 만큼, 조세에 관한 법규·제도는 신축적으로 변할 수밖에 없다는 점에서 납세의무자로서는 구법질서에 의거한 신뢰를 바탕으로 적극적으로 새로운 법률관계를 형성하였다든지 하는 특별한 사정이 없는 한 원칙적으로 현재의 세법이 변함없이 유지되리라고 기대하거나 신뢰할 수는 없다(헌재 2010.10.28. 2009헌바67).

③ (○) 과거의 사실관계 또는 법률관계를 규율하기 위한 소급입법의 태양에는 이미 과거에 완성된 사실 또는 법률관계를 규율의 대상으로 하는 이른바 진정소급효의 입법과 이미 과거에 시작하였으나 아직 완성되지 아니하고 진행과정에 있는 사실 또는 법률관계를 규율의 대상으로 하는 이른바 부진정소급효의 입법을 상정할 수 있다고 할 것이다(헌재 1989.03.17. 88헌마1).

④ (○) 부진정 소급효의 경우 구법질서에 대하여 기대했던 당사자의 신뢰보호보다는 광범위한 입법권자의 입법형성권을 경시해서는 안될 일이므로 특단의 사정이 없는 한 새 입법을 하면서 구법관계 내지 구법상의 기대이익을 존중하여야 할 의무가 발생하지는 않는다(헌재 1995.10.26. 94헌바2).

⑤ (X) 소급입법은 새로운 입법으로 이미 종료된 사실관계 또는 법률관계에 작용케 하는 진정소급입법과 현재 진행중인 사실관계 또는 법률관계에 작용케 하는 부진정소급입법으로 나눌 수 있는바, 부진정소급입법은 원칙적으로 허용되지만 소급효를 요구하는 공익상의 사유와 신뢰보호의 요청의 교량과정에서 신뢰보호의 관점이 입법자의 형성권에 제한을 가하게 되는데 반하여, 기존의 법에 의하여 형성되어 이미 굳어진 개인의 법적 지위를 사후입법을 통하여 박탈하는 것 등을 내용으로 하는 진정소급입법은 개인의 신뢰보호와 법적 안정성을 내용으로 하는 법치국가원리에 의하여 특단의 사정이 없는 한 헌법적으로 허용되지 아니하는 것이 원칙이고, 다만 일반적으로 국민이 소급입법을 예상할 수 있었거나 법적 상태가 불확실하고 혼란스러워 보호할 만한 신뢰이익이 적은 경우와 소급입법에 의한 당사자의 손실이 없거나 아주 경미한 경우 그리고 신뢰보호의 요청에 우선하는 심히 중대한 공익상의 사유가 소급입법을 정당화하는 경우 등에는 예외적으로 진정소급입법이 허용된다(헌재 1999.07.22. 97헌바76).

정답 ⑤

문 18

법치국가원리에 관한 다음 설명 중 가장 옳지 않은 것은?(다툼이 있는 경우 대법원 및 헌법재판소 판례에 의함) [2017년 40번]

① 헌법 전문에는 법치주의 이념에 대한 명문 규정이 없다.
② 입주자대표회의의 구성원인 동별 대표자가 될 수 있는 자격이 반드시 법률로 규율하여야 하는 사항이라고 볼 수 없으므로 입주자대표회의 구성에 필요한 사항을 대통령령에 위임하도록 한 구 주택법(2009. 2. 3. 법률 제9405호로 개정되고, 2013. 12. 24. 법률 제12115호로 개정되기 전의 것) 제43조 제7항은 법률유보원칙에 위반되지 않는다.
③ 헌법상 법치주의의 한 내용인 법률유보의 원칙은 국민의 기본권 실현에 관련된 영역에 있어서 국가 행정권의 행사에 관하여 적용되는 것이지, 기본권규범과 관련 없는 경우에까지 준수되도록 요청되는 것은 아니다.
④ 개정된 신법이 피적용자에게 유리한 경우인 이른바 시혜적인 소급입법을 할 것인지의 여부는 입법재량의 문제로서 국민의 권리를 제한하거나 새로운 의무를 부과하는 경우와는 달리 입법자에게 보다 광범위한 입법형성의 자유가 인정된다.
⑤ 법치주의 원리로부터 파생되는 신뢰보호의 원칙은 입법부가 하는 법률의 개정에 있어서는 적용되지 않으므로 법률 개정으로 야기되는 당사자의 손해 여부나 그 정도와는 무관하게 새로운 법률로 달성하고자 하는 공익적 목적이 있다면 입법자는 자유로이 새 법령을 제정하여 시행하거나 적용할 수 있다.

해설 ★★★

① (○) 헌법 전문에 법치주의 이념에 대한 명문 규정이 없다.
② (○) 입주자대표회의는 공법상의 단체가 아닌 사법상의 단체로서, 이러한 특정 단체의 구성원이 될 수 있는 자격을 제한하는 것이 국가적 차원에서 형식적 법률로 규율되어야 할 본질적 사항이라고 보기 어렵다. 또한, 입주자대표회의 구성에 있어서 본질적인 부분은 입주자들이 국가나 사업주체의 관여 없이 자치활동의 일환으로 입주자대표회의를 구성할 수 있다는 것인데, 주택법 제43조 제3항은 입주자가 입주자대표회의를 구성

할 수 있다고 규정하고 있어 이미 본질적인 부분이 입법되어 있으므로 입주자대표회의의 구성원인 동별 대표자가 될 수 있는 자격이 반드시 법률로 규율하여야 하는 사항이라고 볼 수 없다. 따라서 심판대상조항은 법률유보원칙을 위반하지 아니한다(헌재 2016.07.28. 2014헌바158).

③ (O) 헌법상 법치주의의 한 내용인 법률유보의 원칙은 국민의 기본권 실현에 관련된 영역에 있어서 국가 행정권의 행사에 관하여 적용되는 것이지, 기본권규범과 관련 없는 경우에까지 준수되도록 요청되는 것은 아니라 할 것이다(헌재 2010.02.25. 2008헌바160).

④ (O) 개정된 신법이 피적용자에게 유리한 경우에 이른바 시혜적인 소급입법을 하여야 한다는 입법자의 의무가 헌법상의 원칙들로부터 도출되지는 아니한다. 따라서 이러한 시혜적 소급입법을 할 것인지의 여부는 입법재량의 문제로서 그 판단은 일차적으로 입법기관에 맡겨져 있는 것이므로 이와 같은 시혜적 조치를 할 것인가를 결정함에 있어서는 국민의 권리를 제한하거나 새로운 의무를 부과하는 경우와는 달리 입법자에게 보다 광범위한 입법형성의 자유가 인정된다(헌재 1998.11.26. 97헌바67).

⑤ (X) 법률의 개정시 구법질서에 대한 당사자의 신뢰가 합리적이고도 정당하며 법률의 개정으로 야기되는 당사자의 손해가 극심하여 새로운 입법으로 달성하고자 하는 공익적 목적이 그러한 당사자의 신뢰의 파괴를 정당화할 수 없다면 그러한 새 입법은 신뢰보호의 원칙상 허용될 수 없다(헌재 1997.11.27. 97헌바10).

정답 ⑤

문 19

신뢰보호원칙에 관한 다음 설명 중 가장 옳지 않은 것은? [2021년 18번]

① 무기징역의 집행 중에 있는 자의 가석방 요건을 종전의 '10년 이상'에서 '20년 이상' 형 집행 경과로 강화한 개정 형법 조항을 형법 개정 당시에 이미 수용 중인 사람에게도 적용하는 형법 부칙 조항이 신뢰보호원칙에 위배되어 신체의 자유를 침해한다고 볼 수 없다.

② 의료기관 시설의 일부를 변경하여 약국을 개설하는 것을 금지하는 조항을 신설하면서 이에 해당하는 기존 약국 영업을 개정법 시행일로부터 1년까지만 허용하고 유예기간 경과 후에는 약국을 폐쇄하도록 한 약사법 부칙 조항은 개정법 시행 이전부터 해당 약국을 운영해 온 기존 약국개설 등록자의 신뢰이익을 침해하여 신뢰보호의 원칙에 위반된다.

③ 신뢰보호의 원칙은 법치국가의 원칙으로부터 도출되는 것으로, 그 위반 여부는 침해받은 이익의 보호가치, 침해의 중한 정도, 신뢰가 손상된 정도, 신뢰침해의 방법, 새로운 입법을 통해 실현하고자 하는 공익적 목적을 종합적으로 비교·형량하여 판단하여야 한다.

④ 기존에 자유업종이었던 인터넷컴퓨터게임시설제공업에 대하여 등록제를 도입하면서 1년 이상의 유예기간을 둔 게임산업진흥에 관한 법률 조항은 신뢰보호원칙에 위배되지 않는다.

⑤ 자도소주구입명령제도에 대한 소주제조업자의 강한 신뢰보호이익이 인정되나, 이러한 신뢰보호도 '능력경쟁의 실현'이라는 보다 우월한 공익에 직면하여 종래의 법적 상태의 존속을 요구할 수는 없다.

> **MGI Point**　**신뢰보호원칙**　★★
>
> - 무기징역의 집행 중에 있는 자의 가석방 요건을 종전의 '10년 이상'에서 '20년 이상' 형 집행 경과로 강화한 개정 형법 조항을 개정 당시에 이미 수용 중인 사람에게도 적용하는 부칙조항 ⇨ 신뢰보호원칙에 위배되어 신체의 자유 침해 ×
> - 의료기관 시설의 일부를 변경하여 약국을 개설하는 것을 금지하는 조항을 신설하면서 이에 해당하는 기존 약국 영업을 개정법 시행일로부터 1년까지만 허용하고 유예기간 경과 후에는 약국을 폐쇄하도록 한 약사법 부칙조항
>   ⇨ 비례의 원칙이나 신뢰보호의 원칙에 위반되지 않으므로 직업행사의 자유 침해 ×
> - 신뢰보호의 원칙의 위배 여부 ⇨ 침해받은 이익의 보호가치, 침해의 중한 정도, 신뢰가 손상된 정도, 신뢰침해의 방법 등과 다른 한편으로는 새 입법을 통해 실현하고자 하는 공익적 목적을 종합적으로 비교·형량하여 판단 要
> - 기존에 자유업이었던 인터넷컴퓨터 게임시설제공업에 대하여 등록제를 도입하면서 1년 이상의 유예기간을 둔 게임산업진흥에 관한 법률 조항 ⇨ 신뢰보호원칙 위배 ×
> - 주세법의 자도소주구입명령제도 ⇨ 헌법 위반 ○

① (○) 수형자가 형법에 규정된 형 집행경과기간 요건을 갖춘 것만으로 가석방을 요구할 권리를 취득하는 것은 아니므로, 10년간 수용되어 있으면 가석방 적격심사 대상자로 선정될 수 있었던 구 형법(1953. 9. 18. 법률 제293호로 제정되고, 2010. 4. 15. 법률 제10259호로 개정되기 전의 것, 이하 '구 형법'이라 한다) 제72조 제1항에 대한 청구인의 신뢰를 헌법상 권리로 보호할 필요성이 있다고 할 수 없다. … 그렇다면 죄질이 더 무거운 무기징역형을 선고받은 수형자를 가석방할 수 있는 형 집행 경과기간이 개정 형법 시행 후에 유기징역형을 선고받은 수형자의 경우와 같거나 오히려 더 짧게 되는 불합리한 결과를 방지하고, 사회를 방위하기 위한 이 사건 부칙조항이 신뢰보호원칙에 위배되어 청구인의 신체의 자유를 침해한다고 볼 수 없다(헌재 2013.08.29. 2011헌마408).

② (X) 의료기관과 약국간의 담합방지를 통해서 의약분업을 효율적으로 시행하여 국민보건을 향상함으로써 공공복리를 증진시켜야 할 사유는 기존 약국 개설자인 청구인들의 신뢰이익 제한을 정당화하며, 청구인들이 운영해온 약국영업 기간이 1년 정도 밖에 되지 않아서 비교적 짧다는 점, 약국 개설에 투자한 비용도 많지 않다는 점, 의약분업제도의 실시이후 발생할 수 있는 문제점을 해소하기 위한 법률개정이 있을 수 있다는 것을 예측할 수 있었다는 점, 약사법 부칙 제2조 제1항에 의하여 청구인들에게 주어진 1년의 유예기간이 법개정으로 인한 상황변화에 대처하기에 짧지 않다는 점 등을 고려할 때, 청구인들이 가지는 신뢰이익과 그 침해는 크지 않은 반면에, 법 시행 이전에 이미 개설하여 운영중인 약국을 폐쇄해야 할 공적인 필요성이 매우 크고 입법목적의 달성을 통해서 얻게 되는 국민보건의 향상이라는 공적 이익이 막중하므로, 이 사건 법률조항들이 청구인들의 기존 약국을 폐쇄토록 규정한 것은 비례의 원칙이나 신뢰보호의 원칙에 위반되지 않으므로 청구인들의 직업행사의 자유를 침해하지 않는다(헌재 2003.10.30. 2001헌마700).

③ (○) 신뢰보호의 원칙의 위배 여부는 한편으로는 침해받은 이익의 보호가치, 침해의 중한 정도, 신뢰가 손상된 정도, 신뢰침해의 방법 등과 다른 한편으로는 새 입법을 통해 실현하고자 하는 공익적 목적을 종합적으로 비교·형량하여 판단하여야 하는데, 이 사건의 경우 투자유인이라는 입법목적을 감안하더라도 그로 인한 공익의 필요성이 구법에 대한 신뢰보호보다 간절한 것이라고 보여지지 아니한다(헌재 1995.10.06. 94헌바12).

④ (○) 종전부터 게임물이 사회적 문제를 야기하여 인터넷컴퓨터게임시설제공업을 포함한 게임산업 전반에 대한 제도의 재확립이 요청되고 있었다는 것을 청구인들로서는 충분히 예견할 수 있었고, 인터넷컴퓨터게임시설의 경우 사행성 게임프로그램을 설치함으로써 간단히 사행성 게임물기기로 변환될 수 있으므로 기존의 인터넷컴퓨터게임시설제공업자에게만 특별히 등록에 대한 예외를 부여하는 것에 대하여 이의를 제기하는 공익상의 이유가 존재하며, 청구인들이 현재까지 등록을 하지 못하고 있는 것은 '게임산업진흥에 관한 법률'이 요구하는 시설기준의 불비 때문이 아니라 등록제를 도입하기 전부터 시행되고 있던 학교보건법 등 다른 법령상의 규제를 해소하지 못한 것에서 비롯된 것인 점 등을 고려할 때, 이 사건 법률조항을 시행함에 있어 청구인들에게 주어진 2007. 4. 20.부터 2008. 5. 17.까지 1년 이상의 유예기간은 법개정으로 인한 상황변화에 적절히 대처하기에 지나치게 짧은 것이라고 할 수 없다. 따라서 '게임산업진흥에 관한 법률'은 부칙의 경과규정

을 통하여 종전부터 PC방 영업을 영위하여 온 청구인들을 비롯한 인터넷컴퓨터게임시설제공업자의 신뢰이익을 충분히 고려하고 있으므로, 이 사건 법률조항이 신뢰보호의 원칙에 위배된다고 할 수 없다(헌재 2009.09.24. 2009헌바28).

⑤ (○) … 이 사건의 경우 국가가 장기간에 걸쳐 추진된 주정배정제도, 1도1사원칙에 의한 통폐합정책 및 자도소주구입명령제도를 통하여 신뢰의 근거를 제공하고 국가가 의도하는 일정한 방향으로 소주제조업자의 의사결정을 유도하려고 계획하였으므로, 자도소주구입명령제도에 대한 소주제조업자의 강한 신뢰보호이익이 인정된다. 그러나 이러한 신뢰보호도 법률개정을 통한 "능력경쟁의 실현"이라는 보다 우월한 공익에 직면하여 종래의 법적 상태의 존속을 요구할 수는 없다 할 것이고, 다만 개인의 신뢰는 적절한 경과규정을 통하여 고려되기를 요구할 수 있는데 지나지 않는다 할 것이다. 따라서 지방소주제조업자는 신뢰보호를 근거로 하여 결코 자도소주구입명령제도의 합헌성을 주장하는 근거로 삼을 수는 없다 할 것이고, 주어진 경과기간이 장기간 경쟁을 억제하는 국가정책으로 인하여 약화된 지방소주제조업자의 경쟁력을 회복하기에 너무 짧다거나 아니면 지방소주업체에 대한 경쟁력회복을 위하여 위헌적인 것이 아닌 다른 적절한 조치를 주장할 수 있을 뿐이다(헌재 1996.12.26. 96헌가18). ▶ 이 사건 법률조항 중 주세법 제38조의 7은 주류판매업자 및 소주제조업자의 직업의 자유 및 평등권과 소비자의 자기결정권을 침해하는 규정이므로 헌법에 위반, 같은 법 제18조 제1항 제9호는 위헌인 법률조항을 근거로 이에 위반한 경우 주류판매업자에 대한 주류판매정지 또는 면허취소를 명하는 규정이어서 역시 헌법에 위반된다고 판단

정답 ②

제7관 국제평화주의

문 3

조약과 일반적으로 승인된 국제법규에 관한 다음 설명 중 가장 옳지 않은 것은? [2023년 25번]

① 1992. 2. 19. 발효된 '남북사이의화해와불가침및교류협력에관한합의서'는 일종의 공동성명 또는 신사협정에 준하는 성격을 가지는 것에 불과하고, 국회의 동의를 요하는 조약에 해당하지 않는다.
② 마라케쉬협정에 의하여 관세법위반자의 처벌이 가중된다고 하더라도, 위 협정은 국내법과 같은 효력을 가지므로, 법률에 의하지 아니한 처벌이라고 할 수 없다.
③ '대한민국과일본국간의어업에관한협정'은 우리나라 정부가 일본 정부와의 사이에서 어업에 관해 체결·공포한 조약으로, 그 체결행위는 '공권력의 행사'에 해당한다.
④ 한미주둔군지위협정(SOFA)은 미군의 국내 주둔을 위한 물적 기반으로서의 시설과 구역의 사용을 둘러싼 문제, 출입국, 통관과 관세, 과세에 관한 문제, 노무관련문제 등을 그 내용으로 하는 행정협정의 일종에 불과하고, 국회의 동의를 요하는 조약에 해당하지 않는다.
⑤ 국제노동기구 산하 '결사의 자유위원회'의 권고는 일반적으로 승인된 국제법규에 해당하지 않는다.

MGI Point **국제법**	★★

- 남북사이의화해와불가침및교류협력에관한합의서 ⇨ 국회의 동의를 요하는 조약 ×
- 마라케쉬협정에 의한 관세법위반자의 가중처벌 ⇨ 법률에 의하한 처벌
- 대한민국과일본국간의어업에관한협정 ⇨ 조약, 공권력의 행사
- 한미주둔군지위협정(SOFA) ⇨ 국회의 동의를 요하는 조약
- 국제노동기구 산하 '결사의 자유위원회'의 권고 ⇨ 일반적으로 승인된 국제법규 ×

① (○) 1992. 2. 19. 발효된 '남북사이의화해와불가침및교류협력에관한합의서'는 일종의 공동성명 또는 신사협정에 준하는 성격을 가짐에 불과하여 법률이 아님은 물론 국내법과 동일한 효력이 있는 조약이나 이에 준하는 것으로 볼 수 없다(헌법재판소 2000. 7. 20. 98헌바63 전원재판부).

② (○) 마라케쉬협정도 적법하게 체결되어 공포된 조약이므로 국내법과 같은 효력을 갖는 것이어서 그로 인하여 새로운 범죄를 구성하거나 범죄자에 대한 처벌이 가중된다고 하더라도 이것은 국내법에 의하여 형사처벌을 가중한 것과 같은 효력을 갖게 되는 것이다. 따라서 마라케쉬협정에 의하여 관세법위반자의 처벌이 가중된다고 하더라도 이를 들어 법률에 의하지 아니한 형사처벌이라거나 행위시의 법률에 의하지 아니한 형사처벌이라고 할 수 없다(헌법재판소 1998. 11. 26. 97헌바65 전원재판부).

③ (○) 이 사건 협정은 우리나라 정부가 일본 정부와의 사이에서 어업에 관해 체결·공포한 조약(조약 제1477호)으로서 헌법 제6조 제1항에 의하여 국내법과 같은 효력을 가지므로, 그 체결행위는 고권적 행위로서 '공권력의 행사'에 해당한다(헌법재판소 2001. 3. 21. 99헌마139·142·156·160(병합) 전원재판부).

④ (X) 이 사건 조약은 그 명칭이 "협정"으로 되어있어 국회의 관여없이 체결되는 행정협정처럼 보이기도 하나 우리나라의 입장에서 볼 때에는 외국군대의 지위에 관한 것이고, 국가에게 재정적 부담을 지우는 내용과 입법사항을 포함하고 있으므로 국회의 동의를 요하는 조약으로 취급되어야 한다(헌법재판소 1999. 4. 29. 97헌가14 전원재판부).

⑤ (○) 국제노동기구 산하 '결사의 자유위원회'의 권고는 국내법과 같은 효력이 있거나 일반적으로 승인된 국제법규라고 볼 수 없고, 앞서 검토한 바와 같이 이 사건 노조법 조항들이 국제노동기구의 관련 협약 및 권고와 충돌하지 않는 이유와 마찬가지로 개정 노조법에서 노조전임자가 사용자로부터 급여를 지급받는 것을 금지함과 동시에 그 절충안으로 근로시간 면제 제도를 도입한 이상 이 사건 노조법 조항들이 결사의 자유위원회의 권고 내용과 배치된다고 보기도 어렵다(헌법재판소 2014. 5. 29. 2010헌마606 전원재판부).

정답 ④

문 20

조약 및 일반적으로 승인된 국제법규에 관한 다음 설명 중 가장 옳지 않은 것은? [2021년 21번]

① 헌법재판소는 양심적 병역거부가 일반적으로 승인된 국제법규로서 우리나라에 수용될 수는 없다는 입장이다.
② 조약도 헌법재판소의 위헌법률심판의 대상이 된다.
③ '시민적 및 정치적 권리에 관한 국제규약'은 헌법에 의하여 체결·공포된 조약이므로 그 조약상 기구인 자유권규약위원회의 견해에 따라 우리 입법자는 기존에 유죄판결을 받은 양심적 병역거부자에 대해 전과기록 말소 등의 구제조치를 할 입법의무가 있다.
④ 헌법 제65조는 대통령이 '그 직무집행에 있어서 헌법이나 법률을 위배한 때'를 탄핵사유로 규정하고 있다. 여기의 '법률'에는 형식적 의미의 법률과 이와 동등한 효력을 가지는 국제조약 및 일반적으로 승인된 국제법규 등이 포함된다.
⑤ 국제노동기구 산하 '결사의 자유위원회'의 권고는 일반적으로 승인된 국제법규라고 볼 수 없다.

| MGI Point | 조약 및 일반적으로 승인된 국제법규 | ★ |

- 양심적 병역거부는 일반적으로 승인된 국제법규로서 우리나라에 수용 × (헌법재판소의 입장)
- 조약도 헌법재판소의 위헌법률심판의 대상 ○
- '시민적 및 정치적 권리에 관한 국제규약'(자유권규약)의 조약상 기구인 자유권규약위원회의 견해는 규약을 해석함에 있어 중요한 참고기준이므로 규약 당사국은 그 견해를 존중하여야 함 ⇨ 자유권규약위원회의 견해에 언급된 구제조치를 그대로 이행하는 법률을 제정할 구체적인 입법의무 ×
  ∴ 우리 입법자는 기존에 유죄판결을 받은 양심적 병역거부자에 대해 전과기록 말소 등의 구제조치를 할 입법의무 無
- 헌법 제65조 탄핵사유의 '법률' ⇨ 형식적 의미의 법률과 이와 동등한 효력을 가지는 국제조약 및 일반적으로 승인된 국제법규 등 포함 ○
- 국제노동기구 산하 '결사의 자유위원회'의 권고 ⇨ 국내법과 같은 효력이 있거나 일반적으로 승인된 국제법규 ×

① (○) 우리나라가 가입하지 않았지만 일반성을 지닌 국제조약과 국제관습법에서 양심적 병역거부권을 인정한다면 우리나라에서도 일반적으로 승인된 국제법규로서 양심적 병역거부의 근거가 될 수 있다. 그러나 유럽연합 기본권헌장(Charter of Fundamental Rights of the European Union)과 유럽국가 등 일부국가의 법률 등에서 양심적 병역거부권이 보장된다고 하더라도, 전 세계적으로 양심적 병역거부권의 보장에 관한 일반적으로 승인된 국제법규가 존재한다거나 국제관습법이 형성되었다고 할 수 없다. 따라서 양심적 병역거부가 일반적으로 승인된 국제법규로서 우리나라에 수용될 수는 없다(헌재 2018.06.28. 2011헌바379).

② (○) 헌법 제6조 제1항 참조.

> 헌법 제6조 ① 헌법에 의하여 체결·공포된 조약과 일반적으로 승인된 국제법규는 국내법과 같은 효력을 가진다.

판례 대한민국과아메리카합중국간의상호방위조약제4조에의한시설과구역및대한민국에서의합중국군대의지위에 관한협정(1967. 2. 9. 조약 제232호) 제2조 제1의 (나)항 중 "본협정의 효력발생시에 합중국 군대가 사용하고 있는 시설과 구역은…… 전기 (가)항에 따라 양정부간에 합의된 시설과 구역으로 간주한다"는 부분은 헌법에 위반되지 아니한다(헌재 1999.04.29. 97헌가14). ▶ 이 사건 조약을 법률적 효력을 가진 국제법상의 규범에 해당한다고 보고, 재산권을 침해하지 않는다고 판단한 위헌법률심판

③ (X) '시민적 및 정치적 권리에 관한 국제규약'(이하 '자유권규약'이라 한다)의 조약상 기구인 자유권규약위원회의 견해는 규약을 해석함에 있어 중요한 참고기준이 되고, 규약 당사국은 그 견해를 존중하여야 한다. 특히 우리나라는 자유권규약을 비준함과 동시에, 자유권규약위원회의 개인통보 접수·심리 권한을 인정하는 내용의 선택의정서에 가입하였으므로, 대한민국 국민이 제기한 개인통보에 대한 자유권규약위원회의 견해(Views)를 존중하고, 그 이행을 위하여 가능한 범위에서 충분한 노력을 기울여야 한다. 다만, 자유권규약위원회의 심리가 서면으로 비공개로 진행되는 점 등을 고려하면, 개인통보에 대한 자유권규약위원회의 견해(Views)에 사법적인 판결이나 결정과 같은 법적 구속력이 인정된다고 단정하기는 어렵다. 또한, 자유권규약위원회의 견해가 규약 당사국의 국내법 질서와 충돌할 수 있고, 그 이행을 위해서는 각 당사국의 역사적, 사회적, 정치적 상황 등이 충분히 고려될 필요가 있으므로, 우리 입법자가 자유권규약위원회의 견해(Views)의 구체적인 내용에 구속되어 그 모든 내용을 그대로 따라야만 하는 의무를 부담한다고 볼 수는 없다. 나아가 기존에 유죄판결을 받은 양심적 병역거부자에 대해 전과기록 말소 등의 구제조치를 할 것인지에 대하여는 입법자에게 광범위한 입법재량이 부여되어 있다고 보아야 한다. 따라서 우리나라가 자유권규약의 당사국으로서 자유권규약위원회의 견해를 존중하고 고려하여야 한다는 점을 감안하더라도, 피청구인에게 이 사건 견해에 언급된 구제조치를 그대로 이행하는 법률을 제정할 구체적인 입법의무가 발생하였다고 보기는 어려우므로, 이 사건 심판청구는 헌법소원심판의 대상이 될 수 없는 입법부작위를 대상으로 한 것으로서 부적법하다(헌재 2018.07.26. 2011헌마306).

④ (○) 헌법 제65조에 규정된 탄핵사유를 구체적으로 살펴보면, '직무집행에 있어서'의 '직무'란, 법제상 소관 직무에 속하는 고유 업무 및 통념상 이와 관련된 업무를 말한다. 따라서 직무상의 행위란, 법령·조례 또는 행정관행·관례에 의하여 그 지위의 성질상 필요로 하거나 수반되는 모든 행위나 활동을 의미한다. 헌법은 탄핵사유를 "헌법이나 법률에 위배한 때"로 규정하고 있는데, '헌법'에는 명문의 헌법규정뿐만 아니라 헌법재판소의 결정에 의하여 형성되어 확립된 불문헌법도 포함된다. '법률'이란 단지 형식적 의미의 법률 및 그와 등등한 효력을 가지는 국제조약, 일반적으로 승인된 국제법규 등을 의미한다(헌재 2004.05.14. 2004헌나1).

> 헌법 제65조 ① 대통령·국무총리·국무위원·행정각부의 장·헌법재판소 재판관·법관·중앙선거관리위원회 위원·감사원장·감사위원 기타 법률이 정한 공무원이 그 직무집행에 있어서 헌법이나 법률을 위배한 때에는 국회는 탄핵의 소추를 의결할 수 있다.

⑤ (○) … 국제노동기구 산하 '결사의 자유위원회'의 권고는 국내법과 같은 효력이 있거나 일반적으로 승인된 국제법규라고 볼 수 없고, 앞서 검토한 바와 같이 이 사건 노조법 조항들이 국제노동기구의 관련 협약 및 권고와 충돌하지 않는 이유와 마찬가지로 개정 노조법에서 노조전임자가 사용자로부터 급여를 지급받는 것을 금지함과 동시에 그 절충안으로 근로시간 면제 제도를 도입한 이상 이 사건 노조법 조항들이 결사의 자유위원회의 권고 내용과 배치된다고 보기도 어렵다(헌재 2014.05.29. 2010헌마606).

정답 ③

제4절 | 대한민국헌법의 기본제도

제1관 헌법과 제도적 보장
제2관 정당제도

문 4

정당과 관련된 다음 설명 중 가장 옳은 것은? [2023년 27번]

① 정당설립의 자유는 그 성질상 등록된 정당에게만 인정되는 기본권의 성격을 가지며, 등록이 취소된 정당에게는 인정되지 아니한다.
② 중앙선거관리위원회가 2020. 1. 13. '비례○○당'의 명칭은 정당법 제41조 제3항에 위반되어 정당의 명칭으로 사용할 수 없다고 결정·공표한 행위는 헌법소원의 대상이 되는 '공권력의 행사'에 해당한다.
③ 자유민주적 기본질서를 부정하고 이를 적극적으로 제거하려는 조직도, 국민의 정치적 의사형성에 참여하는 한 정당의 자유의 보호를 받는 정당이다.
④ 헌법재판소의 해산결정으로 해산되는 정당 소속 국회의원은 적법한 선거절차에 의하여 선출된 자이므로 그 의원직을 상실하지 않는다.
⑤ 정당에 대한 후원을 금지하고 위반시 형사처벌하는 구 정치자금법 제6조는 정당 후원회를 금지함으로써 불법 정치자금 수수로 인한 정경유착을 막고 정당의 정치자금 조달의 투명성을 확보하여 정당 운영의 투명성과 도덕성을 제고하기 위한 것으로 목적의 정당성이 인정되므로 정당활동의 자유를 침해하지 않는다.

> **MGI Point** 정당 ★★
>
> - 정당설립의 자유의 주체 ⇨ 등록이 취소된 정당도 포함
> - 중앙선거관리위원회가 정당의 명칭으로 사용할 수 없다고 결정·공표한 행위 ⇨ 공권력의 행사×
> - 정당의 자유의 보호를 받는 정당의 범위 ⇨ 자유민주적 기본질서를 부정하고 이를 적극적으로 제거하려는 조직도 포함
> - 헌법재판소의 해산결정으로 해산되는 정당 소속 국회의원 ⇨ 의원직 상실함
> - 정당에 대한 후원을 금지하고 위반시 형사처벌하는 구 정치자금법 ⇨ 정당의 정당활동의 자유, 국민의 정치적 표현의 자유 침해

① (X) 청구인(사회당)은 등록이 취소된 이후에도, 취소 전 사회당의 명칭을 사용하면서 대외적인 정치활동을 계속하고 있고, 대내외 조직 구성과 선거에 참여할 것을 전제로 하는 당헌과 대내적 최고의사결정기구로서 당대회와, 대표단 및 중앙위원회, 지역조직으로 시·도위원회를 두는 등 계속적인 조직을 구비하고 있는 사실 등에 비추어 보면, 청구인은 등록이 취소된 이후에도 '등록정당'에 준하는 '권리능력 없는 사단'으로서의 실질을 유지하고 있다고 볼 수 있으므로 이 사건 헌법소원의 청구인능력을 인정할 수 있다. 또한, 정당설립의 자유는 그 성질상 등록된 정당에게만 인정되는 기본권이 아니라 청구인과 같이 등록정당은 아니지만 권리능력 없는 사단의 실체를 가지고 있는 정당에게도 인정되는 기본권이라고 할 수 있고, 청구인이 등록정당으로서의 지위를 갖추지 못한 것은 결국 이 사건 법률조항 및 같은 내용의 현행 정당법(제17조, 제18조)의 정당등록요건규정 때문이고, 장래에도 이 사건 법률조항과 같은 내용의 현행 정당법 규정에 따라 기본권제한이 반복될 위험이 있으므로, 심판청구의 이익을 인정할 수 있다(헌법재판소 2006. 3. 30. 2004헌마246 전원재판부).

② (X) 이 사건 결정·공표로 인하여 '비례자유한국당(가칭)중앙당창당준비위원회'를 명칭으로 한 이 사건 창당준비위원회의 결성신고가 유효하지 않게 된 것도 아니고, 또한 이 사건 결정·공표로 인하여 이 사건 창당준비위원회의 명칭이 변경된 것도 아니다. 따라서 이 사건 결정·공표는 그 자체만으로 청구인의 법적 지위에 어떠한 영향을 미치지 않는다. 이 사건 창당준비위원회 또는 청구인이 피청구인에게 정당등록을 신청하고 이에 대하여 피청구인이 그 신청을 수리 또는 거부할 때 비로소 청구인의 법적 지위가 변동된다 할 것이다 (헌법재판소 2021. 3. 25. 2020헌마94 전원재판부 결정).

③ (O) 헌법 제8조 제4항은 "정당의 목적이나 활동이 민주적 기본질서에 위배될 때에는 정부는 헌법재판소에 그 해산을 제소할 수 있고, 정당은 헌법재판소의 심판에 의하여 해산된다."고 규정하고 있다. 정당의 해산에 관한 위 헌법규정은 민주주의를 파괴하려는 세력으로부터 민주주의를 보호하려는 소위 '방어적 민주주의'의 한 요소이고/ 다른 한편으로는 헌법 스스로가 정당의 정치적 성격을 이유로 하는 정당금지의 요건을 엄격하게 정함으로써 되도록 민주적 정치과정의 개방성을 최대한으로 보장하려는 것이다. 즉, 헌법은 정당의 금지를 민주적 정치과정의 개방성에 대한 중대한 침해로서 이해하여 오로지 제8조 제4항의 엄격한 요건하에서만 정당설립의 자유에 대한 예외를 허용하고 있다. 이에 따라 자유민주적 기본질서를 부정하고 이를 적극적으로 제거하려는 조직도, 국민의 정치적 의사형성에 참여하는 한, '정당의 자유'의 보호를 받는 정당에 해당하며, 오로지 헌법재판소가 그의 위헌성을 확인한 경우에만 정당은 정치생활의 영역으로부터 축출될 수 있다 (헌법재판소 1999. 12. 23. 99헌마135 전원재판부).

④ (X) 헌법재판소의 해산결정으로 정당이 해산되는 경우에 그 정당 소속 국회의원이 의원직을 상실하는지에 대하여 명문의 규정은 없으나, 정당해산심판제도의 본질은 민주적 기본질서에 위배되는 정당을 정치적 의사형성과정에서 배제함으로써 국민을 보호하는 데에 있는데 해산정당 소속 국회의원의 의원직을 상실시키지 않는 경우 정당해산결정의 실효성을 확보할 수 없게 되므로, 이러한 정당해산제도의 취지 등에 비추어 볼 때 헌법재판소의 정당해산결정이 있는 경우 그 정당 소속 국회의원의 의원직은 당선 방식을 불문하고 모두 상실되어야 한다(헌법재판소 2014. 12. 19. 2013헌다1 전원재판부).

⑤ (X) 이 사건 법률조항은 정당 후원회를 금지함으로써 불법 정치자금 수수로 인한 정경유착을 막고 정당의 정치자금 조달의 투명성을 확보하여 정당 운영의 투명성과 도덕성을 제고하기 위한 것으로, 입법목적의 정

당성은 인정된다. 그러나 정경유착의 문제는 일부 재벌기업과 부패한 정치세력에 국한된 것이고 대다수 유권자들과는 직접적인 관련이 없으므로 일반 국민의 정당에 대한 정치자금 기부를 원천적으로 봉쇄할 필요는 없고, 기부 및 모금한도액의 제한, 기부내역 공개 등의 방법으로 정치자금의 투명성을 충분히 확보할 수 있다. 정치자금 중 당비는 반드시 당원으로 가입해야만 납부할 수 있어 일반 국민으로서 자신이 지지하는 정당에 재정적 후원을 하기 위해 반드시 당원이 되어야 하므로, 정당법상 정당 가입이 금지되는 공무원 등의 경우에는 자신이 지지하는 정당에 재정적 후원을 할 수 있는 방법이 없다. 그리고 현행 기탁금 제도는 중앙선거관리위원회가 국고보조금의 배분비율에 따라 각 정당에 배분·지급하는 일반기탁금제도로서, 기부자가 자신이 지지하는 특정 정당에 재정적 후원을 하는 것과는 전혀 다른 제도이므로 이로써 정당 후원회를 대체할 수 있다고 보기도 어렵다. 나아가 정당제 민주주의 하에서 정당에 대한 재정적 후원이 전면적으로 금지됨으로써 정당이 스스로 재정을 충당하고자 하는 정당활동의 자유와 국민의 정치적 표현의 자유에 대한 제한이 매우 크다고 할 것이므로, 이 사건 법률조항은 정당의 정당활동의 자유와 국민의 정치적 표현의 자유를 침해한다(헌법재판소 2015. 12. 23. 2013헌바168 결정).

정답 ③

문 21

정당해산심판에 관한 다음 설명 중 가장 옳지 않은 것은? [2020년 20번]

① 정당의 목적이나 활동이 민주적 기본질서에 위배될 때에는 정부는 헌법재판소에 그 해산을 제소할 수 있고, 정당은 헌법재판소의 심판에 의하여 해산된다.
② 위 ①항에서 말하는 민주적 기본질서의 '위배'란, 민주적 기본질서에 대한 단순한 위반이나 저촉을 의미하는 것이 아니라, 민주사회의 불가결한 요소인 정당의 존립을 제약해야 할 만큼 그 정당의 목적이나 활동이 우리 사회의 민주적 기본질서에 대하여 실질적인 해악을 끼칠 수 있는 구체적 위험성을 초래하는 경우를 가리킨다.
③ 정당해산심판에 대하여는 형사소송에 관한 법령이 준용된다.
④ 정당해산의 제소는 국무회의의 심의를 거쳐야 한다.
⑤ 헌법재판소는 정당해산심판의 청구를 받은 때에는 직권 또는 청구인의 신청에 의하여 종국결정의 선고 시까지 피청구인의 활동을 정지하는 결정을 할 수 있다.

MGI Point 정당해산심판 ★★

- 헌법 제8조 제4항 : 정당의 목적이나 활동이 민주적 기본질서 위배될 때 정부는 헌법재판소에 해산 제소 可
  ⇨ 정당은 헌법재판소의 심판에 의하여 해산 ○
- 헌법 제8조 제4항의 「민주적 기본질서의 위배」 ⇨ 민주적 기본질서에 대한 단순한 위반·저촉 ×
- 헌법재판의 심판절차와 준용규정
  - 헌법재판의 성질에 반하지 아니하는 한도에서 민사소송에 관한 법령을 준용
- 정당해산의 제소시 국무회의 심의 要
- 헌법재판소는 직권 또는 청구인의 신청에 의하여 종국결정의 선고 시까지 피청구인의 활동을 정지하는 결정 可

① (○) 헌법 제8조 제4항 참조.

> 헌법 제8조 ① 정당의 설립은 자유이며, 복수정당제는 보장된다.
> ② 정당은 그 목적·조직과 활동이 민주적이어야 하며, 국민의 정치적 의사형성에 참여하는데 필요한 조직을 가져야 한다.
> ③ 정당은 법률이 정하는 바에 의하여 국가의 보호를 받으며, 국가는 법률이 정하는 바에 의하여 정당운영에 필요한 자금을 보조할 수 있다.
> ④ 정당의 목적이나 활동이 민주적 기본질서에 위배될 때에는 정부는 헌법재판소에 그 해산을 제소할 수 있고, 정당은 헌법재판소의 심판에 의하여 해산된다.

② (○) 헌법 제8조 제4항은 정당해산심판의 사유를 "정당의 목적이나 활동이 민주적 기본질서에 위배될 때"로 규정하고 있는데, 여기서 말하는 민주적 기본질서의 '위배'란, 민주적 기본질서에 대한 단순한 위반이나 저촉을 의미하는 것이 아니라, 민주사회의 불가결한 요소인 정당의 존립을 제약해야 할 만큼 그 정당의 목적이나 활동이 우리 사회의 민주적 기본질서에 대하여 실질적인 해악을 끼칠 수 있는 구체적 위험성을 초래하는 경우를 가리킨다(헌재 2014.12.19. 2013헌다1).

③ (X) 헌법 제40조 제1항 참조.

> 헌법 제40조(준용규정) ① 헌법재판소의 심판절차에 관하여는 이 법에 특별한 규정이 있는 경우를 제외하고는 헌법재판의 성질에 반하지 아니하는 한도에서 민사소송에 관한 법령을 준용한다. 이 경우 탄핵심판의 경우에는 형사소송에 관한 법령을 준용하고, 권한쟁의심판 및 헌법소원심판의 경우에는 「행정소송법」을 함께 준용한다.

④ (○) 헌법 제89조 참조.

> 헌법 제89조 다음 사항은 국무회의의 심의를 거쳐야 한다.
> 14. 정당해산의 제소

⑤ (○) 헌법재판소법 제57조 참조.

> 헌법재판소법 제57조(가처분) 헌법재판소는 정당해산심판의 청구를 받은 때에는 직권 또는 청구인의 신청에 의하여 종국결정의 선고 시까지 피청구인의 활동을 정지하는 결정을 할 수 있다.

정답 ③

문 22

정당에 관한 다음 설명 중 가장 옳지 않은 것은? [2019년 17번]

① 정당설립의 자유는 자신들이 원하는 명칭을 사용하여 정당을 설립하거나 정당활동을 할 자유도 포함하고, 정당설립의 자유를 제한하는 법률의 합헌성을 심사할 때에는 헌법 제37조 제2항에 따라 엄격한 비례심사를 하여야 한다.
② 국회의원선거에 참여하여 의석을 얻지 못하고 유효투표총수의 100분의 2 이상을 득표하지 못한 정당에 대해 그 등록을 취소하도록 한 정당등록취소조항은 정당설립의 자유를 침해하지 않는다.
③ 정당해산심판절차에 관하여 민사소송에 관한 법령을 준용하도록 한 헌법재판소법 제40조 제1항은 헌법상 재판을 받을 권리를 침해하지 아니한다.
④ 헌법재판소의 정당해산결정이 있는 경우 그 정당 소속 국회의원의 의원직은 당선 방식을 불문하고 모두 상실한다.
⑤ 헌법재판소의 해산결정에 의하여 해산된 정당의 잔여재산은 국고에 귀속한다.

> MGI Point **정당** ★★

- 정당설립의 자유
  - 정당존속의 자유와 정당활동의 자유를 포함
  - 자신들이 원하는 명칭을 사용하여 정당을 설립하거나 정당활동을 할 자유 포함
  - 정당설립의 자유를 제한하는 법률의 합헌성을 심사할 때 ⇨ 헌법 제37조 제2항에 따라 엄격한 비례심사 要
- 임기만료에 의한 국회의원선거에 참여하여 의석을 얻지 못하고 유효투표총수의 100분의 2 이상을 득표하지 못한 때를 등록취소사유로 규정한 정당법 제44조 제1항 제3호 ⇨ 정당설립의 자유를 침해하여 위헌
- 정당해산심판에서 민사소송 법령 준용 ⇨ 재판받을 권리 침해 ×
- 헌법재판소의 정당해산결정이 있는 경우 ⇨ 그 정당 소속 국회의원의 의원직은 당선 방식을 불문하고 모두 상실
- 헌법재판소의 해산결정에 의하여 해산된 정당의 잔여재산 ⇨ 국고에 귀속

① (○) 헌법 제8조 제1항 전단은 단지 정당설립의 자유만을 명시적으로 규정하고 있지만, 정당의 설립만이 보장될 뿐 설립된 정당이 언제든지 해산될 수 있거나 정당의 활동이 임의로 제한될 수 있다면 정당설립의 자유는 사실상 아무런 의미가 없게 되므로, 정당설립의 자유는 당연히 정당존속의 자유와 정당활동의 자유를 포함하는 것이다. 한편, 정당의 명칭은 그 정당의 정책과 정치적 신념을 나타내는 대표적인 표지에 해당하므로, 정당설립의 자유는 자신들이 원하는 명칭을 사용하여 정당을 설립하거나 정당활동을 할 자유도 포함한다. 정당은 국민과 국가의 중개자로서 정치적 도관(導管)의 기능을 수행하여 주체적·능동적으로 국민의 다원적 정치의사를 유도·통합함으로써 국가정책의 결정에 직접 영향을 미칠 수 있는 규모의 정치적 의사를 형성하고 있다. 오늘날 대의민주주의에서 차지하는 정당의 이러한 의의와 기능을 고려하여, 헌법 제8조 제1항은 국민 누구나가 원칙적으로 국가의 간섭을 받지 아니하고 정당을 설립할 권리를 기본권으로 보장함과 아울러 복수정당제를 제도적으로 보장하고 있다. 따라서 입법자는 정당설립의 자유를 최대한 보장하는 방향으로 입법하여야 하고, 헌법재판소는 정당설립의 자유를 제한하는 법률의 합헌성을 심사할 때에 헌법 제37조 제2항에 따라 엄격한 비례심사를 하여야 한다(헌재 2014.01.28. 2012헌가19).

② (X) 실질적으로 국민의 정치적 의사형성에 참여할 의사나 능력이 없는 정당을 정치적 의사형성과정에서 배제함으로써 정당제 민주주의 발전에 기여하고자 하는 한도에서 정당등록취소조항의 입법목적의 정당성과 수단의 적합성을 인정할 수 있다. 그러나 정당등록의 취소는 정당의 존속 자체를 박탈하여 모든 형태의 정당활동을 불가능하게 하므로, 그에 대한 입법은 필요최소한의 범위에서 엄격한 기준에 따라 이루어져야 한다. 그런데 일정기간 동안 공직선거에 참여할 기회를 수 회 부여하고 그 결과에 따라 등록취소 여부를 결정하는 등 덜 기본권 제한적인 방법을 상정할 수 있고, 정당법에서 법정의 등록요건을 갖추지 못하게 된 정당이나 일정기간 국회의원선거 등에 참여하지 아니한 정당의 등록을 취소하도록 하는 등 현재의 법체계 아래에서도 입법목적을 실현할 수 있는 다른 장치가 마련되어 있으므로, 정당등록취소조항은 침해의 최소성 요건을 갖추지 못하였다. 나아가, 정당등록취소조항은 어느 정당이 대통령선거나 지방자치선거에서 아무리 좋은 성과를 올리더라도 국회의원선거에서 일정 수준의 지지를 얻는 데 실패하면 등록이 취소될 수밖에 없어 불합리하고, 신생·군소정당으로 하여금 국회의원선거에의 참여 자체를 포기하게 할 우려도 있어 법익의 균형성 요건도 갖추지 못하였다. 따라서 정당등록취소조항은 과잉금지원칙에 위반되어 청구인들의 정당설립의 자유를 침해한다(헌재 2014.01.28. 2012헌마431). ▶ 정당법 제41조 제4항 위헌확인사건에서 국회의원선거에 참여하여 의석을 얻지 못하고 유효투표총수의 100분의 2 이상을 득표하지 못한 정당에 대해 그 등록을 취소하도록 한 정당법 제44조 제1항 제3호가 정당설립의 자유를 침해한다고 판시하였다.

③ (○) 준용조항은 헌법재판에서의 불충분한 절차진행규정을 보완하고, 원활한 심판절차진행을 도모하기 위한 조항으로, 그 절차보완적 기능에 비추어 볼 때, 소송절차 일반에 준용되는 절차법으로서의 민사소송에 관한 법령을 준용하도록 한 것이 현저히 불합리하다고 볼 수 없다. 또한 '헌법재판의 성질에 반하지 아니하는 한도'에서 민사소송에 관한 법령을 준용하도록 규정하여 정당해산심판의 고유한 성질에 반하지 않도록 적용범위를 한정하고 있는바, 여기서 '헌법재판의 성질에 반하지 않는' 경우란, 다른 절차법의 준용이 헌법재판의

고유한 성질을 훼손하지 않는 경우로 해석할 수 있고, 이는 헌법재판소가 당해 헌법재판이 갖는 고유의 성질·헌법재판과 일반재판의 목적 및 성격의 차이·준용 절차와 대상의 성격 등을 종합적으로 고려하여 구체적·개별적으로 판단할 수 있다. 따라서 준용조항은 청구인의 공정한 재판을 받을 권리를 침해한다고 볼 수 없다 (헌재 2014.02.27. 2014헌마7).

④ (○) 헌법재판소의 해산결정으로 정당이 해산되는 경우에 그 정당 소속 국회의원이 의원직을 상실하는지에 대하여 명문의 규정은 없으나, 정당해산심판제도의 본질은 민주적 기본질서에 위배되는 정당을 정치적 의사형성과정에서 배제함으로써 국민을 보호하는 데에 있는데 해산정당 소속 국회의원의 의원직을 상실시키지 않는 경우 정당해산결정의 실효성을 확보할 수 없게 되므로, 이러한 정당해산제도의 취지 등에 비추어 볼 때 헌법재판소의 정당해산결정이 있는 경우 그 정당 소속 국회의원의 의원직은 당선 방식을 불문하고 모두 상실되어야 한다(헌재 2014.12.19. 2013헌다1).

⑤ (○) 정당법 제48조 참조.

> 정당법 제48조(해산된 경우 등의 잔여재산 처분) ① 정당이 제44조(등록의 취소)제1항의 규정에 의하여 등록이 취소되거나 제45조(자진해산)의 규정에 의하여 자진해산한 때에는 그 잔여재산은 당헌이 정하는 바에 따라 처분한다.
> ② 제1항의 규정에 의하여 처분되지 아니한 정당의 잔여재산 및 헌법재판소의 해산결정에 의하여 해산된 정당의 잔여재산은 국고에 귀속한다.
> ③ 제2항에 관하여 필요한 사항은 중앙선거관리위원회규칙으로 정한다.

정답 ②

문 23

정당제도에 관한 다음 설명 중 옳지 않은 것은 모두 몇 개인가? [2018년 20번]

> ㄱ. 정당은 오늘날 대중민주주의에 있어서 국민의 정치의사형성의 담당자이며 매개자이자 민주주의에 있어서 필수불가결한 요소이기 때문에, 정당의 자유로운 설립과 활동은 민주주의 실현의 전제조건이다.
> ㄴ. 오늘날 민주주의에서 차지하는 정당의 의의와 기능을 고려하여 우리 헌법은 정당을 일반적인 결사의 자유로부터 분리하여 제8조에 독자적으로 규율함으로써, 정당의 특별한 지위를 강조하고 있다.
> ㄷ. 헌법 제8조 제1항은 단지 정당설립의 자유만을 명시적으로 규정하고 있지만, 정당의 설립만이 보장될 뿐 설립된 정당이 언제든지 다시 금지될 수 있거나 정당의 활동이 임의로 제한될 수 있다면 정당설립의 자유는 사실상 아무런 의미가 없기 때문에, 누구나 국가의 간섭을 받지 아니하고 자유롭게 정당에 가입하고 정당으로부터 탈퇴할 수 있는 자유를 함께 보장하는 것으로 보아야 한다.
> ㄹ. 정당등록제도는 정당임을 자처하는 정치적 결사가 일정한 법률상의 요건을 갖추어 관할 행정기관에 등록을 신청하고, 이 요건이 충족된 경우 정당등록부에 등록하여 비로소 그 결사가 정당임을 법적으로 확인시켜 주는 제도로서, 법적 안정성과 확실성에 기여한다.

ㅁ. 정당의 자유를 규정하는 헌법 제8조 제1항이 기본권의 규정형식을 취하고 있지 아니하고 '국민의 기본권에 관한 장'인 제2장에 위치하고 있지 아니하므로 객관적 제도보장에 해당하고, 그 침해를 이유로 헌법소원심판을 청구하는 것은 부적법하다.

① 0개 ② 1개 ③ 2개
④ 3개 ⑤ 4개

해설 ★★

ㄱ. (○) 정당은 국민과 국가의 중개자로서 정치적 도관(導管)의 기능을 수행하여 주체적·능동적으로 국민의 다원적 정치의사를 유도·통합함으로써 국가정책의 결정에 직접 영향을 미칠 수 있는 규모의 정치적 의사를 형성하고 있다. 이와 같이, 정당은 오늘날 대중민주주의에 있어서 국민의 정치의사형성의 담당자이며 매개자이자 민주주의에 있어서 필수불가결한 요소이기 때문에, 정당의 자유로운 설립과 활동은 민주주의 실현의 전제조건이라고 할 수 있다(헌재 2006.03.30. 2004헌마246).

ㄴ. (○) 오늘날 민주주의에서 차지하는 정당의 이러한 의의와 기능을 고려하여 우리 헌법은 정당을 일반적인 결사의 자유로부터 분리하여 제8조에 독자적으로 규율함으로써, 정당의 특별한 지위를 강조하고 있다(헌재 2006.03.30. 2004헌마246).

ㄷ. (○) 헌법 제8조 제1항 전단의 정당설립의 자유는 정당설립의 자유만이 아니라 정당활동의 자유를 포함한다. 즉, 헌법 제8조 제1항은 정당설립의 자유만을 명시적으로 규정하고 있지만, 정당설립의 자유만이 아니라 누구나 국가의 간섭을 받지 아니하고 자유롭게 정당에 가입하고 정당으로부터 탈퇴할 수 있는 자유를 함께 보장한다. 정당의 설립만이 보장될 뿐 설립된 정당이 언제든지 다시 금지될 수 있거나 정당의 활동이 임의로 제한될 수 있다면, 정당설립의 자유는 사실상 아무런 의미가 없기 때문이다. 따라서 정당설립의 자유는 당연히 정당의 존속과 정당활동의 자유도 보장하는 것이다(헌재 2006.03.30. 2004헌마246).

ㄹ. (○) 정당법은 제4조 제1항에서 "정당은 중앙당이 중앙선거관리위원회에 등록함으로써 성립한다."고 하여 정당등록을 정당설립의 요건으로 규정하고 있다. … 정당등록제도는 정당임을 자처하는 정치적 결사가 일정한 법률상의 요건을 갖추어 관할 행정기관에 등록을 신청하고, 이 요건이 충족된 경우 정당등록부에 등록하여 비로소 그 결사가 정당임을 법적으로 확인시켜 주는 제도이다. 이러한 정당의 등록제도는 어떤 정치적 결사가 정당에 해당되는지의 여부를 쉽게 확인할 수 있게 해 주며, 이에 따라 정당에게 부여되는 법률상의 권리·의무관계도 비교적 명확하게 판단할 수 있게 해 준다. 이러한 점에서 정당등록제는 법적 안정성과 확실성에 기여한다고 평가할 수 있다(헌재 2006.03.30. 2004헌마246).

ㅁ. (X) 정당설립의 자유는 비록 헌법 제8조 제1항 전단에 규정되어 있지만 국민 개인과 정당의 '기본권'이라 할 수 있고, 당연히 이를 근거로 하여 헌법소원심판을 청구할 수 있다고 보아야 할 것이다. 이 사건에서도 헌법 제21조 제1항 결사의 자유의 특별규정으로서, 헌법 제8조 제1항 전단의 정당설립의 자유의 침해 여부가 문제된다고 할 것이다(헌재 2006.03.30. 2004헌마246).

정답 ②

제3관 선거제도

문 5

선거에 관한 다음 설명 중 가장 옳은 것은? [2023년 7번]

① 지방자치단체의 장선거 예비후보자가 정당의 공천심사에서 탈락한 후 후보자등록을 하지 않은 경우를 기탁금 반환 사유로 규정하지 않은 공직선거법은 예비후보자의 무분별한 난립과 선거운동의 과열·혼탁을 방지하고 그 성실성과 책임성을 담보하기 위한 것이므로 과잉금지의 원칙에 위반되지 않는다.
② 재외투표기간 개시일에 임박하여 또는 재외투표기간 중에 재외선거사무 중지결정이 있었고 그에 대한 재개결정이 없었던 예외적인 상황에서 재외투표기간 개시일 이후에 귀국한 재외선거인 및 국외부재자신고인이 국내에서 선거일에 투표할 수 있도록 하는 절차를 마련하지 아니한 것은 선거권을 전면 부정하고 있지 않으므로 선거권을 침해한다고 볼 수 없다.
③ 부재자 투표시 투표 개시시간을 일과시간 이내인 오전 10시부터 오후 4시까지로 정한 것은 투표관리의 효율성을 도모하고 행정부담을 줄이기 위한 목적의 정당성이 인정되므로 헌법에 위반되지 않는다.
④ 다른 일반범죄에 관한 공소시효의 기산점을 '범죄행위의 종료한 때로부터'로 정한 것과 달리 선거일 이전에 행하여진 범죄에 관하여 '해당 범죄행위 종료 시'가 아닌 '당해 선거일후'를 기준으로 공소시효를 기산하는 것은 '선거일 이전에 행하여진 선거범죄'와 '선거일 후에 행하여진 선거범죄'를 합리적 이유 없이 차별하는 것으로 평등원칙에 위배된다.
⑤ 선거일에 선거운동을 한 자를 처벌하는 구 공직선거법(1994. 3. 16. 법률 제4739호로 제정되고 2017. 2. 8. 법률 제14556호로 개정되기 전의 것)은 과잉금지의 원칙을 위반하여 정치적 표현의 자유를 침해하지 않는다.

MGI Point 선거권 ★

- 지방자치단체의 장선거 예비후보자가 정당의 공천심사에서 탈락한 후 후보자등록을 하지 않은 경우를 기탁금 반환 사유로 규정하지 않은 것 ▷ 과잉금지원칙 위반(재산권 침해)
- 재외투표기간 개시일에 임박하여 또는 재외투표기간 중에 재외선거사무 중지결정이 있었고 그에 대한 재개결정이 없었던 예외적인 상황에서 재외투표기간 개시일 이후에 귀국한 재외선거인 및 국외부재자신고인이 국내에서 선거일에 투표할 수 있도록 하는 절차를 마련하지 아니한 것 ▷ 선거권 침해
- 부재자투표 개시시간을 오전 10시로 정한 것 ▷ 선거권과 평등권 침해
- 부재자투표 종료시간을 오후 4시로 정한 것 ▷ 선거권과 평등권 침해 ×
- 선거일 이전에 행하여진 범죄에 관하여 '해당 범죄행위 종료 시'가 아닌 '당해 선거일후'를 기준으로 공소시효를 기산하는 것 ▷ 평등원칙 위배
- 선거일에 선거운동을 한 자를 처벌하는 것 ▷ 정치적 표현의 자유 침해 ×

① (X) 헌법재판소는 2018. 1. 25. 2016헌마541 결정에서 지역구국회의원선거 예비후보자가 정당의 공천심사에서 탈락한 후 후보자등록을 하지 않은 경우를 기탁금 반환 사유로 규정하지 않은 구 공직선거법 제57조 제1항 제1호 다목 중 '지역구국회의원선거'와 관련된 부분이 과잉금지원칙에 반하여 예비후보자의 재산권을 침해한다고 보아 헌법불합치결정을 하였다. 지역구국회의원선거와 지방자치단체의 장선거는 헌법상 선거제도 규정 방식이나 선거대상의 지위와 성격, 기관의 직무 및 기능, 선거구 수 등에 있어 차이가 있을 뿐, 예비

후보자의 무분별한 난립을 막고 책임성을 강화하며 그 성실성을 담보하고자 하는 기탁금제도의 취지 측면에서는 동일하므로, 헌법재판소의 2016헌마541 결정에서의 판단은 이 사건에서도 타당하고, 그 견해를 변경할 사정이 있다고 보기 어려우므로, 지방자치단체의 장선거에 있어 정당의 공천심사에서 탈락한 후 후보자 등록을 하지 않은 경우를 기탁금 반환 사유로 규정하지 않은 심판대상조항은 과잉금지원칙에 반하여 헌법에 위반된다(헌법재판소 2020. 9. 24. 2018헌가15, 2019헌가5(병합) 전원재판부 결정).

② (X) 심판대상조항과 달리 재외투표기간이 종료된 후 선거일이 도래하기 전까지의 기간 내에 재외투표관리관이 재외선거인등 중 실제로 재외투표를 한 사람들의 명단을 중앙선거관리위원회에 보내거나 중앙선거관리위원회를 경유하여 관할 구·시·군선거관리위원회에 보내어 선거일 전까지 투표 여부에 관한 정보를 확인하는 방법을 상정할 수 있으며, 현재의 기술 수준으로도 이와 같은 방법이 충분히 실현가능한 것으로 보인다. 이로 인해 관계 공무원 등의 업무부담이 가중될 수 있을 것이나, 이는 인력 확충 및 효율적인 관리 등 국가의 노력으로 극복할 수 있는 어려움에 해당한다. 심판대상조항을 통해 달성하고자 하는 선거의 공정성은 매우 중요한 가치이다. 그러나 선거의 공정성도 결국에는 선거인의 선거권이 실질적으로 보장될 때 비로소 의미를 가진다. 심판대상조항의 불충분·불완전한 입법으로 인한 청구인의 선거권 제한을 결코 가볍다고 볼 수 없으며, 이는 심판대상조항으로 인해 달성되는 공익에 비해 작지 않다. 따라서 심판대상조항은 과잉금지원칙에 위배되어 청구인의 선거권을 침해한다(헌법재판소 2022. 1. 27. 2020헌마895 전원재판부 결정).

③ (X) 이 사건 투표시간조항이 투표종료시간을 오후 4시까지로 정한 것은 투표당일 부재자투표의 인계·발송 절차를 밟을 수 있도록 함으로써 부재자투표의 인계·발송절차가 지연되는 것을 막고 투표관리의 효율성을 제고하고 투표함의 관리위험을 경감하기 위한 것이고, 이 사건 투표시간조항이 투표종료시간을 오후 4시까지로 정한다고 하더라도 투표개시시간을 일과시간 이전으로 변경한다면, 부재자투표의 인계·발송절차가 지연될 위험 등이 발생하지 않으면서도 일과시간에 학업·직장업무를 하여야 하는 부재자투표자가 현실적으로 선거권을 행사하는 데 큰 어려움이 발생하지 않을 것이다. 따라서 이 사건 투표시간조항 중 투표종료시간 부분은 수단의 적정성, 법익균형성을 갖추고 있으므로 청구인의 선거권이나 평등권을 침해하지 않는다. 이 사건 투표시간조항이 투표개시시간을 일과시간 이내인 오전 10시부터로 정한 것은 투표시간을 줄인 만큼 투표관리의 효율성을 도모하고 행정부담을 줄이는 데 있고, 그 밖에 부재자투표의 인계·발송절차의 지연위험 등과는 관련이 없다. 이에 반해 일과시간에 학업이나 직장업무를 하여야 하는 부재자투표자는 이 사건 투표시간조항 중 투표개시시간 부분으로 인하여 일과시간 이전에 투표소에 가서 투표할 수 없게 되어 사실상 선거권을 행사할 수 없게 되는 중대한 제한을 받는다. 따라서 이 사건 투표시간조항 중 투표개시시간 부분은 수단의 적정성, 법익균형성을 갖추지 못하므로 과잉금지원칙에 위배하여 청구인의 선거권과 평등권을 침해하는 것이다(헌법재판소 2012. 2. 23. 2010헌마601 전원재판부).

④ (X) 심판대상조항은 '선거일 이전에 행하여진 선거범죄'의 공소시효 기산점을 '당해 선거일후'로 정하여, 공직선거법 제268조 제1항에서 '선거일후에 행하여진 선거범죄'의 공소시효 기산점을 '그 행위가 있는 날부터'로 정하고, 형사소송법 제252조 제1항에서 '다른 일반범죄'에 관한 공소시효의 기산점을 '범죄행위의 종료한 때로부터'로 정한 것과 달리 취급하고 있다. 그러나 이는 선거로 인한 법적 불안정 상태를 신속히 해소하면서도 선거의 공정성을 보장함과 동시에 선거로 야기된 정국의 불안을 특정한 시기에 일률적으로 종료시키기 위한 입법자의 형사정책적 결단 등에서 비롯된 것이므로, 그 합리성을 인정할 수 있다. 따라서 심판대상조항은 평등원칙에 위반되지 않는다(헌법재판소 2020. 3. 26. 2019헌바71 전원재판부 결정).

⑤ (O) 선거일 당일 선거운동을 한 자를 처벌하는 이 사건 처벌조항이 과잉금지원칙을 위반하여 선거운동 등 정치적 표현의 자유를 침해하는 것이라고 할 수 없다(헌법재판소 2021. 12. 23. 2018헌바152 전원재판부 결정).

정답 ⑤

문 24

선거에 관한 다음 설명 중 가장 옳지 않은 것은? [2021년 17번]

① 사법인적인 성격을 지니는 지역농협의 조합장선거에서 조합장을 선출하거나 조합장으로 선출될 권리, 조합장선거에서 선거운동을 하는 것은 헌법에 의하여 보호되는 선거권의 범위에 포함되지 않는다.
② 1년 이상의 징역 또는 금고의 형의 선고를 받고 그 집행이 종료되지 아니한 사람은 공직선거에 관한 선거권이 없다.
③ 군의 장 선거에서 예비후보자로서 선거기간개시일 전에 선거운동을 할 수 있는 기간을 최대 60일로 한정하도록 한 공직선거법 관련 조항은 예비후보자의 선거운동의 자유를 침해한다고 볼 수 없다.
④ 특별시장·광역시장·특별자치시장·도지사·특별자치도지사 및 자치구의 지역구의회의원 선거의 예비후보자를 후원회지정권자에서 제외하고 있는 2021. 1. 5. 개정 전 정치자금법 관련 조항은 각 선거에서 후보로 출마하기 위하여 예비후보자로 등록한 사람의 평등권을 침해한다.
⑤ 국회의원지역구의 공정한 획정을 위하여 임기만료에 따른 국회의원선거의 선거일 전 18개월부터 해당 국회의원선거에 적용되는 국회의원지역구의 명칭과 그 구역이 확정되어 효력을 발생하는 날까지 국회의원선거구획정위원회를 설치·운영한다.

MGI Point 선거 ★★

- 사법인적인 성격을 지니는 농협의 조합장선거에서 조합장을 선출하거나 선거운동을 하는 것 ⇨ 헌법에 의하여 보호되는 선거권의 범위에 포함 ×
- 1년 이상의 징역 또는 금고의 형의 선고를 받고 그 집행이 종료되지 아니한 사람 ⇨ 공직선거에 관한 선거권 無
- 군의 장 선거의 예비후보자가 되려는 사람은 그 선거기간개시일 전 60일부터 예비후보자등록 신청을 할 수 있다고 규정한 공직선거법 조항 ⇨ 선거운동의 자유 침해 ×
- 광역자치단체장 선거의 예비후보자를 후원회지정권자에서 제외하고 있는 정치자금법 조항은 평등권을 침해 ○ (헌법불합치결정) cf. 자치구의회의원선거의 예비후보자를 후원회지정권자에서 제외하고 있는 부분 ⇨ 평등권 침해 ×
- 임기만료에 따른 국회의원선거의 선거일 전 18개월부터 해당 국회의원선거에 적용되는 국회의원지역구의 명칭과 그 구역이 확정되어 효력을 발생하는 날까지 국회의원선거구획정위원회를 설치·운영 ○

① (○) … 사법인적인 성격을 지니는 농협의 조합장선거에서 조합장을 선출하거나 선거운동을 하는 것은 헌법에 의하여 보호되는 선거권의 범위에 포함되지 않으며, 차기 조합장선거의 시기가 늦춰졌다고 하여 조합원들의 표현의 자유와 관련된 어떠한 법적 이익이 침해된다고 보기도 어려우므로, 이 사건 부칙조항이 청구인들의 선거권이나 표현의 자유를 제한한다고 할 수는 없다(헌재 2012.12.27. 2011헌마562).

② (○) 공직선거법 제18조 제1항 제2호 참조.

> 공직선거법 제18조(선거권이 없는 자) ① 선거일 현재 다음 각 호의 어느 하나에 해당하는 사람은 선거권이 없다.
> 1. 금치산선고를 받은 자
> 2. 1년 이상의 징역 또는 금고의 형의 선고를 받고 그 집행이 종료되지 아니하거나 그 집행을 받지 아니하기로 확정되지 아니한 사람. 다만, 그 형의 집행유예를 선고받고 유예기간 중에 있는 사람은 제외한다.

③ (○) 예비후보자의 선거운동기간을 제한하지 않으면, 예비후보자 간의 경쟁이 격화될 수 있고 예비후보자 간 경제력 차이 등에 따른 폐해가 두드러질 우려가 있다. 군의 평균 선거인수는 시·자치구에 비해서도 적다는

점, 오늘날 대중정보매체가 광범위하게 보급되어 있다는 점, 과거에 비해 교통수단이 발달하였다는 점 등에 비추어보면, 군의 장의 선거에서 예비후보자로서 선거운동을 할 수 있는 기간이 최대 60일이라고 하더라도 그 기간이 지나치게 짧다고 보기 어렵다. 군의 장의 선거에 입후보하고자 하는 사람은 문자메시지, 인터넷 홈페이지 등을 이용하여 상시 선거운동을 할 수도 있다. 따라서 심판대상조항은 청구인의 선거운동의 자유를 침해하지 않는다(헌재 2020.11.26. 2018헌마260).

④ (X) 자치구의회의원은 대통령, 국회의원과는 그 지위나 성격, 기능, 활동범위, 정치적 역할 등에서 본질적으로 다르다. 자치구의회의원의 활동범위는 해당 자치구의 지역 사무에 국한되고, 그에 수반하여 정치자금을 필요로 하는 정도나 소요자금의 양에서도 현격한 차이가 있을 수밖에 없다. 그리고 이러한 차이를 후원회를 둘 수 있는 자의 범위와 관련하여 입법에 어느 정도 반영할 것인가 하는 문제는 입법자가 결정할 국가의 입법정책에 관한 사항으로서 입법재량 내지 형성의 자유가 인정되는 영역이다. 자치구의회의원의 경우 선거비용 이외에 정치자금의 필요성이 크지 않으며 선거비용 측면에서도 대통령선거나 국회의원선거에 비하여 선거운동 기간이 비교적 단기여서 상대적으로 선거비용이 적게 드는 점 등에 비추어 보면, 국회의원선거의 예비후보자와 달리 자치구의회의원선거의 예비후보자에게 후원회를 통한 정치자금의 조달을 불허하는 것에는 합리적인 이유가 있다. 따라서 심판대상조항 중 자치구의회의원선거의 예비후보자에 관한 부분은 청구인들 중 자치구의회의원선거의 예비후보자 및 이들 예비후보자에게 후원금을 기부하고자 하는 자의 평등권을 침해한다고 볼 수 없다(헌재 2019.12.27. 2018헌마301·430(병합)). ▶ 정치자금법 제6조 제6항의 참조. 헌법불합치결정 이후 자치구의 지역구의회의원 삭제

> 정치자금법 제6조(후원회지정권자) 다음 각 호에 해당하는 자(이하 "후원회지정권자"라 한다)는 각각 하나의 후원회를 지정하여 둘 수 있다.
> 1. 중앙당(중앙당창당준비위원회를 포함한다)
> 2. 국회의원(국회의원선거의 당선인을 포함한다)
> 2의2. 대통령선거의 후보자 및 예비후보자(이하 "대통령후보자등"이라 한다)
> 3. 정당의 대통령선거후보자 선출을 위한 당내경선후보자(이하 "대통령선거경선후보자"라 한다)
> 4. 지역선거구(이하 "지역구"라 한다)국회의원선거의 후보자 및 예비후보자(이하 "국회의원후보자등"이라 한다). 다만, 후원회를 둔 국회의원의 경우에는 그러하지 아니하다.
> 5. 중앙당 대표자 및 중앙당 최고 집행기관(그 조직형태와 관계없이 당헌으로 정하는 중앙당 최고 집행기관을 말한다)의 구성원을 선출하기 위한 당내경선후보자(이하 "당대표경선후보자등"이라 한다)
> 6. 지역구지방의회의원선거의 후보자 및 예비후보자(이하 "지방의회의원후보자등"이라 한다)
> 7. 지방자치단체의 장선거의 후보자 및 예비후보자(이하 "지방자치단체장후보자등"이라 한다)
> [2021. 1. 5. 법률 제17885호에 의하여 2019. 12. 27. 헌법재판소에서 헌법불합치 결정된 이 조 제6호를 개정함.]

⑤ (○) 공직선거법 제24조 제1항 참조.

> 공직선거법 제24조(국회의원선거구획정위원회) ① 국회의원지역구의 공정한 획정을 위하여 임기만료에 따른 국회의원선거의 선거일 전 18개월부터 해당 국회의원선거에 적용되는 국회의원지역구의 명칭과 그 구역이 확정되어 효력을 발생하는 날까지 국회의원선거구획정위원회를 설치·운영한다.

정답 ④

문 25

선거운동에 관한 다음 설명 중 옳은 것은 모두 몇 개인가? [2021년 16번]

> ㄱ. 사전선거운동 금지의 예외로서 예비후보자 홍보물의 발송을 허용하면서도 그 수량을 선거구 안에 있는 세대수 100분의 10에 해당하는 수 이내로 제한하는 것이 예비후보자의 선거운동 자유를 과도하게 제한함으로써 선거운동의 자유를 침해한다고 볼 수 없다.
> ㄴ. 지방공단의 상근직원으로 하여금 정당원이 아닌 자에게도 투표권을 부여하는 당내경선에서 경선운동을 할 수 없도록 금지·처벌하는 것은 당내경선의 형평성과 공정성의 확보라는 공익을 위한 합리적인 제한에 해당하므로 정치적 표현의 자유를 침해하지 아니한다.
> ㄷ. 지방자치단체의 장의 선거운동을 금지하는 것은 지방자치단체의 장의 업무전념성, 지방자치단체의 장과 해당 지방자치단체 소속 공무원의 정치적 중립성, 선거의 공정성 등에 기여하는 바는 미미한 반면, 과잉금지원칙에 위배하여 지방자치단체의 장의 선거운동의 자유를 침해한다.
> ㄹ. 인터넷언론사로 하여금 선거운동기간 중 당해 인터넷 홈페이지 게시판 등에 정당·후보자에 대한 지지·반대 등의 정보를 게시하는 경우 실명을 확인받는 기술적 조치를 하도록 하고, 이러한 기술적 조치를 하지 아니하거나 실명인증의 표시가 없는 정보를 삭제하지 않는 경우 과태료를 부과하도록 정한 공직선거법 조항은 게시판 등 이용자의 익명표현의 자유 및 개인정보자기결정권과 인터넷언론사의 언론의 자유를 침해한다.
> ㅁ. 자신의 개인 소셜 네트워크 서비스 계정에 언론의 인터넷 기사나 타인의 게시글을 단순히 '공유하기'한 행위만으로는 특정 선거에서 특정 후보자의 당선 또는 낙선을 도모하려는 목적의사가 명백히 드러났다고 단정할 수는 없다.

① 1개　　② 2개　　③ 3개
④ 4개　　⑤ 5개

MGI Point　선거운동　★★

- 예비후보자홍보물의 수량을 '세대수의 100분의 10 이내에 해당하는 수' 이내로 제한하는 공직선거법 조항 ⇨ 예비후보자의 선거운동 자유를 과도하게 제한함으로써 선거운동의 자유 침해 ×
- 지방공단의 상근직원이 당원이 아닌 자에게도 투표권을 부여하는 당내경선에서 경선운동을 할 수 없도록 금지·처벌하는 공직선거법 조항 ⇨ 정치적 표현의 자유 침해 ○
- 지방자치단체의 장의 선거운동을 금지하는 공직선거법 조항 ⇨ 선거운동의 자유 침해 ×
- 인터넷언론사로 하여금 선거운동기간 중 당해 인터넷 홈페이지 게시판 등에 정당 후보자에 대한 지지 반대 등의 정보를 게시하는 경우 실명을 확인받는 기술적 조치를 하도록 하고, 조치를 하지 아니한 경우 과태료를 부과하도록 정한 공직선거법 조항 ⇨ 게시판 등 이용자의 익명표현의 자유 및 개인정보자기결정권과 인터넷언론사의 언론의 자유 침해 ○
- 소셜 네트워크 서비스에 언론의 인터넷 기사나 타인의 게시글을 단순히 '공유하기'한 경우 ⇨ 특별한 사정이 없는 한, 그 행위만으로는 특정 선거에서 특정 후보자의 당선 또는 낙선을 도모하려는 목적의사가 명백히 드러났다고 단정 ×

ㄱ. (○) 제18대 국회의원 선거의 세대수의 규모, 예비후보자의 수, 예상되는 예비후보자홍보물 작성·발송 비용을 고려하여 볼 때, 만일 국회의원 지역구 내에 있는 모든 세대에 대하여 모든 예비후보자들이 선거일 전 120일부터 예비후보자홍보물을 작성·발송한다면, 비록 1회에 그치기는 하지만 선거의 조기과열 및 사회·경

제적 손실을 초래할 수 있고, 예비후보자들 간의 경제력 차이에 따라 자신을 알릴 수 있는 기회를 불균등하게 할 수 있으므로, 그 수량을 그 세대수의 100분의 10 이내로 제한하는 것은 이 사건 법률조항의 입법목적을 달성하기 위한 적절한 수단이라고 할 것이다. 이 사건 홍보물을 대체할 수 있는 저렴한 홍보수단이 수량이나 횟수의 제한 없이 허용되고 있는 점, 예비후보자는 자신의 인지도가 취약하다고 판단되는 지역이나 연령층을 지정하여 예비후보자홍보물을 발송할 수 있는 점, 총 선거비용만을 규제하는 방법만으로는 후보자등록이 불확실한 예비후보자 간의 경제력 차이에 따른 선거의 불공정을 방지하기 어려운 점, 예비후보자의 상당수가 후보자 등록을 하지 아니한 점 등을 고려하면, 이 사건 법률조항에 의한 제한은 그에 따른 피해를 최소화한 것으로서 필요하고도 합리적인 범위 내에 있다고 할 수 있다(헌재 2009.07.30. 2008헌마180).

ㄴ. (X) 당내경선의 형평성과 공정성을 확보하기 위한 심판대상조항의 목적의 정당성 및 수단의 적합성이 인정된다. 그러나 이 사건 공단의 상근직원은 이 사건 공단의 경영에 관여하거나 실질적인 영향력을 미칠 수 있는 권한을 가지고 있지 아니하므로, 경선운동을 한다고 하여 그로 인한 부작용과 폐해가 크다고 보기 어렵다. 또한 공직선거법은 이미 이 사건 공단의 상근직원이 당내경선에 직·간접적으로 영향력을 행사하는 행위들을 금지·처벌하는 규정들을 마련하고 있다. 이 사건 공단의 상근직원이 그 지위를 이용하여 경선운동을 하는 행위를 금지·처벌하는 규정을 두는 것은 별론으로 하고, 이 사건 공단의 상근직원의 경선운동을 일률적으로 금지·처벌하는 것은 정치적 표현의 자유를 과도하게 제한하는 것이다. 정치적 표현의 자유의 중대한 제한에 비하여, 이 사건 공단의 상근직원이 당내경선에서 공무원에 준하는 영향력이 있다고 볼 수 없는 점 등을 고려하면 심판대상조항이 당내경선의 형평성과 공정성의 확보라는 공익에 기여하는 바가 크다고 보기 어렵다. 따라서 심판대상조항은 과잉금지원칙에 반하여 정치적 표현의 자유를 침해한다(헌재 2021.04.29. 2019헌가11).

ㄷ. (X) 심판대상조항은, 지방자치단체의 장의 업무전념성, 지방자치단체의 장과 해당 지방자치단체 소속 공무원의 정치적 중립성, 선거의 공정성을 확보하기 위한 것으로 정당한 목적달성을 위한 적합한 수단에 해당한다. 지방자치단체의 장은 지방자치단체의 대표로서 그 사무를 총괄하고, 공직선거법상 일정한 선거사무를 맡고 있으며, 지역 내 광범위한 권한 행사와 관련하여 사인으로서의 활동과 직무상 활동이 구분되기 어려운 점 등을 고려할 때 심판대상조항이 입법목적 달성을 위하여 필요한 범위를 벗어난 제한이라 보기 어렵고, 심판대상조항에 의하여 보호되는 선거의 공정성 등 공익과 제한되는 사익 사이에 불균형이 있다고 보기도 어렵다. 따라서 심판대상조항은 과잉금지원칙에 위배하여 선거운동의 자유를 침해한다고 볼 수 없다(헌재 2020.03.26. 2018헌바90).

ㄹ. (O) 심판대상조항의 입법목적은 정당이나 후보자에 대한 인신공격과 흑색선전으로 인한 사회경제적 손실과 부작용을 방지하고 선거의 공정성을 확보하기 위한 것이고, 익명표현이 허용될 경우 발생할 수 있는 부정적 효과를 막기 위하여 그 규제의 필요성을 인정할 수는 있다. 그러나 심판대상조항과 같이 인터넷홈페이지의 게시판 등에서 이루어지는 정치적 익명표현을 규제하는 것은 인터넷이 형성한 '사상의 자유시장'에서의 다양한 의견 교환을 억제하고, 이로써 국민의 의사표현 자체가 위축될 수 있으며, 민주주의의 근간을 이루는 자유로운 여론 형성이 방해될 수 있다. 선거운동기간 중 정치적 익명표현의 부정적 효과는 익명성 외에도 해당 익명표현의 내용과 함께 정치적 표현행위를 규제하는 관련 제도, 정치적·사회적 상황의 여러 조건들이 아울러 작용하여 발생하므로, 모든 익명표현을 사전적·포괄적으로 규율하는 것은 표현의 자유보다 행정편의와 단속편의를 우선함으로써 익명표현의 자유와 개인정보자기결정권 등을 지나치게 제한한다. … 심판대상조항은 정치적 의사표현이 가장 긴요한 선거운동기간 중에 인터넷언론사 홈페이지 게시판 등 이용자로 하여금 실명확인을 하도록 강제함으로써 익명표현의 자유와 언론의 자유를 제한하고, 모든 익명표현을 규제함으로써 대다수 국민의 개인정보자기결정권도 광범위하게 제한하고 있다는 점에서 이와 같은 불이익은 선거의 공정성 유지라는 공익보다 결코 과소평가될 수 없다. 그러므로 심판대상조항은 과잉금지원칙에 반하여 인터넷언론사 홈페이지 게시판 등 이용자의 익명표현의 자유와 개인정보자기결정권, 인터넷언론사의 언론의 자유를 침해한다(헌재 2021.01.28. 2018헌마456,2020헌마406,2018헌가16(병합)).

ㅁ. (○) 공직선거법 제58조 제1항에 정한 '선거운동'은 특정 선거에서 특정 후보자의 당선 또는 낙선을 도모한다는 목적의사가 객관적으로 인정될 수 있는 능동적이고 계획적인 행위를 말한다. 이에 해당하는지는 행위를 하는 주체의 의사가 아니라 외부에 표시된 행위를 대상으로 객관적으로 판단하여야 한다. 공직선거법상 선거운동을 할 수 없는 공립학교 교원이 '페이스북'과 같은 누리소통망(일명 '소셜 네트워크 서비스')을 통해 자신의 정치적 견해나 신념을 외부에 표출하였고, 그 내용이 선거와 관련성이 인정된다고 하더라도, 그 이유만으로 섣불리 선거운동에 해당한다고 속단해서는 아니 된다. 한편 타인의 페이스북 게시물을 공유하는 목적은 상당히 다양하고, '공유하기' 기능에는 정보확산의 측면과 단순 정보저장의 측면이 동시에 존재한다. 따라서 특별한 사정이 없는 한 언론의 인터넷 기사나 타인의 게시글을 단순히 '공유하기'한 행위만으로는 특정 선거에서 특정 후보자의 당선 또는 낙선을 도모하려는 목적의사가 명백히 드러났다고 단정할 수는 없다(헌재 2020.02.27. 2016헌마1071).

정답 ③

문 26

선거관리위원회에 관한 다음 설명 중 가장 옳지 않은 것은? [2022년 5번]

① 중앙선거관리위원회는 대통령이 임명하는 3인, 국회에서 선출하는 3인과 대법원장이 지명하는 3인의 위원으로 구성한다.
② 중앙선거관리위원회의 위원장은 위원 중에서 호선하고, 각급 선거관리위원회의 위원장은 중앙선거관리위원회 위원장이 임명한다.
③ 대통령선거 및 비례대표국회의원 선거의 선거구선거사무는 중앙선거관리위원회가 행하고, 지역구 국회의원선거의 선거구선거사무는 그 선거구역을 관할하는 구·시·군선거관리위원회가 행한다.
④ 각급선거관리위원회위원의 임기는 6년으로 한다. 다만, 구시·군선거관리위원회 위원의 임기는 3년으로 하되, 한 차례만 연임할 수 있다.
⑤ 각급선거관리위원회는 선거인명부의 작성 등 선거사무와 국민투표사무에 관하여 관계 행정기관에 필요한 지시를 할 수 있다.

MGI Point 선거관리위원회 ★★

- 중앙선거관리위원회의 구성 ⇨ 대통령이 임명하는 3인, 국회에서 선출하는 3인과 대법원장이 지명하는 3인
- 중앙선거관리위원회의 위원장, 각급선거관리위원회 위원장 ⇨ 위원 중에서 호선
- 대통령선거 및 비례대표국회의원선거의 선거사무 ⇨ 중앙선거관리위원회
- 지역구국회의원선거의 선거사무 ⇨ 그 선거구역을 관할하는 구·시·군선거관리위원회
- 각급선거관리위원회위원의 임기 ⇨ 6년
- 구·시·군선거관리위원회 위원의 임기 ⇨ 3년, 한 차례만 연임 可
- 각급선거관리위원회 ⇨ 선거인명부의 작성 등 선거사무와 국민투표사무에 관하여 관계 행정기관에 필요한 지시 可

① (○) 헌법 제114조 제2항 참조.

> 헌법 제114조 ② 중앙선거관리위원회는 대통령이 임명하는 3인, 국회에서 선출하는 3인과 대법원장이 지명하는 3인의 위원으로 구성한다. 위원장은 위원중에서 호선한다.

② (X) 헌법 제114조 제2항, 선거관리위원회법 제5조 제2항 참조.

> 헌법 제114조 ② 중앙선거관리위원회는 대통령이 임명하는 3인, 국회에서 선출하는 3인과 대법원장이 지명하는 3인의 위원으로 구성한다. 위원장은 위원중에서 호선한다.
> 선거관리위원회법 제5조(위원장) ② 각급선거관리위원회의 위원장은 당해 선거관리위원회위원 중에서 호선한다.

③ (○) 공직선거법 제13조 참조.

> 공직선거법 13조(선거구선거관리) ① 선거구선거사무를 행할 선거관리위원회는 다음 각호와 같다.
> 1. 대통령선거 및 비례대표전국선거구국회의원선거의 선거구선거사무는 중앙선거관리위원회
> 3. 지역선거구국회의원선거, 지역선거구시·도의회의원(이하 "지역구시·도의원"이라 한다)선거, 지역선거구자치구·시·군의회의원(이하 "지역구자치구·시·군의원"이라 한다)선거, 비례대표선거구자치구·시·군의회의원(이하 "비례대표자치구·시·군의원"이라 한다)선거 및 자치구의 구청장·시장·군수선거의 선거구선거사무는 그 선거구역을 관할하는 구·시·군선거관리위원회

④ (○) 선거관리위원회법 제8조 참조.

> 선거관리위원회법 제8조(위원의 임기) 각급선거관리위원회위원의 임기는 6년으로 한다. 다만, 구·시·군선거관리위원회 위원의 임기는 3년으로 하되, 한 차례만 연임할 수 있다.

⑤ (○) 헌법 제115조 제1항 참조.

> 헌법 제115조 ① 각급 선거관리위원회는 선거인명부의 작성등 선거사무와 국민투표사무에 관하여 관계 행정기관에 필요한 지시를 할 수 있다.

정답 ②

문 27

선거관리위원회에 관한 다음 설명 중 가장 옳지 않은 것은? [2020년 9번]

① 중앙선거관리위원회는 대통령이 임명하는 3인, 국회에서 선출하는 3인과 대법원장이 지명하는 3인의 위원으로 구성하고, 위원장은 위원 중에서 호선한다. 중앙선거관리위원회 위원은 탄핵의 대상이 될 수 있다.
② 중앙선거관리위원회 외에 각급 구·시·군 선거관리위원회도 헌법에 의하여 설치된 기관으로서 헌법과 법률에 의하여 독자적인 권한을 부여받은 기관에 해당하고, 권한쟁의심판의 당사자능력이 인정된다.
③ 중앙선거관리위원회 위원장이 중앙선거관리위원회 전체회의의 심의를 거쳐 대통령에 대하여 대통령의 특정 발언이 공무원의 정치적 중립의무에 위반된다고 확인한 후 그 재발방지를 촉구하는 통고를 한 것은 대통령의 법적 지위에 불리한 효과를 주는 공권력의 행사로서 헌법소원심판의 대상이 된다.
④ 선거관리위원회의 의결을 거쳐 행하는 사항에 대하여는 원칙적으로 행정절차에 관한 규정이 적용되지 않는다.
⑤ 선거관리위원회의 본질적 기능은 선거의 공정한 관리 등 행정기능이고, 그 효과적인 기능 수행과 집행의 실효성을 확보하기 위한 수단으로서 선거범죄 조사권을 인정하고 있고, 이에 대해서는 헌법상 영장주의가 적용된다.

> **MGI Point** 선거관리위원회 ★★
>
> ■ 중앙선거관리위원회
>   - 대통령이 임명하는 3인, 국회에서 선출하는 3인과 대법원장이 지명하는 3인의 위원으로 구성
>   - 위원장은 위원 중에서 호선
>   - 위원은 탄핵의 대상 ○
> ■ 각급 구·시·군 선거관리위원회 ⇨ 권한쟁의심판청구의 당사자능력 ○
> ■ 중앙선거관리위원회 위원장의 대통령에 대한 선거중립의무 준수요청
>   - 단순한 권고적·비권력적 행위 ×, 기본권침해 가능성 있는 공권력의 행사 ○
>   - 대통령은 소속 정당을 위하여 정당활동을 할 수 있는 사인으로의 지위에서 기본권 주체성 有
>   ⇨ 선거중립의무 준수요청에 대하여 헌법소원심판청구 可
> ■ 선거관리위원회의 의결을 거쳐 행하는 사항 ⇨ 행정절차에 관한 규정 적용 ×
> ■ 선거관리위원회의 선거범죄 조사권 ⇨ 헌법상 영장주의 적용 ×

① (○) 헌법 제114조 제2항, 제5항 참조.

> 헌법 제114조 ② 중앙선거관리위원회는 대통령이 임명하는 3인, 국회에서 선출하는 3인과 대법원장이 지명하는 3인의 위원으로 구성한다. 위원장은 위원중에서 호선한다.
> ⑤ 위원은 탄핵 또는 금고 이상의 형의 선고에 의하지 아니하고는 파면되지 아니한다.

② (○) 권한쟁의 심판에 있어서 당사자가 될 수 있는 국가기관이란 국가의사 형성에 참여하여 국법질서에 대하여 일정한 권한을 누리는 헌법상의 지위와 조직이라고 할 수 있다. 이러한 '국가기관'에 해당하는지 여부를 판별함에 있어서는, 그 국가기관이 헌법에 의하여 설치되고 헌법과 법률에 의하여 독자적인 권한을 부여받고 있는지 여부, 헌법에 의하여 설치된 국가기관 상호간의 권한쟁의를 해결할 수 있는 적당한 기관이나 방법이 있는지 여부 등을 종합적으로 고려하여야 할 것이다. … 우리 헌법은 중앙선거관리위원회와 각급 선거관리위원회를 통치구조의 당위적인 기구로 전제하고, 각급 선거관리위원회의 조직, 직무범위 기타 필요한 사항을 법률로 정하도록 하고 있는 것이다. 그리고 위 헌법 규정에 따라 제정된 선거관리위원회법은 각각 9인 또는 7인의 위원으로 구성되는 네 종류의 선거관리위원회를 두고 있고, 공직선거법 제13조 제1항 제3호에 의하면, 이 사건 구·시·군 선거관리위원회는 지역선거구 국회의원 선거, 지역선거구 시·도의회의원 선거, 지역선거구 자치구·시·군 의회의원 선거, 비례대표선거구 자치구·시·군 의회의원 선거 및 자치구의 구청장·시장·군수 선거의 선거구선거사무를 담당한다. 그렇다면 중앙선거관리위원회 외에 각급 구·시·군 선거관리위원회도 헌법에 의하여 설치된 기관으로서 헌법과 법률에 의하여 독자적인 권한을 부여받은 기관에 해당하고, 따라서 피청구인 강남구선거관리위원회도 당사자 능력이 인정된다(헌재 2008.06.26. 2005헌라7).

③ (○) 선거관리위원회법 제14조의2의 '경고'는 선거법 위반행위에 대한 제재적 조치의 하나로서 법률에 규정된 것이므로 피경고자는 이러한 경고를 준수하여야 할 의무가 있고, 피경고자가 경고를 불이행하는 경우 선거관리위원회 위원·직원에 의하여 관할 수사기관에 수사의뢰 또는 고발될 수 있으므로(위 조항 후문), 위 '경고'가 청구인의 법적 지위에 영향을 주지 않는다고는 할 수 없다. 중앙선거관리위원회 위원장이 중앙선거관리위원회 전체회의의 심의를 거쳐 대통령의 위법사실을 확인한 후 그 재발방지를 촉구하는 내용의 이 사건 조치를 청구인인 대통령에 대하여 직접 발령한 것이 단순한 권고적·비권력적 행위라든가 대통령인 청구인의 법적 지위에 불리한 효과를 주지 않았다고 보기는 어렵다(탄핵소추사유는 근본적으로 청구인의 행위가 이 사건 법률조항에 위반되었다는 점이 되지만, 이 사건 조치에 의하여 청구인의 위법사실이 유권적으로 확인됨으로써 탄핵발의의 계기가 부여된다). 청구인이 이 사건 조치를 따르지 않음으로써 형사적으로 처벌될 가능성은 없다고 하더라도, 이 사건 조치가 그 자체로 청구인에게 그러한 위축효과를 줄 수 있음은 명백하다고 볼 것이고, 나아가 이 사건 조치에 대하여 법원에서 소송으로 구제받기는 어렵다는 점에서 헌법기관인 피청구인이 청구인의 위 발언내용이 위법이라고 판단한 이 사건 조치는 최종적·유권적인 판단으로서 기본권 제한의 효과를 발생시킬 가능성이 높다고 할 것이다(헌재 2008.01.17. 2007헌마700).

④ (○) 행정절차법 제3조 제2항 제4호 참조.

> 행정절차법 제3조(적용 범위) ① 처분, 신고, 행정상 입법예고, 행정예고 및 행정지도의 절차(이하 "행정절차"라 한다)에 관하여 다른 법률에 특별한 규정이 있는 경우를 제외하고는 이 법에서 정하는 바에 따른다.
> ② 이 법은 다음 각 호의 어느 하나에 해당하는 사항에 대하여는 적용하지 아니한다.
>   4. 각급 선거관리위원회의 의결을 거쳐 행하는 사항

⑤ (X) 선거관리위원회의 본질적 기능은 선거의 공정한 관리 등 행정기능이고, 그 효과적인 기능 수행과 집행의 실효성을 확보하기 위한 수단으로서 선거범죄 조사권을 인정하고 있다. 심판대상조항에 의한 자료제출요구는 위와 같은 조사권의 일종으로서 행정조사에 해당하고, 선거범죄 혐의 유무를 명백히 하여 공소의 제기와 유지 여부를 결정하려는 목적으로 범인을 발견·확보하고 증거를 수집·보전하기 위한 수사기관의 활동인 수사와는 근본적으로 그 성격을 달리한다. 심판대상조항에 의한 자료제출요구는 그 성질상 대상자의 자발적 협조를 전제로 할 뿐이고 물리적 강제력을 수반하지 아니한다. 심판대상조항은 피조사자로 하여금 자료제출요구에 응할 의무를 부과하고, 허위 자료를 제출한 경우 형사처벌하고 있으나, 이는 형벌에 의한 불이익이라는 심리적, 간접적 강제수단을 통하여 진실한 자료를 제출하도록 함으로써 조사권 행사의 실효성을 확보하기 위한 것이다. 이와 같이 심판대상조항에 의한 자료제출요구는 행정조사의 성격을 가지는 것으로 수사기관의 수사와 근본적으로 그 성격을 달리하며, 청구인에 대하여 직접적으로 어떠한 물리적 강제력을 행사하는 강제처분을 수반하는 것이 아니므로 영장주의의 적용대상이 아니다(헌재 2019.09.26. 2016헌바381).

정답 ⑤

문 28

국민투표에 관한 다음 설명 중 옳지 않은 것은 모두 몇 개인가? [2022년 35번]

> ㄱ. 국민투표법은 헌법 제72조의 규정에 의한 외교·국방·통일 기타 국가안위에 관한 중요정책과 헌법 제130조의 규정에 의한 헌법개정안에 대한 국민투표에 관하여 필요한 사항을 규정하고 있다.
> ㄴ. 19세 이상의 국민은 투표권이 있으나, 투표일 현재 공직선거법에 따라 선거권이 없는 자는 투표권이 없다.
> ㄷ. 대통령이 국민투표일을 정하여 특정 안건을 국민투표에 붙이면 중앙선거관리위원회는 늦어도 국민투표일 18일 전까지 국민투표일과 국민투표안을 동시에 공고하고 이를 게시한다.
> ㄹ. 천재·지변으로 국민투표를 실시할 수 없거나, 실시하지 못한 때에는 선거관리위원회의 결정으로 투표를 연기하거나 다시 투표일을 정하여야 한다.
> ㅁ. 국민투표의 효력에 관하여 이의가 있는 투표인은 투표인 10만인 이상의 찬성을 얻어 대통령을 피고로 하여 투표일로부터 20일 이내에 대법원에 제소할 수 있다.
> ㅂ. 국민투표 무효관결이 있는 경우 해당 안건은 무효가 된다.

① 1개 ② 2개 ③ 3개 ④ 4개 ⑤ 5개

> **MGI Point** **국민투표** ★★
>
> - 국민투표법 ▷ 헌법 제72조, 헌법 제130조에 따른 국민투표에 필요한 사항을 규정함
> - 19세 이상의 국민 중 공직선거법상 선거권이 없지 않은 자 ▷ 국민투표권 有
> - 대통령이 국민투표일과 국민투표안을 동시에 공고
> - 중앙선거관리위원회가 공고된 국민투표안을 게시
> - 천재·지변으로 국민투표를 실시할 수 없거나, 실시하지 못한 때 ▷ 대통령이 투표 연기 등을 함
> - 국민투표의 효력에 관하여 이의가 있는 투표인 ▷ 10만 이상 찬성, 중앙선거관리위원회장을 피고로, 대법원에 제소
> - 국민투표 무효판결이 있는 경우 ▷ 재투표 실시

ㄱ. (○) 국민투표법 제1조 참조.

> 국민투표법 제1조(목적) 이 법은 헌법 제72조의 규정에 의한 외교·국방·통일 기타 국가안위에 관한 중요정책과 헌법 제130조의 규정에 의한 헌법개정안에 대한 국민투표에 관하여 필요한 사항을 규정함을 목적으로 한다.

ㄴ. (○) 국민투표법 제7조, 제9조 참조.

> 국민투표법 제7조(투표권) 19세 이상의 국민은 투표권이 있다.
> 국민투표법 제9조(투표권이 없는 자) 투표일 현재「공직선거법」제18조의 규정에 따라 선거권이 없는 자는 투표권이 없다.

ㄷ. (X) 국민투표법 제49조, 제22조 참조. 공고는 대통령이 하여야 한다.

> 국민투표법 제49조(국민투표일의 공고) 대통령은 늦어도 국민투표일전 18일까지 국민투표일과 국민투표안을 동시에 공고하여야 한다.
> 국민투표법 제22조(국민투표안의 게시) ① 중앙선거관리위원회는 공고된 국민투표안을 투표권자에게 주지시키기 위하여 게시하여야 한다.

ㄹ. (X) 국민투표법 제98조 참조.

> 국민투표법 제98조(투표의 연기) 천재·지변으로 인하여 투표를 실시할 수 없거나, 실시하지 못한 때에는 대통령은 투표를 연기하거나 다시 투표일을 정하여야 한다. 이 경우에는 제49조의 규정에 의한 기간의 제한을 받지 아니한다.

ㅁ. (X) 국민투표법 제92조 참조.

> 국민투표법 제92조(국민투표무효의 소송) 국민투표의 효력에 관하여 이의가 있는 투표인은 투표인 10만인 이상의 찬성을 얻어 중앙선거관리위원회위원장을 피고로 하여 투표일로부터 20일 이내에 대법원에 제소할 수 있다.

ㅂ. (X) 국민투표법 제97조 참조.

> 국민투표법 제97조(재투표) ① 제93조의 규정에 의하여 국민투표의 전부 또는 일부의 무효판결이 있을 때에는 재투표를 실시하여야 한다.

정답 ④

문 29

공직선거에 관한 다음 설명 중 가장 옳지 않은 것은?(다툼이 있는 경우 대법원 판례에 의함) [2017년 9번]

① 구 공직선거법(2016. 3. 3. 법률 제14073호로 개정되기 전의 것, 이하 같다)은 '기부행위'를 당해 선거구 안에 있는 자나 기관·단체·시설 및 선거구민의 모임이나 행사 또는 당해 선거구의 밖에 있더라도 그 선거구민과 연고가 있는 자나 기관·단체·시설에 대하여 금전·물품 기타 재산상 이익의 제공, 이익제공의 의사표시 또는 그 제공을 약속하는 행위라고 규정하고 있다.

② 구 공직선거법이 정한 '기부행위의 상대방'이 되는 '당해 선거구 안에 있는 자'란 선거구 내에 주소나 거소를 갖는 사람은 물론 선거구 안에 일시적으로 머무르는 사람도 포함되고, '선거구민과 연고가 있는 자'란 연고를 맺게 된 사유는 불문하지만 당해 선거구민의 가족·친지·친구·직장동료·상하급자나 향우회·동창회·친목회 등 일정한 혈연적·인간적 관계를 가지고 있어 그 선거구민의 의사결정에 직접적 또는 간접적으로 어떠한 영향을 미칠 수 있는 가능성이 있는 사람을 말한다.

③ 공직선거법이 기부행위의 상대방을 '당해 선거구'라는 개념을 통하여 특정하고 있는 이상 구 공직선거법 제112조 제1항의 기부행위는 행위 당시 유효하게 존재하는 선거구만을 전제로 성립할 수 있다고 보아야 한다.

④ 그런데 구 공직선거법 제25조 제2항은 "국회의원지역구의 명칭과 그 구역은 [별표 1]과 같이 한다."라고 규정한 다음 [별표 1]에서 국회의원지역선거구구역표를 정하고 있으므로, 구 공직선거법 제112조 제1항에서 규정하고 있는 '당해 선거구'가 국회의원지역구를 가리키는 경우 그 선거구는 행위 당시 같은 법 제25조 제2항 [별표 1] 국회의원지역선거구구역표에 규정되어 있는 선거구를 의미한다고 보아야 한다.

⑤ 다만 [별표 1] 국회의원지역선거구구역표에 대하여 헌법재판소의 헌법불합치결정이 있은 후 그 개선입법시한을 지나서 공직선거법을 개정하여 새로운 국회의원지역선거구구역표를 확정하였다는 특별한 사정이 인정된다면, 그 개선입법시한부터 공직선거법 개정 시까지 사이의 기간에 이루어진 지역구국회의원 선거에 관한 물품 제공행위는 일응의 법률의 효력을 유지시키려는 헌법불합치 결정의 취지를 반영하여 구 공직선거법상의 기부행위에 해당한다고 봄이 타당하다.

:: 해설 ★★★

① (○) 구 공직선거법(2016. 3. 3. 법률 제14073호로 개정되기 전의 것, 이하 같다)은 제112조 제1항에서 "이 법에서 '기부행위'라 함은 당해 선거구 안에 있는 자나 기관·단체·시설 및 선거구민의 모임이나 행사 또는 당해 선거구의 밖에 있더라도 그 선거구민과 연고가 있는 자나 기관·단체·시설에 대하여 금전·물품 기타 재산상 이익의 제공, 이익제공의 의사표시 또는 그 제공을 약속하는 행위를 말한다(대판 2017.04.13. 2016도20490).

② (○) 기부행위의 상대방이 되는 '당해 선거구 안에 있는 자'란 선거구 내에 주소나 거소를 갖는 사람은 물론 선거구 안에 일시적으로 머무르는 사람도 포함되고, '선거구민과 연고가 있는 자'란 연고를 맺게 된 사유는 불문하지만 당해 선거구민의 가족·친지·친구·직장동료·상하급자나 향우회·동창회·친목회 등 일정한 혈연적·인간적 관계를 가지고 있어 그 선거구민의 의사결정에 직접적 또는 간접적으로 어떠한 영향을 미칠 수 있는 가능성이 있는 사람을 말한다(대판 2017.04.13. 2016도20490).

③ (○) 공직선거법이 이와 같이 기부행위의 상대방을 '당해 선거구'라는 개념을 통하여 특정하고 있는 이상 구 공직선거법 제112조 제1항의 기부행위는 행위 당시 유효하게 존재하는 선거구를 전제로 성립할 수 있다고 보아야 한다(대판 2017.04.13. 2016도20490).

④ (○) 구 공직선거법 제25조 제2항은 "국회의원지역구의 명칭과 그 구역은 [별표 1]과 같이 한다."라고 규정한 다음 [별표 1]에서 국회의원지역선거구구역표를 정하고 있으므로, 구 공직선거법 제112조 제1항에서 규정하고 있는 '당해 선거구'가 국회의원지역구를 가리키는 경우 그 선거구는 행위 당시 같은 법 제25조 제2항 [별표 1] 국회의원지역선거구구역표에 규정되어 있는 선거구를 의미한다고 봄이 타당하다(대판 2017.04.13. 2016도20490).

⑤ (X) 헌법재판소가 2014. 10. 30. "공직선거법 제25조 제2항 [별표 1] 국회의원지역선거구구역표는 헌법에 합치되지 아니하고, 위 국회의원지역선거구구역표는 2015. 12. 31.을 시한으로 입법자가 개정할 때까지 계속 적용된다."라는 결정(헌법불합치결정)을 선고하였으나, 국회가 2015. 12. 31.까지 새로운 국회의원지역선거구구역표를 확정하지 아니하여 위 국회의원지역선거구구역표는 2016. 1. 1.부터 효력을 상실하였고, 국회는 2016. 3. 3.에서야 법률 제14073호로 공직선거법을 개정하여 새로운 국회의원지역선거구구역표를 확정하였으므로, 구 공직선거법 제25조 제2항 [별표 1] 국회의원지역선거구구역표가 효력을 상실한 기간에 피고인이 지역구국회의원 선거에 관하여 한 물품 제공행위는 구 공직선거법상의 기부행위에 해당하지 않는다(대판 2017.04.13. 2016도20490).

문 30

선거제도와 선거운동에 관한 다음 설명 중 가장 옳지 않은 것은? [2017년 24번]

① 비례대표제의 경우 모든 투표가 동일한 수적 가치와 동등한 성과 가치를 가지고 선거결과에 동등한 영향을 미치기 때문에 비례대표제는 다수대표제보다 평등선거원칙에 부합한다.
② 소선거구제는 과다한 사표(死票) 발생, 정당득표율과 의석획득률의 괴리, 선거구획정의 난점 등의 단점이 있다.
③ 공직선거법은 대통령선거, 국회의원선거, 지방의회의원 및 지방자치단체의 장의 선거에 적용된다.
④ 선거의 효력을 다투는 선거소송은 일종의 민중소송으로서 대통령 선거, 국회의원 선거의 효력에 관하여 이의가 있는 선거인, 후보자 또는 모든 정당이 제기할 수 있다.
⑤ 대법원은 선거소송에서 선거에 관한 규정에 위반한 사실이 인정되는 경우라도 선거의 결과에 영향을 미쳤다고 인정하는 때에 한하여 선거의 전부나 일부의 무효 또는 당선의 무효를 판결한다.

해설 ★★

① (○) 사표가 많아지면 많아질수록 선거의 평등을 해하게 되고 선거의 민주적 정당성에도 의문이 제기된다. 절대다수대표제보다 상대다수대표제를 채택하는 경우 매우 낮은 득표율로도 당선이 될 수 있으므로 그에 따른 사표의 문제가 심각하다. 이에 비해 비례대표제는 군소정당 난립을 막기 위한 저지조항에 해당하는 경우에만 사표가 발생한다. 따라서 비례대표제는 유권자의 투표가치를 평등하게 취급하고 정확하게 반영한다는 점(사표방지)에서 참다운 선거권의 평등을 보장하고 대의제 민주주의 원리에 부합하는 장점을 가지고 있다.
② (○) 소선거구 다수대표제는 양당제를 통한 정치적 안정을 추구함으로써 안정된 정국을 이끌어나갈 수 있다는 장점을 가지고 있으나, 지나친 사표의 발생으로 투표가치가 선거결과에 정확히 반영되지 않는다는 단점이 있고 그 결과 표에서 이기고 의석에서 지는 Bias 현상, 즉 정당득표율과 의석확보 간에 불균형을 초래한다. 뿐만 아니라 현대적인 산업사회의 진전에 따른 다원화된 유권자의 의사가 의회에 반영되지 못한다는 것이 문제점으로 지적되고 있다.

③ (O) 이 법은 대통령선거·국회의원선거·지방의회의원 및 지방자치단체의 장의 선거에 적용한다(공직선거법 제2조).
④ (X) 대통령선거 및 국회의원선거에 있어서 선거의 효력에 관하여 이의가 있는 선거인·정당(후보자를 추천한 정당에 한한다) 또는 후보자는 선거일부터 30일 이내에 당해 선거구선거관리위원회위원장을 피고로 하여 대법원에 소를 제기할 수 있다(공직선거법 제222조 제1항).
⑤ (O) 소청이나 소장을 접수한 선거관리위원회 또는 대법원이나 고등법원은 선거쟁송에 있어 선거에 관한 규정에 위반된 사실이 있는 때라도 선거의 결과에 영향을 미쳤다고 인정하는 때에 한하여 선거의 전부나 일부의 무효 또는 당선의 무효를 결정하거나 판결한다(공직선거법 제224조).

정답 ④

제4관 공무원제도

문 6

공무원제도에 관한 다음 설명 중 옳지 않은 것은 모두 몇 개인가?[2023년 16번]

ㄱ. 퇴역연금수급권자가 정부 투자기관이나 재정지원기관에 재취업하여 급여를 지급받는 경우 퇴역연금의 전부 또는 일부의 지급을 정지할 수 있도록 하면서 지급정지의 요건 및 내용을 대통령령으로 정하도록 위임하는 규정은 포괄위임금지원칙에 위반되지 않는다.
ㄴ. 군인연금법상 퇴역연금 수급권자가 군인연금법·공무원연금법 및 사립학교교직원 연금법의 적용을 받는 군인·공무원 또는 사립학교교직원으로 임용된 경우 그 재직기간 중 해당 연금 전부의 지급을 정지하도록 하고 있는 구 군인연금법은 퇴역연금 수급권자의 재산권을 침해한다.
ㄷ. 선출직 공무원으로서 받게 되는 보수가 기존의 연금에 미치지 못하는 경우에도 연금 전액의 지급을 정지하도록 정한 구 공무원연금법은 과잉금지원칙에 위배되어 재산권을 침해한다.
ㄹ. 구 공무원연금법에서 유족급여수급권의 대상을 19세 미만의 자녀로 한정한 것은 19세 이상 자녀들의 재산권과 평등권을 침해하지 않는다.
ㅁ. 공무원이 재직 중의 사유로 금고 이상의 형을 받은 경우 퇴직금을 감액하도록 2009. 12. 31. 개정된 감액조항을 2010. 1. 1.부터 적용하도록 한 구 공무원연금법 부칙은 소급입법금지의 원칙이나 신뢰보호의 원칙에 위반되지 않는다.

① 1개　② 2개　③ 3개　④ 4개　⑤ 5개

MGI Point 공무원제도 ★★

- 퇴역연금수급권자가 재취업하여 급여를 지급받는 경우 퇴역연금의 전부 또는 일부의 지급을 정지할 수 있도록 하면서 지급정지의 요건 및 내용을 대통령령으로 정하도록 위임한 것 ⇨ 포괄위임금지원칙 위배
- 퇴역연금 수급권자가 군인·공무원 또는 사립학교교직원으로 임용된 경우 그 재직기간 중 해당 연금 전부의 지급을 정지하는 것 ⇨ 재산권 침해×
- 선출직 공무원으로서 받게 되는 보수가 기존의 연금에 미치지 못하는 경우에도 연금 전액의 지급을 정지하도록 정한 것 ⇨ 재산권 침해
- 공무원연금법에서 유족급여수급권의 대상을 19세 미만의 자녀로 한정한 것 ⇨ 19세 이상 자녀들의 재산권과 평등권 침해×

■ 공무원이 재직 중의 사유로 금고 이상의 형을 받은 경우 퇴직금을 감액하도록 2009. 12. 31. 개정된 감액조항을 2010. 1. 1.부터 적용하는 것 ⇨ 소급입법금지의 원칙과 신뢰보호의 원칙 위반×

ㄱ. (X) 퇴역연금 지급정지제도의 본질에 비추어 지급정지의 요건 및 내용을 규정함에 있어서는 소득의 유무뿐만 아니라 소득의 수준에 대한 고려 역시 필수적인 것임에도 불구하고 구 군인연금법(1974. 12. 26. 법률 제2728호로 개정되고, 1982. 12. 28. 법률 제3587호로 개정되기 전의 것) 제21조 제3항 제2호 및 제3호는 지급정지와 소득수준의 상관관계에 관하여 아무런 정함이 없이 대통령령에 포괄적으로 위임함으로써 위 조항들만으로는 일정 수준 이상의 소득자만을 지급정지의 대상으로 할 것인지 여부 및 소득의 수준에 따라 지급정지율 내지 지급정지금액을 달리할 것인지 여부가 불분명할 뿐만 아니라 이와 관련한 일체의 규율을 행정부에 일임한 결과가 되어 아무리 적은 보수 또는 급여를 받는 경우에도 대통령령에서 연금지급을 정지할 수 있도록 정하거나 재취업 소득의 수준에 관계없이 지급정지율 내지 지급정지금액을 일률적으로 정하는 것이 가능하게 되었으므로, 위 조항들은 포괄위임금지원칙에 위배된다(헌법재판소 2010. 7. 29. 2009헌가4 전원재판부).

ㄴ. (X) 군인연금·공무원연금과 사립학교교직원연금은 보험의 대상이 서로 달라 각각 독립하여 운영되고 있을 뿐 동일한 사회적 위험에 대비하기 위한 하나의 통일적인 제도이므로 퇴직한 군인으로서 퇴역연금 수급자가 직역연금법 적용기관에 재취업한 경우에는 퇴역연금 지급사유가 발생하지 않은 것으로 볼 수 있다. 또한 이 사건 법률조항으로 인해 퇴직수당 등 다른 급여의 지급이 정지되는 것은 아니고, 수급자의 선택에 따라 종전 재직기간을 연금 계산의 기초가 되는 재직기간에 합산할 수 있다. 특히, 군인연금의 경우 퇴직연금 지급개시연령을 두지 않고 있어 연금 수급을 위한 최소가입기간 요건만 충족하면 퇴직 후 바로 연금이 지급되고, 계급별 조기정년제로 인해 연금 혜택이 다른 직역연금에 비해 높은 점 등을 더하여 보면, 이 사건 법률조항은 퇴역연금 수급권자의 재산권을 침해하지 아니한다(헌법재판소 2015. 7. 30. 2014헌바371 결정).

ㄷ. (O) 지방의회의원이 받는 의정비 중 의정활동비는 의정활동 경비 보전을 위한 것이므로, 연금을 대체할 만한 소득이 있는지 여부는 월정수당을 기준으로 판단하여야 하는데, 월정수당은 지방자치단체에 따라 편차가 크고 안정성이 낮음에도 불구하고 심판대상조항은 연금을 대체할 만한 적정한 소득이 있다고 할 수 없는 경우에도 일률적으로 연금전액의 지급을 정지하여 지급정지제도의 본질 및 취지와 어긋나는 결과를 초래한다. 심판대상조항과 같이 재취업소득액에 대한 고려 없이 퇴직연금 전액의 지급을 정지할 경우 재취업 유인을 제공하지 못하여 정책목적 달성에 실패할 가능성이 크다. 연금과 보수 중 일부를 감액하는 방식으로 선출직에 취임하여 보수를 받는 것이 생활보장에 더 유리하도록 하는 등 기본권을 덜 제한하면서 입법목적을 달성할 수 있는 다양한 방법이 있다. 따라서 심판대상조항은 과잉금지원칙에 위배되어 재산권을 침해한다(헌법재판소 2022. 1. 27. 2019헌바161 전원재판부 결정).

ㄹ. (O) 가. 구 공무원연금법(2012. 10. 22. 법률 제11488호로 개정되고, 2018. 3. 20. 법률 제15523호로 전부개정되기 전의 것) 제3조 제2항 중 '자녀'에 관한 부분(이하 '유족범위조항'이라 한다)이 19세 이상인 자녀들의 재산권을 침해하는지 여부(소극)
나. 유족범위조항이 19세 이상인 자녀들의 평등권을 침해하는지 여부(소극)(헌법재판소 2019. 11. 28. 2018헌바335 전원재판부 결정).

ㅁ. (O) 이 사건 부칙조항은 이미 발생하여 이행기에 도달한 퇴직연금수급권의 내용을 변경함이 없이 이 사건 부칙조항의 시행 이후의 법률관계, 다시 말해 장래에 이행기가 도래하는 퇴직연금수급권의 내용을 변경함에 불과하므로, 진정소급입법에는 해당하지 아니한다. 따라서 소급입법에 의한 재산권 침해는 문제될 여지가 없다. 헌법재판소에서 구법조항에 대하여 공무원의 신분이나 직무상 의무와 관련이 없는 범죄의 경우에도 퇴직급여 등을 제한하는 것은 공무원범죄를 예방하고 공무원이 재직 중 성실히 근무하도록 유도하는 입법목적을 달성하는 데에 적합한 수단이라고 볼 수 없다는 이유로 헌법불합치결정을 하고 입법개선을 명함에 따라, 그 취지대로 개선입법이 이루어질 것을 충분히 예상할 수 있었으므로, 국회의 개선입법 지연으로 인하여 한시적인 입법의 공백상태가 발생함으로써 1년간 퇴직급여 전액을 지급받을 수 있었다고 하여, 향후

개선입법이 이루어진 이후에도 그 이전에 급여지급사유가 발생한 퇴직 공무원들에 대하여 개선입법 이후 비로소 이행기가 도래하는 퇴직연금 수급권에 대해서까지 급여제한처분이 없으리라는 청구인들의 신뢰가 정당한 것이라고 보기는 어려우므로, 이 사건 부칙조항은 신뢰보호원칙도 위반하지 않는다(헌법재판소 2016. 6. 30. 2014헌바365 결정).

정답 ②

문 7

다음 설명 중 가장 옳지 않은 것은?[2023년 8번]

① 공직을 직업으로 선택하는 경우에 있어서 직업선택의 자유는 공무담임권을 통해서 그 기본권보호를 받게 된다고 할 수 있으므로, 헌법재판소가 공무담임권을 침해하는지 여부를 심사하는 이상 이와 별도로 직업선택의 자유 침해 여부를 심사할 필요는 없다.
② 미성년자에 대하여 성범죄를 범하여 형을 선고 받아 확정된 자와 성인에 대한 성폭력범죄를 범하여 벌금 100만 원 이상의 형을 선고받아 확정된 사람을 초·중등교육법상의 교원에 임용될 수 없도록 한 법률조항은 공무담임권을 침해하지 않는다.
③ 아동에 대한 성적 학대행위로 형을 선고받아 확정된 사람을 공직에 진입할 수 없도록 하는 조항은 입법목적의 정당성이 인정된다.
④ 아동에게 성적 수치심을 주는 성희롱 등의 성적 학대행위로 형을 선고받아 그 형이 확정된 사람을 일반직공무원에 임용되는 것을 금지하는 법률조항은 공무담임권을 침해하지 않는다.
⑤ 금고 이상의 형을 받고 그 집행이 종료되거나 집행을 받지 아니하기로 확정된 후 5년을 경과하지 아니한 자는 공무원에 임용될 수 없다고 규정한 법률조항은 공무담임권을 침해하지 않는다.

MGI Point 공무담임권 ★★★

- 공무담임권을 침해하는지 여부를 심사하는 이상 이와 별도로 직업선택의 자유 침해 여부를 심사할 필요×
- 미성년자에 대한 성범죄자, 성인에 대한 성범죄자 중 벌금 100만 원 이상의 형을 선고 받은자를 교원임용결격자로 규정한 것 ⇨ 공무담임권 침해×
- 아동에 대한 성적 학대행위로 형을 선고받아 확정된 사람을 공직에 진입할 수 없도록 하는 것 ⇨ 입법목적의 정당성과 수단의 적합성○ BUT 최소침해성과 법익의 균형성× ⇨ 공무담임권 침해
- 아동에게 성적 수치심을 주는 성희롱 등의 성적 학대행위로 형을 선고받아 그 형이 확정된 사람을 일반직공무원에 임용되는 것을 금지하는 것 ⇨ 공무담임권 침해
- 금고 이상의 형을 받고 그 집행이 종료되거나 집행을 받지 아니하기로 확정된 후 5년을 경과하지 아니한 자는 공무원에 임용될 수 없다고 규정한 것 ⇨ 공무담임권 침해×

---

① (○) 청구인은 공무담임권 이외에 직업선택의 자유와 참정권의 침해도 주장한다. 그런데 공직을 직업으로 선택하는 경우 직업선택의 자유는 공직취임권인 공무담임권을 통해서 보호받게 되고, 공무담임권은 공직취임권과 함께 공직선거에 입후보하여 당선될 수 있는 피선거권을 포괄하므로, 이 사건과 가장 밀접한 관계에 있고 침해의 정도가 큰 공무담임권의 침해 여부를 판단하는 이상, 직업선택의 자유나 참정권은 별도로 판단하지 아니한다. 아울러 심판대상조항과 관련하여 하위직 공무원의 차별적 취급 가능성 문제는 공무담임권 침해 여부를 판단하면서, 정부투자기관 등과의 차별 문제는 평등권 침해 여부를 판단하면서 검토하기로 한다(헌법재판소 2014. 3. 27. 2013헌마185 전원재판부).

② (○) 아동·청소년과 상시적으로 접촉하고 밀접한 생활관계를 형성하여 이를 바탕으로 교육과 상담이 이루어지고 인성발달의 기초를 형성하는 데 지대한 영향을 미치는 초·중등학교 교원의 업무적인 특수성과 중요성을 고려해 본다면, 최소한 초·중등학교 교육현장에서 성범죄를 범한 자를 배제할 필요성은 어느 공직에서보다 높다고 할 것이고, 아동·청소년 대상 성범죄의 재범률까지 고려해 보면 미성년자에 대하여 성범죄를 범한 자는 교육현장에서 원천적으로 차단할 필요성이 매우 크다. 성인에 대한 성폭력범죄의 경우 미성년자에 대하여 성범죄를 범한 것과 달리, 성폭력범죄 행위로 인하여 형을 선고받기만 하면 곧바로 교원임용이 제한되는 것이 아니라, 100만 원 이상의 벌금형이나 그 이상의 형을 선고받고 그 형이 확정된 사람에 한하여 임용을 제한하고 있는바, 법원이 범죄의 모든 정황을 고려한 다음 벌금 100만 원 이상의 형을 선고하여 그 판결이 확정되었다면, 이는 결코 가벼운 성폭력범죄 행위라고 볼 수 없다. 이처럼 이 사건 결격사유조항은 성범죄를 범하는 대상과 확정된 형의 정도에 따라 성범죄에 관한 교원으로서의 최소한의 자격기준을 설정하였다고 할 것이고, 같은 정도의 입법목적을 달성하면서도 기본권을 덜 제한하는 수단이 명백히 존재한다고 볼 수도 없으므로, 이 사건 결격사유조항은 과잉금지원칙에 반하여 청구인의 공무담임권을 침해하지 아니한다(헌법재판소 2019. 7. 25. 선고 2016헌마754 전원재판부 결정).

③ (○) 공무원은 국민 전체에 대한 봉사자로서 다른 직역과 달리 고도의 윤리성과 도덕성을 갖출 것이 요구된다. 심판대상조항은 공직자에 대한 고도의 윤리성과 도덕성을 확보하여 공직에 대한 국민의 신뢰를 확보함으로써 공무수행을 원활하게 하고, 아동의 건강과 안전을 보호하기 위하여 아동에 대한 성적 학대행위로 형을 선고받아 그 형이 확정된 사람의 공직 진입을 엄격히 제한하고 있다. 이러한 심판대상조항은 그 입법목적의 정당성이 인정된다. 아동에 대한 성적 학대행위로 형을 선고받아 확정된 사람을 공직에 진입할 수 없도록 하는 것은 공직에 대한 국민의 신뢰를 확보하여 공무수행을 원활하게 하고 아동의 건강과 안전을 보호하는 데 기여할 수 있으므로, 입법목적 달성을 위한 수단의 적합성이 인정된다. 아동에 대한 성적 학대행위로 형을 선고받아 확정된 자에 대하여 일반직공무원이나 부사관에 임용되는 것을 제한하는 것이 입법목적을 달성하는 데 적합한 수단이라고 하더라도, 범죄의 경중이나 재범의 위험성 등 구체적 사정을 고려하지 아니하고 직무의 종류에 상관없이 일반직공무원과 부사관에 임용되는 것을 영구적으로 제한하고 있는 심판대상조항은 침해의 최소성에 위반된다. … 아동에 대한 성적 학대행위로 형이 확정된 자를 일반직공무원 및 부사관의 직무로부터 배제함으로써 공직에 대한 국민의 신뢰를 유지하여 공무수행을 원활히 하고 아동을 보호하고자 하는 공익은 중대하다. 그러나 심판대상조항은 범죄의 경중이나 재범의 위험성 등과 무관하게 일반직공무원 및 부사관 직무 전체에 대하여 일률적으로 영구히 임용을 제한하고, 결격사유를 해소할 수 있는 어떠한 예외도 인정하지 않음으로써 이로 인하여 청구인이 받게 되는 불이익은 공익의 중대성을 고려하더라도 지나치게 크다. 따라서 심판대상조항은 법익의 균형성을 갖추지 못하였다. 심판대상조항은 과잉금지원칙에 위반되어 청구인의 공무담임권을 침해한다(헌법재판소 2022. 11. 24. 2020헌마1181 전원재판부 결정).

④ (X) 심판대상조항은 아동과 관련이 없는 직무를 포함하여 모든 일반직공무원 및 부사관에 임용될 수 없도록 하므로, 제한의 범위가 지나치게 넓고 포괄적이다. 또한, 심판대상조항은 영구적으로 임용을 제한하고, 결격사유가 해소될 수 있는 어떠한 가능성도 인정하지 않는다. 아동에 대한 성희롱 등의 성적 학대행위로 형을 선고받은 경우라고 하여도 범죄의 종류, 죄질 등은 다양하므로, 개별 범죄의 비난가능성 및 재범 위험성 등을 고려하여 상당한 기간 동안 임용을 제한하는 덜 침해적인 방법으로도 입법목적을 충분히 달성할 수 있다. 따라서 심판대상조항은 과잉금지원칙에 위배되어 청구인의 공무담임권을 침해한다(헌법재판소 2022. 11. 24. 2020헌마1181 전원재판부 결정).

⑤ (○) "금고 이상의 형을 받고 그 집행이 종료되거나 집행을 받지 아니하기로 확정된 후 5년을 경과하지 아니한 자는 공무원에 임용될 수 없다"고 규정한 국가공무원법 제33조 제1항 제3호(이하 '이 사건 법률조항'이라 한다)는 공무담임권을 침해하지 않는다(헌법재판소 2007. 7. 26. 2006헌마764 전원재판부).

정답 ④

문 8

공무담임권에 관한 다음 설명으로 가장 옳지 않은 것은?[2023년 33번]

① 허위사실공표금지 조항이 직접 선거권, 공무담임권을 제한하는 내용을 담고 있지 않더라도, 허위사실공표금지 조항으로 인하여 벌금 100만 원 이상의 형을 선고받으면 공직선거법에 의하여 당선무효나 선거권 및 피선거권의 제한의 결과를 발생시킬 수 있다면, 허위사실공표금지 조항 역시 후보자의 공무담임권을 제한하는 조항에 해당한다.
② 헌법 제25조의 공무담임권은 모든 국민이 현실적으로 국가나 공공단체의 직무를 담당할 수 있다고 하는 의미가 아니라, 국민이 공직취임의 기회를 자의적으로 배제당하지 않음을 의미한다.
③ 시·도지사 후보자로 등록하려는 사람에게 5천만 원의 기탁금을 납부하도록 한 공직선거법 조항은 공무담임권을 침해한다고 볼 수 없다.
④ 금고 이상의 형의 선고유예를 받은 경우에는 군무원직에서 당연히 퇴직하는 것으로 규정한 구 군무원인사법 규정은 군무원의 공무담임권을 침해한다.
⑤ 행정5급 일반임기제공무원에 관한 경력경쟁채용시험에서 변호사 직무 분야의 응시자격요건으로 '변호사 자격 등록'을 요구함으로써, 변호사 자격 등록을 하지 않은 사람으로 하여금 경력경쟁채용시험에 응시할 수 없도록 하는 공고는 변호사 자격을 가졌으나 변호사 자격 등록을 하지 아니한 자의 공무담임권을 침해하지 않는다.

MGI Point 공무담임권 ★★

- 허위사실공표금지 조항 ⇨ 공무담임권을 제한하는 조항×
- 공무담임권의 의미 ⇨ 모든 국민이 현실적으로 국가나 공공단체의 직무를 담당할 수 있다고 하는 의미×, 국민이 공직취임의 기회를 자의적으로 배제당하지 않음을 의미
- 시·도지사 후보자로 등록하려는 사람에게 5천만 원의 기탁금을 납부하도록 한 것 ⇨ 공무담임권을 침해×
- 금고 이상의 형의 선고유예를 받은 경우에 군무원직 당연퇴직 조항 ⇨ 군무원의 공무담임권을 침해
- 행정5급 일반임기제공무원에 관한 경력경쟁채용시험에서 변호사 직무 분야의 응시자격요건으로 '변호사 자격 등록'을 요구 ⇨ 공무담임권을 침해×

---

① (X) 청구인은 이 사건 기부행위금지 조항이 공무담임권, 행복추구권 또한 제한한다고 주장한다. 이 사건 기부행위금지 조항으로 인하여 벌금 100만 원 이상의 형을 선고받으면 공직선거법 제264조에 의하여 당선자는 그 당선이 무효로 되고 같은 법 제266조에 의하여 일정 기간 동안 일부 공직에 취임하거나 임용될 수 없으며, 같은 법 제19조 제1호에 의하여 일정 기간 동안 피선거권이 제한되지만, 이러한 기본권 제한은 이 사건 기부행위금지 조항의 직접적 효과라기보다는 벌금 100만 원 이상의 형을 선고받은 경우에 공직선거법 제264조가 적용되어 나타난 결과이므로, 이 사건 기부행위금지 조항에 의하여 공무담임권이 제한된다고 볼 수 없다. 또한 행복추구권은 다른 개별적 기본권이 적용되지 않는 경우에 한하여 보충적으로 적용되는 기본권이므로, 선거운동의 자유의 침해 여부를 판단하는 이상 별도로 행복추구권 침해 여부는 판단하지 아니한다(헌법재판소 2021. 2. 25. 2018헌바223).
② (○) 헌법 제25조는 '모든 국민은 법률이 정하는 바에 의하여 공무담임권을 가진다.'라고 규정하여 국민에게 선거직공무원을 비롯한 모든 국가기관 및 지방자치단체의 공직에 취임할 수 있는 권리를 내용으로 하는 공무담임권을 보장하고 있다. 공무담임권을 보장한다는 것은 모든 국민이 현실적으로 국가나 공공단체의 직무를 담당할 수 있다고 하는 의미가 아니라, 국민이 공무담임에 관한 자의적이지 않고 평등한 기회를 보장받는 것, 즉 공직취임의 기회를 자의적으로 배제 당하지 않음을 의미한다(헌법재판소 2004. 11. 25. 2002헌바8).

③ (○) 시·도지사 후보자로 등록하려는 사람에게 5천만 원의 기탁금을 납부하도록 한 공직선거법(2010. 1. 25. 법률 제9974호로 개정된 것) 제56조 제1항 제4호(이하 '이 사건 기탁금조항'이라 한다)는 공무담임권을 침해하지 않는다(헌법재판소 2019. 9. 26. 2018헌마128·577·585(병합)).

④ (○) 금고 이상의 형의 선고유예를 받은 경우에는 군무원직에서 당연히 퇴직하는 것으로 규정한 구 군무원인사법 제27조 중 같은 법 제10조에 의한 국가공무원법 제33조 제1항 제5호 부분(이하 '이 사건 법률조항'이라 한다)은 헌법 제25조에 규정된 공무담임권을 침해한다(헌법재판소 2007. 6. 28. 선고 2007헌가3).

⑤ (○) 이 사건 공고는 대한변호사협회에 등록한 변호사로서 실제 변호사의 업무를 수행한 경력이 있는 사람을 우대하는 한편, 임용예정자에게 변호사등록 거부사유 등이 있는지를 대한변호사협회의 검증절차를 통하여 확인받도록 하는 데 목적이 있다. 이 사건 공고가 응시자격요건으로 변호사 자격 등록을 요구하는 것은 이러한 목적, 그리고 지원자가 채용예정직위에서 수행할 업무 등에 비추어 합리적이다. 인사권자인 피청구인은 경력경쟁채용시험을 실시하면서 응시자격요건을 구체적으로 어떻게 정할 것인지를 판단하고 결정하는 데 재량이 인정되는데, 이 사건 공고가 그 재량권을 현저히 일탈하였다고 볼 수 없다. 이 사건 공고는 청구인들의 공무담임권을 침해하지 않는다(헌법재판소 2019. 8. 29. 선고 2019헌마616).

정답 ①

문 31

공무원의 신분보장에 관한 다음 설명 중 옳지 않은 것은 모두 몇 개인가? [2022년 29번]

> ㄱ. 공무원의 신분과 정치적 중립성은 법률이 정하는 바에 의하여 보장되므로, 모든 공무원은 형의 선고, 징계처분 또는 법률에서 정하는 사유에 따르지 아니하고는 본인의 의사에 반하여 휴직·강임 또는 면직을 당하지 아니한다.
> ㄴ. 공무원 신분의 부당한 박탈을 방지하는 것은 공무담임권의 보호영역에 포함된다.
> ㄷ. 공무원과 금융회사 등 임직원은 수행하는 업무와 책임, 신분보장의 정도 등에 있어 현저한 차이가 있어, 금융회사 등 임직원에게 공무원과 맞먹는 정도의 청렴성이나 직무의 불가매수성을 요구하기 어려우므로, 금융회사 등 임직원의 수재행위를 공무원과 동일하게 가중처벌까지 하는 것은 과도하다.
> ㄹ. 헌법 제7조 제2항이 공무원의 신분과 정치적 중립성에 관하여 규정하고 있는 것은 정권교체에 따른 국가작용의 중단과 혼란을 예방하며, 일관성 있는 공무수행의 독자성과 영속성을 유지하기 위하여 공직구조에 관한 제도적 보장으로서의 직업공무원제도를 마련해야 함을 의미한다.
> ㅁ. 공무원연금제도가 공무원신분보장의 본질적 요소라고 하더라도 퇴직 후에 현 제도 그대로의 연금을 받는다는 신뢰는 반드시 보호되어야 할 정도로 확고한 것이라고 볼 수 없다.

① 1개   ② 2개   ③ 3개   ④ 4개   ⑤ 5개

MGI Point 공무원의 신분보장 ★★

- 1급, 고위공무원공단에 속하는 공무원 ▷ 신분 보장 받는 공무원에 포함 ×
- 공무원 신분의 부당한 박탈을 방지하는 것 ▷ 공무담임권의 보호영역에 포함
- 금융회사 등 임직원의 수재행위를 공무원과 동일하게 가중처벌 하는 것 ▷ 합헌
- 공무원의 신분과 정치적 중립성에 관하여 규정의 의의 ▷ 정권교체에 따른 국가작용의 중단과 혼란을 예방, 일관성 있는 공무수행의 독자성과 영속성을 유지 등
- 공무원연금제도 ▷ 퇴직 후에 현 제도 그대로의 연금을 받는다는 신뢰 ▷ 반드시 보호되어야 할 것 ×

ㄱ. (X) 국가공무원법 제68조 및 지방공무원법 제60조 참조. ▶ 모든 공무원이 그런 것은 아님

> 국가공무원법 제68조(의사에 반한 신분 조치) 공무원은 형의 선고, 징계처분 또는 이 법에서 정하는 사유에 따르지 아니하고는 본인의 의사에 반하여 휴직·강임 또는 면직을 당하지 아니한다. 다만, 1급 공무원과 제23조에 따라 배정된 직무등급이 가장 높은 등급의 직위에 임용된 고위공무원단에 속하는 공무원은 그러하지 아니하다.
> 지방공무원법 제60조(신분보장의 원칙) 공무원은 형의 선고·징계 또는 이 법에서 정하는 사유가 아니면 본인의 의사에 반하여 휴직·강임 또는 면직을 당하지 아니한다. 다만, 1급 공무원은 그러하지 아니하다.

ㄴ. (O) 공무담임권은 기본적으로 공무담임에 관하여 자의적이지 않고 평등한 기회를 보장받음을 의미하지만, 그 보호영역에는 공직취임 기회의 자의적인 배제뿐 아니라 공무원 신분의 부당한 박탈까지 포함된다(헌재 2008.01.17. 2006헌마1075).

ㄷ. (X) 수재행위의 경우 수수액이 증가하면서 범죄에 대한 비난가능성도 높아지므로 수수액을 기준으로 단계적 가중처벌을 하는 것에는 합리적 이유가 있다. 그리고 가중처벌의 기준을 1억 원으로 정하면서 징역형의 하한을 10년으로 정한 것은 그 법정과 비난가능성을 높게 평가한 입법자의 합리적 결단에 의한 것인바, 가중처벌조항은 책임과 형벌 간의 비례원칙에 위배되지 아니한다. 나아가 금융회사 등 임직원에게는 공무원과 맞먹는 정도의 청렴성 및 업무의 불가매수성이 요구되므로, 그 수재행위를 공무원의 수뢰행위와 동일한 법정형으로 처벌한다거나 다른 사인들의 직무 관련 수재행위보다 중하게 처벌한다는 이유만으로 가중처벌조항이 형벌체계상 현저히 균형을 잃은 것으로 평등원칙에 위배된다고 볼 수도 없다(헌재 2020.03.26. 2017헌바129 등).

ㄹ. (O) 헌법 제7조 제2항은 공무원의 신분과 정치적 중립성을 법률로써 보장할 것을 규정하고 있다. 위 조항의 뜻은 공무원이 정치과정에서 승리한 정당원에 의하여 충원되는 엽관제를 지양하고, 정권교체에 따른 국가작용의 중단과 혼란을 예방하며 일관성있는 공무수행의 독자성과 영속성을 유지하기 위하여 공직구조에 관한 제도적 보장으로서의 직업공무원제도를 마련해야 한다는 것이다. 직업공무원제도는 바로 그러한 제도적 보장을 통하여 모든 공무원으로 하여금 어떤 특정 정당이나 특정 상급자를 위하여 충성하는 것이 아니라 국민전체에 대한 봉사자로서(헌법 제7조 제1항) 법에 따라 그 소임을 다할 수 있게 함으로써 공무원 개인의 권리나 이익을 보호함에 그치지 아니하고 나아가 국가기능의 측면에서 정치적 안정의 유지에 기여하도록 하는 제도이다(헌재 1997.04.24. 95헌바48).

ㅁ. (O) 퇴직연금수급권의 성격상 그 급여의 구체적인 내용은 불변적인 것이 아니라, 국가의 재정, 다음 세대의 부담 정도, 사회정책적 상황 등에 따라 변경될 수 있는 것이고, 공무원연금제도는 공무원신분보장의 본질적 요소라고 하더라도 적정한 신뢰는 "퇴직 후에 연금을 받는다"는 데에 대한 것이지, "퇴직 후에 현 제도 그대로의 연금액을 받는다"는 데에 대한 것으로 볼 수는 없다(헌재 2005.06.30. 2004헌바42).

정답 ②

문 32

공무원제도에 관한 다음 설명 중 옳은 것(○)과 옳지 않은 것(×)을 올바르게 조합한 것은? [2021년 20번]

> ㉠ 국가공무원법 제65조 제1항에서 초·중등학교 교육공무원은 '정당의 결성에 관여하거나 이에 가입할 수 없다.'는 부분은 초·중등학교 교육공무원의 정당가입의 자유를 침해하지 않는다.
> ㉡ 국가공무원법 제65조 제1항에서 초·중등학교의 교육공무원은 '그 밖의 정치단체의 결성에 관여하거나 이에 가입할 수 없다.' 는 부분은 초·중등학교 교육공무원의 정치적 표현의 자유 및 결사의 자유를 침해하지 않는다.
> ㉢ 국가배상법 제2조 소정의 '공무원'이라 함은 국가공무원법이나 지방공무원법에 의하여 공무원으로서의 신분을 가진 자에 국한하지 않고, 널리 공무를 위탁받아 실질적으로 공무에 종사하고 있는 일체의 자를 가리키는 것으로서, 공무의 위탁이 일시적이고 한정적인 사항에 관한 활동을 위한 것이어도 달리 볼 것은 아니다.
> ㉣ 우리나라는 직업공무원제도를 채택하고 있는데, 여기서 말하는 공무원은 국가 또는 공공단체와 근로관계를 맺고 이른바 공법상 특별권력관계 내지 특별행정법관계 아래 공무를 담당하는 것을 직업으로 하는 협의의 공무원을 말하며 정치적 공무원이라든가 임시적 공무원은 포함되지 않는다.
> ㉤ 당연무효인 임용결격자에 대한 임용행위에 의하여서는 공무원 신분을 취득할 수 없으나, 임용결격자가 공무원으로 임용되어 사실상 근무하여 왔고 공무원연금제도가 공무원의 재직 중의 성실한 복무에 대한 공로보상적 성격과 사회보장적 기능을 가지고 있는 이상, 적법한 공무원으로서의 신분을 취득하지 못한 자라 하더라도 공무원연금법 소정의 퇴직연금을 청구할 수 있다.

① ㉠ O, ㉡ X, ㉢ O, ㉣ O, ㉤ O
② ㉠ O, ㉡ O, ㉢ X, ㉣ O, ㉤ O
③ ㉠ O, ㉡ X, ㉢ O, ㉣ O, ㉤ X
④ ㉠ O, ㉡ O, ㉢ O, ㉣ O, ㉤ X
⑤ ㉠ X, ㉡ X, ㉢ O, ㉣ X, ㉤ X

MGI Point | 공무원제도 ★★

- 초·중등학교 교원의 정당결성·정당가입을 금지한 국가공무원법 제65조 제1항
  ⇨ 정당가입의 자유 침해 ×
  cf. '교원은 그 밖의 정치단체의 결성에 관여하거나 이에 가입할 수 없다.' 부분
  ⇨ 정치적 표현의 자유 및 결사의 자유 침해 ○
- 국가배상법 제2조 소정의 '공무원'의 의미 ⇨ 국가공무원법이나 지방공무원법에 의하여 공무원으로서의 신분을 가진 자에 국한하지 않고, 널리 공무를 위탁받아 실질적으로 공무에 종사하고 있는 일체의 자 (공무의 위탁이 일시적·한정적인 사항에 관한 활동을 위한 것이어도 可)
- 직업공무원제도의 공무원 ⇨ 국가 또는 공공단체와 근로관계를 맺고 공법상 특별권력관계 내지 특별행정법관계 아래 공무를 담당하는 것을 직업으로 하는 협의의 공무원 (정치적 공무원 or 임시적 공무원은 포함 ×)
- 임용결격자가 공무원으로 임명되어 사실상 근무하여 온 경우 ⇨ 공무원연금법 소정의 퇴직금청구 不可

ㄱ. (○) 헌법재판소는 2004. 3. 25. 2001헌마710 결정 및 2014. 3. 27. 2011헌바42 결정에서, 국가공무원이 정당의 발기인 및 당원이 될 수 없도록 규정한 구 정당법 및 구 국가공무원법 조항들이 헌법에 위반되지 않는다고 판단하였다. 그 요지는 '이 사건 정당가입 금지조항은 국가공무원이 정당에 가입하는 것을 금지함으로써 공무원이 국민 전체에 대한 봉사자로서 그 임무를 충실히 수행할 수 있도록 정치적 중립성을 보장하고, 초·중등학교 교원이 당파적 이해관계의 영향을 받지 않도록 교육의 중립성을 확보하기 위한 것이므로, 목적의 정당성 및 수단의 적합성이 인정된다. 공무원의 정치적 행위가 직무 내의 것인지 직무 외의 것인지 구분하기 어려운 경우가 많고, 공무원의 행위는 근무시간 내외를 불문하고 국민에게 중대한 영향을 미치므로, 직무 내의 정당 활동에 대한 규제만으로는 입법목적을 달성하기 어렵다. 또한 정당에 대한 지지를 선거와 무관하게 개인적인 자리에서 밝히거나 선거에서 투표를 하는 등 일정한 범위 내의 정당관련 활동은 공무원에게도 허용되므로 이 사건 정당가입 금지조항은 침해의 최소성 원칙에 반하지 않는다. 정치적 중립성, 초·중등학교 학생들에 대한 교육기본권 보장이라는 공익은 공무원들이 제한받는 사익에 비해 중대하므로 법익의 균형성 또한 인정된다. 따라서 이 사건 정당가입 금지조항은 과잉금지원칙에 위배되지 않는다(헌재 2020.04.23. 2018헌마551).

ㄴ. (X) 국가공무원법조항 중 '그 밖의 정치단체'에 관한 부분은 법적용기관인 법관의 보충적 법해석을 통하여도 그 규범내용이 확정될 수 없는 모호하고 막연한 개념을 사용하고 있으므로 명확성원칙에 위배되어 나머지 청구인들의 정치적 표현의 자유 및 결사의 자유를 침해한다. … 국가공무원법조항 중 '그 밖의 정치단체'에 관한 부분은 과잉금지원칙에 위배되어 나머지 청구인들의 정치적 표현의 자유 및 결사의 자유를 침해한다(헌재 2020.04.23. 2018헌마551). ▶ 헌재 2020. 4. 23. 2018헌마551결정(정당법 제22조 제1항 단서 제1호 등 위헌확인)에서 1) 초·중등학교의 교육공무원이 정당의 발기인 및 당원이 될 수 없도록 규정한 정당법 및 초·중등학교의 교육공무원이 정당의 결성에 관여하거나 이에 가입하는 행위를 금지한 국가공무원법 제65조 제1항 중 '국가공무원법 제2조 제2항 제2호의 교육공무원 가운데 초·중등교육법 제19조 제1항의 교원은 정당의 결성에 관여하거나 이에 가입할 수 없다.' 부분이 나머지 청구인들의 정당가입의 자유 등을 침해하지 않는다고 판단하였지만, 2) 초·중등학교의 교육공무원이 정치단체의 결성에 관여하거나 이에 가입하는 행위를 금지한 국가공무원법 제65조 제1항 중 '국가공무원법 제2조 제2항 제2호의 교육공무원 가운데 초·중등교육법 제19조 제1항의 교원은 그 밖의 정치단체의 결성에 관여하거나 이에 가입할 수 없다.' 부분이 나머지 청구인들의 정치적 표현의 자유 및 결사의 자유를 침해한다고 판단하였음에 주의

ㄷ. (○) 국가배상법 제2조 소정의 '공무원'이라 함은 국가공무원법이나 지방공무원법에 의하여 공무원으로서의 신분을 가진 자에 국한하지 않고, 널리 공무를 위탁받아 실질적으로 공무에 종사하고 있는 일체의 자를 가리키는 것으로서, 공무의 위탁이 일시적이고 한정적인 사항에 관한 활동을 위한 것이어도 달리 볼 것은 아니다(대판 2001.01.05. 98다39060).

ㄹ. (○) … 우리나라는 직업공무원제도를 채택하고 있는데, 이는 공무원이 집권세력의 논공행상의 제물이 되는 엽관제도를 지양하고 정권교체에 따른 국가작용의 중단과 혼란을 예방하고 일관성있는 공무수행의 독자성을 유지하기 위하여 헌법과 법률에 의하여 공무원의 신분이 보장되는 공직구조에 관한 제도이다. 여기서 말하는 공무원은 국가 또는 공공단체와 근로관계를 맺고 이른바 공법상 특별권력관계 내지 특별행정법관계 아래 공무를 담당하는 것을 직업으로 하는 협의의 공무원을 말하며 정치적 공무원이라든가 임시적 공무원은 포함되지 않는 것이다(헌재 1989.12.18. 89헌마32).

ㅁ. (X) 공무원연금법이나 근로기준법에 의한 퇴직금은 적법한 공무원으로서의 신분취득 또는 근로고용관계가 성립되어 근무하다가 퇴직하는 경우에 지급되는 것이고, 당연무효인 임용결격자에 대한 임용행위에 의하여서는 공무원의 신분을 취득하거나 근로고용관계가 성립될 수 없는 것이므로 임용결격자가 공무원으로 임용되어 사실상 근무하여 왔다고 하더라도 그러한 피임용자는 위 법률소정의 퇴직금청구를 할 수 없다(대판 1987.04.14. 86누459).

정답 ③

문 33
공무담임권에 관한 다음 설명 중 옳은 것은 모두 몇 개인가? [2021년 29번]

> ㄱ. 국가, 공공단체의 구성원으로서 그 직무를 담당할 수 있는 권리로서, 여기서 직무를 담당한다는 것은 국민이 공무담임에 관한 자의적이지 않고 평등한 기회를 보장받음을 의미한다.
> ㄴ. 성인에 대한 성폭력범죄의 처벌 등에 관한 특례법 제2조에 따른 성폭력범죄 행위로 파면·해임되거나 100만 원 이상의 벌금형이나 그 이상의 형 또는 치료감호를 선고받아 그 형 또는 치료감호가 확정된 사람을 고등교육법상의 교원으로 임용할 수 없도록 한 법률 규정은 해당 학교의 교원이 되고자 하는 사람에 대한 과도한 제한으로서 공무담임권을 침해한다.
> ㄷ. 아동·청소년의 성보호에 관한 법률 제2조 제2호에 따른 아동·청소년대상 성범죄 행위로 형을 선고받아 확정된 사람은 초·중등교육법상의 교원에 임용될 수 없도록 한 법률 규정은 공무담임권을 침해하지 아니한다.
> ㄹ. 관련 자격증 소지자에게 세무직 국가공무원 공개경쟁채용시험에서 일정한 가산점을 부여하는 대통령령 규정은 가산 대상 자격증을 소지하지 아니한 사람의 공무담임권을 침해한다.
> ㅁ. 공립 또는 사립 초·중등학교 교원으로 하여금 공직선거 및 교육감선거 입후보 시 선거일 전 90일까지 교원직을 그만 두도록 하는 법률 규정은 교원의 공무담임권과 평등권을 침해한다.

① 1개 ② 2개 ③ 3개
④ 4개 ⑤ 5개

MGI Point 공무담임권 ★★

- 국민이 공무담임에 관한 자의적이지 않고 평등한 기회를 보장받는 것
- 교육공무원법 조항이 성인에 대한 성폭력범죄 행위로 벌금 100만 원 이상의 형을 선고받고 확정된 자에 한하여 고등교육법상의 교원으로 임용할 수 없도록 한 것 ⇨ 공무담임권 침해 ×
- 아동 청소년의 성보호에 관한 법률 제2조 제2호에 따른 아동 청소년대상 성범죄 행위로 형을 선고받아 확정된 사람은 초중등교육법상의 교원에 임용될 수 없도록 한 법률규정 ⇨ 공무담임권 침해 ×
- 관련 자격증 소지자에게 세무직 국가공무원 공개경쟁채용시험에서 일정한 가산점을 부여하는 법령
  ⇨ 가산 대상 자격을 소지하지 아니한 사람의 공무담임권 침해 ×
- 공직선거 및 교육감선거 입후보 시 선거일 전 90일까지 교원직을 그만두도록 하는 입후보자 사직조항
  ⇨ 교원의 공무담임권과 평등권을 침해 ×

ㄱ. (○) 헌법 제25조는 "모든 국민은 법률이 정하는 바에 의하여 공무담임권을 가진다."고 하여 공무담임권을 기본권으로 보장하고 있다. 공무담임권이란 입법부, 집행부, 사법부는 물론 지방자치단체 등 국가, 공공단체의 구성원으로서 그 직무를 담당할 수 있는 권리를 말한다. 여기서 <u>직무를 담당한다는 것은 모든 국민이 현실적으로 그 직무를 담당할 수 있다고 하는 의미가 아니라, 국민이 공무담임에 관한 자의적이지 않고 평등한 기회를 보장받음을 의미하는 바,</u> 공무담임권의 보호영역에는 공직취임의 기회의 자의적인 배제 뿐 아니라, 공무원 신분의 부당한 박탈까지 포함되는 것이라고 할 것이다(헌재 2004.02.26. 2003헌바4).

ㄴ. (X) 고등교육법상의 교원은 학생의 입학, 수업, 시험출제, 성적평가에서 졸업 후 사회진출에 이르기까지 학생에 대하여 폭넓게 영향력을 행사할 수 있는 지위에 있는 점, 대학생활 전반에 관하여 지도와 상담을 하는

고등교육법상 교원이 학생을 상대로 성폭력범죄를 저지르는 경우 학생으로서는 이러한 교원의 부당한 행위에 저항하기 힘든 취약한 지위에 있게 되고, 따라서 일단 고등교육법상의 교원으로 임용되고 나면 성폭력범죄의 의도를 가진 행위를 차단하기가 극히 어려워지는 점 등에 비추어 보면, 심판대상조항이 성인에 대한 성폭력범죄 행위로 벌금 100만 원 이상의 형을 선고받고 확정된 자에 한하여 고등교육법상의 교원으로 임용할 수 없도록 한 것은, 성폭력범죄를 범하는 대상과 형의 종류에 따라 성폭력범죄에 관한 교원으로서의 최소한의 자격기준을 설정하였다고 할 것이므로, 과잉금지원칙에 반하여 청구인의 공무담임권을 침해한다고 할 수 없다(헌재 2020.12.23. 2019헌마502).

ㄷ. (○) 아동·청소년과 상시적으로 접촉하고 밀접한 생활관계를 형성하여 이를 바탕으로 교육과 상담이 이루어지고 인성발달의 기초를 형성하는 데 지대한 영향을 미치는 초·중등학교 교원의 업무적인 특수성과 중요성을 고려해 본다면, 최소한 초·중등학교 교육현장에서 성범죄를 범한 자를 배제할 필요성은 어느 공직에서보다 높다고 할 것이고, 아동·청소년 대상 성범죄의 재범률까지 고려해 보면 미성년자에 대하여 성범죄를 범한 자는 교육현장에서 원천적으로 차단할 필요성이 매우 크다. 성인에 대한 성폭력범죄의 경우 미성년자에 대하여 성범죄를 범한 것과 달리, 성폭력범죄 행위로 인하여 형을 선고받기만 하면 곧바로 교원임용이 제한되는 것이 아니고, 100만 원 이상의 벌금형이나 그 이상의 형을 선고받고 그 형이 확정된 사람에 한하여 임용을 제한하고 있는바, 법원이 범죄의 모든 정황을 고려한 다음 벌금 100만 원 이상의 형을 선고하여 그 판결이 확정되었다면, 이는 결코 가벼운 성폭력범죄 행위라고 볼 수 없다. 이처럼 이 사건 결격사유조항은 성범죄를 범하는 대상과 확정된 형의 정도에 따라 성범죄에 관한 교원으로서의 최소한의 자격기준을 설정하였다고 할 것이고, 같은 정도의 입법목적을 달성하면서도 기본권을 덜 제한하는 수단이 명백히 존재한다고 볼 수도 없으므로, 이 사건 결격사유조항은 과잉금지원칙에 반하여 청구인의 공무담임권을 침해하지 아니한다(헌재 2019.07.25. 2016헌마754).

ㄹ. (X) 공무원 공개경쟁채용시험에서 자격증에 따른 가산점을 인정하는 목적은 공무원의 업무상 전문성을 강화하기 위함인바, 세무 영역에서 전문성을 갖춘 것으로 평가되는 자격증(변호사·공인회계사·세무사) 소지자들에게 세무직 국가공무원 공개경쟁채용시험에서 가산점을 부여하는 것은 그 목적의 정당성이 인정된다. 공인 자격증은 국가나 국가의 위탁을 받은 특수법인이 필기시험과 실기평가 등 소정의 검증절차를 거쳐 일정한 기준에 도달한 사람에게 부여하는 것이므로 자격증의 유무는 해당 분야에서 필요한 능력과 자질을 갖추고 있는지를 판단하는 객관적 기준이 될 수 있다. 변호사는 법률 전반에 관한 영역에서, 공인회계사와 세무사는 각종 세무 관련 영역에서 필요한 행위를 하거나 조력하는 전문가들이므로 그 자격증 소지자들의 선발은 세무행정의 전문성을 제고하는 데 기여하여 수단의 적합성이 인정된다. 위와 같은 가산점제도는 가산 대상 자격증의 소지를 응시자격으로 하는 것이 아니고 일정한 요건 하에 가산점을 부여하는 것이므로 자격증이 없는 자의 응시기회나 합격가능성을 원천적으로 제한하는 것으로 보기 어렵고, 가산점 여부가 시험 합격을 지나치게 좌우한다고 볼 근거도 충분치 아니하며, 채용 후 교육이나 경력자 채용으로는 적시에 충분한 전문인력을 확보할 수 있을 것으로 단정하기 어려우므로 피해의 최소성도 인정된다. 세무직 국가공무원의 업무상 전문성 강화라는 공익과 함께, 위와 같은 가산점 제도가 1993. 12. 31. 이후 유지되어 온 점, 자격증 없는 자들의 응시기회 자체가 박탈되거나 제한되는 것이 아닌 점, 가산점 부여를 위해서는 일정한 요건을 갖추도록 하고 있는 점 등을 고려하면 법익균형성이 인정된다(헌재 2020.06.25. 2017헌마1178).

ㅁ. (X) 입후보자 사직조항은 교원이 그 신분을 지니는 한 계속적으로 직무에 전념할 수 있도록 하기 위해 선거에 입후보하고자 하는 경우 선거일 전 90일까지 그 직을 그만두도록 하는 것이므로, 입법목적의 정당성과 수단의 적합성이 인정된다. 학교가 정치의 장으로 변질되는 것을 막고 학생들의 수학권을 충실히 보장하기 위해 공직선거나 교육감선거 입후보 시 교직을 그만두도록 하는 것은 교원의 직무전념성을 담보하기 위한 것이므로 불가피한 측면이 있다. 입후보를 전제한 무급휴가나 일시휴직을 허용할 경우, 교육의 연속성이 저해되고, 학생들이 불안정한 교육환경에 방치되어 수학권을 효율적으로 보장받지 못할 우려가 있는 점, 공직선거법상 직무상 행위를 이용한 선거운동 등 금지규정만으로는 직무전념성 확보라는 목적을 충분히 달성할 수 없는 점, 선거운동기간과 예비후보자등록일 등을 종합적으로 고려할 때 선거일 전 90일을 사직 시점으로 둔 것이 불합리하다고 볼 수 없는 점, 학생들의 수학권이 침해될 우려가 있다는 점에서 교육감선거 역시 공

직선거와 달리 볼 수 없는 점 등에 비추어 보면, 침해의 최소성에 반하지 않는다. 교원의 직을 그만두어야 하는 사익 제한의 정도는 교원의 직무전념성 확보라는 공익에 비하여 현저히 크다고 볼 수 없으므로 법익의 균형성도 갖추었으므로 과잉금지원칙에 위배하여 공무담임권을 침해한다고 볼 수 없다. 또한, 선거직의 특수성, 직업정치인과 교원의 업무 내용상 차이, 직무내용이나 직급에 따른 구별 가능성 등에 비추어, 국회의원, 지방자치단체 의회의원이나 장, 정부투자기관의 직원 등과 비교하여 교원이 불합리하게 차별받는다고 볼 수 없으며, 수업 내용 및 학생에 미치는 영향력 등을 고려할 때 대학 교원과의 사이에서도 불합리한 차별이 발생한다고 보기 어렵다. 현직 교육감의 경우 교육감선거 입후보 시 그 직을 그만두도록 하면 임기가 사실상 줄어들게 되어, 업무의 연속성과 효율성이 저해될 우려가 크다는 점 등을 고려할 때, 현직 교육감과 비교하더라도 교원인 청구인들의 평등권이 침해된다고 볼 수 없다(헌재 2019.11.28. 2018헌마222).

정답 ②

문 34

공무원의 선거중립의무에 관한 다음 설명 중 가장 옳지 않은 것은? [2020년 14번]

① 공무원의 정치적 중립의무에 관한 공직선거법 제9조의 '공무원'에는 원칙적으로 국가와 지방자치단체의 모든 공무원, 즉 좁은 의미의 직업공무원은 물론이고, 적극적인 정치활동을 통하여 국가에 봉사하는 정치적 공무원을 포함한다.
② 대통령, 국무총리, 국무위원, 국회의원, 도지사, 시장, 군수, 구청장 등이 공직선거법 제9조의 '공무원'에 포함된다.
③ 대통령은 소속 정당을 위하여 정당활동을 할 수 있는 사인으로서의 지위와 국민 모두에 대한 봉사자로서 공익실현의 의무가 있는 헌법기관으로서의 지위를 동시에 갖는데 최소한 전자의 지위와 관련하여서는 기본권 주체성을 갖는다.
④ 선거활동에 관하여 대통령의 정치활동의 자유와 선거중립의무가 충돌하는 경우에는 후자가 강조되고 우선되어야 한다.
⑤ 정무직 공무원에 관하여 국가공무원법 조항은 일반적 정치활동을 허용하는데 반하여, 공직선거법 조항은 정치활동 중 '선거에 영향을 미치는 행위'만을 금지하고 있으므로, 공직선거법 조항이 선거영역에서의 특별법으로서 일반법인 국가공무원법 조항에 우선하여 적용된다.

MGI Point 공무원의 선거중립의무 ★★

■ 공직선거법 제9조 제1항 "공무원 기타 정치적 중립을 지켜야 하는 자"의 범위
  ⇨ 원칙적으로 국가와 지방자치단체의 모든 공무원(좁은 의미의 직업공무원)과 적극적인 정치활동을 통하여 국가에 봉사하는 정치적 공무원 포함
■ 선거중립의무 인정 여부 ⇨ 대통령·지방자치단체의 장 ○ / 국회의원·지방의회의원 ×
■ 대통령은 소속 정당을 위하여 정당활동을 할 수 있는 사인으로서의 지위와 관련해서는 기본권 주체성 ○
■ 선거활동에 관하여 대통령의 정치활동의 자유와 선거중립의무 충돌하는 경우 ⇨ 선거중립의무가 우선 ○
■ 공직선거법 조항은 정치활동 중 '선거에 영향을 미치는 행위'만을 금지 ⇨ 선거영역에서의 특별법으로서 일반법인 국가공무원법 조항에 우선하여 적용

---

① (○), ② (×) 이 사건 법률조항 중 수범자인 행위주체 부분을 살펴보면, 주체는 '공무원 기타 정치적 중립을 지켜야 하는 자'로 규정되어 있으므로, 이 때 '공무원'은 자유선거원칙과 선거에서의 정당의 기회균등을 수호하여야 하는 모든 공무원을 의미한다. 그런데 사실상 모든 공무원이 그 직무의 행사를 통하여 선거에 부당

한 영향력을 행사할 수 있는 지위에 있으므로, 여기서의 공무원이란 원칙적으로 국가와 지방자치단체의 모든 공무원 즉 좁은 의미의 직업공무원은 물론이고, 적극적인 정치활동을 통하여 국가에 봉사하는 정치적 공무원(예컨대, 대통령, 국무총리, 국무위원, 도지사, 시장, 군수, 구청장 등 지방자치단체의 장)을 포함하며, 특히 직무의 기능이나 영향력을 이용하여 선거에서 국민의 자유로운 의사형성과정에 영향을 미치고 정당간의 경쟁관계를 왜곡할 가능성은 정부나 지방자치단체의 집행기관에 있어서 더욱 크다고 판단되므로, 대통령, 지방자치단체의 장 등에게는 다른 공무원보다도 선거에서의 정치적 중립성이 특히 요구된다. 다만 공무원 중에서 국회의원과 지방의회의원은 정치활동의 자유가 보장되고(국가공무원법 제3조 제3항, 제65조, '국가공무원법 제3조 제3항의 공무원의 범위에 관한 규정' 제2조 제4호) 선거에서의 중립의무 없이 선거운동이 가능하므로(공직선거법 제60조 제1항 제4호, 정당법 제22조 제1항 제1호 단서) 국회의원과 지방의회의원은 위 공무원의 범위에 포함되지 않는다(헌재 2008.01.17. 2007헌마700).

③ (○) 대통령도 국민의 한사람으로서 제한적으로나마 기본권의 주체가 될 수 있는바, 대통령은 소속 정당을 위하여 정당활동을 할 수 있는 사인으로서의 지위와 국민 모두에 대한 봉사자로서 공익실현의 의무가 있는 헌법기관으로서의 지위를 동시에 갖는데 최소한 전자의 지위와 관련하여는 기본권 주체성을 갖는다고 할 수 있다(헌재 2008.01.17. 2007헌마700).

④ (○) 오늘날의 대의민주주의하에서 선거는 국민이 통치기관을 결정·구성하는 방법이고 선출된 대표자에게 민주적 정당성을 부여함으로써 국민주권주의 원리를 실현하는 핵심적인 역할을 하고 있으므로 선거에서의 공정성 요청은 매우 중요하고 필연적인바, 공명선거의 책무는 우선적으로 국정의 책임자인 대통령에게 있다. 또한 선거에 관한 사무는 행정부와는 독립된 헌법기관인 선거관리위원회가 주관하게 되어 있지만(헌법 제114조 제1항), 선거를 구체적으로 실행하는 데 있어서 행정부 공무원의 지원과 협조 없이는 현실적으로 불가능하므로 행정부 수반인 대통령의 선거중립이 매우 긴요하다. 나아가 공무원들이 직업공무원제에 의하여 신분을 보장받고 있다 하여도, 최종적인 인사권과 지휘감독권을 갖고 있는 대통령의 정치적 성향을 의식하지 않을 수 없으므로 대통령의 선거개입은 선거의 공정을 해할 우려가 무척 높다. 결국 선거활동에 관하여 대통령의 정치활동의 자유와 선거중립의무가 충돌하는 경우에는 후자가 강조되고 우선되어야 한다(헌재 2008.01.17. 2007헌마700).

⑤ (○) 국가공무원법 조항은 정무직 공무원들의 일반적 정치활동을 허용하는 데 반하여, 이 사건 법률조항은 그들로 하여금 정치활동 중 '선거에 영향을 미치는 행위'만을 금지하고 있으므로, 위 법률조항은 선거영역에서의 특별법으로서 일반법인 국가공무원법 조항에 우선하여 적용된다고 할 것이다(헌재 2008.01.17. 2007헌마700).

정답 ②

문 35

직업공무원제도에 관한 다음 설명 중 옳지 않은 것은 모두 몇 개인가? [2019년 21번]

> ㄱ. 헌법 제7조 제2항이 "공무원의 신분과 정치적 중립성은 법률이 정하는 바에 의하여 보장된다."라고 규정한 것은, 공무원이 정치과정에서 승리한 정당원에 의하여 충원되는 엽관제를 지양하고, 정권교체에 따른 국가작용의 중단과 혼란을 예방하며 일관성있는 공무수행의 독자성과 영속성을 유지하기 위하여 공직구조에 관한 제도적 보장으로서의 직업공무원제도를 마련해야 함을 의미한다.
>
> ㄴ. 헌법 제7조 제1항이 "공무원은 국민전체에 대한 봉사자이며, 국민에 대하여 책임을 진다."라고 규정한 것은, 직업공무원제도가 국민주권원리에 바탕을 둔 민주적이고 법치주의적인 공직제도임을 밝힌 것이다.

ㄷ. 국가공무원법 제68조가 "공무원은 형의 선고, 징계처분 또는 이 법에서 정하는 사유에 따르지 아니하고는 본인의 의사에 반하여 휴직·강임 또는 면직을 당하지 아니한다. 다만, 1급 공무원과 제23조에 따라 배정된 직무등급이 가장 높은 등급의 직위에 임용된 고위공무원단에 속하는 공무원은 그러하지 아니하다."라고 규정한 것은, 헌법상 직업공무원제도를 법률로서 구체화한 것이다.

ㄹ. 제도적 보장은 주관적 권리가 아닌 객관적 법규범이라는 점에서 기본권과 구별되기는 하지만 헌법에 의하여 일정한 제도가 보장되면 입법자는 그 제도를 설정하고 유지할 입법의무를 지게 될 뿐만 아니라 헌법에 규정되어 있기 때문에 법률로써 이를 폐지할 수 없고, 비록 내용을 제한한다고 하더라도 그 본질적 내용을 침해할 수는 없다.

ㅁ. 입법자는 헌법상 직업공무원제도를 최대한 보장하는 방향으로 구체화할 의무가 있다.

① 0개 ② 1개 ③ 2개
④ 3개 ⑤ 4개

MGI Point 직업공무원제도 ★★★

■ 공무원의 신분과 정치적 중립성을 법률로 보장한 헌법 제7조 제2항의 뜻
  ⇨ 엽관제 지양하고, 일관성 있는 공무수행의 독자성과 영속성을 유지하기 위하여 공직구조에 관한 제도적 보장으로서의 직업공무원제도를 마련해야 한다는 의미
■ 공무원은 국민전체에 대한 봉사자이며, 국민에 대하여 책임을 진다고 명시한 헌법 제7조 제1항의 뜻
  ⇨ 직업공무원제도가 국민주권원리에 바탕을 둔 민주적이고 법치주의적인 공직제도임을 밝힌 것
■ 공무원은 형의 선고, 징계처분 또는 이 법에 정하는 사유에 의하지 아니하고는 그 의사에 반하여 휴직, 강임 또는 면직을 당하지 아니하나, 1급 공무원은 그러지 아니하다고 규정한 국가공무원법 제68조
  ⇨ 헌법 제7조를 법률로써 구체화
■ 제도적 보장
  ▪ 주관적 권리 × ⇨ 객관적 법규범 ○
  ▪ 법률로써 폐지 × ⇨ 본질적 내용 침해 ×
  ▪ 최대한 보장의 원칙 × ⇨ 최소한 보장의 원칙 ○

ㄱ. (○) 헌법 제7조 제2항은 공무원의 신분과 정치적 중립성을 법률로써 보장할 것을 규정하고 있다. 위 조항의 뜻은 공무원이 정치과정에서 승리한 정당원에 의하여 충원되는 엽관제를 지양하고, 정권교체에 따른 국가작용의 중단과 혼란을 예방하며 일관성 있는 공무수행의 독자성과 영속성을 유지하기 위하여 공직구조에 관한 제도적 보장으로서의 직업공무원제도를 마련해야 한다는 것이다(헌재 1997.04.24. 95헌바48).

ㄴ. (○), ㄷ. (○) 헌법이 "공무원은 국민전체에 대한 봉사자이며, 국민에 대하여 책임을 진다. 공무원의 신분과 정치적 중립성은 법률이 정하는 바에 의하여 보장된다"(헌법 제7조)라고 규정한 것은 바로 직업공무원제도가 국민주권원리에 바탕을 둔 민주적이고 법치주의적인 공직제도임을 밝힌 것이고, 국가공무원법(제68조, 지방공무원법 제60조도 같다) 이 "공무원은 형의 선고, 징계처분 또는 이 법에 정하는 사유에 의하지 아니하고는 그 의사에 반하여 휴직, 강임 또는 면직을 당하지 아니한다. 다만 1급 공무원은 그러하지 아니하다"고 규정하고 있는 것은 바로 헌법의 위 조항을 법률로써 구체화한 것이다(헌재 2002.11.28. 98헌바101).

ㄹ. (○), ㅁ. (×) 제도적 보장은 객관적 제도를 헌법에 규정하여 당해 제도의 본질을 유지하려는 것으로서 헌법제정권자가 특히 중요하고도 가치가 있다고 인정되고 헌법적으로도 보장할 필요가 있다고 생각하는 국가제도를 헌법에 규정함으로써 장래의 법발전, 법형성의 방침과 범주를 미리 규율하려는데 있다. 이러한 제도적 보장은 주관적 권리가 아닌 객관적 범규범이라는 점에서 기본권과 구별되기는 하지만 헌법에 의하여 일정

한 제도가 보장되면 입법자는 그 제도를 설정하고 유지할 입법의무를 지게될 뿐만 아니라 헌법에 규정되어 있기 때문에 법률로써 이를 폐지할 수 없고, 비록 내용을 제한하더라도 그 본질적 내용을 침해할 수 없다. 그러나 기본권 보장은 "최대한 보장의 원칙"이 적용됨에 반하여, 제도적 보장은 그 본질적 내용을 침해하지 아니하는 범위 안에서 입법자에게 제도의 구체적 내용과 형태의 형성권을 폭넓게 인정한다는 의미에서 "최소한 보장의 원칙"이 적용될 뿐이다(헌재 1997.04.24. 95헌바48).

정답 ②

문 36

공무원에 관한 다음 설명 중 가장 옳지 않은 것은? [2018년 9번]

① 국가공무원법 제66조 제1항이 '공무 외의 일을 위한 집단행위'라고 포괄적이고 광범위하게 규정하고 있다 하더라도, 이는 공무가 아닌 어떤 일을 위하여 공무원들이 하는 모든 집단행위를 의미하는 것이 아니라, '공익에 반하는 목적을 위한 행위로서 직무전념의무를 해태하는 등의 영향을 가져오는 집단적 행위'라고 해석된다.

② 국가공무원법 제66조 제1항이 수범자인 공무원이 구체적으로 어떠한 행위가 여기에 해당하는지를 충분히 예측할 수 없을 정도로 그 적용 범위가 모호하다거나 불분명하다고 할 수 없으므로 공무원의 집단행위 금지 규정이 명확성의 원칙에 반한다고 볼 수 없고, 또한 위 규정이 그 적용 범위가 지나치게 광범위하거나 포괄적이어서 공무원의 표현의 자유를 과도하게 제한한다고 볼 수 없으므로, 과잉금지의 원칙에 반한다고 볼 수도 없다.

③ 공무원들의 어느 행위가 국가공무원법 제66조 제1항에 규정된 '집단행위'에 해당하려면, 그 행위가 반드시 같은 시간, 장소에서 행하여져야 하는 것은 아니지만, 공익에 반하는 어떤 목적을 위한 다수인의 행위로서 집단성이라는 표지를 갖추어야만 한다고 해석함이 타당하므로, 공무원들이 순차적으로 각각 다른 시간대에 릴레이 1인 시위를 하거나 여럿이 단체를 결성하여 그 단체 명의로 의사를 표현하는 경우에는 국가공무원법 제66조 제1항이 금지하는 집단행위에 해당한다.

④ 실제 여럿이 모이는 형태로 의사표현을 하는 것은 아니지만 발표문에 서명날인을 하는 등의 수단으로 여럿이 가담한 행위임을 표명하는 경우 또는 일제 휴가나 집단적인 조퇴, 초과근무 거부 등과 같이 정부활동의 능률을 저해하기 위한 집단적 태업 행위로 볼 수 있는 경우에 속하거나 이에 준할 정도로 행위의 집단성이 인정되어야 국가공무원법 제66조 제1항에 해당한다.

⑤ 국가공무원법 제63조에 규정된 품위유지의무란 공무원이 직무의 내외를 불문하고, 국민의 수임자로서의 직책을 맡아 수행해 나가기에 손색이 없는 인품에 걸맞게 본인은 물론 공직사회에 대한 국민의 신뢰를 실추시킬 우려가 있는 행위를 하지 않아야 할 의무라고 해석할 수 있으므로, 위 규정이 명확성의 원칙에 위배된다고 볼 수도 없다.

해설 ★★

① (○) '공무 이외의 일을 위한 집단적 행위'는 공무가 아닌 어떤 일을 위하여 공무원들이 하는 모든 집단적 행위를 의미하는 것은 아니고 언론, 출판, 집회, 결사의 자유를 보장하고 있는 헌법 제21조 제1항, 헌법상의 원리, 국가공무원법의 취지, 국가공무원법상의 성실의무 및 직무전념의무 등을 종합적으로 고려하여 '공익에

반하는 목적을 위하여 직무전념의무를 해태하는 등의 영향을 가져오는 집단적 행위'라고 축소해석하여야 할 것이다(대판 1992.02.14. 90도2310).

② (○) 국가공무원법이 위와 같이 '공무 외의 일을 위한 집단행위'라고 다소 포괄적이고 광범위하게 규정하고 있다 하더라도, 수범자인 공무원이 구체적으로 어떠한 행위가 여기에 해당하는지를 충분히 예측할 수 없을 정도로 적용 범위가 모호하다거나 불분명하다고 할 수 없으므로 위 규정이 명확성의 원칙에 반한다고 볼 수 없고, 또한 위 규정이 적용 범위가 지나치게 광범위하거나 포괄적이어서 공무원의 표현의 자유를 과도하게 제한한다고 볼 수 없으므로, 과잉금지의 원칙에 반한다고 볼 수도 없다(대판 2017.04.13. 2014두8469).

③ (X), ④ (○) 공무원들의 어느 행위가 국가공무원법 제66조 제1항에 규정된 '집단행위'에 해당하려면, 그 행위가 반드시 같은 시간, 장소에서 행하여져야 하는 것은 아니지만, 공익에 반하는 어떤 목적을 위한 다수인의 행위로서 집단성이라는 표지를 갖추어야만 한다고 해석함이 타당하다. 따라서 여럿이 같은 시간에 한 장소에 모여 집단의 위세를 과시하는 방법으로 의사를 표현하거나 여럿이 단체를 결성하여 그 단체 명의로 의사를 표현하는 경우, 실제 여럿이 모이는 형태로 의사표현을 하는 것은 아니지만 발표문에 서명날인을 하는 등의 수단으로 여럿이 가담한 행위임을 표명하는 경우 또는 일제 휴가나 집단적인 조퇴, 초과근무 거부 등과 같이 정부활동의 능률을 저해하기 위한 집단적 태업 행위로 볼 수 있는 경우에 속하거나 이에 준할 정도로 행위의 집단성이 인정되어야 국가공무원법 제66조 제1항에 해당한다고 볼 수 있다. 릴레이 1인 시위, 릴레이 언론기고, 릴레이 내부 전산망 게시는 모두 후행자가 선행자에 동조하여 동일한 형태의 행위를 각각 한 것에 불과하고 … 행위의 집단성이 있다고 보기 어렵다(대판 2017.04.13. 2014두8469).

⑤ (○) 국가공무원법 제63조에 규정된 품위유지의무란 공무원이 직무의 내외를 불문하고, 국민의 수임자로서의 직책을 맡아 수행해 나가기에 손색이 없는 인품에 걸맞게 본인은 물론 공직사회에 대한 국민의 신뢰를 실추시킬 우려가 있는 행위를 하지 않아야 할 의무라고 해석할 수 있고, 수범자인 평균적인 공무원이 구체적으로 어떠한 행위가 여기에 해당하는지를 충분히 예측할 수 없을 정도로 규정의 의미가 모호하다거나 불분명하다고 할 수 없으므로 위 규정은 명확성의 원칙에 위배되지 아니한다(대판 2017.04.13. 2014두8469).

정답 ③

문 37

공무원 제도에 관한 다음 설명 중 가장 옳지 않은 것은?(다툼이 있는 경우 헌법재판소 판례에 의함) [2017년 17번]

① 직업공무원제도는 헌법이 보장하는 제도적 보장 중의 하나임이 분명하므로 입법자는 직업공무원제도에 관하여 '최소한 보장'의 원칙의 한계안에서 폭넓은 입법형성의 자유를 가진다.

② 직업공무원제도하에 있어서는 과학적 직위분류제, 성적주의 등에 따른 인사의 공정성을 유지하는 장치가 중요하지만 특히 공무원의 정치적 중립과 신분보장은 그 중추적 요소라고 할 수 있다.

③ 국가공무원법 제66조 제1항은 근로3권이 보장되는 공무원의 범위를 사실상 노무에 종사하는 공무원에 한정하고 있으나, 이는 헌법 제33조 제2항에 근거한 것이고, 전체국민의 공공복리와 사실상 노무에 종사하는 공무원의 직무의 내용, 노동조건 등을 고려해 보았을 때 입법자에게 허용된 입법재량권의 범위를 벗어난 것이라 할 수 없다.

④ 공직자선발에 관하여 능력주의에 바탕한 선발기준을 마련하지 아니하고 해당 공직이 요구하는 직무수행능력과 무관한 요소, 예컨대 성별·종교·사회적 신분·출신지역 등을 기준으로 삼는 것은 국민의 공직취임권을 침해하는 것이 되므로, 헌법상 능력주의 원칙에 대한 예외는 허용되지 않는다.

⑤ 공무담임권의 보호영역에는 일반적으로 공직취임의 기회보장, 신분박탈, 직무의 정지가 포함될 뿐이고, '승진시험의 응시제한'이나 이를 통한 승진기회의 보장 문제는 공직신분의 유지나 업무수행에는 영향을 주지 않는 단순한 내부 승진인사에 관한 문제에 불과하여 공무담임권의 보호영역에 포함되지 아니한다.

해설 ★★

① (○) 직업공무원제도는 바로 헌법이 보장하는 제도적 보장중의 하나임이 분명하므로 입법자는 직업공무원제도에 관하여 '최소한 보장'의 원칙의 한계안에서 폭넓은 입법형성의 자유를 가진다(헌재 1997.04.24. 95헌바48).

② (○) 직업공무원제도하에 있어서는 과학적 직위분류제, 성적주의 등에 따른 인사의 공정성을 유지하는 장치가 중요하지만 특히 공무원의 정치적 중립과 신분보장은 그 중추적 요소라고 할 수 있는 것이다(헌재 1989.12.18. 89헌마32).

③ (○) 국가공무원법 제66조 제1항은 근로3권이 보장되는 공무원의 범위를 사실상 노무에 종사하는 공무원에 한정하고 있으나, 이는 헌법 제33조 제2항에 근거한 것이고, 전체국민의 공공복리와 사실상 노무에 공무원의 직무의 내용, 노동조건 등을 고려해 보았을 때 입법자에게 허용된 입법재량권의 범위를 벗어난 것이라 할 수 없다(헌재 2007.08.30. 2003헌바51).

④ (X) 공직자선발에 관하여 능력주의에 바탕한 선발기준을 마련하지 아니하고 해당 공직이 요구하는 직무수행능력과 무관한 요소, 예컨대 성별·종교·사회적 신분·출신지역 등을 기준으로 삼는 것은 국민의 공직취임권을 침해하는 것이 된다. 다만, 헌법의 기본원리나 특정조항에 비추어 능력주의원칙에 대한 예외를 인정할 수 있는 경우가 있다(헌재 1999.12.23. 98헌마363).

⑤ (○) 공무담임권의 보호영역에는 일반적으로 공직취임의 기회보장, 신분박탈, 직무의 정지가 포함될 뿐이고 청구인이 주장하는 '승진시험의 응시제한'이나 이를 통한 승진기회의 보장 문제는 공직신분의 유지나 업무수행에는 영향을 주지 않는 단순한 내부 승진인사에 관한 문제에 불과하여 공무담임권의 보호영역에 포함된다고 보기는 어려우므로 결국 이 사건 심판대상 규정은 청구인의 공무담임권을 침해한다고 볼 수 없다(헌재 2007.06.28. 2005헌마1179).

정답 ④

제5관 지방자치제도

문 38

지방자치에 관한 다음 설명 중 옳은 것은 모두 몇 개인가? [2021년 23번]

ㄱ. 헌법은 지방자치단체의 존속과 조례 제정권 등의 권한, 지방의회의 존속만을 명시하고 그 밖의 지방자치에 관한 구체적 사항들은 법률에 위임함으로써, 지방자치제도의 보장에 관하여 그 본질적 내용을 침해하지 아니하는 범위 내에서 입법자에게 제도의 구체적인 내용과 형태에 대하여 광범위한 형성권을 인정하고 있다.

ㄴ. 자치제도의 보장이 특정자치단체의 존속을 보장하는 것은 아니기 때문에, 지방자치단체로서 특별시·광역시 및 도와 함께 시·군 및 자치구를 계속하여 존속하도록 할지 여부는 입법자의 입법형성권의 범위에 들어간다.

ㄷ. 지방자치단체의 중층구조를 존속할지 여부 역시 입법자의 입법형성권에 속한다.
ㄹ. 지방자치단체의 장 선거권을 지방의회의원 선거권, 나아가 국회의원 선거권 및 대통령 선거권과 구별하여 하나는 법률상의 권리로, 나머지는 헌법상의 권리로 이원화하는 것은 허용될 수 없으므로 지방자치단체의 장 선거권 역시 다른 선거권과 마찬가지로 헌법 제24조에 의해 보호되는 기본권으로 인정된다.
ㅁ. 헌법 제117조 제1항에서 "지방자치단체는 … 법령의 범위 안에서 자치에 관한 규정을 제정할 수 있다."라고 규정하고 있는바, 여기서 말하는 '법령'에는 법규명령으로서 기능하는 행정규칙도 포함된다는 것이 헌법재판소의 판례이다.

① 1개　　② 2개　　③ 3개
④ 4개　　⑤ 5개

MGI Point 지방자치 ★★

- 헌법은 지방자치단체의 존속과 조례 제정권 등의 권한, 지방의회의 존속만을 명시하고 그 밖의 지방자치에 관한 구체적 사항들은 법률에 위임 ⇨ 지방자치제도의 보장에 관하여 그 본질적 내용을 침해하지 아니하는 범위 내 입법자에게 제도의 구체적인 내용과 형태에 대하여 광범위한 형성권을 인정 ○
- 헌법상 지방자치제도보장의 핵심영역 내지 본질적 부분 ⇨ 특정 지방자치단체의 존속을 보장 ×, 지방자치단체의 중층구조를 존속할지 여부 역시 입법자의 입법형성권에 속함
- 지방자치단체의 장 선거권 역시 다른 선거권과 마찬가지로 헌법 제24조에 의해 보호되는 기본권으로 인정 ○
- 헌법 제117조 제1항 '지방자치단체는 법령의 범위 안에서 자치에 관한 규정을 제정할 수 있다'
  ⇨ 법령에는 법규명령으로서 기능하는 행정규칙도 포함 ○

ㄱ. (○) 헌법 제117조 제1항은 "지방자치단체는 주민의 복리에 관한 사무를 처리하고 재산을 관리하며, 법령의 범위 안에서 자치에 관한 규정을 제정할 수 있다.", 제118조 제1항은 "지방자치단체에 의회를 둔다.", 제117조 제2항은 "지방자치단체의 종류는 법률로 정한다.", 제118조 제2항은 "지방의회의 조직·권한·의원선거와 지방자치단체의 장의 선임방법 기타 지방자치단체의 조직과 운영에 관한 사항은 법률로 정한다."고 규정하고 있다. 이와 같이 헌법은 지방자치단체의 존속과 조례 제정권 등의 권한, 지방의회의 존속만을 명시하고 그 밖의 지방자치에 관한 구체적 사항들은 법률에 위임함으로써, 지방자치제도의 보장에 관하여 그 본질적 내용을 침해하지 아니하는 범위 내에서 입법자에게 제도의 구체적인 내용과 형태에 대하여 광범위한 형성권을 인정하고 있다(헌재 2014.01.28. 2012헌바216).

ㄴ. (○), ㄷ. (○) 헌법 제117조 제2항은 지방자치단체의 종류를 법률로 정하도록 규정하고 있을 뿐 지방자치단체의 종류 및 구조를 명시하고 있지 않으므로 이에 관한 사항은 기본적으로 입법자에게 위임된 것으로 볼 수 있다. 헌법상 지방자치제도보장의 핵심영역 내지 본질적 부분이 특정 지방자치단체의 존속을 보장하는 것이 아니며 지방자치단체에 의한 자치행정을 일반적으로 보장하는 것이므로, 현행법에 따른 지방자치단체의 중층구조 또는 지방자치단체로서 특별시·광역시 및 도와 함께 시·군 및 구를 계속하여 존속하도록 할지 여부는 결국 입법자의 입법형성권의 범위에 들어가는 것으로 보아야 한다. 같은 이유로 일정구역에 한하여 당해 지역 내의 지방자치단체인 시·군을 모두 폐지하여 중층구조를 단층화하는 것 역시 입법자의 선택범위에 들어가는 것이다(헌재 2006.04.27. 2005헌마1190).

ㄹ. (○) 헌법에서 지방자치제를 제도적으로 보장하고 있고, 지방자치는 지방자치단체가 독자적인 자치기구를 설치해서 그 자치단체의 고유사무를 국가기관의 간섭 없이 스스로의 책임 아래 처리하는 것이라는 점에서 지방자치단체의 대표인 단체장은 지방의회의원과 마찬가지로 주민의 자발적 지지에 기초를 둔 선거를 통해 선출

되어야 한다. 공직선거 관련법상 지방자치단체의 장 선임방법은 '선거'로 규정되어 왔고, 지방자치단체의 장을 선거로 선출하여 온 우리 지방자치제의 역사에 비추어 볼 때, 지방자치단체의 장에 대한 주민직선제 이외의 다른 선출방법을 허용할 수 없다는 관행과 이에 대한 국민적 인식이 광범위하게 존재한다고 볼 수 있다. 주민자치제를 본질로 하는 민주적 지방자치제도가 안정적으로 뿌리내린 현 시점에서 지방자치단체의 장 선거권을 지방의회의원 선거권, 나아가 국회의원 선거권 및 대통령 선거권과 구별하여 하나는 법률상의 권리로, 나머지는 헌법상의 권리로 이원화하는 것은 허용될 수 없다. 그러므로 지방자치단체의 장 선거권 역시 다른 선거권과 마찬가지로 헌법 제24조에 의해 보호되는 기본권으로 인정하여야 한다(헌재 2016.10.27. 2014헌마797).

ㅁ. (○) 헌법 제117조 제1항에서 규정하고 있는 '법령'에 법률 이외에 헌법 제75조 및 제95조 등에 의거한 '대통령령', '총리령' 및 '부령'과 같은 법규명령이 포함되는 것은 물론이지만, 헌법재판소의 "법령의 직접적인 위임에 따라 수임행정기관이 그 법령을 시행하는데 필요한 구체적 사항을 정한 것이면, 그 제정형식은 비록 법규명령이 아닌 고시, 훈령, 예규 등과 같은 행정규칙이더라도, 그것이 상위법령의 위임한계를 벗어나지 아니하는 한, 상위법령과 결합하여 대외적인 구속력을 갖는 법규명령으로서 기능하게 된다고 보아야 한다"고 판시 한 바에 따라, 헌법 제117조 제1항에서 규정하는 '법령'에는 법규명령으로서 기능하는 행정규칙이 포함된다(헌재 2002.10.31. 2001헌라1).

정답 ⑤

문 39

지방자치제도에 관한 다음 설명 중 가장 옳지 않은 것은? [2020년 38번]

① 지방자치법은 지방의회와 지방자치단체장에게 각기 독자적인 권한을 부여하여 상호 견제와 균형을 이루도록 하고 있다. 그러므로 법률에 특별한 규정이 없는 한 조례로써 견제의 범위를 넘어서 상대방의 고유권한을 침해하여서는 아니 된다. 지방의회의 경우, 법령에 의하여 주어진 권한의 범위 내에서 집행기관을 견제할 수 있는 것이지, 법령에 없는 새로운 견제장치를 만드는 것은 집행기관의 고유권한을 침해하는 것이 되어 허용되지 않는다.
② 헌법 제117조 제1항은 지방자치단체의 보장과 지방자치단체의 자치권에 대해 규정하고 있다. 이러한 자치권 중에는 자치에 관한 규정을 스스로 제정할 수 있는 자치입법권과, 그 밖에 그 소속 공무원에 대한 인사와 처우를 스스로 결정하고 이에 관련된 예산을 스스로 편성하여 집행하는 권한이 당연히 포함된다고 보아야 한다.
③ 지방자치제도의 헌법적 보장은, 지방자치의 본질적 내용인 핵심영역(자치단체·자치기능·자치사무의 보장)은 어떠한 경우에도 입법 기타 중앙정부의 침해로부터 보호되어야 한다는 것을 의미한다. 지방자치제도는 국민주권의 기본원리에서 출발하여 주권의 지역적 주체로서의 주민에 의한 자기통치의 실현으로 요약된다.
④ 지방의회의 의결에 대하여 지방자치단체의 장이 재의를 요구하였으나, 지방의회가 전과 같은 의결을 한 경우, 지방자치단체의 장은 그 재의결된 사항이 법령에 위반된다고 판단된 경우에만 대법원에 소를 제기할 수 있다.
⑤ 헌법상 지방자치단체는 중앙정부와는 별도의 독자적인 기능을 수행하고 행정상 책임을 지도록 되어 있는바, 이러한 지방행정의 자주성을 증진시켜 주민의 복리를 향상시켜야 한다는 헌법적인 요청을 고려하면, 지방자치단체의 자치사무에 관한 감사원의 감사 범위를 합법성 감사로 한정하지 아니하고 합목적성 감사까지 확대한 것은 지방자치단체를 중앙정부의 하부행정기관으로 전락시키는 것으로서 지방자치제도의 본질적 내용을 침해한다.

> **MGI Point** 지방자치제도 ★★
>
> - 지방의회와 지방자치단체장
>   - 법률에 특별한 규정이 없는 한 조례로써 견제의 범위를 넘어서 상대방의 고유권한을 침해 不可
>   - 지방의회의 경우 법령에 의하여 주어진 권한의 범위 내에서 집행기관을 견제 可
>   ⇨ 법령에 없는 새로운 견제장치를 만드는 것 不許 (∵ 집행기관의 고유권한을 침해)
> - 헌법이 규정하는 지방자치단체의 자치권 ⇨ 자치입법권은 물론이고 그 소속 공무원에 대한 인사와 처우를 스스로 결정하고 이에 관련된 예산을 스스로 편성하여 집행하는 권한이 성질상 당연히 포함 ○
> - 지방자치제도의 헌법적 보장
>   - 주권의 지역적 주체로서의 주민에 의한 자기통치의 실현
>   - 지방자치의 본질적 내용인 핵심영역(자치단체・자치기능・자치사무의 보장)은 어떠한 경우라도 입법 기타 중앙정부의 침해로부터 보호되어야 한다는 것을 의미
> - 지방의회의 의결에 대하여 지방자치단체의 장이 재의를 요구하였으나, 지방의회가 전과 같은 의결을 한 경우
>   ⇨ 지방자치단체의 장은 그 재의결된 사항이 법령에 위반된다고 판단된 경우에만 대법원에 소 제기 可
> - 감사원의 지방자치단체 자치사무에 대한 합목적성 감사 ⇨ 지방자치제도의 본질적 내용 침해 ×

① (○) 지방자치법은 지방자치단체의 의사를 내부적으로 결정하는 최고의결기관으로 지방의회를, 외부에 대하여 지방자치단체의 대표로서 지방자치단체의 의사를 표명하고 그 사무를 통할하는 집행기관으로 단체장을 독립한 기관으로 두고, 의회와 단체장에게 독자적인 권한을 부여하여 상호 견제와 균형을 이루도록 하고 있으므로, 법률에 특별한 규정이 없는 한 조례로써 견제의 범위를 넘어서 상대방의 고유권한을 침해하는 규정을 제정할 수 없다. 지방의회는 조례의 제정 및 개폐, 예산의 심의・확정, 결산의 승인, 기타 지방자치법 제39조 제1항에 규정된 사항에 대한 의결권을 가지는 외에 지방자치법 제41조 등의 규정에 의하여 지방자치단체사무에 관한 행정사무 감사권 및 조사권 등을 가지므로, 이처럼 법령에 의하여 주어진 권한의 범위 내에서 집행기관을 견제할 수 있는 것이지 법령에 규정이 없는 새로운 견제장치를 만드는 것은 집행기관의 고유권한을 침해하는 것이 되어 허용할 수 없다(대판 2012.11.29. 2011추87).

② (○) 헌법 제117조 제1항은 "지방자치단체는 주민의 복리에 관한 사무를 처리하고 재산을 관리하며, 법령의 범위안에서 자치에 관한 규정을 제정할 수 있다"고 규정하여 지방자치제도의 보장과 지방자치단체의 자치권을 규정하고 있다. 헌법이 규정하는 이러한 자치권 가운데에는 자치에 관한 규정을 스스로 제정할 수 있는 자치입법권은 물론이고 그밖에 그 소속 공무원에 대한 인사와 처우를 스스로 결정하고 이에 관련된 예산을 스스로 편성하여 집행하는 권한이 성질상 당연히 포함된다. 다만, 이러한 헌법상의 자치권의 범위는 법령에 의하여 형성되고 제한된다. 헌법도 제117조 제1항에서 법령의 범위안에서 자치에 관한 규정을 제정할 수 있다고 하였고 제118조 제2항에서 지방자치단체의 조직과 운영에 관한 사항은 법률로 정한다고 규정하고 있다(헌재 2002.10.31. 2001헌라1).

③ (○) 지방자치제도의 헌법적 보장은 한마디로 국민주권의 기본원리에서 출발하여 주권의 지역적 주체로서의 주민에 의한 자기통치의 실현으로 요약할 수 있고, 이러한 지방자치의 본질적 내용인 핵심영역(자치단체・자치기능・자치사무의 보장)은 어떠한 경우라도 입법 기타 중앙정부의 침해로부터 보호되어야 한다는 것을 의미한다. 즉 중앙정부의 권력과 지방자치단체간의 권력의 수직적 분배는 서로 조화가 요청되고 그 조화과정에서 지방자치의 핵심영역은 침해되어서는 안되는 것이므로, 이와 같은 권력분립적・지방분권적인 기능을 통하여 지역주민의 기본권 보장에도 이바지하는 것이다(헌재 1998.04.30. 96헌바62).

④ (○) 지방자치법 제159조 참조.

> 지방자치법 제159조 (지방의회 의결의 재의와 제소) ① 지방의회의 의결이 법령에 위반되거나 공익을 현저히 해한다고 판단될 때에는 시・도에 대하여는 주무부장관이, 시・군 및 자치구에 대하여는 시・도지사가 재의를 요구하게 할 수 있고, 재의의 요구를 받은 지방자치단체의 장은 의결사항을 이송받은 날부터 20일 이내에 지방의회에 이유를 붙여 재의를 요구하여야 한다.

② 제1항의 요구에 대하여 재의의 결과 재적의원 과반수의 출석과 출석의원 3분의 2 이상의 찬성으로 전과 같은 의결을 하면 그 의결사항은 확정된다.
③ 지방자치단체의 장은 제2항의 규정에 의하여 재의결된 사항이 법령에 위반된다고 판단되는 때에는 재의결된 날부터 20일 이내에 대법원에 소를 제기할 수 있다. 이 경우 필요하다고 인정되는 때에는 그 의결의 집행을 정지하게 하는 집행정지결정을 신청할 수 있다.

⑤ (X) 헌법이 감사원을 독립된 외부감사기관으로 정하고 있는 취지, 중앙정부와 지방자치단체는 서로 행정기능과 행정책임을 분담하면서 중앙행정의 효율성과 지방행정의 자주성을 조화시켜 국민과 주민의 복리증진이라는 공동목표를 추구하는 협력관계에 있다는 점을 고려하면 지방자치단체의 자치사무에 대한 합목적성 감사의 근거가 되는 이 사건 관련규정은 그 목적의 정당성과 합리성을 인정할 수 있다. 또한 감사원법에서 지방자치단체의 자치권을 존중할 수 있는 장치를 마련해두고 있는 점, 국가재정지원에 상당부분 의존하고 있는 우리 지방재정의 현실, 독립성이나 전문성이 보장되지 않은 지방자치단체 자체감사의 한계 등으로 인한 외부감사의 필요성까지 감안하면, 이 사건 관련규정이 지방자치단체의 고유한 권한을 유명무실하게 할 정도로 지나친 제한을 함으로써 지방자치권의 본질적 내용을 침해하였다고는 볼 수 없다(헌재 2008.05.29. 2005헌라3).

정답 ⑤

문 40

조례에 관한 다음 설명 중 가장 옳지 않은 것은? [2019년 7번]

① 지방자치단체가 자치조례를 제정할 수 있는 사항은 지방자치단체의 고유사무인 자치사무와 개별법령에 의하여 지방자치단체에 위임된 단체위임사무에 한하는 것이고, 국가사무가 지방자치단체의 장에게 위임된 기관위임사무는 원칙적으로 자치조례의 제정범위에 속하지 않는다. 다만 기관위임사무에 있어서도 그에 관한 개별법령에서 일정한 사항을 조례로 정하도록 위임하고 있는 경우에는 위임받은 사항에 관하여 개별법령의 취지에 부합하는 범위 내에서 이른바 위임조례를 정할 수 있다.
② 주민의 권리제한 또는 의무부과에 관한 사항이나 벌칙에 해당하는 조례를 제정할 경우에는 그 조례의 성질을 묻지 아니하고 법률의 위임이 있어야 하고 그러한 위임 없이 제정된 조례는 효력이 없다.
③ 조례가 규율하는 특정사항에 관하여 그것을 규율하는 국가의 법령이 이미 존재하는 경우에는 곧바로 그 조례는 상위법에 반하여 무효가 된다.
④ 조례에 대한 법률의 위임은 법규명령에 대한 법률의 위임과 달리 포괄위임도 가능하다.
⑤ 조례에 의한 규제가 지역의 여건이나 환경 등 그 특성에 따라 다르게 나타나는 것은 헌법이 지방자치단체의 자치입법권을 인정한 이상 당연히 예상되는 불가피한 결과이므로, 조례로 인하여 해당 지역 주민이 다른 지역의 주민들에 비하여 더한 규제를 받게 되었다 하더라도 평등권이 침해되었다고 볼 수 없다.

> **MGI Point 조례** ★★
>
> - 지방자치단체가 기관위임사무에 관하여 조례를 제정할 수 있는지 여부 ⇨ 원칙적으로 ×
>   - 조례 제정 사항 ⇨ 자치사무 ○, 단체위임사무 ○, 기관위임사무 × (예외적 인정)
> - 지방자치단체가 주민의 권리제한 또는 의무부과에 관한 사항이나 벌칙에 해당하는 조례를 제정하는 경우
>   ⇨ 법률의 위임이 必要 (그러한 위임 없이 제정된 조례는 無效)
> - 조례로 정하고자 하는 특정사항에 관하여 이미 법령이 존재하는 경우, 조례의 적법 요건
>   - 조례가 법령과 별도의 목적 and 그 적용에 의하여 법령의 규정이 의도하는 목적과 효과 저해하지 않을 때
>   - 조례가 법령과 동일한 목적에서 출발 but 법령이 각 지방자치단체의 실정에 맞게 별도로 규율하는 것을 용인하는 취지라고 해석되는 때
> - 조례에 대한 법률의 위임 ⇨ 포괄위임도 가능
>   cf. 법규명령에 대한 법률의 위임 ⇨ 반드시 구체적으로 범위를 정하여야 함
> - 조례에 의한 규제로 청구인들이 다른 지역의 주민들에 비해 더한 규제를 받게 되었다 하더라도 평등권 침해 ×

① (○) 지방자치법 제15조, 제9조에 의하면, 지방자치단체가 자치조례를 제정할 수 있는 사항은 지방자치단체의 고유사무인 자치사무와 개별법령에 의하여 지방자치단체에 위임된 단체위임사무에 한하는 것이고, 국가사무가 지방자치단체의 장에게 위임된 기관위임사무는 원칙적으로 자치조례의 제정범위에 속하지 않는다 할 것이고, 다만 기관위임사무에 있어서도 그에 관한 개별법령에서 일정한 사항을 조례로 정하도록 위임하고 있는 경우에는 위임받은 사항에 관하여 개별법령의 취지에 부합하는 범위 내에서 이른바 위임조례를 정할 수 있다(대판 2000.05.30. 99추85).

② (○) 지방자치법 제22조, 제9조 제1항, 구 지방자치법(2007. 5. 11. 법률 제8423호로 전문 개정되기 전의 것) 제9조 제1항, 제15조, 행정규제기본법 제4조 제3항에 의하면 지방자치단체는 그 고유사무인 자치사무와 개별법령에 의하여 지방자치단체에 위임된 단체위임사무에 관하여 자치조례를 제정할 수 있지만 그 경우라도 주민의 권리제한 또는 의무부과에 관한 사항이나 벌칙은 법률의 위임이 있어야 하며, 기관위임사무에 관하여 제정되는 이른바 위임조례는 개별법령에서 일정한 사항을 조례로 정하도록 위임하고 있는 경우에 한하여 제정할 수 있으므로, 주민의 권리제한 또는 의무부과에 관한 사항이나 벌칙에 해당하는 조례를 제정할 경우에는 그 조례의 성질을 묻지 아니하고 법률의 위임이 있어야 하고 그러한 위임 없이 제정된 조례는 효력이 없다(대판 2007.12.13. 2006추52). 지방자치법 제22조, 제9조 참조.

> 지방자치법 제22조(조례) 지방자치단체는 법령의 범위 안에서 그 사무에 관하여 조례를 제정할 수 있다. 다만, 주민의 권리 제한 또는 의무 부과에 관한 사항이나 벌칙을 정할 때에는 법률의 위임이 있어야 한다.
> 지방자치법 제9조(지방자치단체의 사무범위) ① 지방자치단체는 관할 구역의 자치사무와 법령에 따라 지방자치단체에 속하는 사무를 처리한다.

③ (X) 지방자치단체는 법령에 위반되지 아니하는 범위 내에서 그 사무에 관하여 조례를 제정할 수 있는 것이고, 조례가 규율하는 특정사항에 관하여 그것을 규율하는 국가의 법령이 이미 존재하는 경우에도 조례가 법령과 별도의 목적에 기하여 규율함을 의도하는 것으로서 그 적용에 의하여 법령의 규정이 의도하는 목적과 효과를 전혀 저해하는 바가 없는 때, 또는 양자가 동일한 목적에서 출발한 것이라고 할지라도 국가의 법령이 반드시 그 규정에 의하여 전국에 걸쳐 일률적으로 동일한 내용을 규율하려는 취지가 아니고 각 지방자치단체가 그 지방의 실정에 맞게 별도로 규율하는 것을 용인하는 취지라고 해석되는 때에는 그 조례가 국가의 법령에 위반되는 것은 아니다(대판 2006.10.12. 2006추38).

④ (○) 법률에서 조례에 위임하는 방식에 관해서는 법률상 제한이 없다. 조례의 제정권자인 지방의회는 선거를 통해서 지역적인 민주적 정당성을 지니고 있는 주민의 대표기관이다. 헌법 제117조 제1항은 지방자치단체에 포괄적인 자치권을 보장하고 있다. 따라서 조례에 대한 법률의 위임은 법규명령에 대한 법률의 위임과 같이 반드시 구체적으로 범위를 정하여 할 필요가 없다. 법률이 주민의 권리의무에 관한 사항에 관하여 구체적으

로 범위를 정하지 않은 채 조례로 정하도록 포괄적으로 위임한 경우에도 지방자치단체는 법령에 위반되지 않는 범위 내에서 주민의 권리의무에 관한 사항을 조례로 제정할 수 있다(대판 2017.12.05. 2016추5162).

⑤ (○) 조례에 의한 규제가 지역의 여건이나 환경 등 그 특성에 따라 다르게 나타나는 것은 헌법이 지방자치단체의 자치입법권을 인정한 이상 당연히 예상되는 불가피한 결과이므로, 이 사건 조항으로 인하여 청구인들이 다른 지역의 주민들에 비하여 더한 규제를 받게 되었다 하더라도 평등권이 침해되었다고 볼 수는 없다. … 이 사건 조항이 학교나 다른 사교육에 대하여는 교습시간을 제한하지 않으면서 학원 및 교습소의 교습시간만 제한하였다고 하여도 학교나 한국교육방송공사가 사교육 주체인 학원과 동일한 지위에 있다고 보기 어렵고, 다른 사교육인 개인과외교습이나 인터넷 통신강좌에 의한 심야교습이 초래하게 될 사회적 영향력이나 문제점이 학원에 의한 심야교습보다 적으므로 학원 및 교습소의 교습시간만 제한하였다고 하여 이를 두고 합리적 이유 없는 차별이라고 보기는 어려우므로 이 사건 조항이 학원 운영자 등의 평등권을 침해하였다고 보기는 어렵다(헌재 2009.10.29. 2008헌마635).

정답 ③

문 41

지방자치제도에 관한 다음 설명 중 가장 옳지 않은 것은?(다툼이 있는 경우 헌법재판소 판례에 의함) [2017년 1번]

① 지방자치제도는 제도적 보장의 하나로서, 기본권 보장의 경우와는 달리 그 본질적 내용을 침해하지 아니하는 범위 안에서 입법자에게 제도의 구체적인 내용과 형태의 형성권을 폭넓게 인정한다는 의미에서 '최소한 보장의 원칙'이 적용된다.

② 지방자치법이 주민투표권을 규정하여 주민이 지방자치사무에 직접 참여할 수 있는 길을 열어 놓고 있다 하더라도 이러한 제도는 어디까지나 입법자의 결단에 의하여 채택된 것일 뿐 헌법이 이러한 제도의 도입을 보장하고 있는 것은 아니다.

③ 지방자치제도의 헌법적 보장이란 한마디로 국민주권의 기본원리에서 출발하여 주권의 지역적 주체로서의 주민에 의한 자기통치의 실현으로 요약할 수 있고, 이러한 지방자치의 본질적 내용인 핵심영역은 어떠한 경우라도 입법 기타 중앙정부의 침해로부터 보호되어야 한다는 것을 의미한다.

④ 행정안전부장관이 지방자치법에 따라 감사에 착수하기 위해서는 자치사무에 관하여 특정한 법령위반행위가 확인되었거나 위법행위가 있었으리라는 합리적 의심이 가능한 경우이어야 하고, 또한 그 감사대상을 특정해야 한다. 따라서 전반기 또는 후반기 감사와 같은 포괄적·사전적 일반감사나 위법사항을 특정하지 않고 개시하는 감사 또는 법령위반사항을 적발하기 위한 감사는 모두 허용될 수 없다.

⑤ 감사원이 지방자치단체의 위임사무뿐만 아니라, 자치사무에 대하여까지 합법성 감사뿐만 아니라 합목적성 감사까지 하게 된다면 지방자치단체는 자치사무에 대하여 자율적인 정책결정을 하기 어렵고, 그로 인하여 지방자치단체는 독립성과 자율성을 크게 제약받아 중앙정부의 하부행정기관으로 전락할 우려가 다분히 있게 되어 지방자치제도의 본질적 내용을 침해하는 것이어서 위헌이다.

:: 해설   ★★★

① (○) 제도적 보장은 객관적 제도를 헌법에 규정하여 당해 제도의 본질을 유지하려는 것으로서 헌법제정권자가 특히 중요하고도 가치가 있다고 인정되고 헌법적으로도 보장할 필요가 있다고 생각하는 국가제도를 헌법에 규정함으로써 장래의 법발전, 법형성의 방침과 범주를 미리 규율하려는데 있다. 이러한 제도적 보장은 주관적 권리가 아닌 객관적 범규범이라는 점에서 기본권과 구별되기는 하지만 헌법에 의하여 일정한 제도가 보장되면 입법자는 그 제도를 설정하고 유지할 입법의무를 지게될 뿐만 아니라 헌법에 규정되어 있기 때문에 법률로써 이를 폐지할 수 없고, 비록 내용을 제한하더라도 그 본질적 내용을 침해할 수 없다. 그러나 기본권 보장은 "최대한 보장의 원칙"이 적용됨에 반하여, 제도적 보장은 그 본질적 내용을 침해하지 아니하는 범위 안에서 입법자에게 제도의 구체적 내용과 형태의 형성권을 폭넓게 인정한다는 의미에서 "최소한 보장의 원칙"이 적용될 뿐이다(헌재 1997.04.24. 95헌바48).

② (○) 헌법 제117조 및 제118조가 보장하고 있는 본질적인 내용은 자치단체의 보장, 자치기능의 보장 및 자치사무의 보장으로 어디까지나 지방자치단체의 자치권으로 헌법은 지역 주민들이 자신들이 선출한 자치단체의 장과 지방의회를 통하여 자치사무를 처리할 수 있는 대의제 또는 대표제 지방자치를 보장하고 있을 뿐이지 주민투표에 대하여는 어떠한 규정도 두고 있지 않다. 따라서 우리의 지방자치법이 비록 주민에게 주민투표권(제13조의2)과 조례의 제정 및 개폐청구권(제13조의3) 및 감사청구권(제13조의4)를 부여함으로써 주민이 지방자치사무에 직접 참여할 수 있는 길을 열어 놓고 있다 하더라도 이러한 제도는 어디까지나 입법자의 결단에 의하여 채택된 것일 뿐, 헌법이 이러한 제도의 도입을 보장하고 있는 것은 아니다. 그러므로 지방자치법 제13조의2가 주민투표의 법률적 근거를 마련하면서, 주민투표에 관련된 구체적 절차와 사항에 관하여는 따로 법률로 정하도록 하였다고 하더라도 주민투표에 관련된 구체적인 절차와 사항에 대하여 입법하여야 할 헌법상 의무가 국회에게 발생하였다고 할 수는 없다(헌재 2001.06.28. 2000헌마735).

③ (○) 지방자치제도의 헌법적 보장은 한마디로 국민주권의 기본원리에서 출발하여 주권의 지역적 주체로서의 주민에 의한 자기통치의 실현으로 요약할 수 있고, 이러한 지방자치의 본질적 내용인 핵심영역(자치단체·자치기능·자치사무의 보장)은 어떠한 경우라도 입법 기타 중앙정부의 침해로부터 보호되어야 한다는 것을 의미한다. 즉 중앙정부의 권력과 지방자치단체 간의 권력의 수직적 분배는 서로 조화가 요청되고 그 조화과정에서 지방자치의 핵심영역은 침해되어서는 안되는 것이므로, 이와 같은 권력분립적·지방분권적인 기능을 통하여 지역주민의 기본권 보장에도 이바지하는 것이다(헌재 1998.04.30. 96헌바62).

④ (○) 중앙행정기관이 구 지방자치법 제158조 단서 규정상의 감사에 착수하기 위해서는 자치사무에 관하여 특정한 법령위반행위가 확인되었거나 위법행위가 있었으리라는 합리적 의심이 가능한 경우이어야 하고, 또한 그 감사대상을 특정해야 한다. 따라서 전반기 또는 후반기 감사와 같은 포괄적·사전적 일반감사나 위법사항을 특정하지 않고 개시하는 감사 또는 법령위반사항을 적발하기 위한 감사는 모두 허용될 수 없다(대판 2009.05.28. 2006헌라6).

⑤ (X) 감사원의 헌법상 지위에 관하여 보면, 감사원은 국가의 세입세출의 결산, 국가 및 법률이 정한 단체의 회계검사와 행정기관 및 공무원의 직무에 관한 감찰을 하기 위하여 대통령 소속하에 설치되는 헌법기관으로서, 그 직무의 성격상 고도의 독립성과 정치적 중립성이 보장되어야 한다. 감사원법이 '감사원은 대통령에 소속하되 직무에 관하여는 독립의 지위를 가진다.'(제2조 제1항)고 천명하면서 감사원의 인사·조직 및 예산편성상의 독립성 존중(제2조 제2항), 감사위원의 임기보장, 신분보장, 겸직 및 정치운동의 금지(제6조, 제8조, 제9조, 제10조) 등을 규정하고 있는 것은 바로 감사원의 직무상, 기능상의 독립성과 중립성을 보장하기 위한 제도적 장치라고 헌법재판소도 판시한 바 있다(헌재 1998. 7. 14. 98헌라2). 청구인들은 지방자치권의 헌법상 보장이라는 취지에 비추어 볼 때 국가기관인 감사원에 의한 지방자치단체의 자치사무에 대한 감사는 지방자치법 제171조나 '국정감사 및 조사에 관한 법률' 제7조 제2호에 준하여 합법성 감사에 한정되어야 한다고 주장하나, 위와 같이 헌법이 감사원을 독립된 외부감사기관으로 정하고 있는 취지, 국가기능의 총체적 극대화를 위하여 중앙정부와 지방자치단체는 서로 행정기능과 행정책임을 분담하면서 중앙행정의 효율성과

지방행정의 자주성을 조화시켜 국민과 주민의 복리증진이라는 공동목표를 추구하는 협력관계에 있다는 점에 비추어 보면, 감사원에 의한 지방자치단체의 자치사무에 대한 감사를 합법성 감사에 한정하고 있지 아니한 이 사건 관련규정은 그 목적의 정당성과 합리성을 인정할 수 있다. 또한 감사원법은 감사원이 지방자치단체의 자체감사가 적정하게 수행되고 있다고 인정할 때에는 감사를 생략할 수 있고(제28조) 자체감사사무의 발전과 효율적인 감사업무의 수행을 위하여 필요한 지원을 할 수 있으며(제30조의2) 일정한 경우 지방자치단체로 하여금 감사사무를 대행하게 할 수 있도록 정하고(제50조의2) 있는 등 지방자치단체의 자치권을 존중할 수 있는 장치를 마련해두고 있는 점, 이에 더하여 국가재정지원에 상당부분 의존하고 있는 우리 지방재정의 현실, 독립성이나 전문성이 보장되지 않은 지방자치단체 자체감사의 한계 등으로 인한 외부감사의 필요성까지 감안하면, 이 사건 관련규정으로 인하여 지방자치단체의 인사권이나 자치행정의 자기책임적 판단이 말살될 정도로 지방자치권의 본질이 훼손되었다고 보기는 어렵다. 따라서 이 사건 관련규정이 지방자치단체의 고유한 권한을 유명무실하게 할 정도로 지나친 제한을 함으로써 지방자치권의 본질적 내용을 침해하였다고는 볼 수 없다(헌재 2008.05.29. 2005헌라3).

정답 ⑤

문 42

지방자치단체의 조례제정권에 관한 다음 설명 중 옳은 것을 모두 고른 것은?(다툼이 있는 경우 대법원 판례에 의함) [2016년 40번]

> ㉠ 지방자치법 제22조, 제9조에 의하면, 지방자치단체가 조례를 제정할 수 있는 사항은 지방자치단체의 고유사무인 자치사무와 개별 법령에 의하여 지방자치단체에 위임된 단체위임사무에 한하고, 국가사무가 지방자치단체의 장에게 위임되거나 상위 지방자치단체의 사무가 하위 지방자치단체의 장에게 위임된 기관위임사무에 관한 사항은 원칙적으로 조례의 제정범위에 속하지 않는다.
> ㉡ 구 지방재정법(2013. 7. 16. 법률 제11900호로 개정되기 전의 것) 제17조 제1항은 일정한 경우를 제외하고는 '지방자치단체는 개인 또는 단체에 대한 기부·보조·출연, 그 밖의 공금 지출을 할 수 없도록' 규정하고 있다. 따라서 지방자치단체가 주민의 복지증진에 관한 사무의 일환으로 '일정한 조건을 충족한 주민 일반'을 대상으로 '전기요금과 수도요금 중 일부를 지원'하는 것은 '개인 또는 단체에 대한 공금 지출'에 해당하여 허용되지 아니한다.
> ㉢ 지방자치단체의 장은 조례안에 대하여 이의가 있는 경우 지방의회에 재의요구를 할 수 있다. 이 때, 재의요구 사유에 특별한 제한은 없으며, 지방자치단체의 장은 조례안의 일부에 대하여 재의를 요구할 수 있다.
> ㉣ 지방자치법은 지방의회와 지방자치단체의 장에게 독자적 권한을 부여하고 상호 견제와 균형을 이루도록 하고 있으므로, 법률에 특별한 규정이 없는 한 조례로써 견제의 범위를 넘어서 고유권한을 침해하는 규정을 둘 수 없다. 지방자치법에 따르면, 주민투표의 시행 여부는 지방자치단체의 장의 임의적 재량에 맡겨져 있으므로, 지방의회가 조례로 정한 특정한 사항에 관하여는 일정한 기간 내에 반드시 주민투표를 실시하도록 규정한 조례안은 지방자치단체의 장의 고유권한을 침해하는 규정이어서 법령에 위반된다.

㉤ 조례가 규정하고 있는 사항이 그 근거 법령 등에 비추어 볼 때 자치사무나 단체위임사무에 관한 것이라면 이는 자치조례로서 지방자치법 제15조가 규정하고 있는 '법령의 범위 안'이라는 사항적 한계가 적용될 뿐, 위임조례와 같이 국가법에 적용되는 일반적인 위임입법의 한계가 적용될 여지는 없다. 이 때, 지방자치법 제15조에서 말하는 '법령의 범위 안'이라는 의미는 '법령에 위반되지 아니하는 범위 안'이라는 의미로 풀이되는 것으로서, 특정 사항에 관하여 국가 법령이 이미 존재할 경우에도 그 규정의 취지가 반드시 전국에 걸쳐 일률적인 규율을 하려는 것이 아니라 각 지방자치단체가 그 지방의 실정에 맞게 별도로 규율하는 것을 용인하고 있다고 해석될 때에는 조례가 국가 법령에서 정하지 아니하는 사항을 규정하고 있다고 하더라도 이를 들어 법령에 위반되는 것이라고 할 수가 없다.
㉥ 조례가 집행행위의 개입 없이도 그 자체로서 직접 국민의 구체적인 권리의무나 법적 이익에 영향을 미치는 등의 법률상 효과를 발생하는 경우 그 조례는 항고소송의 대상이 되는 행정처분에 해당하고, 이러한 조례에 대한 무효확인소송을 제기함에 있어서 피고적격이 있는 처분 등을 행한 행정청은, 행정주체인 지방자치단체이다.

① ㉠, ㉣, ㉤   ② ㉠, ㉡, ㉢, ㉣   ③ ㉡, ㉣, ㉤, ㉥
④ ㉠, ㉤, ㉥   ⑤ ㉢, ㉣, ㉤

해설 ★★★

㉠ (○) 구 지방자치법 제22조, 제9조에 의하면, 지방자치단체가 조례를 제정할 수 있는 사항은 지방자치단체의 고유사무인 자치사무와 개별 법령에 의하여 지방자치단체에 위임된 단체위임사무에 한하고, 국가사무가 지방자치단체의 장에게 위임되거나 상위 지방자치단체의 사무가 하위 지방자치단체의 장에게 위임된 기관위임사무에 관한 사항은 원칙적으로 조례의 제정범위에 속하지 않는다. 그리고 법령상 지방자치단체의 장이 처리하도록 규정하고 있는 사무가 자치사무인지 기관위임사무에 해당하는지를 판단함에는 그에 관한 법령의 규정 형식과 취지를 우선 고려하여야 할 것이지만, 그밖에도 그 사무의 성질이 전국적으로 통일적인 처리가 요구되는 사무인지 여부나 그에 관한 경비부담과 최종적인 책임귀속의 주체 등도 아울러 고려하여 판단하여야 한다(대판 2013.04.11. 2011두12153).

㉡ (X) 이 사건 조례안의 공공요금 일부 지원 사무는 지방자치법 제9조 제2항 제2호 (가)목에 정한 주민복지에 관한 사업에 속하고, 이 사건 조례안은 울진군에 주민등록을 한 주민이면 중복지원에 해당하지 않는 한 누구에게나 일정한 공공요금을 지원하겠다는 것으로서, 특정 개인이 아닌 주민 일반을 대상으로 한 공금 지출이라고 볼 수 있으므로 지방재정법 제17조 제1항에서 정한 개인에 대한 공금 지출에 해당하지 아니한다(대판 2016.05.12. 2013추531).

㉢ (X) 의결의 일부에 대한 효력배제는 결과적으로 전체적인 의결의 내용을 변경하는 것에 다름 아니어서 의결기관인 지방의회의 고유권한을 침해하는 것이 될 뿐 아니라, 그 일부만의 효력배제는 자칫 전체적인 의결내용을 지방의회의 당초의 의도와는 다른 내용으로 변질시킬 우려가 있으며, 또 재의요구가 있는 때에는 재의요구에서 지적한 이의사항이 의결의 일부에 관한 것이라고 하여도 의결 전체가 실효되고 재의결만이 의결로서 효력을 발생하는 것이어서 의결의 일부에 대한 재의요구나 수정재의 요구가 허용되지 않는 점에 비추어 보아도 재의결의 내용 전부가 아니라 그 일부만이 위법한 경우에도 대법원은 의결 전부의 효력을 부인할 수밖에 없다(대판 1992.07.28. 92추31).

㉣ (○) 지방자치법은 지방의회와 지방자치단체의 장에게 독자적 권한을 부여하고 상호 견제와 균형을 이루도록 하고 있으므로, 법률에 특별한 규정이 없는 한 조례로써 견제의 범위를 넘어서 고유권한을 침해하는 규정

을 둘 수 없다 할 것인바, 위 지방자치법 제13조의2 제1항(현행 제14조 제1항)에 의하면, 주민투표의 대상이 되는 사항이라 하더라도 주민투표의 시행 여부는 지방자치단체의 장의 임의적 재량에 맡겨져 있음이 분명하므로, 지방자치단체의 장의 재량으로서 투표실시 여부를 결정할 수 있도록 한 법규정에 반하여 지방의회가 조례로 정한 특정한 사항에 관하여는 일정한 기간 내에 반드시 투표를 실시하도록 규정한 조례안은 지방자치단체의 장의 고유권한을 침해하는 규정이다(대판 2002.04.26. 2002추23).

ⓜ (O) 지방자치법 제15조에서 말하는 '법령의 범위 안'이라는 의미는 '법령에 위반되지 아니하는 범위 안'이라는 의미로 풀이되는 것으로서, 특정 사항에 관하여 국가 법령이 이미 존재할 경우에도 그 규정의 취지가 반드시 전국에 걸쳐 일률적인 규율을 하려는 것이 아니라 각 지방자치단체가 그 지방의 실정에 맞게 별도로 규율하는 것을 용인하고 있다고 해석될 때에는 조례가 국가 법령에서 정하지 아니하는 사항을 규정하고 있다고 하더라도 이를 들어 법령에 위반되는 것이라고 할 수가 없다(대판 2000.11.24. 2000추29).

ⓑ (X) 조례가 집행행위의 개입 없이도 그 자체로서 직접 국민의 구체적인 권리의무나 법적 이익에 영향을 미치는 등의 법률상 효과를 발생하는 경우 그 조례는 항고소송의 대상이 되는 행정처분에 해당하고, 이러한 조례에 대한 무효확인소송을 제기함에 있어서 행정소송법 제38조 제1항, 제13조에 의하여 피고적격이 있는 처분 등을 행한 행정청은, 행정주체인 지방자치단체 또는 지방자치단체의 내부적 의결기관으로서 지방자치단체의 의사를 외부에 표시한 권한이 없는 지방의회가 아니라, 구 지방자치법 제19조 제2항, 제92조에 의하여 지방자치단체의 집행기관으로서 조례로서의 효력을 발생시키는 공포권이 있는 지방자치단체의 장이다(대판 1996.09.20. 95누8003).

정답 ①

제6관 군사제도
제7관 교육제도
제8관 가족제도

2024년 법원행정고시 1차 대비

헌 법
법원행시
기출문제집
선택형진도별

제2편 기본권

제1장 | 기본권 총론
제2장 | 기본권 각론

제1장 기본권 총론

제❶절 | 기본권의 의의·성격·보장의 역사

제❷절 | 기본권의 주체

문 1

기본권에 관한 다음 설명 중 가장 옳지 않은 것은? [2020년 5번]

① 우리 헌법은 법인 내지 단체의 기본권향유능력에 대하여 명문의 규정을 두고 있지는 않지만, 본래 자연인에게 적용되는 기본권규정이라도 그 성질상 법인이 누릴 수 있는 기본권은 법인에게도 적용된다. 그러나 헌법 제10조의 인간으로서의 존엄과 가치, 행복을 추구할 권리는 그 성질상 자연인에게 인정되는 기본권이어서 법인에게는 적용되지 않는다.

② 불법체류 중인 외국인이라 하더라도 불법체류라는 것은 관련 법령에 의하여 체류자격이 인정되지 않는다는 것일 뿐이므로, '인간의 권리'로서 외국인에게도 주체성이 인정되는 일정한 기본권에 관하여 불법체류 여부에 따라 그 인정 여부가 달라지는 것은 아니다. 그러므로 불법체류 중인 외국인이 '국가인권위원회의 공정한 조사를 받을 권리' 역시 변호인의 조력을 받을 권리, 재판청구권 등과 마찬가지로 외국인에게도 헌법상 인정되는 기본권에 해당한다고 보아야 한다.

③ 기본권의 충돌이란 상이한 복수의 기본권 주체가 서로의 권익을 실현하기 위해 하나의 동일한 사건에서 국가에 대하여 서로 대립되는 기본권의 적용을 주장하는 경우를 말한다. 이때의 해법으로는 기본권의 서열이론, 법익형량의 원리, 실제적 조화의 원리 등을 들 수 있고, 헌법재판소는 충돌하는 기본권의 성격과 태양에 따라 그때그때마다 적절한 해결방법을 선택, 종합하여 이를 해결하여 왔다.

④ 기본권 보호의무는 기본권적 법익을 기본권 주체인 사인에 의한 위법한 침해 또는 침해의 위험으로부터 보호하여야 하는 국가의 의무를 말한다. 주로 사인인 제3자에 의한 개인의 생명이나 신체의 훼손에서 문제되는데, 이는 국가의 보호의무 없이는 타인에 의하여 개인의 신체나 생명 등 법익이 무력화될 정도의 상황에서만 적용될 수 있다.

⑤ 헌법에는 질병으로부터 생명·신체의 보호 등 보건에 관하여 특별히 국가의 보호의무를 강조하는 규정이 마련되어 있다. 그러므로 국민의 생명·신체의 안전이 질병 등으로부터 위협받거나 받게 될 우려가 있는 경우 국가는 이를 보호하기에 필요한 적절하고 효율적인 입법·행정상의 조치를 취하여 그 침해의 위험을 방지하고 이를 유지할 포괄적인 의무를 진다.

MGI Point 기본권 ★★

- **법인의 기본권 주체성**
  - 성질상 법인이 누릴 수 있는 기본권은 당연히 법인에게도 적용 ○
  - 헌법 제10조의 인간으로서의 존엄과 가치, 행복을 추구할 권리 ⇨ 적용 × (∵ 자연인에게 인정되는 기본권)
- **인간의 권리로서 외국인에게 주체성이 인정되는 기본권**
  - 불법체류 여부에 따라 그 인정 여부가 달라지 ×
  - cf. 국가인권위원회의 공정한 조사를 받을 권리 ⇨ 헌법상 인정되는 기본권 ×
- **기본권 충돌** : 상이한 복수의 기본권주체가 서로의 권익을 실현하기 위해 하나의 동일한 사건에서 국가에 대하여 서로

대립되는 기본권의 적용을 주장하는 경우
　　⇨ 충돌하는 기본권의 성격과 태양에 따라 그때그때마다 기본권의 서열이론, 법익형량의 원리, 실제적 조화의 원리 (=규범조화적 해석) 등 적절한 방법을 선택·종합하여 해결
- 기본권 보호의무 (헌법 제10조 제2문)
  - 기본권적 법익을 사인에 의한 위법한 침해 또는 침해의 위험으로부터 보호하여야 하는 국가의 의무
  - 심사기준 : 과소보호금지원칙 (적어도 적절하고 효율적인 최소한의 보호조치를 취했는가)
- 국민의 생명·신체의 안전이 질병 등으로부터 위협받거나 받게 될 우려가 있는 경우 국가의 의무
  ⇨ 그 위험의 원인과 정도에 따라 사회·경제적인 여건 및 재정사정 등을 감안하여 국민의 생명·신체의 안전을 보호하기에 필요한 적절하고 효율적인 입법·행정상의 조치를 취하여 그 침해의 위험을 방지하고 이를 유지할 포괄적인 의무 有

① (O) 우리 헌법은 법인 내지 단체의 기본권 향유능력에 대하여 명문의 규정을 두고 있지는 않지만 본래 자연인에게 적용되는 기본권이라도 그 성질상 법인이 누릴 수 있는 기본권은 법인에게도 적용된다. 그런데 헌법 제10조의 인간으로서의 존엄과 가치, 행복을 추구할 권리는 그 성질상 자연인에게 인정되는 기본권이라고 할 것이어서, 법인인 청구인들에게는 적용되지 않는다고 할 것이다(헌재 2006.12.28. 2004헌바67).

② (X) 헌법재판소법 제68조 제1항 소정의 헌법소원은 기본권의 주체이어야만 청구할 수 있는데, 단순히 '국민의 권리'가 아니라 '인간의 권리'로 볼 수 있는 기본권에 대해서는 외국인도 기본권의 주체가 될 수 있다. 나아가 청구인들이 불법체류 중인 외국인들이라 하더라도, 불법체류라는 것은 관련 법령에 의하여 체류자격이 인정되지 않는다는 것일 뿐이므로, '인간의 권리'로서 외국인에게도 주체성이 인정되는 일정한 기본권에 관하여 불법체류 여부에 따라 그 인정 여부가 달라지는 것은 아니다. 청구인들이 침해받았다고 주장하고 있는 신체의 자유, 주거의 자유, 변호인의 조력을 받을 권리, 재판청구권 등은 성질상 인간의 권리에 해당한다고 볼 수 있으므로, 위 기본권들에 관하여는 청구인들의 기본권 주체성이 인정된다. 그러나 '국가인권위원회의 공정한 조사를 받을 권리'는 헌법상 인정되는 기본권이라고 하기 어렵고, 이 사건 보호 및 강제퇴거가 청구인들의 노동3권을 직접 제한하거나 침해한 바 없음이 명백하므로, 위 기본권들에 대하여는 본안판단에 나아가지 아니한다(헌재 2012.08.23. 2008헌마430).

③ (O) 기본권의 충돌이란 상이한 복수의 기본권주체가 서로의 권익을 실현하기 위해 하나의 동일한 사건에서 국가에 대하여 서로 대립되는 기본권의 적용을 주장하는 경우를 말하는데, 한 기본권주체의 기본권행사가 다른 기본권주체의 기본권행사를 제한 또는 희생시킨다는 데 그 특징이 있다. 이와 같이 두 기본권이 충돌하는 경우 그 해법으로는 기본권의 서열이론, 법익형량의 원리, 실제적 조화의 원리(=규범조화적 해석) 등을 들 수 있다. 헌법재판소는 기본권 충돌의 문제에 관하여 충돌하는 기본권의 성격과 태양에 따라 그때그때마다 적절한 해결방법을 선택, 종합하여 이를 해결하여 왔다(헌재 2005.11.24. 2002헌바95).

④ (O) 기본권 보호의무란 기본권적 법익을 기본권 주체인 사인에 의한 위법한 침해 또는 침해의 위험으로부터 보호하여야 하는 국가의 의무를 말하며, 주로 사인인 제3자에 의한 개인의 생명이나 신체의 훼손에서 문제되는데, 이는 타인에 의하여 개인의 신체나 생명 등 법익이 국가의 보호의무 없이는 무력화 될 정도의 상황에서만 적용될 수 있다(헌재 2009.02.26. 2005헌마764).

⑤ (O) 헌법 제10조는 "모든 국민은 인간으로서의 존엄과 가치를 가지며, 행복을 추구할 권리를 가진다. 국가는 개인이 가지는 불가침의 기본적 인권을 확인하고 이를 보장할 의무를 진다."고 규정하여, 모든 국민이 인간으로서의 존엄과 가치를 지닌 주체임을 천명하고, 국가권력이 국민의 기본권을 침해하는 것을 금지함은 물론 이에서 더 나아가 적극적으로 국민의 기본권을 보호하고 이를 실현할 의무가 있음을 선언하고 있다. 또한 생명·신체의 안전에 관한 권리는 인간의 존엄과 가치의 근간을 이루는 기본권일 뿐만 아니라, 헌법은 "모든 국민은 보건에 관하여 국가의 보호를 받는다."고 규정하여 질병으로부터 생명·신체의 보호 등 보건에 관하여 특별히 국가의 보호의무를 강조하고 있으므로(제36조 제3항), 국민의 생명·신체의 안전이 질병 등으로부터 위협받거나 받게 될 우려가 있는 경우 국가로서는 그 위험의 원인과 정도에 따라 사회·경제적인 여건 및 재정사정 등을 감안하여 국민의 생명·신체의 안전을 보호하기에 필요한 적절하고 효율적인 입법·행정상의 조치를 취하여 그 침해의 위험을 방지하고 이를 유지할 포괄적인 의무를 진다 할 것이다(헌재 2008.12.26. 2008헌마419).

정답 ②

문 2

기본권 주체성에 관한 다음 설명 중 가장 옳지 않은 것은? [2019년 38번]

① 기본권 주체로서의 법적 지위는 헌법소원에 의해 권리를 구제받을 수 있는지를 판단하는 기준의 하나가 된다.
② 아동과 청소년의 인격권은 성인과 마찬가지로 헌법 제10조에 의하여 보호된다.
③ 우리 헌법은 법인 내지 단체의 기본권 향유능력에 대하여 명문의 규정을 두고 있지는 않지만 본래 자연인에게 적용되는 기본권이라도 그 성질상 법인이 누릴 수 있는 기본권은 법인에게도 적용된다.
④ 헌법재판소는 영화법 제12조 등에 대한 헌법소원 사건에서 대표자의 정함이 있고 독립된 사회적 조직체로 활동하는 비법인사단 자체의 기본권 주체성을 인정하였다.
⑤ 국가, 지방자치단체나 그 기관 또는 국가조직의 일부나 공법인은 원칙적으로 기본권의 수범자이자 동시에 기본권의 주체가 되는 이중적 지위에 있다.

MGI Point 기본권 주체성 ★★★

- 기본권 주체로서의 법적 지위 ⇨ 권리구제가능성 판단기준
- 아동과 청소년의 인격권 ⇨ 헌법 제10조의 보호대상
- 법인의 기본권 주체성
  - 성질상 법인이 누릴 수 있는 기본권은 당연히 법인에게도 적용 ○
  - 적용 ○ ⇨ 언론·출판의 자유, 재산권, 거주·이전의 자유, 재판청구권, 인격권
- 비법인사단의 기본권 주체성 ⇨ 대표자의 정함 + 독립된 사회적 조직체로 활동 要
- 국가·지방자치단체·지방자치단체장·지방의회 ⇨ 기본권의 수범자 ○, 기본권의 주체 ✕

---

① (○) 헌법재판소법 제68조 제1항 소정의 헌법소원은 기본권을 침해받은 자만이 청구할 수 있고, 여기서 기본권을 침해받은 자만이 헌법소원을 청구할 수 있다는 것은 곧 기본권의 주체라야만 헌법소원을 청구할 수 있고 기본권의 주체가 아닌 자는 헌법소원을 청구할 수 없다고 한 다음, '국민' 또는 국민과 유사한 지위에 있는 '외국인'은 기본권의 주체가 될 수 있다 판시하여 원칙적으로 외국인의 기본권 주체성을 인정하였다(헌재 2001.11.29. 99헌마494).

② (○) 아동과 청소년은 부모와 국가에 의한 단순한 보호의 대상이 아닌 독자적인 인격체이며, 그의 인격권은 성인과 마찬가지로 인간의 존엄성 및 행복추구권을 보장하는 헌법 제10조에 의하여 보호된다(헌재 2004.05.27. 2003헌가1).

③ (○) 우리 헌법은 법인 내지 단체의 기본권 향유능력에 대하여 명문의 규정을 두고 있지는 않지만 본래 자연인에게 적용되는 기본권이라도 그 성질상 법인이 누릴 수 있는 기본권은 법인에게도 적용된다(헌재 1991.06.03. 90헌마56).

④ (○) 법인 아닌 사단·재단이라고 하더라도 대표자의 정함이 있고 독립된 사회적 조직체로서 활동하는 때에는 성질상 법인이 누릴 수 있는 기본권을 침해당하게 되면 그의 이름으로 헌법소원심판을 청구할 수 있다(헌재 1991.06.03. 90헌마56).

⑤ (✕) 기본권의 보장에 관한 각 헌법규정의 해석상 국민(또는 국민과 유사한 지위에 있는 외국인과 사법인)만이 기본권의 주체라 할 것이고, 국가나 국가기관 또는 국가조직의 일부나 공법인은 기본권의 '수범자'이지 기본권의 주체로서 그 '소지자'가 아니고 오히려 국민의 기본권을 보호 내지 실현해야 할 책임과 의무를 지니고 있는 지위에 있을 뿐이므로, 공법인인 지방자치단체의 의결기관인 청구인 의회는 기본권의 주체가 될 수 없고 따라서 헌법소원을 제기할 수 있는 적격이 없다(헌재 1998.03.26. 96헌마345).

정답 ⑤

문 3

외국인의 기본권 주체성에 관한 다음 설명 중 옳지 않은 것은 모두 몇 개인가? [2022년 32번]

> ㄱ. 근로의 권리가 일할 환경에 관한 권리도 내포하고 있으므로 건강한 작업환경, 일에 대한 정당한 보수, 합리적인 근로조건의 보장 등을 요구할 수 있는 권리에 관하여 외국인 근로자의 기본권 주체성은 인정된다.
> ㄴ. 외국인에게도 주체성이 인정되는 일정한 기본권에 관하여 불법체류 여부에 따라 그 인정 여부가 달라지는 것은 아니기 때문에, 불법체류 중인 외국인이라 하더라도 신체의 자유, 주거의 자유, 변호인의 조력을 받을 권리, 재판청구권 등에 관하여는 기본권 주체성이 인정된다.
> ㄷ. 강제퇴거명령을 받은 사람을 즉시 대한민국 밖으로 송환할 수 없으면 송환할 수 있을 때까지 보호시설에 보호할 수 있도록 한 출입국관리법 규정은 불법체류외국인 등의 신체의 자유를 침해한다.
> ㄹ. 외국인이 귀화허가를 받기 위해서는 '품행이 단정할 것'의 요건을 갖추도록 한 국적법 규정은 명확성의 원칙에 반하여 헌법에 위반된다.
> ㅁ. 난민인정신청을 하였으나 난민인정심사불회부결정을 받고 인천국제공항 송환대기실에 약 5개월째 수용된 외국인에게 변호인의 접견신청을 거부한 것은 헌법 제12조 제4항 본문에 의한 변호인의 조력을 받을 권리를 침해한 것이다.

① 1개 ② 2개 ③ 3개 ④ 4개 ⑤ 5개

MGI Point 외국인의 기본권 주체성 ★★

- 근로의 권리 중 일할 환경에 관한 권리 ⇨ 외국인 근로자의 기본권 주체성 ○
- 불법체류 중인 외국인이라도 외국인에게 인정되는 기본권의 주체가 될 수 있음
- 강제퇴거명령을 받은 사람을 즉시 대한민국 밖으로 송환할 수 없으면 송환할 수 있을 때까지 보호시설에 보호할 수 있도록 한 출입국관리법 ⇨ 신체의 자유 침해 ×
- 국적법상 '품행이 단정할 것' ⇨ 명확성의 원칙 위배 ×
- 난민인정심사불회부결정을 받고 인천국제공항 송환대기실에 약 5개월째 수용된 외국인에게 변호인의 접견신청을 거부한 것 ⇨ 변호인의 조력을 받을 권리 침해 ○

ㄱ. (○) 근로의 권리가 "일할 자리에 관한 권리"만이 아니라 "일할 환경에 관한 권리"도 함께 내포하고 있는바, 후자는 인간의 존엄성에 대한 침해를 방어하기 위한 자유권적 기본권의 성격도 갖고 있어 건강한 작업환경, 일에 대한 정당한 보수, 합리적인 근로조건의 보장 등을 요구할 수 있는 권리 등을 포함한다고 할 것이므로 외국인 근로자라고 하여 이 부분에까지 기본권 주체성을 부인할 수는 없다(헌재 2007.08.30. 2004헌마670).

ㄴ. (○) 청구인들이 불법체류 중인 외국인들이라 하더라도, 불법체류라는 것은 관련 법령에 의하여 체류자격이 인정되지 않는다는 것일 뿐이므로, '인간의 권리'로서 외국인에게도 주체성이 인정되는 일정한 기본권에 관하여 불법체류 여부에 따라 그 인정 여부가 달라지는 것은 아니다. 청구인들이 침해받았다고 주장하고 있는 신체의 자유, 주거의 자유, 변호인의 조력을 받을 권리, 재판청구권 등은 성질상 인간의 권리에 해당한다고 볼 수 있으므로, 위 기본권들에 관하여는 외국인인 청구인들의 기본권 주체성이 인정된다(헌재 2012.08.23. 2008헌마430).

ㄷ. (X) 강제퇴거대상자의 송환이 언제 가능해질 것인지 미리 알 수가 없으므로, 강제퇴거명령을 받은 사람을 즉시 대한민국 밖으로 송환할 수 없으면 송환할 수 있을 때까지 보호시설에 보호할 수 있도록 규정한 출입국관리법 제63조 제1항이 보호기간의 상한을 두지 않은 것은 입법목적 달성을 위해 불가피한 측면이 있다. 보호기간의 상한이 규정될 경우, 그 상한을 초과하면 보호는 해제되어야 하는데, 강제퇴거대상자들이 보호해제 된 후 잠적할 경우 강제퇴거명령의 집행이 현저히 어려워질 수 있고, 그들이 범죄에 연루되거나 범죄의 대상이 될 수도 있다. 강제퇴거대상자는 강제퇴거명령을 집행할 수 있을 때까지 일시적·잠정적으로 신체의 자유를 제한받는 것이며, 보호의 일시해제, 이의신청, 행정소송 및 집행정지 등 강제퇴거대상자가 보호에서 해제될 수 있는 다양한 제도가 마련되어 있다. 따라서 심판대상조항은 침해의 최소성 및 법익의 균형성 요건도 충족한다. 그러므로 심판대상조항은 <u>과잉금지원칙에 위배되어 신체의 자유를 침해하지 아니한다</u>(헌재 2018.02.22. 2017헌가29).

ㄹ. (X) 외국인이 귀화허가를 받기 위해서는 '품행이 단정할 것'의 요건을 갖추도록 한 국적법 제5조 제3호는 외국인에게 대한민국 국적을 부여하는 '귀화'의 요건을 정한 것인데, '품행', '단정' 등 용어의 사전적 의미가 명백하고, 심판대상조항의 입법취지와 용어의 사전적 의미 및 법원의 일반적인 해석 등을 종합해 보면, '품행이 단정할 것'은 '귀화신청자를 대한민국의 새로운 구성원으로서 받아들이는 데 지장이 없을 만한 품성과 행실을 갖춘 것'을 의미하고, 구체적으로 이는 귀화신청자의 성별, 연령, 직업, 가족, 경력, 전과관계 등 여러 사정을 종합적으로 고려하여 판단될 것임을 예측할 수 있다. 따라서 심판대상조항은 <u>명확성원칙에 위배되지 아니한다</u>(헌재 2016.07.28. 2014헌바421).

ㅁ. (O) 청구인은 수단 국적의 외국인으로서, 인천국제공항에 도착하여 난민법 제6조에 따른 출입국항에서의 난민인정신청을 하였고, 2013. 11. 20.부터 인천국제공항 환승구역 내에 설치된 송환대기실에 수용되었다. 피청구인[인천공항출입국·외국인청장]은 2013. 11. 26. 청구인에 대하여 난민인정심사불회부 결정을 하였고, 청구인은 그 이후에도 계속 송환대기실에 수용되었다. 청구인의 변호인은 2014. 4. 25. 청구인에 대한 접견을 신청하였으니, 피청구인은 2014. 4. 25. 청구인의 변호인의 접견신청을 거부하였고, 이에 청구인은 피청구인의 접견신청 거부로 인하여 청구인의 변호인의 조력을 받을 권리가 침해되었다고 주장하면서 접견신청 거부의 취소를 구하는 이 사건 헌법소원심판을 청구하였다. <u>이 사건 변호인 접견신청 거부는 현행 법률상 아무런 법률상 근거가 없이 청구인의 변호인의 조력을 받을 권리를 제한한 것이므로, 청구인의 변호인의 조력을 받을 권리를 침해한 것이다</u>. 또한 청구인에게 변호인 접견신청을 허용한다고 하여 국가안전보장, 질서유지, 공공복리에 어떠한 장애가 생긴다고 보기는 어렵고, 필요한 최소한의 범위 내에서 접견 장소 등을 제한하는 방법을 취한다면 국가안전보장이나 환승구역의 질서유지 등에 별다른 지장을 주지 않으면서도 청구인의 변호인 접견권을 제대로 보장할 수 있다. 따라서 이 사건 변호인 접견신청 거부는 국가안전보장이나 질서유지, 공공복리를 위해 필요한 기본권 제한 조치로 볼 수도 없다(헌재 2018.05.31. 2014헌마346).

정답 ②

문 4

외국인의 기본권주체성에 관한 다음 설명 중 가장 옳지 않은 것은? [2018년 13번]

① 기본권은 그 권리의 성질상 국민의 권리와 인간의 권리로 나눌 수 있고, 인간의 권리에 해당하는 기본권의 경우 외국인에게 기본권주체성이 인정된다.
② 외국인에게는 입국의 자유에 대한 기본권주체성이 인정되지 않으므로, 외국인이 입국에 관한 우리 출입국관리제도의 위헌성을 다투는 헌법소원심판을 청구하는 것은 허용되지 않는다.
③ 외국인에게는 대한민국의 국적을 취득할 권리가 인정되지 않지만, 외국인은 법무부장관의 귀화불허가결정에 대해 법원에 제소할 수 있다.

④ 인간의 권리에 해당하는 기본권이라 하더라도 상호주의에 따른 제한이 가능하다.
⑤ 청구인의 출신국가에서 우리 국민의 관련 기본권을 보호하고 있지 않은 경우에는, 상호주의에 따라 우리 헌법상으로도 그 국가 출신의 청구인에 대하여 관련 기본권이 보호되지 않으므로 기본권 주체성 자체를 부정하여 심판청구를 각하하여야 한다.

:: 해설 ★★

① (○) 인간의 존엄과 가치 및 행복추구권 등과 같이 단순히 국민의 권리가 아닌 인간의 권리로 볼 수 있는 기본권에 대해서는 외국인도 기본권 주체가 될 수 있다(헌재 2001.11.29. 99헌마494).
② (○) 이 사건에서 청구인 설○혁등이 주장하는 거주·이전의 자유는 입국의 자유에 관한 것이므로 이에 대해서도 외국인의 기본권주체성은 인정되지 아니한다. … 따라서 청구인 설○혁의 국적법 제10조 제1항에 대한 심판청구는 외국인의 기본권주체성을 인정할 수 없어 부적법하다(헌재 2014.06.26. 2011헌마502).
③ (○) 법무부장관의 귀화불허가결정에 대하여 행정소송을 제기할 수 있다(서울행정법원 2008.05.14. 2007구합43501).
④ (○) 평등권은 원칙적으로 인간의 권리에 해당되지만, 참정권과 같이 관련 기본권의 성질상 외국인에게 인정되지 아니하는 기본권에 관한 평등권 주장은 허용되지 아니하고, 상호주의에 따른 제한이 있을 수 있다(헌재 2014.04.24. 2011헌마474).
⑤ (X) 헌재 2011.09.29. 2007헌마1083 판결에서 재판관 김종대의 반대의견이다. 지문은 헌법재판소의 법정의견이 아니므로 틀린지문이다. 외국인의 법적 지위는 헌법 제6조 제2항의 상호주의 원칙에 의해서만 보장되는 것은 아니고, 우리 헌법상 기본권 가운데에서 특정한 기본권(인간의 권리)은 상호주의와 관계없이 외국인의 기본권주체성을 인정할 수 있다(김유향, 기본강의 헌법, 전정6판, p.167). 다만 국가배상청구권과 범죄피해자구조청구권에 관하여 외국인은 상호보증이 있는 경우에 한하여 주체가 될 수 있다(국가배상법 제7조, 범죄피해자구조법 제23조).

> 판례 그렇다면 적어도 기본권의 주체성을 주장하는 외국인이 속한 국가의 헌법도 우리나라 국민에 대해서 기본권 주체성을 인정할 경우에만 우리도 그 국가 국민에 대해 기본권 주체성을 인정해야 할 것인데, 다수의견은 이 사건 청구인이 어느 나라 국민인지 그 나라의 헌법은 우리 국민을 어떻게 처우하는지 묻지 않고 널리 외국인에게도 기본권의 성질에 따라 기본권 주체성을 인정하겠다는 것인바, 이는 국제관계에서의 상호주의원칙을 취한 우리 헌법에 어긋난다 할 것이다. 우리의 헌법은 대한민국헌법이지 국제헌법이 아니다. 그런데도 우리 헌법의 역사적 배경을 무시하고 과잉 세계화로 나가는 것은 우리 헌법을 지키는 올바른 길이 아니라고 본다.
> 지금까지 통설적 견해가 외국인의 기본권 주체성을 부정하는 견해에 대한 공통된 비판이유의 요지는 "오늘날 세계가 일일생활권화 되어가고 기본권 보장이 점차 국제화되어 가는 상황에서 시대역행적"이라는데 있다. 그러나 미래에 세계가 일원화될 경우를 예상해 해석으로써 지금의 우리 헌법을 명문규정에 어긋나게 해석할 수는 없다. 그때가 되면 우리 헌법제정권력자가 새로운 정치적 결단을 하여 외국인에 대해서도 기본권별로 주체성을 인정해 줄 수 있을 것이다. 그러나 지금은 여전히 상호주의에 입각해 국가별로 서로 상이하게 외국인의 지위를 정하고 있는데, 우리가 앞서서 미래를 예단하여 일방적으로 진취적인 견해를 취한다면 가까운 장래에 실제로 우리가 감당할 수 없는 상황을 맞이할 수도 있음을 염려하지 아니할 수 없다(헌재 2011.09.29. 2007헌마1083). ▶재판관 김종대의 반대의견(각하의견).

정답 ⑤

문 5

외국인과 난민의 헌법상 지위에 관한 다음 설명 중 가장 옳지 않은 것은?(다툼이 있는 경우 헌법재판소 판례에 의함) [2016년 2번]

① 인간의 존엄과 가치 및 행복추구권 등과 같이 단순히 '국민의 권리'가 아닌 '인간의 권리'로 볼 수 있는 기본권에 대해서는 외국인도 기본권의 주체가 될 수 있다.
② 헌법상 근로의 권리는 '일할 자리에 관한 권리'만이 아니라 '일할 환경에 관한 권리'도 의미하는데, '일할 환경에 관한 권리'는 합리적인 근로조건의 보장 등을 요구할 수 있는 권리를 포함하고, 여기서의 근로조건은 임금과 그 지불방법, 취업시간과 휴식시간 등 근로계약에 의하여 근로자가 근로를 제공하고 임금을 수령하는 데 관한 조건들이므로 외국인에게는 기본권주체성이 인정되지 아니한다.
③ 국가정책에 따라 정부의 허가를 받은 외국인은 정부가 허가한 범위 내에서 소득활동을 할 수 있는 것이므로, 이러한 외국인이 국내에서 누리는 직업의 자유는 법률에 따른 정부의 허가에 의해 비로소 발생하는 권리이다.
④ 외국인에 대하여 자격제도 자체를 다툴 수 있는 기본권주체성이 인정되지 아니하는 이상 국가자격제도에 관련된 평등권에 관하여 따로 기본권주체성을 인정할 수 없다.
⑤ 외국인도 인간의 권리인 신체의 자유의 주체가 될 수 있다.

해설 ★★★

① (O) 인간의 존엄과 가치 및 행복추구권 등과 같이 단순히 '국민의 권리'가 아닌 '인간의 권리'로 볼 수 있는 기본권에 대해서는 외국인도 기본권의 주체가 될 수 있다(헌재 2001.11.29. 99헌마494).
② (X) 헌법상 근로의 권리는 '일할 자리에 관한 권리'만이 아니라 '일할 환경에 관한 권리'도 의미하는데, '일할 환경에 관한 권리'는 인간의 존엄성에 대한 침해를 방어하기 위한 권리로서 외국인에게도 인정되며, 건강한 작업환경, 일에 대한 정당한 보수, 합리적인 근로조건의 보장 등을 요구할 수 있는 권리 등을 포함한다. 여기서의 근로조건은 임금과 그 지불방법, 취업시간과 휴식시간 등 근로계약에 의하여 근로자가 근로를 제공하고 임금을 수령하는 데 관한 조건들이고, 이 사건 출국만기보험금은 퇴직금의 성질을 가지고 있어서 그 지급시기에 관한 것은 근로조건의 문제이므로 외국인인 청구인들에게도 기본권 주체성이 인정된다(헌재 2016.03.31. 2014헌마367).
③ (O), ④ (O) 직업의 자유는 국가자격제도정책과 국가의 경제상황에 따라 법률에 의하여 제한할 수 있는 국민의 권리에 해당한다. 국가정책에 따라 정부의 허가를 받은 외국인은 정부가 허가한 범위 내에서 소득활동을 할 수 있는 것이므로, 외국인이 국내에서 누리는 직업의 자유는 법률에 따른 정부의 허가에 의해 비로소 발생하는 권리이다. 따라서 외국인인 청구인에게는 그 기본권주체성이 인정되지 아니하며, 자격제도 자체를 다툴 수 있는 기본권주체성이 인정되지 아니하는 이상 국가자격제도에 관련된 평등권에 관하여 따로 기본권주체성을 인정할 수 없다(헌재 2014.08.28. 2013헌마359).
⑤ (O) 청구인들이 불법체류 중인 외국인들이라 하더라도, 불법체류라는 것은 관련 법령에 의하여 체류자격이 인정되지 않는다는 것일 뿐이므로, '인간의 권리'로서 외국인에게도 주체성이 인정되는 일정한 기본권에 관하여 불법체류 여부에 따라 그 인정 여부가 달라지는 것은 아니다. 청구인들이 침해받았다고 주장하고 있는 **신체의 자유, 주거의 자유, 변호인의 조력을 받을 권리, 재판청구권** 등은 성질상 인간의 권리에 해당한다고 볼 수 있으므로, 위 기본권들에 관하여는 청구인들의 기본권 주체성이 인정된다(헌재 2012.08.23. 2008헌마430).

정답 ②

문 6

다음 중 기본권의 주체가 될 수 없는 것은?(다툼이 있는 경우 헌법재판소 판례에 의함) [2016년 27번]

① 국립대학법인 서울대학교
② 외국인
③ 사법인
④ 지방자치단체
⑤ 미등기 사단

해설 ★★★

① (○) 교육의 자주성이나 대학의 자율성은 헌법 제22조 제12항이 보장하고 있는 학문의 자유의 확실한 보장수단으로 꼭 필요한 것으로서 이는 대학에게 부여된 헌법상의 기본권이다. 따라서 국립대학인 서울대학교는 다른 국가기관 내지 행정기관과는 달리 공권력의 행사자의 지위와 함께 기본권의 주체라는 점도 중요하게 다루어져야 한다(헌재 1992.10.01. 92헌마68). 사안은 영조물이던 서울대학교의 기본권 주체에 관한 판시이나, 공법인인 세무대학의 기본권 주체성을 인정한 것과 마찬가지로 공법인인 서울대학교의 기본권 주체성을 긍정함이 타당하다.

② (○) 청구인들이 침해되었다고 주장하는 인간의 존엄과 가치, 행복추구권은 대체로 '인간의 권리'로서 외국인도 주체가 될 수 있다고 보아야 하고, 평등권도 인간의 권리로서 참정권 등에 대한 성질상의 제한 및 상호주의에 따른 제한이 있을 수 있을 뿐이다. 이 사건에서 청구인들이 주장하는 바는 대한민국 국민과의 관계가 아닌, 외국국적의 동포들 사이에 재외동포법의 수혜대상에서 차별하는 것이 평등권 침해라는 것으로서 성질상 위와 같은 제한을 받는 것이 아니고 상호주의가 문제되는 것도 아니므로, 청구인들에게 기본권주체성을 인정함에 아무런 문제가 없다(헌재 2001.11.29. 99헌마494). 헌법재판소는 최근 외국인은 직업의 자유의 기본권주체성을 인정할 수 없다고 판시하였음에 주의를 요한다(헌재 2014.08.28. 2013헌마359).

③ (○) 우리 헌법은 법인의 기본권향유능력을 인정하는 명문의 규정을 두고 있지 않지만, 본래 자연인에게 적용되는 기본권규정이라도 언론·출판의 자유, 재산권의 보장 등과 같이 성질상 법인이 누릴 수 있는 기본권을 당연히 법인에게도 적용하여야 할 것으로 본다. 따라서 법인도 사단법인·재단법인 또는 영리법인·비영리법인을 가리지 아니하고 위 한계내에서는 헌법상 보장된 기본권이 침해되었음을 이유로 헌법소원심판을 청구할 수 있다(헌재 1991.06.03. 90헌마56).

④ (X) 지방자치단체는 기본권의 주체가 될 수 없다는 것이 우리 재판소의 입장이고, 이 사건에서 이를 변경해야 할만한 특별한 사정이나 필요성 또한 없다. 따라서 청구인들 중 지방자치단체인 춘천시의 이 사건 헌법소원 청구는 부적법하다(헌재 2006.12.28. 2006헌마312).

⑤ (○) 법인 아닌 사단·재단이라고 하더라도 대표자의 정함이 있고 독립된 사회적 조직체로서 활동하는 때에는 성질상 법인이 누릴 수 있는 기본권을 침해당하게 되면 그의 이름으로 헌법소원심판을 청구할 수 있다(헌재 1991.06.03. 90헌마56).

정답 ④

제❸절 ┃ 기본권의 효력·보호의무·경합과 충돌

문 9

국가의 기본권 보호의무와 관련된 다음 설명 중 가장 옳지 않은 것은?(다툼이 있는 경우 대법원 판례 및 헌법재판소 결정에 의함. 이하 [문1~문39]까지 같음)[2023년 1번]

① 국가가 국민의 건강하고 쾌적한 환경에서 생활할 권리에 대한 보호의무를 다하지 않았는지 여부를 헌법재판소가 심사할 때에는 국가가 이를 보호하기 위하여 적어도 적절하고 효율적인 최소한의 보호조치를 취하였는가 하는 이른바 '과소보호금지원칙'의 위반 여부를 기준으로 삼아야 한다.

② 동물보호법, '장사 등에 관한 법률', '동물장묘업의 시설설치 및 검사기준' 등 관계규정에서 동물장묘시설의 설치제한 지역을 상세하게 규정하고, 매연, 소음, 분진, 악취 등 오염원 배출을 규제하기 위한 상세한 시설 및 검사기준을 두고 있는 등의 사정을 고려할 때, 동물장묘업 등록에 관하여 '장사 등에 관한 법률' 제17조 외에 다른 지역적 제한사유를 규정하지 않았다는 사정만으로 청구인들의 환경권을 보호하기 위한 입법자의 의무를 과소하게 이행하였다고 평가할 수는 없다.

③ 산업단지의 지정권자로 하여금 산업단지계획안에 대한 주민의견청취와 동시에 환경영향평가서 초안에 대한 주민의견청취를 진행하도록 한 의견청취동시진행조항은 종래 산업단지의 지정을 위한 개발계획 단계와 산업단지 개발을 위한 실시계획 단계에서 각각 개별적으로 진행하던 산업단지개발계획안과 환경영향평가서 초안에 대한 주민의견청취절차 또는 주민의견수렴절차를 산업단지 인·허가 절차의 간소화를 위하여 한 번의 절차에서 동시에 진행하도록 하고 있지만 국가가 산업단지계획의 승인 및 그에 따른 산업단지의 조성·운영으로 인하여 초래될 수 있는 환경상 위해로부터 지역주민을 포함한 국민의 생명·신체의 안전을 보호하기 위하여 필요한 최소한의 보호조치를 취하지 아니한 것이라고 보기는 어려우므로, 의견청취동시진행조항이 국가의 기본권 보호의무에 위배되었다고 할 수 없다.

④ 공직선거법(2010. 1. 25. 법률 제9974호로 개정된 것) 제79조 제3항 제2호 중 '시·도지사 선거' 부분, 같은 항 제3호 및 공직선거법(2005. 8. 4. 법률 제7681호로 개정된 것) 제216조 제1항에서 정한 확성장치를 사용함에 있어 자동차에 부착하는 확성장치 및 휴대용 확성장치의 수는 '시·도지사선거는 후보자와 구시·군 선거연락소마다 각 1대·각 1조, 지역구지방의회의원선거 및 자치구·시·군의장 선거는 후보자마다 1대·1조를 넘을 수 없다'는 규정은, 확성장치의 사용으로 인한 소음의 정도를 규제하는 것으로 볼 수 있고, 선거운동에 대한 지나친 규제는 국민주권의 원리를 실현하는 공직선거에 있어서 후보자에 관한 정보를 선거인들에게 효율적으로 알리는 데 장애가 될 수 있는 점을 고려하면, 사용시간 및 사용지역에 따라 확성장치의 최고출력 내지 소음 규제기준에 관한 구체적인 규정을 두지 않았다고 하여 국가가 국민의 기본권 보호의무를 과소하게 이행한 것이라고 보기 어렵다.

⑤ 원자력발전소 건설을 내용으로 하는 전원개발사업 실시계획에 대한 승인권한을 산업통상자원부장관에게 부여하고 있는 조항은 국가가 국민의 생명·신체의 안전을 보호하기 위하여 필요한 최소한의 보호조치를 취하지 아니한 것이라고 보기는 어렵다.

| MGI Point | **기본권 보호의무** | ★★

- 국가의 기본권보호의무의 심사 기준 ⇨ 과소보호금지원칙
- 동물장묘업 등록에 관하여 '장사 등에 관한 법률' 제17조 외에 다른 지역적 제한사유를 규정하지 않는 것 ⇨ 과소보호금지원칙 위배 × (환경권 침해×)
- 산업단지계획안과 환경영향평가 초안에 대한 주민의견청취를 동시에 진행하도록 한 조항 ⇨ 기본권 보호의무 위배 ×
- 공직선거법이 시·도지사 선거에서 확성장치의 최고출력 내지 소음 규제기준에 관한 규정을 두지 아니한 것 ⇨ 과소보호금지원칙 위배하여 환경권 침해○
- 원전 건설을 내용으로 하는 전원개발사업 실시계획에 대한 승인권한을 다른 전원개발과 마찬가지로 산업통상자원부장관에게 부여하는 것 ⇨ 과소보호금지원칙 위배 ×

① (○) 국가가 국민의 건강하고 쾌적한 환경에서 생활할 권리에 대한 보호의무를 다하지 않았는지 여부를 헌법재판소가 심사할 때에는 국가가 이를 보호하기 위하여 적어도 적절하고 효율적인 최소한의 보호조치를 취하였는가 하는 이른바 '과소보호금지원칙'의 위반 여부를 기준으로 삼아야 한다(헌법재판소 2019. 12. 27. 2018헌마730 전원재판부 결정).

② (○) 동물보호법, '장사 등에 관한 법률', '동물장묘업의 시설설치 및 검사기준' 등 관계규정에서 동물장묘시설의 설치제한 지역을 상세하게 규정하고, 매연, 소음, 분진, 악취 등 오염원 배출을 규제하기 위한 상세한 시설 및 검사기준을 두고 있는 등의 사정을 고려할 때, 심판대상조항에서 동물장묘업 등록에 관하여 '장사 등에 관한 법률' 제17조 외에 다른 지역적 제한사유를 규정하지 않았다는 사정만으로 청구인들의 환경권을 보호하기 위한 입법자의 의무를 과소하게 이행하였다고 평가할 수는 없다. 따라서 심판대상조항은 청구인들의 환경권을 침해하지 않는다(헌법재판소 2020. 3. 26. 2017헌마1281 전원재판부 결정).

③ (○) 의견청취동시진행조항은 종래 산업단지의 지정을 위한 개발계획 단계와 산업단지 개발을 위한 실시계획 단계에서 각각 개별적으로 진행하던 산업단지개발계획안과 환경영향평가서 초안에 대한 주민의견청취절차 또는 주민의견수렴절차를 산업단지 인·허가 절차의 간소화를 위하여 한 번의 절차에서 동시에 진행하도록 하고 있을 뿐, 환경영향평가서 초안에 대한 주민의견수렴절차 자체를 생략하거나 주민이 환경영향평가서 초안을 열람하고 그에 대한 의견을 제출함에 있어 어떠한 방법상·내용상 제한을 가하고 있지도 않다. 또한 입법자는 산단절차간소화법 및 환경영향평가법 등에 환경영향평가서 초안에 대한 지역주민의 의견수렴이 부실해지는 것을 방지하기 위한 여러 보완장치를 마련해 두고 있다. 따라서 국가가 산업단지계획의 승인 및 그에 따른 산업단지의 조성·운영으로 인하여 초래될 수 있는 환경상 위해로부터 지역주민을 포함한 국민의 생명·신체의 안전을 보호하기 위하여 필요한 최소한의 보호조치를 취하지 아니한 것이라고 보기는 어려우므로, 의견청취동시진행조항이 국가의 기본권 보호의무에 위배되었다고 할 수 없다(헌법재판소 2016. 12. 29. 2015헌바280 결정).

④ (X) 공직선거법에는 확성장치를 사용함에 있어 자동차에 부착하는 확성장치 및 휴대용 확성장치의 수는 '시·도지사선거는 후보자와 구·시·군 선거연락소마다 각 1대·각 1조, 지역구지방의회의원선거 및 자치구·시·군의 장 선거는 후보자마다 1대·1조를 넘을 수 없다'는 규정만 있을 뿐 확성장치의 최고출력 내지 소음 규제기준이 마련되어 있지 아니하다. 기본권의 과소보호금지원칙에 부합하면서 선거운동을 위해 필요한 범위 내에서 합리적인 최고출력 내지 소음 규제기준을 정할 필요가 있다. 공직선거법에는 야간 연설 및 대담을 제한하는 규정만 있다. …중략… 따라서 심판대상조항이 선거운동의 자유를 감안하여 선거운동을 위한 확성장치를 허용할 공익적 필요성이 인정된다고 하더라도 정온한 생활환경이 보장되어야 할 주거지역에서 출근 또는 등교 이전 및 퇴근 또는 하교 이후 시간대에 확성장치의 최고출력 내지 소음을 제한하는 등 사용시간과 사용지역에 따른 수인한도 내에서 확성장치의 최고출력 내지 소음 규제기준에 관한 규정을 두지 아니한 것은, 국민이 건강하고 쾌적하게 생활할 수 있는 양호한 주거환경을 위하여 노력하여야 할 국가의 의무를 부과한 헌법 제35조 제3항에 비추어 보면, 적절하고 효율적인 최소한의 보호조치를 취하지 아니하여 국가의 기본권 보호의무를 과소하게 이행한 것으로서, 청구인의 건강하고 쾌적한 환경에서 생활할 권리를 침해하므로 헌법에 위반된다(헌법재판소 2019. 12. 27. 2018헌마730 전원재판부 결정).

⑤ (○) 전원개발사업을 실시할 때에는 우리나라 전체의 전력수급상황이나 장기적인 에너지 정책에 부합하는지 여부 등을 고려하여 그 필요성을 따져보아야 하므로, 이를 종합적으로 검토하기 위하여 전원개발사업 실시단계에서 일률적으로 산업통상자원부장관의 승인을 받도록 한 것은 그 타당성이 있다. 다만 원전 사고로 인한 피해의 심각성을 고려할 때 원자력의 특성을 도외시하고 다른 전원 개발과 동일한 절차만으로 원전을 건설·운영할 수 있도록 한다면, 이는 국민의 생명·신체의 안전에 상당한 위협이 될 수 있다. 그런데 국가는 원전의 건설·운영을 산업통상자원부장관의 전원개발사업 실시계획 승인만으로 가능하도록 한 것이 아니라, '원자력안전법'에서 규정하고 있는 건설허가 및 운영허가 등의 절차를 거치도록 하고 있다. 원전 사고로 인한 방사능 피해는 전원개발사업 실시계획 승인 단계에서가 아니라 원전의 건설·운영과정에서 발생하므로 원전 건설·운영의 허가 단계에서 보다 엄격한 기준을 마련하여 원전으로 인한 피해가 발생하지 않도록 조치들을 강구하고 있다. 따라서 이 사건 승인조항에서 원전 건설을 내용으로 하는 전원개발사업 실시계획에 대한 승인권한을 다른 전원개발과 마찬가지로 산업통상자원부장관에게 부여하고 있다 하더라도, 국가가 국민의 생명·신체의 안전을 보호하기 위하여 필요한 최소한의 보호조치를 취하지 아니한 것이라고 보기는 어렵다 (헌법재판소 2016. 10. 27. 2015헌바358 결정).

문 7

기본권의 대사인적 효력에 관한 다음 설명 중 옳은 것은 모두 몇 개인가? [2022년 11번]

> ㄱ. 헌법상 기본권은 제1차적으로 개인의 자유로운 영역을 공권력의 침해로부터 보호하기 위한 방어적 권리이지만 다른 한편으로 헌법의 기본적인 결단인 객관적인 가치질서를 구체화한 것으로서, 사법(私法)을 포함한 모든 법 영역에 그 영향을 미치는 것이므로 사인 간의 사적인 법률관계도 헌법상의 기본권 규정에 적합하게 규율되어야 한다.
> ㄴ. 기본권 규정은 성질상 사법관계에 직접 적용될 수 있는 경우에는 직접 적용되나, 헌법은 사인 간에 직접 적용되는 기본권에 관하여 명시적으로 규정하고 있지 않다.
> ㄷ. 헌법상 기본권은 일반적으로 관련 법규범 또는 사법상의 일반원칙을 규정한 민법 제2조, 제103조, 제750조 등의 내용을 형성하고 그 해석기준이 되어 간접적으로 사법관계에 효력을 미친다.
> ㄹ. 하나의 법률관계를 둘러싸고 사인 사이의 기본권이 충돌하는 경우에는 구체적인 사안에서의 사정을 종합적으로 고려한 이익형량과 함께 양 기본권 사이의 실제적인 조화를 꾀하는 해석 등을 통하여 이를 해결하여야 하고, 그 결과에 따라 정해지는 양 기본권 행사의 한계 등을 감안하여 그 행위의 최종적인 위법성 여부를 판단하여야 한다.
> ㅁ. 기업의 경영에 관한 의사결정의 자유 등 영업의 자유와 근로자들이 누리는 일반적 행동자유권 등이 '근로조건' 설정을 둘러싸고 충돌하는 경우에는, 근로조건과 인간의 존엄성 보장 사이의 헌법적 관련성을 염두에 두고 구체적인 사정을 종합적으로 고려한 이익형량과 함께 기본권들 사이의 실제적인 조화를 꾀하는 해석 등을 통하여 이를 해결하여야 하고, 그 결과에 따라 정해지는 두 기본권 행사의 한계 등을 감안하여 두 기본권의 침해 여부를 살피면서 근로조건의 최종적인 효력 유무 판단과 관련한 법령 조항을 해석·적용하여야 한다.
> ㅂ. 사적 단체를 포함하여 사회공동체 내에서 개인이 성별에 따른 불합리한 차별을 받지 아니하고 자신의 희망과 소양에 따라 다양한 사회적·경제적 활동을 영위하는 것은 그 인격권 실현의 본질적 부분에 해당하므로 평등권이라는 기본권의 침해도 민법 제750조의 일반규정을

통하여 사법상 보호되는 인격적 법익침해의 형태로 구체화되어 논하여질 수 있고, 그 위법성 인정을 위하여 반드시 사인간의 평등권 보호에 관한 별개의 입법이 있어야만 하는 것은 아니다.

① 2개 ② 3개 ③ 4개 ④ 5개 ⑤ 6개

MGI Point 기본권의 대사인적 효력 ★★★

- **헌법상 기본권**
  - 사법(私法)을 포함한 모든 법 영역에 영향 미침, 사법관계도 이에 적합하게 규율되어야 함
  - 사법관계에 직접 적용 可 but 헌법은 직접 적용에 대하여 명문의 규정 두고 있지 않음
- 헌법상 기본권은 일반적으로 사법상 일반원칙 규정을 통하여 간접적으로 사법관계에 효력을 미침
- 기본권 충돌시 해결방법 ⇨ 이익형량과 함께 양 기본권 사이의 실제적인 조화를 꾀하는 해석을 통하여
- 영업의 자유와 근로자들의 일반적 행동자유권이 충돌 ⇨ 실제적인 조화를 꾀하는 해석을 통하여 해결
- 평등권 ⇨ 민법 제750조의 일반규정을 통하여 논하여질 수 있음

ㄱ. (O) ㄷ. (O) ㅂ. (O) 헌법상의 기본권은 제1차적으로 개인의 자유로운 영역을 공권력의 침해로부터 보호하기 위한 방어적 권리이지만 다른 한편으로 헌법의 기본적인 결단인 객관적인 가치질서를 구체화한 것으로서, 사법을 포함한 모든 법 영역에 그 영향을 미치는 것이므로 사인간의 사적인 법률관계도 헌법상의 기본권 규정에 적합하게 규율되어야 한다. 다만 기본권 규정은 그 성질상 사법관계에 직접 적용될 수 있는 예외적인 것을 제외하고는 사법상의 일반원칙을 규정한 민법 제2조, 제103조, 제750조, 제751조 등의 내용을 형성하고 그 해석 기준이 되어 간접적으로 사법관계에 효력을 미치게 된다. … 헌법 제11조는 "모든 국민은 법 앞에 평등하다. 누구든지 성별·종교 또는 사회적 신분에 의하여 정치적·경제적·사회적·문화적 생활의 모든 영역에 있어서 차별을 받지 아니한다."라고 규정하여 평등의 원칙을 선언함과 동시에 모든 국민에게 평등권을 보장하고 있다. 따라서 사적 단체를 포함하여 사회공동체 내에서 개인이 성별에 따른 불합리한 차별을 받지 아니하고 자신의 희망과 소양에 따라 다양한 사회적·경제적 활동을 영위하는 것은 그 인격권 실현의 본질적 부분에 해당하므로 평등권이라는 기본권의 침해도 민법 제750조의 일반규정을 통하여 사법상 보호되는 인격적 법익침해의 형태로 구체화되어 논하여질 수 있고, 그 위법성 인정을 위하여 반드시 사인간의 평등권 보호에 관한 별개의 입법이 있어야만 하는 것은 아니다(대판 2011.01.27. 2009다19864).

ㄴ. (O) 헌법은 직접 대사인적 효력을 인정하는 명문규정을 두고 있지 않다는 것이 일반적인 견해이다.

ㄹ. (O) 고등학교 평준화정책에 따른 학교 강제배정제도가 위헌이 아니라고 하더라도 여전히 종립학교(종교단체가 설립한 사립학교)가 가지는 종교교육의 자유 및 운영의 자유와 학생들이 가지는 소극적 종교행위의 자유 및 소극적 신앙고백의 자유 사이에 충돌이 생기게 되는데, 이와 같이 하나의 법률관계를 둘러싸고 두 기본권이 충돌하는 경우에는 구체적인 사안에서의 사정을 종합적으로 고려한 이익형량과 함께 양 기본권 사이의 실제적인 조화를 꾀하는 해석 등을 통하여 이를 해결하여야 하고, 그 결과에 따라 정해지는 양 기본권 행사의 한계 등을 감안하여 그 행위의 최종적인 위법성 여부를 판단하여야 한다(대판 2010.04.22. 2008다38288).

ㅁ. (O) 기업의 경영에 관한 의사결정의 자유 등 영업의 자유와 근로자들이 누리는 일반적 행동자유권 등이 '근로조건' 설정을 둘러싸고 충돌하는 경우에는, 근로조건과 인간의 존엄성 보장 사이의 헌법적 관련성을 염두에 두고 구체적인 사안에서의 사정을 종합적으로 고려한 이익형량과 함께 기본권들 사이의 실제적인 조화를 꾀하는 해석 등을 통하여 이를 해결하여야 하고, 그 결과에 따라 정해지는 두 기본권 행사의 한계 등을 감안하여 두 기본권의 침해 여부를 살피면서 근로조건의 최종적인 효력 유무 판단과 관련한 법령 조항을 해석·적용하여야 한다(대판 2018.09.13. 2017두38560).

정답 ⑤

문 8

국가의 기본권 보호의무에 관한 다음 설명 중 가장 옳지 않은 것은? [2020년 7번]

① 국가가 국민의 생명·신체의 안전을 보호할 의무를 진다 하더라도 국가의 보호의무를 입법자 또는 그로부터 위임받은 집행자가 어떻게 실현하여야 할 것인가 하는 문제는 원칙적으로 입법자의 책임범위에 속하므로, 헌법재판소는 단지 제한적으로만 입법자 또는 그로부터 위임받은 집행자에 의한 보호의무의 이행을 심사할 수 있다.

② 국가가 국민의 생명·신체의 안전에 대한 보호의무를 다하였는지 여부를 헌법재판소가 심사할 때에는 국가가 이를 보호하기 위하여 적어도 적절하고 효율적인 최소한의 보호조치를 취하였는가 하는 이른바 '과소보호금지 원칙'의 위반 여부를 기준으로 삼아, 국민의 생명·신체의 안전을 보호하기 위한 조치가 필요한 상황인데도 국가가 아무런 보호조치를 취하지 않았든지 아니면 취한 조치가 법익을 보호하기에 전적으로 부적합하거나 매우 불충분한 것임이 명백한 경우에 한하여 국가의 보호의무 위반을 확인하여야 한다.

③ 공직선거법에 선거운동의 기간, 확성장치의 사용장소, 사용대수, 사용방법 등에 대한 규정까지 두고 있는 이상, 확성장치 소음규제기준을 정하지 않았다는 것만으로 국민의 정온한 환경에서 생활할 권리를 보호하기 위한 입법자의 의무를 과소하게 이행하였다고 평가할 수는 없다.

④ 태아가 살아서 출생한 경우 태아 상태에서 가해진 불법행위로 인한 손해배상청구는 민법 제762조에 의해 유효하게 행사할 수 있으므로, 태아가 사산한 경우 태아 자신에게 불법적인 생명침해로 인한 손해배상청구권을 인정하지 않고 있다고 하여 입법자가 태아의 생명보호를 위해 국가에게 요구되는 최소한의 보호조치마저 취하지 않은 것이라 비난할 수는 없다.

⑤ 현재로서는 흡연과 폐암 등의 질병 사이에 필연적인 관계가 있다거나 흡연자 스스로 흡연 여부를 결정할 수 없을 정도로 의존성이 높아서 국가가 개입하여 담배의 제조 및 판매 자체를 금지하여야만 한다고 보기는 어렵다. 또한, 담배사업법은 담배성분의 표시나 경고문구의 표시, 담배광고의 제한 등 여러 규제들을 통하여 직접흡연으로부터 국민의 생명·신체의 안전을 보호하려고 노력하고 있다. 따라서 담배사업법이 국가의 보호의무에 관한 과소보호금지 원칙을 위반하여 청구인의 생명·신체의 안전에 관한 권리를 침해하였다고 볼 수 없다.

MGI Point 국가의 기본권 보호의무 ★★

- 헌법재판소는 제한적으로만 입법자 또는 그로부터 위임받은 집행자에 의한 보호의무 이행을 심사 ○
- 기본권 보호의무 (헌법 제10조 제2문)
  - 기본권적 법익을 사인에 의한 위법한 침해 또는 침해의 위험으로부터 보호하여야 하는 국가의 의무
  - 입법자의 입법을 통하여 구체화 ⇨ 입법재량의 범위에 속하는 것
  - 심사기준 : 과소보호금지원칙 (적어도 적절하고 효율적인 최소한의 보호조치를 취했는가)
- 사용시간과 사용지역에 따른 수인한도 내에서 확성장치의 소음 규제기준을 두지 아니한 공직선거법 규정
  ⇨ 국가의 기본권 보호의무를 과소하게 이행, 건강하고 쾌적한 환경에서 생활할 권리를 침해하므로 헌법 위반 ○
- 태아가 사산한 경우 태아 자신에게 불법적인 생명침해로 인한 손해배상청구권 인정 ×
  ⇨ 태아의 생명보호를 위해 국가에게 요구되는 최소한의 보호조치 취하지 않은 것 ×
- 담배사업법 ⇨ 국가의 보호의무에 관한 과소보호금지원칙 위반 ×

① (○) 국가가 국민의 생명·신체의 안전에 관한 기본권을 보호할 의무를 진다하더라도 국가의 보호 의무를 입법자 또는 그로부터 위임받은 집행자가 어떻게 실현하여야 할 것인가 하는 문제는 원칙적으로 권력분립과 민주주의의 원칙에 따라 국민에 의하여 직접 민주적정당성을 부여받고 자신의 결정에 대하여 정치적 책임을 지는 입법자의 책임범위에 속하므로, 헌법재판소는 단지 제한적으로만 입법자 또는 그로부터 위임받은 집행자에 의한 보호의무의 이행을 심사할 수 있는 것이다(헌재 1997.01.16. 90헌마110).

② (○) 국가가 국민의 생명·신체의 안전에 대한 보호의무를 다하지 않았는지 여부를 헌법재판소가 심사할 때에는 국가가 이를 보호하기 위하여 적어도 적절하고 효율적인 최소한의 보호조치를 취하였는가 하는 이른바 '과소보호 금지원칙'의 위반 여부를 기준으로 삼아, 국민의 생명·신체의 안전을 보호하기 위한 조치가 필요한 상황인데도 국가가 아무런 보호조치를 취하지 않았든지 아니면 취한 조치가 법익을 보호하기에 전적으로 부적합하거나 매우 불충분한 것임이 명백한 경우에 한하여 국가의 보호의무의 위반을 확인하여야 하는 것이다(헌재 2008.12.26. 2008헌마419).

③ (X) 심판대상조항이 선거운동의 자유를 감안하여 선거운동을 위한 확성장치를 허용할 공익적 필요성이 인정된다고 하더라도 정온한 생활환경이 보장되어야 할 주거지역에서 출근 또는 등교 이전 및 퇴근 또는 하교 이후 시간대에 확성장치의 최고출력 내지 소음을 제한하는 등 사용시간과 사용지역에 따른 수인한도 내에서 확성장치의 최고출력 내지 소음 규제기준에 관한 규정을 두지 아니한 것은, 국민이 건강하고 쾌적하게 생활할 수 있는 양호한 주거환경을 위하여 노력하여야 할 국가의 의무를 부과한 헌법 제35조 제3항에 비추어 보면, 적절하고 효율적인 최소한의 보호조치를 취하지 아니하여 국가의 기본권 보호의무를 과소하게 이행한 것으로서, 청구인의 건강하고 쾌적한 환경에서 생활할 권리를 침해하므로 헌법에 위반된다(헌재 2019.12.27. 2018헌마730).

④ (○) 입법자는 형법과 모자보건법 등 관련규정들을 통하여 태아의 생명에 대한 직접적 침해위험을 규범적으로 충분히 방지하고 있으므로, 이 사건 법률조항들이 태아가 사산한 경우에 한해서 태아 자신에게 불법적인 생명침해로 인한 손해배상청구권을 인정하지 않고 있다고 하여 단지 그 이유만으로 입법자가 태아의 생명보호를 위해 국가에게 요구되는 최소한의 보호조치마저 취하지 않은 것이라 비난할 수 없다(헌재 2008.07.31. 2004헌바81).

⑤ (○) 담배사업법은 담배의 제조 및 판매 자체는 금지하고 있지 않지만, 현재로서는 흡연과 폐암 등의 질병 사이에 필연적인 관계가 있다거나 흡연자 스스로 흡연 여부를 결정할 수 없을 정도로 의존성이 높아서 국가가 개입하여 담배의 제조 및 판매 자체를 금지하여야만 한다고 보기는 어렵다. 또한, 담배사업법은 담배성분의 표시나 경고문구의 표시, 담배광고의 제한 등 여러 규제들을 통하여 직접흡연으로부터 국민의 생명·신체의 안전을 보호하려고 노력하고 있다. 따라서 담배사업법이 국가의 보호의무에 관한 과소보호금지 원칙을 위반하여 청구인의 생명·신체의 안전에 관한 권리를 침해하였다고 볼 수 없다(헌재 2015.04.30. 2012헌마38).

정답 ③

문 9

기본권의 경합과 충돌에 관한 다음 설명 중 가장 옳지 않은 것은? [2019년 9번]

① 헌법재판소는 기본권 충돌의 문제에 관하여 충돌하는 기본권의 성격과 태양에 따라 그때그때마다 기본권의 서열이론, 법익형량의 원리, 실제적 조화의 원리(= 규범조화적 해석) 등의 적절한 해결방법을 선택, 종합하여 이를 해결하여 왔다.

② 헌법재판소는 노동조합의 적극적 단결권은 근로자 개인의 단결하지 않을 자유보다 중시된다고 보아, 당해 사업장에 종사하는 근로자의 3분의 2 이상을 대표하는 노동조합의 경우 단체협약을 매개로 한 조직강제[이른바 유니언 샵(Union Shop) 협정의 체결]를 용인하고 있는 노동조합 및 노동관계 조정법 조항을 합헌이라고 판단하였다.

③ 보도기관이 누리는 언론의 자유에 대한 제약의 문제는 결국 피해자의 반론권과 서로 충돌하는 관계에 있고, 이와 같이 두 기본권이 서로 충돌하는 경우에는 헌법의 통일성을 유지하기 위하여 상충하는 기본권 모두가 최대한으로 그 기능과 효력을 나타낼 수 있도록 하는 조화로운 방법이 모색되어야 한다.
④ 흡연권은 사생활의 자유를 실질적 핵으로 하는 것이고 혐연권은 사생활의 자유뿐만 아니라 생명권에까지 연결되는 것이므로 혐연권이 흡연권보다 상위의 기본권이다.
⑤ 헌법재판소는 채권자의 재산권과 채무자의 일반적 행동의 자유권 중에서 채권자의 재산권이 상위의 기본권이라고 보아, 채권자취소권을 정한 민법 조항이 합헌이라고 판단하였다.

MGI Point 기본권의 경합과 충돌 ★★

- 기본권충돌의 해결 : 충돌하는 기본권의 성격과 태양에 따라 그때그때마다 적절한 해결방법을 선택·종합
- 근로자의 단결하지 아니할 자유 vs 적극적 단결권 ⇨ 이익형량에 의한 방법 적용 (적극적 단결권이 중시)
- 반론보도청구권 vs 언론의 자유 ⇨ 규범조화적 해석에 의한 방법 적용
- 흡연권 vs 혐연권
  - 이익형량에 의한 방법 적용 ⇨ 혐연권이 상위
  - 상위기본권 우선의 원칙에 따라 하위 기본권 제한 가능
- 채권자취소권제도는 규범조화적 해석을 통해 판단 ⇨ 합헌
  - 채권자의 재산권이 상위의 기본권 ×
  - 채무자와 수익자의 일반적 행동의 자유권이나 수익자의 재산권을 침해하는 것으로 볼 수 없음

① (○), ② (○) 기본권의 충돌이란 상이한 복수의 기본권주체가 서로의 권익을 실현하기 위해 하나의 동일한 사건에서 국가에 대하여 서로 대립되는 기본권의 적용을 주장하는 경우를 말하는데, 한 기본권주체의 기본권행사가 다른 기본권주체의 기본권행사를 제한 또는 희생시킨다는 데 그 특징이 있다. 이와 같이 두 기본권이 충돌하는 경우 그 해법으로는 기본권의 서열이론, 법익형량의 원리, 실제적 조화의 원리(= 규범조화적 해석) 등을 들 수 있다. 헌법재판소는 기본권 충돌의 문제에 관하여 충돌하는 기본권의 성격과 태양에 따라 그때그때마다 적절한 해결방법을 선택, 종합하여 이를 해결하여 왔다. … 이 사건 법률조항은 노동조합의 조직유지·강화를 위하여 당해 사업장에 종사하는 근로자의 3분의 2 이상을 대표하는 노동조합(이하 '지배적 노동조합'이라 한다)의 경우 단체협약을 매개로 한 조직강제[이른바 유니언 샵(Union Shop) 협정의 체결]를 용인하고 있다. 이 경우 근로자의 단결하지 아니할 자유와 노동조합의 적극적 단결권(조직강제권)이 충돌하게 되나, 근로자에게 보장되는 적극적 단결권이 단결하지 아니할 자유보다 특별한 의미를 갖고 있고, 노동조합의 조직강제권도 이른바 자유권을 수정하는 의미의 생존권(사회권)적 성격을 함께 가지는 만큼 근로자 개인의 자유권에 비하여 보다 특별한 가치로 보장되는 점 등을 고려하면, 노동조합의 적극적 단결권은 근로자 개인의 단결하지 않을 자유보다 중시된다고 할 것이고, 또 노동조합에게 위와 같은 조직강제권을 부여한다고 하여 이를 근로자의 단결하지 아니할 자유의 본질적인 내용을 침해하는 것으로 단정할 수는 없다(헌재 2005.11.24. 2002헌바95,96,2003헌바9(병합)).

③ (○) 반론권은 보도기관이 사실에 대한 보도과정에서 타인의 인격권 및 사생활의 비밀과 사유에 대한 중대한 침해가 될 직접적 위험을 초래하게 되는 경우 이러한 법익을 보호하기 위한 적극적 요청에 의하여 마련된 제도인 것이지 언론의 자유를 제한하기 위한 소극적 필요에서 마련된 것은 아니기 때문에 이에 따른 보도기관이 누리는 언론의 자유에 대한 제약의 문제는 결국 피해자의 반론권과 서로 충돌하는 관계에 있는 것으로 보아야 할 것이다. 이와 같이 두 기본권이 서로 충돌하는 경우에는 헌법의 통일성을 유지하기 위하여 상충하는 기본권 모두가 최대한으로 그 기능과 효력을 나타낼 수 있도록 하는 조화로운 방법이 모색되어야 할 것이고, 결국은 이 법에 규정한 정정보도청구제도가 과잉금지의 원칙에 따라 그 목적이 정당한 것인가 그러한 목

적을 달성하기 위하여 마련된 수단 또한 언론의 자유를 제한하는 정도가 인격권과의 사이에 적정한 비례를 유지하는 것인가의 여부가 문제된다 할 것이다(헌재 1991.09.16. 89헌마165).

> **판례** 정기간행물의등록등에관한법률상의 정정보도청구권은 정기간행물의 보도에 의하여 인격권 등의 침해를 받은 피해자가 반론의 게재를 요구할 수 있는 권리, 즉 이른바 "반론권"을 뜻하는 것으로서 헌법상 보장된 인격권, 사생활의 비밀과 자유에 그 바탕을 둔 것이며, 나아가 피해자에게 반박의 기회를 허용함으로써 언론보도의 공정성과 객관성을 향상시켜 제도로서의 언론보장을 더욱 충실하게 할 수도 있다는 뜻도 함께 지닌다.
> 현행 정정보도청구권제도는 언론의 자유와는 비록 서로 충돌되는 면이 없지 아니하나 전체적으로 상충되는 기본권 사이에 합리적 조화를 이루고 있으므로 정기간행물의등록등에관한법률 제16조 제3항, 제19조 제3항은 결코 평등의 원칙에 반하지 아니하고, 언론의 자유의 본질적 내용을 침해하거나 언론기관의 재판청구권을 부당히 침해하는 것으로 볼 수 없어 헌법에 위반되지 아니한다(헌재 1991.09.16. 89헌마165).

④ (O) 흡연자들의 흡연권이 인정되듯이, 비흡연자들에게도 흡연을 하지 아니할 권리 내지 흡연으로부터 자유로울 권리가 인정된다(이하 이를 '혐연권'이라고 한다). 혐연권은 흡연권과 마찬가지로 헌법 제17조, 헌법 제10조에서 그 헌법적 근거를 찾을 수 있다. 나아가 흡연이 흡연자는 물론 간접흡연에 노출되는 비흡연자들의 건강과 생명도 위협한다는 면에서 혐연권은 헌법이 보장하는 건강권과 생명권에 기하여서도 인정된다. 흡연자가 비흡연자에게 아무런 영향을 미치지 않는 방법으로 흡연을 하는 경우에는 기본권의 충돌이 일어나지 않는다. 그러나 흡연자와 비흡연자가 함께 생활하는 공간에서의 흡연행위는 필연적으로 흡연자의 기본권과 비흡연자의 기본권이 충돌하는 상황이 초래된다. 그런데 흡연권은 위와 같이 사생활의 자유를 실질적 핵으로 하는 것이고 혐연권은 사생활의 자유뿐만 아니라 생명권에까지 연결되는 것이므로 혐연권이 흡연권보다 상위의 기본권이라 할 수 있다. 이처럼 상하의 위계질서가 있는 기본권끼리 충돌하는 경우에는 상위기본권우선의 원칙에 따라 하위기본권이 제한될 수 있으므로, 결국 흡연권은 혐연권을 침해하지 않는 한에서 인정되어야 한다(헌재 2004.08.26. 2003헌마457).

⑤ (X) 이 사건 법률조항은 채권자에게 채권의 실효성 확보를 위한 수단으로서 채권자취소권을 인정함으로써, 채권자의 재산권과 채무자와 수익자의 일반적 행동의 자유 내지 계약의 자유 및 수익자의 재산권이 서로 충돌하게 되는바, 위와 같은 채권자와 채무자 및 수익자의 기본권들이 충돌하는 경우에 기본권의 서열이나 법익의 형량을 통하여 어느 한 쪽의 기본권을 우선시키고 다른 쪽의 기본권을 후퇴시킬 수는 없다고 할 것이다. 사적자치의 원칙은 헌법 제10조의 행복추구권 속에 함축된 일반적 행동자유권에서 파생된 것으로서 헌법 제119조 제1항의 자유시장 경제질서의 기초이자 우리 헌법상의 원리이고, 계약자유의 원칙은 사적자치권의 기본원칙으로서 이러한 사적자치의 원칙이 법률행위의 영역에서 나타난 것이므로, 채권자의 재산권과 채무자 및 수익자의 일반적 행동의 자유권 중 어느 하나를 상위기본권이라고 할 수는 없을 것이고, 채권자의 재산권과 수익자의 재산권 사이에서도 어느 쪽이 우월하다고 할 수는 없을 것이기 때문이다(헌재 2007.10.25. 2005헌바96). 따라서 이러한 경우에는 헌법의 통일성을 유지하기 위하여 상충하는 기본권 모두가 최대한으로 그 기능과 효력을 발휘할 수 있도록 조화로운 방법을 모색하되(규범조화적 해석), 법익형량의 원리, 입법에 의한 선택적 재량 등을 종합적으로 참작하여 심사하여야 할 것이다(헌재 2005.11.24. 2002헌바95).

> **판례** 채권자취소권제도는 채권자 보호라는 법의 정적 안정성과 관념적 권리인 채권의 실효성을 확보하려는 것으로서 그 목적의 정당성을 인정할 수 있고, 이 사건 법률조항에서는 채권자취소의 대상이 되는 법률행위를 사해행위로 한정하고 있을 뿐만 아니라 채권자취소의 범위도 책임재산의 보전을 위하여 필요한 범위 내로 제한된다. 또한 사해행위취소의 상대방인 수익자는 채무자에 대한 부당이득반환청구 또는 담보책임의 추궁에 의하여 손해의 전보를 받을 수 있고, 채권자취소권의 행사기간도 일반 법률행위의 취소권 행사기간보다 훨씬 단기간으로 정함으로써(민법 제406조 제2항) 법률관계의 조속한 확정을 도모하고 있다. 한편 입증책임규범은 사실의 존부불명의 경우에 법관으로 하여금 재판을 할 수 있게 하는 보조수단으로서 구체적으로 누구에게 입증책임을 분배할 것인가는 입법자가 입증책임 분배의 기본원칙에 따라 정할 수 있는 입법형성의 영역이라고 보아야 할 것

이고, 입법자가 이 사건 법률조항에서 수익자의 악의를 채권자취소권의 장애사유로 정한 것은 채무자보다는 직접적인 거래당사자인 수익자가 스스로의 선의를 입증하는 것이 훨씬 용이한 위치에 있다는 점을 고려한 것으로서 그 합리성을 인정할 수 있다. 따라서 이 사건 법률조항이 채무자와 수익자의 일반적 행동의 자유권이나 수익자의 재산권을 침해하는 것으로 볼 수 없다(헌재 2007.10.25. 2005헌바96).

정답 ⑤

제❹절 | 기본권의 한계와 제한

문 10

다음 설명 중 가장 옳지 않은 것은? [2023년 4번]

① 예비군대원 본인의 부재시 예비군훈련 소집통지서를 수령한 같은 세대 내의 가족 중 성년자가 정당한 사유없이 소집통지서를 본인에게 전달하지 아니한 경우 형사처벌을 하는 법률조항은 책임과 형벌 간의 비례원칙에 위배되어 헌법에 위반된다.
② 금고 이상의 형의 집행유예를 선고받고 그 유예기간이 지난 후 2년이 지나지 아니한 자의 변호사시험 응시자격을 제한하는 법률조항이, 범죄행위의 종류를 한정하지 않고 집행유예기간이 지난 후에도 2년간 변호사시험 응시 자체를 제한하였다고 하더라도, 직업선택의 자유를 침해한다고 볼 수 없고, 변리사 등 자격시험에서 시험응시의 결격사유를 두지 않거나 결격기간 및 그 기준일시를 다르게 규정하고 있다고 할지라도 이를 평등권 침해로 보기도 어렵다.
③ 병(兵)에 대한 징계처분으로 일정기간 부대나 함정(艦艇) 내의 영창, 그 밖의 구금장소에 감금하는 영창처분이 가능하도록 규정한 법률조항은 과잉금지원칙에 위배되어 헌법에 위반된다.
④ 공연히 사실을 적시하여 사람의 명예를 훼손한 자를 형사처벌하도록 규정한 법률조항의 경우, '적시된 사실이 사생활의 비밀에 관한 것이 아닌 경우'에는 허위 사실을 바탕으로 형성된 개인의 명예보다 표현의 자유 보장에 중점을 둘 필요성이 있으므로, 위 법률조항 중 '진실한 것으로서 사생활의 비밀에 해당하지 아니한' 사실 적시에 관한 부분은 헌법에 위반된다.
⑤ 과료는 가장 경한 형벌로서 주로 경미한 범죄에 과해지는 것이나, 이 역시 죄를 범한 자에 대하여 부과하는 형벌의 하나이므로, 과료미납자에 대한 노역장유치조항이 헌법에 위반된다고 볼 수 없다.

MGI Point 과잉금지의 원칙 ★★★

- 예비군훈련 소집통지서를 수령한 같은 세대 내의 가족 중 성년자가 정당한 사유없이 소집통지서를 본인에게 전달하지 아니한 경우 형사처벌을 하는 것 ⇨ 책임과 형벌 간의 비례원칙에 위배
- 금고 이상의 형의 집행유예기간이 지난 후에도 2년간 변호사시험 응시를 제한하는 것 ⇨ 직업선택의 자유 침해×, 평등권 침해×
- 병(兵)에 대한 징계처분으로 영창처분을 규정한 것 ⇨ 과잉금지원칙에 위배되어 신체의 자유 침해
- 사실 적시 명예훼손죄 ⇨ 합헌
- 과료미납자에 대한 노역장유치조항 ⇨ 합헌

① (○) 예비군대원 본인과 세대를 같이 하는 가족 중 성년자라면 특별한 사정이 없는 한 소집통지서를 본인에게 전달함으로써 훈련불참으로 인한 불이익을 받지 않도록 각별히 신경을 쓸 것임이 충분히 예상되고, 설령 그들이 소집통지서를 전달하지 아니하여 행정절차적 협력의무를 위반한다고 하여도 과태료 등의 행정적 제재를 부과하는 것만으로도 그 목적의 달성이 충분히 가능하다고 할 것임에도 불구하고, 심판대상조항은 훨씬 더 중한 형사처벌을 하고 있어 그 자체만으로도 형벌의 보충성에 반하고, 책임에 비하여 처벌이 지나치게 과도하여 비례원칙에도 위반된다고 할 것이다(헌법재판소 2022. 5. 26. 2019헌가12 전원재판부 결정).

② (○) 응시 결격조항은 금고 이상의 형의 집행유예를 선고받아 변호사로서의 공정성과 신뢰성을 확보하기 어려운 자들을 변호사의 업무에서 배제시켜야 할 중요한 공익상의 필요성을 확보하고 유지하기 위한 것이므로, 범죄행위의 종류를 한정하지 않고 집행유예기간이 지난 후에도 2년간 변호사시험 응시 자체를 제한하였다고 하더라도, 입법재량의 범위를 벗어나 청구인의 직업선택의 자유를 침해한다고 볼 수 없다. 변리사, 공인중개사, 공인노무사와 변호사는 수행하는 업무, 사회적 지위 등에 있어서 본질적으로 서로 같지 아니하므로, 자격시험에서 시험응시의 결격사유를 두지 않거나 결격기간 및 그 기준일시를 다르게 규정하고 있다고 할지라도 이를 본질적으로 동일한 집단에 대한 차별취급이라고 볼 수는 없어 응시결격 조항은 청구인의 평등권을 침해하지 아니한다(헌법재판소 2013. 9. 26. 2012헌마365 전원재판부).

③ (○) 심판대상조항은 병의 복무규율 준수를 강화하고, 복무기강을 엄정히 하기 위하여 제정된 것으로 군의 지휘명령체계의 확립과 전투력 제고를 목적으로 하는바, 그 입법목적은 정당하고, 심판대상조항은 병에 대하여 강력한 위하력을 발휘하므로 수단의 적합성도 인정된다.
심판대상조항에 의한 영창처분은 징계처분임에도 불구하고 신분상 불이익 외에 신체의 자유를 박탈하는 것까지 그 내용으로 삼고 있어 징계의 한계를 초과한 점, 심판대상조항에 의한 영창처분은 그 실질이 구류형의 집행과 유사하게 운영되므로 극히 제한된 범위에서 형사상 절차에 준하는 방식으로 이루어져야 하는데, 영창처분이 가능한 징계사유는 지나치게 포괄적이고 기준이 불명확하여 영창처분의 보충성이 담보되고 있지 아니한 점, 심판대상조항은 징계위원회의 심의·의결과 인권담당 군법무관의 적법성 심사를 거치지만, 모두 징계권자의 부대 또는 기관에 설치되거나 소속된 것으로 형사절차에 견줄만한 중립적이고 객관적인 절차라고 보기 어려운 점, 심판대상조항으로 달성하고자 하는 목적은 인신구금과 같이 징계를 중하게 하는 것으로 달성되는 데 한계가 있고, 병의 비위행위를 개선하고 행동을 교정할 수 있도록 적절한 교육과 훈련을 제공하는 것 등으로 가능한 점, 이와 같은 점은 일본, 독일, 미국 등 외국의 입법례를 살펴보더라도 그러한 점 등에 비추어 심판대상조항은 침해의 최소성 원칙에 어긋난다.
군대 내 지휘명령체계를 확립하고 전투력을 제고한다는 공익은 매우 중요한 공익이나, 심판대상조항으로 과도하게 제한되는 병의 신체의 자유가 위 공익에 비하여 결코 가볍다고 볼 수 없어, 심판대상조항은 법익의 균형성 요건도 충족하지 못한다.
이와 같은 점을 종합할 때, 심판대상조항은 과잉금지원칙에 위배된다(헌법재판소 2020. 9. 24. 2017헌바157, 2018헌가10(병합) 전원재판부 결정).

④ (X) 공연히 사실을 적시하여 사람의 명예를 훼손한 자를 형사처벌하도록 규정한 형법 제307조 제1항이 표현의 자유를 침해하는지 여부(소극)
헌법 제21조가 표현의 자유를 보장하면서도 타인의 명예와 권리를 그 한계로 선언하는 점, 타인으로부터 부당한 피해를 받았다고 생각하는 사람이 법률상 허용된 민·형사상 절차에 따르지 아니한 채 사적 제재수단으로 명예훼손을 악용하는 것을 규제할 필요성이 있는 점, 공익성이 인정되지 않음에도 불구하고 단순히 타인의 명예가 허명임을 드러내기 위해 개인의 약점과 허물을 공연히 적시하는 것은 자유로운 논쟁과 의견의 경합을 통해 민주적 의사형성에 기여한다는 표현의 자유의 목적에도 부합하지 않는 점 등을 종합적으로 고려하면, 형법 제307조 제1항은 과잉금지원칙에 반하여 표현의 자유를 침해하지 아니한다(헌법재판소 2021. 2. 25. 2017헌마1113, 2018헌바330(병합) 전원재판부 결정).

⑤ (○) 과료는 가장 경한 형벌로서 주로 경미한 범죄에 과해지는 것이나, 이 역시 죄를 범한 자에 대하여 부과하는 형벌의 하나이므로, 그 집행을 강제하여 국가형벌권의 실현을 담보할 필요가 있다. 노역장유치조항은 과료의 철저한 징수를 통하여 과료형의 형벌효과를 유지, 확보하기 위한 것으로 목적의 정당성이 인정되고, 과료미납자에 대한 노역장 유치는 과료납입을 대체 혹은 강제할 수 있는 유효한 수단이므로 수단의 적합성도 갖추었다. … 노역장유치조항이 침해의 최소성 원칙에 반한다고 볼 수 없다. … 노역장유치를 통하여 과료형의 집행율을 제고하고 형벌의 목적을 달성하려는 공익은 노역장유치자가 입게 되는 불이익에 비하여 현저히 작다고 할 수 없으므로 법익의 균형성에 위배된다고도 할 수 없다. … 따라서 노역장유치조항은 과잉금지원칙에 위배되지 않는다(헌법재판소 2020. 12. 23. 2018헌바445 전원재판부 결정).

정답 ④

문 11

포괄위임금지, 법률유보원칙에 관한 다음 설명 중 가장 옳지 않은 것은?[2023년 5번]

① 노동부장관은 거짓이나 그 밖의 부정한 방법으로 고용안정·직업능력개발 사업의 지원을 받은 자 등에게 대통령령이 정하는 바에 따라 그 지원을 제한할 수 있다고 정한 구 고용보험법은 포괄위임금지의 원칙에 위배된다.
② 노동부장관은 거짓이나 그 밖의 부정한 방법으로 고용안정·직업능력개발 사업의 지원을 받은 자 등에게 대통령령으로 정하는 바에 따라 지원받은 금액을 반환하도록 명할 수 있다고 정한 구 고용보험법은 포괄위임금지의 원칙에 위배된다.
③ 부당한 공동행위에 대한 자진신고자 또는 조사협조자에 대하여 과징금을 감경하거나 면제함에 있어서, 과징금이 감경 또는 면제되는 자의 범위와 과징금 감경 또는 면제의 기준정도 등을 대통령령에 위임하고 있는 구 독점규제 및 공정거래에 관한 법률은 법률유보원칙에 위반되지 않는다.
④ 포괄위임금지는 법규적 효력을 가지는 행정입법의 제정을 그 주된 대상으로 하고, 이는 자의적인 제정으로 국민들의 자유와 권리를 침해할 수 있는 가능성을 방지하고자 엄격한 헌법적 기속을 받게 하는 것이므로, 법률이 행정부에 속하지 않는 기관의 정관으로 특정 사항을 정할 수 있다고 위임하는 경우에는 자치입법에 해당되는 영역으로 보아 자치적으로 정하도록 하는 것이 바람직하다.
⑤ 상시 4명 이하의 근로자를 사용하는 사업 또는 사업장에 대하여 대통령령으로 정하는 바에 따라 근로기준법의 일부 규정을 적용할 수 있도록 위임한 근로기준법은 법률유보원칙에 위배되지 않는다.

> **MGI Point** **포괄위임금지, 법률유보원칙** ★★
>
> - 노동부장관은 거짓이나 그 밖의 부정한 방법으로 고용안정·직업능력개발 사업의 지원을 받은 자 등에게 대통령령이 정하는 바에 따라 그 지원을 제한할 수 있다고 정한 것 ⇨ 포괄위임금지의 원칙 위배
> - 노동부장관은 거짓이나 그 밖의 부정한 방법으로 고용안정·직업능력개발 사업의 지원을 받은 자 등에게 대통령령으로 정하는 바에 따라 지원받은 금액을 반환하도록 명할 수 있다고 정한 것 ⇨ 포괄위임금지의 원칙 위배×
> - 부당한 공동행위에 대한 자진신고자 또는 조사협조자에 대한 과징금 감경 또는 면제의 기준·정도 등을 대통령령에 위임한 것 ⇨ 법률유보원칙 위배×
> - 행정부에 속하지 않는 기관의 정관으로 특정 사항을 정할 수 있다고 위임하는 경우 ⇨ 자치적으로 정하도록 하는 것이 바람직
> - 상시 4명 이하의 근로자를 사용하는 사업 또는 사업장에 대하여 대통령령으로 정하는 바에 따라 근로기준법 일부 규정이 적용되도록 한 것 ⇨ 법률유보원칙 위배×

① (○) 이 사건 법률조항에서는 지원금의 부당수령자에 대한 제재의 목적으로 '이미 지원된 것의 반환'과는 별도로 '지원을 제한'하도록 하고 있는데, 이러한 지원 제한에 대하여 제한의 범위나 기간 등에 관하여 기본적 사항도 법률에 규정하지 아니한 채 대통령령에 포괄적으로 위임하고 있으므로 포괄위임금지원칙에 위반된다(헌법재판소 2013. 8. 29. 2011헌바390 전원재판부).

② (X) 반환명령 부분은 반환할 금액을 '거짓이나 그 밖의 부정한 방법으로 지원받은 금액'으로 한정하여 반환의 범위를 구체적으로 정하고 있으므로, 누구라도 대통령령에 규정될 내용은 원상회복의 목적을 달성하기 위한 거짓이나 그 밖의 부정한 방법으로 지원받은 금액의 회수에 관한 것임을 쉽게 예측할 수 있어 포괄위임금지원칙에 위배되지 않는다(헌법재판소 2016. 3. 31. 2014헌가2, 2015헌가24(병합) 결정).

③ (○) '독점규제 및 공정거래에 관한 법률'(이하 '공정거래법'이라 한다) 제22조 및 제22조의2의 규정에 비추어 볼 때, 사업자가 과징금을 감면받았을 경우 얻을 수 있었던 재산상 이익의 기대가 성취되지 않았다고 하더라도 그러한 단순한 재산상 이익의 기대는 헌법이 보호하는 재산권의 영역에 포함된다고 볼 수 없다. 또한, 공정거래법 제22조의2 제1항은 과징금 감면의 대상을 '부당한 공동행위 사실을 자진신고한 자'와 '증거제공 등의 방법으로 조사에 협조한 자'로 명시하고 있고, 과징금의 '감면'은 제22조에 따라 산정된 과징금의 전부 또는 일부를 감액할 수 있다는 의미이므로, 이미 과징금 감면의 대상과 범위에 관한 본질적인 부분이 국회에서 정한 법률로 입법되어 있다. 따라서 심판대상조항은 법률유보원칙에 위반되지 아니한다(헌법재판소 2017. 10. 26. 2017헌바58 결정).

④ (○) 포괄위임금지는 법규적 효력을 가지는 행정입법의 제정을 그 주된 대상으로 하고, 이는 자의적인 제정으로 국민들의 자유와 권리를 침해할 수 있는 가능성을 방지하고자 엄격한 헌법적 기속을 받게 하는 것이다. 법률이 행정부에 속하지 않는 기관의 정관으로 특정 사항을 정할 수 있다고 위임하는 경우에는 자치입법에 해당되는 영역으로 보아 자치적으로 정하도록 하는 것이 바람직하다(헌법재판소 2021. 5. 27. 2019헌바332 전원재판부 결정).

⑤ (○) 심판대상조항은 4인 이하 사업장에 대하여 근로기준법 중 어느 조항이 적용될지는 대통령령으로 정하도록 하고 있다. 근로기준법 제11조 제1항에서 근로기준법을 전부적용하는 범위를 근로자 5인 이상 사업장으로 한정하였고, 4인 이하 사업장에 근로기준법을 일부만 적용할 수 있도록 한 것이 심판대상조항에 의하여 법률로 명시적으로 규정되어 있는 이상, 구체적인 개별 근로기준법 조항의 적용 여부까지 입법자가 반드시 법률로써 규율하여야 하는 사항이라고 볼 수 없다. 따라서 심판대상조항이 일부적용 대상 사업장에 대해 적용될 구체적인 근로기준법 조항을 결정하는 문제를 대통령령으로 규율하도록 위임한 것이 헌법 제75조에서 금지하는 포괄위임의 한계를 준수하는 한, 법률유보원칙에 위배되지는 아니한다(헌법재판소 2019. 4. 11. 2013헌바112 전원재판부 결정).

정답 ②

문 10

기본권 제한에 관한 다음 설명 중 가장 옳지 않은 것은? [2021년 4번]

① 시각장애인만 안마사 자격인정을 받을 수 있도록 하는 이른바 비맹제외기준을 설정하고 있는 의료법 조항은, 시각장애인의 생계보장 등 공익이 비시각장애인들이 받게 되는 직업선택의 자유의 박탈보다 우월하다고 할 수 없어 헌법에 위반된다.

② 침해의 최소성의 관점에서, 입법자는 그가 의도하는 공익을 달성하기 위하여 우선 기본권을 보다 적게 제한하는 단계인 기본권행사의 '방법'에 관한 규제로써 공익을 실현할 수 있는가를 시도하고 이러한 방법으로는 공익달성이 어렵다고 판단되는 경우에 비로소 그 다음 단계인 기본권행사의 '여부'에 관한 규제를 선택해야 한다.

③ 법정형의 종류와 범위의 선택은 입법자가 결정할 사항으로서 광범위한 재량이 인정되어야 할 분야이므로, 어느 행위를 범죄로 규정하고 그 법정형을 정한 법률이 헌법상의 평등의 원칙 및 비례의 원칙 등에 명백히 위배되는 경우가 아닌 한, 쉽사리 헌법에 위반된다고 단정하여서는 아니 된다.

④ 기본권의 본질적 내용은 만약 이를 제한하는 경우에는 기본권 그 자체가 무의미하여지는 경우에 그 본질적인 요소를 말하는 것으로서, 이는 개별 기본권마다 다를 수 있다.

⑤ 생명권에 대한 제한은 필연적으로 생명권의 완전한 박탈을 의미한다. 따라서 이를 이유로 생명권의 제한은 어떠한 상황에서든 곧바로 개인의 생명권의 본질적인 내용을 침해하는 것으로서 기본권 제한의 한계를 넘는 것으로 본다면, 생명권을 제한이 불가능한 절대적 기본권으로 인정하는 것과 동일한 결과를 가져온다.

MGI Point 기본권 제한 ★★

- 시각장애인에 대하여만 안마사 자격인정을 받을 수 있도록 하는 이른바 비맹제외기준을 설정하고 있는 구 의료법 조항 ⇨ 헌법 제37조 제2항 기본권제한입법의 한계를 벗어나서 비시각장애인의 직업선택의 자유와 평등권 침해 ×
- 최소해성의 원칙 ⇨ ① 기본권을 보다 적게 제한하는 단계인 기본권행사의 '방법'에 관한 규제로써 공익을 실현할 수 있는가를 시도 ② 기본권행사의 '여부'에 관한 규제 선택
- 법정형의 종류와 범위의 선택은 여러가지 요소를 종합적으로 고려하여 입법자가 결정할 사항으로서 광범위한 입법재량 내지 형성의 자유 인정 ⇨ 헌법상의 평등의 원칙 및 비례의 원칙 등 명백히 위배되는 경우가 아닌 한, 쉽사리 헌법에 위반된다고 단정하여서는 ×
- 기본권의 본질적 내용 ⇨ 만약 이를 제한하는 경우 기본권 그 자체가 무의미하여지는 그 본질적인 요소, 개별 기본권마다 다를 수 있음
- 헌법 제37조 제2항에 의하여 생명권 제한 可 ⇨ 생명권 제한이 정당화될 수 있는 예외적인 경우라면 본질적 내용에 대한 침해 ×

① (X) 이 사건 법률조항은 시각장애인에게 삶의 보람을 얻게 하고 인간다운 생활을 할 권리를 실현시키려는 데에 그 목적이 있으므로 입법목적이 정당하고, 다른 직종에 비해 공간이동과 기동성을 거의 요구하지 않을 뿐더러 촉각이 발달한 시각장애인이 영위하기에 용이한 안마업의 특성 등에 비추어 시각장애인에게 안마업을 독점시킴으로써 그들의 생계를 지원하고 직업활동에 참여할 수 있는 기회를 제공하는 이 사건 법률조항의 경우 이러한 입법목적을 달성하는 데 적절한 수단임을 인정할 수 있다. 나아가 시각장애인에 대한 복지정책이 미흡한 현실에서 안마사가 시각장애인이 선택할 수 있는 거의 유일한 직업이라는 점, 안마사 직역을 비시각장애인에게 허용할 경우 시각장애인의 생계를 보장하기 위한 다른 대안이 충분하지 않다는 점, 시각장

애인은 역사적으로 교육, 고용 등 일상생활에서 차별을 받아온 소수자로서 실질적인 평등을 구현하기 위해서 이들을 우대하는 조치를 취할 필요가 있는 점 등에 비추어 최소침해성원칙에 반하지 아니하고, 이 사건 법률조항으로 인해 얻게 되는 시각장애인의 생존권 등 공익과 그로 인해 잃게 되는 일반국민의 직업선택의 자유 등 사익을 비교해 보더라도, 공익과 사익 사이에 법익 불균형이 발생한다고 단정할 수도 없다. 따라서 이 사건 법률조항이 헌법 제37조 제2항에서 정한 기본권제한입법의 한계를 벗어나서 비시각장애인의 직업선택의 자유를 침해하거나 평등권을 침해한다고 볼 수는 없다(헌재 2008.10.30. 2006헌마1098).

② (O) 입법자는 공익실현을 위하여 기본권을 제한하는 경우에도 입법목적을 실현하기에 적합한 여러 수단 중에서 되도록 국민의 기본권을 가장 존중하고 기본권을 최소로 침해하는 수단을 선택해야 한다. 기본권을 제한하는 규정은 기본권행사의 '방법'에 관한 규정과 기본권행사의 '여부'에 관한 규정으로 구분할 수 있다. 침해의 최소성의 관점에서, 입법자는 그가 의도하는 공익을 달성하기 위하여 우선 기본권을 보다 적게 제한하는 단계인 기본권행사의 '방법'에 관한 규제로써 공익을 실현할 수 있는가를 시도하고 이러한 방법으로는 공익달성이 어렵다고 판단되는 경우에 비로소 그 다음 단계인 기본권행사의 '여부'에 관한 규제를 선택해야 한다(헌재 1998.05.28. 96헌가5).

③ (O) 어떤 범죄를 어떻게 처벌할 것인가 하는 문제 즉 법정형의 종류와 범위의 선택은 그 범죄의 죄질과 보호법익에 대한 고려뿐만 아니라 우리의 역사와 문화, 입법당시의 시대적 상황, 국민일반의 가치관 내지 법감정 그리고 범죄예방을 위한 형사정책적 측면 등 여러가지 요소를 종합적으로 고려하여 입법자가 결정할 사항으로서 광범위한 입법재량 내지 형성의 자유가 인정되어야 할 분야이다. 따라서 어느 범죄에 대한 법정형이 그 범죄의 죄질 및 이에 따른 행위자의 책임에 비하여 지나치게 가혹한 것이어서 현저히 형벌체계상의 균형을 잃고 있다거나 그 범죄에 대한 형벌 본래의 목적과 기능을 달성함에 있어 필요한 정도를 일탈하였다는 등 헌법상의 평등의 원칙 및 비례의 원칙 등에 명백히 위배되는 경우가 아닌 한, 쉽사리 헌법에 위반된다고 단정하여서는 아니된다(헌재 1995.04.20. 93헌바40).

④ (O) 기본권을 국가안전보장, 질서유지와 공공복리를 위하여 필요한 경우에는 법률로써 제한할 수 있으나 그 본질적인 내용은 침해할 수 없다(헌법 제37조 제2항). 기본권의 본질적 내용은 만약 이를 제한하는 경우에는 기본권 그 자체가 무의미하여지는 경우에 그 본질적인 요소를 말하는 것으로서, 이는 개별 기본권마다 다를 수 있을 것이다(헌재 1995.04.20. 92헌바29).

⑤ (O) 헌법 제37조 제2항에서는 자유와 권리를 제한하는 경우에도 자유와 권리의 본질적인 내용을 침해할 수 없다고 규정하고 있다. 그런데 생명권의 경우, 다른 일반적인 기본권 제한의 구조와는 달리, 생명의 일부 박탈이라는 것은 상정할 수 없기 때문에 생명권에 대한 제한은 필연적으로 생명권의 완전한 박탈을 의미하게 되는바, 이를 이유로 생명권의 제한은 어떠한 상황에서든 곧바로 개인의 생명권의 본질적인 내용을 침해하는 것으로서 기본권 제한의 한계를 넘는 것으로 본다면, 이는 생명권을 제한이 불가능한 절대적 기본권으로 인정하는 것과 동일한 결과를 가져오게 된다. 그러나 앞서 본 바와 같이 생명권 역시 그 제한을 정당화할 수 있는 예외적 상황 하에서는 헌법상 그 제한이 허용되는 기본권인 점 및 생명권 제한구조의 특수성을 고려한다면, 생명권 제한이 정당화될 수 있는 예외적인 경우에는 생명권의 박탈이 초래된다 하더라도 곧바로 기본권의 본질적인 내용을 침해하는 것이라 볼 수는 없다. 따라서 사형이 비례의 원칙에 따라 최소한 동등한 가치가 있는 다른 생명 또는 그에 못지 아니한 공공의 이익을 보호하기 위한 불가피성이 충족되는 예외적인 경우에만 적용됨으로써 생명권의 제한이 정당화될 수 있는 경우에는, 그것이 비록 생명권의 박탈을 초래하는 형벌이라 하더라도 이를 두고 곧바로 생명권이라는 기본권의 본질적인 내용을 침해하는 것이라 볼 수는 없다(헌재 2010.02.25. 2008헌가23).

정답 ①

문 11

영유아보육법상 어린이집 CCTV 설치 조항에 관한 다음 설명 중 옳지 않은 것은 모두 몇 개인가? (다툼이 있는 경우 대법원 판례 및 헌법재판소 결정에 의함. 이하 같음) [2020년 1번]

> ㄱ. CCTV 설치 조항으로 인해 보호자 전원이 반대하지 않는 한 어린이집 설치·운영자는 어린이집에 CCTV를 설치할 의무를 지게 되고 CCTV 설치 시 녹음기능 사용을 할 수 없으므로, 위 조항은 어린이집 설치·운영자들의 직업수행의 자유를 제한한다.
> ㄴ. 어린이집에 CCTV 설치로 어린이집 원장을 포함하여 보육교사 및 영유아의 신체나 행동이 그대로 CCTV에 촬영·녹화되므로 CCTV 설치 조항은 이들의 사생활의 비밀과 자유를 제한하며, 어린이집에 CCTV 설치를 원하지 않는 부모의 자녀교육권도 제한한다.
> ㄷ. 어린이집 CCTV 설치는 어린이집에서 발생하는 안전사고와 보육교사 등에 의한 아동학대를 방지하기 위한 것으로, 그 자체로 어린이집 운영자나 보육교사 등으로 하여금 사전에 영유아 안전사고 방지에 만전을 기하고 아동학대행위를 저지르지 못하도록 하는 효과가 있고, 어린이집 내 안전사고나 아동학대 발생 여부의 확인이 필요한 경우 도움이 될 수 있으므로, CCTV 설치 조항은 목적의 정당성과 수단의 적합성이 인정된다.
> ㄹ. 보호자 전원이 CCTV 설치의 필요성이 없거나 보육교사와 영유아 사이에 진정한 교감을 저해하고 신뢰관계를 방해한다는 판단 아래, 설치 반대에 동의하는 경우에는 CCTV를 설치하지 않을 수 있는 가능성을 열어두고 있으므로, 어린이집 CCTV 설치가 법으로 무조건 강제된다고 볼 수도 없다.
> ㅁ. 여성의 사회참여 확대와 가족구조의 핵가족화로 보육 위탁 수요는 계속 급증하고 있어, 영유아 보육을 위탁받아 행하는 어린이집에서의 아동학대근절과 보육환경의 안전성 확보는 단순히 보호자의 불안을 해소하는 차원을 넘어 사회적·국가적 차원에서도 보호할 필요가 있는 중대한 공익이고, 그로 인해 지켜질 수 있는 영유아의 안전과 건강한 성장이라는 공익도 매우 중요하다.
> ㅂ. CCTV 설치 조항에 의해 어린이집 내 CCTV 설치를 반대하는 어린이집 설치·운영자나 부모의 기본권, 보육교사 및 영유아의 사생활의 비밀과 자유 등이 제한되는 것은 사실이나, 관련 기본권 침해가 최소화되도록 여러 가지 조치가 마련되어 있어 CCTV 설치 조항으로 인하여 침해되는 사익이 위에서 본 공익보다 크다고 보기는 어려우므로 CCTV 설치 조항은 법익의 균형성이 인정된다.

① 없음
② 1개
③ 2개
④ 3개
⑤ 4개

> **MGI Point** 영유아보육법상 CCTV 설치 조항 등 위헌확인사건 ★★
>
> ■ 영유아보육법상 CCTV 설치 조항
>   • 어린이집 설치·운영자의 직업수행의 자유, 어린이집 보육교사(원장 포함) 및 영유아의 사생활의 비밀과 자유, 부모의 자녀교육권을 제한 ⇨ 과잉금지원칙을 위반하여 청구인들의 기본권 침해 ×
>   • 어린이집 안전사고와 보육교사 등에 의한 아동학대를 방지 ⇨ 목적의 정당성과 수단의 적합성 ○
>   • 보호자 전원이 설치 반대하는 경우 CCTV를 설치하지 않을 수 있는 가능성 有 ⇨ 침해의 최소성 反 ×
>   • 어린이집에서의 아동학대근절과 보육환경의 안전성 확보는 사회적·국가적 차원에서 보호할 필요가 있는 중대한 공익 ⇨ 법익의 균형성 ○

ㄱ.(○), ㄴ.(○), ㄷ.(○), ㄹ.(○), ㅁ.(○), ㅂ.(○) 법 제15조의4 제1항 제1호는 보호자 전원이 반대하지 않는 한 어린이집에 의무적으로 CCTV 설치하도록 정하고 있으므로, 어린이집 설치·운영자의 직업수행의 자유, 어린이집 보육교사(원장 포함) 및 영유아의 사생활의 비밀과 자유, 부모의 자녀교육권을 제한한다. 이는 어린이집 안전사고와 보육교사등에 의한 아동학대를 방지하기 위한 것으로, CCTV 설치 그 자체만으로도 안전사고 예방이나 아동학대 방지 효과가 있으므로 입법목적이 정당하고 수단의 적합성이 인정된다. 어린이집 보육대상은 0세부터 6세 미만의 영유아로 어린이집에서의 아동학대 방지 및 적발을 위해서 CCTV 설치를 대체할 만한 수단은 상정하기 어렵다. 법은 CCTV 외에 네트워크 카메라 설치는 원칙적으로 금지하고, 녹음기능 사용금지(법 제15조의5 제2항 제2호 중 "녹음기능을 사용하거나" 부분) 등으로 관련 기본권 침해를 최소화하기 위한 조치를 마련하고 있으며, 보호자 전원이 CCTV 설치에 반대하는 경우에는 CCTV를 설치하지 않을 수 있는 가능성을 열어두고 있으므로 이 조항은 침해의 최소성에 반하지 아니한다. 영유아 보육을 위탁받아 행하는 어린이집에서의 아동학대근절과 보육환경의 안전성 확보는 단순히 보호자의 불안을 해소하는 차원을 넘어 사회적·국가적 차원에서도 보호할 필요가 있는 중대한 공익이다. 이 조항으로 보육교사 등의 기본권에 가해지는 제약이 위와 같은 공익에 비하여 크다고 보기 어려우므로 법익의 균형성도 인정된다. 따라서 법 제15조의4 제1항 제1호 및 제15조의5 제2항 제2호 중 "녹음기능을 사용하거나" 부분은 과잉금지원칙을 위반하여 청구인들의 기본권을 침해하지 않는다(헌재 2017.12.28. 2015헌마994).

정답 ①

문 12

과잉금지원칙 내지 비례원칙에 관한 다음 설명 중 가장 옳지 않은 것은? [2022년 4번]

① 자동차 등을 이용하여 살인 또는 강간 등 행정안전부령이 정하는 범죄행위를 한 때 운전면허를 필요적으로 취소하도록 하는 구 도로교통법 조항은 과잉금지원칙에 위배된다.
② 성폭력범죄의 처벌 등에 관한 특례법(2012. 12. 18. 법률 제11556호로 전부개정된 것) 제30조 제6항 중 '제1항에 따라 촬영한 영상물에 수록된 피해자의 진술은 공판준비기일 또는 공판기일에 조사 과정에 동석하였던 신뢰관계에 있는 사람 또는 진술조력인의 진술에 의하여 그 성립의 진정함이 인정된 경우에 증거로 할 수 있다' 부분 가운데 19세 미만 성폭력범죄 피해자에 관한 부분은 과잉금지원칙에 위배된다.
③ 음주운전 금지규정을 2회 이상 위반한 사람을 2년 이상 5년 이하의 징역이나 1천만 원 이상 2천만 원 이하의 벌금에 처하도록 한 구 도로교통법 조항은 책임과 형벌 간의 비례원칙에 위배된다.
④ 신고를 하지 아니하고 물품을 수입한 경우 해당 물품을 필요적으로 몰수하도록 규정한 관세법 조항은 책임과 형벌 간의 비례원칙에 위배된다.
⑤ 경비업을 경영하고 있는 자에게 경비업과 그 밖의 업종을 겸영하지 못하도록 금지하고 있는 경비업법 조항은 과잉금지원칙에 위배된다.

MGI Point 과잉금지원칙 ★★

- 자동차 등을 이용하여 살인 또는 강간 등 = 운전면허 필요적 취소 ⇨ 과잉금지원칙 위배
- 미성년 성폭력범죄 피해자의 진술이 담긴 영상물의 증거능력을 제3자의 진술만으로 인정하는 것
  ⇨ 과잉금지원칙 위배
- 음주운전 금지규정을 2회 이상 위반한 사람을 가중처벌하는 것 ⇨ 책임과 형벌 간의 비례원칙에 위배
- 무신고 수입품의 필요적 몰수 ⇨ 책임과 형벌 간의 비례원칙 위배 ×
- 경비업을 경영하고 있는 자에게 경비업과 그 밖의 업종을 겸영하지 못하도록 금지 ⇨ 과잉금지원칙 위배

① (O) 심판대상조항은 이에 그치지 아니하고 자동차등을 이용하여 살인 또는 강간 등 행정안전부령이 정하는 범죄행위를 하기만 하면 범죄행위의 유형, 운전자의 형사처벌 여부, 자동차등이 이용된 범죄의 경중이나 그 위법성의 정도, 자동차등의 당해 범죄행위에 대한 기여도, 당해 범죄행위에 이르게 된 경위 등 제반사정을 전혀 고려할 여지없이 필요적으로 운전면허를 취소하도록 규정하고 있다. … 심판대상조항은 침해의 최소성 원칙에 위반된다. 심판대상조항에 의하여 운전면허가 취소되는 경우 운전면허가 취소된 날부터 2년 동안은 운전면허를 다시 받을 수 없도록 하고 있는바(구 도로교통법 제82조 제2항 제5호), 심판대상조항은 운전을 생업으로 하는 자에 대하여는 생계에 지장을 초래할 만큼 중대한 직업의 자유의 제약을 초래하고, 운전을 업으로 하지 않는 자에 대하여도 일상생활에 심대한 불편을 초래하여 일반적 행동의 자유를 제약하게 될 것이다. 이는 심판대상조항에 의하여 달성하려는 공익에 비하여 지나치게 운전면허 소지자의 기본권을 제한하는 것으로서 법익의 균형성 원칙에 반한다. 따라서 심판대상조항은 직업의 자유 내지 일반적 행동의 자유를 침해하여 헌법에 위반된다(헌재 2015.05.28. 2013헌가6).

② (O) 성폭력범죄의 처벌 등에 관한 특례법(2012. 12. 18. 법률 제11556호로 전부개정된 것) 제30조 제6항 중 '제1항에 따라 촬영한 영상물에 수록된 피해자의 진술은 공판준비기일 또는 공판기일에 조사 과정에 동석하였던 신뢰관계에 있는 사람 또는 진술조력인의 진술에 의하여 그 성립의 진정함이 인정된 경우에 증거로 할 수 있다' 부분 가운데 19세 미만 성폭력범죄 피해자에 관한 부분은 헌법에 위반된다. … 피고인의 반대신문권을 보장하면서도 미성년 피해자를 보호할 수 있는 조화적인 방법을 상정할 수 있음에도, 영상물의 원진술자인 미성년 피해자에 대한 피고인의 반대신문권을 실질적으로 배제하여 피고인의 방어권을 과도하게 제한하는 심판대상조항은 피해의 최소성 요건을 갖추지 못하였다. … 심판대상조항은 과잉금지원칙을 위반하여 청구인의 공정한 재판을 받을 권리를 침해한다(헌재 2021.12.23. 2018헌바524).

③ (O) 심판대상조항은 교통의 안전이나 사람의 생명·신체·재산 등 보호법익에 미치는 위험 정도가 비교적 낮은 유형의 재범 음주운전행위, 예컨대 10년 이상이 지난 과거에 단 1회 음주운전 금지의무를 위반한 전력이 있는 사람이 다시 0.03%의 혈중알코올농도 상태에서 운전한 경우도 법정형의 하한인 2년 이상의 징역 또는 1천만원 이상의 벌금을 기준으로 처벌하도록 하고 있다. 법관이 작량감경을 한다고 하더라도 1년 이상의 징역 또는 500만 원 이상의 벌금이어서 각 행위의 개별성에 맞추어 형을 선고함에는 한계가 있을 수밖에 없고, 집행유예를 선고하는 경우에도 유예되는 형이 피고인의 책임 정도에 비례하지 않을 수 있으며, 집행유예가 실효되는 경우 피고인은 자신의 책임을 초과하는 형벌을 감수하여야 한다. 그리고 집행유예나 선고유예 결격사유에 해당하는 경우에는 이를 선고할 수도 없다. 따라서 심판대상조항이 구성요건과 관련하여 아무런 제한도 두지 않은 채 법정형의 하한을 징역 2년, 벌금 1천만 원으로 정한 것은, 음주운전 금지의무 위반 전력이나 혈중알코올농도 수준 등을 고려할 때 비난가능성이 상대적으로 낮은 음주운전 재범행위까지 가중처벌 대상으로 하면서 법정형의 하한을 과도하게 높게 책정하여 죄질이 비교적 가벼운 행위까지 지나치게 엄히 처벌하도록 한 것이므로, 책임과 형벌 사이의 비례성을 인정하기 어렵다(헌재 2021.11.25. 2019헌바446 등).

④ (X) 무신고 수출입으로 인한 관세범은 행정범이자 재정범, 이욕범의 성격을 가지므로 무신고 수출입 물품이 고가라는 사정은 우연한 사정이라고 보기 어렵고 밀수 규모에 따른 죄질을 평가하는 중요한 요소이며, 밀수 물품의 원가가 일정 금액 이상이 되면 그 죄질에 따른 비난가능성이 커져 특정범죄로 가중처벌까지 하는 이

유가 된다(특정범죄 가중처벌 등에 관한 법률 제6조 제2항, 제3항, 같은 조 제6항 제2호, 제3호). 따라서 고가 물품의 무신고 수출입행위에 이 사건 몰수·추징조항이 적용되어 고액의 추징이 이루어진다고 하더라도 위 법률조항이 책임과 형벌 간의 비례원칙에 위반되는 것으로 볼 수 없다(헌재 2021.07.15. 2020헌바201).

⑤ (○) 청구인들과 같이 경비업을 경영하고 있는 자들이나 다른 업종을 경영하면서 새로이 경비업에 진출하고자 하는 자들로 하여금, 경비업을 전문으로 하는 별개의 법인을 설립하지 않는 한 경비업과 그밖의 업종을 검영하지 못하도록 금지하고 있는 경비업법 제7조 제8항, 제19조 제1항 제3호, 부칙 제4조는 직업의 자유의 제한에 대한 헌법적 한계인 과잉금지원칙을 준수하지 못하여 위헌이다(헌재 2002.04.25. 2001헌마614).

정답 ④

문 13

기본권 제한에 관한 다음 설명 중 가장 옳은 것은? [2019년 27번]

① 특정 범죄자에 대한 보호관찰 및 전자장치 부착 등에 관한 법률에 의한 전자장치 부착기간 동안 다른 범죄를 저질러 구금된 경우, 그 구금기간이 부착기간에 포함되지 않는 것으로 규정한 위 법률 조항은 과잉금지원칙에 위배되어 사생활의 비밀과 자유, 개인정보자기결정권을 침해한다.

② 법무부장관이 성폭력범죄의처벌등에관한특례법위반(카메라등이용촬영, 카메라등이용촬영미수) 죄로 유죄판결이 확정됨에 따른 신상정보 등록대상자의 등록정보를 최초 등록일부터 20년간 보존관리하도록 한 성폭력범죄의 처벌 등에 관한 특례법 조항은 과잉금지원칙을 위반하여 개인정보자기 결정권을 침해하지 않는다.

③ 이른바 '강제적 셧다운제'를 규정한 청소년 보호법 조항은 각종 게임 중 인터넷게임만을 적용 대상으로 하고 있는바, 인터넷을 이용하지 않는 다른 게임 및 모바일기기를 이용한 인터넷게임과 비교하여 차별에 합리적 이유가 있으므로 인터넷게임 제공자들의 평등권을 침해하지 않는다.

④ 피청구인인 부산구치소장이 청구인이 미결수용자 신분으로 구치소에 수용되었던 기간 중 교정시설 안에서 매주 실시하는 종교집회 참석을 제한한 행위는 과잉금지원칙을 위반하여 종교의 자유 중 종교적 집회·결사의 자유를 침해한 것이 아니다.

⑤ 어린이집에 폐쇄회로 텔레비전(CCTV : Closed Circuit Television)을 원칙적으로 설치하도록 정한 영유아보육법 조항은 과잉금지원칙을 위반하여 어린이집 보육교사의 사생활의 비밀과 자유 등을 침해한다.

MGI Point **기본권 제한** ★★★

- 전자장치 부착기간 동안 다른 범죄를 저질러 구금된 경우, 그 구금기간이 부착기간에 포함되지 않는 것으로 규정한 조항 ⇨ 사생활의 비밀과 자유, 개인정보자기결정권을 침해 ×
- 유죄판결 확정된 신상정보 등록대상자의 등록정보를 최초 등록일부터 20년간 보존·관리하도록 한 조항 ⇨ 개인정보자기결정권 침해 ○
- '강제적 셧다운제'를 규정한 청소년 보호법 조항 ⇨ 평등권 침해 ×
- 미결수용자 및 미지정 수형자의 종교집회 참석 제한 처우 ⇨ 종교적 집회·결사의 자유 침해 ○
- 영유아보육법상 CCTV 설치 조항 ⇨ 보육교사의 사생활의 비밀과 자유 침해 ×

① (X) 심판대상 법률조항은 전자장치 부착명령을 집행할 수 없는 기간 동안 집행을 정지하고 다시 집행이 가능해졌을 때 잔여기간을 집행함으로써 재범방지 및 성행교정을 통한 재사회화라는 전자장치부착의 목적을 달성하기 위한 것으로서 입법목적의 정당성이 인정되고, 수단의 적절성도 인정된다. … 부착명령 회피를 목적으로 고의로 경미한 범죄를 저질러 단기 자유형을 받는 등 악용의 소지가 있다는 점에서도 부착명령 집행이 불가능한 기간 동안 집행을 정지하는 것 이외에 덜 침해적인 수단이 있다고 보기 어렵다. 따라서 침해의 최소성도 인정된다. 심판대상 법률조항으로 인하여 청구인은 부착명령의 집행이 구금 해제 이후로 연기되어 전자장치 부착으로 인한 기본권 제한을 계속 받게 되나, 성폭력범죄 등 특정범죄가 습벽에 의한 경우가 많고 처벌에 의한 범죄 억제의 효과는 크지 않은 반면 그 범죄로 인한 피해가 심대하여 특정범죄자의 재범방지 및 재사회화를 꾀하기 위하여 전자장치부착법이 도입된 점을 고려하면, 침해되는 사익이 심판대상 법률조항으로 인한 공익보다 결코 더 크다고 볼 수 없으므로 법익균형성도 인정된다. 그러므로 심판대상 법률조항은 과잉금지원칙에 반하여 청구인의 인격권 등 기본권을 침해하지 아니한다(헌재 2013.07.25. 2011헌마781).

② (X) 성범죄의 재범을 억제하고 수사의 효율성을 제고하기 위하여, 법무부장관이 등록대상자의 재범 위험성이 상존하는 20년 동안 그의 신상정보를 보존·관리하는 것은 정당한 목적을 위한 적합한 수단이다. 그런데 재범의 위험성은 등록대상 성범죄의 종류, 등록대상자의 특성에 따라 다르게 나타날 수 있고, 입법자는 이에 따라 등록기간을 차등화함으로써 등록대상자의 개인정보자기결정권에 대한 제한을 최소화하는 것이 바람직함에도, 이 사건 관리조항은 모든 등록대상 성범죄자에 대하여 일률적으로 20년의 등록기간을 적용하고 있으며, 이 사건 관리조항에 따라 등록기간이 정해지고 나면, 등록의무를 면하거나 등록기간을 단축하기 위해 심사를 받을 수 있는 여지도 없으므로 지나치게 가혹하다. 그리고 이 사건 관리조항이 추구하는 공익이 중요하더라도, 모든 등록대상자에게 20년 동안 신상정보를 등록하게 하고 위 기간 동안 각종 의무를 부과하는 것은 비교적 경미한 등록대상 성범죄를 저지르고 재범의 위험성도 많지 않은 자들에 대해서는 달성되는 공익과 침해되는 사익 사이의 불균형이 발생할 수 있으므로 이 사건 관리조항은 개인정보자기결정권을 침해한다(헌재 2015.07.30. 2014헌마340).

③ (○) 인터넷게임은 주로 동시 접속자와의 상호교류를 통한 게임 방식을 취하고 있어 중독성이 강한 편이고, 정보통신망서비스가 제공되는 곳이면 언제나 쉽게 접속하여 장시간 이용으로 이어질 가능성이 크다는 점에서, 다른 게임과 달리 인터넷게임에 대해서만 강제적 셧다운제를 적용하는 것에는 합리적 이유가 있다. 또한 전기통신사업법에 따라 부가통신사업자로 신고하고 게임법상 등급분류를 받아 정상적인 방법으로 제공되는 인터넷게임물에 대해서는 그 제공업체가 국내 업체인지 해외 업체인지를 불문하고 강제적 셧다운제가 적용되므로, 일부 해외 서버를 통해 불법 유통되고 있는 게임물에 대하여 적용되지 않는다는 사실만으로 해외 업체에 비하여 국내 업체만을 차별취급한다고 볼 수는 없다(헌재 2014.04.24. 2011헌마659).

④ (X) 피청구인은 출력수(작업에 종사하는 수형자)를 대상으로 원칙적으로 월 3~4회의 종교집회를 실시하는 반면, 미결수용자와 미지정 수형자에 대해서는 원칙적으로 매월 1회, 그것도 공간의 협소함과 관리 인력의 부족을 이유로 수용동별로 돌아가며 종교집회를 실시하여 실제 연간 1회 정도의 종교집회 참석 기회를 부여하고 있다. 이는 미결수용자 및 미지정 수형자의 구금기간을 고려하면 사실상 종교집회 참석 기회가 거의 보장되지 않는 결과를 초래할 수도 있다. 나아가 피청구인은 현재의 시설 여건 하에서도 종교집회의 실시 회수를 출력수와 출력수 외의 수용자의 종교의 자유를 보장하는 범위 내에서 적절히 배분하는 방법, 공범이나 동일사건 관련자가 있는 경우에 한하여 이를 분리하여 종교집회 참석을 허용하는 방법, 미지정 수형자의 경우 추가사건의 공범이나 동일사건 관련자가 없는 때에는 출력수와 함께 종교집회를 실시하는 등의 방법으로 청구인의 기본권을 덜 침해하는 수단이 있음에도 불구하고 이를 전혀 고려하지 아니하였다. 따라서 이 사건 종교집회 참석 제한 처우는 부산구치소의 열악한 시설을 감안하더라도 과잉금지원칙을 위반하여 청구인의 종교의 자유를 침해한 것이다(헌재 2014.06.26. 2012헌마782).

⑤ (X) 법 제15조의4 제1항 제1호는 보호자 전원이 반대하지 않는 한 어린이집에 의무적으로 CCTV 설치하도록 정하고 있으므로, 어린이집 설치·운영자의 직업수행의 자유, 어린이집 보육교사(원장 포함) 및 영유아의

사생활의 비밀과 자유, 부모의 자녀교육권을 제한한다. 이는 어린이집 안전사고와 보육교사등에 의한 아동학대를 방지하기 위한 것으로, CCTV 설치 그 자체만으로도 안전사고 예방이나 아동학대 방지 효과가 있으므로 입법목적이 정당하고 수단의 적합성이 인정된다. 어린이집 보육대상은 0세부터 6세 미만의 영유아로 어린이집에서의 아동학대 방지 및 적발을 위해서 CCTV 설치를 대체할 만한 수단은 상정하기 어렵다. 법은 CCTV 외에 네트워크 카메라 설치는 원칙적으로 금지하고, 녹음기능 사용금지(법 제15조의5 제2항 제2호 중 "녹음기능을 사용하거나" 부분) 등으로 관련 기본권 침해를 최소화하기 위한 조치를 마련하고 있으며, 보호자 전원이 CCTV 설치에 반대하는 경우에는 CCTV를 설치하지 않을 수 있는 가능성을 열어두고 있으므로 이 조항은 침해의 최소성에 반하지 아니한다. 영유아 보육을 위탁받아 행하는 어린이집에서의 아동학대근절과 보육환경의 안전성 확보는 단순히 보호자의 불안을 해소하는 차원을 넘어 사회적·국가적 차원에서도 보호할 필요가 있는 중대한 공익이다. 이 조항으로 보육교사 등의 기본권에 가해지는 제약이 위와 같은 공익에 비하여 크다고 보기 어려우므로 법익의 균형성도 인정된다. 따라서 법 제15조의4 제1항 제1호 및 제15조의5 제2항 제2호 중 "녹음기능을 사용하거나" 부분은 과잉금지원칙을 위반하여 청구인들의 기본권을 침해하지 않는다(헌재 2017.12.28. 2015헌마994).

정답 ③

문 14

다음 중 헌법재판소 결정이 과잉금지원칙의 개별적 요소로서 침해최소성에 위배된다고 보지 않은 것은? [2019년 14번]

① 운전면허를 받은 사람이 자동차등을 이용하여 살인 또는 강간 등 행정안전부령이 정하는 범죄행위를 한 때 필요적으로 운전면허를 취소하도록 규정한 도로교통법 조항
② 형사사건으로 기소된 사립학교 교원에 대하여 당해 교원의 임명권자로 하여금 필요적으로 직위해제처분을 하도록 규정한 사립학교법 조항
③ 의료법에 따라 개설된 의료기관이 당연히 국민건강보험 요양기관이 되도록 규정한 국민건강보험법 조항
④ 관세법상 미신고 수입물품을 감정한 자도 그 물품을 몰수할 수 없는 때에 물품의 범칙 당시의 국내도매가격에 상당한 금액을 필요적으로 추징하도록 규정한 관세법 조항
⑤ 국내주재 외교기관 청사의 경계지점으로부터 1백미터 이내의 장소에서의 옥외집회를 전면적으로 금지하도록 규정한 집회 및 시위에 관한 법률 조항

MGI Point 침해의 최소성 ★★★

- **과잉금지원칙의 개별적 요소로서 침해최소성에 위배되는 경우**
  - 자동차 등을 이용한 범죄행위시 운전면허의 필요적 취소를 규정한 도로교통법 조항
  - 형사사건으로 기소된 사립학교 교원을 필요적 직위해제하도록 규정한 사립학교법 조항
  - 관세법상 미신고 수입물품을 감정한 자도 그 물품을 몰수할 수 없는 때, 물품의 범칙 당시의 국내도매가격에 상당한 금액으로 필요적 추징을 규정한 관세법 조항
  - 외교기관 인근에서의 집회를 예외없이 전면 금지하도록 규정한 집회 및 시위에 관한 법률 조항
- **침해최소성에 위배되지 않는 경우**
  - 의료법에 따라 개설된 의료기관의 요양기관강제지정제를 규정한 국민건강보험법 조항

① (X) 자동차등을 범죄를 위한 수단으로 이용하여 교통상의 위험과 장해를 유발하고 국민의 생명과 재산에 심각한 위협을 초래하는 것을 방지하여 안전하고 원활한 교통을 확보함과 동시에 차량을 이용한 범죄의 발생을 막고자 하는 심판대상조항은 그 입법목적이 정당하고, 운전면허를 필요적으로 취소하도록 하는 것은 자동차등을 이용한 범죄행위의 재발을 일정 기간 방지하는 데 기여할 수 있으므로 이는 입법목적을 달성하기 위한 적정한 수단이다. 그러나 자동차등을 이용한 범죄를 근절하기 위하여 그에 대한 행정적 제재를 강화할 필요가 있다 하더라도 이를 임의적 운전면허 취소 또는 정지사유로 규정함으로써 불법의 정도에 상응하는 제재수단을 선택할 수 있도록 하여도 충분히 그 목적을 달성하는 것이 가능함에도, 심판대상조항은 이에 그치지 아니하고 필요적으로 운전면허를 취소하도록 하여 구체적 사안의 개별성과 특수성을 고려할 수 있는 여지를 일체 배제하고 있다. 나아가 심판대상조항 중 '자동차등을 이용하여' 부분은 포섭될 수 있는 행위 태양이 지나치게 넓을 뿐만 아니라, 하위법령에서 규정될 대상범죄에 심판대상조항의 입법목적을 달성하기 위해 반드시 규제할 필요가 있는 범죄행위가 아닌 경우까지 포함될 우려가 있어 침해의 최소성 원칙에 위배된다. 심판대상조항은 운전을 생업으로 하는 자에 대하여는 생계에 지장을 초래할 만큼 중대한 직업의 자유의 제약을 초래하고, 운전을 업으로 하지 않는 자에 대하여도 일상생활에 심대한 불편을 초래하여 일반적 행동의 자유를 제약하므로 법익의 균형성 원칙에도 위배된다. 따라서 심판대상조항은 직업의 자유 및 일반적 행동의 자유를 침해한다(헌재 2015.05.28. 2013헌가6).

② (X) 사립학교법 제58조의2 제1항 단서 규정이 제3호 소정의 형사사건으로 기소된 교원에 대하여 필요적으로 직위해제처분을 하도록 규정하고 있는 취지는, 정식기소된 경우 당연퇴직사유가 되는 형의 선고를 받을 개연성이 상당히 크므로 궁극적으로 교직에서 배제되어야 할 자를 가처분적으로 미리 교직에서 배제하기 위한 것이다. 그런데 제소된 사안의 심각한 정도, 증거의 확실성 여부 및 예상되는 판결의 내용 등을 고려하지 아니하고 약식명령을 청구한 사건 이외의 형사사건으로서 공소가 제기된 경우, 당해 교원이 자기에게 유리한 사실의 진술이나 증거를 제출할 방법조차 없이 일률적으로 판결의 확정시까지 직위해제처분을 하는 것은, 징계절차에서도 청문의 기회가 보장되고 정직처분도 3월 이하만 가능한 사정 등과 비교하면, 사립학교법 제58조의2 제1항 단서 규정은 방법의 직정성·피해의 최소성·법익의 균형성을 갖추지 못하였다고 할 것이므로, 헌법 제15조, 제27조 제4항 및 제37조 제2항에 위반되어 위헌이고, 다만 제3호 부분은 사립학교법 제58조의2 제1항 본문과 결합하여 입법취지에 맞게 합헌적으로 적용될 수 있는 규정이므로 위헌이라고 할 수 없다(헌재 1994.07.29. 93헌가3).

③ (○) 이 사건 법률조항이 규정하고 있는 요양기관 강제지정제는 의료보장체계의 기능 확보 및 국민의 의료보험수급권 보장이라는 정당한 입법목적을 달성하기 위한 적정한 수단이다. 요양기관 계약지정제를 선택하거나 요양기관 강제지정제를 선택하면서도 예외를 허용하는 경우에는 의료보장체계의 원활한 기능 확보를 달성하기 어렵다고 본 입법자의 판단이 잘못된 것이라고 할 수 없고, 의료보험의 시행은 인간의 존엄성 실현과 인간다운 생활의 보장을 위하여 헌법상 부여된 국가의 사회보장의무의 일환으로 모든 현실적 여건이 성숙될 때까지 미룰 수 없는 중요한 과제이므로, 요양기관강제지정제는 최소침해원칙에 위배되지 않는다. 요양기관 강제지정제를 통하여 달성하려는 공익적 성과와 이로 인한 의료기관 개설자의 직업수행의 자유의 제한 정도가 합리적인 비례관계를 현저하게 벗어났다고 볼 수도 없으므로, 이 사건 법률조항이 청구인들의 의료기관 개설자로서의 직업수행의 자유를 침해한다고 볼 수 없다(헌재 2014.04.24. 2012헌마865).

④ (X) 관세법상 미신고 수입물품을 몰수할 수 없는 때에는 물품의 범칙 당시의 국내도매가격에 상당한 금액을 추징하게 되는바, 미신고 수입물품을 감정한 자는 범죄행위로 인하여 감정수수료 소정의 이득을 얻을 뿐이므로 이는 미신고 수입물품을 감정한 자에게 오로지 징벌적인 의미만을 가지는 입법조치라 할 것이다. 추징도 형의 일종이므로 헌법상 과잉금지의 원칙의 제한을 받는다 할진대, 미신고 수입물품을 감정하는 행위는 미신고 수입물품을 취득·양여·운반·보관 또는 알선하는 행위와 동일한 법정형으로 규율되고 있으나 그 취득과 무관하고 미신고 수입물품의 유통에 직접 관여하는 행위가 아니라 이를 원활하게 하는 행위에 불과하다. 그리고 동일한 법정형이라도 법정형은 상대적으로 폭이 넓어 법관의 양형에 의해 구체적 타당성을 기할 수 있으나 필요적 규정의 경우 위와 같은 사정을 고려할 수 있는 가능성이 일체 배제된다. 또한 미신고

수입물품을 감정한 자에 대한 엄벌의 목적은 주형을 통해서도 충분히 그 목적을 달성할 수 있다. 그러므로 미신고 수입물품을 감정한 자로부터도 그 물품에 대한 몰수가 불가능한 경우 물품의 범칙 당시의 국내도매가격에 상당한 금액을 필요적으로 추징하도록 규정한 것은 오로지 징벌적 목적의 달성만을 위해 위와 같은 사정을 고려할 수 있는 가능성을 일체 배제하고 있다 할 것이므로 헌법상 과잉금지의 원칙에 위반된다고 할 것이다(헌재 2008.10.30. 2008헌바11).

⑤ (X) 특정장소에서의 집회가 이 사건 법률조항에 의하여 보호되는 법익에 대한 직접적인 위협을 초래한다는 일반적 추정이 구체적인 상황에 의하여 부인될 수 있다면, 입법자는 '최소침해의 원칙'의 관점에서 금지에 대한 예외적인 허가를 할 수 있도록 규정해야 한다. … 따라서 입법자가 '외교기관 인근에서의 집회의 경우에는 일반적으로 고도의 법익충돌위험이 있다'는 예측판단을 전제로 하여 이 장소에서의 집회를 원칙적으로 금지할 수는 있으나, 일반·추상적인 법규정으로부터 발생하는 과도한 기본권제한의 가능성이 완화될 수 있도록 일반적 금지에 대한 예외조항을 두어야 할 것이다. 즉 이 사건 법률조항의 보호법익에 대한 위험이 구체적으로 존재하지 않는 경우에 대하여 예외적으로 집회를 허용하는 규정을 두어야만, 이 사건 법률조항은 비례의 원칙에 부합하는 것이다. 그럼에도 불구하고 이 사건 법률조항은 전제된 위험상황이 구체적으로 존재하지 않는 경우에도 이를 함께 예외 없이 금지하고 있는데, 이는 입법목적을 달성하기에 필요한 조치의 범위를 넘는 과도한 제한인 것이다. 그러므로 이 사건 법률조항은 최소침해의 원칙에 위반되어 집회의 자유를 과도하게 침해하는 위헌적인 규정이다. 입법자가 비례의 원칙의 관점에서 예외허용규정을 두는 경우에는 '어떠한 경우에 외교기관 인근에서의 집회를 허용할 것인지'에 관한 허용요건의 대강을 스스로 규정함으로써 행정청이 허용여부를 결정함에 있어서 자의적으로 재량을 행사할 여지를 배제하여야 할 것이다(헌재 2003.10.30. 2000헌바67).

정답 ③

제❺절 ▎기본권의 침해와 구제

문 12

국가인권위원회에 관한 다음 설명 중 옳은 것은 모두 몇 개인가?[2023년 38번]

ㄱ. 위원은 인권문제에 관하여 전문적인 지식과 경험이 있고 인권의 보장과 향상을 위한 업무를 공정하고 독립적으로 수행할 수 있다고 인정되는 사람으로서 국가인권위원회법 제5조 제3항 각 호의 어느 하나에 해당하는 자격을 갖춘 자 중에서 국회가 선출하는 4명(상임위원 2명을 포함), 대통령이 지명하는 4명(상임위원 1명을 포함), 대법원장이 지명하는 3명을 대통령이 임명한다.
ㄴ. 국가인권위원회 위원장을 임명하기 위해서는 국회의 인사청문을 거쳐야 한다.
ㄷ. 국가기관, 지방자치단체, 각급 학교, 공직유관단체, 국회의 입법 및 법원의 재판과 관련하여 재산권, 평등권 등 기본권이 침해된 경우 그 피해자는 위원회에 그 내용을 진정할 수 있다.
ㄹ. 불법체류 중인 외국인들이라 하더라도, '인간의 권리'로서 외국인에게도 주체성이 인정되는 일정한 기본권에 관하여 불법체류 여부에 따라 그 인정 여부가 달라지는 것은 아니지만 '국가인권위원회의 공정한 조사를 받을 권리'는 헌법상 인정되는 기본권이라고 하기 어렵다.
ㅁ. 위원회는 개인의 사생활을 침해하거나 계속 중인 재판 또는 수사 중인 사건의 소추에 부당하게 관여할 목적으로 조사를 하여서는 아니 된다.

① 1개 ② 2개 ③ 3개 ④ 4개 ⑤ 5개

> **MGI Point** 국가인권위원회 ★★
>
> ■ 국가인권위원회의 구성 ⇨ 국회가 선출하는 4명(상임위원 2명을 포함), 대통령이 지명하는 4명(상임위원 1명을 포함), 대법원장이 지명하는 3명 ⇨ 대통령이 임명
> ■ 국가인권위원회 위원장 임명절차 ⇨ 국회의 인사청문을 거쳐야
> ■ 위원회의 조사대상이 아닌 사항 ⇨ 국회의 입법 및 법원·헌법재판소의 재판에 관한 사항
> ■ 국가인권위원회의 공정한 조사를 받을 권리 ⇨ 헌법상 기본권 ×
> ■ 위원회는 개인의 사생활을 침해하거나 계속 중인 재판 또는 수사 중인 사건의 소추에 부당하게 관여할 목적으로 조사 不可

ㄱ. (○)

> 국가인권위원회법
> 제5조(위원회의 구성) ① 위원회는 위원장 1명과 상임위원 3명을 포함한 11명의 인권위원(이하 "위원"이라 한다)으로 구성한다.
> ② 위원은 다음 각 호의 사람을 대통령이 임명한다.
> 1. 국회가 선출하는 4명(상임위원 2명을 포함한다)
> 2. 대통령이 지명하는 4명(상임위원 1명을 포함한다)
> 3. 대법원장이 지명하는 3명
> ③ 위원은 인권문제에 관하여 전문적인 지식과 경험이 있고 인권의 보장과 향상을 위한 업무를 공정하고 독립적으로 수행할 수 있다고 인정되는 사람으로서 다음 각 호의 어느 하나에 해당하는 자격을 갖추어야 한다.
> 1. 대학이나 공인된 연구기관에서 부교수 이상의 직이나 이에 상당하는 직에 10년 이상 있거나 있었던 사람
> 2. 판사·검사 또는 변호사의 직에 10년 이상 있거나 있었던 사람
> 3. 인권 분야 비영리 민간단체·법인·국제기구에서 근무하는 등 인권 관련 활동에 10년 이상 종사한 경력이 있는 사람
> 4. 그 밖에 사회적 신망이 높은 사람으로서 시민사회단체로부터 추천을 받은 사람

ㄴ. (○)

> 국가인권위원회법
> 제5조(위원회의 구성) ⑤ 위원장은 위원 중에서 대통령이 임명한다. 이 경우 위원장은 국회의 인사청문을 거쳐야 한다.

ㄷ. (×)

> 국가인권위원회법
> 제30조(위원회의 조사대상) ① 다음 각 호의 어느 하나에 해당하는 경우에 인권침해나 차별행위를 당한 사람(이하 "피해자"라 한다) 또는 그 사실을 알고 있는 사람이나 단체는 위원회에 그 내용을 진정할 수 있다.
> 1. 국가기관, 지방자치단체, 「초·중등교육법」 제2조, 「고등교육법」 제2조와 그 밖의 다른 법률에 따라 설치된 각급 학교, 「공직자윤리법」 제3조의2제1항에 따른 공직유관단체 또는 구금·보호시설의 업무 수행(국회의 입법 및 법원·헌법재판소의 재판은 제외한다)과 관련하여 「대한민국헌법」 제10조부터 제22조까지의 규정에서 보장된 인권을 침해당하거나 차별행위를 당한 경우
> 2. 법인, 단체 또는 사인(私人)으로부터 차별행위를 당한 경우

ㄹ. (○) 청구인들이 침해받았다고 주장하고 있는 신체의 자유, 주거의 자유, 변호인의 조력을 받을 권리, 재판청구권 등은 성질상 인간의 권리에 해당한다고 볼 수 있으므로, 위 기본권들에 관하여는 청구인들의 기본권 주체성이 인정된다. 그러나 '국가인권위원회의 공정한 조사를 받을 권리'는 헌법상 인정되는 기본권이라고 하기 어렵고, 이 사건 보호 및 강제퇴거가 청구인들의 노동3권을 직접 제한하거나 침해한 바 없음이 명백하므로, 위 기본권들에 대하여는 본안판단에 나아가지 아니한다(헌법재판소 2012. 8. 23. 2008헌마430).

ㅁ. (○)

> 국가인권위원회법
> 제35조(조사 목적의 한계) ① 위원회는 조사를 할 때에는 국가기관의 기능 수행에 지장을 주지 아니하도록 유의하여야 한다.
> ② 위원회는 개인의 사생활을 침해하거나 계속 중인 재판 또는 수사 중인 사건의 소추(訴追)에 부당하게 관여할 목적으로 조사를 하여서는 아니 된다.

정답 ④

문 15

기본권의 침해와 구제에 관한 다음 설명 중 가장 옳지 않은 것은? [2017년 31번]

① 국가인권위원회에 인권침해 또는 차별행위를 이유로 진정을 제기하는 것은 기본권을 침해당한 자뿐만 아니라 그 사실을 알고 있는 사람이나 단체도 할 수 있다.
② 관계 국가행정기관이나 지방자치단체의 장은 인권의 보호와 향상에 영향을 미치는 내용을 포함하는 법령을 제정 또는 개정하려는 경우 미리 국가인권위원회에 통지하여야 한다.
③ 사인(私人)으로부터 차별행위를 당한 사람은 그 내용을 국가인권위원회에 진정할 수 있다.
④ 국가인권위원회의 진정에 대한 조사·조정 및 심의는 비공개로 한다. 다만 국가인권위원회의 의결로 공개할 수 있다.
⑤ 국가인권위원회는 인권의 보호와 향상에 중대한 영향을 미치는 재판이 계속 중인 경우에 법원 또는 헌법재판소의 요청이 있을 때에 한하여 법원의 담당 재판부나 헌법재판소에 법률상의 사항에 관하여 의견을 제출할 수 있다.

해설 ★

① (○) 다음 각 호의 어느 하나에 해당하는 경우에 인권침해나 차별행위를 당한 사람 또는 그 사실을 알고 있는 사람이나 단체는 위원회에 그 내용을 진정할 수 있다(국가인권위원회법 제30조 제1항).
② (○) 관계 국가행정기관 또는 지방자치단체의 장은 인권의 보호와 향상에 영향을 미치는 내용을 포함하고 있는 법령을 제정하거나 개정하려는 경우 미리 위원회에 통지하여야 한다(국가인권위원회법 제20조 제1항).
③ (○) 사인으로부터 차별행위를 당한 경우도 인권위원회의 조사대상이다(국가인권위원회법 제30조 제1항 제2호 참조).
④ (○) 위원회의 진정에 대한 조사·조정 및 심의는 비공개로 한다. 다만, 위원회의 의결이 있을 때에는 공개할 수 있다(국가인권위원회법 제49조).
⑤ (X) 위원회는 인권의 보호와 향상에 중대한 영향을 미치는 재판이 계속 중인 경우 법원 또는 헌법재판소의 요청이 있거나 필요하다고 인정할 때에는 법원의 담당 재판부 또는 헌법재판소에 법률상의 사항에 관하여 의견을 제출할 수 있다(국가인권위원회법 제28조 제1항).

정답 ⑤

제2장 기본권 각론

제❶절 ▎인간의 존엄과 가치·행복추구권

문 13

헌법 제10조에 관한 다음 설명 중 가장 옳지 않은 것은?[2023년 14번]

① 형사재판의 피고인으로 출석하는 수형자에 대하여 사복착용을 허용하지 아니한 것은 공정한 재판을 받을 권리, 인격권, 행복추구권을 침해하지만, 민사재판의 당사자로 출석하는 수형자에 대하여 사복착용을 허용하지 아니한 것은 인격권과 행복추구권을 침해하지 아니한다.
② 좌석안전띠를 매지 않을 자유는 헌법 제10조의 행복추구권에서 나오는 일반적 행동자유권의 보호영역에 속하므로, 좌석안전띠를 매야 할 의무를 지우고 이에 위반했을 때 범칙금을 부과하는 법률조항에는 일반적 행동의 자유에 대한 제한이 존재하지만, 이는 정당한 공익의 실현을 위하여 필요한 정도의 제한으로 일반적 행동자유권에 대한 과도한 침해라고 볼 수는 없다.
③ 행복추구권에서 도출되는 일반적 행동의 자유는 적극적으로 자유롭게 행동하는 것은 물론 소극적으로 행동을 하지 않을 자유도 포함하므로, 의료분쟁 조정신청의 대상인 의료사고가 사망에 해당하는 경우 구체적 사안의 개별성과 특수성을 고려하지 않고 자동적으로 조정절차가 개시되도록 한 법률조항은 보건의료인의 일반적 행동의 자유를 침해한다.
④ 누구든지 금융회사 등에 종사하는 자에게 타인의 금융거래의 내용에 관한 정보 또는 자료를 요구하는 것을 금지하고, 이를 위반시 형사처벌하는 법률조항은 과잉금지원칙에 반하여 일반적 행동자유권을 침해한다.
⑤ 헌법 제10조에 의하여 보장되는 행복추구권 속에는 일반적 행동자유권이 포함되고, 이러한 일반적 행동자유권으로부터 계약 체결의 여부, 계약의 상대방, 계약의 방식과 내용 등을 당사자의 자유로운 의사에 따라 결정할 수 있는 계약의 자유가 파생된다. 계약의 자유는 절대적인 것이 아니라 헌법 제37조 제2항에 따라 공공복리 등을 위하여 제한될 수 있다.

MGI Point 행복추구권, 일반적 행동자유권 ★★

- 수형자인 형사재판 피고인의 사복착용을 불허 ⇨ 행복추구권 침해
- 수형자인 민사재판 당사자의 사복착용을 불허 ⇨ 행복추구권 침해×
- 좌석안전띠를 매야 할 의무를 지우고 이에 위반했을 때 범칙금을 부과하는 것 ⇨ 일반적 행동자유권 침해×
- 의료분쟁 조정신청의 대상인 의료사고가 사망에 해당하는 경우 자동적으로 조정절차가 개시되도록 한 것 ⇨ 일반적 행동자유권 침해×
- 누구든지 금융회사 등에 종사하는 자에게 타인의 금융거래의 내용에 관한 정보 또는 자료를 요구하는 것을 금지, 위반 시 형사처벌하는 것 ⇨ 일반적 행동자유권 침해
- 일반적 행동자유권 ⇨ 계약의 자유
- 계약의 자유는 헌법 제37조 제2항에 의하여 제한가

---

① (O) 1.'형의 집행 및 수용자의 처우에 관한 법률'(이하 '형집행법'이라 한다) 제88조가 형사재판의 피고인으로 출석하는 수형자에 대하여, 사복착용을 허용하는 형집행법 제82조를 준용하지 아니한 것이 공정한 재판을 받을 권리, 인격권, 행복추구권을 침해하는지 여부(적극)

2. 형집행법 제88조가 민사재판의 당사자로 출석하는 수형자에 대하여, 사복착용을 허용하는 형집행법 제82조를 준용하지 아니한 것이 공정한 재판을 받을 권리, 인격권, 행복추구권을 침해하는지 여부(소극)(헌법재판소 2015. 12. 23. 2013헌마712 결정).

② (O) 자동차 운전자에게 좌석안전띠를 매도록 하고 이를 위반했을 때 범칙금을 납부하도록 통고하는 것은, 교통사고로부터 국민의 생명 또는 신체에 대한 위험과 장애를 방지·제거하고 사회적 부담을 줄여 교통질서를 유지하고 사회공동체의 상호이익을 보호하는 공공복리를 위한 것으로 그 입법목적이 정당하고, 운전자의 불이익은 약간의 답답함이라는 경미한 부담이고 좌석안전띠 미착용으로 부담하는 범칙금이 소액인데 비하여 좌석안전띠 착용으로 달성하려는 공익은 동승자를 비롯한 국민의 생명과 신체를 보호하고 교통사고로 인한 사회적인 비용을 줄여 사회공동체의 이익을 증진하는 것이므로 달성하고자 하는 공익이 침해되는 청구인의 좌석안전띠를 매지 않을 자유라는 사익보다 크며, 제도의 연혁과 현황을 종합하여 볼 때 청구인의 일반적 행동자유권을 비례의 원칙에 위반되게 과도하게 침해하는 것이 아니다(헌법재판소 2003. 10. 30. 2002헌마518 전원재판부).

③ (X) 환자의 사망이라는 중한 결과가 발생한 경우 환자 측으로서는 피해를 신속·공정하게 구제하기 위해 조정절차를 적극적으로 활용할 필요가 있고, 보건의료인의 입장에서도 이러한 경우 분쟁으로 비화될 가능성이 높아 원만하게 분쟁을 해결할 수 있는 절차가 마련될 필요가 있으므로, 의료분쟁 조정절차를 자동으로 개시할 필요성이 인정된다. 조정절차가 자동으로 개시되더라도 피신청인은 이의신청을 통해 조정절차에 참여하지 않을 수 있고, 조정의 성립까지 강제되는 것은 아니므로 합의나 조정결정의 수용 여부에 대해서는 자유롭게 선택할 수 있으며, 채무부존재확인의 소 등을 제기하여 소송절차에 따라 분쟁을 해결할 수도 있다. 따라서 의료사고로 사망의 결과가 발생한 경우 의료분쟁 조정절차를 자동으로 개시하도록 한 심판대상조항이 청구인의 일반적 행동의 자유를 침해한다고 할 수 없다(헌법재판소 2021. 5. 27. 2019헌마321 전원재판부 결정).

④ (O) 심판대상조항은 정보제공요구의 사유나 경위, 행위 태양, 요구한 거래정보의 내용 등을 전혀 고려하지 아니하고 일률적으로 금지하고, 그 위반 시 형사처벌을 하도록 하고 있다. 나아가, 금융거래의 비밀보장이 중요한 공익이라는 점은 인정할 수 있으나, 심판대상조항이 정보제공요구를 하게 된 사유나 행위의 태양, 요구한 거래정보의 내용을 고려하지 아니하고 일률적으로 일반 국민들이 거래정보의 제공을 요구하는 것을 금지하고 그 위반 시 형사처벌을 하는 것은 그 공익에 비하여 지나치게 일반 국민의 일반적 행동자유권을 제한하는 것이다. 따라서 심판대상조항은 과잉금지원칙에 반하여 일반적 행동자유권을 침해한다.(헌법재판소 2022. 2. 24. 2020헌가5 전원재판부 결정).

⑤ (O) 헌법 제10조에 의하여 보장되는 행복추구권 속에는 일반적 행동자유권이 포함되고, 이 일반적 행동자유권으로부터 계약 체결의 여부, 계약의 상대방, 계약의 방식과 내용 등을 당사자의 자유로운 의사로 결정할 수 있는 계약의 자유가 파생된다. 심판대상조항은 조합이 조합총회에서 시공자를 선정함에 있어 "국토해양부장관이 정하는 경쟁입찰의 방법"으로 하도록 하여 조합이 시공자 선정의 방식을 자유롭게 결정할 수 없도록 하고 있으므로 계약의 자유를 제한한다. 그러나 계약의 자유는 절대적인 것이 아니라 헌법 제37조 제2항에 따라 공공복리 등을 위하여 제한될 수 있다. 다만 이와 같이 법률상 제한을 하더라도 헌법 제37조 제2항에 규정된 기본권 제한입법의 한계를 준수하여야 하므로, 심판대상조항에 의한 계약의 자유 제한이 이러한 헌법적 한계 내의 것인지를 본다(헌법재판소 2016. 3. 31. 2014헌바382 결정).

정답 ③

문 14

인격권에 관한 다음 설명 중 가장 옳지 않은 것은? [2023년 22번]

① 거짓이나 그 밖의 부정한 방법으로 보조금을 교부받거나 유용하여 운영정지, 폐쇄명령 또는 과징금 처분을 받은 어린이집에 대하여 그 위반사실을 공표하도록 한 조항은 공표대상자의 사회적 평가를 침해할 수 있으므로 일반적 인격권을 제한한다.
② 헌법 제10조로부터 도출되는 일반적 인격권에는 개인의 명예에 관한 권리도 포함되는데, 여기서 말하는 '명예'는 사람이나 그 인격에 대한 '사회적 평가', 즉 객관적·외부적 가치평가를 말한다.
③ 사자(死者)에 대한 사회적 명예와 평가는 그들 후손의 인격권, 즉 유족의 명예 또는 유족의 사자에 대한 경애추모의 정에도 영향을 미친다.
④ 변호사에 대한 징계결정정보를 인터넷 홈페이지에 공개하고, 징계결정정보의 공개범위와 시행방법을 정하는 규정은 변호사의 인격권을 침해하지 아니한다.
⑤ 이미 탑승을 위한 출국 수속 과정에서 일반적인 보안검색을 마쳤음에도, 취항 예정지 국가인 체약국의 요구가 있다는 이유로 항공기 탑승 전 또는 탑승구 앞에서 보안 담당자로부터 신체검사 등 보안검색을 당한다고 하여 해당 승객의 인격권 침해 여부가 문제된다고 볼 수 없다.

MGI Point 인격권 ★★

- 거짓이나 그 밖의 부정한 방법으로 보조금을 교부받거나 유용하여 운영정지, 폐쇄명령 또는 과징금 처분을 받은 어린이집에 대하여 그 위반사실을 공표하도록 하는 것 ⇨ 인격권 제한
- 일반적 인격권에서 말하는 명예 ⇨ 인격에 대한 '사회적 평가', 즉 객관적·외부적 가치평가를 말함
- 사자(死者)에 대한 사회적 명예와 평가는 그들 후손의 인격권에도 영향을 미침
- 변호사에 대한 징계결정정보를 인터넷 홈페이지에 공개하고, 징계결정정보의 공개범위와 시행방법을 정하는 규정 ⇨ 변호사의 인격권 침해×
- 이미 탑승을 위한 출국 수속 과정에서 일반적인 보안검색을 마쳤음에도 항공기 탑승 전 또는 탑승구 앞에서 보안 담당자로부터 신체검사 등 보안검색을 하는 것 ⇨ 인격권 제한(침해×)

---

① (○) 헌법 제10조로부터 도출되는 일반적 인격권에는 개인의 명예에 관한 권리도 포함된다(헌재 2005. 10. 27. 2002헌마425 참조). 심판대상조항에 근거하여 거짓이나 그 밖의 부정한 방법으로 보조금을 교부받거나 보조금을 유용한 어린이집 대표자 등의 정보가 공표되면 공표대상자의 사회적 평가가 침해될 수 있으므로, 심판대상조항은 헌법 제10조에서 유래하는 일반적 인격권을 제한한다(헌법재판소 2022. 3. 31. 2019헌바520 전원재판부 결정).

② (○), ③ (○) 헌법 제10조로부터 도출되는 일반적 인격권에는 개인의 명예에 관한 권리도 포함되고, 여기서 말하는 '명예'는 사람이나 그 인격에 대한 '사회적 평가', 즉 객관적·외부적 가치평가를 말한다(②). 등록포로 등에 대하여 억류기간 중의 행적이나 공헌의 정도에 상응하는 예우를 한다는 것은, 대한민국을 위해 희생과 공헌을 한 자로서 숭고한 애국정신의 귀감으로 존중되고 합당한 예우를 받아야 하는 대상이라는 사회적 평가가 이루어진다는 것을 의미하고, 또한 사자(死者)에 대한 사회적 명예와 평가는 사자와의 관계를 통하여 스스로의 인격상을 형성하고 명예를 지켜온 그들의 후손의 인격권, 즉 유족의 명예 또는 유족의 사자에 대한 경애추모의 정에도 영향을 미친다(③)(헌법재판소 2018. 5. 31. 선고 2016헌마626 전원재판부 결정).

④ (○) … 징계결정 공개조항이 변호사의 인격권을 일정 부분 제한하기는 하나 위 조항이 보호하고자 하는 공익은 변호사의 전문성, 공정성 및 신뢰성을 확보함으로써 국민의 기본권을 보호하고 사회정의를 실현하는

것이므로, 이를 종합적으로 비교하면 징계결정 공개조항으로 인하여 징계대상 변호사가 입게 되는 불이익이 공익에 비하여 크다고 할 수 없다. 따라서 징계결정 공개조항은 법익의 균형성에 위배되지 아니한다. 따라서 징계결정 공개조항은 과잉금지원칙에 위배되지 아니하므로 청구인의 인격권을 침해하지 아니한다(헌법재판소 2018. 7. 26. 2016헌마1029 전원재판부 결정).

⑤ (X) 이 사건 국가항공보안계획은, 이미 출국 수속 과정에서 일반적인 보안검색을 마친 승객을 상대로, 촉수검색(patdown)과 같은 추가적인 보안 검색 실시를 예정하고 있으므로 이로 인한 인격권 및 신체의 자유 침해 여부가 문제된다. 이 사건 국가항공보안계획은 민간항공 보안에 관한 국제협약의 준수 및 항공기 안전과 보안을 위한 것으로 입법목적의 정당성 및 수단의 적합성이 인정되고, 항공운송사업자가 다른 체약국의 추가 보안검색 요구에 응하지 않을 경우 항공기의 취항 자체가 거부될 수 있으므로 이 사건 국가항공보안계획에 따른 추가 보안검색 실시는 불가피하며, 관련 법령에서 보안검색의 구체적 기준 및 방법 등을 마련하여 기본권 침해를 최소화하고 있으므로 침해의 최소성도 인정된다. 또한 국내외적으로 항공기 안전사고와 테러 위협이 커지는 상황에서, 민간항공의 보안 확보라는 공익은 매우 중대한 반면, 추가 보안검색 실시로 인해 승객의 기본권이 제한되는 정도는 그리 크지 아니하므로 법익의 균형성도 인정된다. 따라서 이 사건 국제항공보안계획은 헌법상 과잉금지원칙에 위반되지 않으므로, 청구인의 기본권을 침해하지 아니한다(헌법재판소 2018. 2. 22. 2016헌마780 결정).

정답 ⑤

문 16

헌법 제10조에 관한 다음 설명 중 가장 옳지 않은 것은? [2021년 6번]

① 보호영역으로서 '직업'이 문제되는 경우 행복추구권과 직업의 자유는 서로 일반특별관계에 있어 기본권의 내용상 특별성을 갖는 직업의 자유의 침해 여부가 우선하므로 행복추구권 관련 위헌 여부의 심사는 배제되어야 한다.
② 초등학교 정규교과에서 영어를 배제하거나 영어교육 시수를 제한하는 것은 학생들의 인격의 자유로운 발현권을 제한하나, 이는 균형적인 교육을 통해 초등학생의 전인적 성장을 도모하고 영어 과목에 대한 지나친 사교육의 폐단을 막기 위한 것으로 학생들의 기본권을 침해하지 않는다.
③ 주방용오물분쇄기의 판매와 사용을 금지하는 것은 주방용오물분쇄기를 사용하려는 자의 일반적 행동자유권을 제한하나, 현재로서는 주방용오물분쇄기의 판매와 사용을 허용할 수 있는 사회적 기반시설이 갖추어져 있다고 보기 어려운 점 등을 고려하면, 이러한 규제가 사용자의 기본권을 침해한다고 볼 수 없다.
④ 헌법 제10조의 행복추구권은 국민이 행복을 추구하기 위하여 필요한 급부를 국가에게 적극적으로 요구할 수 있는 것을 내용으로 하는 것이 아니라, 국민이 행복을 추구하기 위한 활동을 국가권력의 간섭 없이 자유롭게 할 수 있다는 포괄적인 의미의 자유권으로서의 성격을 가진다.
⑤ 별도의 형사재판에 피고인으로 출석하는 수형자와 민사재판에 당사자로 출석하는 수형자에 대하여 아무런 예외 없이 사복착용을 허용하지 아니한 것은 모두 위 수형자의 인격권, 행복추구권을 침해한다.

> **MGI Point** **헌법 제10조** ★★
>
> ■ 기본권의 경합 문제가 발생하면서 보호영역으로 '직업'이 문제되는 경우 ⇨ 직업의 자유와 행복추구권은 서로 특별관계로 기본권의 내용상 특별성을 갖는 직업의 자유의 침해 여부가 우선 (∴ 행복추구권 관련 위헌 여부의 심사 배제 ○)
> ■ 초등학교 영어교육 사건 ⇨ 고시에서 초등학교 정규교과에 영어를 배제하거나 영어교육을 일정한 시수로 제한하는 것은 학생의 인격의 자유로운 발현권, 학부모의 자녀교육권을 침해 ×
> ■ 주방에서 발생하는 음식물 찌꺼기 등을 분쇄하여 오수와 함께 배출하는 주방용오물분쇄기의 판매와 사용을 금지하는 '주방용오물분쇄기의 판매·사용금지' 고시 ⇨ 주방용오물분쇄기를 사용하거나 판매하려는 청구인들의 일반적 행동자유권 또는 직업의 자유를 침해 ×
> ■ 헌법 제10조의 행복추구권은 국민이 행복을 추구하기 위한 활동을 국가권력의 간섭 없이 자유롭게 할 수 있다는 포괄적인 의미의 자유권으로서의 성격 有 (국민이 행복을 추구하기 위하여 필요한 급부를 국가에게 적극적으로 요구 ×)
> ■ 수형자의 사복착용에 관한 사건 (형의 집행 및 수용자의 처우에 관한 법률 제82조 위헌확인)
>   • "형사재판의 피고인으로 출석하는 수형자"에 대하여, 사복착용을 허용하는 형집행법 제82조를 준용 ×
>   ⇨ 공정한 재판을 받을 권리, 인격권, 행복추구권 침해 ○
>   • "민사재판의 당사자로 출석하는 수형자"에 대하여, 사복착용을 허용하는 형집행법 제82조를 준용 ×
>   ⇨ 공정한 재판을 받을 권리, 인격권, 행복추구권 침해 ×

① (○) 이 사건 심판대상 조항들과 같이 어떠한 법령이 수범자의 직업의 자유와 행복추구권 양자를 제한하는 외관을 띠는 경우 두 기본권의 경합 문제가 발생하는데, 보호영역으로서 '직업'이 문제되는 경우 직업의 자유와 행복추구권은 서로 특별관계에 있어 기본권의 내용상 특별성을 갖는 직업의 자유의 침해 여부가 우선하므로, 행복추구권 관련 위헌 여부의 심사는 배제된다고 보아야 한다(헌재 2003.09.25. 2002헌마519).

② (○) 이 사건 고시 부분은 초등학생의 전인적 성장을 도모하고, 영어 사교육 시장의 과열을 방지하기 위한 것으로, 그 목적의 정당성이 인정되고, 이 사건 고시 부분으로 영어교육의 편제와 시간 배당을 통제하는 것은 위 목적을 달성하기 위한 적절한 수단이다. 초등학교 시기는 인격 형성의 토대를 마련하는 중요한 시기이므로, 한정된 시간에 교육과정을 고르게 구성하여 초등학생의 전인적 성장을 도모하기 위해서는 초등학생의 영어교육이 일정한 범위로 제한되는 것이 불가피하다. 또한, 초등학교 1, 2학년은 공교육 체계 하에서 한글을 처음 접하는 시기로, 이 시기에 영어를 배우게 되면 한국어 발달과 영어 교육에 문제점이 발생하게 될 가능성이 높다는 전문가의 의견이 있고, 이러한 의견을 반영한 해당 부처의 판단이 명백히 잘못되었다고 할 수 없다. 한편, 사립학교에게 그 특수성과 자주성이 인정된다고 하더라도, 자율적인 교육과정의 편성은 국가 수준의 교육과정 내에서 허용될 수 있는 것이지, 이를 넘어 허용한다면 교육의 기회에 불평등을 조장하는 결과를 초래하여, 종국에는 사회적 양극화를 초래하는 주요한 요소가 될 것이다. 따라서 이 사건 고시 부분은 청구인들의 인격의 자유로운 발현권과 자녀교육권을 침해하지 않는다(헌재 2016.02.25. 2013헌마838).

③ (○) 주방용오물분쇄기를 판매하거나 판매하고자 하는 청구인들은 심판대상조항이 주방용오물분쇄기의 판매를 금지하고 있어 이를 직업으로 삼거나 직업 활동의 하나로 하고자 하여도 할 수 없으므로, 좁은 의미의 직업선택의 자유와 직업수행의 자유를 포함하는 직업의 자유를 제한받는다. … 주방용오물분쇄기를 사용하고자 하는 청구인들은 심판대상조항이 주방용오물분쇄기의 사용을 금지하고 있어 이를 이용하여 자유롭게 음식물 찌꺼기 등을 처리할 수 없으므로, 행복추구권으로부터 도출되는 일반적 행동자유권을 제한받는다. … 현재로서는 음식물 찌꺼기 등이 하수도로 바로 배출되더라도 이를 적절히 처리할 수 있는 하수도 시설을 갖추는 등 주방용오물분쇄기의 판매와 사용을 허용할 수 있는 사회적 기반시설이 갖추어져 있다고 보기 어렵고, 나아가 환경부는 현행 규제에 대하여 개선 등의 조치를 하기 위해 주방용오물분쇄기 금지 정책의 타당성 검토를 계속하고 있으므로, 이러한 상황에서 주방용오물분쇄기의 판매와 사용이 원칙적으로 금지돼 있다고 하더라도 이를 과도한 규제라고 보기 어렵다(헌재 2018.06.28. 2016헌마1151).

④ (○) 헌법 제10조의 행복추구권은 국민이 행복을 추구하기 위하여 필요한 급부를 국가에게 적극적으로 요구할 수 있는 것을 내용으로 하는 것이 아니라, 국민이 행복을 추구하기 위한 활동을 국가권력의 간섭 없이 자유롭게 할 수 있다는 포괄적인 의미의 자유권으로서의 성격을 가진다(헌재 2000.06.01. 98헌마216).

⑤ (X) 수형자라 하더라도 확정되지 않은 별도의 형사재판에서만큼은 미결수용자와 같은 지위에 있으므로, 이러한 수형자로 하여금 형사재판 출석 시 아무런 예외 없이 사복착용을 금지하고 재소자용 의류를 입도록 하여 인격적인 모욕감과 수치심 속에서 재판을 받도록 하는 것은 재판부나 검사 등 소송관계자들에게 유죄의 선입견을 줄 수 있고, 이미 수형자의 지위로 인해 크게 위축된 피고인의 방어권을 필요 이상으로 제약하는 것이다. 또한 형사재판에 피고인으로 출석하는 수형자의 사복착용을 추가로 허용함으로써 통상의 미결수용자와 구별되는 별도의 계호상 문제점이 발생된다고 보기 어렵다. 따라서 심판대상조항이 형사재판의 피고인으로 출석하는 수형자에 대하여 사복착용을 허용하지 아니한 것은 청구인의 공정한 재판을 받을 권리, 인격권, 행복추구권을 침해한다. … 민사재판에서 법관이 당사자의 복장에 따라 불리한 심증을 갖거나 불공정한 재판진행을 하게 되는 것은 아니므로, 심판대상조항이 민사재판의 당사자로 출석하는 수형자에 대하여 사복착용을 불허하는 것으로 공정한 재판을 받을 권리가 침해되는 것은 아니다. 수형자가 민사법정에 출석하기까지 교도관이 반드시 동행하여야 하므로 수용자의 신분이 드러나게 되어 있어 재소자용 의류를 입었다는 이유로 인격권과 행복추구권이 제한되는 정도는 제한적이고, 형사법정 이외의 법정 출입 방식은 미결수용자와 교도관 전용 통로 및 시설이 존재하는 형사재판과 다르며, 계호의 방식과 정도도 확연히 다르다. 따라서 심판대상조항이 민사재판에 출석하는 수형자에 대하여 사복착용을 허용하지 아니한 것은 청구인의 인격권과 행복추구권을 침해하지 아니한다(헌재 2015.12.23. 2013헌마712).

정답 ⑤

문 17

일반적 행동자유권에 관한 다음 설명 중 가장 옳지 않은 것은? [2022년 25번]

① 행복추구권 속에는 일반적 행동자유권이 들어있고, 이 일반적 행동자유권으로부터 계약의 자유가 파생된다.
② 일반적 행동자유권에는 적극적으로 자유롭게 행동을 하는 것은 물론 소극적으로 행동을 하지 않을 자유, 즉 부작위의 자유도 포함된다.
③ 게임물 관련사업자에게 게임물 이용자의 회원가입 시 본인인증을 할 수 있는 절차를 마련하도록 하고 있는 법률조항은 인터넷게임을 이용하고자 하는 사람들에게 본인인증 이라는 사전적 절차를 거칠 것을 강제함으로써, 개개인이 생활방식과 취미활동을 자유롭게 선택하고 이를 원하는 방식대로 영위하고자 하는 일반적 행동의 자유를 제한한다.
④ 공공장소에서 전면금연을 실시하는 금연구역조항이 흡연자의 일반적 행동자유권을 침해한다고 볼 수 없다.
⑤ 인천 영종도에 거주하는 주민들에게 인천국제공항고속도로의 사용료를 징수하는 것은 대체도로가 없는 주민들에 대하여 통행료납부를 사실상 강요하는 것이 되어 일반적 행동자유권을 침해하고, 영종도에 거주하거나 영종도 외부에 직장을 두고 있는 사람들로 하여금 도로의 사용료 부담 때문에 영종도에 자유롭게 거주하는 것을 꺼리게 하고 영종도 외부에 직장을 갖는 것을 주저하게 하여 거주이전의 자유 및 직업선택의 자유를 침해한다.

| MGI Point | **일반적 행동자유권** | ★★ |

- 행복추구권 ⇨ 일반적 행동자유권 ⇨ 계약의 자유
- 일반적 행동자유권 ⇨ 부작위의 자유도 포함
- 인터넷게임을 이용하고자 하는 사람들에게 본인인증 이라는 사전적 절차를 거칠 것을 강제 ⇨ 일반적 행동의 자유 제한 ○
- 공공장소에서 전면금연 실시 ⇨ 흡연자의 일반적 행동자유권 침해 ×
- 인천 영종도에 거주하는 주민들에게 인천국제공항고속도로의 사용료를 징수하는 것 ⇨ 거주·이전의 자유 및 직업선택의 자유를 침해 ×

① (○) ② (○) 행복추구권 속에 함축된 일반적인 행동자유권과 개성의 자유로운 발현권은 국가안전보장, 질서유지 또는 공공복리에 반하지 않는 한 입법 기타 국정상 최대의 존중을 필요로 하는 것이라고 볼 것이다. 일반적 행동자유권에는 적극적으로 자유롭게 행동을 하는 것은 물론 소극적으로 행동을 하지 않을 자유 즉 부작위의 자유도 포함되는 것으로, 법률행위의 영역에 있어서는 계약을 체결할 것인가의 여부, 체결한다면 어떠한 내용의, 어떠한 상대방과의 관계에서, 어떠한 방식으로 계약을 체결하느냐 하는 것도 당사자 자신이 자기의사로 결정하는 자유 뿐만 아니라 원치 않으면 계약을 체결하지 않을 자유 즉 원치 않는 계약의 체결은 법이나 국가에 의하여 강제받지 않을 자유인 이른바 계약자유의 원칙도, 여기의 일반적 행동자유권으로부터 파생되는 것이라 할 것이다. 이는 곧 헌법 제119조 제1항의 개인의 경제상의 자유의 일종이기도 하다(헌재 1991.06.03. 89헌마204).

③ (○) 게임물 관련사업자에게 게임물 이용자의 회원가입 시 본인인증을 할 수 있는 절차를 마련하도록 하고 있는 게임산업진흥에 관한 법률 및 게임산업법 시행령 조항은 인터넷게임을 이용하고자 하는 사람들에게 본인인증 이라는 사전적 절차를 거칠 것을 강제함으로써, 개개인이 생활방식과 취미활동을 자유롭게 선택하고 이를 원하는 방식대로 영위하고자 하는 일반적 행동의 자유를 제한한다(헌재 2015.03.26. 2013헌마517).

④ (○) 금연구역조항은 금연구역 지정에 관한 선례인 헌재 2004. 8. 26. 2003헌마457 결정이 선고될 당시보다 금연구역을 확대하여 흡연자의 일반적 행동자유권을 더 강하게 제한하고는 있지만, 금연구역조항이 기존의 금연·흡연구역의 분리운영만으로는 담배연기를 완전히 차단하기 어렵다는 점을 고려하여 공공장소에서 전면금연을 실시함으로써 국민 건강을 증진시키기 위하여 만들어진 것인 점, 흡연실을 별도로 설치할 수 있는 점, 우리나라 흡연율은 여전히 높은 점 등을 고려할 때, 금연구역조항이 흡연자의 일반적 행동자유권을 침해한다고 볼 수 없다(헌재 2014.09.25. 2013헌마411 등).

⑤ (X) 청구인들은 이 공항고속도로를 이용하지 않고도, 이 도로개설 이전의 영종도 주민들과 마찬가지로, 뱃길을 이용하여 자유로이 다른 곳으로 이동할 수도 있고 다른 곳으로 거주를 옮길 수도 있으며 또 이 도로를 이용하는 경우에도 비록 통행료의 부담이 있기는 하지만 그 부담의 정도가 이전의 자유를 실제로 제약할 정도로, 이용의 편익에 비하여, 현저히 크다고는 볼 수 없다. 따라서 심판대상조항으로 인하여 청구인들의 거주이전의 자유나 직업선택의 자유가 제한된 것으로 볼 수 없다(헌재 2005.12.22. 2004헌바64).

정답 ⑤

문 18

인격권 및 행복추구권에 관한 다음 설명 중 가장 옳지 않은 것은? [2022년 28번]

① 장래 가족의 구성원이 될 태아의 성별 정보에 대한 접근을 국가로부터 방해받지 않을 부모의 권리는 일반적 인격권에 의하여 보호된다.

② 임신기간 전 기간에 걸쳐 태아의 성별 고지를 금지하는 법률조항은 부모의 태아 성별 정보에 대한 접근을 방해받지 않을 권리를 제한하고 있고, 그 제한의 정도가 과잉금지원칙을 위반하여 임부나 그 가족이 태아 성별 정보에 대한 접근을 방해받지 않을 권리 등을 침해하고 있으므로, 헌법에 위반된다.
③ 구 형법 제304조 중 '혼인을 빙자하여 음행의 상습없는 부녀를 기망하여 간음한 자' 부분은 과잉금지원칙을 위반하여 남성의 성적자기결정권 및 사생활의 비밀과 자유를 침해한다.
④ 행복추구권은 다른 기본권에 대한 보충적 기본권으로서의 성격을 지니므로, 우선적으로 적용되는 기본권이 존재하여 그 침해여부를 판단하는 이상, 행복추구권 침해 여부를 독자적으로 판단할 필요가 없다.
⑤ 보험사기를 이유로 체포된 피의자가 경찰서 내에서 수갑을 차고 얼굴을 드러낸 상태에서 조사받는 모습을 촬영할 수 있도록 허용한 행위는 일반 국민의 알 권리 보장을 위한 것이어서 목적의 정당성은 인정되나, 그 얼굴 및 수갑 등의 노출을 방지할 만한 조치를 전혀 취하지 아니한 것은 침해의 최소성 원칙을 충족하였다고 볼 수 없어 결국 피의자의 인격권을 침해하였다고 할 것이다.

MGI Point 인격권·행복추구권 ★★

- 태아의 성별 정보에 대한 접근을 국가로부터 방해받지 않을 부모의 권리 ⇨ 일반적 인격권에 의하여 보호
- 임신기간 전 기간에 걸쳐 태아의 성별 고지를 금지하는 법률조항 ⇨ 태아 성별 정보에 대한 접근을 방해받지 않을 권리 등을 침해
- 혼인빙자간음죄 ⇨ 남성의 성적자기결정권 및 사생활의 비밀과 자유를 침해
- 행복추구권 ⇨ 다른 기본권에 대한 보충적 기본권의 성격을 가짐
- 피의자가 조사받는 모습을 촬영할 수 있도록 허용한 행위 ⇨ 목적의 정당성 ×

① (○) ② (○) 헌법 제10조로부터 도출되는 일반적 인격권에는 각 개인이 그 삶을 사적으로 형성할 수 있는 자율영역에 대한 보장이 포함되어 있음을 감안할 때, 장래 가족의 구성원이 될 태아의 성별 정보에 대한 접근을 국가로부터 방해받지 않을 부모의 권리는 이와 같은 일반적 인격권에 의하여 보호된다고 보아야 할 것인바, 이 사건 규정은 일반적 인격권으로부터 나오는 부모의 태아 성별 정보에 대한 접근을 방해받지 않을 권리를 제한하고 있다고 할 것이다. 성별을 이유로 하는 낙태가 임신 기간의 전 기간에 걸쳐 이루어질 것이라는 전제 하에, 이 사건 규정이 낙태가 사실상 불가능하게 되는 임신 후반기에 이르러서도 태아에 대한 성별 정보를 태아의 부모에게 알려 주지 못하게 하는 것은 최소침해성원칙을 위반하는 것이고, 이와 같이 임신 후반기 공익에 대한 보호의 필요성이 거의 제기되지 않는 낙태 불가능 시기 이후에도 의사가 자유롭게 직업수행을 하는 자유를 제한하고, 임부나 그 가족의 태아 성별 정보에 대한 접근을 방해하는 것은 기본권 제한의 법익 균형성 요건도 갖추지 못한 것이다. 따라서 이 사건 규정은 과잉금지원칙을 위반하여 의사의 직업수행의 자유 및 임부나 그 가족이 태아 성별 정보에 대한 접근을 방해받지 않을 권리 등을 침해하고 있으므로 헌법에 위반된다 할 것이다(헌재 2008.07.31. 2004헌마1010 등).
③ (○) 형법 제304조 중 "혼인을 빙자하여 음행의 상습없는 부녀를 기망하여 간음한 자" 부분은 목적의 정당성, 수단의 적절성 및 피해최소성을 갖추지 못하였고 법익의 균형성도 이루지 못하였으므로, 헌법 제37조 제2항의 과잉금지원칙을 위반하여 남성의 성적자기결정권 및 사생활의 비밀과 자유를 침해하는 것으로 헌법에 위반된다(헌재 2009.11.26. 2008헌바58 등).
④ (○) 행복추구권은 다른 기본권에 대한 보충적 기본권으로서의 성격을 지니므로, 공무담임권이라는 우선적으로 적용되는 기본권이 존재하여 그 침해여부를 판단하는 이상, 행복추구권 침해 여부를 독자적으로 판단할 필요가 없다(헌재 2000.12.14. 99헌마112 등).

⑤ (X) 사법경찰관은 기자들에게 청구인이 경찰서 내에서 수갑을 차고 얼굴을 드러낸 상태에서 조사받는 모습을 촬영할 수 있도록 허용하였는데, 청구인에 대한 이러한 수사 장면을 공개 및 촬영하게 할 어떠한 공익 목적도 인정하기 어려우므로 촬영허용행위는 목적의 정당성이 인정되지 아니한다. 피의자의 얼굴을 공개하더라도 그로 인한 피해의 심각성을 고려하여 모자, 마스크 등으로 피의자의 얼굴을 가리는 등 피의자의 신원이 노출되지 않도록 침해를 최소화하기 위한 조치를 취하여야 하는데, 피청구인은 그러한 조치를 전혀 취하지 아니하였으므로 침해의 최소성 원칙도 충족하였다고 볼 수 없다. 또한 촬영허용행위는 언론 보도를 보다 실감나게 하기 위한 목적 외에 어떠한 공익도 인정할 수 없는 반면, 청구인은 피의자로서 얼굴이 공개되어 초상권을 비롯한 인격권에 대한 중대한 제한을 받았고, 촬영한 것이 언론에 보도될 경우 범인으로서의 낙인 효과와 그 파급효는 매우 가혹하여 법익균형성도 인정되지 아니하므로, 촬영허용행위는 과잉금지원칙에 위반되어 청구인의 인격권을 침해하였다(헌재 2014.03.27. 2012헌마652).

정답 ⑤

문 19

자기결정권에 대한 다음 설명 중 가장 옳지 않은 것은? [2018년 28번]

① 형제자매에게 가족관계등록부 등의 기록사항에 관한 증명서 교부청구권을 부여하는 '가족관계의 등록 등에 관한 법률' 제14조 제1항 본문 중 '형제자매' 부분은 과잉금지의 원칙을 위반하여 개인정보자기결정권을 침해한다.
② 배아생성자의 배아에 대한 결정권은 헌법 제10조로부터 도출되는 일반적 인격권의 한 유형으로서의 헌법상 권리이다.
③ 인수자가 없는 시체를 생전의 본인의 의사와는 무관하게 해부용 시체로 제공될 수 있도록 규정한 '시체 해부 및 보존에 관한 법률' 제12조 제1항 본문은 시체처분에 대한 자기결정권을 침해한다.
④ 죽음에 임박한 환자의 '연명치료 중단에 관한 자기결정권'은 헌법상 보장된 기본권이다.
⑤ 개인별로 주민등록번호를 부여하면서 주민등록번호 변경에 관한 규정을 두고 있지 않은 구 주민등록법 제7조는 개인정보자기결정권을 침해하지 않는다.

해설 ★★

① (○) 이 사건 법률조항은 본인이 스스로 증명서를 발급받기 어려운 경우 형제자매를 통해 증명서를 간편하게 발급받게 하고, 친족·상속 등과 관련된 자료를 수집하려는 형제자매가 본인에 대한 증명서를 편리하게 발급받을 수 있도록 하기 위한 것으로, 목적의 정당성 및 수단의 적합성이 인정된다. 그러나 가족관계등록법상 각종 증명서에 기재된 개인정보가 유출되거나 오남용될 경우 정보의 주체에게 가해지는 타격은 크므로 증명서 교부청구권자의 범위는 가능한 한 축소하여야 하는데, 형제자매는 언제나 이해관계를 같이 하는 것은 아니므로 형제자매가 본인에 대한 개인정보를 오남용 또는 유출할 가능성은 얼마든지 있다. 그런데 이 사건 법률조항은 증명서 발급에 있어 형제자매에게 정보주체인 본인과 거의 같은 지위를 부여하고 있으므로, 이는 증명서 교부청구권자의 범위를 필요한 최소한도로 한정한 것이라고 볼 수 없다. 본인은 인터넷을 이용하거나 위임을 통해 각종 증명서를 발급받을 수 있으며, 가족관계등록법 제14조 제1항 단서 각 호에서 일정한 경우에는 제3자도 각종 증명서의 교부를 청구할 수 있으므로 형제자매는 이를 통해 각종 증명서를 발급받을 수 있다. 따라서 이 사건 법률조항은 침해의 최소성에 위배된다. 또한, 이 사건 법률조항을 통해 달성하려는 공익에 비해 초래되는 기본권 제한의 정도가 중대하므로 법익의 균형성도 인정하기 어려워, 이 사건 법률조항은 청구인의 개인정보자기결정권을 침해한다(헌재 2016.06.30. 2015헌마924).

② (○) 배아생성자는 배아에 대해 자신의 유전자정보가 담긴 신체의 일부를 제공하고, 또 배아가 모체에 성공적으로 착상하여 인간으로 출생할 경우 생물학적 부모로서의 지위를 갖게 되므로, 배아의 관리 또는 처분에 대한 결정권을 가진다. 이러한 배아생성자의 배아에 대한 결정권은 헌법상 명문으로 규정되어 있지는 아니하지만, 헌법 제10조로부터 도출되는 일반적 인격권의 한 유형으로서의 헌법상 권리라 할 것이다(헌재 2010.05.27. 2005헌마346).

③ (○) 이 사건 법률조항은 인수자가 없는 시체를 해부용으로 제공될 수 있도록 함으로써 사인(死因)의 조사와 병리학적·해부학적 연구의 기초가 되는 해부용 시체의 공급을 원활하게 하여 국민 보건을 향상시키고 의학 교육 및 연구에 기여하기 위한 것으로서, 그 목적의 정당성 및 수단의 적합성은 인정된다. 최근 5년간 이 사건 법률조항으로 인하여 인수자가 없는 시체를 해부용으로 제공한 사례는 단 1건에 불과하고, 실제로 의과대학이 필요로 하는 해부용 시체는 대부분 시신기증에 의존하고 있어 이 사건 법률조항이 아니더라도 의과대학에서 필요로 하는 해부용 시체는 다른 방법으로 충분히 공급될 수 있다. 그런데 시신 자체의 제공과는 구별되는 장기나 인체조직에 있어서는 본인이 명시적으로 반대하는 경우 이식·채취될 수 없도록 규정하고 있음에도 불구하고, 이 사건 법률조항은 본인이 해부용 시체로 제공되는 것에 대해 반대하는 의사표시를 명시적으로 표시할 수 있는 절차도 마련하지 않고 본인의 의사와는 무관하게 해부용 시체로 제공될 수 있도록 규정하고 있다는 점에서 침해의 최소성 원칙을 충족했다고 보기 어렵고, 실제로 해부용 시체로 제공된 사례가 거의 없는 상황에서 이 사건 법률조항이 추구하는 공익이 사후 자신의 시체가 자신의 의사와는 무관하게 해부용 시체로 제공됨으로써 침해되는 사익보다 크다고 할 수 없으므로 이 사건 법률조항은 청구인의 시체 처분에 대한 자기결정권을 침해한다(헌재 2015.11.26. 2012헌마940).

④ (○) '죽음에 임박한 환자'는 전적으로 기계적인 장치에 의존하여 연명할 수밖에 없고, 전혀 회복가능성이 없는 상태에서 결국 신체의 다른 기능까지 상실되어 기계적인 장치에 의하여서도 연명할 수 없는 상태에 이르기를 기다리고 있을 뿐이므로, '죽음에 임박한 환자'에 대한 연명치료는 의학적인 의미에서 치료의 목적을 상실한 신체침해 행위가 계속적으로 이루어지는 것이라 할 수 있고, 죽음의 과정이 시작되는 것을 막는 것이 아니라 자연적으로는 이미 시작된 죽음의 과정에서의 종기를 인위적으로 연장시키는 것으로 볼 수 있어, 비록 연명치료 중단에 관한 결정 및 그 실행이 환자의 생명단축을 초래한다 하더라도 이를 생명에 대한 임의적 처분으로서 자살이라고 평가할 수 없고, 오히려 인위적인 신체침해 행위에서 벗어나서 자신의 생명을 자연적인 상태에 맡기고자 하는 것으로서 인간의 존엄과 가치에 부합한다 할 것이다. 그렇다면 환자가 장차 죽음에 임박한 상태에 이를 경우에 대비하여 미리 의료인 등에게 연명치료 거부 또는 중단에 관한 의사를 밝히는 등의 방법으로 죽음에 임박한 상태에서 인간으로서의 존엄과 가치를 지키기 위하여 연명치료의 거부 또는 중단을 결정할 수 있다 할 것이고, 위 결정은 헌법상 기본권인 자기결정권의 한 내용으로서 보장된다 할 것이다(헌재 2009.11.26. 2008헌마385).

⑤ (X) 주민등록번호는 표준식별번호로 기능함으로써 개인정보를 통합하는 연결자로 사용되고 있어, 불법 유출 또는 오·남용될 경우 개인의 사생활뿐만 아니라 생명·신체·재산까지 침해될 소지가 크므로 이를 관리하는 국가는 이러한 사례가 발생하지 않도록 철저히 관리하여야 하고, 이러한 문제가 발생한 경우 그로 인한 피해가 최소화되도록 제도를 정비하고 보완하여야 할 의무가 있다. 그럼에도 불구하고 주민등록번호 유출 또는 오·남용으로 인하여 발생할 수 있는 피해 등에 대한 아무런 고려 없이 주민등록번호 변경을 일체 허용하지 않는 것은 그 자체로 개인정보자기결정권에 대한 과도한 침해가 될 수 있다. 비록 국가가 개인정보보호법 등으로 정보보호를 위한 조치를 취하고 있더라도, 여전히 주민등록번호를 처리하거나 수집·이용할 수 있는 경우가 적지 아니하며, 이미 유출되어 발생된 피해에 대해서는 뚜렷한 해결책을 제시해 주지 못하므로, 국민의 개인정보를 충분히 보호하고 있다고 보기 어렵다. 한편, 개별적인 주민등록번호 변경을 허용하더라도 변경 전 주민등록번호와의 연계 시스템을 구축하여 활용한다면 개인식별기능 및 본인 동일성 증명기능에 혼란이 발생할 가능성이 없고, 일정한 요건 하에 객관성과 공정성을 갖춘 기관의심사를 거쳐 변경할 수 있도록 한다면 주민등록번호 변경절차를 악용하려는 시도를 차단할 수 있으며, 사회적으로 큰 혼란을 불러일으키지도 않을 것이다. 따라서 주민등록번호 변경에 관한 규정을 두고 있지 않은 심판대상조항은 과잉금지원칙에 위배되어 개인정보자기결정권을 침해한다(헌재 2015.12.23. 2013헌바68).

정답 ⑤

문 20

생명권에 관한 다음 설명 중 옳은 것을 모두 고른 것은? [2021년 15번]

> ㄱ. 태아도 헌법상 생명권의 주체가 되며, 국가는 헌법 제10조 제2문에 따라 태아의 생명을 보호할 의무가 있다.
> ㄴ. 임신한 여성의 자기낙태를 처벌하는 형법 규정은 임신한 여성의 자기결정권을 침해한다.
> ㄷ. 연명치료 중단, 즉 생명단축에 관한 자기결정 및 그 실행은 생명권 보호의 헌법적 가치와 충돌한다고 볼 수 없고, 오히려 생명권의 한 내용으로서 보장된다.
> ㄹ. '연명치료 중단에 관한 결정권'을 보장하는 방법으로서 '법원의 재판을 통한 규범의 제시'와 '입법' 중 어떤 방법을 선택할 것인지의 문제는 입법부가 결정할 입법정책적 문제이다.
> ㅁ. 사산된 태아에게 불법적인 생명침해로 인한 손해배상청구권을 인정하지 않는 것은 태아의 생명보호를 위한 최소한의 보호조치를 취하여야 할 국가의 생명보호의무를 위반한 것은 아니다.

① ㄱ, ㄴ, ㄷ
② ㄴ, ㄹ, ㅁ
③ ㄱ, ㄴ, ㄹ, ㅁ
④ ㄴ, ㄷ, ㄹ, ㅁ
⑤ ㄱ, ㄴ, ㄷ, ㄹ, ㅁ

MGI Point 생명권 ★★

- 국가는 헌법 제10조에 따라 태아의 생명을 보호할 의무 有
- 자기낙태죄 조항은 임부의 자기결정권 침해 ○
- 생명단축에 관한 자기결정 및 그 실행(연명치료 중단)은 생명권 보호의 헌법적 가치와 충돌
  ⇨ 자기결정권의 한 내용으로서 보장 ○
- '연명치료 중단에 관한 자기결정권'을 보장하는 방법으로서 '법원의 재판을 통한 규범의 제시'와 '입법' 중 어느 것이 바람직한가는 입법정책의 문제 ○
- 사산된 태아에게 불법적인 생명침해로 인한 손해배상청구권을 인정하지 않는 것 ⇨ 국가의 기본권보호의무 위반 ×

ㄱ. (○) 인간의 생명은 고귀하고, 이 세상에서 무엇과도 바꿀 수 없는 존엄한 인간 존재의 근원이다. 이러한 생명에 대한 권리, 즉 생명권은 비록 헌법에 명문의 규정이 없다 하더라도 인간의 생존본능과 존재목적에 바탕을 둔 선험적이고 자연법적인 권리로서 헌법에 규정된 모든 기본권의 전제로서 기능하는 기본권 중의 기본권이다. 모든 인간은 헌법상 생명권의 주체가 되며, 형성 중의 생명인 태아에게도 생명에 대한 권리가 인정되어야 한다. 따라서 태아도 헌법상 생명권의 주체가 되며, 국가는 헌법 제10조에 따라 태아의 생명을 보호할 의무가 있다(헌재 2008.07.31. 2004헌바81).

ㄴ. (○) 자기낙태죄 조항은 여성이 임신·출산을 할 것인지 여부와 그 시기 등을 결정할 자유를 제약하여 여성의 자기운명결정권을 제한하고, 임신 초기에 안전한 임신중절수술을 받지 못하게 하여 임신한 여성의 건강권을 제한한다. 또한 원치 않은 임신의 유지와 출산을 강제하여 임신한 여성의 생물학적, 정신적 건강을 훼손함으로써 신체의 완전성에 관한 권리와 모성을 보호받을 권리를 제한하고, 원치 않은 임신 및 출산에 대한 부담을 여성에게만 부과하므로 평등권을 제한한다. 태아는 그 생존과 성장을 전적으로 모체에 의존하므로, 태아가 모와 별개의 생명체로서 모와 동등한 수준의 생명이라고 볼 수 없다. 따라서 태아는 생명권의 주체가 될 수 없다. 낙태를 처벌하는지 여부는 임신중단의 결정에 영향을 미치지 못하고, 현실적으로 낙태에 대한 처벌이 거의 이루어지지 않으므로, 자기낙태죄 조항은 태아의 생명, 임신한 여성의 생명과 신체를 보호하기

위한 적절한 수단이 될 수 없다. 임신한 여성의 모든 낙태가 일률적으로 처벌되고 있고, 모자보건법에 규정된 처벌의 예외도 그 범위가 지나치게 좁으므로, 자기낙태죄 조항은 과잉금지원칙에 위반되어 임신한 여성의 자기결정권, 건강권, 신체의 완전성에 관한 권리, 모성을 보호받을 권리, 평등권 등을 침해한다(헌재 2019.04.11. 2017헌바127).

ㄷ. (X) '연명치료 중단, 즉 생명단축에 관한 자기결정'은 '생명권 보호'의 헌법적 가치와 충돌하므로 '연명치료 중단에 관한 자기결정권'의 인정 여부가 문제되는 '죽음에 임박한 환자'란 '의학적으로 환자가 의식의 회복가능성이 없고 생명과 관련된 중요한 생체기능의 상실을 회복할 수 없으며 환자의 신체상태에 비추어 짧은 시간 내에 사망에 이를 수 있음이 명백한 경우', 즉 '회복 불가능한 사망의 단계'에 이른 경우를 의미한다 할 것이다. … 그렇다면 환자가 장차 죽음에 임박한 상태에 이를 경우에 대비하여 미리 의료인 등에게 연명치료 거부 또는 중단에 관한 의사를 밝히는 등의 방법으로 죽음에 임박한 상태에서 인간으로서의 존엄과 가치를 지키기 위하여 연명치료의 거부 또는 중단을 결정할 수 있다 할 것이고, 위 결정은 헌법상 기본권인 자기결정권의 한 내용으로서 보장된다 할 것이다(헌재 2009.11.26. 2008헌마385).

ㄹ. (○) … 또한 '연명치료 중단에 관한 자기결정권'을 보장하는 방법으로서 '법원의 재판을 통한 규범의 제시'와 '입법' 중 어느 것이 바람직한가는 입법정책의 문제로서 국회의 재량에 속한다 할 것이다. 그렇다면 헌법해석상 '연명치료 중단 등에 관한 법률'을 제정할 국가의 입법의무가 명백하다고 볼 수 없다(헌재 2009.11.26. 2008헌마385).

ㅁ. (○) 입법자는 형법과 모자보건법 등 관련규정들을 통하여 태아의 생명에 대한 직접적 침해위험을 규범적으로 충분히 방지하고 있으므로, 이 사건 법률조항들이 태아가 사산한 경우에 한해서 태아 자신에게 불법적인 생명침해로 인한 손해배상청구권을 인정하지 않고 있다고 하여 단지 그 이유만으로 입법자가 태아의 생명보호를 위해 국가에게 요구되는 최소한의 보호조치마저 취하지 않은 것이라 비난할 수 없다. … 그렇다면 이 사건 법률조항들이 권리능력의 존재 여부를 출생 시를 기준으로 확정하고 태아에 대해서는 살아서 출생할 것을 조건으로 손해배상청구권을 인정한다 할지라도 이러한 입법적 태도가 입법형성권의 한계를 명백히 일탈한 것으로 보기는 어려우므로 이 사건 법률조항들이 국가의 생명권 보호의무를 위반한 것이라 볼 수 없다(헌재 2008.07.31. 2004헌바81).

정답 ③

문 21

생명권에 관한 다음 설명 중 가장 옳지 않은 것은?(다툼이 있는 경우 헌법재판소 판례에 의함) [2017년 19번]

① 우리 헌법에는 생명권에 관한 명문 규정을 두고 있지 않지만 헌법재판소는 생명권을 기본권 중의 기본권으로 인정하고 있다.
② 헌법재판소는 사형제도가 합헌이라고 판단하고 있고, 우리 헌법은 사형제도를 간접적으로나마 인정하고 있다.
③ 국가는 헌법 제10조에 따라 태아의 생명을 보호할 의무가 있지만, 태아가 헌법상 생명권의 주체가 된다고는 할 수 없다.
④ 출생하지 않은 태아에 대하여 태아 상태에서 생명이 침해된 경우에 손해배상청구권이 부정된다고 하여 단지 그 이유만으로 입법자가 태아의 생명보호를 위해 국가에게 요구되는 최소한의 보호조치마저 취하지 않은 것이라고는 할 수 없다.

⑤ 연명치료 중단에 관한 자기결정권은 헌법상 보장된 기본권이지만, 헌법해석상 연명치료 중단 등에 관한 법률을 제정할 국가의 입법의무가 명백하다고 볼 수 없으므로 환자 본인이 그러한 입법부작위의 위헌확인에 관하여 헌법소원 심판청구를 제기한 것은 부적법하다.

해설 ★★

① (○) 우리 헌법에는 생명권에 관한 명문규정은 없지만, 헌법 제10조에서 규정하는 인간의 존엄과 가치는 인간 생명의 존엄성과 분리하여 생각할 수 없고, 헌법 제12조 제1항이 정하는 신체의 자유는 생명이 있는 신체를 전제로 하며, 헌법 제37조 제1항에 따라 헌법에 열거되지 아니한 자유와 권리도 경시되어서는 아니 되므로, 생명권은 우리 헌법상 인정되는 기본권 중 가장 중요한 기본권이라고 할 것이다(헌재 2010.02.25. 2008헌가23).

② (○) 사형제도는 우리 헌법이 적어도 간접적으로나마 인정하고 있는 형벌의 한 종류일 뿐만 아니라, 사형제도가 생명권 제한에 있어서 헌법 제37조 제2항에 의한 헌법적 한계를 일탈하였다고 볼 수 없는 이상, 범죄자의 생명권 박탈을 내용으로 한다는 이유만으로 곧바로 인간의 존엄과 가치를 규정한 헌법 제10조에 위배된다고 할 수 없으며, 사형제도는 형벌의 경고기능을 무시하고 극악한 범죄를 저지른 자에 대하여 그 중한 불법 정도와 책임에 상응하는 형벌을 부과하는 것으로서 범죄자가 스스로 선택한 잔악무도한 범죄행위의 결과인바, 범죄자를 오로지 사회방위라는 공익 추구를 위한 객체로만 취급함으로써 범죄자의 인간으로서의 존엄과 가치를 침해한 것으로 볼 수 없다. 한편 사형을 선고하거나 집행하는 법관 및 교도관 등이 인간적 자책감을 가질 수 있다는 이유만으로 사형제도가 법관 및 교도관 등의 인간으로서의 존엄과 가치를 침해하는 위헌적인 형벌제도라고 할 수는 없다(헌재 2010.02.25. 2008헌가23).

③ (X) 태아도 헌법상 생명권의 주체가 되며, 국가는 헌법 제10조에 따라 태아의 생명을 보호할 의무가 있다(헌재 2008.07.31. 2004헌바81).

④ (○) 입법자는 형법과 모자보건법 등 관련규정들을 통하여 태아의 생명에 대한 직접적 침해위험을 규범적으로 충분히 방지하고 있으므로, 이 사건 법률조항들이 태아가 사산한 경우에 한해서 태아 자신에게 불법적인 생명침해로 인한 손해배상청구권을 인정하지 않고 있다고 하여 단지 그 이유만으로 입법자가 태아의 생명보호를 위해 국가에게 요구되는 최소한의 보호조치마저 취하지 않은 것이라 비난할 수 없다(헌재 2008.07.31. 2004헌바81).

⑤ (○) [1] 연명치료 중단에 관한 결정 및 그 실행이 환자의 생명단축을 초래한다 하더라도 이를 생명에 대한 임의적 처분으로서 자살이라고 평가할 수 없고, 오히려 인위적인 신체침해 행위에서 벗어나서 자신의 생명을 자연적인 상태에 맡기고자 하는 것으로서 인간의 존엄과 가치에 부합한다 할 것이다. 그렇다면 환자가 장차 죽음에 임박한 상태에 이를 경우에 대비하여 미리 의료인 등에게 연명치료 거부 또는 중단에 관한 의사를 밝히는 등의 방법으로 죽음에 임박한 상태에서 인간으로서의 존엄과 가치를 지키기 위하여 연명치료의 거부 또는 중단을 결정할 수 있다 할 것이고, 위 결정은 헌법상 기본권인 자기결정권의 한 내용으로서 보장된다 할 것이다. [2] 헌법해석상 '연명치료 중단 등에 관한 법률'을 제정할 국가의 입법의무가 명백하다고 볼 수 없다. 결국 환자 본인이 제기한 '연명치료 중단 등에 관한 법률'의 입법부작위의 위헌확인에 관한 헌법소원 심판청구는 국가의 입법의무가 없는 사항을 대상으로 한 것으로서 헌법재판소법 제68조 제1항 소정의 '공권력의 불행사'에 대한 것이 아니므로 부적법하다(헌재 2009.11.26. 2008헌마385).

정답 ③

문 22

인간의 존엄과 가치 및 행복추구권에 관한 다음 설명 중 가장 옳지 않은 것은?(다툼이 있는 경우 헌법재판소 판례에 의함) [2017년 22번]

① 일반적 행동자유권은 모든 행위를 할 자유와 행위를 하지 않을 자유로 가치 있는 행동만 그 보호영역으로 하는 것은 아니므로, 그 보호영역에는 개인의 생활방식과 취미에 관한 사항도 포함되고, 여기에는 위험한 스포츠를 즐길 권리와 같은 위험한 생활방식으로 살아갈 권리도 포함된다.
② 환자가 장차 죽음에 임박한 상태에 이를 경우에 대비하여 미리 의료인 등에게 연명치료 거부 또는 중단에 관한 의사를 밝히는 등의 방법으로 죽음에 임박한 상태에서 인간으로서의 존엄과 가치를 지키기 위하여 연명치료의 거부 또는 중단을 결정할 수 있고, 위 결정은 헌법상 기본권인 자기결정권의 한 내용으로서 보장된다.
③ 원치 않으면 계약을 체결하지 않을 자유도 계약자유의 원칙에 속하며, 이는 헌법상 행복추구권 속에 함축된 일반적 행동자유권으로부터 파생되는 것이다.
④ 수정이 된 배아이지만 아직 모체에 착상되거나 원시선이 나타나기 이전인 초기배아에 대하여 국가의 보호필요성은 인정하면서도 기본권 주체성은 인정하기 어렵다.
⑤ 행복추구권과 기타 개별 기본권이 경합하는 경우에도 행복추구권 침해 여부에 대하여 독자적으로 판단하여야 한다.

해설 ★★★

① (○) 일반적 행동자유권은 모든 행위를 할 자유와 행위를 하지 않을 자유로 가치 있는 행동만 그 보호영역으로 하는 것은 아닌 것으로, 그 보호영역에는 개인의 생활방식과 취미에 관한 사항도 포함되며, 여기에는 위험한 스포츠를 즐길 권리와 같은 위험한 생활방식으로 살아갈 권리도 포함된다(헌재 2003.10.30. 2002헌마518).

② (○) 환자가 장차 죽음에 임박한 상태에 이를 경우에 대비하여 미리 의료인 등에게 연명치료 거부 또는 중단에 관한 의사를 밝히는 등의 방법으로 죽음에 임박한 상태에서 인간으로서의 존엄과 가치를 지키기 위하여 연명치료의 거부 또는 중단을 결정할 수 있다 할 것이고, 위 결정은 헌법상 기본권인 자기결정권의 한 내용으로서 보장된다 할 것이다(헌재 2009.11.26. 2008헌마385).

③ (○) 이른바 계약자유의 원칙이란 계약을 체결할 것인가의 여부, 체결한다면 어떠한 내용의, 어떠한 상대방과의 관계에서, 어떠한 방식으로 계약을 체결하느냐 하는 것도 당사자 자신이 자기의사로 결정하는 자유뿐만 아니라, 원치 않으면 계약을 체결하지 않을 자유를 말하여, 이는 헌법상의 행복추구권속에 함축된 일반적 행동자유권으로부터 파생되는 것이라 할 것이다(헌재 1991.06.03. 89헌마204).

④ (○) 초기배아는 수정이 된 배아라는 점에서 형성 중인 생명의 첫걸음을 떼었다고 볼 여지가 있기는 하나 아직 모체에 착상되거나 원시선이 나타나지 않은 이상 현재의 자연과학적 인식 수준에서 독립된 인간과 배아 간의 개체적 연속성을 확정하기 어렵다고 봄이 일반적이라는 점, 배아의 경우 현재의 과학기술 수준에서 모태 속에서 수용될 때 비로소 독립적인 인간으로의 성장가능성을 기대할 수 있다는 점, 수정 후 착상 전의 배아가 인간으로 인식된다거나 그와 같이 취급하여야 할 필요성이 있다는 사회적 승인이 존재한다고 보기 어려운 점 등을 종합적으로 고려할 때, 기본권 주체성을 인정하기 어렵다. 오늘날 생명공학 등의 발전과정에 비추어 인간의 존엄과 가치가 갖는 헌법적 가치질서로서의 성격을 고려할 때 인간으로 발전할 잠재성을 갖고 있는 초기배아라는 원시생명체에 대하여도 위와 같은 헌법적 가치가 소홀히 취급되지 않도록 노력해야 할 국가의 보호의무가 있음을 인정하지 않을 수 없다 할 것이다(헌재 2010.05.27. 2005헌마346).

⑤ (×) 행복추구권은 다른 기본권에 대한 보충적 기본권으로서의 성격을 지니고, 특히 어떠한 법령이 수범자의 직업의 자유와 행복추구권 양자를 제한하는 외관을 띠는 경우 두 기본권의 경합 문제가 발생하는데, 보호영역으로서 '직업'이 문제되는 경우 행복추구권과 직업의 자유는 서로 일반특별관계에 있으므로, 이 사건에 있어서 청구인들의 직업의 자유에 대한 침해 여부를 판단한 이상, 행복추구권의 침해 여부를 독자적으로 판단할 필요가 없다고 할 것이다(헌재 2008.11.27. 2005헌마161).

정답 ⑤

문 23

행복추구권에 관한 다음 설명 중 가장 옳지 않은 것은?(다툼이 있는 경우 헌법재판소 판례에 의함) [2016년 17번]

① 헌법 제10조는 개인의 인격권과 행복추구권을 보장하고 있고, 인격권과 행복추구권은 개인의 자기운명결정권을 전제로 한다. 이 자기운명결정권에는 성행위 여부 및 그 상대방을 결정할 수 있는 성적 자기결정권이 포함되어 있다.

② 환자가 장차 죽음에 임박한 상태에 이를 경우에 대비하여 미리 의료인 등에게 연명치료 거부 또는 중단에 관한 의사를 밝히는 등의 방법으로 죽음에 임박한 상태에서 인간으로서의 존엄과 가치를 지키기 위하여 연명치료의 거부 또는 중단을 결정할 수 있다 할 것이고, 위 결정은 헌법상 기본권인 자기결정권의 한 내용으로서 보장된다.

③ 헌법 제10조의 행복추구권은 국민이 행복을 추구하기 위하여 필요한 급부를 국가에게 적극적으로 요구할 수 있는 것을 내용으로 하는 것이 아니라, 국민이 행복을 추구하기 위한 활동을 국가권력의 간섭없이 자유롭게 할 수 있다는 포괄적인 의미의 자유권으로서의 성격을 가진다.

④ 헌법 제10조로부터 도출되는 일반적 인격권에는 각 개인이 그 삶을 사적으로 형성할 수 있는 자율영역에 대한 보장이 포함되어 있음을 감안할 때, 장래 가족의 구성원이 될 태아의 성별 정보에 대한 접근을 국가로부터 방해받지 않을 부모의 권리는 이와 같은 일반적 인격권에 의하여 보호된다.

⑤ 일반적 행동자유권은 개인이 행위를 할 것인가의 여부에 대하여 자유롭게 결단하는 것을 전제로 하여 이성적이고 책임감 있는 사람이라면 자기에 관한 사항은 스스로 처리할 수 있을 것이라는 생각에서 인정되는 것이므로, 가치있는 행동만 그 보호영역으로 하며 위험한 스포츠를 즐길 권리와 같은 위험한 생활방식으로 살아갈 권리는 그 보호영역에 포함되지 않는다.

해설 ★★

① (○) 헌법 제10조는 "모든 국민은 인간으로서의 존엄과 가치를 가지며, 행복을 추구할 권리를 가진다. 국가는 개인이 가지는 불가침의 기본적 인권을 확인하고 이를 보장할 의무를 진다."라고 규정하여 개인의 인격권과 행복추구권을 보장하고 있다. 개인의 인격권·행복추구권에는 개인의 자기운명결정권이 전제되는 것이고, 이 자기운명결정권에는 성행위 여부 및 그 상대방을 결정할 수 있는 성적(性的) 자기결정권이 포함되어 있다(헌재 2009.11.26. 2008헌바58).

② (○) '죽음에 임박한 환자'에 대한 연명치료는 의학적인 의미에서 치료의 목적을 상실한 신체침해 행위가 계속적으로 이루어지는 것이라 할 수 있고, 죽음의 과정이 시작되는 것을 막는 것이 아니라 자연적으로는 이미 시작된 죽음의 과정에서의 종기를 인위적으로 연장시키는 것으로 볼 수 있어, 비록 연명치료 중단에 관한 결정 및 그 실행이 환자의 생명단축을 초래한다 하더라도 이를 생명에 대한 임의적 처분으로서 자살이라고 평가할

수 없고, 오히려 인위적인 신체침해 행위에서 벗어나서 자신의 생명을 자연적인 상태에 맡기고자 하는 것으로서 인간의 존엄과 가치에 부합한다 할 것이다. 그렇다면 환자가 장차 죽음에 임박한 상태에 이를 경우에 대비하여 미리 의료인 등에게 연명치료 거부 또는 중단에 관한 의사를 밝히는 등의 방법으로 죽음에 임박한 상태에서 인간으로서의 존엄과 가치를 지키기 위하여 연명치료의 거부 또는 중단을 결정할 수 있다 할 것이고, 위 결정은 헌법상 기본권인 자기결정권의 한 내용으로서 보장된다 할 것이다(헌재 2009.11.26. 2008헌마385).

③ (○) 헌법 제10조의 행복추구권은 국민이 행복을 추구하기 위하여 필요한 급부를 국가에게 적극적으로 요구할 수 있는 것을 내용으로 하는 것이 아니라, 국민이 행복을 추구하기 위한 활동을 국가권력의 간섭 없이 자유롭게 할 수 있다는 포괄적인 의미의 자유권으로서의 성격을 가지는 것이다(헌재 2007.03.29. 2004헌마207).

④ (○) 헌법 제10조로부터 도출되는 일반적 인격권에는 각 개인이 그 삶을 사적으로 형성할 수 있는 자율영역에 대한 보장이 포함되어 있음을 감안할 때, 장래 가족의 구성원이 될 태아의 성별 정보에 대한 접근을 국가로부터 방해받지 않을 부모의 권리는 이와 같은 일반적 인격권에 의하여 보호된다고 보아야 할 것이다(헌재 2008.07.31. 2004헌마1010).

⑤ (X) 일반적 행동자유권은 모든 행위를 할 자유와 행위를 하지 않을 자유로 가치 있는 행동만 그 보호영역으로 하는 것은 아닌 것으로, 그 보호영역에는 개인의 생활방식과 취미에 관한 사항도 포함되며, 여기에는 위험한 스포츠를 즐길 권리와 같은 위험한 생활방식으로 살아갈 권리도 포함된다(헌재 2003.10.30. 2002헌마518).

정답 ⑤

문 24

행복추구권 내지 일반적 행동자유권에 관한 다음 설명 중 가장 옳지 않은 것은? [2019년 18번]

① 무면허의료행위라 할지라도 지속적인 소득활동이 아니라 취미, 일시적 활동 또는 무상의 봉사활동으로 삼는 경우에는 일반적 행동자유권의 보호영역에 포섭된다.

② 결혼식 하객들에게 주류와 음식물을 접대하는 행위는 인류의 오래된 보편적인 사회생활의 한 모습으로 일반적 행동자유권의 보호대상이다.

③ 인수자가 없는 시체를 생전의 본인의 의사와는 무관하게 해부용 시체로 제공될 수 있도록 규정한 시체 해부 및 보존에 관한 법률 조항이 시체의 처분에 대한 자기결정권을 침해하여 헌법에 위반되는 것은 아니다.

④ 비어업인이 잠수용 스쿠버장비를 사용하여 수산자원을 포획·채취하는 것을 금지하는 수산자원관리법 시행규칙 조항은 일반적 행동의 자유를 제한한다.

⑤ 카메라 등을 이용하여 성적 욕망 또는 수치심을 유발할 수 있는 다른 사람의 신체를 그 의사에 반하여 촬영하는 행위를 처벌하는 성폭력범죄의 처벌 등에 관한 특례법 조항은 과잉금지원칙에 위배되어 일반적 행동자유권을 침해하지 않는다.

MGI Point 행복추구권 내지 일반적 행동자유권 ★★

- 의료인 아닌 자의 의료행위를 금지하는 의료법 제25조 제1항 본문 전단부분에 의하여 제한되는 기본권
  - 의료행위를 개인의 경제적 소득활동의 기반이자 자아실현의 근거로 삼는 경우 ⇨ 직업선택의 자유 제한
  - 의료행위를 취미, 일시적 활동 또는 무상의 봉사활동으로 삼는 경우 ⇨ 일반적 행동의 자유 제한
- 하객들에 대한 음식접대 ⇨ 일반적 행동자유권으로 인정
- 인수자가 없는 시체를 생전의 본인의 의사와는 무관하게 해부용 시체로 제공될 수 있도록 규정한 시체 해부 및 보존에 관한 법률 ⇨ 시체처분에 대한 자기결정권 침해

- 비어업인이 잠수용 스쿠버장비를 사용하여 수산자원을 포획·채취하는 것을 금지하는 수산자원관리법 시행규칙
  ⇨ 일반적 행동자유권 제한, but 침해 ×
- 카메라 등을 이용하여 성적 욕망 또는 수치심을 유발할 수 있는 다른 사람의 신체를 그 의사에 반하여 촬영하는 행위를 처벌하는 성폭력범죄의 처벌 등에 관한 특례법 조항 ⇨ 일반적 행동자유권 침해 ×

① (○) 이 사건 법률조항은 '의료행위'를 개인의 경제적 소득활동의 기반이자 자아실현의 근거로 삼으려는 청구인의 기본권, 즉 직업선택의 자유를 제한하거나, 또는 청구인이 의료행위를 지속적인 소득활동이 아니라 취미, 일시적 활동 또는 무상의 봉사활동으로 삼는 경우에는 헌법 제10조의 행복추구권에서 파생하는 일반적 행동의 자유를 제한하는 규정이다(헌재 2002.12.18. 2001헌마370).

② (○) 결혼식 등의 당사자가 자신을 축하하러 온 하객들에게 주류와 음식물을 접대하는 행위는 인류의 오래된 보편적인 사회생활의 한 모습으로서 개인의 일반적인 행동의 자유 영역에 속하는 행위이므로 이는 헌법 제37조 제1항에 의하여 경시되지 아니하는 기본권이며 헌법 제10조가 정하고 있는 행복추구권에 포함되는 일반적 행동자유권으로서 보호되어야 할 기본권이다(헌재 1998.10.15. 98헌마168).

③ (X) 이 사건 법률조항은 인수자가 없는 시체를 해부용으로 제공될 수 있도록 함으로써 사인의 조사와 병리학적·해부학적 연구의 기초가 되는 해부용 시체의 공급을 원활하게 하여 국민 보건을 향상시키고 의학 교육 및 연구에 기여하기 위한 것으로서, 그 목적의 정당성 및 수단의 적합성은 인정된다. 최근 5년간 이 사건 법률조항으로 인하여 인수자가 없는 시체를 해부용으로 제공한 사례는 단 1건에 불과하고, 실제로 의과대학이 필요로 하는 해부용 시체는 대부분 시신기증에 의존하고 있어 이 사건 법률조항이 아니더라도 의과대학에서 필요로 하는 해부용 시체는 다른 방법으로 충분히 공급될 수 있다. 그런데 시신 자체의 제공과는 구별되는 장기나 인체조직에 있어서는 본인이 명시적으로 반대하는 경우 이식·채취될 수 없도록 규정하고 있음에도 불구하고, 이 사건 법률조항은 본인이 해부용 시체로 제공되는 것에 대해 반대하는 의사표시를 명시적으로 표시할 수 있는 절차도 마련하지 않고 본인의 의사와는 무관하게 해부용 시체로 제공될 수 있도록 규정하고 있다는 점에서 침해의 최소성 원칙을 충족했다고 보기 어렵고, 실제로 해부용 시체로 제공된 사례가 거의 없는 상황에서 이 사건 법률조항이 추구하는 공익이 사후 자신의 시체가 자신의 의사와는 무관하게 해부용 시체로 제공됨으로써 침해되는 사익보다 크다고 할 수 없으므로 이 사건 법률조항은 청구인의 시체 처분에 대한 자기결정권을 침해한다(헌재 2015.11.26. 2012헌마940).

④ (○) 이 사건 규칙조항은 수산자원을 유지·보존하고 어업인들의 재산을 보호함으로써, 단기적으로는 어업인의 생계를 보장하고 장기적으로는 수산업의 생산성을 향상시키고자 함에 그 목적이 있는바 이러한 입법목적에는 정당성이 인정되며, 비어업인이 잠수용 스쿠버장비를 사용하여 수산자원을 포획·채취하는 것을 금지하는 것은 이러한 입법목적을 달성하기 위한 적절한 수단이다. 잠수용 스쿠버장비를 사용하여 잠수하는 경우에는 해수면 상에서 잠수여부를 쉽게 확인할 수 없고, 잠수시간이 길어 단속을 쉽게 피할 수 있으므로, 잠수용 스쿠버장비의 사용을 허용하면서 구체적인 행위태양이나 포획·채취한 수산자원의 종류와 양, 포획·채취가 이루어진 지역 등을 통제하는 것은 현실적으로 거의 불가능하다. 그리고 여가생활 또는 오락으로 잠수용 스쿠버다이빙을 즐기면서 수산자원을 포획하거나 채취하지 못함으로 인하여 청구인이 입는 불이익에 비해 수산자원을 보호해야 할 공익은 현저히 크다고 할 것이므로, 이 사건 규칙조항은 침해의 최소성과 법익의 균형성도 갖추었다. 따라서 이 사건 규칙조항은 청구인의 일반적 행동의 자유를 침해하지 아니한다(헌재 2016.10.27. 2013헌마450).

⑤ (○) 심판대상조항은 최근 사회적으로 물의가 되고 있는 '몰래카메라'의 폐해를 방지하기 위한 것으로서, '자신의 신체를 함부로 촬영당하지 않을 자유' 등 인격권을 보호하는 것을 목적으로 한다. 최근의 급격한 기술발전에 따라 카메라등이용촬영죄의 피해자가 입는 피해는 매우 심각하므로, 민사상 손해배상청구, 과태료 등은 그 피해를 방지하기 위한 적절한 대체수단으로 볼 수 없다. 심판대상조항은 사회통념에 비추어 성적 수치심이나 혐오감을 일으키는 촬영행위만을 처벌하고 있고, '성적 욕망 또는 수치심'은 법원이 제시한 해석기준에 따라 엄격한 요건을 충족한 경우에만 인정되며, 촬영대상자의 승낙이 있는 경우에는 처벌대상에서 제외함으로써, 심판대상조항으로 인한 처벌 범위를 합리적으로 제한하고 있다. 구 성폭력처벌법상 다른 범죄의 법정형과 비교해 볼 때 심판대상조항이 입법재량의 한계를 일탈하였다고 보이지는 않고, 심판대상조항은 법

정형의 하한을 두고 있지 아니하므로 행위의 개별성에 맞추어 책임에 부합하는 형을 선고하는 것이 가능하다. 심판대상조항으로 행위자는 구성요건의 엄격한 해석 하에 일반적 행동자유권을 제한받는 데 반하여, 이를 통해 피해자 개인의 '함부로 촬영당하지 않을 자유'를 보호하고 사회일반의 건전한 성적 풍속 및 성도덕을 보호하며 공공의 혐오감과 불쾌감을 방지할 수 있으므로, 결국 보호하여야 할 공익이 더욱 크다고 할 수 있다. 따라서 심판대상조항이 과잉금지원칙에 위배되어 청구인의 일반적 행동자유권을 침해한다고 볼 수 없다(헌재 2017.06.29. 2015헌바243).

정답 ③

제❷절 | 평등권·평등원칙

문 15

평등권에 관한 다음 설명 중 가장 옳지 않은 것은?[2023년 12번]

① '독립유공자 예우에 관한 법률'(2014. 5. 21. 법률 제12668호로 개정된 것) 제12조 제2항 단서 제1호 중 보상금을 받을 권리가 다른 손자녀에게 이전되지 않도록 하는 것에 관한 부분은 평등권을 침해하지 않는다.
② 1945년 8월 15일 이후에 사망한 독립유공자의 유족으로 최초로 등록할 당시 자녀까지 모두 사망하거나 생존 자녀가 보상금을 지급받지 못하고 사망한 경우에 한하여 독립유공자의 손자녀 1명에게 보상금을 지급하도록 하는 '독립유공자예우에 관한 법률'은 독립유공자의 사망시기를 기준으로 보상금 지급을 달리하여 평등권을 침해한다.
③ 6·25전몰군경자녀에게 6·25전몰군경자녀수당을 지급하면서 그 수급권자를 6·25전몰군경자녀 중 1명에 한정하고, 나이가 많은 자를 우선하도록 정한 구 '국가유공자 등 예우 및 지원에 관한 법률'은 나이가 적은 6·25전몰군경자녀의 평등권을 침해한다.
④ 6·25전몰군경자녀수당의 지급 대상자를 '1953년 7월 27일 이전 및 「참전유공자 예우 및 단체 설립에 관한 법률」 별표에 따른 전투기간 중 전사한 군경'의 자녀로 설정함으로써 결과적으로 '위 전투기간 중 부상 후 사망한 군경'의 자녀와의 사이에 차별적 취급이 발생하였다고 하더라도 이에 대한 합리적인 이유를 확인할 수 있어 평등의 원칙에 위배되지 아니한다.
⑤ 현역병 및 사회복무요원과 달리 공무원의 초임호봉 획정에 인정되는 경력에 산업기능요원의 경력을 제외하도록 한 공무원보수규정은 산업기능요원의 평등권을 침해하지 않는다.

MGI Point **평등권** ★★★

- 독립유공자예우에 관한 법률상 보상금을 받을 권리가 다른 손자녀에게 이전되지 않도록 하는 것 ⇨ 평등권 침해×
- 사망시기를 1945년 8월 15일 이전과 이후로 나눠 독립유공자 손자녀의 보상금지급청구권 성립요건에 차등을 두는 것 ⇨ 평등권 침해×
- 6·25전몰군경자녀수당을 지급하면서 그 수급권자를 6·25전몰군경자녀 중 1명에 한정하고, 나이가 많은 자를 우선하도록 정한 것 ⇨ 평등권 침해
- 6·25전몰군경자녀수당의 지급 대상자를 전투기간 중 전사한 군경으로 한정한 것 ⇨ 평등권 침해×
- 공무원의 초임호봉 획정에 인정되는 경력에 산업기능요원의 경력을 제외하는 것 ⇨ 평등권 침해×

① (○) '독립유공자예우에 관한 법률'(2014. 5. 21. 법률 제12668호로 개정된 것) 제12조 제2항 단서 제1호 중 보상금을 받을 권리가 다른 손자녀에게 이전되지 않도록 하는 것에 관한 부분(이하 '심판대상조항'이라 한다)이 청구인의 평등권을 침해하지 않는다(헌법재판소 2020. 3. 26. 2018헌마331 전원재판부 결정).

② (X) 1945년 8월 14일 이전에 사망한 독립유공자는 희생의 정도가 큰 데 반해 독립유공자 본인은 물론 그 자녀들까지 보상금을 지급받지 못한 경우가 많다. 따라서 독립유공자의 사망 시기를 기준으로 손자녀에 대한 보상금의 요건을 달리 정한 것이 불합리한 차별을 야기한다고 보기는 어렵다. 또한 심판대상조항 각목의 취지는 유족 간 형평을 고려하여 예외적으로 손자녀에게 보상금 지급의 기회를 열어주고자 하는 것으로서 합리적 이유가 있다. 따라서 심판대상조항이 1945년 8월 15일 이후에 사망한 독립유공자의 손자녀에 대하여 최초 등록 시 독립유공자 자녀의 사망 여부 또는 보상금 수령 여부를 기준으로 보상금 지급 여부를 달리 취급하는 것은 평등권을 침해하지 않는다(헌법재판소 2022. 1. 27. 2020헌마594 전원재판부 결정).

③ (○) 이 사건 법률조항은 국가가 국가유공자의 유족인 6·25전몰군경자녀에게 이 사건 수당을 지급함에 있어 합리적인 이유 없이 그 수급권자의 수를 자녀 중 1명으로 한정하고, 수급권자의 수를 확대할 수 있는 어떠한 예외도 두지 않고 있으며, 6·25전몰군경자녀 중 나이가 많은 자와 그렇지 않은 자를 합리적 이유 없이 차별하여 나이가 많은 자에게 우선하여 이 사건 수당을 지급하고 있으므로, 나이가 적은 6·25전몰군경자녀의 평등권을 침해하여 헌법에 위반된다(헌법재판소 2021. 3. 25. 2018헌가6 전원재판부 결정).

④ (○) 6·25전쟁에 참전하여 전투 중 전사하거나 부상을 입은 군경들 중에서도 '이 사건 전투기간 중에 전사한 군경'의 자녀는 다른 경우에 비하여 희생의 정도 및 사회·경제적인 어려움에 처했을 가능성이 더 크고 추가적인 보상의 필요성도 더 절실하다고 볼 수 있으므로, 심판대상조항이 6·25전몰군경자녀수당의 지급 대상자를 '이 사건 전투기간 중 전사한 군경'의 자녀로 설정함으로써 결과적으로 '이 사건 전투기간 중 부상 후 사망한 군경'의 자녀와의 사이에 차별적 취급이 발생하였다고 하더라도 이에 대한 합리적인 이유를 확인할 수 있어 평등의 원칙에 위배되지 아니한다(헌법재판소 2018. 11. 29. 2017헌바252 전원재판부 결정).

⑤ (○) 심판대상조항은 병역의무로 인하여 본인의 의사와 관계없이 징집·소집되어 적정한 보수를 받지 못하고 공무수행으로 복무한 기간을 공무원 초임호봉에 반영함으로써, 상대적으로 열악한 환경에서 병역의무를 이행한 공로를 금전적으로 보상하고자 함에 그 취지가 있다. 그런데 사회복무요원은 공익 수행을 목적으로 한 제도로, 그 직무가 공무수행으로 인정되고, 본인의사에 관계없이 소집되며, 현역병에 준하는 최소한의 보수만 지급됨에 반하여, 산업기능요원은 국가산업 육성을 목적으로 한 제도로, 그 직무가 공무수행으로 인정되지 아니하고, 본인의사에 따라 편입 가능하며, 근로기준법 및 최저임금법의 적용을 받는다. 심판대상조항은 이와 같은 실질적 차이를 고려하여 상대적으로 열악한 환경에서 병역의무를 이행한 것으로 평가되는 현역병 및 사회복무요원의 공로를 보상하도록 한 것으로 산업기능요원과의 차별취급에 합리적 이유가 있으므로, 청구인의 평등권을 침해하지 아니한다(헌법재판소 2016. 6. 30. 2014헌마192 결정).

정답 ②

문 16

평등권에 관한 다음 설명 중 옳은 것은 모두 몇 개인가? [2023년 2번]

ㄱ. 근로자가 사업주의 지배관리 아래 출퇴근하던 중 발생한 사고로 부상 등이 발생한 경우만 업무상 재해로 인정하는 산업재해보상보험법 제37조 제1항 제1호 다목은 평등원칙에 위반된다.

ㄴ. 실업급여에 관한 고용보험법의 적용에 있어 '65세 이후에 새로이 고용된 자'를 그 적용대상에서 배제한 고용보험법은 65세 이후 고용된 사람의 평등권을 침해하지 않는다.

ㄷ. 1983. 1. 1. 이후 출생한 A형 혈우병 환자에 한하여 유전자재조합제제에 대한 요양급여를 인정하는 '요양급여의 적용기준 및 방법에 관한 세부사항'은 1983. 1. 1. 이전에 출생한 A형 혈우병 환자들의 평등권을 침해한다.
ㄹ. 국세징수법상 공매절차에서 매각결정을 받은 매수인이 기한 내에 대금납부의무를 이행하지 아니하여 매각결정이 취소되는 경우 그가 납부한 계약보증금을 국고에 귀속하도록 규정한 국세징수법은 평등원칙에 위배된다.
ㅁ. 공매절차에서 매수인의 대금납부의무 불이행으로 인하여 매각결정이 취소되는 경우 그가 납부한 공매보증금을 절차 개시의 근거가 된 조세채권에 우선 충당하도록 규정한 구 국세징수법 제78조 제2항 중 '제1항 제2호에 따라 압류재산의 매각결정을 취소하는 경우 공매보증금은 체납처분비, 압류와 관계되는 국세·가산금의 순으로 충당하고 그 남은 금액은 체납자에게 지급한다'는 부분은 국세징수절차상 매수인과 민사집행절차상 매수인을 합리적 이유 없이 자의적으로 차별하고 있다고 볼 수 없으므로, 평등원칙에 위반되지 않는다.

① 1개 ② 2개 ③ 3개 ④ 4개 ⑤ 5개

MGI Point 평등권 ★★

- 근로자가 사업주의 지배관리 아래 출퇴근하던 중 발생한 사고로 부상 등이 발생한 경우만 업무상 재해로 인정하는 것 ⇨ 평등원칙 위배
- 65세 이후에 새로이 고용된 자를 실업급여 대상에서 배제한 것 ⇨ 평등원칙 위배×
- 1983. 1. 1. 이후 출생한 A형 혈우병 환자에 한하여 요양급여를 인정하는 것 ⇨ 평등원칙 위배
- 공매절차에서 매수인의 대금납부의무 불이행으로 인하여 매각결정이 취소된 경우에 계약보증금을 국고로 귀속되게 하는 것 ⇨ 평등원칙 위배
- 공매절차에서 매수인의 대금납부의무 불이행으로 인하여 매각결정이 취소된 경우에 공매보증금을 조세채권에 우선충당 하는 것 ⇨ 평등원칙 위배×

ㄱ. (○) 근로자가 사업주의 지배관리 아래 출퇴근하던 중 발생한 사고로 부상 등이 발생한 경우만 업무상 재해로 인정하는 산업재해보상보험법 제37조 제1항 제1호 다목(이하 '심판대상조항'이라 한다)은 평등원칙에 위배된다(헌법재판소 2016. 9. 29. 2014헌바254 결정).

ㄴ. (○) 근로의 의사와 능력이 있는지를 일정한 연령을 기준으로 하는 것이 특별히 불합리하다고 단정할 수는 없다. 우리 사회보장체계는 65세 이후에는 소득상실이라는 사회적 위험이 보편적으로 발생한다고 보고, 고용에 대한 지원이나 보장보다 노령연금이나 기초연금과 같은 사회보장급여 체계를 통하여 노후생활이 안정될 수 있도록 설계되었다. 실업급여의 지급목적, 경제활동 인구의 연령별 비율, 보험재정상태 등을 모두 고려하여 '65세 이후 고용된 자'의 경우 고용보험법상 고용안정·직업능력개발사업의 지원대상에는 포함되지만, 실업급여를 적용하지 않도록 한 데에는 합리적 이유가 있다. 따라서 그러한 적용제외 조항이 65세 이후 고용된 후 이직한 청구인의 평등권을 침해하지 아니한다(헌법재판소 2018. 6. 28. 2017헌마238 전원재판부 결정).

ㄷ. (○) 종래에는 A형 혈우병 환자들에 대하여 유전자재조합제제를 요양급여 대상으로 인정하지 아니하다가 처음 혈우병 약제를 투여받는 자와 면역능이 저하되어 감염의 위험성이 큰 HIV 양성 환자에게도 유전자재조합제제를 요양급여 대상으로 확대, 개선하고 다시 이 사건 고시 조항에서 '1983. 1. 1. 이후에 출생한 환자'도 요양급여를 받을 수 있도록 규정한 것은 제도의 단계적인 개선에 해당한다고 볼 수 있으므로 요양급여를 받을 환자의 범위를 한정한 것 자체는 평등권 침해의 문제가 되지 않으나, 그 경우에도 수혜자를 한정

하는 기준은 합리적인 이유가 있어 그 혜택으로부터 배제되는 자들의 평등권을 해하지 않는 것이어야 한다. 그런데 이 사건 고시 조항이 수혜자 한정의 기준으로 정한 환자의 출생 시기는 그 부모가 언제 혼인하여 임신, 출산을 하였는지와 같은 우연한 사정에 기인하는 결과의 차이일 뿐, 이러한 차이로 인해 A형 혈우병 환자들에 대한 치료제인 유전자재조합제제의 요양급여 필요성이 달라진다고 할 수는 없으므로, A형 혈우병 환자들의 출생 시기에 따라 이들에 대한 유전자재조합제제의 요양급여 허용 여부를 달리 취급하는 것은 합리적인 이유가 있는 차별이라고 할 수 없다. 따라서 이 사건 고시 조항은 청구인들의 평등권을 침해하는 것이다(헌법재판소 2012. 6. 27. 2010헌마716 전원재판부).

ㄹ. (○) 이 사건 법률조항은 위약금약정의 성격을 가지는 매각의 법정조건으로서 민사집행법상 매수신청보증금과 본질적으로 동일한 성격을 가지는 국세징수법상 계약보증금을 절차상 달리 취급함으로써, 국세징수법상 공매절차에서의 체납자 및 담보권자를 민사집행법상 경매절차에서의 집행채무자 및 담보권자에 비하여 그 재산적 이익의 영역에서 합리적 이유 없이 자의적으로 차별하고 있으므로 헌법상 평등원칙에 위반된다(헌법재판소 2009. 4. 30. 2007헌가8 전원재판부).

ㅁ. (○) 민사집행법상 매수신고인이 대금납부의무를 불이행하더라도 차순위매수신고인에 대하여 매각허가결정을 하거나 재매각절차에 들어간 경우 등(민사집행법 제137조 제2항, 제138조 제4항) 일정한 사유가 발생한 경우에만 매수신청보증금의 반환을 제한하고 있는 반면, 구 국세징수법상 매수인의 대금납부의무 불이행을 이유로 매각결정이 취소되는 경우 바로 조세채권에 우선 충당하고 매수인에게 공매보증금을 돌려주지 않도록 정한 것은, 체납처분절차와 민사집행절차의 차이, 조세채권의 신속하고 적정한 실현이라는 구 국세징수법의 입법목적, 보증금에 위약금으로서의 성질을 부여할 경우에도 어느 범위 내에서 반환을 제한할 것인지에 관한 입법자의 재량에 따른 것이다. 위와 같은 사정들을 종합할 때, 심판대상조항이 구 국세징수법상 매수인을 민사집행법상 매수인에 비하여 합리적 이유 없이 자의적으로 차별하고 있다고 볼 수 없으므로, 평등원칙에 위반되지 아니한다(헌법재판소 2022. 5. 26. 2019헌바423 전원재판부 결정).

정답 ⑤

문 17

다음 중 헌법재판소가 평등원칙에 위반되거나 평등권을 침해한다고 결정한 것은 모두 몇 개인가?[2023년 37번]

> ㄱ. 혼인한 등록의무자 모두 배우자가 아닌 본인의 직계존·비속의 재산을 등록하도록 법이 개정되었음에도 불구하고, 개정 전 법 조항에 따라 이미 배우자의 직계존·비속의 재산을 등록한 혼인한 여성 등록의무자는 종전과 동일하게 계속해서 배우자의 직계존·비속의 재산을 등록하도록 규정한 부칙 조항
> ㄴ. 독립유공자의 유족 중 자녀의 범위에서 사후양자를 제외하는 조항
> ㄷ. 소년범 중 형의 집행이 종료되거나 면제된 자에 한하여 자격에 관한 법령의 적용에 있어 장래에 향하여 형의 선고를 받지 아니한 것으로 보고, 집행유예를 선고받은 소년범에 대해서는 별도의 특례를 두지 않은 조항
> ㄹ. 시각장애인만이 안마사 자격인정을 받을 수 있도록 하고, 시·도지사로부터 안마사 자격인정을 받지 아니한 자는 안마시술소 또는 안마원을 개설할 수 없도록 한 조항
> ㅁ. 국가를 상대로 하여 행정소송법상 당사자소송을 제기하는 경우 가집행선고를 할 수 없도록 한 조항

① 1개 ② 2개 ③ 3개 ④ 4개 ⑤ 5개

> MGI Point 평등권 ★★
>
> - 법개정에도 불구하고 개정 전 법 조항에 따라 이미 배우자의 직계존·비속의 재산을 등록한 혼인한 여성 등록의무자는 종전과 동일하게 계속해서 배우자의 직계존·비속의 재산을 등록하도록 규정한 부칙 조항 ⇨ 평등원칙 위배
> - 독립유공자의 유족 중 자녀의 범위에서 사후양자를 제외하는 것 ⇨ 평등권 침해×
> - 집행유예를 선고받은 소년범에 대해서는 자격에 관한 법령의 적용에 있어 장래에 향하여 형의 선고를 받지 아니한 것으로 보는 특례를 두지 않는 것 ⇨ 평등원칙 위배
> - 시각장애인만이 안마사 자격인정을 받을 수 있고 안마시술소 또는 안마원을 개설할 수 있도록 하는 것 ⇨ 평등원칙 위배×
> - 국가를 상대로 하여 행정소송법상 당사자소송을 제기하는 경우 가집행선고를 할 수 없도록 하는 것 ⇨ 평등원칙 위배

ㄱ. (침해한다) 이 사건 부칙조항은 혼인한 남성 등록의무자와 이미 개정전 공직자윤리법 조항에 따라 재산등록을 한 혼인한 여성 등록의무자를 달리 취급하고 있는바, 이 사건 부칙조항이 평등원칙에 위배되는지 여부를 판단함에 있어서는 엄격한 심사척도를 적용하여 비례성 원칙에 따른 심사를 하여야 한다. 이 사건 부칙조항은 개정 전 공직자윤리법 조항이 혼인관계에서 남성과 여성에 대한 차별적 인식에 기인한 것이라는 반성적 고려에 따라 개정 공직자윤리법 조항이 시행되었음에도 불구하고, 일부 혼인한 여성 등록의무자에게 이미 개정 전 공직자윤리법 조항에 따라 재산등록을 하였다는 이유만으로 남녀차별적인 인식에 기인하였던 종전의 규정을 따를 것을 요구하고 있다. 그런데 혼인한 남성 등록의무자와 달리 혼인한 여성 등록의무자의 경우에만 본인이 아닌 배우자의 직계존·비속의 재산을 등록하도록 하는 것은 여성의 사회적 지위에 대한 그릇된 인식을 양산하고, 가족관계에 있어 시가와 친정이라는 이분법적 차별구조를 정착시킬 수 있으며, 이것이 사회적 관계로 확장될 경우에는 남성우위·여성비하의 사회적 풍토를 조성하게 될 우려가 있다. 이는 성별에 의한 차별금지 및 혼인과 가족생활에서의 양성의 평등을 천명하고 있는 헌법에 정면으로 위배되는 것으로 그 목적의 정당성을 인정할 수 없다. 따라서 이 사건 부칙조항은 평등원칙에 위배된다(헌법재판소 2021. 9. 30. 2019헌가3).

ㄴ. (침해하지 않는다) 사후양자의 경우 양자가 되는 시점에 이미 독립유공자가 사망하였으므로, 독립유공자와 생계를 같이하였거나 부양받는 상황에서 그의 희생으로 인하여 사회·경제적으로 예전보다 불리한 지위에 놓이게 될 여지가 없다. 사후양자와 일반양자는 생활의 안정과 복지의 향상을 도모할 필요성의 면에서 보면 상당한 차이가 있으므로, 본문조항이 서로를 달리 취급하는 것은 헌법상 평등원칙에 위반되지 않는다(헌법재판소 2021. 5. 27. 2018헌바277).

ㄷ. (침해한다) 집행유예는 실형보다 죄질이나 범정이 더 가벼운 범죄에 관하여 선고하는 것이 보통인데, 이 사건 구법 조항은 집행유예보다 중한 실형을 선고받고 집행이 종료되거나 면제된 경우에는 자격에 관한 법령의 적용에 있어 형의 선고를 받지 아니한 것으로 본다고 하여 공무원 임용 등에 자격제한을 두지 않으면서 집행유예를 선고받은 경우에 대해서는 이와 같은 특례조항을 두지 아니하여 불합리한 차별을 야기하고 있다. 또한 집행유예 기간은 실형의 2배로 정해지는 것이 법원의 실무례인바, 이 기간 동안 집행유예 중이라는 이유로 공무원 임용 등 자격을 제한한다면 실형보다 오히려 긴 기간 동안 자격을 제한하게 되어 범죄에 대한 책임과 자격의 제한이 비례하지 않을 가능성이 높다. 더욱이 집행유예 기간을 경과한 자의 경우에는 원칙적으로 형의 선고에 의한 법적 효과가 장래를 향하여 소멸하고 향후 자격제한 등의 불이익을 받지 아니함에도, 이 사건 구법 조항에 따르면 집행유예를 선고받은 자의 자격제한을 완화하지 아니하여 집행유예 기간이 경과한 경우에도 그 후 일정 기간 자격제한을 받게 되었으므로, 명백히 자의적인 차별에 해당하여 평등원칙에 위반된다(헌법재판소 2018. 1. 25. 2017헌가7·12·13(병합)).

ㄹ. (침해하지 않는다) 시각장애인에 대한 복지정책이 미흡한 현실에서 시각장애인 안마사제도가 헌법 제10조 및 제34조 제5항에 의한 요청에 따라 시각장애인에게 가해진 유·무형의 사회적 차별을 보상해주고 실질적인 평등을 이룰 수 있는 수단으로서 채택된 것인 점, 만약 비시각장애인에게도 안마시술소 등을 개설하는 것이 허용될 경우 앞서 살핀 바와 같이 시각장애인에게만 안마사자격을 독점적으로 부여하는 취지가 몰각

될 수 있는 점 등에 비추어 보면, 이 사건 개설조항 역시 비시각장애인을 부당하게 차별한다고 할 수는 없다. … 이 사건 개설조항은 과잉금지원칙에 위배되어 안마시술소 등을 개설하여 운영하고자 하는 비시각장애인의 직업선택의 자유 및 평등권을 침해하지 아니한다(헌법재판소 2017. 12. 28. 선고 2017헌가15).

ㅁ. (침해한다) (심판대상조항은 재산권의 청구에 관한 당사자소송 중에서도 피고가 공공단체 그 밖의 권리주체인 경우와 국가인 경우를 다르게 취급한다. 가집행의 선고는 불필요한 상소권의 남용을 억제하고 신속한 권리실행을 하게 함으로써 국민의 재산권과 신속한 재판을 받을 권리를 보장하기 위한 제도이고, 당사자소송 중에는 사실상 같은 법률조항에 의하여 형성된 공법상 법률관계라도 당사자를 달리 하는 경우가 있다. 동일한 성격인 공법상 금전지급 청구소송임에도 피고가 누구인지에 따라 가집행선고를 할 수 있는지 여부가 달라진다면 상대방 소송 당사자인 원고로 하여금 불합리한 차별을 받도록 하는 결과가 된다. 재산권의 청구가 공법상 법률관계를 전제로 한다는 점만으로 국가를 상대로 하는 당사자소송에서 국가를 우대할 합리적인 이유가 있다고 할 수 없고, 집행가능성 여부에 있어서도 국가와 지방자치단체 등이 실질적인 차이가 있다고 보기 어렵다는 점에서, 심판대상조항은 국가가 당사자소송의 피고인 경우 가집행의 선고를 제한하여, 국가가 아닌 공공단체 그 밖의 권리주체가 피고인 경우에 비하여 합리적인 이유 없이 차별하고 있으므로 평등원칙에 반한다(헌법재판소 2022. 2. 24. 2020헌가12).

정답 ③

문 25

평등권에 관한 다음 설명 중 옳은 것은 모두 몇 개인가? [2021년 14번]

> ㄱ. 지방의회의원은 지방공사 직원의 직을 겸할 수 없게 하고 국회의원은 지방공사 직원의 직을 겸할 수 있도록 한 것은 불합리한 차별이 아니고 지방의회의원의 평등권을 침해한 것이라고 할 수 없다.
> ㄴ. 특정한 조세 법률 조항이 혼인이나 가족생활을 근거로 부부 등 가족이 있는 자를 혼인하지 아니한 자 등에 비하여 차별 취급하는 것은 과세단위의 설정에 대한 입법자의 입법형성의 재량에 속하는 정책적 문제이므로, 헌법 제36조 제1항의 위반 여부는 자의금지원칙에 의하여 심사한다.
> ㄷ. 부마민주항쟁을 이유로 30일 미만 구금된 자를 보상금 또는 생활지원금의 지급대상에서 제외하여 부마민주항쟁 관련자 중 8.1%만 보상금 및 생활지원금을 지급받는 결과에 이르긴 하였으나, 그 차별이 현저하게 불합리하거나 자의적이라고 보기 어렵다.
> ㄹ. 자율형 사립고(이하 '자사고')를 후기학교로 정하여 신입생을 일반고와 동시에 선발하도록 한 초·중등교육법 시행령 조항은 자사고의 도입목적에 비추어 볼 때, 자사고를 과학고와 달리 취급하고 일반고와 같이 취급하는 것으로서 자사고 학교법인의 평등권을 침해한다.
> ㅁ. 대한민국 국민인 남자에 한하여 병역의무를 부과한 구 병역법 조항은 헌법이 특별히 평등을 요구하는 경우나 관련 기본권에 중대한 제한을 초래하는 경우의 차별취급을 그 내용으로 하고 있으므로, 이 조항이 평등권을 침해하는지 여부에 대해서는 엄격한 심사기준에 따라 판단하여야 한다.

① 1개　　　　　② 2개　　　　　③ 3개
④ 4개　　　　　⑤ 5개

MGI Point 평등권 ★★

- 국회의원의 경우 지방공사 직원의 겸직이 허용되는 반면, 지방의회의원의 경우 지방공사 직원의 직을 겸할 수 없는 것 ⇨ 지방의회의원의 평등권 침해 ×
- 누진과세제도 하에서 혼인한 부부에게 조세부담의 증가를 초래하는 부부자산소득합산과세를 규정하고 있는 구 소득세법조항 ⇨ 헌법 제36조 제1항에 위반되는지 여부를 판단하는 심사기준으로 비례원칙 적용 ○
- 부마민주항쟁을 이유로 30일 미만 구금된 자를 보상금 또는 생활지원금의 지급대상에서 제외한 것 ⇨ 차별이 현저하게 불합리하거나 자의적 ×
- 자율형 사립고등학교를 후기학교로 정하여 신입생을 일반고와 동시에 선발하도록 하는 것 (동시선발 조항) ⇨ 합헌
  cf. 중복지원금지 조항 ⇨ 평등권을 침해하여 위헌 ○
- 대한민국 국민인 남자에 한하여 병역의무를 부과한 구 병역법조항 ⇨ 평등권을 침해하는지 여부는 완화된 심사기준에 따라 판단 要

ㄱ. (○) 지방공사와 지방자치단체, 지방의회의 관계에 비추어 볼 때, 지방공사 직원의 직을 겸할 수 없도록 함에 있어 지방의회의원과 국회의원은 본질적으로 동일한 비교집단이라고 볼 수 없으므로, 양자를 달리 취급하였다고 할지라도 이것이 지방의회의원인 청구인의 평등권을 침해한 것이라고 할 수는 없다(헌재 2012.04.24. 2010헌마605).

ㄴ. (X) 자산소득합산대상배우자의 자산소득이 주된 소득자의 연간 종합소득에 합산되면 합산전의 경우보다 일반적으로 더 높은 누진세율을 적용받기 때문에, 더 높은 세율이 적용되는 만큼 소득세액이 더 증가하게 되어 합산대상소득을 가진 부부는 자산소득이 개인과세되는 독신자 또는 사실혼관계의 부부보다 더 많은 조세를 부담하게 되는바, 특정한 조세법률조항이 혼인을 근거로 혼인한 부부를 혼인하지 아니한 자에 비해 차별취급하는 것이라면 비례의 원칙에 의한 심사에 의해 정당화되지 않는 한 헌법 제36조 제1항에 위반된다(헌재 2005.05.26. 2004헌가6).

ㄷ. (○) 심판대상조항이 30일 미만 구금된 자와 유죄판결을 받은 자로서 '관련자' 결정을 받은 자를 보상금과 생활지원금의 지급대상에 포함시키지 않았다고 하더라도, 그 차별이 현저하게 불합리하거나 자의적인 차별이라고 보기 어렵다. 따라서 심판대상조항은 청구인의 평등권을 침해하지 않는다(헌재 2019.04.11. 2016헌마418).

ㄹ. (X) 자사고의 도입목적은 고교평준화 제도의 기본 틀을 유지하면서 고교평준화 제도의 문제점으로 지적된 획일성을 보완하기 위해 고교 교육의 다양화를 추진하고, 학습자의 소질·적성 및 창의성 개발을 지원하며, 학생·학부모의 다양한 요구 및 선택기회 확대에 부응하는 것이다. 그러나 자사고의 교육과정 편성·운영 기준은 일반고와 동일하다. 실제 자사고의 교육과정 운영사례도 일반고와 다르지 않고 대학입시를 위한 교육에 치중하고 있음은 앞서 본 바와 같다. 그렇다면 과학고의 경우 '과학 분야의 인재 양성'이라는 설립 취지나 전문적인 교육과정의 측면에서 과학 분야에 재능이나 소질을 가진 학생을 후기학교보다 먼저 선발할 필요성을 인정할 수 있으나, 자사고의 경우 교육 과정 등을 고려할 때 후기학교보다 먼저 특정한 재능이나 소질을 가진 학생을 선발할 필요성은 적다고 보인다. 따라서 이 사건 동시선발 조항이 자사고를 후기학교로 규정함으로써 과학고와 달리 취급하고, 일반고와 같이 취급하는 데에는 합리적인 이유가 있으므로, 이 사건 동시선발 조항은 청구인 학교법인의 평등권을 침해하지 아니한다(헌재 2019.04.11. 2018헌마221).

ㅁ. (X) 이 사건 법률조항은 헌법이 특별히 양성평등을 요구하는 경우나 관련 기본권에 중대한 제한을 초래하는 경우의 차별취급을 그 내용으로 하고 있다고 보기 어려우며, 징집대상자의 범위 결정에 관하여는 입법자의 광범위한 입법형성권이 인정된다는 점에 비추어 이 사건 법률조항이 평등권을 침해하는지 여부는 완화된 심사기준에 따라 판단하여야 한다(헌재 2011.06.30. 2010헌마460).

정답 ②

문 26

평등원칙에 관한 다음 설명 중 옳은 것을 모두 고른 것은? [2018년 19번]

> 가. 특정규범이 개별사건법률에 해당한다 하여 곧바로 위헌을 뜻하는 것은 아니며, 이러한 차별적 규율이 합리적인 이유로 정당화될 수 있는 경우에는 합헌적일 수 있다.
> 나. 상속의 경우에는 예외적으로 비상장주식의 물납을 허용하는 것과 달리 증여의 경우는 비상장주식의 물납을 전면적으로 금지하는 구 상속세 및 증여세법 제73조 제1항 부분은 합리적 이유 없이 비상장주식을 상속받은 자와 증여받은 자를 차별하는 것이어서 평등원칙에 위배된다.
> 다. 사업주가 제공하거나 그에 준하는 교통수단을 이용하여 출퇴근하는 산업재해보상보험 가입 근로자의 출퇴근 중 발생한 재해는 업무상 재해로 인정하면서, 도보나 자기 소유 교통수단 또는 대중교통수단 등을 이용하여 출퇴근하는 산업재해보상보험 가입 근로자의 출퇴근 중 발생한 재해는 업무상 재해로 인정받지 못하도록 차별하는 구 산업재해보상보험법 제37조 제1항 제1호 다목은 평등원칙에 위반된다.
> 라. 개인회생절차에 따른 면책결정이 있는 경우 '채무불이행으로 인한 손해배상채무'와 달리 '채무자가 고의로 가한 불법행위로 인한 손해배상채무'는 면책되지 아니하는 것은 평등의 원칙에 위배된다.

① 가, 나, 다, 라
② 가, 나, 다
③ 가, 다
④ 가
⑤ 나, 라

해설 ★★

가. (○) 개별사건법률은 원칙적으로 평등원칙에 위배되는 자의적 규정이라는 강한 의심을 불러 일으키는 것이지만, 개별법률금지의 원칙이 법률제정에 있어서 입법자가 평등원칙을 준수할 것을 요구하는 것이기 때문에 특정규범이 개별사건법률에 해당한다 하여 곧바로 위헌을 뜻하는 것은 아니며, 이러한 차별적 규율이 합리적인 이유로 정당화될 수 있는 경우에는 합헌적일 수 있다(헌재 1996.02.16. 96헌가2).

나. (X) 상속은 상속인의 의사와 상관없이 피상속인의 사망이라는 우발적인 사정에 의하여 피상속인이 생전에 가지고 있던 재산상의 권리·의무가 포괄적으로 승계되는 것인 반면, 증여는 당사자가 증여의 시기나 증여여부를 선택할 수 있다는 점에서 상속과 증여는 엄연히 구분되는 점, 상속의 경우는 증여와 비교할 때 변칙증여의 수단으로 악용될 가능성이 없는데다가, 비상장주식을 상속받은 자의 물납신청은 비상장주식 이외의 다른 상속재산이 없는 경우 등에 한하여 극히 예외적으로 허용하고 있는 점, 물납제도는 조세의 현금납부원칙에 대한 예외로 특별히 인정된 것으로서 물납의 허용범위를 정하는 것은 입법정책적 재량의 영역에 속하는 것으로 보아야 하는 점 등을 고려하여 보면, 비상장주식을 증여받는 경우와는 달리 이를 상속받은 경우에만 예외적으로 물납을 허용하는 데에는 합리적인 이유가 있다. 따라서 이 사건 법률조항이 평등원칙에 위배된다고 할 수 없다(헌재 2015.04.30. 2013헌바137).

다. (○) 도보나 자기 소유 교통수단 또는 대중교통수단 등을 이용하여 출퇴근하는 산업재해보상보험(이하 '산재보험'이라 한다) 가입 근로자(이하 '비혜택근로자'라 한다)는 사업주가 제공하거나 그에 준하는 교통수단을 이용하여 출퇴근하는 산재보험 가입 근로자(이하 '혜택근로자'라 한다)와 같은 근로자인데도 사업주의 지배관리 아래 있다고 볼 수 없는 통상적 경로와 방법으로 출퇴근하던 중에 발생한 재해(이하 '통상의 출퇴근 재해'라 한다)를 업무상 재해로 인정받지 못한다는 점에서 차별취급이 존재한다. 사업장 규모나 재정여건의 부족 또는 사업주의 일방적 의사나 개인 사정 등으로 출퇴근용 차량을 제공받지 못하거나 그에 준하는 교통수단을 지원받지 못하는 비혜택근로자는 비록 산재보험에 가입되어 있다 하더라도 출퇴근 재해에 대하여 보상을 받을 수 없는데, 이러한 차별을 정당화할 수 있는 합리적 근거를 찾을 수 없다. 따라서 심판대상조항은 합리적 이유 없이 비혜택근로자를 자의적으로 차별하는 것이므로, 헌법상 평등원칙에 위배된다(헌재 2016.09.29. 2014헌바254).

라. (X) 입법자는 피해자의 사후적인 구제와 손해의 공평·타당한 부담과 분배를 참작하고, 자신의 자유의사와 위험판단에 따라 법률행위를 한 계약관계의 채권자와는 달리 고의로 가한 불법행위로 인한 손해배상청구권의 채권자는 채무자와 무관한 불특정한 피해자가 될 수 있고, 고의에 의한 불법행위라는 반규범적 행위를 억제할 필요성 등을 고려하여, 개인회생절차에 따른 면책결정이 있는 경우에 '채무불이행으로 인한 손해배상채무'와 달리 '채무자가 고의로 가한 불법행위로 인한 손해배상채무'는 면책되지 아니하는 내용으로 입법한 것으로, 이 사건 법률조항은 그 차별취급에 합리적인 이유가 있으므로 평등원칙에 위배되지 아니한다(헌재 2011.10.25. 2009헌바234).

정답 ③

문 27

평등권에 관한 다음 설명 중 가장 옳지 않은 것은?(다툼이 있는 경우 헌법재판소 판례에 의함)
[2017년 35번]

① 고소인·고발인만을 항고권자로 규정한 검찰청법 조항은 검찰청법상 항고를 통하여 불복할 수 없게 된 기소유예 처분을 받은 피의자의 평등권을 침해하는 것이 아니다.
② 특정규범이 개별사건법률에 해당한다 하여 곧바로 위헌을 뜻하는 것은 아니고, 이러한 차별적 규율이 합리적인 이유로 정당화될 수 있는 경우에는 합헌적일 수 있다.
③ 계속 근로기간 1년 미만인 근로자를 퇴직급여 지급대상에서 제외하는 것은 그 차별에 합리적 이유가 있으므로 평등권을 침해하지 않는다.
④ 지방공사와 지방자치단체, 지방의회의 관계에 비추어 볼 때, 지방의회의원은 지방공사 직원의 직을 겸할 수 없게 하고 국회의원은 지방공사 직원의 직을 겸할 수 있도록 한 것은 불합리한 차별이 아니고 지방의회의원의 평등권을 침해한 것이라고 할 수 없다.
⑤ 법무부장관이 제1회 및 제2회 변호사시험의 시험장을 서울 소재 4개 대학교로 선정하여 하나의 지역에서 집중실시한 행위는 지방 소재 법학전문대학원 응시자의 평등권을 침해하는 조치이다.

해설 ★

① (○) 검찰청법상 항고제도의 인정 여부는 기본적으로 입법정책에 속하는 문제로서 그 주체, 대상의 범위 등의 제한도 그것이 현저히 불합리하지 아니한 이상 헌법에 위반되는 것이라 할 수 없고, 고소인·고발인과 피

의자는 기본적으로 대립적 이해관계에서 기소유예처분에 불복할 이익을 지니며, 검찰청법상 항고제도의 성격과 취지 및 한정된 인적·물적 사법자원의 측면, 그리고 이 사건 법률조항이 헌법소원심판청구 등 피의자의 다른 불복수단까지 원천적으로 봉쇄하는 것은 아닌 점 등을 종합하면, 이 사건 법률조항이 피의자를 고소인·고발인에 비하여 합리적 이유 없이 차별하는 것이라 할 수 없다(헌재 2012.07.26. 2010헌마642).

② (○) 개별사건법률은 원칙적으로 평등원칙에 위배되는 자의적 규정이라는 강한 의심을 불러 일으키는 것이지만, 개별법률금지의 원칙이 법률제정에 있어서 입법자가 평등원칙을 준수할 것을 요구하는 것이기 때문에 특정규범이 개별사건법률에 해당한다 하여 곧바로 위헌을 뜻하는 것은 아니며, 이러한 차별적 규율이 합리적인 이유로 정당화될 수 있는 경우에는 합헌적일 수 있다(헌재 1996.02.16. 96헌가2).

③ (○) 이 사건 법률조항에서 '계속근로기간이 1년 미만인 근로자'를 퇴직급여 대상에서 제외하여 '계속근로기간이 1년 이상인 근로자'와 차별취급하는 것은, 퇴직급여가 1년 이상 장기간 근속한 근로자의 공로를 보상하고 업무의 효율성과 생산성의 증대 등을 위해 장기간 근무를 장려하기 위한 것으로 볼 수 있으며, 입법자가 퇴직급여법의 확대적용을 위한 지속적인 노력을 기울이는 과정에서 한편으로 사용자의 재정적 부담능력 등의 현실적인 측면을 고려하고, 다른 한편으로 퇴직급여제도 이외에 국민연금제도나 실업급여제도 등 퇴직근로자의 생활을 보장하기 위한 다른 사회보장적 제도도 함께 고려하였다고 할 것이다. 따라서, 그 차별에 합리적 이유가 있으므로 청구인의 평등권이 침해되었다고 보기 어렵다(헌재 2011.07.28. 2009헌마408).

④ (○) 지방공사와 지방자치단체, 지방의회의 관계에 비추어 볼 때, 지방공사 직원의 직을 겸할 수 없도록 함에 있어 지방의회의원과 국회의원은 본질적으로 동일한 비교집단이라고 볼 수 없으므로, 양자를 달리 취급하였다고 할지라도 이것이 지방의회의원인 청구인의 평등권을 침해한 것이라고 할 수는 없다(헌재 2012.04.24. 2010헌마605).

⑤ (X) 수일간 실시되는 사법시험·공인회계사시험·변리사시험·법무사시험·5급공채의 각 2차시험들도 모두 하나의 지역에서 실시되고 있는 점, 수일간 시행되는 시험의 특성상 출제·인쇄·시험시행·답안보관의 각 시설들은 지리적 근접연결성이 강하게 요구되는 점, 그럼에도 불구하고 변호사시험을 분산실시한다면 시험사고의 위험이 증대하여 변호사시험의 공정성과 통일성을 해할 우려가 있다는 점을 종합적으로 고려할 때, '변호사시험을 하나의 지역에서 집중실시한 것'은 합리적 이유가 있다. 법학전문대학원 정원 2,000명 중 과반수 이상이 서울 권역 법학전문대학원 소속인 점, 지방 권역별 법학전문대학원 소속 응시자들의 접근성 측면에서 볼 때 항공·육상 교통의 중심지인 서울이 다른 지역에 비하여 상대적으로 접근에 더 용이한 점, 다수 응시자의 편의, 시험사고의 위험성, 가용한 인적·물적 자원 등을 전문적으로 판단하여 시험장을 선정하는 시험주관청의 재량 등을 고려할 때, 피청구인이 '변호사시험이 집중실시될 지역으로 서울을 선택한 것'은 합리적 이유가 있다(헌재 2013.09.26. 2011헌마782).

정답 ⑤

문 28

평등권에 관한 다음 설명 중 가장 옳지 않은 것은?(다툼이 있는 경우 헌법재판소 판례에 의함) [2016년 8번]

① 평등의 원칙은 국민의 기본권 보장에 관한 우리 헌법의 최고원리로서 국가가 입법을 하거나 법을 해석 및 집행함에 있어 따라야 할 기준인 동시에, 국가에 대하여 합리적 이유 없이 불평등한 대우를 하지 말 것과, 평등한 대우를 요구할 수 있는 국민의 권리이다.

② 평등의 원칙은 일체의 차별적 대우를 부정하는 절대적 평등을 의미하는 것이 아니라 입법과 법의 적용에 있어서 합리적 근거 없는 차별을 하여서는 아니 된다는 상대적 평등을 뜻하며, 합리적 근거 있는 차별 내지 불평등은 평등의 원칙에 반하는 것이 아니다.

③ 평등원칙 위반 여부를 심사함에 있어 엄격한 심사척도에 의할 것인지, 완화된 심사척도에 의할 것인지는 입법자에게 인정되는 입법형성권의 정도에 따라 다르게 된다.
④ 헌법에서 특별히 평등을 요구하고 있는 경우나, 차별적 취급으로 인하여 관련 기본권에 대한 중대한 제한을 초래하게 되는 경우에는 입법형성권은 축소되어 보다 엄격한 심사척도가 적용되어야 하며, 합리적 이유의 유무를 심사하는 것에 그치지 아니하고 차별취급의 목적과 수단 간에 엄격한 비례관계가 성립하는지를 기준으로 심사한다.
⑤ 헌법상 평등원칙은 법률이 일반적으로 적용되어야 어떤 개별사건에만 적용되어서는 아니될 것을 요구하며, 만일 입법자가 개별사건에만 적용되는 법률을 제정하였다면 그 자체로 자의적인 입법으로서 허용되지 아니한다.

해설 ★★

① (○) 평등의 원칙은 국민의 기본권 보장에 관한 우리 헌법의 최고원리로서 국가가 입법을 하거나 법을 해석 및 집행함에 있어 따라야할 기준인 동시에, 국가에 대하여 합리적 이유없이 불평등한 대우를 하지 말것과, 평등한 대우를 요구할 수 있는 모든 국민의 권리로서, 국민의 기본권중의 기본권인 것이다(헌재 1989.01.25. 88헌가7).

② (○) 헌법 제11조 제1항의 평등의 원칙은 일체의 차별적 대우를 부정하는 절대적 평등을 의미하는 것이 아니라, 입법과 법의 적용에 있어서 합리적인 근거가 없는 차별을 하여서는 아니된다는 상대적 평등을 뜻하므로, 합리적인 근거가 있는 차별 또는 불평등은 평등의 원칙에 반하는 것이 아니다(헌재 2002.12.18. 2001헌바55).

③ (○) 평등위반 여부를 심사함에 있어 엄격한 심사척도에 의할 것인지, 완화된 심사척도에 의할 것인지는 입법자에게 인정되는 입법형성권의 정도에 따라 달라지게 된다(헌재 1999.12.23. 98헌마363).

④ (○) 헌법에서 특별히 평등을 요구하고 있는 경우나, 차별적 취급으로 인하여 관련 기본권에 대한 중대한 제한을 초래하게 되는 경우에는 입법형성권은 축소되어 보다 엄격한 심사척도가 적용되어야 할 것이다. 여기서 엄격한 심사를 한다는 것은 자의금지원칙에 따른 심사, 즉 합리적 이유의 유무를 심사하는 것에 그치지 아니하고 비례성원칙에 따른 심사, 즉 차별취급의 목적과 수단 간에 엄격한 비례관계가 성립하는지를 기준으로 한 심사를 행함을 의미한다(헌재 2011.10.25. 2010헌마661).

⑤ (X) 개별사건법률금지의 원칙은 "법률은 일반적으로 적용되어야 어떤 개별사건에만 적용되어서는 아니된다"는 법원칙으로서 헌법상의 평등원칙에 근거하고 있는 것으로 풀이되고, 그 기본정신은 입법자에 대하여 기본권을 침해하는 법률은 일반적 성격을 가져야 한다는 형식을 요구함으로써 평등원칙위반의 위험성을 입법과정에서 미리 제거하려는데 있다 할 것이다. 개별사건법률은 개별사건에만 적용되는 것이므로 원칙적으로 평등원칙에 위배되는 자의적인 규정이라는 강한 의심을 불러일으킨다. 그러나 개별사건법률금지의 원칙이 법률제정에 있어서 입법자가 평등원칙을 준수할 것을 요구하는 것이기 때문에, 특정규범이 개별사건법률에 해당한다 하여 곧바로 위헌을 뜻하는 것은 아니다. 비록 특정법률 또는 법률조항이 단지 하나의 사건만을 규율하려고 한다 하더라도 이러한 차별적 규율이 합리적인 이유로 정당화될 수 있는 경우에는 합헌적일 수 있다. 따라서 개별사건법률의 위헌 여부는, 그 형식만으로 가려지는 것이 아니라, 나아가 평등의 원칙이 추구하는 실질적 내용이 정당한지 아닌지를 따져야 비로소 가려진다(헌재 1996.02.16. 96헌가2).

정답 ⑤

제❸절 | 인신에 관한 자유

제1관 생명권

문 29

낙태죄에 관한 다음 설명 중 가장 옳지 않은 것은? [2019년 28번]

① 임신·출산·육아는 여성의 삶에 근본적이고 결정적인 영향을 미칠 수 있는 중요한 문제이므로, 임신한 여성이 임신을 유지 또는 종결할 것인지를 결정하는 것은 스스로 선택한 인생관·사회관을 바탕으로 자신이 처한 신체적·심리적·사회적·경제적 상황에 대한 깊은 고민을 한 결과를 반영하는 전인적 결정이다.

② 태아가 모체를 떠난 상태에서 독자적으로 생존할 수 있는 시점인 임신 22주 내외에 도달하기 전이면서 동시에 임신유지와 출산 여부에 관한 자기결정권을 행사하기에 충분한 시간이 보장되는 시기까지의 낙태에 대해서는 국가가 생명보호의 수단 및 정도를 달리 정할 수 있다.

③ 자기낙태죄 조항은 입법목적을 달성하기 위하여 필요한 최소한의 정도를 넘어 임신한 여성의 자기결정권을 제한하고 있어 침해의 최소성을 갖추지 못하였고, 태아의 생명 보호라는 공익에 대하여만 일방적이고 절대적인 우위를 부여함으로써 법익균형성의 원칙도 위반하였다.

④ 태아의 생명을 보호하기 위하여 낙태를 금지하고 형사처벌하는 것 자체가 모든 경우에 헌법에 위반된다고 볼 수는 없다.

⑤ 태아가 비록 그 생명의 유지를 위하여 모에게 의존해야 하지만, 그 자체로 모와 별개의 생명체이고 특별한 사정이 없는 한 인간으로 성장할 가능성이 크므로 태아에게도 생명권이 인정되어야 하며, 태아가 독자적 생존능력을 갖추었는지 여부를 그에 대한 낙태 허용의 판단 기준으로 삼을 수는 없다.

MGI Point 낙태죄 ★★★

- 임신한 여성의 임신유지 또는 종결 결정의 의미 ⇨ 전인적 결정
- 임신 22주 내외에 도달 전 and 출산여부에 관한 자기결정권을 행사하기에 충분한 시간이 보장되는 시기까지의 낙태 ⇨ 국가가 생명 보호의 수단 및 정도를 달리 정하는 것 可
- 자기낙태죄 조항 ⇨ 임신한 여성의 자기결정권 침해 ○ (침해의 최소성, 법익의 균형성 위반)
- 낙태금지 + 형사 처벌하는 자체 ⇨ 모든 경우가 헌법 위반 ×
- 태아의 발달단계 혹은 독자적 생존능력 ⇨ 낙태 허용의 판단 기준 ○

---

① (○) 임신·출산·육아는 여성의 삶에 근본적이고 결정적인 영향을 미칠 수 있는 중요한 문제이므로, 임신한 여성이 일정한 범위 내에서 자신의 몸을 임신상태로 유지하여 출산할 것인지 여부에 대하여 결정하는 것은 자신의 생활영역을 자율적으로 형성해 나가는 것에 관한 것으로서 인간의 존엄성과 자율성에 터 잡고 있는 것이다. 이러한 결정은 임신한 여성에게 신체적·심리적·사회적·경제적 결과를 가져오는 것으로서 이를 초래하는 상황은 임신한 여성이 처한 신체적·심리적·사회적·경제적 상황에 따라 복잡하고 다양한 양상을 보인다. 그렇기 때문에 임신한 여성이 자신의 임신을 유지 또는 종결할 것인지 여부를 결정하는 것은 스스로 선택한 인생관·사회관을 바탕으로 자신이 처한 신체적·심리적사회적·경제적 상황에 대한 깊은 고민을 한 결과를 반영하는 <u>전인적 결정이다</u>(헌재 2019.04.11. 2017헌바127).

② (○) 태아가 모체를 떠난 상태에서 독자적으로 생존할 수 있는 시점인 임신 22주 내외에 도달하기 전이면서 동시에 임신 유지와 출산 여부에 관한 자기결정권을 행사하기에 충분한 시간이 보장되는 시기까지의 낙태에 대해서는 국가가 생명보호의 수단 및 정도를 달리 정할 수 있다고 봄이 타당하다(헌재 2019.04.11. 2017헌바127).

③ (○) 자기낙태죄 조항은 입법목적을 달성하기 위하여 필요한 최소한의 정도를 넘어 임신한 여성의 자기결정권을 제한하고 있어 침해의 최소성을 갖추지 못하였고, 태아의 생명 보호라는 공익에 대하여만 일방적이고 절대적인 우위를 부여함으로써 법익균형성의 원칙도 위반하였으므로, 과잉금지원칙을 위반하여 임신한 여성의 자기결정권을 침해한다(헌재 2019.04.11. 2017헌바127).

④ (○) 자기낙태죄 조항과 의사낙태죄 조항의 위헌성은 모자보건법에서 정한 사유에 해당하지 않는다면 결정가능기간 중에 다양하고 광범위한 사회적·경제적 사유로 인하여 낙태갈등 상황을 겪고 있는 경우까지도 예외 없이 전면적·일률적으로 임신의 유지 및 출산을 강제하고, 이를 위반하여 낙태한 경우 형사처벌함으로써 임신한 여성의 자기결정권을 과도하게 침해한다는 점에 있는 것이고, 태아의 생명을 보호하기 위하여 낙태를 금지하고 형사처벌하는 것 자체가 모든 경우에 헌법에 위반된다고 볼 수는 없다(헌재 2019.04.11. 2017헌바127).

⑤ (X) 자기낙태죄 조항은 모자보건법이 정한 일정한 예외에 해당하지 않는 한 태아의 발달단계 혹은 독자적 생존능력과 무관하게 임신기간 전체의 모든 낙태를 전면적·일률적으로 금지함으로써 임신한 여성에게 임신의 유지·출산을 강제하고, 이를 위반한 경우 형사처벌하고 있다. 국가는 형법적 제재 및 이에 따른 형벌의 위하력으로 임신한 여성에게 모자보건법이 정한 일정한 예외사유에 해당하지 않는 한 임신의 유지에 따른 신체적·정신적 부담 및 출산과정에 내재한 신체 내지 생명에 대한 위험을 모두 받아들이고, 출산의 결과로서 모자관계를 형성할 것을 강제하고 있는 것이다(헌재 2019.04.11. 2017헌바127). ▶문제 ⑤번은 헌재 2012.08.23. 2010헌바402결정의 합헌의견을 따른 지문.

> **참조판례** 의학의 비약적 발전으로 태아가 모체를 떠난 상태에서의 생존 가능성이 점점 높아지고 있고 태아의 성장 속도 역시 태아별로 다른 현실을 감안한다면, 태아의 성장단계에 따라 혹은 태아가 독자적 생존능력을 갖추었는지 여부에 따라 혹은 '안전한 낙태'가 가능한 시기에 따라 생명 보호의 정도를 달리하는 것은 정당화될 수 없다(헌재 2019.04.11. 2017헌바127). ▶재판관 조용호, 재판관 이종석의 합헌의견

정답 ⑤

제2관 신체를 훼손당하지 않을 권리

제3관 신체의 자유

문 18

영장주의, 적법절차원칙과 관련된 다음 설명 중 가장 옳지 않은 것은?[2023년 3번]

① 각급선거관리위원회 위원·직원의 선거범죄 조사에 있어서 피조사자에게 자료제출의무를 부과하고 허위 자료를 제출한 경우 형사처벌 하도록 한 공직선거법은 피조사자에 대하여 자발적 협조를 전제로 자료를 제출할 수 있도록 한 것이 아니라 행정조사의 실질을 가지는 것으로 영장주의가 적용된다.

② 법무부장관의 출국금지결정은 형사재판에 계속 중인 국민의 출국의 자유를 제한하는 행정처분일 뿐이고, 영장주의가 적용되는 신체에 대하여 직접적으로 물리적 강제력을 수반하는 강제처분이라고 할 수는 없으므로, 영장주의에 위배된다고 볼 수 없다.

③ 강제퇴거명령을 받은 사람을 즉시 대한민국 밖으로 송환할 수 없으면 송환할 수 있을 때까지 보호시설에 보호할 수 있도록 규정한 출입국관리법은 적법절차원칙에 위배된다고 볼 수 없다.
④ 전자우편에 대한 압수수색 집행의 경우에도 급속을 요하는 때에는 참여권자에 대한 압수수색 집행의 사전통지를 생략할 수 있도록 한 형사소송법은 적법절차원칙에 위배되지 않는다.
⑤ 송수신이 완료된 전기통신에 대한 압수수색 사실을 수사대상이 된 가입자에게만 통지하도록 하고, 그 상대방에 대하여는 통지하지 않도록 한 통신비밀보호법 조항은 적법절차원칙에 위배되지 않는다.

> **MGI Point 영장주의, 적법절차원칙**   ★★
>
> - 각급선거관리위원회 위원·직원의 선거범죄 조사에 있어서 피조사자에게 자료제출의무를 부과하고 허위 자료를 제출한 경우 형사처벌 하도록 한 것 ⇨ 영장주의 적용×
> - 형사재판에 계속 중인 사람에 대하여 출국을 금지할 수 있다고 규정한 것 ⇨ 영장주의 위배×
> - 강제퇴거명령을 받은 사람을 즉시 대한민국 밖으로 송환할 수 없으면 송환할 수 있을 때까지 보호시설에 보호할 수 있도록 규정한 것 ⇨ 적법절차원칙 위배×
> - 전자우편에 대한 압수수색 집행의 경우에도 급속을 요하는 때에는 집행의 사전통지를 생략할 수 있도록 한 것 ⇨ 적법절차원칙 위배×
> - 송·수신이 완료된 전기통신에 대한 압수·수색 사실을 수사대상인 가입자에게만 통지하도록 한 것 ⇨ 적법절차원칙 위배×

① (X) 심판대상조항에 의한 자료제출요구는 그 성질상 대상자의 자발적 협조를 전제로 할 뿐이고 물리적 강제력을 수반하지 아니한다. 심판대상조항은 피조사자로 하여금 자료제출요구에 응할 의무를 부과하고, 허위 자료를 제출한 경우 형사처벌하고 있으나, 이는 형벌에 의한 불이익이라는 심리적, 간접적 강제수단을 통하여 진실한 자료를 제출하도록 함으로써 조사권 행사의 실효성을 확보하기 위한 것이다. 이와 같이 심판대상조항에 의한 자료제출요구는 행정조사의 성격을 가지는 것으로 수사기관의 수사와 근본적으로 그 성격을 달리하며, 청구인에 대하여 직접적으로 어떠한 물리적 강제력을 행사하는 강제처분을 수반하는 것이 아니므로 영장주의의 적용대상이 아니다(헌법재판소 2019. 9. 26. 2016헌바381 전원재판부 결정).

② (○) 형사재판에 계속 중인 사람에 대하여 출국을 금지할 수 있다고 규정한 출입국관리법(2011. 7. 18. 법률 제10863호로 개정된 것) 제4조 제1항 제1호(이하 '심판대상조항'이라 한다)가 영장주의에 위배되는지 여부(소극)
심판대상조항에 따른 법무부장관의 출국금지결정은 형사재판에 계속 중인 국민의 출국의 자유를 제한하는 행정처분일 뿐이고, 영장주의가 적용되는 신체에 대하여 직접적으로 물리적 강제력을 수반하는 강제처분이라고 할 수는 없다. 따라서 심판대상조항이 헌법 제12조 제3항의 영장주의에 위배된다고 볼 수 없다(전원재판부 2012헌바302, 2015. 9. 24).

③ (○) 강제퇴거명령 및 보호에 관한 단속, 조사, 심사, 집행 업무를 동일한 행정기관에서 하게 할 것인지, 또는 서로 다른 행정기관에서 하게 하거나 사법기관을 개입시킬 것인지는 입법정책의 문제이므로, 보호의 개시나 연장 단계에서 사법부의 판단을 받도록 하는 절차가 규정되어 있지 않다고 하여 곧바로 적법절차원칙에 위반된다고 볼 수는 없다. 강제퇴거대상자는 행정소송 등을 통해 사법부로부터 보호의 적법 여부를 판단 받을 수 있고, 강제퇴거 심사 전 조사, 이의신청이나 행정소송 과정에서 자신의 의견을 진술하거나 자료를 제출할 수 있다. 따라서 심판대상조항은 헌법상 적법절차원칙에 위반된다고 볼 수 없다(전원재판부 2017헌가29, 2018. 2. 22).

④ (○) 이 사건 법률조항에 의하여 피의자 등이 압수수색 사실을 사전 통지받을 권리 및 이를 전제로 한 참여권을 일정 정도 제한받게 되기는 하지만, 그 제한은 '사전통지에 의하여 압수수색의 목적을 달성할 수 없는 예외적인 경우'로 한정되어 있고, 전자우편의 경우에도 사용자가 그 계정에서 탈퇴하거나 메일 내용을 삭제·수정함으로써 증거를 은닉·멸실시킬 가능성을 배제할 수 없으며, 준항고 제도나 위법수집증거의 증거능력 배제 규정 등 조항 적용의 남용을 적절히 통제할 수 있는 방법이 마련되어 있는 점, 반면에 이와 같은 제한을 통해 압수수색 제도가 전자우편에 대하여도 실효적으로 기능하도록 함으로써 실체적 진실 발견 및 범죄수사의 목적을 달성할 수 있도록 하여야 할 공익은 매우 크다고 할 수 있는 점 등을 종합해 보면, 이 사건 법률조항에 의하여 형성된 절차의 내용이 적법절차원칙에서 도출되는 절차적 요청을 무시하였다거나 비례의 원칙이나 과잉금지원칙을 위반하여 합리성과 정당성을 상실하였다고 볼 수 없다(전원재판부 2011헌바225, 2012. 12. 27).

⑤ (○) 전기통신의 특성상 수사대상이 된 가입자와 전기통신을 송·수신한 상대방은 다수일 수 있는데, 이들 모두에 대하여 그 압수·수색 사실을 통지하도록 한다면, 수사대상이 된 가입자가 수사를 받았다는 사실이 상대방 모두에게 알려지게 되어 오히려 위 가입자가 예측하지 못한 피해를 입을 수 있고, 또한 통지를 위하여 상대방의 인적사항을 수집해야 함에 따라 또 다른 개인정보자기결정권의 침해를 야기할 수도 있다. 이상과 같은 점들을 종합하여 볼 때, 송·수신이 완료된 전기통신에 대한 압수·수색 사실을 수사대상이 된 가입자에게만 통지하도록 하고, 그 상대방에 대하여는 통지하지 않도록 한 심판대상조항은 적법절차원칙에 위배되어 청구인들의 개인정보자기결정권을 침해하지 않는다.(헌법재판소 2018. 4. 26. 2014헌마1178 결정).

정답 ①

문 19

다음 설명 중 가장 옳지 않은 것은?[2023년 32번]

① 행위 당시의 판례에 의하면 처벌대상이 되지 아니하는 것으로 해석되었던 행위를 판례의 변경에 따라 확인된 내용의 형법 조항에 근거하여 처벌한다고 하여 그것이 형벌불소급원칙에 위반된다고 할 수 없다.

② 헌법 제12조 제1항 후단은 '법률과 적법한 절차에 의하지 아니하고는 처벌……을 받지 아니한다.'라고 규정하여 죄형법정주의를 천명하고 있는데, 여기서 '법률'이란 입법부에서 제정한 형식적 의미의 법률을 의미한다.

③ 체포영장을 발부받아 피의자를 체포하는 경우 필요한 때에는 영장 없이 타인의 주거 등 내에서 피의자 수사를 할 수 있다고 규정한 법률조항은 영장을 발부받기 어려운 긴급한 사정이 있는지 여부를 구별하지 아니하고 피의자가 소재할 개연성만 소명되면 영장 없이 타인의 주거 등을 수색할 수 있도록 허용하고 있으므로, 영장주의에 위반된다.

④ 피의자가 갖는 변호인의 조력을 받을 권리는 헌법상 기본권이지만, 변호인의 변호권을 헌법상 기본권이라고 볼 수는 없다.

⑤ 개인이 고용한 종업원 등의 무면허의료행위 사실이 인정되면 종업원 등의 범죄행위에 대한 영업주의 가담 여부나 종업원 등의 행위를 감독할 주의의무의 위반 여부 등을 전혀 묻지 않고 곧바로 영업주인 개인을 종업원 등과 같이 처벌하는 법률규정은 형벌에 관한 책임주의에 반하므로 헌법에 위반된다.

> **MGI Point** **죄형법정주의** ★★
>
> - 행위 당시의 판례에 의하면 처벌대상이 되지 아니하는 것으로 해석되었던 행위를 판례의 변경에 따라 확인된 내용의 형법 조항에 근거하여 처벌하는 것 ⇨ 형벌불소급원칙 위반×
> - 죄형법정주의를 규정한 헌법 제12조 제1항 후단에서의 법률 ⇨ 입법부에서 제정한 형식적 의미의 법률
> - 체포영장을 발부받아 피의자를 체포하는 경우 필요한 때에는 영장 없이 타인의 주거 등 내에서 피의자 수사를 할 수 있다고 규정한 것 ⇨ 영장주의 위반
> - 변호인의 변호권 ⇨ 헌법상 기본권
> - 종업원 등의 범죄행위에 대한 영업주 주의의무의 위반 여부 등을 전혀 묻지 않고 곧바로 영업주인 개인을 종업원 등과 같이 처벌하는 것 ⇨ 책임주의 위반

① (○) 형사처벌의 근거가 되는 것은 법률이지 판례가 아니고, 형법 조항에 관한 판례의 변경은 그 법률조항의 내용을 확인하는 것에 지나지 아니하여 이로써 그 법률조항 자체가 변경된 것으로 볼 수 없으므로, 행위 당시의 판례에 의하면 처벌대상이 되지 아니하는 것으로 해석되었던 행위를 판례의 변경에 따라 확인된 내용의 형법 조항에 근거하여 처벌한다고 하여 그것이 형벌불소급원칙에 위반된다고 할 수 없다(헌법재판소 2014. 5. 29. 2012헌바390,2014헌바155(병합) 전원재판부).

② (○) '법률이 없으면 범죄도 없고 형벌도 없다'라는 말로 표현되는 죄형법정주의는 법치주의, 국민주권 및 권력분립의 원리에 입각한 것으로서, 일차적으로 무엇이 범죄이며 그에 대한 형벌이 어떠한 것인가는 반드시 국민의 대표로 구성된 입법부가 제정한 성문의 법률로써 정하여야 한다는 원칙이다. 헌법 제12조 제1항은 '법률과 적법한 절차에 의하지 아니하고는 처벌을 받지 아니한다'라고 규정하여 죄형법정주의를 천명하고 있다. 여기서 말하는 '법률'이란 입법부에서 제정한 형식적 의미의 법률을 의미한다(헌법재판소 2019. 5. 30. 2018헌가12 전원재판부).

③ (○) 심판대상조항은 체포영장을 발부받아 피의자를 체포하는 경우에 필요한 때에는 영장 없이 타인의 주거 등 내에서 피의자 수사를 할 수 있다고 규정함으로써, 앞서 본 바와 같이 별도로 영장을 발부받기 어려운 긴급한 사정이 있는지 여부를 구별하지 아니하고 피의자가 소재할 개연성만 소명되면 영장 없이 타인의 주거 등을 수색할 수 있도록 허용하고 있다. 이는 체포영장이 발부된 피의자가 타인의 주거 등에 소재할 개연성은 소명되나, 수색에 앞서 영장을 발부받기 어려운 긴급한 사정이 인정되지 않는 경우에도 영장 없이 피의자 수색을 할 수 있다는 것이므로, 위에서 본 헌법 제16조의 영장주의 예외 요건을 벗어나는 것으로서 영장주의에 위반된다(헌법재판소 2018. 4. 26. 2015헌바370, 2016헌가7(병합)).

④ (X) 피의자 및 피고인이 가지는 변호인의 조력을 받을 권리는 그들과 변호인 사이의 상호관계에서 구체적으로 실현될 수 있다. 피의자 및 피고인이 가지는 변호인의 조력을 받을 권리는 그들을 조력할 변호인의 권리가 보장됨으로써 공고해질 수 있으며, 반면에 변호인의 권리가 보장되지 않으면 유명무실하게 될 수 있다. 피의자 및 피고인을 조력할 변호인의 권리 중 그것이 보장되지 않으면 그들이 변호인의 조력을 받는다는 것이 유명무실하게 되는 핵심적인 부분은 헌법상 기본권인 피의자 및 피고인이 가지는 변호인의 조력을 받을 권리와 표리의 관계에 있다 할 수 있다. 따라서 피의자 및 피고인이 가지는 변호인의 조력을 받을 권리가 실질적으로 확보되기 위해서는, 피의자 및 피고인에 대한 변호인의 조력할 권리의 핵심적인 부분(변호인의 변호권)은 헌법상 기본권으로서 보호되어야 한다(헌법재판소 2017. 11. 30. 2016헌마503).

⑤ (○) 이 사건 법률조항은 개인이 고용한 종업원 등의 무면허의료행위 사실이 인정되면 종업원 등의 범죄행위에 대한 영업주의 가담 여부나 종업원 등의 행위를 감독할 주의의무의 위반 여부 등을 전혀 묻지 않고 곧바로 영업주인 개인을 종업원 등과 같이 처벌하도록 규정하고 있는바, 이는 아무런 비난받을 만한 행위를 한 바 없는 자에 대해서까지 다른 사람의 범죄행위를 이유로 처벌하는 것으로서 형벌에 관한 책임주의에 반하므로 헌법에 위반된다(헌법재판소 2009. 10. 29. 2009헌가6 전원재판부).

정답 ④

문 20

명확성 원칙에 관한 다음 설명 중 가장 옳지 않은 것은?[2023년 13번]

① '운전면허를 받은 사람이 자동차 등을 이용하여 범죄행위를 한 때'를 필요적 운전면허 취소사유로 규정하고 있는 구 도로교통법 조항은 범죄의 중함 정도나 고의성 여부 측면을 전혀 고려하지 않고 자동차 등을 범죄행위에 이용하기만 하면 운전면허를 취소하도록 하고 있어 그 범위가 지나치게 광범위하므로, 명확성 원칙에 위배된다.

② 정당한 명령 또는 규칙을 준수할 의무가 있는 자가 이를 위반하거나 준수하지 아니한 때에 형사처벌을 하도록 규정한 구 군형법 제47조의 '정당한 명령 또는 규칙'의 의미가 불명확하여 명확성의 원칙에 위배된다고 보기는 어렵다.

③ 구 아동·청소년의 성보호에 관한 법률 제8조 제2항 및 제4항 중 아동·청소년이용음란물 가운데 "아동·청소년으로 인식될 수 있는 사람이나 표현물이 등장하여 그 밖의 성적 행위를 하는 내용을 표현하는 것"에 관한 부분은 명확성의 원칙에 위배되지 않는다.

④ 공중도덕상 유해한 업무에 취업시킬 목적으로 근로자를 파견한 사람을 형사처벌하도록 규정한 구 파견근로자보호 등에 관한 법률의 조항 중 "공중도덕상 유해한 업무" 부분은 그 내용을 명확히 알 수 없어 명확성의 원칙에 위배된다.

⑤ 구급차 등을 이용하여 응급환자 이송업을 영위하는 자에 대하여 허가받은 지역 밖에서의 이송업의 영업을 금지하고 처벌하는 응급의료에 관한 법률의 조항은 금지되는 허가지역 외의 영업행위가 무엇인지 여부가 불명확하므로, 명확성의 원칙에 위배된다.

MGI Point 명확성 원칙 ★★

- "운전면허를 받은 사람이 자동차 등을 이용하여 범죄행위를 한 때" ⇨ 명확성 원칙 위배
- 군형법의 조항 중 '정당한 명령 또는 규칙' ⇨ 명확성 원칙 위배×
- "아동·청소년으로 인식될 수 있는 사람이나 표현물이 등장하여 그 밖의 성적 행위를 하는 내용을 표현하는 것" ⇨ 명확성 원칙 위배×
- 파견근로자보호 등에 관한 법률의 조항 중 "공중도덕상 유해한 업무" ⇨ 명확성 원칙 위배
- 구급차 등을 이용하여 응급환자 이송업을 영위하는 자에 대하여 허가받은 지역 밖에서의 이송업의 영업을 금지하고 처벌하는 조항 ⇨ 명확성 원칙 위배×

---

① (○) 이 사건 규정의 법문은 '운전면허를 받은 사람이 자동차등을 이용하여 범죄행위를 한 때'를 필요적 운전면허 취소사유로 규정하고 있는바, 일반적으로 '범죄행위'란 형벌법규에 의하여 형벌을 과하는 행위로서 사회적 유해성 내지 법익을 침해하는 반사회적 행위를 의미한다 할 것이므로 이 사건 규정에 의하면 자동차등을 살인죄의 범행 도구나 감금죄의 범행장소 등으로 이용하는 경우는 물론이고, 주된 범죄의 전후 범죄에 해당하는 예비나 음모, 도주 등에 이용하는 경우나 과실범죄에 이용하는 경우에도 운전면허가 취소될 것이다. 그러나 오늘날 자동차는 생업의 수단 또는 대중적인 교통수단으로서 일상 생활에 없어서는 안될 필수품으로 자리잡고 있기 때문에 그 운행과 관련하여 교통관련 법규에서 여러 가지 특례제도를 두고 있는 취지를 보면, 이 사건 규정의 범죄에 사소한 과실범죄가 포함된다고 볼 수는 없다. 그럼에도 불구하고 <u>이 사건 규정이 범죄의 중함 정도나 고의성 여부 측면을 전혀 고려하지 않고 자동차 등을 범죄행위에 이용하기만 하면 운전면허를 취소하도록 하고 있는 것은 그 포섭범위가 지나치게 광범위한 것으로서 명확성원칙에 위반된다고 할 것이다</u>(헌법재판소 2005. 11. 24. 선고 2004헌가28 전원재판부).

② (○) 정당한 명령 또는 규칙을 준수할 의무가 있는 자가 이를 위반하거나 준수하지 아니한 때에 형사처벌을 하도록 규정한 구 군형법(1962. 1. 20. 법률 제1003호로 제정되고, 2009. 11. 2. 법률 제9820호로 개정되기 전의 것) 제47조(이하 '이 사건 법률조항'이라 한다)는 죄형법정주의의 명확성원칙에 위배되거나 위임입법의 한계를 벗어난 것이라고 보기 어렵다(헌법재판소 2011. 3. 31. 선고 2009헌가12 전원재판부).

③ (○) 아동·청소년성보호법의 입법목적, 가상의 아동·청소년이용음란물의 규제 배경, 법정형의 수준 등을 고려할 때, "아동·청소년으로 인식될 수 있는 사람"은 일반인의 입장에서 실제 아동·청소년으로 오인하기에 충분할 정도의 사람이 등장하는 경우를 의미함을 알 수 있고, "아동·청소년으로 인식될 수 있는 표현물" 부분도 아동·청소년을 상대로 한 비정상적 성적 충동을 일으키기에 충분한 행위를 담고 있어 아동·청소년을 대상으로 한 성범죄를 유발할 우려가 있는 수준의 것에 한정된다고 볼 수 있으며, 기타 법관의 양식이나 조리에 따른 보충적인 해석에 의하여 판단 기준이 구체화되어 해결될 수 있으므로, 위 부분이 불명확하다고 할 수 없다. "그 밖의 성적 행위" 부분도 아동청소년성보호법 제2조 제4호에서 예시하고 있는 "성교 행위, 유사 성교 행위, 신체의 전부 또는 일부를 접촉·노출하는 행위로서 일반인의 성적 수치심이나 혐오감을 일으키는 행위, 자위 행위"와 같은 수준으로 일반인으로 하여금 성적 수치심이나 혐오감을 일으키기에 충분한 행위, 즉 음란한 행위를 의미함을 알 수 있고, 무엇이 아동·청소년을 대상으로 한 음란한 행위인지 법에서 일률적으로 정해놓는 것은 곤란하므로 포괄적 규정형식을 택한 불가피한 측면이 있다. 따라서 심판대상조항은 죄형법정주의의 명확성원칙에 위배되지 아니한다(헌법재판소 2015. 6. 25. 2013헌가17·24, 2013헌바85(병합) 결정).

④ (○) 심판대상조항과 관련하여 파견법이 제공하고 있는 정보는 파견사업주가 '공중도덕상 유해한 업무'에 취업시킬 목적으로 근로자를 파견한 경우 불법파견에 해당하여 처벌된다는 것뿐이다. 파견법 전반에 걸쳐 심판대상조항과 유의미한 상호관계에 있는 다른 조항을 발견할 수 없고, 파견법 제5조, 제16조 등 일부 관련성이 인정되는 규정은 심판대상조항 해석기준으로 활용하기 어렵다. 결국, 심판대상조항의 입법목적, 파견법의 체계, 관련조항 등을 모두 종합하여 보더라도 '공중도덕상 유해한 업무'의 내용을 명확히 알 수 없다(헌법재판소 2016. 11. 24. 2015헌가23 결정).

⑤ (X) 영업의 일반적 의미와 응급의료법의 관련 규정을 유기적·체계적으로 종합하여 보면, 심판대상조항의 수범자인 이송업자는 처벌조항이 처벌하고자 하는 행위가 무엇이고 그에 대한 형벌이 어떤 것인지 예견할 수 있으며, 심판대상조항의 합리적인 해석이 가능하므로, 심판대상조항은 죄형법정주의의 명확성 원칙에 위배되지 아니한다(헌법재판소 2018. 2. 22. 2016헌바100 결정).

정답 ⑤

문 30

헌법과 형사법의 관계헌법과 형사법의 관계에 관한 해석에 관한 해석 중 옳지 않은 것을 모두 고른 것은? [2021년 7번]

ㄱ. 헌법 제12조 제3항에서 영장발부에 관하여 '검사의 신청'에 의하게 한 취지는 수사단계에서 검사 이외의 다른 수사기관은 영장신청을 못하게 함으로써 인권유린의 폐해를 방지하는 데에 있다. 따라서 공판단계에서 법원이 직권으로 구속영장을 발부할 수 있도록 하는 법규정은 헌법에 위반된다.

ㄴ. 대중교통수단, 공연·집회 장소, 그 밖에 공중이 밀집하는 장소에서 사람을 추행한 사람을 처벌하는 법률 규정은 법정형의 하한을 두어 법관이 개별 사건마다 행위자의 책임에 상응하는 형을 선고할 수 없도록 하여 과잉금지원칙에 위반된다.
ㄷ. 공연히 사실을 적시하여 사람의 명예를 훼손한 자를 형사처벌하도록 규정한 형법 제307조 제1항은 자유로운 논쟁과 의견의 경합을 통한 민주적 의사형성을 방해함으로써 표현의 자유를 침해한다.
ㄹ. 공연히 허위의 사실을 적시하여 사람의 명예를 훼손한 자를 형사처벌하도록 규정한 형법 제307조 제2항은 개인의 인격권을 충실히 보호하고 민주사회의 자유로운 여론 형성을 위한 공론의 장이 제 기능을 다 할 수 있도록 하기 위하여 허위사실을 적시하여 타인의 명예를 훼손하는 표현행위를 형사처벌을 통해 규제하기 위한 것으로서 표현의 자유를 침해하지 아니한다.
ㅁ. 금융회사 등의 임직원이 그 직무에 관하여 수수, 요구 또는 약속한 금품 기타 이익의 가액이 1억원 이상인 경우 징역형의 하한을 10년으로 하여 가중처벌하도록 정하고 있는 구 특정경제범죄 가중처벌 등에 관한 법률 규정은 과도한 처벌로서 책임과 형벌 간의 비례원칙에 위배된다.

① ㄱ, ㄴ, ㄷ, ㄹ
② ㄱ, ㄴ, ㄷ, ㅁ
③ ㄱ, ㄷ, ㄹ, ㅁ
④ ㄴ, ㄷ, ㄹ, ㅁ
⑤ ㄱ, ㄴ, ㄷ, ㄹ, ㅁ

MGI Point 헌법과 형사법의 관계에 관한 해석 ★

- 공판단계에서 법원이 직권으로 구속영장을 발부할 수 있음을 규정한 형사소송법조항 ⇨ 헌법 제12조 제3항 위반 ×
- 공중이 밀집하는 장소에서 사람을 추행한 사람을 처벌하는 법률규정 ⇨ 과잉금지원칙 위반 ×
- 형법 제307조 제1항의 사실적시명예훼손죄 ⇨ 과잉금지원칙에 반하여 표현의 자유 침해 ×
- 형법 제307조 제2항의 허위사실적시명예훼손죄 ⇨ 표현의 자유 침해 ×
- 금융회사 등의 임직원이 그 직무에 관하여 금품이나 그 밖의 이익을 수수, 요구 또는 약속한 경우 이를 형사처벌하도록 정하고 있는 '특정경제범죄 가중처벌 등에 관한 법률' 수재행위처벌조항 ⇨ 책임과 형벌 간의 비례원칙 위배 ×

ㄱ. (X) 헌법 제12조 제3항이 영장의 발부에 관하여 "검사의 신청"에 의할 것을 규정한 취지는 모든 영장의 발부에 검사의 신청이 필요하다는 데에 있는 것이 아니라 수사단계에서 영장의 발부를 신청할 수 있는 자를 검사로 한정함으로써 검사 아닌 다른 수사기관의 영장신청에서 오는 인권유린의 폐해를 방지하고자 함에 있으므로, 공판단계에서 법원이 직권에 의하여 구속영장을 발부할 수 있음을 규정한 형사소송법 제70조 제1항 및 제73조 제1항 중 "피고인을 …… 구인 또는 구금함에는 구속영장을 발부하여야 한다." 부분은 헌법 제12조 제3항에 위반되지 아니한다(헌재 1997.03.27. 96헌바28).

ㄴ. (X) 심판대상조항은 공중이 밀집하는 장소에서 유형력 행사 이외의 방법으로 이루어지는 추행행위를 처벌함으로써 개인의 성적 자기결정권을 보호하기 위한 것으로서, 그 입법목적의 정당성이 인정된다. 형사처벌은 위와 같은 목적 달성에 적합한 수단에 해당한다. … 추행의 고의가 없는 우연한 신체접촉만으로는 심판대상조항에 의하여 처벌되지 않는다. 나아가 어떤 사람의 구체적인 행위가 심판대상조항의 구성요건에 해당하는지 여부는 개별 사건에서 구체적인 정황을 종합적으로 고려하여 법원이 판단하여야 할 통상적인 법률 해석·적용의 문제일 뿐, 청구인이 상정하는 특정 행위가 구성요건을 충족시킬 가능성이 있다는 사정만으로 심판대상조항이 과잉금지원칙에 위반된다고 할 수도 없다. 따라서 심판대상조항은 침해의 최소성을 갖추었다. … 대검찰청 등 관련 기관의 통계에 의하면 공중밀집장소추행죄는 매년 꾸준하고 빈번하게 발생하고 있으며, 다중이 출입하는 공공연한 장소에서 사람을 추행하는 것은 피해자에게 강한 불쾌감과 수치심을 주는 행

위로서, 이와 같은 행위를 형사처벌함으로써 개인의 성적 자기결정권을 보장하는 것은 중대한 공익이다. 반면, 심판대상조항으로 인하여 청구인은 공중이 밀집하는 장소에서 타인의 성적 자기결정권을 침해하는 추행행위를 하지 않아야 한다는 제한을 받게 될 뿐이므로, 심판대상조항으로 인하여 달성되는 공익이 침해되는 사익보다 크다. 그러므로 법익의 균형성이 인정된다. 따라서 심판대상조항은 과잉금지원칙에 위반되지 아니한다(헌재 2021.03.25. 2019헌바413).

ㄷ. (X) 헌법 제21조가 표현의 자유를 보장하면서도 타인의 명예와 권리를 그 한계로 선언하는 점, 타인으로부터 부당한 피해를 받았다고 생각하는 사람이 법률상 허용된 민·형사상 절차에 따르지 아니한 채 사적 제재 수단으로 명예훼손을 악용하는 것을 규제할 필요성이 있는 점, 공익성이 인정되지 않음에도 불구하고 단순히 타인의 명예가 허명임을 드러내기 위해 개인의 약점과 허물을 공연히 적시하는 것은 자유로운 논쟁과 의견의 경합을 통해 민주적 의사형성에 기여한다는 표현의 자유의 목적에도 부합하지 않는 점 등을 종합적으로 고려하면, 형법 제307조 제1항은 과잉금지원칙에 반하여 표현의 자유를 침해하지 아니한다(헌재 2021.02.25. 2017헌마1113,2018헌바330(병합)).

ㄹ. (○) '적시된 사실이 객관적으로 허위'이고 피고인이 적시한 사실이 '허위임을 인식'하였는지에 대한 증명책임은 원칙적으로 검사에게 있고, 적시된 사실의 내용 전체의 취지를 살펴볼 때 중요한 부분이 객관적 사실과 합치되는 경우에는 세부에서 진실과 약간 차이가 나거나 다소 과장된 표현이 있다 하더라도 이를 허위의 사실이라고 볼 수 없다는 법원의 판례가 확립되어 있어 표현의 자유에 대한 위축을 최소화하고 있다. 허위의 사실임을 인식하면서도 이를 적시하여 타인의 명예를 훼손하는 행위는 표현의 자유의 보장을 통하여 달성하고자 하는 개인적 가치인 인격 실현과 사회적 가치인 자치정체(自治政體) 이념의 실현에 기여한다고 단정할 수 없을 뿐만 아니라, 오히려 신뢰를 바탕으로 한 비판과 검증을 통하여 형성되어야 할 공적 여론에 부정적인 영향을 끼치게 될 것이므로 형법 제307조 제2항으로 인한 표현의 자유의 제한 정도가 지나치게 크다고 볼 수 없다. 그러므로 형법 제307조 제2항은 과잉금지원칙에 반하여 표현의 자유를 침해하지 아니한다(헌재 2021.02.25. 2016헌바84).

ㅁ. (X) 금융회사 등의 업무는 국가경제와 국민생활에 중대한 영향을 미치므로 금융회사 등 임직원의 직무 집행의 투명성과 공정성을 확보하는 것은 매우 중요하고, 이러한 필요성에 있어서는 임원과 직원 사이에 차이가 없다. 그리고 금융회사 등 임직원이 금품 등을 수수, 요구, 약속하였다는 사실만으로 직무의 불가매수성은 심각하게 손상되고, 비록 그 시점에는 부정행위가 없었다고 할지라도 장차 실제 부정행위로 이어질 가능성도 배제할 수 없다. 따라서 부정한 청탁이 있었는지 또는 실제 배임행위로 나아갔는지를 묻지 않고 금품 등을 수수·요구 또는 약속하는 행위를 처벌하고 있는 수재행위처벌조항은 책임과 형벌 간의 비례원칙에 위배되지 아니한다(헌재 2020.03.26. 2017헌바129,2018헌바93(병합)).

정답 ②

문 31

명확성의 원칙에 관한 다음 설명 중 옳지 않은 것은 모두 몇 개인가? [2022년 8번]

> ㄱ. 모든 법규범의 문언을 순수하게 기술적 개념만으로 구성하는 것은 입법적으로 불가능하고 바람직하지도 않기 때문에 입법자는 어느 정도 가치개념을 포함한 일반적, 규범적 개념을 사용할 수 있다.
> ㄴ. 명확성의 원칙은 기본적으로 최대한의 명확성을 요구한다. 만일 법 해석·적용단계에서 법관의 보충적인 가치판단을 통해서 비로소 그 의미내용을 확인해 낼 수 있다면, 이는 곧바로 명확성 원칙에 위반된다.

ㄷ. 법률에서 저속한 간행물을 출간한 출판사에 대하여 등록취소를 할 수 있는 것으로 규정한 경우, 이때 '저속'은 다소 불명확하기는 하지만, 명확성의 원칙에 위반되지는 않는다.
ㄹ. '기타 특히 신용할 만한 정황에 의하여 작성된 문서'를 증거능력 있는 서류로 규정한 형사소송법 규정은 그 의미 내용이 뚜렷하지 않아 명확성 원칙에 위반된다.
ㅁ. 처벌법규의 구성요건이 어느 정도 명확하여야 하는가는 일률적으로 정할 수 없고, 각 구성요건의 특수성과 그러한 법적 규제의 원인이 된 여건이나 처벌의 정도 등을 고려하여 종합적으로 판단하여야 한다.

① 없음   ② 1개   ③ 2개   ④ 3개   ⑤ 4개

MGI Point 명확성의 원칙 ★★

- 법규범의 문언 ⇨ 어느 정도 가치개념을 포함한 일반적, 규범적 개념을 사용 可
- 명확성의 원칙은 기본적으로 최소한의 명확성을 요구하는 것
- 저속한 간행물에서 '저속' ⇨ 명확성의 원칙에 위반됨
- 기타 특히 신용할 만한 정황에 의하여 작성된 문서 ⇨ 명확성의 원칙에 위반되지 않음
- 처벌법규 구성요건 명확성 정도 ⇨ 일률적으로 정할 수 없음

ㄱ. (O) ㄴ. (X) 모든 법규범의 문언을 순수하게 기술적 개념만으로 구성하는 것은 입법기술적으로 불가능하고 또 바람직하지도 않기 때문에 어느 정도 가치개념을 포함한 일반적, 규범적 개념을 사용하지 않을 수 없다. 따라서 명확성의 원칙이란 기본적으로 최대한이 아닌 최소한의 명확성을 요구하는 것이다. 그러므로 법문언이 해석을 통해서, 즉 법관의 보충적인 가치판단을 통해서 그 의미내용을 확인해낼 수 있고, 그러한 보충적 해석이 해석자의 개인적인 취향에 따라 좌우될 가능성이 없다면 명확성의 원칙에 반한다고 할 수 없다 할 것이다(헌재 1998.04.30. 95헌가16).

ㄷ. (X) "음란"의 개념과는 달리 "저속"의 개념은 그 적용범위가 매우 광범위할 뿐만 아니라 법관의 보충적인 해석에 의한다 하더라도 그 의미내용을 확정하기 어려울 정도로 매우 추상적이다. 이 "저속"의 개념에는 출판사등록이 취소되는 성적 표현의 하한이 열려 있을 뿐만 아니라 폭력성이나 잔인성 및 천한 정도도 그 하한이 모두 열려 있기 때문에 출판을 하고자 하는 자는 어느 정도로 자신의 표현내용을 조절해야 되는지를 도저히 알 수 없도록 되어 있어 명확성의 원칙 및 과도한 광범성의 원칙에 반한다(헌재 1998.04.30. 95헌가16).

ㄹ. (X) 전문법칙과 관련된 형사소송법 규정들의 체계와 규정취지, 여기에 더하여 '기타'라는 문언에 의하여 형사소송법 제315조 제1호와 제2호의 문서들을 '특히 신용할 만한 정황에 의하여 작성된 문서'의 예시로 삼고 있는 이 사건 법률조항의 규정형식을 종합해 보면, 이 사건 법률조항에서 규정한 '기타 특히 신용할 만한 정황에 의하여 작성된 문서'란 형사소송법 제315조 제1호와 제2호에서 열거된 공권적 증명문서 및 업무상 통상문서에 준하여 '굳이 반대신문의 기회 부여 여부가 문제되지 않을 정도로 고도의 신용성의 정황적 보장이 있는 문서'를 의미하는 것으로 해석할 수 있으므로, 이 사건 법률조항은 명확성원칙에 위배되지 않는다(헌재 2013.10.24. 2011헌바79).

ㅁ. (O) 처벌법규의 구성요건이 어느정도 명확하여야 하는가는 일률적으로 정할 수 없고, 각 구성요건의 특수성과 그러한 법적 규제의 원인이 된 여건이나 처벌의 정도 등을 고려하여 종합적으로 판단하여야 한다(헌재 1992.04.28. 90헌바27).

정답 ④

문 32

죄형법정주의에 관한 다음 설명 중 가장 옳지 않은 것은?(다툼이 있는 경우 대법원 판례 및 헌법재판소 결정에 의함. 이하 같음) [2019년 1번]

① 처벌을 규정하고 있는 법률조항이 구성요건이 되는 행위를 같은 법률조항에서 직접 규정하지 않고 다른 법률조항에서 이미 규정한 내용을 원용하였다거나 그 내용 중 일부를 괄호 안에 규정하였다는 사실만으로 명확성 원칙에 위반된다고 할 수는 없다.
② 노사가 체결한 단체협약은 단순히 근로조건에 관한 계약에 불과한 것이 아니라 개별적·집단적 노사관계를 규율하는 최상위 자치규범으로서 법규범 내지 법규범에 준하는 법적성질을 인정받고 있으므로, 노동조합 관련 법률에서 단체협약에 위반한 자를 처벌할 수 있도록 규정한다고 하여 죄형법정주의에 위반하는 것은 아니다.
③ 중소기업중앙회 임원 선거와 관련하여 '정관으로 정하는 기간에는' 선거운동을 위하여 정회원에 대한 호별방문 등의 행위를 한 경우 이를 처벌하도록 규정한 중소기업협동조합법 조항은 죄형법정주의에 위배된다.
④ 공중도덕상 유해한 업무에 취업시킬 목적으로 근로자를 파견한 사람을 형사처벌하도록 규정한 파견근로자보호 등에 관한 법률 조항은 죄형법정주의의 명확성원칙에 위배된다.
⑤ 여러 사람의 눈에 뜨이는 곳에서 공공연하게 알몸을 지나치게 내놓거나 가려야 할 곳을 내놓아 다른 사람에게 부끄러운 느낌이나 불쾌감을 준 사람을 처벌하는 경범죄처벌법 조항은 죄형법정주의 명확성원칙에 위배된다.

MGI Point 명확성원칙 ★★

- 처벌을 규정하고 있는 법률조항이 구성요건이 되는 행위를 직접 규정하지 않고 다른 법률조항을 원용하거나 그 내용 중 일부를 괄호 안에 규정한 것만으로는 명확성원칙 위반 ×
- 구 노동조합법 제46조의3 중 단체협약에 위반한 자를 1,000만 원 이하의 벌금에 처하도록 규정한 부분
  ⇨ 죄형법정주의에 위배 ○, 명확성원칙에 위반 ○
- '정관으로 정하는 기간에는' 호별방문금지조항 ⇨ 죄형법정주의의 명확성원칙에 위배 ○
- 파견근로자보호 등에 관한 법률상 '공중도덕상 유해한 업무' ⇨ 명확성원칙에 위배 ○
- '여러 사람의 눈에 뜨이는 곳에서 공공연하게 알몸을 지나치게 내놓거나 가려야 할 곳을 내놓아 다른 사람에게 부끄러운 느낌이나 불쾌감을 준 사람'을 처벌하는 경범죄처벌법 조항 ⇨ 명확성원칙에 위배 ○

① (○) 처벌을 규정하고 있는 법률조항이 구성요건이 되는 행위를 같은 법률조항에서 직접 규정하지 않고 다른 법률조항에서 이미 규정한 내용을 원용하였다거나 그 내용 중 일부를 괄호 안에 규정하였다는 사실만으로 명확성 원칙에 위반된다고 할 수는 없다. … "정규학력에 준하는 외국의 교육과정을 이수한 학력을 게재하면서 수학기간을 기재하지 않는 것"을 "허위의 사실"로 보아 처벌한다는 법률조항의 의미가 명백한 이상, "수학기간을 기재하지 않는 것"이 일반적인 개념상 "허위의 사실"에 포함될 수 있는지 여부는 법률조항의 명확성과는 아무런 관계가 없다(헌재 2010.03.25. 2009헌바121).
② (X) 구 노동조합법 (1986.12.31. 법률 제3925호로 최종 개정되었다가 1996.12.31. 법률 제5244호로 공포된 노동조합및노동관계조정법의 시행으로 폐지된 것) 제46조의3은 그 구성요건을 "단체협약에… 위반한 자"라고만 규정함으로써 범죄구성요건의 외피만 설정하였을 뿐 구성요건의 실질적 내용을 직접 규정하지 아니하고 모두 단체협약에 위임하고 있어 죄형법정주의의 기본적 요청인 "법률"주의에 위배되고, 그 구성요건도 지나치게 애매하고 광범위하여 죄형법정주의의 명확성의 원칙에 위배된다(헌재 1998.03.26. 96헌가20).

③ (○) 이 사건 호별방문금지조항은 중소기업중앙회 임원 선거와 관련하여 '정관으로 정하는 기간에는' 선거운동을 위하여 정회원에 대한 호별방문 등의 행위를 한 경우 이를 형사처벌하도록 하고 있는바, 이때 '정관으로 정하는 기간'은 구성요건의 중요부분에 해당한다. 한편, 정관은 법인의 조직과 활동에 관하여 단체 내부에서 자율적으로 정한 자치규범으로서, 대내적으로만 효력을 가질 뿐 대외적으로 제3자를 구속하지는 않는 것이 원칙이고, 그 생성과정 및 효력발생요건에 있어 법규명령과 성질상 차이가 크다. 그럼에도 불구하고 이 사건 호별방문금지조항은 형사처벌과 관련한 주요사항을 헌법이 위임입법의 형식으로 예정하고 있지도 않은 특수법인의 정관에 위임하고 있는데, 이는 사실상 그 정관 작성권자에게 처벌법규의 내용을 형성할 권한을 준 것이나 다름없으므로 죄형법정주의에 비추어 허용되기 어렵다. … 이 사건 선거운동제한조항은 중앙회 회원에 한하지 않고 모든 국민을 수범자로 하며, 단순한 중앙회 내부 규율 위반에 대한 회원 간의 벌칙이나 제재를 넘는 형벌부과를 목적으로 하는 형벌조항이다. 그럼에도 불구하고 이 사건 선거운동제한조항은 처벌되는 범죄 구성요건의 가장 중요한 부분인 금지되고 허용되는 선거운동이 무엇인지, 즉 금지의 실질을 법률에서 직접 규정하지 아니하고 중앙회의 정관으로 정하도록 위임하고 있다. 따라서 이 사건 <u>선거운동제한조항은 범죄와 형벌에 관하여는 입법부가 제정한 형식적 의미의 법률로써 정하여야 한다는 죄형법정주의에 위배된다.</u> … 또한 이 사건 선거운동제한조항의 구성요건에 해당하는 중소기업협동조합법 제53조 제5항 중 '정관으로 정하는' 부분이 수식하는 범위가 불명확하여 그 의미가 여러 가지로 해석될 가능성이 있어, 위 규정만으로는 선거운동이 어느 범위에서 금지되는지에 관하여 구체적으로 알 수 없을 뿐만 아니라, 임원 선거의 과열 방지 및 선거의 공정성 확보라는 심판대상조항의 입법목적이나 입법취지, 입법연혁, 관련 법규범의 체계적 구조 등을 모두 종합하여도 이 사건 선거운동제한조항의 의미를 합리적으로 파악할 수 있는 해석기준을 얻기 어렵다. 나아가 이 사건 선거운동제한조항은 중앙회의 정회원뿐만 아니라 정관 내용에 대한 인식 또는 숙지를 기대하기 곤란한 일반 국민까지 그 수범자에 포함시키고 있는데, 이 사건 선거운동제한조항만으로는 수범자인 일반 국민이 허용되거나 금지되는 선거운동이 구체적으로 무엇인지를 예측하기 어렵다. 결국 이 사건 선거운동제한조항은 죄형법정주의의 <u>명확성원칙에 위배된다</u>(헌재 2016.11.24. 2015헌가29).

④ (○) '공중도덕'은 시대상황, 사회가 추구하는 가치 및 관습 등 시간적·공간적 배경에 따라 그 내용이 얼마든지 변할 수 있는 규범적 개념이므로, 그것만으로는 구체적으로 무엇을 의미하는지 설명하기 어렵다. '파견근로자보호 등에 관한 법률'(이하 '파견법'이라 한다)의 입법목적에 비추어보면, 심판대상조항은 공중도덕에 어긋나는 업무에 근로자를 파견할 수 없도록 함으로써 근로자를 보호하고 올바른 근로자파견사업 환경을 조성하려는 취지임을 짐작해 볼 수 있다. 하지만 이것만으로는 '공중도덕'을 해석함에 있어 도움이 되는 객관적이고 명확한 기준을 얻을 수 없다. 파견법은 '공중도덕상 유해한 업무'에 관한 정의조항은 물론 그 의미를 해석할 수 있는 수식어를 두지 않았으므로, 심판대상조항이 규율하는 사항을 바로 알아내기도 어렵다. 심판대상조항과 관련하여 파견법이 제공하고 있는 정보는 파견사업주가 '공중도덕상 유해한 업무'에 취업시킬 목적으로 근로자를 파견한 경우 불법파견에 해당하여 처벌된다는 것뿐이다. 파견법 전반에 걸쳐 심판대상조항과 유의미한 상호관계에 있는 다른 조항을 발견할 수 없고, 파견법 제5조, 제16조 등 일부 관련성이 인정되는 규정은 심판대상조항 해석기준으로 활용하기 어렵다. 결국, 심판대상조항의 입법목적, 파견법의 체계, 관련 조항 등을 모두 종합하여 보더라도 '공중도덕상 유해한 업무'의 내용을 명확히 알 수 없다. 아울러 심판대상조항에 관한 이해관계기관의 확립된 해석기준이 마련되어 있다거나, 법관의 보충적 가치판단을 통한 법문 해석으로 심판대상조항의 의미내용을 확인할 수 있다는 사정을 발견하기도 어렵다. 심판대상조항은 건전한 상식과 통상적 법감정을 가진 사람으로 하여금 자신의 행위를 결정해 나가기에 충분한 기준이 될 정도의 의미내용을 가지고 있다고 볼 수 없으므로 죄형법정주의의 <u>명확성원칙에 위배된다</u>(헌재 2016.11.24. 2015헌가23).

⑤ (○) 심판대상조항은 알몸을 '지나치게 내놓는' 것이 무엇인지 그 판단 기준을 제시하지 않아 무엇이 지나친 알몸노출행위인지 판단하기 쉽지 않고, '가려야 할 곳'의 의미도 알기 어렵다. 심판대상조항 중 '부끄러운 느낌이나 불쾌감'은 사람마다 달리 평가될 수밖에 없고, 노출되었을 때 부끄러운 느낌이나 불쾌감을 주는 신체부위도 사람마다 달라 '부끄러운 느낌이나 불쾌감'을 통하여 '지나치게'와 '가려야 할 곳' 의미를 확정하기도 곤란하다. 심판대상조항은 '선량한 성도덕과 성풍속'을 보호하기 위한 규정인데, 이러한 성도덕과 성풍속이

무엇인지 대단히 불분명하므로, 심판대상조항의 의미를 그 입법목적을 고려하여 밝히는 것에도 한계가 있다. 대법원은 '신체노출행위가 단순히 다른 사람에게 부끄러운 느낌이나 불쾌감을 주는 정도에 불과한 경우 심판대상조항에 해당한다.'라고 판시하나, 이를 통해서도 '가려야 할 곳', '지나치게'의 의미를 구체화 할 수 없다. 심판대상조항의 불명확성을 해소하기 위해 노출이 허용되지 않는 신체부위를 예시적으로 열거하거나 구체적으로 특정하여 분명하게 규정하는 것이 입법기술상 불가능하거나 현저히 곤란하지도 않다. 예컨대 이른바 '바바리맨'의 성기노출행위를 규제할 필요가 있다면 노출이 금지되는 신체부위를 '성기'로 명확히 특정하면 될 것이다. 따라서 심판대상조항은 죄형법정주의의 명확성원칙에 위배된다(헌재 2016.11.24. 2016헌가3).

정답 ②

문 33

영장주의에 관한 다음 설명 중 가장 옳지 않은 것은?(다툼이 있는 경우 대법원 및 헌법재판소 판례에 의함) [2017년 4번]

① 도로교통법상 음주측정은 호흡측정기에 의한 측정의 성질상 강제될 수 있는 것이 아니며, 실무상 당사자의 자발적 협조 하에 숨을 호흡측정기에 한두 번 불어 넣는 방식으로 행하여지는 것이므로 헌법 제12조 제3항에 의하여 영장을 필요로 하는 강제처분에는 해당하지 않는다.

② 우편물 통관검사절차에서 이루어지는 우편물의 개봉, 시료채취, 성분분석 등 검사는 수출입물품에 대한 적정한 통관 등을 목적으로 한 행정조사의 성격을 가지는 것으로서 수사기관의 강제처분이라고 할 수 없으므로 압수수색영장 없이 검사가 진행되었다 하더라도 특별한 사정이 없는 한 위법하다고 볼 수 없다.

③ 음주운전 중 교통사고를 야기한 후 운전자가 의식불명 상태에 빠져 있는 등으로 호흡조사에 의한 음주측정이 불가능하고 채혈에 대한 동의를 받을 수도 없으며 법원으로부터 감정처분허가장이나 사전 압수영장을 발부받을 시간적 여유도 없는 긴급한 상황이 발생한 경우에는, 수사기관은 예외적인 요건하에 음주운전 범죄의 증거 수집을 위하여 운전자의 동의나 사전 영장 없이 혈액을 채취하여 압수할 수 있으며, 비록 운전자의 동의를 받지 않았다고 하더라도 그 채혈 결과를 근거로 한 운전면허 정지·취소 처분은 적법하다.

④ 구 형사소송법(2015. 7. 31. 법률 제13454호로 개정되기 전의 것) 제101조 제3항은 법원의 구속집행정지결정에 대해 검사가 즉시항고를 할 수 있다고 규정하였고, 그 경우 제410조에 의하여 그 결정의 집행이 정지되었는데, 이는 검사의 불복을 그 피고인에 대한 구속집행을 정지할 필요가 있다는 법원의 판단보다 우선시킬 뿐만 아니라, 사실상 법원의 구속집행정지결정을 무의미하게 할 수 있는 권한을 검사에게 부여한 것이라는 점에서 헌법 제12조 제3항의 영장주의원칙에 위배된다.

⑤ 형의 집행 및 수용자의 처우에 관한 법률 제41조 제2항 제1호, 제3호 중 '미결수용자의 접견내용의 녹음·녹화'에 관한 부분에 따라 접견내용을 녹음·녹화하는 것은 직접적으로 물리적 강제력을 수반하는 강제처분이 아니므로 영장주의가 적용되지 않아 영장주의에 위배된다고 할 수 없다.

:: 해설   ★★★

① (○) 도로교통법 제41조 제2항에 규정된 음주측정은 성질상 강제될 수 있는 것이 아니며 궁극적으로 당사자의 자발적 협조가 필수적인 것이므로 이를 두고 법관의 영장을 필요로 하는 강제처분이라 할 수 없다. 따라서 이 사건 법률조항이 주취운전의 혐의자에게 영장없는 음주측정에 응할 의무를 지우고 이에 불응한 사람을 처벌한다고 하더라도 헌법 제12조 제3항에 규정된 영장주의에 위배되지 아니한다(헌재 1997.03.27. 96헌가11).

② (○) 우편물 통관검사절차에서 이루어지는 우편물의 개봉, 시료채취, 성분분석 등의 검사는 수출입물품에 대한 적정한 통관 등을 목적으로 한 행정조사의 성격을 가지는 것으로서 수사기관의 강제처분이라고 할 수 없으므로, 압수·수색영장 없이 우편물의 개봉, 시료채취, 성분분석 등 검사가 진행되었다 하더라도 특별한 사정이 없는 한 위법하다고 볼 수 없다(대판 2013.09.26. 2013도7718).

③ (X) 음주운전 여부에 관한 조사방법 중 혈액 채취(이하 '채혈'이라고 한다)는 상대방의 신체에 대한 직접적인 침해를 수반하는 방법으로서, 이에 관하여 도로교통법은 호흡조사와 달리 운전자에게 조사에 응할 의무를 부과하는 규정을 두지 아니할 뿐만 아니라, 측정에 앞서 운전자의 동의를 받도록 규정하고 있으므로(제44조 제3항), 운전자의 동의 없이 임의로 채혈조사를 하는 것은 허용되지 아니한다. 그리고 수사기관이 범죄증거를 수집할 목적으로 운전자의 동의 없이 혈액을 취득·보관하는 행위는 형사소송법상 '감정에 필요한 처분' 또는 '압수'로서 법원의 감정처분허가장이나 압수영장이 있어야 가능하고, 다만 음주운전 중 교통사고를 야기한 후 운전자가 의식불명 상태에 빠져 있는 등으로 호흡조사에 의한 음주측정이 불가능하고 채혈에 대한 동의를 받을 수도 없으며 법원으로부터 감정처분허가장이나 사전 압수영장을 발부받을 시간적 여유도 없는 긴급한 상황이 발생한 경우에는 수사기관은 예외적인 요건하에 음주운전 범죄의 증거 수집을 위하여 운전자의 동의나 사전 영장 없이 혈액을 채취하여 압수할 수 있으나 이 경우에도 형사소송법에 따라 사후에 지체 없이 법원으로부터 압수영장을 받아야 한다. 따라서 음주운전 여부에 대한 조사 과정에서 운전자 본인의 동의를 받지 아니하고 또한 법원의 영장도 없이 채혈조사를 한 결과를 근거로 한 운전면허 정지·취소 처분은 도로교통법 제44조 제3항을 위반한 것으로서 특별한 사정이 없는 한 위법한 처분으로 볼 수밖에 없다(대판 2016.12.27. 2014두46850).

④ (○) 법원이 피고인의 구속 또는 그 유지 여부의 필요성에 관하여 한 재판의 효력이 검사나 다른 기관의 이견이나 불복이 있다 하여 좌우되거나 제한받는다면 이는 영장주의에 위반된다고 할 것인바, 구속집행정지결정에 대한 검사의 즉시항고를 인정하는 이 사건 법률조항은 검사의 불복을 그 피고인에 대한 구속집행을 정지할 필요가 있다는 법원의 판단보다 우선시킬 뿐만 아니라, 사실상 법원의 구속집행정지결정을 무의미하게 할 수 있는 권한을 검사에게 부여한 것이라는 점에서 헌법 제12조 제3항의 영장주의원칙에 위배된다(헌재 2012.06.27. 2011헌가36).

⑤ (○) 이 사건 녹음조항은 직접적으로 물리적 강제력을 수반하는 강제처분이 아니므로 영장주의가 적용되지 않아 영장주의에 위배하였다고 할 수 없다(헌재 2016.11.24. 2014헌바401).

정답 ③

문 34

적법절차에 관한 다음 설명 중 가장 옳지 않은 것은? [2019년 4번]

① 적법절차의 원칙은 법률이 정한 형식적 절차와 실체적 내용이 모두 합리성과 정당성을 갖춘 적정한 것이어야 한다는 실질적 의미를 지니고 있다.
② 적법절차의 원칙은 형사소송절차만이 아니라 모든 입법작용 및 행정작용에도 광범위하게 적용된다.
③ 적법절차의 원칙은 기본권 제한이 있음을 전제로 하여 적용된다.

④ 국회의 탄핵소추절차는 국회와 대통령이라는 헌법기관 사이의 문제이고 국회의 탄핵소추의결에 의하여 국가기관으로서의 대통령의 권한행사가 정지되는 것이므로 국가기관이 국민과의 관계에서 공권력을 행사함에 있어서 준수해야 할 법원칙으로서 형성된 적법절차의 원칙은 직접 적용할 수 없다.
⑤ 수뢰죄를 범하여 금고 이상의 형의 선고유예를 받은 국가공무원은 별도의 징계절차를 거치지 아니하고 당연퇴직되도록 한 국가공무원법 조항은 적법절차 원리에 위반되지 않는다.

> **MGI Point** **적법절차의 원칙** ★★
>
> ■ 실질적 적법절차원칙 ⇨ 형식적 절차와 실체적 내용 모두 합리성과 정당성을 갖출 것을 요구
> ■ 적법절차원칙의 적용범위
>　• 형사절차에 국한 ×, 모든 입법·행정 작용에 적용 ○
>　• 기본권 제한이 있음을 전제로 하여 적용 × (= 기본권 제한 관련성 상관없이 적용 ○)
> ■ 대통령에 대한 국회의 탄핵소추 절차 ⇨ 적법절차 원칙 직접 적용 × (∵적법절차원칙은 국가기관이 국민에 대하여 공권력을 행사할 때 준수하여야 하는 법원칙)
> ■ 수뢰죄를 범하여 금고 이상의 형의 선고유예를 받은 국가공무원을 별도의 징계절차 없이 당연퇴직하도록 규정한 심판대상조항 ⇨ 적법절차원칙에 위반 ×

① (○), ② (○) 헌법 제12조에서 선언하고 있는 적법절차원칙은 기본권 제한과 관련되든 아니든 모든 입법작용 및 행정작용에 광범위하게 적용되는 것으로서, 법률이 정한 형식적 절차와 실체적 내용이 모두 합리성과 정당성을 갖춘 적정한 것이어야 한다는 실질적 의미를 지니고 있으며, 형사소송절차와 관련하여서는 형벌권의 실행절차인 형사소송의 전반을 규율하는 기본원리로 이해하여야 한다(헌재 2014.01.28. 2012헌바298).

③ (X) 현행 헌법상 적법절차의 원칙을 위와 같이 법률이 정한 절차와 그 실체적인 내용이 합리성과 정당성을 갖춘 적정한 것이어야 한다는 것으로 이해한다면, 그 법률이 기본권의 제한입법에 해당하는 한 헌법 제37조 제2항의 일반적 법률유보조항의 해석상 요구되는 기본권제한법률의 정당성 요건과 개념상 중복되는 것으로 볼 수도 있을 것이나, 현행 헌법이 명문화하고 있는 적법절차의 원칙은 단순히 입법권의 유보제한이라는 한정적인 의미에 그치는 것이 아니라 모든 국가작용을 지배하는 독자적인 헌법의 기본원리로서 해석되어야 할 원칙이라는 점에서 입법권의 유보적 한계를 선언하는 과잉입법금지의 원칙과는 구별된다고 할 것이다. 따라서 적법절차의 원칙은 헌법조항에 규정된 형사절차상의 제한된 범위내에서만 적용되는 것이 아니라 국가작용으로서 기본권제한과 관련되든 관련되지 않든 모든 입법작용 및 행정작용에도 광범위하게 적용된다고 해석하여야 할 것이고, 나아가 형사소송절차와 관련시켜 적용함에 있어서는 형벌권의 실행절차인 형사소송의 전반을 규율하는 기본원리로 이해하여야 하는 것이다(헌재 1992.12.24. 92헌가8).

④ (○) 탄핵소추절차는 국회와 대통령이라는 헌법기관 사이의 문제이고, 국회의 탄핵소추의결에 따라 사인으로서 대통령 개인의 기본권이 침해되는 것이 아니다. 국가기관이 국민에 대하여 공권력을 행사할 때 준수하여야 하는 법원칙으로 형성된 적법절차의 원칙을 국가기관에 대하여 헌법을 수호하고자 하는 탄핵소추절차에 직접 적용할 수 없다(헌재 2017.03.10. 2016헌나1).

> **참조판례** 적법절차원칙이란, 국가공권력이 국민에 대하여 불이익한 결정을 하기에 앞서 국민은 자신의 견해를 진술할 기회를 가짐으로써 절차의 진행과 그 결과에 영향을 미칠 수 있어야 한다는 법원리를 말한다. 그런데 이 사건의 경우, 국회의 탄핵소추절차는 국회와 대통령이라는 헌법기관 사이의 문제이고, 국회의 탄핵소추의결에 의하여 사인으로서의 대통령의 기본권이 침해되는 것이 아니라, 국가기관으로서의 대통령의 권한행사가 정지되는 것이다. 따라서 국가기관이 국민과의 관계에서 공권력을 행사함에 있어서 준수해야 할 법원칙으로서 형성된 적법절차의 원칙을 국가기관에 대하여 헌법을 수호하고자 하는 탄핵소추절차에는 직접 적용할 수 없다고 할 것이고, 그 외 달리 탄핵소추절차와 관련하여 피소추인에게 의견진술의 기회를 부여할 것을 요청하는 명문의 규정도 없으므로, 국회의 탄핵소추절차가 적법절차원칙에 위배되었다는 주장은 이유 없다(헌재 2004.05.14. 2004헌나1).

⑤ (○) 범죄행위로 인하여 형사처벌을 받은 공무원에 대하여 신분상 불이익처분을 하는 법률을 제정함에 있어 어느 방법을 선택할 것인가는 원칙적으로 입법자의 재량에 속한다. 일정한 사항이 법정 당연퇴직사유에 해당하는지 여부만이 문제되는 당연퇴직의 성질상 그 절차에서 당사자의 진술권이 반드시 보장되어야 하는 것은 아니고, 심판대상조항이 청구인의 공무담임권 등을 침해하지 아니하는 이상 적법절차원칙에 위반되지 아니한다(헌재 2013.07.25. 2012헌바409).

정답 ③

문 35

헌법상 적법절차의 원칙에 관한 다음 설명 중 가장 옳지 않은 것은?(다툼이 있는 경우 헌법재판소 판례에 의함) [2017년 18번]

① 헌법상 적법절차의 원칙은 모든 국가작용 전반에 대하여 적용되는 것으로서 헌법 제12조 제1항에 열거된 처벌, 보안처분, 강제노역은 그 적용대상을 예시한 것에 불과하다.
② 적법절차의 원칙은 헌법조항에 규정된 형사절차상의 제한된 범위 내에서만 적용되는 것이 아니라 국가작용으로서 기본권제한과 관련되든 관련되지 않든 모든 입법작용과 행정작용에도 광범위하게 적용되는 것이다.
③ 헌법 제12조 제4항에 규정된 변호인의 조력을 받을 권리는 형사절차에서 방어권을 보장하는데 그 제도의 취지가 있으므로, 수형자는 원칙적으로 변호인의 조력을 받을 권리의 주체가 될 수 없다.
④ 헌법 제12조 제2항에 규정된 진술거부권은 형사절차에서만 보장되는 것은 아니고, 행정절차이거나 국회에서의 질문 등 어디에서나 그 진술이 자기에게 형사상 불리한 경우에는 묵비권을 가지고 이를 강요받지 아니할 국민의 기본권으로 보장된다.
⑤ 적법절차의 원칙에서 도출되는 가장 중요한 절차적 요청은 당사자에게 적절한 고지를 행할 것, 당사자에게 의견 및 자료 제출의 기회를 부여할 것이므로, 국민의 기본권을 제한하는 불이익처분의 근거 법률에 이러한 요소가 누락되어 있다면 그 법률은 적법절차의 원칙을 위반한 것이므로 위헌이다.

해설 ★★★

① (○) 우리 현행 헌법에서는 제12조 제1항의 처벌, 보안처분, 강제노역 등 및 제12조 제3항의 영장주의와 관련하여 각각 적법절차의 원칙을 규정하고 있지만 이는 그 대상을 한정적으로 열거하고 있는 것이 아니라 그 적용대상을 예시한 것에 불과하다고 해석하는 것이 우리의 통설적 견해이다. 다만 현행 헌법상 규정된 적법절차의 원칙을 어떻게 해석할 것인가에 대하여 표현의 차이는 있지만 대체적으로 적법절차의 원칙이 독자적인 헌법원리의 하나로 수용되고 있으며 이는 형식적인 절차 뿐만 아니라 실체적 법률내용이 합리성과 정당성을 갖춘 것이어야 한다는 실질적 의미로 확대 해석하고 있으며, 우리 헌법재판소의 판례에서도 이 적법절차의 원칙은 법률의 위헌여부에 관한 심사기준으로서 그 적용대상을 형사소송절차에 국한하지 않고 모든 국가작용 특히 입법작용 전반에 대하여 문제된 법률의 실체적 내용이 합리성과 정당성을 갖추고 있는지 여부를 판단하는 기준으로 적용되고 있음을 보여주고 있다(헌재 1992.12.24. 92헌가8).
② (○) 적법절차의 원칙은 헌법조항에 규정된 형사절차상의 제한된 범위내에서만 적용되는 것이 아니라 국가작용으로서 기본권제한과 관련되든 관련되지 않든 모든 입법작용 및 행정작용에도 광범위하게 적용된다고 해석하여야 할 것이다(헌재 1992.12.24. 92헌가8).

③ (○) 변호인의 조력을 받을 권리는 형사절차에서 피의자 또는 피고인이 검사 등 수사·공소기관과 대립되는 당사자의 지위에서 변호인 또는 변호인이 되려는 자와 사이에 충분한 접견교통에 의하여 피의사실이나 공소사실에 대하여 충분하게 방어할 수 있도록 함으로써 피고인이나 피의자의 인권을 보장하려는데 그 제도의 취지가 있는 점에 비추어 보면, 형사절차가 종료되어 교정시설에 수용중인 수형자는 원칙적으로 변호인의 조력을 받을 권리의 주체가 될 수 없다(헌재 1998.08.27. 96헌마398).

④ (○) 헌법 제12조 제2항은 "모든 국민은 고문을 받지 아니하며, 형사상 자기에게 불리한 진술을 강요당하지 아니한다."고 규정하여 형사책임에 관하여 자기에게 불이익한 진술을 강요당하지 않을 것을 국민의 기본권으로 보장하고 있다. 헌법이 진술거부권을 기본적 권리로 보장하는 것은 형사피의자나 피고인의 인권을 형사소송의 목적인 실체적 진실발견이나 구체적 사회정의의 실현이라는 국가적 이익보다 우선적으로 보호함으로써 인간의 존엄성과 생존가치를 보장하고 나아가 비인간적인 자백의 강요와 고문을 근절하려는데 있다. 또한 이러한 진술거부권은 형사절차에서만 보장되는 것은 아니고 행정절차이거나 국회에서의 질문 등 어디에서나 그 진술이 자기에게 형사상 불리한 경우에는 묵비권을 가지고 이를 강요받지 아니할 국민의 기본권으로 보장된다(헌재 1990.08.27. 89헌가118).

⑤ (X) 적법절차원칙에서 도출할 수 있는 가장 중요한 절차적 요청 중의 하나로, 당사자에게 적절한 고지를 행할 것, 당사자에게 의견 및 자료제출의 기회를 부여할 것을 들 수 있겠으나, 이 원칙이 구체적으로 어떠한 절차를 어느 정도로 요구하는지는 일률적으로 말하기 어렵고, 규율되는 사항의 성질, 관련 당사자의 사익, 절차의 이행으로 제고될 가치, 국가작용의 효율성, 절차에 소요되는 비용, 불복의 기회 등 다양한 요소들을 형량하여 개별적으로 판단할 수밖에 없다(헌재 2013.07.25. 2011헌바274).

정답 ⑤

문 36

과태료 제도에 관한 다음 설명 중 가장 옳지 않은 것은?(다툼이 있는 경우 대법원 및 헌법재판소 판례에 의함) [2016년 3번]

① 과태료는 행정상의 질서유지를 위한 행정질서벌에 해당할 뿐 형벌이라고 할 수 없어 죄형법정주의의 규율대상에 해당하지 아니한다.

② 헌법 제13조 제1항이 정한 '이중처벌금지의 원칙'은 동일한 범죄행위에 대하여 국가가 형벌권을 거듭 행사할 수 없도록 함으로써 국민의 기본권 특히 신체의 자유를 보장하기 위한 것이므로, 그 '처벌'은 원칙으로 범죄에 대한 국가의 형벌권 실행으로서의 과벌을 의미하는 것이고, 국가가 행하는 일체의 제재나 불이익처분을 모두 그에 포함된다고 할 수는 없으며, 구 건축법상 무허가 건축행위에 대한 형사처벌과 시정명령 위반에 대한 과태료 부과가 동일한 행위를 대상으로 한다고 볼 수도 없으므로, 이중처벌에 해당하지 아니한다.

③ 과태료는 행정질서유지를 위하여 행정법규위반이란 객관적 사실에 착안하여 과하는 제재이므로 특별한 규정이 없는 한 원칙적으로 고의나 과실을 요하지 아니한다.

④ 어떤 행정법규위반의 행위에 대하여 이를 단지 간접적으로 행정상의 질서에 장해를 줄 위험성이 있음에 불과한 경우로 보아 행정질서벌인 과태료를 과할 것인지 아니면 직접적으로 행정목적과 공익을 침해한 행위로 보아 행정형벌을 과할 것인지는 기본적으로 입법권자가 제반사정을 고려하여 결정할 입법재량에 속하는 문제이다.

⑤ 과태료는 형벌이 아니므로 과태료 부과절차에는 적법절차원칙이 적용될 여지가 없다.

해설 ★★★

① (O) 죄형법정주의는 무엇이 범죄이며 그에 대한 형벌이 어떠한 것인가는 국민의 대표로 구성된 입법부가 제정한 법률로써 정하여야 한다는 원칙인데, 부동산등기특별조치법 제11조 제1항 본문 중 제2조 제1항에 관한 부분이 정하고 있는 과태료는 행정상의 질서유지를 위한 행정질서벌에 해당할 뿐 형벌이라고 할 수 없어 죄형법정주의의 규율대상에 해당하지 아니한다(헌재 1998.05.28. 96헌바83).

② (O) [1] 헌법 제13조 제1항이 정한 "이중처벌금지의 원칙"은 동일한 범죄행위에 대하여 국가가 형벌권을 거듭 행사할 수 없도록 함으로써 국민의 기본권 특히 신체의 자유를 보장하기 위한 것이므로, 그 "처벌"은 원칙으로 범죄에 대한 국가의 형벌권 실행으로서의 과벌을 의미하는 것이고, 국가가 행하는 일체의 제재나 불이익처분을 모두 그에 포함된다고 할 수는 없다. [2] 구 건축법 제54조 제1항에 의한 형사처벌의 대상이 되는 범죄의 구성요건은 당국의 허가 없이 건축행위 또는 건축물의 용도변경행위를 한 것이고, 동법 제56조의2 제1항에 의한 과태료는 건축법령에 위반되는 위법건축물에 대한 시정명령을 받고도 건축주 등이 이를 시정하지 아니할 때 과하는 것이므로, 양자는 처벌 내지 제재대상이 되는 기본적 사실관계로서의 행위를 달리하는 것이다. 그리고, 전자가 무허가건축행위를 한 건축주 등의 행위 자체를 위법한 것으로 보아 처벌하는 것인 데 대하여, 후자는 위법건축물의 방치를 막고자 행정청이 시정조치를 명하였음에도 건축주 등이 이를 이행하지 아니한 경우에 행정명령의 실효성을 확보하기 위하여 제재를 과하는 것이므로 양자는 그 보호법익과 목적에서도 차이가 있고, 또한 무허가건축행위에 대한 형사처벌시에 위법건축물에 대한 시정명령의 위반행위까지 평가된다고 할 수 없으므로 시정명령위반행위가 무허가건축행위의 불가벌적 사후행위라고 할 수도 없다. 이러한 점에 비추어 구 건축법 제54조 제1항에 의한 무허가건축행위에 대한 형사처벌과 동법 제56조2 제1항에 의한 과태료의 부과는 헌법 제13조 제1항이 금지하는 이중처벌에 해당한다고 할 수 없다(헌재 1994.06.30. 92헌바38).

③ (X) 고의 또는 과실이 없는 질서위반행위는 과태료를 부과하지 아니한다(질서위반행위규제법 제7조). 복수정답 인정에 따라 추가된 정답이다. 애초 출제 의도는 '행정질서벌은 행정질서유지를 위하여 행정법규 위반이란 객관적 사실에 착안하여 과하는 제재이므로, 특별한 규정이 없는 한, 행정질서벌의 성립에 고의나 과실을 요하지 아니한다'(대판 1979.02.13. 78누92)는 판례에 근거한 것으로 보이나 당해 법률이 마련됨에 따라 틀린 지문이 된다.

④ (O) 어떤 행정법규위반의 행위에 대하여 이를 단지 간접적으로 행정상의 질서에 장애를 줄 위험성이 있음에 불과한 경우로 보아 행정질서벌인 과태료를 과할 것인지 아니면 직접적으로 행정목적과 공익을 침해한 행위로 보아 행정형벌을 과할 것인지는 기본적으로 입법권자가 제반사정을 고려하여 결정할 입법재량에 속하는 문제이다. 그런데 부동산투기를 막기 위하여 부동산소유권이전등기신청을 의무화하고 이에 대한 제재방법으로 행정형벌보다 그 정도가 약한 행정질서벌인 과태료를 선택한 것은 적절하다(헌재 1998.05.28. 96헌바83).

⑤ (X) 우리 헌법이 채택하고 있는 적법절차의 원리는 절차적 차원에서 볼 때에 국민의 기본권을 제한하는 경우에는 반드시 당사자인 국민에게 자기의 입장과 의견을 자유로이 개진할 수 있는 기회를 보장하여야 한다는 것을 그 핵심적인 내용으로 하고, 형사처벌이 아닌 행정상의 불이익처분에도 적용된다(헌재 2002.04.25. 2001헌마200). 적법절차원칙에서 도출할 수 있는 가장 중요한 절차적 요청 중의 하나로, 당사자에게 적절한 고지를 행할 것, 당사자에게 의견 및 자료 제출의 기회를 부여할 것을 들 수 있겠으나, 이 원칙이 구체적으로 어떠한 절차를 어느 정도로 요구하는지는 일률적으로 말하기 어렵고, 규율되는 사항의 성질, 관련 당사자의 사익(私益), 절차의 이행으로 제고될 가치, 국가작용의 효율성, 절차에 소요되는 비용, 불복의 기회 등 다양한 요소들을 형량하여 개별적으로 판단할 수밖에 없을 것이다(헌재 2006.05.25. 2004헌바12).

정답 ③, ⑤ (출제당시 ⑤)

문 37

무죄추정의 원칙에 관한 다음 설명 중 가장 옳지 않은 것은?(다툼이 있는 경우 헌법재판소 판례에 의함) [2016년 4번]

① 헌법 제27조 제4항은 '형사피고인은 유죄의 판결이 확정될 때까지 무죄로 추정된다.'라고 하여 이른바 무죄추정의 원칙을 선언하였고, 이는 피고인뿐만 아니라 피의자에 대하여도 적용된다.
② 무죄추정의 원칙은 증거법에 국한되지 않고 수사절차에서 공판절차에 이르기까지 형사절차의 전 과정에 적용된다.
③ 변호사에 대해 형사사건으로 공소가 제기되었다는 사실만으로 법무부장관이 업무정지명령을 하는 것은 아직 유무죄가 가려지지 아니한 범죄의 혐의사실뿐 확증 없는 상태에서 불이익처분을 가하는 것이므로 무죄추정의 원칙에 위반된다.
④ 부당내부거래를 한 사업자에 대하여 그 매출액의 2% 범위 내에서 공정거래위원회가 과징금 부과처분을 하는 것은 부당내부거래 억지라는 행정목적을 실현하기 위하여 그 위반행위에 대하여 제재를 가하는 행정상의 제재금으로서의 기본적 성격에 부당이득환수적 요소도 부가되어 있는 것이므로, 이에 대하여 공정력과 집행력을 인정한다고 하여 이를 확정판결 전의 형벌집행과 같은 것으로 보아 무죄추정의 원칙에 위반된다고는 볼 수 없다.
⑤ 징계부가금을 행정처분의 형식으로 부과하는 것은 허용되나, 이에 대한 행정소송이 제기되어 판결이 확정되기 전에 징계부가금의 집행을 실시하는 것은 무죄추정원칙에 위배되므로 허용되지 아니한다.

해설 ★★★

① (○) 헌법 제27조 제4항이 형사피고인이라고 규정하고 있지만 피고인이 무죄추정 받는다면 피의자는 당연히 무죄추정받는다고 해석된다(헌재 1992.01.18. 91헌마111).

② (○) 헌법상 무죄추정의 원칙은 형사재판에 있어서 유죄의 판결이 확정될 때까지 피의자나 피고인은 원칙적으로 죄가 없는 자로 다루어져야 하고, 그 불이익은 필요최소한에 그쳐야 한다는 것을 의미한다. 이러한 무죄추정의 원칙은 증거법에 국한된 원칙이 아니라 수사절차에서 공판절차에 이르기까지 형사절차의 전 과정을 지배하는 지도 원리로서 인신의 구속 자체를 제한하는 원리로 작용한다(헌재 2010.11.25. 2009헌바8).

③ (○) 구 변호사법 제15조는 "법무부장관은 형사사건으로 공소가 제기된 변호사에 대하여 그 판결이 확정될 때까지 업무정지를 명할 수 있다"고 규정하고 있었는 바, 이에 대하여 헌법재판소는 변호사에 대해 형사사건으로 공소가 제기되었다는 사실만으로 업무정지명령을 발하게 한 것은 아직 유무죄가 가려지지 아니한 상태에서 유죄로 추정하는 것이 되며 이를 전제로 한 불이익한 처분으로 헌법 제27조 제4항의 무죄추정의 원칙에 위배된다고 하였다(헌재 1990.11.19. 90헌가48).

▶ 이후 변호사법이 전문개정되었다. 개정 변호사법 제102조 제1항 본문(법무부장관은 변호사가 공소제기되거나 제97조에 따라 징계절차가 개시되어 그 재판이나 징계 결정의 결과 등록취소, 영구제명 또는 제명에 이르게 될 가능성이 매우 크고, 그대로 두면 장차 의뢰인이나 공공의 이익을 해할 구체적인 위험성이 있는 경우에는 법무부징계위원회에 그 변호사의 업무정지에 관한 결정을 청구할 수 있다)에 관하여, 헌법재판소는 위 법률조항이 무죄추정의 원칙을 위반하지 않고 직업수행의 자유를 침해하지도 않는다고 판시하였다(헌재 2014.04.24. 2012헌바45 참조).

④ (○) 행정권에는 행정목적 실현을 위하여 행정법규 위반자에 대한 제재의 권한도 포함되어 있으므로, '제재를 통한 억지'는 행정규제의 본원적 기능이라 볼 수 있는 것이고, 따라서 어떤 행정제재의 기능이 오로지 제재(및 이에 결부된 억지)에 있다고 하여 이를 헌법 제13조 제1항에서 말하는 국가형벌권의 행사로서의 '처벌'에 해당한다고 할 수 없는바, 구 독점규제및공정거래에관한법률 제24조의2에 의한 부당내부거래에 대한

과징금은 그 취지와 기능, 부과의 주체와 절차 등을 종합할 때 부당내부거래 억지라는 행정목적을 실현하기 위하여 그 위반행위에 대하여 제재를 가하는 행정상의 제재금으로서의 기본적 성격에 부당이득환수적 요소도 부가되어 있는 것이라 할 것이고, 이를 두고 헌법 제13조 제1항에서 금지하는 국가형벌권 행사로서의 '처벌'에 해당한다고는 할 수 없으므로, 공정거래법에서 형사처벌과 아울러 과징금의 병과를 예정하고 있더라도 이중처벌금지원칙에 위반된다고 볼 수 없으며, 이 과징금 부과처분에 대하여 공정력과 집행력을 인정한다고 하여 이를 확정판결 전의 형벌집행과 같은 것으로 보아 무죄추정의 원칙에 위반된다고도 할 수 없다(헌재 2003.07.24. 2001헌가25).

⑤ (X) 행정소송에 관한 판결이 확정되기 전에 행정청의 처분에 대하여 공정력과 집행력을 인정하는 것은 징계부가금에 국한되는 것이 아니라 우리 행정법체계에서 일반적으로 채택되고 있는 것이므로, 징계부가금 부과처분에 대하여 공정력과 집행력을 인정한다고 하여 이를 확정판결 전의 형벌집행과 같은 것으로 보아 곧바로 무죄추정원칙에 위배된다고 할 수 없다(헌재 2015.02.26. 2012헌바435).

정답 ⑤

문 38

수용자에 관한 다음 설명 중 가장 옳지 않은 것은? [2022년 34번]

① 미결수용자로서 사건에 서로 관련이 있는 사람은 분리수용하고 서로 간의 접촉을 금지하여 공모를 통한 범죄의 증거인멸을 방지할 필요가 있고, 구치소의 종교행사 장소가 매우 협소하다는 등의 이유로 수형자 및 노역장유치자에 대하여만 종교행사 등에의 참석을 허용하고 미결수용자에 대하여는 일괄적으로 종교행사 등에의 참석을 금지한 행위는 헌법에 위반된다.

② 수용자가 금치의 징벌을 받은 경우 금치기간 중 공동행사 참가 정지, 텔레비전 시청 제한, 신문·도서·잡지 외 자비구매물품 사용 제한의 처우 제한이 함께 부과되더라도, 헌법에 위반되지 아니한다.

③ 금치의 징벌을 받은 사람에 대해 금치기간 동안 실외운동을 원칙적으로 금지하고, 예외적으로 허용하는 것은 수용자에 대한 신체의 자유를 침해한 것으로 헌법에 위반된다.

④ 금치처분을 받은 미결수용자에게 금치기간 중 집필, 서신수수를 원칙적으로 제한하는 것은 헌법에 위반된다.

⑤ 헌법재판소는 집행유예기간 중인 자에 대한 선거권의 제한에 관하여는 단순위헌 결정을 하였으나, 수형자에 대한 선거권의 제한에 관하여는 입법시한까지 개선입법과 잠정적용을 명하는 헌법불합치결정을 하였다.

MGI Point 수용자 ★★★

- 미결수용자에 대하여는 일괄적으로 종교행사 등에의 참석을 금지한 행위 ⇨ 종교의 자유 침해 ○
- 금치처분을 받은 수용자에의 공동행사 참가 정지, 텔레비전 시청 제한, 신문·도서·잡지 외 자비구매물품 사용 제한의 처우 제한 ⇨ 헌법 위반 ×
- 금치기간 동안 실외운동을 원칙적으로 금지하고, 예외적으로 허용 ⇨ 헌법에 위반됨
- 금치기간 중 집필, 서신수수를 원칙적으로 제한 ⇨ 헌법에 위반 ×
- 집행유예기간 중인 자에 대한 선거권의 제한 ⇨ 단순위헌
- 수형자에 대한 선거권의 제한 ⇨ 잠정적용 헌법불합치

① (○) '형의 집행 및 수용자의 처우에 관한 법률' 제45조는 종교행사 등에의 참석 대상을 "수용자"로 규정하고 있어 수형자와 미결수용자를 구분하고 있지도 아니하며, 무죄추정의 원칙이 적용되는 미결수용자들에 대한 기본권 제한은 징역형 등의 선고를 받아 그 형이 확정된 수형자의 경우보다는 더 완화되어야 할 것임에도, 피청구인[대구구치소장]이 수용자 중 미결수용자에 대하여만 일률적으로 종교행사 등에의 참석을 불허한 것은 미결수용자의 종교의 자유를 나머지 수용자의 종교의 자유보다 더욱 엄격하게 제한한 것이다. 나아가 공범 등이 없는 경우 내지 공범 등이 있는 경우라도 공범이나 동일사건 관련자를 분리하여 종교행사 등에의 참석을 허용하는 등의 방법으로 미결수용자의 기본권을 덜 침해하는 수단이 존재함에도 불구하고 이를 전혀 고려하지 아니하였으므로 침해의 최소성 요건을 충족하였다고 보기 어렵다. 그리고, 이 사건 종교행사 등 참석불허 처우로 얻어질 공익의 정도가 무죄추정의 원칙이 적용되는 미결수용자들이 종교행사 등에 참석을 하지 못함으로써 입게 되는 종교의 자유의 제한이라는 불이익에 비하여 결코 크다고 단정하기 어려우므로 법익의 균형성 요건 또한 충족하였다고 할 수 없다. 따라서, 이 사건 종교행사 등 참석불허 처우는 과잉금지원칙을 위반하여 청구인의 종교의 자유를 침해하였다(헌재 2011.12.29. 2009헌마527).

② (○) '형의 집행 및 수용자의 처우에 관한 법률' 제112조 제3항 본문은 금치처분을 받은 수용자에 대하여 금치기간 중 다른 징벌, 즉 공동행사 참가, 신문열람, 텔레비전 시청, 자비구매물품 사용, 전화통화를 일률적으로 금지하고, 집필, 서신수수, 접견, 실외운동 등을 원칙적으로 금지하는 처우제한을 함께 부과하도록 규정하고 있다. 이 사건 금치조항 중 제108조 제4호(공동행사 참가 정지)에 관한 부분은 청구인의 통신의 자유, 종교의 자유를 침해하지 아니하고, 제108조 제6호(텔레비전 시청 제한)에 관한 부분은 청구인의 알 권리를 침해하지 아니한다. 또한 제108조 제7호의 신문·잡지·도서 외 자비구매물품에 관한 부분은 청구인의 일반적 행동의 자유를 침해하지 않는다(헌재 2016.05.26. 2014헌마45).

③ (○) 형집행법 제112조 제3항 본문 중 제108조 제13호에 관한 부분은 금치처분을 받은 사람에 대하여 실외운동을 원칙적으로 금지하고, 다만 소장의 재량에 의하여 이를 예외적으로 허용하고 있다. 그러나 소란, 난동을 피우거나 다른 사람을 해할 위험이 있어 실외운동을 허용할 경우 금치처분의 목적 달성이 어려운 예외적인 경우에 한하여 실외운동을 제한하는 덜 침해적인 수단이 있음에도 불구하고, 금치처분을 받은 사람에게 원칙적으로 실외운동을 금지하므로, 침해의 최소성 원칙에 위배된다. 위 조항은 수용자의 정신적·신체적 건강에 필요 이상의 불이익을 가하고 있고, 이는 공익에 비하여 큰 것이므로 위 조항은 법익의 균형성 요건도 갖추지 못하였다. 따라서 위 조항은 청구인의 신체의 자유를 침해한다(헌재 2016.05.26. 2014헌마45).

④ (X) 금치 처분을 받은 수용자들은 이미 수용시설의 안전과 질서유지에 위반되는 행위, 그 중에서도 가장 중한 평가를 받은 행위를 한 자들이라는 점에서, 집필과 같은 처우 제한의 해제는 예외적인 경우로 한정될 수밖에 없다. 나아가 미결수용자는 징벌집행 중 소송서류의 작성 등 수사 및 재판 과정에서의 권리행사는 제한 없이 허용되는 점 등을 감안하면, 이 사건 집필제한 조항은 청구인의 표현의 자유를 침해하지 아니한다. 서신수수 제한의 경우 외부와의 접촉을 금지시키고 구속감과 외로움 속에 반성에 전념토록 하는 징벌의 목적에 상응하는 점, 서신수수를 허가할 수 있는 예외를 규정하고 있는 점 등을 감안하면, 이 사건 서신수수제한 조항은 청구인의 통신의 자유를 침해하지 아니한다(헌재 2014.08.28. 2012헌마623).

⑤ (○) 심판대상조항은 집행유예자와 수형자에 대하여 전면적·획일적으로 선거권을 제한하고 있다. 범죄자가 저지른 범죄의 경중을 전혀 고려하지 않고 수형자와 집행유예자 모두의 선거권을 제한하는 것은 침해의 최소성원칙에 어긋난다. 특히 집행유예자는 집행유예 선고가 실효되거나 취소되지 않는 한 교정시설에 구금되지 않고 일반인과 동일한 사회생활을 하고 있으므로, 그들의 선거권을 제한해야 할 필요성이 크지 않다. 따라서 심판대상조항은 청구인들의 선거권을 침해하고, 보통선거원칙에 위반하여 집행유예자와 수형자를 차별취급하는 것이므로 평등원칙에도 어긋난다. 심판대상조항 중 수형자에 관한 부분의 위헌성은 지나치게 전면적·획일적으로 수형자의 선거권을 제한한다는 데 있다. 그런데 그 위헌성을 제거하고 수형자에게 헌법합치적으로 선거권을 부여하는 것은 입법자의 형성재량에 속하므로 심판대상조항 중 수형자에 관한 부분에 대하여 헌법불합치결정을 선고하되, 다만 입법자의 개선입법이 있을 때까지 계속적용을 명하기로 한다(헌재 2014.01.28. 2012헌마409 등).

정답 ④

문 39

인신보호청구 제도에 관한 다음 설명 중 가장 옳지 않은 것은?(다툼이 있는 경우 헌법재판소 판례에 의함) [2016년 23번]

① 2007년에 제정된 인신보호법은 행정처분이나 사인에 의한 시설 수용으로 피수용자의 인신의 자유가 위법하게 침해될 수 있음에도 불구하고 그 동안 사법심사를 통한 신속하고 효과적인 구제절차가 마련되어 있지 않았다는 반성적 고려 하에, 위법한 행정처분 또는 사인에 의한 시설에의 수용으로 인하여 위법하게 인신의 자유를 제한당하고 있는 개인의 구제절차를 마련함으로써 헌법이 보장하고 있는 국민의 기본권을 보호하는 것을 목적으로 제정되었다.
② 피수용자와 구제청구자는 변호인을 선임할 수 있고, 구제청구자 등이 빈곤이나 그 밖의 사유로 변호인을 선임할 수 없는 경우 구제청구자 등의 명시적 의사에 반하지 아니하고 구제청구가 명백하게 이유 없는 것이 아닌 이상 법원은 직권으로 변호인을 선정하여야 하며, 이에는 형사소송절차의 국선변호인에 관한 규정이 준용된다.
③ 재판을 청구할 수 있는 기간을 정하는 것은 원칙적으로 입법자가 그 입법 재량에 기초한 정책적 판단에 따라 결정할 문제이므로 그 재량의 한계를 일탈하지 아니하는 한 위헌이라고 판단하기는 어렵다.
④ 인신보호법 제15조는 법원의 결정에 불복하는 경우 3일 이내에 즉시항고를 제기하여야 한다고 규정하고 있는데, 이는 피수용자의 신병에 관한 법률관계를 조속히 확정하려는 입법목적을 가진 것으로서, 형사소송법 제405조도 즉시항고의 제기기간을 3일로 규정하고 있는 점, 국선변호인이 선임되어 있는 점 등을 고려하면, 인신보호법 제15조 소정의 3일의 즉시항고 제기기간이 입법형성권의 한계를 일탈한 것이라고는 볼 수 없다.
⑤ 인신보호법 제2조가 출입국관리법에 따라 보호된 사람을 인신보호법에 따라 구제청구를 할 수 있는 피수용자의 범위에서 제외한 것은, 출입국관리법상 보호가 외국인의 강제퇴거사유의 존부 심사 및 강제퇴거명령의 집행확보라는 행정목적을 담보하고 이를 효율적으로 집행하기 위해 행해지는 것으로 신체의 자유 제한 자체를 목적으로 하는 형사절차상의 인신구속 또는 여타의 행정상의 인신구속과는 그 목적이나 성질이 다르다는 점을 고려한 것이므로 헌법에 위반된다고 볼 수 없다.

해설 ★★

① (○) 2007년에 제정된 인신보호법은 행정처분이나 사인에 의한 시설 수용으로 피수용자의 인신의 자유가 위법하게 침해될 수 있음에도 불구하고 그 동안 사법심사를 통한 신속하고 효과적인 구제절차가 마련되어 있지 않았다는 반성적 고려 하에, 위법한 행정처분 또는 사인에 의한 시설에의 수용으로 인하여 위법하게 인신의 자유를 제한당하고 있는 개인의 구제절차를 마련함으로써 헌법이 보장하고 있는 국민의 기본권을 보호하는 것을 목적으로 제정되었다(헌재 2015.09.24. 2013헌가21).
② (○) 인신보호법에 의하면, 피수용자와 구제청구자는 변호인을 선임할 수 있는바, 구제청구자 등이 빈곤이나 그 밖의 사유로 변호인을 선임할 수 없는 경우 구제청구자 등의 명시적 의사에 반하지 아니하고 구제청구가 명백하게 이유 없는 것이 아닌 이상 법원은 직권으로 변호인을 선정하여야 하고(인신보호법 제12조), 인신보호규칙 제15조에 의해 국선변호인에는 형사소송절차의 국선변호인에 관한 규정이 준용된다(헌재 2015.09.24. 2013헌가21).
③ (○) 재판청구권은 실체적 권리의 구제를 위해 국가로부터 적극적인 행위, 즉 권리구제절차의 제공을 요구하는 청구권적 기본권으로서, 입법자에 의한 구체적인 제도 형성을 필요로 하는데, 특히 재판을 청구할 수 있

는 기간을 정하는 것은 원칙적으로 입법자가 그 입법 재량에 기초한 정책적 판단에 따라 결정할 문제이므로 그 재량의 한계를 일탈하지 아니하는 한 위헌이라고 판단하기는 어렵다(헌재 2006.11.30. 2003헌바66).

④ (X) 인신보호법 제15조는 피수용자인 구제청구자의 즉시항고 제기기간을 3일로 제한하고 있는 바, 인신보호법상 피수용자인 구제청구자는 자기 의사에 반하여 수용시설에 수용되어 인신의 자유가 제한된 상태에 있으므로 그 자신이 직접 법원에 가서 즉시항고장을 접수할 수 없고, 외부인의 도움을 받아서 즉시항고장을 접수하는 방법은 외부인의 호의와 협조가 필수적이어서 이를 기대하기 어려운 때에는 그리 효과적이지 않으며, 우편으로 즉시항고장을 접수하는 방법도 즉시항고장을 작성하는 시간과 우편물을 발송하고 도달하는 데 소요되는 시간을 고려하면 3일의 기간이 충분하다고 보기 어렵다. 인신보호법상으로는 국선변호인이 선임될 수 있지만, 변호인의 대리권에 상소권까지 포함되어 있다고 단정하기 어렵고, 그의 대리권에 상소권이 포함되어 있다고 하더라도 법정기간의 연장 등 형사소송법 제345조 등과 같은 특칙이 적용될 여지가 없으므로 3일의 즉시항고기간은 여전히 과도하게 짧은 기간이다. 나아가 즉시항고 제기기간을 3일보다 조금 더 긴 기간으로 정한다고 해도 피수용자의 신병에 관한 법률관계를 조속히 확정하려는 이 사건 법률조항의 입법목적이 달성되는 데 큰 장애가 생긴다고 볼 수 없으므로, 이 사건 법률조항은 피수용자의 재판청구권을 침해한다(헌재 2015.09.24. 2013헌가21).

관련판례 즉시항고 제기기간을 3일로 제한하고 있는 형사소송법 제405조가 재판청구권을 침해하는지 여부(적극) : 형사재판 중 결정절차에서는 그 결정 일자가 미리 당사자에게 고지되는 것이 아니기 때문에 결정에 대한 불복 여부를 결정하고 즉시항고 절차를 준비하는데 있어 상당한 기간을 부여할 필요가 있다. 또한 심판대상조항의 제정 당시와 비교할 때, 오늘날의 형사사건은 그 내용이 더욱 복잡해져 즉시항고 여부를 결정함에 있어서도 많은 시간이 소요될 수 있고, 근로기준법의 개정으로 주 40시간 근무가 확대, 정착됨에 따라 금요일 오후에 결정문을 송달받을 경우 주말동안 공공기관이나 변호사로부터 법률적 도움을 구하는 것도 쉽지 않게 되었으며, 우편 접수를 통해 즉시항고를 한다고 하더라도 사실상 월요일 하루 안에 발송 및 도달을 완료해야 한다. 그럼에도 심판대상조항은 변화된 사회 현실을 제대로 반영하지 못하여, 당사자가 어느 한 순간이라도 지체할 경우 즉시항고권 자체를 행사할 수 없게 하는 부당한 결과를 초래하고 있다. 형사재판절차의 당사자가 직접 또는 다른 사람의 도움을 받아 인편으로 법원에 즉시항고장을 제출하기 어려운 상황은 얼마든지 발생할 수 있고, 교도소 또는 구치소에 있는 피고인에게 적용되는 형사소송법 제344조의 재소자 특칙 규정은 개별적으로 준용규정이 있는 경우에만 그 적용을 받게 되며, 형사소송법상의 법정기간 연장조항이나 상소권회복청구 조항들만으로는 3일이라는 지나치게 짧은 즉시항고 제기기간의 도과를 보완하기에 미흡하다. 나아가 민사소송, 민사집행, 행정소송, 형사보상절차 등의 즉시항고기간 1주나, 외국의 입법례와 비교하더라도 3일이라는 제기기간은 지나치게 짧다. 즉시항고 자체가 형사소송법상 명문의 규정이 있는 경우에만 허용되므로 기간 연장으로 인한 폐해가 크다고 볼 수도 없는 점 등을 고려하면, 심판대상조항은 즉시항고 제도를 단지 형식적이고 이론적인 권리로서만 기능하게 함으로써 헌법상 재판청구권을 공허하게 하므로 입법재량의 한계를 일탈하여 재판청구권을 침해하는 규정이다(헌재 2018.12.27. 2015헌바77).

⑤ (○) 인신보호법 제2조가 출입국관리법에 따라 보호된 사람을 인신보호법에 따라 구제청구를 할 수 있는 피수용자의 범위에서 제외한 것은, 출입국관리법상 보호가 외국인의 강제퇴거사유의 존부 심사 및 강제퇴거명령의 집행확보라는 행정목적을 담보하고 이를 효율적으로 집행하기 위해 행해지는 것으로 신체의 자유 제한 자체를 목적으로 하는 형사절차상의 인신구속 또는 여타의 행정상의 인신구속과는 그 목적이나 성질이 다르다는 점, 출입국관리법이 보호라는 인신구속의 적법성을 담보하기 위한 엄격한 사전절차와 사후적 구제수단을 충분히 마련하고 있는 이상, 인신보호법의 보호범위에 출입국관리법에 따라 보호된 자를 포함시킬 실익이 크지 아니한 점을 고려한 것이며, 여기에는 합리적 이유가 있다. 따라서 심판대상조항은 청구인들의 평등권을 침해하지 아니한다(헌재 2014.08.28. 2012헌마686).

정답 ④

문 40

신체의 자유에 관한 다음 설명 중 옳지 않은 것을 모두 고른 것은?(다툼이 있는 경우 헌법재판소 판례에 의함) [2016년 38번]

㉠ 특별검사가 참고인에게 지정된 장소까지 동행할 것을 명령할 수 있게 하고 참고인이 정당한 이유 없이 동행명령을 거부한 경우 처벌하는 것은, 심리적·간접적인 강제를 통하여 참고인의 출석을 확보하고자 하는 것일 뿐, 동행명령에 불응하는 참고인의 신체에 대하여 직접적이고 현실적인 강제력의 행사를 허용하는 것이 아니므로 신체의 자유를 침해하지 아니한다.
㉡ 수형자로 하여금 마약검사를 위해 소변을 받아 제출하도록 한 것은 교도소의 안전과 질서유지를 위한 것으로 수사에 필요한 처분이 아닐 뿐 아니라 검사대상자들의 협력이 필수적이어서 강제처분이라고 할 수 없어 영장주의의 원칙이 적용되지 아니한다.
㉢ 성폭력범죄를 저지른 성도착증 환자로서 재범의 위험성이 인정되는 19세 이상의 사람에 대해 법원이 15년의 범위에서 치료명령을 선고할 수 있도록 한 성폭력범죄자의 성충동 약물치료에 관한 법률의 조항은 그 선고 시점에서 치료명령의 요건이 충족된다고 판단하는 때에는 성충동 약물치료를 명하도록 하는 것으로서, 그 집행 시점에서 불필요한 치료를 막을 수 있는 절차가 마련되어 있지 않아 치료명령 피청구인의 신체의 자유를 침해한다.
㉣ 구속집행정지결정에 대한 검사의 즉시항고를 인정하는 형사소송법 조항은 검사의 불복을 그 피고인에 대한 구속집행을 정지할 필요가 있다는 법원의 판단보다 우선시킬 뿐만 아니라, 사실상 법원의 구속집행정지결정을 무의미하게 할 수 있는 권한을 검사에게 부여한 것이라는 점에서 헌법 제12조 제3항의 영장주의 원칙에 위배된다.
㉤ 형벌불소급의 원칙은 좁은 의미에서는 소급적인 범죄의 설정과 형벌의 가중을 금지하는 것이지만, 넓은 의미에서는 형사소추가 가능한 기간을 연장하여 상대방의 법적 지위를 현저히 불리하게 하는 것도 포함하므로 공소시효기간을 연장하는 것은 형벌불소급의 원칙에 반한다.
㉥ 법관으로 하여금 미결구금일수를 형기에 산입하되, 그 미결구금일수 중 일부를 산입하지 않을 수 있게 허용하는 형법 규정은 적법절차의 원칙 등을 위배하여 신체의 자유를 침해한다.

① ㉠, ㉤ ② ㉢, ㉤ ③ ㉤, ㉥
④ ㉠, ㉢ ⑤ ㉡, ㉤

해설 ★★★

㉠ (X) 참고인에 대한 동행명령제도는 참고인의 신체의 자유를 사실상 억압하여 일정 장소로 인치하는 것과 실질적으로 같으므로 헌법 제12조 제3항이 정한 영장주의원칙이 적용되어야 한다. 그럼에도 불구하고 법관이 아닌 특별검사가 동행명령장을 발부하도록 하고 정당한 사유 없이 이를 거부한 경우 벌금형에 처하도록 함으로써, 실질적으로는 참고인의 신체의 자유를 침해하여 지정된 장소에 인치하는 것과 마찬가지의 결과가 나타나도록 규정한 이 사건 동행명령조항은 영장주의원칙을 규정한 헌법 제12조 제3항에 위반되거나 적어도 위 헌법상 원칙을 잠탈하는 것이다(헌재 2008.01.10. 2007헌마1468).

㉡ (O) 헌법 제12조 제3항의 영장주의는 법관이 발부한 영장에 의하지 아니하고는 수사에 필요한 강제처분을 하지 못한다는 원칙으로 소변을 받아 제출하도록 한 것은 교도소의 안전과 질서유지를 위한 것으로 수사에 필요한 처분이 아닐 뿐만 아니라 검사대상자들의 협력이 필수적이어서 강제처분이라고 할 수도 없어 영장주의의 원칙이 적용되지 않는다(헌재 2006.07.27. 2005헌마277).

ⓒ (○) 심판대상조항들은 성폭력범죄를 저지른 성도착증 환자의 동종 재범을 방지하기 위한 것으로서 그 입법목적이 정당하고, 성충동 약물치료는 성도착증 환자의 성적 환상이 충동 또는 실행으로 옮겨지는 과정의 핵심에 있는 남성호르몬의 생성 및 작용을 억제하는 것으로서 수단의 적절성이 인정된다. 또한 성충동 약물치료는 전문의의 감정을 거쳐 성도착증 환자로 인정되는 사람을 대상으로 청구되고, 한정된 기간 동안 의사의 진단과 처방에 의하여 이루어지며, 부작용 검사 및 치료가 함께 이루어지고, 치료가 불필요한 경우의 가해제제도가 있으며, 치료 중단시 남성호르몬의 생성과 작용의 회복이 가능하다는 점을 고려할 때, 심판대상조항들은 원칙적으로 침해의 최소성 및 법익균형성이 충족된다. 다만 장기형이 선고되는 경우 치료명령의 선고시점과 집행시점 사이에 상당한 시간적 간극이 있어 집행시점에서 발생할 수 있는 불필요한 치료와 관련한 부분에 대해서는 침해의 최소성과 법익균형성을 인정하기 어렵다. 따라서 이 사건 청구조항은 과잉금지원칙에 위배되지 아니하나, 이 사건 명령조항은 집행 시점에서 불필요한 치료를 막을 수 있는 절차가 마련되어 있지 않은 점으로 인하여 과잉금지원칙에 위배되어 치료명령 피청구인의 신체의 자유 등 기본권을 침해한다(헌재 2015.12.23. 2013헌가9).

ⓓ (○) 법원이 피고인의 구속 또는 그 유지 여부의 필요성에 관하여 한 재판의 효력이 검사나 다른 기관의 이견이나 불복이 있다 하여 좌우되거나 제한받는다면 이는 영장주의에 위반된다고 할 것인바, 구속집행정지결정에 대한 검사의 즉시항고를 인정하는 이 사건 법률조항은 검사의 불복을 그 피고인에 대한 구속집행을 정지할 필요가 있다는 법원의 판단보다 우선시킬 뿐만 아니라, 사실상 법원의 구속집행정지결정을 무의미하게 할 수 있는 권한을 검사에게 부여한 것이라는 점에서 헌법 제12조 제3항의 영장주의원칙에 위배된다. 또한 헌법 제12조 제3항의 영장주의는 헌법 제12조 제1항의 적법절차원칙의 특별규정이므로, 헌법상 영장주의원칙에 위배되는 이 사건 법률조항은 헌법 제12조 제1항의 적법절차원칙에도 위배된다(헌재 2012.06.27. 2011헌가36).

ⓔ (×) [1] 형벌불소급의 원칙은 "행위의 가벌성" 즉 형사소추가 "언제부터 어떠한 조건하에서" 가능한가의 문제에 관한 것이고, "얼마동안" 가능한가의 문제에 관한 것은 아니므로, 과거에 이미 행한 범죄에 대하여 공소시효를 정지시키는 법률이라 하더라도 그 사유만으로 헌법 제12조 제1항 및 제13조 제1항에 규정한 죄형법정주의의 파생원칙인 형벌불소급의 원칙에 언제나 위배되는 것으로 단정할 수는 없다. [2] 공소시효가 아직 완성되지 않은 경우 위 법률조항은 단지 진행중인 공소시효를 연장하는 법률로서 이른바 부진정소급효를 갖게 되나, 공소시효제도에 근거한 개인의 신뢰와 공시시효의 연장을 통하여 달성하려는 공익을 비교형량하여 공익이 개인의 신뢰보호이익에 우선하는 경우에는 소급효를 갖는 법률도 헌법상 정당화될 수 있다(헌재 1996.02.16. 96헌가2).

ⓕ (○) 미결구금을 허용하는 것 자체가 헌법상 무죄추정의 원칙에서 파생되는 불구속수사의 원칙에 대한 예외인데, 형법 제57조 제1항 중 "또는 일부 부분"은 그 미결구금일수 중 일부만을 본형에 산입할 수 있도록 규정하여 그 예외에 대하여 사실상 다시 특례를 설정함으로써, 기본권 중에서도 가장 본질적인 신체의 자유에 대한 침해를 가중하고 있다. 또한, 형법 제57조 제1항 중 "또는 일부" 부분이 상소제기 후 미결구금일수의 일부가 산입되지 않을 수 있도록 하여 피고인의 상소의사를 위축시킴으로써 남상소를 방지하려 하는 것은 입법목적 달성을 위한 적절한 수단이라고 할 수 없고, 남상소를 방지한다는 명목으로 오히려 구속 피고인의 재판청구권이나 상소권의 적정한 행사를 저해한다. 더욱이 구속 피고인이 고의로 재판을 지연하거나 부당한 소송행위를 하였다고 하더라도 이를 이유로 미결구금기간 중 일부를 형기에 산입하지 않는 것은 처벌되지 않는 소송상의 태도에 대하여 형벌적 요소를 도입하여 제재를 가하는 것으로서 적법절차의 원칙 및 무죄추정의 원칙에 반한다. … 따라서 형법 제57조 제1항 중 "또는 일부 부분"은 헌법상 무죄추정의 원칙 및 적법절차의 원칙 등을 위배하여 합리성과 정당성 없이 신체의 자유를 침해한다(헌재 2009.06.25. 2007헌바25).

정답 ①

제❹절 ㅣ 사생활 영역의 자유

제1관 사생활의 비밀과 자유

문 41

사생활의 비밀과 자유에 관한 다음 설명 중 가장 옳지 않은 것은? [2020년 19번]

① 엄중격리대상자의 수용거실에 CCTV를 설치하는 행위에 관해서는 특별한 법적 근거가 없더라도 일반적인 계호활동을 허용하는 법률규정 자체에 의하여 허용된다고 보아야 한다. CCTV에 의하여 감시되는 엄중격리대상자에 대하여는 지속적이고 부단한 감시가 필요할 뿐 아니라 자살·자해나 흉기 제작 등의 위험성을 고려하면 기본권 제한의 최소성 요건이나 법익균형성의 요건도 충족하고 있어 사생활의 비밀 및 자유를 침해한다고 볼 수 없다.

② 인터넷 언론사의 공개된 게시판·대화방에서 스스로의 의사에 의하여 정당·후보자에 대한 지지·반대의 글을 게시하는 행위는 정당·후보자에 대한 단순한 의견 등의 표현행위에 불과하여 양심의 자유나 사생활 비밀의 자유에 의하여 보호되는 영역이라고 할 수 없다. 그러므로 그 과정에서 실명확인 절차의 부담을 진다고 하더라도 양심의 자유나 사생활 비밀의 자유를 제한받는다고 볼 수 없다.

③ 헌법 제17조는 "모든 국민은 사생활의 비밀과 자유를 침해받지 아니한다."라고 규정하여 사생활의 비밀과 자유를 국민의 기본권의 하나로 보장하고 있다. 여기서 사생활의 비밀은 국가가 사생활의 자유로운 형성을 방해하거나 금지하는 것에 대한 보호를 의미하고, 사생활의 자유란 국가가 사생활영역을 들여다보는 것에 대한 보호를 제공하는 기본권이다.

④ 법원의 제출명령이 있는 경우 당해 법적 분쟁에 있어서 증명할 사실과 관련된 금융거래정보를 공개할 수 있도록 한 것은 객관적인 증거에 의해 확인되는 실체적 진실에 따라 법적 분쟁을 공정하게 해결하기 위한 것으로서 그 입법목적의 정당성이 인정되고 수단의 적합성도 인정된다.

⑤ 선거운동 과정에서 자신의 인격권이나 명예권을 보호하기 위하여 대외적으로 해명을 하는 행위는 표현의 자유에 속하는 영역이라고 할 수 있을 뿐 사생활의 자유에 의하여 보호되는 범주를 벗어났으므로, 선거와 관련하여 문서, 도화 등의 배부 등의 행위를 제한하고 있는 구 공직선거법및선거부정방지법 제93조 제1항은 사생활의 자유를 침해하지 아니한다.

MGI Point 사생활의 비밀과 자유 ★★

- 엄중격리대상자의 수용거실에 CCTV를 설치하여 24시간 감시하는 행위 ⇨ 법률유보의 원칙에 위배되어 사생활의 자유·비밀 침해 ×
- 인터넷언론사는 선거운동기간 중 당해 홈페이지 게시판 등에 정당·후보자에 대한 지지·반대 등의 정보를 게시하는 경우 실명을 확인받는 기술적 조치를 하고, 조치를 취하지 않는 경우 과태료를 부과하도록 정한 공직선거법 조항 ⇨ 게시판 등 이용자의 익명표현의 자유 및 개인정보자기결정권과 인터넷언론사의 언론의 자유 침해 ○
- 사생활의 비밀은 국가가 사생활영역을 들여다보는 것에 대한 보호를 제공하는 기본권, 사생활의 자유는 국가가 사생활의 자유로운 형성을 방해하거나 금지하는 것에 대한 보호
- 법원의 제출명령 있는 경우 당해 법적 분쟁과 관련된 금융거래정보 공개 ⇨ 개인정보자기결정권 침해 ×
- 대외적으로 해명을 하는 행위 ⇨ 표현의 자유 ○, 사생활의 자유 ×

① (○) 이 사건 CCTV 설치행위는 행형법 및 교도관직무규칙 등에 규정된 교도관의 계호활동 중 육안에 의한 시선계호를 CCTV 장비에 의한 시선계호로 대체한 것에 불과하므로, 이 사건 CCTV 설치행위에 대한 특별

한 법적 근거가 없더라도 일반적인 계호활동을 허용하는 법률규정에 의하여 허용된다고 보아야 한다. 한편 CCTV에 의하여 감시되는 엄중격리대상자에 대하여 지속적이고 부단한 감시가 필요하고 자살·자해나 흉기제작 등의 위험성 등을 고려하면, 제반사정을 종합하여 볼 때 기본권 제한의 최소성 요건이나 법익균형성의 요건도 충족하고 있다(헌재 2008.05.29. 2005헌마137·247·376,2007헌마187·1274(병합)).

② (X) 심판대상조항과 같이 인터넷홈페이지의 게시판 등에서 이루어지는 정치적 익명표현을 규제하는 것은 인터넷이 형성한 '사상의 자유시장'에서의 다양한 의견 교환을 억제하고, 이로써 국민의 의사표현 자체가 위축될 수 있으며, 민주주의의 근간을 이루는 자유로운 여론 형성이 방해될 수 있다. 선거운동기간 중 정치적 익명표현의 부정적 효과는 익명성 외에도 해당 익명표현의 내용과 함께 정치적 표현행위를 규제하는 관련 제도, 정치적·사회적 상황의 여러 조건들이 아울러 작용하여 발생하므로, 모든 익명표현을 사전적·포괄적으로 규율하는 것은 표현의 자유보다 행정편의와 단속편의를 우선함으로써 익명표현의 자유와 개인정보자기결정권 등을 지나치게 제한한다. … 심판대상조항은 정치적 의사표현이 가장 긴요한 선거운동기간 중에 인터넷언론사 홈페이지 게시판 등 이용자로 하여금 실명확인을 하도록 강제함으로써 익명표현의 자유와 언론의 자유를 제한하고, 모든 익명표현을 규제함으로써 대다수 국민의 개인정보자기결정권도 광범위하게 제한하고 있다는 점에서 이와 같은 불이익은 선거의 공정성 유지라는 공익보다 결코 과소평가될 수 없다. 그러므로 심판대상조항은 과잉금지원칙에 반하여 인터넷언론사 홈페이지 게시판 등 이용자의 익명표현의 자유와 개인정보자기결정권, 인터넷언론사의 언론의 자유를 침해한다(헌재 2021.01.28. 2018헌마456, 2020헌마406, 2018헌가16(병합)).

③ (X) 헌법 제17조는 "모든 국민은 사생활의 비밀과 자유를 침해받지 아니한다."고 규정하여 사생활의 비밀과 자유를 국민의 기본권의 하나로 보장하고 있다. 사생활의 비밀은 국가가 사생활영역을 들여다보는 것에 대한 보호를 제공하는 기본권이며, 사생활의 자유는 국가가 사생활의 자유로운 형성을 방해하거나 금지하는 것에 대한 보호를 의미한다. 구체적으로 사생활의 비밀과 자유가 보호하는 것은 개인의 내밀한 내용의 비밀을 유지할 권리, 개인이 자신의 사생활의 불가침을 보장받을 수 있는 권리, 개인의 양심영역이나 성적 영역과 같은 내밀한 영역에 대한 보호, 인격적인 감정세계의 존중의 권리와 정신적인 내면생활이 침해받지 아니할 권리 등이다(헌재 2008.04.24. 2006헌마402).

④ (○) 이 사건 금융실명법 조항은 법원의 제출명령이 있는 경우에는 당해 법적 분쟁에 있어서 증명할 사실과 관련된 금융거래정보를 공개할 수 있도록 하는 것인바, 이는 객관적인 증거에 의해 확인되는 실체적 진실에 따라 법적 분쟁을 공정하게 해결하기 위한 것으로서 그 입법목적의 정당성이 인정되고, 수단의 적합성이 인정된다(헌재 2010.09.30. 2008헌바132).

⑤ (○) 선거운동 과정에서 자신의 인격권이나 명예권을 보호하기 위하여 대외적으로 해명을 하는 행위는 표현의 자유에 속하는 영역이라고 할 수 있을 뿐 이미 사생활의 자유에 의하여 보호되는 범주를 벗어난 행위라고 볼 것이므로, 선거와 관련하여 문서·도화 등의 배부 등의 행위를 제한하고 있는 공직선거및선거부정방지법 제93조 제1항은 사생활의 자유를 침해하지 않는다(헌재 2001.08.30. 99헌바92).

정답 ②,③ (출제당시 ③)

문 42

개인정보자기결정권과 관련된 다음 설명 중 옳은 것은 모두 몇 개인가? [2022년 18번]

ㄱ. 개인정보자기결정권은 인간의 존엄과 가치, 행복추구권을 규정한 헌법 제10조 제1문에서 도출되는 일반적 인격권 및 헌법 제17조의 사생활의 비밀과 자유에 의하여 보장된다.

ㄴ. 개인의 인격주체성을 특징짓는 사항으로서 그 개인의 동일성을 식별할 수 있게 하는 일체의 정보가 개인정보자기결정권의 보호대상이 되나, 공적 생활에서 형성되었거나 이미 공개된 개인정보까지는 포함하지 않는다.

ㄷ. 서울특별시 교육감 등이 졸업생의 성명, 생년월일 및 졸업일자 정보를 교육정보시스템(NEIS)에 보유하는 행위는 개인정보자기결정권을 침해하지 않는다.
ㄹ. "법무부장관은 변호사시험 합격자가 결정되면 즉시 명단을 공고하여야 한다."고 규정한 변호사시험법 규정은 개인정보자기결정권을 침해하는 것이 아니다.
ㅁ. 헌법재판소는 인터넷게시판을 설치·운영하는 정보통신서비스 제공자에게 본인확인조치의무를 부과하여 게시판 이용자로 하여금 본인확인절차를 거쳐야만 게시판을 이용할 수 있도록 하는 이른바 '본인확인제'를 규정한 정보통신망 이용촉진 및 정보보호 등에 관한 법률 규정은 개인정보자기결정권을 침해한다고 판단하였다.
ㅂ. 특정범죄의 수형자로부터 디엔에이감식시료를 채취하여 그 채취대상자가 사망할 때까지 디엔에이신원확인정보를 데이터베이스에 수록, 관리할 수 있도록 규정한 구 디엔에이신원확인정보의 이용 및 보호에 관한 법률(2010. 1. 25. 법률 제9944호로 제정되고, 2020. 1. 21. 법률 제16866호로 개정되기 전의 것) 규정은 개인정보자기결정권을 침해하는 것이 아니다.

① 2개   ② 3개   ③ 4개   ④ 5개   ⑤ 6개

MGI Point 개인정보자기결정권 ★★

- 개인정보자기결정권 ⇨ 헌법 제10조 제1문, 헌법 제17조에 의하여 보장됨
- 개인정보자기결정권의 보호대상 ⇨ 공적 생활에서 형성되었거나 이미 공개된 개인정보까지도 포함
- 졸업생의 성명, 생년월일 및 졸업일자 정보를 교육정보시스템(NEIS)에 보유하는 행위 ⇨ 개인정보자기결정권 침해 ✕
- 변호사시험 합격자 명단 공고 조항 ⇨ 개인정보자기결정권 침해 ✕
- 인터넷게시판 본인확인조치의무 조항 ⇨ 개인정보자기결정권을 침해 ○
- 채취대상자가 사망할 때까지 디엔에이신원확인정보를 보관할 수 있도록 하는 조항 ⇨ 개인정보자기결정권 침해 ✕

ㄱ. (○) ㄴ. (✕) 인간의 존엄과 가치, 행복추구권을 규정한 헌법 제10조 제1문에서 도출되는 일반적 인격권 및 헌법 제17조의 사생활의 비밀과 자유에 의하여 보장되는 개인정보자기결정권은 자신에 관한 정보가 언제 누구에게 어느 범위까지 알려지고 또 이용되도록 할 것인지를 그 정보주체가 스스로 결정할 수 있는 권리이다. 즉 정보주체가 개인정보의 공개와 이용에 관하여 스스로 결정할 권리를 말한다. 개인정보자기결정권의 보호대상이 되는 개인정보는 개인의 신체, 신념, 사회적 지위, 신분 등과 같이 개인의 인격주체성을 특징짓는 사항으로서 그 개인의 동일성을 식별할 수 있게 하는 일체의 정보라고 할 수 있고, 반드시 개인의 내밀한 영역이나 사사(私事)의 영역에 속하는 정보에 국한되지 않고 공적 생활에서 형성되었거나 이미 공개된 개인정보까지 포함한다(헌재 2005.07.21. 2003헌마282 등).

ㄷ. (○) 피청구인들이 졸업증명서 발급업무에 관한 민원인의 편의 도모, 행정효율성의 제고를 위하여 개인의 존엄과 인격권에 심대한 영향을 미칠 수 있는 민감한 정보라고 보기 어려운 성명, 생년월일, 졸업일자 정보만을 NEIS에 보유하고 있는 것은 목적의 달성에 필요한 최소한의 정보만을 보유하는 것이라 할 수 있고, 공공기관의개인정보보호에관한법률에 규정된 개인정보 보호를 위한 법규정들의 적용을 받을 뿐만 아니라 피청구인들이 보유목적을 벗어나 개인정보를 무단 사용하였다는 점을 인정할 만한 자료가 없는 한 NEIS라는 자동화된 전산시스템으로 그 정보를 보유하고 있다는 점만으로 피청구인들의 적법한 보유행위 자체의 정당성마저 부인하기는 어렵다(헌재 2005.07.21. 2003헌마282 등).

ㄹ. (○) 심판대상조항은 법무부장관이 시험 관리 업무를 위하여 수집한 응시자의 개인정보 중 합격자의 성명을 공개하도록 하는 데 그치므로, 청구인들의 개인정보자기결정권이 제한되는 범위와 정도는 매우 제한적이다.

합격자 명단이 공고되면 누구나, 언제든지 이를 검색할 수 있으므로, 심판대상조항은 공공성을 지닌 전문직인 변호사의 자격 소지에 대한 일반 국민의 신뢰를 형성하는 데 기여하며, 변호사에 대한 정보를 얻는 수단이 확보되어 법률서비스 수요자의 편의가 증진된다. 합격자 명단을 공고하는 경우, 시험 관리 당국이 더 엄정한 기준과 절차를 통해 합격자를 선정할 것이 기대되므로 시험 관리 업무의 공정성과 투명성이 강화될 수 있다. 따라서 심판대상조항이 과잉금지원칙에 위배되어 청구인들의 개인정보자기결정권을 침해한다고 볼 수 없다(헌재 2020.03.26. 2018헌마77 등).

ㅁ. (○) 인터넷게시판을 설치·운영하는 정보통신서비스 제공자에게 본인확인조치의무를 부과하여 게시판 이용자로 하여금 본인확인절차를 거쳐야만 게시판을 이용할 수 있도록 하는 본인확인제를 규정한 '정보통신망 이용촉진 및 정보보호 등에 관한 법률'(2008. 6. 13. 법률 제9119호로 개정된 것) 제44조의5 제1항 제2호, 같은 법 시행령(2009. 1. 28. 대통령령 제21278호로 개정된 것) 제29조, 제30조 제1항(이하 위 조항들을 통칭하여 '이 사건 법령조항들'이라 한다)이 과잉금지원칙에 위배하여 인터넷게시판 이용자의 표현의 자유, 개인정보자기결정권 및 인터넷게시판을 운영하는 정보통신서비스 제공자의 언론의 자유를 침해한다(헌재 2012.08.23. 2010헌마47 등).

ㅂ. (○) 재범의 위험성이 높은 범죄를 범한 수형인등은 생존하는 동안 재범의 가능성이 있으므로, 디엔에이신원확인정보를 수형인등이 사망할 때까지 관리하여 범죄 수사 및 예방에 이바지하고자 하는 이 사건 삭제조항은 입법목적의 정당성과 수단의 적절성이 인정된다. 디엔에이신원확인정보는 개인식별을 위한 최소한의 정보인 단순한 숫자에 불과하여 이로부터 개인의 유전정보를 확인할 수 없는 것이어서 개인의 존엄과 인격권에 심대한 영향을 미칠 수 있는 민감한 정보라고 보기 어렵고, 디엔에이신원확인정보의 수록 후 디엔에이감식시료와 디엔에이의 즉시 폐기, 무죄 등의 판결이 확정된 경우 디엔에이신원확인정보의 삭제, 디엔에이 인적관리자와 디엔에이신원확인정보담당자의 분리, 디엔에이신원확인정보데이터베이스관리위원회의 설치, 업무목적 외 디엔에이신원확인정보의 사용·제공·누설 금지 및 위반시 처벌, 데이터베이스 보안장치 등 개인정보보호에 관한 규정을 두고 있으므로 이 사건 삭제조항은 침해최소성 원칙에 위배되지 않는다. 디엔에이신원확인정보를 범죄수사 등에 이용함으로써 달성할 수 있는 공익의 중요성에 비하여 청구인의 불이익이 크다고 보기 어려워 법익균형성도 갖추었다. 따라서 이 사건 삭제조항이 과도하게 개인정보자기결정권을 침해한다고 볼 수 없다(헌재 2014.08.28. 2011헌마28 등).

정답 ④

문 43

개인정보자기결정권에 관한 다음 설명 중 가장 옳지 않은 것은? [2019년 32번]

① 주민등록번호 변경에 관한 규정을 두고 있지 않은 주민등록법 조항은 과잉금지원칙에 위배되어 개인정보자기결정권을 침해한다.

② 게임물 관련사업자에게 게임물 이용자의 회원가입 시 본인인증을 할 수 있는 절차를 마련하도록 하고 있는 게임산업진흥에 관한 법률 및 동 법률 시행령 조항이 과잉금지원칙을 위반하여 게임물 이용자들의 일반적 행동의 자유와 개인정보자기결정권을 침해하지 않는다.

③ 인터넷언론사가 선거운동기간 중 당해 홈페이지의 게시판 등에 정당·후보자에 대한 지지·반대의 정보를 게시할 수 있도록 하는 경우 실명을 확인받도록 하는 기술적 조치를 하여야 하고 이를 위반한 때에는 과태료를 부과하는 공직선거법조항이 과잉금지원칙에 위배되어 게시판 이용자의 정치적 익명표현의 자유, 개인정보자기결정권을 침해하지 않는다.

④ 통신매체이용음란죄로 유죄판결이 확정된 자는 신상정보등록대상자가 된다고 규정한 성폭력범죄의 처벌 등에 관한 특례법 조항이 과잉금지원칙에 위배되어 개인정보자기결정권을 침해하지 않는다.
⑤ 성적목적공공장소침입죄로 유죄판결이 확정된 자는 신상정보 등록대상자가 된다고 규정한 성폭력범죄의 처벌 등에 관한 특례법 조항이 과잉금지원칙에 위배되어 개인정보자기결정권을 침해하지 않는다.

MGI Point 개인정보자기결정권 ★★★

- 주민등록번호 변경에 관한 규정을 두고 있지 않은 주민등록법 조항 ⇨ 개인정보자기결정권 침해 ○
- 게임물 이용자의 회원가입 시 본인 인증을 할 수 있는 절차를 마련하도록 하고 있는 조항 ⇨ 일반적 행동의 자유 및 개인정보 자기결정권 침해 ×
- 인터넷언론사는 선거운동기간 중 당해 홈페이지 게시판 등에 정당·후보자에 대한 지지·반대 등의 정보를 게시하는 경우 실명을 확인받는 기술적 조치를 하고, 조치를 취하지 않는 경우 과태료를 부과하도록 정한 법 조항
  ⇨ 게시판 등 이용자의 익명표현의 자유 및 개인정보자기결정권과 인터넷언론사의 언론의 자유 침해 ○
- 통신매체이용음란죄로 유죄판결이 확정된 자는 신상정보 등록대상자가 된다고 규정한 성폭력범죄의 처벌 등에 관한 특례법 조항 ⇨ 개인정보자기결정권 침해 ○
- 성적 목적 공공장소 침입죄로 유죄판결이 확정된 자는 신상정보 등록대상자가 된다고 규정한 성폭력범죄의 처벌 등에 관한 특례법 조항 ⇨ 개인정보자기결정권 침해 ×

① (○) 주민등록번호는 표준식별번호로 기능함으로써 개인정보를 통합하는 연결자로 사용되고 있어, 불법 유출 또는 오·남용될 경우 개인의 사생활뿐만 아니라 생명·신체·재산까지 침해될 소지가 크므로 이를 관리하는 국가는 이러한 사례가 발생하지 않도록 철저히 관리하여야 하고, 이러한 문제가 발생한 경우 그로 인한 피해가 최소화되도록 제도를 정비하고 보완하여야 할 의무가 있다. 그럼에도 불구하고 주민등록번호 유출 또는 오·남용으로 인하여 발생할 수 있는 피해 등에 대한 아무런 고려 없이 주민등록번호 변경을 일체 허용하지 않는 것은 그 자체로 개인정보자기결정권에 대한 과도한 침해가 될 수 있다. 비록 국가가 개인정보보호법 등으로 정보보호를 위한 조치를 취하고 있더라도, 여전히 주민등록번호를 처리하거나 수집·이용할 수 있는 경우가 적지 아니하며, 이미 유출되어 발생된 피해에 대해서는 뚜렷한 해결책을 제시해 주지 못하므로, 국민의 개인정보를 충분히 보호하고 있다고 보기 어렵다. 한편, 개별적인 주민등록번호 변경을 허용하더라도 변경 전 주민등록번호와의 연계 시스템을 구축하여 활용한다면 개인식별기능 및 본인 동일성 증명기능에 혼란이 발생할 가능성이 없고, 일정한 요건 하에 객관성과 공정성을 갖춘 기관의 심사를 거쳐 변경할 수 있도록 한다면 주민등록번호 변경절차를 악용하려는 시도를 차단할 수 있으며, 사회적으로 큰 혼란을 불러일으키지도 않을 것이다. 따라서 주민등록번호 변경에 관한 규정을 두고 있지 않은 심판대상조항은 과잉금지원칙에 위배되어 개인정보자기결정권을 침해한다(헌재 2015.12.23. 2013헌바68).

② (○) 본인인증 조항은 인터넷게임에 대한 연령 차별적 규제수단들을 실효적으로 보장하고, 인터넷게임 이용자들이 게임물 이용시간을 자발적으로 제한하도록 유도하여 인터넷게임 과몰입 내지 중독을 예방하고자 하는 것으로 그 입법목적에 정당성이 인정되며, 본인인증절차를 거치도록 하는 것은 이러한 목적 달성을 위한 적절한 수단이다. 게임물 관련사업자와 같은 정보통신서비스 제공자가 인터넷 상에서 본인인증 절차 없이 이용자의 실명이나 연령만을 정확하게 확인하는 것은 사실상 불가능하고, 게임산업법 시행령 제8조의3 제3항이 정하고 있는 방법은 신뢰할 수 있는 제3자를 통해서만 본인인증 절차를 거치도록 하고 정보수집의 범위를 최소화하고 있는 것으로 달리 실명과 연령을 정확하게 확인할 수 있으면서 덜 침익적인 수단을 발견하기 어렵다. 또한, 게임물 관련사업자가 본인인증 결과 이외의 정보를 수집하기 위해서는 인터넷게임을 이용하는 사람의 별도의 동의를 받아야 하고, '정보통신망 이용촉진 및 정보보호 등에 관한 법률'에서 동의를 얻어 수집된 정보를 보호하기 위한 장치들을 충분히 마련하고 있으며, 회원가입 시 1회 본인인증 절차를 거치

도록 하는 것이 이용자들에게 게임의 이용 여부 자체를 진지하게 고려하게 할 정도로 중대한 장벽이나 제한으로 기능한다거나 게임시장의 성장을 방해한다고 보기도 어려우므로 침해의 최소성에도 위배되지 아니하고, 본인인증 조항을 통하여 달성하고자 하는 게임과몰입 및 중독 방지라는 공익은 매우 중대하므로 법익의 균형성도 갖추었다. 따라서 본인인증 조항은 청구인들의 일반적 행동의 자유 및 개인정보자기결정권을 침해하지 아니한다(헌재 2015.03.26. 2013헌마517).

③ (X) 심판대상조항과 같이 인터넷홈페이지의 게시판 등에서 이루어지는 정치적 익명표현을 규제하는 것은 인터넷이 형성한 '사상의 자유시장'에서의 다양한 의견 교환을 억제하고, 이로써 국민의 의사표현 자체가 위축될 수 있으며, 민주주의의 근간을 이루는 자유로운 여론 형성이 방해될 수 있다. 선거운동기간 중 정치적 익명표현의 부정적 효과는 익명성 외에도 해당 익명표현의 내용과 함께 정치적 표현행위를 규제하는 관련 제도, 정치적·사회적 상황의 여러 조건들이 아울러 작용하여 발생하므로, 모든 익명표현을 사전적·포괄적으로 규율하는 것은 표현의 자유보다 행정편의와 단속편의를 우선함으로써 익명표현의 자유와 개인정보자기결정권 등을 지나치게 제한한다. … 심판대상조항은 정치적 의사표현이 가장 긴요한 선거운동기간 중에 인터넷언론사 홈페이지 게시판 등 이용자로 하여금 실명확인을 하도록 강제함으로써 익명표현의 자유와 언론의 자유를 제한하고, 모든 익명표현을 규제함으로써 대다수 국민의 개인정보자기결정권도 광범위하게 제한하고 있다는 점에서 이와 같은 불이익은 선거의 공정성 유지라는 공익보다 결코 과소평가될 수 없다. 그러므로 심판대상조항은 과잉금지원칙에 반하여 인터넷언론사 홈페이지 게시판 등 이용자의 익명표현의 자유와 개인정보자기결정권, 인터넷언론사의 언론의 자유를 침해한다(헌재 2021.01.28. 2018헌마456, 2020헌마406, 2018헌가16(병합)).

④ (X) 성범죄자의 재범을 억제하고 재범 발생시 수사의 효율성을 제고하기 위하여, 일정한 성범죄를 저지른 자로부터 신상정보를 제출받아 보존·관리하는 것은 정당한 목적을 위한 적합한 수단이다. 그러나, 모든 성범죄자가 신상정보 등록대상이 되어서는 안되고, 신상정보 등록제도의 입법목적에 필요한 범위 내로 제한되어야 한다. 통신매체이용음란죄의 구성요건에 해당하는 행위 태양은 행위자의 범의·범행 동기·행위 상대방·행위 횟수 및 방법 등에 따라 매우 다양한 유형이 존재하고, 개별 행위유형에 따라 재범의 위험성 및 신상정보 등록 필요성은 현저히 다르다. 그런데 심판대상조항은 통신매체이용음란죄로 유죄판결이 확정된 사람은 누구나 법관의 판단 등 별도의 절차 없이 필요적으로 신상정보 등록대상자가 되도록 하고 있고, 등록된 이후에는 그 결과를 다툴 방법도 없다. 그렇다면 심판대상조항은 통신매체이용음란죄의 죄질 및 재범의 위험성에 따라 등록대상을 축소하거나, 유죄판결 확정과 별도로 신상정보 등록 여부에 관하여 법관의 판단을 받도록 하는 절차를 두는 등 기본권 침해를 줄일 수 있는 다른 수단을 채택하지 않았다는 점에서 침해의 최소성 원칙에 위배된다. 또한, 심판대상조항으로 인하여 비교적 불법성이 경미한 통신매체이용음란죄를 저지르고 재범의 위험성이 인정되지 않는 이들에 대하여는 달성되는 공익과 침해되는 사익 사이에 불균형이 발생할 수 있다는 점에서 법익의 균형성도 인정하기 어렵다(헌재 2016.03.31. 2015헌마688).

⑤ (○) 등록조항은 성범죄자의 재범을 억제하고 효율적인 수사를 위한 것으로 정당한 목적을 달성하기 위한 적합한 수단이다. 신상정보 등록제도는 국가기관이 성범죄자의 관리를 목적으로 신상정보를 내부적으로만 보존·관리하는 것으로, 성범죄자의 신상정보를 일반에게 공개하는 신상정보 공개·고지제도와는 달리 법익 침해의 정도가 크지 않다. 성적목적공공장소침입죄는 공공화장실 등 일정한 장소를 침입하는 경우에 한하여 성립하므로 등록조항에 따른 등록대상자의 범위는 이에 따라 제한되는바, 등록조항은 침해의 최소성 원칙에 위배되지 않는다. 등록조항으로 인하여 제한되는 사익에 비하여 성범죄의 재범 방지와 사회 방위라는 공익이 크다는 점에서 법익의 균형성도 인정된다. 따라서 등록조항은 청구인의 개인정보자기결정권을 침해하지 않는다(헌재 2016.10.27. 2014헌마709).

정답 ③, ④ **(출제당시** ④**)**

문 44

개인정보에 관한 다음 설명 중 가장 옳지 않은 것은?(다툼이 있는 경우 대법원 판례에 의함) [2017년 6번]

① 이미 공개된 개인정보를 정보주체의 동의가 있었다고 객관적으로 인정되는 범위 내에서 수집·이용·제공 등 처리를 할 때에라도 이를 영리목적으로 이용하는 이상 원칙적으로 정보주체의 별도의 동의를 받아야 한다.
② 개인정보를 대상으로 한 조사·수집·보관·처리·이용 등의 행위는 모두 원칙적으로 개인정보자기결정권에 대한 제한에 해당한다.
③ 개인정보자기결정권의 보호대상이 되는 개인정보는 개인의 신체, 신념, 사회적 지위, 신분 등과 같이 개인의 인격주체성을 특징짓는 사항으로서 개인의 동일성을 식별할 수 있게 하는 일체의 정보이고, 반드시 개인의 내밀한 영역에 속하는 정보에 국한되지 아니하며 공적 생활에서 형성되었거나 이미 공개된 개인정보까지 포함한다.
④ 정보주체의 동의가 있었다고 인정되는 범위 내인지는 공개된 개인정보의 성격, 공개의 형태와 대상 범위, 그로부터 추단되는 정보주체의 공개 의도 내지 목적뿐만 아니라, 정보처리자의 정보제공 등 처리의 형태와 정보제공으로 공개의 대상 범위가 원래의 것과 달라졌는지, 정보제공이 정보주체의 원래의 공개 목적과 상당한 관련성이 있는지 등을 검토하여 객관적으로 판단하여야 한다.
⑤ 개인정보자기결정권이라는 인격적 법익을 침해·제한한다고 주장되는 행위의 내용이 이미 정보주체의 의사에 따라 공개된 개인정보를 그의 별도의 동의 없이 영리 목적으로 수집·제공하였다는 것인 경우에는, 개인정보에 관한 인격권 보호에 의하여 얻을 수 있는 이익과 정보처리 행위로 얻을 수 있는 이익 즉 정보처리자의 '알 권리'와 이를 기반으로 한 정보수용자의 '알 권리' 및 표현의 자유, 정보처리자의 영업의 자유, 사회 전체의 경제적 효율성 등의 가치를 구체적으로 비교 형량하여 어느 쪽 이익이 더 우월한 것으로 평가할 수 있는지에 따라 정보처리 행위의 최종적인 위법성 여부를 판단하여야 하고, 단지 정보처리자에게 영리 목적이 있었다는 사정만으로 곧바로 정보처리 행위를 위법하다고 할 수는 없다.

해설 ★★★

① (X), ④ (O) [1] 이미 공개된 개인정보를 정보주체의 동의가 있었다고 객관적으로 인정되는 범위 내에서 수집·이용·제공 등 처리를 할 때는 정보주체의 별도의 동의는 불필요하다고 보아야 할 것이고, 그러한 별도의 동의를 받지 아니하였다고 하여 개인정보보호법 제15조나 제17조를 위반한 것으로 볼 수 없다. 그리고 정보주체의 동의가 있었다고 인정되는 범위 내인지는 공개된 개인정보의 성격, 공개의 형태와 대상 범위, 그로부터 추단되는 정보주체의 공개 의도 내지 목적뿐만 아니라, 정보처리자의 정보제공 등 처리의 형태와 그 정보제공으로 인하여 공개의 대상 범위가 원래의 것과 달라졌는지, 그 정보제공이 정보주체의 원래의 공개 목적과 상당한 관련성이 있는지 등을 검토하여 객관적으로 판단하여야 할 것이다. [2] 원고가 ○○대학교 법과대학 법학과 홈페이지 등을 통하여 이미 공개한 개인정보의 성격, 그 공개의 형태와 대상 범위, 거기에서 추단되는 원고의 공개 의도 내지 목적과 아울러, 피고 로앤비가 이 사건 사이트를 통하여 제3자에게 제공한 이 사건 개인정보의 내용이 원고가 원래 공개한 내용과 다르지 아니한 점, 피고 로앤비의 정보제공 목적도 원고의 직업정보를 제공하는 것으로서 원고의 원래 공개 목적과 상당한 관련성이 있다고 할 것인 점, 피고 로앤비의 행위로 원고의 개인정보에 대한 인식 범위가 당초 원고에 의한 공개 당시와 달라졌다고 볼 수도

없는 점 등을 종합하면, 피고 로앤비가 이 사건 개인정보를 수집하여 이 사건 소장 부본을 송달받을 무렵까지 제3자에게 제공한 행위는 원고의 동의가 있었다고 객관적으로 인정되는 범위 내라고 봄이 타당하고, 피고 로앤비에게 영리 목적이 있었다고 하여 달리 볼 수 없다(대판 2016.08.17. 2014다235080).

② (○), ③ (○) 인간의 존엄과 가치, 행복추구권을 규정한 헌법 제10조 제1문에서 도출되는 일반적 인격권 및 헌법 제17조의 사생활의 비밀과 자유에 의하여 보장되는 개인정보자기결정권은 자신에 관한 정보가 언제 누구에게 어느 범위까지 알려지고 또 이용되도록 할 것인지를 그 정보주체가 스스로 결정할 수 있는 권리이다. 개인정보자기결정권의 보호대상이 되는 개인정보는 개인의 신체, 신념, 사회적 지위, 신분 등과 같이 개인의 인격주체성을 특징짓는 사항으로서 그 개인의 동일성을 식별할 수 있게 하는 일체의 정보라고 할 수 있고, 반드시 개인의 내밀한 영역에 속하는 정보에 국한되지 아니하며 공적 생활에서 형성되었거나 이미 공개된 개인정보까지 포함한다. 또한 그러한 개인정보를 대상으로 한 조사·수집·보관·처리·이용 등의 행위는 모두 원칙적으로 개인정보자기결정권에 대한 제한에 해당한다(대판 2014.07.24. 2012다49933).

⑤ (○) 개인정보자기결정권이라는 인격적 법익을 침해·제한한다고 주장되는 행위의 내용이 이미 정보주체의 의사에 따라 공개된 개인정보를 그의 별도의 동의 없이 영리 목적으로 수집·제공하였다는 것인 경우에는, 그와 같은 정보처리 행위로 침해될 수 있는 정보주체의 인격적 법익과 그 행위로 보호받을 수 있는 정보처리자 등의 법적 이익이 하나의 법률관계를 둘러싸고 충돌하게 된다. 이 때는 정보주체가 공적인 존재인지, 개인정보의 공공성과 공익성, 원래 공개한 대상 범위, 개인정보 처리의 목적·절차·이용형태의 상당성과 필요성, 개인정보 처리로 인하여 침해될 수 있는 이익의 성질과 내용 등 여러 사정을 종합적으로 고려하여, 개인정보에 관한 인격권 보호에 의하여 얻을 수 있는 이익과 그 정보처리 행위로 인하여 얻을 수 있는 이익 즉 정보처리자의 '알 권리'와 이를 기반으로 한 정보수용자의 '알 권리' 및 표현의 자유, 정보처리자의 영업의 자유, 사회 전체의 경제적 효율성 등의 가치를 구체적으로 비교 형량하여 어느 쪽 이익이 더 우월한 것으로 평가할 수 있는지에 따라 그 정보처리 행위의 최종적인 위법성 여부를 판단하여야 하고, 단지 정보처리자에게 영리 목적이 있었다는 사정만으로 곧바로 그 정보처리 행위를 위법하다고 할 수는 없다(대판 2011.09.02. 2008다42430(전합)).

정답 ①

제2관 주거의 자유

제3관 거주·이전의 자유

문 45

거주이전의 자유에 관한 다음 설명 중 옳은 것을 모두 고른 것은? [2021년 19번]

ㄱ. 형사재판에 계속 중인 사람에 대하여 6개월의 범위 내에서 출국을 금지할 수 있도록 규정한 출입국관리법 조항은 출국금지된 사람의 거주이선의 자유 중 출국의 자유를 침해한다.
ㄴ. 기간의 제한 없이 귀화허가를 취소할 수 있도록 규정한 국적법 제21조는 과잉금지원칙에 위반하여 청구인의 거주이전의 자유를 침해한다.
ㄷ. 복수국적자가 대한민국 국적을 버릴 수 있는 자유는 헌법 제10조에서 나오는 것이지 거주이전의 자유에 포함되지 않는다.
ㄹ. 거주이전의 자유는 국가의 간섭 없이 자유롭게 거주지와 체류지를 정할 수 있는 자유인바, 경찰청장이 경찰버스들로 서울특별시 서울광장을 둘러싸 통행을 제지한 행위는 서울특별시민인 청구인들의 거주이전의 자유를 제한하지 않는다.

ㅁ. 헌법재판소는 정비사업조합에 수용권한을 부여한 도시 및 주거환경정비법 조항의 위헌 여부와 관련하여, '주거로 사용하던 건물이 수용될 경우 그 효과로 거주지도 이전하여야 하는 것은 사실이나, 이는 수용에 따른 부수적 효과로서 간접적, 사실적 제약에 해당한다'는 이유로 거주이전의 자유 침해 여부는 별도로 판단하지 않았다.

① ㄱ, ㄴ
② ㄱ, ㄹ
③ ㄴ, ㄷ
④ ㄷ, ㅁ
⑤ ㄹ, ㅁ

MGI Point **거주이전의 자유** ★★

- 형사재판에 계속 중인 사람에 대하여 출국을 금지할 수 있다고 규정한 출입국관리법 조항 ⇨ 출국의 자유 침해 ×
- 법무부장관으로 하여금 거짓이나 그 밖의 부정한 방법으로 귀화허가를 받은 자에 대하여 그 허가를 취소할 수 있도록 규정하면서도 그 취소권의 행사기간을 따로 정하고 있지 아니한 귀화허가취소에 관한 국적법 조항
  ⇨ 과잉금지원칙에 위배되어 거주·이전의 자유 침해 ×
- 국적을 이탈하거나 변경하는 것 ⇨ 헌법 제14조가 보장하는 거주·이전의 자유에 포함 ○
- 경찰청장이 경찰버스들로 서울광장을 둘러싸 통행을 제지한 행위 ⇨ 거주·이전의 자유 제한 ×
- 정비사업조합에 수용권한을 부여한 도시 및 주거환경정비법 조항 ⇨ 토지 등 소유자의 재산권 침해 × (cf. 거주이전의 자유 침해 여부는 별도로 판단 ×)

ㄱ. (X) 형사재판에 계속 중인 사람의 해외도피를 막아 국가 형벌권을 확보함으로써 실체적 진실발견과 사법정의를 실현하고자 하는 심판대상조항은 그 입법목적이 정당하고, 형사재판에 계속 중인 사람의 출국을 일정 기간 동안 금지할 수 있도록 하는 것은 이러한 입법목적을 달성하는 데 기여할 수 있으므로 수단의 적정성도 인정된다. 법무부장관은 출국금지 여부를 결정함에 있어 출국금지의 기본원칙, 출국금지 대상자의 범죄사실, 연령 및 가족관계, 해외도피 가능성 등 피고인의 구체적 사정을 반드시 고려하여야 하며, 실무에서도 심판대상조항에 따른 출국금지는 매우 제한적으로 운용되고 있다. 그 밖에 출국금지 해제제도, 사후통지제도, 이의신청, 행정소송 등 형사재판에 계속 중인 사람의 기본권 제한을 최소화하기 위한 여러 방안이 마련되어 있으므로 침해의 최소성 원칙에 위배되지 아니한다. 심판대상조항으로 인하여 형사재판에 계속 중인 사람이 입게 되는 불이익은 일정 기간 출국이 금지되는 것인 반면, 심판대상조항을 통하여 얻는 공익은 국가 형벌권을 확보함으로써 실체적 진실발견과 사법정의를 실현하고자 하는 것으로서 중대하므로 법익의 균형성도 충족된다. 따라서 심판대상조항은 과잉금지원칙에 위배되어 출국의 자유를 침해하지 아니한다(헌재 2015.09.24. 2012헌바302).

ㄴ. (X) 이 사건 법률조항은 국가의 근본요소 중 하나인 국민을 결정하는 기준이 되는 국적의 중요성을 고려하여, 귀화허가신청자의 진실성을 담보하고, 국적 관련 행정의 적법성을 확보하기 위한 것으로서 입법목적은 정당하고, 거짓이나 그 밖의 부정한 방법에 의해 귀화허가를 받은 경우 그 허가를 취소하는 것은 입법목적 달성을 위해 적절한 방법이다. 부정한 방법으로 귀화허가를 받았음에도 상당기간이 경과하였다고 하여 귀화허가의 효력을 그대로 둔 채 행정형벌이나 행정질서벌 등으로 제재를 가하는 것은 부정한 방법에 의한 국적 취득을 용인하는 결과가 된다. 이 사건 법률조항의 위임을 받은 시행령은 귀화허가취소사유를 구체적이고 한정적으로 규정하고 있을 뿐 아니라, 법무부장관의 재량으로 위법의 정도, 귀화허가 후 형성된 생활관계, 귀화허가취소시 받게 될 당사자의 불이익 등은 물론 귀화허가시부터 취소시까지의 시간의 경과 정도 등을

고려하여 취소권 행사 여부를 결정하도록 하고 있으며, 귀화허가가 취소된다고 하더라도 외국인으로서 체류허가를 받아 계속 체류하거나 종전의 하자를 치유하여 다시 귀화허가를 받을 수 있으므로, 이 사건 법률조항이 귀화허가취소권의 행사기간을 제한하지 않았다고 하더라도 침해의 최소성원칙에 위배되지 아니한다. 한편, 귀화허가가 취소되는 경우 국적을 상실하게 됨에 따른 불이익을 받을 수 있으나, 국적 관련 행정의 적법성 확보라는 공익이 훨씬 더 크므로 법익균형성의 원칙에도 위배되지 아니한다. 따라서 이 사건 법률조항은 거주·이전의 자유 및 행복추구권을 침해하지 아니한다(헌재 2015.09.24. 2015헌바26).

ㄷ. (X) 국적을 이탈하거나 변경하는 것은 헌법 제14조가 보장하는 거주·이전의 자유에 포함되고, 이 사건 법률조항들은 복수국적자인 남성이 제1국민역에 편입된 때에는 그때부터 3개월 이내에 외국 국적을 선택하지 않으면 국적법 제12조 제3항 각 호에 해당하는 때, 즉 현역·상근예비역 또는 보충역으로 복무를 마치거나, 제2국민역에 편입되거나, 또는 병역면제처분을 받은 때(이하 '병역의무의 해소'라 한다)에야 외국 국적의 선택 및 대한민국 국적의 이탈(이하 이를 묶어 '대한민국 국적 이탈'이라고만 한다)을 할 수 있도록 하고 있으므로, 이 사건 법률조항들은 복수국적자인 청구인의 국적이탈의 자유를 제한한다(헌재 2015.11.26. 2013헌마805,2014헌마788(병합)). ▶ 지문은 재판관 강일원의 별개의견, 또한 헌재 이중국적자에게 국적선택의 시기·요건의 제한을 두는 것은 국적 이탈의 자유를 제한하고 과잉금지원칙 위배하여 국적이탈의 자유를 침해한다고 변경한 잠정적용 헌법불합치결정이 나왔음에 주의할 것(헌재 2020.09.24. 2016헌마889).

ㄹ. (O) 거주·이전의 자유는 거주지나 체류지라고 볼 만한 정도로 생활과 밀접한 연관을 갖는 장소를 선택하고 변경하는 행위를 보호하는 기본권인바, 이 사건에서 서울광장이 청구인들의 생활형성의 중심지인 거주지나 체류지에 해당한다고 할 수 없고, 서울광장에 출입하고 통행하는 행위가 그 장소를 중심으로 생활을 형성해 나가는 행위에 속한다고 볼 수도 없으므로 청구인들의 거주·이전의 자유가 제한되었다고 할 수 없다(헌재 2011.06.30. 2009헌마406). ▶ 이 사건 통행제지행위가 과잉금지원칙을 위반하여 청구인들의 일반적 행동자유권을 침해한다고 판단

ㅁ. (O) … 청구인은 이 사건 수용조항으로 인하여 거주이전의 자유도 제한된다고 주장하고 있다. 주거로 사용하던 건물이 수용될 경우 그 효과로 거주지도 이전하여야 하는 것은 사실이나, 이는 토지 및 건물 등의 수용에 따른 부수적 효과로서 간접적, 사실적 제약에 해당하므로 거주이전의 자유 침해여부는 별도로 판단하지 않는다(헌재 2019.11.28. 2017헌바241).

정답 ⑤

문 46

출입국에 관한 다음 설명 중 가장 옳지 않은 것은? [2019년 22번]

① 헌법 제12조 제4항 본문에 규정된 변호인의 조력을 받을 권리는 행정절차에서 구속을 당한 사람에게도 보장된다.
② 형사재판에 계속 중인 사람에 대하여 출국을 금지할 수 있다고 규정한 출입국관리법 조항에 따른 법무부장관의 출국금지결정은 영장주의가 적용되는 신체에 대하여 직접적으로 물리적 강제력을 수반하는 강제처분이 아니다.
③ 출입국관리법상 조세 미납을 이유로 한 출국금지는 조세 미납자의 출국의 자유를 제한하여 심리적 압박을 가함으로써 미납 세금을 자진납부하도록 하기 위한 것이므로, 재산을 해외로 도피할 우려가 있는지 여부를 확인하지 않은 채 출국금지 처분을 하더라도 과잉금지의 원칙에 어긋나지 아니한다.
④ 거주·이전의 자유는 외국에서 체류 또는 거주하기 위해서 대한민국을 떠날 수 있는 '출국의 자유'와 외국체류 또는 거주를 중단하고 다시 대한민국으로 돌아올 수 있는 '입국의 자유'를 포함한다.

⑤ 체류자격 변경허가는 신청인에게 당초의 체류자격과 다른 체류자격에 해당하는 활동을 할 수 있는 권한을 부여하는 일종의 설권적 처분의 성격을 가지므로, 허가권자는 신청인이 관계 법령에서 정한 요건을 충족하였다고 하더라도, 허가 여부에 관하여 재량권을 가진다.

MGI Point 출입국 ★★

- 신체의 자유 보장규정 '구금'에서 '구속'으로 변경 : 헌법 제12조에 규정된 신체의 자유 보장 범위를 구금된 사람뿐 아니라 구인된 사람에게까지 넓히기 위함 ⇨ 행정절차적용 ○
- 법무부장관의 출국금지결정 ⇨ 강제처분 ×, 영장주의 적용 ×
- 조세 미납을 이유로 한 출국금지의 목적
  - 강제집행 곤란 방지가 주된 목적 ○ / 조세 미납자 신병 확보 × or 심리적 압박 ×
  - 재산해외도피우려 등에 대한 확인 없이 미납에 정당한 사유가 없다는 사유만으로 하는 출국금지 ⇨ 허용 ×
- 거주·이전의 자유 내용
  - 국내에서 체류지와 거류지를 자유롭게 정할 수 있는 자유
  - 해외여행 및 해외이주의 자유(출국의 자유와 입국의 자유 포함)
- 출입국관리법상 체류자격 변경허가의 법적 성질 : 설권적 처분의 성격, 재량행위 ○

---

① (○) 헌법 제12조 제4항 본문의 문언 및 헌법 제12조의 조문 체계, 변호인 조력권의 속성, 헌법이 신체의 자유를 보장하는 취지를 종합하여 보면 헌법 제12조 제4항 본문에 규정된 "구속"은 사법절차에서 이루어진 구속뿐 아니라, 행정절차에서 이루어진 구속까지 포함하는 개념이다. 따라서 헌법 제12조 제4항 본문에 규정된 변호인의 조력을 받을 권리는 행정절차에서 구속을 당한 사람에게도 즉시 보장된다(헌재 2018.05.31. 2014헌마346).

② (○) 형사재판에 계속 중인 사람에 대하여 출국을 금지할 수 있다고 규정한 출입국관리법(2011. 7. 18. 법률 제10863호로 개정된 것) 제4조 제1항 제1호(이하 '심판대상조항'이라 한다)에 따른 법무부장관의 출국금지결정은 형사재판에 계속 중인 국민의 출국의 자유를 제한하는 행정처분일 뿐이고, 영장주의가 적용되는 신체에 대하여 직접적으로 물리적 강제력을 수반하는 강제처분이라고 할 수는 없다. 따라서 심판대상조항이 헌법 제12조 제3항의 영장주의에 위배된다고 볼 수 없다(헌재 2015.09.24. 2012헌바302).

③ (×) 조세 미납을 이유로 한 출국금지는 그 미납자가 출국을 이용하여 재산을 해외에 도피시키는 등으로 강제집행을 곤란하게 하는 것을 방지함에 주된 목적이 있는 것이지 조세 미납자의 신병을 확보하거나 출국의 자유를 제한하여 심리적 압박을 가함으로써 미납 세금을 자진납부하도록 하기 위한 것이 아니다. 따라서 재산을 해외로 도피할 우려가 있는지 여부 등을 확인하지 않은 채 단순히 일정 금액 이상의 조세를 미납하였고 그 미납에 정당한 사유가 없다는 사유만으로 바로 출국금지 처분을 하는 것은 헌법상의 기본권 보장 원리 및 과잉금지의 원칙에 비추어 허용되지 않는다(대판 2013.12.26. 2012두18363).

④ (○) 거주·이전의 자유란 국민이 자기가 원하는 곳에 주소나 거소를 설정하고 그것을 이전할 자유를 말하며 그 자유에는 국내에서의 거주·이전의 자유 이외에 해외여행 및 해외이주의 자유가 포함되고, 해외여행 및 해외이주의 자유는 대한민국의 통치권이 미치지 않는 곳으로 여행하거나 이주할 수 있는 자유로서 구체적으로 우리나라를 떠날 수 있는 출국의 자유와 외국 체류를 중단하고 다시 우리나라로 돌아올 수 있는 입국의 자유를 포함한다(대판 2008.01.24. 2007두10846).

⑤ (○) 체류자격 변경허가는 신청인에게 당초의 체류자격과 다른 체류자격에 해당하는 활동을 할 수 있는 권한을 부여하는 일종의 설권적 처분의 성격을 가지므로, 허가권자는 신청인이 관계 법령에서 정한 요건을 충족하였더라도, 신청인의 적격성, 체류 목적, 공익상의 영향 등을 참작하여 허가 여부를 결정할 수 있는 재량을 가진다(대판 2016.07.14. 2015두48846).

정답 ③

문 47

거주이전의 자유에 관한 다음 설명 중 가장 옳지 않은 것은?(다툼이 있는 경우 헌법재판소 판례에 의함) [2017년 12번]

① 이륜자동차 운전자의 고속도로 통행을 금지하는 도로교통법 조항은 퀵서비스 배달업을 하는 사람의 직업수행의 자유를 침해한다.
② 아프카니스탄 등 전쟁 또는 테러위험이 있는 해외 위난지역에서 여권사용을 제한하거나 방문 또는 체류를 금지한 외교통상부 고시는 거주이전의 자유를 침해하는 것이 아니다.
③ 누구든지 주민등록 여부와 무관하게 거주지를 자유롭게 이전할 수 있으므로 주민등록 여부가 거주이전의 자유와 직접적인 관계가 있다고 보기 어렵고 영내에 기거하는 현역병은 이미 병역법으로 인해 거주이전의 자유를 제한받게 되므로, 영내에 기거하는 현역병은 그가 속한 세대의 거주지에서 등록하여야 한다는 주민등록법 규정은 그의 거주이전의 자유를 제한하지 않는다.
④ 헌법 제14조의 거주이전의 자유는 국가의 간섭 없이 자유롭게 거주와 체류지를 정할 수 있는 자유로서 해외여행 및 해외이주의 자유가 포함되고, 이는 필연적으로 출국의 자유와 입국의 자유를 포함한다.
⑤ 형사재판에 계속 중인 사람에 대하여 6개월의 범위 내에서 출국을 금지할 수 있도록 규정한 출입국관리법 조항은 출국금지된 사람의 거주이전의 자유를 침해하지 않는다.

해설 ★★

① (X) 도로교통법 제63조 중 이륜자동차 운전자의 고속도로 통행을 금지하는 부분은 이륜자동차 운전자가 고속도로 등을 통행하는 것을 금지하고 있을 뿐, 퀵서비스 배달업의 직업수행행위를 직접적으로 제한하는 것이 아니고, 이로 인하여 청구인들이 퀵서비스 배달업의 수행에 지장을 받는 점이 있다고 하더라도, 그것은 고속도로 통행금지로 인하여 발생하는 간접적·사실상의 효과일 뿐이므로 이 사건 법률조항은 청구인들의 직업수행의 자유를 침해하지 않는다(헌재 2008.07.31. 2007헌바90).
② (O) 아프카니스탄 등 전쟁 또는 테러위험이 있는 해외 위난지역에서 여권사용을 제한하거나 방문 또는 체류를 금지한 외교통상부 고시가 청구인들의 거주·이전의 자유를 침해하지 않는다(헌재 2008.06.26. 2007헌마1366).
③ (O) 누구든지 주민등록 여부와 무관하게 거주지를 자유롭게 이전할 수 있으므로 주민등록 여부가 거주·이전의 자유와 직접적인 관계가 있다고 보기 어려우며, 영내 기거하는 현역병은 병역법으로 인해 거주·이전의 자유를 제한받게 되므로 이 사건 법률조항은 영내 기거 현역병의 거주·이전의 자유를 제한하지 않는다(헌재 2011.06.30. 2009헌마59).
④ (O) 거주·이전의 자유는 국가의 간섭없이 자유롭게 거주와 체류지를 정할 수 있는 자유로서 정치·경제·사회·문화 등 모든 생활영역에서 개성신장을 촉진함으로써 헌법상 보장되고 있는 다른 기본권들의 실효성을 증대시켜주는 기능을 한다. 구체적으로는 국내에서 체류지와 거주지를 자유롭게 정할 수 있는 자유영역뿐 아니라 나아가 국외에서 체류지와 거주지를 자유롭게 정할 수 있는 '해외여행 및 해외 이주의 자유'를 포함하고 덧붙여 대한민국의 국적을 이탈할 수 있는 '국적변경의 자유' 등도 그 내용에 포섭된다고 보아야 한다. 따라서 해외여행 및 해외이주의 자유는 필연적으로 외국에서 체류 또는 거주하기 위해서 대한민국을 떠날 수 있는 "출국의 자유"와 외국체류 또는 거주를 중단하고 다시 대한민국으로 돌아올 수 있는 '입국의 자유'를 포함한다(헌재 2004.10.28. 2003헌가18).

⑤ (○) 형사재판에 계속 중인 사람에 대하여 출국을 금지할 수 있다고 규정한 출입국관리법(2011. 7. 18. 법률 제10863호로 개정된 것) 제4조 제1항 제1호가 출국의 자유를 침해하지 않는다(헌재 2015.09.24. 2012헌바302).

정답 ①

문 48

거주·이전의 자유에 관한 다음 설명 중 가장 옳지 않은 것은?(다툼이 있는 경우 헌법재판소 판례에 의함) [2016년 16번]

① 국민의 국적 이탈이나 변경의 자유는 헌법 제14조가 보장하는 거주·이전의 자유에 포함된다.
② 주된 생활의 근거를 외국에 두고 있는 이중국적자들에 대하여, 구체적인 병역의무 발생 시부터 일정기간 내에 한국 국적을 이탈하지 않은 경우 병역문제를 해소하지 않는 한 한국 국적을 이탈하지 못하게 하는 국적법 조항들의 적용을 명시적으로 배제하는 규정을 두지 않았다 하더라도, 그 점만으로 이들의 국적이탈의 자유를 침해하는 것이라 할 수 없다.
③ 기간의 제한 없이 귀화허가를 취소할 수 있도록 규정한 국적법 제21조는 과잉금지원칙에 위반하여 청구인의 거주·이전의 자유를 침해하지 아니한다.
④ 법무부령이 정하는 금액 이상의 추징금을 납부하지 않은 자에 대한 출국금지를 규정한 구 출입국관리법 조항은 국가형벌권 실현을 확보하고자 하는 국가의 이익과 출국의 자유에 대한 제한으로 인한 개인의 불이익을 비교형량할 때 개인의 거주·이전의 자유를 침해한다.
⑤ 거주·이전의 자유가 국민에게 그가 선택할 직업 내지 그가 취임할 공직을 그가 선택하는 임의의 장소에서 자유롭게 행사할 수 있는 권리까지 포함하는 것은 아니다.

해설 ★★

① (○) 거주·이전의 자유는 국가의 간섭 없이 자유롭게 거주와 체류지를 정할 수 있는 자유로서 정치·경제·사회·문화 등 모든 생활영역에서 개성신장을 촉진함으로써 헌법상 보장되고 있는 다른 기본권들의 실효성을 증대시켜주는 기능을 한다. 구체적으로는 국내에서 체류지와 거주지를 자유롭게 정할 수 있는 자유영역뿐 아니라 나아가 국외에서 체류지와 거주지를 자유롭게 정할 수 있는 '해외여행 및 해외 이주의 자유'를 포함하고 덧붙여 대한민국의 국적을 이탈할 수 있는 '국적변경의 자유' 등도 그 내용에 포섭된다고 보아야 한다. 따라서 해외여행 및 해외이주의 자유는 필연적으로 외국에서 체류 또는 거주하기 위해서 대한민국을 떠날 수 있는 '출국의 자유'와 외국체류 또는 거주를 중단하고 다시 대한민국으로 돌아올 수 있는 '입국의 자유'를 포함한다(헌재 2004.10.28. 2003헌가18).
② (X) 심판대상 법률조항의 입법목적은 병역준비역에 편입된 사람이 병역의무를 면탈하기 위한 수단으로 국적을 이탈하는 것을 제한하여 병역의무 이행의 공평을 확보하려는 것이다. 복수국적자의 주된 생활근거지나 대한민국에서의 체류 또는 거주 경험 등 구체적 사정에 따라서는 사회통념상 심판대상 법률조항이 정하는 기간 내에 국적이탈 신고를 할 것으로 기대하기 어려운 사유가 인정될 여지가 있다. 주무관청이 구체적 심사를 통하여, 주된 생활근거를 국내에 두고 상당한 기간 대한민국 국적자로서의 혜택을 누리다가 병역의무를 이행하여야 할 시기에 근접하여 국적을 이탈하려는 복수국적자를 배제하고 병역의무 이행의 공평성이 훼손되지 않는다고 볼 수 있는 경우에만 예외적으로 국적선택 기간이 경과한 후에도 국적이탈을 허가하는 방식으로 제도를 운용한다면, 병역의무 이행의 공평성이 훼손될 수 있다는 우려는 불식될 수 있다. 병역준비역에 편입된 복수국적자의 국적선택 기간이 지났다고 하더라도, 그 기간 내에 국적이탈 신고를 하지 못한 데 대하

여 사회통념상 그에게 책임을 묻기 어려운 사정 즉, 정당한 사유가 존재하고, 병역의무 이행의 공평성 확보라는 입법목적을 훼손하지 않음이 객관적으로 인정되는 경우라면, 병역준비역에 편입된 복수국적자에게 국적선택 기간이 경과하였다고 하여 일률적으로 국적이탈을 할 수 없다고 할 것이 아니라, 예외적으로 국적이탈을 허가하는 방안을 마련할 여지가 있다. 심판대상 법률조항의 존재로 인하여 복수국적을 유지하게 됨으로써 대상자가 겪어야 하는 실질적 불이익은 구체적 사정에 따라 상당히 클 수 있다. 국가에 따라서는 복수국적자가 공직 또는 국가안보와 직결되는 업무나 다른 국적국과 이익충돌 여지가 있는 업무를 담당하는 것이 제한될 가능성이 있다. 현실적으로 이러한 제한이 존재하는 경우, 특정 직업의 선택이나 업무 담당이 제한되는 데 따르는 사익 침해를 가볍게 볼 수 없다. 심판대상 법률조항은 과잉금지원칙에 위배되어 청구인의 국적이탈의 자유를 침해한다(헌재 2020.09.24. 2016헌마889). ▶ 국적법 제12조 제2항 본문 등 위헌확인사건에서 국적법 제12조 제2항 본문, 국적법 제14조 제1항 단서 중 제12조 제2항 본문에 관한 부분은 국적이탈의 자유를 침해한다고 변경, 잠정적용 헌법불합치결정

③ (○) 이 사건 법률조항은 국가의 근본요소 중 하나인 국민을 결정하는 기준이 되는 국적의 중요성을 고려하여, 귀화허가신청자의 진실성을 담보하고, 국적 관련 행정의 적법성을 확보하기 위한 것으로서 입법목적은 정당하고, 거짓이나 그 밖의 부정한 방법에 의해 귀화허가를 받은 경우 그 허가를 취소하는 것은 입법목적 달성을 위해 적절한 방법이다. 부정한 방법으로 귀화허가를 받았음에도 상당기간이 경과하였다고 하여 귀화허가의 효력을 그대로 둔 채 행정형벌이나 행정질서벌 등으로 제재를 가하는 것은 부정한 방법에 의한 국적취득을 용인하는 결과가 된다. 이 사건 법률조항의 위임을 받은 시행령은 귀화허가취소사유를 구체적이고 한정적으로 규정하고 있을 뿐 아니라, 법무부장관의 재량으로 위법의 정도, 귀화허가 후 형성된 생활관계, 귀화허가취소시 받게 될 당사자의 불이익 등은 물론 귀화허가시부터 취소시까지의 시간의 경과 정도 등을 고려하여 취소권 행사 여부를 결정하도록 하고 있으며, 귀화허가가 취소된다고 하더라도 외국인으로서 체류허가를 받아 계속 체류하거나 종전의 하자를 치유하여 다시 귀화허가를 받을 수 있으므로, 이 사건 법률조항이 귀화허가취소권의 행사기간을 제한하지 않았다고 하더라도 침해의 최소성원칙에 위배되지 아니한다. 한편, 귀화허가가 취소되는 경우 국적을 상실하게 됨에 따른 불이익을 받을 수 있으나, 국적 관련 행정의 적법성 확보라는 공익이 훨씬 더 크므로 법익균형성의 원칙에도 위배되지 아니한다. 따라서 이 사건 법률조항은 거주·이전의 자유 및 행복추구권을 침해하지 아니한다(헌재 2015.09.24. 2015헌바26).

④ (X) 출국금지의 대상이 되는 추징금은 2,000만 원 이상으로 규정하여 비교적 고액의 추징금 미납자에 대하여서만 출국의 자유를 제한할 수 있도록 하고 있으며 실무상 추징금 미납을 이유로 출국금지처분을 함에 있어서는 재산의 해외도피 우려를 중요한 기준으로 삼고 있다. 출입국관리법 제4조 제1항 제4호는 출입국관리법시행령과 출국금지업무처리규칙의 관련 조항들과 유기적으로 결합하여 살피면 일정한 액수의 추징금 미납사실 외에 '재산의 해외도피 우려'라는 국가형벌권실현의 목적에 부합하는 요건을 추가적으로 요구함으로써 출국과 관련된 기본권의 제한을 최소한에 그치도록 배려하고 있다. 또한 간접강제(민사집행법 제261조)제도나 재산명시명령의 불이행에 대한 감치(민사집행법 제68조)처분, 강제집행면탈죄(형법 제327조)로 처벌하는 규정과, 사기파산죄(파산법 제366조) 등과 대비하여 볼 때 재산의 해외도피 우려가 있는 추징금 미납자에 대하여 하는 출국금지처분이 결코 과중한 조치가 아닌 최소한의 기본권제한조치라고 아니할 수 없다. 나아가 추징금을 납부하지 않는 자에 대한 출국금지로 국가형벌권 실현을 확보하고자 하는 국가의 이익은 형벌집행을 회피하고 재산을 국외로 도피시키려는 자가 받게 되는 출국금지의 불이익에 비하여 현저히 크다. 이처럼 고액 추징금 미납자에게 하는 출국금지조치는 정당한 목적실현을 위해 상당한 비례관계가 유지되는 합헌적 근거 법조항에 따라 시행되는 제도이다(헌재 2004.10.28. 2003헌가18).

⑤ (○) 헌법 제14조는 "모든 국민은 거주·이전의 자유를 가진다."고 규정하여 거주·이전의 자유를 보장하고 있다. 이 거주·이전의 자유는 공권력의 간섭을 받지 아니하고 일시적으로 머물 체류지와 생활의 근거되는 거주지를 자유롭게 정하고 체류지와 거주지를 변경할 목적으로 자유롭게 이동할 수 있는 자유를 내용으로 한다. 그러나 거주·이전의 자유가 국민에게 그가 선택할 직업 내지 그가 취임할 공직을 그가 선택하는 임의의 장소에서 자유롭게 행사할 수 있는 권리까지 보장하는 것은 아니다(헌재 1996.06.26. 96헌마200).

정답 ②,④ (출제당시 ④)

제4관 통신의 자유

문 21

통신의 자유와 관련된 다음 설명 중 가장 옳지 않은 것은?[2023년 18번]

① 통신비밀보호법(2005. 5. 26. 법률 제7503호로 개정된 것)제13조 제1항 중 '검사 또는 사법경찰관은 수사를 위하여 필요한 경우 전기통신사업법에 의한 전기통신사업자에게 제2조 제11호 가목 내지 라목의 통신사실 확인자료의 열람이나 제출을 요청할 수 있다'는 부분은 과잉금지원칙에 위반되어 개인정보자기결정권과 통신의 자유를 침해한다.
② 인터넷회선감청은, 인터넷회선을 통하여 흐르는 전기신호 형태의 '패킷'을 중간에 확보한 다음 재조합 기술을 거쳐 그 내용을 파악하는 이른바 '패킷감청'의 방식으로 이루어진다. 따라서 이를 통해 개인의 통신뿐만 아니라 사생활의 비밀과 자유가 제한되고, 과잉금지원칙을 위반하여 기본권을 침해한다.
③ 수용자의 서신에 금지물품이 들어 있는지 여부에 대한 확인을 교도소장의 재량에 맡긴 법률조항은 교도소장의 금지물품 확인이라는 구체적인 집행행위를 매개로 하여 수용자인 청구인의 권리에 영향을 미치게 되는바, 위 법률조항이 청구인의 기본권을 직접 침해한다고 할 수 없다.
④ 수용자에 대한 자유형의 본질상 외부와의 자유로운 통신에 대한 제한은 불가피한 것으로 수용자가 밖으로 내보내는 모든 서신을 봉함하지 않는 상태로 교정시설에 제출하도록 규정하고 있는 시행령 조항의 발송서신 무봉함 제출 제도는 수용자의 발송서신에 대하여 우리 법이 취하고 있는 '상대적 검열주의'를 이행하기 위한 효과적 교도행정의 방식일 뿐이어서 수용자의 통신비밀의 자유를 침해한다고 볼 수는 없으나, '미결수용자가 변호인에게 보내는 서신'은 '절대적 검열금지'의 대상으로 이를 무봉함 제출하도록 하는 것은 헌법상 변호인의 조력을 받을 권리를 침해하고, 무죄추정의 원칙에도 위배되므로 위 시행령조항의 무봉함 제출 서신에 미결수용자가 변호인에게 보내는 서신도 포함되는 것으로 해석되는 한도에서 헌법에 위반된다.
⑤ 교도소장이 수용자에게 온 서신을 개봉한 행위 및 법원, 검찰청 등이 수용자에게 보낸 문서를 열람한 행위는 수용자의 통신의 자유를 침해하지 않는다.

MGI Point 통신의 자유 ★★

- 통신비밀보호법 조항 중 '검사 또는 사법경찰관은 수사를 위하여 필요한 경우 전기통신사업법에 의한 전기통신사업자에게 제2조 제11호 가목 내지 라목의 통신사실 확인자료의 열람이나 제출을 요청할 수 있다'는 부분 ⇨ 개인정보자기결정권과 통신의 자유를 침해
- 인터넷회선감청 ⇨ 통신의자유와 사생활의 비밀과 자유 침해
- 수용자의 서신에 금지물품이 들어 있는지 여부에 대한 확인을 교도소장의 재량에 맡긴 법률조항 ⇨ 기본권 침해의 직접성×
- 수용자가 발송하는 모든 서신을 무봉함 상태로 교정시설에 제출하도록 한 것 ⇨ 통신비밀의 자유를 침해
- 교도소장이 수용자에게 온 서신을 개봉한 행위 ⇨ 통신의 자유 침해×
- 법원, 검찰청 등이 수용자에게 보낸 문서를 열람한 행위 ⇨ 통신의 자유 침해×

---

① (○) 통신비밀보호법(2005. 5. 26. 법률 제7503호로 개정된 것) 제13조 제1항 중 '검사 또는 사법경찰관은 수사를 위하여 필요한 경우 전기통신사업법에 의한 전기통신사업자에게 제2조 제11호 가목 내지 라목의 통

신사실 확인자료의 열람이나 제출을 요청할 수 있다' 부분은 헌법에 합치되지 아니한다. … 이 사건 요청조항은 과잉금지원칙에 반하여 청구인의 개인정보자기결정권 및 통신의 자유를 침해한다(헌법재판소 2018. 6. 28. 선고 2012헌마538 전원재판부 결정).

② (○) 인터넷회선감청은, 인터넷회선을 통하여 흐르는 전기신호 형태의 '패킷'을 중간에 확보한 다음 재조합 기술을 거쳐 그 내용을 파악하는 이른바 '패킷감청'의 방식으로 이루어진다. 따라서 이를 통해 개인의 통신뿐만 아니라 사생활의 비밀과 자유가 제한된다. … 이상을 종합하면, 이 사건 법률조항은 인터넷회선 감청의 특성을 고려하여 그 집행 단계나 집행 이후에 수사기관의 권한 남용을 통제하고 관련 기본권의 침해를 최소화하기 위한 제도적 조치가 제대로 마련되어 있지 않은 상태에서, 범죄수사 목적을 이유로 인터넷회선 감청을 통신제한조치 허가 대상 중 하나로 정하고 있으므로 침해의 최소성 요건을 충족한다고 할 수 없다. 이러한 여건 하에서 인터넷회선의 감청을 허용하는 것은 개인의 통신 및 사생활의 비밀과 자유에 심각한 위협을 초래하게 되므로 이 사건 법률조항으로 인하여 달성하려는 공익과 제한되는 사익 사이의 법익 균형성도 인정되지 아니한다. 그러므로 이 사건 법률조항은 과잉금지원칙에 위반하는 것으로 청구인의 기본권을 침해한다(헌법재판소 2018. 8. 30. 2016헌마263 전원재판부 결정).

③ (○) 이 사건 법률조항은 수용자의 서신에 금지물품이 들어 있는지 여부에 대한 확인을 교도소장의 재량에 맡기고 있으므로 교도소장의 금지물품 확인이라는 구체적인 집행행위를 매개로 하여 수용자인 청구인의 권리에 영향을 미치게 되는바, 위 법률조항이 청구인의 기본권을 직접 침해한다고 할 수 없다(헌법재판소 2012. 2. 23. 2009헌마333 전원재판부).

④ (X) 지문은 법정의견이 아닌 한정위헌의견의 내용이다
이 사건 시행령조항은 교정시설의 안전과 질서유지, 수용자의 교화 및 사회복귀를 원활하게 하기 위해 수용자가 밖으로 내보내는 서신을 봉함하지 않은 상태로 제출하도록 한 것이나, 이와 같은 목적은 교도관이 수용자의 면전에서 서신에 금지물품이 들어 있는지를 확인하고 수용자로 하여금 서신을 봉함하게 하는 방법, 봉함된 상태로 제출된 서신을 X-ray 검색기 등으로 확인한 후 의심이 있는 경우에만 개봉하여 확인하는 방법, 서신에 대한 검열이 허용되는 경우에만 무봉함 상태로 제출하도록 하는 방법 등으로도 얼마든지 달성할 수 있다고 할 것인바, 위 시행령 조항이 수용자가 보내려는 모든 서신에 대해 무봉함 상태의 제출을 강제함으로써 수용자의 발송 서신 모두를 사실상 검열 가능한 상태에 놓이도록 하는 것은 기본권 제한의 최소 침해성 요건을 위반하여 수용자인 청구인의 통신비밀의 자유를 침해하는 것이다(헌법재판소 2012. 2. 23. 2009헌마333 전원재판부).

⑤ (○) 가. 피청구인 교도소장이 청구인에게 온 서신을 개봉한 행위가 청구인의 통신의 자유를 침해하는지 여부(소극)
나. 피청구인 교도소장이 법원, 검찰청 등이 청구인에게 보낸 문서를 열람한 행위가 청구인의 통신의 자유를 침해하는지 여부(소극)(헌법재판소 2021. 9. 30. 2019헌마919 전원재판부 결정).

정답 ④

문 49

통신의 자유에 관한 다음 설명 중 가장 옳지 않은 것은?(다툼이 있는 경우 대법원 판례 및 헌법재판소 결정에 의함. 이하 같음) [2021년 2번]

① 헌법 제18조로 보장되는 기본권인 통신의 자유에는 자신의 인적 사항을 누구에게도 밝히지 않는 상태로 통신수단을 이용할 자유, 즉 통신수단의 익명성 보장도 포함된다.

② 전기통신역무제공에 관한 계약을 체결하는 경우 전기통신사업자로 하여금 가입자에게 본인임을 확인할 수 있는 증서 등을 제시하도록 요구하고 부정가입방지시스템 등을 이용하여 본인인지 여부를 확인하도록 한 전기통신사업법 관련 조항은 익명으로 이동통신서비스에 가입하여 자신들의 인적 사항을 밝히지 않은 채 통신하고자 하는 자들의 통신의 자유를 침해한다.
③ 미결수용자가 교정시설 내에서 규율위반행위 등을 이유로 금치처분을 받은 경우 금치기간 중 서신수수, 접견, 전화통화를 제한하는 형의 집행 및 수용자의 처우에 관한 법률 중 미결수용자에게 적용되는 서신수수제한 조항은 서신수수를 하려는 자의 통신의 자유를 침해하지 않는다.
④ 통신비밀보호법에 따르면 누구든지 공개되지 아니한 타인간의 대화를 녹음하여서는 아니되나, 3인 간의 대화에 있어서 그 중 한 사람이 그 대화를 녹음하는 경우는 통신비밀보호법을 위반하였다고 볼 수 없다.
⑤ 검사 또는 사법경찰관은 수사를 위하여 특정한 기지국에 대한 통신사실확인자료가 필요한 경우에는 원칙적으로 다른 방법으로는 범죄의 실행을 저지하기 어렵거나 범인의 발견·확보 또는 증거의 수집·보전이 어려운 경우에만 전기통신사업자에게 해당 자료의 열람이나 제출을 요청할 수 있다.

MGI Point 통신의 자유 ★★

- 헌법 제18조 통신의 자유 ⇨ 통신수단의 익명성 보장도 포함 ○
- 전기통신역무제공에 관한 계약을 체결하는 경우 전기통신사업자로 하여금 가입자에게 본인임을 확인할 수 있는 증서 등을 제시하도록 요구하고 부정가입방지시스템 등을 이용하여 본인인지 여부를 확인하도록 한 전기통신사업법조항
  ⇨ 익명으로 이동통신서비스에 가입하여 자신들의 인적 사항을 밝히지 않은 채 통신하고자 하는 자들의 개인정보자기결정권 및 통신의 자유 침해 ×
- 미결수용자가 교정시설 내에서 규율위반행위 등을 이유로 금치처분을 받은 경우 금치기간 중 서신수수, 접견, 전화통화를 제한하는 '형의 집행 및 수용자의 처우에 관한 법률'(형집행법) 중 서신수수·접견·전화통화 제한조항
  ⇨ 통신의 자유 침해 ×
- 3인 간의 대화에서 그중 한 사람이 그 대화를 녹음 또는 청취하는 행위 및 그 내용을 공개하거나 누설하는 행위
  ⇨ 통신비밀보호법 제16조 제1항 처벌대상에 해당 ×
- 검사 또는 사법경찰관은 수사를 위하여 특정한 기지국에 대한 통신사실확인자료가 필요한 경우 ⇨ 원칙적으로 다른 방법으로는 범죄의 실행을 저지하기 어렵거나 범인의 발견확보 또는 증거의 수집보전이 어려운 경우에만 전기통신사업자에게 해당 자료의 열람이나 제출 요청 可

① (○) 헌법 제18조로 보장되는 기본권인 통신의 자유란 통신수단을 자유로이 이용하여 의사소통할 권리이다. '통신수단의 자유로운 이용'에는 자신의 인적 사항을 누구에게도 밝히지 않는 상태로 통신수단을 이용할 자유, 즉 통신수단의 익명성 보장도 포함된다. 심판대상조항은 휴대전화를 통한 문자·전화·모바일 인터넷 등 통신기능을 사용하고자 하는 자에게 반드시 사전에 본인확인 절차를 거치는 데 동의해야만 이를 사용할 수 있도록 하므로, 익명으로 통신하고자 하는 청구인들의 통신의 자유를 제한한다(헌재 2019.09.26. 2017헌마1209).
② (X) 심판대상조항이 이동통신서비스 가입 시 본인확인절차를 거치도록 함으로써 타인 또는 허무인의 이름을 사용한 휴대전화인 이른바 대포폰이 보이스피싱 등 범죄의 범행도구로 이용되는 것을 막고, 개인정보를 도용하여 타인의 명의로 가입한 다음 휴대전화 소액결제나 서비스요금을 그 명의인에게 전가하는 등 명의도용 범죄의 피해를 막고자 하는 입법목적은 정당하고, 이를 위하여 본인확인절차를 거치게 한 것은 적합한 수단이다. … 또한 가입자의 이름과 주소, 생년월일, 주민등록번호 등 개인정보 수집에 따른 유출피해 등 부작용을 방지하기 위해 '개인정보 보호법'과 '정보통신망 이용촉진 및 정보보호 등에 관한 법률'에서는 정보처리자에게 개인정보의 기술적·관리적 보호조치를 취할 것을 요구하고 그 준수 여부를 행정청이 점검하는 등 적절

한 통제장치를 마련함으로써 개인정보자기결정권의 제한을 최소화하고 있다. … 개인정보자기결정권, 통신의 자유가 제한되는 불이익과 비교했을 때, 명의도용피해를 막고, 차명휴대전화의 생성을 억제하여 보이스피싱 등 범죄의 범행도구로 악용될 가능성을 방지함으로써 잠재적 범죄 피해 방지 및 통신망 질서 유지라는 더욱 중대한 공익의 달성효과가 인정된다. 따라서 심판대상조항은 청구인들의 개인정보자기결정권 및 통신의 자유를 침해하지 않는다(헌재 2019.09.26. 2017헌마1209).

③ (○) 금치처분을 받은 미결수용자에 대하여 금치기간 중 서신수수, 접견, 전화통화를 제한하는 것은 대상자를 구속감과 외로움 속에 반성에 전념하게 함으로써 수용시설 내 안전과 질서를 유지하기 위한 것이다. 접견이나 서신수수의 경우에는 교정시설의 장이 수용자의 권리구제 등을 위해 필요하다고 인정한 때에는 예외적으로 허용할 수 있도록 하여 기본권 제한을 최소화하고 있다. 전화통화의 경우에는 위와 같은 예외가 규정되어 있지는 않으나, 증거인멸 우려 등의 측면에서 미결수용자의 전화통화의 자유를 제한할 필요성이 더 크다고 할 수 있다. 나아가 금치처분을 받은 자는 수용시설의 안전과 질서유지에 위반되는 행위, 그 중에서도 가장 중하다고 평가된 행위를 한 자이므로 이에 대하여 금치기간 중 일률적으로 전화통화를 금지한다 하더라도 과도하다고 보기 어렵다. 따라서 이 사건 서신수수·접견·전화통화 제한조항은 청구인의 통신의 자유를 침해하지 아니한다(헌재 2016.04.28. 2012헌마549).

④ (○) 9하고 있다. 이와 같이 공개되지 아니한 타인 간의 대화를 녹음 또는 청취하지 못하도록 한 것은, 대화에 원래부터 참여하지 않는 제3자가 그 대화를 하는 타인들 간의 발언을 녹음 또는 청취해서는 아니 된다는 취지이다. 따라서 3인 간의 대화에서 그중 한 사람이 그 대화를 녹음 또는 청취하는 경우에 다른 두 사람의 발언은 그 녹음자 또는 청취자에 대한 관계에서 통신비밀보호법 제3조 제1항에서 정한 '타인 간의 대화'라고 할 수 없으므로, 이러한 녹음 또는 청취하는 행위 및 그 내용을 공개하거나 누설하는 행위가 통신비밀보호법 제16조 제1항에 해당한다고 볼 수 없다(대판 2014.05.16. 2013도16404).

⑤ (○) 통신비밀보호법 제13조 참조. ▶ 2018.06.28. 헌법재판소에서 헌법불합치결정된 이 조문을 개정함

> 통신비밀보호법 제13조(범죄수사를 위한 통신사실 확인자료제공의 절차) ① 검사 또는 사법경찰관은 수사 또는 형의 집행을 위하여 필요한 경우 전기통신사업법에 의한 전기통신사업자(이하 "전기통신사업자"라 한다)에게 통신사실 확인자료의 열람이나 제출(이하 "통신사실 확인자료제공"이라 한다)을 요청할 수 있다.
> ② 검사 또는 사법경찰관은 제1항에도 불구하고 수사를 위하여 통신사실확인자료 중 다음 각 호의 어느 하나에 해당하는 자료가 필요한 경우에는 다른 방법으로는 범죄의 실행을 저지하기 어렵거나 범인의 발견·확보 또는 증거의 수집·보전이 어려운 경우에만 전기통신사업자에게 해당 자료의 열람이나 제출을 요청할 수 있다. 다만, 제5조제1항 각 호의 어느 하나에 해당하는 범죄 또는 전기통신을 수단으로 하는 범죄에 대한 통신사실확인자료가 필요한 경우에는 제1항에 따라 열람이나 제출을 요청할 수 있다. <신설 2019. 12. 31.>
> 1. 제2조제11호바목·사목 중 실시간 추적자료
> 2. 특정한 기지국에 대한 통신사실확인자료

정답 ②

문 50

통신의 자유 보장에 관한 다음 설명 중 가장 옳지 않은 것은? [2018년 14번]

① 범죄수사를 위한 통신제한조치의 경우 사법경찰관은 검사에 대하여 허가를 신청하고, 검사는 법원에 대하여 그 허가를 청구하여 법원의 허가를 받아 할 수 있다.

② 통신의 일방 또는 쌍방당사자가 내국인인 경우 국가안보를 위한 통신제한조치는 정보수사기관의 장이 국가안전보장에 상당한 위험이 예상되는 경우 또는 대테러활동에 필요한 경우에 고등법원 수석부장판사의 허가를 받아 할 수 있다.

③ 검사, 사법경찰관 또는 정보수사기관의 장은 국가안보를 위협하는 음모행위, 직접적인 사망이나 심각한 상해의 위험을 야기할 수 있는 범죄 또는 조직범죄등 중대한 범죄의 계획이나 실행 등 긴박한 상황에 있고 미리 법원의 허가 절차를 거칠 수 없는 긴급한 사유가 있는 때에는 법원의 허가 없이 통신제한조치를 할 수 있으나, 이 경우 긴급통신제한조치의 집행착수 후 36시간 이내에 법원에 허가청구를 하여야 한다.
④ 긴급통신제한조치가 단시간내에 종료되어 법원의 허가를 받을 필요가 없는 경우에는 그 종료 후 7일 이내에 관할 지방검찰청검사장은 이에 대응하는 법원장에게 긴급통신제한조치를 한 검사, 사법경찰관 또는 정보수사기관의 장이 작성한 긴급통신제한조치통보서를 송부하여야 한다.
⑤ 검사는 통신제한조치를 집행한 사건에 관하여 공소를 제기하거나, 공소의 제기 또는 입건을 하지 아니하는 처분을 한 때에는 그 처분을 한 날부터 30일 이내에 우편물 검열의 경우에는 그 대상자에게, 감청의 경우에는 그 대상이 된 전기통신의 가입자에게 통신제한조치를 집행한 사실과 집행기관 및 그 기간 등을 서면으로 통지하여야 한다.

해설 ★★

① (○) 통신비밀보호법 제6조 제2항 참조.

> 통신비밀보호법 제6조(범죄수사를 위한 통신제한조치의 허가절차) ② 사법경찰관은 제5조 제1항의 요건이 구비된 경우에는 검사에 대하여 각 피의자별 또는 각 피내사자별로 통신제한조치에 대한 허가를 신청하고, 검사는 법원에 대하여 그 허가를 청구할 수 있다.

② (○) 통신비밀보호법 제7조 제1항 참조.

> 통신비밀보호법 제7조(국가안보를 위한 통신제한조치) ① 대통령령이 정하는 정보수사기관의 장은 국가안전보장에 상당한 위험이 예상되는 경우 또는 「국민보호와 공공안전을 위한 테러방지법」 제2조 제6호의 대테러활동에 필요한 경우에 한하여 그 위해를 방지하기 위하여 이에 관한 정보수집이 특히 필요한 때에는 다음 각호의 구분에 따라 통신제한조치를 할 수 있다.
> 1. 통신의 일방 또는 쌍방당사자가 내국인인 때에는 고등법원 수석부장판사의 허가를 받아야 한다. 다만, 군용전기통신법 제2조의 규정에 의한 군용전기통신(작전수행을 위한 전기통신에 한한다)에 대하여는 그러하지 아니하다.

③ (X) 통신비밀보호법 제8조 참조. ▶ 지체없이 청구를 하여야 하며 36시간 이내에 허가를 받아야 한다.

> 통신비밀보호법 제8조(긴급통신제한조치) ① 검사, 사법경찰관 또는 정보수사기관의 장은 국가안보를 위협하는 음모행위, 직접적인 사망이나 심각한 상해의 위험을 야기할 수 있는 범죄 또는 조직범죄등 중대한 범죄의 계획이나 실행 등 긴박한 상황에 있고 제5조 제1항 또는 제7조 제1항 제1호의 규정에 의한 요건을 구비한 자에 대하여 제6조 또는 제7조 제1항 및 제3항의 규정에 의한 절차를 거칠 수 없는 긴급한 사유가 있는 때에는 법원의 허가없이 통신제한조치를 할 수 있다.
> ② 검사, 사법경찰관 또는 정보수사기관의 장은 제1항의 규정에 의한 통신제한조치(이하 "긴급통신제한조치"라 한다)의 집행착수후 지체없이 제6조 및 제7조 제3항의 규정에 의하여 법원에 허가청구를 하여야 하며, 그 긴급통신제한조치를 한 때부터 36시간 이내에 법원의 허가를 받지 못한 때에는 즉시 이를 중지하여야 한다.

④ (○) 통신비밀보호법 제8조 제5항 참조.

> 통신비밀보호법 제8조(긴급통신제한조치) ⑤ 긴급통신제한조치가 단시간내에 종료되어 법원의 허가를 받을 필요가 없는 경우에는 그 종료후 7일 이내에 관할 지방검찰청검사장(제1항의 규정에 의하여 정보수사기관의 장이 제7조 제1항 제1호의 규정에 의한 요건을 구비한 자에 대하여 긴급통신제한조치를 한 경우에는 관할 고등검찰청검사장)은 이에 대응하는 법원장에게 긴급통신제한조치를 한 검사, 사법경찰관 또는 정보수사기관의 장이 작성한 긴급통신제한조치통보서를 송부하여야 한다. 다만, 군검사 또는 군사법경찰관이 제5조 제1항의 규정에 의한 요건을 구비한 자에 대하여 긴급통신제한조치를 한 경우에는 관할 보통검찰부장이 이에 대응하는 보통군사법원 군판사에게 긴급통신제한조치통보서를 송부하여야 한다.

⑤ (○) 통신비밀보호법 제9조의2 제1항 참조.

> 통신비밀보호법 제9조의2(통신제한조치의 집행에 관한 통지) ① 검사는 제6조 제1항 및 제8조 제1항의 규정에 의한 통신제한조치를 집행한 사건에 관하여 공소를 제기하거나, 공소의 제기 또는 입건을 하지 아니하는 처분(기소중지 결정을 제외한다)을 한 때에는 그 처분을 한 날부터 30일 이내에 우편물 검열의 경우에는 그 대상자에게, 감청의 경우에는 그 대상이 된 전기통신의 가입자에게 통신제한조치를 집행한 사실과 집행기관 및 그 기간 등을 서면으로 통지하여야 한다.

정답 ③

제5절 | 정신생활 영역의 자유

제1관 양심의 자유

문 22

양심의 자유에 관한 다음 설명 중 옳지 않은 것은 모두 몇 개인가? [2023년 36번]

> ㄱ. 우리나라는 헌법 제정 당시 신앙과 양심을 하나의 조문에서 보장하였으나, 제3차 개정헌법부터 신앙과 양심을 분리하여 규정하기 시작했다.
> ㄴ. 보안관찰처분은 그 대상자가 보안관찰 해당범죄를 다시 저지를 위험성이 내심의 영역을 벗어나 외부에 표출되는 경우에 내려지는 특별예방적 목적의 처분이므로, 보안관찰처분 근거규정이 양심의 자유를 침해한다고 볼 수 없다.
> ㄷ. 경제규제법적 성격을 가진 공정거래법에 위반하였는지 여부는 각 개인의 소신에 따라 어느 정도의 가치판단이 개입될 수 있고 그 한도에서 다소의 윤리적 도덕적 관련성을 가질 수 있으나 개인의 인격형성과는 무관하므로 사업자단체의 독점거래 및 공정거래법 위반행위가 있을 때 공정거래위원회가 당해 사업자단체에 대하여 법위반사실 공표를 명할 수 있도록 하는 법률조항은 양심의 자유와 무관하다.
> ㄹ. 종교적 신앙에 의한 행위라도 개인의 주관적·윤리적 판단을 동반하는 것인 한 양심의 자유에 포함시켜 고찰할 수 있다.
> ㅁ. 이적표현물의 제작이나 반포행위를 금지하는 것은 표현물에 담긴 사상, 내용을 자유롭게 표명하고 타인에게 전파하고자 하는 표현의 자유를 제한할 뿐, 내적 영역에서의 양심 형성과는 관련이 없으므로 양심의 자유를 제한하지 않는다.

① 1개　② 2개　③ 3개　④ 4개　⑤ 5개

> **MGI Point** 양심의 자유 ★★
>
> - 보안관찰처분 ⇨ 양심의 자유 침해×
> - 공정거래위원회가 당해 사업자단체에 대하여법위반사실 공표를 명할 수 있도록 하는 것 ⇨ 양심의 자유 제한×
> - 종교적 신앙에 의한 행위 ⇨ 양심의 자유에 포함可
> - 이적표현물의 제작이나 반포행위를 금지하는 것 ⇨ 표현의 자유, 양심의 자유 제한

ㄱ. (X) 우리나라는 헌법 제정 당시 신앙과 양심을 하나의 조문(제헌 헌법 제12조)에서 보장하였으나, 제5차(제3차×) 개정헌법부터 신앙과 양심을 분리하여 규정하기 시작했다.

ㄴ. (O) 보안관찰처분은 보안관찰처분대상자의 내심의 작용을 문제 삼는 것이 아니라, 보안관찰처분대상자가 보안관찰해당범죄를 다시 저지를 위험성이 내심의 영역을 벗어나 외부에 표출되는 경우에 재범의 방지를 위하여 내려지는 특별예방적 목적의 처분이므로, 보안관찰처분 근거규정은 양심의 자유를 침해하지 아니한다(헌법재판소 2015. 11. 26. 2014헌바475).

ㄷ. (O) 누구라도 자신이 비행을 저질렀다고 믿지 않는 자에게 본심에 반하여 사죄 내지 사과를 강요한다면 이는 윤리적 도의적 판단을 강요하는 것으로서 경우에 따라서는 양심의 자유를 침해하는 행위에 해당한다고 할 여지가 있으나, '법위반사실의 공표명령'은 법규정의 문언상으로 보아도 단순히 법위반사실 자체를 공표하라는 것일 뿐, 사죄 내지 사과라는 의미요소를 가지고 있지는 아니하다. 공정거래위원회의 실제 운용에 있어서도 '특정한 내용의 행위를 함으로써 공정거래법을 위반하였다는 사실'을 일간지 등에 공표하라는 것이어서 단지 사실관계와 법을 위반하였다는 점을 공표하라는 것이지 행위자에게 사죄 내지 사과를 요구하고 있는 것으로는 보이지 않는다. 따라서 이 사건 법률조항의 경우 사죄 내지 사과를 강요함으로 인하여 발생하는 양심의 자유의 침해문제는 발생하지 않는다(헌법재판소 2002. 1. 31. 2001헌바43).

ㄹ. (O) 헌법 제20조 제1항은 양심의 자유와 별개로 종교의 자유를 따로 보장하고 있고, 이 사건 청구인 등의 대부분은 여호와의 증인 또는 카톨릭 신도로서 자신들의 종교적 신앙에 따라 병역의무를 거부하고 있으므로, 이 사건 법률조항에 의하여 이들의 종교의 자유도 함께 제한된다. 그러나 종교적 신앙에 의한 행위라도 개인의 주관적·윤리적 판단을 동반하는 것인 한 양심의 자유에 포함시켜 고찰할 수 있고, 앞서 보았듯이 양심적 병역거부의 바탕이 되는 양심상의 결정은 종교적 동기뿐만 아니라 윤리적·철학적 또는 이와 유사한 동기로부터도 형성될 수 있는 것이므로, 이 사건에서는 양심의 자유를 중심으로 기본권 침해 여부를 판단하기로 한다(헌법재판소 2018. 6. 28. 2011헌바379 등).

ㅁ. (X) 이적표현물의 제작이나 반포행위를 금지하는 것은 표현물에 담긴 사상, 내용을 자유롭게 표명하고 그것을 다른 사람들에게 전파하고자 하는 표현의 자유를 제한한다. 또한, 표현물에 담긴 내용이나 사상은 개개인이 자신의 세계관이나 가치체계를 형성해 나가는 데 영향을 주는 것으로 어떠한 신념에 근거하여 윤리적 결정을 하고 삶의 방향을 설정해 나갈 것인가를 정하는 기초가 된다. 따라서 특정한 내용이 담긴 표현물의 소지나 취득을 금지함으로써 정신적 사유의 범위를 제한하는 것은, 내적 영역에서 양심을 형성하고 사상을 발전시켜 나가고자 하는 양심의 자유 내지는 사상의 자유를 제한한다(헌법재판소 2015. 4. 30. 2012헌바95·261 등).

정답 ②

문 51

양심의 자유에 관한 다음 설명 중 가장 옳지 않은 것은? [2022년 37번]

① '특정한 내용의 행위를 함으로써 공정거래법을 위반하였다는 사실'을 일간지 등에 공표하라는 내용으로 하는 공정거래위원회의 법위반사실 공표명령은 위반행위자의 양심의 자유를 침해하지 않는다.
② 양심의 자유에는 널리 사물의 시시비비나 선악과 같은 윤리적 판단에 국가가 개입해서는 아니되는 내심적 자유는 물론, 이와 같은 윤리적 판단을 국가권력에 의하여 외부에 표명하도록 강제받지 아니할 자유, 즉 침묵의 자유까지 포괄한다.
③ 양심실현의 자유는 법률에 의하여 제한할 수 있는 상대적 자유이지만, 부작위에 의한 양심실현의 자유는 제한할 수 없다.
④ 국가보안법과 집회 및 시위에 관한 법률 등을 위반한 수형자의 가석방 결정 전 준법의지를 확인하기 위해 제출하도록 한 준법서약서에 대하여 헌법재판소는 합헌 결정을 하였으나, 이후 준법서약서 제도는 법무부령의 개정으로 폐지되었다.
⑤ 양심의 자유가 내심에 머무르는 한 이는 절대적 자유로서 제한할 수 없다.

MGI Point 양심의 자유 ★★

- 공정거래위원회의 법위반사실 공표명령 ⇨ 양심의 자유 침해 ×
- 양심의 자유 ⇨ 침묵의 자유까지 포괄함
- 부작위에 의한 양심실현의 자유 ⇨ 제한 可
- 수형자의 가석방 결정 전 준법서약서 제출제도 ⇨ 합헌, 현재는 폐지됨
- 내심에 머무르는 양심의 자유 ⇨ 절대적 자유, 제한 不可

① (○) 단순한 사실관계의 확인과 같이 가치적·윤리적 판단이 개입될 여지가 없는 경우는 물론, 법률해석에 관하여 여러 견해가 갈리는 경우처럼 다소의 가치관련성을 가진다고 하더라도 개인의 인격형성과는 관계가 없는 사사로운 사유나 의견 등은 그 보호대상이 아니다. 이 사건의 경우와 같이 경제규제법적 성격을 가진 공정거래법에 위반하였는지 여부에 있어서도 각 개인의 소신에 따라 어느 정도의 가치판단이 개입될 수 있는 소지가 있고 그 한도에서 다소의 윤리적 도덕적 관련성을 가질 수도 있겠으나, 이러한 법률판단의 문제는 개인의 인격형성과는 무관하며, 대화와 토론을 통하여 가장 합리적인 것으로 그 내용이 동화되거나 수렴될 수 있는 포용성을 가지는 분야에 속한다고 할 것이므로 헌법 제19조에 의하여 보장되는 양심의 영역에 포함되지 아니한다(헌재 2002.01.31. 2001헌바43).

② (○) 헌법 제19조는 "모든 국민은 양심의 자유를 가진다"라고 하여 양심의 자유를 기본권의 하나로 보장하고 있는바, 여기의 양심이란 세계관·인생관·주의·신조 등은 물론, 이에 이르지 아니하여도 보다 널리 개인의 인격형성에 관계되는 내심에 있어서의 가치적·윤리적 판단도 포함된다고 볼 것이다. 그러므로 양심의 자유에는 널리 사물의 시시비비나 선악과 같은 윤리적 판단에 국가가 개입해서는 안되는 내심적 자유는 물론, 이와 같은 윤리적 판단을 국가권력에 의하여 외부에 표명하도록 강제받지 않는 자유 즉 윤리적 판단사항에 관한 침묵의 자유까지 포괄한다고 할 것이다(헌재 1991.04.01. 89헌마160).

③ (X) 헌법 제19조의 양심의 자유는 크게 양심형성의 내부영역과 형성된 양심을 실현하는 외부영역으로 나누어 볼 수 있으므로, 그 구체적인 보장내용에 있어서도 내심의 자유인 '양심형성의 자유'와 양심적 결정을 외부로 표현하고 실현하는 '양심실현의 자유'로 구분된다. 양심형성의 자유란 외부로부터의 부당한 간섭이나 강제를 받지 않고 개인의 내심영역에서 양심을 형성하고 양심상의 결정을 내리는 자유를 말하고, 양심실현

의 자유란 형성된 양심을 외부로 표명하고 양심에 따라 삶을 형성할 자유, 구체적으로는 양심을 표명하거나 또는 양심을 표명하도록 강요받지 아니할 자유(양심표명의 자유), 양심에 반하는 행동을 강요받지 아니할 자유(부작위에 의한 양심실현의 자유), 양심에 따른 행동을 할 자유(작위에 의한 양심실현의 자유)를 모두 포함한다. 양심의 자유 중 양심형성의 자유는 내심에 머무르는 한, 절대적으로 보호되는 기본권이라 할 수 있는 반면, 양심적 결정을 외부로 표현하고 실현할 수 있는 권리인 양심실현의 자유는 법질서에 위배되거나 타인의 권리를 침해할 수 있기 때문에 법률에 의하여 제한될 수 있는 상대적 자유라 할 것이다(헌재 2004.08.26. 2002헌가1).

④ (○) 내용상 단순히 국법질서나 헌법체제를 준수하겠다는 취지의 서약을 할 것을 요구하는 이 사건 준법서약은 국민이 부담하는 일반적 의무를 장래를 향하여 확인하는 것에 불과하며, 어떠한 가정적 혹은 실제적 상황하에서 특정의 사유(思惟)를 하거나 특별한 행동을 할 것을 새로이 요구하는 것이 아니다. 따라서 국가보안법위반 및 집회및시위에관한법률위반 수형자의 가석방 결정시 준법서약서를 제출하도록 한 가석방심사등에관한규칙 제14조는 어떤 구체적이거나 적극적인 내용을 담지 않은 채 단순한 헌법적 의무의 확인·서약에 불과하다 할 것이어서 양심의 영역을 건드리는 것이 아니다. 또한, 위 규칙조항은 내용상 당해 수형자에게 하등의 법적 의무를 부과하는 것이 아니며 이행강제나 처벌 또는 법적 불이익의 부과 등 방법에 의하여 준법서약을 강제하고 있는 것이 아니므로 당해 수형자의 양심의 자유를 침해하는 것이 아니다(헌재 2002.04.25. 98헌마425 등).

> 형의 집행 및 수용자의 처우에 관한 법률 시행규칙 [법무부령 제655호, 2008. 12. 19., 제정]
> 부 칙
> 제2조(다른 법령의 폐지) 다음 각 호의 규칙은 각각 폐지한다.
>   1. 가석방 심사 등에 관한 규칙

⑤ (○) 헌법 제19조가 보호하고 있는 양심의 자유는 양심형성의 자유와 양심적 결정의 자유를 포함하는 내심적 자유(forum internum) 뿐만 아니라, 양심적 결정을 외부로 표현하고 실현할 수 있는 양심실현의 자유(forum externum)를 포함한다고 할 수 있다. 내심적 자유, 즉 양심형성의 자유와 양심적 결정의 자유는 내심에 머무르는 한 절대적 자유라고 할 수 있지만, 양심실현의 자유는 타인의 기본권이나 다른 헌법적 질서와 저촉되는 경우 헌법 제37조 제2항에 따라 국가안전보장·질서유지 또는 공공복리를 위하여 법률에 의하여 제한될 수 있는 상대적 자유라고 할 수 있다(헌재 1998.07.16. 96헌바35).

정답 ③

문 52

양심적 병역거부에 관한 2018. 11. 1. 선고 2016도10912 전원합의체 판결의 판시 내용으로 가장 옳지 않은 것은? [2020년 36번]

① 이른바 양심적 병역거부는 종교적·윤리적·도덕적·철학적 또는 이와 유사한 동기에서 형성된 양심상 결정을 이유로 집총이나 군사훈련을 수반하는 병역의무의 이행을 거부하는 행위를 말한다. 양심을 포기하지 않고서는 집총이나 군사훈련을 수반하는 병역의무를 이행할 수 없고 병역의무의 이행이 자신의 인격적 존재가치를 스스로 파멸시키는 것이기 때문에 병역의무의 이행을 거부하는 것을 말한다.

② 병역법 제88조 제1항은 국방의 의무를 실현하기 위하여 현역입영 또는 소집통지서를 받고도 정당한 사유 없이 이에 응하지 않은 사람을 처벌하고 있는데, 여기에서 '정당한 사유'는 구체적인 사안에서 법관이 개별적으로 판단해야 하는 불확정개념으로서, 실정법의 엄격한 적용으로 생길 수 있는 불합리한 결과를 막고 구체적 타당성을 실현하기 위한 것이다.

③ 양심적 병역거부의 허용 여부는 헌법 제19조 양심의 자유 등 기본권 규범과 헌법 제39조 국방의 의무 규범 사이의 충돌조정 문제이며, 병역법 제88조 제1항에서 정한 '정당한 사유'라는 문언의 해석을 통하여 해결하여야 한다.
④ 양심적 병역거부자들은 헌법상 국방의 의무 자체를 부정하는 것이 아니라, 단지 국방의 의무를 구체화하는 법률에서 병역의무를 정하고 그 병역의무를 이행하는 방법으로 정한 집총이나 군사훈련을 수반하는 행위를 할 수 없다는 이유로 그 이행을 거부할 뿐이므로, 소극적 부작위에 의한 양심실현에 해당한다.
⑤ 병역법 제88조 제1항의 '정당한 사유'란 입영통지에 기해 지정된 기일과 장소에 집결할 의무를 부과받았음에도 즉시 이에 응하지 못한 것을 정당화할 만한 사유로서, 병역법에서 입영을 일시적으로 연기하거나 지연시키기 위한 요건으로 인정된 사유, 즉 질병, 재난 등과 같은 개인의 책임으로 돌리기 어려운 사유로 한정된다고 보아야 한다.

MGI Point **양심적 병역거부** ★★★

■ 양심적 병역거부
  • 종교적·윤리적·도덕적·철학적 또는 이와 유사한 동기에서 형성된 양심상 결정을 이유로 집총이나 군사훈련을 수반하는 병역의무의 이행을 거부하는 행위
  • 소극적 부작위에 의한 양심실현에 해당 (∵ 양심적 병역거부자들은 헌법상 국방의 의무 자체를 부정하는 것이 아니라, 단지 국방의 의무를 구체화하는 법률에서 병역의무를 정하고 그 병역의무를 이행하는 방법으로 정한 집총이나 군사훈련을 수반하는 행위를 할 수 없다는 이유로 그 이행을 거부)
■ 병역법 제88조 제1항의 '정당한 사유'
  • 구체적인 사안에서 법관이 개별적으로 판단해야 하는 불확정개념
  • 실정법의 엄격한 적용으로 생길 수 있는 불합리한 결과를 막고 구체적 타당성을 실현하기 위한 것
■ 양심적 병역거부의 쟁점 및 해결방법
  • 헌법 제19조 양심의 자유 등 기본권 규범과 헌법 제39조 국방의 의무 규범 사이의 충돌·조정 문제
  • 병역법 제88조 제1항에서 정한 '정당한 사유'라는 문언의 해석을 통하여 해결

---

① (○) 양심에 따른 병역거부, 이른바 양심적 병역거부는 종교적·윤리적·도덕적·철학적 또는 이와 유사한 동기에서 형성된 양심상 결정을 이유로 집총이나 군사훈련을 수반하는 병역의무의 이행을 거부하는 행위를 말한다. 양심을 포기하지 않고서는 집총이나 군사훈련을 수반하는 병역의무를 이행할 수 없고 병역의무의 이행이 자신의 인격적 존재가치를 스스로 파멸시키는 것이기 때문에 병역의무의 이행을 거부한다는 것이다. 결국 양심을 포기할 수 없고 자신의 인격적 존재가치를 스스로 파멸시킬 수도 없기 때문에 불이행에 따르는 어떠한 제재라도 감수할 수밖에 없다고 한다(대판 2018.11.01. 2016도10912(전합)).
② (○) 병역법 제88조 제1항은 국방의 의무를 실현하기 위하여 현역입영 또는 소집통지서를 받고도 정당한 사유 없이 이에 응하지 않은 사람을 처벌함으로써 입영기피를 억제하고 병력구성을 확보하기 위한 규정이다. 위 조항에 따르면 정당한 사유가 있는 경우에는 피고인을 벌할 수 없는데, 여기에서 정당한 사유는 구성요건 해당성을 조각하는 사유이다. 이는 형법상 위법성조각사유인 정당행위나 책임조각사유인 기대불가능성과는 구별된다. 정당한 사유는 구체적인 사안에서 법관이 개별적으로 판단해야 하는 불확정개념으로서, 실정법의 엄격한 적용으로 생길 수 있는 불합리한 결과를 막고 구체적 타당성을 실현하기 위한 것이다(대판 2018.11.01. 2016도10912(전합)).
③ (○) 양심적 병역거부의 허용 여부는 헌법 제19조 양심의 자유 등 기본권 규범과 헌법 제39조 국방의 의무 규범 사이의 충돌·조정 문제가 된다. 국방의 의무는 법률이 정하는 바에 따라 부담한다(헌법 제39조 제1항). 즉 국방의 의무의 구체적인 이행방법과 내용은 법률로 정할 사항이다. 그에 따라 병역법에서 병역의무를 구체적으로 정하고 있고, 병역법 제88조 제1항에서 입영의무의 불이행을 처벌하면서도 한편으로는 '정당한 사

유'라는 문언을 두어 입법자가 미처 구체적으로 열거하기 어려운 충돌 상황을 해결할 수 있도록 하고 있다. 따라서 양심적 병역거부에 관한 규범의 충돌·조정 문제는 병역법 제88조 제1항에서 정한 '정당한 사유'라는 문언의 해석을 통하여 해결하여야 한다(대판 2018.11.01. 2016도10912(전합)).

④ (O) 소극적 부작위에 의한 양심실현의 자유에 대한 제한은 양심의 자유에 대한 과도한 제한이 되거나 본질적 내용에 대한 위협이 될 수 있다. 양심적 병역거부는 이러한 소극적 부작위에 의한 양심실현에 해당한다. 양심적 병역거부자들은 헌법상 국방의 의무 자체를 부정하지 않는다. 단지 국방의 의무를 구체화하는 법률에서 병역의무를 정하고 그 병역의무를 이행하는 방법으로 정한 집총이나 군사훈련을 수반하는 행위를 할 수 없다는 이유로 그 이행을 거부할 뿐이다(대판 2018.11.01. 2016도10912(전합)).

⑤ (X) 이 같은 병역법과 그 시행령상의 입영 및 징집의 의미, 입영연기 및 지연입영 제도의 취지와 사유 등을 종합해 보면, 현역병입영과 관련하여 이 사건 처벌규정의 '정당한 사유'란 입영통지에 기해 지정된 기일과 장소에 집결할 의무를 부과받았음에도 즉시 이에 응하지 못한 것을 정당화할 만한 사유로서, 병역법에서 입영을 일시적으로 연기하거나 지연시키기 위한 요건으로 인정된 사유, 즉 질병, 재난 등과 같은 개인의 책임으로 돌리기 어려운 사유로 한정된다고 보아야 한다(대판 2018.11.01. 2016도10912(전합)). ▶ ⑤지문과 해설은 대법관 김소영, 대법관 조희대, 대법관 박상옥, 대법관 이기택의 반대의견

정답 ⑤

문 53

병역법 제88조 제1항 등의 위헌소송 등에 관한 헌법재판소 2018. 6. 28. 선고 2011헌바379 등 결정에 대한 다음 설명 중 가장 옳지 않은 것은? [2019년 29번]

① 비군사적 성격을 갖는 복무도 입법자의 형성에 따라 병역의무의 내용에 포함될 수 있고, 대체복무제는 그 개념상 병역종류조항과 밀접한 관련을 갖는다. 따라서 병역종류조항에 대한 이 사건 심판청구는 입법자가 대체복무제에 관한 입법을 하지 않은 진정입법부작위를 다투는 것이다.
② 병역종류조항이 대체복무제를 포함하고 있지 않다는 이유로 위헌으로 결정된다면, 양심적 병역거부자가 현역입영 또는 소집 통지서를 받은 후 3일 내에 입영하지 아니하거나 소집에 불응하더라도 대체복무의 기회를 부여받지 않는 한 당해 형사사건을 담당하는 법원이 무죄를 선고할 가능성이 있으므로, 병역종류조항은 재판의 전제성이 인정된다.
③ 양심적 병역거부자에 대한 대체복무제를 규정하지 아니한 병역종류조항은 과잉금지원칙에 위배하여 양심적 병역거부자의 양심의 자유를 침해한다.
④ 병역종류조항에 대해 단순위헌 결정을 할 경우 병역의 종류와 각 병역의 구체적인 범위에 관한 근거규정이 사라지게 되어 일체의 병역의무를 부과할 수 없게 되므로, 용인하기 어려운 법적 공백이 생기게 된다.
⑤ 입법자는 대체복무제를 형성함에 있어 그 신청절차, 심사주체 및 심사방법, 복무분야, 복무기간 등을 어떻게 설정할지 등에 관하여 광범위한 입법재량을 가진다. 따라서 병역종류 조항에 대하여 헌법불합치 결정을 선고한다.

MGI Point 양심적 병역거부 ★★★

■ 병역 종류조항에 대한 심판청구
  ▪ 대체복무제를 규정하지 아니한 병역종류조항 ⇨ 부진정입법부작위
  ▪ 재판의 전제성 인정 O
  ▪ 양심의 자유 침해 O
  ▪ 헌법불합치결정 O

① (X) 비군사적 성격을 갖는 복무도 입법자의 형성에 따라 병역의무의 내용에 포함될 수 있고, 대체복무제는 그 개념상 병역종류조항과 밀접한 관련을 갖는다. 따라서 병역종류조항에 대한 이 사건 심판청구는 입법자가 아무런 입법을 하지 않은 진정입법부작위를 다투는 것이 아니라, 입법자가 병역의 종류에 관하여 입법은 하였으나 그 내용이 양심적 병역거부자를 위한 대체복무제를 포함하지 아니하여 불완전·불충분하다는 부진정입법부작위를 다투는 것이라고 봄이 상당하다(헌재 2018.06.28. 2011헌바379).

② (O) 병역종류조항이 대체복무제를 포함하고 있지 않다는 이유로 위헌으로 결정된다면, 양심적 병역거부자가 현역입영 또는 소집 통지서를 받은 후 3일 내에 입영하지 아니하거나 소집에 불응하더라도 대체복무의 기회를 부여받지 않는 한 당해 형사사건을 담당하는 <u>법원이 무죄를 선고할 가능성이 있으므로, 병역종류조항은 재판의 전제성이 인정된다</u>(헌재 2018.06.28. 2011헌바379).

③ (O) 양심적 병역거부자에 대한 대체복무제를 규정하지 아니한 병역종류조항은 <u>과잉금지원칙에 위배하여 양심적 병역거부자의 양심의 자유를 침해한다</u>(헌재 2018.06.28. 2011헌바379).

④ (O) 병역종류조항에 대해 단순위헌 결정을 할 경우 병역의 종류와 각 병역의 구체적인 범위에 관한 근거규정이 사라지게 되어 일체의 병역의무를 부과할 수 없게 되므로, 용인하기 어려운 법적 공백이 생기게 된다(헌재 2018.06.28. 2011헌바379).

⑤ (O) 입법자는 대체복무제를 형성함에 있어 그 신청절차, 심사주체 및 심사방법, 복무분야, 복무기간 등을 어떻게 설정할지 등에 관하여 광범위한 입법재량을 가진다. 따라서 병역종류조항에 대하여 헌법불합치 결정을 선고하되, 다만 입법자의 개선입법이 이루어질 때까지 계속적용을 명하기로 한다. 입법자는 늦어도 2019. 12. 31.까지는 대체복무제를 도입하는 내용의 개선입법을 이행하여야 하고, 그때까지 개선입법이 이루어지지 않으면 병역종류조항은 2020. 1. 1.부터 효력을 상실한다(헌재 2018.06.28. 2011헌바379).

정답 ①

제2관 종교의 자유

문 54

종교의 자유에 관한 다음 설명 중 가장 옳지 않은 것은? [2021년 5번]

① 종립학교(종교단체가 설립한 사립학교)의 학교법인이 국·공립학교의 경우와는 달리 종교교육을 할 자유와 운영의 자유를 가진다고 하더라도, 그 종립학교가 공교육체계에 편입되어 있는 이상 원칙적으로 학생의 종교의 자유, 교육을 받을 권리를 고려한 대책을 마련하는 등의 조치를 취하는 속에서 그러한 자유를 누린다.

② 피청구인이 수용자 중 미결수용자에 대하여만 일률적으로 종교행사 등에의 참석을 불허한 것은 미결수용자의 종교의 자유를 나머지 수용자의 종교의 자유보다 더욱 엄격하게 제한한 것으로서 과잉금지원칙을 위반하여 청구인의 종교의 자유를 침해하였다고 볼 수 있다.

③ 종교단체가 종교적 행사를 위하여 종교집회장 내에 납골시설을 설치하여 운영하는 것은 종교행사의 자유와 관련된 것으로 보기 어려우므로 그러한 납골시설의 설치를 금지하는 것은 종교행사의 자유를 제한하는 결과로 이어지지 않는다.

④ 군대 내에서 군종장교가 최소한 성직자의 신분에서 주재하는 종교활동을 수행함에 있어 소속종단의 종교를 선전하거나 다른 종교를 비판하였다고 할지라도 그것만으로 종교적 중립을 준수할 의무를 위반한 직무상의 위법이 있다고 할 수 없다.

⑤ 종교교육도 학교나 학원이라는 교육기관의 형태를 취할 경우에는 교육법이나 학원법상의 규정에 의한 규제를 받게 되고 종교교육이라고 해서 예외가 될 수 없다.

> **MGI Point** **종교의 자유** ★
> - 공교육체계에 편입된 종립학교의 학교법인이 가지는 '종교교육의 자유 및 운영의 자유'의 한계 ⇨ 원칙적으로 학생의 종교의 자유, 교육을 받을 권리를 고려한 대책을 마련하는 등의 조치 要
> - 수용자 중 미결수용자에 대하여만 일률적으로 종교행사 등에의 참석을 불허한 것 ⇨ 과잉금지원칙을 위반하여 청구인의 종교의 자유 침해 ○
> - 종교단체가 종교적 행사를 하기 위한 납골시설을 설치·운영하는 것이 금지되는 경우 ⇨ 종교의 자유에 대한 제한 ○
> - 군종장교가 가지는 종교의 자유 ⇨ 군종장교가 종교활동을 수행하면서 소속 종단의 종교를 선전하거나 다른 종교를 비판한 것만으로 종교적 중립준수의무를 위반한 직무상의 위법 ×
> - 종교단체가 운영하는 학교 형태 혹은 학원 형태의 교육기관도 예외없이 학교설립인가 혹은 학원설립등록을 받도록 규정하고 있는 것 ⇨ 종교의 자유 침해 ×

① (○) 고등학교 평준화정책 및 교육 내지 사립학교의 공공성, 학교법인의 종교의 자유 및 운영의 자유가 학생들의 기본권이나 다른 헌법적 가치 앞에서 가지는 한계를 고려하고, 종립학교에서의 종교교육은 필요하고 또한 순기능을 가진다는 것을 간과하여서는 아니 되나 한편으로 종교교육으로 인하여 학생들이 입을 수 있는 피해는 그 정도가 가볍지 아니하며 그 구제수단이 별달리 없음에 반하여 학교법인은 제한된 범위 내에서 종교의 자유 및 운영의 자유를 실현할 가능성이 있다는 점을 감안하면, 비록 종립학교의 학교법인이 국·공립학교의 경우와는 달리 종교교육을 할 자유와 운영의 자유를 가진다고 하더라도, 그 종립학교가 공교육체계에 편입되어 있는 이상 원칙적으로 학생의 종교의 자유, 교육을 받을 권리를 고려한 대책을 마련하는 등의 조치를 취하는 속에서 그러한 자유를 누린다고 해석하여야 한다(대판 2010.04.22. 2008다38288 (전합)).
  ▶ 종립학교가 특정 종교의 교리를 전파하는 종파적인 종교행사와 종교과목 수업을 실시하면서 참가 거부가 사실상 불가능한 분위기를 조성하는 등 신앙을 갖지 않거나 학교와 다른 신앙을 가진 학생들의 기본권을 고려하지 않은 것은, 학생의 종교에 관한 인격적 법익을 침해하는 위법한 행위이고, 그로 인하여 인격적 법익을 침해받는 학생이 있을 것임이 충분히 예견가능하고 그 침해가 회피가능하므로 과실 역시 인정된다고 한 사례

② (○) '형의 집행 및 수용자의 처우에 관한 법률' 제45조는 종교행사 등에의 참석 대상을 "수용자"로 규정하고 있어 수형자와 미결수용자를 구분하고 있지도 아니하고, 무죄추정의 원칙이 적용되는 미결수용자들에 대한 기본권 제한은 징역형 등의 선고를 받아 그 형이 확정된 수형자의 경우보다는 더 완화되어야 할 것임에도, 피청구인이 수용자 중 미결수용자에 대하여만 일률적으로 종교행사 등에의 참석을 불허한 것은 미결수용자의 종교의 자유를 나머지 수용자의 종교의 자유보다 더욱 엄격하게 제한한 것이다. 나아가 공범 등이 없는 경우 내지 공범 등이 있는 경우라도 공범이나 동일사건 관련자를 분리하여 종교행사 등에의 참석을 허용하는 등의 방법으로 미결수용자의 기본권을 덜 침해하는 수단이 존재함에도 불구하고 이를 전혀 고려하지 아니하였으므로 이 사건 종교행사 등 참석불허 처우는 침해의 최소성 요건을 충족하였다고 보기 어렵다. 그리고, 이 사건 종교행사 등 참석불허 처우로 얻어질 공익의 정도가 무죄추정의 원칙이 적용되는 미결수용자들이 종교행사 등에 참석을 하지 못함으로써 입게 되는 종교의 자유의 제한이라는 불이익에 비하여 결코 크다고 단정하기 어려우므로 법익의 균형성 요건 또한 충족하였다고 할 수 없다. 따라서, 이 사건 종교행사 등 참석불허 처우는 과잉금지원칙을 위반하여 청구인의 종교의 자유를 침해하였다(헌재 2011.12.29. 2009헌마527).

③ (X) 이 사건 법률조항은 정화구역 내의 납골시설 설치·운영을 일반적으로 금지하고 있다. 종교단체의 납골시설은 사자의 죽음을 추모하고 사후의 평안을 기원하는 종교적 행사를 하기 위한 시설이라고 할 수 있다. 종교단체가 설치·운영하고자 하는 납골시설이 금지되는 경우에는 종교의 자유에 대한 제한 문제가 발생한다. 그리고 개인이 조상이나 가족을 위하여 설치하는 납골시설 또는 문중·종중이 구성원을 위하여 설치하는 납골시설이 금지되는 경우에는 행복추구권 제한의 문제가 발생한다. 납골시설의 설치·운영을 직업으로서 수행하고자 하는 자에게는 이 사건 법률조항이 직업의 자유를 제한하게 된다(헌재 2009.07.28. 2008헌가2).

④ (○) 군대 내에서 군종장교는 국가공무원인 참모장교로서의 신분뿐 아니라 성직자로서의 신분을 함께 가지고 소속 종단으로부터 부여된 권한에 따라 설교·강론 또는 설법을 행하거나 종교의식 및 성례를 할 수 있는 종교의 자유를 가지는 것이므로, 군종장교가 최소한 성직자의 신분에서 주재하는 종교활동을 수행함에 있어 소속종단의 종교를 선전하거나 다른 종교를 비판하였다고 할지라도 그것만으로 종교적 중립을 준수할 의무를 위반한 직무상의 위법이 있다고 할 수 없다(대판 2007.04.26. 2006다87903).

⑤ (○) 교육법 제85조 제1항 및 학원의설립·운영에관한법률 제6조가 종교교육을 담당하는 기관들에 대하여 예외적으로 인가 혹은 등록의무를 면제하여 주지 않았다고 하더라도, 헌법 제31조 제6항이 교육제도에 관한 기본사항을 법률로 입법자가 정하도록 한 취지, 종교교육기관이 자체 내부의 순수한 성직자 양성기관이 아니라 학교 혹은 학원의 형태로 운영될 경우 일반국민들이 받을 수 있는 부실한 교육의 피해의 방지, 현행 법률상 학교 내지 학원의 설립절차가 지나치게 엄격하다고 볼 수 없는 점 등을 고려할 때, 위 조항들이 청구인의 종교의 자유 등을 침해하였다고 볼 수 없고, 또한 위 조항들로 인하여 종교교단의 재정적 능력에 따라 학교 내지 학원의 설립상 차별을 초래한다고 해도 거기에는 위와 같은 합리적 이유가 있으므로 평등원칙에 위배된다고 할 수 없다(헌재 2000.03.30. 99헌바14).

정답 ③

문 55

종교의 자유에 관한 다음 설명 중 가장 옳지 않은 것은?(다툼이 있는 경우 대법원 및 헌법재판소 판례에 의함) [2016년 1번]

① 종교적 목적을 위한 언론·출판의 자유를 행사하는 과정에서 타 종교의 신앙의 대상을 우스꽝스럽게 묘사하거나 다소 모욕적이고 불쾌하게 느껴지는 표현을 사용하였더라도 그것이 그 종교를 신봉하는 신도들에 대한 증오의 감정을 드러내는 것이거나 그 자체로 폭행·협박 등을 유발할 우려가 있는 정도가 아닌 이상 허용된다고 보아야 한다.
② 기독교 재단이 설립한 사립대학이 학칙으로 대학예배의 6학기 참석을 졸업요건으로 정한 경우, 위 대학교의 예배는 복음 전도나 종교인 양성에 직접적인 목표가 있는 것이 아니고 신앙을 가지지 않을 자유를 침해하지 않는 범위 내에서 학생들에게 종교교육을 함으로써 진리·사랑에 기초한 보편적 교양인을 양성하는 데 목표를 두고 있다고 할 것이므로, 대학예배에의 6학기 참석을 졸업요건으로 정한 대학교의 학칙은 헌법상 종교의 자유에 반하는 위헌무효의 학칙이 아니다.
③ 종교적 목적을 위한 언론·출판 및 종교적 집회·결사의 경우 그 성질상 일반적인 언론·출판의 자유 및 집회·결사의 자유보다 광범위한 보장을 받는다.
④ 군대 내에서 군종장교는 성직자로서의 신분과 국가공무원인 참모장교로서의 신분을 함께 가지고 있으므로, 군종장교가 주재하는 종교활동을 수행함에 있어 다른 종교를 비판하였다면, 국가공무원법에서 정한 종교적 중립을 준수할 의무를 위반한 직무상의 위법이 있다.
⑤ 종교의 자유가 국민에게 그가 선택한 임의의 장소에서 자유롭게 종교전파를 할 자유까지를 보장하는 것은 아니다.

해설 ★★★

① (○) 우리 헌법이 종교의 자유를 보장함으로써 보호하고자 하는 것은 종교 자체나 종교가 신봉하는 신앙의 대상이 아니라, 종교를 신봉하는 국민, 즉 신앙인이고, 종교에 대한 비판은 성질상 어느 정도의 편견과 자극적인 표현을 수반하게 되는 경우가 많으므로, 타 종교의 신앙의 대상에 대한 모욕이 곧바로 그 신앙의 대상을 신봉하는 종교단체나 신도들에 대한 명예훼손이 되는 것은 아니고, 종교적 목적을 위한 언론·출판의 자유를 행사하는 과정에서 타 종교의 신앙의 대상을 우스꽝스럽게 묘사하거나 다소 모욕적이고 불쾌하게 느껴지는 표현을 사용하였더라도 그것이 그 종교를 신봉하는 신도들에 대한 증오의 감정을 드러내는 것이거나 그 자체로 폭행·협박 등을 유발할 우려가 있는 정도가 아닌 이상 허용된다고 보아야 한다(대판 2014.09.04. 2012도13718).

② (○) 기독교 재단이 설립한 사립대학이 학칙으로 대학예배의 6학기 참석을 졸업요건으로 정한 경우, 위 대학교의 대학예배는 목사에 의한 예배뿐만 아니라 강연이나 드라마 등 다양한 형식을 취하고 있고 학생들에 대하여도 예배시간의 참석만을 졸업의 요건으로 할 뿐 그 태도나 성과 등을 평가하지는 않는 사실 등에 비추어 볼 때, 위 대학교의 예배는 복음 전도나 종교인 양성에 직접적인 목표가 있는 것이 아니고 신앙을 가지지 않을 자유를 침해하지 않는 범위 내에서 학생들에게 종교교육을 함으로써 진리·사랑에 기초한 보편적 교양인을 양성하는 데 목표를 두고 있다고 할 것이므로, 대학예배에의 6학기 참석을 졸업요건으로 정한 위 대학교의 학칙은 헌법상 종교의 자유에 반하는 위헌무효의 학칙이 아니다(대판 1998.11.10. 96다37268).

③ (○) 우리 헌법 제20조 제1항은 "모든 국민은 종교의 자유를 가진다."라고 규정하고 있는데, 종교의 자유에는 자기가 신봉하는 종교를 선전하고 새로운 신자를 규합하기 위한 선교의 자유가 포함되고, 선교의 자유에는 다른 종교를 비판하거나 다른 종교의 신자에 대하여 개종을 권고하는 자유도 포함되는바, 종교적 선전과 타 종교에 대한 비판 등은 동시에 표현의 자유의 보호대상이 되는 것이나, 그 경우 종교의 자유에 관한 헌법 제20조 제1항은 표현의 자유에 관한 헌법 제21조 제1항에 대하여 특별규정의 성격을 갖는다 할 것이므로 종교적 목적을 위한 언론·출판의 경우에는 그 밖의 일반적인 언론·출판에 비하여 고도의 보장을 받게 되고, 특히 그 언론·출판의 목적이 다른 종교나 종교집단에 대한 신앙교리 논쟁으로서 같은 종파에 속하는 신자들에게 비판하고자 하는 내용을 알리고 아울러 다른 종파에 속하는 사람들에게도 자신의 신앙교리 내용과 반대종파에 대한 비판의 내용을 알리기 위한 것이라면 그와 같은 비판할 권리는 최대한 보장받아야 할 것이다(대판 2007.04.26. 2006다87903).

④ (X) 군대 내에서 군종장교는 국가공무원인 참모장교로서의 신분뿐 아니라 성직자로서의 신분을 함께 가지고 소속 종단으로부터 부여된 권한에 따라 설교·강론 또는 설법을 행하거나 종교의식 및 성례를 할 수 있는 종교의 자유를 가지는 것이므로, 군종장교가 최소한 성직자의 신분에서 주재하는 종교활동을 수행함에 있어 소속종단의 종교를 선전하거나 다른 종교를 비판하였다고 할지라도 그것만으로 종교적 중립을 준수할 의무를 위반한 직무상의 위법이 있다고 할 수 없다(대판 2007.04.26. 2006다87903).

⑤ (○) 종교(선교활동)의 자유는 국민에게 그가 선택한 임의의 장소에서 자유롭게 행사할 수 있는 권리까지 보장한다고 할 수 없으며, 그 임의의 장소가 대한민국의 주권이 미치지 아니하는 지역 나아가 국가에 의한 국민의 생명·신체 및 재산의 보호가 강력히 요구되는 해외 위난지역인 경우에는 더욱 그러하다(헌재 2008.06.26. 2007헌마1366).

정답 ④

제3관 언론·출판·집회·결사의 자유

문 56

다음 설명 중 가장 옳은 것은? [2022년 13번]

① 종교전파의 자유는 누구에게나 자신의 종교 또는 종교적 확신을 알리고 선전하는 자유를 말하며, 그가 선택한 임의의 장소에서 자유롭게 행사할 수 있는 권리까지 보장한다.
② 민사집행법에 따른 법원의 방송프로그램에 관한 방영금지 가처분은 법원이 방송프로그램의 내용을 심사하여 허용 여부를 결정한 것일 때에는 헌법이 정한 사전검열금지원칙에 위반된다.
③ "약사 또는 한약사가 아니면 약국을 개설할 수 없다."고 규정한 약사법 조항은 법인을 구성하여 약국을 개설·운영하려고 하는 약사들의 결사의 자유를 침해하지 않는다.
④ 상업 광고물은 언론·출판의 자유의 보호대상이 되지 않는다.
⑤ 음란표현도 헌법 제21조가 규정하는 언론·출판의 자유의 보호영역에는 포함된다.

MGI Point 언론·출판의 자유   ★★

- 종교전파의 자유 ⇨ 선택한 임의의 장소에서 자유롭게 행사할 수 있는 권리까지 보장 ×
- 법원에 의한 방영금지 가처분 ⇨ 헌법이 정한 사전검열금지원칙에 위반 ×
- "약사 또는 한약사가 아니면 약국을 개설할 수 없다."고 규정한 조항 ⇨ 결사의 자유 침해 ○
- 상업 광고물 ⇨ 언론·출판의 자유의 보호대상 ○
- 음란표현 ⇨ 언론·출판의 자유의 보호영역에 포함 ○

① (X) 종교(선교활동)의 자유는 국민에게 그가 선택한 임의의 장소에서 자유롭게 행사할 수 있는 권리까지 보장한다고 할 수 없으며, 그 임의의 장소가 대한민국의 주권이 미치지 아니하는 지역 나아가 국가에 의한 국민의 생명·신체 및 재산의 보호가 강력히 요구되는 해외 위난지역인 경우에는 더욱 그러하다(헌재 2008.06.26. 2007헌마1366).

② (X) 헌법 제21조 제2항에서 규정한 검열 금지의 원칙은 모든 형태의 사전적인 규제를 금지하는 것이 아니고 단지 의사표현의 발표 여부가 오로지 행정권의 허가에 달려있는 사전심사만을 금지하는 것을 뜻하므로, 이 사건 법률조항에 의한 방영금지가처분은 행정권에 의한 사전심사나 금지처분이 아니라 개별 당사자간의 분쟁에 관하여 사법부가 사법절차에 의하여 심리, 결정하는 것이어서 헌법에서 금지하는 사전검열에 해당하지 아니한다(헌재 2001.08.30. 2000헌바36).

③ (X) "약사 또는 한약사가 아니면 약국을 개설할 수 없다."고 규정한 약사법 제16조 제1항은 자연인 약사만이 약국을 개설할 수 있도록 함으로써, 약사가 아닌 자연인 및 일반법인은 물론, 약사들로만 구성된 법인의 약국 설립 및 운영도 금지하고 있는바, 국민의 보건을 위해서는 약국에서 실제로 약을 취급하고 판매하는 사람은 반드시 약사이어야 한다는 제한을 둘 필요가 있을 뿐, 약국의 개설 및 운영 자체를 자연인 약사에게만 허용할 합리적 이유는 없다. 입법자가 약국의 개설 및 운영을 일반인에게 개방할 경우에 예상되는 장단점을 고려한 정책적 판단의 결과 약사가 아닌 일반인 및 일반법인에게 약국개설을 허용하지 않는 것으로 결정하는 것은 그 입법형성의 재량권 내의 것으로서 헌법에 위반된다고 볼 수 없지만, 법인의 설립은 그 자체가 간접적인 직업선택의 한 방법으로서 직업수행의 자유의 본질적 부분의 하나이므로, 정당한 이유 없이 본래 약국개설권이 있는 약사들만으로 구성된 법인에게도 약국개설을 금지하는 것은 입법목적을 달성하기 위하여 필요하고 적정한 방법이 아니고, 입법형성권의 범위를 넘어 과도한 제한을 가하는 것으로서, 법인을 구성하여 약국을 개설·운영하려고 하는 약사들 및 이들로 구성된 법인의 직업선택(직업수행)의 자유의 본질적 내용을 침해하는 것이고, 동시에 약사들이 약국경영을 위한 법인을 설립하고 운영하는 것에 관한 결사의 자유를 침해하는 것이다(헌재 2002.09.19. 2000헌바84).

④ (X) 이 사건 규정은 식품이나 식품의 용기·포장(이하 "식품등"이라 한다)에 "음주전후" 또는 "숙취해소"라는 표시를 금지하는 것이다. 식품제조업자 등이 숙취해소용 식품을 제조·판매함에 있어서 그 식품의 효능에 관하여 표시·광고하는 것은 영업활동의 중요한 한 부분을 이루므로 이 사건 규정에 의하여 식품제조업자 등의 직업행사의 자유(영업의 자유)가 제한된다. 뿐만 아니라 "음주전후" 또는 "숙취해소"라는 표시는 식품판매를 위한 상업적 광고표현에 해당한다고 할 것인데, 상업적 광고표현 또한 표현의 자유의 보호를 받는 대상이 된다(헌재 2000.03.30. 99헌마143).

⑤ (○) 음란표현이 언론·출판의 자유의 보호영역에 해당하지 아니한다고 해석할 경우 음란표현에 대하여는 언론·출판의 자유의 제한에 대한 헌법상의 기본원칙, 예컨대 명확성의 원칙, 검열 금지의 원칙 등에 입각한 합헌성 심사를 하지 못하게 될 뿐만 아니라, 기본권 제한에 대한 헌법상의 기본원칙, 예컨대 법률에 의한 제한, 본질적 내용의 침해금지 원칙 등도 적용하기 어렵게 되는 결과, 모든 음란표현에 대하여 사전 검열을 받도록 하고 이를 받지 않은 경우 형사처벌을 하거나, 유통목적이 없는 음란물의 단순소지를 금지하거나, 법률에 의하지 아니하고 음란물출판에 대한 불이익을 부과하는 행위 등에 대한 합헌성 심사도 하지 못하게 됨으로써, 결국 음란표현에 대한 최소한의 헌법상 보호마저도 부인하게 될 위험성이 농후하게 된다는 점을 간과할 수 없다. 이 사건 법률조항의 음란표현은 헌법 제21조가 규정하는 언론·출판의 자유의 보호영역 내에 있다고 볼 것인바, 종

전에 이와 견해를 달리하여 음란표현은 헌법 제21조가 규정하는 언론·출판의 자유의 보호영역에 해당하지 아니한다는 취지로 판시한 우리 재판소의 의견(헌재 1998. 4. 30. 95헌가16, 판례집 10-1, 327, 340-341)을 변경한다(헌재 2009.05.28. 2006헌바109 등).

정답 ⑤

문 57

알 권리에 관한 다음 설명 중 가장 옳지 않은 것은? [2020년 25번]

① 정보에의 접근·수집·처리의 자유, 즉 "알 권리"는 헌법 제21조에 의해 보장되는 표현의 자유와 표리일체의 관계에 있다.
② 알 권리가 공공기관의 정보에 대한 공개청구권을 의미하는 경우에는 청구권적 성격을 지니지만, 일반적으로 접근할 수 있는 정보원으로부터 자유롭게 정보를 수집할 수 있는 권리를 의미하는 경우에는 자유권적 성격을 지닌다.
③ 일반적으로 정보에 접근하고 수집·처리함에 있어 국가권력의 방해를 받지 아니할 권리 뿐 아니라 국민의 정부에 대한 일반적 정보공개를 구할 권리 역시 별도의 입법이 없더라도 헌법 제21조 (표현의 자유)에 의해 직접 보장될 수 있다.
④ 변호사시험 성적을 합격자에게 공개하지 않도록 규정한 변호사시험법 조항은 법학전문대학원 간의 과다경쟁 및 서열화를 방지하고, 교육과정이 충실하게 이행될 수 있도록 하여 다양한 분야의 전문성을 갖춘 양질의 변호사를 양성하기 위한 것으로서 변호사시험 응시자들의 알 권리(정보공개청구권)를 침해한다고 볼 수 없다.
⑤ 알 권리에 대한 제한의 정도는 청구인에게 이해관계가 있고 타인의 기본권을 침해하지 않으면서 동시에 공익실현에 장애가 되지 않는다면 가급적 널리 인정하여야 하고, 적어도 직접의 이해관계가 있는 자에 대하여는 특단의 사정이 없는 한 의무적으로 공개하여야 한다.

> **MGI Point** 알 권리 ★★
>
> ■ 알 권리
>   - 표현의 자유와 표리일체 관계
>   - 공공기관의 정보에 대한 공개청구권 ⇨ 청구권적 성격
>   - 일반적으로 접근할 수 있는 정보원으로부터 자유롭게 정보를 수집할 수 있는 권리 ⇨ 자유권적 성격
>   - 일반적으로 정보에 접근하고 수집·처리함에 있어 국가권력의 방해를 받지 아니할 권리 and 국민의 정부에 대한 일반적 정보공개를 구할 권리 ⇨ 별도의 입법이 없더라도 헌법 제21조에 의해 직접 보장
> ■ 변호사시험성적을 합격자에게 공개하지 아니하도록 한 규정 ⇨ 변호사시험 응시자들의 알 권리 침해 ○
> ■ 제한의 정도
>   - 이해관계가 있고 타인의 기본권을 침해하지 않으면서 동시에 공익실현에 장애가 되지 않는다면 가급적 널리 인정
>   - 적어도 직접의 이해관계가 있는 자는 특단의 사정이 없는 한 의무적으로 공개 要

① (○) 헌법 제21조는 언론·출판의 자유, 즉 표현의 자유를 규정하고 있는데 이 자유는 전통적으로 사상 또는 의견의 자유로운 표명(발표의 자유)과 그것을 전파할 자유(전달의 자유)를 의미하는 것으로서 사상 또는 의견의 자유로운 표명은 자유로운 의사의 형성을 전제로 한다. 자유로운 의사의 형성은 정보에의 접근이 충분히 보장됨으로써 비로소 가능한 것이며, 그러한 의미에서 정보에의 접근·수집·처리의 자유, 즉 "알 권리"

는 표현의 자유와 표리일체의 관계에 있으며 자유권적 성질과 청구권적 성질을 공유하는 것이다(헌재 1991.05.13. 90헌마133).

② (○), ③ (○) 알 권리가 공공기관의 정보에 대한 공개청구권을 의미하는 경우에는 청구권적 성격을 지니지만, 일반적으로 접근할 수 있는 정보원으로부터 자유롭게 정보를 수집할 수 있는 권리를 의미하는 경우에는 자유권적 성격을 지니는 것으로서, 이 경우 그러한 권리는 별도의 입법을 할 필요도 없이 보장되는 것이므로, 일반적으로 정보에 접근하고 수집·처리함에 있어 알 권리는 별도의 입법이 없더라도 국가권력의 방해를 받음이 없이 보장되어야 한다(헌재 1998.10.29. 98헌마4).

④ (X) 변호사시험 성적 비공개를 통하여 법학전문대학원 간의 과다경쟁 및 서열화를 방지하고, 교육과정이 충실하게 이행될 수 있도록 하여 다양한 분야의 전문성을 갖춘 양질의 변호사를 양성하기 위한 심판대상조항의 입법목적은 정당하다. 그러나 변호사시험 성적 비공개로 인하여 변호사시험 합격자의 능력을 평가할 수 있는 객관적인 자료가 없어서 오히려 대학의 서열에 따라 합격자를 평가하게 되어 대학의 서열화는 더욱 고착화된다. 또한 변호사 채용에 있어서 학교성적이 가장 비중 있는 요소가 되어 다수의 학생들이 학점 취득이 쉬운 과목 위주로 수강하기 때문에 학교별 특성화 교육도 제대로 시행되지 않고, 학교 선택에 있어서도 자신이 관심 있는 교육과정을 가진 학교가 아니라 기존 대학 서열에 따라 학교를 선택하게 되며, 법학전문대학원도 학생들이 어떤 과목에 상대적으로 취약한지 등을 알 수 없게 되어 다양하고 경쟁력 있는 법조인 양성이라는 목적을 제대로 달성할 수 없게 된다. 한편 시험 성적이 공개될 경우 변호사시험 대비에 치중하게 된다는 우려가 있으나, 좋은 성적을 얻기 위해 노력하는 것은 당연하고 시험성적을 공개하지 않는다고 하여 변호사시험 준비를 소홀히 하는 것도 아니다. 오히려 시험성적을 공개하는 경우 경쟁력 있는 법률가를 양성할 수 있고, 각종 법조직역에 채용과 선발의 객관적 기준을 제공할 수 있다. 따라서 변호사시험 성적의 비공개는 기존 대학의 서열화를 고착시키는 등의 부작용을 낳고 있으므로 수단의 적절성이 인정되지 않는다. 또한 법학교육의 정상화나 교육 등을 통한 우수 인재 배출, 대학원 간의 과다경쟁 및 서열화 방지라는 입법목적은 법학전문대학원 내의 충실하고 다양한 교과과정 및 엄정한 학사관리 등과 같이 알 권리를 제한하지 않는 수단을 통해서 달성될 수 있고, 변호사시험 응시자들은 자신의 변호사시험 성적을 알 수 없게 되므로, 심판대상조항은 침해의 최소성 및 법익의 균형성 요건도 갖추지 못하였다(헌재 2015.06.25. 2011헌마769).

⑤ (○) "알 권리"에 대한 제한의 정도는 청구인에게 이해관계가 있고 타인의 기본권을 침해하지 않으면서 동시에 공익실현에 장애가 되지 않는다면 가급적 널리 인정하여야 할 것이고 적어도 직접의 이해관계가 있는 자에 대하여는 특단의 사정이 없는 한 의무적으로 공개하여야 한다고 할 것이다(헌재 1991.05.13. 90헌마133).

정답 ④

문 58

표현의 자유에 관한 다음 설명 중 가장 옳지 않은 것은? [2022년 26번]

① 헌법 제21조 제1항에서 보장하고 있는 표현의 자유에는 익명 또는 가명으로 자신의 사상이나 견해를 표명하고 전파할 익명표현의 자유도 포함된다.
② 표현의 자유에 있어 의사표현 또는 전파의 매개체는 어떠한 형태이건 가능하며 그 제한이 없다.
③ 상업광고 규제에 관한 비례의 원칙 심사에 있어서는 사상이나 지식에 관한 정치적·시민적 표현행위에 비하여 그 심사의 정도가 완화된다.
④ 정당 후원회를 금지한 법률조항은 불법 정치자금 수수로 인한 정경유착을 막고 정당의 정치자금 조달의 투명성을 확보하여 정당 운영의 투명성과 도덕성을 제고하기 위한 것으로 입법목적의 정당성이 인정되고, 정당 후원회를 금지하더라도 정당에 대하여 재정적 후원을 할 수 있는 다른 방법이 마련되어 있으므로, 정당 활동의 자유와 정치적 표현의 자유를 과도하게 제한한다고 볼 수는 없다.

⑤ 정보통신망을 통해 일반에게 공개된 정보로 사생활 침해, 명예훼손 등 타인의 권리가 침해된 경우 그 침해를 받은 자가 삭제요청을 하면 정보통신서비스 제공자는 권리의 침해 여부를 판단하기 어렵거나 이해당사자 간에 다툼이 예상되는 경우에는 30일 이내에서 해당 정보에 대한 접근을 임시적으로 차단하는 조치를 하여야 한다고 규정한 정보통신망 이용촉진 및 정보보호 등에 관한 법률 제44조의2 제2항 중 '임시조치'에 관한 부분 및 같은 조 제4항이 정보게재자의 이의제기권이나 복원권 등을 규정하지 않고 있더라도, 이를 표현의 자유 침해라고 볼 수는 없다.

MGI Point 표현의 자유 ★★

- 익명표현의 자유 ⇨ 헌법 제21조 제1항에서 보장하고 있는 표현의 자유에 포함
- 표현의 자유에 있어 의사표현 또는 전파의 매개체 ⇨ 제한 無
- 상업광고 규제에 관한 비례의 원칙 심사 ⇨ 완화된 기준으로 심사
- 정당 후원회를 금지한 법률조항 ⇨ 정당 활동의 자유와 정치적 표현의 자유를 과도하게 제한함
- 정보통신망을 통해 권리 침해를 받은 자가 삭제요청시 30일 이내에서 해당 정보에 대한 접근을 임시적으로 차단하는 조치를 하여야 한다고 규정하는 것 ⇨ 표현의 자유 침해 ×

① (○) 헌법 제21조에서 보장하고 있는 표현의 자유는, 전통적으로는 사상 또는 의견의 자유로운 표명(발표의 자유)과 그것을 전파할 자유(전달의 자유)를 의미하는 것으로서, 이러한 '자유로운' 표명과 전파의 자유에는 자신의 신원을 누구에게도 밝히지 아니한 채 익명 또는 가명으로 자신의 사상이나 견해를 표명하고 전파할 익명표현의 자유도 그 보호영역에 포함된다고 할 것이다(헌재 2010.02.25. 2008헌마324 등). ▶ 실명확인 조항을 비롯하여, 행정안전부장관 및 신용정보업자는 실명인증자료를 관리하고 중앙선거관리위원회가 요구하는 경우 지체 없이 그 자료를 제출해야 하며, 실명확인을 위한 기술적 조치를 하지 아니하거나 실명인증의 표시가 없는 정보를 삭제하지 않는 경우 과태료를 부과하도록 정한 공직선거법 조항은 게시판 등 이용자의 익명표현의 자유 및 개인정보자기결정권과 인터넷언론사의 언론의 자유를 침해한다고 판시하여 변경되었음에 주의(헌재 2021.01.28. 2018헌마456, 2020헌마406, 2018헌가16(병합)).

② (○) 언론·출판의 자유의 내용 중 의사표현·전파의 자유에 있어서 의사표현 또는 전파의 매개체는 어떠한 형태이건 가능하며 그 제한이 없다(헌재 1993.05.13. 91헌바17).

③ (○) 상업광고에 대한 규제에 의한 표현의 자유 내지 직업수행의 자유의 제한은 헌법 제37조 제2항에서 도출되는 비례의 원칙(과잉금지원칙)을 준수하여야 하지만, 상업광고는 사상이나 지식에 관한 정치적, 시민적 표현행위와는 차이가 있고, 인격발현과 개성신장에 미치는 효과가 중대한 것은 아니므로, 비례의 원칙 심사에 있어서 '피해의 최소성' 원칙은 '입법목적을 달성하기 위하여 필요한 범위 내의 것인지'를 심사하는 정도로 완화되는 것이 상당하다(헌재 2005.10.27. 2003헌가3).

④ (X) 정당에 대한 재정적 후원을 금지하고 위반 시 형사처벌하는 구 정치자금법은 정당 후원회를 금지함으로써 불법 정치자금 수수로 인한 정경유착을 막고 정당의 정치자금 조달의 투명성을 확보하여 정당 운영의 투명성과 도덕성을 제고하기 위한 것으로, 입법목적의 정당성은 인정된다. 그러나 정치자금 중 당비는 반드시 당원으로 가입해야만 납부할 수 있어 일반 국민으로서 자신이 지지하는 정당에 재정적 후원을 하기 위해 반드시 당원이 되어야 하므로, 정당법상 정당 가입이 금지되는 공무원 등의 경우에는 자신이 지지하는 정당에 재정적 후원을 할 수 있는 방법이 없다. 그리고 현행 기탁금 제도는 중앙선거관리위원회가 국고보조금의 배분 비율에 따라 각 정당에 배분·지급하는 일반기탁금제도로서, 기부자가 자신이 지지하는 특정 정당에 재정적 후원을 하는 것과는 전혀 다른 제도이므로 이로써 정당 후원회를 대체할 수 있다고 보기도 어렵다. 나아가 정당제 민주주의 하에서 정당에 대한 재정적 후원이 전면적으로 금지됨으로써 정당이 스스로 재정을 충당하고자 하는 정당활동의 자유와 국민의 정치적 표현의 자유에 대한 제한이 매우 크다고 할 것이므로, 이 사건 법률조항은 정당의 정당활동의 자유와 국민의 정치적 표현의 자유를 침해한다(헌재 2015.12.23. 2013헌바168).

⑤ (○) 정보통신서비스 제공자의 게시판 등 운용은 이용자의 표현의 자유에 기초한 것으로 정보통신서비스 제공자와 이용자는 그 이용계약의 당사자의 지위에 있고, 정보통신서비스 이용자인 정보게재자는 정보통신서비스 제공자가 약관 등에서 정한 바에 따라 이의제기나 복원을 요청할 수 있다. 정보통신망에서 무수하게 발생할 수 있는 권리침해적 정보와 관련한 정보통신서비스 제공자의 손해배상책임으로 인하여 그 서비스 자체가 위축되는 것을 방지하고자 이 사건 법률조항에 임시조치가 규정된 것임을 고려하면, 정보게재자의 이의제기권이나 복원권 등을 규정하지 않고 이를 정보통신서비스 제공자의 정책에 남겨두었다고 하여 정보게재자의 표현의 자유에 대한 제한이 과도하다고 볼 수는 없다(헌재 2020.11.26. 2016헌마275 등).

정답 ④

문 59

표현의 자유에 관한 다음 설명 중 가장 옳지 않은 것은? [2021년 11번]

① 국가가 개인의 표현행위를 규제하는 경우, 표현내용에 대한 규제는 원칙적으로 중대한 공익의 실현을 위하여 불가피한 경우에 한하여 엄격한 요건 하에서 허용되는 반면, 표현내용과 무관하게 표현의 방법을 규제하는 것은 합리적인 공익상의 이유로 폭넓은 제한이 가능하다.
② 국가나 지방자치단체는 국민에 대한 관계에서 형벌의 수단을 통해 보호되는 외부적 명예의 주체가 될 수는 없고, 따라서 명예훼손죄나 모욕죄의 피해자가 될 수 없다.
③ 의료기기 광고와 같은 상업적 광고도 표현의 자유의 보호대상이 되고, 사전검열금지원칙의 적용대상이 된다.
④ 게임물의 제작 및 판매·배포는 표현의 자유를 보장하는 헌법 제21조 제1항에 의하여 보장을 받는다.
⑤ 표현의 자유는 기본적으로 자유로운 정치적 의사표현 등을 국가가 소극적으로 금지하거나 제한하지 말 것을 요구하는 권리이며, 국가에게 국민들의 표현의 자유를 실현할 방법을 적극적으로 마련해 달라는 것까지 포함한다.

MGI Point 표현의 자유 ★★

- 국가가 개인의 표현행위를 규제하는 경우
  - 표현내용에 대한 규제 ⇨ 원칙적으로 중대한 공익의 실현을 위하여 불가피한 경우에 한하여 엄격한 요건에서 허용
  - 표현의 방법을 규제 ⇨ 합리적인 공익상의 이유로 폭넓은 제한 可
- 국가나 지방자치단체는 명예훼손죄 또는 모욕죄의 피해자가 될 수 없음
- 사전심의를 받지 아니한 의료광고를 금지하고 이를 위반한 경우 처벌하는 의료법조항 ⇨ 상업적 광고도 표현의 자유의 보호대상 ○, 사전검열금지원칙 위배 ○
- 게임물의 제작 및 판매·배포는 표현의 자유를 보장하는 헌법 제21조 제1항에 의하여 보장 ○
- 표현의 자유는 자유로운 정치적 의사표현 등을 국가가 소극적으로 금지하거나 제한하지 말 것을 요구하는 권리
  ⇨ 국가에게 국민들의 표현의 자유를 실현할 방법을 적극적으로 마련해 달라는 것까지 포함 ×

① (○) 국가가 개인의 표현행위를 규제하는 경우, 표현내용에 대한 규제는 원칙적으로 중대한 공익의 실현을 위하여 불가피한 경우에 한하여 엄격한 요건 하에서 허용되는 반면, 표현내용과 무관하게 표현의 방법을 규제하는 것은 합리적인 공익상의 이유로 폭넓은 제한이 가능하다. 헌법상 표현의 자유가 보호하고자 하는 가장 핵심적인 것이 바로 '표현행위가 어떠한 내용을 대상으로 한 것이든 보호를 받아야 한다'는 것이며, '국가

가 표현행위를 그 내용에 따라 차별함으로써 특정한 견해나 입장을 선호하거나 억압해서는 안된다'는 것이다(헌재 2002.12.18. 2000헌마764).

② (○) 형법이 명예훼손죄 또는 모욕죄를 처벌함으로써 보호하고자 하는 사람의 가치에 대한 평가인 외부적 명예는 개인적 법익으로서, 국민의 기본권을 보호 내지 실현해야 할 책임과 의무를 지고 있는 공권력의 행사자인 국가나 지방자치단체는 기본권의 수범자일 뿐 기본권의 주체가 아니고, 정책결정이나 업무수행과 관련된 사항은 항상 국민의 광범위한 감시와 비판의 대상이 되어야 하며 이러한 감시와 비판은 그에 대한 표현의 자유가 충분히 보장될 때에 비로소 정상적으로 수행될 수 있으므로, 국가나 지방자치단체는 국민에 대한 관계에서 형벌의 수단을 통해 보호되는 외부적 명예의 주체가 될 수는 없고, 따라서 명예훼손죄나 모욕죄의 피해자가 될 수 없다(대판 2016.12.27. 2014도15290).

③ (○) 헌법이 특정한 표현에 대해 예외적으로 검열을 허용하는 규정을 두지 않은 점, 이러한 상황에서 표현의 특성이나 규제의 필요성에 따라 언론·출판의 자유의 보호를 받는 표현 중에서 사전검열금지원칙의 적용이 배제되는 영역을 따로 설정할 경우 그 기준에 대한 객관성을 담보할 수 없다는 점 등을 고려하면, 헌법상 사전검열은 예외 없이 금지되는 것으로 보아야 하므로 의료광고 역시 사전검열금지원칙의 적용대상이 된다. 의료광고의 사전심의는 보건복지부장관으로부터 위탁을 받은 각 의사협회가 행하고 있으나 사전심의의 주체인 보건복지부장관은 언제든지 위탁을 철회하고 직접 의료광고 심의업무를 담당할 수 있는 점, 의료법 시행령이 심의위원회의 구성에 관하여 직접 규율하고 있는 점, 심의기관의 장은 심의 및 재심의 결과를 보건복지부장관에게 보고하여야 하는 점, 보건복지부장관은 의료인 단체에 대해 재정지원을 할 수 있는 점, 심의기준·절차 등에 관한 사항을 대통령령으로 정하도록 하고 있는 점 등을 종합하여 보면, 각 의사협회는 행정권의 영향력에서 벗어나 독립적이고 자율적으로 사전심의업무를 수행하고 있다고 보기 어렵다. 따라서 이 사건 법률규정들은 사전검열금지원칙에 위배된다(헌재 2015.12.23. 2015헌바75).

④ (○) 의사표현의 자유는 언론·출판의 자유에 속하고, 여기서 의사표현의 매개체는 어떠한 형태이건 그 제한이 없는바, 게임물은 예술표현의 수단이 될 수도 있으므로 그 제작 및 판매·배포는 표현의 자유를 보장하는 헌법 제21조 제1항에 의하여 보장을 받는다(헌재 2002.02.28. 99헌바117).

⑤ (X) ··· 표현의 자유는 기본적으로 자유로운 정치적 의사표현 등을 국가가 소극적으로 금지하거나 제한하지 말 것을 요구하는 권리이며, 국가에게 국민들의 표현의 자유를 실현할 방법을 적극적으로 마련해 달라는 것까지 포함하는 것이라 볼 수 없다(헌재 2007.08.30. 2005헌마975).

정답 ⑤

문 60

표현의 자유 등에 관한 다음 설명 중 가장 옳지 않은 것은? [2020년 26번]

① 공공기관은 전자적 형태로 보유관리하지 아니하는 정보에 대하여 청구인이 전자적 형태로 공개하여 줄 것을 요청한 경우에는 정상적인 업무수행에 현저한 지장을 초래하거나 그 정보의 성질이 훼손될 우려가 없는 한 그 정보를 전자적 형태로 변환하여 공개하여야 한다.

② 집회 및 시위에 관한 법률이 미신고 옥외집회 또는 시위를 해산명령의 대상으로 하면서 별도의 해산 요건을 정하고 있지 않더라도, 그 옥외집회 또는 시위로 인하여 타인의 법익이나 공공의 안녕질서에 대한 직접적인 위험이 명백하게 초래된 경우에 한하여 위 조항에 기하여 해산을 명할 수 있다. 또 이러한 요건을 갖춘 해산명령에 불응하는 경우에만 집회 및 시위에 관한 법률에 의하여 처벌할 수 있다고 보아야 한다.

③ 공직자의 자질·도덕성·청렴성에 관한 사실은 그 내용이 개인적인 사생활에 관한 것이라 할지라도 순수한 사생활의 영역에 있다고 보기 어렵다. 이러한 사실은 공직자 등의 사회적 활동에 대한 비판 내지 평가의 한 자료가 될 수 있고, 업무집행의 내용에 따라서는 업무와 관련이 있을 수도 있으므로, 이에 대한 문제제기 내지 비판은 허용되어야 한다.
④ 노동조합을 설립할 때 행정관청에 설립신고서를 제출하게 하고 그 요건을 충족하지 못하는 경우 설립신고서를 반려하도록 하는 법률조항은 헌법상 금지된 단체결성에 대한 허가제에 해당하지 않는다.
⑤ 집회의 자유는 가령 국가가 개인의 집회참가행위를 감시하고 그에 관한 정보를 수집함으로써 집회에 참가하고자 하는 자로 하여금 불이익을 두려워하여 미리 집회참가를 포기하도록 집회참가 의사를 약화시키는 것 등 집회의 자유행사에 영향을 미치는 모든 조치를 금지하는 것이다.

MGI Point 표현의 자유 ★★

- 전자적 형태로 보유·관리하지 않는 정보에 대해 청구인이 전자적 형태로 공개하여 줄 것을 요청한 경우
  ⇨ (정보의 성질이 훼손될 우려가 없으면) 전자적 형태로 변환하여 공개 可
- 미신고 옥외집회 또는 시위 ⇨ 타인의 법익이나 공공의 안녕질서에 대한 직접적인 위험이 명백하게 초래된 경우에 한하여 해산명령, 불응시 처벌 可
- 공직자의 도덕성이나 청렴성에 관한 사실은 순수한 사생활의 영역 × ⇨ 문제제기나 비판 허용 ○
- 노동조합 설립신고서 반려제도 ⇨ 헌법상 금지된 단체결성에 대한 허가제 ×
- 국가가 개인의 집회참가행위를 감시, 정보를 수집함으로써 집회에 참가하고자 하는 자로 하여금 불이익을 두려워하여 미리 집회참가를 포기하도록 집회참가의사를 약화시키는 것 ⇨ 집회의 자유 침해 ○

---

① (X) 공공기관의 정보공개에 관한 법률 제15조 제2항 참조.

> 공공기관의 정보공개에 관한 법률 제15조(정보의 전자적 공개) ① 공공기관은 전자적 형태로 보유·관리하는 정보에 대하여 청구인이 전자적 형태로 공개하여 줄 것을 요청하는 경우에는 그 정보의 성질상 현저히 곤란한 경우를 제외하고는 청구인의 요청에 따라야 한다.
> ② 공공기관은 전자적 형태로 보유·관리하지 아니하는 정보에 대하여 청구인이 전자적 형태로 공개하여 줄 것을 요청한 경우에는 정상적인 업무수행에 현저한 지장을 초래하거나 그 정보의 성질이 훼손될 우려가 없으면 그 정보를 전자적 형태로 변환하여 공개할 수 있다.
> ③ 정보의 전자적 형태의 공개 등에 필요한 사항은 국회규칙·대법원규칙·헌법재판소규칙·중앙선거관리위원회규칙 및 대통령령으로 정한다.

② (○) 집시법 제20조 제1항 제2호가 미신고 옥외집회 또는 시위를 해산명령의 대상으로 하면서 별도의 해산요건을 정하고 있지 않더라도, 그 옥외집회 또는 시위로 인하여 타인의 법익이나 공공의 안녕질서에 대한 직접적인 위험이 명백하게 초래된 경우에 한하여 위 조항에 기하여 해산을 명할 수 있고, 이러한 요건을 갖춘 해산명령에 불응하는 경우에만 집시법 제24조 제5호에 의하여 처벌할 수 있다고 보아야 한다. 이와 달리 미신고라는 사유만으로 그 옥외집회 또는 시위를 해산할 수 있는 것으로 해석한다면, 이는 사실상 집회의 사전 신고제를 허가제처럼 운용하는 것이나 다름없어 집회의 자유를 침해하게 되므로 부당하다(대판 2012.04.26. 2011도6294).

③ (○) 공직자의 공무집행과 직접적인 관련이 없는 개인적인 사생활에 관한 사실이라도 일정한 경우 공적인 관심 사안에 해당할 수 있다. 공직자의 자질·도덕성·청렴성에 관한 사실은 그 내용이 개인적인 사생활에 관한 것이라 할지라도 순수한 사생활의 영역에 있다고 보기 어렵다. 일정한 범위의 공직자 및 공직후보자는 재산과 병역사항 등을 공개하고 있고(공직자윤리법 제10조, 제10조의2, 공직자등의 병역사항 신고 및 공개에

관한 법률 제10조), 공직선거 후보자의 경우에는 재산, 병역사항, 소득세·재산세·종합부동산세의 납부 및 체납사실, 범죄경력, 정규학력에 관한 서류를 제출하도록 하고 있다(공직선거법 제49조 제4항). 이러한 사실은 공직자 등의 사회적 활동에 대한 비판 내지 평가의 한 자료가 될 수 있고, 업무집행의 내용에 따라서는 업무와 관련이 있을 수도 있으므로, 이에 대한 문제제기 내지 비판은 허용되어야 한다(헌재 2013.12.26. 2009헌마747).

④ (○) 헌법 제21조 제2항 후단의 결사의 자유에 대한 '허가제'란 행정권이 주체가 되어 예방적 조치로 단체의 설립 여부를 사전에 심사하여 일반적인 단체 결성의 금지를 특정한 경우에 한하여 해제함으로써 단체를 설립할 수 있게 하는 제도, 즉 사전 허가를 받지 아니한 단체 결성을 금지하는 제도를 말한다. 그런데 이 사건 법률조항은 노동조합 설립에 있어 노동조합법상의 요건 충족 여부를 사전에 심사하도록 하는 구조를 취하고 있으나, 이 경우 노동조합법상 요구되는 요건만 충족되면 그 설립이 자유롭다는 점에서 일반적인 금지를 특정한 경우에 해제하는 허가와는 개념적으로 구분되고, 더욱이 행정관청의 설립신고서 수리 여부에 대한 결정은 재량 사항이 아니라 의무 사항으로 그 요건 충족이 확인되면 설립신고서를 수리하고 그 신고증을 교부하여야 한다는 점에서 단체의 설립 여부 자체를 사전에 심사하여 특정한 경우에 한해서만 그 설립을 허용하는 '허가'와는 다르다. 따라서 이 사건 법률조항의 노동조합 설립신고서 반려제도가 헌법 제21조 제2항 후단에서 금지하는 결사에 대한 허가제라고 볼 수 없다(헌재 2012.03.29. 2011헌바53).

⑤ (○) 집회의 자유는 일차적으로 국가공권력의 침해에 대한 방어를 가능하게 하는 기본권으로서, 개인이 집회에 참가하는 것을 방해하거나 또는 집회에 참가할 것을 강요하는 국가행위를 금지하는 기본권이다. 따라서 집회의 자유는 집회에 참가하지 못하게 하는 국가의 강제를 금지할 뿐 아니라, 예컨대 집회장소로의 여행을 방해하거나, 집회장소로부터 귀가하는 것을 방해하거나, 집회참가자에 대한 검문의 방법으로 시간을 지연시킴으로써 집회장소에 접근하는 것을 방해하거나, 국가가 개인의 집회참가행위를 감시하고 그에 관한 정보를 수집함으로써 집회에 참가하고자 하는 자로 하여금 불이익을 두려워하여 미리 집회참가를 포기하도록 집회참가의사를 약화시키는 것 등 집회의 자유행사에 영향을 미치는 모든 조치를 금지한다(헌재 2003.10.30. 2000헌바67).

정답 ①

문 61

방송의 자유에 관한 다음 설명 중 옳지 않은 것은 모두 몇 개 인가? [2019년 24번]

> ㄱ. 헌법 제21조 제1항에 의하여 보장되는 언론·출판의 자유에는 방송의 자유가 포함된다.
> ㄴ. 방송의 자유는 주관적인 자유권으로서의 특성을 가질뿐 아니라 다양한 정보와 견해의 교환을 가능하게 함으로써 민주주의의 존립·발전을 위한 기초가 되는 언론의 자유의 실질적 보장에 기여한다는 특성을 가지고 있다.
> ㄷ. 방송매체에 대한 규제의 필요성과 정당성을 논의함에 있어서 방송사업자의 자유와 권리뿐만 아니라 시청자의 이익과 권리도 고려되어야 한다.
> ㄹ. 방송의 자유는 주관적 권리로서의 성격과 함께 자유로운 의견형성이나 여론형성을 위해 필수적인 기능을 행하는 객관적 규범질서로서 제도적 보장의 성격을 가진다.
> ㅁ. 정보유통 통로의 유한성, 강한 호소력과 대중조작의 가능성, 강한 사회적 영향력과 같은 방송매체의 특수성을 고려하면, 방송의 기능을 보장하기 위한 규율의 필요성은 신문 등 인쇄매체보다 높다.

① 0개
② 1개
③ 2개
④ 3개
⑤ 4개

> **MGI Point 방송의 자유** ★★★
>
> ■ 방송의 자유 ⇨ 언론·출판의 자유 속에 포함 ○
> ■ 방송의 자유의 특성 ⇨ 주관적 자유권 and 민주주의의 존립·발전에 기여
> ■ 방송매체에 대한 규제시 고려요소 ⇨ 방송사업자의 자유와 권리 and 시청자의 이익과 권리
> ■ 방송의 자유의 성격 ⇨ 주관적 권리이자 객관적 규범질서
> ■ 규율의 필요성 ⇨ 인쇄매체 < 방송매체

ㄱ. (○) 헌법 제21조 제1항에 따라 보장되는 언론·출판의 자유에는 방송의 자유가 포함된다(대판 2014.05.29. 2011다31225).

ㄴ. (○) 헌법 제21조 제1항은 "모든 국민은 언론·출판의 자유와 집회·결사의 자유를 가진다"고 규정하였다. 같은 규정에 의해 보장되는 언론·출판의 자유에는 방송의 자유가 포함된다. 방송의 자유는 주관적인 자유권으로서의 특성을 가질 뿐 아니라 다양한 정보와 견해의 교환을 가능하게 함으로써 민주주의의 존립·발전을 위한 기초가 되는 언론의 자유의 실질적 보장에 기여한다는 특성을 가지고 있다(헌재 2001.05.31. 2000헌바43).

ㄷ. (○) 방송매체에 대한 규제의 필요성과 정당성을 논의함에 있어서 방송사업자의 자유와 권리뿐만 아니라 수신자(시청자)의 이익과 권리도 고려되어야 하는 것은 방송의 이와 같은 공적 기능 때문이다(헌재 2001.05.31. 2000헌바43).

ㄹ. (○) 방송의 자유는 주관적 권리로서의 성격과 함께 자유로운 의견형성이나 여론형성을 위해 필수적인 기능을 행하는 객관적 규범질서로서 제도적 보장의 성격을 함께 가진다(헌재 2003.12.18. 2002헌바49).

ㅁ. (○) 방송은 신문과 마찬가지로 여론형성에 참여하는 언론매체로서 그 기능이 같지만, 아직까지 그 기술적, 경제적 한계가 있어서 소수의 기업이 매체를 독점하고 정보의 유통을 제어하는 정보유통 통로의 유한성이 완전히 극복되었다고 할 수 없다. 또한, 누구나 쉽게 접근할 수 있는 방송매체는 음성과 영상을 통하여 동시에 직접적으로 전파되기 때문에 강한 호소력이 있고, 경우에 따라서는 대중조작이 가능하며, 방송매체에 대한 사회적 의존성이 증가하여 방송이 사회적으로 강한 영향력을 발휘하는 추세이므로 이러한 방송매체의 특수성을 고려하면 방송의 기능을 보장하기 위한 규율의 필요성은 신문 등 인쇄매체보다 높다(헌재 2003.12.18. 2002헌바49).

정답 ①

문 62

'알 권리'에 관한 다음 설명 중 옳지 않은 것은 모두 몇 개인가? [2018년 2번]

> ㄱ. 정부가 보유하고 있는 정보에 대한 국민의 '알 권리'의 실현은 법률의 제정이 뒤따라 이를 구체화시키는 것이 충실하고도 바람직하지만, 그러한 법률이 제정되어 있지 않다고 하더라도 불가능한 것은 아니고 헌법 제21조에 의해 직접 보장될 수 있다.

ㄴ. '알 권리'는 국민이 정부에 대하여 일반적 정보공개를 구하는 청구권적 기본권으로서, 자유권적 기본권에 해당하는 표현의 자유와는 별개의 독자적인 기본권이다.
ㄷ. 국민은 헌법상 보장된 '알 권리'의 한 내용으로서 국회에 대하여 입법과정의 공개를 요구할 권리를 가지며, 국회의 의사에 대하여는 직접적인 이해관계 유무와 상관없이 일반적 정보공개청구권을 가진다.
ㄹ. 국회법 제57조 제5항 단서가 소위원회 회의를 소위원회 의결로 공개하지 아니할 수 있도록 규정한 것은 헌법 제50조 제1항 단서가 국회 의사공개 원칙에 대한 예외로서의 비공개 요건을 규정한 내용을 소위원회 회의에 관하여 그대로 이어받아 규정한 것에 불과하므로, 헌법 제50조 제1항에 위반하여 국민의 '알 권리'를 침해한 것이라고는 볼 수 없다.
ㅁ. 공공기관이 보유·관리하는 정보는 원칙적으로 모든 국민에게 공개되어야 하지만, '알 권리'라도 헌법 제37조 제2항에 따라 국가안전보장·질서유지 또는 공공복리를 위하여 필요한 경우에는 본질적인 내용을 침해하지 아니하는 한 법률로써 제한할 수 있다.

① 0개
② 1개
③ 2개
④ 3개
⑤ 4개

:: 해설   ★★

ㄱ. (O) 헌법상 입법의 공개(제50조 제1항), 재판의 공개(제109조)와는 달리 행정의 공개에 대하여서는 명문규정을 두고 있지 않지만, "알 권리"의 생성기반을 살펴볼 때 이 권리의 핵심은 정부가 보유하고 있는 정보에 대한 국민의 "알 권리", 즉 국민의 정부에 대한 일반적 정보공개를 구할 권리(청구권적 기본권)라고 할 것이며, 이러한 "알 권리"의 실현은 법률의 제정이 뒤따라 이를 구체화시키는 것이 충실하고도 바람직하지만, 그러한 법률이 제정되어 있지 않다고 하더라도 불가능한 것은 아니고 헌법 제21조에 의해 직접 보장될 수 있다고 하는 것이 헌법재판소의 확립된 판례인 것이다(헌재 1991.05.13. 90헌마133).

ㄴ. (X) 알 권리(right to know)는 일반적으로 접근할 수 있는 정보원으로부터 자유롭게 정보를 수령·수집하거나, 국가기관 등에 대하여 정보의 공개를 청구할 수 있는 권리를 말한다. 알 권리는 표현의 자유와 표리일체의 관계에 있으며 자유권적 성질과 청구권적 성질을 공유하는 것이다. ① 자유권적 성질은 일반적으로 정보에 접근하고 수집·처리함에 있어서 국가권력의 방해를 받지 아니한다는 것을 말하며, ② 청구권적 성질은 의사형성이나 여론형성에 필요한 정보를 적극적으로 수집할 권리 등을 의미하는 것이다(헌재 1991.05.13. 90헌마133 참조, 헌재 2013.07.25. 2012헌마167).

관련판례 헌법 제21조는 언론·출판의 자유, 즉 표현의 자유를 규정하고 있는데 이 자유는 전통적으로 사상 또는 의견의 자유로운 표명(발표의 자유)과 그것을 전파할 자유(전달의 자유)를 의미하는 것으로서 사상 또는 의견의 자유로운 표명은 자유로운 의사의 형성을 전제로 한다. 자유로운 의사의 형성은 정보에의 접근이 충분히 보장됨으로써 비로소 가능한 것이며, 그러한 의미에서 정보에의 접근·수집·처리의 자유, 즉 "알 권리"는 표현의 자유와 표리일체의 관계에 있다(헌재 1991.05.13. 90헌마133).

ㄷ. (O) 국회 의사공개의 원칙은 대의민주주의 정치에 있어서 공공정보의 공개를 통해 국정에 대한 국민의 참여도를 높이고 국정운영의 투명성을 확보하기 위하여 필요불가결한 요소이다. 이 같은 헌법규정의 취지를

고려하면, 국민은 헌법상 보장된 알권리의 한 내용으로서 국회에 대하여 입법과정의 공개를 요구할 권리를 가지며, 국회의 의사에 대하여는 직접적인 이해관계 유무와 상관없이 일반적 정보공개청구권을 가진다고 할 수 있다(헌재 2009.09.24. 2007헌바17).

ㄹ. (○) 헌법 제50조 제1항 본문에서 천명하고 있는 국회 의사공개의 원칙이 소위원회의 회의에 적용되는 것과 마찬가지로, 출석의원 과반수의 찬성이 있거나 의장이 국가의 안전보장을 위하여 필요하다고 인정할 때에는 국회 회의를 공개하지 아니할 수 있다고 규정한 동항 단서 역시 소위원회의 회의에 적용된다. 국회법 제57조 제5항 단서는 헌법 제50조 제1항 단서가 국회의사공개원칙에 대한 예외로서의 비공개 요건을 규정한 내용을 소위원회 회의에 관하여 그대로 이어받아 규정한 것에 불과하므로, 헌법 제50조 제1항에 위반하여 국회 회의에 대한 국민의 알권리를 침해하는 것이라거나 과잉금지의 원칙을 위배하는 위헌적인 규정이라 할 수 없다(헌재 2009.09.24. 2007헌바17).

ㅁ. (○) 헌법재판소는 공공기관의 정보공개에 관한 법률이 제정되기 이전에 이미, 정부가 보유하고 있는 정보에 대하여 정당한 이해관계가 있는 자가 그 공개를 요구할 수 있는 권리를 알 권리로 인정하면서 이러한 알 권리는 표현의 자유에 당연히 포함되는 기본권임을 선언하였다(헌재 1989.09.04. 88헌마22 참조). … 따라서 공공기관이 보유·관리하는 정보는 원칙적으로 모든 국민에게 공개되어야 하나(정보공개법 제5조 제1항), 다만 이러한 알 권리에 대하여도 헌법 제21조 제4항에 의한 한계가 있을 뿐만 아니라 헌법 제37조 제2항에서 규정하는 바와 같이 국가안전보장·질서유지 또는 공공복리를 위하여 필요한 경우는 본질적인 내용을 침해하지 아니하는 한 법률로써 제한할 수 있다(헌재 2009.09.24. 2007헌바107).

정답 ②

문 63

공공기관의 정보공개에 관한 법률(이하 '정보공개법'이라고 한다)에 대한 다음 설명 중 가장 옳지 않은 것은? [2019년 13번]

① 정보공개법에서 말하는 공개대상 정보는 정보 그 자체가 아닌 정보공개법 제2조 제1호에서 예시하고 있는 매체 등에 기록된 사항을 의미하고, 공개대상 정보는 원칙적으로 공개를 청구하는 자가 정보공개법 제10조 제1항 제2호에 따라 작성한 정보공개청구서의 기재내용에 의하여 특정되며, 만일 공개청구자가 특정한 바와 같은 정보를 공공기관이 보유·관리하고 있지 않은 경우라면 특별한 사정이 없는 한 해당 정보에 대한 공개거부처분에 대하여는 취소를 구할 법률상 이익이 없다.

② 공개청구자는 그가 공개를 구하는 정보를 공공기관이 보유·관리하고 있을 상당한 개연성이 있다는 점에 대하여 입증할 책임이 있으나, 공개를 구하는 정보를 공공기관이 한때 보유·관리하였으나 후에 그 정보가 담긴 문서들이 폐기되어 존재하지 않게 된 것이라면 그 정보를 더 이상 보유·관리하고 있지 않다는 점에 대한 증명책임은 공공기관에 있다.

③ 불기소처분 기록이나 내사기록 중 피의자신문조서 등 조서에 기재된 피의자 등의 인적사항 이외의 진술내용은 개인의 사생활의 비밀 또는 자유를 침해할 우려가 인정되는 경우에는 정보공개법 제9조 제1항 제6호 본문의 비공개대상정보에 해당한다.

④ 정보공개법 제9조 제1항 제6호 단서 (다)목은 '공공기관이 작성하거나 취득한 정보로서 공개하는 것이 공익이나 개인의 권리 구제를 위하여 필요하다고 인정되는 정보'를 비공개대상정보에서 제외하고 있는데 여기에서 '공개하는 것이 개인의 권리구제를 위하여 필요하다고 인정되는 정보'에 해당하는지는 비공개에 의하여 보호되는 개인의 사생활의 비밀 등의 이익과 공개에 의하여 보호되는 개인의 권리구제 등의 이익을 비교·교량하여 구체적 사안에 따라 신중히 판단하여야 한다.

⑤ 공공기관은 공개를 구하는 정보의 공개 여부를 결정함에 있어 정보공개 청구권자의 공개를 청구하는 정보와의 관련성, 정보공개 청구권자의 권리구제 가능성 등을 고려하여 결정하여야 한다.

> **MGI Point 공공기관의 정보공개에 관한 법률** ★★
>
> - 법률상 이익(행정소송법 제12조)
>   - 공공기관이 보유·관리하고 있지 않은 정보 공개거부처분 취소를 구할 법률상 이익 ×
> - 공공기관이 정보를 보유·관리하고 있을 상당한 개연성이 있다는 점의 입증책임 ⇨ 공개청구자 ○
>   cf. 한때 보유·관리 but 폐기하여 더이상 보유·관리하고 있지 않다는 점에 대한 증명책임 ⇨ 공공기관 ○
> - 불기소처분 기록이나 내사기록 중 피의자신문조서 등 조서에 기재된 피의자 등의 인적사항 이외의 진술내용이 개인의 사생활의 비밀 또는 자유를 침해할 우려가 인정되는 경우 ⇨ 비공개대상정보 해당 ○
> - 공공기관의 정보공개에 관한 법률 제9조 제1항 제6호 단서 (다)목에서 정한 '공개하는 것이 개인의 권리구제를 위하여 필요하다고 인정되는 정보'의 해당여부 판단 방법 ⇨ 비공개에 의하여 보호되는 개인의 사생활의 비밀 등의 이익과 공개에 의하여 보호되는 개인의 권리구제 등의 이익을 비교·교량, 구체적 사안에 따라 신중히 판단
> - 정보공개 청구권자가 공개를 청구하는 정보와 어떤 관련성을 가질 필요 ×

① (○) 공공기관의 정보공개에 관한 법률(이하 '정보공개법'이라고 한다)에서 말하는 공개대상 정보는 정보 그 자체가 아닌 정보공개법 제2조 제1호에서 예시하고 있는 매체 등에 기록된 사항을 의미하고, 공개대상 정보는 원칙적으로 공개를 청구하는 자가 정보공개법 제10조 제1항 제2호에 따라 작성한 정보공개청구서의 기재내용에 의하여 특정되며, 만일 공개청구자가 특정한 바와 같은 정보를 공공기관이 보유·관리하고 있지 않은 경우라면 특별한 사정이 없는 한 해당 정보에 대한 공개거부처분에 대하여는 취소를 구할 법률상 이익이 없다(대판 2013.01.24. 2010두18918).

② (○) 공공기관의 정보공개에 관한 법률(이하 '정보공개법'이라고 한다)에서 말하는 공개대상 정보는 정보 그 자체가 아닌 정보공개법 제2조 제1호에서 예시하고 있는 매체 등에 기록된 사항을 의미하고, 공개대상 정보는 원칙적으로 공개를 청구하는 자가 정보공개법 제10조 제1항 제2호에 따라 작성한 정보공개청구서의 기재내용에 의하여 특정되며, 만일 공개청구자가 특정한 바와 같은 정보를 공공기관이 보유·관리하고 있지 않은 경우라면 특별한 사정이 없는 한 해당 정보에 대한 공개거부처분에 대하여는 취소를 구할 법률상 이익이 없다. 이와 관련하여 공개청구자는 그가 공개를 구하는 정보를 공공기관이 보유·관리하고 있을 상당한 개연성이 있다는 점에 대하여 입증할 책임이 있으나, 공개를 구하는 정보를 공공기관이 한때 보유·관리하였으나 후에 그 정보가 담긴 문서들이 폐기되어 존재하지 않게 된 것이라면 그 정보를 더 이상 보유·관리하고 있지 않다는 점에 대한 증명책임은 공공기관에 있다(대판 2013.01.24. 2010두18918).

③ (○), ④ (○) [1] 공공기관의 정보공개에 관한 법률 제9조 제1항 제6호 본문은 "해당 정보에 포함되어 있는 성명·주민등록번호 등 개인에 관한 사항으로서 공개될 경우 사생활의 비밀 또는 자유를 침해할 우려가 있다고 인정되는 정보"를 비공개대상정보의 하나로 규정하고 있다. 여기에서 말하는 비공개대상정보에는 성명·주민등록번호 등 '개인식별정보'뿐만 아니라 그 외에 정보의 내용에 따라 '개인에 관한 사항의 공개로 인하여 개인의 내밀한 내용의 비밀 등이 알려지게 되고, 그 결과 인격적·정신적 내면생활에 지장을 초래하거나 자유로운 사생활을 영위할 수 없게 될 위험성이 있는 정보'도 포함된다. 따라서 불기소처분 기록이나 내사기록 중 피의자신문조서 등 조서에 기재된 피의자 등의 인적사항 이외의 진술내용 역시 개인의 사생활의 비밀 또는 자유를 침해할 우려가 인정되는 경우에는 위 비공개대상정보에 해당한다. [2] 공공기관의 정보공개에 관한 법률 제9조 제1항 제6호 단서 (다)목은 '공공기관이 작성하거나 취득한 정보로서 공개하는 것이 공익이나 개인의 권리 구제를 위하여 필요하다고 인정되는 정보'를 비공개대상정보에서 제외하고 있다. 여기에서 '공개하는 것이 개인의 권리구제를 위하여 필요하다고 인정되는 정보'에 해당하는지는 비공개에 의하여 보호되는 개인의 사생활의 비밀 등의 이익과 공개에 의하여 보호되는 개인의 권리구제 등의 이익을 비교·교량하여 구체적 사안에 따라 신중히 판단하여야 한다(대판 2017.09.07. 2017두44558).

⑤ (X) 공공기관의 정보공개에 관한 법률은 국민의 알권리를 보장하고 국정에 대한 국민의 참여와 국정 운영의 투명성을 확보함을 목적으로 하고(제1조), 공공기관이 보유·관리하는 정보는 국민의 알권리 보장 등을 위하여 적극적으로 공개하여야 한다는 정보공개의 원칙을 선언하고 있으며(제3조), 모든 국민은 정보의 공개를 청구할 권리를 가진다고 하면서(제5조 제1항) 비공개대상정보에 해당하지 않는 한 공공기관이 보유·관리하는 정보는 공개 대상이 된다고 규정하고 있을 뿐(제9조 제1항) 정보공개 청구권자가 공개를 청구하는 정보와 어떤 관련성을 가질 것을 요구하거나 정보공개청구의 목적에 특별한 제한을 두고 있지 아니하므로 정보공개 청구권자의 권리구제 가능성 등은 정보의 공개 여부 결정에 아무런 영향을 미치지 못한다(대판 2017.09.07. 2017두44558).

정답 ⑤

문 64

언론과 관련된 헌법적 문제에 관한 다음 설명 중 가장 옳지 않은 것은? [2018년 11번]

① 민사소송법에 의한 방영금지가처분을 허용하는 것은 헌법상 검열금지의 원칙에 위반되지 않는다.
② 언론인의 선거운동을 금지하고, 이를 위반한 경우 처벌하도록 규정한 구 공직선거법 관련조항 부분은 선거운동의 자유를 침해한다.
③ 방송통신심의위원회의 시정요구는 헌법소원의 대상이 된다.
④ 영화도 의사표현의 한 수단이므로 영화의 제작 및 상영 역시 언론·출판의 자유에 의한 보장을 받는다.
⑤ 인터넷 언론사에 대하여 선거운동기간 중 당해 인터넷홈페이지 게시판·대화방 등에 정당·후보자에 대한 지지·반대의 글을 게시할 수 있도록 하는 경우 실명을 확인받도록 하는 기술적 조치를 할 의무를 부과한 구 공직선거법은 표현의 자유를 침해한다.

해설 ★★★

① (○) 헌법 제21조 제2항에서 규정한 검열 금지의 원칙은 모든 형태의 사전적인 규제를 금지하는 것이 아니고 단지 의사표현의 발표 여부가 오로지 행정권의 허가에 달려있는 사전심사만을 금지하는 것을 뜻하므로, 이 사건 법률조항에 의한 방영금지가처분은 행정권에 의한 사전심사나 금지처분이 아니라 개별 당사자간의 분쟁에 관하여 사법부가 사법절차에 의하여 심리, 결정하는 것이어서 헌법에서 금지하는 사전검열에 해당하지 아니한다(헌재 2001.08.30. 2000헌바36).

② (○) 언론인의 선거 개입으로 인한 문제는 언론매체를 통한 활동의 측면에서 즉, 언론인으로서의 지위를 이용하거나 그 지위에 기초한 활동으로 인해 발생 가능한 것이므로, 언론매체를 이용하지 아니한 언론인 개인의 선거운동까지 전면적으로 금지할 필요는 없다. 심판대상조항들의 입법목적은, 일정 범위의 언론인을 대상으로 언론매체를 통한 활동의 측면에서 발생 가능한 문제점을 규제하는 것으로 충분히 달성될 수 있다. 그런데 인터넷신문을 포함한 언론매체가 대폭 증가하고, 시민이 언론에 적극 참여하는 것이 보편화된 오늘날 심판대상조항들에 해당하는 언론인의 범위는 지나치게 광범위하다. 또한, 구 공직선거법은 언론기관에 대하여 공정보도의무를 부과하고, 언론매체를 통한 활동의 측면에서 선거의 공정성을 해할 수 있는 행위에 대하여는 언론매체를 이용한 보도·논평, 언론 내부 구성원에 대한 행위, 외부의 특정후보자에 대한 행위 등 다양한 관점에서 이미 충분히 규제하고 있다. 따라서 심판대상조항들은 선거운동의 자유를 침해한다(헌재 2016.06.30. 2013헌가1).

관련판례 (한국철도공사의 상근직원에 대하여 선거운동을 금지하고 이를 위반한 경우 처벌하도록 규정한) 심판대상조항은 한국철도공사에서 상근직원으로 근무하는 자가 선거에 직·간접적으로 영향력을 행사하는 행위를 금지하여 선거의 형평성과 공정성을 확보하기 위한 것이므로 입법목적의 정당성을 인정할 수 있고, 한국철도공사의 상근직원에 대하여 선거운동을 금지하고 이를 위반한 경우 처벌하는 것은 위와 같은 목적의 달성에 적합한 수단으로 인정된다. 그러나 한국철도공사 상근직원의 지위와 권한에 비추어볼 때, 특정 개인이나 정당을 위한 선거운동을 한다고 하여 그로 인한 부작용과 폐해가 일반 사기업 직원의 경우보다 크다고 보기 어려우므로, 직급이나 직무의 성격에 대한 검토 없이 일률적으로 모든 상근직원에게 선거운동을 전면적으로 금지하고 이에 위반한 경우 처벌하는 것은 선거운동의 자유를 지나치게 제한하는 것이다. 또한, 한국철도공사의 상근직원은 공직선거법의 다른 조항에 의하여 직무상 행위를 이용하여 선거운동을 하거나 하도록 하는 행위를 할 수 없고, 선거에 영향을 미치는 전형적인 행위도 할 수 없다. 더욱이 그 직을 유지한 채 공직선거에 입후보할 수 없는 상근임원과 달리, 한국철도공사의 상근직원은 그 직을 유지한 채 공직선거에 입후보하여 자신을 위한 선거운동을 할 수 있음에도 타인을 위한 선거운동을 전면적으로 금지하는 것은 과도한 제한이다. 따라서 심판대상조항은 선거운동의 자유를 침해한다(헌재 2018.02.22. 2015헌바124).

③ (O) 행정기관인 방송통신심의위원회의 시정요구는 정보통신서비스제공자 등에게 조치결과 통지의무를 부과하고 있고, 정보통신서비스제공자 등이 이에 따르지 않는 경우 방송통신위원회의 해당 정보의 취급거부·정지 또는 제한명령이라는 법적 조치가 예정되어 있으며, 행정기관인 방송통신심의위원회가 표현의 자유를 제한하게 되는 결과의 발생을 의도하거나 또는 적어도 예상하였다 할 것이므로, 이는 단순한 행정지도로서의 한계를 넘어 규제적·구속적 성격을 갖는 것으로서 헌법소원 또는 항고소송의 대상이 되는 공권력의 행사라고 봄이 상당하다(헌재 2012.02.23. 2011헌가13).

④ (O) 영화도 의사표현의 한 수단이므로 영화의 제작 및 상영은 다른 의사표현수단과 마찬가지로 언론·출판의 자유에 의한 보장을 받음은 물론, 영화는 학문적 연구결과를 발표하는 수단이 되기도 하고 예술표현의 수단이 되기도 하므로 그 제작 및 상영은 학문·예술의 자유에 의하여도 보장을 받는다(헌재 1996.10.04. 93헌가13).

⑤ (O) 심판대상조항과 같이 인터넷홈페이지의 게시판 등에서 이루어지는 정치적 익명표현을 규제하는 것은 인터넷이 형성한 '사상의 자유시장'에서의 다양한 의견 교환을 억제하고, 이로써 국민의 의사표현 자체가 위축될 수 있으며, 민주주의의 근간을 이루는 자유로운 여론 형성이 방해될 수 있다. 선거운동기간 중 정치적 익명표현의 부정적 효과는 익명성 외에도 해당 익명표현의 내용과 함께 정치적 표현행위를 규제하는 관련 제도, 정치적·사회적 상황의 여러 조건들이 아울러 작용하여 발생하므로, 모든 익명표현을 사전적·포괄적으로 규율하는 것은 표현의 자유보다 행정편의와 단속편의를 우선함으로써 익명표현의 자유와 개인정보자기결정권 등을 지나치게 제한한다. … 심판대상조항은 정치적 의사표현이 가장 긴요한 선거운동기간 중에 인터넷언론사 홈페이지 게시판 등 이용자로 하여금 실명확인을 하도록 강제함으로써 익명표현의 자유와 언론의 자유를 제한하고, 모든 익명표현을 규제함으로써 대다수 국민의 개인정보자기결정권도 광범위하게 제한하고 있다는 점에서 이와 같은 불이익은 선거의 공정성 유지라는 공익보다 결코 과소평가될 수 없다. 그러므로 심판대상조항은 과잉금지원칙에 반하여 인터넷언론사 홈페이지 게시판 등 이용자의 익명표현의 자유와 개인정보자기결정권, 인터넷언론사의 언론의 자유를 침해한다(헌재 2021.01.28. 2018헌마456, 2020헌마406, 2018헌가16(병합)).

정답 정답없음 (출제당시 ⑤)

문 65

언론·출판의 자유에 관한 다음 설명 중 가장 옳지 않은 것은?(다툼이 있는 경우 헌법재판소 판례에 의함) [2017년 14번]

① 인터넷언론사의 선거와 관련한 게시판, 대화방 등도 의사의 표현·전파의 형식의 하나로 인정되고 따라서 언론·출판의 자유에 의하여 보호된다.
② 헌법재판소는 인터넷게시판을 설치·운영하는 정보통신서비스 제공자에게 본인확인조치의무를 부과하여 게시판 이용자로 하여금 본인확인절차를 거쳐야만 게시판을 이용할 수 있도록 하는 본인확인제를 규정한 법률조항이 게시판 이용자의 표현의 자유를 침해한다고 판단하였다.
③ 헌법재판소는 인터넷언론사에 대하여 선거운동기간 중 게시판, 대화방 등에 정당, 후보자에 대한 지지나 반대의 글을 게시할 수 있도록 하는 경우 실명을 확인받도록 하는 조치를 취해야 할 의무를 부과한 법률조항은 표현의 자유를 침해한다고 판단하였다.
④ 상업적인 광고물도 사상, 지식, 정보 등을 불특정다수인에게 전파하는 것으로서 언론·출판의 자유에 의하여 보호를 받는 대상이 된다.
⑤ 헌법재판소는 현재 음란표현도 언론·출판의 자유에 의하여 보호되는 대상이지만 헌법 제37조 제2항에 따라 국가안전보장, 질서유지 또는 공공복리를 위하여 위 자유가 제한될 수 있다는 입장이다.

해설 ★★★

① (○) 정보통신망의 발달로 선거기간 중 인터넷언론사의 선거와 관련한 게시판·대화방 등도 정치적 의사를 형성·전파하는 매체로서 역할을 담당하고 있으므로, 의사의 표현·전파의 형식의 하나로 인정되고 따라서 언론·출판의 자유에 의하여 보호된다고 할 것이다(헌재 2010.02.25. 2008헌마324). ▶ 실명확인 조항을 비롯하여, 행정안전부장관 및 신용정보업자는 실명인증자료를 관리하고 중앙선거관리위원회가 요구하는 경우 지체 없이 그 자료를 제출해야 하며, 실명확인을 위한 기술적 조치를 하지 아니하거나 실명인증의 표시가 없는 정보를 삭제하지 않는 경우 과태료를 부과하도록 정한 공직선거법 조항은 게시판 등 이용자의 익명표현의 자유 및 개인정보자기결정권과 인터넷언론사의 언론의 자유를 침해한다고 판시하여 변경되었음에 주의(헌재 2021.01.28. 2018헌마456, 2020헌마406, 2018헌가16(병합)).
② (○) 인터넷게시판을 설치·운영하는 정보통신서비스 제공자에게 본인확인조치의무를 부과하여 게시판 이용자로 하여금 본인확인절차를 거쳐야만 게시판을 이용할 수 있도록 하는 본인확인제를 규정한 '정보통신망 이용촉진 및 정보보호 등에 관한 법률' 제29조, 제30조 제1항이 과잉금지원칙에 위배하여 인터넷게시판 이용자의 표현의 자유, 개인정보자기결정권 및 인터넷게시판을 운영하는 정보통신서비스 제공자의 언론의 자유를 침해한다(헌재 2012.08.23. 2010헌마47).
③ (○) 심판대상조항과 같이 인터넷홈페이지의 게시판 등에서 이루어지는 정치적 익명표현을 규제하는 것은 인터넷이 형성한 '사상의 자유시장'에서의 다양한 의견 교환을 억제하고, 이로써 국민의 의사표현 자체가 위축될 수 있으며, 민주주의의 근간을 이루는 자유로운 여론 형성이 방해될 수 있다. 선거운동기간 중 정치적 익명표현의 부정적 효과는 익명성 외에도 해당 익명표현의 내용과 함께 정치적 표현행위를 규제하는 관련 제도, 정치적·사회적 상황의 여러 조건들이 아울러 작용하여 발생하므로, 모든 익명표현을 사전적·포괄적으로 규율하는 것은 표현의 자유보다 행정편의와 단속편의를 우선함으로써 익명표현의 자유와 개인정보자기결정권 등을 지나치게 제한한다. … 심판대상조항은 정치적 의사표현이 가장 긴요한 선거운동기간 중에 인터넷언론사 홈페이지 게시판 등 이용자로 하여금 실명확인을 하도록 강제함으로써 익명표현의 자유와 언론의 자유를 제한하고, 모든 익명표현을 규제함으로써 대다수 국민의 개인정보자기결정권도 광범위하게 제한하고 있다는 점에서 이와 같은 불이익은 선거의 공정성 유지라는 공익보다 결코 과소평가될 수 없다. 그러므

로 심판대상조항은 과잉금지원칙에 반하여 인터넷언론사 홈페이지 게시판 등 이용자의 익명표현의 자유와 개인정보자기결정권, 인터넷언론사의 언론의 자유를 침해한다(헌재 2021.01.28. 2018헌마456, 2020헌마406, 2018헌가16(병합)).

④ (○) 광고가 단순히 상업적인 상품이나 서비스에 관한 사실을 알리는 경우에도 그 내용이 공익을 포함하는 때에는 헌법 제21조의 표현의 자유에 의하여 보호된다. 헌법은 제21조 제1항에서 "모든 국민은 언론·출판의 자유 …… 를 가진다"라고 규정하여 현대 자유민주주의의 존립과 발전에 필수불가결한 기본권으로 언론·출판의 자유를 강력하게 보장하고 있는바, 광고물도 사상·지식·정보 등을 불특정다수인에게 전파하는 것으로서 언론·출판의 자유에 의한 보호를 받는 대상이 됨은 물론이다(헌재 2002.12.18. 2000헌마764).

⑤ (○) 이 사건 법률조항에 의한 표현의 자유 제한은 음란표현이 헌법상 표현의 자유에 의한 보호대상이 되고 따라서 음란물 정보의 배포 등의 행위에 대하여 형사상 중한 처벌을 가하는 것이 이러한 기본권을 다소 제한하게 되는 결과가 된다 하더라도 이는 공공복리를 위하여 필요한 제한으로서 헌법 제37조 제2항의 과잉금지의 원칙에 반하는 것이라고 보기 어렵다(헌재 2009.05.28. 2006헌바109).

정답 정답없음 (출제당시 ③)

문 66

언론·출판의 자유에 관한 다음 설명 중 가장 옳지 않은 것은?(다툼이 있는 경우 헌법재판소 판례에 의함) [2017년 28번]

① 익명 또는 가명으로 자신의 사상이나 견해를 표명하고 전파할 익명표현의 자유도 헌법 제21조에서 보장하고 있는 표현의 자유의 보호영역에 포함된다.
② 현행 헌법은 명문으로 언론에 대한 검열금지원칙을 선언하였으나, 헌법이 금지하는 검열이 구체적으로 어떠한 것인지에 대하여는 규정하고 있지 않고, 헌법재판소는 '검열'이란 '행정권이 주체가 되어 사상이나 의견 등이 발표되기 이전에 예방적 조치로서 그 내용을 심사, 선별하여 발표를 사전에 억제하는, 즉 허가받지 아니한 것의 발표를 금지하는 제도'를 뜻한다고 하였다.
③ 외국비디오물에 대한 영상물등급위원회의 수입추천제도는 영상물에 대한 필요하고도 적절한 사전검증절차로서 우리 헌법이 금지하고 있는 사전검열이 아니라는 것이 헌법재판소의 법정의견이다.
④ 언론·출판의 자유에 대하여는 검열을 수단으로 한 제한만은 법률로써도 허용되지 않는다.
⑤ 헌법재판소는 인터넷을 이용하여 정보를 제공하는 자로 하여금 청소년유해매체물임을 나타낼 수 있는 전자적 표시를 하도록 하는 것은 성인의 알 권리를 제한할 수 있다고 보기 어렵다고 판단하였다.

해설 ★★★

① (○) 헌법 제21조 제1항에서 보장하고 있는 표현의 자유는 사상 또는 의견의 자유로운 표명(발표의 자유)과 그것을 전파할 자유(전달의 자유)를 의미하는 것으로서, 그러한 의사의 '자유로운' 표명과 전파의 자유에는 자신의 신원을 누구에게도 밝히지 아니한 채 익명 또는 가명으로 자신의 사상이나 견해를 표명하고 전파할 익명표현의 자유도 포함된다(헌재 2010.02.25. 2008헌마324). ▶ 실명확인 조항을 비롯하여, 행정안전부장관 및 신용정보업자는 실명인증자료를 관리하고 중앙선거관리위원회가 요구하는 경우 지체 없이 그 자료를 제출해야 하며, 실명확인을 위한 기술적 조치를 하지 아니하거나 실명인증의 표시가 없는 정보를 삭제하지 않는 경우 과태료를 부과하도록 정한 공직선거법 조항은 게시판 등 이용자의 익명표현의 자유 및 개인정보자기결정권과 인터넷언론사의 언론의 자유를 침해한다고 판시하여 변경되었음에 주의(헌재 2021.01.28. 2018헌마456, 2020헌마406, 2018헌가16(병합)).

② (○), ④ (○) 헌법 제21조 제2항은 언론·출판에 대한 허가나 검열은 인정되지 아니한다고 규정하고 있다. 여기서 말하는 검열은 그 명칭이나 형식과 관계없이 실질적으로 행정권이 주체가 되어 사상이나 의견 등이 발표되기 이전에 예방적 조치로서 그 내용을 심사, 선별하여 발표를 사전에 억제하는, 즉 허가받지 아니한 것의 발표를 금지하는 제도를 뜻하고, 이러한 사전검열은 법률로써도 불가능한 것으로서 절대적으로 금지된다(헌재 2001.08.30. 2000헌가9).

③ (X) 외국비디오물을 수입할 경우에 반드시 영상물등급위원회로부터 수입추천을 받도록 규정하고 있는 구 음반·비디오물및게임물에관한법률 제16조 제1항 등에 의한 외국비디오물 수입추천제도는 외국비디오물의 수입·배포라는 의사표현행위 전에 표현물을 행정기관의 성격을 가진 영상물등급위원회에 제출토록 하여 표현행위의 허용 여부를 행정기관의 결정에 좌우되게 하고, 이를 준수하지 않는 자들에 대하여 형사처벌 등의 강제조치를 규정하고 있는바, 허가를 받기 위한 표현물의 제출의무, 행정권이 주체가 된 사전심사절차, 허가를 받지 아니한 의사표현의 금지, 심사절차를 관철할 수 있는 강제수단이라는 요소를 모두 갖추고 있으므로, 우리나라 헌법이 절대적으로 금지하고 있는 사전검열에 해당한다(헌재 2005.02.03. 2004헌가8).

⑤ (○) 청구인은 성인의 알권리 침해를 주장하나, 이 사건 고시에 의한 전자적 표시제도는 통상 성인이 차단소프트웨어를 설치하였을 경우에만 작동되는 것이고, 이미 설치된 차단소프트웨어도 다시 제거할 수 있으므로, 이 사건 조항이 성인의 알권리를 제한할 수 있다고 보기 어렵다(헌재 2004.01.29. 2001헌마894).

정답 ③

문 67

집회·결사의 자유에 관한 다음 설명 중 가장 옳지 않은 것은? [2021년 22번]

① 집회의 시간과 장소가 중복되는 2개 이상의 신고가 있을 경우 관할경찰서장은 먼저 신고된 집회가 다른 집회의 개최를 봉쇄하기 위한 가장집회신고에 해당하는 여부에 관하여 판단할 권한이 없으므로 뒤에 신고된 집회에 대하여 집회 자체를 금지하는 통고를 하여야 한다.
② 안마사들로 하여금 의무적으로 대한안마사협회의 회원이 되어 정관을 준수하도록 한 의료법 조항은, 시각장애가 있는 안마사들 사이에 정보를 교환하고 직업수행 능력을 높일 수 있는 점 등을 고려하면, 안마사들의 결사의 자유를 침해하는 것으로 보기 어렵다.
③ 노동조합을 설립할 때 행정관청에 설립신고서를 제출하게 하고 그 요건을 충족하지 못하는 경우 설립신고서를 반려하도록 하는 법률 조항은 헌법 제21조 제2항 후단에서 금지하는 결사에 대한 허가제에 해당하지 않는다.
④ 각급 법원 인근에 집회·시위금지장소를 설정하는 것은 입법목적 달성을 위한 적합한 수단에 해당하나, 각급 법원 인근의 모든 옥외집회를 일률적·전면적으로 금지하는 것은 침해의 최소성 원칙과 법익의 균형성 원칙에 위배되어 집회의 자유를 침해한다.
⑤ 국회의사당의 경계지점으로부터 100미터 이내의 장소에서 옥외집회 또는 시위를 할 경우 형사처벌하는 법률 조항은, 국회의 헌법적 기능에 대한 보호의 필요성을 고려하더라도 과잉금지원칙을 위반하여 집회의 자유를 침해한다.

> MGI Point **집회·결사의 자유** ★★

- 집회의 시간과 장소가 중복되는 2개 이상의 신고가 있고, 먼저 신고된 집회가 다른 집회의 개최를 봉쇄하기 위한 허위 또는 가장 집회신고에 해당함이 객관적으로 분명해 보이는 경우 ⇨ 관할경찰관서장은 단지 먼저 신고가 있었다는 이유만으로 뒤에 신고된 집회에 대한 집회 자체의 금지통고 不可
- 안마사들이 의무적으로 대한안마사협회의 회원이 되어 정관을 준수하도록 한 의료법 조항
  ⇨ 안마사들의 결사의 자유 침해 ×
- 노동조합을 설립할 때 행정관청에 설립신고서를 제출하게 하고 그 요건을 충족하지 못하는 경우 설립신고서를 반려하도록 하고 있는 '노동조합 및 노동관계조정법' 조항 ⇨ 헌법상 금지된 단체결성에 대한 허가제 ×
- 누구든지 각급 법원의 경계 지점으로부터 100미터 이내의 장소에서 옥외집회 또는 시위를 할 경우 형사처벌한다고 규정한 '집회 및 시위에 관한 법률' 조항 ⇨ 침해의 최소성과 법익의 균형성 위반하여 집회의 자유 침해 ○
- 누구든지 국회의사당의 경계지점으로부터 100미터 이내의 장소에서 옥외집회 또는 시위를 할 경우 형사처벌한다고 규정한 '집회 및 시위에 관한 법률' 조항 ⇨ 과잉금지원칙 위반하여 집회의 자유 침해 ○

① (X) 집회의 신고가 경합할 경우 특별한 사정이 없는 한 관할경찰관서장은 집회 및 시위에 관한 법률(이하 '집시법'이라 한다) 제8조 제2항의 규정에 의하여 신고 순서에 따라 뒤에 신고된 집회에 대하여 금지통고를 할 수 있지만, 먼저 신고된 집회의 참여예정인원, 집회의 목적, 집회개최장소 및 시간, 집회 신고인이 기존에 신고한 집회 건수와 실제로 집회를 개최한 비율 등 먼저 신고된 집회의 실제 개최 가능성 여부와 양 집회의 상반 또는 방해가능성 등 제반 사정을 확인하여 먼저 신고된 집회가 다른 집회의 개최를 봉쇄하기 위한 허위 또는 가장 집회신고에 해당함이 객관적으로 분명해 보이는 경우에는, 뒤에 신고된 집회에 다른 집회금지 사유가 있는 경우가 아닌 한, 관할경찰관서장이 단지 먼저 신고가 있었다는 이유만으로 뒤에 신고된 집회에 대하여 집회 자체를 금지하는 통고를 하여서는 아니 되고, 설령 이러한 금지통고에 위반하여 집회를 개최하였다고 하더라도 그러한 행위를 집시법상 금지통고에 위반한 집회개최행위에 해당한다고 보아서는 아니 된다(대판 2014.12.11. 2011도13299).

> 집회 및 시위에 관한 법률 제8조(집회 및 시위의 금지 또는 제한 통고) ② 관할경찰관서장은 집회 또는 시위의 시간과 장소가 중복되는 2개 이상의 신고가 있는 경우 그 목적으로 보아 서로 상반되거나 방해가 된다고 인정되면 각 옥외집회 또는 시위 간에 시간을 나누거나 장소를 분할하여 개최하도록 권유하는 등 각 옥외집회 또는 시위가 서로 방해되지 아니하고 평화적으로 개최·진행될 수 있도록 노력하여야 한다.

② (○) 안마사들은 시각장애로 말미암아 공동의 이익을 증진하기 위하여 개인적으로나 이익단체를 조직하여 활동하는 것이 용이하지 않고, 안마사들로 하여금 하나의 중앙회에 의무적으로 가입하도록 하여 전국적 차원의 단체를 존속시키는 것은 그들 사이에 정보를 교환하고 친목을 도모하며 직업수행 능력을 높일 수 있고, 시각장애인으로 하여금 직업 활동을 효과적으로 수행하도록 하기 위하여 국가가 적극적으로 개입하는 것이 필요하다. 이 사건 법률조항으로 안마사회에 의무적으로 가입하고 정관을 준수하고 회비를 납부하게 되지만 과다한 부담이라고 단정하기 어렵다. 이 사건 법률조항은 안마사들의 결사의 자유를 침해하지 않는다(헌재 2008.10.30. 2006헌가15).

③ (○) 헌법 제21조 제2항 후단의 결사의 자유에 대한 '허가제'란 행정권이 주체가 되어 예방적 조치로 단체의 설립 여부를 사전에 심사하여 일반적인 단체 결성의 금지를 특정한 경우에 한하여 해제함으로써 단체를 설립할 수 있게 하는 제도, 즉 사전 허가를 받지 아니한 단체 결성을 금지하는 제도를 말한다. 그런데 이 사건 법률조항은 노동조합 설립에 있어 노동조합법상의 요건 충족 여부를 사전에 심사하도록 하는 구조를 취하고 있으나, 이 경우 노동조합법상 요구되는 요건만 충족되면 그 설립이 자유롭다는 점에서 일반적인 금지를 특정한 경우에 해제하는 허가와는 개념적으로 구분되고, 더욱이 행정관청의 설립신고서 수리 여부에 대한 결정은 재량 사항이 아니라 의무 사항으로 그 요건 충족이 확인되면 설립신고서를 수리하고 그 신고증을 교부하여야 한다는 점에서 단체의 설립 여부 자체를 사전에 심사하여 특정한 경우에 한해서만 그 설립을 허용하는 '허가'와는 다르다. 따라서 이 사건 법률조항의 노동조합 설립신고서 반려제도가 헌법 제21조 제2항 후단에서 금지하는 결사에 대한 허가제라고 볼 수 없다(헌재 2012.03.29. 2011헌바53).

④ (○) … 입법목적은 법관의 독립과 재판의 공정성 확보라는 헌법의 요청에 따른 것이므로 정당하다. 각급 법원 인근에 집회·시위금지장소를 설정하는 것은 입법목적 달성을 위한 적합한 수단이다. … 법원 인근에서의 집회라 할지라도 법관의 독립을 위협하거나 재판에 영향을 미칠 염려가 없는 집회도 있다. 예컨대 법원을 대상으로 하지 않고 검찰청 등 법원 인근 국가기관이나 일반법인 또는 개인을 대상으로 한 집회로서 재판업무에 영향을 미칠 우려가 없는 집회가 있을 수 있다. 법원을 대상으로 한 집회라도 사법행정과 관련된 의사표시 전달을 목적으로 한 집회 등 법관의 독립이나 구체적 사건의 재판에 영향을 미칠 우려가 없는 집회도 있다. 한편 집시법은 심판대상조항 외에도 집회·시위의 성격과 양상에 따라 법원을 보호할 수 있는 다양한 규제수단을 마련하고 있으므로, 각급 법원 인근에서의 옥외집회·시위를 예외적으로 허용한다고 하더라도 이러한 수단을 통하여 심판대상조항의 입법목적은 달성될 수 있다. 심판대상조항은 입법목적을 달성하는 데 필요한 최소한도의 범위를 넘어 규제가 불필요하거나 또는 예외적으로 허용 가능한 옥외집회·시위까지도 일률적·전면적으로 금지하고 있으므로, 침해의 최소성 원칙에 위배된다. … 상충하는 법익 사이의 조화를 이루려는 노력을 전혀 기울이지 않아, 법익의 균형성 원칙에도 어긋난다. … 심판대상조항은 과잉금지원칙을 위반하여 집회의 자유를 침해한다(헌재 2018.07.26. 2018헌바137).

⑤ (○) … 심판대상조항은 입법목적을 달성하는 데 필요한 최소한도의 범위를 넘어, 규제가 불필요하거나 또는 예외적으로 허용하는 것이 가능한 집회까지도 이를 일률적·전면적으로 금지하고 있으므로 침해의 최소성 원칙에 위배된다. … 국회의 헌법적 기능을 무력화시키거나 저해할 우려가 있는 집회를 금지하는 데 머무르지 않고, 그 밖의 평화적이고 정당한 집회까지 전면적으로 제한함으로써 구체적인 상황을 고려하여 상충하는 법익간의 조화를 이루려는 노력을 전혀 기울이지 않고 있다. 심판대상조항으로 달성하려는 공익이 제한되는 집회의 자유 정도보다 크다고 단정할 수는 없다고 할 것이므로 심판대상조항은 법익의 균형성 원칙에도 위배된다. … 과잉금지원칙을 위반하여 집회의 자유를 침해한다(헌재 2018.05.31. 2013헌바322,2016헌바354,2017헌바360·398·471,2018헌가3·4·9(병합)).

정답 ①

문 68

집회·결사의 자유 등에 관한 다음 설명 중 가장 옳지 않은 것은? [2020년 35번]

① 헌법이 특정한 표현에 대해 예외적으로 검열을 허용하는 규정을 두고 있지 않은 점 등을 고려하면, 헌법상 사전검열은 예외없이 금지되는 것으로 보아야 하고, 의료광고 역시 사전검열금지원칙의 적용대상이 된다.

② 집회의 자유는 집회를 통하여 형성된 의사를 집단적으로 표현하고 이를 통하여 불특정 다수인의 의사에 영향을 줄 자유를 포함하므로 이를 내용으로 하는 시위의 자유 또한 집회의 자유를 규정한 헌법 제21조 제1항에 의하여 보호되는 기본권에 속한다. 그러나 집회의 자유 내지 시위의 자유가 국민에게 그가 선택한 임의의 장소에서 자유롭게 행사할 수 있는 권리까지 보장한다고 볼 수 없으며, 이른바 장소선택의 자유는 집회·시위의 자유의 영역에 속하지 아니한다.

③ '일출시간 전, 일몰시간 후'라는 광범위하고 가변적인 시간대의 옥외집회 또는 시위를 금지하는 것은 오늘날 직장인이나 학생들의 근무·학업 시간, 도시화·산업화가 진행된 현대사회의 생활형태 등을 고려하지 아니하고 목적 달성을 위해 필요한 정도를 넘는 지나친 제한을 가하는 것이어서 최소침해성 및 법익균형성 원칙에 반한다.

④ 법인 등 결사체도 그 조직과 의사형성에 있어서, 그리고 업무수행에 있어서 자기결정권을 가지고 있어 결사의 자유의 주체가 된다. 다만 헌법상 기본권의 주체가 될 수 있는 법인은 원칙적으로 사법인에 한하고, 공법인은 원칙적으로 헌법의 수범자이지 기본권의 주체가 될 수 없다.

⑤ 주택건설촉진법상의 주택조합은 주택이 없는 국민의 주거생활 안정을 도모하고 모든 국민의 주거수준의 향상을 기한다는 공공목적을 위하여 법이 구성원의 자격을 제한적으로 정해 놓은 특수

조합이다. 따라서 이는 헌법상의 결사의 자유가 뜻하는 헌법상 보호법익의 대상이 되는 단체가 아니며, 유주택자가 위 법률 소정의 주택조합에 가입이 제한되더라도 유주택자의 결사의 자유를 침해하는 것이 아니다.

> **MGI Point 집회·결사의 자유** ★★★
>
> - 헌법상 사전검열은 예외 없이 금지 ⇨ 의료광고 역시 사전검열금지원칙의 적용 대상 ○
> - 집회·시위의 자유에 장소선택의 자유 포함 ○
> - 일출시간 전, 일몰시간 후에는 옥외집회 또는 시위를 금지하고, 다만 옥외집회의 경우 예외적으로 관할 경찰관서장이 허용할 수 있도록 한 규정 ⇨ 사전허가제 ×, but 최소침해성 및 법익균형성 반하여 집회의 자유 침해 ○
> - 헌법상 기본권의 주체가 될 수 있는 법인은 원칙적으로 사법인 ○ / 공법인은 헌법의 수범자이지 기본권의 주체 ×
> - 결사의 자유에 의하여 보호되는 "결사"
>   ⇨ 법이 특별한 공공목적에 의해 구성원 자격을 정하고 있는 특수단체(ex.주택건설촉진법상의 주택조합)의 조직활동까지 해당 ×

① (○) 헌법이 특정한 표현에 대해 예외적으로 검열을 허용하는 규정을 두지 않은 점, 이러한 상황에서 표현의 특성이나 규제의 필요성에 따라 언론·출판의 자유의 보호를 받는 표현 중에서 사전검열금지원칙의 적용이 배제되는 영역을 따로 설정할 경우 그 기준에 대한 객관성을 담보할 수 없다는 점 등을 고려하면, 헌법상 사전검열은 예외 없이 금지되는 것으로 보아야 하므로 의료광고 역시 사전검열금지원칙의 적용대상이 된다(헌재 2015.12.23. 2015헌바75).

② (X) 집회·시위장소는 집회·시위의 목적을 달성하는데 있어서 매우 중요한 역할을 수행하는 경우가 많기 때문에 집회·시위장소를 자유롭게 선택할 수 있어야만 집회·시위의 자유가 비로소 효과적으로 보장되므로 장소선택의 자유는 집회·시위의 자유의 한 실질을 형성한다(헌재 2005.11.24. 2004헌가17).

③ (○) 이 사건 법률조항은 사회의 안녕질서를 유지하고 시민들의 주거 및 사생활의 평온을 보호하기 위한 것으로서 정당한 목적 달성을 위한 적합한 수단이 된다. 그러나 '일출시간 전, 일몰시간 후'라는 광범위하고 가변적인 시간대의 옥외집회 또는 시위를 금지하는 것은 오늘날 직장인이나 학생들의 근무·학업 시간, 도시화·산업화가 진행된 현대사회의 생활형태 등을 고려하지 아니하고 목적 달성을 위해 필요한 정도를 넘는 지나친 제한을 가하는 것이어서 최소침해성 및 법익균형성 원칙에 반한다(헌재 2014.04.24. 2011헌가29).

④ (○) 법인 등 결사체도 그 조직과 의사형성에 있어서, 그리고 업무수행에 있어서 자기결정권을 가지고 있어 결사의 자유의 주체가 된다고 봄이 상당하므로, 축협중앙회는 그 회원조합들과 별도로 결사의 자유의 주체가 된다. 헌법상 기본권의 주체가 될 수 있는 법인은 원칙적으로 사법인에 한하는 것이고 공법인은 헌법의 수범자이지 기본권의 주체가 될 수 없다(헌재 2000.06.01. 99헌마553).

⑤ (○) 주택건설촉진법상의 주택조합은 주택이 없는 국민의 주거생활의 안정을 도모하고 모든 국민의 주거수준의 향상을 기한다는(동법 제1조) 공공목적을 위하여 법이 구성원의 자격을 제한적으로 정해 놓은 특수조합이어서 이는 헌법상 결사의 자유가 뜻하는 헌법상 보호법익의 대상이 되는 단체가 아니며 또한 위 법률조항이 위 법률 소정의 주택조합 중 지역조합과 직장조합의 조합원 자격을 무주택자로 한정하였다고 해서 그로 인하여 유주택자가 위 법률과 관계없는 주택조합의 조합원이 되는 것까지 제한받는 것이 아니므로 위 법률조항은 유주택자의 결사의 자유를 침해하는 것이 아니다(헌재 1994.02.24. 92헌바43).

정답 ②

문 69

집회의 자유에 관한 다음 설명 중 옳지 않은 것은 모두 몇 개인가? [2018년 4번]

> ㄱ. 집회의 자유는 타인과의 의견교환을 통하여 공동으로 인격을 발현하는 자유를 보장하는 기본권이자 동시에 국가권력에 의하여 개인이 타인과 사회공동체로부터 고립되는 것으로부터 보호하는 기본권이다.
> ㄴ. 집회를 통하여 국민들이 자신의 의견과 주장을 집단적으로 표명함으로써 여론의 형성에 영향을 미친다는 점에서, 집회의 자유는 표현의 자유와 더불어 민주적 공동체가 기능하기 위하여 불가결한 근본요소에 속한다.
> ㄷ. 집회의 자유는 집권세력에 대한 정치적 반대의사를 공동으로 표명하는 효과적인 수단으로서 현대사회에서 언론매체에 접근할 수 없는 소수집단에게 그들의 권익과 주장을 옹호하기 위한 적절한 수단을 제공한다.
> ㄹ. 집회의 자유는 집회의 시간, 장소, 방법과 목적을 스스로 결정할 권리를 보장하며, 이에 따라 구체적으로 보호되는 주요행위는 집회의 준비 및 조직, 지휘, 참가, 집회장소·시간의 선택이다.
> ㅁ. 헌법은 집회의 자유를 국민의 기본권으로 보장함으로써, 평화적 집회 그 자체는 공공의 안녕질서에 대한 위험이나 침해로서 평가되어서는 아니 되며, 개인이 집회의 자유를 집단적으로 행사함으로써 불가피하게 발생하는 일반대중에 대한 불편함이나 법익에 대한 위험은 보호법익과 조화를 이루는 범위 내에서 국가와 제3자에 의하여 수인되어야 한다는 것을 규정하고 있는 것이다.

① 0개　　② 1개　　③ 2개
④ 3개　　⑤ 4개

해설 ★

ㄱ. (○) 집회의 자유는 개인의 인격발현의 요소이자 민주주의를 구성하는 요소라는 이중적 헌법적 기능을 가지고 있다. … 집회의 자유는 공동으로 인격을 발현하기 위하여 타인과 함께 하고자 하는 자유, 즉 타인과의 의견교환을 통하여 공동으로 인격을 발현하는 자유를 보장하는 기본권이자 동시에 국가권력에 의하여 개인이 타인과 사회공동체로부터 고립되는 것으로부터 보호하는 기본권이다(헌재 2003.10.30. 2000헌바67).

ㄴ. (○), ㄷ. (○) 집회의 자유는 개인의 인격발현의 요소이자 민주주의를 구성하는 요소라는 이중적 헌법적 기능을 가지고 있다. … 집회를 통하여 국민들이 자신의 의견과 주장을 집단적으로 표명함으로써 여론의 형성에 영향을 미친다는 점에서, 집회의 자유는 표현의 자유와 더불어 민주적 공동체가 기능하기 위하여 불가결한 근본요소에 속한다. 집회의 자유는 집단적 의견표명의 자유로서 민주국가에서 정치의사형성에 참여할 수 있는 기회를 제공한다. 또한, 집회의 자유는 사회·정치현상에 대한 불만과 비판을 공개적으로 표출케 함으로써 정치적 불만이 있는 자를 사회에 통합하고 정치적 안정에 기여하는 기능을 한다. 특히 집회의 자유는 집권세력에 대한 정치적 반대의사를 공동으로 표명하는 효과적인 수단으로서 현대사회에서 언론매체에 접근할 수 없는 소수집단에게 그들의 권익과 주장을 옹호하기 위한 적절한 수단을 제공한다는 점에서, 소수의견을 국정에 반영하는 창구로서 그 중요성을 더해 가고 있다(헌재 2003.10.30. 2000헌바67).

ㄹ. (○) 집회의 자유는 집회의 시간, 장소, 방법과 목적을 스스로 결정할 권리를 보장한다. 집회의 자유에 의하여 구체적으로 보호되는 주요행위는 집회의 준비 및 조직, 지휘, 참가, 집회장소·시간의 선택이다(헌재 2003.10.30. 2000헌바67).

ㅁ. (O) 헌법은 집회의 자유를 국민의 기본권으로 보장함으로써, 평화적 집회 그 자체는 공공의 안녕질서에 대한 위험이나 침해로서 평가되어서는 아니 되며, 개인이 집회의 자유를 집단적으로 행사함으로써 불가피하게 발생하는 일반대중에 대한 불편함이나 법익에 대한 위험은 보호법익과 조화를 이루는 범위 내에서 국가와 제3자에 의하여 수인되어야 한다는 것을 헌법 스스로 규정하고 있는 것이다(헌재 2003.10.30. 2000헌바67).

정답 ①

문 70

집회·결사의 자유에 관한 다음 설명 중 가장 옳지 않은 것은?(다툼이 있는 경우 대법원 및 헌법재판소 판례에 의함) [2017년 8번]

① 집회의 자유는 민주정치에 있어 필수의 전제가 되는 것이므로 그 보장이 절실히 요구된다.
② 대법원은 2인 이상이 모이면 '집회'로 보고 그 경우 집회 및 시위에 관한 법률의 보장 또는 규제 대상으로 본다.
③ 집회의 사전허가제는 헌법으로 금지되고, 현행법은 사전신고제로 하고 있다.
④ 결사라 함은 다수인이 일정한 공동의 목적을 위하여 계속적인 단체를 결성하는 것인데, 다만 그 공동의 목적이 영리적인 경우에는 헌법상 결사의 자유에 의하여 보호되는 결사가 아니다.
⑤ 근로자가 노동조합에 가입을 강제당하지 않을 자유는 헌법 제10조의 행복추구권에서 파생되는 일반적 행동의 자유 또는 헌법 제21조 제1항의 결사의 자유에서 그 근거를 찾을 수 있다.

해설 ★★

① (O) 집회 및 시위의 자유는 민주정치에 있어서 필수의 전제가 되는 것이므로 그 보장이 절실히 요구된다(헌재 1992.01.28. 89헌가8).
② (O) 구 집회 및 시위에 관한 법률에 의하여 보장 및 규제의 대상이 되는 집회란 '특정 또는 불특정 다수인이 공동의 의견을 형성하여 이를 대외적으로 표명할 목적 아래 일시적으로 일정한 장소에 모이는 것'을 말하고, 모이는 장소나 사람의 다과에 제한이 있을 수 없으므로, 2인이 모인 집회도 위 법의 규제 대상이 된다고 보아야 한다(대판 2012.05.24. 2010도11381).
③ (O) 언론·출판에 대한 허가나 검열과 집회·결사에 대한 허가는 인정되지 아니한다(헌법 제21조 제2항). 옥외집회나 시위를 주최하려는 자는 그에 관한 다음 각 호의 사항 모두를 적은 신고서를 옥외집회 및 시위를 시작하기 720시간 전부터 48시간 전에 관할 경찰서장에게 제출하여야 한다(집회 및 시위에 관한 법률 제6조 제1항).
④ (X) 결사의 자유에서 말하는 '결사'란 자연인 또는 법인의 다수가 상당한 기간 동안 공동목적을 위하여 자유의사에 기하여 결합하고 조직화된 의사형성이 가능한 단체를 말하는 것이라고 정의하여 공동목적의 범위를 비영리적인 것으로 제한하지는 않았고, 다만, 결사 개념에 공법상의 결사나 법이 특별한 공공목적에 의하여 구성원의 자격을 정하고 있는 특수단체의 조직활동은 해당되지 않는다고 판시한 바 있을 뿐이며, 연혁적 이유 이외에는 달리 영리단체를 결사에서 제외하여야 할 뚜렷한 근거가 없는 터이므로, 영리단체도 헌법상 결사의 자유에 의하여 보호된다고 보아야 할 것이다(헌재 2002.09.19. 2000헌바84).
⑤ (O) 근로자가 노동조합을 결성하지 아니할 자유나 노동조합에 가입을 강제당하지 아니할 자유, 그리고 가입한 노동조합을 탈퇴할 자유는 근로자에게 보장된 단결권의 내용에 포섭되는 권리로서가 아니라 헌법 제10조의 행복추구권에서 파생되는 일반적 행동의 자유 또는 제21조 제1항의 결사의 자유에서 그 근거를 찾을 수 있다(헌재 2005.11.24. 2002헌바95).

정답 ④

문 71

상공회의소에 관한 다음 설명 중 옳지 않은 것은 모두 몇 개인가? [2020년 32번]

> ㄱ. 상공회의소는 목적이나 설립, 관리 면에서 자주적인 단체로 사법인이므로 결사의 자유는 보장된다.
> ㄴ. 상공회의소는 단체 결성·가입·탈퇴에 상당한 제한이 있는 조직이며, 다른 결사와는 달리 일정한 공적인 역무를 수행하면서, 지방자치단체의 행정지원과 자금지원 등의 혜택을 받고 있는 법인이다.
> ㄷ. 상공회의소가 기본적으로는 임의단체라고 하더라도 일반 결사에 비하여 여러 규제와 혜택을 법령으로 규정하고 있으므로, 이러한 특성을 상공회의소 및 그 회원이 가지는 결사의 자유의 제한이 과잉금지원칙에 반하는지 여부를 판단하는데 고려하여야 한다.
> ㄹ. 단체 또는 단체의 구성원들이 유리한 경우에는 설립의 근거법률에 따른 특혜를 누리거나 요구하다가, 제한에 대해서는 사적조직임을 강조하면서 결사의 자유의 침해를 주장하는 경우에 과잉금지원칙 위배 여부를 판단할 때에는, 순수한 사적인 임의결사의 기본권이 제한되는 경우의 심사에 비해서는 완화된 기준을 적용할 수 있다.
> ㅁ. 상공회의소법이 하나의 지방자치단체의 행정구역 안에 둘 이상의 상공회의소가 병존하지 못하게 하는 목적은 상공회의소가 담당하는 공적 임무를 처리하거나 상공회의소에게 보조금을 지급하거나 사업을 위탁하는 지방자치단체와의 관계에서 혼선이 발생하는 것을 방지하기 위한 것으로, 그 입법목적의 정당성과 방법의 적절성이 인정된다.

① 없음 ② 1개 ③ 2개
④ 3개 ⑤ 4개

MGI Point 상공회의소 ★★★

- **상공회의소**
  - 목적이나 설립, 관리 면에서 자주적인 단체로 사법인 ⇨ 결사의 자유 보장 ○
  - 단체 결성·가입·탈퇴에 상당한 제한이 있는 조직 + 다른 결사와는 달리 일정한 공적인 역무를 수행 + 지방자치단체의 행정지원과 자금지원 등의 혜택을 받고 있는 법인
  - 상공회의소 및 그 회원이 가지는 결사의 자유의 제한이 과잉금지원칙에 반하는지 여부를 판단하는데 있어서 상공회의소의 특성 고려 要
  - 상공회의소법이 하나의 지방자치단체의 행정구역 안에 둘 이상의 상공회의소가 병존하지 못하게 하는 것
    ⇨ 입법목적의 정당성과 방법의 적절성 인정 ○
- 단체 또는 단체의 구성원들이 '유리'한 경우에는 설립의 근거법률에 따른 특혜를 누리거나 요구하다가, '제한'에 대해서는 사적조직임을 강조하면서 결사의 자유의 침해를 주장하는 경우 ⇨ 과잉금지원칙 위배 여부를 판단할 때 완화된 기준 적용 可

ㄱ. (○) 상공회의소는 사업범위, 조직, 회계 등에 있어서 상공회의소법에 따른 규율을 받고 있는 특수성을 가지고 있으나, 기본적으로는 관할구역의 상공업계를 대표하여 그 권익을 대변하고 회원에게 기술 및 정보 등을 제공하여 회원의 경제적·사회적 지위를 높임으로써 상공업의 발전을 꾀함을 목적으로 하는 조직으로 목적이나 설립, 관리 면에서 자주적인 단체로 사법인이라고 할 것이므로 상공회의소와 관련해서도 결사의 자유는 보장된다고 할 것이다(헌재 2006.05.25. 2004헌가1).

ㄴ. (○) 상공회의소는 상공업자들의 사적인 단체이기는 하나, 설립·회원·기관·의결방법·예산편성과 결산 등이 상공회의소법에 의하여 규율되고, 단체결성·가입·탈퇴에 상당한 제한이 있는 조직이며 다른 결사와 달리 일정한 공적인 역무를 수행하면서 지방자치단체의 행정지원과 자금지원 등의 혜택을 받고 있는 법인이므로, 이 사건 법률조항에 의한 결사의 자유 제한이 과잉금지원칙에 위배되는지 판단할 때에는, 순수한 사적인 임의결사에 비해서 완화된 기준을 적용할 수 있다(헌재 2006.05.25. 2004헌가1).

ㄷ. (○) 상공회의소가 결사의 자유의 주체가 되는 사법인으로 기본적으로는 임의단체라고 하더라도 일반 결사에 비하여 여러 규제와 혜택을 법령으로 규정하고 있는바, 이러한 특성을 상공회의소 및 그 회원이 가지는 결사의 자유의 제한이 과잉금지원칙에 반하는지 여부를 판단하는데 고려하여야 할 것이다(헌재 2006.05.25. 2004헌가1).

ㄹ. (○) 단체 또는 단체의 구성원들이 유리한 경우에는 설립의 근거법률에 따른 특혜를 누리거나 요구하다가, 제한에 대해서는 사적조직임을 강조하면서 결사의 자유의 침해를 주장하는 경우에 과잉금지원칙 위배 여부를 판단할 때에는, 순수한 사적인 임의결사의 기본권이 제한되는 경우의 심사에 비해서는 완화된 기준을 적용할 수 있다(헌재 2006.05.25. 2004헌가1).

ㅁ. (○) 상공회의소법이 하나의 지방자치단체의 행정구역 안에 둘 이상의 상공회의소가 병존하지 못하게 하는 목적은 상공회의소가 담당하는 공적 임무를 처리하거나 상공회의소에게 보조금을 지급하거나 사업을 위탁하는 지방자치단체와의 관계에서 혼선이 발생하는 것을 방지하기 위한 것으로 보인다. 이 사건 법률조항의 입법목적은 광역시에 속한 군을 관할구역으로 하는 상공회의소가 별도로 설립되어 광역시 안에 둘 이상의 상공회의소가 병존하고, 관할의 중복에 따라 상공회의소의 설립목적을 달성함에 있어서 혼선이 발생하는 것을 방지하기 위한 것으로 보인다. 이 사건 법률조항이 상공회의소의 설립과 운영을 현저하게 곤란하게 하기 위한 의도로 제정되지 않았고 나름대로 타당성을 인정할 수 있으므로, 입법목적의 정당성과 방법의 적절성이 인정된다(헌재 2006.05.25. 2004헌가1).

정답 ①

제4관 학문과 예술의 자유

문 23

학문의 자유에 관한 다음 설명 중 가장 옳지 않은 것은?[2023년 24번]

① 헌법은 학문의 자유를 명문으로 규정하고 있다.
② 국립대학 교수들에게는 대학총장 후보자 선출에 참여할 권리가 있고, 이 권리는 대학의 자치의 본질적 내용에 포함되므로, 헌법상 기본권으로 인정된다.
③ 대학에서의 교수의 자유는 더욱 보장되어야 하는 반면, 초·중·고교에서의 수업의 자유는 보다 많은 제약이 있을 수 있다.
④ 대학의 자치의 주체는 기본적으로 대학이지만, 교수나 교수회 또한 대학의 자치라는 기본권의 주체로 볼 수 있다.
⑤ 대학의 관리·운영에 관한 사항이 재학생의 학문의 자유와 관련이 없다고 볼 수 없으므로, 국립대학 서울대학교를 법인으로 전환하는 법률조항에 대하여 서울대학교 재학생의 자기관련성이 인정된다.

> **MGI Point** **학문의 자유** ★★
>
> - 학문의 자유 ⇨ 헌법에서 명문으로 규정
> - 국립대학 교수들의 대학 총장 후보자 선출에 참여할 권리 ⇨ 헌법상 기본권
> - 초·중·고교에서의 수업의 자유 ⇨ 대학에서의 교수의 자유에 비해 더 많은 제약 有
> - 대학의 자치의 주체 ⇨ 대학, 교수, 교수회
> - 국립대학 서울대학교를 법인으로 전환하는 법률조항에 대하여 서울대학교 재학생의 자기관련성 ⇨ 인정×

① (○)

> 헌법
> 제22조 ① 모든 국민은 학문과 예술의 자유를 가진다.

② (○) 나아가 전통적으로 대학자치는 학문활동을 수행하는 교수들로 구성된 교수회가 누려오는 것이었고, 현행법상 국립대학의 장 임명권은 대통령에게 있으나, 1990년대 이후 국립대학에서 총장 후보자에 대한 직접선거방식이 도입된 이래 거의 대부분 대학 구성원들이 추천하는 후보자 중에서 대학의 장을 임명하여 옴으로써 대통령이 대학총장을 임명함에 있어 대학교원들의 의사를 존중하여 온 점을 고려하면, 청구인들에게 대학총장 후보자 선출에 참여할 권리가 있고 이 권리는 대학의 자치의 본질적인 내용에 포함된다고 할 것이므로 결국 헌법상의 기본권으로 인정할 수 있다(헌법재판소 2006. 4. 27. 2005헌마1047,1048(병합) 전원재판부).

③ (○) 헌법 제22조는 "모든 국민은 학문과 예술의 자유를 가진다. 저작자·발명가·과학기술자와 예술가의 권리는 법률로서 보호한다."고 규정하고 있는데 위 헌법의 규정에 의하여 청구인은 중학교 국어과목에 대한 연구의 자유를 당연히 가지며(이미 청구인이 해 온 바와 같이) 중학교 국어교과에 관하여 연구의 과제·대상·방법을 자유로이 선정할 수 있음은 물론, 연구한 결과를 책자로서 자유로이 발간할 수도 있는 것이다. 현행의 중학교 국어교과서 국정제도는 청구인이 헌법상 가지는 이러한 학문의 자유를 향유하는데 있어서 아무런 장애가 되지 않는다. 학문의 자유라 함은 진리를 탐구하는 자유를 의미하는데, 그것은 단순히 진리탐구의 자유에 그치지 않고 탐구한 결과에 대한 발표의 자유 내지 가르치는 자유(편의상 대학의 교수의 자유와 구분하여 수업(授業)의 자유로 한다) 등을 포함하는것이라 할 수 있다. 다만, 진리탐구의 자유와 결과발표 내지 수업의 자유는 같은 차원에서 거론하기가 어려우며, 전자는 신앙의 자유·양심의 자유처럼 절대적인 자유라고 할 수 있으나, 후자는 표현의 자유와도 밀접한 관련이 있는 것으로서 경우에따라 헌법 제21조 제4항은 물론 제37조 제2항에 따른 제약이 있을 수 있는 것이다. 물론 수업의 자유는 두텁게 보호되어야 합당하겠지만 그것은 대학에서의 교수의 자유와 완전히 동일할 수는 없을 것이며 대학에서는 교수의 자유가 더욱 보장되어야하는 반면, 초·중·고교에서의 수업의 자유는 후술하는 바와 같이 제약이 있을 수 있다고 봐야 할 것이다(헌법재판소 1992. 11. 12. 89헌마88).

④ (○) 헌법재판소는 대학의 자율성은 헌법 제22조 제1항이 보장하고 있는 학문의 자유의 확실한 보장수단으로 꼭 필요한 것으로서 대학에게 부여된 헌법상의 기본권으로 보고 있다. 그러나 대학의 자치의 주체를 기본적으로 대학으로 본다고 하더라도 교수나 교수회의 주체성이 부정된다고 볼 수는 없고, 가령 학문의 자유를 침해하는 대학의 장에 대한 관계에서는 교수나 교수회가 주체가 될 수 있고, 또한 국가에 의한 침해에 있어서는 대학 자체 외에도 대학 전구성원이 자율성을 갖는 경우도 있을 것이므로 문제되는 경우에 따라서 대학, 교수, 교수회 모두가 단독, 혹은 중첩적으로 주체가 될 수 있다고 보아야 할 것이다(헌법재판소 2006. 4. 27. 2005헌마1047,1048(병합) 전원재판부).

⑤ (X) 다른 대학 교직원은 심판대상조항의 직접적인 수범자가 아니고, 서울대학교에 대한 재정 지원 조항이 다른 대학 교직원의 법적 지위나 권리·의무관계에 직접 영향을 미친다고 보기도 어렵다. 일반시민은 심판대상조항의 직접적인 수범자가 아니며, 대학의 자율 및 공무담임권, 평등권의 침해 문제도 발생하지 않으므로 기본권 침해 가능성 내지 자기관련성이 인정되지 아니한다. 서울대학교 재학생은 공무담임권이 침해될 가능

성이 없고, 재학 중인 학교의 법적 형태를 공법상 영조물인 국립대학으로 유지하여 줄 것을 요구할 권리는 교육받을 권리에 포함되지 아니하며, 대학의 관리·운영에 관한 사항은 학생의 학문의 자유와 관련되어 있다고 볼 수 없어 자기관련성이 인정되지 않는다. 등록금 인상 가능성이나 기초학문 고사 우려 등은 사실상의 불이익에 불과하므로 평등권 침해 가능성도 인정되지 아니한다(헌법재판소 2014. 4. 24. 2011헌마612 전원재판부).

정답 ⑤

문 72

헌법상 대학의 자율성에 관한 다음 설명 중 옳지 않은 것은 모두 몇 개인가? [2022년 9번]

> ㄱ. 교수의 자유는 대학 등 고등교육기관에서 교수 및 연구자가 자신의 학문적 연구와 성과에 따라 가르치고 강의를 할 수 있는 자유로서 교수의 내용과 방법 등에 있어 어떠한 지시나 간섭·통제를 받지 아니할 자유를 의미한다.
> ㄴ. 헌법은 학문적 연구와 교수의 자유의 기초가 되는 대학의 자율성을 보장하고 있는데, 그 내용은 법률이 정하는 바에 의하도록 하고 있다.
> ㄷ. 대학의 자율성은 대학시설의 관리·운영이나 연구와 교육의 내용, 방법과 대상, 교과과정의 편성, 학생의 선발, 학생의 전형 등을 보호영역으로 하며, 대학 교수 개개인이 퇴직 여부 등 인사에 관한 사항을 스스로 결정할 권리도 대학의 자율성의 보호영역에 포함된다.
> ㄹ. 헌법이 대학의 자율을 보장하는 취지는 대학에 대한 공권력 등 외부세력의 간섭을 배제하고 대학구성원 자신이 대학을 자주적으로 운영할 수 있도록 하기 위함이므로 국립대학법인인 서울대학교의 이사회에 일정 비율 이상의 외부인사를 포함하는 내용을 담고 있는 법률조항은 대학의 자율을 침해한다.
> ㅁ. 사립학교의 설립자가 사립학교를 자유롭게 운영할 자유는 헌법에 명문 규정은 없으나 행복추구권의 한 내용을 이루는 일반적인 행동의 자유권과 모든 국민의 능력에 따라 균등하게 교육을 받을 권리를 규정하고 있는 헌법 제31조 제1항 그리고 교육의 자주성·전문성·정치적 중립성 및 대학의 자율성을 규정하고 있는 헌법 제31조 제4항에 의하여 인정되는 기본권이다.

① 1개 ② 2개 ③ 3개 ④ 4개 ⑤ 5개

MGI Point 대학의 자율성 ★★

- 교수의 자유 ⇨ 교수의 내용과 방법 등에 있어 어떠한 지시나 간섭·통제를 받지 아니할 자유
- 헌법 제31조 제4항 ⇨ 대학의 자율성을 법률이 정하는 바에 의하여 보장하고 있음
- 대학 교수 개개인이 퇴직 여부 등 인사에 관한 사항을 스스로 결정할 권리 ⇨ 대학의 자율성에 포함 ✕
- 서울대학교의 이사회에 일정 비율 이상의 외부인사를 포함시키는 것 ⇨ 대학의 자율 침해 ✕
- 설립자가 사립학교를 자유롭게 운영할 자유 ⇨ 헌법에 명문 규정 無 but 제31조 제1항, 4항에 의하여 인정되는 기본권임

ㄱ. (○) 교수의 자유는 대학 등 고등교육기관에서 교수 및 연구자가 자신의 학문적 연구와 성과에 따라 가르치고 강의를 할 수 있는 자유로서 교수의 내용과 방법 등에 있어 어떠한 지시나 간섭·통제를 받지 아니할 자유를 의미한다. 이러한 교수의 자유는 헌법 제22조 제1항이 보장하는 학문의 자유의 한 내용으로서 보호되고, 헌법 제31조 제4항도 학문적 연구와 교수의 자유의 기초가 되는 대학의 자율성을 보장하고 있다(대판 2018.07.12. 2014도3923).

ㄴ. (○) 헌법 제31조 제4항 참조.

> 헌법 제31조 ④ 교육의 자주성·전문성·정치적 중립성 및 대학의 자율성은 법률이 정하는 바에 의하여 보장된다.

ㄷ. (X) 대학의 자율성은 대학시설의 관리·운영이나 연구와 교육의 내용, 방법과 대상, 교과과정의 편성, 학생의 선발, 학생의 전형 등을 보호영역으로 한다고 할 것인데 대학 교수 개개인의 퇴직 여부 등 인사에 관한 사항을 스스로 결정할 권리가 해당 교수의 대학의 자율성의 보호영역에 포함된다고 보기 어려우며, 심판대상조항이 학교법인 또는 교수회의 교원에 대한 징계의 자율성을 배제하여 대학의 자율성을 침해하는지 여부가 문제된다 하더라도 이를 교수인 청구인에 대하여 제한되는 기본권이라고 볼 수 없으므로, 이하에서는 심판대상조항이 직업의 자유를 침해하는지 여부에 대해서만 판단하기로 한다(헌재 2021.09.30. 2019헌마747).

ㄹ. (X) 헌법 제31조 제4항은 "교육의 자주성·전문성·정치적 중립성 및 대학의 자율성은 법률이 정하는 바에 의하여 보장된다."라고 규정하여 교육의 자주성·대학의 자율성을 보장하고 있는데, 이는 대학에 대한 공권력 등 외부세력의 간섭을 배제하고 대학구성원 자신이 대학을 자주적으로 운영할 수 있도록 함으로써 대학인으로 하여금 연구와 교육을 자유롭게 하여 진리탐구와 지도적 인격의 도야라는 대학의 기능을 충분히 발휘할 수 있도록 하기 위한 것이다. … 심판대상조항에서는 이사회와 재경위원회에 일정비율 이상의 외부인사를 포함시키도록 하고 있는바, 이는 대학의 심의·의결기구인 이사회나 예산·결산이나 학생의 금전적 부담에 관한 사항을 심의하는 기구인 재경위원회를 교수회와 같은 내부인사로만 구성하게 되면 의사결정 과정의 폐쇄성으로 인해 민주적 의사결정이 어렵고 내부 구성원들의 이해관계에 얽매일 가능성이 있음을 고려한 것이다. 대학의 의사결정에 있어 외부인사의 참여를 허용하게 되면, 대학의 발전에 중요한 역할을 수행할 수 있는 이해당사자인 지역사회나 지방자치단체, 동문회 등의 참여를 통해 국가와 지역사회의 요구를 반영한 대학 운영이 가능해질 뿐만 아니라, 국립대학으로서의 사회적 책무 수행을 효율적으로 관리하고 검증할 수 있는 이점이 있다. 따라서 입법자가 이러한 사정을 종합적으로 고려하여 이사회와 재경위원회에 외부인사를 일정 비율 이상 포함시키도록 한 것은 다양한 이해관계자의 참여를 통해 개방적인 의사결정을 보장하고, 외부의 환경 변화에 민감하게 반응함과 동시에 외부의 감시와 견제를 통해 대학의 투명한 운영을 보장하기 위한 것으로 그 정당성이 인정된다. … 이러한 사정을 종합하면, 법 제9조 제1항, 제2항 및 제18조 제2항은 투명하고도 객관적인 의사결정을 위하여 전문성 있는 외부인사와 정부 관계자가 참여하도록 한 것이므로, 입법형성의 한계를 넘는 자의적인 것으로서 대학의 자율의 본질적인 부분을 침해하였다고 볼 수 없다(헌재 2014.04.24. 2011헌마612).

ㅁ. (○) 설립자가 사립학교를 자유롭게 운영할 자유는 비록 헌법에 독일기본법 제7조 제4항과 같은 명문규정은 없으나 헌법 제10조에서 보장되는 행복추구권의 한 내용을 이루는 일반적인 행동의 자유권과 모든 국민의 능력에 따라 균등하게 교육을 받을 권리를 규정하고 있는 헌법 제31조 제1항 그리고 교육의 자주성·전문성·정치적 중립성 및 대학의 자율성을 규정하고 있는 헌법 제31조 제3항에 의하여 인정되는 기본권의 하나라 하겠다(헌재 2001.01.18. 99헌바63).

정답 ②

제❻절 ┃ 경제생활 영역의 자유

제1관 재산권

문 24

다음 설명 중 가장 옳지 않은 것은?[2023년 20번]

① 일반적인 공무원의 직무상 불법행위로 손해를 받은 국민의 손해배상청구에 관하여 그 국가배상청구권의 소멸시효 기산점을 피해자나 법정대리인이 그 손해 및 가해자를 안 날(주관적 기산점) 및 불법행위를 한 날(객관적 기산점)로 정하되, 그 시효기간을 주관적 기산점으로부터 3년, 객관적 기산점으로부터 5년으로 정한 것이 국가배상청구권을 침해한다고 볼 수 없다.

② 회원제 골프장용 부동산의 재산세에 대하여 1천분의 40의 중과세율을 규정한 법률조항이 과잉금지원칙에 반하여 회원제 골프장 운영자 등의 재산권을 침해한다고 볼 수 없다.

③ 상가건물 임차인의 계약갱신요구권 행사 기간을 10년으로 규정한 개정법률을 개정법률 시행 후 갱신되는 임대차에 대하여도 적용하도록 규정한 부칙의 경과규정이 소급입법금지원칙에 위배된다고 볼 수는 없지만, 개정법 시행 전 5년의 기간을 적용받고 있었던 임대차에 대하여는 적용하지 아니하거나 적용하더라도 일정한 유예기간을 두고 갱신되는 임대차의 범위를 한정하는 등 임대인의 신뢰이익이 침해되는 정도를 완화할 수 있었음에도 그러한 경과조치 없이 개정법 시행 후 최초로 체결되는 임대차뿐만 아니라 그 후 갱신되는 임대차에 대하여도 개정법조항을 적용한 것은 신뢰보호원칙에 위배되어 임대인의 재산권을 침해한다.

④ 개발부담금의 부과기준 중 종료시점지가를 부과 종료 시점 당시의 부과 대상 토지와 이용 상황이 가장 비슷한 표준지의 공시지가를 기준으로 산정하도록 한 법률조항이 과잉금지원칙에 반하여 개발부담금 납부의무자의 재산권을 침해한다고 볼 수 없다.

⑤ 보세판매장 특허수수료는 행정관청이 보세판매장 특허를 부여해 줌으로써 특정인이 얻게 되는 독점적 권리에 대한 반대급부로서, 영업이익이 아닌 매출액을 기준으로 차등 요율을 적용하여 보세판매장 특허수수료를 정한 규칙 조항이 재산권을 침해한다고 볼 수 없다.

MGI Point 재산권 ★★

- 국가배상청구권의 소멸시효 기간을 주관적 기산점으로부터 3년, 객관적 기산점으로부터 5년으로 정한 것 ⇨ 국가배상청구권 침해×
- 회원제 골프장용 부동산의 재산세에 대하여 1천분의 40의 중과세율을 규정한 것 ⇨ 재산권 침해×
- 상가건물 임차인의 계약갱신요구권 행사 기간을 10년으로 규정한 개정법률을 개정법률 시행 후 갱신되는 임대차에 대하여도 적용하도록 규정한 부칙의 경과규정 ⇨ 임대인의 재산권 침해×
- 개발부담금의 부과기준 중 종료시점지가를 부과 종료 시점 당시의 부과 대상 토지와 이용 상황이 가장 비슷한 표준지의 공시지가를 기준으로 산정하는 것 ⇨ 재산권 침해×
- 매출액을 기준으로 차등 요율을 적용하여 보세판매장 특허수수료를 정한 규칙 조항 ⇨ 재산권 침해×

① (○) 민법상 소멸시효제도의 일반적인 존재이유는 '법적 안정성의 보호, 채무자의 이중변제 방지, 채권자의 권리불행사에 대한 제재 및 채무자의 정당한 신뢰 보호'에 있다. 이와 같은 민법상 소멸시효제도의 존재 이유는 국가배상청구권의 경우에도 일반적으로 타당하고, 특히 국가의 채무관계를 조기에 확정하여 예산수립의 불안정성을 제거하기 위해서는 국가채무에 대해 단기소멸시효를 정할 필요성도 있다. 그러므로 심판대상조항

들이 일반적인 공무원의 직무상 불법행위로 손해를 받은 국민의 국가배상청구권에 관한 소멸시효 기산점과 시효기간을 정하고 있는 것은 합리적인 이유가 있다(헌법재판소 2018. 8. 30. 2014헌바148 등).

② (○) 심판대상조항은 사치·낭비 풍조를 억제함으로써 바람직한 자원배분을 달성하고자 하는 유도적·형성적 정책조세조항으로서 그 중과세율이 입법자의 재량의 범위를 벗어나 회원제 골프장의 운영을 사실상 봉쇄하는 등 소유권의 침해를 야기한다고 보기 어려울 뿐만 아니라, 회원제 골프장을 운영하는 자 또는 골프장 운영을 희망하는 자로서도 자신의 선택에 따라 중과세라는 규제로부터 벗어날 수 있는 길이 열려 있다고 할 것이므로, 과잉금지원칙에 반하여 회원제 골프장 운영자 등의 재산권을 침해한다고 볼 수 없다(헌법재판소 2020. 3. 26. 2016헌가17 등).

③ (X) 이 사건 부칙조항은 개정법조항을 개정법 시행 당시 존속 중인 임대차 전반이 아니라, 개정법 시행 후 갱신되는 임대차에 한하여 적용하도록 한정되어 있고, 임차인이 계약갱신요구권을 행사하더라도 임대인은 '상가건물 임대차보호법'에 따라 정당한 사유가 있거나 임차인에게 귀책사유가 있는 경우 갱신거절이 가능하며, 합의하여 임대인이 임차인에게 상당한 보상을 제공한 경우 등에도 마찬가지로 임대인이 임대차계약의 구속에서 벗어날 수 있는 길을 열어두고 있다. 따라서 이 사건 부칙조항이 임차인의 안정적인 영업을 지나치게 보호한 나머지 임대인에게만 일방적으로 가혹한 부담을 준다고 보기는 어렵다. 개정법조항은 상가건물 임차인의 계약갱신요구권 행사 기간을 연장함으로써 상가건물에 대한 임차인의 시설투자비, 권리금 등 비용을 회수할 수 있는 기간을 충실히 보장하기 위한 것인데, 개정법조항을 개정법 시행 후 새로이 체결되는 임대차에만 적용할 경우 임대인들이 새로운 임대차계약에 이를 미리 반영하여 임대료가 한꺼번에 급등할 수 있고 이는 결과적으로 개정법조항의 입법취지에도 반하는 것이다. 이에 이 사건 부칙조항은 이러한 부작용을 막고 개정법조항의 실효성을 확보하기 위해서 개정법조항 시행 이전에 체결되었더라도 개정법 시행 이후 갱신되는 임대차인 경우 개정법조항의 연장된 기간을 적용하도록 정한 것이므로, 이와 같은 공익은 긴급하고도 중대하다. 따라서 이 사건 부칙조항은 신뢰보호원칙에 위배되어 임대인의 재산권을 침해한다고 볼 수 없다(헌법재판소 2021. 10. 28. 2019헌마106 등).

④ (○) 이 사건 종료시점지가조항이 원칙적으로 종료시점지가비교표준지의 공시지가를 기준으로 부과 대상 토지의 종료시점지가를 산정하도록 한 것은 객관성·합리성이 인정되고, 달리 개발부담금 납부의무자의 기본권을 덜 제한하면서도 같은 정도로 입법목적을 달성할 수 있는 수단이 있다고 단정하기 어려우며, 위 조항으로 인하여 납부의무자가 받는 불이익이 개발부담금 제도의 실효성과 공정성 확보, 개발부담금의 효율적인 부과·징수 등의 공익에 비하여 크다고 보기도 어렵다. 그러므로 이 사건 종료시점지가조항은 침해의 최소성에 반하지 아니하고, 법익의 균형성도 충족한다. 따라서 이 사건 종료시점지가조항이 과잉금지원칙에 반하여 개발부담금 납부의무자의 재산권을 침해한다고 볼 수 없다(헌법재판소 2021. 12. 23. 2018헌바435, 436(병합) 전원재판부 결정).

⑤ (○) 심판대상조항은 매출액을 기준으로 차등 요율을 적용하여 보세판매장 특허수수료를 정하고 있으므로, 보세판매장 특허수수료를 납부하여야 하는 청구인들의 재산권을 제한한다. … 심판대상조항이 매출액을 기준으로 차등 요율을 적용하여 보세판매장 특허수수료를 정한 것은 행정관청의 재량의 한계를 일탈하였다고 볼 수 없다. 따라서 심판대상조항은 침해의 최소성 원칙에 위반된다고 볼 수 없다 … 심판대상조항은 과잉금지원칙에 위반되어 청구인들의 재산권을 침해한다고 볼 수 없다(헌법재판소 2018. 4. 26. 선고 2017헌마530 결정).

정답 ③

문 73

다음 설명 중 가장 옳지 않은 것은? [2022년 38번]

① 재산권은 자유의 실현과 물질적 삶의 기초이고, 자유실현의 물질적 바탕을 보호하는 재산권의 자유보장적 기능으로 말미암아 자유와 재산권은 불가분의 관계이자 상호보완관계에 있다.
② 사회부조와 같이 수급자의 자기기여 없이 국가의 일방적인 급부를 내용으로 하는 공법상 권리는 재산권의 보호대상에 포함되지 않는다.
③ 상속회복청구권의 행사기간을 상속 개시일로부터 10년으로 제한하는 것은 재산권의 본질적 내용을 침해하는 것으로서 헌법에 위반된다.
④ 산업재해보상보험법상 보험급여와 같이 수급권의 발생요건이 법정되어 있는 경우, 그러한 법정요건을 갖추기 전이라고 하더라도, 헌법이 보장하는 재산권에 해당한다.
⑤ 재정충당 목적의 특별부담금은 반대급부 없는 강제적인 징수인 면에서 조세와 공통점을 가지면서도 헌법상 명시적인 특별통제장치가 결여되어 있으므로, 조세에 준하는 정도 내지 그 이상으로, 특별부담금에 대한 헌법적 통제의 필요성이 요청된다.

MGI Point 재산권 ★★

- 자유와 재산권은 불가분의 관계이자 상호보완관계에 있음
- 수급자의 자기기여 없는 국가의 일방적인 급부 ⇨ 재산권 보호대상 ×
- 상속회복청구권의 행사기간을 상속 개시일로부터 10년으로 제한하는 것 ⇨ 재산권 침해함
- 사회보장수급권의 발생요건이 법정되어 있는 경우 ⇨ 법정요건 갖추기 전이라면 재산권 ×
- 재정충당 목적의 특별부담금 ⇨ 조세에 준하는 정도의 헌법적 통제 필요성 인정됨

---

① (○) 재산권보장은 헌법상의 기본권체계 내에서 각 개인이 자신의 생활을 자기 책임하에서 형성하도록 그에 필요한 경제적 조건을 보장해 주는 기능을 한다. 즉 재산권은 자유의 실현과 물질적 삶의 기초이고, 자유실현의 물질적 바탕을 보호하는 재산권의 자유보장적 기능으로 말미암아 자유와 재산권은 불가분의 관계이자 상호보완관계에 있다(헌재 2000.06.29. 99헌마289).

② (○) 공법상의 권리가 헌법상의 재산권보장의 보호를 받기 위해서는 다음과 같은 요건을 갖추어야 한다. 첫째, 공법상의 권리가 권리주체에게 귀속되어 개인의 이익을 위하여 이용가능해야 하며(사적 유용성), 둘째, 국가의 일방적인 급부에 의한 것이 아니라 권리주체의 노동이나 투자, 특별한 희생에 의하여 획득되어 자신이 행한 급부의 등가물에 해당하는 것이어야 하며(수급자의 상당한 자기기여), 셋째, 수급자의 생존의 확보에 기여해야 한다. 이러한 요건을 통하여 사회부조와 같이 국가의 일방적인 급부에 대한 권리는 재산권의 보호대상에서 제외되고, 단지 사회법상의 지위가 자신의 급부에 대한 등가물에 해당하는 경우에 한하여 사법상의 재산권과 유사한 정도로 보호받아야 할 공법상의 권리가 인정된다(헌재 2000.06.29. 99헌마289).

③ (○) 상속회복청구권은 사망으로 인하여 포괄적인 권리의무의 승계가 이루어지는 상속에 즈음하여 참칭상속인에 의하여 진정상속인의 상속권이 침해되는 때가 적지 않음을 고려하여 진정상속인으로 하여금 참칭상속인을 배제하고 상속권의 내용을 실현할 수 있게 함으로써 진정상속인을 보호하기 위한 권리인바, 상속회복청구권에 대하여 상속 개시일부터 10년이라는 단기의 행사기간을 규정함으로 인하여, 위 기간이 경과된 후에는 진정한 상속인은 상속인으로서의 지위와 함께 상속에 의하여 승계한 개개의 권리의무도 총괄적으로 상실하여 참칭상속인을 상대로 재판상 그 권리를 주장할 수 없고, 오히려 그 반사적 효과로서 참칭상속인의 지위는 확정되어 참칭상속인이 상속개시의 시점으로부터 소급하여 상속인으로서의 지위를 취득하게 되므로,

이는 진정상속인의 권리를 심히 제한하여 오히려 참칭상속인을 보호하는 규정으로 기능하고 있는 것이라 할 것이어서, 기본권 제한의 한계를 넘어 헌법상 보장된 상속인의 재산권, 행복추구권, 재판청구권 등을 침해하고 평등원칙에 위배된다(헌재 2001.07.19. 99헌바9 등).

④ (X) 헌법 제23조 제1항이 보장하고 있는 재산권은 사적 유용성 및 그에 대한 원칙적 처분권을 내포하는 재산가치 있는 구체적 권리이므로, 구체적인 권리가 아닌 단순한 이익이나 재화의 획득에 관한 기회 등은 재산권 보장의 대상으로 볼 수 없다. 특히 산재법상 보험급여와 같이 수급권의 발생요건이 법정되어 있는 경우, 그러한 법정요건을 갖추기 전에는 헌법이 보장하는 재산권이라고 할 수 없다(헌재 2014.02.27. 2012헌바469).

⑤ (○) 국가재정수입의 일반적인 원천은 조세수입이라 할 수 있는데, 이러한 조세에 대하여는 헌법상 엄격한 통제가 가하여진다. 그에 비하여 재정충당목적의 특별부담금은 반대급부 없는 강제적인 징수인 면에서 조세와 공통점을 가지면서도 헌법상 명시적인 특별통제장치가 결여되어 있다. 그 결과, 재정충당목적의 특별부담금은 그 사용용도가 한정되어 있음을 기화로 그 재원에 여유가 있는 경우에는 국가재정 전체의 관점에서 볼 때에는 우선순위가 떨어지는 그러한 사업의 추진이나 운영에 방만하게 사용되어 재정운영의 효율성을 떨어뜨리는 문제점까지도 일으킨다. 따라서 조세에 준하는 정도로, 나아가 그 이상으로, 특별부담금에 대한 헌법적 통제의 필요성이 요청된다(헌재 2003.12.18. 2002헌가2).

문 74

재산권에 관한 다음 설명 중 가장 옳지 않은 것은? [2021년 38번]

① 인도적 차원의 시혜적 급부를 받을 권리는 헌법 제23조에 의하여 보장된 재산권이라고 할 수 없다.
② 공무원이 국가 또는 지방자치단체에 대하여 어느 수준의 보수를 청구할 수 있는 권리는 헌법 제23조에 의하여 보장되는 재산권의 내용에 포함된다고 볼 수 없다.
③ 건강보험수급권과 같이 공법상의 권리가 헌법상의 재산권으로 보호받기 위해서는 국가의 일방적인 급부에 의한 것이 아니라 수급자의 상당한 자기기여를 전제로 하므로 수급자의 자기기여가 없는 상태라면 재산권 침해는 문제되지 않는다.
④ 법률이 일정한 요건을 갖춘 경우 비과세하도록 규정하는데, 비과세요건을 갖추었을 경우 얻을 수 있는 이익 역시 헌법이 보호하는 재산권의 영역에 포함된다.
⑤ 이동전화번호에 대하여 사적 유용성 및 그에 대한 원칙적 처분권을 내포하는 재산가치 있는 구체적 권리인 재산권이 생긴다고 볼 수 없다.

MGI Point 재산권 ★★

■ 헌법상 재산권으로 인정하지 않은 경우
  ▪ 인도적 차원의 시혜적 급부를 받을 권리
  ▪ 공무원이 국가 또는 지방자치단체에 대하여 어느 수준의 보수를 청구할 수 있는 권리
  ▪ 건강보험수급권
  ▪ 법률상 비과세요건을 갖추었을 경우 얻을 수 있는 이익
  ▪ 이동전화번호에 대한 사적 유용성 및 원칙적 처분권

① (○) 인도적 차원의 시혜적 급부를 받을 권리는 헌법 제23조에 의하여 보장된 재산권이라고 할 수 없으나, 미수금 지원금이 한일청구권협정으로 말미암아 대일민간청구권의 행사에 상당한 어려움을 안게 된 강제동원피해자들을 국가적 차원에서 지원하고자 하는 의도로 지급되게 되었다는 점을 고려한다면, 그 산정방식은 입법자가 자의적으로 결정해서는 안 되고 미수금의 가치를 합리적으로 반영하는 것이어야 한다는 입법적 한계를 가진다(헌재 2015.12.23. 2009헌바317).

② (○) 공무원의 보수청구권은, 법률 및 법률의 위임을 받은 하위법령에 의해 그 구체적 내용이 형성되면 재산적 가치가 있는 공법상의 권리가 되어 재산권의 내용에 포함되지만, 법령에 의하여 구체적 내용이 형성되기 전의 권리, 즉 공무원이 국가 또는 지방자치단체에 대하여 어느 수준의 보수를 청구할 수 있는 권리는 단순한 기대이익에 불과하여 재산권의 내용에 포함된다고 볼 수 없다. 따라서 청구인이 주장하는 특정한 또는 구체적 보수수준에 관한 내용이 법령에서 형성된 바 없음에도, 이 사건 법령조항이 그 수준의 봉급월액보다 낮은 봉급월액을 규정하고 있어 청구인의 재산권을 침해한다는 주장은 이유 없다(헌재 2008.12.26. 2007헌마444).

③ (○) 건강보험수급권과 같이 공법상의 권리가 헌법상의 재산권으로 보호받기 위해서는 국가의 일방적인 급부에 의한 것이 아니라 수급자의 상당한 자기기여를 전제로 한다. 그런데 국민건강보험은 개인의 보험료와 국가의 재정으로 운영되고 이 사건 규정의 적용에 의하여 청구인들과 같은 수용자에게 보험급여가 정지되는 경우 동시에 보험료 납부의무도 면제된다. 그렇다면 수급자의 자기기여가 없는 상태이므로 이 사건 규정에 의하여 건강보험수급권이 정지되더라도 이를 사회보장수급권(인간다운 생활을 할 권리)으로 다툴 수 있음은 별론으로 하고 재산권 침해로 다툴 수는 없다고 할 것이다(헌재 2005.02.24. 2003헌마31,2004헌마695(병합)).

④ (X) 이 사건 법률조항인 비과세의 대상에서 제외된 것과 같은 시혜적 입법의 시혜대상에서 제외되었다는 이유만으로 재산권의 제한이 생기는 것은 아니고, 그와 같은 시혜대상이 될 경우 얻을 수 있는 재산상 이익의 기대가 성취되지 않았다고 하여도 그러한 단순한 재산상 이익의 기대는 헌법이 보호하는 재산권의 영역에 포함되지 않으므로, 이 사건 법률조항이 청구인의 재산권을 침해하였다고 할 수 없다(헌재 2011.06.30. 2010헌바430).

⑤ (○) … 나아가 이동전화번호는 유한한 국가자원으로서, 청구인들이 오랜 기간 같은 이동전화번호를 사용해 왔다 하더라도 이는 국가의 이동전화번호 관련 정책 및 이동전화 사업자와의 서비스 이용계약 관계에 의한 것일 뿐, 청구인들이 이동전화번호에 대하여 사적 유용성 및 그에 대한 원칙적 처분권을 내포하는 재산가치 있는 구체적 권리인 재산권을 가진다고 볼 수 없다. 따라서 위 이행명령에 의하여 청구인들의 재산권이 제한된다고 할 수도 없다(헌재 2013.07.25. 2011헌마63).

정답 ④

문 75

헌법상 재산권에 관한 다음 설명 중 가장 옳지 않은 것은? [2020년 27번]

① 공법상의 권리가 헌법상의 재산권보장의 보호를 받기 위해서는 첫째, 공법상의 권리가 권리주체에게 귀속되어 개인의 이익을 위하여 이용 가능해야 하며, 둘째, 국가의 일방적인 급부에 의한 것이 아니라 권리주체의 노동이나 투자, 특별한 희생에 의하여 획득되어 자신이 행한 급부의 등가물에 해당하는 것이어야 하며, 셋째, 수급자의 생존의 확보에 기여해야 한다.

② 군인연금법상의 연금수급권, 공무원연금법상의 연금수급권, 국가유공자의 보상수급권, 국민연금법상 사망일시금은 헌법상의 재산권에 포함된다.

③ 재산권은 사적유용성 및 그에 대한 원칙적 처분권을 내포하는 재산가치 있는 구체적 권리이므로 구체적인 권리가 아닌 단순한 이익이나 재화의 획득에 관한 기회 등은 재산권보장의 대상이 아니다.

④ 교원의 정년단축으로 기존 교원이 입는 경제적 불이익은 계속 재직하면서 재화를 획득할 수 있는 기회를 박탈당한다는 것이므로 이러한 경제적 기회는 재산권보장의 대상이 아니다.

⑤ 국가보상적 내지 국가보훈적 수급권이나 사회보장수급권은 구체적인 법률에 의하여 비로소 부여되는 권리이므로, 수급권 발생요건이 법정되어 있는 경우에는 이 법정요건을 갖추기 전에는 헌법이 보장하는 재산권이라고 할 수 없다.

> **MGI Point 헌법상 재산권** ★★★
>
> ■ 공법상의 권리가 헌법상 재산권으로 보장받기 위한 요건
>   ⇨ ① 사적 유용성, ② 수급자의 상당한 자기기여, ③ 수급자의 생존보장에의 기여
> ■ 헌법상 재산권에 해당하는지 여부
>   • 군인연금법상 연금수급권 ⇨ 재산권의 보호대상 ○
>   • 공무원연금법상 연금수급권, 국가유공자의 보상수급권 ⇨ 법정요건을 갖춘 후 발생하는 것은 경제적·재산적 가치가 있는 공법상의 권리
>   • 국민연금법상 사망일시금 ⇨ 헌법상 재산권 × (∵ 장제부조적·보상적 성격을 갖는 급여)
> ■ 재산권
>   • 사적(私的) 유용성 및 그에 대한 원칙적 처분권을 내포하는 재산가치 있는 구체적 권리
>   • 교원의 정년단축으로 기존 교원이 입는 경제적 불이익 ⇨ 단순한 이익이나 재화의 획득에 관한 기회 등은 재산권보장의 대상 ×
> ■ 국가보훈 내지 국가보상적 수급권 ⇨ 법정요건을 갖추어야 재산권으로 보호

① (○) 공법상의 권리가 헌법상의 재산권보장의 보호를 받기 위해서는 다음과 같은 요건을 갖추어야 한다. 첫째, 공법상의 권리가 권리주체에게 귀속되어 개인의 이익을 위하여 이용가능해야 하며(사적 유용성), 둘째, 국가의 일방적인 급부에 의한 것이 아니라 권리주체의 노동이나 투자, 특별한 희생에 의하여 획득되어 자신이 행한 급부의 등가물에 해당하는 것이어야 하며(수급자의 상당한 자기기여), 셋째, 수급자의 생존의 확보에 기여해야 한다. 이러한 요건을 통하여 사회부조와 같이 국가의 일방적인 급부에 대한 권리는 재산권의 보호대상에서 제외되고, 단지 사회법상의 지위가 자신의 급부에 대한 등가물에 해당하는 경우에 한하여 사법상의 재산권과 유사한 정도로 보호받아야 할 공법상의 권리가 인정된다. 즉 공법상의 법적 지위가 사법상의 재산권과 비교될 정도로 강력하여 그에 대한 박탈이 법치국가원리에 반하는 경우에 한하여, 그러한 성격의 공법상의 권리가 재산권의 보호대상에 포함되는 것이다(헌재 2000.06.29. 99헌마289).

② (X) i) 군인연금법상 퇴역연금 수급권은 사회보장수급권과 재산권이라는 두 가지 성격이 불가분적으로 혼화되어, 전체적으로 재산권의 보호 대상이 되면서도 순수한 재산권만이 아닌 특성을 지니므로, 비록 퇴역연금 수급권이 재산권으로서의 성격을 일부 지닌다고 하더라도 사회보장법리에 강하게 영향을 받을 수밖에 없다. 입법자로서는 퇴역연금 수급권의 구체적 내용을 정할 때 재산권보다 사회보장수급권적 요소에 중점을 둘 수 있고 이 점에 관하여 입법형성의 자유가 있다. 따라서 퇴역연금 수급자에게 소득이 있는 경우 어느 범위에서 퇴역연금 수급을 제한할 것인지에 대해서는 국가의 재정능력, 국민 전체 소득 및 생활수준, 그 밖에 여러 가지 사회·경제적 여건 등을 종합하여 합리적 수준에서 결정할 수 있고, 그 결정이 현저히 자의적이거나 사회적 기본권의 최소한 내용마저 보장하지 않은 경우에 한하여 헌법에 위반된다고 할 수 있다(헌재 1999.04.29. 97헌마333).

ii) 공무원 퇴직연금수급권은 국가의 재정상황, 국민 전체의 소득 및 생활수준 기타 여러 가지 사회·경제적인 여건 등을 종합하여 합리적인 수준에서 결정할 수 있는 광범위한 입법형성의 재량이 인정되기 때문에 법정요건을 갖춘 후 발생하는 공무원 퇴직연금수급권만이 경제적·재산적 가치가 있는 공법상의 권리로서 헌법 제23조 제1항이 보장하고 있는 재산권에 포함되는 것이다(헌재 2012.08.23. 2010헌바425).

iii) 예우법상 보상금수급권은 다른 국가보상적 내지 국가보훈적 수급권이나 사회보장수급권과 마찬가지로 구체적인 법률에 의하여 비로소 부여되는 권리로서, 법정요건을 갖춘 후 발생하는 보상금수급권은 구체적인 법적 권리로 보장되는 경제적·재산적 가치가 있는 공법상의 권리라 할 것이지만, 법정요건을 갖추기 전에

는 헌법이 보장하는 재산권이라 할 수 없고, 예우법 시행 전 또는 그 시행 중에 상이를 입은 군경이 상이를 입게 된 시점에 가지게 되는 보상금수급권에 관한 지위는 수급권 발생에 필요한 법정요건을 갖춘 후에 비로소 재산권인 보상금수급권을 취득할 수 있으리라는 기대이익에 불과하다. 따라서 이 사건 조항이 상이를 입은 군경이 상이를 입은 때로부터 보상금을 받을 수 있는 권리를 소급하여 박탈하는 것이라거나, 헌법상 보장된 재산권을 침해한다고 볼 수는 없다(헌재 2011.07.28. 2009헌마27).

iv) 사망일시금 제도는 유족연금 또는 반환일시금을 지급받지 못하는 가입자 등의 가족에게 사망으로 소요되는 비용의 일부를 지급함으로써 국민연금제도의 수혜범위를 확대하고자 하는 차원에서 도입되었는데, 국민연금제도가 사회보장에 관한 헌법규정인 제34조 제1항, 제2항, 제5항을 구체화한 제도로서, 국민연금법상 연금수급권 내지 연금수급기대권이 재산권의 보호대상인 사회보장적 급여라고 한다면 사망일시금은 사회보험의 원리에서 다소 벗어난 장제부조적·보상적 성격을 갖는 급여로 사망일시금은 헌법상 재산권에 해당하지 아니하므로, 이 사건 사망일시금 한도 조항이 청구인들의 재산권을 제한한다고 볼 수 없다(헌재 2019.02.28. 2017헌마432).

③ (O) 헌법 제23조 제1항에 의하여 보호되는 재산권은 사적(私的) 유용성 및 그에 대한 원칙적 처분권을 내포하는 재산가치 있는 구체적 권리라 할 것이고, 단순한 이익이나 재화의 획득에 관한 기회 등은 재산권보장의 대상이 되지 아니하는바, 구 국유재산법 제7조 제1항에 의하여 제한되는 것은 관재담당공무원이 국유재산을 취득할 수 있는 기회에 불과하므로 이는 위 헌법조항에 의하여 보호되는 재산권에 해당되지 않고, 따라서 국유재산법 조항은 헌법 제23조 제1항에 위반되지 아니한다(헌재 1999.04.29. 96헌바55).

④ (O) 재산권은 사적유용성 및 그에 대한 원칙적 처분권을 내포하는 재산가치있는 구체적 권리이므로 구체적인 권리가 아닌 단순한 이익이나 재화의 획득에 관한 기회(단순한 기대이익·반사적이익 또는 경제적인 기회)등은 재산권보장의 대상이 아닌 바, 교원의 정년단축으로 기존 교원이 입는 경제적 불이익은 계속 재직하면서 재화를 획득할 수 있는 기회를 박탈당한다는 것인데 이러한 경제적 기회는 재산권보장의 대상이 아니라는 것이 우리 재판소의 판례이다(헌재 2000.12.14. 99헌마112).

⑤ (O) 예우법상 보상금수급권은 다른 국가보상적 내지 국가보훈적 수급권이나 사회보장수급권과 마찬가지로 구체적인 법률에 의하여 비로소 부여되는 권리로서, 법정요건을 갖춘 후 발생하는 보상금수급권은 구체적인 법적 권리로 보장되는 경제적·재산적 가치가 있는 공법상의 권리라 할 것이지만, 법정요건을 갖추기 전에는 헌법이 보장하는 재산권이라 할 수 없고, 예우법 시행 전 또는 그 시행 중에 상이를 입은 군경이 상이를 입게 된 시점에 가지게 되는 보상금수급권에 관한 지위는 수급권 발생에 필요한 법정요건을 갖춘 후에 비로소 재산권인 보상금수급권을 취득할 수 있으리라는 기대이익에 불과하다. 따라서 이 사건 조항이 상이를 입은 군경이 상이를 입은 때로부터 보상금을 받을 수 있는 권리를 소급하여 박탈하는 것이라거나, 헌법상 보장된 재산권을 침해한다고 볼 수는 없다(헌재 2011.07.28. 2009헌마27).

정답 ②

문 76

헌법 제23조 제3항에서 규정한 재산권의 공용침해와 정당한 보상에 관한 다음 설명 중 가장 옳지 않은 것은? [2020년 24번]

① 헌법 제23조 제3항은 "공공필요에 의한 재산권의 수용·사용 또는 제한 및 그에 대한 보상은 법률로써 하되, 정당한 보상을 지급하여야 한다"라고 하여 재산권 행사의 사회적 의무성의 한계를 넘는 재산권의 수용·사용·제한과 그에 대한 보상의 원칙을 규정하고 있다.
② 공공필요에 의한 재산권의 공권력적·강제적 박탈을 의미하는 공용수용은 국민의 재산권을 그 의사에 반하여 강제적으로라도 취득해야 할 공익적 필요성이 있을 것, 수용과 그에 대한 보상은 모두 법률에 의거할 것, 정당한 보상을 지급할 것의 요건을 갖추어야 한다.
③ 헌법이 규정한 '정당한 보상'이란 원칙적으로 피수용재산의 객관적인 재산가치를 완전하게 보상하는 것이어야 한다는 완전보상을 뜻한다.

④ 공익사업의 시행으로 인한 개발이익은 완전보상의 범위에 포함되는 피수용토지의 객관적 가치 내지 피수용자의 손실이라고 볼 수 없으므로 개발이익을 배제하고 손실보상액을 산정한다 하여 헌법이 규정한 정당보상의 원리에 어긋나는 것은 아니다.
⑤ 수용된 토지가 당해 공익사업에 필요 없게 되거나 이용되지 아니하였을 경우에 피수용자가 그 토지소유권을 회복할 수 있는 권리, 즉 환매권은 피수용자가 수용 당시 정당한 손실보상을 받은 이상 헌법이 보장하는 재산권의 내용에 포함되는 권리라고 볼 수 없다.

MGI Point 재산권의 공용침해와 정당한 보상(헌법 제23조 제3항) ★★★

- 헌법 제23조 제3항 ⇨ 재산권 행사의 사회적 의무성의 한계를 넘는 재산권의 수용·사용·제한과 그에 대한 보상의 원칙 규정
- 공용수용의 요건
  - 공익적 필요성 + 법률의 근거 + 정당한 보상
  - 모두 구비하여야 함
- 헌법 제23조 제3항이 규정하는 정당한 보상
  ⇨ 완전보상을 의미
  ⇨ 공시지가를 기준으로 한 보상액산정도 정당보상에 해당
- 공익사업 시행으로 인한 개발이익 ⇨ 완전보상의 범위에 포함되는 피수용자의 손실 ×
  (∴ 개발이익 배제하고 손실보상액을 산정하는 것이 정당한 보상의 원칙에 위반 ×)
- 토지수용법 제71조 소정의 환매권 ⇨ 헌법이 보장하는 재산권의 내용에 포함 ○

---

① (○) 헌법 제23조 제3항은 "공공필요에 의한 재산권의 수용·사용 또는 제한 및 그에 대한 보상은 법률로써 하되, 정당한 보상을 지급하여야 한다."라고 하여 재산권 행사의 사회적 의무성의 한계를 넘는 재산권의 수용·사용·제한과 그에 대한 보상의 원칙을 규정하고 있다(헌재 2011.04.28. 2010헌바114).

② (○) … 우리 헌법의 재산권 보장에 관한 규정의 근본취지에 비추어 볼 때, 공공필요에 의한 재산권의 공권력적, 강제적 박탈을 의미하는 공용수용은 헌법상의 재산권 보장의 요청상 불가피한 최소한에 그쳐야 한다. 즉 공용수용은 헌법 제23조 제3항에 명시되어 있는 대로 국민의 재산권을 그 의사에 반하여 강제적으로라도 취득해야 할 공익적 필요성이 있을 것, 법률에 의거할 것, 정당한 보상을 지급할 것의 요건을 모두 갖추어야 한다(헌재 2014.10.30. 2011헌바129).

③ (○) 헌법 제23조 제3항이 규정하는 정당한 보상이란 원칙적으로 피수용재산의 객관적인 재산가치를 완전하게 보상하는 것이어야 한다는 완전보상을 의미한다(헌재 1995.04.20. 93헌바20).

④ (○) 공익사업법 제67조 제2항은 보상액을 산정함에 있어 당해 공익사업으로 인한 개발이익을 배제하는 조항인데, 공익사업의 시행으로 지가가 상승하여 발생하는 개발이익은 사업시행자의 투자에 의한 것으로서 피수용자인 토지소유자의 노력이나 자본에 의하여 발생하는 것이 아니므로, 이러한 개발이익은 형평의 관념에 비추어 볼 때 토지소유자에게 당연히 귀속되어야 할 성질의 것이 아니고, 또한 개발이익은 공공사업의 시행에 의하여 비로소 발생하는 것이므로, 그것이 피수용 토지가 수용 당시 갖는 객관적 가치에 포함된다고 볼 수도 없다. 따라서 개발이익은 그 성질상 완전보상의 범위에 포함되는 피수용자의 손실이라고 볼 수 없으므로, 이러한 개발이익을 배제하고 손실보상액을 산정한다 하여 헌법이 규정한 정당한 보상의 원칙에 위반되지 않는다(헌재 2009.12.29. 2009헌바142).

⑤ (X) 수용된 토지가 당해 공익사업에 필요없게 되거나 이용되지 아니하였을 경우에 피수용자가 그 토지소유권을 회복할 수 있는 권리 즉 토지수용법 제71조 소정의 환매권은 헌법상의 재산권 보장규정으로부터 도출되는 것으로서 헌법이 보장하는 재산권의 내용에 포함되는 권리라고 할 수 있다(헌재 1994.02.24. 92헌가15).

정답 ⑤

문 77

재산권에 관한 다음 설명 중 가장 옳지 않은 것은? [2019년 3번]

① 재산권의 내용과 한계를 정할 입법자의 권한은, 장래에 발생할 사실관계에 적용될 새로운 권리를 형성하고 그 내용을 규정할 권한뿐만 아니라, 더 나아가 과거의 법에 의하여 취득한 구체적인 법적 지위에 대하여까지도 그 내용을 새로이 형성할 수 있는 권한을 포함하고 있다.
② 재산권의 내용을 새로이 형성하는 법률이 합헌적이기 위하여서는 장래에 적용될 법률이 헌법에 합치하여야 할 뿐만아니라, 또한 과거의 법적 상태에 의하여 부여된 구체적 권리에 대한 침해를 정당화하는 이유가 존재하여야 한다.
③ 입법자는 재산권의 내용을 구체적으로 형성함에 있어서 헌법상의 재산권보장(헌법 제23조 제1항 제1문)과 재산권의 제한을 요청하는 공익 등 재산권의 사회적 기속성(헌법 제23조 제2항)을 함께 고려하고 조정하여 양 법익이 조화와 균형을 이루도록 하여야 한다.
④ 재산권 보장의 객체인 재산권은 경제적 가치가 있는 모든 공법상·사법상의 권리를 뜻하고, 그 재산가액의 다과를 불문한다.
⑤ 영리획득의 기회나 기업활동의 사실상·법적 여건의 경우에도 그것이 기업에게 중요한 의미를 갖는다면 재산권보장의 대상이 된다.

MGI Point 재산권 ★★

- 재산권의 내용과 한계를 정할 입법자의 권한
  ⅰ) 장래에 발생할 사실관계에 적용될 새로운 권리를 형성 & 그 내용 규정할 권한뿐만 아니라,
  ⅱ) 과거 법에 의하여 취득한 구체적인 법적 지위에 대한 내용을 새로이 형성 수 있는 권한 포함
- 재산권의 내용을 새로이 형성하는 법률이 합헌적이기 위한 조건
  ⅰ) 비례의 원칙을 기준으로 판단, 공익에 의하여 정당화되는 경우에만 합헌
  ⅱ) 즉, 장래에 적용될 법률이 헌법에 합치하여야 할 뿐만 아니라, 과거의 법적 상태에 의하여 부여된 구체적 권리에 대한 침해를 정당화하는 이유 要
- 입법자가 재산권의 내용을 형성함에 고려해야 할 사항
  ⅰ) 헌법상의 재산권보장(헌법 제23조 제1항 제1문)과
  ⅱ) 재산권의 제한을 요청하는 공익 등 재산권의 사회적 기속성(헌법 제23조 제2항)을 함께 고려
  ⅲ) but 본질적 내용 침해 금지, 사회적 기속성 고려
- 재산권 ⇨ 경제적 가치가 있는 모든 공법상·사법상의 권리 포함, 그 재산가액의 다과 불문
- 영리획득의 기회나 기업활동의 사실상·법적 여건 ⇨ 재산권보장 대상 ×

---

① (○), ② (○) 헌법 제23조에 의하여 재산권을 제한하는 형태에는, 제1항 및 제2항에 근거하여 재산권의 내용과 한계를 정하는 것과, 제3항에 따른 수용·사용 또는 제한을 하는 것의 두 가지 형태가 있다. 전자는 "입법자가 장래에 있어서 추상적이고 일반적인 형식으로 재산권의 내용을 형성하고 확정하는 것"을 의미하고, 후자는 "국가가 구체적인 공적 과제를 수행하기 위하여 이미 형성된 구체적인 재산적 권리를 전면적 또는 부분적으로 박탈하거나 제한하는 것"을 의미한다. 그런데 법은, 택지의 소유에 상한을 두거나 그 소유를 금지하고, 허용된 소유상한을 넘은 택지에 대하여는 처분 또는 이용·개발의무를 부과하며, 이러한 의무를 이행하지 아니하였을 때에는 부담금을 부과하는 등의 제한 및 의무부과 규정을 두고 있는바, 위와 같은 규정은 헌법 제23조 제1항 및 제2항에 의하여 토지재산권에 관한 권리와 의무를 일반·추상적으로 확정함으로써 재산권의 내용과 한계를 정하는 규정이라고 보아야 한다. 한편 재산권이 헌법 제23조에 의하여 보장된다고 하더라도, 입법자에 의하여 일단 형성된 구체적 권리가 그 형태로 영원히 지속될 것이 보장된다고까지 하는 의미는 아니다. 재산권의 내용과 한계를 정할 입법자의 권한은, 장래에 발생할 사실관계에 적용될 새로운 권

리를 형성하고 그 내용을 규정할 권한뿐만 아니라, 더 나아가 과거의 법에 의하여 취득한 구체적인 법적 지위에 대하여까지도 그 내용을 새로이 형성할 수 있는 권한을 포함하고 있는 것이다. 그러나 이러한 입법자의 권한이 무제한적인 것은 아니다. 이 경우 입법자는 재산권을 새로이 형성하는 것이 구법에 의하여 부여된 구체적인 법적 지위에 대한 침해를 의미한다는 것을 고려하여야 한다. 따라서 재산권의 내용을 새로이 형성하는 규정은 비례의 원칙을 기준으로 판단하였을 때 공익에 의하여 정당화되는 경우에만 합헌적이다. 즉, 재산권의 내용을 새로이 형성하는 법률이 합헌적이기 위하여서는 장래에 적용될 법률이 헌법에 합치하여야 할 뿐만 아니라, 또한 과거의 법적 상태에 의하여 부여된 구체적 권리에 대한 침해를 정당화하는 이유가 존재하여야 하는 것이다(헌재 1999.04.29. 94헌바37).

③ (○) 헌법은 "모든 국민의 재산권은 보장된다. 그 내용과 한계는 법률로 정한다", "재산권의 행사는 공공복리에 적합하도록 하여야 한다"(제23조 제1항 및 제2항)고 규정함으로써 재산권은 법률로써 규제될 수 있고, 그 행사 또한 일정한 제약을 받을 수 있다는 것을 밝히고 있다. 재산권이 법질서내에서 인정되고 보호받기 위하여는 입법자에 의한 형성을 필요로 한다. 즉, 재산권은 이를 구체적으로 형성하는 법이 없을 경우에는 재산에 대한 사실상의 지배만 있을 뿐이므로 다른 기본권과는 달리 그 내용이 입법자에 의하여 법률로 구체화됨으로써 비로소 권리다운 모습을 갖추게 된다. 입법자는 재산권의 내용을 구체적으로 형성함에 있어서 헌법상의 재산권보장(헌법 제23조 제1항 제1문)과 재산권의 제한을 요청하는 공익 등 재산권의 사회적 기속성(헌법 제23조 제2항)을 함께 고려하고 조정하여 양 법익이 조화와 균형을 이루도록 하여야 한다(헌재 1998.12.24. 89헌마214).

④ (○) 우리 헌법이 보장하고 있는 재산권은 경제적 가치가 있는 모든 공법상·사법상의 권리를 뜻하는데, 이러한 재산권의 범위에는 동산·부동산에 대한 모든 종류의 물권은 물론, 재산가치 있는 모든 사법상의 채권과 특별법상의 권리 및 재산가치 있는 공법상의 권리 등이 포함되나, 단순한 기대이익·반사적 이익 또는 경제적인 기회 등은 속하지 않는다(헌재 2015.09.08. 2015헌마809).

⑤ (X) 헌법 제23조 제1항의 재산권보장에 의하여 보호되는 재산권은 사적유용성 및 그에 대한 원칙적 처분권을 내포하는 재산가치 있는 구체적 권리이므로 구체적인 권리가 아닌 단순한 이익이나 재화의 획득에 관한 기회 등은 재산권보장의 대상이 아닌바, 구 산업재해보상보험법 제4조 단서가 보험업에 대한 법적 환경의 일부를 구성하는 것으로 보험영업에 간접적·사실적 영향을 미칠 수 있다고 하더라도 이러한 영리획득의 단순한 기회나 기업활동의 사실적·법적 여건은 헌법상 재산권보장의 대상이 아니라고 할 것이므로, 결국 구 산업재해보상보험법 제4조 단서는 헌법 제23조 제1항에 의하여 보호되는 재산권과는 관련이 없다(헌재 1996.08.29. 95헌바36).

정답 ⑤

문 78

재산권에 관한 다음 설명 중 가장 옳지 않은 것은? [2018년 38번]

① 구체적인 권리가 아닌 단순한 이익이나 재화의 획득에 관한 기회 또는 기업활동의 사실적·법적 여건 등은 재산권보장의 대상이 아니다.
② 건축법을 위반한 건축주 등이 건축 허가권자로부터 위반건축물의 철거 등 시정명령을 받고도 그 이행을 하지 않는 경우 건축법 위반자에 대하여 시정명령 이행시까지 반복적으로 이행강제금을 부과할 수 있도록 규정한 건축법 조항은 과잉금지의 원칙에 위배되어 건축법 위반자의 재산권을 침해한다.
③ 회사정리절차에 있어서 정리채권 등의 추완신고는 정리계획안 심리를 위한 관계인집회가 끝난 후에는 하지 못한다고 규정한 구 회사정리법 조항은 이해관계인의 헌법상 재산권을 침해하지 아니한다.
④ 등기부취득시효를 규정한 민법 조항은 원소유자의 재산권을 침해하지 아니한다.

⑤ 토지의 가격이 취득일 당시에 비하여 현저히 상승한 경우 환매금액에 대한 협의가 성립하지 아니한 때에는 사업시행자로 하여금 환매금액의 증액을 청구할 수 있도록 한 공익사업을 위한 토지 등의 취득 및 보상에 관한 법률 조항은 환매권자의 재산권을 침해하지 아니한다.

해설 ★★

① (○) 헌법 제23조 제1항에 의하여 보호되는 재산권은 사적 유용성 및 그에 대한 원칙적 처분권을 내포하는 재산가치 있는 구체적 권리이므로, 구체적인 권리가 아닌 단순한 이익이나 재화의 획득에 관한 기회 또는 기업활동의 사실적·법적 여건 등은 재산권 보장의 대상이 아니다(헌재 2009.06.25. 2007헌마451).

② (X) (시정명령 이행시까지 반복적으로 이행강제금을 부과할 수 있도록 규정한) 이 사건 법률조항은 '건축물의 안전과 기능, 미관을 향상시켜 공공복리의 증진을 도모하기 위한 것'으로 그 입법목적이 정당하고, 이러한 목적 달성을 위하여 시정명령에 불응하고 있는 건축법 위반자에 대하여 이행강제금을 부과함으로써 시정명령에 응할 것을 강제하고 있으므로 적절한 수단이 된다. 또한 개별사건에 있어서 위반내용, 위반자의 시정의지 등을 감안하여 허가권자는 행정대집행과 이행강제금을 선택적으로 활용할 수 있고, 행정대집행과 이행강제금 부과가 동시에 이루어지는 것이 아니라 허가권자의 합리적인 재량에 의해 선택하여 활용하는 이상 이를 중첩적인 제재에 해당한다고 볼 수 없으며, 이행강제금은 위법건축물의 원상회복을 궁극적인 목적으로 하고, 그 궁극적인 목적을 달성하기 위해서는 위법건축물이 존재하는 한 계속하여 부과할 수밖에 없으며, 만약 통산 부과횟수나 통산 부과상한액의 제한을 두면 위반자에게 위법건축물의 현상을 고착할 수 있는 길을 열어 주게 됨으로써 이행강제금의 본래의 취지를 달성할 수 없게 되므로 이 사건 법률조항에서 이행강제금의 통산 부과횟수나 통산 부과상한액을 제한하는 규정을 두고 있지 않다고 하여 침해 최소성의 원칙에 반한다고 할 수는 없다. 그리고 이 사건 법률조항에 의하여 위반자는 위법건축물의 사용·수익·처분 등에 관한 권리가 제한되지만, 건축물의 안전과 기능, 미관을 향상시켜 공공복리의 증진을 도모하고자 하는 공익이 훨씬 크다고 할 것이므로, 이 사건 법률조항은 법익 균형성의 원칙에 위배되지 아니한다. 따라서 이 사건 법률조항은 과잉금지의 원칙에 위배되지 아니하므로 위반자의 재산권을 침해하지 아니한다(헌재 2011.10.25. 2009헌바140).

③ (○) 회사정리법 제127조 제3항은 이러한 추완신고를 할 수 있는 시간적 범위를 제한하여 정리계획안심리를 위한 관계인집회 이후에는 추완신고를 할 수 없도록 하고 있는데, 이는 만일 정리계획안의 심리가 종결된 후의 추완신고를 인정하면 이러한 채권은 정리계획안에 반영되지 않았으므로 이를 반영한 정리계획안을 다시 작성하여 관계인집회에서 재차 심리해야 하는 등 시간과 비용면에서 큰 부담을 주어 회사정리절차가 순조롭게 진행되는 것을 막을 우려가 있기 때문이다. 따라서 이 사건 법률조항에 의한 제한은 회사정리제도의 목적을 달성하기 위하여 불가피한 것이고 공공의 복리를 위하여 헌법상 허용된 필요하고도 합리적인 제한이라 할 것이므로, 과잉금지의 원칙에 위반하여 재산권의 본질적 내용을 침해하거나, 평등권 등 여타 기본권을 침해하는 것이라고 볼 수 없다(헌재 2002.10.31. 2001헌바59).

④ (○) 10년간 소유권을 행사하지 아니한 자보다는 소유의 의사로 평온, 공연하게 선의·무과실로 부동산을 점유하면서 등기한 자의 부동산에 대한 이해관계가 두텁고, 사실상태가 오랜 기간 계속된 경우 이를 신뢰한 자를 보호하고 법률질서의 안정을 기할 필요가 있다. 원소유자는 10년 동안 자유롭게 소유권을 행사할 수 있고, 이 사건 등기부취득시효조항은 점유자의 등기 및 선의·무과실까지 요구하여 원소유자를 충분히 보호하고 있다. 또한 시효의 중단, 시효이익의 포기 등 원소유자와 시효취득자의 이익을 조정하는 제도도 마련되어 있다. 부동산 거래 실정과 성립요건주의를 취하고 있는 점을 고려하면, 10년의 시효기간이 부당하게 짧다고 보기도 어렵다. 따라서 이 사건 등기부취득시효 조항은 청구인의 재산권을 침해하지 않는다(헌재 2016.02.25. 2015헌바257).

⑤ (○) 이 사건 증액청구조항이 환매목적물인 토지의 가격이 통상적인 지가상승분을 넘어 현저히 상승하고 당사자 간 협의가 이루어지지 아니할 경우에 한하여 환매금액의 증액청구를 허용하고 있는 점, 환매권의 내용에 토지가 취득되지 아니하였다면 원소유자가 누렸을 법적 지위의 회복을 요구할 권리가 포함된다고 볼 수

없는 점, 개발이익은 토지의 취득 당시의 객관적 가치에 포함된다고 볼 수 없는 점, 환매권자가 증액된 환매금액의 지급의무를 부담하게 될 것을 우려하여 환매권을 행사하지 못하더라도 이는 사실상의 제약에 불과한 점 등에 비추어 볼 때, 위 조항이 재산권의 내용에 관한 입법형성권의 한계를 일탈하여 환매권자의 재산권을 침해한다고 볼 수 없다(헌재 2016.09.29. 2014헌바400).

정답 ②

문 79

헌법불합치 결정과 관련하여 다음 내용 중 가장 옳지 않은 것은? [2018년 10번]

① 구 학교용지 확보 등에 관한 특례법 제5조 제1항 단서 제5호는 학교용지부담금 부과 대상의 예외로 "도시 및 주거환경정비법 제2조 제2호 (나)목부터 (라)목까지의 규정에 따른 정비사업지역의 기존 거주자와 토지 및 건축물의 소유자에게 분양하는 경우"(이하 '조합원분양분'이라고 함)를 규정하고 있었다. 그런데 헌법재판소는 주택재개발사업으로 건설된 주택 가운데 현금청산의 대상이 되어 제3자에게 일반분양하는 가구(이하 '현금청산분'이라고 함)를 부담금 부과대상에서 제외하지 아니한 것은 평등원칙에 위배된다는 이유로 위 규정 중 '주택재개발사업'에 관한 부분(이하 '이 사건 법률조항'이라고 함)에 대하여 잠정적용 헌법불합치결정을 하였다.
② 주택재개발사업에서 조합원분양분과 현금청산분은 모두 신규로 주택이 공급되는 것이 아니어서 학교시설 확보의 필요성을 유발하지 아니한다는 점에서 차이가 없다. 따라서 이 사건 법률조항에 근거하여 주택재개발사업자에 대하여 부담금을 부과할 때에 조합원분양분뿐만 아니라 현금청산분까지 제외한 후 그 나머지에 대한 부담금을 부과하여야 하는데, 헌법재판소는 이러한 취지에서 이 사건 법률조항의 위헌성을 확인한 것이다.
③ 수익적 처분의 근거 법령이 특정한 유형의 사람에 대한 지급 등 수익처분의 근거를 마련하고 있지 않다는 점이 위헌이라는 이유로 헌법불합치 결정이 있더라도, 행정청은 그와 관련한 개선입법이 있기 전에는 해당 유형의 사람에게 구체적인 수익적 처분을 할 수는 없다.
④ 법률상 정해진 처분 요건에 따라 부담금을 부과·징수하는 침익적 처분을 하는 경우에는, 어떠한 추가적 개선입법이 없더라도 행정청이 사법적 판단에 따라 위헌이라고 판명된 내용과 동일한 취지로 부담금 부과처분을 하여서는 안 된다.
⑤ 헌법재판소가 헌법불합치 결정을 하면서 위 ① 관련 법률조항의 잠정적용을 명한 이상, 행정청으로서는 일단 그 조항을 적용하여 학교용지부담금을 부과할 수밖에 없고, 그러한 처분이 위법하다고 볼 수는 없다.

해설 ★★

① (○) 개발사업이 진행되는 지역에서 단기간에 형성된 취학 수요에 부응하기 위하여 학교를 신설 및 증축하는 것은 개발지역의 기반시설을 확보하려는 것이므로, 그 재정에 충당하기 위하여 개발사업의 시행자에게 학교용지부담금을 부과하는 것은, 개발사업의 시행자가 위와 같은 학교시설 확보의 필요성을 유발하였기 때문이다. 학교시설 확보의 필요성은 개발사업에 따른 인구 유입으로 인한 취학 수요의 증가로 이어지므로, 주택재개발사업의 시행으로 공동주택을 건설하는 경우에는 신규로 주택이 공급되는 개발사업분만을 기준으로 학교용지부담금의 부과 대상을 정해야 한다. 따라서 심판대상조항이 주택재개발사업의 경우 학교용지부담금 부과 대상에서 '기존 거주자와 토지 및 건축물의 소유자에게 분양하는 경우'에 해당하는 개발사업분만 제외

하고, 현금청산의 대상이 되어 제3자에게 분양됨으로써 기존에 비하여 가구 수가 증가하지 아니하는 개발사업분을 제외하지 아니한 것은, 주택재개발사업의 시행자들 사이에 학교시설 확보의 필요성을 유발하는 정도와 무관한 불합리한 기준으로 학교용지부담금의 납부액을 달리 하는 차별을 초래하므로, 심판대상조항은 평등원칙에 위배된다. 헌법재판소가 위헌결정을 선고하여 심판대상조항의 효력을 당장 상실시킨다면, 주택재개발사업에서 '기존 거주자와 토지 및 건축물의 소유자에게 분양하는 경우'의 개발사업분에 대해 학교용지부담금을 부과하지 않도록 한 근거 규정까지 효력을 잃게 됨으로써 그 입법목적을 달성하기 어려운 법적 공백상태가 발생하므로, 심판대상조항은 새로운 입법에 의하여 그 위헌성이 제거될 때까지 잠정적으로 적용하기로 한다(헌재 2014.04.24. 2013헌가28).

② (○) 구 학교용지 확보 등에 관한 특례법(2015. 1. 20. 법률 제13006호로 개정되기 전의 것, 이하 '구 학교용지법'이라고 한다)은 학교용지의 조성·개발·공급과 관련 경비의 부담 등에 관한 특례를 규정하여 학교용지의 확보 등을 쉽게 하려는 법률이다(제1조). 이에 필요한 재정을 충당하기 위하여 부담금을 개발사업의 시행자에게 부과하는 것은 개발사업의 시행자가 위와 같은 학교시설 확보의 필요성을 유발하였기 때문이다. 따라서 주택재개발사업의 시행으로 공동주택을 건설하는 경우에도 신규로 주택이 공급되어 학교시설 확보의 필요성을 유발하는 개발사업분만을 기준으로 부담금의 부과 대상을 정함이 옳다. 그런데 주택재개발사업에서 조합원분양분과 현금청산분은 모두 신규로 주택이 공급되는 것이 아니어서 학교시설 확보의 필요성을 유발하지 아니한다는 점에서 차이가 없다. 따라서 구 학교용지법 제5조 제1항 단서 제5호 중 도시 및 주거환경정비법 제2조 제2호 (나)목의 규정에 따른 '주택재개발사업'에 관한 부분에 근거하여 주택재개발사업자에 대하여 부담금을 부과할 때 조합원분양분뿐만 아니라 현금청산분까지 제외한 후 그 나머지에 대한 부담금을 부과하여야 한다(대판 2017.12.28. 2017두30122).

③ (○), ④ (○) 수익적 처분의 근거 법령이 특정한 유형의 사람에 대한 지급 등 수익처분의 근거를 마련하고 있지 않다는 점이 위헌이라는 이유로 헌법불합치 결정이 있더라도, 행정청은 그와 관련한 개선입법이 있기 전에는 해당 유형의 사람에게 구체적인 수익적 처분을 할 수는 없을 것이다. 그러나 이와 달리 법률상 정해진 처분 요건에 따라 부담금을 부과·징수하는 침익적 처분을 하는 경우에는, 어떠한 추가적 개선입법이 없더라도 행정청이 사법적 판단에 따라 위헌이라고 판명된 내용과 동일한 취지로 부담금 부과처분을 하여서는 안 된다는 점은 분명하다. 나아가 이러한 결론은 법질서의 통일성과 일관성을 확보하려는 법치주의의 당연한 귀결이므로, 행정청에 위헌적 내용의 법령을 계속 적용할 의무가 있다고 볼 수 없고, 행정청이 위와 같은 부담금 처분을 하지 않는 데에 어떠한 법률상 장애가 있다고 볼 수도 없다(대판 2017.12.28. 2017두30122).

⑤ (X) 헌법재판소가 2014. 4. 24. 이 사건 법률조항에 대해서 헌법불합치결정을 선고하면서 잠정적용을 명한 후, 피고(서울특별시 동대문 구청장)가 2014. 9. 29. 원고에 대하여 이 사건 법률조항에 근거하여 현금청산분까지 포함하여 부담금을 부과하는 처분을 한 사안에서 판례는 다음과 같이 판시하였다. 이 사건 법률조항을 적용할 때에 '기존에 비하여 가구 수가 증가하지 않는 경우'에는 부담금을 부과하여서는 아니 된다는 점이 이 사건 헌법불합치결정으로써 명백히 밝혀졌고, 그 해석에 다툼의 여지가 없으므로, 위 처분의 하자가 중대하고 명백하여 당연무효이다(대판 2017.12.28. 2017두30122).

정답 ⑤

문 80

재산권에 관한 다음 설명 중 가장 옳지 않은 것은?(다툼이 있는 경우 헌법재판소 판례에 의함)
[2017년 39번]

① 재산권의 객체인 재산권은 경제적 가치가 있는 모든 공법상·사법상 권리이고, 그 재산가액의 다과를 불문한다.
② 단순한 이익이나 재화의 획득에 관한 기회, 기업활동의 사실적·법적 여건은 헌법 제23조 제1항이 정한 재산권보장의 대상이 되지 않는다.

③ 헌법재판소는 대법원 판례에 의하여 인정되는 관행어업권은 헌법상 재산권 보장의 대상이 되는 재산권에 해당한다고 보고 있다.
④ 면책을 받은 채무자에 대하여 파산절차에 의한 배당을 제외하고는 파산채권자에 대한 채무의 전부에 관하여 그 책임을 면제하는 채무자 회생 및 파산에 관한 법률(2005. 3. 31. 법률 제7428호로 제정된 것)의 규정은 파산채권자의 재산권을 침해한다고 할 수 없다.
⑤ 국가의 간섭을 받지 아니하고 자유로이 기부행위를 할 수 있는 기회의 보장은 헌법상 보장된 재산권의 보호범위에 포함된다.

해설

① (○) 헌법이 보장하고 있는 재산권은 경제적 가치가 있는 모든 공법상·사법상의 권리를 뜻하고, 그 재산가액의 다과를 불문한다(헌재 1992.06.26. 90헌바26).
② (○) 헌법 제23조 제1항에 의하여 보호되는 재산권은 사적 유용성 및 그에 대한 원칙적 처분권을 내포하는 재산가치 있는 구체적 권리이므로, 구체적인 권리가 아닌 단순한 이익이나 재화의 획득에 관한 기회 또는 기업활동의 사실적·법적 여건 등은 재산권 보장의 대상이 아니다(헌재 2008.11.27. 2005헌마161).
③ (○) 대법원판례에 의하여 인정되는 관행어업권은 물권에 유사한 권리로서 공동어업권이 설정되었는지 여부에 관계없이 발생하는 것이고, 그 존속에 있어서도 공동어업권과 운명을 같이 하지 않으며 공동어업권자는 물론 제3자에 대하여서도 주장하고 행사할 수 있는 권리이므로, 헌법상 재산권 보장의 대상이 되는 재산권에 해당한다고 할 것이다(헌재 1999.07.22. 97헌바76).
④ (○) 이 사건 면책효력조항은 채권자들에 대한 공평한 변제를 확보하고 채무자의 경제적 재기의 기회를 부여하려는 것으로서 정당한 목적 달성을 위한 적합한 수단에 해당한다. 또한 파산절차에 의한 배당 외의 추가적인 책임 부담을 채무자에게 요구하는 것은 채무자의 갱생을 어렵게 할 우려가 있는 점 등을 고려할 때 달리 덜 침해적인 대체 수단을 발견하기 어려우므로 이 사건 면책효력조항은 피해의 최소성 원칙에 반하지 아니한다. 나아가 채무자의 면책으로 인한 채권자의 불이익이 면책제도가 추구하는 공익에 비하여 크다고 보기 어려우므로, 법익균형성의 원칙에도 반하지 아니한다. 따라서 이 사건 면책효력조항은 파산채권자의 재산권을 침해하지 아니한다(헌재 2013.03.21. 2012헌마569).
⑤ (X) 국가의 간섭을 받지 아니하고 자유로이 기부행위를 할 수 있는 기회의 보장은 헌법상 보장된 재산권의 보호범위에 포함되지 않는다(헌재 1998.05.28. 96헌가5).

정답 ⑤

제2관 직업의 자유

문 25

직업의 자유와 관련된 다음 설명 중 가장 옳은 것은? [2023년 6번]

① 세무사 자격 보유 변호사로 하여금 세무사로서 세무사의 업무를 할 수 없도록 규정한 세무사법은 세무사 자격 보유 변호사의 직업선택의 자유를 침해하지 않는다.
② 변호사의 자격이 있는 자에게 더 이상 세무사 자격을 부여하지 않는 구 세무사법의 시행일과 시행일 당시 종전 규정에 따라 세무사의 자격이 있던 변호사는 개정 규정에도 불구하고 세무사 자격이 있는 것으로 변호사의 세무사 자격에 관한 경과조치를 정하고 있는 세무사법 부칙은 시행일

을 기준으로 이미 변호사 자격을 취득한 사람과 그렇지 않은 사람을 달리 취급하는 것에 합리적인 이유가 없으므로, 평등권을 침해한다.
③ 관련 자격증(변호사·공인회계사·세무사) 소지자에게 세무직 국가공무원 공개경쟁채용시험에서 일정한 가산점을 부여하는 구 공무원임용시험령은 과잉금지의 원칙에 위배되어 공무담임권을 침해한다.
④ 변호사법의 위임을 받아 대한변호사협회에서 정한 '변호사 광고에 관한 규정' 중 '변호사 또는 소비자로부터 대가를 받고 법률상담 또는 사건 등을 소개·알선·유인하기 위하여 변호사등을 광고·홍보·소개하는 행위'를 금지하고 있는 규정은 표현의 자유와 직업의 자유를 침해한다.
⑤ '일반의 법률사건에 관하여 화해사무를 취급한 자'를 형사처벌하도록 하는 구 변호사법은 변호사 아닌 자의 법률사무 취급을 포괄적으로 금지하여 일반 국민의 직업선택의 자유를 침해한다.

MGI Point 직업의 자유 ★★

- 세무사 자격 보유 변호사로 하여금 세무사로서 세무사의 업무를 할 수 없도록 규정한 것 ⇨ 직업선택의 자유 침해
- 개정 세무사법 시행일을 기준으로 이미 변호사 자격을 취득한 사람과 그렇지 않은 사람을 세무사 자격 부여에 있어 달리 취급하는 것 ⇨ 평등권 침해×
- 세무직 국가공무원 공개경쟁채용시험에서 관련 자격증(변호사·공인회계사·세무사) 소지자에게 일정한 가산점을 부여하는 것 ⇨ 공무담임권 침해×
- 대한변호사협회에서 정한 '변호사 광고에 관한 규정' 중 대가를 받고 변호사등을 광고·홍보·소개하는 행위'를 금지하고 있는 규정 ⇨ 표현의 자유와 직업의 자유 침해
- '일반의 법률사건에 관하여 화해사무를 취급한 자'를 형사처벌하도록 하는 규정 ⇨ 일반 국민의 직업선택의 자유 침해×

① (X) 세무사 자격 보유 변호사가 법률에 의해 세무사의 자격을 부여받았다는 것은 그 자격에 따른 업무를 수행할 자유를 회복하였다는 것을 의미하는 점, 세무조정업무는 세법 및 관련 법령에 대한 해석·적용을 그 업무의 내용으로 하고 있으므로, 세무사 자격 보유 변호사에게 그 전문성과 능력이 인정되는 점, 세무조정업무는 세무사의 업무 중 가장 핵심적인 업무에 속하는 점 등을 고려할 때, 심판대상조항이 세무사 자격 보유 변호사에 대하여 세무조정업무를 일체 수행할 수 없도록 전면 금지하는 것은 세무사 자격 부여의 의미를 상실시키는 것일 뿐만 아니라, 세무사 자격에 기한 직업선택의 자유를 지나치게 제한하는 것이다. 또한 소비자가 세무사, 공인회계사, 변호사 중 가장 적합한 자격사를 선택할 수 있도록 하는 것이 세무조정업무의 전문성을 확보하고 납세자의 권익을 보호하고자 하는 입법목적에 보다 부합한다. 따라서 심판대상조항은 침해의 최소성에도 반한다. 세무사로서 세무조정업무를 일체 수행할 수 없게됨으로써 세무사 자격 보유 변호사가 받게 되는 불이익이 심판대상조항으로 달성하려는 공익보다 경미하다고 보기 어려우므로, 심판대상조항은 법익의 균형성도 갖추지 못하였다. 그렇다면, 심판대상조항은 과잉금지원칙을 위반하여 청구인 신O우의 직업선택의 자유를 침해하므로 헌법에 위반된다(헌법재판소 2018. 4. 26. 2016헌마116 결정).

② (X) 이 사건 부칙조항이 2017. 12. 26. 개정된 이 사건 법률조항의 시행일을 2018. 1. 1.로 정한 것은 이 사건 법률조항의 입법목적을 가급적 빨리 달성하기 위한 고려에서 내려진 입법적 결단으로 인정할 수 있다. 또한, 이 사건 부칙조항은 이 사건 법률조항의 시행일인 2018. 1.1.을 기준으로 이미 변호사 자격을 취득한 사람과 그렇지 않은 사람을 달리 취급하고 있다. 위 두 집단은 사법연수원 입소 당시 또는 법학전문대학원 입학 당시 장차 변호사 자격을 취득하면 세무사 자격도 자동으로 부여받을 수 있으리라는 기대를 갖고 있었다는 점에 있어서는 동일하다고 할 수 있다. 그러나 전자는 2018. 1. 1. 당시 이미 변호사 자격을 취득함으로써 개정 전 세무사법에 따를 경우 세무사 자격을 자동으로 부여받을 수 있는 요건을 현실적으로 구비하고 있었던 반면, 후자는 2018. 1. 1. 당시 그와 같은 요건을 현실적으로 구비하고 있지 않은 채 장차 변호사 자격

을 취득하면 세무사 자격까지 자동으로 부여받을 수 있으리라는 기대만을 갖고 있었던 것에 그친다. 후자의 경우 본인 및 주위 여건에 따라 사법연수원 과정이나 법학전문대학원 과정을 마치지 못할 가능성 내지 법학전문대학원 졸업 후 변호사시험에 합격하지 못할 가능성 역시 배제할 수는 없다는 점에서도 전자와는 분명한 차이가 있다. 이러한 점을 고려하면 이 사건 부칙조항이 2018. 1. 1.을 기준으로 이미 변호사 자격을 취득한 사람과 그렇지 않은 사람을 달리 취급하는 것에는 합리적인 이유가 있으므로, 위 조항은 청구인들의 평등권을 침해하지 않는다(헌법재판소 2021. 7. 15. 2018헌마279, 2018헌마344(병합), 2020헌마961(병합) 전원재판부 결정).

③ (X) 공무원 공개경쟁채용시험에서 자격증에 따른 가산점을 인정하는 목적은 공무원의 업무상 전문성을 강화하기 위함인바, 세무 영역에서 전문성을 갖춘 것으로 평가되는 자격증(변호사·공인회계사·세무사) 소지자들에게 세무직 국가공무원 공개경쟁채용시험에서 가산점을 부여하는 것은 그 목적의 정당성이 인정된다. 위와 같은 가산점제도는 가산 대상 자격증의 소지를 응시자격으로 하는 것이 아니고 일정한 요건 하에 가산점을 부여하는 것이므로 자격증이 없는 자의 응시기회나 합격가능성을 원천적으로 제한하는 것으로 보기 어렵고, 가산점 여부가 시험합격을 지나치게 좌우한다고 볼 근거도 충분치 아니하며, 채용 후 교육이나 경력자 채용으로는 적시에 충분한 전문인력을 확보할 수 있을 것으로 단정하기 어려우므로 피해의 최소성도 인정된다. 세무직 국가공무원의 업무상 전문성 강화라는 공익과 함께, 위와 같은 가산점 제도가 1993. 12. 31. 이후 유지되어 온 점, 자격증 없는 자들의 응시기회 자체가 박탈되거나 제한되는 것이 아닌 점, 가산점 부여를 위해서는 일정한 요건을 갖추도록 하고 있는 점 등을 고려하면 법익균형성이 인정되므로 심판대상조항이 과잉금지원칙에 반해 청구인의 공무담임권을 침해하지 않는다(헌법재판소 2020. 6. 25. 2017헌마1178 전원재판부 결정).

④ (○) 대한변호사협회의 변호사 광고에 관한 규정(2021. 5. 3. 전부개정된 것) 제4조 제14호 중 '협회의 유권해석에 반하는 내용의 광고' 부분, 제5조 제2항 제1호 중 '변호사등을 광고·홍보·소개하는 행위' 부분, 제8조 제2항 제4호 중 '협회의 유권해석에 위반되는 행위를 목적 또는 수단으로 하여 행하는 경우' 부분은 헌법에 위반된다(헌법재판소 2022. 5. 26.자 2021헌마619 결정).

⑤ (X) 이 사건 법률조항은 변호사제도를 보호·유지하려는 데 그 목적이 있어 실현하고자 하는 공익이 정당하고, 변호사제도의 목적을 달성하기 위해서는 비변호사의 법률사무취급의 금지는 불가피한 것으로 공익실현을 위한 기본권제한의 수단이 적정하며, 단지 금품 등 이익을 얻을 목적의 법률사무취급만을 금지하고 있는 점 등에 비추어 보면, 이 사건 법률조항이 일반국민의 직업선택의 자유를 침해한다고 볼 수 없다(헌법재판소 2010. 10. 28. 선고 2009헌바4 전원재판부).

 ④

문 26

직업의 자유에 관한 다음 설명 중 가장 옳지 않은 것은?[2023년 31번]

① 외국인근로자의 사업장 변경 사유를 제한하는 규정은, 그로 인해 외국인근로자가 일단 형성된 근로관계를 포기하고 직장을 이탈하는 데 있어 제한을 받게 되므로 직업선택의 자유 중 직장선택의 자유를 제한한다.

② 직업의 자유에 의한 보호의 대상이 되는 직업은 '생활의 기본적 수요를 충족시키기 위한 계속적 소득활동'을 의미하며, '생활수단성'에 관해서는 단순한 여가활동이나 취미활동은 직업의 개념에 포함되지 않으나 겸업이나 부업은 삶의 수요를 충족하기에 적합하므로 직업에 해당한다.

③ 직업의 자유에는 직업을 자유롭게 선택하는 '좁은 의미의 직업선택의 자유'와 그가 선택한 직업을 자기가 원하는 방식으로 자유롭게 수행할 수 있는 '직업수행의 자유'가 포함된다.
④ 법 규정이 직업의 자유를 직접 규율하고자 하는 것은 아니지만 간접적으로 직업의 행사를 저해하거나 불가능하게 하는 경우에도 직업의 자유에 대한 제한이 인정될 수 있다.
⑤ 어린이통학버스를 운영함에 있어서 반드시 보호자를 동승하도록 하는 조항은 동승보호자의 추가 고용에 따른 비용 지출을 유발할 뿐 학원의 영업방식을 직접 제한하는 것은 아니므로 그로 인해 직업수행의 자유는 제한되지 아니한다.

MGI Point 직업의 자유 ★★

- 외국인근로자의 사업장 변경 사유를 제한하는 규정 ⇨ 직장선택의 자유를 제한
- 겸업이나 부업 ⇨ 직업의 자유에 의한 보호의 대상이 되는 직업에 포함됨
- 직업의 자유 ⇨ '좁은 의미의 직업선택의 자유', '직업수행의 자유' 포함됨
- 법 규정이 간접적으로 직업의 행사를 저해하거나 불가능하게 하는 경우 ⇨ 직업의 자유에 대한 제한 인정
- 어린이통학버스를 운영함에 있어서 반드시 보호자를 동승하도록 하는 조항 ⇨ 직업수행의 자유는 제한

① (O) 직업선택의 자유는 누구나 자유롭게 자신이 종사할 직업을 선택하고, 그 직업에 종사하며, 이를 변경할 수 있는 자유를 말하며, 이에는 개인의 직업적 활동을 하는 장소 즉 직장을 선택할 자유도 포함된다. 이때 직장 선택의 자유란 개인이 그 선택한 직업분야에서 구체적인 취업의 기회를 가지거나, 이미 형성된 근로관계를 계속 유지하거나 포기하는 데 있어 국가의 방해를 받지 않는 자유로운 선택·결정을 보호하는 것을 내용으로 한다. 이 사건 법률조항은 외국인근로자의 사업장 최대변경가능 횟수를 설정하고 있는바, 이로 인하여 외국인근로자는 일단 형성된 근로관계를 포기(직장이탈)하는 데 있어 제한을 받게 되므로 이는 직업선택의 자유 중 직장 선택의 자유를 제한하고 있다(헌법재판소 2011. 9. 29. 2007헌마1083,2009헌마230,352(병합) 전원재판부).

② (O) 우리 헌법 제15조는 "모든 국민은 직업선택의 자유를 가진다"고 규정하여 직업의 자유를 국민의 기본권의 하나로 보장하고 있는바, 직업의 자유에 의한 보호의 대상이 되는 '직업'은 '생활의 기본적 수요를 충족시키기 위한 계속적 소득활동'을 의미하며 그러한 내용의 활동인 한 그 종류나 성질을 묻지 아니한다. 이러한 직업의 개념표지들은 개방적 성질을 지녀 엄격하게 해석할 필요는 없는바, '계속성'과 관련하여서는 주관적으로 활동의 주체가 어느 정도 계속적으로 해당 소득활동을 영위할 의사가 있고, 객관적으로도 그러한 활동이 계속성을 띨 수 있으면 족하다고 해석되므로 휴가기간 중에 하는 일, 수습직으로서의 활동 따위도 이에 포함된다고 볼 것이고, 또 '생활수단성'과 관련하여서는 단순한 여가활동이나 취미활동은 직업의 개념에 포함되지 않으나 겸업이나 부업은 삶의 수요를 충족하기에 적합하므로 직업에 해당한다고 말할 수 있다(헌법재판소 2003. 9. 25. 2002헌마519 전원재판부).

③ (O) 헌법 제15조가 규정하는 직업선택의 자유는 자신이 원하는 직업을 자유롭게 선택하는 좁은 의미의 '직업선택의 자유'와 그가 선택한 직업을 자기가 원하는 방식으로 자유롭게 수행할 수 있는 '직업수행의 자유'를 포함하는 '직업의 자유'를 의미한다(헌법재판소 2019. 12. 27. 2017헌가18 전원재판부).

④ (O) 이 사건 시행령조항은 차량소유자에게 타인에 관한 광고를 금지함으로써, 비영업용 차량을 광고매체로 활용하는 신종 광고대행업을 운영하려는 청구인들의 직업의 자유를 제한하는 효과를 부수적으로 가져온다. 법규정이 비록 직업의 자유를 직접 규율하고자 하는 것은 아니지만 간접적으로 직업의 행사를 저해하거나 또는 불가능하게 하는 경우에도, 직업의 자유에 대한 제한이 인정될 수 있다(헌법재판소 2002. 12. 18. 2000헌마764 전원재판부).

⑤ (X) 이 사건 보호자동승조항(어린이통학버스를 운영함에 있어서 반드시 보호자를 동승하도록 하는 조항)은 어린이통학버스를 운영함에 있어서 반드시 보호자를 동승하도록 함으로써 학원 등의 영업방식에 제한을 가하고 있으므로 청구인들의 직업수행의 자유를 제한한다(헌법재판소 2020. 4. 23. 2017헌마479 전원재판부).

정답 ⑤

문 81

직업의 자유에 관한 다음 설명 중 가장 옳지 않은 것은? [2021년 26번]

① 게임이용자로부터 게임 결과물을 매수하여 다른 게임이용자에게 이윤을 붙여 되파는 게임 결과물의 환전업도 헌법 제15조가 보장하고 있는 직업에 해당한다.
② 법인도 직업수행의 자유의 주체가 될 수 있다.
③ 직업의 자유에 '해당 직업에 합당한 보수를 받을 권리'까지 포함되어 있다고 보기 어렵다.
④ 직업선택의 자유에는 자신이 원하는 직업 내지 직종에 종사하는데 필요한 전문지식을 습득하기 위한 직업교육장을 임의로 선택할 수 있는 '직업교육장 선택의 자유'도 포함된다.
⑤ 직장선택의 자유는 개인이 그 선택한 직업분야에서 구체적인 취업의 기회를 가지거나, 이미 형성된 근로관계를 계속 유지하거나 포기하는 데에 있어 국가의 방해를 받지 않는 자유로운 선택·결정을 보호하는 것을 내용으로 하므로 한번 선택한 직장의 존속보호를 청구할 권리까지 보장한다.

MGI Point 직업의 자유 ★★

- 게임 결과물의 환전업 ⇨ 헌법 제15조가 보장하고 있는 직업에 해당 ○
- 법인도 직업수행의 자유의 주체 ○
- 직업의 자유에 '해당 직업에 합당한 보수를 받을 권리'까지 포함 ×
- 직업선택의 자유에는 '직업교육장 선택의 자유'도 포함 ○
- 국가에 대한 직접적인 직장존속보장청구권 ⇨ 근로자에게 인정 ×

① (○) 이 사건에서 문제되는 게임 결과물의 환전은 게임이용자로부터 게임 결과물을 매수하여 다른 게임이용자에게 이윤을 붙여 되파는 것으로, 이러한 행위를 영업으로 하는 것은 생활의 기본적 수요를 충족시키는 계속적인 소득활동이 될 수 있으므로, 게임 결과물의 환전업은 헌법 제15조가 보장하고 있는 직업에 해당한다(헌재 2010.02.25. 2009헌바38).

② (○) 법인도 성질상 법인이 누릴 수 있는 기본권의 주체가 되고, 위 조항에 규정되어 있는 법인의 설립이나 지점 등의 설치, 활동거점의 이전(이하 "설립 등"이라 한다) 등은 법인이 그 존립이나 통상적인 활동을 위하여 필연적으로 요구되는 기본적인 행위유형들이라고 할 것이므로 이를 제한하는 것은 결국 헌법상 법인에게 보장된 직업수행의 자유와 거주·이전의 자유를 제한하는 것인가의 문제로 귀결된다. 살피건대 위 조항은 대도시내에서의 법인의 설립 등 행위를 직접적으로 제한하는 내용의 규정이라고 볼 수 없고 다만 법인이 대도시내에서 설립 등의 목적을 위하여 취득하는 부동산등기에 대하여 통상보다 높은 세율의 등록세를 부과함으로써 대도시내에서의 법인의 설립등 행위가 억제될 것을 기대하는 범위내에서 사실상 법인의 그러한 행위의 자유가 간접적으로 제한되는 측면이 있을 뿐이다(헌재 1996.03.28. 94헌바42).

③ (○) 직업의 자유에 '해당 직업에 합당한 보수를 받을 권리'까지 포함되어 있다고 보기 어렵고, 이 사건 법령조항은 경찰공무원인 경장의 봉급표를 규정한 것으로서 개성 신장을 위한 행복추구권의 제한과는 직접적인 관련이 없으므로, 청구인의 위 주장들은 모두 이유 없다(헌재 2008.12.26. 2007헌마444).

④ (O) 헌법 제15조에 의한 직업선택의 자유라 함은 자신이 원하는 직업 내지 직종을 자유롭게 선택하는 직업선택의 자유 뿐만 아니라 그가 선택한 직업을 자기가 결정한 방식으로 자유롭게 수행할 수 있는 직업수행의 자유를 포함한다. 그리고 직업선택의 자유에는 자신이 원하는 직업 내지 직종에 종사하는데 필요한 전문지식을 습득하기 위한 직업교육장을 임의로 선택할 수 있는 '직업교육장 선택의 자유'도 포함된다(헌재 2009.02.26. 2007헌마1262).

⑤ (X) 헌법 제15조의 직업의 자유 또는 헌법 제32조의 근로의 권리, 사회국가원리 등에 근거하여 실업방지 및 부당한 해고로부터 근로자를 보호하여야 할 국가의 의무를 도출할 수는 있을 것이나, 국가에 대한 직접적인 직장존속보장청구권을 근로자에게 인정할 헌법상의 근거는 없다(헌재 2002.11.28. 2001헌바50).

정답 ⑤

문 82

아동복지법상 아동학대관련범죄 전력자 취업제한 조항에 관한 다음 설명 중 옳지 않은 것은 모두 몇 개인가? [2020년 37번]

> ㄱ. 아동복지법상 아동학대관련범죄 전력자 취업제한 조항은 아동학대관련범죄로 형을 선고받아 확정된 자에 대하여 일정 기간 동안 아동관련기관인 체육시설 또는 초·중등교육법 제2조 각 호의 학교를 운영하거나 그에 취업할 수 없도록 규정하고 있는데, 이는 일정한 직업을 선택함에 있어 기본권 주체의 능력과 자질에 따른 제한에 해당하므로 이른바 '주관적 요건에 의한 좁은 의미의 직업선택의 자유'에 대한 제한에 해당한다.
> ㄴ. 아동복지법상 아동학대관련범죄 전력자 취업제한 조항은 아동학대를 예방함으로써 아동들이 행복하고 안전하게 자라나게 하고, 체육시설 및 학교에 대한 윤리성과 신뢰성을 높여 아동 및 그 보호자가 이들 기관을 믿고 이용할 수 있도록 하려는 것이 입법목적이고, 이러한 입법목적은 정당하다.
> ㄷ. 아동학대관련범죄로 형을 선고받아 확정된 자에 대하여 일정기간 아동관련기관인 체육시설 또는 학교에 취업할 수 없도록 하는 것은 위와 같은 입법목적을 달성할 수 있는 하나의 방안이 될 수 있으므로, 수단의 적합성도 인정된다.
> ㄹ. 아동학대관련범죄 전력자의 취업 제한을 하려면 그러한 대상자들에게 재범의 위험성이 있는지 여부, 만약 있다면 어느 정도로 취업제한을 해야 하는지를 구체적이고 개별적으로 심사하는 절차가 필요하다.
> ㅁ. 아동학대관련범죄전력만으로 재범의 위험성이 있다고 간주하고 일률적·편의적인 시각에서 아동학대관련범죄 전력자에 대하여 아동관련기관인 체육시설 또는 학교에 10년간 취업을 금지하는 것은, 아동학대관련범죄전력이 있지만 10년의 기간 안에 재범의 위험성이 해소될 수 있는 자들에게 과도한 기본권 제한에 해당한다.

① 없음
② 1개
③ 2개
④ 3개
⑤ 4개

> **MGI Point** 아동복지법상 아동학대관련범죄 전력자 취업제한 조항 ★★★
>
> ■ 아동복지법상 아동학대관련범죄 전력자 취업제한 조항
>   ▪ '주관적 요건에 의한 좁은 의미의 직업선택의 자유'에 대한 제한 ○
>   ▪ 정당한 입법목적 ⇨ 아동학대를 예방함으로써 아동들이 행복하고 안전하게 자라나게 하고, 체육시설 및 학교에 대한 윤리성과 신뢰성을 높여 아동 및 그 보호자가 믿고 이용할 수 있도록 하려는 것
>   ▪ 수단의 적합성 ⇨ 아동학대관련범죄로 형을 선고받아 확정된 자에 대하여 일정기간 아동관련기관인 체육시설 또는 학교에 취업할 수 없도록 하는 것은 위와 같은 입법목적을 달성할 수 있는 하나의 방안 ○
>   ▪ 최소침해성 및 법익균형성 원칙 위배 여부
>   ⇨ 아동학대관련범죄전력만으로 재범의 위험성이 있다고 간주, 아동관련기관인 체육시설 또는 학교에 10년간 취업을 금지
>   ⇨ 10년의 기간 안에 재범의 위험성이 해소될 수 있는 자들에게 과도한 기본권 제한에 해당 ○
> ■ 아동학대관련범죄 전력자의 취업 제한을 하려면 ⇨ 대상자들에게 재범의 위험성이 있는지, 있다면 어느 정도로 취업제한을 해야 하는지 구체적·개별적으로 심사하는 절차 要

ㄱ. (○) 청구인들은 심판대상조항에 의하여 형이 확정된 때부터 형의 집행이 종료되거나 집행을 받지 아니하기로 확정된 후 10년까지의 기간 동안 아동관련기관인 체육시설 또는 '초·중등교육법' 제2조 각 호의 학교를 운영하거나 그에 취업할 수 없게 되었다. 이는 일정한 직업을 선택함에 있어 기본권 주체의 능력과 자질에 따른 제한에 해당하므로 이른바 '주관적 요건에 의한 좁은 의미의 직업선택의 자유'에 대한 제한에 해당한다(헌재 2018.06.28. 2017헌마130).

ㄴ. (○) 심판대상조항은 아동학대관련범죄전력자가 아동관련기관인 체육시설 또는 '초·중등교육법' 제2조 각 호의 학교를 운영하거나 그에 취업하는 것을 형이 확정된 때부터 형의 집행이 종료되거나 집행을 받지 아니하기로 확정된 후 10년까지의 기간 동안 제한하는 방법으로 아동학대를 예방함으로써 아동들이 행복하고 안전하게 자라나게 하고, 체육시설 및 학교에 대한 윤리성과 신뢰성을 높여 아동 및 그 보호자가 이들 기관을 믿고 이용할 수 있도록 하려는 입법목적을 지니는바, 이러한 입법목적은 정당하다(헌재 2018.06.28. 2017헌마130).

ㄷ. (○) 아동학대관련범죄로 형을 선고받아 확정된 자에 대하여 일정기간 아동관련기관인 체육시설 또는 학교에 취업할 수 없도록 하는 것은 위와 같은 입법목적을 달성할 수 있는 하나의 방안이 될 수 있으므로, 수단의 적합성도 인정된다(헌재 2018.06.28. 2017헌마130).

ㄹ. (○) 아동학대관련범죄전력자의 취업 제한을 하기에 앞서, 그러한 대상자들에게 재범의 위험성이 있는지 여부, 만약 있다면 어느 정도로 취업제한을 해야 하는지를 구체적이고 개별적으로 심사하는 절차가 필요하다(헌재 2018.06.28. 2017헌마130).

ㅁ. (○) 아동학대관련범죄전력자가 어느 정도 재범의 위험성이 있다는 입법자의 판단을 받아들인다 하더라도, 재범의 위험성은 사람에 따라 얼마든지 달라질 수 있다. 따라서 여러 사정에 비추어 재범의 위험성이 사라졌거나 현저히 낮아졌음이 입증된다면, 단지 그가 아동학대관련범죄전력자라는 이유만으로 계속해서 아동관련기관인 체육시설 또는 학교에 취업할 수 없도록 하는 것은 부당하다. 심판대상조항은 아동학대관련범죄전력에 기초하여 어떠한 예외도 없이 그 대상자의 재범 위험성을 당연시할 뿐만 아니라, 형이 확정된 때부터 형의 집행이 종료되거나 집행을 받지 아니하기로 확정된 후 10년이 경과하기 전에는 결코 재범의 위험성이 소멸하지 않는다는 입장에 서 있다. 이처럼 아동학대관련범죄전력만으로 재범의 위험성이 있다고 간주하고 일률적·편의적인 시각에서 아동학대관련범죄전력자에 대하여 아동관련기관인 체육시설 또는 학교에 10년간 취업을 금지하는 것은, 아동학대관련범죄전력이 있지만 10년의 기간 안에 재범의 위험성이 해소될 수 있는 자들에게 과도한 기본권 제한에 해당한다(헌재 2018.06.28. 2017헌마130).

정답 ①

문 83

대한변호사협회(이하 '변협'이라 함) 및 변호사 등록제도에 관한 다음 설명 중 옳지 않은 것은 모두 몇 개인가? [2020년 4번]

> ㄱ. 변협은 변호사의 품위를 보전하고, 법률사무의 개선과 발전, 그 밖의 법률문화의 창달을 도모하며, 변호사 및 지방변호사회의 지도 및 감독에 관한 사무를 처리하기 위하여 변호사법에 근거를 두고 설립된 법인으로, 변호사법에 따라 변호사 등록, 개업·휴업·폐업신고, 변호사의 연수, 징계 등의 업무를 수행한다.
> ㄴ. 변호사와 같이 전문적 지식과 윤리적 소양을 가져야만 직업을 원활히 수행할 수 있다고 판단되는 직업에 대해 실시되고 있는 '자격제도'는 헌법상 보장된 직업선택의 자유를 공익목적을 위하여 국회가 제정한 법률로 전면적으로 금지시켜 놓은 다음 일정한 자격을 갖춘 자에 한하여 직업선택의 자유를 회복시켜 주는 것이고, 변호사 등록제도는 위와 같은 자격을 갖추었는지 심사하여 자격을 갖추었다고 판단되는 자를 명부에 등록함으로써 그 자가 적법하게 변호사로서의 직업에 종사할 수 있도록 하는 것으로 자격제도의 일부를 구성한다.
> ㄷ. 변호사 등록은 그 목적이 변호사들 간의 결속력 강화나 친목도모라기 보다는 변호사의 자격을 가진 자들로 하여금 법률사무를 취급하도록 하여 법률사무에 대한 전문성, 공정성 및 신뢰성을 확보하여 일반 국민의 기본권을 보호하고 사회정의를 실현하고자 하는 공공의 목적을 달성하기 위해 시행되는 것으로, 본질적으로 국가의 공행정사무에 해당한다.
> ㄹ. 변호사 등록은 변호사법이 제정된 1949년부터 법무부장관이 수행하던 업무였는데, 1982년 변호사단체의 자율성 강화의 일환으로 변호사법을 개정하여 변협으로 이관된 것이므로 연혁적으로도 국가의 공행정사무에 해당한다.
> ㅁ. 공법인이 정립한 규범은 일반적으로 헌법소원의 대상이 될 수 있지만, 그 중에서도 대외적 구속력을 갖지 않는 단순한 내부적 기준이나 사법적(私法的)인 성질을 지니는 것은 헌법소원의 대상이 되는 공권력의 행사에 해당한다 할 수 없다.
> ㅂ. 변협이 등록사무의 수행과 관련하여 정립한 「변호사 등록 등에 관한 규칙」은 대외적 구속력을 갖지 않는 단순한 내부적 기준에 불과하므로, 헌법소원의 대상이 될 수 없다.

① 없음
② 1개
③ 2개
④ 3개
⑤ 4개

> **MGI Point** 변호사 등록 등에 관한 규정 제9조 제1호 위헌확인사건 ★★
>
> ■ 변협 ⇨ 변호사 및 지방변호사회의 지도 및 감독에 관한 사무를 처리
> ■ 자격제도는 헌법상 보장된 직업선택의 자유를 공익목적을 위하여 국회가 제정한 법률로 전면적으로 금지시켜 놓은 다음 일정한 자격을 갖춘 자에 한하여 직업선택의 자유를 회복 ⇨ 변호사등록제도 ○
> ■ 변호사 등록은 변호사의 자격을 가진 자들이 법률사무를 취급하여 법률사무에 대한 전문성, 공정성 및 신뢰성을 확보, 일반 국민의 기본권을 보호하고 사회정의를 실현하고자 하는 공공의 목적을 달성하기 위해 시행
>   ⇨ 본질적으로 국가의 공행정사무에 해당 (연혁적으로도 ○)
> ■ 변호사 등록에 관한 한 공법인 성격을 가지는 변협이 등록사무의 수행과 관련하여 정립한 규범은 단순히 내부 기준이라거나 사법적인 성질 ×, 변호사 등록을 하려는 자와의 관계에서 대외적 구속력을 가지는 공권력 행사 ○
>   ⇨ 변협이 변호사등록사무의 수행과 관련하여 정립한 규범인 심판대상조항은 헌법소원 대상인 공권력의 행사 ○

ㄱ. (○) 변협은 변호사의 품위를 보전하고, 법률사무의 개선과 발전, 그 밖의 법률문화의 창달을 도모하며, 변호사 및 지방변호사회의 지도 및 감독에 관한 사무를 처리하기 위하여 변호사법에 근거를 두고 설립된 법인으로, 변호사법에 따라 변호사 등록, 개업·휴업·폐업신고, 변호사의 연수, 징계 등의 업무를 수행한다(변호사법 제7조, 제15조, 제16조, 제17조, 제78조, 제85조, 제92조, 변협 회칙 제1조, 제2조 등)(헌재 2019.11.28. 2017헌마759).

ㄴ. (○) 변호사와 같이 전문적 지식과 윤리적 소양을 가져야만 직업을 원활히 수행할 수 있다고 판단되는 직업에 대해 실시되고 있는 '자격제도'는 헌법상 보장된 직업선택의 자유를 공익목적을 위하여 국회가 제정한 법률로 전면적으로 금지시켜 놓은 다음 일정한 자격을 갖춘 자에 한하여 직업선택의 자유를 회복시켜 주는 것이고, 변호사 등록제도는 위와 같은 자격을 갖추었는지 심사하여 자격을 갖추었다고 판단되는 자를 명부에 등록함으로써 그 자가 적법하게 변호사로서의 직업에 종사할 수 있도록 하는 것으로 자격제도의 일부를 구성한다(헌재 2019.11.28. 2017헌마759).

ㄷ. (○) 그러므로 변호사 등록은 그 목적이 변호사들 간의 결속력 강화나 친목도모라기 보다는 변호사의 자격을 가진 자들로 하여금 법률사무를 취급하도록 하여 법률사무에 대한 전문성, 공정성 및 신뢰성을 확보하여 일반 국민의 기본권을 보호하고 사회정의를 실현하고자 하는 공공의 목적을 달성하기 위해 시행되는 것으로, 본질적으로 국가의 공행정사무에 해당한다. 만약, 변호사 등록이 단순히 사법상의 제한을 해제하여 주는 것에 불과하다면 그 위반행위에 대하여 형사처벌을 할 수 없을 것이므로, 미등록 변호사에 대한 제재가 형사처벌이라는 것(변호사법 제112조 제4호)은 변호사 등록이 공행정사무임을 당연한 전제로 하고 있는 것이라 볼 수 있다(헌재 2019.11.28. 2017헌마759).

ㄹ. (○) 또한 변호사 등록은 변호사법이 제정된 1949년부터 법무부장관이 수행하던 업무였는데[구 변호사법(1949. 11. 7. 법률 제63호로 제정된 것) 제7조, 제8조, 제12조], 1982년 변호사단체의 자율성 강화의 일환으로 변호사법을 개정하여 변협으로 이관된 것이므로 연혁적으로도 국가의 공행정사무에 해당한다(헌재 2019.11.28. 2017헌마759).

ㅁ. (○) 공법인이 정립한 규범은 일반적으로 헌법소원의 대상이 될 수 있지만, 그 중에서도 대외적 구속력을 갖지 않는 단순한 내부적 기준이나 사법적(私法的)인 성질을 지니는 것은 헌법소원의 대상이 되는 공권력의 행사에 해당한다 할 수 없다(헌재 2019.11.28. 2017헌마759).

ㅂ. (X) 변호사법은 '변호사로서 개업을 하려면 변협에 등록을 하여야 한다'라고 하여 변호사 등록사무에 관하여 특별한 규정을 두고 있고(제7조 제1항), 변호사 등록을 하려는 자에게 변협은 대등한 지위가 아닌 고권적 권한을 행사하는 우월한 지위에 있다. 또한 변호사 등록이 단순히 변협과 그 소속 변호사 사이의 내부 법률문제라거나, 변협의 고유사무라고 할 수 없다는 점은 앞서 살펴본 바와 같다. 그렇다면 변호사 등록에 관한 한 공법인 성격을 가지는 변협이 등록사무의 수행과 관련하여 정립한 규범을 단순히 내부 기준이라거나 사법적인 성질을 지니는 것이라 볼 수는 없고, 변호사 등록을 하려는 자와의 관계에서 대외적 구속력을

가지는 공권력 행사에 해당한다고 할 것이다. 따라서 변협이 변호사 등록사무의 수행과 관련하여 정립한 규범인 심판대상조항들은 헌법소원 대상인 공권력의 행사에 해당한다(헌재 2019.11.28. 2017헌마759).

정답 ②

문 84

직업의 자유에 관한 다음 설명 중 가장 옳지 않은 것은? [2019년 30번]

① 성인대상 성범죄로 형을 선고받아 확정된 자는 그 형의 집행을 종료한 날부터 10년 동안 의료기관을 개설하거나 의료기관에 취업할 수 없도록 한 아동·청소년의 성보호에 관한 법률 조항이 과잉금지원칙에 위배되어 직업선택의 자유를 침해하는 것은 아니다.
② 치과전문의 자격 인정 요건으로 외국의 의료기관에서 치과의사 전문의 과정을 이수한 사람을 포함하지 아니한 치과의사 전문의의 수련 및 자격 인정 등에 관한 규정 조항은 과잉금지원칙에 위배되어 직업수행의 자유를 침해한다.
③ 전문과목을 표시한 치과의원은 그 표시한 전문과목에 해당하는 환자만을 진료하여야 한다고 규정한 의료법 조항은 과잉금지원칙에 위배되어 직업수행의 자유를 침해한다.
④ 일반학원의 강사라는 직업의 개시를 위한 주관적 전제조건으로서 '대학 졸업 이상의 학력 소지'라는 자격기준을 갖추도록 요구함으로써 직업선택의 자유를 제한하고 있으나 일률적으로 자격기준을 설정하여 통제하는 방식만큼의 효과를 거둘 만한 다른 제도나 절차를 쉽게 찾아보기 어려우므로 최소침해의 원칙은 문제되지 않는다.
⑤ 건설산업기본법에서 건설업자가 명의대여를 한 경우 건설업의 등록을 필요적으로 말소하도록 규정하는 것은 합헌이지만, 임원이 금고 이상의 형을 선고받은 경우 법인의 건설업 등록을 필요적으로 말소하도록 규정한 것은 위헌이다.

MGI Point 직업의 자유 ★★★

- 직업의 자유 침해 ○
  - 성인대상 성범죄로 형을 선고받아 확정된 자로 하여금 일률적으로 형의 집행을 종료한 날부터 10년 동안 의료기관을 개설하거나 의료기관에 취업할 수 없도록 한 규정
  - 치과전문의 자격 인정 요건에 외국의료기관에서 치과의사 전문의 과정을 이수한 사람을 포함하지 아니한 규정
  - 전문과목을 표시한 치과의원은 그 표시한 전문과목에 해당하는 환자만을 진료하여야 한다고 규정한 의료법 제77조 제3항
  - 건설산업기본법에서 임원이 금고 이상의 형을 선고받은 경우 법인의 건설업 등록을 필요적으로 말소하도록 한 규정
- 직업의 자유 침해 ×
  - 일반학원의 강사라는 직업의 개시를 위한 주관적 전제조건으로서 '대학 졸업 이상의 학력 소지'라는 자격기준을 갖추도록 요구하는 것
  - 건설산업기본법에서 건설업자가 명의대여를 한 경우 건설업의 등록을 필요적으로 말소하도록 규정한 것

① (X) 이 사건 법률조항('성인대상 성범죄로 형을 선고받아 확정된 자'에 관한 부분)은 의료기관의 운영자나 종사자의 자질을 일정 수준으로 담보하도록 함으로써, 아동·청소년을 잠재적 성범죄로부터 보호하고, 의료기관의 윤리성과 신뢰성을 높여 아동·청소년 및 그 보호자가 이들 기관을 믿고 이용할 수 있도록 하는 입법목

적을 지니는바 이러한 입법목적은 정당하다. 그러나 이 사건 법률조항이 성범죄 전력만으로 그가 장래에 동일한 유형의 범죄를 다시 저지를 것을 당연시하고, 형의 집행이 종료된 때부터 10년이 경과하기 전에는 결코 재범의 위험성이 소멸하지 않는다고 보며, 각 행위의 죄질에 따른 상이한 제재의 필요성을 간과함으로써, 성범죄 전력자 중 재범의 위험성이 없는 자, 성범죄 전력이 있지만 10년의 기간 안에 재범의 위험성이 해소될 수 있는 자, 범행의 정도가 가볍고 재범의 위험성이 상대적으로 크지 않은 자에게까지 10년 동안 일률적인 취업제한을 부과하고 있는 것은 침해의 최소성 원칙과 법익의 균형성 원칙에 위배된다. 따라서 이 사건 법률조항은 청구인들의 직업선택의 자유를 침해한다(헌재 2016.03.31. 2013헌마585).

② (○) 치과전문의 자격 인정 요건으로 '외국의 의료기관에서 치과의사 전문의 과정을 이수한 사람'을 포함하지 아니한 '치과의사전문의의 수련 및 자격 인정 등에 관한 규정'은 외국의 의료기관에서 치과전문의 과정을 이수한 사람이라도 다시 국내에서 치과전문의 수련과정을 이수하도록 하여 국내 실정에 맞는 경험과 지식을 갖추도록 하기 위한 것이므로 입법목적이 정당하고, 그 수단 또한 적합하다. 외국의 의료기관에서 치과전문의 과정을 이수한 사람에 대해 그 외국의 치과전문의 과정에 대한 인정절차를 거치거나, 치과전문의 자격시험에 앞서 예비시험제도를 두는 등 직업의 자유를 덜 제한하는 방법으로도 입법목적을 달성할 수 있고, 이미 국내에서 치과의사면허를 취득하고 외국의 의료기관에서 치과전문의 과정을 이수한 사람들에게 다시 국내에서 전문의 과정을 다시 이수할 것을 요구하는 것은 지나친 부담을 지우는 것이므로, 심판대상조항은 침해의 최소성원칙에 위배되고 법익의 균형성도 충족하지 못한다. 따라서 심판대상조항은 과잉금지원칙에 위배되어 청구인들의 직업수행의 자유를 침해한다(헌재 2015.09.24. 2013헌마197).

③ (○) 전문과목을 표시한 치과의원은 그 표시한 전문과목에 해당하는 환자만을 진료하여야 한다고 규정한 의료법 조항은 치과전문의가 1차 의료기관인 치과의원에서 진료하는 것을 가급적 억제하고 그들이 2차 의료기관에서 진료하는 것을 유도함으로써 적정한 치과 의료전달체계를 정립하고, 특정 전문과목에만 치과전문의가 편중되는 현상을 방지함으로써 치과 전문과목 간의 균형 있는 발전을 도모하고자 하는 것인바, 이와 같은 입법목적은 정당하다. 그러나 치과의원의 치과전문의가 자신의전문과목을 표시하는 경우 그 진료범위를 제한하여 현실적으로 전문과목의 표시를 매우 어렵게 하고 있는바, 이는 치과전문의 자격 자체의 의미를 현저히 감소시키고, 이로 인해 치과의원의 치과전문의들이 대부분 전문과목을 표시하지 않음에 따라 치과전문의 제도를 유명무실하게 만들 위험이 있다. 또한 치과전문의는 표시한 전문과목 이외의 다른 모든 전문과목에 해당하는 환자를 진료할 수 없게 되므로 기본권 제한의 정도가 매우 크다. 1차 의료기관의 전문과목 표시에 대해 불이익을 주어 치과 전문의들이 2차 의료기관에 근무하도록 유도하는 것은 적정한 치과 의료 전달체계의 정립을 위해 적절한 방안이 될 수 없다. 또한 심판대상조항은 자신의 전문과목 환자만 진료해도 충분한 수익을 올릴 수 있는 전문과목에의 편중현상을 심화시킬 수 있다. 따라서 심판대상조항은 수단의 적절성과 침해의 최소성을 갖추지 못하였다. 심판대상조항이 달성하고자 하는 적정한 치과 의료전달체계의 정립 및 치과전문의의 특정 전문과목에의 편중 방지라는 공익은 중요하나, 심판대상조항으로 그러한 공익이 얼마나 달성될 수 있을 것인지 의문인 반면, 치과의원의 치과전문의가 표시한 전문과목 이외의 영역에서 치과일반의로서의 진료도 전혀 하지 못하는 데서 오는 사적인 불이익은 매우 크므로, 심판대상조항은 과잉금지원칙에 위배되어 청구인들의 직업수행의 자유를 침해한다(헌재 2015.05.28. 2013헌마799).

④ (○) 일반학원의 강사라는 직업의 개시를 위한 주관적 전제조건으로서 '대학 졸업 이상의 학력 소지'라는 자격기준을 갖추도록 요구함으로써 직업선택의 자유를 제한하고 있고, 그와 같은 제한이 헌법상 용인될 수 있기 위하여는 기본권제한의 한계원리인 과잉금지의 원칙에 위배되지 않아야 하는데, 이 사건의 경우는 다음과 같은 이유로 기본권제한의 한계가 준수되고 있다. 먼저 이 사건 심판대상 조항들을 통하여 달성하고자 하는 입법목적은 자질 미달의 강사가 가져올 부실교육 등의 폐단을 미연에 방지함으로써 양질의 교육서비스를 확보하고 교육소비자를 보호하며, 국가 전체적으로 평생교육을 성공적으로 실현하고자 하는 것으로서, 그 목적의 정당성을 인정할 수 있고, 학원에서 교습을 담당하는 강사의 자질과 능력은 학원교육의 질을 좌우하는 요소로서 특히 중요하다 할 것인데, 학원의 설립·운영을 규율하는 법령에 일정 수준의 학력과 같은 강사의 자격기준을 명시적으로 정해 놓고 일률적으로 통제하는 것은 학원시장의 질서를 효율적으로 규율하는 방법의 하나로서 위와 같은 제한목적의 달성에 기여하는 수단으로서의 적합성이 있다고 볼 것이며, 나아가 이 사

건 심판대상 조항들이 요구하는 자격기준을 갖추지 못한 사람이 당장 일반학원의 강사라는 직업을 선택할 수 없는 제한을 받게 된다 하더라도, 그로 인한 불이익은 학원교육의 질적 수준을 보장하여 교육소비자를 보호하고 국가 전체적으로 평생교육을 성공적으로 실현한다는 공동체이익을 능가할 정도로 심각하다고 보이지 아니하므로, 충돌하는 법익 상호간의 균형성도 구비되어 있으며, 자질과 능력을 갖춘 강사를 확보하여 학원교육의 질을 높이거나 유지하는 방법으로서 이 사건 심판대상 조항들과 같이 일률적으로 자격기준을 설정하여 통제하는 방식만큼의 효과를 거둘 만한 다른 제도나 절차를 쉽게 찾아보기 어려우므로 최소침해의 원칙도 문제되지 않는다(헌재 2003.09.25. 2002헌마519).

⑤ (O) i) 국가기술자격증을 다른 자로부터 빌려 건설업의 등록기준을 충족시킨 경우 그 건설업 등록을 필요적으로 말소하도록 한 건설산업기본법부분은 과잉금지원칙에 위배되어 직업의 자유를 침해하지 아니한다(헌재 2016.12.29. 2015헌바429).

ii) 임원이 금고 이상의 형을 선고받은 경우 법인의 건설업 등록을 필요적으로 말소하도록 규정한 구 건설산업기본법은 과잉금지원칙에 위배되어 청구인의 직업수행의 자유를 침해한다(헌재 2014.04.24. 2013헌바25).

정답 ①

문 85

직업의 자유에 관한 다음 설명 중 가장 옳지 않은 것은? [2018년 32번]

① 약사 또는 한약사가 아니면 약국을 개설할 수 없다고 규정한 약사법은 법인을 구성하여 약국을 개설·운영하려고 하는 약사들 및 이들 약사들로 구성된 법인의 직업선택의 자유를 침해한 것이다.
② 성인대상 성범죄로 형을 선고받아 확정된 자에게 그 형의 집행을 종료한 날로부터 10년 동안 의료기관을 개설하거나 의료기관에 취업할 수 없도록 한 아동·청소년의 성보호에 관한 법률은 직업선택의 자유를 침해한다.
③ 보건복지부장관이 치과전문의자격시험제도를 실시할 수 있도록 시행규칙을 마련하지 아니한 행정입법부작위는 전공의수련과정을 마친 청구인들의 직업의 자유를 침해한 것이다.
④ 운전면허를 받은 사람이 자동차 등을 이용하여 살인 또는 강간 등의 범죄행위를 한 때 운전면허를 취소하도록 규정한 구 도로교통법 관련조항은 직업의 자유를 침해한 것이다.
⑤ 유치원 주변 학교환경위생 정화구역에서 성관련 청소년유해물건을 제작·생산·유통하는 청소년유해업소를 예외 없이 금지하는 구 학교보건법 관련조항은 직업의 자유를 침해한 것이다.

해설 ★★

① (O) "약사 또는 한약사가 아니면 약국을 개설할 수 없다."고 규정한 약사법 제16조 제1항은 자연인 약사만이 약국을 개설할 수 있도록 함으로써, 약사가 아닌 자연인 및 일반법인은 물론, 약사들로만 구성된 법인의 약국 설립 및 운영도 금지하고 있는바, 국민의 보건을 위해서는 약국에서 실제로 약을 취급하고 판매하는 사람은 반드시 약사이어야 한다는 제한을 둘 필요가 있을 뿐, 약국의 개설 및 운영 자체를 자연인 약사에게만 허용할 합리적 이유는 없다. 입법자가 약국의 개설 및 운영을 일반인에게 개방할 경우에 예상되는 장단점을 고려한 정책적 판단의 결과 약사가 아닌 일반인 및 일반법인에게 약국개설을 허용하지 않는 것으로 결정하는 것은 그 입법형성의 재량권 내의 것으로서 헌법에 위반된다고 볼 수 없지만, 법인의 설립은 그 자체가 간접적인 직업선택의 한 방법으로서 직업수행의 자유의 본질적 부분의 하나이므로, 정당한 이유 없이 본래 약국개설권이 있는 약사들만으로 구성된 법인에게도 약국개설을 금지하는 것은 입법목적을 달성하기 위하여

필요하고 적정한 방법이 아니고, 입법형성권의 범위를 넘어 과도한 제한을 가하는 것으로서, 법인을 구성하여 약국을 개설·운영하려고 하는 약사들 및 이들로 구성된 법인의 직업선택(직업수행)의 자유의 본질적 내용을 침해하는 것이다(헌재 2002.09.19. 2000헌바84).

② (○) 이 사건 법률조항은 의료기관의 운영자나 종사자의 자질을 일정 수준으로 담보하도록 함으로써, 아동·청소년을 잠재적 성범죄로부터 보호하고, 의료기관의 윤리성과 신뢰성을 높여 아동·청소년 및 그 보호자가 이들 기관을 믿고 이용할 수 있도록 하는 입법목적을 지니는바 이러한 입법목적은 정당하다. 그러나 이 사건 법률조항이 성범죄 전력만으로 그가 장래에 동일한 유형의 범죄를 다시 저지를 것을 당연시하고, 형의 집행이 종료된 때부터 10년이 경과하기 전에는 결코 재범의 위험성이 소멸하지 않는다고 보며, 각 행위의 죄질에 따른 상이한 제재의 필요성을 간과함으로써, 성범죄 전력자 중 재범의 위험성이 없는 자, 성범죄 전력이 있지만 10년의 기간 안에 재범의 위험성이 해소될 수 있는 자, 범행의 정도가 가볍고 재범의 위험성이 상대적으로 크지 않은 자에게까지 10년 동안 일률적인 취업제한을 부과하고 있는 것은 침해의 최소성 원칙과 법익의 균형성 원칙에 위배된다. 따라서 이 사건 법률조항은 청구인들의 직업선택의 자유를 침해한다(헌재 2016.03.31. 2013헌마585).

③ (○) 이 사건은 치과전문의제도의 실시를 법률 및 대통령령이 규정하고 있고 그 실시를 위하여 시행규칙의 개정 등이 행해져야 함에도 불구하고 행정권이 법률의 시행에 필요한 행정입법을 하지 아니하는 경우이므로 … 보건복지부장관에게는 헌법에서 유래하는 행정입법의 작위의무가 있다. 이 사건의 경우 현행 규정이 제정된 때(1976. 4. 15)로부터 이미 20년이상이 경과되었음에도 아직 치과전문의제도의 실시를 위한 구체적 조치를 취하고 있지 아니하고 있으므로 합리적 기간내의 지체라고 볼 수 없고, 법률의 시행에 반대하는 여론의 압력이나 이익단체의 반대와 같은 사유는 지체를 정당화하는 사유가 될 수 없다. 청구인들은 치과대학을 졸업하고 국가시험에 합격하여 치과의사 면허를 받았을 뿐만 아니라, 전공의수련과정을 사실상 마쳤다. 그런데 현행 의료법과 위 규정에 의하면 치과전문의의 전문과목은 10개로 세분화되어 있고, 일반치과의까지 포함하면 11가지의 치과의가 존재할 수 있는데도 이를 시행하기 위한 시행규칙의 미비로 청구인들은 일반치과의로서 존재할 수 밖에 없는 실정이다. 따라서 이로 말미암아 청구인들은 직업으로서 치과전문의를 선택하고 이를 수행할 자유(직업의 자유)를 침해당하고 있다(헌재 1998.07.16. 96헌마246).

④ (○) 자동차 등을 범죄를 위한 수단으로 이용하여 교통상의 위험과 장해를 유발하고 국민의 생명과 재산에 심각한 위협을 초래하는 것을 방지하여 안전하고 원활한 교통을 확보함과 동시에 차량을 이용한 범죄의 발생을 막고자 하는 심판대상조항은 그 입법목적이 정당하고, 운전면허를 필요적으로 취소하도록 하는 것은 자동차등을 이용한 범죄행위의 재발을 일정 기간 방지하는 데 기여할 수 있으므로 이는 입법목적을 달성하기 위한 적정한 수단이다. 그러나 자동차등을 이용한 범죄를 근절하기 위하여 그에 대한 행정적 제재를 강화할 필요가 있다 하더라도 이를 임의적 운전면허 취소 또는 정지사유로 규정함으로써 불법의 정도에 상응하는 제재수단을 선택할 수 있도록 하여도 충분히 그 목적을 달성하는 것이 가능함에도, 심판대상조항은 이에 그치지 아니하고 필요적으로 운전면허를 취소하도록 하여 구체적 사안의 개별성과 특수성을 고려할 수 있는 여지를 일체 배제하고 있다. 나아가 심판대상조항 중 '자동차등을 이용하여' 부분은 포섭될 수 있는 행위 태양이 지나치게 넓을 뿐만 아니라, 하위법령에서 규정될 대상범죄에 심판대상조항의 입법목적을 달성하기 위해 반드시 규제할 필요가 있는 범죄행위가 아닌 경우까지 포함될 우려가 있어 침해의 최소성 원칙에 위배된다. 심판대상조항은 운전을 생업으로 하는 자에 대하여는 생계에 지장을 초래할 만큼 중대한 직업의 자유의 제약을 초래하고, 운전을 업으로 하지 않는 자에 대하여도 일상생활에 심대한 불편을 초래하여 일반적 행동의 자유를 제약하므로 법익의 균형성 원칙에도 위배된다. 따라서 심판대상조항은 직업의 자유 및 일반적 행동의 자유를 침해한다(헌재 2015.05.28. 2013헌가6).

⑤ (X) 이 사건 법률조항들은 유치원 주변 및 아직 유아 단계인 청소년을 유해한 환경으로부터 보호하고 이들의 건전한 성장을 돕기 위한 것으로 그 입법목적이 정당하고, 이를 위해서 유치원 주변의 일정구역 안에서 해당 업소를 절대적으로 금지하는 것은 그러한 유해성으로부터 청소년을 격리하기 위하여 필요·적절한 방법이며, 그 범위가 유치원 부근 200미터 이내에서 금지되는 것에 불과하므로, 청구인들의 직업의 자유를 침해하지 아니한다(헌재 2013.06.27. 2011헌바8).

정답 ⑤

문 86

직업선택의 자유에 관한 다음 설명 중 옳은 것은 모두 몇 개인가?(다툼이 있는 경우 대법원 및 헌법재판소 판례에 의함) [2016년 14번]

> ㉠ 직업의 자유는 개인의 주관적 공권임과 동시에 사회적 시장경제질서라고 하는 객관적 법질서의 구성요소이다.
> ㉡ 당사자의 능력이나 자격과 상관없는 객관적 사유에 의하여 직업선택의 자유를 제한하는 경우에 엄격한 비례의 원칙이 심사척도로서 적용된다.
> ㉢ 직업결정의 자유나 전직(轉職)의 자유에 비하여 직업수행의 자유에 대하여는 상대적으로 더 넓은 법률상의 규제가 가능하다.
> ㉣ 직장 선택의 자유는 단순히 국민의 권리가 아닌 인간의 권리로 보아야 하므로 외국인도 제한적으로라도 직장 선택의 자유를 향유할 수 있다.
> ㉤ 취업자격이 없는 외국인도 노동조합 및 노동관계조정법상 근로자에 해당하고, 노동조합 결성 및 가입이 허용된다.

① 1개
② 2개
③ 3개
④ 4개
⑤ 5개

해설 ★★★

㉠ (○) 직업의 선택 혹은 수행의 자유는 각자의 생활의 기본적 수요를 충족시키는 방편이 되고, 또한 개성신장의 바탕이 된다는 점에서 주관적 공권의 성격이 두드러지고, 한편으로는 국민 개개인이 선택한 직업의 수행에 의하여 국가의 사회질서와 경제질서가 형성된다는 점에서 사회적 시장경제질서라고 하는 객관적 법질서의 구성요소이기도 하다(헌재 1997.04.24. 95헌마273).

㉡ (○) 당사자의 능력이나 자격과 상관없는 객관적 사유에 의한 제한은 월등하게 중요한 공익을 위하여 명백하고 확실한 위험을 방지하기 위한 경우에만 정당화될 수 있고, 따라서 헌법재판소가 이 사건을 심사함에 있어서는 헌법 제37조 제2항이 요구하는바 과잉금지의 원칙, 즉 엄격한 비례의 원칙이 그 심사척도가 된다(헌재 2002.04.25. 2001헌마614).

㉢ (○) 직업선택의 자유에는 직업결정의 자유, 직업종사(직업수행)의 자유, 전직의 자유 등이 포함되지만 직업결정의 자유나 전직의 자유에 비하여 직업종사(직업수행)의 자유에 대하여서는 상대적으로 더욱 넓은 법률상의 규제가 가능하다(헌재 1993.05.13. 92헌마80).

㉣ (○) 직업의 자유 중 이 사건에서 문제되는 직장 선택의 자유는 인간의 존엄과 가치 및 행복추구권과도 밀접한 관련을 가지는 만큼 단순히 국민의 권리가 아닌 인간의 권리로 보아야 할 것이므로 외국인도 제한적으로라도 직장 선택의 자유를 향유할 수 있다고 보아야 한다. 청구인들이 이미 적법하게 고용허가를 받아 적법하게 우리나라에 입국하여 우리나라에서 일정한 생활관계를 형성, 유지하는 등, 우리 사회에서 정당한 노동인력으로서의 지위를 부여받은 상황임을 전제로 하는 이상, 이 사건 청구인들에게 직장 선택의 자유에 대한 기본권 주체성을 인정할 수 있다 할 것이다(헌재 2011.09.29. 2007헌마1083).

ⓜ (○) 대법원은 불법체류중인 외국인의 노동3권과 관련하여 "타인과의 사용종속관계하에서 근로를 제공하고 그 대가로 임금 등을 받아 생활하는 사람은 노동조합법상 근로자에 해당하고, 노동조합법상의 근로자성이 인정되는 한, 그러한 근로자가 외국인인지 여부나 취업자격의 유무에 따라 노동조합법상 근로자의 범위에 포함되지 아니한다고 볼 수는 없다"라고 판시하면서 "취업자격 없는 외국인도 노동조합 결성 및 가입이 허용되는 근로자에 해당한다"고 보았다(대판 2015.06.25. 2007두4995(전합)).

정답 ⑤

제❼절 | 정치적 기본권(참정권)

문 27

참정권에 관한 다음 설명 중 옳지 않은 것은 모두 몇 개인가?[2023년 19번]

> ㄱ. 조례제정·개폐청구권은 주민들의 지역에 관한 의사결정 참여에 관한 권리 내지 주민발안권으로 헌법이 보장하는 참정권에 해당한다.
> ㄴ. 헌법상 기본권인 참정권에 대한 외국인의 기본권주체성은 인정되지 아니한다.
> ㄷ. 선거권 및 국민투표권은 대한민국 국적을 가진 자연인인 대한민국 국민에게만 인정되는 것이고, 그 권리의 성질상 법인이나 단체는 선거권 및 국민투표권 행사의 주체가 될 수 없다.
> ㄹ. 지방자치법상 주민투표권은 법률이 보장하는 참정권이라고 할 수 있을지언정 헌법이 보장하는 참정권이라고 할 수는 없다.
> ㅁ. 우리 헌법은 소급입법에 의하여 참정권을 제한하는 것을 명시적으로 금지하고 있다.

① 없음　② 1개　③ 2개　④ 3개　⑤ 4개

MGI Point 참정권 ★★
- 조례제정·개폐청구권 ⇨ 헌법이 보장하는 참정권×
- 외국인은 참정권의 주체×
- 선거권 및 국민투표권의 주체 ⇨ 법인이나 단체는×
- 지방자치법상 주민투표권 ⇨ 헌법이 보장하는 참정권×
- 헌법은 소급입법에 의하여 참정권을 제한하는 것을 명시적으로 금지함

ㄱ. (×) 대표제 지방자치제도를 보완하기 위하여 주민발안, 주민투표, 주민소환 등의 제도가 도입될 수도 있고, 실제로 구 지방자치법은 주민에게 주민투표권(제13조의2)과 조례의 제정 및 개폐청구권(제13조의3) 및 감사청구권(제13조의4)을 부여함으로써 주민이 지방자치사무에 직접 참여할 수 있는 길을 열어 놓고 있다. 그렇지만 이러한 제도는 어디까지나 입법에 의하여 채택된 것일 뿐, 헌법이 이러한 제도의 도입을 보장하고 있는 것은 아니고, 조례제정·개폐 청구권을 주민들의 지역에 관한 의사결정에 참여에 관한 권리 내지 주민발안권으로 이해하더라도 이러한 권리를 헌법이 보장하는 기본권인 참정권이라고 할 수는 없다(헌법재판소 2009. 7. 30. 선고 2007헌바75 전원재판부).

ㄴ. (○) 참정권과 입국의 자유에 대한 외국인의 기본권주체성이 인정되지 않고, 외국인이 대한민국 국적을 취득하면서 자신의 외국 국적을 포기한다 하더라도 이로 인하여 재산권 행사가 직접 제한되지 않으며, 외국인

이 복수국적을 누릴 자유가 우리 헌법상 행복추구권에 의하여 보호되는 기본권이라고 보기 어려우므로, 외국인의 기본권주체성 내지 기본권침해가능성을 인정할 수 없다(헌법재판소 2014. 6. 26. 2011헌마502 전원재판부).

ㄷ. (○) 청구인 ○○유권자총연합회는 재외국민의 참정권 실현을 위해 설립된 단체이다. 그런데 헌법상 기본권인 선거권 및 국민투표권은 대한민국 국적을 가진 자연인인 대한민국 국민에게만 인정되는 것이고, 그 권리의 성질상 법인이나 단체는 선거권 및 국민투표권 행사의 주체가 될 수 없으므로, 심판대상조항에 의하여 선거권 등의 기본권을 제한받는 자라 할 수 없다(헌법재판소 2014. 7. 24. 2009헌마256,2010헌마394(병합) 전원재판부).

ㄹ. (○) 우리 헌법은 법률이 정하는 바에 따른 '선거권'과 '공무담임권' 및 국가안위에 관한 중요정책과 헌법개정에 대한 '국민투표권'만을 헌법상의 참정권으로 보장하고 있으므로, 지방자치법 제13조의2에서 규정한 주민투표권은 그 성질상 선거권, 공무담임권, 국민투표권과 전혀 다른 것이어서 이를 법률이 보장하는 참정권이라고 할 수 있을지언정 헌법이 보장하는 참정권이라고 할 수는 없다(헌법재판소 2001. 6. 28. 선고 2000헌마735 전원재판부).

ㅁ. (○)

> 헌법
> 제13조 ① 모든 국민은 행위시의 법률에 의하여 범죄를 구성하지 아니하는 행위로 소추되지 아니하며, 동일한 범죄에 대하여 거듭 처벌받지 아니한다.
> ② 모든 국민은 소급입법에 의하여 참정권의 제한을 받거나 재산권을 박탈당하지 아니한다.
> ③ 모든 국민은 자기의 행위가 아닌 친족의 행위로 인하여 불이익한 처우를 받지 아니한다.

정답 ②

문 87

정치적 기본권에 관한 다음 설명 중 가장 옳지 않은 것은? [2020년 21번]

① 공무담임권의 보호영역에는 공직취임 기회의 자의적인 배제뿐 아니라, 공무원 신분의 부당한 박탈이나 권한(직무)의 부당한 정지도 포함된다. 다만, 승진시험의 응시제한이나 이를 통한 승진기회의 보장 문제는 단순한 내부 승진인사에 관한 문제에 불과하여 공무담임권의 보호영역에 포함된다고 보기 어렵다.

② 서울특별시 공립 초등학교 교사 임용시험에서 동일 지역 교육대학 출신 응시자에게 지역가산점을 부여하는 것은 다른 지역 교육대학 출신자의 공무담임권을 침해한다.

③ 금고 이상의 형의 선고유예의 판결을 받아 그 기간 중에 있는 사람이 공무원으로 임용되는 것을 금지하고 이러한 사람이 공무원으로 임용되더라도 그 임용을 당연무효로 하는 것은 해당 공무원의 공무담임권을 침해하지 않는다.

④ 기본적으로 사법적(私法的)인 성격을 지니는 농업협동조합의 조합장선거에서 조합장을 선출하거나 조합장으로 선출될 권리, 조합장선거에서 선거운동을 하는 것은 헌법에 의하여 보호되는 선거권의 범위에 포함되지 않는다.

⑤ 주민등록이 되어 있지 않고 국내거소신고도 하지 않은 재외국민에게 임기만료지역구국회의원선거권을 인정하지 않는 것은 위 재외국민의 선거권을 침해하거나 보통선거원칙에 위배되지 않는다.

> **MGI Point 정치적 기본권** ★★
>
> - 공무담임권의 보호영역
>   - 공직취임 기회의 자의적인 배제, 공무원 신분의 부당한 박탈, 권한(직무)의 부당한 정지 ⇨ 포함 ○
>   - 공무수행의 자유(특정의 장소에서 근무 또는 특정의 보직을 받아 근무) ⇨ 포함 ×
>   - 승진시험의 응시제한이나 이를 통한 승진기회의 보장 ⇨ 포함 ×
> - 교사임용시험에서 동일지역 교육대학 출신 응시자들에게 지역가산점을 부여하는 조항 ⇨ 공무담임권 침해 ×
> - 금고 이상의 형의 선고유예의 판결을 받아 그 기간 중에 있는 사람이 공무원으로 임용되는 것을 금지 + 공무원으로 임용되더라도 그 임용을 당연무효로 하는 것 ⇨ 공무담임권 침해 ×
> - 지역농협의 조합장선거에서 조합장을 선출하거나 조합장으로 선출될 권리, 선거운동을 하는 것
>   ⇨ 헌법에 의하여 보호되는 선거권의 범위에 포함 ×
> - 주민등록이 되어 있지 않고 국내거소신고도 하지 않은 재외국민의 임기만료지역구국회의원선거권 부인
>   ⇨ 선거권 침해 ×, 보통선거원칙 위반 ×

① (○) 공무담임권의 보호영역에는 일반적으로 공직취임의 기회보장, 신분박탈, 직무의 정지가 포함될 뿐이고 청구인이 주장하는 '승진시험의 응시제한'이나 이를 통한 승진기회의 보장 문제는 공직신분의 유지나 업무수행에는 영향을 주지 않는 단순한 내부 승진인사에 관한 문제에 불과하여 공무담임권의 보호영역에 포함된다고 보기는 어려우므로 결국 이 사건 심판대상 규정은 청구인의 공무담임권을 침해한다고 볼 수 없다(헌재 2007.06.28. 2005헌마1179).

② (X) 구 교육공무원법 제11조의2 [별표2]에서 인정되는 각종 가산점은 제1차 시험성적의 10% 범위에서만 부여할 수 있고, 임용권자로서는 다른 가산점을 고려하여 지역가산점을 부여해야 하므로 지역가산점을 제한된 범위 내에서 부여할 수밖에 없는 점, 이 사건 지역가산점을 받지 못하는 불이익은 그런 점을 알고도 다른 지역 교대에 입학한 것에서 기인하는 점, 노력 여하에 따라서는 가산점의 불이익을 감수하고라도 수도권 지역에 합격할 길이 열려 있는 점 등에 비추어, 이 사건 지역가산점규정이 과잉금지원칙에 위배되어 다른 지역 교대출신 응시자들의 공무담임권, 평등권을 침해한다고 볼 수 없다(헌재 2014.04.24. 2010헌마747).

③ (○) 이 사건 법률조항은 금고 이상의 형의 선고유예의 판결을 받아 그 기간 중에 있는 사람이 공무원으로 임용되는 것을 금지하고 이러한 사람이 공무원으로 임용되더라도 그 임용을 당연무효로 하는 것으로서, 공직에 대한 국민의 신뢰를 보장하고 공무원의 원활한 직무수행을 도모하기 위하여 마련된 조항이다. 청구인과 같이 임용결격사유에도 불구하고 임용된 임용결격공무원은 상당한 기간 동안 근무한 경우라도 적법한 공무원의 신분을 취득하여 근무한 것이 아니라는 이유로 공무원연금법상 퇴직급여의 지급대상이 되지 못하는 등 일정한 불이익을 받기는 하지만, 재직기간 중 사실상 제공한 근로에 대하여는 그 대가에 상응하는 금액의 반환을 부당이득으로 청구하는 등의 민사적 구제수단이 있는 점을 고려하면, 공직에 대한 국민의 신뢰보장이라는 공익과 비교하여 임용결격공무원의 사익 침해가 현저하다고 보기 어렵다. 따라서 이 사건 법률조항은 입법자의 재량을 일탈하여 공무담임권을 침해한 것이라고 볼 수 없다(헌재 2016.07.28. 2014헌바437).

④ (○) 농협법은 지역농협을 법인으로 하면서(제4조), 공직선거에 관여해서는 아니 되고(제7조), 조합의 재산에 대하여 국가 및 지방자치단체의 조세 외의 부과금이 면제되도록 규정하고 있어(제8조) 이를 공법인으로 볼 여지가 있으나, 한편 지역농협은 조합원의 경제적·사회적·문화적 지위의 향상을 목적으로 하는 농업인의 자주적 협동조직으로, 조합원 자격을 가진 20인 이상이 발기인이 되어 설립하고(제15조), 조합원의 출자로 자금을 조달하며(제21조), 지역농협의 결성이나 가입이 강제되지 아니하고, 조합원의 임의탈퇴 및 해산이 허용되며(제28조, 제29조), 조합장은 조합원들이 직접 선출하거나 총회에서 선출하도록 하고 있으므로(제45조), 기본적으로 사법인적 성격을 지니고 있다 할 것이다. 이처럼 사법인인 성격을 지니는 농협의 조합장선거에서 조합장을 선출하거나 조합장으로 선출될 권리, 조합장선거에서 선거운동을 하는 것은 헌법에 의하여 보호되는 선거권의 범위에 포함되지 않는다(헌재 2012.02.23. 2011헌바154).

⑤ (○) 지역구국회의원은 국민의 대표임과 동시에 소속지역구의 이해관계를 대변하는 역할을 하고 있다. 전국을 단위로 선거를 실시하는 대통령선거와 비례대표국회의원선거에 투표하기 위해서는 국민이라는 자격만으

로 충분한 데 반해, 특정한 지역구의 국회의원선거에 투표하기 위해서는 '해당 지역과의 관련성'이 인정되어야 한다. 주민등록과 국내거소신고를 기준으로 지역구국회의원선거권을 인정하는 것은 해당 국민의 지역적 관련성을 확인하는 합리적인 방법이다. 따라서 선거권조항과 재외선거인 등록신청조항이 재외선거인의 임기만료지역구국회의원선거권을 인정하지 않은 것이 재외선거인의 선거권을 침해하거나 보통선거원칙에 위배된다고 볼 수 없다(헌재 2014.07.24. 2009헌마256). ▶ 주민등록이 되어 있지 않고 국내거소신고도 하지 않은 재외국민(이하 '재외선거인'이라고 한다)에게 임기만료지역구국회의원선거권을 인정하지 않은 공직선거법(2014. 1. 17. 법률 제12267호로 개정된 것) 제15조 제1항 단서 부분(이하 '선거권조항이라 한다) 및 공직선거법(2012. 10. 2. 법률 제11485호로 개정된 것) 제218조의5 제1항 중 '임기만료에 따른 비례대표국회의원선거를 실시하는 때마다 재외선거인 등록신청을 하여야 한다.' 부분(이하 '재외선거인 등록신청조항'이라 한다)이 재외선거인의 선거권을 침해하거나 보통선거원칙에 위배되는지 여부(소극)

정답 ②

문 88

다음 중 헌법재판소가 공무담임권을 침해하였다고 판단한 것은 모두 몇 개인가?(다툼이 있는 경우 헌법재판소 판례에 의함) [2016년 10번]

> ㉠ 형사기소된 국가공무원을 직위해제할 수 있도록 한 것
> ㉡ 검사에 대한 징계로서 면직처분을 인정한 것
> ㉢ 수뢰죄로 금고 이상의 형의 선고유예를 받은 국가공무원을 당연퇴직하도록 한 것
> ㉣ 초등교사 임용시험에서 동일 지역 교육대학 출신 응시자에게 제1차시험 만점의 6% 내지 8%의 지역가산점을 부여하는 것
> ㉤ 공직선거 예비후보자등록 시 해당 선거의 후보자등록 시 납부해야 하는 기탁금의 100분의 20에 해당하는 기탁금을 납부하도록 하고, 예비후보자가 후보자등록을 하지 않는 등 일정한 경우에 기탁금을 국고에 귀속하도록 한 것
> ㉥ 10년 미만의 법조경력을 가진 사람의 판사임용을 위한 최소 법조경력요건을 단계적으로 높이도록 한 법원조직법 부칙(2011. 7. 18. 법률 제10861호) 제2조(2014. 1. 7. 법률 제12188호로 개정된 것)

① 0개 ② 1개 ③ 2개 ④ 3개 ⑤ 4개

해설 ★★★

㉠ (침해하지 않음) 이 사건 법률조항의 입법목적은 형사소추를 받은 공무원이 계속 직무를 집행함으로써 발생할 수 있는 공직 및 공무집행의 공정성과 그에 대한 국민의 신뢰를 해할 위험을 예방하기 위한 것으로 정당하고, 직위해제는 이러한 입법목적을 달성하기에 적합한 수단이다. 이 사건 법률조항이 임용권자로 하여금 구체적인 경우에 따라 개별성과 특수성을 판단하여 직위해제 여부를 결정하도록 한 것이지 직무와 전혀 관련이 없는 범죄나 지극히 경미한 범죄로 기소된 경우까지 임용권자의 자의적인 판단에 따라 직위해제를 할 수 있도록 허용하는 것은 아니고, 기소된 범죄의 법정형이나 범죄의 성질에 따라 그 요건을 보다 한정적, 제한적으로 규정하는 방법을 찾기 어렵다는 점에서 이 사건 법률조항이 필요최소한도를 넘어 공무담임권을 제한하였다고 보기 어렵다. 그리고 이 사건 법률조항에 의한 공무담임권의 제한은 잠정적이고 그 경우에도 공

무원의 신분은 유지되고 있다는 점에서 공무원에게 가해지는 신분상 불이익과 보호하려는 공익을 비교할 때 공무집행의 공정성과 그에 대한 국민의 신뢰를 유지하고자 하는 공익이 더욱 크다. 따라서 이 사건 법률조항은 공무담임권을 침해하지 않는다(헌재 2006.05.25. 2004헌바12).

ⓒ (침해하지 않음) 범죄의 수사와 공소제기 업무를 담당하는 검사의 지위와 위상을 고려할 때, 검사가 중대한 비위행위를 하였음에도 계속 그 직무를 수행하도록 한다면 검찰의 직무와 사법질서에 대한 국민의 불신이 초래된다는 점에서, 검사에 대한 징계로서 "면직" 처분을 인정하는 것은 과잉금지원칙에 반하여 공무담임권을 침해한다고 할 수 없다(헌재 2011.12.29. 2009헌바282).

ⓒ (침해하지 않음) 심판대상조항은 공무원 직무수행에 대한 국민의 신뢰 및 직무의 정상적 운영의 확보, 공무원범죄의 예방, 공직사회의 질서 유지를 위한 것으로서 목적이 정당하고, 형법 제129조 제1항의 수뢰죄를 범하여 금고 이상 형의 선고유예를 받은 국가공무원을 공직에서 배제하는 것은 적절한 수단에 해당한다. 수뢰죄는 수수액의 다과에 관계없이 공무원 직무의 불가매수성과 염결성을 치명적으로 손상시키고, 직무의 공정성을 해치며 국민의 불신을 초래하므로 일반 형법상 범죄와 달리 엄격하게 취급할 필요가 있다. 수뢰죄를 범하더라도 자격정지형의 선고유예를 받은 경우 당연퇴직하지 않을 수 있으며, 당연퇴직의 사유가 직무 관련 범죄로 한정되므로 심판대상조항은 침해의 최소성원칙에 위반되지 않고, 이로써 달성되는 공익이 공무원 개인이 입는 불이익보다 훨씬 크므로 법익균형성원칙에도 반하지 아니한다. 따라서 심판대상조항은 과잉금지원칙에 반하여 청구인의 공무담임권을 침해하지 아니한다(헌재 2013.07.25. 2012헌바409).

㉣ (침해하지 않음) 구 교육공무원법 제11조의2 [별표2]에서 인정되는 각종 가산점은 제1차 시험성적의 10% 범위에서만 부여할 수 있고, 임용권자로서는 다른 가산점을 고려하여 지역가산점을 부여해야 하므로 지역가산점을 제한된 범위 내에서 부여할 수밖에 없는 점, 이 사건 지역가산점을 받지 못하는 불이익은 그런 점을 알고도 다른 지역 교대에 입학한 것에서 기인하는 점, 노력 여하에 따라서는 가산점의 불이익을 감수하고라도 수도권 지역에 합격할 길이 열려 있는 점 등에 비추어, 이 사건 지역가산점규정이 과잉금지원칙에 위배되어 다른 지역 교대출신 응시자들의 공무담임권, 평등권을 침해한다고 볼 수 없다(헌재 2014.04.24. 2010헌마747).

㉤ (침해함) (지역구국회의원선거 예비후보자의 기탁금 반환 사유로 예비후보자가 당의 공천심사에서 탈락하고 후보자등록을 하지 않았을 경우를 규정하지 않은) 심판대상조항은 예비후보자가 후보자로 등록하지 않는 경우 납부한 기탁금을 국가 또는 지방자치단체에 귀속도록 하여, 예비후보자의 무분별한 난립으로 인한 폐단을 방지하고 그 성실성을 담보하기 위한 것으로서, 그 입법목적이 정당하고, 방법의 적정성 또한 인정된다. 정당의 추천을 받고자 공천신청을 하였음에도 정당의 후보자로 추천받지 못한 예비후보자는 소속 정당에 대한 신뢰·소속감 또는 당선가능성 때문에 본선거의 후보자로 등록을 하지 아니할 수 있다. 이를 두고 예비후보자가 처음부터 진정성이 없이 예비후보자 등록을 하였다거나 예비후보자로서 선거운동에서 불성실하다고 단정할 수 없다. 심판대상조항으로 인해 정당 공천관리위원회의 심사에서 탈락한 예비후보자가 소속 정당을 탈당하고 본선거의 후보자로 등록한다면 오히려 무분별한 후보자 난립의 결과가 발생할 수도 있다. … 따라서 이러한 사정이 있는 예비후보자가 납부한 기탁금은 반환되어야 함에도 불구하고, 심판대상조항이 이에 관한 규정을 두지 아니한 것은 입법형성권의 범위를 벗어난 과도한 제한이라고 할 수 있다. 이러한 예비후보자에게 그가 납부한 기탁금을 반환한다고 하여 예비후보자의 성실성과 책임성을 담보하는 공익이 크게 훼손된다고 할 수 없으므로, 그 공익은 심판대상조항이 이러한 예비후보자에게 기탁금을 반환하지 아니하도록 함으로써 그가 입게 되는 기본권 침해의 불이익보다 크다고 단정할 수 없다. 그러므로 심판대상조항은 과잉금지원칙에 반하여 청구인의 재산권을 침해한다(헌재 2018.01.25. 2016헌마541).

▶ 출제 당시에는 맞는 지문이었으나, 최근 헌법재판소가 공직선거법 제57조 제1항 제1호 다목이 정한 지역구국회의원선거 예비후보자의 기탁금 반환사유가 불완전·불충분하여 '예비후보자가 정당 공천관리위원회의 심사에서 탈락하여 본선거의 후보자로 등록하지 아니한 경우 그가 납부한 기탁금 전액을 반환하지 아니하도록 한 것'이 헌법에 위반된다고 판단하며 헌법불합치 결정을 내렸으므로 틀린 지문이다. 종래에 같은 법률조항에 대하여 합헌이라는 취지로 판시한 판례는 아래와 같다.

> [비교판례] 예비후보자의 기탁금제도는 공식적인 선거운동기간 이전이라도 일정범위 내에서 선거운동을 할 수 있는 예비후보자의 무분별한 난립에 따른 폐해를 예방하고 그 책임성을 강화하기 위한 것으로서 입법목적이 정당

하고, 예비후보자에게 일정액의 기탁금을 납부하게 하고 후보자등록을 하지 않으면 예비후보자가 납부한 기탁금을 반환받지 못하도록 하는 것은 예비후보자의 난립 예방이라는 입법목적을 달성하기 위한 적절한 수단이라 할 것이며 예비후보자가 납부하는 기탁금의 액수와 국고귀속 요건도 입법재량의 범위를 넘은 과도한 것이라고 볼 수 없으므로, 공직선거법 제57조 제1항 제1호 다목 및 제60조의2 제2항은 청구인의 공무담임권, 재산권을 침해하지 아니한다(헌재 2010.12.28. 2010헌마79).

ⓑ (침해하지 않음) 심판대상조항은 법조일원화의 전면적인 시행으로 초래될 법관의 인력수급에 대한 차질을 방지하여 법조일원화로의 원활한 이행을 확보하고자 하는 것으로서 그 입법목적이 정당하고, 일정한 경과기간 동안 10년 미만의 법조경력자들도 판사로 임용할 수 있도록 하면서 판사임용을 위한 최소 법조경력요건을 단계적으로 높이는 것은 입법목적 달성에 적절한 수단이다. 심판대상조항은 최소 법조경력요건의 이행기를 연장하여 판사임용기회를 기존보다 확대하는 내용의 경과규정인 점, 청구인들이 사법연수원에 입소할 당시 심판대상조항이 이미 시행되고 있었으므로 10년 미만의 법조경력자들은 기간별로 상향되는 최소 법조경력요건에 부합하는 법조경력을 갖추어야만 판사임용자격을 취득하게 되는 사실을 충분히 알 수 있었던 점, 청구인들이 5년의 법조경력을 가진 때에 최초로 판사임용자격을 갖추었다가 6년의 법조경력을 가지는 해에 단 한 차례 판사임용자격을 유지할 수 없게 된다는 사실만으로 청구인들이 주장하는 바와 같은 지나친 법적 불안정이 야기된다고 보기 어려운 점 등에 비추어 보면, 심판대상조항이 침해의 최소성 원칙이나 법익 균형성 원칙에 위배된다고 보기는 어렵다. 따라서 심판대상조항은 청구인들의 공무담임권을 침해하지 아니한다(헌재 2016.05.20. 2014헌마427).

정답 ②

제❽절 ┃ 청구권적 기본권
제1관 청원권

문 28

청원권에 관한 다음 설명 중 가장 옳지 않은 것은?[2023년 11번]

① 청원권은 국민적 관심사를 국가기관에 표명할 수 있는 수단으로서의 성격을 가진 기본권이다.
② 헌법은 제26조에서 "모든 국민은 법률이 정하는 바에 의하여 국가기관에 문서로 청원할 권리를 가진다. 국가는 청원에 대하여 심사할 의무를 진다"고 하여 청원권을 기본권으로 보장하고 있으므로, 모든 국민은 공권력과의 관계에서 일어나는 여러 가지 이해관계 또는 국정에 관해서 자신의 의견이나 희망을 해당 기관에 진술할 수 있으며, 청원을 수리한 국가기관은 청원에 대하여 심사하여야 할 의무를 지게 된다.
③ 청원권 행사를 위한 청원사항이나 청원방식, 청원절차 등에 관해서는 입법자가 그 내용을 자유롭게 형성할 재량권을 가지므로 공무원이 취급하는 사건 또는 사무에 관한 사항의 청탁에 관해 금품을 수수하는 등의 행위를 청원권의 내용으로서 보장할지 여부에 대해서도 입법자에게 폭넓은 재량권이 주어져 있다.
④ 국민이 여러 가지 이해관계 또는 국정에 관해서 자신의 의견이나 희망을 해당 기관에 직접 진술하는 경우 청원권으로 보호되나, 본인을 대리하거나 중개하는 제3자를 통해 진술하는 경우 이는 청원권의 보호 대상이 아니다.
⑤ 청원사항의 처리결과에 심판서나 재결서에 준하여 이유를 명시할 것을 요구하는 것은 청원권의 보호범위에 포함되지 아니한다.

> **MGI Point** 청원권 ★★
>
> - 청원권 ⇨ 기본권의 성격을 가짐
> - 청원을 수리한 국가기관의 청원에 대하여 심사하여야 할 의무O
> - 공무원이 취급하는 사건 또는 사무에 관한 사항의 청탁에 관해 금품을 수수하는 등의 행위를 청원권의 내용으로서 보장할지 여부 ⇨ 입법자에게 폭넓은 재량권有
> - 국민이 본인을 대리하거나 중개하는 제3자를 통해 진술하는 경우 ⇨ 청원권의 보호 대상O
> - 청원사항의 처리결과에 심판서나 재결서에 준하여 이유를 명시할 것까지를 요구하는 것 ⇨ 청원권의 보호범위에 포함×

① (O), ② (O) 청원권은 국민적 관심사를 국가기관에 표명할 수 있는 수단으로서의 성격을 가진 기본권(①)으로 국민은 누구나 형식에 구애됨이 없이 그 관심사를 국가기관에 표명할 수 있다. 우리 헌법은 제26조에서 "모든 국민은 법률이 정하는 바에 의하여 국가기관에 문서로 청원할 권리를 가진다. 국가는 청원에 대하여 심사할 의무를 진다"고 하여 청원권을 기본권으로 보장하고 있다. 따라서 모든 국민은 공권력과의 관계에서 일어나는 여러 가지 이해관계 또는 국정에 관해서 자신의 의견이나 희망을 해당 기관에 진술할 수 있으며, 청원을 수리한 국가기관은 청원에 대하여 심사하여야 할 의무를 지게 된다(②)(헌법재판소 2005. 11. 24. 2003헌바108 전원재판부).

③ (O) 입법례를 살펴보면, 우리나라와 같이 공무원이 취급하는 사건이나 사무에 관하여 청탁한다는 명목으로 금품을 수수하는 행위에 대하여 형사처벌하는 예는 드물고, 미국이나 캐나다와 같이 일정한 범주의 유상 로비활동을 합법화하여 주는 국가도 있다. 그러나 청원권 행사를 위한 청원사항이나 청원방식, 청원절차 등에 관해서는 입법자가 그 내용을 자유롭게 형성할 재량권을 가지고 있으므로 공무원이 취급하는 사건 또는 사무에 관한 사항의 청탁에 관해 금품을 수수하는 등의 행위를 청원권의 내용으로서 보장할지 여부에 대해서도 입법자에게 폭넓은 재량권이 주어져 있다. 또한 금전적 대가를 받는 청탁 등 로비활동을 합법적으로 보장할 것인지 여부도 그 시대 국민의 법 감정이나 사회적 상황에 따라 입법자가 판단할 사항이므로 위 제도의 도입 여부나 시기에 대한 판단 역시 입법자의 재량이 폭넓게 인정되는 분야이다(헌법재판소 2012. 4. 24. 2011헌바40 전원재판부).

④ (X) 청원권의 행사는 자신이 직접 하든 아니면 제3자인 중개인이나 대리인을 통해서 하든 청원권으로서 보호된다. 우리 헌법은 문서로 청원을 하도록 한 것 이외에 그 형식을 제한하고 있지 않으며, 청원권의 행사방법이나 그 절차를 구체화하고 있는 청원법도 제3자를 통해 하는 방식의 청원을 금지하고 있지 않다. 따라서 국민이 여러 가지 이해관계 또는 국정에 관해서 자신의 의견이나 희망을 해당 기관에 직접 진술하는 외에 그 본인을 대리하거나 중개하는 제3자를 통해 진술하더라도 이는 청원권으로서 보호될 것이다(헌법재판소 2005. 11. 24. 2003헌바108 전원재판부).

⑤ (O) 헌법상 보장된 청원권은 공권력과의 관계에서 일어나는 여러 가지 이해관계, 의견, 희망 등에 관하여 적법한 청원을 한 모든 당사자에게 국가기관이 청원을 수리할 뿐만 아니라 이를 심사하여 청원자에게 그 처리결과를 통지할 것을 요구할 수 있는 권리를 말하나, 청원사항의 처리결과에 심판서나 재결서에 준하여 이유를 명시할 것까지를 요구하는 것은 청원권의 보호범위에 포함되지 아니하므로 청원 소관서는 청원법이 정하는 절차와 범위내에서 청원사항을 성실·공정·신속히 심사하고 청원인에게 그 청원을 어떻게 처리하였거나 처리하려고 하는지를 알 수 있을 정도로 결과통지함으로써 충분하고, 비록 그 처리내용이 청원인이 기대하는 바에 미치지 않는다고 하더라도 헌법소원의 대상이 되는 공권력의 행사 내지 불행사라고는 볼 수 없다(헌법재판소 1997. 7. 16. 93헌마239).

정답 ④

문 89

청원권에 관한 다음 설명 중 가장 옳지 않은 것은? [2020년 31번]

① 의회에 대한 청원에 국회의원의 소개를 얻도록 한 것은 국회에 청원하려는 자의 청원권을 침해한다고 볼 수 없다. 의원의 소개가 없는 경우에도 이를 진정으로 접수하여 처리하고 있을뿐더러, 청원의 소개의원은 1인으로 족하다는 점 등에 비추어 볼 때 그러하다.

② 청원서를 접수한 국가기관이 심사결과를 통지한 결과가 청원인의 기대에 미치지 아니하는 경우, 이는 공권력의 행사 또는 불행사에 해당한다고 볼 수 있으므로, 위 청원인은 그 처리결과를 대상으로 헌법소원을 제기할 수 있다. 이와 같이 헌법상 보장된 청원권을 매개로 하여 권리구제를 받을 수 있는 폭이 한층 확대된다는 점에서, 오늘날 청원권은 그 중요성이 새로이 부각되고 있다.

③ 헌법상 보장된 청원권은 국가기관이 청원을 수리할 뿐만 아니라 이를 심사하여 청원자에게 그 처리결과를 통지할 것을 요구할 수 있는 권리를 말하고, 청원권의 보호범위에는 청원사항의 처리결과에 심판이나 재결서에 준하여 이유를 명시할 것까지를 요구하는 것은 포함되지 않는다.

④ 청원법에 의하면 청원을 관장하는 기관이 청원을 접수한 때에는 특별한 사유가 없는 한 90일 이내에 그 처리결과를 청원인에게 통지하여야 한다.

⑤ 청원은 문서로 하도록 헌법상 규정되어 있고, 청원법에서도 청원은 문서(전자문서 포함)로 하도록 규정하고 있다. 이에 따라 구두로 청원하는 것은 인정되지 않는다.

MGI Point 청원권 ★★

- 국회·지방의회에 청원시 반드시 의원의 소개를 얻도록 한 것 ⇨ 청원권 침해 ×
- 청원서를 접수한 국가기관이 심사결과를 통지한 결과가 청원인의 기대에 미치지 아니하는 경우
  ⇨ 헌법소원의 대상이 되는 공권력의 불행사 ×
- 청원권
  - 청원을 수리·심사·통지할 것을 요구할 수 있는 권리
  - 청원사항을 성실·공정·신속히 심사·통지함으로써 충분
  - 청원사항의 처리결과에 이유를 명시할 것까지 포함 ×
- 청원을 관장하는 기관이 청원을 접수한 때
  ⇨ 특별한 사유가 없는 한 90일 이내에 그 처리결과를 청원인에게 통지
- 청원은 문서로 하여야 함 (헌법·청원법 모두 규정 有)

---

① (○) 청원권의 구체적 내용은 입법활동에 의하여 형성되며, 입법형성에는 폭넓은 재량권이 있으므로 입법자는 청원의 내용과 절차는 물론 청원의 심사·처리를 공정하고 효율적으로 행할 수 있게 하는 합리적인 수단을 선택할 수 있는 바, 의회에 대한 청원에 국회의원의 소개를 얻도록 한 것은 청원 심사의 효율성을 확보하기 위한 적절한 수단이다. 또한 청원은 일반의안과 같이 처리되므로 청원서 제출단계부터 의원의 관여가 필요하고, 의원의 소개가 없는 민원의 경우에는 진정으로 접수하여 처리하고 있으며, 청원의 소개의원은 1인으로 족한 점 등을 감안할 때 이 사건 법률조항이 국회에 청원을 하려는 자의 청원권을 침해한다고 볼 수 없다 (헌재 2006.06.29. 2005헌마604).

② (X) 청원서를 접수한 국가기관은 이를 적정히 처리하여야 할 의무를 부담하나, 그 의무이행은 청원법이 정하는 절차와 범위 내에서 청원사항을 성실·공정·신속히 심사하고 청원인에게 그 청원을 어떻게 처리하였거나 처리하려 하는지를 알 수 있을 정도로 결과통지함으로써 충분하다고 할 것이다. 적법한 청원에 대하여 국가기관이 수리·심사하여 그 결과를 청원인에게 통지하였다면 이로써 당해 국가기관은 헌법 및 청원법상

의 의무이행을 필한 것이라 할 것이고, 비록 그 처리내용이 청원인이 기대한 바에 미치지 않는다고 하더라도 헌법소원의 대상이 되는 공권력의 불행사가 있다고 볼 수 없다(헌재 2004.05.27. 2003헌마851).

③ (○) 헌법상 보장된 청원권은 공권력과의 관계에서 일어나는 여러 가지 이해관계, 의견, 희망 등에 관하여 적법한 청원을 한 모든 당사자에게 국가기관이 청원을 수리할 뿐만 아니라 이를 심사하여 청원자에게 그 처리결과를 통지할 것을 요구할 수 있는 권리를 말하나, 청원사항의 처리결과에 심판이나 재결서에 준하여 이유를 명시할 것까지를 요구하는 것은 청원권의 보호범위에 포함되지 아니하므로 청원 소관관서는 청원법이 정하는 절차와 범위내에서 청원사항을 성실·공정·신속히 심사하고 청원인에게 그 청원을 어떻게 처리하였거나 처리하려고 하는지를 알 수 있는 정도로 결과통지함으로써 충분하고, 비록 그 처리내용이 청원인이 기대하는 바에 미치지 않는다고 하더라도 헌법소원의 대상이 되는 공권력의 행사 내지 불행사라고는 볼 수 없다(헌재 1997.07.16. 93헌마239).

④ (○) 청원법 제9조 참조.

> 청원법 제9조(청원의 심사) ① 청원을 수리한 기관은 성실하고 공정하게 청원을 심사·처리하여야 한다.
> ② 청원을 수리한 기관은 청원의 심사에 필요하다고 인정할 때에는 청원인, 이해관계인 및 학식과 경험이 풍부한 사람으로부터 진술을 들을 수 있다. 이 경우 진술인(청원인은 제외한다)에게는 예산의 범위에서 여비와 수당을 지급할 수 있다.
> ③ 청원을 관장하는 기관이 청원을 접수한 때에는 특별한 사유가 없는 한 90일 이내에 그 처리결과를 청원인에게 통지하여야 한다.
> ④ 청원을 관장하는 기관은 부득이한 사유로 제3항의 처리기간 내에 청원을 처리하기 곤란하다고 인정하는 경우에는 60일의 범위 내에서 1회에 한하여 그 처리기간을 연장할 수 있다. 이 경우 그 사유와 처리예정기한을 지체 없이 청원인에게 통지하여야 한다.

⑤ (○) 헌법 제26조, 청원법 제6조 참조.

> 헌법 제26조 ① 모든 국민은 법률이 정하는 바에 의하여 국가기관에 문서로 청원할 권리를 가진다.
> 청원법 제6조(청원방법) ① 청원은 청원인의 성명(법인인 경우에는 명칭 및 대표자의 성명을 말한다)과 주소 또는 거소를 기재하고 서명한 문서(「전자정부법」에 의한 전자문서를 포함한다)로 하여야 한다.

정답 ②

문 90

청원권에 관한 다음 설명 중 가장 옳지 않은 것은?(다툼이 있는 경우 헌법재판소 판례에 의함)
[2016년 32번]

① 지방의회 의원 모두가 소개의원이 되기를 거절하였다면 그 청원내용에 찬성하는 의원이 없는 것이므로 지방의회에서 심사하더라도 인용가능성이 전혀 없어 심사의 실익이 없으며, 청원의 소개의원도 1인으로 족한 점을 감안하면, 지방의회에 청원을 할 때에 지방의회 의원의 소개를 얻도록 한 것이 청원권의 과도한 제한에 해당한다고 볼 수 없다.

② 청원법 제8조는 동일내용의 청원서를 동일기관에 2개 이상 또는 2개 기관 이상에 제출할 수 없도록 하고, 이에 위배된 청원서를 접수한 관서는 이를 취급하지 아니하도록 하고 있으므로, 동일내용의 청원에 대하여는 국가기관이 이를 수리, 심사 및 통지를 하여야 할 아무런 의무가 없다.

③ 정부에 제출 또는 회부된 정부의 정책에 관련된 청원은 국무회의의 필수적 심의대상이다.

④ 국회는 재판에 간섭하거나 국가기관을 모독하는 내용의 청원, 정부에서 처리함이 타당한 청원은 접수하지 아니한다.
⑤ 청원이 단순한 호소나 요청이 아닌 구체적인 권리행사로서의 성질을 갖는 경우라면, 그에 대한 국가기관의 거부의 회신은 헌법소원의 대상이 되는 공권력의 행사라고 할 수 있다.

해설 ★

① (○) 지방의회에 청원을 할 때에 지방의회 의원의 소개를 얻도록 한 것은 의원이 미리 청원의 내용을 확인하고 이를 소개하도록 함으로써 청원의 남발을 규제하고 심사의 효율을 기하기 위한 것이고, 지방의회 의원 모두가 소개의원이 되기를 거절하였다면 그 청원내용에 찬성하는 의원이 없는 것이므로 지방의회에서 심사하더라도 인용가능성이 전혀 없어 심사의 실익이 없으며, 청원의 소개의원도 1인으로 족한 점을 감안하면 이러한 정도의 제한은 공공복리를 위한 필요·최소한의 것이라고 할 수 있다(헌재 1999.11.25. 97헌마54).

② (X) 청원법 제8조는 동일내용의 청원서를 동일기관에 2개 이상 또는 2개 기관 이상에 제출할 수 없도록 하고, 이에 위배된 청원서를 접수한 관서는 이를 취급하지 아니하도록 하고 있으므로, 동일내용의 청원에 대하여는 국가기관이 이를 수리, 심사 및 통지를 하여야 할 아무런 의무가 없다(헌재 2004.05.27. 2003헌마851).고 개정 전 청원법 제8조에 따라 헌법재판소가 판시하였었으나, 현행 청원법 제8조에서는 동일인이 동일한 내용의 청원서를 동일한 기관에 2건 이상 제출하거나 2 이상의 기관에 제출한 때에는 나중에 접수된 청원서는 이를 반려할 수 있다고 규정하고 있어 복수정답으로 인정되었다.

③ (○) 정부에 제출 또는 회부된 정부의 정책에 관계되는 청원의 심사는 국무회의의 심의를 거쳐야 한다(헌법 제89조 제15호).

④ (X) 재판에 간섭하거나 국가기관을 모독하는 내용의 청원은 이를 접수하지 아니한다(국회법 제123조 제3항). 국회가 채택한 청원으로서 정부에서 처리함이 타당하다고 인정되는 청원은 의견서를 첨부하여 정부에 이송한다(국회법 제126조 제1항).

⑤ (○) 청구인의 청원이 단순한 호소나 요청이 아닌 구체적인 권리행사로서의 성질을 갖는 경우라면 그에 대한 위 피청구인의 거부행위는 청구인의 법률관계나 법적 지위에 영향을 미치는 것으로서 당연히 헌법소원의 대상이 되는 공권력의 행사라고 할 수 있을 것이다(헌재 2004.10.28. 2003헌마898).

정답 ②, ④

제2관 재판청구권

문 29

다음 중 헌법재판소가 재판청구권을 침해한다고 결정한 것을 모두 고른 것은? [2023년 28번]

ㄱ. 특수임무수행자 등이 보상금 등의 지급결정에 동의한 때에는 특수임무수행 또는 이와 관련한 교육훈련으로 입은 피해 중 '정신적 손해'에 대하여 재판상 화해가 성립된 것으로 보는 조항
ㄴ. 즉시항고의 제기기간을 3일로 제한한 형사소송법 조항
ㄷ. 검사만 치료감호를 청구할 수 있고 법원은 검사에게 치료감호청구를 요구할 수 있다고 규정한 조항

ㄹ. 의견제출 기한 내에 감경된 과태료를 자진납부한 경우 해당 질서위반행위에 대한 과태료 부과 및 징수절차는 종료한다고 규정한 조항
ㅁ. 특허무효심결에 대한 소는 심결의 등본을 송달받은 날부터 30일 이내에 제기하도록 한 조항

① ㄱ, ㄴ, ㄹ, ㅁ   ② ㄷ, ㄹ, ㅁ   ③ ㄱ, ㅁ
④ ㄴ, ㄹ   ⑤ ㄴ

MGI Point 재판청구권 ★★

- 특수임무수행자 등이 보상금 등의 지급결정에 동의할 때 정신적 손해에 대하여 재판상 화해가 성립된 것으로 보는 조항 ⇨ 재판청구권 침해 ×
- 즉시항고의 제기기간을 3일로 제한한 형사소송법 조항 ⇨ 재판청구권 침해
- 검사만 치료감호를 청구할 수 있고 법원은 검사에게 치료감호청구를 요구할 수 있다고 규정한 것 ⇨ 재판청구권 침해 ×
- 의견제출 기한 내에 감경된 과태료를 자진납부한 경우 해당 질서위반행위에 대한 과태료 부과 및 징수절차는 종료한다고 규정한 조항 ⇨ 재판청구권 침해 ×
- 특허무효심결에 대한 소를 30일 이내에 제기하도록 한 조항 ⇨ 재판청구권 침해 ×

ㄱ. (침해하지 않는다) 특수임무수행자보상심의위원회는 위원 구성에 제3자성과 독립성이 보장되어 있고, 보상금등 지급 심의절차의 공정성과 신중성이 갖추어져 있다. 특수임무수행자는 보상금등 지급결정에 동의할 것인지 여부를 자유롭게 선택할 수 있으며, 보상금등을 지급받을 경우 향후 재판상 청구를 할 수 없음을 명확히 고지받고 있다. 보상금 중 기본공로금은 채용·입대경위, 교육훈련여건, 특수임무종결일 이후의 처리사항 등을 고려하여 위원회가 정한 금액으로 지급되는데, 위원회는 음성적 모집 여부, 기본권 미보장 여부, 인권유린, 종결 후 사후관리 미흡 등을 참작하여 구체적인 액수를 정하므로, 여기에는 특수임무교육훈련에 관한 정신적 손해 배상 또는 보상에 해당하는 금원이 포함된다. 특수임무수행자는 보상금등 산정과정에서 국가행위의 불법성이나 구체적인 손해 항목 등을 주장·입증할 필요가 없고 특수임무수행자의 과실이 반영되지도 않으며, 국가배상청구에 상당한 시간과 비용이 소요되는 데 반해 보상금등 지급결정은 비교적 간이·신속한 점까지 고려하면, 특임자보상법령이 정한 보상금등을 지급받는 것이 국가배상을 받는 것에 비해 일률적으로 과소 보상된다고 할 수도 없다. 따라서 심판대상조항이 과잉금지원칙을 위반하여 국가배상청구권 또는 재판청구권을 침해한다고 보기 어렵다(헌법재판소 2021. 9. 30. 2019헌가28 전원재판부 결정).

ㄴ. (침해한다) 형사재판 중 결정절차에서는 그 결정 일자가 미리 당사자에게 고지되는 것이 아니기 때문에 결정에 대한 불복 여부를 결정하고 즉시항고 절차를 준비하는데 있어 상당한 기간을 부여할 필요가 있다. 또한 심판대상조항(즉시항고의 제기기간을 3일로 제한한 형사소송법 조항)의 제정 당시와 비교할 때, 오늘날의 형사사건은 그 내용이 더욱 복잡해져 즉시항고 여부를 결정함에 있어서도 많은 시간이 소요될 수 있고, 근로기준법의 개정으로 주 40시간 근무가 확대, 정착됨에 따라 금요일 오후에 결정문을 송달받을 경우 주말 동안 공공기관이나 변호사로부터 법률적 도움을 구하는 것도 쉽지 않게 되었으며, 우편 접수를 통해 즉시항고를 한다고 하더라도 사실상 월요일 하루 안에 발송 및 도달을 완료해야 한다. 그럼에도 심판대상조항은 변화된 사회 현실을 제대로 반영하지 못하여, 당사자가 어느 한 순간이라도 지체할 경우 즉시항고권 자체를 행사할 수 없게 하는 부당한 결과를 초래하고 있다. 형사재판절차의 당사자가 직접 또는 다른 사람의 도움을 받아 인편으로 법원에 즉시항고장을 제출하기 어려운 상황은 얼마든지 발생할 수 있고, 교도소 또는 구치소에 있는 피고인에게 적용되는 형사소송법 제344조의 재소자 특칙 규정은 개별적으로 준용규정이 있는 경우에만 그 적용을 받게 되며, 형사소송법상의 법정기간 연장조항이나 상소권회복청구 조항들만으로는 3일이라는 지나치게 짧은 즉시항고 제기기간의 도과를 보완하기에 미흡하다. 나아가 민사소송, 민사집행, 행정소송, 형사보상절차 등의 즉시항고기간 1주나, 외국의 입법례와 비교하더라도 3일이라는 제기기간은 지나

치게 짧다. 즉시항고 자체가 형사소송법상 명문의 규정이 있는 경우에만 허용되므로 기간연장으로 인한 폐해가 크다고 볼 수도 없는 점 등을 고려하면, 심판대상조항은 즉시항고 제도를 단지 형식적이고 이론적인 권리로서만 기능하게 함으로써 헌법상 재판청구권을 공허하게 하므로 입법재량의 한계를 일탈하여 재판청구권을 침해하는 규정이다(헌법재판소 2018. 12. 27. 2015헌바77, 2015헌마832(병합) 전원재판부 결정).

ㄷ. (침해하지 않는다) 피고인 스스로 치료감호를 청구할 수 있는 권리나, 법원으로부터 직권으로 치료감호를 선고받을 수 있는 권리는 헌법상 재판청구권의 보호범위에 포함되지 않는다. 공익의 대표자로서 준사법기관적 성격을 가지고 있는 검사에게만 치료감호 청구권한을 부여한 것은, 본질적으로 자유박탈적이고 침익적 처분인 치료감호와 관련하여 재판의 적정성 및 합리성을 기하기 위한 것이므로 적법절차원칙에 반하지 않는다. 그렇다면 이 사건 법률조항들은 재판청구권을 침해하거나 적법절차원칙에 반한다고 보기 어렵다(헌법재판소 2021. 1. 28. 2019헌가24, 2019헌바404(병합) 전원재판부 결정).

ㄹ. (침해하지 않는다) 행정청이 과태료를 부과하기 전에 미리 당사자에게 사전통지를 하면서 의견제출 기한을 부여하고, 그 기한 내에 과태료를 자진납부한 당사자에게 과태료 감경의 혜택을 부여하는 주된 목적은 과태료를 신속하고 효율적으로 징수하려는 것인 점, 당사자는 의견제출 기간 내에 과태료를 자진납부하여 과태료의 감경을 받을 것인지, 아니면 과태료의 부과 여부나 그 액수를 다투어 법원을 통한 과태료 재판을 받을 것인지를 선택할 수 있는 점 등을 고려하면, 의견제출 기한 내에 감경된 과태료를 자진 납부하는 경우 해당 질서위반행위에 대한 과태료 부과 및 징수절차가 종료되도록 함으로써 당사자가 질서위반행위규제법에 따라 의견을 제출하거나 이의를 제기할 수 없도록 하였다고 하더라도, 이것이 입법형성의 한계를 일탈하여 재판청구권을 침해하였다거나 당사자의 의견제출 권리를 충분히 보장하지 않음으로써 적법절차원칙을 위반하였다고 보기 어렵다(헌법재판소 2019. 12. 27. 2017헌바413 전원재판부 결정).

ㅁ. (침해하지 않는다) 특허권의 효력 여부에 대한 분쟁은 신속히 확정할 필요가 있는 점, 특허무효심판에 대한 심결은 특허법이 열거하고 있는 무효사유에 대해 특허법이 정한 방법과 절차에 따라 청구인과 특허권자가 다툰 후 심결의 이유를 기재한 서면에 의하여 이루어지는 것이므로, 당사자가 그 심결에 대하여 불복할 것인지를 결정하고 이를 준비하는 데 그리 많은 시간이 필요하지 않은 점, 특허법은 심판장으로 하여금 30일의 제소기간에 부가기간을 정할 수 있도록 하고 있고, 제소기간 도과에 대하여 추후보완이 허용되기도 하는 점 등을 종합하여 보면, 이 사건 제소기간 조항이 정하고 있는 30일의 제소기간이 지나치게 짧아 특허무효심결에 대하여 소송으로 다투고자 하는 당사자의 재판청구권 행사를 불가능하게 하거나 현저히 곤란하게 한다고 할 수 없으므로, 재판청구권을 침해하지 아니한다(헌법재판소 2018. 8. 30. 2017헌바258 전원재판부 결정).

정답 ⑤

문 30

무죄추정의 원칙과 관련한 다음 설명 중 옳지 않은 것은 모두 몇 개인가? [2023년 35번]

ㄱ. 무죄추정의 원칙은 증거법에 국한된 원칙이 아니라 수사절차에서 공판절차에 이르기까지 형사절차의 전과정을 지배하는 지도원리로서 인신의 구속 자체를 제한하는 원리로 작용한다.

ㄴ. 무죄추정의 원칙상 금지되는 '불이익'이란 '범죄사실의 인정 또는 유죄를 전제로 그에 대하여 법률적·사실적 측면에서 유형·무형의 차별취급을 가하는 유죄인정의 효과로서의 불이익'을 뜻하고, 이는 비단 형사절차 내에서의 불이익뿐만 아니라 기타 일반 법생활 영역에서의 기본권 제한과 같은 경우에도 적용된다.

ㄷ. 지방자치단체의 장이 공소제기된 후 구금상태에 있는 경우 부단체장이 그 권한을 대행하도록 하였더라도 무죄추정의 원칙에 반하지 아니한다.
ㄹ. 국민기초생활 보장법상의 수급권자가 구치소에 수감되어 형이 확정되지 않았음에도 기초생활보장급여의 지급대상에서 제외하는 것은 무죄추정의 원칙에 위반된다고 볼 수 없다.
ㅁ. 판결선고 전의 구금일수 중 일부를 형기에 산입하지 않을 수 있도록 한 규정은 무죄추정의 원칙에 위반된다.

① 없음   ② 1개   ③ 2개   ④ 3개   ⑤ 4개

MGI Point 무죄추정의 원칙 ★★

- 무죄추정의 원칙의 적용범위 ⇨ 증거법에 국한된 원칙×, 형사절차의 전과정을 지배하는 지도원리, 인신의 구속 자체를 제한하는 원리
- 무죄추정의 원칙상 금지되는 '불이익' ⇨ 형사절차 내에서의 불이익뿐만 아니라 기타 일반 법생활 영역에서의 기본권 제한과 같은 경우에도 적용
- 지방자치단체의 장이 공소제기된 후 구금상태에 있는 경우 부단체장이 그 권한을 대행하도록 한 것 ⇨ 무죄추정의 원칙 위반×
- 미결수용자를 기초생활보장급여의 지급대상에서 제외하는 것 ⇨ 무죄추정의 원칙에 위반×
- 판결선고 전의 구금일수 중 일부를 형기에 산입하지 않을 수 있도록 한 것 ⇨ 무죄추정의 원칙에 위반

ㄱ. (○) 헌법상 무죄추정의 원칙은 형사재판에 있어서 유죄의 판결이 확정될 때까지 피의자나 피고인은 원칙적으로 죄가 없는 자로 다루어져야 하고, 그 불이익은 필요최소한에 그쳐야 한다는 것을 의미한다. 이러한 무죄추정의 원칙은 증거법에 국한된 원칙이 아니라 수사절차에서 공판절차에 이르기까지 형사절차의 전 과정을 지배하는 지도 원리로서 인신의 구속 자체를 제한하는 원리로 작용한다(헌법재판소 2010. 11. 25. 선고 2009헌바8).

ㄴ. (○), ㄷ. (○) 우리 헌법 제27조 제4항은 "형사피고인은 유죄의 판결이 확정될 때까지는 무죄로 추정된다."고 하여 무죄추정의 원칙을 천명하고 있다. 무죄추정의 원칙이라 함은, 아직 공소제기가 없는 피의자는 물론 공소가 제기된 피고인이라도 유죄의 확정판결이 있기까지는 원칙적으로 죄가 없는 자에 준하여 취급하여야 하고 불이익을 입어서는 안되며 가사 그 불이익을 입힌다 하여도 필요한 최소한도에 그쳐야 한다는 원칙을 말한다. 그리고 무죄추정의 원칙상 금지되는 '불이익'이란 '범죄사실의 인정 또는 유죄를 전제로 그에 대하여 법률적·사실적 측면에서 유형·무형의 차별취급을 가하는 유죄인정의 효과로서의 불이익'을 뜻하고, 이는 비단 형사절차 내에서의 불이익뿐만 아니라 기타 일반 법생활 영역에서의 기본권 제한과 같은 경우에도 적용된다. 그런데 '공소 제기된 후 구금상태'에 있음을 이유로 형사피고인의 지위에 있는 자치단체장의 직무를 정지시키는 것은, 공소 제기된 자로서 구금되었다는 사실 자체에 사회적 비난의 의미를 부여한다거나 그 유죄의 개연성에 근거하여 직무를 정지시키는 것이 아니라, 구금의 효과, 즉 구속되어 있는 자치단체장의 물리적 부재상태로 인해 객관적으로 업무의 효율성이 저하되고 자치단체행정의 원활하고 계속적인 운영에 위험이 발생할 것이 명백하므로 이를 미연에 방지하기 위하여 직무를 정지시키는 것이다. 따라서 이 사건 법률조항이 가하고 있는 직무정지는 '범죄사실의 인정 또는 유죄의 인정에서 비롯되는 불이익'이라거나 '유죄를 근거로 하는 사회윤리적 비난'이라고 볼 수 없으므로, 이 사건 법률조항은 헌법 제27조 제4항이 선언하는 무죄추정의 원칙에 위배되지 않는다 할 것이다(헌법재판소 2011. 4. 28. 2010헌마474).

ㄹ. (○) '국민기초생활 보장법'상의 수급권자가 구치소에 수감되어 형이 확정되지 않은 상황에서 개별가구에서 제외되는 것은 그 사람을 유죄로 취급하여 어떠한 불이익을 주기 위한 것이 아니라 '국민기초생활 보장법'의 보충급여의 원칙에 따라 다른 법령에 의하여 생계유지의 보호를 받게 되는 경우, 중복적인 보장을 피하기

위해 개별가구에서 제외시키는 것으로 이를 '유죄인정의 효과'로서의 불이익이라고 볼 수 없는바, 이 사건 조항이 무죄추정의 원칙에 위반된다고 볼 수 없다(헌법재판소 2011. 3. 31. 선고 2009헌마617,2010헌마341(병합)).

ㅁ. (○) 형법 제57조 제1항 중 "또는 일부" 부분이 상소제기 후 미결구금일수의 일부가 산입되지 않을 수 있도록 하여 피고인의 상소의사를 위축시킴으로써 남상소를 방지하려 하는 것은 입법목적 달성을 위한 적절한 수단이라고 할 수 없고, 남상소를 방지한다는 명목으로 오히려 구속 피고인의 재판청구권이나 상소권의 적정 행사를 저해한다. 더욱이 구속 피고인이 고의로 재판을 지연하거나 부당한 소송행위를 하였다고 하더라도 이를 이유로 미결구금기간 중 일부를 형기에 산입하지 않는 것은 처벌되지 않는 소송상의 태도에 대하여 형벌적 요소를 도입하여 제재를 가하는 것으로서 적법절차의 원칙 및 무죄추정의 원칙에 반한다(헌법재판소 2009. 6. 25. 선고 2007헌바25).

정답 ①

문 91

재판청구권, 적법절차원리에 관한 다음 설명 중 옳지 않은 것은 모두 몇 개인가? [2022년 30번]

ㄱ. 재심기각결정이 있는 경우 동일한 이유로 하여서는 다시 재심을 청구하지 못하도록 규정한 형사소송법 관련 조항은 권리구제의 측면에서 불합리하므로 재판청구권을 침해한다.
ㄴ. 범인에 대한 추징판결을 범인 외의 제3자가 그 정황을 알면서 취득한 불법재산 및 그로부터 유래한 재산에 대하여 제3자를 상대로 집행할 수 있도록 규정한 공무원범죄에 관한 몰수 특례법 조항은 적법절차원리에 위반되지 않는다.
ㄷ. 검사만 치료감호를 청구할 수 있고 법원은 검사에게 치료감호청구를 요구할 수 있다고만 규정한 치료감호 등에 관한 법률 조항은 피고인 스스로 치료감호를 청구할 수 있는 권리를 인정하고 있지 아니하지만, 재판청구권을 침해하거나 적법절차원칙을 위반한 것은 아니다.
ㄹ. 헌법 제27조 제1항이 규정하는 재판청구권을 보장하기 위해서는 입법자에 의한 재판청구권의 구체적 형성이 불가피하므로 입법자의 광범위한 입법재량이 인정된다.

① 없음　　② 1개　　③ 2개　　④ 3개　　⑤ 4개

MGI Point 재판청구권·적법절차원리　★★

- 재심기각결정이 있는 경우 동일한 이유로 하여서는 다시 재심을 청구하지 못하도록 규정한 형사소송법 규정
  ⇨ 재판청구권 침해 ×
- 범인에 대한 추징판결을 범인 외의 제3자를 상대로 집행할 수 있도록 규정한 공무원범죄에 관한 몰수 특례법 조항
  ⇨ 적법절차원리 위반 ×
- 검사만 치료감호를 청구할 수 있고 법원은 검사에게 치료감호청구를 요구할 수 있다고만 규정한 것
  ⇨ 재판청구권, 적법절차원칙 침해·위반 ×
- 재판청구권의 입법적 형성에는 광범위한 재량이 인정됨

ㄱ. (X) 동일한 이유로 다시 재심을 청구하는 것을 금지하는 형사소송법 제434조 제2항은 재심절차가 진행되어 그 청구 이유에 관한 실체적 판단이 한번 이루어진 경우, 확정된 결정의 법적 안정성을 유지하고 동일한 재

심 이유에 대해 반복적으로 소송이 제기되는 것을 막아 사법자원의 낭비를 방지하기 위한 것이다. 심판대상조항에 따라 사실상 주장이 동일한 이상, 청구인이 법률상 주장을 달리하여 재심을 재차 청구하는 것이 불가능하나, 법률해석에 관한 이견이나 하급심 법원 간 법 해석의 통일성은 대법원으로 수렴되는 즉시항고절차를 통하여 해결할 수 있는 점 등을 고려할 때 심판대상조항은 청구인의 재판청구권을 침해하지 아니한다(헌재 2020.02.27. 2017헌바420).

ㄴ. (O) 특정공무원범죄의 범인에 대한 추징판결을 범인 외의 자가 그 정황을 알면서 취득한 불법재산 및 그로부터 유래한 재산에 대하여 그 범인 외의 자를 상대로 집행할 수 있도록 규정한 '공무원범죄에 관한 몰수 특례법' 제9조의2에 따른 추징판결의 집행은 그 성질상 신속성과 밀행성을 요구하는데, 제3자에게 추징판결의 집행사실을 사전에 통지하거나 의견 제출의 기회를 주게 되면 제3자가 또다시 불법재산 등을 처분하는 등으로 인하여 집행의 목적을 달성할 수 없게 될 가능성이 높다. 따라서 심판대상조항이 제3자에 대하여 특정공무원범죄를 범한 범인에 대한 추징판결을 집행하기에 앞서 제3자에게 통지하거나 의견을 진술할 기회를 부여하지 않은 데에는 합리적인 이유가 있다. 나아가 제3자는 심판대상조항에 의한 집행에 관한 검사의 처분이 부당함을 이유로 재판을 선고한 법원에 재판의 집행에 관한 이의신청을 할 수 있다(형사소송법 제489조). 또한 제3자는 각 집행절차에서 소송을 통해 불복하는 등 사후적으로 심판대상조항에 의한 집행에 대하여 다툴 수 있다. 따라서 심판대상조항은 적법절차원칙에 위배된다고 볼 수 없다(헌재 2020.02.27. 2015헌가4).

ㄷ. (O) 이 사건 법률조항들에 의하면 검사는 치료감호대상자에 대한 치료감호를 청구할 수 있지만, 치료감호대상자 본인은 치료감호를 청구할 수 없고, 법원이 치료감호청구를 요구하더라도 검사는 이에 응할 의무가 없으며, 검사가 치료감호청구를 하지 않은 경우 법원의 직권에 의한 치료감호선고도 허용되지 아니한다. 검사의 청구가 없는 한 법원이 직권으로 치료감호를 선고할 수 없도록 하고 있는데, 법원이 직권으로 치료감호를 선고할 수 있는지 여부는 재판청구권의 적극적 측면은 물론 소극적 측면에도 해당하지 않는다. 따라서 청구인이나 제청법원이 주장하는 '피고인 스스로 치료감호를 청구할 수 있는 권리'뿐만 아니라 '법원으로부터 직권으로 치료감호를 선고받을 수 있는 권리'는 헌법상 재판청구권의 보호범위에 포함된다고 보기 어렵다. 한편, 법에서는 치료감호를 청구할 때 정신건강의학과 등 전문의의 진단이나 감정을 거치도록 하고(제4조 제2항), 치료감호사건을 필요적 변호사건으로 하여 변호인 없이 개정하지 못하도록 하고 있으며(제15조 제2항, 형사소송법 제282조), 나아가 치료감호 청구주체와 판단주체를 분리함으로써, 법원이 일방적으로 치료감호를 명하거나 법원에서의 정식재판절차 없이 검사나 치료감호심의위원회의 일방적인 결정만으로 치료감호를 할 수 없도록 하여 치료감호개시절차가 보다 객관적이고 공정하게 이루어지도록 한 것이다. 따라서 검사만 치료감호를 청구할 수 있도록 하였다고 하여 적법절차원칙에 반한다고 보기는 어렵다(헌재 2021.01.28. 2019헌가24 등).

ㄹ. (O) 헌법 제27조 제1항이 규정하는 재판청구권을 보장하기 위해서는 입법자에 의한 재판청구권의 구체적 형성이 불가피하므로 입법자의 광범위한 입법재량이 인정된다고 할 것이다(헌재 2009.02.26. 2007헌바8 등).

정답 ②

문 92

국민참여재판에 관한 다음 설명 중 옳은 것을 모두 고른 것은? [2022년 14번]

ㄱ. 헌법소원심판 청구가 허용되지 않는 법원의 재판에는 재판 자체뿐만 아니라 재판 심리와 절차에 관한 법원의 공권적 판단도 포함되므로, 국민참여재판 배제결정은 헌법소원심판의 대상이 될 수 없다.

ㄴ. 국민참여재판으로 진행하는 것이 적절하지 아니하다고 인정되는 경우 법원이 국민참여재판 배제 결정을 할 수 있도록 한 법률규정은 국민참여재판의 특성에 비추어 그 절차로 진행함이

부적당한 사건에 대하여 법원의 재량으로 국민참여재판을 하지 아니하기로 하는 결정을 할 수 있도록 한 것일 뿐, 피고인에 대한 범죄사실 인정이나 유죄판결을 전제로 하여 불이익을 과하는 것이 아니므로 무죄추정원칙에 위배된다고 볼 수 없다.

ㄷ. 형사소송절차에서 국민참여재판제도는 사법의 민주적 정당성과 신뢰를 높이기 위하여 배심원이 사실심 법관의 판단을 돕기 위한 권고적 효력을 가지는 의견을 제시하는 제한적 역할을 수행하게 되나, 헌법상 재판을 받을 권리의 보호범위에 배심재판을 받을 권리가 포함되는 것은 아니다.

ㄹ. 국민참여재판의 대상사건을 형사사건 중 합의부 관할사건으로 한정한 법률 규정이 단독판사 관할사건으로 재판받는 피고인과 합의부 관할사건으로 재판받는 피고인을 다르게 취급하고 있는 것은 합리적인 이유가 있으므로 평등권을 침해하지 않는다.

ㅁ. 군의 특수성을 고려하여 군사법원법에 의한 군사재판을 국민참여재판 대상사건에서 제외한 것이 입법재량을 일탈한 것이라고 볼 수 없다.

ㅂ. 국민참여재판 배심원의 자격을 만 20세 이상으로 정한 법률 규정은, 민법상 성년의 연령이 19세인 점, 국민은 18세 내지 19세가 되면 선거권을 가지고, 병역의 의무, 근로의 의무 등을 부담한다는 점에 비추어 보면 만 20세 미만의 국민을 합리적 이유 없이 국민참여재판 배심원으로 참여할 수 없도록 하여 평등권을 침해한다.

① ㄱ, ㄷ, ㅂ
② ㄴ, ㄹ, ㅁ, ㅂ
③ ㄱ, ㄴ, ㄹ, ㅁ
④ ㄱ, ㄴ, ㄷ, ㄹ, ㅁ
⑤ ㄱ, ㄴ, ㄷ, ㄹ, ㅁ, ㅂ

MGI Point 국민참여재판 ★★

- 국민참여재판 배제결정 ⇨ 헌법소원심판의 대상 ×
- 법원이 국민참여재판 배제 결정을 할 수 있도록 한 조항 ⇨ 무죄추정원칙에 위배 ×
- 배심재판을 받을 권리 ⇨ 헌법상 재판을 받을 권리의 보호범위에 포함 ×
- 국민참여재판의 대상사건을 형사사건 중 합의부 관할사건으로 한정한 조항 ⇨ 평등권 침해 ×
- 군사재판을 국민참여재판 대상사건에서 제외 ⇨ 입법재량 일탈 ×
- 배심원 자격을 만 20세 이상으로 정한 것 ⇨ 평등권 침해 ×

ㄱ. (O) 국민참여재판 배제결정은 헌법소원심판 청구가 허용되지 않는 '법원의 재판'에 해당하고, 헌법재판소가 위헌으로 결정한 법령을 적용한 재판이 아니어서 헌법소원심판의 대상이 될 수 있는 예외적인 법원의 재판에 해당하지도 아니하므로, 이를 대상으로 한 이 사건 심판청구는 부적법하다(헌재 2021.05.25. 2021헌마500).

ㄴ. (O) 참여재판 배제조항은 국민참여재판의 특성에 비추어 그 절차로 진행함이 부적당한 사건에 대하여 법원의 재량으로 국민참여재판을 하지 아니하기로 하는 결정을 할 수 있도록 한 것일 뿐, 피고인에 대한 범죄사실 인정이나 유죄판결을 전제로 하여 불이익을 과하는 것이 아니므로 무죄추정원칙에 위배된다고 볼 수 없다(헌재 2014.01.28. 2012헌바298).

ㄷ. (○) 형사소송절차에서 국민참여재판제도는 사법의 민주적 정당성과 신뢰를 높이기 위하여 배심원이 사실심 법관의 판단을 돕기 위한 권고적 효력을 가지는 의견을 제시하는 제한적 역할을 수행하게 되고, 헌법상 재판을 받을 권리의 보호범위에는 배심재판을 받을 권리가 포함되지 아니한다(헌재 2014.01.28. 2012헌바298).

ㄹ. (○) 형사사건의 다수를 차지하는 단독판사 관할사건까지 국민참여재판의 대상사건으로 할 경우, 한정된 인적·물적자원만으로는 현실적으로 제도 운영에 어려움이 있는 점, 합의부 관할사건이 일반적으로 단독판사 관할사건보다 사회적 파급력이 큰 점 등에 비추어 보면, 이 사건 법률조항이 단독판사 관할사건으로 재판받는 피고인과 합의부 관할사건으로 재판받는 피고인을 다르게 취급하고 있는 것은 합리적인 이유가 있으므로 이 사건 법률조항은 평등권을 침해하지 않는다(헌재 2015.07.30. 2014헌바447).

ㅁ. (○) 입법자는 헌법 제110조 제1항에 따라 법률로 군사법원을 설치함에 있어 군사재판의 특수성을 고려하여 그 조직·권한 및 재판관의 자격 등을 일반법원과 달리 정하는 것이 허용되는바, 입법자가 광범위한 입법재량 내에서 외부의 침략으로부터 국가를 보존한다는 목적을 위해 존재하는 집단인 군의 특수성을 고려하여 군사법원법에 의한 군사재판을 국민참여재판 대상사건에서 제외한 것이 입법재량을 일탈한 것이라고 볼 수 없다(헌재 2021.06.24. 2020헌바499).

ㅂ. (X) 배심원으로서의 권한을 수행하고 의무를 부담할 능력과 민법상 행위능력, 선거권 행사능력, 군 복무능력, 연소자 보호와 연계된 취업능력 등이 동일한 연령기준에 따라 판단될 수 없고, 각 법률들의 입법취지와 해당 영역에서 고려하여야 할 제반사정, 대립되는 관련 이익들을 교량하여 입법자가 각 영역마다 그에 상응하는 연령기준을 달리 정할 수 있다. 따라서 심판대상조항이 우리나라 국민참여재판제도의 취지와 배심원의 권한 및 의무 등 여러 사정을 종합적으로 고려하여 만 20세에 이르기까지 교육 및 경험을 쌓은 자로 하여금 배심원의 책무를 담당하도록 정한 것은 입법형성권의 한계 내의 것으로 자의적인 차별이라고 볼 수 없다(헌재 2021.05.27. 2019헌가19).

정답 ④

문 93

재판청구권에 관한 다음 설명 중 옳지 않은 것은 모두 몇 개인가? [2021년 12번]

> ㄱ. 권리남용으로 인한 패소의 경우에 소송비용 부담에 관한 별도의 예외 규정을 두지 않았다는 점을 이유로 민사소송법 제98조가 재판청구권을 침해한다고 볼 수 없다.
> ㄴ. 재판청구권에는 민사재판, 형사재판, 행정재판뿐만 아니라 헌법재판을 받을 권리도 포함되므로, 헌법상 보장되는 기본권인 '공정한 재판을 받을 권리'에는 '공정한 헌법재판을 받을 권리'도 포함된다.
> ㄷ. 군사시설 중 전투용에 공하는 시설을 손괴한 일반 국민이 항상 군사법원에서 재판받도록 하는 구 군사법원법 조항이 헌법과 법률이 정한 법관에 의한 재판을 받을 권리를 침해한다고 볼 수 없다.
> ㄹ. 국민의 형사재판 참여에 관한 법률이 국민참여재판의 일반적 배제사유로 '그 밖에 국민참여재판으로 진행하는 것이 적절하지 아니하다고 인정되는 경우'라고 규정한 것은 적법절차원칙에 위배되지 아니한다.
> ㅁ. 재정신청 기각 결정에 대하여 형사소송법의 재항고를 금지하는 것은 법원의 재판이 헌법소원의 대상에서 제외되어 있는 상황 등을 고려할 때 재정신청인의 재판청구권을 침해하는 것으로 볼 수 있다.

① 없음　　　　② 1개　　　　③ 2개
④ 3개　　　　⑤ 4개

MGI Point　재판청구권　★★

- 소송비용을 패소한 당사자가 부담하도록 규정한 민사소송법 제98조 ⇨ 소송당사자의 재판청구권 침해 ×
- 헌법상 보장되는 기본권인 '공정한 재판을 받을 권리' ⇨ '공정한 헌법재판을 받을 권리'도 포함 ○
- '전투용에 공하는 시설'을 손괴한 일반 국민이 군사법원에서 재판받도록 하는 구 군사법원법조항 ⇨ 헌법과 법률이 정한 법관에 의한 재판을 받을 권리 침해 ○
- 국민참여재판으로 진행하는 것이 적절하지 아니하다고 인정되는 경우 법원이 국민참여재판 배제 결정을 할 수 있도록 한 구 '국민의 형사재판 참여에 관한 법률'의 참여재판 배제조항 ⇨ 적법절차원칙에 위배 ×
- 재정신청 기각 결정에 대하여 형사소송법의 재항고를 금지 ⇨ 법원의 재판이 헌법소원의 대상에서 제외되어 있는 상황 등을 고려할 때 재정신청인의 재판청구권 침해 ○

ㄱ. (○) 민사소송법 제98조가 소송당사자의 실효적인 권리구제를 보장하고, 남소와 남상소를 방지하기 위해 원칙적으로 패소한 당사자에게 소송비용을 부담시키는 것은 합리적인 이유가 인정된다. 또한 민사소송법 제99조 내지 제101조는 소송비용의 패소자부담원칙에 일정한 예외를 인정하고, 민사소송법, 민사소송비용법, 대법원규칙 등에서 소송비용의 범위와 액수를 한정하며, 소송비용 확정결정에 대한 즉시항고제도나 소송구조제도를 두어 기본권 제한을 최소화하고 있으므로 재판청구권을 과도하게 제한한다고 볼 수 없다. 나아가 권리남용의 성격 및 소송비용부담의 예외규정이 존재하는 점을 고려하면 권리남용의 경우에 별도의 예외를 두지 않았다고 하더라도 민사소송법 제98조가 재판청구권을 침해하였다고 볼 수 없다(헌재 2013.05.30. 2012헌바335).

ㄴ. (○) 헌법 제27조는 국민의 재판청구권을 보장하고 있는데, 여기에는 공정한 재판을 받을 권리가 포함되어 있다. 그런데 재판청구권에는 민사재판, 형사재판, 행정재판뿐만 아니라 헌법재판을 받을 권리도 포함되므로, 헌법상 보장되는 기본권인 '공정한 재판을 받을 권리'에는 '공정한 헌법재판을 받을 권리'도 포함된다(헌재 2016.11.24. 2015헌마902).

ㄷ. (X) 구 군형법 제69조 중 '전투용에 공하는 시설'은 '군사목적에 직접 공용되는 시설'로 항상 '군사시설'에 해당한다. 군용물·군사시설에 관한 죄를 병렬적으로 규정하고 있었던 구 헌법(1980. 10. 27. 헌법 제9호로 개정되고, 1987. 10. 29. 헌법 제10호로 개정되기 전의 것) 제26조 제2항에서 '군용물'은 명백히 '군사시설'을 포함하지 않는 개념으로 사용된 점, 군사시설에 관한 죄를 범한 민간인에 대한 군사법원의 재판권을 제외하는 것을 명백히 의도한 헌법 개정 경과 등을 종합하면, 군인 또는 군무원이 아닌 국민에 대한 군사법원의 예외적인 재판권을 정한 헌법 제27조 제2항에 규정된 군용물에는 군사시설이 포함되지 않는다. 그렇다면 '군사시설' 중 '전투용에 공하는 시설'을 손괴한 일반 국민이 항상 군사법원에서 재판받도록 하는 이 사건 법률조항은, 비상계엄이 선포된 경우를 제외하고는 '군사시설'에 관한 죄를 범한 군인 또는 군무원이 아닌 일반 국민은 군사법원의 재판을 받지 아니하도록 규정한 헌법 제27조 제2항에 위반되고, 국민이 헌법과 법률이 정한 법관에 의한 재판을 받을 권리를 침해한다(헌재 2013.11.28. 2012헌가10).

ㄹ. (○) 국민참여재판을 받을 권리는 헌법상 기본권으로서 보호될 수는 없지만, 재판참여법에서 정하는 대상 사건에 해당하는 한 피고인은 원칙적으로 국민참여재판으로 재판을 받을 법률상 권리를 가진다고 할 것이고, 이러한 형사소송절차상의 권리를 배제함에 있어서는 헌법에서 정한 적법절차원칙을 따라야 한다. 법원은 국민참여재판 배제결정을 하기 전에 검사·피고인 또는 변호인에게 배제결정에 대한 의견을 듣도록 하고 있고, 피고인은 국민참여재판 배제결정에 대하여 즉시항고할 수 있다. 공소사실의 다양한 태양과 그로 인하여 쟁점이 지나치게 복잡하게 될 가능성, 예상되는 심리기간의 장단, 주요 증인의 소재 확보 여부와 사생활의 비밀 보호 등 공판절차에서 나타나는 여러 사정을 고려하여 보았을 때 참여재판 배제사유를 일일이 열거

하는 것은 불가능하거나 현저히 곤란하다. 그러므로 이 사건 참여재판 배제조항과 같이 포괄적, 일반적 배제사유를 두는 것은 불가피하고, 그 실질적 기준은 법원의 재판을 통하여 합리적으로 결정될 수 있다. 따라서 이 사건 참여재판 배제조항은 그 절차와 내용에 있어 합리성과 정당성을 갖추었다고 할 것이므로, 적법절차원칙에 위배되지 아니한다(헌재 2014.01.28. 2012헌바298).

ㅁ. (○) 재정신청 기각결정에 대하여 형사소송법 제415조의 재항고를 금지하는 것은 대법원에 명령·규칙 또는 처분의 위헌·위법 심사권한을 부여하여 법령해석의 통일성을 기하고자 하는 헌법 제107조 제2항의 취지에 반할 뿐 아니라, 헌법재판소법에 의하여 법원의 재판이 헌법소원의 대상에서 제외되어 있는 상황에서 재정신청인의 재판청구권을 지나치게 제약하는 것이 된다. 그리고 법 제415조는 법 제402조와 달리 아무런 예외를 두지 않은 채 이른바 법령위반을 이유로 즉시항고할 수 있다고 규정하고 있고, 소액사건심판법 제3조 제1호, '상고심절차에 관한 특례법' 제4조 제1항에서 처분이나 원심판결의 헌법위반이나 법률위반 여부가 문제되는 경우 대법원의 판단을 받도록 규정하고 있는 것과 비교할 때, 처분(불기소처분)의 헌법위반 여부나 위법·부당 여부에 관한 법원의 결정인 재정신청 기각결정에 대하여 이른바 법령위반을 이유로 한 재항고를 허용하지 아니하는 것은 재정신청 기각결정의 법적 성격에도 부합하지 않으며, 민사소송법은 재항고(제442조)뿐만 아니라 불복할 수 없는 결정이나 명령에 대하여 이른바 법령위반을 이유로 대법원에 특별항고를 할 수 있도록 하고 있다(제449조). … 이러한 사정들을 고려할 때, 법 제262조 제4항의 "불복할 수 없다."는 부분은, 재정신청 기각결정에 대한 '불복'에 법 제415조의 '재항고'가 포함되는 것으로 해석하는 한, 재정신청인인 청구인들의 재판청구권을 침해하고, 또 법 제415조의 재항고가 허용되는 고등법원의 여타 결정을 받은 사람에 비하여 합리적 이유 없이 재정신청인을 차별취급함으로써 청구인들의 평등권을 침해한다(헌재 2011.11.24. 2008헌마578,2009헌마41,98(병합)).

정답 ②

문 94

소송비용에 관한 다음 설명 중 가장 옳지 않은 것은? [2022년 12번]

① 민사 소액사건에서 소송기록에 의하여 청구가 이유 없음이 명백한 때 법원이 변론 없이 청구를 기각할 수 있도록 한 법률 규정은 소액 사건이 소송비용 부담이 크지 않고, 소송절차에 편의적인 규정에 따라 소송절차를 남용할 가능성이 다른 민사사건에 비하여 크다는 점에서 합리적인 이유가 있다고 할 것이므로 평등원칙에 위배되지 않는다.
② 민사소송에서 소장·준비서면, 그 밖의 소송기록에 의하여 청구가 이유 없음이 명백한 때 등 소송비용에 대한 담보제공이 필요하다고 판단되는 경우에 피고의 신청이 있으면 원고에게 소송비용에 대한 담보를 제공하도록 명하여야 한다고 규정한 민사소송법 규정은 피고의 소송비용상환청구권의 이행을 확보해 줌으로써 피고의 소송비용에 대한 부담을 덜고, 원고가 명백히 부당한 소송을 제기하거나 남소를 제기하는 것을 방지하여 사법자원의 효율적 활용과 합리적 분배에 기여하므로 과잉금지원칙에 반하여 원고의 재판청구권을 침해한다고 볼 수 없다.
③ 형사소송에서 발생하는 제반 비용 중 어떤 범위의 것을 '소송비용'으로 할 것인지, 이를 누구의 부담으로 할 것인지 그리고 그 비용집행의 면제 사유 등은 형사소송의 구조, 절차 운영의 적정성, 국가 재정, 국민의 법 감정 등에 따라 정해지는 입법정책적 문제라고 할 수 있다.
④ 형사재판에서 형의 선고와 함께 소송비용 부담의 재판을 받은 피고인이 '빈곤'을 이유로 해서만 집행면제를 신청할 수 있도록 한 형사소송법 규정은 '빈곤'이 경제적 사정으로 소송비용을 납부할

수 없는 경우를 지칭하는 것으로 해석될 수 있으므로 명확성의 원칙에는 위배되지 아니하나, 피고인의 방어 방법 제출이나 정식재판 청구 또는 상소 가능성을 과도하게 제한하므로 재판청구권을 침해한다.
⑤ 형사재판에서 법원이 형의 선고를 하는 때에는 피고인에게 소송비용의 전부 또는 일부를 부담하게 하여야 한다고 규정한 형사소송법 조항은 피고인의 방어권 남용을 방지하는 측면이 있고, 법원은 피고인의 방어권 행사의 적정성, 경제적 능력 등을 종합적으로 고려하여 피고인에 대한 소송비용 부담 여부 및 그 정도를 재량으로 정함으로써 사법제도의 적절한 운영을 도모할 수 있다는 점에서 피고인의 재판청구권을 침해하지 아니한다.

MGI Point 소송비용 ★

- 민사 소액사건에서 소송기록에 의하여 청구가 이유 없음이 명백한 때 무변론 청구기각 조항 ⇨ 평등원칙 위배 ×
- 일정한 경우에 원고에게 소송비용에 대한 담보를 제공하도록 명하여야 한다고 규정한 민사소송법 규정 ⇨ 재판청구권 침해×
- 형사소송에서 소송비용의 범위 ⇨ 입법정책적 문제
- 형사재판에서 빈곤을 이유로 해서만 집행면제 신청할 수 있도록 하는 조항 ⇨ 재판청구권 침해 ×
- 형사재판에서 피고인에게 소송비용을 부담시킬 수 있도록 하는 조항 ⇨ 재판청구권 침해 ×

① (O) 심판대상조항에 의하여 소액사건의 원고는 다른 민사사건의 원고와 달리 소장·준비서면, 기타 소송기록에 의하여 청구가 이유 없음이 명백한 때에 구두변론 절차를 거치지 않고 패소판결을 받게 되는 차별취급을 받고 있으므로 심판대상조항의 평등원칙 위배 여부가 문제된다. 앞서 본 바와 같이 소액사건은 소송비용 부담이 크지 않고, 소송절차에 편의적인 규정에 따라 소송절차를 남용할 가능성이 다른 민사사건에 비하여 크다고 할 수 있으므로 청구가 이유 없음이 명백한 사건에 대해 구두변론을 거치지 않고 청구기각 판결을 선고할 수 있도록 한 심판대상조항은 합리적인 이유가 있다. 따라서 심판대상조항은 평등원칙에 위배되지 않는다(헌재 2021.06.24. 2019헌바133 등).

② (O) 민사소송법(2010. 7. 23. 법률 제10373호로 개정된 것) 제117조 제1항 제1문 중 "소장·준비서면, 그 밖의 소송기록에 의하여 청구가 이유 없음이 명백한 때 등 소송비용에 대한 담보제공이 필요하다고 판단되는 경우"에 관한 부분 및 민사소송법(2002. 1. 26. 법률 제6626호로 전부개정된 것) 제120조 제2항으로 인하여 원고에게 소각하 판결이 내려지더라도, 원고가 다시 같은 소를 제기하는 것이 금지되지 않으므로 심판대상조항으로 인해 원고의 법원에의 접근이 완전히 차단되는 것은 아니다. 반면, 심판대상조항을 통하여 피고의 소송비용상환청구권의 이행을 확보해 줌으로써 소송 방어를 위해 응소할 수밖에 없는 피고의 소송비용에 대한 부담을 덜고, 동시에 원고가 명백히 부당한 소송을 제기하거나 남소를 제기하는 것을 방지하여 사법자원의 효율적 활용과 합리적 분배에 기여하도록 할 필요성은 크다. 심판대상조항은 과잉금지원칙에 반하여 원고의 재판청구권을 침해하지 않는다(헌재 2019.04.11. 2018헌바431).

③ (O) 형사소송에서 발생하는 제반 비용 중 어떤 범위의 것을 '소송비용'으로 할 것인지, 이를 누구의 부담으로 할 것인지 그리고 그 비용집행의 면제 사유 등은 결국 형사소송의 구조, 절차 운영의 적정성, 국가 재정, 국민의 법 감정 등에 따라 정해지는 입법정책적 문제라 할 수 있다. 따라서 집행면제 신청 조항이 합리적인 입법형성의 범위를 일탈하여 청구인의 재판청구권을 침해하는지 본다(헌재 2021.02.25. 2019헌바64).

④ (X) 소송비용의 범위가 '형사소송비용 등에 관한 법률'에서 정한 증인·감정인·통역인 또는 번역인과 관련된 비용 등으로 제한되어 있고, 법원이 피고인에게 소송비용 부담을 명하는 재판을 할 때에 피고인의 방어권 남용 여부, 경제력 능력 등을 종합적으로 고려하여 소송비용 부담 여부 및 그 정도를 정하므로, 소송비용 부담

의 재판이 확정된 이후에 빈곤 외에 다른 사유를 참작할 여지가 크지 않다. 따라서 집행면제 신청 조항은 피고인의 재판청구권을 침해하지 아니한다(헌재 2021.02.25. 2019헌바64). ▶ '빈곤'은 경제적 사정으로 소송비용을 납부할 수 없는 경우를 지칭하는 것으로 해석될 수 있으므로 집행면제 신청 조항은 명확성원칙에 위배되지 않음

⑤ (○) 형의 선고를 하는 때에 피고인에게 소송비용의 부담을 명하는 근거가 되는 형사소송법 제186조 제1항은 형사재판절차에서 피고인의 방어권 남용을 방지하는 측면이 있고, 법원은 피고인의 방어권 행사의 적정성, 경제적 능력 등을 종합적으로 고려하여 피고인에 대한 소송비용 부담 여부 및 그 정도를 재량으로 정함으로써 사법제도의 적절한 운영을 도모할 수 있다. 소송비용의 범위도 '형사소송비용 등에 관한 법률'에서 정한 증인·감정인·통역인 또는 번역인과 관련된 비용 등으로 제한되어 있고 피고인은 소송비용 부담 재판에 대해 불복할 수 있으며 빈곤을 이유로 추후 집행 면제를 신청할 수도 있다. 따라서 피고인의 재판청구권을 침해하지 아니한다(헌재 2021.02.25. 2018헌바224).

정답 ④

문 95

수용자의 지위에 관한 다음 설명 중 옳은 것은 모두 몇 개인가? [2021년 9번]

> ㄱ. 수형자와 그가 제기한 민사소송의 소송대리인인 변호사의 접견을 일반 접견에 포함시켜 시간은 30분 이내로, 횟수는 월 4회로 제한하는 규정은 교정시설의 안전과 질서유지 및 소지금지물품의 반입을 예방하려는 공익이 수형자가 입게 되는 불이익보다 크므로 수형자의 재판청구권을 침해하지 아니한다.
>
> ㄴ. 수형자인 청구인이 헌법소원 사건의 국선대리인인 변호사를 접견함에 있어서 그 접견내용을 녹음, 기록한 교도소장의 행위는 교정시설의 규율과 질서유지를 위한 것으로서 정당성이 인정되므로 청구인의 재판을 받을 권리를 침해한다고 보기 어렵다.
>
> ㄷ. 수용자가 변호사와 접견하는 경우 원칙적으로 접촉차단시설이 설치된 장소에서 하도록 한 규정은 과잉금지원칙에 위배하여 수형자의 재판청구권을 지나치게 제한하고 있으므로, 헌법에 위반된다.
>
> ㄹ. 범죄의 증거를 인멸하거나 형사 법령에 저촉되는 행위를 할 우려가 있는 때에는 미결수용자의 접견내용을 녹음·녹화할 수 있도록 한 법률 규정은 법원의 영장 없이 교정시설의 장의 결정에 의하여 미결수용자와 변호인 아닌 자와의 접견내용을 녹음·녹화하도록 하고 있어 영장주의에 위배된다.
>
> ㅁ. 검사 등의 요청에 따라 교도소장이 접견내용을 녹음한 파일을 제공하는 행위는 제공된 접견 녹음파일로 특정개인을 식별할 수 있고, 그 대화내용 등은 인격주체성을 특정짓는 사항으로 그 개인의 동일성을 식별할 수 있게 하는 정보이므로, 정보주체인 수용자의 동의 없이 접견 녹음파일을 관계기관에 제공하는 것은 개인정보자기결정권을 침해한다.
>
> ㅂ. 구치소장이 미결수용자와 그 배우자의 접견을 녹음한 행위는 교정시설 내의 안전과 질서유지에 기여하기 위한 것이고, 구치소장이 미리 그 접견내용에 대한 녹음 사실 등을 고지하여 미결수용자의 접견내용은 사생활의 비밀로서의 보호가치가 그리 크지 않다는 점 등에 비추어 볼 때 미결수용자와 그 배우자의 접견을 녹음한 행위는 미결수용자의 헌법상 사생활의 비밀과 자유를 침해하지 않는다.

① 없음　　　　　② 1개　　　　　③ 2개
④ 3개　　　　　⑤ 4개

> **MGI Point 수용자의 지위** ★★
>
> ■ 수형자와 소송대리인인 변호사의 접견을 일반 접견에 포함시켜 시간은 30분 이내로, 횟수는 월 4회로 제한한 것
>   ⇨ 재판청구권 침해 ○
> ■ 수형자인 청구인이 헌법소원 사건의 변호사를 접견함에 있어서 그 접견내용을 녹음, 기록한 교도소장의 녹취행위
>   ⇨ 재판을 받을 권리 침해 ○
> ■ 변호사와 접견하는 경우에도 수용자의 접견은 원칙적으로 접촉차단시설이 설치된 장소에서 하도록 규정하고 있는 것
>   ⇨ 재판청구권 침해 ○
> ■ 미결수용자의 접견내용의 녹음·녹화에 관한 녹음조항 ⇨ 영장주의 위배 ✕
> ■ 구치소장이 검사의 요청에 따라 청구인과 배우자의 접견녹음파일을 제공한 행위 ⇨ 개인정보자기결정권 침해 ✕
> ■ 구치소장이 청구인과 배우자의 접견을 녹음한 행위 ⇨ 사생활의 비밀과 자유 침해 ✕

ㄱ. (X) 수형자의 접견 시간 및 횟수를 제한하는 것은 교정시설 내의 수용질서 및 규율을 유지하기 위한 것으로서 목적의 정당성이 인정되고, 소송대리인인 변호사와의 접견을 일반 접견에 포함시켜 그 시간 및 횟수를 제한하는 것은 이러한 입법목적의 달성에 기여하므로 수단의 적절성 또한 인정된다. 수형자와 소송대리인인 변호사가 접견 이외에 서신, 전화통화를 통해 소송준비를 하는 것이 가능하다고 하더라도, 서신, 전화통화는 검열, 청취 등을 통해 그 내용이 교정시설 측에 노출되어 상담과정에서 위축되거나 공정한 재판을 받을 권리가 훼손될 가능성이 있으며, 서신은 접견에 비해 의견교환이 효율적이지 않고 전화통화는 시간이 원칙적으로 3분으로 제한되어 있어 소송준비의 주된 수단으로 사용하기에는 한계가 있다. 따라서 수형자의 재판청구권을 실효적으로 보장하기 위해서는 소송대리인인 변호사와의 접견 시간 및 횟수를 적절하게 보장하는 것이 필수적이다. 변호사 접견 시 접견 시간의 최소한을 정하지 않으면 접견실 사정 등 현실적 문제로 실제 접견 시간이 줄어들 가능성이 있고, 변호사와의 접견 횟수와 가족 등과의 접견 횟수를 합산함으로 인하여 수형자가 필요한 시기에 변호사의 조력을 받지 못할 가능성도 높아진다. 접견의 최소시간을 보장하되 이를 보장하기 어려운 특별한 사정이 있는 경우에는 예외적으로 일정한 범위 내에서 이를 단축할 수 있도록 하고, 횟수 또한 별도로 정하면서 이를 적절히 제한한다면, 교정시설 내의 수용질서 및 규율의 유지를 도모하면서도 수형자의 재판청구권을 실효적으로 보장할 수 있을 것이다. 이와 같이 심판대상조항들은 법률전문가인 변호사와의 소송상담의 특수성을 고려하지 않고 소송대리인인 변호사와의 접견을 그 성격이 전혀 다른 일반 접견에 포함시켜 접견 시간 및 횟수를 제한함으로써 청구인의 재판청구권을 침해한다(헌재 2015.11.26. 2012헌마858).

ㄴ. (X) 수형자와 변호사와의 접견내용을 녹음, 녹화하게 되면 그로 인해 제3자인 교도소 측에 접견내용이 그대로 노출되므로 수형자와 변호사는 상담과정에서 상당히 위축될 수밖에 없고, 특히 소송의 상대방이 국가나 교도소 등의 구금시설로서 그 내용이 구금시설 등의 부당처우를 다투는 내용일 경우에 접견내용에 대한 녹음, 녹화는 실질적으로 당사자대등의 원칙에 따른 무기평등을 무력화시킬 수 있다. 변호사는 다른 전문직에 비하여도 더욱 엄격한 직무의 공공성 등이 강조되고 있는 지위에 있으므로, 소송사건의 변호사가 접견을 통하여 수형자와 모의하는 등으로 법령에 저촉되는 행위를 하거나 이에 가담하는 등의 행위를 할 우려는 거의 없다. 또한, 접견의 내용이 소송준비를 위한 상담내용일 수밖에 없는 변호사와의 접견에 있어서 수형자의 교화나 건전한 사회복귀를 위해 접견내용을 녹음, 녹화할 필요성을 생각하는 것도 어렵다. 이 사건에 있어서 청구인과 헌법소원 사건의 국선대리인인 변호사의 접견내용에 대해서는 접견의 목적이나 접견의 상대방 등을 고려할 때 녹음, 기록이 허용되어서는 아니 될 것임에도, 이를 녹음, 기록한 행위는 청구인의 재판을 받을 권리를 침해한다(헌재 2013.09.26. 2011헌마398).

ㄷ. (○) 이 사건 접견조항에 따르면 수용자는 효율적인 재판준비를 하는 것이 곤란하게 되고, 특히 교정시설 내에서의 처우에 대하여 국가 등을 상대로 소송을 하는 경우에는 소송의 상대방에게 소송자료를 그대로 노출하게 되어 무기대등의 원칙이 훼손될 수 있다. 변호사 직무의 공공성, 윤리성 및 사회적 책임성은 변호사 접견권을 이용한 증거인멸, 도주 및 마약 등 금지물품 반입 시도 등의 우려를 최소화시킬 수 있으며, 변호사 접견이라 하더라도 교정시설의 질서 등을 해할 우려가 있는 특별한 사정이 있는 경우에는 예외를 두도록 한다면 악용될 가능성도 방지할 수 있다. 따라서 이 사건 접견조항은 과잉금지원칙에 위배하여 청구인의 재판청구권을 지나치게 제한하고 있으므로, 헌법에 위반된다(헌재 2013.08.29. 2011헌마122).

ㄹ. (×) 이 사건 녹음조항에 따라 접견내용을 녹음·녹화하는 것은 직접적으로 물리적 강제력을 수반하는 강제처분이 아니므로 영장주의가 적용되지 않아 영장주의에 위배된다고 할 수 없다(헌재 2016.11.24. 2014헌바401).

ㅁ. (×) 이 사건 제공행위에 의하여 제공된 접견녹음파일로 특정개인을 식별할 수 있고, 그 대화내용 등은 인격주체성을 특징짓는 사항으로 그 개인의 동일성을 식별할 수 있게 하는 정보이므로, 정보주체인 청구인의 동의 없이 접견녹음파일을 관계기관에 제공하는 것은 청구인의 개인정보자기결정권을 제한하는 것이다. 그런데 이 사건 제공행위는 형사사법의 실체적 진실을 발견하고 이를 통해 형사사법의 적정한 수행을 도모하기 위한 것으로 그 목적이 정당하고, 수단 역시 적합하다. 또한, 접견기록물의 제공은 제한적으로 이루어지고, 제공된 접견내용은 수사와 공소제기 등에 필요한 범위 내에서만 사용하도록 제도적 장치가 마련되어 있으며, 사적 대화내용을 분리하여 제공하는 것은 그 구분이 실질적으로 불가능하고, 범죄와 관련 있는 대화내용을 쉽게 파악하기 어려워 전체제공이 불가피한 점 등을 고려할 때 침해의 최소성 요건도 갖추고 있다. 나아가 접견내용이 기록된다는 사실이 미리 고지되어 그에 대한 보호가치가 그리 크다고 볼 수 없는 점 등을 고려할 때, 법익의 불균형을 인정하기도 어려우므로, 과잉금지원칙에 위반하여 청구인의 개인정보자기결정권을 침해하였다고 볼 수 없다(헌재 2012.12.27. 2010헌마153).

ㅂ. (○) 이 사건 녹음행위는 교정시설 내의 안전과 질서유지에 기여하기 위한 것으로서 그 목적이 정당할 뿐 아니라 수단이 적절하다. 또한, 소장은 미리 접견내용의 녹음 사실 등을 고지하며, 접견기록물의 엄격한 관리를 위한 제도적 장치도 마련되어 있는 점 등을 고려할 때 침해의 최소성 요건도 갖추었고, 이 사건 녹음행위는 미리 고지되어 청구인의 접견내용은 사생활의 비밀로서의 보호가치가 그리 크지 않다고 할 것이므로 법익의 불균형을 인정하기도 어려워, 과잉금지원칙에 위반하여 청구인의 사생활의 비밀과 자유를 침해하였다고 볼 수 없다(헌재 2012.12.27. 2010헌마153).

정답 ③

문 96

법원의 심급제도에 관한 다음 설명 중 옳지 않은 것은 모두 몇 개인가? [2022년 3번]

> ㄱ. 재판을 받을 권리는 법적 분쟁시 독립된 법원에 의하여 사실관계와 법률관계에 관하여 적어도 한 차례 포괄적인 심사를 받을 수 있는 권리로서 항소심재판을 받을 권리는 포함되나 상고심재판을 받을 권리는 포함되지 않는다.
> ㄴ. 민사소송의 항소인이 인지보정명령에서 정하여진 기간까지 인지보정을 하지 아니한 경우에 원심재판장이 항소장각하명령을 할 수 있도록 한 민사소송법 규정은 항소인의 재판받을 권리를 침해하지 아니한다.
> ㄷ. 부대항소는 항소가 취하되거나 부적법하여 각하된 때에는 그 효력을 잃는다고 규정한 민사소송법 제404조가 환송 후 항소심에서 항소인이 임의로 항소를 취하하는 경우에까지 적용된다고 보는 것은 부대항소인의 재판받을 권리를 침해한다.

ㄹ. 상고심의 본래 기능은 하급심의 법령위반을 사후에 심사하여 그 잘못을 바로 잡음으로써 법령의 해석·적용을 통일하는 데 있으므로 형사재판에 있어 양형부당을 이유로 하는 상고는 허용되지 않는다.
ㅁ. 형사재판에서 피고인이 판결주문에 대한 불복 없이 판결이유에 대한 불복만을 상고이유로 삼을 수 없도록 하는 것은 상고심의 법률심으로서의 기능을 충실히 하고 신속원활한 재판을 구현하기 위한 것으로서 판결이유에 나타난 사실관계와 관련하여서는 사실심 절차에서 충분히 다툴 수 있으므로 판결이유를 상고이유로 삼을 수 없다 하여 이것이 형사피고인의 재판청구권을 침해하였다고 보기 어렵다.

① 1개 ② 2개 ③ 3개 ④ 4개 ⑤ 5개

MGI Point **법원의 심급제도** ★★

- 재판을 받을 권리 ⇨ 항소심재판을 받을 권리 뿐만 아니라 상고심재판을 받을 권리도 포함 ×
- 인지보정명령에 따르지 않을 시 항소장각하명령 할 수 있도록 한 민사소송법 규정 ⇨ 합헌
- 민사소송법 제404조를 환송 후 항소심에도 적용된다고 보는 것 ⇨ 합헌
- 형사재판에서 양형부당을 이유로 하는 상고 ⇨ 예외적으로 허용
- 판결이유를 상고이유로 삼을 수 없다 하여 ⇨ 재판청구권 침해 ×

ㄱ. (X) 우리 헌법이 재판을 받을 권리를 국민의 기본권의 하나로 규정하고는 있으나, 그렇다고 해서 상소심 절차에 의한 재판을 받을 권리가 당연히 인정되는 것은 아니다. 재판을 받을 권리라는 것은, '법적 분쟁시 독립된 법원에 의하여 사실관계와 법률관계에 관하여 한번 포괄적으로 심사를 받을 수 있도록 국민이 소송을 제기할 수 있는 권리'로서, 적어도 한번의 재판을 받을 권리, 적어도 하나의 심급을 요구할 권리인 것이며, 그 구체적인 형성은 입법자의 광범위한 입법재량에 맡겨져 있는 것이다(헌재 2005.03.31. 2003헌바34).
  ▶ 항소심재판을 받을 권리도 포함되지 않음

ㄴ. (O) 이 사건 법률조항은 항소인이 인지보정명령에서 정하여진 기간까지 인지보정을 하지 아니한 경우에 원심재판장이 항소장각하명령을 할 수 있도록 한 근거조항일 뿐, 항소인이 원심재판장의 항소장각하명령이 있은 후 뒤늦게 인지보정을 한 뒤 민사소송법 제399조 제3항에 따라 즉시항고를 한 경우 원심재판장이 재도의 고안에 의하여 항소장각하명령을 취소하거나 항고법원이 즉시항고를 받아들여 항소장각하명령을 취소하여야 하는지 여부에 대해서까지 규율하고 있는 것은 아니다. … 이 사건 법률조항은, 항소인이 원심재판장으로부터 인지보정명령을 받고도 보정기간 내에 이를 이행하지 아니한 경우 항소심 재판부담의 경감, 소송지연과 남상소의 방지, 신속한 권리의무의 실현을 위해 원심재판장으로 하여금 명령으로 항소장을 각하하도록 한 것으로서, 입법목적의 정당성과 수단의 적합성이 인정된다. … 이 사건 법률조항으로 인하여 항소인의 재판받을 권리가 제한되는 불이익이 항소심 재판부담의 경감, 소송지연과 남상소의 방지, 신속한 권리의무의 실현이라는 공익보다 크다고 할 수도 없다. 그러므로 이 사건 법률조항은 피해의 최소성과 법익의 균형성도 갖추고 있다. 따라서 이 사건 법률조항은 항소인의 재판받을 권리를 침해하지 아니한다(헌재 2012.07.26. 2009헌바297).

ㄷ. (X) 민사소송법(2002. 1. 26. 법률 제6626호로 전문개정된 것, 이하 '법'이라 한다) 제393조에 따라 환송 후 항소심에서 항소인이 임의로 항소를 취하하여 결과적으로 부대항소인인 청구인이 항소심 판단을 다시 받지 못하게 되었다고 하더라도 이는 부대항소의 종속성에서 도출되는 당연한 결과이므로 이것 때문에 항소심의 재판을 받을 청구인의 권리가 침해된 것으로 볼 수는 없다(헌재 2005.06.30. 2003헌바117).

ㄹ. (X) 상고심의 본래 기능은 하급심의 법령위반을 사후에 심사하여 그 잘못을 바로 잡음으로써 법령의 해석·적용을 통일하는 데 있다. 다만 상고심의 기능을 법률심으로만 한정하게 되면 경우에 따라서는 피고인에게

지나치게 가혹한 경우가 발생할 가능성을 배제하기 어려운바, 형사소송법 제383조는 상고심이 법률심으로서의 기능을 충실히 할 수 있도록 제1호, 제2호에서 법령위반에 관한 사유를 상고이유로 삼을 수 있도록 하면서도, 제4호를 두어 10년 이상의 중형이 선고된 경우에는 사실오인이나 양형부당을 이유로 하는 상고를 허용하고 있다(헌재 2020.03.26. 2018헌바202).

ㅁ. (○) 피고인이 판결주문에 대한 불복 없이 판결이유에 대한 불복만을 상고이유로 삼을 수 없도록 하는 것은 상고심의 법률심으로서의 기능을 충실히 하고 신속·원활한 재판을 구현하기 위한 것으로서 판결이유상 사실관계와 관련하여서는 사실심 절차에서 충분히 다툴 수 있으므로 판결이유를 상고이유로 삼을 수 없다 하여 이것이 형사피고인의 재판청구권을 침해하였다고 보기 어렵다(헌재 2020.03.26. 2018헌바202).

정답 ③

문 97

재판받을 권리에 관한 다음 설명 중 옳지 않은 것은 모두 몇 개인가? [2021년 25번]

ㄱ. 심리불속행제도는 남상고 사건에 대한 신속한 처리를 통해 당사자의 재판을 받을 권리를 충실히 하기 위한 것이므로 위헌이라고 볼 수 없으나, 심리불속행 상고기각 판결 시 일체의 이유를 기재하지 않을 수 있도록 하는 것은, 판결의 적정성 여부, 상고인 주장에 대한 판단 누락 등을 살펴볼 기회가 박탈되므로, 재판청구권을 침해한다.

ㄴ. 판사의 디엔에이감식시료채취영장 발부행위는 실질적으로 행정처분으로서의 성질을 가지고 있으므로 행정소송 또는 헌법소원의 대상이 된다.

ㄷ. 디엔에이감식시료채취영장 발부 과정에서 채취대상자에게 자신의 의견을 밝히거나 영장 발부 후 불복할 수 있는 절차 등을 규정하고 있지 않고, 채취행위의 위법성 확인을 청구할 수 있도록 하는 구제절차도 마련하고 있지 아니한 법률 규정은 청구인의 재판청구권을 침해한다.

ㄹ. 위험발생의 염려가 있는 압수물의 폐기에 관한 규정은 엄격히 해석할 필요가 있으므로 형법상 가중적 구성요건요소의 하나인 흉기나 위험한 물건이라도 보관 자체에 위험이 없는 압수물을 폐기하는 것은 공정한 재판을 받을 권리를 침해한다.

ㅁ. 보관 자체가 위험하다고 볼 수 없어 '위험발생의 염려가 있는 압수물'로 볼 수 없는 압수물이라도 기본적으로 그 소유자에게 처분의 자유가 있으므로, 피압수자의 소유권포기가 있으면 폐기가 허용된다.

① 1개 ② 2개 ③ 3개
④ 4개 ⑤ 5개

> **MGI Point** 재판받을 권리 ★★
>
> - 심리불속행제도를 규정하고 있는 '상고심절차에 관한 특례법' 조항 ⇨ 헌법 위반 ×
> - 판사의 디엔에이감식시료채취영장 발부 ⇨ 헌법소원의 대상 ×
> - 디엔에이감식시료채취영장 발부 과정에서 채취대상자에게 자신의 의견을 밝히거나 영장 발부 후 불복할 수 있는 절차 등에 관하여 규정하지 아니한 '디엔에이신원확인정보의 이용 및 보호에 관한 법률' 조항 ⇨ 재판청구권 침해 ○
> - 사법경찰관이 위험발생의 염려가 없음에도 불구하고 사건종결 전에 압수물을 폐기한 행위 ⇨ 적법절차의 원칙에 반하고, 공정한 재판을 받을 권리 침해 ○
> - 위험발생의 염려가 있는 압수물로 볼 수 없는 압수물 ⇨ 피압수자의 소유권포기가 있어도 폐기 허용 ×

ㄱ. (X) 헌법이 대법원을 최고법원으로 규정하였다고 하여 대법원이 곧바로 모든 사건을 상고심으로서 관할하여야 한다는 결론이 당연히 도출되는 것은 아니며, "헌법과 법률이 정하는 법관에 의하여 법률에 의한 재판을 받을 권리"가 사건의 경중을 가리지 않고 모든 사건에 대하여 대법원을 구성하는 법관에 의한 균등한 재판을 받을 권리를 의미한다거나 또는 상고심재판을 받을 권리를 의미하는 것이라고 할 수는 없다. 또한 심급제도는 사법에 의한 권리보호에 관하여 한정된 법발견자원의 합리적인 분배의 문제인 동시에 재판의 적정과 신속이라는 서로 상반되는 두 가지의 요청을 어떻게 조화시키느냐의 문제로 돌아가므로, 원칙적으로 입법자의 형성의 자유에 속하는 사항이다. 이 사건 법률조항은 비록 국민의 재판청구권을 제약하고 있기는 하지만 위 심급제도와 대법원의 기능에 비추어 볼 때 헌법이 요구하는 대법원의 최고법원성을 존중하면서 민사, 가사, 행정 등 소송사건에 있어서 상고심재판을 받을 수 있는 객관적 기준을 정함에 있어 개별적 사건에서의 권리구제보다 법령해석의 통일을 더 우위에 둔 규정으로서 그 합리성이 있다고 할 것이므로 헌법에 위반되지 아니한다(헌재 2007.07.26. 2006헌마551).

ㄴ. (X) 이 사건 영장 발부는 검사의 청구에 따라 판사가 디엔에이감식시료채취의 필요성이 있다고 판단하여 이루어진 재판으로서, 헌법소원심판의 대상이 될 수 있는 예외적인 재판에 해당하지 아니한다(헌재 2018.08.30. 2016헌마344).

ㄷ. (O) 이 사건 영장절차 조항은 이와 같이 신체의 자유를 제한하는 디엔에이감식시료 채취 과정에서 중립적인 법관이 구체적 판단을 거쳐 발부한 영장에 의하도록 함으로써 법관의 사법적 통제가 가능하도록 한 것이므로, 그 목적의 정당성 및 수단의 적합성은 인정된다. … 디엔에이감식시료채취영장 발부 여부는 채취대상자에게 자신의 디엔에이감식시료가 강제로 채취당하고 그 정보가 영구히 보관·관리됨으로써 자신의 신체의 자유, 개인정보자기결정권 등의 기본권이 제한될 것인지 여부가 결정되는 중대한 문제이다. 그럼에도 불구하고 이 사건 영장절차 조항은 채취대상자에게 디엔에이감식시료채취영장 발부 과정에서 자신의 의견을 진술할 수 있는 기회를 절차적으로 보장하고 있지 않을 뿐만 아니라, 발부 후 그 영장 발부에 대하여 불복할 수 있는 기회를 주거나 채취행위의 위법성 확인을 청구할 수 있도록 하는 구제절차마저 마련하고 있지 않다. 위와 같은 입법상의 불비가 있는 이 사건 영장절차 조항은 채취대상자인 청구인들의 재판청구권을 과도하게 제한하므로, 침해의 최소성 원칙에 위반된다. … 이 사건 영장절차 조항에 따라 발부된 영장에 의하여 디엔에이신원확인정보를 확보할 수 있고, 이로써 장래 범죄수사 및 범죄예방 등에 기여하는 공익적 측면이 있으나, 이 사건 영장절차 조항의 불완전·불충분한 입법으로 인하여 채취대상자의 재판청구권이 형해화되고 채취대상자가 범죄수사 및 범죄예방의 객체로만 취급받게 된다는 점에서, 양자 사이에 법익의 균형성이 인정된다고 볼 수도 없다. … 따라서 이 사건 영장절차 조항은 과잉금지원칙을 위반하여 청구인들의 재판청구권을 침해한다(헌재 2018.08.30. 2016헌마344).

ㄹ. (O), ㅁ. (X) 압수물은 검사의 이익을 위해서 뿐만 아니라 이에 대한 증거신청을 통하여 무죄를 입증하고자 하는 피고인의 이익을 위해서도 존재하므로 사건종결 시까지 이를 그대로 보존할 필요성이 있다. 따라서 사건종결 전 일반적 압수물의 폐기를 규정하고 있는 형사소송법 제130조 제2항은 엄격히 해석할 필요가 있으므로, 위 법률조항에서 말하는 '위험발생의 염려가 있는 압수물'이란 사람의 생명, 신체, 건강, 재산에 위해를 줄 수 있는 물건으로서 보관 자체가 대단히 위험하여 종국판결이 선고될 때까지 보관하기 매우 곤란한

압수물을 의미하는 것으로 보아야 하고, 이러한 사유에 해당하지 아니하는 압수물에 대하여는 설사 피압수자의 소유권포기가 있다 하더라도 폐기가 허용되지 아니한다고 해석하여야 한다. 피청구인은 이 사건 압수물을 보관하는 것 자체가 위험하다고 볼 수 없을 뿐만 아니라 이를 보관하는 데 아무런 불편이 없는 물건임이 명백함에도 압수물에 대하여 소유권포기가 있다는 이유로 이를 사건종결 전에 폐기하였는바, 위와 같은 피청구인의 행위는 적법절차의 원칙을 위반하고, 청구인의 공정한 재판을 받을 권리를 침해한 것이다(헌재 2012.12.27. 2011헌마351).

정답 ③

문 98

재판청구권에 관한 다음 설명 중 가장 옳지 않은 것은? [2020년 29번]

① 재판청구권에 포함된 공정한 재판을 받을 권리 속에는 신속하고 공개된 법정의 법관의 면전에서 모든 증거자료가 조사·진술되고 이에 대하여 공격·방어할 수 있는 기회가 보장되는 재판, 즉 원칙적으로 당사자주의와 구두변론주의가 보장되어 공소사실에 대한 답변과 입증 및 반증하는 등 공격, 방어권이 충분히 보장되는 재판을 받을 권리가 포함되어 있다.
② 우리 헌법상 헌법과 법률이 정한 법관에 의한 재판을 받을 권리는 직업법관에 의한 재판에 국한되는 것이 아니라, 국민참여재판을 받을 권리까지를 포함한다. 따라서 형사소송절차에서 국민참여재판을 받을 권리를 배제함에 있어서는 헌법에서 정한 적법절차의 원칙을 따라야 한다.
③ 사법보좌관에게 소송비용액 확정결정절차를 처리하도록 한 조항은 입법재량권을 현저히 불합리하게 또는 자의적으로 행사하였다고 단정할 수 없으므로 헌법 제27조 제1항에 위반된다고 할 수 없다.
④ 재판의 심리와 판결은 공개하는 것이 원칙이지만, 이 중 심리는 국가의 안전보장 또는 안녕질서를 방해하거나 선량한 풍속을 해할 염려가 있는 때에는 법원이 결정으로 공개하지 아니할 수 있다.
⑤ 헌법 제27조 제3항의 신속한 재판을 받을 권리의 적용범위에는 판결 절차 외에 집행절차도 포함된다. 민사상의 분쟁해결에서 판결절차가 권리 또는 법률관계의 존부의 확정, 즉 청구권의 존부의 관념적 형성을 목적으로 하는 절차라면 강제집행절차는 권리의 강제적 실현, 즉 청구권의 사실적 형성을 목적으로 하는 절차이므로 판결절차에 비해 신속성이 더욱 요청된다.

> **MGI Point 재판청구권** ★★
> ■ 공정한 재판을 받을 권리 ⇨ 당사자주의와 구두변론주의가 보장되어 당사자가 공소사실에 대한 답변과 입증 및 반증하는 등 공격·방어권이 충분히 보장되는 재판을 받을 권리가 포함 ○
> ■ 국민참여재판 받을 권리 ⇨ 헌법 제27조 1항 재판받을 권리 보호영역 ×
> ■ 법관이 아닌 사법보좌관이 소송비용액 확정재판을 할 수 있도록 한 것 ⇨ 재판청구권 침해 ×
> ■ 판결 및 심리 ⇨ 공개가 원칙, but 심리는 국가의 안전보장 또는 안녕질서, 선량한 풍속을 위해 비공개결정 가
> ■ 신속한 재판을 받을 권리의 적용범위에 집행절차도 포함 ○

① (○) 이 공정한 재판을 받을 권리 속에는 신속하고 공개된 법정의 법관의 면전에서 모든 증거자료가 조사·진술되고 이에 대하여 피고인이 공격·방어할 수 있는 기회가 보장되는 재판, 즉 원칙적으로 당사자주의와 구두변론주의가 보장되어 당사자가 공소사실에 대한 답변과 입증 및 반증하는 등 공격·방어권이 충분히 보장되는 재판을 받을 권리가 포함되어 있다(헌재 1998.12.24. 94헌바46).

② (X) 우리 헌법상 헌법과 법률이 정한 법관에 의한 재판을 받을 권리는 직업법관에 의한 재판을 주된 내용으로 하는 것이므로 국민참여재판을 받을 권리가 헌법 제27조 제1항에서 규정한 재판을 받을 권리의 보호범위에 속한다고 볼 수 없다(헌재 2009.11.26. 2008헌바12).

③ (○) 사법보좌관에게 소송비용액 확정결정절차를 처리하도록 한 이 사건 조항이 그 입법재량권을 현저히 불합리하게 또는 자의적으로 행사하였다고 단정할 수 없으므로 헌법 제27조 제1항에 위반된다고 할 수 없다(헌재 2009.02.26. 2007헌바8).

④ (○) 헌법 제109조 참조.

> 헌법 제109조 재판의 심리와 판결은 공개한다. 다만, 심리는 국가의 안전보장 또는 안녕질서를 방해하거나 선량한 풍속을 해할 염려가 있을 때에는 법원의 결정으로 공개하지 아니할 수 있다.

⑤ (○) 헌법 제27조 제3항의 신속한 재판을 받을 권리의 적용범위에는 판결절차 외에 집행절차도 포함되고, 민사상의 분쟁해결에 있어서 판결절차가 권리 또는 법률관계의 존부의 확정, 즉 청구권의 존부의 관념적 형성을 목적으로 하는 절차라면 강제집행절차는 권리의 강제적 실현, 즉 청구권의 사실적 형성을 목적으로 하는 절차이므로 강제집행절차에서는 판결절차에 있어서보다 신속성의 요청이 더욱 강하다(헌재 2007.03.29. 2004헌바93).

정답 ②

문 99

재판청구권에 관한 다음 설명 중 가장 옳지 않은 것은? [2019년 12번]

① 소환된 증인 또는 그 친족 등이 보복을 당할 우려가 있는 경우 재판장이 피고인을 퇴정시키고 증인신문을 행할 수 있도록 한 법률규정은 피고인의 반대신문권을 보장하지 않아 공정한 재판을 받을 권리를 침해한다.

② 교원에 대한 징계처분에 관하여 재심청구를 거치지 아니하고서는 행정소송을 제기할 수 없도록 한 법률규정은 교원징계처분의 전문성과 자주성을 고려한 것으로 재판청구권을 침해하지 않는다.

③ 수형자가 출정하기 이전에 여비를 납부하지 않았거나 출정비용과 영치금과의 상계에 미리 동의하지 않았다는 이유로, 교도소장이 위 수형자의 행정소송 변론기일에 그의 출정을 제한한 것은, 형벌의 집행을 위하여 필요한 한도를 벗어나서 수형자의 재판청구권을 과도하게 침해한 것이다.

④ 재판 당사자가 재판에 참석하는 것은 재판청구권의 기본적 내용이라고 할 것이므로 수형자도 형의 집행과 도망의 방지라는 구금의 목적을 반하지 않는 범위에서는 재판청구권이 보장되어야 한다.

⑤ 변호사보수를 소송비용에 산입하여 패소한 당사자의 부담으로 한 것은 청구인의 재판청구권을 침해하는 것이 아니다.

MGI Point 재판청구권 ★★

- 증인이 피고인의 면전에서 진술하는 것이 곤란한 경우 피고인 퇴정 후 진술하게 하는 것
  ⇨ 피고인의 공정한 재판을 받을 권리 침해 ×
- 국가공무원법상의 교원의 징계처분에 대한 소청심사위원회(교원징계재심위원회)의 행정심판 전치주의
  - 전문성에 기한 심사필요성, 심판기관의 독립성 및 공정성, 사법절차가 준용된 심리절차
  - 재판청구권 침해 ×
- 출정비용납부거부 또는 상계동의거부를 이유로 행정소송 변론기일에 청구인의 출정을 제한한 행위 ⇨ 재판청구권 침해 ○
- 수형자의 재판 참석 ⇨ 구금목적에 반하지 않는 범위에서 재판청구권으로서 보장되어야 함
- 변호사보수를 소송비용에 산입하여 패소한 당사자의 부담으로 한 것 ⇨ 청구인의 재판청구권을 침해 ×

① (X) 이 사건 법률조항은 증인의 진술을 제약하는 요소를 제거하고 이를 통해 실체적 진실의 발견을 용이하게 하기 위한 것으로서, 그 목적의 정당성 및 수단의 적합성이 인정된다. 이 사건 법률조항에 의하여 피고인 퇴정 후 증인신문을 하는 경우에도 피고인은 진술의 요지를 고지받고 변호인이 있는 경우에는 변호인이, 변호인이 없는 경우에는 재판장이 반대신문을 대신하는 방식으로 피고인은 여전히 형사소송법 제161조의2에 의하여 반대신문권이 보장되며, 이때 피고인은 증인신문 전에 수사기관 작성의 조서나 증인 작성의 진술서 등의 열람·복사를 통하여 증인의 신분, 그 증언의 취지나 내용을 미리 알 수 있으므로, 반대신문할 내용을 실질적으로 준비할 수 있는 등 기본권제한에 관한 피해의 최소성이 인정된다. 나아가 기본권제한의 정도가 증인을 보호하여 실체적 진실의 발견에 이바지하는 공익에 비하여 크다고 할 수 없어 법익의 균형성도 갖추고 있으므로, 공정한 재판을 받을 권리를 침해한다고 할 수 없다(헌재 2012.07.26. 2010헌바62).

② (○) 입법자는 행정심판을 통한 권리구제의 실효성, 행정청에 의한 자기시정의 개연성, 문제되는 행정처분의 특수성 등을 고려하여 행정심판을 임의적 전치절차로 할 것인지, 아니면 필요적 전치절차로 할 것인지를 결정하는 입법형성권을 가지고 있는데, 교원에 대한 징계처분은 그 적법성을 판단함에 있어서 전문성과 자주성에 기한 사전심사가 필요하고, 판단기관인 재심위원회의 독립성 및 공정성이 확보되어 있고 심리절차에 있어서도 상당한 정도로 사법절차가 준용되어 권리구제절차로서의 실효성을 가지고 있으며, 재판청구권의 제약은 경미한 데 비하여 그로 인하여 달성되는 공익은 크므로, 재심제도가 입법형성권의 한계를 벗어나 국민의 재판청구권을 침해하는 제도라고 할 수 없다(헌재 2007.01.17. 2005헌바86).

③ (○) '민사재판 등 소송 수용자 출정비용 징수에 관한 지침'(이하 '이 사건 지침'이라 한다) 제4조 제3항에 의하면, 수형자가 출정비용을 납부하지 않고 출정을 희망하는 경우에는 소장은 수형자를 출정시키되, 사후적으로 출정비용 상환청구권을 자동채권으로, 영치금 반환채권을 수동채권으로 하여 상계함을 통지함으로써 상계하여야 한다고 규정되어 있으므로, 교도소장은 수형자가 출정비용을 예납하지 않았거나 영치금과의 상계에 동의하지 않았다고 하더라도, 우선 수형자를 출정시키고 사후에 출정비용을 받거나 영치금과의 상계를 통하여 출정비용을 회수하여야 하는 것이지, 이러한 이유로 수형자의 출정을 제한할 수 있는 것은 아니다. 그러므로 피청구인이, 청구인이 출정하기 이전에 여비를 납부하지 않았거나 출정비용과 영치금과의 상계에 미리 동의하지 않았다는 이유로 이 사건 출정제한행위를 한 것은, 피청구인에 대한 업무처리지침 내지 사무처리준칙인 이 사건 지침을 위반하여 청구인이 직접 재판에 출석하여 변론할 권리를 침해함으로써, 형벌의 집행을 위하여 필요한 한도를 벗어나서 청구인의 재판청구권을 과도하게 침해하였다고 할 것이다(헌재 2012.03.29. 2010헌마475).

④ (○) 수형자는 형벌 등의 집행을 위하여 격리된 구금시설에서 강제적인 공동생활을 하게 되므로 헌법이 보장하는 신체활동의 자유 등 기본권이 제한될 수 밖에 없다. 그러나 수형자라 하여 모든 기본권을 전면적으로 제한받는 것이 아니라, 제한되는 기본권은 형의 집행과 도망의 방지라는 구금의 목적과 관련된 기본권(신체의 자유, 거주이전의 자유, 통신의 자유 등)에 한정되어야 하고, 그 역시 형벌의 집행을 위하여 필요한 한도를 벗어날 수 없다. … 재판 당사자가 재판에 참석하는 것은 재판청구권 행사의 기본적 내용이라고 할 것이므로 수형자도 형의 집행과 도망의 방지라는 구금의 목적을 반하지 않는 범위에서는 재판청구권이 보장되어야 한다(헌재 2012.03.29. 2010헌마475).

⑤ (○) 소송수행을 위하여 지출한 비용 중에서 어느 범위의 것을 소송비용으로 하여 패소한 당사자에게 부담시킬 것인가, 변호사보수를 소송비용에 산입하여 패소한 당사자로부터 이를 상환받을 수 있게 할 것인지 여부는 국민의 효율적인 권리보호와 소송제도의 적정하고 합리적인 운영이 가능하도록 입법자가 법률로 정할 성질의 것이다. 이 사건 법률조항이 변호사보수를 소송비용에 산입하여 패소한 당사자의 부담으로 한것은 정당한 권리행사를 위하여 소송을 제기하거나 부당한 제소에 대하여 응소하려는 당사자를 위하여 실효적인 권리구제를 보장하고, 남소와 남상소를 방지하여 사법제도의 적정하고 합리적인 운영을 도모하려는 것이므로 입법목적이 정당하고, 이로써 정당한 권리실행을 위하여 소송을 제기하거나 응소한 사람은 지출한 변호사비용을 상환받을 수 있게 되고 패소할 경우 상환할 변호사비용의 부담으로 부당한 제소 및 방어와 상소를 자제하게 될 것이므로 방법의 적정성도 인정된다. 그리고 이 사건 법률조항 및 변호사보수의소송비용산입에관한규칙은 패소한 당사자가 부담하게 되는 구체적인 소송비용의 상환범위를 합리적으로 제한하고 있고, 정당한 권리행사를 위하여 소송제도를 이용하려는 사람을 위한 실효적인 권리구제수단 마련 및 사법제도의 적정하고 합리적인 운영이라는 중대한 공익을 추구하고 있다는 점을 고려할 때 피해의 최소성 및 법익의 균형성도 갖추고 있다. 따라서 이 사건 법률조항은 재판청구권을 침해하지 아니한다(헌재 2011.05.26. 2010헌바204).

정답 ①

문 100

재판청구권에 관한 다음 설명 중 가장 옳지 않은 것은? [2019년 8번]

① 헌법에 '공정한 재판'에 관한 명문의 규정은 없지만 재판청구권이 국민에게 효율적인 권리보호를 제공하기 위해서는, 법원에 의한 재판이 공정하여야만 할 것은 당연한 전제이므로 '공정한 재판을 받을 권리'는 헌법 제27조의 재판청구권에 의하여 함께 보장된다.
② 국민이 재판을 통하여 권리보호를 받기 위해서는 그 전에 최소한 법원조직법에 의하여 법원이 설립되고 민사소송법 등 절차법에 의하여 재판관할이 확정되는 등 입법자에 의한 재판청구권의 구체적 형성이 불가피하므로, 재판청구권에 대해서는 입법자의 입법재량이 인정된다.
③ 헌법과 법률이 정한 법관에 의한 재판을 받을 권리는 직업법관에 의한 재판을 주된 내용으로 하는 것이므로 국민참여 재판을 받을 권리가 헌법 제27조 제1항에서 규정한 재판을 받을 권리의 보호범위에 속한다고 볼 수 없다.
④ 수형자가 형사사건의 변호인이 아닌 민사사건, 행정사건, 헌법소원사건 등에서 변호사와 접견할 경우에는 원칙적으로 헌법상 변호인의 조력을 받을 권리의 주체가 될 수 없다 할 것이므로, 수형자인 청구인이 헌법소원 사건의 국선대리인인 변호사를 접견함에 있어서 그 접견내용을 녹음, 기록한교도소장의 행위는 청구인의 재판을 받을 권리를 침해하지 아니한다.
⑤ 현역병의 군대 입대 전 범죄에 대한 군사법원의 재판권을 규정하고 있는 군사법원법 조항은 재판청구권을 침해하지 아니한다.

> MGI Point **재판청구권** ★★
>
> - 공정한 재판을 받을 권리는 ⇨ 헌법 제27조 재판청구권에 의하여 보장
> - 재판청구권에 대해서는 구체적 형성을 요하므로 입법자의 입법재량이 인정
> - 국민참여재판을 받을 권리 ⇨ 헌법 제27조 제1항에서 규정한 재판을 받을 권리의 보호범위에 포함 ×
> - 수형자 청구인이 헌법소원 사건의 변호사를 접견시 그 접견내용을 녹음, 기록한 교도소장의 행위
>   ⇨ 청구인의 재판을 받을 권리 침해
> - 현역병의 입대 전 범죄에 대한 군사법원의 재판권을 규정하고 있는 군사법원법 조항 ⇨ 재판청구권 침해 ×

① (○) 헌법은 제27조 제1항에서 "모든 국민은 헌법과 법률이 정한 법관에 의하여 법률에 의한 재판을 받을 권리를 가진다."라고 정하고 있다. 또한 헌법에 '공정한 재판'에 관한 명문의 규정이 없지만 재판청구권이 국민에게 효율적인 권리보호를 제공하기 위해서는 법원에 의한 재판이 공정하여야만 할 것임은 당연하므로, '공정한 재판을 받을 권리'는 헌법 제27조의 재판청구권에 의하여 함께 보장된다고 보아야 하고 우리 재판소도 헌법 제27조 제1항의 내용을 '공정한 재판을 받을 권리'로 해석하고 있다(헌재 2006.07.27. 2005헌바58).

② (○) 헌법 제27조 제1항에서 명시적으로 규정하고 있는 바와 같이, 헌법상 재판을 받을 권리라 함은 '법관에 의하여' 재판을 받을 권리를 의미한다(헌재 2009.11.26. 2008헌바12). 국민이 재판을 통하여 권리보호를 받기 위해서는 그 전에 최소한 법원조직법에 의하여 법원이 설립되고 민사소송법 등 절차법에 의하여 재판관할이 확정되는 등 입법자에 의한 재판청구권의 구체적 형성이 불가피하므로, 재판청구권에 대해서는 입법자의 입법재량이 인정된다(헌재 2012.05.31. 2010헌바128). 특히 이 사건 법률조항은 기피신청에 대한 결정을 하는 법원의 직분관할을 정한 규정으로서, 관할을 배분하는 문제는 기본적으로 입법형성권을 가진 입법자가 사법정책을 고려하여 결정할 사항이고(헌재 2007.10.25. 2006헌바39), 기피신청권 자체가 법률에 의하여 구체적으로 형성되는 권리라는 점에서 완화된 심사기준이 적용될 필요가 있다(헌재 2013.03.21. 2011헌바219).

③ (○) 우리 헌법상 헌법과 법률이 정한 법관에 의한 재판을 받을 권리는 직업법관에 의한 재판을 주된 내용으로 하는 것이므로 국민참여재판을 받을 권리가 헌법 제27조 제1항에서 규정한 재판을 받을 권리의 보호범위에 속한다고 볼 수 없다(헌재 2009.11.26. 2008헌바12).

④ (X) 수형자와 변호사와의 접견내용을 녹음, 녹화하게 되면 그로 인해 제3자인 교도소 측에 접견내용이 그대로 노출되므로 수형자와 변호사는 상담과정에서 상당히 위축될 수밖에 없고, 특히 소송의 상대방이 국가나 교도소 등의 구금시설로서 그 내용이 구금시설 등의 부당처우를 다투는 내용일 경우에 접견내용에 대한 녹음, 녹화는 실질적으로 당사자대등의 원칙에 따른 무기평등을 무력화시킬 수 있다. 변호사는 다른 전문직에 비하여도 더욱 엄격한 직무의 공공성 등이 강조되고 있는 지위에 있으므로, 소송사건의 변호사가 접견을 통하여 수형자와 모의하는 등으로 법령에 저촉되는 행위를 하거나 이에 가담하는 등의 행위를 할 우려는 거의 없다. 또한, 접견의 내용이 소송준비를 위한 상담내용일 수밖에 없는 변호사와의 접견에 있어서 수형자의 교화나 건전한 사회복귀를 위해 접견내용을 녹음, 녹화할 필요성을 생각하는 것도 어렵다. 이 사건에 있어서 청구인과 헌법소원 사건의 국선대리인인 변호사의 접견내용에 대해서는 접견의 목적이나 접견의 상대방 등을 고려할 때 녹음, 기록이 허용되어서는 아니 될 것임에도, 이를 녹음, 기록한 행위는 청구인의 재판을 받을 권리를 침해한다(헌재 2013.09.26. 2011헌마398).

⑤ (○) 현역병의 군대 입대 전 범죄에 대한 군사법원의 재판권을 규정하고 있는 군사법원법 제2조 제2항 중 제1항 제1호의 '군형법 제1조 제2항의 현역에 복무하는 병' 부분이 재판청구권을 침해하여 헌법에 위반되지 않는다고 판시하였다(헌재 2009.07.30. 2008헌바162).

> **판례** 헌재 1996.10.31. 93헌바25결정은 구 군사법원법 제6조가 군사법원을 군부대 등에 설치하도록 하고, 같은 법 제7조가 군사법원에 군 지휘관을 관할관으로 두도록 하며, 같은 법 제23조, 제24조, 제25조가 국방부장관, 각 군 참모총장 및 관할관이 군판사 및 심판관의 임명권과 재판관의 지정권을 갖고 심판관은 일반장교 중에서 임명할 수 있도록 규정한 것은 헌법 제110조 제1항, 제3항의 위임에 따라 군사법원을 특별법원으로 설치함에 있어서 군대조직 및 군사재판의 특수성을 고려하고 군사재판을 신속, 적정하게 하여 군기를 유지하고 군지휘권을 확립하기 위한 것으로서 필요하고 합리적인 이유가 있다고 할 것이며, 헌법 제27조 제1항의 재판청구권, 헌법 제11조의 평등권을 본질적으로 침해한 것이라고 할 수 없다고 판시한바 있다. … 군대조직에 있어서 군기(軍紀)의 유지와 군 지휘권 확립은 군인의 신분이기 때문에 필요한 것이고 그러한 범죄가 입대 전의 범죄라고 하여 달리 볼 것은 아니다. 따라서 이 사건 법률조항은 군대조직 및 군사재판의 특수성을 고려하고 군사재판을 신속, 적정하게 하여 군기를 유지하고 군지휘권을 확립하기 위한 것으로서 합리적인 이유가 있다(헌재 1996.10.31. 93헌바25).

정답 ④

문 101

재판청구권에 관한 다음 설명 중 옳은 것은 모두 몇 개인가? [2018년 12번]

> ㄱ. 법원은 국민의 재판청구권에 근거하여 법령에 정한 국민의 정당한 재판청구행위에 대하여만 재판을 할 의무를 부담하고 법령이 규정하지 아니한 재판청구행위에 대하여는 그 의무가 없다.
> ㄴ. 사법보좌관의 처분에 대한 이의신청을 허용함으로써 동일 심급 내에서 법관으로부터 다시 재판받을 수 있는 권리를 보장하고 있으므로, 사법보좌관에게 소송비용액 확정결정절차를 처리하도록 한 것이 법관에 의한 재판을 받을 권리를 침해한다고 볼 수 없다.
> ㄷ. 행정심판은 재판의 전심절차로서만 허용되며, 입법자가 행정심판을 전심절차가 아니라 종심절차로 규정함으로써 정식재판의 기회를 배제하거나, 어떤 행정심판을 필요적 전심절차로 규정하면서도 그 절차에 사법절차가 준용되지 않는다면 재판청구권을 보장하고 있는 헌법 제27조에 위반된다.
> ㄹ. 민사소송법이 통상의 불복방법이 없는 결정·명령에 대하여도 재판에 영향을 미친 헌법 또는 법률의 위반이 있는 때에는 대법원에 불복할 수 있도록 특별항고제도를 두고 있으므로, 가집행선고부 판결에 대한 집행정지의 재판에 대하여 불복을 신청할 수 없도록 규정하고 있다고 하더라도 헌법에 위반된다고 볼 수 없다.
> ㅁ. 상고제도는 국민의 법률생활의 중요한 영역의 문제를 해결하는 데 집중적으로 투입, 활용되어야 한다는 공익상의 필요성과 신속·간편·저렴하게 처리되어야 할 소액사건절차 특유의 요청 등을 고려할 때 현행 소액사건상고제한제도가 결코 위헌적인 차별대우라 할 수 없으므로 평등권을 침해하지 않는다.

① 1개　　② 2개　　③ 3개
④ 4개　　⑤ 5개

해설

ㄱ. (○) 법원은 위 기본권에 근거해서 법령에 정한 국민의 정당한 재판청구행위에 대하여만 재판을 할 의무를 부담한다고 할 것이고, 법령이 규정하지 아니한 재판청구행위에 대하여까지 헌법상의 재판청구권에서 유래한 재판을 할 작위의무가 법원에 있다고 할 수는 없다(헌재 1994.06.30. 93헌마161).

ㄴ. (○) 사법보좌관제도는 이의절차 등에 의하여 법관이 사법보좌관의 소송비용액 확정결정절차를 처리할 수 있는 장치를 마련함으로써 적정한 업무처리를 도모함과 아울러 사법보좌관의 처분에 대하여 법관에 의한 사실확정과 법률의 해석적용의 기회를 보장하고 있는바, 이는 한정된 사법 인력을 실질적 쟁송에 집중하도록 하면서 궁극적으로 국민의 재판받을 권리를 실질적으로 보장한다는 입법목적 달성에 기여하는 적절한 수단임을 인정할 수 있다. 따라서 사법보좌관에게 소송비용액 확정결정절차를 처리하도록 한 이 사건 조항이 그 입법재량권을 현저히 불합리하게 또는 자의적으로 행사하였다고 단정할 수 없으므로 헌법 제27조 제1항에 위반된다고 할 수 없다(헌재 2009.02.26. 2007헌바8).

ㄷ. (○) 헌법 제107조 제3항은 "재판의 전심절차로서 행정심판을 할 수 있다. 행정심판의 절차는 법률로 정하되, 사법절차가 준용되어야 한다"고 규정하고 있다. 이 조항은 행정심판의 근거를 제공하면서 그 한계를 설정하고 있다 할 것인데, 그 한계란 행정심판은 어디까지나 재판의 전심절차로서만 기능하여야 함과 동시에 사법절차가 준용되어야 한다는 것이다. 따라서 입법자가 행정심판을 전심절차가 아니라 종심절차로 규정함으로써 정식재판의 기회를 배제하거나, 어떤 행정심판을 필요적 전심절차로 규정하면서도 그 절차에 사법절차가 준용되지 않는다면 이는 헌법 제107조 제3항은 물론, 재판청구권을 보장하고 있는 헌법 제27조에도 위반된다 할 것이다(헌재 2007.01.17. 2005헌바86).

ㄹ. (○) 민사소송법 제420조는 통상의 불복방법이 없는 결정·명령에 대하여도 재판에 영향을 미친 헌법 또는 법률의 위반이 있는 때에는 대법원에 불복할 수 있도록 이른바 특별항고제도를 두고 있다. 이는 결정·명령이 헌법 또는 법률에 위반되는 경우에 사안의 중대성에 비추어 대법원에 항고하여 시정할 수 있도록 하기 위한 것인데, 이에 의하여 헌법국가의 이념 내지 법치국가의 원리는 구현될 수 있게 되어 있는 것이라고 할 수 있는 것이다. 그렇다면 집행정지의 재판에 대하여서도 특별항고가 그 이유 있는 경우에는 시정의 기회를 부여하고 있는 것이므로, 집행정지의 재판에 의하여 국민의 기본권이 부당하게 침해되는 정도에까지 이르는 경우는 일응 없다고 판단된다(헌재 1993.11.25. 91헌바8).

ㅁ. (○) 상고제도는 국민의 법률생활의 중요한 영역의 문제를 해결하는 데 집중적으로 투입 활용되어야 한다는 공익상의 필요성과 신속·간편·저렴하게 처리되어야 할 소액사건절차 특유의 요청 등을 고려할 때 현행 소액사건상고제한제도가 결코 위헌적인 차별대우라 할 수 없으므로 평등권을 침해하지 않는다(헌재 2012.12.27. 2011헌마161).

정답 ⑤

문 102

변호인의 조력을 받을 권리에 관한 다음 설명 중 가장 옳지 않은 것은? [2020년 22번]

① 피의자 또는 피고인(이하 '피의자 등'이라고 함)에게는 체포 또는 구속 여부에 불구하고 헌법상 변호인의 조력을 받을 권리가 인정된다.

② 피의자 등을 조력할 변호인의 권리 중 그것이 보장되지 않으면 그들이 변호인의 조력을 받는다는 것이 유명무실하게 되는 핵심적인 부분은 헌법상 기본권인 피의자 등이 가지는 변호인의 조력을 받을 권리와 표리의 관계에 있다. 따라서 피의자 등이 가지는 변호인의 조력을 받을 권리가 실질적으로 확보되기 위해서는, 피의자 등에 대한 변호인의 조력할 권리의 핵심적인 부분은 헌법상 기본권으로서 보호되어야 한다.

③ 헌법 제12조 제4항 본문은 체포 또는 구속을 당한 때에 "즉시" 변호인의 조력을 받을 권리를 가진다고 규정함으로써 변호인이 선임되기 이전에도 피의자 등에게 변호인의 조력을 받을 권리가 있음을 분명히 하고 있다.
④ 아직 변호인을 선임하지 않은 피의자 등의 변호인의 조력을 받을 권리는 변호인 선임을 통하여 구체화되는데, 피의자 등의 변호인선임권은 변호인의 조력을 받을 권리의 출발점이자 가장 기초적인 구성부분으로서 법률로써도 제한할 수 없는 권리이다. 따라서 피의자 등이 가지는 '변호인이 되려는 자'와의 접견교통권 역시 헌법상 기본권으로 보호되어야 한다.
⑤ '변호인이 되려는 자'가 가지는 접견교통권은 그 주된 목적이 피의자 등의 조력보다는 자신의 수임 활동에 있는 점, '변호인이 되려는 자'가 피의자 등을 접견하지 못함으로써 받는 불이익, 즉 형사사건 수임 실패로 따른 불이익은 간접적, 사실적, 경제적인 이해관계에 불과한 점, '변호인이 되려는 자'의 접견교통권은 피의자 등을 조력하기 이전 단계에서 피의자 등의 의사와는 관계없이 '변호인이 되려는 자'에게 인정되는 권리인 점 등을 고려할 때, 형사소송법 등 개별 법률을 통하여 형성된 법률상의 권리에 불과하고, '헌법상 보장된 독자적인 기본권'으로 볼 수는 없다.

> **MGI Point** **변호인의 조력을 받을 권리** ★★★
>
> ■ 피의자 또는 피고인 ⇨ 헌법상 변호인의 조력을 받을 권리 인정 ○ (체포 또는 구속 여부 불문)
> ■ 피의자 등에 대한 변호인의 조력할 권리의 핵심적인 부분
>   • 헌법상 기본권으로서 보호 要
>   • 헌법상 기본권인 피의자 등이 가지는 변호인의 조력을 받을 권리와 표리의 관계
> ■ 변호인이 선임되기 이전에도 피의자 등에게 변호인의 조력을 받을 권리 有
> ■ 피의자 등의 변호인선임권
>   • 변호인의 조력을 받을 권리의 출발점 and 가장 기초적 구성부분 ⇨ 법률로써도 제한 不可
>   • 피의자 등이 가지는 '변호인이 되려는 자'와의 접견교통권 역시 헌법상 기본권으로 보호 ○

① (○) 헌법 제12조 제4항 본문은 "누구든지 체포 또는 구속을 당한 때에는 즉시 변호인의 조력을 받을 권리를 가진다."라고 규정하고 있으며, 헌법재판소는 "불구속 피의자의 경우에도 변호인의 조력을 받을 권리는 우리 헌법에 나타난 법치국가원리, 적법절차원칙에서 인정되는 당연한 내용이고, 헌법 제12조 제4항도 이를 전제로 특히 신체구속을 당한 사람에 대하여 변호인의 조력을 받을 권리의 중요성을 강조하기 위하여 별도로 명시하고 있다고 할 것이다."라고 판시한 바 있다. 이와 같이 피의자 또는 피고인(이하 '피의자 또는 피고인'을 '피의자 등'이라고 한다)에게는 체포 또는 구속 여부에 불구하고 변호인의 조력을 받을 권리가 인정된다(헌재 2019.02.28. 2015헌마1204).

② (○) 변호인 선임을 위하여 피의자・피고인(이하 '피의자 등'이라 한다)이 가지는 '변호인이 되려는 자'와의 접견교통권은 헌법상 기본권으로 보호되어야 하고, '변호인이 되려는 자'의 접견교통권은 피의자 등이 변호인을 선임하여 그로부터 조력을 받을 권리를 공고히 하기 위한 것으로서, 그것이 보장되지 않으면 피의자 등이 변호인 선임을 통하여 변호인으로부터 충분한 조력을 받는다는 것이 유명무실하게 될 수밖에 없다. 이와 같이 '변호인이 되려는 자'의 접견교통권은 피의자 등을 조력하기 위한 핵심적인 부분으로서, 피의자 등이 가지는 헌법상의 기본권인 '변호인이 되려는 자'와의 접견교통권과 표리의 관계에 있다. 따라서 피의자 등이 가지는 '변호인이 되려는 자'의 조력을 받을 권리가 실질적으로 확보되기 위해서는 '변호인이 되려는 자'의 접견교통권 역시 헌법상 기본권으로서 보장되어야 한다(헌재 2019.02.28. 2015헌마1204).

③ (○), ④ (○) 헌법 제12조 제4항 본문은 체포 또는 구속을 당한 때에 "즉시" 변호인의 조력을 받을 권리를 가진다고 규정함으로써 변호인이 선임되기 이전에도 피의자 등에게 변호인의 조력을 받을 권리가 있음을 분명히 하고 있다. 이와 같이 아직 변호인을 선임하지 않은 피의자 등의 변호인 조력을 받을 권리는 변호인 선임을 통하여 구체화되는데, 피의자 등의 변호인선임권은 변호인의 조력을 받을 권리의 출발점이자 가장 기초적인 구성부분으로서 법률로써도 제한할 수 없는 권리이다. 따라서 변호인 선임을 위하여 피의자 등이 가지는 '변호인이 되려는 자'와의 접견교통권 역시 헌법상 기본권으로 보호되어야 한다(헌재 2019.02.28. 2015헌마1204).

⑤ (X) ① '변호인이 되려는 자'가 피의자 등과 접견교통하는 주된 목적은 피의자 등의 조력보다는 자신의 수임 활동에 있는 점, ② '변호인이 되려는 자'가 피의자 등을 접견하지 못함으로써 받는 불이익, 즉 형사사건 수임 실패로 따른 불이익은 간접적, 사실적, 경제적인 이해관계에 불과한 점, ③ '변호인이 되려는 자'의 접견교통권은 피의자 등을 조력하기 이전 단계에서 피의자 등의 의사와는 관계없이 '변호인이 되려는 자'에게 인정되는 권리인 점 등을 고려해 볼 때, '변호인이 되려는 자'의 접견교통권은 피의자 등의 조력을 받을 권리와 표리의 관계에 있다고 볼 수 없고, 이를 헌법상 기본권으로 격상하여 보장하지 않는다고 해서 변호인으로부터 충분한 조력을 받을 피의자 등의 권리가 유명무실하게 된다고 단정할 수 없다. 따라서 피의자 등에 대한 변호인의 조력할 권리의 핵심적인 부분은 헌법상 기본권으로서 보호되어야 한다는 견해를 취하더라도 다수의견과 같이 '변호인이 되려는 자'의 접견교통권까지 헌법상 기본권인 변호권의 내용으로 파악할 필요는 없다(헌재 2019.02.28. 2015헌마1204). ▶ ⑤ 지문과 해설은 재판관 조용호, 재판관 이은애, 재판관 이종석의 이 사건 검사의 접견불허행위에 대한 반대의견

정답 ⑤

문 103

변호인의 조력을 받을 권리 및 재판청구권에 관한 다음 설명 중 가장 옳지 않은 것은?(다툼이 있는 경우 헌법재판소 판례에 의함) [2016년 5번]

① 변호인의 조력을 받을 권리는 '형사사건'에서의 변호인의 조력을 받을 권리에 국한되는 것은 아니므로, 수형자가 형사사건의 변호인이 아닌 민사사건, 행정사건, 헌법소원사건 등에서 변호사와 접견할 경우에도 헌법상 변호인의 조력을 받을 권리의 주체가 될 수 있다.
② 변호사와 접견하는 경우에도 수용자의 접견은 원칙적으로 접촉차단시설이 설치된 장소에서 하도록 규정하고 있는 형의 집행 및 수용자의 처우에 관한 법률 시행령규정은 청구인의 재판청구권을 지나치게 제한하고 있으므로, 헌법에 위반된다.
③ 수형자와 그 수형자의 헌법소원 사건의 국선대리인인 변호사의 접견내용을 녹음, 기록한 행위는 청구인의 재판을 받을 권리를 침해한다.
④ 변호인의 조력을 받을 권리를 보장하는 목적은 피의자 또는 피고인의 방어권 행사를 보장하기 위한 것이므로, 미결수용자 또는 변호인이 원하는 특정한 시점에 접견이 이루어지지 못하였다 하더라도 그것만으로 곧바로 변호인의 조력을 받을 권리가 침해되었다고 단정할 수는 없다.
⑤ 법률전문가인 변호사와의 소송상담의 특수성을 고려하지 않고 소송대리인인 변호사와의 접견을 그 성격이 전혀 다른 일반 접견에 포함시켜 접견 시간 및 횟수를 제한하는 것은 수용자의 재판청구권을 침해하는 것이다.

해설 ★★★

① (X) 변호인의 조력을 받을 권리에 대한 헌법과 법률의 규정 및 취지에 비추어 보면, '형사사건에서 변호인의 조력을 받을 권리'를 의미한다고 보아야 할 것이므로 형사절차가 종료되어 교정시설에 수용 중인 수형자나 미결수용자가 형사사건의 변호인이 아닌 민사재판, 행정재판, 헌법재판 등에서 변호사와 접견할 경우에는 원칙적으로 헌법상 변호인의 조력을 받을 권리의 주체가 될 수 없다(헌재 2013.08.29. 2011헌마122).
② (○) 변호사와 접견하는 경우에도 수용자의 접견은 원칙적으로 접촉차단시설이 설치된 장소에서 하도록 한 규정은, 수용자의 효율적인 재판준비가 곤란하게 되고, 특히 교정시설 내에서의 처우에 대하여 국가 등을 상

대로 소송을 하는 경우에는 소송의 상대방에게 소송자료를 그대로 노출하게 되어 무기대등의 원칙이 훼손될 수 있다. 변호사 직무의 공공성, 윤리성 및 사회적 책임성은 변호사 접견권을 이용한 증거인멸, 도주 및 마약 등 금지물품 반입 시도 등의 우려를 최소화시킬 수 있으며, 변호사접견이라 하더라도 교정시설의 질서 등을 해할 우려가 있는 특별한 사정이 있는 경우에는 예외를 두도록 한다면 악용될 가능성도 방지할 수 있다. 따라서 이 사건 접견조항은 과잉금지원칙에 위배하여 청구인의 재판청구권을 지나치게 제한하고 있으므로, 헌법에 위반된다(헌재 2013.08.29. 2011헌마122).

③ (○) 수형자와 변호사와의 접견내용을 녹음, 녹화하게 되면 그로 인해 제3자인 교도소 측에 접견내용이 그대로 노출되므로 수형자와 변호사는 상담과정에서 상당히 위축될 수밖에 없고, 특히 소송의 상대방이 국가나 교도소 등의 구금시설로서 그 내용이 구금시설 등의 부당처우를 다투는 내용일 경우에 접견내용에 대한 녹음, 녹화는 실질적으로 당사자대등의 원칙에 따른 무기평등을 무력화시킬 수 있다. 이 사건에 있어서 청구인과 헌법소원 사건의 국선대리인인 변호사의 접견내용에 대해서는 접견의 목적이나 접견의 상대방 등을 고려할 때 녹음, 기록이 허용되어서는 아니 될 것임에도, 이를 녹음, 기록한 행위는 청구인의 재판을 받을 권리를 침해한다(헌재 2013.09.26. 2011헌마398).

④ (○) 변호인의 조력을 받을 권리를 보장하는 목적은 피의자 또는 피고인의 방어권 행사를 보장하기 위한 것이므로, 미결수용자 또는 변호인이 원하는 특정한 시점에 접견이 이루어지지 못하였다 하더라도 그것만으로 곧바로 변호인의 조력을 받을 권리가 침해되었다고 단정할 수는 없는 것이고, 변호인의 조력을 받을 권리가 침해되었다고 하기 위해서는 접견이 불허된 특정한 시점을 전후한 수사 또는 재판의 진행 경과에 비추어 보아, 그 시점에 접견이 불허됨으로써 피의자 또는 피고인의 방어권 행사에 어느 정도는 불이익이 초래되었다고 인정할 수 있어야만 하며, 그 시점을 전후한 변호인 접견의 상황이나 수사 또는 재판의 진행 과정에 비추어 미결수용자가 방어권을 행사하기 위해 변호인의 조력을 받을 기회가 충분히 보장되었다고 인정될 수 있는 경우에는, 비록 미결수용자 또는 그 상대방인 변호인이 원하는 특정 시점에는 접견이 이루어지지 못하였다 하더라도 변호인의 조력을 받을 권리가 침해되었다고 할 수 없다(헌재 2011.05.26. 2009헌마341).

⑤ (○) 수형자와 소송대리인인 변호사가 접견 이외에 서신, 전화통화를 통해 소송준비를 하는 것이 가능하다고 하더라도, 서신, 전화통화는 검열, 청취 등을 통해 그 내용이 교정시설 측에 노출되어 상담과정에서 위축되거나 공정한 재판을 받을 권리가 훼손될 가능성이 있으며, 서신은 접견에 비해 의견교환이 효율적이지 않고 전화통화는 시간이 원칙적으로 3분으로 제한되어 있어 소송준비의 주된 수단으로 사용하기에는 한계가 있다. 따라서 수형자의 재판청구권을 실효적으로 보장하기 위해서는 소송대리인인 변호사와의 접견 시간 및 횟수를 적절하게 보장하는 것이 필수적이다. 변호사 접견 시 접견 시간의 최소한을 정하지 않으면 접견실 사정 등 현실적 문제로 실제 접견 시간이 줄어들 가능성이 있고, 변호사와의 접견 횟수와 가족 등과의 접견 횟수를 합산함으로 인하여 수형자가 필요한 시기에 변호사의 조력을 받지 못할 가능성도 높아진다. 접견의 최소 시간을 보장하되 이를 보장하기 어려운 특별한 사정이 있는 경우에는 예외적으로 일정한 범위 내에서 이를 단축할 수 있도록 하고, 횟수 또한 별도로 정하면서 이를 적절히 제한한다면, 교정시설 내의 수용질서 및 규율의 유지를 도모하면서도 수형자의 재판청구권을 실효적으로 보장할 수 있을 것이다. 이와 같이 심판대상 조항들은 법률전문가인 변호사와의 소송상담의 특수성을 고려하지 않고 소송대리인인 변호사와의 접견을 그 성격이 전혀 다른 일반 접견에 포함시켜 접견 시간 및 횟수를 제한함으로써 청구인의 재판청구권을 침해한다(헌재 2015.11.26. 2012헌마858).

정답 ①

문 104

재판청구권에 관한 다음 설명 중 가장 옳지 않은 것은?(다툼이 있는 경우 헌법재판소 판례에 의함)
[2016년 6번]

① 재판청구권으로부터 반드시 모든 사건에 관해 대법원의 재판을 받을 권리가 도출되지는 않는다.
② 재정신청 기각결정에 대하여 형사소송법의 재항고를 금지하는 것은 대다수의 무고한 피의자의 지위불안을 신속히 해소할 필요성, 대법원의 업무부담 증가 회피 등 합리적 이유가 있으므로 청구인들의 재판청구권을 침해하지 아니한다.
③ 보호감호를 규정한 사회보호법을 폐지하면서 사회보호법폐지법률 부칙 제2조가 가출소·집행면제 등 보호감호의 관리와 집행에 관한 종전의 사회보호위원회의 권한을 법관이 아닌 치료감호법에 따른 치료감호심의위원회로 하여금 행사하도록 한 것은 법관에 의한 재판을 받을 권리를 침해하지 아니한다.
④ 소환된 증인이 보복을 당할 우려가 있는 등의 이유로 피고인의 면전에서 충분한 진술을 할 수 없다고 인정한 경우 재판장이 피고인을 퇴정시키고 증인신문을 할 수 있도록 한 형사소송법 조항은 피고인의 공정한 재판을 받을 권리를 침해한다고 할 수 없다.
⑤ 구 특허법상 특허청의 심판절차에 의한 심결이나 결정에 대하여는 법령에 위반된 것을 이유로 하는 경우에 한하여 대법원에 상고할 수 있도록 규정되어 있었는데, 위 특허청의 심결이나 결정은 헌법과 법률이 정한 법관에 의한 재판이라고 볼 수 없다.

해설 ★★★

① (○) 헌법이 대법원을 최고법원으로 규정하였다고 하여 대법원이 곧바로 모든 사건을 상고심으로서 관할하여야 한다는 결론이 당연히 도출되는 것은 아니며, "헌법과 법률이 정하는 법관에 의하여 법률에 의한 재판을 받을 권리"가 사건의 경중을 가리지 않고 모든 사건에 대하여 대법원을 구성하는 법관에 의한 균등한 재판을 받을 권리를 의미한다거나 또는 상고심재판을 받을 권리를 의미하는 것이라고 할 수는 없다. 또한 심급제도는 사법에 의한 권리보호에 관하여 한정된 법발견자원의 합리적인 분배의 문제인 동시에 재판의 적정과 신속이라는 서로 상반되는 두 가지의 요청을 어떻게 조화시키느냐의 문제로 돌아가므로, 원칙적으로 입법자의 형성의 자유에 속하는 사항이다(헌재 2007.07.26. 2006헌마551).
② (X) 형사소송법 제262조 제4항은 재청신청 기각결정에 대해서 불복할 수 없다고 규정하고 있는 바, 재정신청 기각결정에 대하여 형사소송법 제415조의 재항고를 금지하는 것은 대법원에 명령·규칙 또는 처분의 위헌·위법 심사권한을 부여하여 법령해석의 통일성을 기하고자 하는 헌법 제107조 제2항의 취지에 반하고, 법원의 재판이 헌법소원의 대상에서 제외되어 있는 상황에서 재정신청인의 재판청구권을 지나치게 제약하는 것이므로, 형사소송법 제262조 제4항의 "불복할 수 없다."는 부분은, 재정신청 기각결정에 대한 '불복'에 법 제415조의 '재항고'가 포함되는 것으로 해석하는 한, 재정신청인인 청구인들의 재판청구권을 침해하고, 또 법 제415조의 재항고가 허용되는 고등법원의 여타 결정을 받은 사람에 비하여 합리적 이유 없이 재정신청인을 차별취급함으로써 청구인들의 평등권을 침해한다(헌재 2011.11.24. 2008헌마578).
③ (○) 치료감호심의위원회의 심사대상은 이미 판결에 의하여 확정된 보호감호처분을 집행하는 것에 불과하므로 이를 법관에게 맡길 것인지, 아니면 제3의 기관에 맡길 것인지는 입법 재량의 범위 내에 있으며, 위원회의 결정에 대하여 불복이 있는 경우 행정소송 등 사법심사의 길이 열려 있으므로 법관에 의한 재판을 받을 권리를 침해한다고 할 수 없다(헌재 2009.03.26. 2007헌바50).

④ (○) 소환된 증인 또는 그 친족 등이 보복을 당할 우려가 있는 경우 재판장이 피고인을 퇴정시키고 증인신문을 행할 수 있도록 규정한 피고인 퇴정조항은, 피고인 퇴정 후 증인신문을 하는 경우에도 피고인은 여전히 형사소송법 제161조의2에 의하여 반대신문권이 보장되고, 이때 변호인이 반대신문 전에 피고인과 상의하여 반대신문사항을 정리하면 피고인의 반대신문권이 실질적으로 보장될 수 있는 점에 비추어, 공정한 재판을 받을 권리를 침해한다고 할 수 없다(헌재 2010.11.25. 2009헌바57).

⑤ (○) 구 특허법의 규정은 특허청의 항고심판절차에 의한 항고심결 또는 보정각하결정에 대하여 불복이 있는 경우에도 법관에 의한 사실확정 및 법률적용의 기회를 주지 아니하고 단지 그 심결이나 결정이 법령에 위반된 것을 이유로 하는 경우에 한하여 곧바로 법률심인 대법원에 상고할 수 있도록 하고 있는바, 특허청의 심판절차에 의한 심결이나 보정각하결정은 특허청의 행정공무원에 의한 것으로서 이를 헌법과 법률이 정한 법관에 의한 재판이라고 볼 수 없다. 따라서 이는 법관에 의한 사실확정 및 법률적용의 기회를 박탈한 것으로서 헌법상 국민에게 보장된 "법관에 의한" 재판을 받을 권리의 본질적 내용을 침해한다(헌재 1995.09.28. 92헌가11).

정답 ②

제3관 국가배상청구권

문 105

국가배상청구권에 관한 다음 설명 중 가장 옳지 않은 것은?(다툼이 있는 경우 대법원 및 헌법재판소 판례에 의함) [2017년 3번]

① 국가배상법이 정한 손해배상청구의 요건인 '공무원의 직무'에는 국가나 지방자치단체의 권력적 작용뿐만 아니라 비권력적 작용도 포함되나, 단순한 사경제의 주체로서 하는 작용은 포함되지 않는다는 것이 판례이다.
② 국가배상법 제2조 제1항의 '직무를 집행하면서'라 함은 직무행위를 구성하는 행위는 물론 객관적으로 직무행위와 외형상 관련 있는 것으로 인정되는 행위도 포함한다.
③ 국가배상법에 따른 손해배상 소송은 배상심의회의 배상금지급 또는 기각결정을 거친 후에 제기할 수 있다.
④ 국가배상청구권에 관하여 소멸시효를 인정하는 것은 헌법에 위반되지 않는다는 것이 헌법재판소의 입장이다.
⑤ 입법부가 법률로써 행정부에게 특정한 사항을 위임했음에도 불구하고 행정부가 정당한 이유 없이 시행령을 제정하지 않음으로써 이를 이행하지 않는 것은 불법행위에 해당한다.

:: 해설   ★★★

① (○) 국가배상법이 정한 손해배상청구의 요건인 '공무원의 직무'에는 국가나 지방자치단체의 권력적 작용뿐만 아니라 비권력적 작용도 포함되지만 단순한 사경제의 주체로서 하는 작용은 포함되지 않는다(대판 2004.04.09. 2002다10691).

② (○) 국가배상법 제2조 제1항 소정의 '직무를 집행함에 당하여'라 함은 직접 공무원의 직무집행행위이거나 그와 밀접한 관계에 있는 행위를 포함하고, 이를 판단함에 있어서는 행위 자체의 외관을 객관적으로 관찰하여 공무원의 직무행위로 보여질 때에는 비록 그것이 실질적으로 직무행위에 속하지 않는다 하더라도 그 행위는 공무원이 '직무를 집행함에 당하여' 한 것으로 보아야 한다(대판 2001.01.05. 98다39060).

③ (X) 국가배상법에 따른 손해배상의 소송은 배상심의회에 배상신청을 하지 아니하고도 제기할 수 있다(국가배상법 제9조).

④ (○) 국가배상법 제8조가 '국가 또는 지방자치단체의 손해배상책임에 관하여는 이 법의 규정에 의한 것을 제외하고는 민법의 규정에 의한다. … (생략) …'고 하고 소멸시효에 관하여 별도의 규정을 두고 아니함으로써 국가배상청구권에도 소멸시효에 관한 민법상의 규정인 민법 제766조가 적용되게 되었다 하더라도 이는 국가배상청구권의 성격과 책임의 본질, 소멸시효제도의 존재이유 등을 종합적으로 고려한 입법재량 범위 내에서의 입법자의 결단의 산물인 것으로 국가배상청구권의 본질적인 내용을 침해하는 것이라고는 볼 수 없고 기본권 제한에 있어서의 한계를 넘어서는 것이라고 볼 수도 없으므로 헌법에 위반되지 아니한다(헌재 1997.02.20. 96헌바24).

⑤ (○) 입법부가 법률로써 행정부에게 특정한 사항을 위임했음에도 불구하고 행정부가 정당한 이유 없이 이를 이행하지 않는다면 권력분립의 원칙과 법치국가 내지 법치행정의 원칙에 위배되는 것으로서 위법함과 동시에 위헌적인 것이 되는바, 구 군법무관임용법(1967. 3. 3. 법률 제1904호로 개정되어 2000. 12. 26. 법률 제6291호로 전문 개정되기 전의 것) 제5조 제3항과 군법무관임용 등에 관한 법률(2000. 12. 26. 법률 제6291호로 개정된 것) 제6조가 군법무관의 보수를 법관 및 검사의 예에 준하도록 규정하면서 그 구체적 내용을 시행령에 위임하고 있는 이상, 위 법률의 규정들은 군법무관의 보수의 내용을 법률로써 일차적으로 형성한 것이고, 위 법률들에 의해 상당한 수준의 보수청구권이 인정되는 것이므로, 위 보수청구권은 단순한 기대이익을 넘어서는 것으로서 법률의 규정에 의해 인정된 재산권의 한 내용이 되는 것으로 봄이 상당하고, 따라서 행정부가 정당한 이유 없이 시행령을 제정하지 않은 것은 위 보수청구권을 침해하는 불법행위에 해당한다(대판 2007.11.29. 2006다3561).

문 106

국가배상청구권에 관한 다음 설명 중 가장 옳지 않은 것은?(다툼이 있는 경우 대법원 및 헌법재판소 판례에 의함) [2016년 15번]

① 헌법상의 국가배상청구권에 관한 규정은 국가배상청구권을 청구권적 기본권으로 보장하며, 국가배상청구권은 그 요건에 해당하는 사유가 발생한 개별 국민에게는 금전청구권으로서의 재산권으로 보장된다.

② 국가배상청구의 요건인 '공무원의 직무'에는 권력적 작용과 비권력적 작용은 포함되나, 행정주체가 사경제주체로서 하는 활동은 제외된다.

③ 법관의 재판에 법령의 규정을 따르지 아니한 잘못이 있다 하더라도 이로써 바로 그 재판상 직무행위가 국가배상법 제2조 제1항에서 말하는 위법한 행위로 되어 국가의 손해배상책임이 발생하는 것은 아니고, 그 국가배상책임이 인정되려면 당해 법관이 위법 또는 부당한 목적을 가지고 재판을 하였다거나 법이 법관의 직무수행상 준수할 것을 요구하고 있는 기준을 현저하게 위반하는 등 법관이 그에게 부여된 권한의 취지에 명백히 어긋나게 이를 행사하였다고 인정할 만한 특별한 사정이 있어야 한다.

④ 국가배상제도에는 피해자구제기능, 손해분산기능 외에도 제재기능 및 위법행위 억제기능이 있다.

⑤ 행정처분이 항고소송절차에서 위법한 것으로 인정되어 취소하는 판결이 확정된 경우에는 처분청이 소속된 국가 등 공공단체가 처분 상대방에게 위법한 처분으로 인해 발생한 손해를 배상할 책임이 성립한다.

:: 해설

① (○) 헌법상의 국가배상청구권에 관한 규정은 국가배상청구권을 청구권적 기본권으로 보장하며, 국가배상청구권은 그 요건에 해당하는 사유가 발생한 개별 국민에게는 금전청구권으로서의 재산권으로 보장된다(헌재 1996.06.13. 94헌바20).

② (○) 국가배상법이 정한 손해배상청구의 요건인 '공무원의 직무'에는 국가나 지방자치단체의 권력적 작용뿐만 아니라 비권력적 작용도 포함되지만 단순한 사경제의 주체로서 하는 작용은 포함되지 않는다(대판 1999.11.26. 98다47245).

③ (○) 법관의 재판에 법령의 규정을 따르지 아니한 잘못이 있다 하더라도 이로써 바로 그 재판상 직무행위가 국가배상법 제2조 제1항에서 말하는 위법한 행위로 되어 국가의 손해배상책임이 발생하는 것은 아니고, 그 국가배상책임이 인정되려면 당해 법관이 위법 또는 부당한 목적을 가지고 재판을 하였다거나 법이 법관의 직무수행상 준수할 것을 요구하고 있는 기준을 현저하게 위반하는 등 법관이 그에게 부여된 권한의 취지에 명백히 어긋나게 이를 행사하였다고 인정할 만한 특별한 사정이 있어야 한다(대판 2003.07.11. 99다24218).

④ (○) 헌법 제29조 제1항 제1문은 '공무원의 직무상 불법행위'로 인한 국가 또는 공공단체의 책임을 규정하면서 제2문은 '이 경우 공무원 자신의 책임은 면제되지 아니한다'고 규정한 점, 공무원의 피해 국민에 대한 직접 배상책임 여부 및 피해 국민의 국가 또는 공무원에 대한 선택적 청구권 인정 여부에 관하여 학설·판례가 나뉘어 있는 점, 국가배상제도에 피해자구제기능 및 손해분산기능이 있는 것 외에 제재기능 및 위법행위 억제기능이 있다는 것이 일반적으로 인정되는 점 등에 비추어 볼 때, 헌법상 국가배상책임은 공무원의 책임을 일정 부분 전제하는 것으로 해석될 수 있다(헌재 2015.04.30. 2013헌바395).

⑤ (X) 어떠한 행정처분이 후에 항고소송에서 취소되었다고 할지라도 그 기판력에 의하여 당해 행정처분이 곧바로 공무원의 고의 또는 과실로 인한 것으로서 불법행위를 구성한다고 단정할 수는 없는 것이고, 그 행정처분의 담당공무원이 보통 일반의 공무원을 표준으로 하여 볼 때 객관적 주의의무를 결하여 그 행정처분이 객관적 정당성을 상실하였다고 인정될 정도에 이른 경우에 국가배상법 제2조 소정의 국가배상책임의 요건을 충족하였다고 봄이 상당할 것이며, 이 때에 객관적 정당성을 상실하였는지 여부는 피침해이익의 종류 및 성질, 침해행위가 되는 행정처분의 태양 및 그 원인, 행정처분의 발동에 대한 피해자측의 관여의 유무, 정도 및 손해의 정도 등 제반 사정을 종합하여 손해의 전보책임을 국가 또는 지방자치단체에 부담시켜야 할 실질적인 이유가 있는지 여부에 의하여 판단하여야 한다(대판 2007.05.10. 2005다31828).

정답 ⑤

제4관 형사보상청구권

문 107

형사보상청구권, 형사비용보상청구권, 범죄피해자구조청구권에 관한 설명으로 옳은 것을 모두 고른 것은? [2021년 3번]

> ㄱ. 형사비용보상청구권의 제척기간을 무죄판결이 확정된 날부터 6개월로 규정한 구 형사소송법 조항이 과잉금지원칙에 위반되어 재판청구권 및 재산권을 침해하는 것으로 볼 수 없다.
>
> ㄴ. 입법자가 형사비용보상청구권을 행사할 수 있는 청구기간을 정하면서 국가배상청구권이나 형사보상청구권보다 짧은 기간만 허용하였다고 하여 이러한 차별취급이 합리적 이유 없는 자의적 차별이라 단정할 수 없다.

ㄷ. 피의자와 피고인의 형사보상청구권은 건국헌법에서 처음 규정되었고, 범죄피해자구조청구권은 현행 헌법에서 처음으로 규정되었다.
ㄹ. 범죄피해자구조청구권의 대상이 되는 범죄피해의 범위에 해외에서 발생한 범죄피해를 포함하고 있지 아니한 것은 현저하게 불합리한 자의적인 차별로 볼 수 없어 평등원칙에 위배되지 아니한다.
ㅁ. 형사보상청구는 무죄재판이 확정된 때로부터 1년 이내에 하도록 규정한 구 형사보상법 조항은 입법재량의 한계를 일탈하여 청구인의 형사보상청구권을 침해한 것이다.

① ㄱ, ㄴ, ㄷ
② ㄱ, ㄴ, ㄹ
③ ㄱ, ㄴ, ㄹ, ㅁ
④ ㄷ, ㄹ, ㅁ
⑤ ㄷ, ㅁ

MGI Point 형사비용보상청구권, 형사보상청구권, 범죄피해자구조청구권 ★

- 비용보상청구권의 제척기간을 무죄판결이 확정된 날부터 6개월로 규정한 구 형사소송법조항 ⇨ 재판청구권 및 재산권 침해 × ('무죄판결이 확정된 사실을 안 날부터 3년, 무죄판결이 확정된 때부터 5년 이내'로 개정)
- 입법자가 형사비용보상청구권을 행사할 수 있는 청구기간을 정하면서 국가배상청구권이나 형사보상청구권보다 짧은 기간만 허용하는 것 ⇨ 합리적 이유없는 자의적 차별 ×, 평등원칙 위배 ×
- 형사보상청구권은 1948년 건국헌법에 도입되면서 형사피고인에게만 인정 ⇨ 형사피의자에게까지 확대된 것은 1987년에 개정된 현행 헌법 cf. 범죄피해자구조청구권은 현행헌법에서 신설 ○
- 구 범죄피해자구조법에서 범죄피해자구조청구권의 대상이 되는 범죄피해의 범위에 관하여 해외에서 발생한 범죄피해는 포함하고 있지 아니한 것 ⇨ 평등원칙 위배 ×
- 형사보상의 청구는 무죄재판이 확정된 때로부터 1년 이내에 하도록 규정하고 있는 형사보상법 제7조 ⇨ 헌법 제28조 위반 ○ ('무죄재판이 확정된 사실을 안 날부터 3년, 무죄재판이 확정된 때부터 5년 이내'로 개정)

ㄱ. (○) 이 사건 법률조항(형사소송법상 형사비용보상청구권)이 비용보상청구에 관한 제척기간(무죄판결이 확정된 날부터 6개월)을 규정한 것은 비용보상에 관한 국가의 채무관계를 조속히 확정하여 국가재정을 합리적으로 운영하기 위한 것으로 입법목적의 정당성 및 수단의 적합성이 인정된다. 비용보상청구권은 그 보상기준이 법령에 구체적으로 정해져 있어 비용보상청구인은 특별한 증명책임이나 절차적 의무의 부담 없이 객관적 재판 진행상황에 관한 간단한 소명만으로 권리의 행사가 가능하므로 이 사건 법률조항에 규정된 제척기간이 현실적으로 비용보상청구권 행사를 불가능하게 하거나 현저한 곤란을 초래할 정도로 지나치게 짧다고 단정할 수 없다. 이 사건 법률조항을 통해 달성하려고 하는 비용보상에 관한 국가 채무관계를 조기에 확정하여 국가재정을 합리적으로 운영한다는 공익이 청구인 등이 입게 되는 경제적 불이익에 비해 작다고 단정하기도 어려워 법익의 균형성도 갖추었다. 따라서 이 사건 법률조항은 과잉금지원칙에 위반되어 청구인의 재판청구권 및 재산권을 침해하지는 않는다(헌재 2015.04.30. 2014헌바408). ▶ 구 형사소송법에 규정된 비용보상청구권의 제척기간이 합헌임을 확인한 사건, 개정된 형사소송법 제194조의3 참조.

> 형사소송법 제194조의3(비용보상의 절차 등) ① 제194조의2제1항에 따른 비용의 보상은 피고인이었던 자의 청구에 따라 무죄판결을 선고한 법원의 합의부에서 결정으로 한다.
> ② 제1항에 따른 청구는 <u>무죄판결이 확정된 사실을 안 날부터 3년, 무죄판결이 확정된 때부터 5년 이내에 하여야 한다.</u> <개정 2014. 12. 30.>
> ③ 제1항의 결정에 대하여는 즉시항고를 할 수 있다.

ㄴ. (○) 형사소송법상 비용보상청구권은 입법자가 사회적 여건이 허락하는 범위 안에서 사법절차에서 피해를 입은 사람에 대한 구제범위를 확대해 나가는 과정에서 비로소 형성된 권리로서, 헌법적 차원에서 명시적으로 요건을 정해서 보장되어 온 형사보상청구권이나 국가배상청구권과는 기본적으로 권리의 성격이 다를 뿐만 아니라, 형사재판을 진행하는 과정에서 피고인의 판단과 선택에 따라 지출한 비용을 보상한다는 점에서, 인신구속이라는 피해를 당한 사람에게 구금기간 동안 발생한 재산적·정신적 손해에 대한 보상을 목적으로 한 형사보상청구권이나 국가의 귀책사유로 인한 손해를 회복할 수 있도록 하는 국가배상청구권과 분명한 차이가 있다. 따라서 입법자가 비용보상청구권을 행사할 수 있는 청구기간을 정하면서 국가배상청구권이나 형사보상청구권보다 짧은 기간만 허용하였다고 하여 이러한 차별취급이 합리적 이유 없는 자의적 차별이라 단정할 수 없다. 따라서 이 사건 법률조항은 평등원칙에 위배된다고 보기 어렵다(헌재 2015.04.30. 2014헌바408).

ㄷ. (X) 1948년 헌법 제24조 및 현행헌법 제28조, 제30조 참조.

> 1948년 헌법 제24조 형사피고인은 상당한 이유가 없는 한 지체없이 공개재판을 받을 권리가 있다. 형사피고인으로서 구금되었던 자가 무죄판결을 받은 때에는 법률의 정하는 바에 의하여 국가에 대하여 보상을 청구할 수 있다.
> 현행헌법 제28조 형사피의자 또는 형사피고인으로서 구금되었던 자가 법률이 정하는 불기소처분을 받거나 무죄판결을 받은 때에는 법률이 정하는 바에 의하여 국가에 정당한 보상을 청구할 수 있다.
> 현행헌법 제30조 타인의 범죄행위로 인하여 생명·신체에 대한 피해를 받은 국민은 법률이 정하는 바에 의하여 국가로부터 구조를 받을 수 있다.

ㄹ. (○) 범죄피해자 구조청구권을 인정하는 이유는 크게 국가의 범죄방지책임 또는 범죄로부터 국민을 보호할 국가의 보호의무를 다하지 못하였다는 것과 그 범죄피해자들에 대한 최소한의 구제가 필요하다는데 있다. 그런데 국가의 주권이 미치지 못하고 국가의 경찰력 등을 행사할 수 없거나 행사하기 어려운 해외에서 발생한 범죄에 대하여는 국가에 그 방지책임이 있다고 보기 어렵고, 상호보증이 있는 외국에서 발생한 범죄피해에 대하여는 국민이 그 외국에서 피해구조를 받을 수 있으며, 국가의 재정에 기반을 두고 있는 구조금에 대한 청구권 행사대상을 우선적으로 대한민국의 영역 안의 범죄피해에 한정하고, 향후 해외에서 발생한 범죄피해의 경우에도 구조를 하는 방향으로 운영하는 것은 입법형성의 재량의 범위 내라고 할 것이다. 따라서 범죄피해자구조청구권의 대상이 되는 범죄피해에 해외에서 발생한 범죄피해의 경우를 포함하고 있지 아니한 것이 현저하게 불합리한 자의적인 차별이라고 볼 수 없어 평등원칙에 위배되지 아니한다(헌재 2011.12.29. 2009헌마354).

ㅁ. (○) 권리의 행사가 용이하고 일상 빈번히 발생하는 것이거나 권리의 행사로 인하여 상대방의 지위가 불안정해지는 경우 또는 법률관계를 보다 신속히 확정하여 분쟁을 방지할 필요가 있는 경우에는 특별히 짧은 소멸시효나 제척기간을 인정할 필요가 있으나, 이 사건 법률조항은 위의 어떠한 사유에도 해당하지 아니하는 등 달리 합리적인 이유를 찾기 어렵고, 일반적인 사법상의 권리보다 더 확실하게 보호되어야 할 권리인 형사보상청구권의 보호를 저해하고 있다. 또한, 이 사건 법률조항은 형사소송법상 형사피고인이 재정하지 아니한 가운데 재판할 수 있는 예외적인 경우를 상정하고 있는 등 형사피고인은 당사자가 책임질 수 없는 사유에 의하여 무죄재판의 확정사실을 모를 수 있는 가능성이 있으므로, 형사피고인이 책임질 수 없는 사유에 의하여 제척기간을 도과할 가능성이 있는바, 이는 국가의 잘못된 형사사법작용에 의하여 신체의 자유라는 중대한 법익을 침해받은 국민의 기본권을 사법상의 권리보다도 가볍게 보호하는 것으로서 부당하다(헌재 2010.07.29. 2008헌가4). ▶ 형사보상법 제7조가 2008헌가4사건의 적용중지 헌법불합치됨으로 인해 형사보상 및 명예회복에 관한 법률 제8조는 '무죄재판이 확정된 사실을 안 날부터 3년, 무죄재판이 확정된 때부터 5년 이내로 개정

> 형사보상 및 명예회복에 관한 법률 제8조(보상청구의 기간) 보상청구는 무죄재판이 확정된 사실을 안 날부터 3년, 무죄재판이 확정된 때부터 5년 이내에 하여야 한다.

정답 ③

제5관 범죄피해자구조청구권

제9절 | 사회적 기본권

제1관 사회적 기본권의 구조와 체계

문 108

사회적 기본권에 관한 다음 설명 중 가장 옳지 않은 것은?(다툼이 있는 경우 헌법재판소 판례에 의함) [2016년 22번]

① 국가는 사회적 기본권에 의하여 제시된 국가의 의무와 과제를 언제나 국가의 현실적인 재정·경제능력의 범위 내에서 다른 국가과제와의 조화와 우선순위결정을 통하여 이행할 수밖에 없다.
② 사회적 기본권은 입법과정이나 정책결정과정에서 사회적 기본권에 규정된 국가목표의 무조건적인 최우선적 배려가 아니라 단지 적절한 고려를 요청하는 것이다.
③ 헌법 제34조 제1항과 제5항은 입법부와 행정부에 대하여는 국민소득, 국가의 재정능력과 정책 등을 고려하여 가능한 범위 안에서 최대한으로 모든 국민이 물질적인 최저생활을 넘어서 인간의 존엄성에 맞는 건강하고 문화적인 생활을 누릴 수 있도록 하여야 한다는 행위규범으로서 작용한다.
④ 헌법 제34조 제1항과 제5항은 헌법재판에 있어서는 다른 국가기관 즉 입법부나 행정부가 국민으로 하여금 인간다운 생활을 영위하도록 하기 위하여 객관적으로 필요한 최소한의 조치를 취할 의무를 다하였는지의 여부를 기준으로 국가기관의 행위의 합헌성을 심사하여야 한다는 통제규범으로 작용한다.
⑤ 생활보호대상자에 대한 생계보호급여의 수준이 일반 최저생계비에 미달한다면 이는 인간다운 생활을 할 권리를 침해한 것이다.

:: 해설   ★★★

① (○) 사회적 기본권과 경쟁적 상태에 있는 국가의 다른 중요한 헌법적 의무와의 관계에서나 아니면 개별적인 사회적 기본권 규정들 사이에서의 경쟁적 관계에서 보나, 입법자는 사회·경제정책을 시행하는 데 있어서 서로 경쟁하고 충돌하는 여러 국가목표를 균형있게 고려하여 서로 조화시키려고 시도하고, 매 사안마다 그에 적합한 실현의 우선순위를 부여하게 된다. 국가는 사회적 기본권에 의하여 제시된 국가의 의무와 과제를 언제나 국가의 현실적인 재정·경제능력의 범위 내에서 다른 국가과제와의 조화와 우선순위결정을 통하여 이행할 수밖에 없다. 결국, 장애인의 복지를 향상해야 할 국가의 의무가 다른 다양한 국가과제에 대하여 최우선적인 배려를 요청할 수 없을 뿐 아니라, 나아가 헌법의 규범으로부터는 '장애인을 위한 저상버스의 도입'과 같은 구체적인 국가의 행위의무를 도출할 수 없는 것이다(헌재 2002.12.18. 2002헌마52).
② (○) 사회적 기본권은 입법과정이나 정책결정과정에서 사회적 기본권에 규정된 국가목표의 무조건적인 최우선적 배려가 아니라 단지 적절한 고려를 요청하는 것이다. 이러한 의미에서 사회적 기본권은, 국가의 모든 의사결정과정에서 사회적 기본권이 담고 있는 국가목표를 고려하여야 할 국가의 의무를 의미한다(헌재 2002.12.18. 2002헌마52).
③ (○), ④ (○) 모든 국민은 인간다운 생활을 할 권리를 가지며 국가는 생활능력 없는 국민을 보호할 의무가 있다는 헌법 제34조 제1항과 제5항의 규정은 모든 국가기관을 기속하지만, 그 기속의 의미는 적극적·형성

적 활동을 하는 입법부 또는 행정부의 경우와 헌법재판에 의한 사법적 통제기능을 하는 헌법재판소에 있어서 동일하지 아니하다. 위와 같은 헌법의 규정이, 입법부나 행정부에 대하여는 국민소득, 국가의 재정능력과 정책 등을 고려하여 가능한 범위안에서 최대한으로 모든 국민이 물질적인 최저생활을 넘어서 인간의 존엄성에 맞는 건강하고 문화적인 생활을 누릴 수 있도록 하여야 한다는 행위의 지침 즉 행위규범으로서 작용하지만, 헌법재판에 있어서는 다른 국가기관 즉 입법부나 행정부가 국민으로 하여금 인간다운 생활을 영위하도록 하기 위하여 객관적으로 필요한 최소한의 조치를 취할 의무를 다하였는지를 기준으로 국가기관의 행위의 합헌성을 심사하여야 한다는 통제규범으로 작용하는 것이다(헌재 1997.05.29. 94헌마33).

⑤ (X) 국가가 행하는 생계보호의 수준이 그 재량의 범위를 명백히 일탈하였는지의 여부, 즉 인간다운 생활을 보장하기 위한 객관적 내용의 최소한을 보장하고 있는지의 여부는 생활보호법에 의한 생계보호급여만을 가지고 판단하여서는 아니되고 그외의 법령에 의거하여 국가가 생계보호를 위하여 지급하는 각종 급여나 각종 부담의 감면등을 총괄한 수준을 가지고 판단하여야 하는바, 1994년도를 기준으로 생활보호대상자에 대한 생계보호급여와 그 밖의 각종 급여 및 각종 부담감면의 액수를 고려할 때, 이 사건 생계보호기준이 청구인들의 인간다운 생활을 보장하기 위하여 국가가 실현해야 할 객관적 내용의 최소한도의 보장에도 이르지 못하였다거나 헌법상 용인될 수 있는 재량의 범위를 명백히 일탈하였다고는 보기 어렵고, 따라서 비록 위와 같은 생계보호의 수준이 일반 최저생계비에 못친다고 하더라도 그 사실만으로 곧 그것이 헌법에 위반된다거나 청구인들의 행복추구권이나 인간다운 생활을 할 권리를 침해한 것이라고는 볼 수 없다(헌재 1997.05.29. 94헌마33).

정답 ⑤

제2관 인간다운 생활권

문 109

사회적 기본권에 관한 다음 설명 중 가장 옳지 않은 것은?(다툼이 있는 경우 대법원 판례 및 헌법재판소 결정에 의함. 이하 같음) [2018년 1번]

① 산재보험수급권은 이른바 '사회보장수급권'의 하나로서 국가에 대하여 적극적으로 급부를 요구하는 것이지만, 헌법규정만으로는 이를 실현할 수 없고, 법률에 의한 형성을 필요로 한다.

② 사회적 기본권의 성격을 가지는 산재보험수급권은 법률에 의해서 구체적으로 형성되는 권리로서, 국가가 헌법 제34조에 따른 사회보장의무에 위반하여 생계보호에 관한 입법을 전혀 하지 아니하였거나 또는 그 내용이 현저히 불합리하여 헌법상 용인될 수 있는 재량의 범위를 명백히 일탈한 경우에 한하여 헌법에 위반된다고 할 수 있다.

③ 산업재해보상보험법 소정의 유족의 범위에 '직계혈족의 배우자'를 포함시키고 있지 않은 산업재해보상보험법 조항은 헌법 제34조의 인간다운 생활을 할 권리를 침해하지 아니한다.

④ 업무상 질병으로 인한 업무상 재해에 있어 업무와 재해 사이의 상당인과관계에 대한 입증책임을 이를 주장하는 근로자나 그 유족에게 부담시키는 산업재해보상보험법 조항은 사회보장수급권을 침해하지 아니한다.

⑤ 일정 범위의 사업을 산업재해보상보험법의 적용 대상에서 제외하면서 그 적용제외사업을 대통령령으로 정하도록 규정한 산업재해보상보험법 조항은 근로조건이 열악한 소규모 사업장 등에 근무하는 근로자들에 대하여 최소한의 내용도 보장하지 않고 있는 것이므로 인간다운 생활을 할 권리를 침해한다.

:: 해설

① (○) 헌법 제34조 제1항은 "모든 국민은 인간다운 생활을 할 권리를 가진다."라고 정하고, 같은 조 제2항은 국가의 사회보장·사회복지 증진의무를, 같은 조 제6항은 재해예방 및 그 위험으로부터 국민을 보호하기 위해 노력할 국가의 의무를 정하고 있다. 산재보험수급권은 사회보장수급권의 하나로서 국가에 대하여 적극적으로 급부를 요구하는 권리이나 위와 같은 헌법규정만으로는 실현될 수 없고 법률에 의한 형성을 필요로 한다(헌재 2018.01.25. 2016헌바466).

② (○) 법률에 의해서 구체적으로 형성되는 권리인 산재보험수급권은 국가가 재정부담능력과 전체적인 사회보장 수준 등을 고려하여 그 내용과 범위를 정하는 것이므로 광범위한 입법형성의 자유영역에 있는 것이고, 국가가 헌법 제34조에 따른 사회보장의무에 위반하여 생계보호에 관한 입법을 전혀 하지 아니하였거나 또는 그 내용이 현저히 불합리하여 헌법상 용인될 수 있는 재량의 범위를 명백히 일탈한 경우에 한하여 헌법에 위반된다고 할 수 있다(헌재 2018.01.25. 2016헌바466).

③ (○) 산재보험법상 유족급여는 헌법 제34조의 인간다운 생활을 할 권리에 근거하여 산재보험법에 구체화된 사회보장적 성격의 보험급여로서 입법자의 광범위한 입법형성권이 인정된다. 근로자의 직계혈족의 배우자는 직접적인 혈연관계가 없고 근로자와 생계를 같이하는 경우에만 가족으로 인정되는 것이어서 가족으로서의 유대관계와 결속력이 완화되어 있고, 민법상 상속인의 범위에서도 제외되어 있으며, 다른 사회보장법에서도 유족의 범위에 포함되지 않고 있다. 따라서 이 사건 법률조항이 직계혈족의 배우자를 유족의 범위에 포함시키지 않고 있다 하더라도 그것이 입법형성의 한계를 일탈하여 청구인의 인간다운 생활을 할 권리를 침해하고 있다고 보기는 어렵다(헌재 2012.03.29. 2011헌바133).

④ (○) 업무상 재해의 인정요건 중 하나로 '업무와 재해 사이에 상당인과관계'를 요구하고 근로자 측에게 그에 대한 입증을 부담시키는 것은 재해근로자와 그 가족에 대한 보상과 생활보호를 필요한 수준으로 유지하면서도 그와 동시에 보험재정의 건전성을 유지하기 위한 것으로서 그 합리성이 있다. 입증책임분배에 있어 권리의 존재를 주장하는 당사자가 권리근거사실에 대하여 입증책임을 부담한다는 것은 일반적으로 받아들여지고 있고, 통상적으로 업무상 재해를 직접 경험한 당사자가 이를 입증하는 것이 용이하다는 점을 감안하면, 이러한 입증책임의 분배가 입법재량을 일탈한 것이라고는 보기 어렵다. 또한 산업재해보상보험법 시행령 별표 3은 업무상 질병에 대한 구체적인 인정기준을 규정하면서 각 질환별로 업무상 질병에 해당하는 경우를 예시하고 있는바, 적어도 그에 해당하는 질병에 대하여는 근로자 측의 입증부담이 어느 정도 완화되어 있다고 볼 수 있는 점, 대법원도 업무상 질병으로 인한 업무상 재해에 있어 업무와 재해 사이의 상당인과관계에 대한 입증 정도를 완화하는 판시를 하고 있는 점, 산업재해보상보험법 등은 근로복지공단으로 하여금 사업장 조사 등 업무상 재해 여부를 판단할 수 있는 자료를 실질적으로 조사·수집하게 하도록 하고 있는데 이는 근로자 측의 입증부담을 사실상 완화하는 역할을 할 수 있는 점 등을 고려할 때, 근로자 측이 현실적으로 부담하는 입증책임이 근로자 측의 보호를 위한 산업재해보상보험제도 자체를 형해화시킬 정도로 과도하다고 보기도 어렵다. 따라서 심판대상조항이 사회보장수급권을 침해한다고 볼 수 없다(헌재 2015.06.25. 2014헌바269).

⑤ (X) 심판대상조항에 따라 대통령령으로 정하는 사업에 대하여는 산재보험이 적용되지 아니하나, 이는 사업의 종류와 규모 등에 따른 재해발생률, 그로 인한 비용부담의 정도 및 비용부담이 당해 사업에 미치는 영향의 차이와 국가의 산재보험 운용능력 등을 고려한 조치로 보이고, 나아가 심판대상조항에 따른 산재보험 적용제외사업의 사업주도 산재보험에 임의로 가입할 수 있는 점, 행정부가 산재보험의 운용실태를 조사·분석하여 적용제외사업의 범위를 적절히 조정해오고 있는 점 등을 고려하면, 심판대상조항의 내용이 현저히 불합리하여 헌법상 용인될 수 있는 재량의 범위를 명백히 일탈한 경우에 해당한다고 볼 수 없으므로, 심판대상조항이 헌법 제34조에 위배된다고 볼 수 없다(헌재 2018.01.25. 2016헌바466).

정답 ⑤

제3관 교육을 받을 권리

문 110

다음 설명 중 가장 옳지 않은 것은? [2022년 2번]

① '부모의 자녀에 대한 교육권'은 비록 헌법에 명문으로 규정되어 있지는 아니하지만, 이는 모든 인간이 누리는 불가침의 인권으로서 혼인과 가족생활을 보장하는 헌법 제36조 제1항, 행복추구권을 보장하는 헌법 제10조 및 "국민의 자유와 권리는 헌법에 열거되지 아니한 이유로 경시되지 아니한다."고 규정하는 헌법 제37조 제1항에서 나오는 중요한 기본권이다.
② 헌법 제31조 제1항에서 보장되는 교육의 기회균등권은 국가가 모든 국민에게 균등한 교육을 받게 하고 특히 경제적 약자가 실질적인 평등교육을 받을 수 있도록 적극적 정책을 실현해야 한다는 것을 의미하므로 여기에서 국민이 직접 실질적 평등교육을 위한 교육비를 청구할 권리가 도출된다.
③ 헌법 제31조 제3항에 규정된 의무교육 무상원칙에 있어서 무상의 범위에는 수업료나 입학금의 면제, 학교와 교사 등 인적·물적 시설 및 그 시설을 유지하기 위한 인건비와 시설유지비 등의 부담제외가 포함되고, 그 외에도 의무교육을 받는 과정에 수반하는 비용으로서 의무교육의 실질적인 균등보장을 위해 필수불가결한 비용은 무상의 범위에 포함된다.
④ 부모는 자녀의 교육에 있어서 자녀의 정신적, 신체적 건강을 고려하여 교육의 목적과 그에 적합한 수단을 선택해야 할 것이고, 부모가 자녀의 건강에 반하는 방향으로 자녀교육권을 행사할 경우 국가는 부모의 자녀교육권을 제한할 수 있다.
⑤ 부모의 교육권은 다른 교육의 주체와의 관계에서 원칙적인 우위를 가진다.

MGI Point 교육권 ★★

- 부모의 자녀에 대한 교육권 ⇨ 헌법 제36조 제1항, 제10조, 제37조 제1항에서 나오는 중요한 기본권
- 교육의 기회균등권 ⇨ 국민이 직접 실질적 평등교육을 위한 교육비를 청구할 권리가 도출 ×
- 의무교육 무상원칙에서 무상의 범위 ⇨ 의무교육의 실질적인 균등보장을 위해 필수불가결한 비용도 포함
- 부모가 자녀의 건강에 반하는 방향으로 자녀교육권을 행사할 경우 ⇨ 국가가 개입 可
- 부모의 교육권 ⇨ 다른 교육의 주체와의 관계에서 원칙적 우위에 있음

---

① (○), ⑤ (○) '부모의 자녀에 대한 교육권'은 비록 헌법에 명문으로 규정되어 있지는 아니하지만, 이는 모든 인간이 누리는 불가침의 인권으로서 혼인과 가족생활을 보장하는 헌법 제36조 제1항, 행복추구권을 보장하는 헌법 제10조 및 "국민의 자유와 권리는 헌법에 열거되지 아니한 이유로 경시되지 아니한다"고 규정하는 헌법 제37조 제1항에서 나오는 중요한 기본권이다. 부모는 자녀의 교육에 관하여 전반적인 계획을 세우고 자신의 인생관·사회관·교육관에 따라 자녀의 교육을 자유롭게 형성할 권리를 가지며, 부모의 교육권은 다른 교육의 주체와의 관계에서 원칙적인 우위를 가진다(헌재 2000.04.27. 98헌가16).

② (X) 헌법 제31조 제1항에서 보장되는 교육의 기회균등권은 '정신적·육체적 능력 이외의 성별·종교·경제력·사회적 신분 등에 의하여 교육을 받을 기회를 차별하지 않고, 즉 합리적 차별사유 없이 교육을 받을 권리를 제한하지 아니함과 동시에 국가가 모든 국민에게 균등한 교육을 받게 하고 특히 경제적 약자가 실질적인 평등교육을 받을 수 있도록 적극적 정책을 실현해야 한다는 것'을 의미하므로, 실질적인 평등교육을 실현해야 할 국가의 적극적인 의무가 인정되지만, 이러한 의무조항으로부터 국민이 직접 실질적 평등교육을 위한 교육비를 청구할 권리가 도출되는 것은 아니다(헌재 2003.11.27. 2003헌바39).

③ (○) 의무교육에 있어서 무상의 범위에는 의무교육이 실질적이고 균등하게 이루어지기 위한 본질적 항목으로, 수업료나 입학금의 면제, 학교와 교사 등 인적·물적 시설 및 그 시설을 유지하기 위한 인건비와 시설유지비 등의 부담제외가 포함되고, 그 외에도 의무교육을 받는 과정에 수반하는 비용으로서 의무교육의 실질적인 균등보장을 위해 필수불가결한 비용은 무상의 범위에 포함된다. 이러한 비용 이외의 비용을 무상의 범위에 포함시킬 것인지는 국가의 재정상황과 국민의 소득수준, 학부모들의 경제적 수준 및 사회적 합의 등을 고려하여 입법자가 입법정책적으로 해결해야 할 문제이다(헌재 2012.04.24. 2010헌바164).

④ (○) 부모는 자녀의 교육에 있어서 자녀의 정신적, 신체적 건강을 고려하여 교육의 목적와 그에 적합한 수단을 선택해야 할 것이고, 부모가 자녀의 건강에 반하는 방향으로 자녀교육권을 행사할 경우에는 헌법 제31조는 부모 외에도 국가에게 자녀의 교육에 대한 과제와 의무가 있다는 것을 규정하고 있으므로 국가는 부모의 자녀교육권을 제한할 수 있다(헌재 2009.10.29. 2008헌마454).

정답 ②

문 111

교육권에 관한 다음 설명 중 가장 옳지 않은 것은? [2021년 8번]

① 헌법 제31조 제1항의 교육을 받을 권리는 국민이 능력에 따라 균등하게 교육받을 것을 공권력에 의하여 부당하게 침해받지 않을 권리와, 국민이 능력에 따라 균등하게 교육받을 수 있도록 국가가 적극적으로 배려하여 줄 것을 요구할 수 있는 권리로 구성된다.
② 청소년은 국가의 교육권한과 부모의 교육권의 범주 내에서 자신의 교육에 관하여 스스로 결정할 권리, 즉 자유롭게 교육을 받을 권리를 가진다.
③ 헌법 제31조 제1항에 따라 보장되는 교육을 받을 권리는 국가로 하여금 국가의 재정능력이 허용하는 범위 내에서 모든 국민에게 취학의 기회가 골고루 주어지도록 그에 필요한 교육시설 및 제도를 마련할 의무를 부과할 뿐만 아니라 국민이 국가에 대하여 직접 특정한 교육제도나 교육과정을 요구할 수 있는 것까지도 포함한다.
④ 부모는 미성년 자녀를 교육시킬 교육권을 가지지만, 자녀가 성년에 이르면 자녀 스스로 자신의 기본권 침해를 다툴 수 있으므로 이와 별도로 부모에게 자녀교육권 침해를 다툴 수 있도록 허용할 필요가 없다.
⑤ 교사의 교육을 할 권리는 헌법상 보장되는 기본권이라 보기 어렵다.

MGI Point 교육권 ★

- 헌법 제31조 제1항의 교육을 받을 권리 ⇨ 국민이 능력에 따라 균등하게 교육받을 것을 공권력에 의하여 부당하게 침해받지 않을 권리 + 국민이 능력에 따라 균등하게 교육받을 수 있도록 국가가 적극적으로 배려하여 줄 것을 요구할 수 있는 권리
- 헌법은 국가의 교육권한과 부모의 교육권의 범주 內 아동에게도 자신의 교육에 관하여 스스로 결정할 권리 부여 ○
- 교육을 받을 권리는 국민이 국가에 대하여 직접 특정한 교육제도나 교육과정 또는 학교시설을 요구할 수 있는 것 ×
- 자녀는 성년에 이르면 스스로 자신의 기본권 침해를 다툴 수 있음 ⇨ 부모에게 자녀교육권 침해를 다툴 수 있도록 허용할 필요 ×
- 교사의 수업권 (교육을 할 권리) ⇨ 헌법상 보장되는 기본권 ×

① (O) 헌법 제31조 제1항의 교육을 받을 권리는, 국민이 능력에 따라 균등하게 교육받을 것을 공권력에 의하여 부당하게 침해받지 않을 권리와, 국민이 능력에 따라 균등하게 교육받을 수 있도록 국가가 적극적으로 배려하여 줄 것을 요구할 수 있는 권리로 구성되는바, 전자는 자유권적 기본권의 성격이, 후자는 사회권적 기본권의 성격이 강하다고 할 수 있다(헌재 2008.04.24. 2007헌마1456).

② (O) 아동과 청소년은 인격의 발전을 위하여 어느 정도 부모와 학교의 교사 등 타인에 의한 결정을 필요로 하는 아직 성숙하지 못한 인격체이지만, 부모와 국가에 의한 교육의 단순한 대상이 아닌 독자적인 인격체이며, 그의 인격권은 성인과 마찬가지로 인간의 존엄성 및 행복추구권을 보장하는 헌법 제10조에 의하여 보호된다. 따라서 헌법은 국가의 교육권한과 부모의 교육권의 범주내에서 아동에게도 자신의 교육에 관하여 스스로 결정할 권리, 즉 자유롭게 교육을 받을 권리를 부여한다. 이에 따라 아동은 학교교육외에 별도로 과외교습을 받아야 할지의 여부와 누구로부터 어떠한 형태로 과외교습을 받을 것인가 하는 방법에 관하여 국가의 간섭을 받지 아니하고 자유롭게 결정할 권리를 가진다(헌재 2000.04.27. 98헌가16).

③ (X) 교육의 기회균등이란 국민 누구나가 교육에 대한 접근 기회 즉, 취학의 기회가 균등하게 보장되어야 함을 뜻하므로, 교육을 받을 권리는 국가로 하여금 능력이 있는 국민이 여러 가지 사회적·경제적 이유로 교육을 받지 못하는 일이 없도록 국가의 재정능력이 허용하는 범위 내에서 모든 국민에게 취학의 기회가 골고루 주어지게끔 그에 필요한 교육시설 및 제도를 마련할 의무를 부과한다. 그러나 교육을 받을 권리는 국민이 국가에 대하여 직접 특정한 교육제도나 교육과정 또는 학교시설을 요구할 수 있는 것을 뜻하지는 않는다고 할 것이다(헌재 2008.09.25. 2008헌마456).

④ (O) 부모는 아직 성숙하지 못하고 인격을 닦고 있는 미성년 자녀를 교육시킬 교육권을 가지지만, 자녀가 성년에 이르면 자녀 스스로 자신의 기본권 침해를 다툴 수 있으므로 이와 별도로 부모에게 자녀교육권 침해를 다툴 수 있도록 허용할 필요가 없다. 이처럼 심판대상계획이 성년의 자녀를 둔 부모의 자녀교육권을 제한한다고 볼 수 없으므로, 성년의 자녀를 둔 청구인에 대해서는 기본권 침해 가능성이 인정되지 않는다(헌재 2018.02.22. 2017헌마691).

⑤ (O) 학문의 자유라 함은 진리를 탐구하는 자유를 의미하는데, 그것은 단순히 진리탐구의 자유에 그치지 않고 탐구한 결과에 대한 발표의 자유 내지 가르치는 자유(편의상 대학의 교수의 자유와 구분하여 수업(授業)의 자유로 한다) 등을 포함하는 것이라 할 수 있다. … 학교교육에 있어서 교사의 가르치는 권리를 수업권이라고 한다면 그것은 자연법적으로는 학부모에게 속하는 자녀에 대한 교육권을 신탁받은 것이고, 실정법상으로는 공교육의 책임이 있는 국가의 위임에 의한 것이다. 그것은 교사의 지위에서 생기는 학생에 대한 일차적인 교육상의 직무권한(직권)이지만, 학생의 수학권의 실현을 위하여 인정되는 것으로서 양자는 상호협력관계에 있다고 하겠으나, 수학권은 헌법상 보장된 기본권의 하나로서 보다 존중되어야 하며, 그것이 왜곡되지 않고 올바로 행사될 수 있게 하기 위한 범위내에서는 수업권도 어느 정도의 범위내에서 제약을 받지 않으면 안될 것이다. … 수업의 자유는 무제한보호되기는 어려우며 초·중·고등학교의 교사는 자신이 연구한 결과에 대하여 스스로 확신을 갖고 있다고 하더라도 그것을 학회에서 보고하거나 학술지에 기고하거나 스스로 저술하여 책자를 발행하는 것은 별론 수업의 자유를 내세워 함부로 학생들에게 여과(濾過)없이 전파할 수는 없다고 할 것이고, 나아가 헌법과 법률이 지향하고 있는 자유민주적 기본질서를 침해할 수 없음은 물론 사회상규나 윤리도덕을 일탈할 수 없으며, 따라서 가치편향적이거나 반도덕적인 내용의 교육은 할 수 없는 것이라고 할 것이다. … 교사의 수업권은 전술과 같이 교사의 지위에서 생겨나는 직권인데, 그것이 헌법상 보장되는 기본권이라고 할 수 있느냐에 대하여서는 이를 부정적으로 보는 견해가 많으며, 설사 헌법상 보장되고 있는 학문의 자유 또는 교육을 받을 권리의 규정에서 교사의 수업권이 파생되는 것으로 해석하여 기본권에 준하는 것으로 간주하더라도 수업권을 내세워 수학권을 침해할 수는 없으며 국민의 수학권의 보장을 위하여 교사의 수업권은 일정범위 내에서 제약을 받을 수밖에 없는 것이다(헌재 1992.11.12. 89헌마88).

정답 ③

문 112

대학의 자율에 관한 다음 설명 중 옳지 않은 것은 모두 몇 개인가? [2020년 34번]

> ㄱ. 대학의 자율이란 대학에 대한 공권력 등 외부세력의 간섭을 배제하고 대학구성원 자신이 대학을 자주적으로 운영할 수 있도록 함으로써 대학인으로 하여금 연구와 교육을 자유롭게 하여 진리탐구와 지도적 인격의 도야라는 대학의 기능을 충분히 발휘할 수 있도록 하기 위한 것이며, 헌법 제22조 제1항이 보장하고 있는 학문의 자유의 확실한 보장수단으로 꼭 필요한 것으로서 대학에게 부여된 헌법상의 기본권이다.
> ㄴ. 대학의 자율은 대학시설의 관리·운영만이 아니라 학사관리 등 전반적인 것이라야 하므로 연구와 교육의 내용, 그 방법과 그 대상, 교과과정의 편성, 학생의 선발, 학생의 전형도 자율의 범위에 속해야 하고 따라서 입학시험제도도 자주적으로 마련될 수 있어야 한다.
> ㄷ. 대학의 자율권도 헌법상의 기본권이므로 기본권제한의 일반적 법률유보의 원칙을 규정한 헌법 제37조 제2항에 따라 국가안전보장·질서유지·공공복리 등을 이유로 제한될 수 있다.
> ㄹ. 국가는 헌법 제31조 제6항에 따라 모든 학교제도의 조직, 계획, 운영, 감독에 관한 포괄적인 권한 즉, 학교제도에 관한 전반적인 형성권과 규율권을 부여받았다고 할 수 있고, 다만 그 규율의 정도는 그 시대의 사정과 각급 학교에 따라 다를 수 밖에 없는 것이므로 교육의 본질을 침해하지 않는 한 궁극적으로는 입법권자의 형성의 자유에 속한다.
> ㅁ. 대학 총장 후보자 선정과 관련하여 대학에게 반드시 직접선출 방식을 보장하여야 하는 것은 아니며, 다만 대학교원들의 합의된 방식으로 그 선출방식을 정할 수 있는 기회를 제공하면 족하다.

① 없음　　② 1개　　③ 2개
④ 3개　　⑤ 4개

MGI Point　대학의 자율　★★

- 교육의 자주성, 대학의 자율성 보장은 학문의 자유의 확실한 보장수단이자 대학에 부여된 헌법상의 기본권
- 대학의 자율의 범위 ⇨ 연구와 교육의 내용, 그 방법과 그 대상, 교과과정의 편성, 학생의 선발, 학생의 전형, 입학시험제도 등 대학시설의 관리·운영, 학사관리 전반적인 것 포함 ○
- 대학의 자율권은 헌법 제37조 제2항에 따라 국가안전보장·질서유지·공공복리 등을 이유로 제한 可
- 국가는 교육의 본질을 침해하지 않는 한 학교제도에 관한 전반적인 형성권과 규율권을 가짐(헌법 제31조 제6항)
- 국립대학의 장(총장) 후보자 선정과 관련하여 대학에게 반드시 직접선출 방식을 보장 ×
  ⇨ 대학교원들의 합의된 방식으로 그 선출방식을 정할 수 있는 기회를 제공하면 足

ㄱ. (○) 헌법 제31조 제4항이 규정하고 있는 교육의 자주성, 대학의 자율성 보장은 대학에 대한 공권력 등 외부세력의 간섭을 배제하고 대학인 자신이 대학을 자주적으로 운영할 수 있도록 함으로써 대학인으로 하여금 연구와 교육을 자유롭게 하여 진리탐구와 지도적 인격의 도야라는 대학의 기능을 충분히 발휘할 수 있도록 하기 위한 것으로서 이는 학문의 자유의 확실한 보장수단이자 대학에 부여된 헌법상의 기본권이다(헌재 1992.10.01. 92헌마68).

ㄴ. (○) 대학의 자율은 대학시설의 관리·운영만이 아니라 학사관리 등 전반적인 것이라야 하므로 연구와 교육의 내용, 그 방법과 그 대상, 교과과정의 편성, 학생의 선발, 학생의 전형도 자율의 범위에 속해야 하고 따라서 입학시험제도도 자주적으로 마련될 수 있어야 한다(헌재 1992.10.01. 92헌마68).

ㄷ. (O), ㄹ. (O) 대학의 자율도 헌법상의 기본권이므로 기본권제한의 일반적 법률유보의 원칙을 규정한 헌법 제37조 제2항에 따라 제한될 수 있고, 대학의 자율의 구체적인 내용은 법률이 정하는 바에 의하여 보장되며, 또한 국가는 헌법 제31조 제6항에 따라 모든 학교제도의 조직, 계획, 운영, 감독에 관한 포괄적인 권한 즉, 학교제도에 관한 전반적인 형성권과 규율권을 부여받았다고 할 수 있고, 다만 그 규율의 정도는 그 시대의 사정과 각급 학교에 따라 다를 수 밖에 없는 것이므로 교육의 본질을 침해하지 않는 한 궁극적으로는 입법권자의 형성의 자유에 속하는 것이라 할 수 있다(헌재 2006.04.27. 2005헌마1047).

ㅁ. (O) 대학의장임용추천위원회(이하 '위원회'라 한다)에서의 선정은 원칙적인 방식이 아닌 교원의 합의된 방식과 선택적이거나 혹은 실제로는 보충적인 방식으로 규정되어 있는 점, 대학의 장 후보자 선정과 관련하여 대학에게 반드시 직접선출 방식을 보장하여야 하는 것은 아니며, 다만 대학교원들의 합의된 방식으로 그 선출방식을 정할 수 있는 기회를 제공하면 족하다고 할 것인데, 교육공무원법 제24조 제4항은 대학의 장 후보자 선정을 위원회에서 할 것인지, 아니면 교원의 합의된 방식에 의할 것인지를 대학에서 우선적으로 결정하도록 하여 이를 충분히 보장하고 있는 점, 또한 이 규정은 개정 전 교육공무원임용령(1991. 8. 8. 대통령령 제13448호로 개정되고, 2005. 9. 14. 대통령령 제19043호로 개정되기 전의 것) 제12조의3 제4항과 동일한 내용으로서 청구인들이 속한 각 대학은 개정 전 위 시행령에 근거하여 직선제의 방식으로 대학의 장 후보자를 선출해 온 점을 고려하면, 이전의 시행령의 내용을 그대로 담고 있는 교육공무원법 제24조 제4항이 대학에게 총장 후보자 선출에 있어서 새로운 제한을 추가하거나 가중한 것이라고 볼 수 없으므로 위 규정이 매우 자의적인 것으로서 합리적인 입법한계를 일탈하였거나 대학의 자율의 본질적인 부분을 침해하였다고 볼 수 없다(헌재 2006.04.27. 2005헌마1047).

정답 ①

문 113

다음 중 우리 헌법에 규정된 사항은 모두 몇 개인가? [2020년 2번]

ㄱ. 의무교육의 무상성
ㄴ. 교원의 지위 법정주의
ㄷ. 국가의 평생교육진흥의무
ㄹ. 교육의 자주성과 전문성
ㅁ. 대학의 자율성과 정치적 중립성

① 1개 ② 2개 ③ 3개 ④ 4개 ⑤ 5개

MGI Point | 헌법에 규정된 사항 ★

- 의무교육의 무상성 ⇨ 헌법 제31조 제3항
- 교원의 지위 법정주의 ⇨ 헌법 제31조 제6항
- 국가의 평생교육진흥의무 ⇨ 헌법 제31조 제5항
- 교육의 자주성과 전문성, 정치적 중립성 및 대학의 자율성 ⇨ 헌법 제31조 제4항

ㄱ. (O) 헌법 제31조 제3항 참조.
ㄴ. (O) 헌법 제31조 제6항 참조.

ㄷ. (○) 헌법 제31조 제5항 참조.
ㄹ. (○), ㅁ. (X) 헌법 제31조 제4항 참조. ▶ '교육의 자주성·전문성·정치적 중립성' 및 '대학의 자율성'은 법률이 정하는 바에 의하여 보장된다고 규정

> 헌법 제31조 ① 모든 국민은 능력에 따라 균등하게 교육을 받을 권리를 가진다.
> ② 모든 국민은 그 보호하는 자녀에게 적어도 초등교육과 법률이 정하는 교육을 받게 할 의무를 진다.
> ③ 의무교육은 무상으로 한다.
> ④ 교육의 자주성·전문성·정치적 중립성 및 대학의 자율성은 법률이 정하는 바에 의하여 보장된다.
> ⑤ 국가는 평생교육을 진흥하여야 한다.
> ⑥ 학교교육 및 평생교육을 포함한 교육제도와 그 운영, 교육재정 및 교원의 지위에 관한 기본적인 사항은 법률로 정한다.

정답 ④

문 114

사립학교에 관한 다음 설명 중 가장 옳지 않은 것은? [2018년 25번]

① 사립학교운영권 자체는 종전 이사들의 독립된 재산권의 대상이 되지 아니한다.
② 사립학교법상 개방이사제는 학교법인의 사학의 자유를 침해하지 아니한다.
③ 사립학교법상 개방감사제는 학교법인의 사학의 자유를 침해하지 아니한다.
④ 초·중등학교장의 중임횟수를 제한한 사립학교법은 임기에 제한을 두고 있지 아니한 대학의 장과 비교할 때 초·중등학교장의 직업의 자유를 침해하고 평등권을 침해한다.
⑤ 사립학교 운영의 자유는 헌법상 기본권이지만, 국가가 일정한 범위 내에서 사립학교의 운영을 감독·통제할 권한과 책임을 진다.

해설 ★★

① (○), ② (○), ③ (○), ④ (X), ⑤ (○) [1] 청구인들은 위 조항이 설립자나 종전이사 등으로 하여금 당해 사학을 타인에게 양도하거나 자진 해산하는 등 임시이사 체제를 자신의 의사로 종결시킬 수 있는 절차규정을 마련하고 있지 않은 점의 위헌성도 다투는데, 이는 사립학교 운영권 자체가 독립된 재산권의 대상이 되고, 설립자나 종전이사가 그러한 사립학교 운영권을 처분할 수 있는 지위에 있음을 전제로 그 처분권을 과도하게 제한하여 이들의 재산권을 침해한다는 주장으로 볼 수 있다. 그러나 앞서 적법요건 판단 항목에서 살펴본 것처럼 설립자는 학교법인이 설립됨으로써, 그리고 종전이사 등은 퇴임함으로써 학교운영의 주체인 학교법인과 사이에 더 이상 구체적인 법률관계가 지속되지 않고, 사립학교의 운영은 건학이념의 구현을 목적으로 하는 공익적 비영리활동으로서 사적 유용성을 본질적 요소로 하는 재산권의 보호대상이 된다고 보기도 어려우므로, 청구인들의 위 주장은 이유 없다. [2] 개방이사제에 관한 사립학교법 제14조 제3항, 제4항은 사립학교운영의 투명성과 공정성을 제고하고, 학교구성원에게 학교운영에 참여할 기회를 부여하기 위한 것으로서, 개방이사가 이사 정수에서 차지하는 비중, 대학평의원회와 학교운영위원회가 추천하는 개방이사추천위원회 위원의 비율, 학교법인 운영의 투명성 확보를 위한 사전적·예방적 조치의 필요성 등을 고려할 때 학교법인의 사학의 자유를 침해한다고 볼 수 없다. [3] 개방감사제에 관한 사립학교법 제21조 제5항은, 학교법인에 대한 감사의 신뢰성을 확보하고 그 책무성을 강화함으로써 사립학교운영의 투명성과 공공성을 높이기 위한 것으로, 개방감사가 1인으로 제한되고, 감사의 존재목적이 학교법인 및 학교운영의 적정성을 감독하

는 데 있는 점 등을 고려하면 학교법인의 사학의 자유를 침해한다고 볼 수 없다. [4] 초·중등학교장의 중임 회수를 1회로 제한한 사립학교법 제53조 제3항 단서는, 교장의 노령화·관료화를 방지하고 인사순환을 통하여 교단을 활성화하며, 학교경영과 교육을 분리하고 있는 교육법제에 충실하고자 한 것으로, 최장 8년간 재임이 보장되고 동일한 학교의 장 중임만 제한받을 뿐이므로 학교법인의 사학의 자유나 초·중등학교장의 직업의 자유를 침해한다고 볼 수 없다. 초·중등학교와 달리 대학은, 대학의 장이 임기에 구애됨이 없이 장기적인 학교발전의 전망을 가지고 이를 실현해 나가도록 보장해 주는 것이 필요하여 대학의 장 임면에 관하여 대학의 자율에 맡겨 둘 필요성이 크므로 이를 달리 취급하는 데는 합리적 이유가 있어 초·중등학교장의 평등권을 침해하지 않는다. [5] 사립학교 운영의 자유가 헌법 제10조, 제31조 제1항, 제4항에서 도출되는 기본권이기는 하나, 사립학교도 공교육의 일익을 담당한다는 점에서 국·공립학교와 본질적인 차이가 있을 수 없기 때문에 공적인 학교 제도를 보장하여야 할 책무를 진 국가가 일정한 범위 안에서 사립학교의 운영을 감독·통제할 권한과 책임을 지는 것 또한 당연하다고 할 것이고, 그 규율의 정도는 그 시대의 사정과 각급학교의 형편에 따라 다를 수밖에 없는 것이므로, 교육의 본질을 침해하지 않는 한 궁극적으로는 입법자의 형성의 자유에 속하는 것이라고 할 수 있다(헌재 2013.11.28. 2007헌마1189).

정답 ④

문 115

교육을 받을 권리에 관한 다음 설명 중 가장 옳지 않은 것은?(다툼이 있는 경우 헌법재판소 판례에 의함) [2016년 9번]

① 헌법상 초등교육에 대한 의무교육과는 달리 중등교육의 단계에 있어서는 어느 범위에서 어떠한 절차를 거쳐 어느 시점에서 의무교육으로 실시할 것인가는 입법자의 형성의 자유에 속하는 사항으로서 국회가 입법정책적으로 판단하여 법률로 구체적으로 규정할 때에 비로소 헌법상의 권리로서 구체화되는 것으로 보아야 한다.

② 헌법 제31조 제6항이 규정하고 있는 교원지위법정주의는 교원의 권리 내지 지위의 보장뿐만 아니라 교원의 기본권 제한의 근거가 될 수도 있다.

③ 부모의 자녀교육권이란 부모의 자기결정권이라는 의미에서 보장되는 자유가 아니라, 자녀의 보호와 인격발현을 위하여 부여되는 것이므로, 자녀의 행복이란 관점에서 교육방향을 결정하라는 행위지침을 의미할 뿐 부모의 기본권이라고는 볼 수 없다.

④ 부모는 자녀의 교육에 있어서 자녀의 정신적, 신체적 건강을 고려하여 교육의 목적과 그에 적합한 수단을 선택해야 할 것이고, 부모가 자녀의 건강에 반하는 방향으로 자녀교육권을 행사할 경우에는 헌법 제31조는 부모 외에도 국가에게 자녀의 교육에 대한 과제와 의무가 있다는 것을 규정하고 있으므로 국가는 부모의 자녀교육권을 제한할 수 있다.

⑤ 헌법 제31조 제3항에 규정된 의무교육의 무상원칙은 헌법상 교육의 기회균등을 실현하기 위해 필수불가결한 비용, 즉 모든 학생이 의무교육을 받음에 있어서 경제적인 차별 없이 수학하는 데 반드시 필요한 비용을 대상으로 하며, 여기에는 수업료나 입학금의 면제, 학교와 교사 등 인적·물적 시설 및 그 시설을 유지하기 위한 인건비와 시설유지비 등의 부담제외, 그 외에도 의무교육을 받는 과정에 수반하는 비용으로서 의무교육의 실질적인 균등보장을 위해 필수불가결한 비용이 포함된다.

해설

① (○) 헌법상 초등교육에 대한 의무교육과는 달리 중등교육의 단계에 있어서는 어느범위에서 어떠한 절차를 거쳐 어느 시점에서 의무교육으로서 실시할 것인가는 입법자의 형성의 자유에 속하는 사항으로서 국회가 입법정책적으로 판단하여 법률로 구체적으로 규정할 때에 비로소 헌법상 권리로서 구체화되는 것으로 보아야 하기 때문이다(헌재 1991.02.11. 90헌가27).

② (○) 교원지위법정주의는 단순히 교원의 권익보장만을 위한다거나 교원의 지위를 행정권력에 의한 부당한 침해로부터 보호하는 것만을 목적으로 한 것은 아니고, 국민의 교육을 받을 권리를 실효성 있게 보장하는 것도 그 중요한 목적이라 할 것이므로, 입법부가 교원의 지위를 정하는 법률을 제정함에 있어 교원의 신분보장이나 경제적·사회적 지위보장과 함께 국민의 교육을 받을 권리를 저해할 우려가 있는 행위의 금지 등 교원의 의무에 관한 사항을 포함하여 교원의 기본권을 제한하는 사항까지도 규율할 수 있다(헌재 2008.11.27. 2005헌가21).

③ (X) 부모의 자녀교육권은 다른 기본권과는 달리, 기본권의 주체인 부모의 자기결정권이라는 의미에서 보장되는 자유가 아니라, 자녀의 보호와 인격발현을 위하여 부여되는 기본권이다. 다시 말하면, 부모의 자녀교육권은 자녀의 행복이란 관점에서 보장되는 것이며, 자녀의 행복이 부모의 교육에 있어서 그 방향을 결정하는 지침이 된다. 자녀의 양육과 교육은 일차적으로 부모의 천부적인 권리인 동시에 부모에게 부과된 의무이기도 하다. '부모의 자녀에 대한 교육권'은 비록 헌법에 명문으로 규정되어 있지는 아니하지만, 이는 모든 인간이 누리는 불가침의 인권으로서 혼인과 가족생활을 보장하는 헌법 제36조 제1항, 행복추구권을 보장하는 헌법 제10조 및 "국민의 자유와 권리는 헌법에 열거되지 아니한 이유로 경시되지 아니한다"고 규정하는 헌법 제37조 제1항에서 나오는 중요한 기본권이다(헌재 2000.04.27. 98헌가16).

④ (○) 부모는 자녀의 교육에 있어서 자녀의 정신적, 신체적 건강을 고려하여 교육의 목적와 그에 적합한 수단을 선택해야 할 것이고, 부모가 자녀의 건강에 반하는 방향으로 자녀교육권을 행사할 경우에는 헌법 제31조는 부모 외에도 국가에게 자녀의 교육에 대한 과제와 의무가 있다는 것을 규정하고 있으므로 국가는 부모의 자녀교육권을 제한할 수 있다(헌재 2009.10.29. 2008헌마454).

⑤ (○) 원칙적으로 의무교육 무상의 범위는 헌법상 교육의 기회균등을 실현하기 위해 필수불가결한 비용, 즉 모든 학생들이 의무교육을 받음에 있어서 경제적인 차별 없이 수학하는 데 반드시 필요한 비용에 한한다고 할 것이다. 따라서, 의무교육에 있어서 무상의 범위에는 의무교육이 실질적이고 균등하게 이루어지기 위한 본질적 항목으로, 수업료나 입학금의 면제, 학교와 교사 등 인적·물적 시설 및 그 시설을 유지하기 위한 인건비와 시설유지비, 신규시설투자비 등의 재원 부담으로부터의 면제가 포함된다 할 것이며, 그 외에도 의무교육을 받는 과정에 수반하는 비용으로서 의무교육의 실질적인 균등보장을 위해 필수불가결한 비용은 무상의 범위에 포함된다(헌재 2012.04.24. 2010헌바164).

정답 ③

제4관 근로의 권리

문 116

근로의 권리, 근로3권에 관한 다음 설명 중 가장 옳은 것은? [2022년 33번]

① 헌법 제32조 제1항이 규정한 근로의 권리는 근로자를 개인의 차원에서 보호하기 위한 권리로서 개인인 근로자가 그 주체가 되는 것이고 노동조합은 그 주체가 될 수 없다.

② '계속근로기간 1년 미만인 근로자'를 퇴직급여 지급대상에서 제외하여 '계속근로기간이 1년 이상인 근로자'와 차별 취급하는 것은 합리적 이유 없는 차별로서 평등원칙에 위반된다.

③ 헌법 제33조 제1항은 "근로자는 근로조건의 향상을 위하여 자주적인 단결권·단체교섭권 및 단체행동권을 가진다."고 규정하고 있다. 여기서 헌법상 보장된 근로자의 단결권은 단결하지 아니할 자유, 이른바 '소극적 단결권'을 포함한다.
④ 근로3권은 근로자의 단결권 등에 관한 부당한 침해를 배제할 수 있는 자유권이므로 국가가 근로3권이 실질적으로 기능할 수 있도록 하기 위하여 필요한 법적 제도와 법규범을 마련하여야 할 의무가 있다고 할 수는 없다.
⑤ 이른바 '유니언 샵(Union Shop)' 협정은 근로자의 소극적 단결권을 침해하므로 헌법상 용인되기 어렵다.

MGI Point 근로의 권리, 근로3권 ★★

- 근로자의 단결권근로의 권리의 주체 ⇨ 근로자 ○, 노동조합 ×
- 계속근로기간 1년 미만인 근로자'를 퇴직급여 지급대상에서 제외하는 것 ⇨ 평등원칙 위배 ×
- 근로자의 단결권 ⇨ 단결하지 아니할 자유, 이른바 '소극적 단결권'을 포함 ×
- 국가는 근로3권이 실질적으로 기능할 수 있도록 하기 위하여 필요한 법적 제도와 법규범을 마련하여야 할 의무 有
- '유니언 샵(Union Shop)' 협정 ⇨ 합헌

① (○) 헌법 제32조 제1항이 규정한 근로의 권리는 근로자를 개인의 차원에서 보호하기 위한 권리로서 개인인 근로자가 그 주체가 되는 것이고 노동조합은 그 주체가 될 수 없으므로, 이 사건 법률조항이 노동조합을 비과세 대상으로 규정하지 않았다 하여 헌법 제32조 제1항에 반한다고 볼 여지는 없다(헌재 2009.02.26. 2007헌바27).

> **판례** 헌법 제33조 제1항은 "근로자는 근로조건의 향상을 위하여 자주적인 단결권·단체교섭권 및 단체행동권을 가진다."라고 규정하여 근로자의 근로 3권을 보장하고 있고, 이러한 근로 3권은 근로자들의 집단적 활동을 보장하기 위한 권리로서, 개인인 근로자뿐 아니라 단결체인 노동조합도 근로 3권의 주체가 된다(헌재 2009.02.26. 2007헌바27).

② (X) 이 사건 법률조항에서 '계속근로기간이 1년 미만인 근로자'를 퇴직급여 대상에서 제외하여 '계속근로기간이 1년 이상인 근로자'와 차별취급하는 것은, 퇴직급여가 1년 이상 장기간 근속한 근로자의 공로를 보상하고 업무의 효율성과 생산성의 증대 등을 위해 장기간 근무를 장려하기 위한 것으로 볼 수 있으며, 입법자가 퇴직급여법의 확대적용을 위한 지속적인 노력을 기울이는 과정에서 한편으로 사용자의 재정적 부담능력 등의 현실적인 측면을 고려하고, 다른 한편으로 퇴직급여제도 이외에 국민연금제도나 실업급여제도 등 퇴직 근로자의 생활을 보장하기 위한 다른 사회보장적 제도도 함께 고려하였다고 할 것이다. 따라서, 그 차별에 합리적 이유가 있으므로 청구인의 평등권이 침해되었다고 보기 어렵다(헌재 2011.07.28. 2009헌마408).

③ (X) 헌법 제33조 제1항은 "근로자는 근로조건의 향상을 위하여 자주적인 단결권·단체교섭권 및 단체행동권을 가진다"고 규정하고 있다. 여기서 헌법상 보장된 근로자의 단결권은 단결할 자유만을 가리킬 뿐이고, 단결하지 아니할 자유 이른바 소극적 단결권은 이에 포함되지 않는다고 보는 것이 우리 재판소의 선례라고 할 것이다(헌재 2005.11.24. 2002헌바95 등).

④ (X) 근로3권의 성격은 국가가 단지 근로자의 단결권을 존중하고 부당한 침해를 하지 아니함으로써 보장되는 자유권적 측면인 국가로부터의 자유뿐이 아니라, 근로자의 권리행사의 실질적 조건을 형성하고 유지해야 할 국가의 적극적인 활동을 필요로 한다. 이는 곧, 입법자가 근로자단체의 조직, 단체교섭, 단체협약, 노동쟁의 등에 관한 노동조합관련법의 제정을 통하여 노사간의 세력균형이 이루어지고 근로자의 근로3권이 실질적으로 기능할 수 있도록 하기 위하여 필요한 법적 제도와 법규범을 마련하여야 할 의무가 있다는 것을 의미한다(헌재 1998.02.27. 94헌바13 등).

⑤ (X) 노동조합및노동관계조정법 제81조 제2호 단서는 노동조합의 조직유지·강화를 위하여 당해 사업장에 종사하는 근로자의 3분의 2 이상을 대표하는 노동조합의 경우 단체협약을 매개로 한 조직강제[이른바 유니언 샵(Union Shop) 협정의 체결]를 용인하고 있다. 이 경우 근로자의 단결하지 아니할 자유와 노동조합의 적극적 단결권(조직강제권)이 충돌하게 되나, 노동조합의 조직강제권도 이른바 자유권을 수정하는 의미의 생존권(사회권)적 성격을 함께 가지는 만큼 근로자 개인의 자유권에 비하여 보다 특별한 가치로 보장되는 점 등을 고려하면, 노동조합의 적극적 단결권은 근로자 개인의 단결하지 않을 자유보다 중시된다고 할 것이고, 또 노동조합에게 위와 같은 조직강제권을 부여한다고 하여 이를 근로자의 단결하지 아니할 자유의 본질적인 내용을 침해하는 것으로 단정할 수는 없다(헌재 2005.11.24. 2002헌바95 등).

정답 ①

문 117

근로의 권리 및 근로3권에 관한 설명 중 옳은 것은 모두 몇 개인가? [2021년 13번]

ㄱ. 1948년 제정된 우리 헌법에 이미 근로의 권리가 명시되어 있었다.
ㄴ. 근로의 권리의 내용 중 하나인 '일할 환경에 관한 권리'는 인간의 존엄성에 대한 침해를 방어하기 위한 권리로서 외국인에게도 인정된다.
ㄷ. 헌법재판소는 월급근로자로서 6개월이 되지 못한 사람을 해고예고제도의 적용대상에서 제외한 근로기준법 조항에 관하여 근무기간이 6개월 미만인 월급근로자는 근로계약의 성질상 근로관계의 계속에 대한 기대가능성이 적으므로 근로의 권리를 침해한다고 볼 수 없다고 판단하였다.
ㄹ. 헌법 제15조의 직업의 자유 또는 헌법 제32조의 근로의 권리, 사회국가원리 등으로부터 실업방지 및 부당한 해고로부터 근로자를 보호하여야 할 국가의 의무를 도출할 수는 없다.
ㅁ. 고등교육법에서 규율하는 대학 교원들의 단결권을 인정하지 않는 교원의 노동조합 설립 및 운영 등에 관한 법률 규정은 교육공무원 아닌 대학 교원들에게 헌법이 보장하고 있는 근로3권의 핵심적이고 본질적인 권리인 단결권을 침해하는 것인 반면, 교육공무원인 대학 교원에 대하여는 그 직무수행의 특성을 고려한 합리적인 제한으로서 단결권을 침해한다고 볼 수 없다.

① 없음 ② 1개 ③ 2개
④ 3개 ⑤ 4개

MGI Point **근로의 권리 및 근로3권** ★

■ 1948년 헌법 ⇨ 근로의 권리 명시 ○
■ 근로의 권리 중 인간의 존엄성 보장에 필요한 최소한의 근로조건을 요구할 수 있는 '일할 환경에 관한 권리'
  ⇨ 외국인에게 보장
■ 월급근로자로서 6개월이 되지 못한 자를 해고예고제도의 적용예외 사유로 규정하고 있는 근로기준법조항
  ⇨ 근무기간이 6개월 미만인 월급근로자의 근로의 권리를 침해, 평등원칙에 위배 ○
■ 헌법 제15조의 직업의 자유 또는 헌법 제32조의 근로의 권리, 사회국가원리 등에 근거하여 실업방지 및 부당한 해고로부터 근로자를 보호하여야 할 국가의 의무를 도출 可 (cf. 국가에 대한 직접적인 직장존속보장청구권 인정 ×)

- 『교원의 노동조합 설립 및 운영 등에 관한 법률』의 적용대상을 초·중등교육법 제19조 제1항의 교원이라고 규정함으로써, 고등교육법에서 규율하는 대학 교원들의 단결권을 인정하지 않는 교원노조법 조항 ⇨ 헌법 위반 ○

ㄱ. (○) 1948년 헌법 제17조 참조.

> 1948년 헌법 제17조 모든 국민은 근로의 권리와 의무를 가진다. 근로조건의 기준은 법률로써 정한다. 여자와 소년의 근로는 특별한 보호를 받는다.

ㄴ. (○) 외국인의 기본권 주체성 여부는 기본권의 성질에 좌우되는데, 인간의 존엄과 가치, 행복추구권, 평등권과 같은 '인간의 권리'로서의 성격을 갖는 기본권들이 외국인에게 인정된다. 근로의 권리 중 인간의 존엄성 보장에 필요한 최소한의 근로조건을 요구할 수 있는 '일할 환경에 관한 권리' 역시 외국인에게 보장되고, 고용허가를 받아 우리 사회에서 정당한 노동인력으로서 지위를 부여받은 외국인들의 직장선택의 자유도 인간의 권리로서 보장된다(헌재 2016.03.31. 2014헌마367).

ㄷ. (×) 해고예고제도는 근로조건의 핵심적 부분인 해고와 관련된 사항일 뿐만 아니라, 근로자가 갑자기 직장을 잃어 생활이 곤란해지는 것을 막는 데 목적이 있으므로 근로자의 인간 존엄성을 보장하기 위한 최소한의 근로조건으로서 근로의 권리의 내용에 포함된다. 해고예고제도의 입법 취지와 근로기준법 제26조 단서에서 규정하고 있는 해고예고 적용배제사유를 종합하여 보면, 원칙적으로 해고예고 적용배제사유로 허용될 수 있는 경우는 근로계약의 성질상 근로관계 계속에 대한 근로자의 기대가능성이 적은 경우로 한정되어야 한다. "월급근로자로서 6월이 되지 못한 자"는 대체로 기간의 정함이 없는 근로계약을 한 자들로서 근로관계의 계속성에 대한 기대가 크다고 할 것이므로, 이들에 대한 해고 역시 예기치 못한 돌발적 해고에 해당한다. 따라서 6개월 미만 근무한 월급근로자 또한 전직을 위한 시간적 여유를 갖거나 실직으로 인한 경제적 곤란으로부터 보호받아야 할 필요성이 있다. 그럼에도 불구하고 합리적 이유 없이 "월급근로자로서 6개월이 되지 못한자"를 해고예고제도의 적용대상에서 제외한 이 사건 법률조항은 근무기간이 6개월 미만인 월급근로자의 근로의 권리를 침해하고, 평등원칙에도 위배된다(헌재 2015.12.23. 2014헌바3).

ㄹ. (×) 헌법 제15조의 직업의 자유 또는 헌법 제32조의 근로의 권리, 사회국가원리 등에 근거하여 실업방지 및 부당한 해고로부터 근로자를 보호하여야 할 국가의 의무를 도출할 수는 있을 것이나, 국가에 대한 직접적인 직장존속보장청구권을 근로자에게 인정할 헌법상의 근거는 없다(헌재 2002.11.28. 2001헌바50).

ㅁ. (×) 대학 교원을 교육공무원 아닌 대학 교원과 교육공무원인 대학 교원으로 나누어, 각각의 단결권 침해가 헌법에 위배되는지 여부에 관하여 본다. 먼저, 심판대상조항으로 인하여 교육공무원 아닌 대학 교원들이 향유하지 못하는 단결권은 헌법이 보장하고 있는 근로3권의 핵심적이고 본질적인 권리이다. 심판대상조항의 입법목적이 재직 중인 초·중등교원에 대하여 교원노조를 인정해 줌으로써 교원노조의 자주성과 주체성을 확보한다는 측면에서는 그 정당성을 인정할 수 있을 것이나, 교원노조를 설립하거나 가입하여 활동할 수 있는 자격을 초·중등교원으로 한정함으로써 교육공무원이 아닌 대학 교원에 대해서는 근로기본권의 핵심인 단결권조차 전면적으로 부정한 측면에 대해서는 그 입법목적의 정당성을 인정하기 어렵고, 수단의 적합성 역시 인정할 수 없다. 설령 일반 근로자 및 초·중등교원과 구별되는 대학 교원의 특수성을 인정하더라도, 대학 교원에게도 단결권을 인정하면서 다만 해당 노동조합이 행사할 수 있는 권리를 다른 노동조합과 달리 강한 제약 아래 두는 방법도 얼마든지 가능하므로, 단결권을 전면적으로 부정하는 것은 필요 최소한의 제한이라고 보기 어렵다. 또 최근 들어 대학 사회가 다층적으로 변화하면서 대학 교원의 사회·경제적 지위의 향상을 위한 요구가 높아지고 있는 상황에서 단결권을 행사하지 못한 채 개별적으로만 근로조건의 향상을 도모해야 하는 불이익은 중대한 것이므로, 심판대상조항은 과잉금지원칙에 위배된다. 다음으로 교육공무원인 대학 교원에 대하여 보더라도, 교육공무원의 직무수행의 특성과 헌법 제33조 제1항 및 제2항의 정신을 종합해 볼 때, 교육공무원에게 근로3권을 일체 허용하지 않고 전면적으로 부정하는 것은 합리성을 상실한 과도한 것으로서 입법형성권의 범위를 벗어나 헌법에 위반된다(헌재 2018.08.30. 2015헌가38). ▶ 헌법불합치 결정을 하면서 잠정적용을 명한 사례

정답 ③

문 118

근로의 권리에 관한 다음 설명 중 옳지 않은 것을 모두 고른 것은? [2020년 30번]

> 가. 헌법 제32조 제6항은 "국가유공자·상이군경 및 전몰군경의 유가족은 법률이 정하는 바에 의하여 우선적으로 근로의 기회를 부여받는다."고 규정하고 있는바, 위 조항의 폭넓은 해석은 일반 응시자의 공무담임의 기회를 제약하게 되는 결과가 될 수 있으므로 엄격하게 해석할 필요가 있다. 따라서 위 조항의 대상자는 "국가유공자", "상이군경", 그리고 "전몰군경의 유가족"이라고 보아야 한다.
> 나. 입법자가 취업보호대상자를 '국가유공자의 유가족'과 '상이군경의 유가족'에 대하여까지 넓히는 법률을 제정하였다면, 입법재량의 한계를 일탈한 것이다.
> 다. 헌법은 "여자"와 "연소자", "노인"의 근로는 특별한 보호를 받는다고 규정하고 있다.
> 라. 우리 헌법은 최저임금제에 관한 근거규정을 두고 있다.
> 마. 고용노동부 고시로 사용자가 근로자에게 지급하여야 할 최저임금액을 정한 것은 불가분의 긴밀한 관계를 형성하고 있는 사용자와 근로자 사이의 상반되는 사적 이해를 조정하기 위한 것으로서, 개인의 본질적이고 핵심적인 자유 영역에 관한 것이라기보다 사회적 연관관계에 놓여 있는 경제 활동을 규제하는 사항에 해당한다고 볼 수 있으므로 그 위헌성 여부를 심사함에 있어서는 완화된 심사기준이 적용된다.

① 가, 나
② 나, 다
③ 다, 라
④ 나, 마
⑤ 나, 다, 라

MGI Point 근로의 권리 ★★★

- 헌법 제32조 제6항의 대상자 ⇨ 국가유공자, 상이군경, 전몰군경의 유가족
- 입법자는 취업보호대상자를 국가유공자 등의 가족까지 넓힐 수 있는 입법정책적 재량 有
- 근로에 대한 헌법상 특별보호 대상 ⇨ 여자, 연소자 ○ / 노인 ×
- 우리 헌법하에 최저임금제에 관한 근거규정 有
- 고용노동부 고시로 사용자가 근로자에게 지급하여야 할 최저임금액을 정한 것
  ⇨ 위헌성 여부를 심사함에 있어서 완화된 심사기준이 적용

가. (○) 종전 결정에서 헌법재판소는 헌법 제32조 제6항의 "국가유공자·상이군경 및 전몰군경의 유가족은 법률이 정하는 바에 의하여 우선적으로 근로의 기회를 부여받는다."는 규정을 넓게 해석하여, 이 조항이 국가유공자 본인뿐만 아니라 가족들에 대한 취업보호제도(가산점)의 근거가 될 수 있다고 보았다. 그러나 오늘날 가산점의 대상이 되는 국가유공자와 그 가족의 수가 과거에 비하여 비약적으로 증가하고 있는 현실과, 취업보호대상자에서 가족이 차지하는 비율, 공무원시험의 경쟁이 갈수록 치열해지는 상황을 고려할 때, 위 조항의 폭넓은 해석은 필연적으로 일반 응시자의 공무담임의 기회를 제약하게 되는 결과가 될 수 있으므로 위 조항은 엄격하게 해석할 필요가 있다. 이러한 관점에서 위 조항의 대상자는 조문의 문리해석대로 "국가유공자", "상이군경", 그리고 "전몰군경의 유가족"이라고 봄이 상당하다(헌재 2006.02.23. 2004헌마675).

나. (X) 전몰군경의 유가족을 제외한 국가유공자의 가족이 헌법적 근거를 지닌 보호대상에서 제외되지만, 입법자는 위 조항 및 헌법 전문(前文)에 나타난 대한민국의 건국이념 등을 고려하여 취업보호대상자를 국가유공자 등의 가족에까지 넓힐 수 있는 입법정책적 재량을 지니며, 이 사건 조항 역시 그러한 입법재량의 행사에 해당하는 것이다. 그러나 그러한 보호대상의 확대는 어디까지나 법률 차원의 입법정책에 해당하며 명시적 헌법적 근거를 갖는 것은 아니다(헌재 2006.02.23. 2004헌마675).

다. (X), 라. (○) 헌법 제32조 참조.

> 헌법 제32조 ① 모든 국민은 근로의 권리를 가진다. 국가는 사회적·경제적 방법으로 근로자의 고용의 증진과 적정임금의 보장에 노력하여야 하며, 법률이 정하는 바에 의하여 최저임금제를 시행하여야 한다.
> ② 모든 국민은 근로의 의무를 진다. 국가는 근로의 의무의 내용과 조건을 민주주의원칙에 따라 법률로 정한다.
> ③ 근로조건의 기준은 인간의 존엄성을 보장하도록 법률로 정한다.
> ④ 여자의 근로는 특별한 보호를 받으며, 고용·임금 및 근로조건에 있어서 부당한 차별을 받지 아니한다.
> ⑤ 연소자의 근로는 특별한 보호를 받는다.
> ⑥ 국가유공자·상이군경 및 전몰군경의 유가족은 법률이 정하는 바에 의하여 우선적으로 근로의 기회를 부여받는다.

마. (○) 헌법 제32조 제1항은 '법률이 정하는 바에 의하여 최저임금제를 시행하여야 한다.'고 규정하고 있어 최저임금제에 대한 헌법상 근거규정이 존재할 뿐만 아니라, 각 최저임금 고시 부분이 사용자가 근로자에게 지급하여야 할 최저임금액을 정한 것은 불가분의 긴밀한 관계를 형성하고 있는 사용자와 근로자 사이의 상반되는 사적 이해를 조정하기 위한 것으로서, 개인의 본질적이고 핵심적인 자유 영역에 관한 것이라기보다 사회적 연관관계에 놓여 있는 경제 활동을 규제하는 사항에 해당한다고 볼 수 있으므로 그 위헌성 여부를 심사함에 있어서는 완화된 심사기준이 적용된다(헌재 2019.12.27. 2017헌마1366).

 ②

문 119

근로의 권리에 관한 다음 설명 중 가장 옳지 않은 것은? [2019년 31번]

① 근로의 권리는 "일할 자리에 관한 권리"만이 아니라 "일할 환경에 관한 권리"도 함께 내포하고 있는데, 후자는 인간의 존엄성에 대한 침해를 방어하기 위한 자유권적 기본권의 성격도 갖고 있다.
② 헌법 제32조 제1항이 규정한 근로의 권리는 근로자를 개인의 차원에서 보호하기 위한 권리로서 개인인 근로자가 그 주체가 되는 것이고 노동조합은 그 주체가 될 수 없다.
③ 비록 헌법 제33조 제1항이 '단체협약체결권'을 명시하여 규정하고 있지 않다고 하더라도 근로조건의 향상을 위한 근로자 및 그 단체의 본질적인 활동의 자유인 '단체교섭권'에는 단체협약체결권이 포함되어 있다고 보아야 한다.
④ 자본주의 경제질서하에서 근로자가 기본적 생활수단을 확보하고 인간의 존엄성을 보장받기 위하여 최소한의 근로조건을 요구할 수 있는 권리는 자유권적 기본권의 성격도 아울러 가지므로 이러한 경우 외국인근로자에게도 그 기본권 주체성을 인정함이 타당하다.
⑤ 외국인근로자의 출국만기보험금은 근로자의 퇴직 후 생계보호를 위한 퇴직금의 성격을 가지는 점, 내국인근로자는 관계법령상 퇴직한 때부터 14일 이내에 퇴직금을 받을 수 있는 점을 고려하면, 외국인근로자의 출국만기보험금을 출국 후 14일 이내에 지급하도록 한 외국인근로자의 고용 등에 관한 법률 조항은 근로의 권리와 평등권을 침해한다.

| MGI Point | **근로의 권리** | ★★★ |

■ 근로의 권리
　• "일할 자리에 관한 권리"만이 아니라 "일할 환경에 관한 권리"도 함께 내포
　• 후자의 경우는 자유권적 기본권의 성격 ○ ⇨ 외국인 근로자에게도 그 기본권 주체성을 인정
■ 노동조합 ⇨ 근로의 권리의 주체 ×
■ 헌법 제33조 제1항의 단체교섭권에는 단체협약체결권이 포함
■ 출국만기보험금의 지급시기를 출국 후 14일 이내로 정한 것 ⇨ 외국인 근로자들의 근로의 권리 침해 ×

① (○) 근로의 권리가 "일할 자리에 관한 권리"만이 아니라 "일할 환경에 관한 권리"도 함께 내포하고 있는바, 후자는 인간의 존엄성에 대한 침해를 방어하기 위한 자유권적 기본권의 성격도 갖고 있어 건강한 작업환경, 일에 대한 정당한 보수, 합리적인 근로조건의 보장 등을 요구할 수 있는 권리 등을 포함한다고 할 것이므로 외국인 근로자라고 하여 이 부분에까지 기본권 주체성을 부인할 수는 없다. 즉 근로의 권리의 구체적인 내용에 따라, 국가에 대하여 고용증진을 위한 사회적·경제적 정책을 요구할 수 있는 권리는 사회권적 기본권으로서 국민에 대하여만 인정해야 하지만, 자본주의 경제질서하에서 근로자가 기본적 생활수단을 확보하고 인간의 존엄성을 보장받기 위하여 최소한의 근로조건을 요구할 수 있는 권리는 자유권적 기본권의 성격도 아울러 가지므로 이러한 경우 외국인 근로자에게도 그 기본권 주체성을 인정함이 타당하다(헌재 2007.08.30. 2004헌마670).

② (○) 헌법 제32조 제1항은 "모든 국민은 근로의 권리를 가진다. 국가는 사회적·경제적 방법으로 근로자의 고용의 증진과 적정임금의 보장에 노력하여야 하며, 법률이 정하는 바에 의하여 최저임금제를 시행하여야 한다."라고 규정하고 있다. 이는 국가의 개입·간섭을 받지 않고 자유로이 근로를 할 자유와, 국가에 대하여 근로의 기회를 제공하는 정책을 수립해 줄 것을 요구할 수 있는 권리 등을 기본적인 내용으로 하고 있고, 이때 근로의 권리는 근로자를 개인의 차원에서 보호하기 위한 권리로서 개인인 근로자가 근로의 권리의 주체가 되는 것이고, 노동조합은 그 주체가 될 수 없는 것으로 이해되고 있다(헌재 2009.02.26. 2007헌바27).

③ (○) 헌법 제33조 제1항이 "근로자는 근로조건의 향상을 위하여 자주적인 단결권, 단체교섭권, 단체행동권을 가진다"고 규정하여 근로자에게 "단결권, 단체교섭권, 단체행동권"을 기본권으로 보장하는 뜻은 근로자가 사용자와 대등한 지위에서 단체교섭을 통하여 자율적으로 임금 등 근로조건에 관한 단체협약을 체결할 수 있도록 하기 위한 것이다. 비록 헌법이 위 조항에서 '단체협약체결권'을 명시하여 규정하고 있지 않다고 하더라도 근로조건의 향상을 위한 근로자 및 그 단체의 본질적인 활동의 자유인 '단체교섭권'에는 단체협약체결권이 포함되어 있다고 보아야 한다(헌재 1998.02.27. 94헌바13).

④ (○) 자본주의 경제질서하에서 근로자가 기본적 생활수단을 확보하고 인간의 존엄성을 보장받기 위하여 최소한의 근로조건을 요구할 수 있는 권리는 자유권적 기본권의 성격도 아울러 가지므로 이러한 경우 외국인 근로자에게도 그 기본권 주체성을 인정함이 타당하다(헌재 2007.08.30. 2004헌마670).

⑤ (X) 고용 허가를 받아 국내에 입국한 외국인근로자의 출국만기보험금을 출국 후 14일 이내에 지급하도록 한 '외국인근로자의 고용 등에 관한 법률' 불법체류자는 임금체불이나 폭행 등 각종 범죄에 노출될 위험이 있고, 그 신분의 취약성으로 인해 강제 근로와 같은 인권침해의 우려가 높으며, 행정관청의 관리 감독의 사각지대에 놓이게 됨으로써 안전사고 등 각종 사회적 문제를 일으킬 가능성이 있다. 또한 단순기능직 외국인근로자의 불법체류를 통한 국내 정주는 일반적으로 사회통합 비용을 증가시키고 국내 고용 상황에 부정적 영향을 미칠 수 있다. 따라서 이 사건 출국만기보험금이 근로자의 퇴직 후 생계 보호를 위한 퇴직금의 성격을 가진다고 하더라도 불법체류가 초래하는 여러 가지 문제를 고려할 때 불법체류 방지를 위해 그 지급시기를 출국과 연계시키는 것은 불가피하므로 심판대상조항이 청구인들의 근로의 권리를 침해한다고 보기 어렵다(헌재 2016.03.31. 2014헌마367).

정답 ⑤

문 120

근로의 권리에 관한 다음 설명 중 옳지 않은 것은 모두 몇 개인가?(다툼이 있는 경우 헌법재판소 판례에 의함) [2017년 2번]

> ㉠ 근로3권은 '사회적 보호기능을 담당하는 자유권' 또는 '사회권적 성격을 띤 자유권'이라고 말할 수 있다.
> ㉡ 법률이 정하는 주요방위산업체에 종사하는 근로자의 단체행동권은 법률이 정하는 바에 따라 제한하거나 인정하지 아니할 수 있다.
> ㉢ 헌법 제32조 제1항이 규정한 근로의 권리는 근로자 개개인과 근로자들로 구성된 노동조합이 그 주체가 된다.
> ㉣ 헌법 제33조 제1항이 규정한 근로3권의 주체는 근로자 개개인과 근로자들로 구성된 노동조합이다.
> ㉤ 공무원인 근로자 중 법률이 정하는 자 이외의 공무원은 노동3권의 주체가 되지 못하므로 노동3권이 인정됨을 전제로 하여 헌법 제37조 제2항의 과잉금지원칙을 적용할 수 없다.

① 1개 ② 2개 ③ 3개 ④ 4개 ⑤ 5개

해설 ★★★

㉠ (○) 근로3권은 국가공권력에 대하여 근로자의 단결권의 방어를 일차적인 목표로 하지만, 근로3권의 보다 큰 헌법적 의미는 근로자단체라는 사회적 반대세력의 창출을 가능하게 함으로써 노사관계의 형성에 있어서 사회적 균형을 이루어 근로조건에 관한 노사간의 실질적인 자치를 보장하려는데 있다. 근로자는 노동조합과 같은 근로자단체의 결성을 통하여 집단으로 사용자에 대항함으로써 사용자와 대등한 세력을 이루어 근로조건의 형성에 영향을 미칠 수 있는 기회를 가지게 되므로 이러한 의미에서 근로3권은 '사회적 보호기능을 담당하는 자유권' 또는 '사회권적 성격을 띤 자유권'이라고 말할 수 있다(헌재 1998.02.27. 94헌바13).

㉡ (○) 법률이 정하는 주요방위산업체에 종사하는 근로자의 단체행동권은 법률이 정하는 바에 의하여 이를 제한하거나 인정하지 아니할 수 있다(헌법 제33조 제3항).

㉢ (X) 헌법 제32조 제1항이 규정한 근로의 권리는 근로자를 개인의 차원에서 보호하기 위한 권리로서 개인인 근로자가 그 주체가 되는 것이고 노동조합은 그 주체가 될 수 없으므로, 이 사건 법률조항이 노동조합을 비과세 대상으로 규정하지 않았다 하여 헌법 제32조 제1항에 반한다고 볼 여지는 없다(헌재 2009.02.26. 2007헌바27).

㉣ (○) 헌법 제33조 제1항은 "근로자는 근로조건의 향상을 위하여 자주적인 단결권·단체교섭권 및 단체행동권을 가진다."라고 규정하여 근로자의 근로3권을 보장하고 있고, 이러한 근로3권은 근로자들의 집단적 활동을 보장하기 위한 권리로서, 개인인 근로자뿐 아니라 단결체인 노동조합도 근로3권의 주체가 된다(헌재 2009.02.26. 2007헌바27).

㉤ (○) 헌법 제33조 제2항이 직접 '법률이 정하는 자'만이 노동3권을 향유할 수 있다고 규정하고 있어서 '법률이 정하는 자' 이외의 공무원은 노동3권의 주체가 되지 못하므로, '법률이 정하는 자' 이외의 공무원에 대해서도 노동3권이 인정됨을 전제로 하여 헌법 제37조 제2항의 과잉금지원칙을 적용할 수는 없는 것이다(헌재 2007.08.30. 2003헌바51).

정답 ①

문 121

근로의 권리와 관련하여 현행 헌법에서 명문으로 규정한 것이 아닌 것은? [2017년 36번]

① 근로조건의 기준의 법률주의
② 국가의 고용증진의무
③ 여성 근로자의 특별한 보호
④ 장애인 근로자의 특별한 보호
⑤ 국가유공자 등에 대한 근로기회 우선보장

해설 ★★

① (○), ② (○), ③ (○), ④ (X), ⑤ (○) 헌법 제32조 참조.

> 헌법 제32조 ① 모든 국민은 근로의 권리를 가진다. 국가는 사회적·경제적 방법으로 근로자의 고용의 증진과 적정임금의 보장에 노력하여야 하며, 법률이 정하는 바에 의하여 최저임금제를 시행하여야 한다.
> ② 모든 국민은 근로의 의무를 진다. 국가는 근로의 의무의 내용과 조건을 민주주의원칙에 따라 법률로 정한다.
> ③ 근로조건의 기준은 인간의 존엄성을 보장하도록 법률로 정한다.
> ④ 여자의 근로는 특별한 보호를 받으며, 고용·임금 및 근로조건에 있어서 부당한 차별을 받지 아니한다.
> ⑤ 연소자의 근로는 특별한 보호를 받는다.
> ⑥ 국가유공자·상이군경 및 전몰군경의 유가족은 법률이 정하는 바에 의하여 우선적으로 근로의 기회를 부여받는다.

정답 ④

제5관 근로3권

문 31

근로3권과 관련된 다음 설명 중 가장 옳지 않은 것은?[2023년 34번]

① '교원의 노동조합 설립 및 운영 등에 관한 법률'의 적용을 받는 교원의 범위를 초·중등학교에 재직 중인 교원으로 한정하고 있는 '교원의 노동조합 설립 및 운영 등에 관한 법률'(2010. 3. 17. 법률 제10132호로 개정된 것) 제2조는 전국교직원노동조합 및 해직 교원들의 단결권을 침해하지 않는다.
② 노동조합을 설립할 때 행정관청에 설립신고서를 제출하게 하고 그 요건을 충족하지 못하는 경우 설립신고서를 반려하도록 하고 있는 '노동조합 및 노동관계조정법'은 헌법 제21조 제2항 후단에서 금지하는 결사에 대한 허가제이다.
③ 최저임금 산입을 위하여 임금지급 주기에 관한 취업규칙을 변경하는 경우 노동조합 또는 근로자 과반수의 동의를 받을 필요 없도록 규정한 최저임금법규정은 노동조합 및 근로자의 단체교섭권을 침해하지 않는다.
④ 청원경찰의 복무에 관하여 국가공무원법 제66조 제1항을 준용함으로써 노동운동을 금지하는 청원경찰법(2010. 2. 4. 법률 제10013호로 개정된 것)은 국가기관이나 지방자치단체 이외의 곳에서 근무하는 청원경찰의 근로3권을 침해한다.

⑤ 사용자가 노동조합의 운영비를 원조하는 행위를 부당노동행위로 금지하는 '노동조합 및 노동관계조정법'은 노동조합의 단체교섭권을 침해한다.

> **MGI Point 근로3권** ★★
> - '교원의 노동조합 설립 및 운영 등에 관한 법률'의 적용을 받는 교원의 범위를 초·중등학교에 재직 중인 교원으로 한정하는 것 ⇨ 해직 교원들의 단결권 침해×
> - 노동조합 설립신고서를 반려할 수 있도록 하는 것 ⇨ 결사에 대한 허가제×
> - 최저임금 산입을 위하여 임금지급 주기에 관한 취업규칙을 변경하는 경우 노동조합 또는 근로자 과반수의 동의를 받을 필요 없도록 규정한 것 ⇨ 노동조합 및 근로자의 단체교섭권을 침해×
> - 청원경찰의 노동운동을 금지하는 것 ⇨ 청원경찰의 근로3권 침해
> - 사용자가 노동조합의 운영비를 원조하는 행위를 부당노동행위로 금지하는 것 ⇨ 노동조합의 단체교섭권을 침해

① (○) '교원의 노동조합 설립 및 운영 등에 관한 법률'의 적용을 받는 교원의 범위를 초·중등학교에 재직 중인 교원으로 한정하고 있는 '교원의 노동조합 설립 및 운영 등에 관한 법률'(2010. 3. 17. 법률 제10132호로 개정된 것, 이하 '교원노조법'이라 한다) 제2조(이하 '이 사건 법률조항'이라 한다)는 청구인 전국교직원노동조합 및 해직 교원들의 단결권을 침해하지 않는다(헌법재판소 2015. 5. 28. 선고 2013헌마671,2014헌가21(병합)).

② (×) 헌법 제21조 제2항 후단의 결사의 자유에 대한 '허가제'란 행정권이 주체가 되어 예방적 조치로 단체의 설립 여부를 사전에 심사하여 일반적인 단체 결성의 금지를 특정한 경우에 한하여 해제함으로써 단체를 설립할 수 있게 하는 제도, 즉 사전 허가를 받지 아니한 단체 결성을 금지하는 제도를 말한다. 그런데 이 사건 법률조항은 노동조합 설립에 있어 노동조합법상의 요건 충족 여부를 사전에 심사하도록 하는 구조를 취하고 있으나, 이 경우 노동조합법상 요구되는 요건만 충족되면 그 설립이 자유롭다는 점에서 일반적인 금지를 특정한 경우에 해제하는 허가와는 개념적으로 구분되고, 더욱이 행정관청의 설립신고서 수리 여부에 대한 결정은 재량 사항이 아니라 의무 사항으로 그 요건 충족이 확인되면 설립신고서를 수리하고 그 신고증을 교부하여야 한다는 점에서 단체의 설립 여부 자체를 사전에 심사하여 특정한 경우에 한해서만 그 설립을 허용하는 '허가'와는 다르다. 따라서 이 사건 법률조항의 노동조합 설립신고서 반려제도가 헌법 제21조 제2항 후단에서 금지하는 결사에 대한 허가제라고 볼 수 없다(헌법재판소 2012. 3. 29. 선고 2011헌바53).

③ (○) 이 사건 특례조항에 따르면, 사용자가 최저임금 산입을 위하여 1개월을 초과하는 주기로 지급하는 상여금 등 및 복리후생비를 총액의 변동 없이 매월 지급하는 것으로 취업규칙을 변경할 때에는 근로기준법 제94조 제1항에도 불구하고 과반수 노동조합 또는 근로자의 과반수의 동의를 받을 필요 없이 그 의견을 듣기만 하면 된다. 이처럼 이 사건 특례조항은 근로조건에 해당하는 상여금 등 및 복리후생비의 지급주기에 관한 취업규칙의 변경에 대하여 최저임금 산입을 목적으로 하면서 총액의 변동이 없는 경우에는 사용자가 일방적으로 상여금 등 및 복리후생비의 지급주기를 변경할 수 있도록 함으로써 근로자가 근로자단체를 통해 상여금 등 및 복리후생비의 지급주기에 관하여 사용자와 교섭하는 것을 제한하므로, 노동조합인 청구인 조합들과 그 조합원인 청구인 근로자들의 단체교섭권을 제한한다 … 이 사건 특례조항은 과잉금지원칙에 위배되어 청구인들의 단체교섭권을 침해한다고 볼 수 없다(헌법재판소 2021. 12. 23. 선고 2018헌마629, 630(병합)).

④ (○) 청원경찰은 일반근로자일 뿐 공무원이 아니므로 원칙적으로 헌법 제33조 제1항에 따라 근로3권이 보장되어야 한다. 청원경찰은 제한된 구역의 경비를 목적으로 필요한 범위에서 경찰관의 직무를 수행할 뿐이며, 그 신분보장은 공무원에 비해 취약하다. … 청원경찰은 특정 경비구역에서 근무하며 그 구역의 경비에 필요한 한정된 권한만을 행사하므로, 청원경찰의 업무가 가지는 공공성이나 사회적 파급력은 군인이나 경찰의 그것과는 비교하여 견주기 어렵다. 그럼에도 심판대상조항은 군인이나 경찰과 마찬가지로 모든 청원경찰의 근로3권을 획일적으로 제한하고 있다. 이상을 종합하여 보면, 심판대상조항이 모든 청원경찰의 근로3권을 전면적으로 제한하는 것은 과잉금지원칙을 위반하여 청구인들의 근로3권을 침해하는 것이다(헌법재판소 2017. 9. 28. 선고 2015헌마653).

⑤ (○) 사용자가 노동조합의 운영비를 원조하는 행위를 부당노동행위로 금지하는 '노동조합 및 노동관계조정법'(2010. 1. 1. 법률 제9930호로 개정된 것) 제81조 제4호 중 '노동조합의 운영비를 원조하는 행위'에 관한 부분(이하 '운영비원조금지조항'이라 한다)은 노동조합의 단체교섭권을 침해한다(헌법재판소 2018. 5. 31. 선고 2012헌바90).

정답 ②

문 122

근로 3권에 관한 다음 설명 중 옳지 않은 것은 모두 몇 개인가? [2020년 16번]

> 가. 근로자는 근로조건의 향상을 위하여 자주적인 단결권·단체교섭권 및 단체행동권을 가지며, 이는 헌법상 보장된 권리이다.
> 나. 공무원인 근로자는 법률이 정하는 자에 한하여 단결권·단체교섭권 및 단체행동권을 가진다.
> 다. 법률이 정하는 주요방위산업체에 종사하는 근로자의 단결권·단체교섭권 및 단체행동권은 법률이 정하는 바에 의하여 이를 제한하거나 인정하지 않을 수 있다.
> 라. 교원노조를 설립하거나 가입하여 활동할 수 있는 자격을 초·중등교원으로 한정함으로써 '교육공무원이 아닌 대학 교원'에 대하여 근로기본권의 핵심인 단결권조차 전면적으로 부정한 「교원의 노동조합 설립 및 운영 등에 관한 법률」 조항에 대하여는 입법목적의 정당성과 수단의 적합성을 인정할 수 없다.
> 마. '교육공무원인 대학 교원'에 대하여는, 교육공무원의 직무수행의 특성과 헌법 제33조 제1항 및 제2항의 정신을 종합해 볼 때 단결권을 허용하지 않는 것이 입법형성권의 범위를 벗어난 것이라고 보기 어렵다.

① 없음
② 1개
③ 2개
④ 3개
⑤ 4개

MGI Point 근로3권 ★★

- 헌법 제33조 제1항 ⇨ 근로자는 단결권·단체교섭권 및 단체행동권을 가짐
- 헌법 제33조 제2항 ⇨ 공무원인 근로자는 법률이 정하는 자에 한하여 근로3권을 가짐
- 헌법 제33조 제3항 ⇨ 법률이 정하는 주요방위산업체 근로자의 단체행동권은 법률로 제한 가능 or 법률로 인정하지 않을 수 있음
- 교원의 노동조합 설립 및 운영 등에 관한 법률의 적용대상을 초·중등교육법 제19조 제1항의 교원이라고 규정하여 고등교육법에서 규율하는 대학 교원들의 단결권을 인정하지 않는 교원노조법 조항 ⇨ 헌법 위반 ○

가. (○) 헌법 제33조 제1항 참조.
나. (○) 헌법 제33조 제2항 참조.

다. (X) 헌법 제33조 제3항 참조.

> 헌법 제33조 ① 근로자는 근로조건의 향상을 위하여 자주적인 단결권·단체교섭권 및 단체행동권을 가진다.
> ② 공무원인 근로자는 법률이 정하는 자에 한하여 단결권·단체교섭권 및 단체행동권을 가진다.
> ③ 법률이 정하는 주요방위산업체에 종사하는 근로자의 단체행동권은 법률이 정하는 바에 의하여 이를 제한하거나 인정하지 아니할 수 있다.

라. (○), 마. (X) 대학 교원을 교육공무원 아닌 대학 교원과 교육공무원인 대학 교원으로 나누어, 각각의 단결권 침해가 헌법에 위배되는지 여부에 관하여 본다. 먼저, 심판대상조항으로 인하여 교육공무원 아닌 대학 교원들이 향유하지 못하는 단결권은 헌법이 보장하고 있는 근로3권의 핵심적이고 본질적인 권리이다. 심판대상조항의 입법목적이 재직 중인 초·중등교원에 대하여 교원노조를 인정해 줌으로써 교원노조의 자주성과 주체성을 확보한다는 측면에서는 그 정당성을 인정할 수 있을 것이나, 교원노조를 설립하거나 가입하여 활동할 수 있는 자격을 초·중등교원으로 한정함으로써 교육공무원이 아닌 대학 교원에 대해서는 근로기본권의 핵심인 단결권조차 전면적으로 부정한 측면에 대해서는 그 입법목적의 정당성을 인정하기 어렵고, 수단의 적합성 역시 인정할 수 없다. 설령 일반 근로자 및 초·중등교원과 구별되는 대학 교원의 특수성을 인정하더라도, 대학 교원에게도 단결권을 인정하면서 다만 해당 노동조합이 행사할 수 있는 권리를 다른 노동조합과 달리 강한 제약 아래 두는 방법도 얼마든지 가능하므로, 단결권을 전면적으로 부정하는 것은 필요 최소한의 제한이라고 보기 어렵다. 또 최근 들어 대학 사회가 다층적으로 변화하면서 대학 교원의 사회·경제적 지위의 향상을 위한 요구가 높아지고 있는 상황에서 단결권을 행사하지 못한 채 개별적으로만 근로조건의 향상을 도모해야 하는 불이익은 중대한 것이므로, 심판대상조항은 과잉금지원칙에 위배된다. 다음으로 교육공무원인 대학 교원에 대하여 보더라도, 교육공무원의 직무수행의 특성과 헌법 제33조 제1항 및 제2항의 정신을 종합해 볼 때, 교육공무원에게 근로3권을 일체 허용하지 않고 전면적으로 부정하는 것은 합리성을 상실한 과도한 것으로서 입법형성권의 범위를 벗어나 헌법에 위반된다(헌재 2018.08.30. 2015헌가38).

정답 ③

문 123

노동3권에 관한 다음 설명 중 가장 옳지 않은 것은?(다툼이 있는 경우 헌법재판소 판례에 의함) [2016년 13번]

① 근로자는 노동조합과 같은 근로자단체의 결성을 통하여 집단으로 사용자에 대항함으로써 사용자와 대등한 세력을 이루어 근로조건의 형성에 영향을 미칠 수 있는 기회를 가지게 되므로 이러한 의미에서 근로3권은 '사회적 보호기능을 담당하는 자유권' 또는 '사회권적 성격을 띤 자유권'이라고 말할 수 있다.

② 헌법 제33조 제1항이 '근로자는 근로조건의 향상을 위하여 자주적인 단결권, 단체교섭권, 단체행동권을 가진다'고 규정하여 근로자에게 '단결권, 단체교섭권, 단체행동권'을 기본권으로 보장하는 뜻은 근로자가 사용자와 대등한 지위에서 단체교섭을 통하여 자율적으로 임금 등 근로조건에 관한 단체협약을 체결할 수 있도록 하기 위한 것이다. 비록 헌법이 위 조항에서 '단체협약체결권'을 명시하여 규정하고 있지 않다고 하더라도 근로조건의 향상을 위한 근로자 및 그 단체의 본질적인 활동의 자유인 '단체교섭권'에는 단체협약체결권이 포함되어 있다.

③ 소위 '소극적 단결권'이란 헌법 제33조 제1항의 단결권에 포함되지 아니하므로, 근로자가 노동조합에 가입하지 아니할 권리 내지 이미 가입한 노동조합에서 탈퇴할 권리는 노동조합의 지위를 약화시키려는 정치적 논리일 뿐 헌법상 기본권으로서 보호되는 권리라고 볼 수 없다.
④ 노동조합이 근로자의 근로조건과 경제조건의 개선이라는 목적을 위하여 활동하는 범위 내에서는 헌법 제33조의 단결권의 보호를 받고, 그 밖의 영역에서 개인이나 다른 사회단체와 마찬가지로 정치적 의사를 표명하거나 정치적으로 활동하는 경우에는 모든 개인과 단체를 똑같이 보호하는 일반적인 기본권인 의사표현의 자유 등의 보호를 받는다.
⑤ 형법상 업무방해죄는 모든 쟁의행위에 대하여 무조건 적용되는 것이 아니라, 단체행동권의 내재적 한계를 넘어 정당성이 없다고 판단되는 쟁의행위에 대하여만 적용되는 조항이며, 그 목적이나 방법 및 절차상 한계를 넘어 업무방해의 결과를 야기시키는 쟁의행위에 대하여만 형사처벌하는 것은 헌법상 단체행동권을 침해하였다고 볼 수 없다.

해설 ★

① (○) 근로자는 노동조합과 같은 근로자단체의 결성을 통하여 집단으로 사용자에 대항함으로써 사용자와 대등한 세력을 이루어 근로조건의 형성에 영향을 미칠 수 있는 기회를 가지게 되므로 이러한 의미에서 근로3권은 '사회적 보호기능을 담당하는 자유권' 또는 '사회권적 성격을 띤 자유권'이라고 말할 수 있다(헌재 1998.02.27. 94헌바13).

② (○) 헌법 제33조 제1항이 "근로자는 근로조건의 향상을 위하여 자주적인 단결권, 단체교섭권, 단체행동권을 가진다"고 규정하여 근로자에게 "단결권, 단체교섭권, 단체행동권"을 기본권으로 보장하는 뜻은 근로자가 사용자와 대등한 지위에서 단체교섭을 통하여 자율적으로 임금 등 근로조건에 관한 단체협약을 체결할 수 있도록 하기 위한 것이다. 비록 헌법이 위 조항에서 '단체협약체결권'을 명시하여 규정하고 있지 않다고 하더라도 근로조건의 향상을 위한 근로자 및 그 단체의 본질적인 활동의 자유인 '단체교섭권'에는 단체협약체결권이 포함되어 있다고 보아야 한다(헌재 1998.02.27. 94헌바13).

③ (X) 근로자가 노동조합을 결성하지 아니할 자유나 노동조합에 가입을 강제당하지 아니할 자유, 그리고 가입한 노동조합을 탈퇴할 자유는 근로자에게 보장된 단결권의 내용에 포섭되는 권리로서가 아니라 헌법 제10조의 행복추구권에서 파생되는 일반적 행동의 자유 또는 제21조 제1항의 결사의 자유에서 그 근거를 찾을 수 있다(헌재 2005.11.24. 2002헌바95).

④ (○) 노동조합이 근로자의 근로조건과 경제조건의 개선이라는 목적을 위하여 활동하는 한, 헌법 제33조의 단결권의 보호를 받지만, 단결권에 의하여 보호받는 고유한 활동영역을 떠나서 개인이나 다른 사회단체와 마찬가지로 정치적 의사를 표명하거나 정치적으로 활동하는 경우에는 모든 개인과 단체를 똑같이 보호하는 일반적인 기본권인 의사표현의 자유 등의 보호를 받을 뿐이다(헌재 1999.11.25. 95헌마154).

⑤ (○) 형법상 업무방해죄는 모든 쟁의행위에 대하여 무조건 적용되는 것이 아니라, 단체행동권의 내재적 한계를 넘어 정당성이 없다고 판단되는 쟁의행위에 대하여만 적용되는 조항임이 명백하다고 할 것이므로, 그 목적이나 방법 및 절차상 한계를 넘어 업무방해의 결과를 야기시키는 쟁의행위에 대하여만 이 사건 법률조항을 적용하여 형사처벌하는 것은 헌법상 단체행동권을 침해하였다고 볼 수 없다(헌재 2010.04.29. 2009헌바168).

정답 ③

제6관 환경권

문 124

환경권에 관한 다음 설명 중 가장 옳지 않은 것은? [2020년 8번]

① 헌법은 국민의 환경권을 보장함과 동시에 국가에게 국민이 건강하고 쾌적하게 생활할 수 있는 양호한 환경을 유지하기 위하여 노력하여야 할 의무를 부여하고 있다.
② 환경권의 내용과 행사는 법률에 의해 구체적으로 정해진다.
③ '건강하고 쾌적한 환경에서 생활할 권리'를 보장하는 환경권의 보호대상이 되는 환경에는 자연환경뿐만 아니라 인공적 환경과 같은 생활환경도 포함된다.
④ 일상생활에서 악취, 오염된 공기 등을 제거·방지하여 쾌적한 환경에서 생활할 권리는 환경권의 한 내용을 구성한다.
⑤ 일정한 경우 국민은 국가에 대하여 건강하고 쾌적한 환경에서 생활할 수 있도록 요구할 수 있는 권리가 인정되지만, '사인'인 제3자에 의한 국민의 환경권 침해에 대해서는 국가가 적극적으로 기본권 보호조치를 취할 의무를 부담하는 것은 아니다.

MGI Point 환경권 ★★

- 헌법 제35조 제1항 : 국민의 환경권을 보장함과 동시에 국가에게 국민이 건강하고 쾌적하게 생활할 수 있는 양호한 환경을 유지하기 위하여 노력하여야 할 의무 부여 ○
- 헌법 제35조 제2항 : 환경권의 내용과 행사는 법률로 정함
- 환경권의 보호대상이 되는 환경 ⇨ 자연환경 분만 아니라 인공적 환경과 같은 생활환경도 포함 ○
- 일상생활에서 악취, 오염된 공기 등을 제거·방지하여 쾌적한 환경에서 생활할 권리 ⇨ 환경권의 내용을 구성
- 일정한 경우 국가는 사인인 제3자에 의한 국민의 환경권 침해에 대해서도 적극적으로 기본권 보호조치를 취할 의무 有

---

① (○) 헌법은 "모든 국민은 건강하고 쾌적한 환경에서 생활할 권리를 가지며, 국가와 국민은 환경보전을 위하여 노력하여야 한다."고 규정하여(제35조 제1항) 국민의 환경권을 보장함과 동시에 국가에게 국민이 건강하고 쾌적하게 생활할 수 있는 양호한 환경을 유지하기 위하여 노력하여야 할 의무를 부여하고 있다. 이러한 환경권은 생명·신체의 자유를 보호하는 토대를 이루며, 궁극적으로 '삶의 질' 확보를 목표로 하는 권리이다(헌재 2019.12.27. 2018헌마730).

② (○) 헌법 제35조 참조.

> 헌법 제35조 ① 모든 국민은 건강하고 쾌적한 환경에서 생활할 권리를 가지며, 국가와 국민은 환경보전을 위하여 노력하여야 한다.
> ② 환경권의 내용과 행사에 관하여는 법률로 정한다.
> ③ 국가는 주택개발정책등을 통하여 모든 국민이 쾌적한 주거생활을 할 수 있도록 노력하여야 한다.

③ (○), ④ (○) '건강하고 쾌적한 환경에서 생활할 권리'를 보장하는 환경권의 보호대상이 되는 환경에는 자연환경뿐만 아니라 인공적 환경과 같은 생활환경도 포함된다. 환경권을 구체화한 입법이라 할 환경정책기본법 제3조에서도 환경을 자연환경과 생활환경으로 분류하면서, 생활환경에 대기, 물, 토양, 폐기물, 소음·진동, 악취 등 사람의 일상생활과 관계되는 환경을 포함시키고 있다. 그러므로 일상생활에서 악취, 오염된 공기 등을 제거·방지하여 쾌적한 환경에서 생활할 권리는 환경권의 한 내용을 구성한다(헌재 2020.03.26. 2017헌마1281).

⑤ (X) … 국가가 국민의 기본권을 적극적으로 보장하여야 할 의무가 인정된다는 점, 헌법 제35조 제1항이 국가와 국민에게 환경보전을 위하여 노력하여야 할 의무를 부여하고 있는 점, 환경침해는 사인에 의해서 빈번

하게 유발되므로 입법자가 그 허용 범위에 관해 정할 필요가 있다는 점, 환경피해는 생명·신체의 보호와 같은 중요한 기본권적 법익 침해로 이어질 수 있다는 점 등을 고려할 때, 일정한 경우 국가는 사인인 제3자에 의한 국민의 환경권 침해에 대해서도 적극적으로 기본권 보호조치를 취할 의무를 진다(헌재 2008.07.31. 2006헌마711).

정답 ⑤

제7관 혼인·가족·모성보호·보건에 관한 권리

문 32

혼인과 가족생활의 보장에 관한 다음 설명 중 옳은 것은 모두 몇 개인가?[2023년 17번]

ㄱ. 우리 헌법은 제정 당시부터 특별히 혼인의 남녀동권(男女同權)을 헌법적 혼인질서의 기초로 선언하였다.
ㄴ. 부모가 자녀의 이름을 지을 자유는 혼인과 가족생활을 보장하는 헌법 제36조 제1항과 행복추구권을 보장하는 헌법 제10조에 의하여 보호받는다.
ㄷ. 헌법 제36조 제1항에서 규정하는 '혼인'이란 양성이 평등하고 존엄한 개인으로서 자유로운 의사의 합치에 의하여 생활공동체를 이루는 것으로서 법적으로 승인받은 것을 말하므로, 법적으로 승인되지 아니한 사실혼은 헌법 제36조 제1항의 보호범위에 포함된다고 보기 어렵다.
ㄹ. 중혼 취소청구권의 소멸사유나 제척기간을 두지 않음으로 인해 후혼배우자가 처하게 되는 불안정한 신분상 지위가 문제되는 사건에서는 헌법 제36조 제1항 위반 여부가 직접적으로 문제된다고 보기 어렵다.
ㅁ. 부모의 자녀에 대한 교육권은 비록 헌법에 명문으로 규정되어 있지는 아니하지만, 혼인과 가족생활을 보장하는 헌법 제36조 제1항, 행복추구권을 보장하는 헌법 제10조 및 "국민의 자유와 권리는 헌법에 열거되지 아니한 이유로 경시되지 아니한다"고 규정하는 헌법 제37조 제1항에서 도출되는 기본권이다.

① 1개 ② 2개 ③ 3개 ④ 4개 ⑤ 5개

MGI Point 혼인과 가족생활의 보장 ★★

- 제헌 헌법 ⇨ 혼인의 남녀동권(男女同權)을 헌법적 혼인질서의 기초로 선언
- 부모가 자녀의 이름을 지을 자유 ⇨ 혼인과 가족생활을 보장하는 헌법 제36조 제1항과 행복추구권을 보장하는 헌법 제10조에 의하여 보호
- 헌법 제36조 제1항의 보호범위 ⇨ 사실혼은 포함×
- 중혼 취소청구권의 소멸사유나 제척기간을 두지 않는 것 ⇨ 헌법 제36조 제1항 위반 여부가 직접적으로 문제×
- 부모의 자녀에 대한 교육권 ⇨ 헌법 제36조 제1항, 헌법 제10조, 헌법 제37조 제1항에서 도출되는 기본권

ㄱ. (○)

> 제헌 헌법
> 제20조 혼인은 남녀동권을 기본으로 하며 혼인의 순결과 가족의 건강은 국가의 특별한 보호를 받는다.

ㄴ. (○) 부모가 자녀의 이름을 지어주는 것은 자녀의 양육과 가족생활을 위하여 필수적인 것이고, 가족생활의 핵심적 요소라 할 수 있으므로, '부모가 자녀의 이름을 지을 자유'는 혼인과 가족생활을 보장하는 헌법 제36조 제1항과 행복추구권을 보장하는 헌법 제10조에 의하여 보호받는다(헌법재판소 2016. 7. 28. 2015헌마964 결정).

ㄷ. (○) 헌법 제36조 제1항에서 규정하는 '혼인'이란 양성이 평등하고 존엄한 개인으로서 자유로운 의사의 합치에 의하여 생활공동체를 이루는 것으로서 법적으로 승인받은 것을 말하므로, 법적으로 승인되지 아니한 사실혼은 헌법 제36조 제1항의 보호범위에 포함된다고 보기 어렵다(헌법재판소 2014. 8. 28. 2013헌바119 전원재판부).

ㄹ. (○) "혼인과 가족생활은 개인의 존엄과 양성의 평등을 기초로 성립되고 유지되어야 하며, 국가는 이를 보장한다."고 규정하고 있는 헌법 제36조 제1항은, 인간의 존엄과 양성의 평등이 가족생활에서도 보장되어야 한다는 요청에서 기본권의 성격을 갖는 동시에 혼인과 가족생활에 관한 제도적 보장 역시 규정한다. 제도보장으로서의 혼인은 일반적인 법에 의한 폐지나 제도 본질의 침해를 금지한다는 의미의 최소보장의 원칙이 적용되는 대상으로서 혼인제도의 규범적 핵심을 말하고(헌재 1994. 4. 28. 91헌바15등 참조), 여기에는 당연히 일부일처제가 포함된다. 그런데 중혼은 일부일처제에 반하는 상태로, 언제든지 중혼을 취소할 수 있게 하는 것은 헌법 제36조 제1항의 규정에 의하여 국가에 부과된, 개인의 존엄과 양성의 평등을 기초로 한 혼인과 가족생활의 유지·보장의무 이행에 부합한다. 그렇다면 중혼 취소청구권의 소멸사유나 제척기간을 두지 않음으로 인해 후혼배우자가 처하게 되는 불안정한 신분상 지위가 문제되는 이 사건에서 헌법 제36조 제1항 위반 여부는 직접적으로 문제된다고 보기 어렵다(헌법재판소 2014. 7. 24. 선고 2011헌바275 전원재판부).

ㅁ. (○) 부모의 자녀에 대한 교육권은 비록 헌법에 명문으로 규정되어 있지는 아니하지만, 혼인과 가족생활을 보장하는 헌법 제36조 제1항, 행복추구권을 보장하는 헌법 제10조 및 헌법 제37조 제1항에서 나오는 중요한 기본권이며, 이러한 부모의 자녀교육권이 학교영역에서는 자녀의 교육진로에 관한 결정권 내지는 자녀가 다닐 학교를 선택하는 권리로 구체화된다(헌법재판소 2009. 4. 30. 선고 2005헌마514 전원재판부).

정답 ⑤

문 125

혼인과 가족생활의 보장에 관한 다음 설명 중 가장 옳지 않은 것은? [2020년 13번]

① 혼인과 가족생활의 보장에 관한 헌법 제36조 제1항은 인간의 존엄과 양성의 평등이 가족생활에서도 보장되어야 한다는 요청에서 인간다운 생활을 보장하는 기본권의 성격을 갖는 동시에 그 제도적 보장의 성격도 가진다.

② 헌법 제36조 제1항에 의하여 적극적으로는 적절한 조치를 통해서 혼인과 가족을 지원하고 제3자에 의한 침해 앞에서 혼인과 가족을 보호해야 할 과제가 국가에 부여되고, 소극적으로는 불이익을 야기하는 제한조치를 통해서 혼인과 가족을 차별하는 것을 금지해야 할 국가의 의무를 포함한다.

③ 혼인과 가족생활에서 개인이 독립적 인격체로서 존중되어야 하고, 혼인과 가족생활을 어떻게 꾸려나갈 것인지에 관한 개인과 가족의 자율적 결정권은 존중되어야 한다. 혼인과 가족관계가 다른 사람의 기본권이나 공공의 이익을 침해하지 않는 한 혼인과 가족생활에 대한 국가기관의 개입은 자제되어야 한다. 이러한 가족생활에 관한 개인과 가족의 자율권 및 아동의 권리는 가족생활의 법률관계 및 그 발생·변동사항에 관한 등록을 규정하는 민법과 가족관계등록법을 해석·적용할 때에도 존중되어야 한다.

④ 헌법 제36조 제1항에서 규정하는 '혼인'이란 양성이 평등하고 존엄한 개인으로서 자유로운 의사의 합치에 의하여 생활공동체를 이루는 것을 말하므로, 법적으로 승인되지 아니한 사실혼 역시 법률혼과 마찬가지로 헌법 제36조 제1항의 보호범위에 포함된다는 것이 헌법재판소의 입장이다.
⑤ 현대사회에서 개인이 국가가 운영하는 제도를 이용하려면 주민등록과 같은 사회적 신분을 갖추어야 하고, 사회적 신분의 취득은 개인에 대한 출생신고에서부터 시작한다. 대한민국 국민으로 태어난 아동은 태어난 즉시 '출생등록될 권리'를 가진다. 이러한 권리는 '법 앞에 인간으로 인정받을 권리'로서 모든 기본권 보장의 전제가 되는 기본권이므로 법률로써도 이를 제한하거나 침해할 수 없다.

> **MGI Point** 혼인과 가족생활 ★★★
>
> ■ 헌법 제36조 제1항
>   · 혼인 및 가족에 대한 기본권 보장 & 제도보장
>   · 적극적 - 제3자의 침해에 의한 혼인과 가족을 보호해야할 국가적 과제
>   소극적 - 불이익을 야기하는 제한조치를 통해 혼인과 가족을 차별하는 것을 금지해야 할 국가의 의무
> ■ 혼인과 가족관계가 다른 사람의 기본권이나 공공의 이익을 침해하지 않는 한 혼인과 가족생활에 관한 국가기관의 개입은 자제 ○
> ■ 법적으로 승인되지 아니한 사실혼은 헌법 제36조 제1항의 보호범위에 포함 ×
> ■ 대한민국 국민으로 태어난 아동은 태어난 즉시 '출생등록될 권리' 得

① (○) 혼인과 가족생활의 보장에 관한 헌법 제36조 제1항은 인간의 존엄과 양성의 평등이 가족생활에서도 보장되어야 한다는 요청에서 인간다운 생활을 보장하는 기본권의 성격을 갖는 동시에 그 제도적 보장의 성격도 가진다(헌재 2002.03.28. 2000헌바53).
② (○) 헌법 제36조 제1항은 혼인과 가족에 관련되는 공법 및 사법의 모든 영역에 영향을 미치는 헌법원리 내지 원칙규범으로서의 성격도 가지는데, 이는 적극적으로는 적절한 조치를 통해서 혼인과 가족을 지원하고 제삼자에 의한 침해 앞에서 혼인과 가족을 보호해야 할 국가의 과제를 포함하며, 소극적으로는 불이익을 야기하는 제한조치를 통해서 혼인과 가족을 차별하는 것을 금지해야 할 국가의 의무를 포함한다(헌재 2002.08.29. 2001헌바82).
③ (○) 헌법 제36조 제1항은 혼인과 가족생활은 개인의 존엄을 존중하는 가운데 성립되고 유지되어야 함을 분명히 하고 있다. 혼인과 가족생활은 인간생활의 가장 본원적이고 사적(私的)인 영역이다. 이러한 영역에서 개인의 존엄을 보장하라는 것은 혼인·가족생활에 있어서 개인이 독립적 인격체로서 존중되어야 하고, 혼인과 가족생활을 어떻게 꾸려나갈 것인지에 관한 개인과 가족의 자율적 결정권을 존중하라는 의미이다. 혼인과 가족생활을 국가가 결정한 이념이나 목표에 따라 일방적으로 형성하는 것은 인간의 존엄성을 최고의 가치로 삼고 민주주의원리와 문화국가원리에 터잡고 있는 우리 헌법상 용납되지 않는다. 국가는 개인의 생활양식, 가족형태의 선택의 자유를 널리 존중하고, 인격적·애정적 인간관계에 터잡은 현대 가족관계에 개입하지 않는 것이 바람직하다. 따라서 혼인·가족제도가 지닌 사회성·공공성을 이유로 한 부득이한 사유가 없는 한, 혼인·가족생활의 형성에 관하여 당사자의 의사를 무시하고 법률의 힘만으로 일방적으로 강제하는 것은 개인의 존엄에 반하는 것이다(헌재 2005.02.03. 2001헌가9).
④ (X) 헌법 제36조 제1항에서 규정하는 '혼인'이란 양성이 평등하고 존엄한 개인으로서 자유로운 의사의 합치에 의하여 생활공동체를 이루는 것으로서 법적으로 승인받은 것을 말하므로, 법적으로 승인되지 아니한 사실혼은 헌법 제36조 제1항의 보호범위에 포함된다고 보기 어렵다. 따라서 이 사건 법률조항은 헌법 제36조 제1항에 위반되지 않는다(헌재 2014.08.28. 2013헌바119).

⑤ (○) 출생 당시에 부 또는 모가 대한민국의 국민인 자(자)는 출생과 동시에 대한민국 국적을 취득한다(국적법 제2조 제1항). 대한민국 국민으로 태어난 아동에 대하여 국가가 출생신고를 받아주지 않거나 절차가 복잡하고 시간도 오래 걸려 출생신고를 받아주지 않는 것과 마찬가지 결과가 발생한다면 이는 아동으로부터 사회적 신분을 취득할 기회를 박탈함으로써 인간으로서의 존엄과 가치, 행복추구권 및 아동의 인격권을 침해하는 것이다(헌법 제10조). 현대사회에서 개인이 국가가 운영하는 제도를 이용하려면 주민등록과 같은 사회적 신분을 갖추어야 하고, 사회적 신분의 취득은 개인에 대한 출생신고에서부터 시작한다. 대한민국 국민으로 태어난 아동은 태어난 즉시 '출생등록될 권리'를 가진다. 이러한 권리는 '법 앞에 인간으로 인정받을 권리'로서 모든 기본권 보장의 전제가 되는 기본권이므로 법률로써도 이를 제한하거나 침해할 수 없다(헌법 제37조 제2항)(대결 2020.06.08. 2020스575).

정답 ④

제⑩절 | 국민의 기본적 의무

문 126

국민의 의무에 관한 다음 설명 중 가장 옳지 않은 것은?(다툼이 있는 경우 헌법재판소 판례에 의함)
[2017년 34번]

① 헌법재판소는 의무교육으로 운영되는 중학교에서 급식비의 일부를 학부모에게 부담하도록 한 학교급식법 규정이 의무교육 무상의 원칙에 위반된다고 판단하였다.
② 헌법재판소는 의무교육으로 운영되는 공립중학교에서 의무교육과정의 인적기반을 유지하기 위한 비용인 교사, 학교회계직원의 일부 인건비 등을 충당하는데 사용되는 학교운영지원비를 징수하는 것은 의무교육 무상의 원칙에 위반된다고 판단하였다.
③ 헌법재판소는 제대군인 가산점제도는 제대군인에게 일종의 적극적 보상조치를 취하는 제도라 할 것이므로 이는 '누구든지 병역의무의 이행으로 인하여 불이익한 처우를 받지 아니한다'고 정한 헌법 제39조 제2항에 근거한 제도라고 할 수 없다고 판단하였다.
④ 헌법은 국가뿐만 아니라 국민에 대해서도 환경보전의 의무를 부과하고 있다.
⑤ 국방의 의무는 병역법에 의하여 군복무에 임하는 등의 직접적인 병력형성의무만을 가리키는 것이 아니라 병역법, 향토예비군설치법, 민방위기본법, 비상대비자원관리법 등에 의한 간접적인 병력형성의무도 포함한다.

해설

① (X) 학교급식은 학생들에게 한 끼 식사를 제공하는 영양공급 차원을 넘어 교육적인 성격을 가지고 있지만, 이러한 교육적 측면은 기본적이고 필수적인 학교 교육 이외에 부가적으로 이루어지는 식생활 및 인성교육으로서의 보충적 성격을 가지므로 의무교육의 실질적인 균등보장을 위한 본질적이고 핵심적인 부분이라고까지는 할 수 없다. 이 사건 법률조항들은 비록 중학생의 학부모들에게 급식관련 비용의 일부를 부담하도록 하고 있지만, 학부모에게 급식에 필요한 경비의 일부를 부담시키는 경우에 있어서도 학교급식 실시의 기본적 인프라가 되는 부분은 배제하고 있으며, 국가나 지방자치단체의 지원으로 학부모의 급식비 부담을 경감하는 조항이 마련되어 있고, 특히 저소득층 학생들을 위한 지원방안이 마련되어 있다는 점 등을 고려해 보면, 이 사건 법률조항들이 입법형성권의 범위를 넘어 헌법상 의무교육의 무상원칙에 반하는 것으로 보기는 어렵다(헌재 2012.04.24. 2010헌바164).

② (○) 의무교육과정에서 학교와 교사 등 인적·물적 기반 및 그 기반을 유지하기 위한 인건비와 시설유지비, 신규시설투자비 등의 재원 마련은 전적으로 국가와 지방자치단체의 몫임이 분명함에도 불구하고, 교원연구비와 같은 교사의 인건비 일부와 학교회계직원의 인건비 일부를 학부모들이 부담하는 학교운영지원비로 충당하는 것은 헌법이 천명하고 있는 의무교육의 무상원칙에 분명히 반하는 것이라 할 수 있다(헌재 2012.08.23. 2010헌바220).

③ (○) 헌법 제39조 제1항에서 국방의 의무를 국민에게 부과하고 있는 이상 병역법에 따라 군복무를 하는 것은 국민이 마땅히 하여야 할 이른바 신성한 의무를 다 하는 것일 뿐, 그러한 의무를 이행하였다고 하여 이를 특별한 희생으로 보아 일일이 보상하여야 한다고 할 수는 없는 것이므로, 헌법 제39조 제2항은 병역의무를 이행한 사람에게 보상조치를 취하거나 특혜를 부여할 의무를 국가에게 지우는 것이 아니라, 법문 그대로 병역의무의 이행을 이유로 불이익한 처우를 하는 것을 금지하고 있을 뿐인데, 제대군인지원에관한법률 제8조 제1항 및 제3항, 동법시행령 제9조에 의한 가산점제도는 이러한 헌법 제39조 제2항의 범위를 넘어 제대군인에게 일종의 적극적 보상조치를 취하는 제도라고 할 것이므로 이를 헌법 제39조 제2항에 근거한 제도라고 할 수 없다(헌재 1999.12.23. 98헌마363).

④ (○) 모든 국민은 건강하고 쾌적한 환경에서 생활할 권리를 가지며, 국가와 국민은 환경보전을 위하여 노력하여야 한다(헌법 제35조 제1항).

⑤ (○) 국방의 의무란, 외부 적대세력의 직·간접적인 침략행위로부터 국가의 독립을 유지하고 영토를 보전하기 위한 의무로서, 현대전이 고도의 과학기술과 정보를 요구하고 국민전체의 협력을 필요로 하는 이른바 총력전인 점에 비추어 단지 병역법에 의하여 군복무에 임하는 등의 직접적인 병력형성의무만을 가리키는 것이 아니라, 병역법, 향토예비군설치법, 민방위기본법, 비상대비자원 관리법 등에 의한 간접적인 병력형성의무 및 병력형성 이후 군 작전명령에 복종하고 협력하여야 할 의무도 포함하는 개념이다(헌재 1995.12.28. 91헌마80).

정답 ①

MEMO

2024년 법원행정고시 1차 대비

헌 법
법원행시
기출문제집
선택형 진도별

제3편 통치구조론

제1장 I 통치구조의 구성원리
제2장 I 통치구조의 형태
제3장 I 통치기구
제4장 I 헌법재판소

제1장 통치구조의 구성원리

문 33

고위공직자범죄수사처와 관련된 다음 설명 중 옳은 것은 모두 몇 개인가? [2023년 39번]

ㄱ. "수사처의 범죄수사와 중복되는 다른 수사기관의 범죄수사에 대하여 처장이 수사의 진행 정도 및 공정성 논란 등에 비추어 수사처에서 수사하는 것이 적절하다고 판단하여 이첩을 요청하는 경우 해당 수사기관은 이에 응하여야 한다."는 고위공직자범죄수사처 설치 및 운영에 관한 법률 제24조 제1항은 수사처장이 이첩 요청을 하면 다른 수사기관이 수사를 하고 있는 경우라도 해당 수사기관은 그에 응하여야 할 의무를 부과하여, 수사권 및 공소권의 주체가 달라지므로, 평등권, 신체의 자유 등 기본권이 침해될 가능성이 있고, 고위공직자범죄등을 범할 경우 수사처의 수사 또는 공소권 행사의 대상이 될 수 있다는 점은 현재 확실히 예측되므로, 위 조항에 대한 심판청구는 적법하다.

ㄴ. 헌법 제66조 제4항은 "행정권은 대통령을 수반으로 하는 정부에 속한다."고 규정하고 있는데, 여기서의 '정부'란 입법부와 사법부에 대응하는 넓은 개념으로서의 집행부를 일컫는다 할 것이다. 그리고 헌법 제86조 제2항은 대통령의 명을 받은 국무총리가 행정각부를 통할하도록 규정하고 있는데, 대통령과 행정부, 국무총리에 관한 헌법 규정의 해석상 국무총리의 통할을 받는 '행정각부'에 모든 행정기관이 포함된다고 볼 수 없다.

ㄷ. 수사처가 수행하는 수사와 공소제기 및 유지는 우리 헌법상 본질적으로 행정에 속하는 사무에 해당하는 점, 수사처의 구성에 대통령의 실질적인 인사권이 인정되고, 수사처장은 소관 사무와 관련된 안건이 상정될 경우 국무회의에 출석하여 발언할 수 있으며 그 소관 사무에 관하여 독자적으로 의안을 제출할 권한이 있는 것이 아니라 법무부장관에게 의안의 제출을 건의할 수 있는 점 등을 종합하면, 수사처는 직제상 대통령 또는 국무총리 직속기관 내지 국무총리의 통할을 받는 행정각부에 속하지 않는다고 하더라도 대통령을 수반으로 하는 행정부에 소속되고 그 관할권의 범위가 전국에 미치는 중앙행정기관으로 보는 것이 타당하다.

ㄹ. 법률에 근거하여 수사처라는 행정기관을 설치하는 것이 헌법상 금지되지 않는바, 검찰의 기소독점주의 및 기소편의주의를 견제할 별도의 수사기관을 설치할지 여부는 국민을 대표하는 국회가 검찰 기소독점주의의 적절성, 검찰권 행사의 통제 필요성, 별도의 수사기관 설치의 장단점, 고위공직자범죄 수사 등에 대한 국민적 관심과 요구 등 제반 사정을 고려하여 결정할 문제로서, 그 판단에는 본질적으로 국회의 폭넓은 재량이 인정된다. 또한 수사처의 설치로 말미암아 수사처와 기존의 다른 수사기관과의 관계가 문제된다 하더라도 동일하게 행정부 소속인 수사처와 다른 수사기관 사이의 권한 배분의 문제는 헌법상 권력분립원칙의 문제라고 볼 수 없다.

ㅁ. 헌법에서 수사단계에서의 영장신청권자를 검사로 한정한 것은 다른 수사기관에 대한 수사지휘권을 확립시켜 인권유린의 폐해를 방지하고, 법률전문가인 검사를 거치도록 함으로써 기본권침해가능성을 줄이고자 한 것이다. 헌법에 규정된 영장신청권자로서의 검사는 검찰권을 행사하는 국가기관인 검사로서 공익의 대표자이자 수사단계에서의 인권옹호기관으로서의 지위에서 그에 부합하는 직무를 수행하는 자를 의미하는 것이지, 검찰청법상 검사만을 지칭하는 것으로 보기 어렵다.

① 1개　② 2개　③ 3개　④ 4개　⑤ 5개

MGI Point 권력분립원칙 등 ★★

- 고위공직자범죄수사처와 다른 수사기관 사이의 권한 배분에 관한 사항을 규정 조항 ⇨ 기본권침해가능성×
- 국무총리의 통할을 받는 '행정각부' ⇨ 모든 행정기관 포함×
- 고위공직자범죄수사처 ⇨ 관할권의 범위가 전국에 미치는 중앙행정기관
- 수사처와 다른 수사기관 사이의 권한 배분의 문제 ⇨ 헌법상 권력분립원칙의 문제×
- 헌법에 규정된 영장신청권자로서의 검사 ⇨ 검찰청법상 검사만을 지칭하는 것×

ㄱ. (X) 공수처법 제24조 제1항(수사처의 범죄수사와 중복되는 다른 수사기관의 범죄수사에 대하여 처장이 수사의 진행 정도 및 공정성 논란 등에 비추어 수사처에서 수사하는 것이 적절하다고 판단하여 이첩을 요청하는 경우 해당 수사기관은 이에 응하여야 한다)은 고위공직자범죄수사처와 다른 수사기관 사이의 권한 배분에 관한 사항을 규정한 것으로 청구인들의 법적지위에 영향을 미친다고 볼 수 없어 기본권침해가능성이 인정되지 않으므로, 위 조항에 대한 심판청구는 부적법하다(헌법재판소 2021. 1. 28. 2020헌마264, 681(병합)).

ㄴ. (O) 헌법 제66조 제4항은 "행정권은 대통령을 수반으로 하는 정부에 속한다."고 규정하고 있는데, 여기서의 '정부'란 입법부와 사법부에 대응하는 넓은 개념으로서의 집행부를 일컫는다 할 것이다. 그리고 헌법 제86조 제2항은 대통령의 명을 받은 국무총리가 행정각부를 통할하도록 규정하고 있는데, 대통령과 행정부, 국무총리에 관한 헌법 규정의 해석상 국무총리의 통할을 받는 '행정각부'에 모든 행정기관이 포함된다고 볼 수 없다. 즉 정부의 구성단위로서 그 권한에 속하는 사항을 집행하는 중앙행정기관을 반드시 국무총리의 통할을 받는 '행정각부'의 형태로 설치하거나 '행정각부'에 속하는 기관으로 두어야 하는 것이 헌법상 강제되는 것은 아니므로, 법률로써 '행정각부'에 속하지 않는 독립된 형태의 행정기관을 설치하는 것이 헌법상 금지된다고 할 수 없다(헌법재판소 2021. 1. 28. 2020헌마264, 681(병합)).

ㄷ. (O) 수사처가 수행하는 수사와 공소제기 및 유지는 우리 헌법상 본질적으로 행정에 속하는 사무에 해당하는 점, 수사처의 구성에 대통령의 실질적인 인사권이 인정되고, 수사처장은 소관 사무와 관련된 안건이 상정될 경우 국무회의에 출석하여 발언할 수 있으며 그 소관 사무에 관하여 독자적으로 의안을 제출할 권한이 있는 것이 아니라 법무부장관에게 의안의 제출을 건의할 수 있는 점 등을 종합하면, 수사처는 직제상 대통령 또는 국무총리 직속기관 내지 국무총리의 통할을 받는 행정각부에 속하지 않는다고 하더라도 대통령을 수반으로 하는 행정부에 소속되고 그 관할권의 범위가 전국에 미치는 중앙행정기관으로 보는 것이 타당하다(헌법재판소 2021. 1. 28. 2020헌마264, 681(병합)).

ㄹ. (O) 법률에 근거하여 수사처라는 행정기관을 설치하는 것이 헌법상 금지되지 않는바, 검찰의 기소독점주의 및 기소편의주의를 견제할 별도의 수사기관을 설치할지 여부는 국민을 대표하는 국회가 검찰 기소독점주의의 적절성, 검찰권 행사의 통제 필요성, 별도의 수사기관 설치의 장단점, 고위공직자범죄 수사 등에 대한 국민적 관심과 요구 등 제반 사정을 고려하여 결정할 문제로서, 그 판단에는 본질적으로 국회의 폭넓은 재량이 인정된다. 또한 수사처의 설치로 말미암아 수사처와 기존의 다른 수사기관과의 관계가 문제된다 하더라도 동일하게 행정부 소속인 수사처와 다른 수사기관 사이의 권한 배분의 문제는 헌법상 권력분립원칙의 문제라고 볼 수 없다(헌법재판소 2021. 1. 28. 2020헌마264, 681(병합)).

ㅁ. (O) 헌법에서 수사단계에서의 영장신청권자를 검사로 한정한 것은 다른 수사기관에 대한 수사지휘권을 확립시켜 인권유린의 폐해를 방지하고, 법률전문가인 검사를 거치도록 함으로써 기본권침해가능성을 줄이고자 한 것이다. 헌법에 규정된 영장신청권자로서의 검사는 검찰권을 행사하는 국가기관인 검사로서 공익의 대표자이자 수사단계에서의 인권옹호기관으로서의 지위에서 그에 부합하는 직무를 수행하는 자를 의미하는 것이지, 검찰청법상 검사만을 지칭하는 것으로 보기 어렵다(헌법재판소 2021. 1. 28. 2020헌마264, 681(병합)).

정답 ④

문 1

정부형태의 기본모델을 대통령제와 의원내각제로 유형화한다고 했을 때, 우리나라 현행 헌법상 정부형태를 구성하는 다음 각 요소들 중 그 성격이 가장 이질적인 것은? [2017년 27번]

① 국무총리 임명에 대한 국회의 동의권
② 국회의원과 국무위원의 겸직 허용
③ 국무총리와 국무위원에 대한 국회의 해임건의권
④ 정부의 법률안 제출권
⑤ 대통령의 법률안 거부권

해설 ★★★

①, ②, ③, ④는 의원내각제 요소, ⑤는 대통령제 요소이다. 현행 헌법상 i) 대통령제 요소로는 입법부와 집행부의 조직과 활동이 '독립성의 원리'에 지배된다는 점, 집행부가 일원화되어 있다는 점, 대통령은 법률안거부권을 행사할 수 있고 국회는 조약체결에 대한 동의, 국정조사, 집행부구성원에 대한 탄핵소추권을 행사함으로써 입법부와 집행부가 상호견제·균형을 유지하고 있다는 점을 들 수 있다. ii) 의원내각제적 요소로는 국무총리 임명에 있어서 국회의 동의, 국회의 국무총리·국무위원에 대한 해임건의, 국회의 정부구성원에 대한 국회출석·답변요구, 국회의 대통령결선투표 등이 있다. 또한 국무회의제와 국무총리제, 국무총리와 관계국무위원의 부서제 등이 있고, 정부의 법률안제출권과 국무위원의 의원겸직허용 등도 의원내각제적 요소이다.

정답 ⑤

제2장 통치구조의 형태

제3장 통치기구

제❶절 ┃ 국회

제1관 의회제도·국회의 헌법상 지위

제2관 국회의 구성과 조직

문 2

국회에 관한 다음 설명 중 가장 옳지 않은 것은? [2022년 40번]

① 국회의 위원회는 그 소관에 속하는 사항에 관하여 법률안과 그 밖의 의안을 직접 제출할 수 있다.
② 각 상임위원회의 소관사항을 정한 국회법 규정에 의하면, 공정거래위원회 소관에 속하는 사항은 행정안전위원회에서, 금융위원회 소관에 속하는 사항은 기획재정위원회에서 각 담당한다.
③ 전원위원회는 의원 전원이 구성원이 되어 의안을 심사하는 위원회로서, 그 구성원에서는 본회의와 일치하지만, 위원회의 기능을 수행할 뿐 본회의의 기능을 대체하는 것이 아니다.
④ 국회에 제출된 법률안은 원칙적으로 회기 중에 의결되지 못하였다는 이유로 폐기되지 아니한다.
⑤ 특정 법률이 하나의 사건만을 규율하는 개별사건법률이라 하더라도 그 내용이 합리적인 이유로 정당화될 수 있는 경우에는 합헌적일 수 있다.

MGI Point 국회 ★★

- 국회의 위원회 ⇨ 법률안과 그 밖의 의안 직접 제출 可
- 공정거래위원회 소관에 속하는 사항, 금융위원회 소관에 속하는 사항 ⇨ 정무위원회 담당
- 전원위원회 ⇨ 본회의의 기능 대체하는 것 ×
- 회기 중에 의결되지 못한 법률안 ⇨ 그 이유만으로 폐기 ×
- 개별사건법률 ⇨ 차별적 규율이 합리적인 이유로 정당화될 수 있는 경우에는 합헌

---

① (○) 국회법 제51조 제1항 참조.

> 국회법 제51조(위원회의 제안) ① 위원회는 그 소관에 속하는 사항에 관하여 법률안과 그 밖의 의안을 제출할 수 있다.

② (X) 국회법 제37조 제1항 제3호 참조.

> 국회법 제37조(상임위원회와 그 소관) ① 상임위원회의 종류와 소관 사항은 다음과 같다.
>   3. 정무위원회
>   다. 공정거래위원회 소관에 속하는 사항
>   라. 금융위원회 소관에 속하는 사항

③ (○) 전원위원회는 특정의안을 심도 있게 집중적으로 심사할 수 있어 본회의 심의를 강화하는 역할을 한다. 그리고 따로 전원위원장을 두어 운영하며, 국회의 최종 의사결정이 아니라는 점에서 본회의와 구별된다(국회사무처, 「국회법해설」, 2021, 288~289쪽).

④ (○) 헌법 제51조 참조.

> 헌법 제51조 국회에 제출된 법률안 기타의 의안은 회기중에 의결되지 못한 이유로 폐기되지 아니한다. 다만, 국회의원의 임기가 만료된 때에는 그러하지 아니하다.

⑤ (○) 개별사건법률은 개별사건에만 적용되는 것이므로 원칙적으로 평등원칙에 위배되는 자의적인 규정이라는 강한 의심을 불러일으킨다. 그러나 개별사건법률금지의 원칙이 법률제정에 있어서 입법자가 평등원칙을 준수할 것을 요구하는 것이기 때문에, 특정규범이 개별사건법률에 해당한다 하여 곧바로 위헌을 뜻하는 것은 아니다. 비록 특정법률 또는 법률조항이 단지 하나의 사건만을 규율하려고 한다 하더라도 이러한 차별적 규율이 합리적인 이유로 정당화될 수 있는 경우에는 합헌적일 수 있다. 따라서 개별사건법률의 위헌 여부는, 그 형식만으로 가려지는 것이 아니라, 나아가 평등의 원칙이 추구하는 실질적 내용이 정당한지 아닌지를 따져야 비로소 가려진다(헌재 1996.02.16. 96헌가2 등).

정답 ②

문 3

다음 중 국회의 법제사법위원회의 소관 사항은 모두 몇 개인가? [2020년 40번]

> ㄱ. 법무부 소관에 속하는 사항
> ㄴ. 법제처 소관에 속하는 사항
> ㄷ. 감사원 소관에 속하는 사항
> ㄹ. 국가인권위원회 소관에 속하는 사항
> ㅁ. 국민권익위원회 소관에 속하는 사항
> ㅂ. 헌법재판소 사무에 관한 사항
> ㅅ. 법원·군사법원의 사법행정에 관한 사항
> ㅇ. 탄핵소추에 관한 사항
> ㅈ. 법률안·국회규칙안의 체계·형식과 자구의 심사에 관한 사항

① 5개
② 6개
③ 7개
④ 8개
⑤ 9개

> **MGI Point** 국회 법제사법위원회의 소관 사항 ★

■ 국회 법제사법위원회의 소관 사항
- 법무부 소관에 속하는 사항
- 법제처 소관에 속하는 사항
- 감사원 소관에 속하는 사항
- 고위공직자범죄수사처 소관에 속하는 사항
- 헌법재판소 사무에 관한 사항
- 법원·군사법원의 사법행정에 관한 사항
- 탄핵소추에 관한 사항
- 법률안·국회규칙안의 체계·형식과 자구의 심사에 관한 사항

해설 국회법 제37조 참조. ▶ ㄱ, ㄴ, ㄷ, ㅂ, ㅅ, ㅇ, ㅈ

> 국회법 제37조(상임위원회와 그 소관) ① 상임위원회의 종류와 소관 사항은 다음과 같다.
> 2. 법제사법위원회
>   가. <u>법무부 소관에 속하는 사항</u>
>   나. <u>법제처 소관에 속하는 사항</u>
>   다. <u>감사원 소관에 속하는 사항</u>
>   라. 고위공직자범죄수사처 소관에 속하는 사항
>   마. <u>헌법재판소 사무에 관한 사항</u>
>   바. <u>법원·군사법원의 사법행정에 관한 사항</u>
>   사. <u>탄핵소추에 관한 사항</u>
>   아. <u>법률안·국회규칙안의 체계·형식과 자구의 심사에 관한 사항</u>

정답 ③

문 4

국회의 인사청문에 관한 다음 설명 중 옳은 것은 모두 몇 개인가? [2017년 13번]

> ㉠ 헌법에 의하여 그 임명에 국회의 동의를 요하는 직위를 선출하는 경우에는 국회 인사청문특별위원회의 인사청문을 실시하여야 하고, 법률에서 국회의 인사청문을 거치도록 규정한 경우에는 소관 상임위원회의 인사청문을 실시하여야 한다.
> ㉡ 대법원장, 대법관, 헌법재판소장, 헌법재판관은 국회 인사청문특별위원회에 의한 인사청문을 실시하여야 한다.
> ㉢ 원칙적으로 국회는 임명동의안등이 제출된 날부터 15일 이내에 그 심사 또는 인사청문을 마쳐야 한다. 의장은 임명동의안등이 제출된 때에는 즉시 본회의에 보고하고 위원회에 회부하여야 하며, 위원회는 임명동의안등에 대한 인사청문회를 마친 날부터 3일 이내에 심사경과보고서 또는 인사청문경과보고서를 의장에게 제출하여야 한다.
> ㉣ 부득이한 사유로 정해진 기간 이내에 인사청문회를 마치지 못하여 국회가 인사청문경과보고서를송부하지 못한 경우에 대통령·대통령당선인 또는 대법원장은 인사청문회법 제6조 제2항에 따른 인사청문 처리기간의 다음날부터 10일 이내의 범위에서 기간을 정하여 인사청문경과보고서를 송부하여 줄 것을 국회에 요청할 수 있다.

◎ 인사청문회법 제6조 제3항의 규정에 의한 기간 이내에 헌법재판소재판관등의 후보자에 대한 인사청문경과보고서를 국회가 송부하지 아니한 경우에 대통령 또는 대법원장은 헌법재판소재판관등으로 임명 또는 지명할 수 있다.

① 1개
② 2개
③ 3개
④ 4개
⑤ 5개

해설

㉠ (○), ㉡ (X) 국회법 제46조의3 제1항, 동법 제65조의2 제2항 참조.

> 국회법 제46조의3(인사청문특별위원회) ① 국회는 다음 각 호의 임명동의안 또는 의장이 각 교섭단체 대표의원과 협의하여 제출한 선출안 등을 심사하기 위하여 인사청문특별위원회를 둔다. 다만, 「대통령직 인수에 관한 법률」 제5조제2항에 따라 대통령당선인이 국무총리 후보자에 대한 인사청문의 실시를 요청하는 경우에 의장은 각 교섭단체 대표의원과 협의하여 그 인사청문을 실시하기 위한 인사청문특별위원회를 둔다.
> 1. 헌법에 따라 그 임명에 국회의 동의가 필요한 대법원장·헌법재판소장·국무총리·감사원장 및 대법관에 대한 임명동의안
> 2. 헌법에 따라 국회에서 선출하는 헌법재판소 재판관 및 중앙선거관리위원회 위원에 대한 선출안
> ② 인사청문특별위원회의 구성과 운영에 필요한 사항은 따로 법률로 정한다.
> 국회법 제65조의2(인사청문) ① 제46조의3의 규정에 의한 심사 또는 인사청문을 위하여 인사에 관한 청문회(이하 "인사청문회"라 한다)를 연다.
> ② 상임위원회는 다른 법률에 따라 다음 각 호의 어느 하나에 해당하는 공직후보자에 대한 인사청문 요청이 있는 경우 인사청문을 실시하기 위하여 각각 인사청문회를 연다.
> 1. 대통령이 임명하는 헌법재판소 재판관·중앙선거관리위원회 위원·국무위원·방송통신위원회 위원장·국가정보원장·공정거래위원회 위원장·금융위원회 위원장·국가인권위원회 위원장·국세청장·검찰총장·경찰청장·합동참모의장·한국은행 총재·특별감찰관 또는 한국방송공사 사장의 후보자
> 2. 대통령당선인이 「대통령직인수에 관한 법률」 제5조제1항에 따라 지명하는 국무위원후보자
> 3. 대법원장이 지명하는 헌법재판소 재판관 또는 중앙선거관리위원회 위원의 후보자

㉢ (X) 국회는 임명동의안등이 제출된 날부터 20일 이내에 그 심사 또는 인사청문을 마쳐야 한다(인사청문회법 제6조 제2항). 의장은 임명동의안등이 제출된 때에는 즉시 본회의에 보고하고 위원회에 회부하며, 그 심사 또는 인사청문이 끝난 후 본회의에 부의하거나 위원장으로 하여금 본회의에 보고하도록 한다(인사청문회법 제6조 제1항). 위원회는 임명동의안등에 대한 인사청문회를 마친 날부터 3일 이내에 심사경과보고서 또는 인사청문경과보고서를 의장에게 제출한다(인사청문회법 제9조 제2항).

㉣ (○) 부득이한 사유로 제2항의 규정에 의한 기간 이내에 헌법재판소 재판관·중앙선거관리위원회 위원·국무위원·방송통신위원회 위원장·국가정보원장·공정거래위원회 위원장·금융위원회 위원장·국가인권위원회 위원장·국세청장·검찰총장·경찰청장·합동참모의장·한국은행 총재·특별감찰관 또는 한국방송공사 사장의 후보자에 대한 인사청문회를 마치지 못하여 국회가 인사청문경과보고서를 송부하지 못한 경우에 대통령·대통령당선인 또는 대법원장은 제2항에 따른 기간의 다음날부터 10일 이내의 범위에서 기간을 정하여 인사청문경과보고서를 송부하여 줄 것을 국회에 요청할 수 있다(인사청문회법 제6조 제3항).

ⓔ (○) 제3항의 규정에 의한 기간 이내에 헌법재판소재판관등의 후보자에 대한 인사청문경과보고서를 국회가 송부하지 아니한 경우에 대통령 또는 대법원장은 헌법재판소재판관등으로 임명 또는 지명할 수 있다(인사청문회법 제6조 제4항).

정답 ③

문 5

다음 중 국회 법제사법위원회의 소관사항이 아닌 것은? [2016년 25번]

① 감사원 소관에 속하는 사항
② 헌법재판소 사무에 속하는 사항
③ 군사법원의 재판에 속하는 사항
④ 탄핵소추에 관한 사항
⑤ 국회규칙안의 체계·형식·자구의 심사에 관한 사항

해설

①(○), ②(○), ④(○), ⑤(○) 국회 법제사법위원회의 소관사항은 법무부 소관에 속하는 사항, 법제처 소관에 속하는 사항, 감사원 소관에 속하는 사항, 헌법재판소 사무에 관한 사항, 법원·군사법원의 사법행정에 관한 사항, 탄핵소추에 관한 사항, 법률안·국회규칙안의 체계·형식과 자구의 심사에 관한 사항이다(국회법 제37조 제1항 제2호).
③ (X) 법제사법위원회의 소관사항은 법원·군사법원의 '사법행정'에 관한 사항이다. 따라서 군사법원의 '재판'에 속하는 사항은 소관사항이 아니다.

정답 ③

문 6

다음 중 소관 상임위원회의 인사청문회를 거쳐야 하는 직위가 아닌 것은? [2016년 28번]

① 검찰총장
② 경찰청장
③ 국세청장
④ 감사원장
⑤ 국가정보원장

해설

① (○), ② (○), ③ (○), ⑤ (○) 국회법 제65조의2 제2항 제1호에서 국가정보원장, 국세청장, 검찰총장, 경찰청장의 경우 다른 법률에 따라 인사청문 요청이 있는 경우 상임위원회에서 인사청문회를 연다고 규정하고 있다.

④ (X) 국회는 헌법에 의하여 그 임명에 국회의 동의를 요하는 대법원장·헌법재판소장·국무총리·감사원장 및 대법관과 국회에서 선출하는 헌법재판소 재판관 및 중앙선거관리위원회 위원에 대한 임명동의안 또는 의장이 각 교섭단체대표의원과 협의하여 제출한 선출안등을 심사하기 위하여 인사청문특별위원회를 둔다(국회법 제46조의3 제1항 1호).

실시기관	대상기관
인사청문특별위원회	임명에 동의를 요하는 기관 – 국무총리, 대법원장, 대법관, 헌법재판소장, 감사원장 국회에서 선출하는 기관 – 헌법재판소재판관 3인, 중앙선거관리위원회 위원 3인 대통령 당선인이 국무총리 후보자 지명하여 인사청문실시를 요청하는 경우
소관상임위원회	대통령이 임명 – 헌법재판소 재판관3인, 중앙선거관리위원회 위원3인, 국무위원, 방송통신위원회 위원장, 국가정보원장, 공정거래위원회 위원장, 금융위원회 위원장, 국가인권위원회 위원장, 국세청장, 검찰총장, 경찰청장, 합동참모의장, 한국은행총재, 특별감찰관 또는 한국방송공사사장의 후보자 대통령당선인이 국무위원 후보자를 지명하여 인사청문실시를 요청하는 경우 대법원장이 지명 – 헌법재판소 재판관3인, 중앙선거관리위원회 위원3인
특별위원회	상임위원회가 구성되기 전 상임위원회에 인사청문 요청이 있는 경우

정답 ④

제3관 국회의 운영과 의사절차

문 34

국회의 의사공개원칙과 관련된 다음 설명 중 가장 옳지 않은 것은?[2023년 9번]

① 헌법 제50조 제1항은 국회 스스로 회의의 공개 여부를 결정할 수 있는 자율권이 있음을 인정하면서 그 자율권 행사에 대한 한계를 설정하고 있는 조항이다. 따라서 헌법 제50조 제1항 단서는 국회 회의의 비공개를 위해서 모든 회의마다 반드시 출석의원 과반수의 찬성이나 국가의 안전보장을 위하여 필요성이 인정된다는 의장의 결정이라는 절차를 거칠 것을 요구하는 조항이라기보다는 회의에 참여한 구성원들이 실질적으로 비공개에 대한 합의에 이르렀다고 볼 수 있거나 국가의 안전보장을 위해 필요하다는 것이 인정되는 경우에는 의사공개원칙에 대한 예외를 허용하는 조항으로 해석된다.
② 방청불허행위의 대상이 되었던 회의가 이미 종료되었다면, 방청불허행위에 관한 주관적 권리보호이익은 소멸하였으므로, 방청불허행위에 대한 헌법소원 심판청구는 부적법하다.
③ 헌법 제50조 제1항 단서가 정하고 있는 회의의 비공개를 위한 절차나 사유는 그 문언이 매우 구체적이어서, 이에 대한 예외는 엄격하게 인정되어야 한다.
④ 정보위원회 회의는 공개하지 아니한다고 정하고 있는 국회법 제54조의2 제1항 본문은 의사공개원칙에 위배되어 알 권리를 침해한다.
⑤ 헌법 제50조 제1항으로부터 일체의 공개를 불허하는 절대적인 비공개가 허용된다고 볼 수는 없는바, 특정한 내용의 국회의 회의나 특정 위원회의 회의를 일률적으로 비공개한다고 정하면서 공개의 여지를 차단하는 것은 헌법 제50조 제1항에 부합하지 아니한다.

> **MGI Point** **의사공개원칙** ★★
>
> - 헌법 제50조 제1항 단서가 정하고 있는 회의의 비공개를 위한 절차나 사유 ⇨ 매우 엄격하게 인정되어야
> - 정보위원회 회의는 공개하지 아니한다고 정하고 있는 것 ⇨ 알권리 침해
> - 국회 내 특정 위원회의 회의를 일률적으로 비공개한다고 정하면서 공개의 여지를 차단하는 것 ⇨ 의사공개원칙 위배
> - 방청불허행위의 대상이 되었던 회의가 이미 종료된 경우 방청불허행위에 대한 헌법소원 심판청구 ⇨ 권리보호이익 흠결

① (X) 지문은 반대의견의 내용이다

헌법 제50조 제1항은 본문에서 국회의 회의를 공개한다는 원칙을 규정하면서, 단서에서 '출석의원 과반수의 찬성이 있거나 의장이 국가의 안전보장을 위하여 필요하다고 인정할 때'에는 이를 공개하지 아니할 수 있다는 예외를 두고 있다. 이러한 헌법 제50조 제1항의 구조에 비추어 볼 때, 헌법상 의사공개원칙은 모든 국회의 회의를 항상 공개하여야 하는 것은 아니나 이를 공개하지 아니할 경우에는 헌법에서 정하고 있는 일정한 요건을 갖추어야 함을 의미한다. 또한 헌법 제50조 제1항 단서가 정하고 있는 회의의 비공개를 위한 절차나 사유는 그 문언이 매우 구체적이어서, 이에 대한 예외는 엄격하게 인정되어야 한다. 이러한 점에 비추어 보면 헌법 제50조 제1항으로부터 일체의 공개를 불허하는 절대적인 비공개가 허용된다고 볼 수는 없는바, 특정한 내용의 국회의 회의나 특정 위원회의 회의를 일률적으로 비공개한다고 정하면서 공개의 여지를 차단하는 것은 헌법 제50조 제1항에 부합하지 아니한다(헌법재판소 2022. 1. 27. 2018헌마1162, 2020헌바428(병합) 전원재판부 결정).

② (○), ③ (○), ④ (○), ⑤ (○) 이 사건 방청불허행위의 대상이 되었던 회의는 이미 종료되었으므로 방청불허행위에 관한 주관적 권리보호이익은 소멸하였고, 심판대상조항에 대한 심판청구의 적법성을 인정하여 본안 판단에 나아가는 이상 이 사건 방청불허행위에 대해서는 별도의 심판의 이익도 인정되지 아니하므로, 이 사건 방청불허행위에 대한 심판청구는 부적법하다(②). 헌법 제50조 제1항은 본문에서 국회의 회의를 공개한다는 원칙을 규정하면서, 단서에서 '출석의원 과반수의 찬성이 있거나 의장이 국가의 안전보장을 위하여 필요하다고 인정할 때'에는 이를 공개하지 아니할 수 있다는 예외를 두고 있다. 이러한 헌법 제50조 제1항의 구조에 비추어 볼 때, 헌법상 의사공개원칙은 모든 국회의 회의를 항상 공개하여야 하는 것은 아니나 이를 공개하지 아니할 경우에는 헌법에서 정하고 있는 일정한 요건을 갖추어야 함을 의미한다. 또한 헌법 제50조 제1항 단서가 정하고 있는 회의의 비공개를 위한 절차나 사유는 그 문언이 매우 구체적이어서, 이에 대한 예외는 엄격하게 인정되어야 한다(③). 이러한 점에 비추어 보면 헌법 제50조 제1항으로부터 일체의 공개를 불허하는 절대적인 비공개가 허용된다고 볼 수는 없는바, 특정한 내용의 국회의 회의나 특정 위원회의 회의를 일률적으로 비공개한다고 정하면서 공개의 여지를 차단하는 것은 헌법 제50조 제1항에 부합하지 아니한다(⑤). 심판대상조항은 정보위원회의 회의 일체를 비공개 하도록 정함으로써 정보위원회 활동에 대한 국민의 감시와 견제를 사실상 불가능하게 하고 있다. 또한 헌법 제50조 제1항 단서에서 정하고 있는 비공개사유는 각 회의마다 충족되어야 하는 요건으로 입법과정에서 재적의원 과반수의 출석과 출석의원 과반수의 찬성으로 의결되었다는 사실만으로 헌법 제50조 제1항 단서의 '출석위원 과반수의 찬성'이라는 요건이 충족되었다고 볼 수도 없다. 따라서 심판대상조항은 헌법 제50조 제1항에 위배되는 것으로 과잉금지원칙 위배 여부에 대해서는 더 나아가 판단할 필요 없이 청구인들의 알 권리를 침해한다(④)(헌법재판소 2022. 1. 27. 2018헌마1162, 2020헌바428(병합) 전원재판부 결정).

정답 ①

문 35

국회에 관한 다음 설명 중 가장 옳은 것은?[2023년 21번]

① 국회의장은 국회의 연중 상시 운영을 위하여 각 교섭단체 대표의원과의 협의를 거쳐 매년 12월 31일까지 다음 연도의 국회 운영 기본일정(국정감사를 포함한다)을 정하여야 한다. 다만, 국회의원 총선거 후 처음 구성되는 국회의 해당 연도 국회 운영 기본일정은 6월 30일까지 정할 수 있다.
② 국회는 휴회 중이라도 대통령의 요구가 있을 때, 의장이 긴급한 필요가 있다고 인정할 때 또는 재적의원 3분의 1 이상의 요구가 있을 때에는 국회의 회의를 재개한다.
③ 국회의원은 일부 예외를 제외하고, 직무 외에 영리를 목적으로 하는 업무에 종사할 수 없고, 의원이 당선 전부터 위 예외 외의 영리업무에 종사하고 있는 경우에는 임기 개시 후 1년 이내에 그 영리업무를 휴업하거나 폐업하여야 한다.
④ 국회 전문위원은 각 교섭단체 대표위원의 제청으로 의장이 임명한다.
⑤ 위원회는 중요한 안건의 심사와 국정감사 및 국정조사에 필요한 경우 증인·감정인·참고인으로부터 증언·진술을 청취하고 증거를 채택하기 위하여 위원회 의결로 청문회를 열 수 있고, 법률안 심사를 위한 청문회는 재적위원 3분의 1 이상의 요구로 개회할 수 있다.

MGI Point 국회법 ★★★

- 국회의원 총선거 후 처음 구성되는 국회의 해당 연도 국회 운영 기본일정 ⇨ 6월 30일까지 정하여야
- 국회 회의의 재개사유 ⇨ 대통령의 요구, 의장이 긴급한 필요가 있다고 인정, 재적의원 4분의 1 이상의 요구
- 의원이 당선 전부터 위 예외 외의 영리업무에 종사하고 있는 경우에 휴업 및 폐업 ⇨ 임기 개시 후 6개월 이내에 하여야
- 국회 전문위원 ⇨ 사무총장의 제청으로 의장이 임명
- 법률안 심사를 위한 청문회의 개최 ⇨ 재적위원 3분의 1 이상의 요구로 可

---

① (X)

> 국회법
> 제5조의2(연간 국회 운영 기본일정 등) ① 의장은 국회의 연중 상시 운영을 위하여 각 교섭단체 대표의원과의 협의를 거쳐 매년 12월 31일까지 다음 연도의 국회 운영 기본일정(국정감사를 포함한다)을 정하여야 한다. 다만, 국회의원 총선거 후 처음 구성되는 국회의 해당 연도 국회 운영 기본일정은 6월 30일까지 정하여야 한다.

② (X)

> 국회법
> 제8조(휴회) ① 국회는 의결로 기간을 정하여 휴회할 수 있다.
> ② 국회는 휴회 중이라도 대통령의 요구가 있을 때, 의장이 긴급한 필요가 있다고 인정할 때 또는 재적의원 4분의 1 이상의 요구가 있을 때에는 국회의 회의(이하 "본회의"라 한다)를 재개한다.

③ (X)

> 국회법
> 제29조의2(영리업무 종사 금지) ① 의원은 그 직무 외에 영리를 목적으로 하는 업무에 종사할 수 없다. 다만, 의원 본인 소유의 토지·건물 등의 재산을 활용한 임대업 등 영리업무를 하는 경우로서 의원 직무수행에 지장이 없는

경우에는 그러하지 아니하다.
② 의원이 당선 전부터 제1항 단서의 영리업무 외의 영리업무에 종사하고 있는 경우에는 임기 개시 후 6개월 이내에 그 영리업무를 휴업하거나 폐업하여야 한다.

④ (X)

국회법
제42조(전문위원과 공무원) ① 위원회에 위원장과 위원의 입법 활동 등을 지원하기 위하여 의원이 아닌 전문지식을 가진 위원(이하 "전문위원"이라 한다)과 필요한 공무원을 둔다. 위원회에 두는 전문위원과 공무원에 대해서는 「국회사무처법」에서 정하는 바에 따른다.
② 위원회에 두는 전문위원과 공무원이 그 직무를 수행하는 때에는 정치적 중립성을 유지하여야 한다.
③ 전문위원은 사무총장의 제청으로 의장이 임명한다.

⑤ (○)

국회법
제65조(청문회) ① 위원회(소위원회를 포함한다. 이하 이 조에서 같다)는 중요한 안건의 심사와 국정감사 및 국정조사에 필요한 경우 증인·감정인·참고인으로부터 증언·진술을 청취하고 증거를 채택하기 위하여 위원회 의결로 청문회를 열 수 있다.

② 제1항에도 불구하고 법률안 심사를 위한 청문회는 재적위원 3분의 1 이상의 요구로 개회할 수 있다. 다만, 제정법률안과 전부개정법률안의 경우에는 제58조제6항에 따른다.

정답 ⑤

문 7

국회의 운영에 관한 다음 설명 중 가장 옳지 않은 것은? [2020년 28번]

① 권한쟁의심판에 있어서는 처분 또는 부작위를 야기한 기관으로서 법적 책임을 지는 기관만이 피청구인 적격을 가지므로, 권한쟁의심판청구는 이들 기관을 상대로 제기하여야 한다. 국회의장은 의안의 상정, 의안의 가결선포 등의 권한을 가지기는 하나, 이러한 권한행사에 따른 법적 효과는 국회 자체에 귀속되고 국회의장은 이에 따른 법적 책임을 따로 지도록 되어 있지 않으므로, 권한쟁의심판청구의 피청구인 적격이 인정되지 않는다.
② 국회의 입법과 관련하여 일부 국회의원들의 권한이 침해되었다 하더라도, 그 법률안의 가결 선포행위를 쉽게 무효로 볼 것은 아니다. 법률안의 가결 선포행위를 쉽게 무효로 인정할 경우 국법질서의 안정에 위해를 초래할 수 있기 때문이다. 입법절차에 관한 헌법의 규정을 명백히 위반한 흠에 해당하는 경우에만 법률안의 가결 선포행위가 무효로 된다고 보아야 한다.
③ 위원회에서 본회의에 부의할 필요가 없다고 결정된 의안은 본회의에 부의하지 아니한다. 그러나 위원회의 결정이 본회의에 보고된 날로부터 폐회 또는 휴회 중인 기간을 제외한 7일 이내에 의원 30명 이상의 요구가 있을 때에는 그 의안을 본회의에 부의하여야만 한다.

④ 국민은 헌법상 보장된 알 권리의 한 내용으로서 국회에 대하여 입법과정의 공개를 요구할 권리를 가지며, 국회의 의사에 대하여는 직접적인 이해관계 유무와는 전혀 상관없이 일반적 정보공개청구권을 가진다.
⑤ 국회의 본회의는 공개한다. 다만, 의원 10명 이상의 연서에 의한 동의 또는 의장의 제의로 본회의 의결이 있거나 의장이 각 교섭단체 대표의원과 협의하여 국가의 안전보장을 위하여 필요하다고 인정할 때에는 예외적으로 공개하지 아니할 수 있다.

> **MGI Point 국회의 운영** ★★★
>
> ■ 국회부의장이 국회의장의 직무를 대리하여 법률안 가결선포행위를 한 경우
>   ⇨ 권한쟁의심판청구의 피청구인 적격: 국회의장 ○, 국회부의장 ×
> ■ 국회의 입법과 관련하여 국회의원들의 권한이 침해된 경우
>   ⇨ 다수결의 원칙(헌법 제49조)과 회의공개의 원칙(헌법 제50조)과 같은 입법절차에 관한 헌법의 규정을 명백히 위반한 흠에 해당하는 것이 아니라면 그 법률안의 가결 선포행위는 무효 ×
> ■ 위원회에서 본회의에 부의할 필요가 없다고 결정된 의안은 본회의 부의 ×
>   ⇨ but 위원회의 결정이 본회의에 보고된 날로부터 폐회 또는 휴회 중인 기간을 제외한 7일 이내에 의원 30명 이상의 요구가 있을 때에는 그 의안을 본회의에 부의 要
> ■ 국회에 대하여 입법과정의 공개를 요구할 권리 ○
>   ⇨ 국회의 의사에 대하여는 직접적인 이해관계 유무와 상관없이 일반적 정보공개청구권 ○
> ■ 본회의 비공개 요건 ⇨ 의장의 제의 또는 의원 10명 이상의 연서에 의한 동의로 ① 본회의 의결이 있거나 ② 의장이 각 교섭단체 대표의원과 협의하여 국가의 안전보장을 위하여 필요하다고 인정할 때

① (X) 권한쟁의심판에서는 처분 또는 부작위를 야기한 기관으로서 법적 책임을 지는 기관만이 피청구인적격을 가지므로, 이 사건 심판은 의안의 상정·가결선포 등의 권한을 갖는 국회의장을 상대로 제기되어야 한다. 국회부의장은 국회의장의 직무를 대리하여 법률안을 가결선포할 수 있을뿐(국회법 제12조 제1항), 법률안 가결선포행위에 따른 법적 책임을 지는 주체가 될 수 없으므로, 국회부의장에 대한 이 사건 심판청구는 피청구인 적격이 인정되지 아니한 자를 상대로 제기되어 부적법하다(헌재 2009.10.29. 2009헌라8).

② (○) 국회의 입법과 관련하여 일부 국회의원들의 권한이 침해되었다 하더라도 그것이 다수결의 원칙(헌법 제49조)과 회의공개의 원칙(헌법 제50조)과 같은 입법절차에 관한 헌법의 규정을 명백히 위반한 흠에 해당하는 것이 아니라면 그 법률안의 가결 선포행위를 곧바로 무효로 볼 것은 아닌데, 피청구인의 이 사건 법률안들에 대한 가결 선포행위는 그것이 입법절차에 관한 헌법규정을 위반하였다는 등 가결 선포행위를 취소 또는 무효로 할 정도의 하자에 해당한다고 보기는 어렵다(헌재 2011.08.30. 2009헌라7).

③ (○) 국회법 제87조 제1항 참조.

> 국회법 제87조(위원회에서 폐기된 의안) ① 위원회에서 본회의에 부의할 필요가 없다고 결정된 의안은 본회의에 부의하지 아니한다. 다만, 위원회의 결정이 본회의에 보고된 날부터 폐회 또는 휴회 중의 기간을 제외한 7일 이내에 의원 30명 이상의 요구가 있을 때에는 그 의안을 본회의에 부의하여야 한다.
> ② 제1항 단서의 요구가 없을 때에는 그 의안은 폐기된다.

④ (○) 우리 헌법은 제50조 제1항 본문에서 "국회의 회의는 공개한다"라고 하여 국회 의사공개의 원칙을 천명하고 있다. 이는 방청 및 보도의 자유와 회의록의 공개 등을 그 내용으로 한다. 의사공개의 원칙은 의사진행의 내용과 의원의 활동을 국민에게 공개함으로써 민의에 따른 국회운영을 실천한다는 민주주의적 요청에서 유래하는 것인바, 국회에서의 토론 및 정책결정의 과정이 공개되어야 주권자인 국민의 의정활동에 대한 감시와 비판이 가능하고 의사결정의 공정성을 확보할 수 있을 뿐 아니라, 국민에게 의제에 대하여 이해하고 의견을 발표할 수 있도록 정보가 제공되고 국가의사결정의 과정에 참여할 수 있는 실질적 기회가 부여되어 국민의 정치적 의사형성에 기여할 수 있게 된다. 따라서, 국회 의사공개의 원칙은 대의민주주의 정치에 있어서

공공정보의 공개를 통해 국정에 대한 국민의 참여도를 높이고 국정운영의 투명성을 확보하기 위하여 필요불가결한 요소이다. 이 같은 헌법규정의 취지를 고려하면, 국민은 헌법상 보장된 알권리의 한 내용으로서 국회에 대하여 입법과정의 공개를 요구할 권리를 가지며, 국회의 의사에 대하여는 직접적인 이해관계 유무와 상관없이 일반적 정보공개청구권을 가진다고 할 수 있다(헌재 2009.09.24. 2007헌바17).

⑤ (○) 국회법 제75조 참조.

> 국회법 제75조(회의 공개) ① 본회의는 공개한다. 다만, 의장의 제의 또는 의원 10명 이상의 연서에 의한 동의(動議)로 본회의 의결이 있거나 의장이 각 교섭단체 대표의원과 협의하여 국가의 안전보장을 위하여 필요하다고 인정할 때에는 공개하지 아니할 수 있다.
> ② 제1항 단서에 따른 제의나 동의에 대해서는 토론을 하지 아니하고 표결한다.

정답 ①

문 8

법률안의 입법예고에 관한 다음 설명 중 옳은 것은 모두 몇 개인가? [2022년 39번]

> ㄱ. 위원장은 간사와 협의하여 회부된 법률안의 입법 취지와 주요 내용 등을 국회공보 또는 국회 인터넷 홈페이지 등에 게재하는 방법 등으로 입법예고하여야 한다.
> ㄴ. 체계·자구 심사를 위하여 법제사법위원회에 회부된 법률안은 입법예고의 대상에서 제외된다.
> ㄷ. 긴급히 입법을 하여야 하는 경우, 입법 내용의 성질 또는 그 밖의 사유로 입법예고가 필요 없거나 곤란하다고 판단되는 경우에는 위원장이 간사와 협의하여 입법예고를 하지 아니할 수 있다.
> ㄹ. 위원장은 입법예고기간을 예고할 때 정하되, 일부개정법률안의 경우에는 10일 이상, 제정법률안 및 전부개정법률안의 경우에는 15일 이상으로 정하여야 하고, 특별한 사정이 있는 경우 간사와 협의하여 이를 단축할 수 있다.

① 없음   ② 1개   ③ 2개   ④ 3개   ⑤ 4개

MGI Point 법률안의 입법예고 ★★

- 위원장은 간사와 협의하여 회부된 법률안의 입법 취지 등을 국회공보 또는 국회 인터넷 홈페이지 등에 게재하는 방법 등으로 입법예고하여야 함
- 체계·자구 심사를 위하여 법제사법위원회에 회부된 법률안 ⇨ 입법예고 대상에서 제외됨
- 긴급히 입법을 하여야 하는 경우 등에는 위원장이 간사와 협의하여 입법예고 생략 可
- 입법예고기간 ⇨ 일부개정법률안의 경우에는 10일 이상, 제정법률안 및 전부개정법률안의 경우에는 15일 이상. 간사와 협의하여 단축 可

ㄱ. (○) ㄴ. (○) ㄷ. (○) 국회법 제82조의2 제1항 참조

> 국회법 제82조의2(입법예고) ① 위원장은 간사와 협의하여 회부된 법률안(체계·자구 심사를 위하여 법제사법위원회에 회부된 법률안은 제외)의 입법 취지와 주요 내용 등을 국회공보 또는 국회 인터넷 홈페이지 등에 게재하는 방법 등으로 입법예고하여야 한다. 다만, 다음 각 호의 어느 하나에 해당하는 경우에는 위원장이 간

사와 협의하여 입법예고를 하지 아니할 수 있다.
1. 긴급히 입법을 하여야 하는 경우
2. 입법 내용의 성질 또는 그 밖의 사유로 입법예고가 필요 없거나 곤란하다고 판단되는 경우

ㄹ. (○) 국회 입법예고에 관한 규칙 제4조 제1항 참조.

국회 입법예고에 관한 규칙 제4조(입법예고 기간 등) ① 위원장은 입법예고기간을 예고할 때 정하되, 일부개정법률안의 경우에는 10일 이상, 제정법률안 및 전부개정법률안의 경우에는 15일 이상으로 정하여야 한다. 다만, 특별한 사정이 있는 경우 위원장은 간사와 협의하여 이를 단축할 수 있다.

정답 ⑤

문 9

입법절차에 관한 다음 설명 중 옳은 것은 모두 몇 개인가? [2019년 33번]

ㄱ. 법률안은 20인 이상의 국회의원 또는 정부가 제출할 수 있다.
ㄴ. 법률안을 본회의에 부의하기 위해서는 반드시 소관 상임위원회의 심사와 법제사법위원회의 체계·자구 심사를 거쳐야 하며, 이는 생략할 수 없다.
ㄷ. 본회의는 법률안을 심의할 때 그 안건을 심사한 위원장의 심사보고를 듣고 질의·토론을 거쳐 표결한다. 다만, 위원회의 심사를 거친 안건에 대해서는 의결로 질의와 토론을 모두 생략하거나 그 중 하나를 생략할 수 있다.
ㄹ. 국회에서 의결된 법률안은 정부에 이송되어 10일 이내에 대통령이 공포한다. 법률안에 이의가 있을 때에는 대통령은 위 기간 내에 이의서를 붙여 국회로 환부하고, 그 재의를 요구할 수 있다.
ㅁ. 재의의 요구가 있을 때에는 국회는 재의에 붙이고, 재적의원 3분의 2 이상의 출석과 출석의원 3분의 2 이상의 찬성으로 전과 같은 의결을 하면 그 법률안은 법률로서 확정된다.

① 0개　　　② 1개　　　③ 2개
④ 3개　　　⑤ 4개

MGI Point　입법절차　★★★

- 법률안 제출 ⇨ 국회의원 10인 이상 or 정부
- 법률안 본회의 부의 ⇨ 소관 상임위원회의 심사 + 법제사법위원회의 체계·자구심사 (일정한 경우 생략 可)
- 본회의 법률안 심의 ⇨ 안건 심사한 위원장의 심사보고 듣고 질의·토론 ⇨ 표결
  But 위원회 심사 거친 안건의 경우, 의결로 질의와 토론 모두 생략 or 그 중 하나를 생략 可
- 법률안에 이의가 있을 때에는 대통령은 15일 내에 이의서를 붙여 국회로 환부, 재의 요구
  - 국회의 폐회 중에도 가능
  - 재의의 요구 ⇨ 국회가 재적의원 과반수의 출석과 출석의원 3분의 2 이상의 찬성으로 전과 같은 의결 시, 그 법률안은 법률로서 확정
  - 수정 재의 요구 불가

ㄱ. (X) 헌법 제52조, 국회법 제33조 제1항 참조.

> 헌법 제52조 국회의원과 정부는 법률안을 제출할 수 있다.
> 국회법 제33조 ① 의원은 10인 이상의 찬성으로 법률안, 건의안 또는 결의안을 발의할 수 있다.

ㄴ. (X) 국회법 제86조 참조.

> 국회법 제86조 (체계·자구의 심사) ① 위원회에서 법률안의 심사를 마치거나 입안을 하였을 때에는 법제사법위원회에 회부하여 체계와 자구에 대한 심사를 거쳐야 한다. 이 경우 법제사법위원회 위원장은 간사와 협의하여 심사에서 제안자의 취지 설명과 토론을 생략할 수 있다.
> ② 의장은 제1항의 심사에 대하여 제85조제1항 각 호의 어느 하나에 해당하는 경우에는 심사기간을 지정할 수 있으며, 법제사법위원회가 이유 없이 그 기간 내에 심사를 마치지 아니하였을 때에는 바로 본회의에 부의할 수 있다. 이 경우 제85조제1항제1호 또는 제2호에 해당하는 경우에는 의장이 각 교섭단체 대표의원과 협의하여 해당 호와 관련된 안건에 대하여만 심사기간을 지정할 수 있다.
> ③ 법제사법위원회가 제1항에 따라 회부된 법률안에 대하여 이유 없이 회부된 날부터 120일 이내에 심사를 마치지 아니하였을 때에는 심사대상 법률안의 소관 위원회 위원장은 간사와 협의하여 이의가 없는 경우에는 의장에게 그 법률안의 본회의 부의를 서면으로 요구한다. 다만, 이의가 있는 경우에는 그 법률안에 대한 본회의 부의 요구 여부를 무기명투표로 표결하되, 해당 위원회 재적위원 5분의 3 이상의 찬성으로 의결한다.
> ④ 의장은 제3항에 따른 본회의 부의 요구가 있을 때에는 해당 법률안을 각 교섭단체 대표의원과 합의하여 바로 본회의에 부의한다. 다만, 제3항에 따른 본회의 부의 요구가 있었던 날부터 30일 이내에 합의가 이루어지지 아니하였을 때에는 그 기간이 지난 후 처음으로 개의되는 본회의에서 해당 법률안에 대한 본회의 부의 여부를 무기명투표로 표결한다.

ㄷ. (O) 국회법 제93조 참조.

> 국회법 제93조 (안건심의) 본회의는 안건을 심의함에 있어서 그 안건을 심사한 위원장의 심사보고를 듣고 질의·토론을 거쳐 표결한다. 다만, 위원회의 심사를 거치지 아니한 안건에 대하여는 제안자가 그 취지를 설명하여야 하고, 위원회의 심사를 거친 안건에 대하여는 의결로 질의와 토론 또는 그중의 하나를 생략할 수 있다.

ㄹ. (X) ㅁ. (X) 헌법 제53조 참조.

> 헌법 제53조 ① 국회에서 의결된 법률안은 정부에 이송되어 15일 이내에 대통령이 공포한다.
> ② 법률안에 이의가 있을 때에는 대통령은 제1항의 기간내에 이의서를 붙여 국회로 환부하고, 그 재의를 요구할 수 있다. 국회의 폐회중에도 또한 같다.
> ③ 대통령은 법률안의 일부에 대하여 또는 법률안을 수정하여 재의를 요구할 수 없다.
> ④ 재의의 요구가 있을 때에는 국회는 재의에 붙이고, 재적의원과반수의 출석과 출석의원 3분의 2 이상의 찬성으로 전과 같은 의결을 하면 그 법률안은 법률로서 확정된다.
> ⑤ 대통령이 제1항의 기간내에 공포나 재의의 요구를 하지 아니한 때에도 그 법률안은 법률로서 확정된다.

정답 ②

문 10

국회의 의사절차에 관한 다음 설명 중 옳은 것은 모두 몇 개인가? [2018년 16번]

> ㄱ. 국회 의사공개 원칙은 의사진행의 내용과 의원의 활동을 국민에게 공개함으로써 주권자인 국민의 정치적 의사형성과 참여, 의정활동에 대한 감시와 비판이 가능하게 하고, 의사결정의 공정성을 담보하고 정치적 야합과 부패에 대한 방부제 역할을 하기 위한 헌법원칙에 해당하지만, 이로부터 국민의 기본권이 도출되지는 않으므로, 국민이 국회의 의사공개 원칙 위반을 이유로 헌법소원을 제기하는 것은 허용되지 않는다.
> ㄴ. 헌법 제50조 제1항에 규정된 국회 회의 공개 원칙은 본회의에 적용되는 것이며, 위원회에는 원칙적으로 적용되지 아니한다.
> ㄷ. 국회에서 의결되어 정부에 이송된 법률안에 대해 대통령이 15일 이내에 공포나 재의의 요구를 하지 아니한 때에는 그 법률안은 법률로서 확정되며, 이 경우 공포 없이도 그 효력이 발생한다.
> ㄹ. 국회에서 의결되어 정부에 이송된 법률안에 대해 대통령이 이의가 있을 때에는 이의서를 붙여 국회에 환부하고 그 재의를 요구할 수 있다. 대통령은 법률안을 수정하여 재의를 요구할 수는 없으나, 법률안의 일부에 대하여 재의를 요구할 수 있다.
> ㅁ. 의장은 의안이 발의 또는 제출된 때에는 이를 의원에게 배부하고 본회의에 보고하며, 소관 상임위원회에 회부하여 그 심사가 끝난 후 본회의에 부의한다. 안건이 어느 상임위원회의 소관에 속하는지 명백하지 아니할 때에는 국회운영위원회가 재적위원 과반수의 출석과 출석위원 과반수의 찬성으로 결정한다.

① 0개 ② 1개 ③ 2개
④ 3개 ⑤ 5개

:: 해설   ★★★

ㄱ. (X) 국회 의사공개의 원칙은 대의민주주의 정치에 있어서 공공정보의 공개를 통해 국정에 대한 국민의 참여도를 높이고 국정운영의 투명성을 확보하기 위하여 필요불가결한 요소이다. 이 같은 헌법규정의 취지를 고려하면, 국민은 헌법상 보장된 알권리의 한 내용으로서 국회에 대하여 입법과정의 공개를 요구할 권리를 가지며, 국회의 의사에 대하여는 직접적인 이해관계 유무와 상관없이 일반적 정보공개청구권을 가진다고 할 수 있다(헌재 2009.09.24. 2007헌바170).

ㄴ. (X) 오늘날 국회기능의 중심이 본회의에서 위원회로 옮겨져 위원회중심주의로 운영되고 있고, 법안 등의 의안에 대한 실질적인 심의가 위원회에서 이루어지고 있다. 따라서 국회 위원회 회의에 대한 공개 없이는 의사공개원칙의 실효성을 담보하기 어렵다고 할 것이므로, 헌법 제50조 제1항이 천명하고 있는 의사공개원칙은 국회 위원회 회의에도 당연히 적용되는 것으로 보아야 한다(헌재 2000.06.29. 98헌마443).

ㄷ. (X) 법률의 확정과 효력의 발생은 별개의 문제이다. 대통령 또는 국회의장이 공포나 재의의 요구를 하지 아니할 때 법률안은 법률로서 확정되며(헌법 제53조 제5항). 공포한 후 특별한 규정이 없는 한 20일을 경과한 때에, 그 법률의 효력이 발생한다(동조 제7항).

ㄹ. (X) 대통령은 법률안의 일부에 대하여 또는 법률안을 수정하여 재의를 요구할 수 없다(동조 3항). 헌법 제53조 참조.

> 헌법 제53조 ① 국회에서 의결된 법률안은 정부에 이송되어 15일 이내에 대통령이 공포한다.
> ② 법률안에 이의가 있을 때에는 대통령은 제1항의 기간내에 이의서를 붙여 국회로 환부하고, 그 재의를 요구할 수 있다. 국회의 폐회중에도 또한 같다.
> ③ 대통령은 법률안의 일부에 대하여 또는 법률안을 수정하여 재의를 요구할 수 없다.
> ④ 재의의 요구가 있을 때에는 국회는 재의에 붙이고, 재적의원과반수의 출석과 출석의원 3분의 2 이상의 찬성으로 전과 같은 의결을 하면 그 법률안은 법률로서 확정된다.
> ⑤ 대통령이 제1항의 기간내에 공포나 재의의 요구를 하지 아니한 때에도 그 법률안은 법률로서 확정된다.
> ⑥ 대통령은 제4항과 제5항의 규정에 의하여 확정된 법률을 지체없이 공포하여야 한다. 제5항에 의하여 법률이 확정된 후 또는 제4항에 의한 확정법률이 정부에 이송된 후 5일 이내에 대통령이 공포하지 아니할 때에는 국회의장이 이를 공포한다.
> ⑦ 법률은 특별한 규정이 없는 한 공포한 날로부터 20일을 경과함으로써 효력을 발생한다.

ㅁ. (X) 국회법 제81조 제2항 참조.

> 국회법 제81조(상임위원회 회부) ① 의장은 의안이 발의되거나 제출되었을 때에는 이를 인쇄하거나 전산망에 입력하는 방법으로 의원에게 배부하고 본회의에 보고하며, 소관 상임위원회에 회부하여 그 심사가 끝난 후 본회의에 부의한다. 다만, 폐회 또는 휴회 등으로 본회의에 보고할 수 없을 때에는 보고를 생략하고 회부할 수 있다.
> ② 의장은 안건이 어느 상임위원회의 소관에 속하는지 명백하지 아니할 때에는 국회운영위원회와 협의하여 상임위원회에 회부하되, 협의가 이루어지지 아니할 때에는 의장이 소관 상임위원회를 결정한다.

정답 ①

문 11

국회의 회의에 관한 다음 설명 중 옳지 않은 것은 모두 몇 개인가? [2017년 26번]

> ㉠ 국회의 회의는 출석의원 과반수의 찬성이 있는 경우 외에는 항상 공개한다.
> ㉡ 국회법은 회의의 의사진행의 효율성을 높이기 위하여 일사부재의의 원칙, 교섭단체별 발언자 수의 제한, 발언횟수 및 발언시간의 제한 등을 정하고 있다.
> ㉢ 본회의는 재적의원 5분의 1 이상의 출석으로 개의하여 의안을 심의할 수 있고, 헌법 또는 법률이 특별히 의결의 요건을 달리 규정한 경우를 제외하고는 재적의원 과반수의 출석과 출석의원 과반수의 찬성으로 의결한다.
> ㉣ 법률안의 재의결, 탄핵소추 의결, 국무총리 및 국무위원 해임건의는 그 의결에 특별정족수를 필요로 한다.
> ㉤ 표결을 할 때에는 회의장에 있지 아니한 의원은 표결에 참가할 수 없다. 그러나 기명·무기명 투표에 의하여 표결할 때에는 투표함이 폐쇄될 때까지 표결에 참가할 수 있다.
> ㉥ 의원은 표결에 있어서 표시한 의사를 변경할 수 없다.

① 없음   ② 1개   ③ 2개   ④ 3개   ⑤ 4개

해설 ★★★

㉠ (X) 국회의 회의는 공개한다. 다만, 출석의원 과반수의 찬성이 있거나 의장이 국가의 안전보장을 위하여 필요하다고 인정할 때에는 공개하지 아니할 수 있다(헌법 제50조 제1항).

㉡ (○) 국회법 제92조, 동법 제104조 참조.

> 국회법 제92조(일사부재의) 부결된 안건은 같은 회기중에 다시 발의하거나 제출할 수 없다.
> 국회법 제104조(발언원칙) ③ 의장은 각 교섭단체대표의원과 협의하여 같은 의제에 대한 총 발언시간을 정하여 교섭단체별로 그 소속 의원 수의 비율에 따라 할당한다. 이 경우 각 교섭단체 대표의원은 할당된 시간 내에서 발언자 수와 발언자별 발언시간을 정하여 미리 의장에게 통보하여야 한다.
> ④ 의장은 필요한 경우 제3에도 불구하고 각 교섭단체대표의원과 협의하여 같은 의제에 대하여 교섭단체별로 소속 의원 수의 비율에 따라 발언자 수를 정할 수 있다.

㉢ (○) 본회의는 재적의원 5분의 1 이상의 출석으로 ·개의한다(국회법 제73조 제1항). 의사는 헌법이나 이 법에 특별한 규정이 없는 한 재적의원 과반수의 출석과 출석의원 과반수의 찬성으로 의결한다(국회법 제109조). [전문개정 2018.4.17.]

㉣ (○) 헌법 제53조, 제65조, 제63조 참조.

> 헌법 제53조 ④ 재의의 요구가 있을 때에는 국회는 재의에 붙이고, 재적의원과반수의 출석과 출석의원 3분의 2 이상의 찬성으로 전과 같은 의결을 하면 그 법률안은 법률로서 확정된다.
> 헌법 제65조 ② 제1항의 탄핵소추는 국회재적의원 3분의 1 이상의 발의가 있어야 하며, 그 의결은 국회재적의원 과반수의 찬성이 있어야 한다. 다만, 대통령에 대한 탄핵소추는 국회재적의원 과반수의 발의와 국회재적의원 3분의 2 이상의 찬성이 있어야 한다.
> 헌법 제63조 ① 국회는 국무총리 또는 국무위원의 해임을 대통령에게 건의할 수 있다.
> ② 제1항의 해임건의는 국회재적의원 3분의 1 이상의 발의에 의하여 국회재적의원 과반수의 찬성이 있어야 한다.

㉤ (○), ㉥ (○) 국회법 제111조 참조

> 제111조(표결의 참가와 의사변경의 금지) ① 표결을 할 때 회의장에 있지 아니한 의원은 표결에 참가할 수 없다. 다만, 기명투표 또는 무기명투표로 표결할 때에는 투표함이 폐쇄될 때까지 표결에 참가할 수 있다.
> ② 의원은 표결에 대하여 표시한 의사를 변경할 수 없다.

정답 ②

문 12

다음 중 가장 가중된 의결정족수가 필요한 사항은? [2016년 29번]

① 국무총리의 해임 건의
② 계엄의 해제 요구
③ 국무총리의 탄핵 소추
④ 대통령의 탄핵 소추
⑤ 대통령이 재의를 요구한 법률안의 재의결

:: 해설   ★★★

① 국회는 국무총리 또는 국무위원의 해임을 대통령에게 건의할 수 있다(헌법 제63조 제1항). 제1항의 해임건의는 국회재적의원 3분의 1 이상의 발의에 의하여 국회재적의원 과반수의 찬성이 있어야 한다(동조 제2항).
② 국회가 재적의원 과반수의 찬성으로 계엄의 해제를 요구한 때에는 대통령은 이를 해제하여야 한다(헌법 제77조 제5항).
③, ④ 대통령·국무총리·국무위원·행정각부의 장·헌법재판소 재판관·법관·중앙선거관리위원회 위원·감사원장·감사위원 기타 법률이 정한 공무원이 그 직무집행에 있어서 헌법이나 법률을 위배한 때에는 국회는 탄핵의 소추를 의결할 수 있다(헌법 제65조 제1항). 제1항의 탄핵소추는 국회재적의원 3분의 1 이상의 발의가 있어야 하며, 그 의결은 국회재적의원 과반수의 찬성이 있어야 한다. 다만, 대통령에 대한 탄핵소추는 국회재적의원 과반수의 발의와 국회재적의원 3분의 2 이상의 찬성이 있어야 한다(동조 제2항).
⑤ 재의의 요구가 있을 때에는 국회는 재의에 붙이고, 재적의원과반수의 출석과 출석의원 3분의 2 이상의 찬성으로 전과 같은 의결을 하면 그 법률안은 법률로서 확정된다(헌법 제53조 제4항).

정답 ④

문 13

국회의 위원회 제도에 관한 다음 설명 중 옳은 것은 모두 몇 개인가? [2019년 19번]

ㄱ. 국회의원은 둘 이상의 상임위원회의 위원이 될 수 있다.
ㄴ. 국회의원은 반드시 적어도 하나 이상의 상임위원회에 속하여 그 소관에 속하는 의안과 청원 등의 심사, 그 밖에 법률에서 정하는 직무를 수행하여야 한다.
ㄷ. 상임위원의 임기는 원칙적으로 2년이지만, 보임(補任)되거나 개선(改選)된 상임위원의 임기는 전임자 임기의 남은 기간으로 한다.
ㄹ. 상임위원회 위원장은 상임위원 중에서 호선한다.
ㅁ. 위원회는 재적위원 5분의 1 이상의 출석으로 개회하고, 재적위원 과반수의 출석과 출석위원 과반수의 찬성으로 의결한다.

① 1개   ② 2개   ③ 3개
④ 4개   ⑤ 5개

MGI Point 국회의 위원회 제도   ★★

- 의원은 2 이상의 상임위원회의 위원 可
- 상임위원의 임기 : 2년, 보임되거나 개선된 경우 전임자 임기의 남은 기간
- 상임위원회 위원장 ⇨ 무기명투표로 선거, 재적의원 과반수의 출석과 출석의원 다수득표 당선
- 위원회의 의사·의결정족수
  - 재적위원 5분의 1 이상 출석 개회
  - 재적위원 과반수의 출석과 출석위원 과반수의 찬성 의결

ㄱ. (○), ㄴ. (X) 국회법 제39조, 제36조 참조.

> 국회법 제39조 (상임위원회의 위원) ① 의원은 둘 이상의 상임위원회의 위원(이하 "상임위원"이라 한다)이 될 수 있다.
> ③ 의장은 상임위원이 될 수 없다.
> 국회법 제36조(상임위원회의 직무) 상임위원회는 그 소관에 속하는 의안과 청원 등의 심사, 그 밖에 법률에서 정하는 직무를 수행한다.

ㄷ. (○) 국회법 제40조 제1항, 제3항 참조.

> 국회법 제40조 (상임위원의 임기) ① 상임위원의 임기는 2년으로 한다. 다만, 국회의원총선거후 처음 선임된 위원의 임기는 그 선임된 날부터 개시하여 의원의 임기개시후 2년이 되는 날까지로 한다.
> ③ 보임 또는 개선된 상임위원의 임기는 전임자의 잔임기간으로 한다.

ㄹ. (X) 국회법 제41조 제2항, 제17조 참조.

> 국회법 제41조 (상임위원장) ② 상임위원장은 제48조제1항 내지 제3항의 규정에 의하여 선임된 당해 상임위원중에서 임시의장선거의 예에 준하여 국회의 회의에서 선거한다.
> 국회법 제17조 (임시의장의 선거) 임시의장은 무기명투표로 선거하되 재적의원 과반수의 출석과 출석의원 다수득표자를 당선자로 한다.

ㅁ. (○) 국회법 제54조 참조.

> 국회법 제54조 (위원회의 의사·의결정족수) 위원회는 재적위원 5분의 1 이상의 출석으로 개회하고, 재적위원 과반수의 출석과 출석위원 과반수의 찬성으로 의결한다.

문 14

법률안에 관한 다음 설명 중 가장 옳지 않은 것은? [2016년 12번]

① 국회에 제출된 법률안은 국회의원의 임기가 만료된 경우를 제외하고는 회기 중에 의결되지 못한 이유로 폐기되지 아니한다.
② 정부, 국회의 상임위원회 또는 국회의원 10인 이상은 법률안을 제출할 권한이 있다.
③ 대통령은 국회에서 의결된 법률안에 이의가 있을 때에는 정부에 이송된 후 15일 이내에 이의서를 붙여 국회로 환부하여 그 재의를 요구할 수 있다.
④ 대통령의 재의의 요구가 있을 때에는 국회는 재의에 붙이고 재적의원 과반수의 출석과 출석의원 3분의 2 이상의 찬성으로 전과 같은 의결을 하면 그 법률안은 법률로서 확정되며, 이 경우 대통령이 공포하지 않더라도 법률로서의 효력에는 영향이 없다.
⑤ 법률은 특별한 규정이 없는 한 공포한 날로부터 20일을 경과함으로써 효력을 발생한다.

:: 해설   ★★

① (O) 국회에 제출된 법률안 기타의 의안은 회기중에 의결되지 못한 이유로 폐기되지 아니한다. 다만, 국회의원의 임기가 만료된 때에는 그러하지 아니하다(헌법 제51조).
② (O) 국회의원과 정부는 법률안을 제출할 수 있다(헌법 제52조). 국회법 제5조의3에서는 정부, 제51조에서는 국회의 상임위원회, 제79조에서는 국회의원 10인 이상은 법률안을 제출할 수 있음을 규정하고 있다.
③ (O) 법률안에 이의가 있을 때에는 대통령은 15일의 기간내에 이의서를 붙여 국회로 환부하고, 그 재의를 요구할 수 있다. 국회의 폐회중에도 또한 같다(헌법 제53조 제2항).
④ (X) 대통령의 재의의 요구가 있을 때에는 국회는 재의에 붙이고, 재적의원과반수의 출석과 출석의원 3분의 2 이상의 찬성으로 전과 같은 의결을 하면 그 법률안은 법률로서 확정된다(헌법 제53조 제4항). 국회의 재의결로 확정법률이 정부에 이송된 후 5일 이내에 대통령이 공포하지 아니할 때에는 국회의장이 이를 공포한다(헌법 제53조 제6항).
⑤ (O) 법률은 특별한 규정이 없는 한 공포한 날로부터 20일을 경과함으로써 효력을 발생한다(헌법 제53조 제7항).

정답 ④

문 15

국회에서의 의결정족수 등에 관한 다음 설명 중 옳지 않은 것은 모두 몇 개인가? [2021년 34번]

ㄱ. 국회의원의 제명의결은 국회재적의원 3분의 2이상의 찬성이 있어야 한다.
ㄴ. 대통령에 대한 탄핵소추는 국회재적의원 과반수의 발의와 국회재적의원 3분의 2 이상의 찬성이 있어야 한다.
ㄷ. 국회의원의 체포동의는 재적의원 과반수의 출석과 출석의원 과반수의 찬성으로 의결한다.
ㄹ. 국무총리에 대한 해임 건의는 국회재적의원 4분의 1 이상의 발의와 국회재적의원 과반수의 찬성이 있어야 한다.
ㅁ. 국회가 재적의원 과반수의 찬성으로 계엄의 해제를 요구한 때에는 대통령은 이를 해제하여야 한다.
ㅂ. 대통령이 재의를 요구한 법률안의 재의결에는 국회재적의원 과반수의 출석과 출석의원 3분의 2 이상의 찬성이 필요하다.
ㅅ. 국회의 본회의는 재적의원 4분의 1 이상의 출석으로 개의하고, 임시회는 대통령 또는 재적의원 5분의 1 이상의 요구에 의하여 집회된다.

① 없음   ② 1개   ③ 2개
④ 3개   ⑤ 4개

> **MGI Point** 국회에서의 의결정족수 ★★
>
> - 국회의원의 제명의결 ⇨ 국회재적의원 3분의 2 이상 찬성
> - 대통령에 대한 탄핵소추 ⇨ 국회재적의원 과반수의 발의 + 국회재적의원 3분의 2 이상 찬성
> - 국회의원의 체포동의 ⇨ 국회재적의원 과반수의 출석 + 출석의원 과반수 찬성
> - 국무총리 또는 국무위원의 해임 ⇨ 국회재적의원 3분의 1 이상 발의 + 국회재적의원 과반수 찬성
> - 계엄의 해제 ⇨ 국회 재적의원 과반수의 찬성으로 계엄해제 요구 시 대통령은 해제하여야 함
> - 법률안의 재의결 ⇨ 국회재적의원 과반수의 출석 + 출석의원 3분의 2 이상 찬성
> - 본회의 의사정족수 ⇨ 재적의원 5분의 1 이상 출석 / 임시회의 집회요구 ⇨ 대통령 or 재적의원 4분의 1 이상

ㄱ. (O) 헌법 제64조 제3항 참조.

> 헌법 제64조 ③ 의원을 제명하려면 국회재적의원 3분의 2 이상의 찬성이 있어야 한다.

ㄴ. (O) 헌법 제65조 제2항 참조.

> 헌법 제65조 ② 제1항의 탄핵소추는 국회재적의원 3분의 1 이상의 발의가 있어야 하며, 그 의결은 국회재적의원 과반수의 찬성이 있어야 한다. 다만, 대통령에 대한 탄핵소추는 국회재적의원 과반수의 발의와 국회재적의원 3분의 2 이상의 찬성이 있어야 한다.

ㄷ. (O) 헌법 49조, 국회법 제26조 참조.

> 헌법 제49조 국회는 헌법 또는 법률에 특별한 규정이 없는 한 재적의원 과반수의 출석과 출석의원 과반수의 찬성으로 의결한다. 가부동수인 때에는 부결된 것으로 본다.
> 국회법 제26조 (체포동의 요청의 절차) ① 의원을 체포하거나 구금하기 위하여 국회의 동의를 받으려고 할 때에는 관할법원의 판사는 영장을 발부하기 전에 체포동의 요구서를 정부에 제출하여야 하며, 정부는 이를 수리한 후 지체 없이 그 사본을 첨부하여 국회에 체포동의를 요청하여야 한다.
> ② 의장은 제1항에 따른 체포동의를 요청받은 후 처음 개의하는 본회의에 이를 보고하고, 본회의에 보고된 때부터 24시간 이후 72시간 이내에 표결한다. 다만, 체포동의안이 72시간 이내에 표결되지 아니하는 경우에는 그 이후에 최초로 개의하는 본회의에 상정하여 표결한다.

ㄹ. (X) 헌법 제63조 제2항 참조.

> 헌법 제63조 ① 국회는 국무총리 또는 국무위원의 해임을 대통령에게 건의할 수 있다.
> ② 제1항의 해임건의는 국회재적의원 3분의 1 이상의 발의에 의하여 국회재적의원 과반수의 찬성이 있어야 한다.

ㅁ. (O) 헌법 제77조 제5항 참조.

> 헌법 제77조 ① 대통령은 전시·사변 또는 이에 준하는 국가비상사태에 있어서 병력으로써 군사상의 필요에 응하거나 공공의 안녕질서를 유지할 필요가 있을 때에는 법률이 정하는 바에 의하여 계엄을 선포할 수 있다.
> ⑤ 국회가 재적의원 과반수의 찬성으로 계엄의 해제를 요구한 때에는 대통령은 이를 해제하여야 한다.

ㅂ. (O) 헌법 제53조 제4항 참조.

> 헌법 제53조 ④ 재의의 요구가 있을 때에는 국회는 재의에 붙이고, 재적의원과반수의 출석과 출석의원 3분의 2 이상의 찬성으로 전과 같은 의결을 하면 그 법률안은 법률로서 확정된다.

ㅅ. (X) 헌법 제47조 제1항, 국회법 제73조 제1항 참조.

> 헌법 제47조 ① 국회의 정기회는 법률이 정하는 바에 의하여 매년 1회 집회되며, 국회의 임시회는 대통령 또는 국회재적의원 4분의 1 이상의 요구에 의하여 집회된다.
> 국회법 제73조 (의사정족수) ① 본회의는 재적의원 5분의 1 이상의 출석으로 개의한다.

정답 ③

제4관 국회의 권한

문 36

탄핵에 관한 다음 설명 중 옳지 않은 것은 모두 몇 개인가?[2023년 10번]

> ㄱ. 헌법 제65조 제4항 전문과 헌법재판소법 제53조 제1항은 헌법재판소가 탄핵결정을 선고할 때 피청구인이 '해당 공직'에 있음을 전제로 하고 있다. 헌법 제65조 제1항과 헌법재판소법 제48조는 해당 공직의 범위를 한정적으로 나열하고 있는데, 이는 전직이 아닌 '현직'을 의미한다.
> ㄴ. 법관 임기제는 사법의 독립성과 책임성의 조화를 위해 법관의 민주적 정당성을 소멸시키는 '일상적 수단'이다. 반면, 법치주의의 특별한 보장자로서 국회와 헌법재판소가 역할을 분담하는 탄핵제도는 고위공직자에게 부여된 민주적 정당성을 박탈함으로써 헌법을 수호하는 '비상적 수단'이다.
> ㄷ. 헌법재판소법 제53조 제1항에서 정한 '해당 공직에서 파면하는 결정'을 '임기만료로 퇴직하여 해당 공직에 있지 않은 사람'에 대하여도 할 수 있도록 유추해석하거나, 헌법재판소법 제54조 제2항에서 정한 '탄핵결정으로 파면된 사람에 대한 공직 취임 제한'을 '임기만료로 퇴직한 사람에게 파면사유가 있었던 것으로 확인되는 경우'에까지 적용되도록 유추해석하는 것은, 그 문언해석의 한계를 넘어 공무담임권을 부당하게 박탈하는 것이다.
> ㄹ. 국가기관이 국민에 대하여 공권력을 행사할 때 준수하여야 하는 법원칙으로 형성된 적법절차의 원칙을 국가기관에 대하여 헌법을 수호하고자 하는 탄핵소추절차에 직접 적용할 수 없다.
> ㅁ. 헌법재판은 9인의 재판관으로 구성된 재판부에 의하여 이루어지는 것이 원칙이므로, 헌법재판관 1인이 결원이 된 경우 탄핵심판을 심리하고 결정하는 것은 헌법과 법률에 위배된다.

① 없음   ② 1개   ③ 2개   ④ 3개   ⑤ 4개

MGI Point 탄핵 ★★★

- 탄핵심판청구에서 피청구인 ⇨ 현직에 있는 자로 한정
- 법관의 임기제는 민주적 정당성을 소멸시키는 '일상적 수단' / 탄핵제도는 민주적 정당성을 소멸시키는 '비상적 수단'
- 파면결정을 임기만료로 퇴직하여 해당 공직에 있지 않은 사람에 대하여도 할 수 있도록 유추해석하거나, 탄핵결정으로 파면된 사람에 대한 공직 취임 제한을 임기만료로 퇴직한 사람에게 파면사유가 있었던 것으로 확인되는 경우에까지 적용되도록 유추해석하는 것 ⇨ 허용×
- 탄핵소추절차에 적법절차원칙 적용×
- 헌법재판관 9인 중 1인이 결원된 경우 탄핵심판의 심리·결정 ⇨ 법률상 가능

ㄱ. (○) 탄핵심판에서 피청구인을 '해당 공직'에서 파면하는 결정을 한다고 할 때, 그 공직의 범위는 헌법과 헌법재판소법에 한정적으로 열거되어 있다. 헌법 제65조 제1항 및 헌법재판소법 제48조는 '대통령, 국무총리, 국무위원, 행정각부의 장, 헌법재판소 재판관, 법관, 중앙선거관리위원회 위원, 감사원장, 감사위원, 기타 법률이 정한 공무원'을 탄핵소추의 대상으로 정하고 있는데, 헌법 제65조 제4항 전문과 헌법재판소법 제53조 제1항에 비추어 볼 때, 이러한 공직들은 탄핵심판에 따른 파면결정을 받을 수 있는 현직을 의미한다(헌법재판소 2021. 10. 28. 2021헌나1 전원재판부 결정).

ㄴ. (○) 국회속기록에 따르면 당시 헌법제정권자는 법관 임기제를 통하여 그 임기 동안 '사법의 독립'을 보장함과 동시에 그 임기만료와 연임제도를 통해 '사법의 책임과 사법 민주화'를 달성할 것으로 생각하였음을 알 수 있다. 이러한 설명에 비추어 볼 때, 주기적으로 민주적 정당성을 부여하면서 그 임기 중 독립적인 직무수행을 보장하는 임기제의 취지는 법관의 경우에도 다르지 않음을 알 수 있으며, 일반 법관의 임명 방법에 관하여 대법관회의의 동의와 대법원장의 임명을 명문화함으로써 제헌 당시에 비하여 간접적인 민주적 정당성 부여의 과정을 더욱 분명히 한 현행 헌법의 경우에는 이 점이 더욱 명확하다. … 요컨대, 법치주의의 특별한 보장자로서 국회와 헌법재판소가 역할을 분담하고 있는 탄핵제도는 '민주적 정당성이 부여되는 주기의 변형'의 결과를 감수하면서도 직무집행상 중대한 위헌·위법행위를 저지른 공직자에게 부여된 민주적 정당성을 박탈함으로써 헌법을 수호하는 '비상적 수단'의 성격을 가진다.(헌법재판소 2021. 10. 28. 2021헌나1 전원재판부 결정).

ㄷ. (○) 헌법재판소법 제54조 제2항이 헌법질서 수호·보장을 위한 규정이라는 이유로 파면결정 선고 후 5년 동안 공무원이 되는 자격을 정지시키는 제재의 대상을 확장하기 위해서, 헌법재판소법 제53조 제1항에서 정한 '해당 공직에서 파면하는 결정'을 '임기만료로 퇴직하여 해당 공직에 있지 않은 사람'에 대하여도 할 수 있도록 유추해석하거나, 헌법재판소법 제54조 제2항에서 정한 '탄핵결정에 의하여 파면된 사람' 이외에 '임기만료로 퇴직한 사람에게 탄핵사유가 있었던 것으로 확인되는 경우'에까지 공직 취임 제한 조항을 적용하도록 유추해석하는 것은 법률조항에서 명문으로 규정되지 않은 범위까지 공직 취임이 제한될 수 있는 경우를 확장하여 형사적 제재에 준하는 불이익을 가하는 것이다. 이것은 공무담임권의 자의적 배제 또는 부당한 박탈에 해당될 뿐만 아니라 의심스러울 때에는 국민의 기본권을 우선해야 한다는 입헌주의 원칙의 근간을 흔드는 것이다(헌법재판소 2021. 10. 28. 2021헌나1 전원재판부 결정).

ㄹ. (○) 피청구인은 국회가 탄핵소추를 의결하면서 피청구인에게 혐의사실을 알려주지 않고 의견 제출의 기회도 주지 않았으므로 적법절차원칙에 위반된다고 주장한다. 탄핵소추절차는 국회와 대통령이라는 헌법기관 사이의 문제이고, 국회의 탄핵소추의결에 따라 사인으로서 대통령 개인의 기본권이 침해되는 것이 아니며 국가기관으로서 대통령의 권한행사가 정지될 뿐이다. 따라서 국가기관이 국민에 대하여 공권력을 행사할 때 준수하여야 하는 법원칙으로 형성된 적법절차의 원칙을 국가기관에 대하여 헌법을 수호하고자 하는 탄핵소추절차에 직접 적용할 수 없다(헌법재판소 2017. 3. 10. 2016헌나1 결정).

ㅁ. (X) 헌법재판은 9인의 재판관으로 구성된 재판부에 의하여 이루어지는 것이 원칙이다. 그러나 현실적으로는 일부 재판관이 재판에 참여할 수 없는 경우가 발생할 수밖에 없다. 이에 헌법과 헌법재판소법은 재판관 중 결원이 발생한 경우에도 헌법재판소의 헌법 수호 기능이 중단되지 않도록 7명 이상의 재판관이 출석하면 사건을 심리하고 결정할 수 있음을 분명히 하고 있다. 그렇다면 헌법재판관 1인이 결원이 되어 8인의 재판관으로 재판부가 구성되더라도 탄핵심판을 심리하고 결정하는 데 헌법과 법률상 아무런 문제가 없다(헌법재판소 2017. 3. 10. 2016헌나1 결정).

정답 ②

문 16

국회에 관한 다음 설명 중 옳지 않은 것은 모두 몇 개인가? [2022년 19번]

> ㄱ. 법원행정처장은 의장이나 위원장의 허가를 받아 본회의나 위원회에서 소관 사무에 관하여 발언할 수 있다.
> ㄴ. 본회의나 위원회는 특정한 사안에 대하여 질문하기 위하여 대법원장, 헌법재판소장 또는 그 대리인의 출석을 요구할 수 있다.
> ㄷ. 국회의원에 대하여 피선거권이 없게 되는 사유에 해당하는 형을 선고한 법원은 그 판결선고와 동시에 그 사실을 지체 없이 국회에 통지하여야 한다.
> ㄹ. 의원을 체포하거나 구금하기 위하여 국회의 동의를 받으려고 할 때에는 관할법원의 판사는 영장을 발부하기 전에 체포동의 요구서를 정부에 제출하여야 하며, 정부는 이를 수리(受理)한 후 지체 없이 그 사본을 첨부하여 국회에 체포동의를 요청하여야 한다.
> ㅁ. 국회의원에 대한 체포동의안이 72시간 이내에 표결되지 아니하는 경우에는 그 동의안은 자동으로 폐기된다.

① 1개 ② 2개 ③ 3개 ④ 4개 ⑤ 5개

MGI Point 국회 ★★

- 법원행정처장 ⇨ 의장이나 위원장의 허가를 받아 본회의나 위원회에서 발언 可
- 본회의나 위원회의 출석 요구의 대상 ⇨ 대법원장, 헌법재판소장 또는 그 대리인 可
- 국회의원에 대하여 피선거권 상실사유에 해당하는 형이 확정된 때 ⇨ 법원은 지체없이 국회에 통지 要
- 의원을 체포하거나 구금하기 위하여 국회의 동의를 받으려고 할 때 ⇨ 관할법원의 판사는 체포동의안 정부에 제출, 정부는 수리한 후 지체 없이 동의를 요청
- 국회의원에 대한 체포동의안이 72시간 이내에 표결 × ⇨ 그 이후에 최초 본회의에 상정하여 표결

ㄱ. (○) 국회법 제120조 제2항 참조.

> 국회법 제120조(국무위원 등의 발언) ② 법원행정처장, 헌법재판소 사무처장, 중앙선거관리위원회 사무총장은 의장이나 위원장의 허가를 받아 본회의나 위원회에서 소관 사무에 관하여 발언할 수 있다.

ㄴ. (○) 국회법 제121조 제5항 참조.

> 국회법 제121조(국무위원 등의 출석 요구) ⑤ 본회의나 위원회는 특정한 사안에 대하여 질문하기 위하여 대법원장, 헌법재판소장, 중앙선거관리위원회 위원장, 감사원장 또는 그 대리인의 출석을 요구할 수 있다. 이 경우 위원장은 의장에게 그 사실을 보고하여야 한다.

ㄷ. (X) 국회법 제136조 제3항 참조.

> 국회법 제136조(퇴직) ③ 의원에 대하여 제2항의 피선거권이 없게 되는 사유에 해당하는 형을 선고한 법원은 그 판결이 확정되었을 때에 그 사실을 지체 없이 국회에 통지하여야 한다.

ㄹ. (○) 국회법 제26조 제1항 참조.

> 국회법 제26조(체포동의 요청의 절차) ① 의원을 체포하거나 구금하기 위하여 국회의 동의를 받으려고 할 때에는 관할법원의 판사는 영장을 발부하기 전에 체포동의 요구서를 정부에 제출하여야 하며, 정부는 이를 수리(受理)한 후 지체 없이 그 사본을 첨부하여 국회에 체포동의를 요청하여야 한다.

ㅁ. (X) 국회법 제26조 제2항 참조.

> 국회법 제26조(체포동의 요청의 절차) ② 의장은 제1항에 따른 체포동의를 요청받은 후 처음 개의하는 본회의에 이를 보고하고, 본회의에 보고된 때부터 24시간 이후 72시간 이내에 표결한다. 다만, 체포동의안이 72시간 이내에 표결되지 아니하는 경우에는 그 이후에 최초로 개의하는 본회의에 상정하여 표결한다.

정답 ②

문 17

법률안의 발의 또는 제출과 관련된 다음 설명 중 옳은 것은 모두 몇 개인가? [2022년 20번]

ㄱ. 법원행정처장은 의장이나 위원장의 허가를 받아 본회의나 위원회에서 소관 사무에 관하여 발언할 수 있다.
ㄴ. 본회의나 위원회는 특정한 사안에 대하여 질문하기 위하여 대법원장, 헌법재판소장 또는 그 대리인의 출석을 요구할 수 있다.
ㄷ. 국회의원에 대하여 피선거권이 없게 되는 사유에 해당하는 형을 선고한 법원은 그 판결선고와 동시에 그 사실을 지체 없이 국회에 통지하여야 한다.
ㄹ. 의원을 체포하거나 구금하기 위하여 국회의 동의를 받으려고 할 때에는 관할법원의 판사는 영장을 발부하기 전에 체포동의 요구서를 정부에 제출하여야 하며, 정부는 이를 수리(受理)한 후 지체 없이 그 사본을 첨부하여 국회에 체포동의를 요청하여야 한다.
ㅁ. 국회의원에 대한 체포동의안이 72시간 이내에 표결되지 아니하는 경우에는 그 동의안은 자동으로 폐기된다.
ㅂ. 국회의장은 특히 필요하다고 인정하는 안건에 대해서는 본회의의 의결을 거쳐 이를 특별위원회에 회부한다. 다만 긴급한 경우에는 직권으로 또는 상임위원회의 의결로 회부할 수 있다.
ㅅ. 정부는 부득이한 경우를 제외하고는 매년 1월 31일까지 해당 연도에 제출할 법률안에 관한 계획을 국회에 통지하여야 하고, 그 계획을 변경하였을 때에는 지체 없이 주요 사항을 국회에 통지하여야 한다.

① 1개   ② 2개   ③ 3개   ④ 4개   ⑤ 5개

> **MGI Point** **법률안의 발의·제출** ★★
>
> - 국회의원 10인 이상, 정부 ⇨ 법률안 발의·제출 可
> - 법률안 제명의 부제(副題) ⇨ 발의의원의 성명 기재
> - 예산상 또는 기금상의 조치를 수반하는 의안을 발의하는 경우 ⇨ 국회의원, 정부 둘 다 비용에 관한 추계서 또는 추계요구서를 제출 要
> - 대법원장은 법원 업무에 관련된 법률의 제정 또는 개정에 관하여 국회에 서면으로 그 의견을 제출 可
> - 국회의장이 법률안의 발의·제출을 폐회 또는 휴회 등으로 본회의에 보고할 수 없을 때 ⇨ 보고를 생략하고 회부 可
> - 특별위원회 ⇨ 본회의 의결로 회부(긴급한 경우 예외규정 無)
> - 정부가 해당 연도 제출할 법률안에 관한 계획을 변경하였을 때 ⇨ 분기별로 국회에 통지

ㄱ. (○) 헌법 제52조, 국회법 제79조 제1항 참조.

> 헌법 제52조 국회의원과 정부는 법률안을 제출할 수 있다.
> 국회법 제79조(의안의 발의 또는 제출) ① 의원은 10명 이상의 찬성으로 의안을 발의할 수 있다.

ㄴ. (X) 법률안 제명의 부제에는 발의의원의 성명만 기재한다.

> 국회법 제79조(의안의 발의 또는 제출) ② 의안을 발의하는 의원은 그 안을 갖추고 이유를 붙여 찬성자와 연서하여 이를 의장에게 제출하여야 한다.
> ③ 의원이 법률안을 발의할 때에는 발의의원과 찬성의원을 구분하되, 법률안 제명의 부제(副題)로 발의의원의 성명을 기재한다. 다만, 발의의원이 2명 이상인 경우에는 대표발의의원 1명을 명시(明示)하여야 한다.

ㄷ. (X) 국회법 제79조의2 제1항, 제4항 참조.

> 국회법 제79조의2(의안에 대한 비용추계 자료 등의 제출) ① 의원이 예산상 또는 기금상의 조치를 수반하는 의안을 발의하는 경우에는 그 의안의 시행에 수반될 것으로 예상되는 비용에 관한 국회예산정책처의 추계서 또는 국회예산정책처에 대한 추계요구서를 함께 제출하여야 한다.
> ④ 정부가 예산상 또는 기금상의 조치를 수반하는 의안을 제출하는 경우에는 그 의안의 시행에 수반될 것으로 예상되는 비용에 관한 추계서와 이에 상응하는 재원조달방안에 관한 자료를 의안에 첨부하여야 한다.

ㄹ. (○) 법원조직법 제9조 제3항 참조.

> 법원조직법 제9조(사법행정사무) ③ 대법원장은 법원의 조직, 인사, 운영, 재판절차, 등기, 가족관계등록, 그 밖의 법원 업무와 관련된 법률의 제정 또는 개정이 필요하다고 인정하는 경우에는 국회에 서면으로 그 의견을 제출할 수 있다.

ㅁ. (X) 국회법 제81조 제1항 참조.

> 국회법 제81조(상임위원회 회부) ① 의장은 의안이 발의되거나 제출되었을 때에는 이를 인쇄하거나 전산망에 입력하는 방법으로 의원에게 배부하고 본회의에 보고하며, 소관 상임위원회에 회부하여 그 심사가 끝난 후 본회의에 부의한다. 다만, 폐회 또는 휴회 등으로 본회의에 보고할 수 없을 때에는 보고를 생략하고 회부할 수 있다.

ㅂ. (X) 국회법 제82조 참조. 특별위원회에의 회부는 본회의 의결로 하며 긴급한 경우에 예외를 인정하는 조항은 존재하지 않는다.

> 국회법 제82조(특별위원회 회부) ① 의장은 특히 필요하다고 인정하는 안건에 대해서는 본회의의 의결을 거쳐 이를 특별위원회에 회부한다.
> ② 의장은 특별위원회에 회부된 안건과 관련이 있는 다른 안건을 그 특별위원회에 회부할 수 있다.

ㅅ. (X) 국회법 제5조의3 제1항, 제2항 참조.

> 국회법 제5조의3(법률안 제출계획의 통지) ① 정부는 부득이한 경우를 제외하고는 매년 1월 31일까지 해당 연도에 제출할 법률안에 관한 계획을 국회에 통지하여야 한다.
> ② 정부는 제1항에 따른 계획을 변경하였을 때에는 분기별로 주요 사항을 국회에 통지하여야 한다.

[정답] ②

문 18

다음 중 그 임명에 국회의 동의가 필요하다고 헌법규정에 명시되어 있지 않은 것을 모두 고른 것은?
[2019년 34번]

> ㄱ. 감사원장
> ㄴ. 헌법재판소장이 아닌 헌법재판관
> ㄷ. 대법관
> ㄹ. 중앙선거관리위원장

① ㄱ, ㄴ　　② ㄱ, ㄹ　　③ ㄴ, ㄹ　　④ ㄴ　　⑤ ㄹ

MGI Point 임명 국회동의 ★★★

- 감사원장 : 국회의 동의를 받아 대통령이 임명
- 헌법재판소장이 아닌 헌법재판관 : 재판관 중 3인은 국회선출, 3인은 대법원장 지명 ⇨ 대통령이 임명
- 대법관 : 대법원장의 제청 ⇨ 국회의 동의 ⇨ 대통령 임명
- 중앙선거관리위원장 : 위원장은 위원 중 호선

ㄱ. (○) 헌법 제98조 제2항 참조.

> 헌법 제98조 ① 감사원은 원장을 포함한 5인 이상 11인 이하의 감사위원으로 구성한다.
> ② 원장은 국회의 동의를 얻어 대통령이 임명하고, 그 임기는 4년으로 하며, 1차에 한하여 중임할 수 있다.
> ③ 감사위원은 원장의 제청으로 대통령이 임명하고, 그 임기는 4년으로 하며, 1차에 한하여 중임할 수 있다.

ㄴ. (X) 헌법 제111조 제2,3항 참조.

> 헌법 제111조 ② 헌법재판소는 법관의 자격을 가진 9인의 재판관으로 구성하며, 재판관은 대통령이 임명한다.
> ③ 제2항의 재판관중 3인은 국회에서 선출하는 자를, 3인은 대법원장이 지명하는 자를 임명한다.
> ④ 헌법재판소의 장은 국회의 동의를 얻어 재판관중에서 대통령이 임명한다.

ㄷ. (○) 헌법 제104조 제2항 참조.

> 헌법 제104조 ① 대법원장은 국회의 동의를 얻어 대통령이 임명한다.
> ② 대법관은 대법원장의 제청으로 국회의 동의를 얻어 대통령이 임명한다.
> ③ 대법원장과 대법관이 아닌 법관은 대법관회의의 동의를 얻어 대법원장이 임명한다.

ㄹ. (X) 헌법 제114조 제2항 참조.

> 헌법제114조 ② 중앙선거관리위원회는 대통령이 임명하는 3인, 국회에서 선출하는 3인과 대법원장이 지명하는 3인의 위원으로 구성한다. <u>위원장은 위원중에서 호선한다.</u>

정답 ③

문 19

텔레비전방송 수신료(이하 '수신료' 라 함)에 관한 다음 설명 중 가장 옳지 않은 것은? [2020년 17번]

① 한국방송공사의 공영방송사업에 필요한 재원은 원칙적으로 수신료로 충당된다. 따라서 방송법 제64조는 한국방송공사가 수행하는 각종 방송문화활동, 방송시설의 설치·운영 등 사업의 직·간접적인 수혜자라고 볼 수 있는 수상기 소지자에게 수신료를 부담시킴으로써 공영방송의 재원을 안정적으로 확보하기 위한 것으로서 입법목적의 정당성이 인정된다.

② 수신료는 국가의 일반적 재정수입을 목적으로 하는 것이 아니라 공영방송사업이라는 특정사업의 재정조달을 목적으로 하는 것으로 국가의 일반적 과제와는 구별되며, 부담금의 형식을 남용한 것으로 볼 수 없다.

③ 공영방송이 국가로부터 예산의 형태로 그 운영자금을 지원받거나 재원마련을 광고수입에 전적으로 의존한다면 방송의 중립성과 독립성을 지키는 것은 사실상 요원해 진다. 수상기 소지자로부터 징수되는 수신료는 공영방송이 국가나 각종 이익단체에 재정적으로 종속되는 것을 방지할 뿐만 아니라 공영방송 스스로 국민을 위한 다양한 프로그램을 자기책임하에 형성할 수 있는 계기를 제공해 준다. 이러한 의미에서 공영방송의 직·간접적 수혜자인 수상기 소지자에게 수신료를 부과하는 것은 공영방송사업의 재원마련이라는 입법목적을 달성하기 위한 효과적이고 적절한 수단으로 볼 수 있다.

④ 수신료의 납부의무자는 텔레비전 방송을 수신하기 위하여 수상기를 소지하고 있는 자들로서 일반인들과 구별되는 집단적 동질성을 가지고 있으며, 공영방송의 시청, 방송문화활동의 직·간접적인 수혜자라는 점에서 객관적으로 밀접한 관련성을 가지고, 또한 이러한 공적과제 실현에 있어 조세외적 부담을 져야할 집단적 책임이 인정되고, 수신료 수입이 결국 수신료 납부의무자들의 집단적 이익을 위하여 사용된다 할 것이므로 수신료 납부의무자들과 수신료를 통해 달성하려는 특별한 공적 과제 사이에는 '특별히 밀접한 관련성'이 인정된다.

⑤ 수신료는 한국방송공사의 텔레비전방송을 시청하는 대가이므로 특정 이익의 혜택이나 특정 시설의 사용가능성에 대한 금전적 급부인 수익자부담금에 해당한다.

> **MGI Point** 방송법 제64조 등 위헌소원사건(2006헌바70) ★★
>
> ■ 수상기 소지자에게 수신료를 부담시키는 것 ⇨ 공영방송의 재원을 안정적으로 확보, 입법목적의 정당성 인정 ○
> ■ 수신료는 특정사업의 재정조달을 목적으로 하는 것이므로 부담금 형식의 남용 ×
> ■ 공영방송의 중립성과 독립성을 지키기 위해 공영방송의 직·간접적 수혜자인 수상기 소지자에게 수신료 부과
>   ⇨ 입법목적을 달성하기 위한 효과적이고 적절한 수단 ○
> ■ 수신료 납부의무자들과 수신료를 통해 달성하려는 특별한 공적 과제 사이에는 특별히 밀접한 관련성 有
> ■ 수신료는 특정한 공익사업의 경비조달에 충당하기 위하여 수상기를 소지한 특정집단에 대하여 부과되는 특별부담금
>   (cf. 수익자부담금 ×)

① (○) 방송법 제56조는 '공사의 경비는 제64조의 규정에 의한 텔레비전방송수신료로 충당하되, 목적 업무의 적정한 수행을 위하여 필요한 경우에는 방송광고수입 등 대통령령이 정하는 수입으로 충당할 수 있다.'고 규정하고 있는바, 한국방송공사의 공영방송사업에 필요한 재원은 원칙적으로 수신료로 충당된다. 따라서 방송법 제64조는 한국방송공사가 수행하는 각종 방송문화활동, 방송시설의 설치·운영 등 사업의 직·간접적인 수혜자라고 볼 수 있는 수상기 소지자에게 수신료를 부담시킴으로써 공영방송의 재원을 안정적으로 확보하기 위한 것으로서 입법목적의 정당성이 인정된다.

② (○) 헌법 제59조는 "조세의 종목과 세율은 법률로 정한다."라고 규정하고 있는바, 헌법이 여러 공과금 중 조세에 관하여 이와 같이 특별히 명시적 규정을 두고 있는 것은 국가 또는 지방자치단체의 공적 과제 수행에 필요한 재정의 조달이 일차적으로 조세에 의해 이루어질 것을 예정하였기 때문이라 할 것이다. 그런데 만일 실질적으로는 국가 등의 일반적 과제에 관한 재정조달을 목표로 하여 조세의 성격을 띠는 것임에도 단지 국민의 조세저항이나 이중과세의 문제를 회피하기 위한 수단으로 부담금이라는 형식을 남용한다면, 조세를 중심으로 재정을 조달한다는 헌법상의 기본적 재정질서가 교란될 위험이 있을 뿐만 아니라, 조세에 관한 헌법상의 특별한 통제장치가 무력화될 우려가 있다. 따라서 부담금은 조세에 대한 관계에서 어디까지나 예외적으로만 인정되어야 하며, 국가의 일반적 과제를 수행하는데 부담금의 형식을 남용해서는 안된다. 수신료는 국가의 일반적 재정수입을 목적으로 하는 것이 아니라 공영방송사업이라는 특정사업의 재정조달을 목적으로 하는 것으로 국가의 일반적 과제와는 구별되며, 부담금의 형식을 남용한 것으로 볼 수 없다.

③ (○) … 공영방송이 국가로부터 예산의 형태로 그 운영자금을 지원받거나 재원마련을 광고수입에 전적으로 의존한다면 방송의 중립성과 독립성을 지키는 것은 사실상 요원해 질 것이다. 수상기 소지자로부터 징수되는 수신료는 공영방송이 국가나 각종 이익단체에 재정적으로 종속되는 것을 방지할 뿐만 아니라 공영방송 스스로 국민을 위한 다양한 프로그램을 자기책임하에 형성할 수 있는 계기를 제공해 준다. 이러한 의미에서 공영방송의 직·간접적 수혜자인 수상기 소지자에게 수신료를 부과하는 것은 공영방송사업의 재원마련이라는 입법목적을 달성하기 위한 효과적이고 적절한 수단으로 볼 수 있다.

④ (○) 한편 부담금이 헌법적으로 정당화되기 위해서는 부담금 납부의무자가 부담금을 통해 추구하고자 하는 공적과제에 대하여 일반 국민에 비해 '특별히 밀접한 관련성'을 가져야 한다. 수신료의 납부의무자는 텔레비전 방송을 수신하기 위하여 수상기를 소지하고 있는 자들로서 일반인들과 구별되는 집단적 동질성을 가지고 있으며, 공영방송의 시청, 방송문화활동의 직·간접적인 수혜자라는 점에서 객관적으로 밀접한 관련성을 가지고, 또한 이러한 공적과제 실현에 있어 조세외적 부담을 져야할 집단적 책임이 인정되고, 수신료 수입이 결국 수신료 납부의무자들의 집단적 이익을 위하여 사용된다 할 것이므로 수신료 납부의무자들과 수신료를 통해 달성하려는 특별한 공적 과제 사이에는 '특별히 밀접한 관련성'이 인정된다.

⑤ (X) 수신료는 공영방송사업이라는 특정한 공익사업의 소요경비를 충당하기 위한 것으로서(방송법 제56조) 일반 재정수입을 목적으로 하는 조세와 다르다. 또, 텔레비전방송을 수신하기 위하여 수상기를 소지한 자에게만 부과되어 공영방송의 시청가능성이 있는 이해관계인에게만 부과된다는 점에서도 일반 국민·주민을 대상으로 하는 조세와 차이가 있다. 그리고 '한국방송공사의 텔레비전방송을 수신하는 자'가 아니라 '텔레비전방송을 수신하기 위하여 수상기를 소지하는 자'가 부과대상이므로 실제 방송시청 여부와 관계없이 부과된

다는 점, 그 금액이 공사의 텔레비전방송의 수신정도와 관계없이 정액으로 정해져 있는 점 등을 감안할 때 이를 공사의 서비스에 대한 대가나 수익자부담금으로 보기도 어렵다. 따라서 수신료는 공영방송사업이라는 특정한 공익사업의 경비조달에 충낭하기 위하여 수상기를 소지한 특정집단에 대하여 부과되는 특별부담금에 해당한다고 할 것이다(헌재 2008.02.28. 2006헌바70).

정답 ⑤

문 20

조세와 부담금에 관한 다음 설명 중 가장 옳은 것은? [2018년 23번]

① 부담금은 조세에 대한 관계에서 어디까지나 예외적으로만 인정되어야 하나, 어떤 공적 과제에 관한 재정조달을 조세로 할 것인지 아니면 부담금으로 할 것인지에 관하여는 입법자의 자유로운 선택권이 허용된다.
② 부담금 납부의무자는 재정조달 대상인 공적 과제에 대하여 일반국민에 비해 '특별히 밀접한 관련성'을 가져야 하며, 부담금이 장기적으로 유지되는 경우에 있어서는 그 징수의 타당성이나 적정성이 입법자에 의해 지속적으로 심사될 것이 요구된다. 다만, 부담금이 재정조달목적뿐만 아니라 정책실현목적도 함께 가지는 경우에는 위 요건들 중 일부가 강화된다.
③ 조세평등주의가 요구하는 담세능력에 따른 과세의 원칙(또는 응능부담의 원칙)은 소득이 다른 사람들간의 공평한 조세부담의 배분을 요청하므로, 소득계층에 관계없이 동일한 세율을 적용하는 것은 특별한 사정이 없는 한 담세능력의 원칙에 어긋나는 것이다.
④ 조세감면의 근거 역시 법률로 정하여야만 하는 것이 국민주권주의나 법치주의의 원리에 부응한다.
⑤ 조세감면의 우대조치는 국민에게 유리한 것이므로, 면제혜택을 받는 자의 요건을 완화하여 넓은 범위에서 허용하는 것이 바람직하다.

해설 ★★

① (X), ② (X) 부담금은 조세에 대한 관계에서 어디까지나 예외적으로만 인정되어야 하며, 어떤 공적 과제에 관한 재정조달을 조세로 할 것인지 아니면 부담금으로 할 것인지에 관하여 입법자의 자유로운 선택권을 허용하여서는 안 된다. 부담금 납부의무자는 재정조달 대상인 공적 과제에 대하여 일반국민에 비해 '특별히 밀접한 관련성'을 가져야 하며, 부담금이 장기적으로 유지되는 경우에 있어서는 그 징수의 타당성이나 적정성이 입법자에 의해 지속적으로 심사될 것이 요구된다. 다만, 부담금이 재정조달목적뿐 아니라 정책실현목적도 함께 가지는 경우에는 위 요건들 중 일부가 완화된다(헌재 2004.07.15. 2002헌바42).

③ (X) 조세평등주의가 요구하는 담세능력에 따른 과세의 원칙(또는 응능부담의 원칙)은 한편으로 동일한 소득은 원칙적으로 동일하게 과세될 것을 요청하며(이른바 '수평적 조세정의') 다른 한편으로 소득이 다른 사람들 간의 공평한 조세부담의 배분을 요청한다(이른바 '수직적 조세정의'). 담세능력의 원칙은 소득이 많으면 그에 상응하여 많이 과세되어야 한다는 것, 즉 담세능력이 큰 자는 담세능력이 작은 자에 비하여 더 많은 세금을 낼 것과, 최저생계를 위하여 필요한 경비는 과세로부터 제외되어야 한다는 최저생계를 위한 공제를 요청할 뿐 입법자로 하여금 소득세법에 있어서 반드시 누진세율을 도입할 것까지 요구하는 것은 아니다. 소득에 단순비례하여 과세할 것인지 아니면 누진적으로 과세할 것인지는 입법자의 정책적 결정에 맡겨져 있다. 그러므로 이 사건 법률조항이 소득계층에 관계없이 동일한 세율을 적용한다고 하여 담세능력의 원칙에 어긋나는 것이라 할 수 없다(헌재 1999.11.25. 98헌마55).

④ (○), ⑤ (X) [1] 조세의 감면에 관한 규정은 조세의 부과·징수의 요건이나 절차와 직접 관련되는 것은 아니지만, 조세란 공공경비를 국민에게 강제적으로 배분하는 것으로서 납세의무자 상호간에는 조세의 전가관계가 있으므로 특정인이나 특정계층에 대하여 정당한 이유없이 조세감면의 우대조치를 하는 것은 특정한 납세자군이 조세의 부담을 다른 납세자군의 부담으로 떠맡기는 것에 다름아니므로 조세감면의 근거 역시 법률로 정하여야만 하는 것이 국민주권주의나 법치주의의 원리에 부응하는 것이다. [2] 조세감면의 우대조치는 조세평등주의에 반하고 국가나 지방자치단체의 재원의 포기이기도 하여 가급적 억제되어야 하고 그 범위를 확대하는 것은 결코 바람직하지 못하므로 특히 정책목표달성에 필요한 경우에 그 면제혜택을 받는 자의 요건을 엄격히 하여 극히 한정된 범위 내에서 예외적으로 허용되어야 한다(헌재 1996.06.26. 93헌바2).

정답 ④

문 21

국정감사·조사에 관한 설명 중 옳지 않은 것은 모두 몇 개인가? [2018년 22번]

> ㄱ. 국정감사는 소관 상임위원회별로 시행하나, 국정조사는 특별위원회를 구성하여 시행할 수 있다.
> ㄴ. 국정감사는 매년 시행하나, 국정조사는 재적의원 4분의 1 이상의 요구가 있는 때에 시행한다.
> ㄷ. 국정감사와 국정조사는 공개하는 것이 원칙이다.
> ㄹ. 국정감사는 국정전반에 관하여 시행하나, 국정조사는 특정사안에 관하여 시행한다.
> ㅁ. 국정감사는 30일 이내의 기간을 정하여 시행하나, 국정조사의 기간은 본회의의 의결로 활동기간을 정한다.

① 0개
② 1개
③ 2개
④ 3개
⑤ 4개

해설

ㄱ. (○), ㄴ. (○), ㄷ. (○), ㄹ. (○), ㅁ. (○) 국정감사 및 조사에 관한 법률 제2조, 제3조, 제12조 참조.

> 국정감사 및 조사에 관한 법률 제2조(국정감사) ① 국회는 국정전반에 관하여 소관 상임위원회별로 매년 정기회 집회일 이전에 국정감사(이하 "감사"라 한다) 시작일부터 30일 이내의 기간을 정하여 감사를 실시한다. 다만, 본회의 의결로 정기회 기간 중에 감사를 실시할 수 있다.
> 국정감사 및 조사에 관한 법률 제3조(국정조사) ① 국회는 재적의원 4분의 1 이상의 요구가 있는 때에는 특별위원회 또는 상임위원회로 하여금 국정의 특정사안에 관하여 국정조사(이하 "조사"라 한다)를 하게 한다.
> ④ 조사위원회는 조사의 목적, 조사할 사안의 범위와 조사방법, 조사에 필요한 기간 및 소요경비 등을 기재한 조사계획서를 본회의에 제출하여 승인을 받아 조사를 한다.
> ⑤ 제4항에 따른 감사계획서의 감사대상기관이나 감사일정 등을 변경하는 경우에는 그 내용을 감사실시일 7일 전까지 감사대상기관에 통지하여야 한다.

국정감사 및 조사에 관한 법률 제12조(공개원칙) 감사 및 조사는 공개한다. 다만, 위원회의 의결로 달리 정할 수 있다.

정답 ①

문 22

현행 헌법상 예산제도에 관한 다음 설명 중 가장 옳지 않은 것은?(다툼이 있는 경우 헌법재판소 판례에 의함) [2017년 32번]

① 정부는 회계연도마다 예산안을 편성하여 회계연도 개시 90일 전까지 국회에 제출하고, 국회는 회계연도 개시 30일 전까지 이를 의결하여야 한다.
② 새로운 회계연도가 개시될 때까지 예산안이 의결되지 못한 때에는 정부는 국회에서 예산안이 의결될 때까지 헌법이나 법률에 의하여 설치된 기관 또는 시설의 유지·운영, 법률상 지출의무의 이행 또는 이미 예산으로 승인된 사업의 계속을 위한 경비는 전년도 예산에 준하여 집행할 수 있다.
③ 국회는 정부가 제출한 기금운용계획안의 주요항목 지출금액을 증액하거나 새로운 과목을 설치하고자 하는 때에는 미리 정부의 동의를 얻어야 한다.
④ 정부는 예산안을 국회에 제출한 후 부득이한 사유로 인하여 그 내용의 일부를 수정하고자 하는 때에는 국무회의의 심의를 거쳐 대통령의 승인을 얻은 수정예산안을 국회에 제출할 수 있다.
⑤ 예산이 정부의 재정행위를 통하여 국민의 기본권에 영향을 미친다고 하더라도 그것은 관련 법령에 근거한 정부의 구체적인 집행행위로 나타나는 것이지 예산 그 자체나 예산안의 의결행위와는 직접 관련성이 없으며, 예산은 법규범이 아니므로, 국회가 의결한 예산 또는 국회의 예산안 의결은 헌법소원의 대상이 되지 않는다.

해설

① (○), ② (○) 헌법 제54조 참조.

> 헌법 제54조 ① 국회는 국가의 예산안을 심의·확정한다.
> ② 정부는 회계연도마다 예산안을 편성하여 회계연도 개시 90일전까지 국회에 제출하고, 국회는 회계연도 개시 30일전까지 이를 의결하여야 한다.
> ③ 새로운 회계연도가 개시될 때까지 예산안이 의결되지 못한 때에는 정부는 국회에서 예산안이 의결될 때까지 다음의 목적을 위한 경비는 전년도 예산에 준하여 집행할 수 있다.
> 1. 헌법이나 법률에 의하여 설치된 기관 또는 시설의 유지·운영
> 2. 법률상 지출의무의 이행
> 3. 이미 예산으로 승인된 사업의 계속

③ (○) 국회는 정부가 제출한 기금운용계획안의 주요항목 지출금액을 증액하거나 새로운 과목을 설치하고자 하는 때에는 미리 정부의 동의를 얻어야 한다(국가재정법 제69조).
④ (○) 정부는 예산안을 국회에 제출한 후 부득이한 사유로 인하여 그 내용의 일부를 수정하고자 하는 때에는 국무회의의 심의를 거쳐 대통령의 승인을 얻은 수정예산안을 국회에 제출할 수 있다(국가재정법 제35조).

⑤ (X) 헌법소원심판은 "공권력의 행사 또는 불행사"로 인하여 헌법상 보장된 기본권을 침해받은 경우에 제기할 수 있다(헌법재판소법 제68조 제1항). 여기의 '공권력'에는 입법작용도 당연히 포함되므로 국회가 제정한 법률이 헌법소원의 대상이 된다는 점은 의문이 없다. 그러나 국회가 의결한 예산 또는 국회의 예산안 의결은 헌법소원의 대상이 된다고 볼 수 없다. 예산도 일종의 법규범이고 법률과 마찬가지로 국회의 의결을 거쳐 제정되지만 예산은 법률과 달리 국가기관만을 구속할 뿐 일반국민을 구속하지 않는다. 가사 예산이 정부의 재정행위를 통하여 국민의 기본권에 영향을 미친다고 하더라도 그것은 관련 법령에 근거한 정부의 구체적인 집행행위로 나타나는 것이지 예산 그 자체나 예산안의 의결행위와는 직접 관련성이 없다(헌재 2006.04.25. 2006헌마409).

정답 ⑤

문 23

국회의 자율권에 관한 다음 설명 중 가장 옳지 않은 것은?(다툼이 있는 경우 헌법재판소 판례에 의함)
[2016년 31번]

① 국회는 법률의 위임범위 내에서 의사와 내부규율에 관한 규칙을 제정할 수 있다.
② 국회는 국회재적의원 3분의 2 이상의 찬성으로 의원의 자격 없음을 의결하거나, 의원을 제명할 수 있다.
③ 현행 헌법은 국회의 의원자격상실결정이나 의원제명결정에 대해서는 법원에 제소할 수 없다고 규정하고 있다.
④ 국회는 국회운영에 관하여 폭넓은 자율권을 가지므로 국회의 의사절차나 입법절차에 헌법이나 법률의 규정을 명백히 위반한 흠이 있는 경우가 아닌 한 그 자율권은 권력분립의 원칙이나 국회의 위상과 기능에 비추어 존중되어야 한다.
⑤ 국회법은 국회의 질서유지를 위하여 의장의 경호권, 내부경찰권, 회의장 출입의 제한, 방청인에 대한 퇴장명령 등을 규정하고 있다.

해설 ★

① (X) 국회는 법률에 저촉되지 아니하는 범위안에서 의사와 내부규율에 관한 규칙을 제정할 수 있다(헌법 제64조 제1항).
② (○) 의원을 제명하려면 국회재적의원 3분의 2 이상의 찬성이 있어야 한다(헌법 제64조 제3항). 본회의는 심사대상 의원의 자격의 유무를 의결로 결정하되, 그 자격이 없는 것을 의결할 때에는 재적의원 3분의 2 이상의 찬성이 있어야 한다(국회법 제142조 제3항). [전문개정 2018.4.17]
③ (○) 국회의 의원자격상실결정이나 의원제명결정에 대하여는 법원에 제소할 수 없다(헌법 제64조 제4항).
④ (○) 국회는 국민의 대표기관이자 입법기관으로서 특별정족수를 비롯한 의사와 내부규율에 관한 1차적 자치규범인 국회법 등의 제·개정은 물론 실제 국회운영 등에 관하여 폭넓은 자율권을 가지므로, 국회의 의사절차나 입법절차에 관한 국회법의 내용에 헌법 규정을 명백히 위반한 흠이 있는 경우가 아닌 한 권력분립의 원칙이나 국회의 위상과 기능에 비추어 그 자율권은 존중되어야 한다(헌재 2016.05.26. 2015헌라1).
⑤ (○) 국회법은 국회의 질서유지를 위하여 의장의 경호권(국회법 제143조), 내부경찰권(동법 제144조), 의원에 대한회의장 출입의 제한(동법 제145조), 방청인에 대한 퇴장명령(동법 제154조) 등을 규정하고 있다.

정답 ①

문 24

조세법률주의에 관한 다음 설명 중 가장 옳지 않은 것은? [2020년 15번]

① 특정인이나 특정계층에 대한 조세의 감면은 특정 납세자군의 조세부담을 다른 납세자군의 부담으로 떠맡기는 것에 다름 아니므로, 국민주권주의나 법치주의의 원리에 따라 이러한 조세감면에 관한 근거 역시 법률로 정하여야만 한다.

② 어느 공적 과제에 관한 재정조달을 조세로 할 것인지 아니면 부담금으로 할 것인지에 관하여 입법자는 폭넓은 재량을 갖는다. 다만 부담금 납부자는 재정조달 대상인 공적 과제에 대하여 상당한 관련성을 가져야만 하며, 부담금이 장기적으로 유지되는 경우 그 징수의 적법성은 입법자에 의해 주기적으로 심사될 것이 요구된다.

③ 조세법의 영역에서 법치국가원리는 조세법률주의로 나타난다. 법치국가원리는 국가권력의 행사가 법의 지배 원칙에 따라 법적으로 구속을 받는 것을 뜻한다. 법치주의는 국가권력의 중립성과 공공성 및 윤리성을 확보하기 위한 것이므로, 모든 국가기관과 공무원은 헌법과 법률에 위배되는 행위를 하여서는 아니 됨은 물론 헌법과 법률에 의하여 부여된 권한을 행사할 때에도 그 권한을 남용하여서는 아니 된다.

④ 조세채권은 국세징수법에 의하여 우선권 및 자력집행권 등이 인정되는 권리로서 사적 자치가 인정되는 사법상의 채권과는 그 성질을 달리할 뿐 아니라, 부당한 조세징수로부터 국민을 보호하고 조세부담의 공평을 기하기 위하여 그 성립과 행사는 법률에 의해서만 가능하고 법률의 규정과 달리 당사자가 그 내용 등을 임의로 정할 수 없다.

⑤ 조세에 관한 법률이 아닌 사법상 계약에 의하여 납세의무 없는 자에게 조세채무를 부담하게 하거나 이를 보증하게 하여 이들로부터 조세채권의 종국적 만족을 실현하는 것은 조세의 본질적 성격에 반할 뿐 아니라 과세관청이 과세징수상의 편의만을 위해 법률의 규정 없이 조세채권의 성립 및 행사 범위를 임의로 확대하는 것으로서 허용될 수 없다.

> **MGI Point 조세법률주의** ★★
>
> - 조세감면규정 ⇨ 조세법률주의 적용 ○
>   특정인·특정계층에 대한 조세감면의 우대조치를 하는 경우 ⇨ 법률에 근거를 두어야 함
> - 부담금 ⇨ 조세에 대한 관계에서 예외적으로만 인정
>   공적과제에 대한 재정조달을 조세로 할 것인지 부담금으로 할 것인지 여부 ⇨ 입법자의 자유로운 선택권 ×
> - 조세법 영역에서 법치국가원리 ⇨ 조세법률주의
>   - 모든 국가기관과 공무원은 헌법과 법률에 위배되는 행위 ×
>   - 헌법과 법률에 의하여 부여된 권한을 행사할 때에도 그 권한을 남용 ×
> - 조세법규에 대한 체계적 해석에 의하여 조세의 부과, 면제 여부를 확정 ⇨ 그 성립과 행사는 법률에 의해서만 가능, 법률의 규정과 달리 당사자가 그 내용 등을 임의로 정할 수 ×
> - 사법상 계약에 의하여 납세의무 없는 자에게 조세채무를 부담하게 하거나 이를 보증하게 하는 것이 허용 ×

① (○) 조세의 감면에 관한 규정은 조세의 부과·징수의 요건이나 절차와 직접 관련되는 것은 아니지만, 조세란 공공경비를 국민에게 강제적으로 배분하는 것으로서 납세의무자 상호간에는 조세의 전가관계가 있으므로 특정인이나 특정계층에 대하여 정당한 이유없이 조세감면의 우대조치를 하는 것은 특정한 납세자군이 조세의 부담을 다른 납세자군의 부담으로 떠맡기는 것에 다름아니므로 조세감면의 근거 역시 법률로 정하여야만 하는 것이 국민주권주의나 법치주의의 원리에 부응하는 것이다(헌재 1996.06.26. 93헌바2).

② (X) 부담금은 조세에 대한 관계에서 어디까지나 예외적으로만 인정되어야 하며, 어떤 공적 과제에 관한 재정조달을 조세로 할 것인지 아니면 부담금으로 할 것인지에 관하여 입법자의 자유로운 선택권을 허용하여서는 안 된다. 부담금 납부의무자는 재정조달 대상인 공적 과제에 대하여 일반국민에 비해 '특별히 밀접한 관련성'을 가져야 하며, 부담금이 장기적으로 유지되는 경우에 있어서는 그 징수의 타당성이나 적정성이 입법자에 의해 지속적으로 심사될 것이 요구된다(헌재 2004.07.15. 2002헌바42).

③ (O) 법치국가원리는 국가권력의 행사가 법의 지배 원칙에 따라 법적으로 구속을 받는 것을 뜻한다. 법치주의는 원래 국가권력의 자의적 행사를 막기 위한 데서 출발한 것이다. 국가권력의 행사가 공동선의 실현을 위하여서가 아니라 특정 개인이나 집단의 이익 또는 정파적 이해관계에 의하여 좌우된다면 권력의 남용과 오용이 발생하고 국민의 자유와 권리는 쉽사리 침해되어 힘에 의한 지배가 되고 만다. 법치주의는 국가권력의 중립성과 공공성 및 윤리성을 확보하기 위한 것이므로, 모든 국가기관과 공무원은 헌법과 법률에 위배되는 행위를 하여서는 아니 됨은 물론 헌법과 법률에 의하여 부여된 권한을 행사할 때에도 그 권한을 남용하여서는 아니 된다. … 조세법의 영역에서 법치국가원리는 조세법률주의로 나타난다(헌법 제59조)(대판 2016.12.15. 2016두47659).

④ (O), ⑤ (O) 조세채권은 국세징수법에 의하여 우선권 및 자력집행권 등이 인정되는 권리로서 사적 자치가 인정되는 사법상의 채권과 그 성질을 달리할 뿐 아니라, 부당한 조세징수로부터 국민을 보호하고 조세부담의 공평을 기하기 위하여 그 성립과 행사는 법률에 의해서만 가능하고 법률의 규정과 달리 당사자가 그 내용 등을 임의로 정할 수 없으며, 조세채무관계는 공법상의 법률관계로서 그에 관한 쟁송은 원칙적으로 행정소송법의 적용을 받고, 조세는 공익성과 공공성 등의 특성을 갖는다는 점에서도 사법상의 채권과 구별된다. 따라서 조세에 관한 법률이 아닌 사법상 계약에 의하여 납세의무 없는 자에게 조세채무를 부담하게 하거나 이를 보증하게 하여 이들로부터 조세채권의 종국적 만족을 실현하는 것은 앞서 본 조세의 본질적 성격에 반할 뿐 아니라 과세관청이 과세징수상의 편의만을 위해 법률의 규정 없이 조세채권의 성립 및 행사 범위를 임의로 확대하는 것으로서 허용될 수 없다(대판 2017.08.29. 2016다224961).

정답 ②

문 25

조세와 부담금에 관한 다음 설명 중 가장 옳지 않은 것은? [2022년 22번]

① 조세는 국가 등의 일반적 과제의 수행을 위한 것으로서 담세능력이 있는 일반국민에 대하여 부과되지만, 부담금은 특별한 과제의 수행을 위한 것으로서 당해 공익사업과 일정한 관련성이 있는 특정 부류의 사람들에 대해서만 부과된다.
② 전기요금은 전기판매사업자가 전기사용자와 체결한 전기공급계약에 따라 전기를 공급하고 그에 대한 대가로 전기사용자에게 부과되는 것으로서, 조세 내지 부담금과는 구분된다.
③ 수신료는 공영방송사업이라는 특정한 공익사업의 경비조달에 충당하기 위하여 수상기를 소지한 특정집단에 대하여 부과되는 특별부담금에 해당한다.
④ 특별부담금은 그 수입이 반드시 부담금의무자의 집단적 이익을 위하여 사용되어야 한다고는 볼 수 없으나, 부담금의무자의 집단적 이익을 위하여 사용되는 경우에는 정당성이 제고된다.
⑤ 어떤 공과금이 조세인지 부담금인지는 법적안정성을 고려하여 법률에서 그 성격을 무엇으로 규정하고 있느냐를 기준으로 판단하여야 한다.

| MGI Point | 조세·부담금 | ★★ |

- 조세 ⇨ 담세능력이 있는 일반국민에 대하여 부과
- 부담금 ⇨ 당해 공익사업과 일정한 관련성이 있는 특정 부류의 사람들에 대해서만 부과
- 전기요금 ⇨ 조세 내지는 부담금과 구분됨
- 수신료 ⇨ 특별부담금
- 조세와 부담금와 구별기준 ⇨ 그 실질적인 내용을 결정적 기준으로 하여야 함

① (○) 조세는 국가 등의 일반적 과제의 수행을 위한 것으로서 담세능력이 있는 일반국민에 대해 부과되지만, 부담금은 특별한 과제의 수행을 위한 것으로서 당해 공익사업과 일정한 관련성이 있는 특정 부류의 사람들에 대해서만 부과되는 점에서 양자는 차이가 있다(헌재 2004.07.15. 2002헌바42).

② (○) 전기요금은 전기판매사업자가 전기사용자와 체결한 전기공급계약에 따라 전기를 공급하고 그에 대한 대가로 전기사용자에게 부과되는 것이므로, 반대급부 없이 일반 재정수입을 목적으로 담세능력이 있는 일반국민에게 공법상 강제로 부과되는 조세의 성격을 갖고 있다고 볼 수 없다. 같은 이유로 전기요금이 인적 공용부담의 일종으로 국가 또는 공공단체가 특정한 공익사업과 특별한 관계에 있는 자에게 해당 사업에 필요한 경비를 부담시키기 위하여 부과하는 부담금의 개념 표지에 포섭된다고 보기도 어렵다(헌재 2021.04.29. 2017헌가25).

③ (○) 수신료는 공영방송사업이라는 특정한 공익사업의 소요경비를 충당하기 위한 것으로서 일반 재정수입을 목적으로 하는 조세와 다르다. 또, 텔레비전방송을 수신하기 위하여 수상기를 소지한 자에게만 부과되어 공영방송의 시청가능성이 있는 이해관계인에게만 부과된다는 점에서도 일반 국민·주민을 대상으로 하는 조세와 차이가 있다. 그리고 '공사의 텔레비전방송을 수신하는 자'가 아니라 '텔레비전방송을 수신하기 위하여 수상기를 소지한 자'가 부과대상이므로 실제 방송시청 여부와 관계없이 부과된다는 점, 그 금액이 공사의 텔레비전방송의 수신정도와 관계없이 정액으로 정해져 있는 점 등을 감안할 때 이를 공사의 서비스에 대한 대가나 수익자부담금으로 보기도 어렵다. 따라서 수신료는 공영방송사업이라는 특정한 공익사업의 경비조달에 충당하기 위하여 수상기를 소지한 특정집단에 대하여 부과되는 특별부담금에 해당한다고 할 것이다(헌재 1999.05.27. 98헌바70).

④ (○) 특별부담금의 수입이 반드시 부담금의무자의 집단적 이익을 위하여 사용되어야 한다고는 볼 수 없으나, 부담금의무자의 집단적 이익을 위하여 사용되는 경우에는 부담금부과의 정당성이 제고된다고 할 것이다(헌재 1999.10.21. 97헌바84).

⑤ (X) 어떤 공과금이 조세인지 아니면 부담금인지는 단순히 법률에서 그것을 무엇으로 성격 규정하고 있느냐를 기준으로 할 것이 아니라, 그 실질적인 내용을 결정적인 기준으로 삼아야 한다(헌재 2004.07.15. 2002헌바42).

정답 ⑤

문 26

예산에 관한 다음 설명 중 가장 옳지 않은 것은? [2022년 23번]

① 예비비는 총액으로 국회의 의결을 얻어야 하며, 예비비의 지출은 차기국회의 승인을 얻어야 한다.
② 이미 확정된 예산에 변경을 가할 필요가 있는 경우 추가경정예산안을 편성할 수 있는데, 국가재정법은 추가경정예산안의 편성이 가능한 경우를 제한하고 있다.
③ 새로운 회계연도가 개시될 때까지 예산안이 의결되지 못한 때에는 국회는 1개월 이내에 가예산을 의결하고 그 기간 내에 예산을 의결하여야 한다.

④ 기획재정부 장관은 각 중앙관서의 장이 제출한 예산요구서에 따라 예산안을 편성하여 국무회의의 심의를 거친 후 대통령의 승인을 얻어야 한다.
⑤ 국회가 의결한 예산 또는 국회의 예산안 의결은 헌법소원의 대상이 되는 공권력의 행사에 해당한다고 볼 수 없다.

> **MGI Point 예산** ★★
> - 예비비 ⇨ 총액으로 국회의 의결, 예비비의 지출은 차기국회의 승인을 얻어야
> - 추가경정예산안 ⇨ 이미 확정된 예산에 변경을 가할 필요가 있는 경우에, 국가재정법은 편성 가능한 경우를 제한하고 있음
> - 새로운 회계연도가 개시될 때까지 예산안이 의결되지 못한 때 ⇨ 전년도 예산에 준하여 집행 가
> - 기획재정부 장관은 예산안을 편성하여 국무회의의 심의 후 대통령의 승인을 얻어야 함
> - 국회가 의결한 예산 또는 국회의 예산안 의결 ⇨ 헌법소원의 대상 ×

① (○) 헌법 제55조 제2항 참조.

> 헌법 제55조 ② 예비비는 총액으로 국회의 의결을 얻어야 한다. 예비비의 지출은 차기국회의 승인을 얻어야 한다.

② (○) 국가재정법 제89조 제1항 참조

> 국가재정법 제89조(추가경정예산안의 편성) ① 정부는 다음 각 호의 어느 하나에 해당하게 되어 이미 확정된 예산에 변경을 가할 필요가 있는 경우에는 추가경정예산안을 편성할 수 있다.
> 1. 전쟁이나 대규모 재해(「재난 및 안전관리 기본법」 제3조에서 정의한 자연재난과 사회재난의 발생에 따른 피해)가 발생한 경우
> 2. 경기침체, 대량실업, 남북관계의 변화, 경제협력과 같은 대내·외 여건에 중대한 변화가 발생하였거나 발생할 우려가 있는 경우
> 3. 법령에 따라 국가가 지급하여야 하는 지출이 발생하거나 증가하는 경우

③ (X) 헌법 제54조 참조. 지문의 내용은 가예산제도에 대한 설명인데 현행헌법은 준예산제도를 취하고 있다.

> 헌법 제54조 ③ 새로운 회계연도가 개시될 때까지 예산안이 의결되지 못한 때에는 정부는 국회에서 예산안이 의결될 때까지 다음의 목적을 위한 경비는 전년도 예산에 준하여 집행할 수 있다.
> 1. 헌법이나 법률에 의하여 설치된 기관 또는 시설의 유지·운영
> 2. 법률상 지출의무의 이행
> 3. 이미 예산으로 승인된 사업의 계속

④ (○) 국가재정법 제32조 참조.

> 국가재정법 제31조(예산요구서의 제출) ① 각 중앙관서의 장은 제29조의 규정에 따른 예산안편성지침에 따라 그 소관에 속하는 다음 연도의 세입세출예산·계속비·명시이월비 및 국고채무부담행위 요구서(이하 "예산요구서")를 작성하여 매년 5월 31일까지 기획재정부장관에게 제출하여야 한다.
> 국가재정법 제32조(예산안의 편성) 기획재정부장관은 제31조제1항의 규정에 따른 예산요구서에 따라 예산안을 편성하여 국무회의의 심의를 거친 후 대통령의 승인을 얻어야 한다.

⑤ (○) 예산은 일종의 법규범이고 법률과 마찬가지로 국회의 의결을 거쳐 제정되지만 법률과 달리 국가기관만을 구속할 뿐 일반국민을 구속하지 않는다. 국회가 의결한 예산 또는 국회의 예산안 의결은 헌법재판소법 제68조 제1항 소정의 '공권력의 행사'에 해당하지 않고 따라서 헌법소원의 대상이 되지 아니한다(헌재 2006.04.25. 2006헌마409).

정답 ③

문 27

탄핵소추에 관한 다음 설명 중 옳은 것은 모두 몇 개인가? [2019년 35번]

> ㄱ. 대통령에 대한 탄핵소추는 국회재적의원 3분의 1 이상의 발의가 있어야 하며, 그 의결은 국회재적의원 과반수의 찬성이 있어야 한다.
> ㄴ. 탄핵소추가 발의되었을 때에는 의장은 발의된 후 처음 개의하는 본회의에 보고한다. 본회의가 본회의에 보고된 때부터 24시간 이후 72시간 이내에 탄핵소추안을 법제사법위원회에 회부하기로 의결하지 아니한 경우에는 탄핵소추안은 폐기된 것으로 본다.
> ㄷ. 탄핵소추가 발의된 경우에는 소추된 사람의 권한 행사는 정지되며, 임명권자는 소추된 사람의 사직원을 접수하거나 소추된 사람을 해임할 수 없다.
> ㄹ. 탄핵심판은 고위직 공무원에 대한 징계처분의 성질을 가지는 것으로서 그 심판절차에 관하여 헌법재판소법에 특별한 규정이 있는 경우를 제외하고는 행정소송법을 준용한다.
> ㅁ. 탄핵의 결정은 헌법재판관 7명 이상의 출석으로 사건을 심리하며, 관여한 재판관 과반수의 찬성으로 의결한다.

① 0개
② 1개
③ 2개
④ 3개
⑤ 4개

MGI Point 탄핵소추 ★★★

- **대통령 탄핵소추**
  - 발의 ⇨ 국회재적의원 과반수
  - 의결 ⇨ 국회재적의원 3분의 2 이상의 찬성
- **탄핵소추가 발의되었을 때**
  - 의장은 발의된 후 처음 개의하는 본회의에 보고 ⇨ 본회의 의결로 법제사법위원회에 회부하여 조사 可
  - 본회의가 탄핵소추안을 법제사법위원회에 회부하기로 의결하지 아니한 경우 ⇨ 본회의 보고된 때부터 24시간 이후 72시간 이내에 탄핵소추 여부 무기명투표로 표결, 이 기간 내에 표결하지 아니하면 폐기된 것으로 봄
- **소추의결서가 송달된 때**
  - 피소추자의 권한행사 정지
  - 임명권자 ⇨ 피소추자의 사직원 접수 ×, 해임 ×
- **헌법재판소의 심판절차에서의 준용규정**
  - 원칙 : 민사소송에 관한 법령을 준용
  - 탄핵심판 ⇨ 형사소송에 관한 법령 준용
  - 권한쟁의심판 및 헌법소원심판 ⇨ 행정소송법을 함께 준용
- **재판관 6인 이상의 찬성 요하는 경우**
  - 법률의 위헌결정, 탄핵의 결정, 정당해산의 결정, 헌법소원에 관한 인용결정을 하는 경우(cf. 권한쟁의결정은 일반정족수)
  - 종전에 헌법재판소가 판시한 헌법 또는 법률의 해석 적용에 관한 의견을 변경하는 경우

ㄱ. (X) 헌법 제65조 제2항 참조.

> 헌법 제65조 ① 대통령·국무총리·국무위원·행정각부의 장·헌법재판소 재판관·법관·중앙선거관리위원회 위원·감사원장·감사위원 기타 법률이 정한 공무원이 그 직무집행에 있어서 헌법이나 법률을 위배한 때에는 국회는 탄핵의 소추를 의결할 수 있다.
> ② 제1항의 탄핵소추는 국회재적의원 3분의 1 이상의 발의가 있어야 하며, 그 의결은 국회재적의원 과반수의 찬성이 있어야 한다. 다만, 대통령에 대한 탄핵소추는 국회재적의원 과반수의 발의와 국회재적의원 3분의 2 이상의 찬성이 있어야 한다.

ㄴ. (X) 국회법 제130조 참조.

> 국회법 제130조(탄핵소추의 발의) ① 탄핵소추가 발의되었을 때에는 의장은 발의된 후 처음 개의하는 본회의에 보고하고, 본회의는 의결로 법제사법위원회에 회부하여 조사하게 할 수 있다.
> ② 본회의가 제1항에 따라 탄핵소추안을 법제사법위원회에 회부하기로 의결하지 아니한 경우에는 본회의에 보고된 때부터 24시간 이후 72시간 이내에 탄핵소추 여부를 무기명투표로 표결한다. 이 기간 내에 표결하지 아니한 탄핵소추안은 폐기된 것으로 본다.
> ③ 탄핵소추의 발의에는 소추대상자의 성명·직위와 탄핵소추의 사유·증거, 그 밖에 조사에 참고가 될 만한 자료를 제시하여야 한다.

ㄷ. (X) 국회법 제134조 참조.

> 국회법 제134조(소추의결서의 송달과 효과) ① 탄핵소추의 의결이 있은 때에는 의장은 지체없이 소추의결서의 정본을 법제사법위원장인 소추위원에게, 그 등본을 헌법재판소·피소추자와 그 소속기관의 장에게 송달한다.
> ② 소추의결서가 송달된 때에는 피소추자의 권한행사는 정지되며, 임명권자는 피소추자의 사직원을 접수하거나 해임할 수 없다.

ㄹ. (X) 헌법재판소법 제40조 제1항 참조.

> 헌법재판소법 제40조(준용규정) ① 헌법재판소의 심판절차에 관하여는 이 법에 특별한 규정이 있는 경우를 제외하고는 헌법재판의 성질에 반하지 아니하는 한도에서 민사소송에 관한 법령을 준용한다. 이 경우 탄핵심판의 경우에는 형사소송에 관한 법령을 준용하고, 권한쟁의심판 및 헌법소원심판의 경우에는「행정소송법」을 함께 준용한다.

ㅁ. (X) 헌법재판소법 제23조 참조.

> 헌법재판소법 제23조(심판정족수) ① 재판부는 재판관 7명 이상의 출석으로 사건을 심리한다.
> ② 재판부는 종국심리(終局審理)에 관여한 재판관 과반수의 찬성으로 사건에 관한 결정을 한다. 다만, 다음 각 호의 어느 하나에 해당하는 경우에는 재판관 6명 이상의 찬성이 있어야 한다.
>   1. 법률의 위헌결정, 탄핵의 결정, 정당해산의 결정 또는 헌법소원에 관한 인용결정(認容決定)을 하는 경우
>   2. 종전에 헌법재판소가 판시한 헌법 또는 법률의 해석 적용에 관한 의견을 변경하는 경우

정답 ①

제5관 국회의원의 헌법상 지위·특권·권한·의무

문 37

국회의원에 관한 다음 설명 중 가장 옳지 않은 것은?[2023년 29번]

① 국회의원은 둘 이상의 상임위원회의 위원이 될 수 있다.
② 국회의원이 위원회에서 같은 의제에 대하여 발언할 경우, 첫 번째 발언시간은 15분의 범위에서 할 수 있고, 두 번째 이후부터는 위원장의 허가를 얻어서 할 수 있다.
③ 현행 공직선거법 규정에 의하면, 소속 정당이 헌법재판소의 위헌정당 해산결정에 따라 해산되더라도, 비례대표 지방의회의원이 반드시 그 지위를 상실한다고 볼 수 없다.
④ 현행 공직선거법 규정에 의하면, 비례대표국회의원이 공천받은 정당을 자진 탈당할 경우 국회의원직을 상실한다.
⑤ 비례대표국회의원에 궐원이 생긴 때에는 그 궐원된 의원이 그 선거 당시 소속한 정당의 비례대표국회의원후보자명부에 기재된 순위에 따라 의원직 승계가 인정되고, 비례대표국회의원당선인이 선거범죄로 인하여 당선이 무효로 된 경우에도 마찬가지로 의원직 승계가 인정되나, 의석을 승계할 후보자를 추천한 정당이 해산되거나 임기만료일 전 120일 이내에 궐원이 생긴 때에는 의원직 승계를 하지 아니한다.

MGI Point | **국회법, 공직선거법** ★★★

- 국회의원은 둘 이상의 상임위원회의 위원이 될 수 있음
- 위원회에서 위원의 발언 ⇨ 같은 의제(議題)에 대하여 횟수 및 시간 등에 제한 없이 발언할 수 있음이 원칙
- 소속 정당이 헌법재판소의 위헌정당 해산결정에 따라 해산 ⇨ 공직선거법 규정에 의하여 비례대표 지방의회의원 지위 상실×
- 비례대표국회의원이 공천받은 정당을 자진 탈당 ⇨ 국회의원직 상실
- 비례대표국회의원에 궐원 ⇨ 비례대표국회의원후보자명부에 기재된 순위에 따라 의원직 승계가 인정
- 비례대표국회의원당선인이 선거범죄로 인하여 당선이 무효 ⇨ 비례대표국회의원후보자명부에 기재된 순위에 따라 의원직 승계가 인정

---

① (○)

> 국회법
> 제39조(상임위원회의 위원) ① 의원은 둘 이상의 상임위원이 될 수 있다.

② (X)

> 국회법
> 제60조(위원의 발언) ① 위원은 위원회에서 같은 의제(議題)에 대하여 횟수 및 시간 등에 제한 없이 발언할 수 있다. 다만, 위원장은 발언을 원하는 위원이 2명 이상일 경우에는 간사와 협의하여 15분의 범위에서 각 위원의 첫 번째 발언시간을 균등하게 정하여야 한다.

③ (○) 헌법재판소의 위헌정당 해산결정에 따라 해산된 정당 소속 비례대표 지방의회의원 갑이 공직선거법 제192조 제4항에 따라 지방의회의원직을 상실하는지가 문제 된 사안에서, 공직선거법 제192조 제4항은 소속 정당이 헌법재판소의 정당해산결정에 따라 해산된 경우 비례대표 지방의회의원의 퇴직을 규정하는 조항이라

고 할 수 없어 갑이 비례대표 지방의회의원의 지위를 상실하지 않았다고 본 원심판단을 정당하다고 한 사례(대법원 2021. 4. 29. 2016두39825 판결).

④ (○)

> 공직선거법
> 제192조(피선거권상실로 인한 당선무효 등) ④ 비례대표국회의원 또는 비례대표지방의회의원이 소속정당의 합당·해산 또는 제명외의 사유로 당적을 이탈·변경하거나 2 이상의 당적을 가지고 있는 때에는 「국회법」 제136조(退職) 또는 「지방자치법」 제90조(의원의 퇴직)의 규정에 불구하고 퇴직된다. 다만, 비례대표국회의원이 국회의장으로 당선되어 「국회법」 규정에 의하여 당적을 이탈한 경우에는 그러하지 아니하다.

⑤ (○)

> 공직선거법
> 제200조(보궐선거) ② 비례대표국회의원 및 비례대표지방의회의원에 궐원이 생긴 때에는 선거구선거관리위원회는 궐원통지를 받은 후 10일이내에 그 궐원된 의원이 그 선거 당시에 소속한 정당의 비례대표국회의원후보자명부 및 비례대표지방의회의원후보자명부에 기재된 순위에 따라 궐원된 국회의원 및 지방의회의원의 의석을 승계할 자를 결정하여야 한다.
>
> ③ 제2항에도 불구하고 의석을 승계할 후보자를 추천한 정당이 해산되거나 임기만료일 전 120일 이내에 궐원이 생긴 때에는 의석을 승계할 사람을 결정하지 아니한다.

정답 ②

문 28

국회의원에 관한 다음 설명 중 가장 옳지 않은 것은? [2021년 30번]

① 국회의원이 사직하고자 하는 경우 회기 중에는 국회의 의결이 있어야 하고, 폐회 중에는 국회의장의 허가가 있어야 한다.
② 대통령이 국회의 동의 절차를 거치지 아니한 채 입법사항에 관한 조약을 체결·비준한 경우, 국회의 조약에 대한 체결·비준 동의권이 침해되었을 뿐 국회의원 개인의 심의·표결권이 침해되었다고 볼 수 없다.
③ 국회의원의 면책특권이 적용되는 행위에 대하여 공소가 제기된 경우 형사소송법 제327조 제2호의 '공소제기의 절차가 법률의 규정에 위반하여 무효인 때'에 해당되므로 공소를 기각하여야 한다.
④ 비례대표국회의원 당선인이 선거범죄로 비례대표국회의원직을 상실하여 비례대표국회의원에 결원이 생긴 경우 소속 정당의 비례대표국회의원 후보자명부의 차순위자가 의원직을 승계하는 것을 인정하지 않는 법률 조항은, 위 차순위 후보자의 공무담임권을 침해한다고 볼 수 없다.
⑤ 국회의원이 자신의 발언 내용이 허위라는 점을 인식하지 못하였다면 비록 발언 내용에 다소 근거가 부족하거나 진위 여부를 확인하기 위한 조사를 제대로 하지 않았다고 하더라도, 그것이 직무수행의 일환으로 이루어진 것인 이상 면책특권의 대상이 된다.

> **MGI Point** 국회의원 ★★
>
> - 국회의원의 사직 ⇨ 회기 중에는 국회의 의결, 폐회 중에는 국회의장의 허가 要
> - 대통령이 조약 체결·비준에 대한 국회의 동의 절차를 거치지 않은 경우 ⇨ 국회의원의 심의·표결권 침해 ×
> - 국회의원의 면책특권에 속하는 행위에 대하여 공소가 제기된 경우 법원의 조치 ⇨ 공소 기각
> - 비례대표국회의원 당선인이 선거범죄로 비례대표국회의원직을 상실하여 결원이 생긴 경우 소속 정당의 비례대표국회의원 후보자명부의 차순위자가 의원직을 승계하는 것을 인정하지 않는 것 ⇨ 차순위후보자의 공무담임권 침해 ○
> - 헌법 제45조 국회의원 면책특권 ⇨ 발언 내용이 허위라는 점을 인식하지 못하였다면 근거가 부족하거나 진위 여부를 확인하기 위한 조사를 제대로 하지 않았더라도 직무 수행의 일환으로 이루어진 것인 이상 면책특권의 대상 ○

① (○) 국회법 제135조 참조.

> 국회법 제135조(사직) ① 국회는 그 의결로 의원의 사직을 허가할 수 있다. 다만, 폐회중에는 의장이 이를 허가할 수 있다.

② (○) 국회의원의 심의·표결권은 국회의 대내적인 관계에서 행사되고 침해될 수 있을 뿐 다른 국가기관과의 대외적인 관계에서는 침해될 수 없는 것이므로, 국회의원들 상호간 또는 국회의원과 국회의장 사이와 같이 국회 내부적으로만 직접적인 법적 연관성을 발생시킬 수 있을 뿐이고 대통령 등 국회 이외의 국가기관과 사이에서는 권한침해의 직접적인 법적 효과를 발생시키지 아니한다. 따라서 피청구인인 대통령이 국회의 동의 없이 조약을 체결·비준하였다 하더라도 국회의원인 청구인들의 심의·표결권이 침해될 가능성은 없다(헌재 2007.07.26. 2005헌라8).

③ (○) 국회의원의 면책특권에 속하는 행위에 대하여는 공소를 제기할 수 없으며 이에 반하여 공소가 제기된 것은 결국 공소권이 없음에도 공소가 제기된 것이 되어 형사소송법 제327조 제2호의 "공소제기의 절차가 법률의 규정에 위반하여 무효인 때"에 해당되므로 공소를 기각하여야 한다(대판 1992.09.22. 91도3317).

④ (X) 심판대상조항은 비례대표국회의원 후보자명부상의 차순위 후보자의 승계까지 부인함으로써 선거를 통하여 표출된 선거권자들의 정치적 의사표명을 무시·왜곡하는 결과를 초래하고, 선거범죄에 관하여 귀책사유도 없는 정당이나 차순위 후보자에게 불이익을 주는 것은 필요 이상의 지나친 제재를 규정한 것이라고 보지 않을 수 없으므로, 과잉금지원칙에 위배하여 청구인들의 공무담임권을 침해한 것이다(헌재 2009.10.29. 2009헌마350).

⑤ (○) 헌법 제45조에서 규정하는 국회의원의 면책특권은 국회의원이 국민의 대표자로서 국회 내에서 자유롭게 발언하고 표결할 수 있도록 보장함으로써 국회가 입법 및 국정통제 등 헌법에 의하여 부여된 권한을 적정하게 행사하고 그 기능을 원활하게 수행할 수 있도록 보장하는 데 그 취지가 있다. 이러한 면책특권의 목적 및 취지 등에 비추어 볼 때, 발언 내용 자체에 의하더라도 직무와는 아무런 관련이 없음이 분명하거나, 명백히 허위임을 알면서도 허위의 사실을 적시하여 타인의 명예를 훼손하는 경우 등까지 면책특권의 대상이 될 수는 없지만, 발언 내용이 허위라는 점을 인식하지 못하였다면 비록 발언 내용에 다소 근거가 부족하거나 진위 여부를 확인하기 위한 조사를 제대로 하지 않았다고 하더라도, 그것이 직무 수행의 일환으로 이루어진 것인 이상 이는 면책특권의 대상이 된다(대판 2007.01.12. 2005다57752).

정답 ④

문 29

국회의원에 관한 다음 설명 중 가장 옳지 않은 것은? [2019년 37번]

① 국회의원은 현행범인이라 하더라도 국회의 회의장 안에서는 의장의 명령 없이 체포할 수 없다.
② 정부는 체포 또는 구금된 의원이 있을 때에는 지체 없이 의장에게 영장 사본을 첨부하여 이를 통지하여야 하나, 구속기간 연장에 대해서는 통지할 필요가 없다.
③ 의원을 체포하거나 구금하기 위하여 국회의 동의를 받으려고 할 때에는 관할법원의 판사는 영장을 발부하기 전에 체포동의 요구서를 정부에 제출하여야 하며, 정부는 이를 수리(受理)한 후 지체 없이 그 사본을 첨부하여 국회에 체포동의를 요청하여야 한다.
④ 헌법 제44조에 의하여 구속된 국회의원에 대한 석방요구가 있으면 당연히 구속영장의 집행이 정지된다.
⑤ 의원은 국민의 대표자로서 소속 정당의 의사에 기속되지 아니하고 양심에 따라 투표한다.

> **MGI Point   국회의원**   ★★★
>
> - 국회의원 + 현행범인 ⇨ 국회의 회의장 內라면 의장의 명령 없이 체포 不可
> - 정부는 체포 또는 구금된 의원이 있을 때 or 구속 기간 연장의 경우 ⇨ 지체 없이 의장에게 영장 사본을 첨부하여 통지
> - 국회의 의원 체포동의 절차 : 판사의 체포동의 요구서 정부 제출 ⇨ 정부는 수리 후 지체 없이 국회에 체포동의 요청 ⇨ 국회의장은 처음 개의하는 본회의에 보고 ⇨ 본회의 보고 시부터 24시간 이후 72시간 이내 표결
> - 헌법 제44조에 의하여 구속된 국회의원에 대한 석방요구 ⇨ 당연 구속영장 집행 정지
> - 의원은 국민의 대표자 ⇨ 소속 정당의 의사 기속 ×, 양심에 따라 투표

① (○) 국회법 제150조 참조.

> 국회법 제150조(현행범인의 체포) 경위나 국가경찰공무원은 국회 안에 현행범인이 있을 때에는 체포한 후 의장의 지시를 받아야 한다. 다만, 회의장 안에서는 의장의 명령 없이 의원을 체포할 수 없다.

② (X) 국회법 제27조 참조.

> 국회법 제27조(의원 체포의 통지) 정부는 체포 또는 구금된 의원이 있을 때에는 지체 없이 의장에게 영장 사본을 첨부하여 이를 통지하여야 한다. 구속기간이 연장되었을 때에도 또한 같다.

③ (○) 국회법 제26조 제1항 참조.

> 국회법 제26조(체포동의 요청의 절차) ① 의원을 체포하거나 구금하기 위하여 국회의 동의를 받으려고 할 때에는 관할법원의 판사는 영장을 발부하기 전에 체포동의 요구서를 정부에 제출하여야 하며, 정부는 이를 수리(受理)한 후 지체 없이 그 사본을 첨부하여 국회에 체포동의를 요청하여야 한다.

④ (○) 형사소송법 제101조 제4항 참조.

> 형사소송법 제101조(구속의 집행정지) ④ 헌법 제44조에 의하여 구속된 국회의원에 대한 석방요구가 있으면 당연히 구속영장의 집행이 정지된다.

⑤ (○) 국회법 제114조의2 참조.

> 국회법 제114조의2(자유투표) 의원은 국민의 대표자로서 소속 정당의 의사에 기속되지 아니하고 양심에 따라 투표한다.

정답 ②

문 30

다음 중 헌법에 명시된 국회의원의 의무가 아닌 것은 모두 몇 개인가? [2019년 5번]

ㄱ. 품위 유지 의무
ㄴ. 영리업무 종사 금지 의무
ㄷ. 직무수행에 있어서 국가이익 우선 의무
ㄹ. 지위남용 금지 의무
ㅁ. 청렴의 의무
ㅂ. 양심에 따른 직무수행 의무

① 0개 ② 1개 ③ 2개
④ 3개 ⑤ 4개

MGI Point 국회의원의 의무 ★★

- 헌법상 의무 : 청렴의무, 국익우선의무, 양심에 다른 직무수행의무, 지위남용금지의무, 겸직금지의무
- 국회법상 의무 : 품위유지의무, 영리업무 종사금지의무, 모욕 등 발언금지의무

ㄱ. (○) 품위유지의무는 국회법에 명시된 국회의원의 의무이다. 국회법 제25조 참조.

> 국회법 제25조(품위유지의 의무) 의원은 의원으로서의 품위를 유지하여야 한다.

ㄴ. (○) 영리업무 종사금지의무는 국회법상 의무이다. 국회법 제29조의2 참조.

> 국회법 제29조의2(영리업무 종사 금지) ① 의원은 그 직무 외에 영리를 목적으로 하는 업무에 종사할 수 없다. 다만, 의원 본인 소유의 토지·건물 등의 재산을 활용한 임대업 등 영리업무를 하는 경우로서 의원 직무수행에 지장이 없는 경우에는 그러하지 아니하다.

ㄷ. (X) 직무수행에 있어서 국가이익 우선 의무는 헌법에 명시된 국회의원의 의무이다. 헌법 제46조 참조.

> 헌법 제46조 ① 국회의원은 청렴의 의무가 있다.
> ② 국회의원은 국가이익을 우선하여 양심에 따라 직무를 행한다.
> ③ 국회의원은 그 지위를 남용하여 국가·공공단체 또는 기업체와의 계약이나 그 처분에 의하여 재산상의 권리·이익 또는 직위를 취득하거나 타인을 위하여 그 취득을 알선할 수 없다.

ㄹ. (X) 지위남용금지의무는 헌법상 의무이다. 헌법 제46조 참조.
ㅁ. (X) 청렴의 의무는 헌법상 의무이다. 헌법 제46조 참조.
ㅂ. (X) 양심에 따른 직무수행 의무는 헌법상 의무이다. 헌법 제46조 참조

정답 ③

문 31

국회의원에 관한 다음 설명 중 가장 옳지 않은 것은? [2018년 35번]

① 위원은 위원회에서 동일의제에 대하여 횟수 및 시간 등에 제한없이 발언할 수 있다.
② 국회의원은 20인 이상의 찬성으로 의안을 발의할 수 있고, 의안을 발의하는 국회의원은 그 안을 갖추고 이유를 붙여 소정의 찬성자와 연서하여 이를 의장에게 제출하여야 한다.
③ 국회의원이 국회본회의에서 질문할 원고를 사전에 배포한 행위는 면책특권의 대상이 되는 직무부수행위에 해당한다.
④ 국회의원의 면책특권에 속하는 행위에 대하여 공소가 제기된 경우 법원은 공소를 기각하여야 한다.
⑤ 국회법은 '의원은 국민의 대표자로서 소속정당의 의사에 기속되지 아니하고 양심에 따라 투표한다'고 규정하고 있다.

해설 ★★

① (O), ② (X), ⑤ (O) 국회법 제60조, 제79조, 제114조의2 참조.

> 국회법 제60조(위원의 발언) ① 위원은 위원회에서 같은 의제(議題)에 대하여 횟수 및 시간 등에 제한 없이 발언할 수 있다. 다만, 위원장은 발언을 원하는 위원이 2명 이상일 경우에는 간사와 협의하여 15분의 범위에서 각 위원의 첫 번째 발언시간을 균등하게 정하여야 한다.
> 국회법 제79조(의안의 발의 또는 제출) ① 의원은 10명 이상의 찬성으로 의안을 발의할 수 있다.
> ② 의안을 발의하는 의원은 그 안을 갖추고 이유를 붙여 찬성자와 연서하여 이를 의장에게 제출하여야 한다.
> 국회법 제114조의2(자유투표) 의원은 국민의 대표자로서 소속 정당의 의사에 기속되지 아니하고 양심에 따라 투표한다.

③ (O), ④ (O) 국회의원의 면책특권의 대상이 되는 행위는 직무상의 발언과 표결이라는 의사표현행위 자체에 국한되지 아니하고 이에 통상적으로 부수하여 행하여지는 행위까지 포함하고, 그와 같은 부수행위인지 여부는 결국 구체적인 행위의 목적, 장소, 태양 등을 종합하여 개별적으로 판단할 수밖에 없다. 원고의 내용이 공개회의에서 행할 발언내용이고(회의의 공개성), 원고의 배포시기가 당초 발언하기로 예정된 회의 시작 30분 전으로 근접되어 있으며(시간적 근접성), 원고 배포의 장소 및 대상이 국회의사당 내에 위치한 기자실에서 국회출입기자들만을 상대로 한정적으로 이루어지고(장소 및 대상의 한정성), 원고 배포의 목적이 보도의 편의를 위한 것(목적의 정당성)이라면, 국회의원이 국회본회의에서 질문할 원고를 사전에 배포한 행위는 면책특권의대상이 되는 직무부수행위에 해당한다. 국회의원의 면책특권에 속하는 행위에 대하여는 공소를 제기할 수 없으며 이에 반하여 공소가 제기된 것은 결국 공소권이 없음에도 공소가 제기된 것이 되어 형사소송법 제327조 제2호의 "공소제기의 절차가 법률의 규정에 위반하여 무효인 때"에 해당되므로 공소를 기각하여야 한다(헌재 1992.09.22. 91도3317).

정답 ②

문 32

국회의원에 관한 다음 설명 중 옳은 것은 모두 몇 개인가?(다툼이 있는 경우 헌법재판소 판례에 의함)
[2017년 16번]

> ㉠ 소위 법률안 날치기통과는 국회의원의 질의권, 토론권, 표결권을 침해한 것으로서, 이를 이유로 국민이 직접 헌법소원심판을 청구하는 것은 자기관련성이 허용되지 않으나, 국회의 의안처리과정에서 권한을 침해당한 국회의원은 헌법소원심판을 청구할 수 있다.
> ㉡ 현행범으로 구금된 국회의원에 대하여 일반의결정족수의 의결로써 국회의 석방요구가 있으면 회기 중 석방된다.
> ㉢ 헌법은 국회의원의 제명사유를 헌법과 법률을 위반한 경우로 한정하고 있고, 제명된 국회의원은 그로 인하여 결원된 의원의 보궐선거에 입후보 할 수 없다.
> ㉣ 국회의원에 대한 국회의 자격심사와 제명은 국회의 자율적 조치이어서 법원에 제소할 수 없으나, 국회의원에 대한 국회의 징계처분에 대해서는 법원에 제소할 수 있다.
> ㉤ 최근 에마뉘엘 마크롱 프랑스 대통령은 자국의 국회의원 정원의 1/3을 감축하겠다는 정견을 발표하였다. 우리나라에서 이러한 조치를 실행하려면 헌법 개정이 필요하다.

① 없음　② 1개　③ 2개　④ 3개　⑤ 5개

해설 ★★

㉠ (X) 법률의 입법절차가 헌법이나 국회법에 위반된다고 하더라도 그러한 사유만으로는 그 법률로 인하여 국민의 기본권이 현재, 직접적으로 침해받는다고 볼 수 없으므로 헌법소원심판을 청구할 수 없다(헌재 1998.08.27. 97헌마8). 국회의원이 국회의 의안처리과정에서 위와 같은 권한을 침해당하였다고 하더라도 이는 헌법재판소법 제68조 제1항에서 말하는 "기본권의 침해"에는 해당하지 않으므로, 이러한 경우 국회의원은 개인의 권리 구제수단인 헌법소원을 청구할 수 없다(헌재 1995.02.23. 91헌마231).

㉡ (X) 국회의원이 회기전에 체포 또는 구금된 때에는 현행범인이 아닌 한 국회의 요구가 있으면 회기중 석방된다(헌법 제44조 제2항).

㉢ (X) 헌법에는 제명 사유에 대한 규정이 없다. 제163조의 규정에 따른 징계로 제명된 자는 그로 인하여 궐원된 의원의 보궐선거에서 후보자가 될 수 없다(국회법 제164조).

㉣ (X) 국회는 의원의 자격을 심사하며, 의원을 징계할 수 있다(헌법 제64조 제2항). 의원을 제명하려면 국회재적의원 3분의 2 이상의 찬성이 있어야 한다(헌법 제64조 제3항). 제2항과 제3항의 처분에 대하여는 법원에 제소할 수 없다(헌법 제64조 제4항).

㉤ (X) 국회의원의 수는 법률로 정하되, 200인 이상으로 한다(헌법 제41조 제2항). 공직선거법 제21조 제1항에 따르면 국회의 의원정수는 지역구국회의원과 비례대표국회의원을 합하여 300명으로 한다고 규정되어 있으므로, 1/3을 감축하더라도 200명 이상이 되기 때문에 헌법 개정은 필요하지 않고 법률 개정만으로 가능하다.

정답 ①

제❷절 ┃ 대통령

제1관 대통령선거·헌법상 지위·신분상 지위

문 33

대통령선거에 관한 다음 설명 중 가장 옳지 않은 것은? [2022년 7번]

① 대통령의 임기가 만료되는 때에는 임기만료 70일 내지 40일전에 후임자를 선거한다.
② 대통령이 궐위된 때 또는 대통령 당선자가 사망하거나 판결 기타의 사유로 그 자격을 상실한 때에는 60일 이내에 후임자를 선거한다.
③ 전임대통령의 궐위로 인한 선거에 의한 대통령의 임기는 당선이 결정된 때부터 개시된다.
④ 중앙선거관리위원회는 대통령선거 후보자가 유효투표총수의 100분의 15 이상을 득표한 경우에는 기탁금 전액을, 100분의 10 이상 100분의 15 미만을 득표한 경우에는 기탁금의 100분의 50에 해당하는 금액을 선거일 후 30일 이내에 기탁자에게 반환하여야 한다.
⑤ 대통령선거에 있어서 당선의 효력에 이의가 있는 정당 또는 후보자는 선거일부터 30일 이내에 중앙선거관리위원회위원장을 피고로 하여 대법원에 소를 제기할 수 있다.

MGI Point 대통령선거 ★★

- 대통령의 임기 만료로 인한 선거 ⇨ 임기만료 70일 내지 40일전에 후임자를 선거
- 대통령의 궐위 등 ⇨ 60일 이내에 후임자를 선거
- 궐위로 인한 선거에 의한 대통령의 임기 ⇨ 당선이 결정된 때부터 개시
- 대통령선거 기탁금의 반환 ⇨ 100분의 15 이상을 득표 ⇨ 전액(선거일 후 30일 이내에)
- 대통령선거 기탁금의 반환 ⇨ 100분의 10 이상 100분의 15 미만을 득표 ⇨ 100분의 50(선거일 후 30일 이내)
- 대통령선거소송 ⇨ 당선인 결정일부터 30일 이내에 제기하여야 함

---

① (○) 헌법 제68조 제1항 참조.

> 헌법 제68조 ① 대통령의 임기가 만료되는 때에는 임기만료 70일 내지 40일전에 후임자를 선거한다.

② (○) 헌법 제68조 제2항 참조.

> 헌법 제68조 ② 대통령이 궐위된 때 또는 대통령 당선자가 사망하거나 판결 기타의 사유로 그 자격을 상실한 때에는 60일 이내에 후임자를 선거한다.

③ (○) 공직선거법 제14조 제1항 참조.

> 공직선거법 제14조(임기개시) ① 대통령의 임기는 전임대통령의 임기만료일의 다음날 0시부터 개시된다. 다만, 전임자의 임기가 만료된 후에 실시하는 선거와 궐위로 인한 선거에 의한 대통령의 임기는 당선이 결정된 때부터 개시된다.

④ (○) 공직선거법 제57조 제1항 참조.

> 공직선거법 제57조(기탁금의 반환 등) ① 관할선거구선거관리위원회는 다음 각 호의 구분에 따른 금액을 선거일 후 30일 이내에 기탁자에게 반환한다. 이 경우 반환하지 아니하는 기탁금은 국가 또는 지방자치단체에 귀속한다.
> 1. 대통령선거, 지역구국회의원선거, 지역구지방의회의원선거 및 지방자치단체의 장선거
>   가. 후보자가 당선되거나 사망한 경우와 유효투표총수의 100분의 15 이상을 득표한 경우에는 기탁금 전액
>   나. 후보자가 유효투표총수의 100분의 10 이상 100분의 15 미만을 득표한 경우에는 기탁금의 100분의 50에 해당하는 금액

⑤ (X) 공직선거법 제233조 참조. 선거일이 아니라 당선인 결정일부터 30일 이내이다.

> 공직선거법 제223조(당선소송) ① 대통령선거 및 국회의원선거에 있어서 당선의 효력에 이의가 있는 정당 또는 후보자는 당선인 결정일부터 30일이내에 제52조제1항·제3항 또는 제192조제1항부터 제3항까지의 사유에 해당함을 이유로 하는 때에는 당선인을, 제187조 제1항 내지 제4항, 제189조 또는 제194조 제4항의 규정에 의한 결정의 위법을 이유로 하는 때에는 대통령선거에 있어서는 그 당선인을 결정한 중앙선거관리위원회위원장 또는 국회의장을, 국회의원선거에 있어서는 당해 선거구선거관리위원회위원장을 각각 피고로 하여 대법원에 소를 제기할 수 있다.

정답 ⑤

문 34

대통령에 관한 다음 설명 중 옳지 않은 것은 모두 몇 개인가? [2021년 31번]

ㄱ. 헌법은 대통령 당선에 필요한 득표율을 정하지 않고, 다만 대통령 후보자가 1인인 경우에 한하여 유효투표총수의 1/3 이상을 득표하여야 당선될 수 있다고 정하고 있다.
ㄴ. 헌법상 대통령에게도 헌법개정에 대한 발의권이 있다.
ㄷ. 대통령의 국법상 행위는 문서로써 하며, 이 문서에는 국무총리와 관계 국무위원이 부서한다. 군사에 관한 것도 같다.
ㄹ. 국무총리 및 부총리가 모두 사고로 직무를 수행할 수 없는 경우 정부조직법에 규정된 행정각부의 순서에 따른 국무위원이 그 직무를 대행하고, 대통령은 위 순서에 관계없이 임의로 특정 국무위원을 지명하여 국무총리의 직무를 대행하게 할 수 없다.
ㅁ. 대통령이 자신에 대한 재신임을 국민투표의 형태로 묻고자 하는 것은 헌법 제72조에 의하여 부여받은 국민투표부의권을 위헌적으로 행사하는 경우에 해당한다.
ㅂ. 국가인권위원회위원장, 대법원장, 헌법재판소장, 중앙선거관리위원회위원장은 모두 대통령이 임명한다.

① 1개   ② 2개   ③ 3개
④ 4개   ⑤ 5개

> **MGI Point 대통령** ★★
>
> - 대통령후보자가 1인일 때 당선 득표수 ⇨ 선거권자 총수의 3분의 1 이상
> - 헌법개정 발의권자 ⇨ 국회재적의원 과반수 or 대통령
> - 대통령의 국법상 행위 ⇨ 국무총리와 관계 국무위원이 부서한 문서로서 행함 (군사에 관한 것도 동일)
> - 국무총리와 부총리가 모두 사고시 직무대행 순서
>   ① 대통령의 지명을 받은 국무위원 ② 지명이 없는 경우에 법률이 정하는 순서에 따른 국무위원
> - 대통령이 재신임을 국민투표의 형태로 묻는 것 ⇨ 헌법 제72조 국민투표부의권을 위헌적으로 행사하는 경우 ○
> - 국가인권회위원장, 대법원장, 헌법재판소의 장 ⇨ 대통령 임명
>   중앙선거관리위원회 위원장 ⇨ 위원 중에서 호선

ㄱ. (X) 헌법 제67조 제3항 참조.

> 헌법 제67조 ③ 대통령후보자가 1인일 때에는 그 득표수가 선거권자 총수의 3분의 1 이상이 아니면 대통령으로 당선될 수 없다.

ㄴ. (○) 헌법 제128조 제1항 참조.

> 헌법 제128조 ① 헌법개정은 국회재적의원 과반수 또는 대통령의 발의로 제안된다.

ㄷ. (○) 헌법 제82조 참조.

> 헌법 제82조 대통령의 국법상 행위는 문서로써 하며, 이 문서에는 국무총리와 관계 국무위원이 부서한다. 군사에 관한 것도 또한 같다.

ㄹ. (X) 정부조직법 제22조 참조.

> 정부조직법 제22조 (국무총리의 직무대행) 국무총리가 사고로 직무를 수행할 수 없는 경우에는 기획재정부장관이 겸임하는 부총리, 교육부장관이 겸임하는 부총리의 순으로 직무를 대행하고, 국무총리와 부총리가 모두 사고로 직무를 수행할 수 없는 경우에는 대통령의 지명이 있으면 그 지명을 받은 국무위원이, 지명이 없는 경우에는 제26조제1항에 규정된 순서에 따른 국무위원이 그 직무를 대행한다.

ㅁ. (○) 국민투표는 직접민주주의를 실현하기 위한 수단으로서 '사안에 대한 결정' 즉, 특정한 국가정책이나 법안을 그 대상으로 한다. 따라서 국민투표의 본질상 '대표자에 대한 신임'은 국민투표의 대상이 될 수 없으며, 우리 헌법에서 대표자의 선출과 그에 대한 신임은 단지 선거의 형태로써 이루어져야 한다. 대통령이 자신에 대한 재신임을 국민투표의 형태로 묻고자 하는 것은 헌법 제72조에 의하여 부여받은 국민투표부의권을 위헌적으로 행사하는 경우에 해당하는 것으로, 국민투표제도를 자신의 정치적 입지를 강화하기 위한 정치적 도구로 남용해서는 안 된다는 헌법적 의무를 위반한 것이다. 물론, 대통령이 위헌적인 재신임 국민투표를 단지 제안만 하였을 뿐 강행하지는 않았으나, 헌법상 허용되지 않는 재신임 국민투표를 국민들에게 제안한 것은 그 자체로서 헌법 제72조에 반하는 것으로 헌법을 실현하고 수호해야 할 대통령의 의무를 위반한 것이다 (헌재 2004.05.14. 2004헌나1).

ㅂ. (X) 헌법 제104조 제1항, 제111조 제4항, 제114조 제2항 및 국가인권위원회법 제5조 제5항 참조.

> 국가인권위원회법 제5조 (위원회의 구성) ⑤ 위원장은 위원 중에서 대통령이 임명한다. 이 경우 위원장은 국회의 인사청문을 거쳐야 한다.
> 헌법 제104조 ① 대법원장은 국회의 동의를 얻어 대통령이 임명한다.
> 헌법 제111조 ④ 헌법재판소의 장은 국회의 동의를 얻어 재판관중에서 대통령이 임명한다.
> 헌법 제114조 ② 중앙선거관리위원회는 대통령이 임명하는 3인, 국회에서 선출하는 3인과 대법원장이 지명하는 3인의 위원으로 구성한다. 위원장은 위원중에서 호선한다.

정답 ③

문 35

정부조직에 관한 다음 설명 중 옳지 않은 것은 모두 몇 개인가? [2021년 36번]

ㄱ. 대통령은 정부의 수반으로서 법령에 따라 모든 중앙행정기관의 장을 지휘·감독한다.
ㄴ. 국무총리는 헌법과 법률에 부여된 권한에 따라 독립하여 각 중앙 및 지방행정기관의 장을 지휘·감독한다.
ㄷ. 국무총리는 특별히 위임하는 사무를 수행하기 위하여 대통령의 재가를 받아 필요한 수의 부총리를 둘 수 있다.
ㄹ. 행정각부에 장관 1명과 차관 2명을 두되, 장관은 정무직으로 하고, 차관은 정무직 또는 일반직으로 한다.
ㅁ. 대통령은 국무총리와 중앙행정기관의 장의 명령이나 처분이 위법 또는 부당하다고 인정하면 이를 중지 또는 취소할 수 있다.

① 1개　　② 2개　　③ 3개
④ 4개　　⑤ 5개

MGI Point 정부조직　★★

- **대통령**
  - 정부의 수반으로서 법령에 따라 모든 중앙행정기관의 장을 지휘·감독
  - 국무총리와 중앙행정기관의 장의 명령이나 처분이 위법 또는 부당하다고 인정하면 이를 중지 또는 취소 可
- **국무총리**
  - 대통령을 보좌하고 행정에 관하여 대통령의 명을 받아 행정각부 통할
  - 특별히 위임하는 사무를 처리하도록 부총리 1인 둘 수 있음
- **행정각부** ⇨ 장관 1명(국무위원)과 차관 1명(정무직)을 둠

ㄱ. (○), ㅁ. (○) 헌법 제66조 제4항 및 정부조직법 제11조 참조.

> 헌법 제66조 ④ 행정권은 대통령을 수반으로 하는 정부에 속한다.
> 정부조직법 제11조 (대통령의 행정감독권) ① 대통령은 정부의 수반으로서 법령에 따라 모든 중앙행정기관장을 지휘·감독한다.
> ② 대통령은 국무총리와 중앙행정기관의 장의 명령이나 처분이 위법 또는 부당하다고 인정하면 이를 중지 또는 취소할 수 있다.

ㄴ. (X) 헌법 제86조 제2항 및 정부조직법 제18조 제1항 참조.

> 헌법 제86조 ② 국무총리는 대통령을 보좌하며, 행정에 관하여 대통령의 명을 받아 행정각부를 통할한다.
> 정부조직법 제18조 (국무총리의 행정감독권) ① 국무총리는 대통령의 명을 받아 각 중앙행정기관의 장을 지휘·감독한다.

ㄷ. (X) 헌법 제96조 및 정부조직법 제15조 제1항 참조.

> 헌법 제96조 행정각부의 설치·조직과 직무범위는 법률로 정한다.
> 정부조직법 제15조 (부총리) ① 국무총리가 특별히 위임하는 사무를 처리하게 하기 위하여 부총리 1인을 둘 수 있다.

ㄹ. (X) 헌법 제96조 및 정부조직법 제26조 제2항 참조.

> 헌법 제96조 행정각부의 설치·조직과 직무범위는 법률로 정한다.
> 정부조직법 제26조 (행정각부) ② 행정각부에 장관 1명과 차관 1명을 두되, 장관은 국무위원으로 보하고, 차관은 정무직으로 한다. 다만, 기획재정부·과학기술정보통신부·외교부·문화체육관광부·산업통상자원부·보건복지부·국토교통부에는 차관 2명을 둔다

정답 ③

문 36

다음은 대통령이 궐위되거나 사고로 인하여 직무를 수행할 수 없을 때 그 권한을 대행하는 순서를 기재한 것이다. 대통령 권한대행을 할 수 있는 4순위 국무위원은 누구인가? [2018년 21번]

> 1순위 : 국무총리
> 2순위 : 기획재정부장관이 겸임하는 부총리
> 3순위 : 교육부장관이 겸임하는 부총리
> 4순위 : ?
> 5순위 이하 생략

① 외교부장관
② 법무부장관
③ 국방부장관
④ 행정안전부장관
⑤ 과학기술정보통신부장관

해설 ★★

헌법 제71조, 정부조직법 제12조, 제26조 참조.

> 헌법 제71조 대통령이 궐위되거나 사고로 인하여 직무를 수행할 수 없을 때에는 국무총리, 법률이 정한 국무위원의 순서로 그 권한을 대행한다.
> 정부조직법 제12조(국무회의) ② 의장이 사고로 직무를 수행할 수 없는 경우에는 부의장인 국무총리가 그 직무를 대행하고, 의장과 부의장이 모두 사고로 직무를 수행할 수 없는 경우에는 기획재정부장관이 겸임하는 부총리, 교육부장관이 겸임하는 부총리 및 제26조 제1항에 규정된 순서에 따라 국무위원이 그 직무를 대행한다.
> 정부조직법 제26조(행정각부) ① 대통령의 통할하에 다음의 행정각부를 둔다.
> 1. 기획재정부
> 2. 교육부
> 3. 과학기술정보통신부
> (4. 이하 생략)

정답 ⑤

문 37

사면에 관한 다음 설명 중 가장 옳지 않은 것은? [2021년 39번]

① 공무원이 범죄행위로 형사처벌을 받았다가 형의 선고의 효력을 상실하게 하는 특별사면 및 복권을 받은 경우 퇴직급여 및 퇴직수당의 일부를 감액하여 지급하더라도 당해 공무원의 재산권과 인간다운 생활을 할 권리를 침해하였다고 볼 수 없다.
② 특별사면은 대통령이 형의 집행을 면제하거나 선고의 효력을 상실케 하는 시혜적 조치로서, 형의 전부 또는 일부에 대하여 하거나, 중한 형 또는 가벼운 형에 대하여만 할 수도 있다.
③ 현역 군인에 대하여 징계처분의 효력을 상실시키는 특별사면이 있었다고 하더라도 징계처분의 기초되는 비위사실이 현역복무부적합사유에 해당하는 경우에는 이를 이유로 전역심사위원회의 심의를 거쳐 전역명령을 할 수 있다.
④ 특별사면으로 형 선고의 효력이 상실된 유죄의 확정판결은 재심청구의 대상이 될 수 없다.
⑤ 일반사면의 대상은 죄를 범한 자이고 특별사면의 대상은 형을 선고받은 자이다.

MGI Point · 사면 ★★

- 공무원이 범죄행위로 형사처벌을 받았다가 형의 선고의 효력을 상실하게 하는 특별사면 및 복권을 받은 경우 퇴직급여 및 퇴직수당의 일부를 감액하여 지급하는 것 ⇨ 재산권과 인간다운 생활을 할 권리 침해 ×
- 특별사면
  - 형의 전부 또는 일부에 대하여 하거나, 중한 형 또는 가벼운 형에 대하여만 할 수도 있음
  - 현역 군인에 대하여 징계처분의 효력을 상실시키는 특별사면이 있는 경우 ⇨ 징계처분의 기초되는 비위사실이 현역복무부적합사유에 해당하는 이유로 전역심사위원회의 심의를 거쳐 전역명령 可
  - 특별사면으로 형 선고의 효력이 상실된 유죄의 확정판결은 재심청구의 대상 ○
- 일반사면의 대상 : 죄를 범한 자
  특별사면의 대상 : 형을 선고받은 자

---

① (○) 공무원이 범죄행위로 형사처벌을 받은 경우 국민의 신뢰가 손상되고 공직 전체에 대한 신뢰를 실추시켜 공공의 이익을 해하는 결과를 초래하는 것은 그 이후 특별사면 및 복권을 받아 형의 선고의 효력이 상실된 경우에도 마찬가지이다. 또한, 형의 선고의 효력을 상실하게 하는 특별사면 및 복권을 받았다 하더라도 그 대상인 형의 선고의 효력이나 그로 인한 자격상실 또는 정지의 효력이 장래를 향하여 소멸되는 것에 불과하고, 형사처벌에 이른 범죄사실 자체가 부인되는 것은 아니므로, 공무원 범죄에 대한 제재수단으로서의 실효성을 확보하기 위하여 특별사면 및 복권을 받았다 하더라도 퇴직급여 등을 계속 감액하는 것을 두고 현저히 불합리하다고 평가할 수 없다. 나아가 심판대상조항에 의하여 퇴직급여 등의 감액대상이 되는 경우에도 본인의 기여금 부분은 보장하고 있다. 따라서 심판대상조항은 그 합리적인 이유가 인정되는바, 재산권 및 인간다운 생활을 할 권리를 침해한다고 볼 수 없어 헌법에 위반되지 아니한다(헌재 2020.04.23. 2018헌바402).

② (○) … 특별사면은 위에서 본 바와 같이 국가원수인 대통령이 형의 집행을 면제하거나 선고의 효력을 상실케 하는 시혜적 조치로서, 형의 전부 또는 일부에 대하여 하거나, 중한 형 또는 가벼운 형에 대하여만 할 수도 있는 것이다. 그러므로 중한 형에 대하여 사면을 하면서 그보다 가벼운 형에 대하여 사면을 하지 않는 것이 형평의 원칙에 반한다고 할 수도 없다(헌재 2000.06.01. 97헌바74).

③ (○) 구 군인사법(2011. 5. 24. 법률 제10703호로 개정되기 전의 것) 제37조, 군인사법 시행령 제49조에 의한 현역복무부적합자 전역제도란 대통령령으로 정하는 일정한 사유로 인하여 현역복무에 적합하지 아니한 자를 전역심사위원회 심의를 거쳐 현역에서 전역시키는 제도로서 징계제도와는 규정 취지와 사유, 위원회 구성 및 주체 등에서 차이가 있으므로, 현역 군인에 대하여 징계처분의 효력을 상실시키는 특별사면이 있었

다고 하더라도 징계처분의 기초되는 비위사실이 현역복무부적합사유에 해당하는 경우에는 이를 이유로 현역복무부적합조사위원회에 회부하거나 전역심사위원회의 심의를 거쳐 전역명령을 할 수 있다(대판 2012.01.12. 2011두18649).

④ (X) 유죄판결 확정 후에 형 선고의 효력을 상실케 하는 특별사면이 있었다고 하더라도, 형 선고의 법률적 효과만 장래를 향하여 소멸될 뿐이고 확정된 유죄판결에서 이루어진 사실인정과 그에 따른 유죄 판단까지 없어지는 것은 아니므로, 유죄판결은 형 선고의 효력만 상실된 채로 여전히 존재하는 것으로 보아야 하고, 한편 형사소송법 제420조 각 호의 재심사유가 있는 피고인으로서는 재심을 통하여 특별사면에도 불구하고 여전히 남아 있는 불이익, 즉 유죄의 선고는 물론 형 선고가 있었다는 기왕의 경력 자체 등을 제거할 필요가 있다. 그리고 형사소송법 제420조가 유죄의 확정판결에 대하여 선고를 받은 자의 이익을 위하여 재심을 청구할 수 있다고 규정하고 있는 것은 유죄의 확정판결에 중대한 사실인정의 오류가 있는 경우 이를 바로잡아 무고하고 죄 없는 피고인의 인권침해를 구제하기 위한 것인데, 만일 특별사면으로 형 선고의 효력이 상실된 유죄판결이 재심청구의 대상이 될 수 없다고 한다면, 이는 특별사면이 있었다는 사정만으로 재심청구권을 박탈하여 명예를 회복하고 형사보상을 받을 기회 등을 원천적으로 봉쇄하는 것과 다를 바 없어서 재심제도의 취지에 반하게 된다. 따라서 특별사면으로 형 선고의 효력이 상실된 유죄의 확정판결도 형사소송법 제420조의 '유죄의 확정판결'에 해당하여 재심청구의 대상이 될 수 있다(대판 2015.05.21. 2011도1932(전합)).

⑤ (○) 사면법 제3조 제1호, 제2호 참조.

> 사면법 제3조 (사면 등의 대상) 사면, 감형 및 복권의 대상은 다음 각 호와 같다.
> 1. 일반사면: 죄를 범한 자
> 2. 특별사면 및 감형: 형을 선고받은 자
> 3. 복권: 형의 선고로 인하여 법령에 따른 자격이 상실되거나 정지된 자

정답 ④

문 38

대통령에 관한 다음 설명 중 가장 옳지 않은 것은? [2017년 5번]

① 대통령은 국가원수의 지위에서 조약을 비준하고 외교사절을 신임·접수 또는 파견한다.
② 현행 헌법은 대통령 당선에 필요한 득표율을 정하지 않고, 다만 대통령 후보자가 1인인 경우에 한하여 선거권자 총수의 1/3 이상을 득표하여야 당선될 수 있다고 정하고 있다.
③ 대통령은 내란 또는 외환의 죄를 범한 경우를 제외하고는 재직중 형사상의 소추를 받지 아니한다.
④ 대통령이 일반사면을 하는 경우 대통령령으로 하되 국무회의의 심의를 거쳐 국회의 동의를 받아야 하나, 특별사면을 하는 경우에는 국무회의의 심의는 거치지만 국회의 동의는 필요하지 않다.
⑤ 대통령은 대법원장, 헌법재판소장, 중앙선거관리위원회위원장, 감사원장을 임명할 때에는 국회의 동의를 받아야 한다.

:: 해설 ★★★

① (○) 대통령은 국가의 원수이며, 외국에 대하여 국가를 대표한다(헌법 제66조 제1항). 대통령은 조약을 체결·비준하고, 외교사절을 신임·접수 또는 파견하며, 선전포고와 강화를 한다(헌법 제73조).

② (O) 대통령은 국민의 보통·평등·직접·비밀선거에 의하여 선출한다고 규정되어 있을 뿐(헌법 제67조 제1항) 당선에 필요한 득표율을 정하지 않았다. 대통령후보자가 1인일 때에는 그 득표수가 선거권자 총수의 3분의1 이상이 아니면 대통령으로 당선될 수 없다(헌법 제67조 제2항).
③ (O) 대통령은 내란 또는 외환의 죄를 범한 경우를 제외하고는 재직 중 형사상의 소추를 받지 아니한다(헌법 제84조).
④ (O) 일반사면을 명하려면 국회의 동의를 얻어야 하지만(헌법 제79조 제2항), 특별사면은 국회의 동의를 요하지 않는다. 일반사면이든 특별사면이든 국무회의의 심의를 거쳐야 한다(헌법 제89조 제9호).
⑤ (X) 중앙선거관리위원회위원장은 위원 중에서 호선한다(헌법 제114조).

정답 ⑤

문 39

대통령의 직위와 권한에 관한 다음 설명 중 가장 옳지 않은 것은?(다툼이 있는 경우 헌법재판소 판례에 의함) [2016년 35번]

① 대통령은 국가의 원수이며, 외국에 대하여 국가를 대표한다. 대통령은 국가원수로서 조약의 체결·비준에 관한 권한, 외교사절의 신임·접수·파견에 관한 권한, 선전포고와 강화에 관한 권한을 갖는다.
② 대통령은 행정부의 수반이므로 행정업무에 대하여 최종적인 결정권을 가지며, 국무총리는 대통령의 명을 받아 행정각부를 통할할 뿐 행정에 관하여 독자적인 권한을 가지지 못한다.
③ 대통령의 기본권 보호의무는 헌법 제10조, 대통령의 헌법수호의무를 규정하고 있는 헌법 제66조 제2항, 취임선서를 규정하고 있는 헌법 제69조 등에서 확인할 수 있다.
④ 대통령은 소속 정당을 위하여 정당활동을 할 수 있는 사인으로서의 지위와 국민 모두에 대한 봉사자로서 공익실현의 의무가 있는 헌법기관으로서의 지위를 동시에 가지며, 전자의 지위에 관해서는 기본권 주체성을 갖는다.
⑤ 대통령은 내란 또는 외환의 죄를 범한 경우를 제외하고는 재직 중에 법적 책임을 지지 아니하나, 퇴직 후에는 형사소추 등의 책임 추궁이 가능하다.

:: 해설   ★

① (O) 대통령은 국가의 원수이며, 외국에 대하여 국가를 대표한다(헌법 제66조 제1항). 대통령은 조약을 체결·비준하고, 외교사절을 신임·접수 또는 파견하며, 선전포고와 강화를 한다(헌법 제73조).
② (O) 우리 나라의 행정권은 헌법상 대통령에게 귀속되고, 국무총리는 단지 대통령의 첫째가는 보좌기관으로서 행정에 관하여 독자적인 권한을 가지지 못하고 대통령의 명을 받아 행정각부를 통할하는 기관으로서의 지위만을 가지며, 행정권 행사에 대한 최후의 결정권자는 대통령이라고 해석하는 것이 타당하다(헌재 1994.04.28. 89헌마221).
③ (O) 헌법 제66조 제2항 및 제69조에 규정된 대통령의 '헌법을 준수하고 수호해야 할 의무'는 헌법상 법치국가원리가 대통령의 직무집행과 관련하여 구체화된 헌법적 표현이다. '헌법을 준수하고 수호해야 할 의무'가 이미 법치국가원리에서 파생되는 지극히 당연한 것임에도, 헌법은 국가의 원수이자 행정부의 수반이라는 대통령의 막중한 지위를 감안하여 제66조 제2항 및 제69조에서 이를 다시 한번 강조하고 있다. 이러한 헌법의 정신에 의한다면, 대통령은 국민 모두에 대한 '법치와 준법의 상징적 존재'인 것이다(헌재 2004.05.14. 2004헌나1).

④ (○) 대통령도 국민의 한사람으로서 제한적으로나마 기본권의 주체가 될 수 있는바, 대통령은 소속 정당을 위하여 정당활동을 할 수 있는 사인으로서의 지위와 국민 모두에 대한 봉사자로서 공익실현의 의무가 있는 헌법기관으로서의 지위를 동시에 갖는데 최소한 전자의 지위와 관련하여는 기본권 주체성을 갖는다고 할 수 있다(헌재 2008.01.17. 2007헌마700).
⑤ (X) 대통령은 내란 또는 외환의 죄를 범한 경우를 제외하고는 재직 중 형사상의 소추를 받지 아니한다(헌법 제84조). 따라서 민사사건에 대해서는 책임을 질 수 있다.

정답 ⑤

제2관 대통령의 권한

문 40

대통령에 관한 다음 설명 중 가장 옳지 않은 것은? [2022년 27번]

① 대통령은 국회의 동의를 얻어 대법원장, 헌법재판소장, 감사원장을 임명한다.
② 헌법 제84조에 의하여 대통령은 내란 또는 외환의 죄를 범한 경우를 제외하고는 재직 중 형사상의 소추를 받지 않는다. 이는 국가소추권행사의 법률상 장애사유에 해당하므로, 대통령 재직 중에는 공소시효의 진행이 정지되나, 형법상 내란죄, 외환죄에 대하여는 공소시효가 진행된다.
③ 헌법 제72조는 대통령에게 국민투표의 실시 여부, 시기, 구체적 부의사항, 설문내용 등을 결정할 수 있는 임의적인 국민투표발의권을 독점적으로 부여하고 있다.
④ 대통령은 소속 정당을 위하여 정당활동을 할 수 있는 사인으로서의 지위와 국민 모두에 대한 봉사자로서 공익실현의 의무가 있는 헌법기관으로서의 지위를 동시에 갖는데 최소한 전자의 지위와 관련하여는 기본권 주체성을 갖는다고 할 수 있다.
⑤ 대통령의 비상계엄의 선포나 확대 행위는 고도의 정치적·군사적 성격을 지니고 있는 행위이지만, 비상계엄의 선포나 확대가 국헌문란의 목적을 달성하기 위하여 행하여진 경우에는 법원은 그 자체가 범죄행위에 해당하는지의 여부에 관하여 심사할 수 있다.

MGI Point 대통령 ★★

- 대법원장, 헌법재판소장, 감사원장 ⇨ 국회의 동의를 얻어 대통령이 임명
- 대통령의 형사범죄에 대한 공소시효 ⇨ 내란 또는 외환의 죄는 정지, 나머지는 진행
- 헌법 제72조 ⇨ 대통령에게 국민투표발의권을 독점적으로 부여
- 대통령의 이중적 지위 ⇨ 소속 정당을 위하여 정당활동 할 수 있는 사인으로서의 지위와 관련하여 기본권 주체성 ○
- 대통령의 비상계엄의 선포나 확대 행위 ⇨ 그 자체가 범죄행위에 해당하는지의 여부에 관하여 심사 可

① (○) 헌법 제98조, 104조, 111조 참조.

> 헌법 제98조 ② 감사원장은 국회의 동의를 얻어 대통령이 임명하고, 그 임기는 4년으로 하며, 1차에 한하여 중임할 수 있다.
> 헌법 제104조 ① 대법원장은 국회의 동의를 얻어 대통령이 임명한다.
> 헌법 제111조 ④ 헌법재판소의 장은 국회의 동의를 얻어 재판관중에서 대통령이 임명한다.

② (X) 비록 헌법 제84조에는 "대통령은 내란 또는 외환의 죄를 범한 경우를 제외하고는 재직중 형사상의 소추를 받지 아니한다"고만 규정되어 있을 뿐 헌법이나 형사소송법 등의 법률에 대통령의 재직중 공소시효의 진행이 정지된다고 명백히 규정되어 있지는 않다고 하더라도, 위 헌법규정의 근본취지를 대통령의 재직중 형사상의 소추를 할 수 없는 범죄에 대한 공소시효의 진행은 정지되는 것으로 해석하는 것이 원칙일 것이다. 즉 위 헌법규정은 바로 공소시효진행의 소극적 사유가 되는 국가의 소추권행사의 법률상 장애사유에 해당하므로, 대통령의 재직중에는 공소시효의 진행이 당연히 정지되는 것으로 보아야 한다(헌재 1995.01.20. 94헌마246).

③ (O) 헌법 제72조는 대통령에게 국민투표의 실시 여부, 시기, 구체적 부의사항, 설문내용 등을 결정할 수 있는 임의적인 국민투표발의권을 독점적으로 부여함으로써, 대통령이 단순히 특정 정책에 대한 국민의 의사를 확인하는 것을 넘어서 자신의 정책에 대한 추가적인 정당성을 확보하거나 정치적 입지를 강화하는 등, 국민투표를 정치적 무기화하고 정치적으로 남용할 수 있는 위험성을 안고 있다. 이러한 점을 고려할 때, 대통령의 부의권을 부여하는 헌법 제72조는 가능하면 대통령에 의한 국민투표의 정치적 남용을 방지할 수 있도록 엄격하고 축소적으로 해석되어야 한다(헌재 2004.05.14. 2004헌나1).

④ (O) 대통령도 국민의 한사람으로서 제한적으로나마 기본권의 주체가 될 수 있는바, 대통령은 소속 정당을 위하여 정당활동을 할 수 있는 사인으로서의 지위와 국민 모두에 대한 봉사자로서 공익실현의 의무가 있는 헌법기관으로서의 지위를 동시에 갖는데 최소한 전자의 지위와 관련하여는 기본권 주체성을 갖는다고 할 수 있다(헌재 2008.01.17. 2007헌마700).

⑤ (O) 대통령의 비상계엄의 선포나 확대 행위는 고도의 정치적·군사적 성격을 지니고 있는 행위라 할 것이므로, 그것이 누구에게도 일견하여 헌법이나 법률에 위반되는 것으로서 명백하게 인정될 수 있는 등 특별한 사정이 있는 경우라면 몰라도, 그러하지 아니한 이상 그 계엄선포의 요건 구비 여부나 선포의 당·부당을 판단할 권한이 사법부에는 없다고 할 것이나, 비상계엄의 선포나 확대가 국헌문란의 목적을 달성하기 위하여 행하여진 경우에는 법원은 그 자체가 범죄행위에 해당하는지의 여부에 관하여 심사할 수 있다(대판 1997.04.17. 96도3376(전합)).

정답 ②

문 41

대통령에 관한 다음 설명 중 가장 옳지 않은 것은? [2019년 10번]

① 대통령은 소속 정당을 위하여 정당활동을 할 수 있는 사인으로서의 지위와 국민 모두에 대한 봉사자로서 공익실현의 의무가 있는 헌법기관으로서의 지위를 동시에 갖는데 최소한 전자의 지위와 관련하여는 기본권 주체성을 갖는다.

② 대통령은 내란 또는 외환의 죄를 범한 경우를 제외하고는 재직중 형사상의 소추를 받지 아니하나, 민사상 책임은 질 수 있다.

③ 대통령이 일반사면을 명하려면 국회의 동의를 얻어야 한다.

④ 대통령은 법률이 정하는 바에 의하여 훈장 기타의 영전을 수여한다.

⑤ 비상계엄이 선포된 때에는 대통령은 법률에 기속되지 않고 영장제도, 언론·출판·집회·결사의 자유, 법원의 권한에 관하여 특별한 조치를 할 수 있다.

> **MGI Point** **대통령의 권한** ★★★
>
> ■ 대통령
>   • 소속정당을 위하여 정당활동을 할 수 있는 사인으로서의 지위 + 국민 모두에 대한 봉사자로서 공익실현의 의무가 있는 헌법기관으로서의 지위
>   • 전자의 지위와 관련하여 기본권 주체성 인정
> ■ 대통령의 불소추특권과 민사상 책임
>   • 내란 또는 외환의 죄의 경우 공소시효 정지 × (but 헌정질서 파괴범죄의 공소시효 등에 관한 특례법에 의한 공소시효 정지 ○), 이외의 죄는 재직 중 형사상 소추 × ⇨ 재직기간 중 공소시효 정지 ○
>   • 대통령으로 재직중인 동안만 형사상 특권을 부여하고 있음에 지나지 않는 것, 민사상 책임 有
> ■ 일반사면 ⇨ 국회의 동의 要
> ■ 대통령은 법률이 정하는 바에 의하여 훈장 기타의 영전을 수여할 권한 有
> ■ 비상계엄시 특별조치
>   • 헌법상(제77조 제2항) 제한 : ① 영장제도, ② 언론·출판·집회·결사의 자유, ③ 정부나 법원의 권한
>   • 계엄법상(제9조 제1항) 제한 : ① 거주·이전의 자유, ② 단체행동권

① (○) 원칙적으로 국가나 국가기관 또는 국가조직의 일부나 공법인은 공권력 행사의 주체이자 기본권의 '수범자'로서 기본권의 '소지자'인 국민의 기본권을 보호 내지 실현해야 할 책임과 의무를 지니고 있을 뿐이므로, 헌법소원을 제기할 수 있는 청구인적격이 없다(헌재 2001.01.18. 2000헌마149). 그러나 국가기관의 직무를 담당하는 자연인이 제기한 헌법소원이 언제나 부적법하다고 볼 수는 없다. 만일 심판대상 조항이나 공권력 작용이 넓은 의미의 국가 조직영역 내에서 공적 과제를 수행하는 주체의 권한 내지 직무영역을 제약하는 성격이 강한 경우에는 그 기본권 주체성이 부정될 것이지만, 그것이 일반 국민으로서 국가에 대하여 가지는 헌법상의 기본권을 제약하는 성격이 강한 경우에는 기본권 주체성을 인정할 수 있다(헌재 2006.07.27. 2003헌마758). 결국 개인의 지위를 겸하는 국가기관이 기본권의 주체로서 헌법소원의 청구적격을 가지는지 여부는, 심판대상조항이 규율하는 기본권의 성격, 국가기관으로서의 직무와 제한되는 기본권 간의 밀접성과 관련성, 직무상 행위와 사적인 행위 간의 구별가능성 등을 종합적으로 고려하여 결정되어야 할 것이다. 그러므로 대통령도 국민의 한사람으로서 제한적으로나마 기본권의 주체가 될 수 있는바, 대통령은 소속 정당을 위하여 정당활동을 할 수 있는 사인으로서의 지위와 국민 모두에 대한 봉사자로서 공익실현의 의무가 있는 헌법기관으로서의 지위를 동시에 갖는데 최소한 전자의 지위와 관련하여는 기본권 주체성을 갖는다고 할 수 있다(헌재 2004.05.14. 2004헌나1).

② (○) 대통령에게 불소추특권이 인정되는 경우에도 민사상의 책임이 면제되는 것은 아니다. 따라서 대통령의 범죄행위로 인해 타인에 손해를 가한 경우에는 재직중에도 민사상 책임을 부담한다(정회철, 기본강의 헌법 개정 7판, p.1168).

> **참조판례** 우리 헌법이 채택하고 있는 국민주권주의(제1조 제2항)와 법 앞의 평등(제11조 제1항), 특수계급제도의 부인(제11조 제2항), 영전에 따른 특권의 부인(제11조 제3항) 등의 기본적 이념에 비추어 볼 때, 대통령의 불소추특권에 관한 헌법의 규정(헌법 제84조)이 대통령이라는 특수한 신분에 따라 일반국민과는 달리 대통령 개인에게 특권을 부여한 것으로 볼 것이 아니라 단지 국가의 원수로서 외국에 대하여 국가를 대표하는 지위에 있는 대통령이라는 특수한 직책의 원활한 수행을 보장하고, 그 권위를 확보하여 국가의 체면과 권위를 유지하여야 할 실제상의 필요 때문에 대통령으로 재직중인 동안만 형사상 특권을 부여하고 있음에 지나지 않는 것으로 보아야 할 것이다. … 헌법 제84조의 규정취지와 함께 공소시효 제도나 공소시효정지제도의 본질에 비추어 보면, 비록 헌법 제84조에는 "대통령은 내란 또는 외환의 죄를 범한 경우를 제외하고는 재직중 형사상의 소추를 받지 아니한다"고만 규정되어 있을 뿐 헌법이나 형사소송법 등의 법률에 대통령의 재직중 공소시효의 진행이 정지된다고 명백히 규정되어 있지는 않다고 하더라도, 위 헌법규정은 바로 공소시효진행의 소극적 사유가 되는 국가의 소추권행사의 법률상 장애사유에 해당하므로, 대통령의 재직중에는 공소시효의 진행이 당연히 정지되는 것으로 보아야 한다(헌재 1995.01.20. 94헌마246).

③ (○) 헌법 제79조 참조.

> 헌법 제79조 ① 대통령은 법률이 정하는 바에 의하여 사면·감형 또는 복권을 명할 수 있다.
> ② 일반사면을 명하려면 국회의 동의를 얻어야 한다.
> ③ 사면·감형 및 복권에 관한 사항은 법률로 정한다.

④ (○) 대통령의 영전수여권. 헌법 제80조 참조.

> 헌법 제80조 대통령은 법률이 정하는 바에 의하여 훈장 기타의 영전을 수여한다.

⑤ (X) 비상계엄 선포시 대통령은 법률이 정하는 바에 의하여 특별한 조치를 할 수 있다. 헌법 제77조 참조.

> 헌법 제77조 ① 대통령은 전시·사변 또는 이에 준하는 국가비상사태에 있어서 병력으로써 군사상의 필요에 응하거나 공공의 안녕질서를 유지할 필요가 있을 때에는 법률이 정하는 바에 의하여 계엄을 선포할 수 있다.
> ② 계엄은 비상계엄과 경비계엄으로 한다.
> ③ 비상계엄이 선포된 때에는 법률이 정하는 바에 의하여 영장제도, 언론·출판·집회·결사의 자유, 정부나 법원의 권한에 관하여 특별한 조치를 할 수 있다.
> ④ 계엄을 선포한 때에는 대통령은 지체없이 국회에 통고하여야 한다.
> ⑤ 국회가 재적의원 과반수의 찬성으로 계엄의 해제를 요구한 때에는 대통령은 이를 해제하여야 한다.

정답 ⑤

문 42

다음 설명 중 가장 옳지 않은 것은? [2020년 33번]

① 위임입법에 관한 헌법 제75조는 처벌법규에도 적용된다. 다만 처벌법규의 위임은 특히 긴급한 필요가 있거나 미리 법률로써 자세히 정할 수 없는 부득이한 사정이 있는 경우에 한정되어야 한다. 이러한 경우에도 법률에서 범죄의 구성요건은 처벌대상인 행위가 어떠한 것이라고 예측할 수 있을 정도로 구체적으로 정하고 형벌의 종류 및 그 상한과 폭을 정하여야 한다.
② 군대의 해외파견결정은 그 성격상 국방 및 외교에 관련된 고도의 정치적 결단을 요하는 문제로서, 헌법과 법률이 정한 절차를 지켜 이루어진 것임이 명백한 이상 대통령과 국회의 판단은 존중되어야 하고, 헌법재판소가 사법적 기준만으로 이를 심판하는 것은 자제되어야 한다.
③ 대통령은 행정부의 수반으로서 국가가 국민의 생명과 신체의 안전 보호의무를 충실하게 이행할 수 있도록 권한을 행사하고 직책을 수행하여야 하는 의무를 부담한다. 하지만 국민의 생명이 위협받는 재난상황이 발생하였다고 하여 대통령이 직접 구조 활동에 참여하여야 하는 등 구체적이고 특정한 행위의무까지 바로 발생한다고 보기는 어렵다.
④ 대통령은 전시·사변 또는 이에 준하는 국가비상사태에 있어서 병력으로써 군사상의 필요에 응하거나 공공의 안녕질서를 유지할 필요가 있을 때에는 법률이 정하는 바에 의하여 계엄을 선포할 수 있다.
⑤ 사면은 형의 선고의 효력 또는 공소권을 상실시키거나, 형의 집행을 면제하는 행정부 수반으로서의 고유한 권한을 말하며, 사법부의 판단을 변경하는 제도로서 권력분립의 원리에 대한 예외에 해당한다. 사면제도는 역사적으로 절대군주인 국왕의 은사권에서 유래하였으며, 대부분의 근대국가에서도 유지되어 왔고, 대통령제국가에서는 미국을 효시로 대통령에게 사면권이 부여되어 있다.

> MGI Point **위임입법, 군대의 해외파견결정, 대통령, 사면**   ★★★
>
> ■ 처벌법규에 있어 위임의 한계
>   ① 긴급한 필요 or 미리 법률로써 자세히 정할 수 없는 부득이한 사정
>   ② 법률에서 ㉠ 구성요건 – 예측가능성, ㉡ 형벌 – 종류·상한·폭을 명백히 규정
> ■ 국군의 해외파견결정
>   • 외교 및 국방에 관련된 고도의 정치적 결단이 요구되는 사안 ○
>   • 대통령과 국회의 판단은 존중되어야 함 ⇨ 헌법재판소의 사법적 판단은 자제함이 바람직
> ■ 국민의 생명이 위협받는 재난상황이 발생하였다고 하여 대통령이 직접 구조 활동에 참여하여야 하는 등 구체적이고 특정한 행위의무까지 바로 발생하는 것은 ×
> ■ 계엄 선포 ⇨ ① 대통령이 ② 전시·사변 또는 이에 준하는 국가비상사태에 있어서, 병력으로써 군사상의 필요에 응하거나 공공의 안녕질서를 유지할 필요가 있을 때에 ③ 법률이 정하는 바에 의하여 선포
> ■ 사면
>   • 형의 선고의 효력 또는 공소권을 상실시키거나, 형의 집행을 면제시키는 국가원수의 고유한 권한
>   • 사법부의 판단을 변경, 권력분립에 대한 예외

① (○) 위임입법에 관한 헌법 제75조는 처벌법규에도 적용되는 것이지만 처벌법규의 위임은 특히 긴급한 필요가 있거나 미리 법률로써 자세히 정할 수 없는 부득이한 사정이 있는 경우에 한정되어야 하고 이 경우에도 법률에서 범죄의 구성요건은 처벌대상인 행위가 어떠한 것일 것이라고 이를 예측할 수 있을 정도로 구체적으로 정하고 형벌의 종류 및 그 상한과 폭을 명백히 규정하여야 한다(헌재 1991.07.08. 91헌가4).

② (○) 외국에의 국군의 파견결정은 파견군인의 생명과 신체의 안전뿐만 아니라 국제사회에서의 우리나라의 지위와 역할, 동맹국과의 관계, 국가안보문제 등 궁극적으로 국민 내지 국익에 영향을 미치는 복잡하고도 중요한 문제로서 국내 및 국제정치관계 등 제반상황을 고려하여 미래를 예측하고 목표를 설정하는 등 고도의 정치적 결단이 요구되는 사안이다. 따라서 그와 같은 결정은 그 문제에 대해 정치적 책임을 질 수 있는 국민의 대의기관이 관계분야의 전문가들과 광범위하고 심도 있는 논의를 거쳐 신중히 결정하는 것이 바람직하며 우리 헌법도 그 권한을 국민으로부터 직접 선출되고 국민에게 직접 책임을 지는 대통령에게 부여하고 그 권한행사에 신중을 기하도록 하기 위해 국회로 하여금 파병에 대한 동의여부를 결정할 수 있도록 하고 있는바, 현행 헌법이 채택하고 있는 대의민주제 통치구조 하에서 대의기관인 대통령과 국회의 그와 같은 고도의 정치적 결단은 가급적 존중되어야 한다(헌재 2004.04.29. 2003헌마814).

③ (○) 피청구인은 행정부의 수반으로서 국가가 국민의 생명과 신체의 안전 보호의무를 충실하게 이행할 수 있도록 권한을 행사하고 직책을 수행하여야 하는 의무를 부담한다. 하지만 국민의 생명이 위협받는 재난상황이 발생하였다고 하여 피청구인이 직접 구조 활동에 참여하여야 하는 등 구체적이고 특정한 행위의무까지 바로 발생한다고 보기는 어렵다. 세월호 참사에 대한 피청구인의 대응조치에 미흡하고 부적절한 면이 있었다고 하여 곧바로 피청구인이 생명권 보호의무를 위반하였다고 인정하기는 어렵다(헌재 2017.03.10. 2016헌나1).

④ (○) 헌법 제77조 제1항 참조.

> 헌법 제77조 ① 대통령은 전시·사변 또는 이에 준하는 국가비상사태에 있어서 병력으로써 군사상의 필요에 응하거나 공공의 안녕질서를 유지할 필요가 있을 때에는 법률이 정하는 바에 의하여 계엄을 선포할 수 있다.

⑤ (X) 사면은 형의 선고의 효력 또는 공소권을 상실시키거나, 형의 집행을 면제시키는 국가원수의 고유한 권한을 의미하며, 사법부의 판단을 변경하는 제도로서 권력분립의 원리에 대한 예외가 된다. 사면제도는 역사적으로 절대군주인 국왕의 은사권(恩赦權)에서 유래하였으며, 대부분의 근대국가에서도 유지되어 왔고, 대통령제국가에서는 미국을 효시로 대통령에게 사면권이 부여되어 있다. 사면권은 전통적으로 국가원수에게 부여된 고유한 은사권이며, 국가원수가 이를 시혜적으로 행사한다(헌재 2000.06.01. 97헌바74).

정답 ⑤

문 43

국민투표제도에 관한 다음 설명 중 가장 옳지 않은 것은? [2018년 24번]

① 헌법개정안은 국회의 재적의원의 3분의 2 이상의 찬성을 얻어야 하며, 국회가 의결한 후 30일 이내에 국민투표에 붙여 국회의원선거권자 과반수의 투표와 투표자 과반수의 찬성을 얻어야 한다.
② 대통령은 외교, 국방, 통일, 국가안위에 관한 중요정책, 대통령에 대한 재신임을 국민투표에 붙일 수 있다.
③ 대통령이 어떤 사항을 국민투표에 회부하기 위해서는 국무회의의 심의를 거쳐야 한다.
④ 국민투표에 관한 사무는 선거와 마찬가지로 선거관리위원회가 관할한다.
⑤ 19세 이상의 국민에게 국민투표권이 있고, 대한민국 국적을 가지고 있는 재외국민의 경우 국내거소신고가 되어 있는 경우에는 투표권을 행사할 수 있다.

해설 ★★

① (○) 헌법 제130조 제1항, 제2항 참조.

> 헌법 제130조 ① 국회는 헌법개정안이 공고된 날로부터 60일 이내에 의결하여야 하며, 국회의 의결은 재적의원 3분의 2 이상의 찬성을 얻어야 한다.
> ② 헌법개정안은 국회가 의결한 후 30일 이내에 국민투표에 붙여 국회의원선거권자 과반수의 투표와 투표자 과반수의 찬성을 얻어야 한다.

② (X) 헌법 제72조 참조.

> 헌법 제72조 대통령은 필요하다고 인정할 때에는 외교·국방·통일 기타 국가안위에 관한 중요정책을 국민투표에 붙일 수 있다.

국민투표는 직접민주주의를 실현하기 위한 수단으로서 '사안에 대한 결정' 즉, 특정한 국가정책이나 법안을 그 대상으로 한다. 따라서 국민투표의 본질상 '대표자에 대한 신임'은 국민투표의 대상이 될 수 없으며, 우리 헌법에서 대표자의 선출과 그에 대한 신임은 단지 선거의 형태로써 이루어져야 한다. 대통령이 자신에 대한 재신임을 국민투표의 형태로 묻고자 하는 것은 헌법 제72조에 의하여 부여받은 국민투표부의권을 위헌적으로 행사하는 경우에 해당하는 것으로, 국민투표제도를 자신의 정치적 입지를 강화하기 위한 정치적 도구로 남용해서는 안 된다는 헌법적 의무를 위반한 것이다. 물론, 대통령이 위헌적인 재신임 국민투표를 단지 제안만 하였을 뿐 강행하지는 않았으나, 헌법상 허용되지 않는 재신임 국민투표를 국민들에게 제안한 것은 그 자체로서 헌법 제72조에 반하는 것으로 헌법을 실현하고 수호해야 할 대통령의 의무를 위반한 것이다(헌재 2004.05.14. 2004헌나1).

③ (○) 헌법 제89조 참조.

> 헌법 제89조 다음 사항은 국무회의의 심의를 거쳐야 한다.
> 1. 국정의 기본계획과 정부의 일반정책
> 2. 선전·강화 기타 중요한 대외정책
> 3. 헌법개정안·국민투표안·조약안·법률안 및 대통령령안

④ (○) 헌법 제114조 제1항 참조.

> 헌법 제114조 ① 선거와 국민투표의 공정한 관리 및 정당에 관한 사무를 처리하기 위하여 선거관리위원회를 둔다.

⑤ (○) 국민투표법 제7조, 제14조, 재외동포의 출입국과 법적 지위에 관한 법률 제2조 참조.

> 국민투표법 제7조(투표권) 19세 이상의 국민은 투표권이 있다
> 국민투표법 제14조(투표인명부의 작성) ① 국민투표를 실시할 때에는 그때마다 구청장(자치구의 구청장을 포함하며, 도농복합형태의 시에 있어서는 동지역에 한한다)·시장(구가 설치되지 아니한 시의 시장을 말하며, 도농복합형태의 시에 있어서는 동지역에 한한다)·읍장·면장(이하 "구·시·읍·면의 장"이라 한다)은 국민투표일공고일 현재로 그 관할 구역 안에 주민등록이 되어 있는 투표권자 및 「재외동포의 출입국과 법적 지위에 관한 법률」 제2조에 따른 재외국민으로서 같은 법 제6조에 따른 국내거소신고가 되어 있는 투표권자를 투표구별로 조사하여 국민투표일공고일로부터 5일 이내에 투표인명부를 작성하여야 한다.
> 재외동포의 출입국과 법적 지위에 관한 법률 제2조(정의) 이 법에서 "재외동포"란 다음 각 호의 어느 하나에 해당하는 자를 말한다.
> 1. 대한민국의 국민으로서 외국의 영주권(영주권)을 취득한 자 또는 영주할 목적으로 외국에 거주하고 있는 자(이하 "재외국민"이라 한다)
> (2. 생략)

정답 ②

문 44

행정입법에 관한 다음 설명 중 가장 옳지 않은 것은? [2021년 24번]

① 법령의 위임이 없음에도 법령에 규정된 처분 요건에 해당하는 사항을 부령에서 변경하여 규정한 경우 그 부령의 규정은 행정청 내부의 사무처리 기준 등을 정한 것으로서 행정조직 내에서 적용되는 행정명령의 성격을 지닐 뿐 국민에 대한 대외적 구속력은 없다.

② 헌법 제75조에 근거한 포괄위임금지원칙은 수권법률에서 위임하는 하위규범의 형식이 대통령령이 아니라 대법원규칙인 경우에는 준수하지 않아도 된다.

③ 상위법령에서 세부적인 사항을 하위 행정입법에 위임하고 있더라도 하위 행정입법의 제정 없이 상위법령의 규정만으로도 집행이 이루어질 수 있는 경우라면 하위 행정입법을 하여야 할 헌법적 작위의무는 인정되지 않는다.

④ 일정한 권리에 관하여 법률이 규정한 존속기간을 뜻하는 제척기간은 권리관계를 조속히 확정시키기 위하여 권리의 행사에 중대한 제한을 가하는 것이어서 모법인 법률에 의한 위임이 없는 한 시행령이 함부로 제척기간을 규정할 수는 없다.

⑤ 국군포로의 송환 및 대우 등에 관한 법률 조항이 등록포로 등의 예우의 신청, 기준, 방법 등에 필요한 사항을 대통령령으로 정한다고 규정하고 있어 대통령령을 제정할 의무가 있음에도, 그 의무가 상당기간 동안 불이행되고 있고 이를 정당화할 이유도 찾아보기 어려운 경우, 이러한 행정입법부작위는 헌법에 위반된다.

| MGI Point | **행정입법** | ★★ |

- 법령의 위임이 없음에도 법령에 규정된 처분 요건에 해당하는 사항을 부령에서 변경하여 규정한 경우
  ⇨ 행정조직 내에서 적용되는 행정명령의 성격을 지닐 뿐 국민에 대한 대외적 구속력 無
- 위임입법이 대법원규칙인 경우 ⇨ 수권법률에서 포괄위임금지원칙을 준수하여야 함
- 상위 법령의 규정만으로도 집행이 이루어질 수 있는 경우 ⇨ 하위 행정입법을 하여야 할 헌법적 작위의무 인정 ×
- 제척기간은 권리관계를 조속히 확정시키기 위하여 권리의 행사에 중대한 제한을 가하는 것
  ⇨ 모법인 법률에 의한 위임이 없는 한 시행령이 함부로 제척기간을 규정 ×
- 대통령이 국군포로법 조항의 위임에 따른 대통령령을 제정하지 아니한 행정입법부작위 ⇨ 헌법 위반 ○

① (○) 법령에서 행정처분의 요건 중 일부 사항을 부령으로 정할 것을 위임한 데 따라 시행규칙 등 부령에서 이를 정한 경우에 그 부령의 규정은 국민에 대해서도 구속력이 있는 법규명령에 해당한다고 할 것이지만, 법령의 위임이 없음에도 법령에 규정된 처분 요건에 해당하는 사항을 부령에서 변경하여 규정한 경우에는 그 부령의 규정은 행정청 내부의 사무처리 기준 등을 정한 것으로서 행정조직 내에서 적용되는 행정명령의 성격을 지닐 뿐 국민에 대한 대외적 구속력은 없다고 보아야 한다. 따라서 어떤 행정처분이 그와 같이 법규성이 없는 시행규칙 등의 규정에 위배된다고 하더라도 그 이유만으로 처분이 위법하게 되는 것은 아니라 할 것이고, 또 그 규칙 등에서 정한 요건에 부합한다고 하여 반드시 그 처분이 적법한 것이라고 할 수도 없다. 이 경우 처분의 적법 여부는 그러한 규칙 등에서 정한 요건에 합치하는지 여부가 아니라 일반 국민에 대하여 구속력을 가지는 법률 등 법규성이 있는 관계 법령의 규정을 기준으로 판단하여야 한다(대판 2013.09.12. 2011두10584).

② (X) 대법원은 헌법 제108조에 근거하여 입법권의 위임을 받아 규칙을 제정할 수 있다 할 것이고, 헌법 제75조에 근거한 포괄위임금지원칙은 법률에 이미 하위법규에 규정될 내용 및 범위의 기본사항이 구체적으로 규정되어 있어서 누구라도 당해 법률로부터 하위법규에 규정될 내용의 대강을 예측할 수 있어야 함을 의미하므로, 위임입법이 대법원규칙인 경우에도 수권법률에서 이 원칙을 준수하여야 함은 마찬가지이다(헌재 2016.06.30. 2013헌바27).

③ (○) 삼권분립의 원칙, 법치행정의 원칙을 당연한 전제로 하고 있는 우리 헌법 하에서 행정권의 행정입법 등 법집행의무는 헌법적 의무라고 보아야 할 것이다. 그런데 이는 행정입법의 제정이 법률의 집행에 필수불가결한 경우로서 행정입법을 제정하지 아니하는 것이 곧 행정권에 의한 입법권 침해의 결과를 초래하는 경우를 말하는 것이므로, 만일 하위 행정입법의 제정 없이 상위 법령의 규정만으로도 집행이 이루어질 수 있는 경우라면 하위 행정입법을 하여야 할 헌법적 작위의무는 인정되지 아니한다(헌재 2005.12.22. 2004헌마66).

④ (○) 일정한 권리에 관하여 법률이 규정한 존속기간을 뜻하는 제척기간은 권리관계를 조속히 확정시키기 위하여 권리의 행사에 중대한 제한을 가하는 것이어서 모법인 법률에 의한 위임이 없는 한 시행령이 함부로 제척기간을 규정할 수는 없다고 할 것이므로, 구 근로기준법(1989.3.29. 법률 제4099호로 개정되기 전의 것) 제38조가 그 단서에서 사용자가 노동위원회의 승인을 받아 휴업수당을 지급하지 않을 수 있는 예외를 규정하고 있을 뿐 그 승인을 받을 수 있는 기간을 제한하는 데 관하여 직접 규정하지 않고 있음은 물론 시행령에 위임하지도 아니하였음에도 불구하고, 같은법시행령 제21조가 정하고 있는 사용자의 노동위원회에 대한 휴업수당지급의 예외 승인신청기간은 제척기간으로 볼 수는 없고 훈시규정으로 보아야 한다(대판 1990.09.28. 89누2493).

⑤ (○) 국군포로법 제15조의5 제2항은 같은 조 제1항에 따른 예우의 신청, 기준, 방법 등에 필요한 사항은 대통령령으로 정한다고 규정하고 있으므로, 피청구인은 등록포로, 등록하기 전에 사망한 귀환포로, 귀환하기 전에 사망한 국군포로(이하 '등록포로 등'이라 한다)에 대한 예우의 신청, 기준, 방법 등에 필요한 사항을 대통령령으로 제정할 의무가 있다. 국군포로법 제15조의5 제1항이 국방부장관으로 하여금 예우 여부를 재량으로 정할 수 있도록 하고 있으나, 이것은 예우 여부를 재량으로 한다는 의미이지, 대통령령 제정 여부를 재량으로 한다는 의미는 아니다. 이처럼 피청구인에게는 대통령령을 제정할 의무가 있음에도, 그 의무는 상당 기간 동안 불이행되고 있고, 이를 정당화할 이유도 찾아보기 어렵다. 그렇다면 이 사건 행정입법부작위는 등록포로 등의 가족인 청구인의 명예권을 침해하는 것으로서 헌법에 위반된다(헌재 2018.05.31. 2016헌마626).

정답 ②

문 45

법령보충적 행정규칙에 관한 다음 설명 중 가장 옳지 않은 것은? [2019년 6번]

① 오늘날 국가가 소극적인 질서유지기능에 그치지 않고 적극적인 질서형성의 기능을 수행하게 되었으므로, 개인의 권리의무와 관련된 모든 생활관계에 대하여 국회입법을 요청하는 것은 현실적이지 못할 뿐만 아니라 국회의 과중한 부담이 된다. 따라서 기술 및 학문적 발전을 입법에 반영하는데 국회입법이 아닌 보다 탄력적인 규율형식을 통하여 보충될 필요가 있다.

② 외부적인 효력을 갖는 법률관계의 형성은 원칙적으로 국회의 기능범위에 속하지만 행정기관이 국회의 입법에 의하여 내려진 근본적인 결정을 행정적으로 구체화하기 위하여 필요한 범위 내에서 행정입법권을 갖는다고 보는 것이 기능적 권력분립 원칙에 충실할 수 있다.

③ 헌법이 인정하고 있는 위임입법의 형식은 예시적인 것이며, 입법자는 행정기관에게 법정립 권한을 수권하면서 규율의 형식을 선택할 수 있다.

④ 입법자에게 상세한 규율이 불가능한 것으로 보이는 영역이라면 행정부에게 필요한 보충을 할 책임이 인정되고 극히 전문적인 식견에 좌우되는 영역에서는 행정기관에 의한 구체화의 우위가 불가피하게 있을 수 있다. 그러한 영역에서 행정규칙에 대한 위임입법이 제한적으로 인정될 수 있다.

⑤ 고시와 같은 형식으로 입법위임을 할 때에는 행정규제기본법 제4조 제2항 단서에서 정한 바와 같이 법령이 전문적·기술적 사항이나 경미한 사항으로서 업무의 성질상 위임이 불가피한 사항에 한정되지만, 입법자의 전문성이 부족하고 기술 발전에 따른 탄력적 대응이 필요하므로 포괄위임이 허용된다.

MGI Point 행정규칙 ★★

- 법령의 입법사항을 고시·훈령 등에 위임 可 (∵ 국회입법이 아닌 보다 탄력적인 규율형식으로 보충 필요)
- 국회의 입법에 의한 근본적인 결정을 행정적으로 구체화하기 위해 행정기관이 필요한 범위 내에서 행정입법권 갖는다고 보는 것 ⇨ 기능적 권력분립 원칙에 충실
- 헌법이 인정하고 있는 위임입법의 형식은 예시적
- 행정규칙에 대한 위임입법 제한적 인정
  - 입법자에게 상세한 규율이 불가능한 것으로 보이는 영역 ⇨ 행정부에게 필요한 보충을 할 책임이 인정
  - 극히 전문적인 식견에 좌우되는 영역 ⇨ 행정기관에 의한 구체화의 우위가 불가피
- 법률이 국민의 권리의무와 관련된 사항을 고시와 같은 행정규칙에 위임하는 경우
  - 법령이 전문적·기술적 사항이나 경미한 사항으로서 업무의 성질상 위임이 불가피한 사항에 한정
  - 그러한 사항이라 하더라도 법률의 위임은 반드시 구체적·개별적으로 한정된 사항에 대하여 행하여져야 함 (∵ 포괄위임금지의 원칙)

① (O) 오늘날 국가가 소극적인 질서유지기능에 그치지 않고 적극적인 질서형성의 기능을 수행하게 되었다는 것은 공지의 사실이다. 그 결과 규율의 대상이 복잡화되고 전문화되었다. 위와 같은 국가기능의 변화 속에서 개인의 권리의무와 관련된 모든 생활관계에 대하여 국회입법을 요청하는 것은 현실적이지 못할 뿐만 아니라 국회의 과중한 부담이 된다. 또한 국회는 민주적 정당성이 있기는 하지만 적어도 제도적으로 보면 전문성을 가지고 있는 집단이 아니라는 점, 국회입법은 여전히 법적 대응을 요청하는 주변환경의 변화에 탄력적이지 못하며 경직되어 있다는 점 등에서 기능적합적이지도 못하다. 따라서 기술 및 학문적 발전을 입법에 반영하는데 국회입법이 아닌 보다 탄력적인 규율형식을 통하여 보충될 필요가 있다(헌재 2004.10.28. 99헌바91).

② (○) 행정기능을 담당하는 국가기관이 동시에 입법권을 행사하는 것은 권력분립의 원칙에 반한다고 보여질 수 있으나, 외부적인 효력을 갖는 법률관계에 대한 형성은 원칙적으로 국회의 기능범위에 속하지만 행정기관이 국회의 입법에 의하여 내려진 근본적인 결정을 행정적으로 구체화하기 위하여 필요한 범위 내에서 행정입법권을 갖는다고 보는 것이 기능분립으로 이해되는 권력분립의 원칙에 오히려 충실할 수 있다(헌재 2004.10.28. 99헌바91).

③ (○), ④ (○) 오늘날 의회의 입법독점주의에서 입법중심주의로 전환하여 일정한 범위 내에서 행정입법을 허용하게 된 동기가 사회적 변화에 대응한 입법수요의 급증과 종래의 형식적 권력분립주의로는 현대사회에 대응할 수 없다는 기능적 권력분립론에 있다는 점 등을 감안하여 헌법 제40조와 헌법 제75조, 제95조의 의미를 살펴보면, 국회입법에 의한 수권이 입법기관이 아닌 행정기관에게 법률 등으로 구체적인 범위를 정하여 위임한 사항에 관하여는 당해 행정기관에게 법정립의 권한을 갖게 되고, 입법자가 규율의 형식도 선택할 수도 있다 할 것이므로, 헌법이 인정하고 있는 위임입법의 형식은 예시적인 것으로 보아야 할 것이고, 그것은 법률이 행정규칙에 위임하더라도 그 행정규칙은 위임된 사항만을 규율할 수 있으므로, 국회입법의 원칙과 상치되지도 않는다. 다만, 형식의 선택에 있어서 규율의 밀도와 규율영역의 특성이 개별적으로 고찰되어야 할 것이고, 그에 따라 입법자에게 상세한 규율이 불가능한 것으로 보이는 영역이라면 행정부에게 필요한 보충을 할 책임이 인정되고 극히 전문적인 식견에 좌우되는 영역에서는 행정기관에 의한 구체화의 우위가 불가피하게 있을 수 있다. 그러한 영역에서 행정규칙에 대한 위임입법이 제한적으로 인정될 수 있다(헌재 2004.10.28. 99헌바91).

⑤ (X) 행정규칙은 법규명령과 같은 엄격한 제정 및 개정절차를 요하지 아니하므로, 재산권 등과 같은 기본권을 제한하는 작용을 하는 법률이 입법위임을 할 때에는 "대통령령", "총리령", "부령" 등 법규명령에 위임함이 바람직하고, 금융감독위원회의 고시와 같은 형식으로 입법위임을 할 때에는 적어도 행정규제기본법 제4조 제2항 단서에서 정한 바와 같이 법령이 전문적·기술적 사항이나 경미한 사항으로서 업무의 성질상 위임이 불가피한 사항에 한정된다 할 것이고, 그러한 사항이라 하더라도 포괄위임금지의 원칙상 법률의 위임은 반드시 구체적·개별적으로 한정된 사항에 대하여 행하여져야 한다(헌재 2004.10.28. 99헌바91).

정답 ⑤

문 46

법규명령에 관한 다음 설명 중 가장 옳지 않은 것은? [2017년 29번]

① 대통령은 법률에서 위임받은 사항에 관하여 또는 법률의 위임 없이도 법률을 집행하기 위하여 필요한 사항에 관하여 대통령령을 제정할 수 있다.
② 행정각부의 장관도 법률이나 대통령령에서 위임받은 사항에 관하여 또는 위임 없이도 상위법령을 집행하기 위하여 필요한 사항에 관하여 부령을 제정할 수 있다.
③ 대통령령과 부령에 대해서는 국무회의의 심의를 거쳐야 한다.
④ 대법원은 법률의 구체적인 위임 없이도 법률에 저촉되지 아니하는 범위 안에서 소송절차에 관한 규칙을 제정할 수 있다.
⑤ 대통령령과 부령이 헌법이나 법률에 위반되는지 여부가 재판의 전제가 된 경우에는 대법원이 이를 최종적으로 심사할 권한을 가진다.

해설

① (○) 대통령은 법률에서 구체적으로 범위를 정하여 위임받은 사항과 법률을 집행하기 위하여 필요한 사항에 관하여 대통령령을 발할 수 있다(헌법 제75조).
② (○) 국무총리 또는 행정각부의 장은 소관사무에 관하여 법률이나 대통령령의 위임 또는 직권으로 총리령 또는 부령을 발할 수 있다(헌법 제95조).
③ (X) 헌법 제89조 제3호 참조.

> 헌법 제89조 다음 사항은 국무회의의 심의를 거쳐야 한다.
> 3. 헌법개정안·국민투표안·조약안·법률안 및 대통령령안

④ (○) 대법원은 법률에 저촉되지 아니하는 범위안에서 소송에 관한 절차, 법원의 내부규율과 사무처리에 관한 규칙을 제정할 수 있다(헌법 제108조).
⑤ (○) 명령·규칙 또는 처분이 헌법이나 법률에 위반되는 여부가 재판의 전제가 된 경우에는 대법원은 이를 최종적으로 심사할 권한을 가진다(헌법 제107조 제2항).

정답 ③

문 47

대통령의 긴급권한에 관한 다음 설명 중 가장 옳지 않은 것은? [2019년 16번]

① 긴급명령은 국회의 집회가 불가능한 때에 한하여 발할 수 있는 반면, 긴급재정경제명령은 국회의 집회가 불가능하지 않더라도 국회의 집회를 기다릴 여유가 없을 때 발할 수 있다.
② 긴급재정경제명령은 중대한 재정·경제상의 위기가 발생할 우려가 있다는 이유로 사전적·예방적으로 발할 수는 없다.
③ 긴급재정경제명령은 공공복리의 증진과 같은 적극적 목적을 위하여는 발할 수 없다.
④ 계엄은 전시·사변 또는 이에 준하는 국가비상사태에 선포되므로, 국무회의의 심의를 거칠 필요가 없다.
⑤ 대통령의 국가긴급권은 비록 고도의 정치적 결단에 의하여 행해지는 국가작용이라고 할지라도 그것이 국민의 기본권 침해와 직접 관련되는 경우에는 당연히 헌법재판소의 심판 대상이 된다.

MGI Point 대통령의 긴급권

	긴급명령	긴급재정경제명령
상황	국가의 안위에 관계되는 중대한 교전상태	중대한 재정·경제상 위기
국회집회	집회의 불가능	집회 기다릴 여유 없을 때
국회의 통제	보고 후 승인	보고 후 승인
기본권 제한	대상에 제한 없음	경제적 생활에 관련된 기본권

- 국가긴급권의 한계
  - 목적상 한계 : 위기상황의 직접적인 원인을 제거하는데 필수불가결한 최소한도내에서만 행사되어야 함
    ⇨ 공공복리의 증진과 같은 적극적 목적을 위하여 ×
  - 시간적 한계 : 일시적·잠정적으로만 행사되어야 함 ⇨ 사전적·예방적 ×

- 계엄선포시뿐만 아니라 그 해제시에도 국무회의 심의 (헌법 89조 제5호)
- 대통령의 국가긴급권
  - 고도의 정치적 결단에 의한 국가작용 ⇨ 통치행위 ○
  - 국민의 기본권침해와 직접 관련 ⇨ 헌법재판소의 심판대상 ○

① (○) 헌법 제76조 참조.

> 헌법 제76조 ① 대통령은 내우·외환·천재·지변 또는 중대한 재정·경제상의 위기에 있어서 국가의 안전보장 또는 공공의 안녕질서를 유지하기 위하여 긴급한 조치가 필요하고 국회의 집회를 기다릴 여유가 없을 때에 한하여 최소한으로 필요한 재정·경제상의 처분을 하거나 이에 관하여 법률의 효력을 가지는 명령을 발할 수 있다.
> ② 대통령은 국가의 안위에 관계되는 중대한 교전상태에 있어서 국가를 보위하기 위하여 긴급한 조치가 필요하고 국회의 집회가 불가능한 때에 한하여 법률의 효력을 가지는 명령을 발할 수 있다.
> ③ 대통령은 제1항과 제2항의 처분 또는 명령을 한 때에는 지체없이 국회에 보고하여 그 승인을 얻어야 한다.
> ④ 제3항의 승인을 얻지 못한 때에는 그 처분 또는 명령은 그때부터 효력을 상실한다. 이 경우 그 명령에 의하여 개정 또는 폐지되었던 법률은 그 명령이 승인을 얻지 못한 때부터 당연히 효력을 회복한다.
> ⑤ 대통령은 제3항과 제4항의 사유를 지체없이 공포하여야 한다.

② (○), ③ (○) 긴급재정경제명령은 정상적인 재정운용·경제운용이 불가능한 중대한 재정·경제상의 위기가 현실적으로 발생하여(그러므로 위기가 발생할 우려가 있다는 이유로 사전적·예방적으로 발할 수는 없다) 긴급한 조치가 필요함에도 국회의 폐회 등으로 국회가 현실적으로 집회될 수 없고 국회의 집회를 기다려서는 그 목적을 달할 수 없는 경우에 이를 사후적으로 수습함으로써 기존질서를 유지·회복하기 위하여(그러므로 공공복지의 증진과 같은 적극적 목적을 위하여는 발할 수 없다) 위기의 직접적 원인의 제거에 필수불가결한 최소의 한도내에서 헌법이 정한 절차에 따라 행사되어야 한다(헌재 1996.02.29. 93헌마186).

④ (X) 헌법 제89조 제5호, 계엄법 제2조 참조.

> 헌법 제89조 다음 사항은 국무회의의 심의를 거쳐야 한다.
> 1. 국정의 기본계획과 정부의 일반정책
> 2. 선전·강화 기타 중요한 대외정책
> 3. 헌법개정안·국민투표안·조약안·법률안 및 대통령령안
> 4. 예산안·결산·국유재산처분의 기본계획·국가의 부담이 될 계약 기타 재정에 관한 중요사항
> 5. 대통령의 긴급명령·긴급재정경제처분 및 명령 또는 계엄과 그 해제
> 6. 군사에 관한 중요사항
> 7. 국회의 임시회 집회의 요구
> 8. 영전수여
> 9. 사면·감형과 복권
> 10. 행정각부간의 권한의 획정
> 11. 정부안의 권한의 위임 또는 배정에 관한 기본계획
> 12. 국정처리상황의 평가·분석
> 13. 행정각부의 중요한 정책의 수립과 조정
> 14. 정당해산의 제소
> 15. 정부에 제출 또는 회부된 정부의 정책에 관계되는 청원의 심사
> 16. 검찰총장·합동참모의장·각군참모총장·국립대학교총장·대사 기타 법률이 정한 공무원과 국영기업체관리자의 임명
> 17. 기타 대통령·국무총리 또는 국무위원이 제출한 사항
>
> 계엄법 제2조(계엄의 종류와 선포 등) ① 계엄은 비상계엄과 경비계엄으로 구분한다.
> ② 비상계엄은 대통령이 전시·사변 또는 이에 준하는 국가비상사태 시 적과 교전상태에 있거나 사회질서가

극도로 교란되어 행정 및 사법 기능의 수행이 현저히 곤란한 경우에 군사상 필요에 따르거나 공공의 안녕질서를 유지하기 위하여 선포한다.
③ 경비계엄은 대통령이 전시·사변 또는 이에 준하는 국가비상사태 시 사회질서가 교란되어 일반 행정기관만으로는 치안을 확보할 수 없는 경우에 공공의 안녕질서를 유지하기 위하여 선포한다.
④ 대통령은 계엄의 종류, 시행지역 또는 계엄사령관을 변경할 수 있다.
⑤ 대통령이 계엄을 선포하거나 변경하고자 할 때에는 국무회의의 심의를 거쳐야 한다.
⑥ 국방부장관 또는 행정안전부장관은 제2항 또는 제3항에 해당하는 사유가 발생한 경우에는 국무총리를 거쳐 대통령에게 계엄의 선포를 건의할 수 있다.

⑤ (○) 대통령의 긴급재정경제명령은 국가긴급권의 일종으로서 고도의 정치적 결단에 의하여 발동되는 행위이고 그 결단을 존중하여야 할 필요성이 있는 행위라는 의미에서 이른바 통치행위에 속한다고 할 수 있으나, 통치행위를 포함하여 모든 국가작용은 국민의 기본권적 가치를 실현하기 위한 수단이라는 한계를 반드시 지켜야 하는 것이고, 헌법재판소는 헌법의 수호와 국민의 기본권 보장을 사명으로 하는 국가기관이므로 비록 고도의 정치적 결단에 의하여 행해지는 국가작용이라고 할지라도 그것이 국민의 기본권 침해와 직접 관련되는 경우에는 당연히 헌법재판소의 심판대상이 된다(헌재 1996.02.29. 93헌마186).

정답 ④

문 48

대통령의 긴급권한에 관한 다음 설명 중 가장 옳은 것은?(다툼이 있는 경우 헌법재판소 판례에 의함)
[2016년 18번]

① 긴급명령, 긴급재정경제명령, 계엄은 본질적으로 국가의 중대한 위기상황에서 긴급하게 행해지는 것이므로, 사전에 국회의 승인이나 국무회의의 심의를 거칠 것을 요구할 수 없다.
② 국회가 재적의원 과반수의 찬성으로 계엄의 해제를 요구한 때에는 대통령은 반드시 이를 해제하여야 하므로, 국무회의의 심의를 별도로 거칠 필요가 없다.
③ 긴급명령의 경우 국회의 집회가 불가능한 때에 한하여 발할 수 있는 반면, 긴급재정경제명령의 경우 국회의 집회가 불가능하지 않더라도 국회의 집회를 기다릴 여유가 없을 때는 발할 수 있다.
④ 대통령은 내우·외환·천재·지변 등으로 정상적인 재정운용이 불가능한 중대한 재정·경제상의 위기가 발생할 염려가 있는 경우에는 사전예방적으로 긴급재정경제명령을 발할 수 있다.
⑤ 국가의 중대한 위기상황에서 긴급권한 행사 여부의 판단은 대통령의 재량사항이므로, 사법심사의 대상이 되지 않는다.

:: 해설 ★★★

① (X), ② (X) 대통령의 긴급명령·긴급재정경제처분 및 명령 또는 계엄과 그 해제는 국무회의 심의를 거쳐야 한다(헌법 제88조 제5호). 긴급명령 또는 긴급재정경제처분을 한 때에는 지체없이 국회에 보고하여 그 승인을 얻어야 하며(동법 제76조 제3항), 승인을 얻지 못한 경우 그 때부터 효력을 상실하게 된다(동법 제76조 제4항). 계엄을 선포한 때에는 지체없이 국회에 통고하여야 하며(동법 제77조 제4항), 국회가 재적의원 과반수의 찬성으로 계엄의 해제를 요구한 때에는 대통령은 이를 해제하여야 한다(동법 제77조 제5항).

③ (○) 긴급재정경제처분·명령은 국회의 집회를 기다릴 여유가 없을 때에 발할 수 있고(헌법 제76조 제1항), 긴급명령은 국회의 집회가 불가능할 때에 발할 수 있다(헌법 제76조 제2항).

❖ **대통령의 국가긴급권 비교**

구분	긴급명령	긴급재정경제처분·명령	계엄선포
요건	국가의 안위에 관계되는 중대한 교전상태	중대한 재정·경제상의 위기	전시·사변 또는 이에 준하는 국가 비상사태
국회의 집회	국회의 집회가 불가능한 때	국회의 집회를 기다릴 여유가 없을 때	국회의 집회여부와 무관
국회의 통제	국회에 보고하여 승인	국회에 보고하여 승인	국회에 통고하되 승인을 얻을 필요 없음. 국회는 해제 요구 가능
기본권의 제한	제한되는 기본권에 제한이 없음	국민의 경제적 생활에 관련된 기본권 제한	영장제도, 언론·출판·집회·결사의 자유에 한하여 특별한 조치를 할 수 있음

④ (X) 긴급재정경제명령은 정상적인 재정운용·경제운용이 불가능한 중대한 재정·경제상의 위기가 현실적으로 발생하여(그러므로 위기가 발생할 우려가 있다는 이유로 사전적·예방적으로 발할 수는 없다) 긴급한 조치가 필요함에도 국회의 폐회 등으로 국회가 현실적으로 집회될 수 없고 국회의 집회를 기다려서는 그 목적을 달할 수 없는 경우에 이를 사후적으로 수습함으로써 기존질서를 유지·회복하기 위하여(그러므로 공공복리의 증진과 같은 적극적 목적을 위하여는 발할 수 없다) 위기의 직접적 원인의 제거에 필수불가결한 최소의 한도 내에서 헌법이 정한 절차에 따라 행사되어야 한다. 그리고 긴급재정경제명령은 평상시의 헌법 질서에 따른 권력행사방법으로서는 대처할 수 없는 중대한 위기상황에 대비하여 헌법이 인정한 비상수단으로서 의회주의 및 권력분립의 원칙에 대한 중대한 침해가 되므로 위 요건은 엄격히 해석되어야 할 것이다(헌재 1996.02.29. 93헌마186).

⑤ (X) 대통령의 긴급재정경제명령은 국가긴급권의 일종으로서 고도의 정치적 결단에 의하여 발동되는 행위이고 그 결단을 존중하여야 할 필요성이 있는 행위라는 의미에서 이른바 통치행위에 속한다고 할 수 있으나, 통치행위를 포함하여 모든 국가작용은 국민의 기본권적 가치를 실현하기 위한 수단이라는 한계를 반드시 지켜야 하는 것이고, 헌법재판소는 헌법의 수호와 국민의 기본권 보장을 사명으로 하는 국가기관이므로 비록 고도의 정치적 결단에 의하여 행해지는 국가작용이라고 할지라도 그것이 국민의 기본권 침해와 직접 관련되는 경우에는 당연히 헌법재판소의 심판대상이 된다(헌재 1996.02.29. 93헌마186).

정답 ③

문 49

대통령의 사면 권한에 관한 다음 설명 중 가장 옳지 않은 것은?(다툼이 있는 경우 헌법재판소 판례에 의함) [2016년 21번]

① 사면은 형의 선고의 효력 또는 공소권을 상실시키거나, 형의 집행을 면제시키는 국가원수의 고유한 권한을 의미하며, 사법부의 판단을 변경하는 제도로서 권력분립의 원리에 대한 예외가 된다.

② 사면에는 일반사면과 특별사면이 있으며, 특별사면은 이미 형의 선고를 받은 특정인에 대하여 형의 집행을 면제하거나, 선고의 효력을 상실케 하는 사면이다. 특별사면에서 선고된 형 전부를 사면할 것인지 또는 일부만을 사면할 것인지를 결정하는 것은 사면권자의 전권사항에 속하는 것이고, 징역형의 집행유예에 대한 사면이 병과된 벌금형에도 미치는 것으로 볼 것인지 여부는 사면권자의 의사인 사면의 내용에 대한 해석문제에 불과하다.
③ 사면 권한의 행사는 권력분립 원칙의 중대한 예외이므로, 헌법과 법률은 대통령의 자의적인 사면권한 행사를 방지하기 위하여 일정한 제한을 가하고 있는데, 대표적으로 일반사면에는 사전에 국회의 동의를 얻어야 한다.
④ 일반사면뿐만 아니라 특별사면을 하려는 경우에도 국무회의의 심의를 거쳐야 한다.
⑤ 일반사면뿐만 아니라 특별사면을 하려는 경우에도 법무부 사면심사위원회의 심사를 거쳐 법무부장관이 대통령에게 사면을 상신하여야 한다.

해설 ★★★

① (○) 사면은 형의 선고의 효력 또는 공소권을 상실시키거나, 형의 집행을 면제시키는 국가원수의 고유한 권한을 의미하며, 사법부의 판단을 변경하는 제도로서 권력분립의 원리에 대한 예외가 된다. 사면제도는 역사적으로 절대군주인 국왕의 은사권(恩赦權)에서 유래하였으며, 대부분의 근대국가에서도 유지되어 왔고, 대통령제국가에서는 미국을 효시로 대통령에게 사면권이 부여되어 있다. 사면권은 전통적으로 국가원수에게 부여된 고유한 은사권이며, 국가원수가 이를 시혜적으로 행사한다. 현대에 이르러서는 법 이념과 다른 이념과의 갈등을 조정하고, 법의 이념인 정의와 합목적성을 조화시키기 위한 제도로도 파악되고 있다(헌재 2000.06.01. 97헌바74).

② (○) 사면에는 일반사면과 특별사면이 있으며(사면법 제2조), 특별사면은 이미 형의 선고를 받은 특정인에 대하여 형의 집행을 면제하거나, 선고의 효력을 상실케 하는 사면이다. 사면법 제5조는 "특별사면은 형의 집행이 면제된다. 단, 특별한 사정이 있을 때에는 이후 형의 언도의 효력을 상실케 할 수 있다"고 규정하고 있고, 제7조도 "형의 집행유예의 언도를 받은 자에 대하여는 형의 언도의 효력을 상실케 하는 특별사면……을 할 수 있다"고 규정하고 있을 뿐, 징역형의 집행유예와 병과된 벌금형에 대하여는 아무런 규정도 두고 있지 않다. 따라서 선고된 형 전부를 사면할 것인지 또는 일부만을 사면할 것인지를 결정하는 것은 사면권자의 전권사항에 속하는 것이고, 징역형의 집행유예에 대한 사면이 병과된 벌금형에도 미치는 것으로 볼 것인지 여부는 사면권자의 의사인 사면의 내용에 대한 해석문제에 불과하다 할 것이다(헌재 2000.06.01. 97헌바74).

③ (○) 대통령은 법률이 정하는 바에 의하여 사면·감형 또는 복권을 명할 수 있고(헌법 제79조 제1항), 일반사면을 명하려면 국회의 동의를 얻어야 한다(헌법 제79조 제2항).

④ (○) 사면·감형과 복권은 국무회의의 심의를 거쳐야 한다(헌법 제89조 제9호). 즉, 국회의 동의는 일반사면에만 요구되나, 국무회의의 심의는 일반사면·특별사면 모두 거쳐야 한다.

⑤ (X) 특별사면, 특정한 자에 대한 감형 및 복권 상신의 적정성을 심사하기 위하여 법무부장관 소속으로 사면심사위원회를 둔다(사면법 제10조의2). 법무부장관은 사면심사위원회의 심사를 거쳐 대통령에게 특별사면, 특정한 자에 대한 감형 및 복권을 상신한다(사면법 제10조). 즉, 특별사면은 법무부장관 소속 사면심사위원회의 심사를 거쳐 법무부장관이 대통령에게 사면을 상신하여야 하지만, 일반사면은 국회의 동의를 얻어 대통령령으로 한다.

정답 ⑤

문 50

국가비상사태 하에서 근로자의 단체교섭권 및 단체행동권을 제한한 구 '국가보위에 관한 특별조치법'(1971. 12. 27. 법률 제2312호로 제정되고, 1981. 12. 17. 법률 제3470호로 폐지되기 전의 것, 이하 '특별조치법'이라 한다)에 관한 다음 설명 중 가장 옳지 않은 것은?(다툼이 있는 경우 헌법재판소 판례에 의함) [2016년 26번]

① 국가비상사태의 선포를 규정한 특별조치법 제2조는 헌법에 한정적으로 열거된 국가긴급권의 실체적 발동요건 중 어느 하나에도 해당되지 않은 것으로서 '초헌법적 국가긴급권'의 창설에 해당된다.
② 특별조치법 제정 당시의 국내외 상황이 이러한 초헌법적 국가긴급권 창설을 예외적으로 정당화할 수 있을 정도의 극단적 위기상황이 존재하였다고 볼 수 없으므로, 특별조치법상의 대통령의 국가비상사태 선포권은 헌법이 요구하는 국가긴급권의 실체적 발동요건을 갖추지 못한 것이다.
③ 국가비상사태의 선포 및 해제를 규정한 특별조치법 제2조 및 제3조는 헌법이 인정하지 아니하는 초헌법적 국가긴급권을 대통령에게 부여하는 법률로서 헌법이 요구하는 국가긴급권의 실체적 발동요건, 사후통제 절차, 시간적 한계에 위반된다.
④ 다만 특별조치법 제2조 및 제3조가 위헌이라고 하여 특별조치법상 다른 규정들도 모두 당연히 헌법에 위반되는 것은 아니므로, 개별 조항들이 헌법에 위반되는지 여부는 개별적으로 살펴보아야 한다.
⑤ 특별조치법 제9조 제1항이 '비상사태 하에서 근로자의 단체교섭권 또는 단체행동권의 행사는 미리 주무관청에 조정을 신청하여야 하며, 그 조정결정에 따라야 한다.'고 규정하고 있고, 특별조치법 제11조 제2항이 '제9조의 규정에 위반한 자는 1년 이상 7년 이하의 징역에 처한다.'고 규정한 것은 모든 근로자의 단체교섭권·단체행동권의 행사를 사실상 자의적·전면적으로 제한할 수 있도록 함으로써 헌법이 정하고 있는 근로3권의 본질적인 내용을 침해하는 것이다.

:: 해설 ★★★

① (○) 특별조치법 제2조는 "국가안전보장에 대한 중대한 위협에 효율적으로 대처하고 사회의 안녕질서를 유지하여 국가를 보위하기 위하여 신속한 사태 대비조치를 취할 필요가 있을 경우 대통령은 국가안전보장회의의 자문과 국무회의의 심의를 거쳐 국가비상사태를 선포할 수 있다."라고 규정하고 있다. 그러나 이러한 국가비상사태 선포권은 헌법 제76조 및 제77조에 한정적으로 규정된 국가긴급권(긴급재정경제처분·명령권, 긴급명령권, 계엄선포권)의 실체적 발동요건 중 어느 하나에도 해당하지 않는 것이므로, 헌법이 예정하지 아니한 '초헌법적인 국가긴급권'의 창설에 해당한다(헌재 2015.03.26. 2014헌가5).
② (○) 특별조치법 제정 당시의 국내외 상황이 이러한 초헌법적 국가긴급권 창설을 예외적으로 정당화할 수 있을 정도의 극단적 위기상황이 존재하였다고 볼 수 없으므로, 특별조치법상의 대통령의 국가비상사태 선포권은 헌법이 요구하는 국가긴급권의 실체적 발동요건을 갖추지 못한 것이다(헌재 2015.03.26. 2014헌가5).
③ (○), ④ (X) 국가비상사태의 선포 및 해제를 규정한 특별조치법 제2조 및 제3조는 헌법이 인정하지 아니하는 초헌법적 국가긴급권을 대통령에게 부여하는 법률로서 헌법이 요구하는 국가긴급권의 실체적 발동요건, 사후통제 절차, 시간적 한계에 위반되어 위헌이고, 이를 전제로 한 특별조치법상 그 밖의 규정들도 모두 위헌이다(헌재 2015.03.26. 2014헌가5). 다른 규정에 대한 별도의 위헌판단 없이 위헌결정을 하였다.

⑤ (O) 특별조치법 제9조 제1항은 "비상사태 하에서 근로자의 단체교섭권 또는 단체행동권의 행사는 미리 주무관청에 조정을 신청하여야 하며, 그 조정결정에 따라야 한다."고 규정하고 있고, 이 사건 법률조항은 "제9조의 규정에 위반한 자는 1년 이상 7년 이하의 징역에 처한다."고 규정하고 있다. 이처럼 단체교섭권·단체행동권이 제한되는 근로자의 범위를 공무원 등으로 구체적으로 제한함이 없이, 단체교섭권·단체행동권의 행사요건 및 한계 등에 관한 기본적 사항조차 법률에서 규정하지 아니한 채, 그 허용 여부를 주무관청의 조정결정에 포괄적으로 위임하고, 이에 위반하는 경우에는 형사처벌하도록 규정하는 것은, 모든 근로자의 단체교섭권·단체행동권의 행사를 사실상 자의적·전면적으로 제한할 수 있도록 함으로써 헌법이 정하고 있는 근로3권의 본질적인 내용을 침해하는 것이다(헌재 2015.03.26. 2014헌가5).

정답 ④

문 51

다음 중 대통령이 임명하는 공직이 아닌 것은 모두 몇 개인가? [2016년 34번]

㉠ 국가인권위원장 ㉡ 중앙선거관리위원장
㉢ 대법원장 ㉣ 헌법재판소장
㉤ 감사원장

① 0개
② 1개
③ 2개
④ 3개
⑤ 4개

해설

㉠ (O) 국가인권위원장은 위원 중에서 대통령이 임명한다(국가인권위원회법 제5조 제5항).
㉡ (X) 중앙선거관리위원장은 위원중에서 호선한다(헌법 제114조 제2항).
㉢ (O) 대법원장은 국회의 동의를 얻어 대통령이 임명한다(헌법 제104조 제1항).
㉣ (O) 헌법재판소의 장은 국회의 동의를 얻어 재판관중에서 대통령이 임명한다(헌법 제111조 제4항).
㉤ (O) 감사원장은 국회의 동의를 얻어 대통령이 임명하고, 그 임기는 4년으로 하며, 1차에 한하여 중임할 수 있다(헌법 제98조 제2항).

정답 ②

제3관 대통령의 권한행사방법과 그 통제

문 52

행정입법에 관한 다음 설명 중 가장 옳지 않은 것은?(다툼이 있는 경우 헌법재판소 판례에 의함)
[2017년 21번]

① 국회가 특정한 사항에 대하여 행정부에 위임하였음에도 불구하고 행정부가 정당한 이유 없이 이를 이행하지 않는다면 권력분립의 원칙과 법치국가의 원칙에 위배되는 것이다.
② 법령의 직접적인 위임에 따라 위임행정기관이 그 법령을 시행하는데 필요한 구체적 사항을 정한 것이면, 그 제정형식은 비록 법규명령이 아닌 고시, 훈령, 예규 등과 같은 행정규칙이더라도 그것이 상위법령의 위임한계를 벗어나지 아니하는 한, 상위법령과 결합하여 대외적인 구속력을 갖는 법규명령으로서 기능하게 된다.
③ 대통령령에서 규정한 내용이 헌법에 위반될 경우에도 수권법률 조항까지 위헌으로 되는 것은 아니며, 반대로 하위법규인 대통령령의 내용이 합헌적이라고 하여 수권법률의 합헌성까지를 의미하는 것은 아니다.
④ 집행명령은 모법에 규정이 없는 새로운 입법사항을 규정하거나 법률에 없는 국민의 새로운 권리·의무를 규정할 수 없다.
⑤ 포괄위임입법금지의 원칙은 법규적 효력을 가지는 행정입법 뿐만 아니라, 지방자치단체의 조례나 공법인의 정관에 대해서도 적용된다.

해설

★★★

① (○) 우리 헌법은 국가권력의 남용으로부터 국민의 자유와 권리를 보호하려는 법치국가의 실현을 기본이념으로 하고 있고, 자유민주주의 헌법의 원리에 따라 국가의 기능을 입법·행정·사법으로 분립하여 견제와 균형을 이루게 하는 권력분립제도를 채택하고 있어, 행정과 사법은 법률에 기속되므로, 국회가 특정한 사항에 대하여 행정부에 위임하였음에도 불구하고 행정부가 정당한 이유 없이 이를 이행하지 않는다면 권력분립의 원칙과 법치국가의 원칙에 위배되는 것이다(헌재 2004.02.26. 2001헌마718).
② (○) 행정규칙이 법령의 직접적 위임에 따라 수임행정기관이 그 법령을 시행하는데 필요한 구체적 사항을 정한 것이면, 그 제정형식은 비록 법규명령이 아닌 고시·훈령·예규 등과 같은 행정규칙이더라도 그것이 상위법령의 위임한계를 벗어나지 않는 한 상위법령과 결합하여 대외적인 구속력을 갖는 법규명령으로서 기능하게 된다(헌재 2013.05.28. 2013헌마334).
③ (○) 수권법률조항의 위임이 정당하고 적법한 입법권의 위임으로 헌법에 위반되지 않는 한 행정부에서 제정한 대통령령에 규정된 내용이 정당한 것인지 여부와 위임의 적법성은 직접적인 관계가 없다. 따라서 대통령령으로 규정한 내용이 헌법에 위반될 경우라도 그 대통령령의 규정이 위헌으로 되는 것은 별론으로 하고 그로 인하여 정당하고 적법하게 입법권을 위임한 수권법률조항까지 위헌으로 되는 것은 아니다(헌재 2007.08.30. 2006헌바9). 대통령령에서 규정한 내용이 헌법에 위반될 경우 그 대통령령의 규정이 위헌일 것은 물론이지만, 반대로 하위법규인 대통령령의 내용이 합헌적이라고 하여 수권법률의 합헌성까지를 의미하는 것은 아니다(헌재 1995.11.30. 94헌바14).
④ (○) 집행명령은 그 모법에 종속하며 그 범위 안에서 모법을 현실적으로 집행하는 데 필요한 세칙을 규정할 수 있을 뿐이므로 위임명령과 달리 새로운 권리, 의무에 관한 사항을 규정할 수 없다(헌재 2001.02.22. 2000헌마604).

⑤ (X) 조례의 제정권자인 지방의회는 선거를 통해서 그 지역적인 민주적 정당성을 지니고 있는 주민의 대표기관이고 헌법이 지방자치단체에 포괄적인 자치권을 보장하고 있는 취지로 볼 때, 조례에 대한 법률의 위임은 법규명령에 대한 법률의 위임과 같이 반드시 구체적으로 범위를 정하여 할 필요가 없으며 포괄적인 것으로 족하다(헌재 1995.04.20. 92헌마264). 헌법 제75조, 제95조가 정하는 포괄적인 위임입법의 금지는, 그 문리해석상 정관에 위임한 경우까지 그 적용 대상으로 하고 있지 않고, 또 권력분립의 원칙을 침해할 우려가 없다는 점 등을 볼 때, 법률이 정관에 자치법적 사항을 위임한 경우에는 원칙적으로 적용되지 않는다(헌재 2001.04.26. 2000헌마122).

정답 ⑤

문 53

위임입법의 한계에 관한 다음 설명 중 가장 옳지 않은 것은?(다툼이 있는 경우 헌법재판소 판례에 의함) [2016년 19번]

① 법률이 어떤 사항에 관하여 대통령령에 위임할 경우에는 국민이 장래 대통령령으로 규정될 내용을 일일이 예견할 수는 없다고 할지라도 적어도 그 기본적 윤곽만은 예측할 수 있도록 기본적인 사항들에 관하여 법률에서 구체적으로 규정하여야 한다.

② 위임의 구체성·명확성의 요구 정도는 그 규율대상의 종류와 성격에 따라 달라질 것이지만, 특히 처벌법규나 조세법규 등 국민의 기본권을 직접적으로 제한하거나 침해할 소지가 있는 법규에서는 구체성·명확성의 요구가 강화되어 그 위임의 요건과 범위가 일반적인 급부행정법규의 경우보다 더 엄격하게 제한적으로 규정되어야 하는 반면에, 규율대상이 지극히 다양하거나 수시로 변화하는 성질의 것일 때에는 위임의 구체성·명확성의 요건이 완화되어야 한다.

③ 중학교 의무교육의 구체적인 실시 시기와 절차 등을 하위법령에 위임하여 정하도록 함에 있어서는 막대한 재정지출을 수반하는 무상교육의 수익적 성격과 규율대상의 복잡다양성을 고려하여 위임의 명확성의 요구정도를 완화하여 해석할 수 있다.

④ 국민연금보험법은 국민연금보험료를 납부하지 아니하는 경우 국세체납처분의 예에 따라 강제로 징수하도록 규정하고 있으므로, 국민연금보험료 산정기준을 하위법령에 위임함에 있어서는 조세법규와 같은 정도의 위임의 명확성·구체성을 갖추는 것이 필요하다.

⑤ 법률에서 위임받은 사항을 전혀 규정하지 않고 재위임하는 것은 복위임금지의 법리에 반할 뿐 아니라 수권법의 내용변경을 초래하는 것이 되고, 부령의 제정·개정절차가 대통령령에 비하여 보다 용이한 점을 고려할 때 재위임에 의한 부령의 경우에도 위임에 의한 대통령령에 가해지는 헌법상의 제한이 당연히 적용되어야 할 것이다. 따라서 법률에서 위임받은 사항을 전혀 규정하지 아니하고 그대로 재위임하는 것은 허용되지 않으며 위임받은 사항에 관하여 대강을 정하고 그 중의 특정사항을 범위를 정하여 하위법령에 다시 위임하는 경우에만 재위임이 허용된다.

해설 ★★

① (O) 법률이 어떤 사항에 관하여 대통령령에 위임할 경우에는 국민이 장래 대통령령으로 규정될 내용을 일일이 예견할 수는 없다고 할지라도 적어도 그 대체적 윤곽만은 예견할 수 있도록 기본적 사항들에 관하여 법률에서 구체적으로 규정하여야 한다(헌재 2002.10.31. 2000헌바14).

② (O) 위임의 구체성·명확성의 요구 정도는 그 규율대상의 종류와 성격에 따라 달라질 것이지만 특히 처벌법규나 조세법규와 같이 국민의 기본권을 직접적으로 제한하거나 침해할 소지가 있는 법규에서는 구체성·명확성의 요구가 강화되어 그 위임의 요건과 범위가 일반적인 급부행정의 경우보다 더 엄격하게 제한적으로 규정되어야 하는 반면, 규율대상이 지극히 다양하거나 수시로 변화하는 성질의 것일 때에는 위임의 구체성·명확성의 요건이 완화되어야 할 것이다(헌재 2008.07.31. 2006헌바95).

③ (O) 위임의 구체성·명확성의 요구 정도는 규제대상의 종류와 성격에 따라서 달라진다. 기본권침해영역에서는 급부행정영역에서 보다는 구체성의 요구가 강화되고, 다양한 사실관계를 규율하거나 사실관계가 수시로 변화될 것이 예상될 때에는 위임의 명확성의 요건이 완화되어야 한다. 따라서 중학교는 의무교육의 구체적인 실시 시기와 절차 등을 하위법령에 위임하여 정하도록 함에 있어서는 막대한 재정지출을 수반하는 무상교육의 수익적 성격과 규율대상의 복잡다양성을 고려하여 위임의 명확성의 요구정도를 완화하여 해석할 수 있는 것이다(헌재 1991.02.11. 90헌가27).

④ (X) 국민연금제도는 가입기간 중에 납부한 보험료를 급여의 산출근거로 하여 일정한 급여를 지급하는 것이므로 반대급부 없이 국가에서 강제로 금전을 징수하는 조세와는 성격을 달리한다 할 것이다. 비록 국민연금법 제79조가 연금보험료를 납부하지 아니하는 경우 국세체납처분의 예에 따라 강제로 징수하도록 규정하고 있으나 이는 국민연금제도의 고도의 공익성을 고려하여 법률이 특별히 연금보험료의 강제징수 규정을 둔 것이지 그렇다고 하여 국민연금보험료를 조세로 볼 수는 없다(헌재 2001.02.22. 99헌마365).

⑤ (O) 법률에서 위임받은 사항을 전혀 규정하지 않고 모두 재위임하는 것은 '위임받은 권한을 그대로 다시 위임할 수 없다'는 복위임금지의 법리에 반할 뿐 아니라 수권법의 내용변경을 초래하는 것이 되고, 대통령령 이외의 법규명령의 제정·개정절차가 대통령령에 비하여 보다 용이한 점을 고려할 때 하위의 법규명령에 대한 재위임의 경우에도 대통령령에의 위임에 가하여지는 헌법상의 제한이 마땅히 적용되어야 할 것이다. 따라서 법률에서 위임받은 사항을 전혀 규정하지 아니하고 그대로 하위의 법규명령에 재위임하는 것은 허용되지 않으며 위임받은 사항에 관하여 대강(大綱)을 정하고 그 중의 특정사항을 범위를 정하여 하위의 법규명령에 다시 위임하는 경우에만 재위임이 허용된다(헌재 2002.10.31. 2001헌라1).

정답 ④

문 54

다음 중 대통령의 권한 행사에 대하여 국회가 관여하는 방법이 다른 것은? [2016년 39번]

① 예비비의 지출
② 국채의 모집
③ 국가의 부담이 될 계약의 체결
④ 중요한 국제조직에 관한 조약의 체결·비준
⑤ 선전포고, 국군의 외국에의 파견 또는 외국군대의 대한민국 영역안에서의 주류

해설

① (사후관여) 예비비는 총액으로 국회의 의결을 얻어야 한다. 예비비의 지출은 차기국회의 승인을 얻어야 한다(헌법 제55조 제2항).

② (사전관여) 국채를 모집하거나 예산외에 국가의 부담이 될 계약을 체결하려 할 때에는 정부는 미리 국회의 의결을 얻어야 한다(헌법 제58조).

③ (사전관여) 국채를 모집하거나 예산외에 국가의 부담이 될 계약을 체결하려 할 때에는 정부는 미리 국회의 의결을 얻어야 한다(헌법 제58조).
④ (사전관여) 국회는 상호원조 또는 안전보장에 관한 조약, 중요한 국제조직에 관한 조약, 우호통상항해조약, 주권의 제약에 관한 조약, 강화조약, 국가나 국민에게 중대한 재정적 부담을 지우는 조약 또는 입법사항에 관한 조약의 체결·비준에 대한 동의권을 가진다(헌법 제60조 제1항).
⑤ (사전관여) 국회는 선전포고, 국군의 외국에의 파견 또는 외국군대의 대한민국 영역안에서의 주류에 대한 동의권을 가진다(헌법 제60조 제2항).

정답 ①

제❸절 ▎정부

제1관 국무총리

문 55

국무총리의 헌법상 지위에 관한 다음 설명 중 옳지 않은 것은 모두 몇 개인가? [2020년 18번]

ㄱ. 국무총리는 국무위원과 마찬가지로 국회나 그 위원회에 출석하여 국정처리상황을 보고하거나 의견을 진술하고 질문에 응답할 권한은 있으나, 국회나 그 위원회의 요구가 있을 때 출석하여 답변할 의무는 없다.
ㄴ. 공무원의 정치적 중립의무에 관한 공직선거법 제9조의 '공무원'은 좁은 의미의 직업공무원을 대상으로 하고, 적극적인 정치활동을 하는 공무원인 국무총리는 이에 포함되지 않는다.
ㄷ. 국회는 대통령에 대하여는 불신임결의를 할 수 없으나, 국무총리나 국무위원의 해임을 대통령에게 건의할 수 있다.
ㄹ. 대통령이 궐위된 때에 잔여임기가 6개월 미만인 경우에는 국무총리가 잔여임기 동안 대통령의 권한을 대행한다.
ㅁ. 감사원은 대통령에 속한 기관으로 국무총리의 통할을 받지 아니한다.

① 없음 ② 1개 ③ 2개
④ 3개 ⑤ 4개

MGI Point · 국무총리의 헌법상 지위 ★★

- 국회나 그 위원회가 요구시 국무총리·국무위원·정부위원은 출석·답변할 헌법상 의무 有
- 공직선거법 제9조 제1항 "공무원 기타 정치적 중립을 지켜야 하는 자"
  ⇨ 원칙적으로 국가와 지방자치단체의 모든 공무원(좁은 의미의 직업공무원)과 적극적인 정치활동을 통하여 국가에 봉사하는 정치적 공무원 포함 ○
- 국회는 대통령 불신임결의 不可, but 대통령에게 국무총리나 국무위원 해임건의 可
- 대통령이 궐위된 때 또는 대통령 당선자가 사망하거나 판결 기타의 사유로 그 자격을 상실한 때
  ⇨ 60일 이내에 후임자 선거
- 감사원은 대통령 소속기관, 국무총리 통할을 받지 ×

ㄱ. (X) 헌법 제62조 참조.

> 헌법 제62조 ① 국무총리·국무위원 또는 정부위원은 국회나 그 위원회에 출석하여 국정처리상황을 보고하거나 의견을 진술하고 질문에 응답할 수 있다.
> ② 국회나 그 위원회의 요구가 있을 때에는 국무총리·국무위원 또는 정부위원은 출석·답변하여야 하며, 국무총리 또는 국무위원이 출석요구를 받은 때에는 국무위원 또는 정부위원으로 하여금 출석·답변하게 할 수 있다.

ㄴ. (X) 이 사건 법률조항 중 수범자인 행위주체 부분을 살펴보면, 주체는 '공무원 기타 정치적 중립을 지켜야 하는 자'로 규정되어 있으므로, 이 때 '공무원'은 자유선거원칙과 선거에서의 정당의 기회균등을 수호하여야 하는 모든 공무원을 의미한다. 그런데 사실상 모든 공무원이 그 직무의 행사를 통하여 선거에 부당한 영향력을 행사할 수 있는 지위에 있으므로, 여기서의 공무원이란 원칙적으로 국가와 지방자치단체의 모든 공무원 즉 좁은 의미의 직업공무원은 물론이고, 적극적인 정치활동을 통하여 국가에 봉사하는 정치적 공무원(예컨대, 대통령, 국무총리, 국무위원, 도지사, 시장, 군수, 구청장 등 지방자치단체의 장)을 포함하며, 특히 직무의 기능이나 영향력을 이용하여 선거에서 국민의 자유로운 의사형성과정에 영향을 미치고 정당간의 경쟁관계를 왜곡할 가능성은 정부나 지방자치단체의 집행기관에 있어서 더욱 크다고 판단되므로, 대통령, 지방자치단체의 장 등에게는 다른 공무원보다도 선거에서의 정치적 중립성이 특히 요구된다(헌재 2008.01.17. 2007헌마700).

ㄷ. (○) 헌법 제59조, 제65조 참조. ▶ 대통령 불신임에 대한 규정은 없으나 탄핵소추 의결은 가능하다.

> 헌법 제59조 ① 국회는 국무총리 또는 국무위원의 해임을 대통령에게 건의할 수 있다.
> ② 전항의 건의는 재적의원 과반수의 찬성이 있어야 한다.
> ③ 제1항과 제2항에 의한 건의가 있을 때에는 대통령은 특별한 사유가 없는 한 이에 응하여야 한다.
> 헌법 제65조 ① 대통령·국무총리·국무위원·행정각부의 장·헌법재판소 재판관·법관·중앙선거관리위원회 위원·감사원장·감사위원 기타 법률이 정한 공무원이 그 직무집행에 있어서 헌법이나 법률을 위배한 때에는 국회는 탄핵의 소추를 의결할 수 있다.

ㄹ. (X) 헌법 제68조 제2항 참조.

> 헌법 제68조 ① 대통령의 임기가 만료되는 때에는 임기만료 70일 내지 40일전에 후임자를 선거한다.
> ② 대통령이 궐위된 때 또는 대통령 당선자가 사망하거나 판결 기타의 사유로 그 자격을 상실한 때에는 60일 이내에 후임자를 선거한다.

ㅁ. (○) 헌법 제97조 참조.

> 헌법 제97조 국가의 세입·세출의 결산, 국가 및 법률이 정한 단체의 회계검사와 행정기관 및 공무원의 직무에 관한 감찰을 하기 위하여 대통령 소속하에 감사원을 둔다.

> **참조판례** 헌법 제86조 제2항은 그 위치와 내용으로 보아 국무총리의 헌법상 주된 지위가 대통령의 보좌기관이라는 것과 그 보좌기관인 지위에서 행정에 관하여 대통령의 명을 받아 행정각부를 통할할 수 있다는 것을 규정한 것일 뿐, 국가의 공권력을 집행하는 행정부의 조직은 헌법상 예외적으로 열거되어 있거나 그 성질상 대통령의 직속기관으로 설치할 수 있는 것을 제외하고는 모두 국무총리의 통할을 받아야 하며, 그 통할을 받지 않은 행정기관은 법률에 의하더라도 이를 설치할 수 없음을 의미한다고는 볼 수 없을 뿐만 아니라, 헌법 제94조, 제95조 등의 규정취지에 비추어 정부의 구성단위로서 그 권한에 속하는 사항을 집행하는 모든 중앙정부기관이 곧 헌법 제86조 제2항 소정의 "행정각부"라고 볼 수도 없다(헌재 1994.04.28. 89헌마221).

정답 ④

문 56

국무총리에 관한 다음 설명 중 가장 옳은 것은? [2018년 40번]

① 행정권은 국무총리를 수반으로 하는 정부에 속한다.
② 제2차 개정헌법에서는 국무총리제가 폐지되었다.
③ 국무총리의 통할을 받는 행정각부에는 모든 행정기관이 포함된다.
④ 우리 헌법이 대통령중심제의 정부형태를 취하면서도 국무총리제도를 두게 된 주된 이유는 행정각부를 통할하면서 대통령의 권력을 견제하기 위함이다.
⑤ 국무총리는 국무위원의 해임을 대통령에게 건의할 수 없다.

해설 ★★

① (X), ⑤ (X) 헌법 제66조, 제87조 참조.

> 헌법 제66조 ④ 행정권은 대통령을 수반으로 하는 정부에 속한다.
> 헌법 제87조 ③ 국무총리는 국무위원의 해임을 대통령에게 건의할 수 있다.

② (O) 4사5입개헌으로 불리는 제2차 개정헌법에서는 국무총리제를 폐지하고 국무위원에 대한 개별적 불신임제를 채택하였다.

③ (X), ④ (X) 우리 헌법이 대통령중심제의 정부형태를 취하면서도 국무총리제도를 두게 된 주된 이유가 부통령제를 두지 않았기 때문에 대통령 유고시에 그 권한대행자가 필요하고 또 대통령제의 기능과 능률을 높이기 위하여 대통령을 보좌하고 그 의견을 받들어 정부를 통할·조정하는 보좌기관이 필요하다는 데 있었던 점과 대통령에게 법적 제한 없이 국무총리해임권이 있는 점(헌법 제78조, 제86조 제1항 참조)등을 고려하여 총체적으로 보면 내각책임제 밑에서의 행정권이 수상에게 귀속되는 것과는 달리 우리 나라의 행정권은 헌법상 대통령에게 귀속되고, 국무총리는 단지 대통령의 첫째 가는 보좌기관으로서 행정에 관하여 독자적인 권한을 가지지 못하고 대통령의 명을 받아 행정각부를 통할하는 기관으로서의 지위만을 가지며, 행정권 행사에 대한 최후의 결정권자는 대통령이라고 해석하는 것이 타당하다고 할 것이다. 이와 같은 헌법상의 대통령과 국무총리의 지위에 비추어 보면 국무총리의 통할을 받는 행정각부에 모든 행정기관이 포함된다고 볼 수 없다 할 것이다(헌재 1994.04.28. 89헌마221).

정답 ②

제2관 국무위원·국무회의

문 38

국무위원과 국무회의에 관한 다음 설명 중 가장 옳지 않은 것은? [2023년 23번]

① 헌법개정안, 국민투표안, 법률안, 대통령령안 모두 국무회의의 심의를 거쳐야 한다.
② 행정각부의 장은 국무위원 중에서 국무총리의 제청으로 대통령이 임명한다.
③ 국무총리는 대통령에게 국무위원의 임명을 제청하며, 국무위원의 해임을 건의할 수도 있다.
④ 국정의 중요한 사항에 관한 대통령의 자문에 응하기 위하여 국가원로로 구성되는 국가원로자문회의를 둘 수 있고, 국가원로자문회의의 의장은 직전대통령이 되는 것이 원칙이다.

⑤ 대통령은 국무회의의 의장으로서 회의를 소집하고 이를 주재하지만, 대통령이 사고로 직무를 수행할 수 없는 경우에는 국무총리가 그 직무를 대행할 수 있다. 다만, 대통령이 해외 순방 중인 경우를 '사고로 직무를 수행할 수 없는 경우'로 볼 수는 없으므로, 대통령의 직무상 해외 순방 중 국무총리가 국무회의를 주재할 수는 없다.

MGI Point 국무위원과 국무회의 ★

- 헌법개정안, 국민투표안, 법률안, 대통령령안 ⇨ 국무회의의 심의대상
- 행정각부의 장 ⇨ 국무위원 중에서 국무총리의 제청으로 대통령이 임명
- 국무위원의 임명 제청 및 해임 건의 ⇨ 국무총리가 대통령에게
- 국가원로자문회의 ⇨ 임의기관, 의장은 직전대통령이 되는 것이 원칙
- 대통령의 직무상 해외 순방 중 국무총리가 국무회의를 주재한 것 ⇨ 적법

---

① (O)

> 헌법
> 제89조 다음 사항은 국무회의의 심의를 거쳐야 한다.\
> 1. 국정의 기본계획과 정부의 일반정책
> 2. 선전·강화 기타 중요한 대외정책
> 3. 헌법개정안·국민투표안·조약안·법률안 및 대통령령안
> 4.~17. 생략

② (O)

> 헌법
> 제94조 행정각부의 장은 국무위원 중에서 국무총리의 제청으로 대통령이 임명한다.

③ (O)

> 헌법
> 제87조 ① 국무위원은 국무총리의 제청으로 대통령이 임명한다.
> ② 국무위원은 국정에 관하여 대통령을 보좌하며, 국무회의의 구성원으로서 국정을 심의한다.
> ③ 국무총리는 국무위원의 해임을 대통령에게 건의할 수 있다.

④ (O)

> 헌법
> 제90조 ① 국정의 중요한 사항에 관한 대통령의 자문에 응하기 위하여 국가원로로 구성되는 국가원로자문회의를 둘 수 있다.
> ② 국가원로자문회의의 의장은 직전대통령이 된다. 다만, 직전대통령이 없을 때에는 대통령이 지명한다.

⑤ (X) 대통령은 국무회의의 의장으로서 회의를 소집하고 이를 주재하지만 대통령이 사고로 직무를 수행할 수 없는 경우에는 국무총리가 그 직무를 대행할 수 있고, 대통령이 해외 순방 중인 경우는 '사고'에 해당되므로, 대통령의 직무상 해외 순방 중 국무총리가 주재한 국무회의에서 이루어진 정당해산심판청구서 제출안에 대한 의결은 위법하지 아니하다(헌법재판소 2014. 12. 19. 2013헌다1 전원재판부).

정답 ⑤

문 57

헌법 제89조에서 직접 명시적으로 규정하고 있는 국무회의 심의사항이 아닌 것은? [2018년 5번]

① 국무위원의 해임
② 정당해산의 제소
③ 정부에 제출 또는 회부된 정부의 정책에 관계되는 청원의 심사
④ 영전수여
⑤ 국정처리상황의 평가·분석

:: 해설   ★★

① (X), ② (O), ③ (O), ④ (O), ⑤ (O) 헌법 제89조 참조.

> 헌법 제89조 다음 사항은 국무회의의 심의를 거쳐야 한다.
> 1. 국정의 기본계획과 정부의 일반정책
> 2. 선전·강화 기타 중요한 대외정책
> 3. 헌법개정안·국민투표안·조약안·법률안 및 대통령령안 ↔ 총리령, 부령은 국무회의의 심의 불요
> 4. 예산안·결산·국유재산처분의 기본계획·국가의 부담이 될 계약 기타 재정에 관한 중요사항
> 5. 대통령의 긴급명령·긴급재정경제처분 및 명령 또는 계엄과 그 해제
> 6. 군사에 관한 중요사항
> 7. 국회의 임시회 집회의 요구
> 8. 영전수여
> 9. 사면·감형과 복권
> 10. 행정각부간의 권한의 획정
> 11. 정부안의 권한의 위임 또는 배정에 관한 기본계획
> 12. 국정처리상황의 평가·분석
> 13. 행정각부의 중요한 정책의 수립과 조정
> 14. 정당해산의 제소
> 15. 정부에 제출 또는 회부된 정부의 정책에 관계되는 청원의 심사
> 16. 검찰총장·합동참모의장·각군참모총장·국립대학교총장·대사 기타 법률이 정한 공무원과 국영기업체관리자의 임명
> 17. 기타 대통령·국무총리 또는 국무위원이 제출한 사항

정답 ①

제3관 대통령의 자문기관
제4관 행정각부
제5관 감사원

문 58

감사원에 관한 다음 설명 중 옳은 것(○)과 옳지 않은 것(×)을 올바르게 조합한 것은? [2022년 17번]

> ㄱ. 감사원장은 국회의 동의를 얻어 대통령이 임명하고 감사위원은 감사원장의 제청으로 대통령이 임명하며, 감사원장과 감사위원의 임기는 4년으로 하되 1차에 한하여 중임할 수 있다.
> ㄴ. 감사원의 공무원 직무 감찰대상에 국회·법원 및 헌법재판소에 소속한 공무원은 포함되지 않는다.
> ㄷ. 감사원은 국가의 세입·세출의 결산, 국가 및 법률이 정한 단체의 회계검사와 행정기관 및 공무원의 직무에 관한 감찰을 하기 위하여 대통령 소속하에 설치되는 헌법기관으로서, 그 직무의 성격상 고도의 독립성이 보장되어야 하는 독임제관청이다.
> ㄹ. 감사원장이 '공공기관 선진화 계획'에 따라 공공기관의 운영실태를 점검한 후 공공기관을 구체적으로 거명하지 않은 채 감사책임자에게 그 문제점을 설명하고 자율시정하도록 개선방향을 제시한 행위는, 행정지도로서의 한계를 넘어 규제적·구속적 성격을 가진다고 할 수 없으므로 헌법소원심판의 대상이 되는 공권력의 행사에 해당하지 않는다.
> ㅁ. 공익사항에 관한 감사원 감사청구에 대한 감사원장의 거부결정은 헌법재판소법 제68조 제1항의 공권력 행사에 해당하므로 헌법소원을 청구할 수 있다.
> ㅂ. 감사원에 의한 지방자치단체의 자치사무에 대한 감사를 합법성 감사에 한정하고 있지 아니한 감사원법 조항은 지방자치단체의 지방자치권의 본질을 침해하지 않는다.

① ㄱ(○), ㄴ(○), ㄷ(○), ㄹ(○), ㅁ(○), ㅂ(○)
② ㄱ(○), ㄴ(○), ㄷ(×), ㄹ(○), ㅁ(×), ㅂ(○)
③ ㄱ(○), ㄴ(○), ㄷ(○), ㄹ(○), ㅁ(×), ㅂ(○)
④ ㄱ(×), ㄴ(○), ㄷ(×), ㄹ(○), ㅁ(○), ㅂ(×)
⑤ ㄱ(○), ㄴ(×), ㄷ(○), ㄹ(×), ㅁ(○), ㅂ(×)

MGI Point 감사원 ★★

- 감사원장 ⇨ 국회의 동의를 얻어 대통령이 임명, 임기는 4년, 1차 중임 可
- 감사위원 ⇨ 감사원장의 제청으로 대통령이 임명, 임기는 4년, 1차 중임 可
- 감사원의 직무감찰 대상 ⇨ 국회·법원 및 헌법재판소에 소속한 공무원은 포함 ×
- 감사원장이 감사책임자에게 자율시정하도록 개선방향 제시 ⇨ 공권력 행사 ×
- 공익사항에 관한 감사원 감사청구에 대한 감사원장의 거부결정 ⇨ 공권력 행사 ×
- 감사원의 자치사무에 대한 감사를 인정하는 조항 ⇨ 지방자치권의 본질을 침해 ×

ㄱ. (○) 헌법 제98조 제2항, 제3항 참조.

> 헌법 제98조 ② 원장은 국회의 동의를 얻어 대통령이 임명하고, 그 임기는 4년으로 하며, 1차에 한하여 중임할 수 있다.
> ③ 감사위원은 원장의 제청으로 대통령이 임명하고, 그 임기는 4년으로 하며, 1차에 한하여 중임할 수 있다.

ㄴ. (○) 감사원법 제24조 참조.

> 감사원법 제24조(감찰 사항) ① 감사원은 다음 각 호의 사항을 감찰한다.
> ③ 제1항의 공무원에는 국회·법원 및 헌법재판소에 소속한 공무원은 제외한다.

ㄷ. (X) 헌법 제98조 제1항 참조. 감사원은 독임제관청이 아니라 합의제관청이다.

> 헌법 제98조 ① 감사원은 원장을 포함한 5인 이상 11인 이하의 감사위원으로 구성한다.

ㄹ. (○) 감사원장이 2009. 4.경 60개 공공기관에 대하여 공공기관 선진화 계획의 이행실태, 노사관계 선진화 추진실태 등을 점검하고, 2009. 6. 30. 공공기관 감사책임자회의에서 자율시정하도록 개선방향을 제시한 행위는 감사원 내부의 자료수집에 불과하고, 개선 제시는 이를 따르지 않을 경우의 불이익을 명시적으로 예정하고 있다고 보기 어려우므로 행정지도로서의 한계를 넘어 규제적·구속적 성격을 강하게 갖는다고 볼 수 없다. 따라서 이 사건 점검 및 개선 제시는 헌법소원의 대상이 되는 공권력의 행사라고 보기 어렵다(헌재 2011.12.29. 2009헌마330 등).

ㅁ. (X) 헌법이나 법률 어디에도 감사원장에 대하여 공익사항에 관한 감사원 감사청구를 할 수 있는 권리를 규정하고 있지 않고, 달리 조리상 이러한 권리를 인정할 만한 사정도 보이지 않는다. 따라서 이 사건 감사청구 거부결정은 헌법재판소법 제68조 제1항의 공권력 행사에 해당한다고 볼 수 없으므로, 이를 대상으로 한 이 사건 심판청구는 부적법하다(헌재 2014.04.08. 2014헌마256).

ㅂ. (○) 헌법이 감사원을 독립된 외부감사기관으로 정하고 있는 취지, 중앙정부와 지방자치단체는 서로 행정기능과 행정책임을 분담하면서 중앙행정의 효율성과 지방행정의 자주성을 조화시켜 국민과 주민의 복리증진이라는 공동목표를 추구하는 협력관계에 있다는 점을 고려하면 지방자치단체의 자치사무에 대한 합목적성 감사의 근거가 되는 이 사건 관련규정은 그 목적의 정당성과 합리성을 인정할 수 있다. 또한 감사원법에서 지방자치단체의 자치권을 존중할 수 있는 장치를 마련해두고 있는 점, 국가재정지원에 상당부분 의존하고 있는 우리 지방재정의 현실, 독립성이나 전문성이 보장되지 않은 지방자치단체 자체감사의 한계 등으로 인한 외부감사의 필요성까지 감안하면, 이 사건 관련규정이 지방자치단체의 고유한 권한을 유명무실하게 할 정도로 지나친 제한을 함으로써 지방자치권의 본질적 내용을 침해하였다고는 볼 수 없다(헌재 2008.05.29. 2005헌라3).

정답 ②

문 59

감사원에 대한 다음 설명 중 가장 옳지 않은 것은? [2018년 33번]

① 감사원은 소장급 이하의 장교가 지휘하는 전투를 주된 임무로 하는 부대의 사무와 그에 소속한 공무원의 직무에 대하여 감찰할 수 없다.
② 감사원은 법령에 따라 지방자치단체가 위탁하거나 대행하게 한 사무와 그 밖의 법령에 따라 공무원의 신분을 가지거나 공무원에 준하는 자의 직무를 감찰한다.
③ 정부조직법에 따라 설치된 행정기관의 사무 중 국무총리로부터 국가기밀에 속한다는 소명이 있는 사항에 대하여는 감찰할 수 없다.
④ 감사원장의 국민감사청구기각결정에 대하여 곧바로 헌법소원심판을 청구한 것은, 위 결정의 취소를 구하는 행정소송을 제기하지 아니한 이상 보충성요건을 결여하여 부적법하다.
⑤ 감사원은 감사에 관한 절차, 감사원의 내부 규율과 감사사무 처리에 관한 규칙을 제정할 수 있다.

:: 해설   ★

① (○), ② (○), ③ (○), ⑤ (○) 감사원법 제24조, 제52조 참조.

> 감사원법 제24조(감찰 사항) ① 감사원은 다음 각 호의 사항을 감찰한다.
> 1. 「정부조직법」 및 그 밖의 법률에 따라 설치된 행정기관의 사무와 그에 소속한 공무원의 직무
> 2. 지방자치단체의 사무와 그에 소속한 지방공무원의 직무
> 3. 제22조 제1항 제3호 및 제23조 제7호에 규정된 자의 사무와 그에 소속한 임원 및 감사원의 검사대상이 되는 회계사무와 직접 또는 간접으로 관련이 있는 직원의 직무
> 4. 법령에 따라 국가 또는 지방자치단체가 위탁하거나 대행하게 한 사무와 그 밖의 법령에 따라 공무원의 신분을 가지거나 공무원에 준하는 자의 직무
> ② 제1항 제1호의 행정기관에는 군기관과 교육기관을 포함한다. 다만, 군기관에는 소장급 이하의 장교가 지휘하는 전투를 주된 임무로 하는 부대 및 중령급 이하의 장교가 지휘하는 부대는 제외한다.
> ③ 제1항의 공무원에는 국회·법원 및 헌법재판소에 소속한 공무원은 제외한다.
> ④ 제1항에 따라 감찰을 하려는 경우 다음 각 호의 어느 하나에 해당하는 사항은 감찰할 수 없다.
> 1. 국무총리로부터 국가기밀에 속한다는 소명이 있는 사항
> (2. 생략)
> 감사원법 제52조(감사원규칙) 감사원은 감사에 관한 절차, 감사원의 내부 규율과 감사사무 처리에 관한 규칙을 제정할 수 있다.

④ (X) 감사원장의 국민감사청구기각결정의 처분성 인정 여부에 대하여 대법원판례는 물론 하급심판례도 아직 없으며 부패방지법상 구체적인 구제절차가 마련되어 있는 것도 아니므로, 청구인들이 행정소송을 거치지 않았다고 하여 보충성 요건에 어긋난다고 볼 수는 없다(헌재 2006.02.23. 2004헌마414).

정답 ④

문 60

감사원에 관한 다음 설명 중 가장 옳지 않은 것은? [2016년 37번]

① 국회는 감사원에 대하여 감사원법에 의한 감사원의 직무범위에 속하는 사항 중 사안을 특정하여 감사를 요구할 수 있고, 이 경우 감사원은 감사요구를 받은 날부터 3개월 이내에 감사결과를 국회에 보고하여야 한다.
② 감사원은 대통령 직속 기관이므로 국무총리의 통할을 받지 아니하며, 세입·세출의 결산을 매년 검사하여 대통령에게만 보고할 의무가 있다.
③ 법률이 정하는 바에 따라 국가기관이 아닌 경우에도 감사원의 회계검사를 받을 수 있다.
④ 대통령이 감사원장을 임명할 때에는 국회의 동의가 필요하지만, 감사위원을 임명할 때에는 국회의 동의가 필요하지 않다.
⑤ 감사원은 법원공무원에 대해서는 직무감찰을 할 수 없다.

:: 해설   ★★

① (○) 국회는 그 의결로 감사원에 대하여 감사원법에 의한 감사원의 직무범위에 속하는 사항중 사안을 특정하여 감사를 요구할 수 있다. 이 경우 감사원은 감사요구를 받은 날부터 3월 이내에 감사결과를 국회에 보고하여야 한다(국회법 제127조의2 제1항).
② (X) 감사원은 세입·세출의 결산을 매년 검사하여 대통령과 차년도국회에 그 결과를 보고하여야 한다(헌법 제99조).
③ (○) 감사원은 다른 법률에 따라 감사원의 회계검사를 받도록 규정된 단체 등의 회계의 사항을 검사한다(감사원법 제22조 제1항 제4호).
④ (○) 감사원장은 국회의 동의를 얻어 대통령이 임명하고(헌법 제98조 제2항), 감사위원은 감사원장의 제청으로 대통령이 임명한다(동조 제3항). 즉 감사위원의 임명에는 국회의 동의가 필요없다.
⑤ (○) 직무감찰의 구체적인 범위는 감사원법에서 정하고 있는데, 국회·법원 및 헌법재판소에 소속한 공무원은 감찰의 대상에서 제외된다(감사원법 제24조 제3항). 이는 권력분립의 원리 때문이다.

정답 ②

제6관 행정권에 대한 통제

제❹절 ┃ 선거관리위원회

문 61

헌법상 선거관리조항에 관한 다음 설명 중 가장 옳지 않은 것은? [2019년 23번]

① 선거관리위원회의 업무범위에는 정당에 관한 사무도 포함된다.
② 중앙선거관리위원회는 국회에서 선출하는 3인, 헌법재판소장이 지명하는 3인, 대법원장이 지명하는 3인의 위원으로 구성한다.
③ 선거에 관한 경비는 법률이 정하는 경우를 제외하고는 정당 또는 후보자에게 부담시킬 수 없다.
④ 각급 선거관리위원회는 선거인명부의 작성 등 선거사무와 국민투표사무에 관하여 관계 행정기관에 필요한 지시를 할 수 있다.
⑤ 중앙선거관리위원회는 법률에 저촉되지 아니하는 범위 안에서 내부규율에 관한 규칙을 제정할 수 있다.

MGI Point   헌법상 선거관리조항   ★★★

■ 선거관리위원회의 업무범위 ⇨ 정당에 관한 사무도 포함 ○
■ 중앙선거관리위원회의 구성
   ▪ 대통령이 임명하는 3인, 국회에서 선출하는 3인, 대법원장이 지명하는 3인
   ▪ 중앙선거관리위원회 위원장 : 위원 중에서 호선
■ 선거에 관한 경비 ⇨ 정당 또는 후보자에게 부담 × but 법률이 정하는 경우 제외

- **각급선거관리위원회**
  - 위원 과반수의 출석으로 개의하고 출석위원 과반수의 찬성으로 의결
  - 가부동수일 때 위원장은 결정권을 가짐
  - 선거인명부의 작성 등 선거사무와 국민투표사무에 관하여 관계 행정기관에 필요한 지시권 및 행정부의 지시준수의무 (헌법 제115조)
- **중앙선거관리위원회의 규칙제정권(헌법 제114조 제6항)**
  - 법령의 범위 안에서 선거관리·국민투표관리·정당사무에 관한 규칙 제정 可
  - 법률에 저촉되지 아니하는 범위 안에서 내부규율에 관한 규칙 제정 可

① (O), ② (X), ⑤ (O) 헌법 제114조 참조.

> 헌법 제114조 ① 선거와 국민투표의 공정한 관리 및 정당에 관한 사무를 처리하기 위하여 선거관리위원회를 둔다.
> ② 중앙선거관리위원회는 대통령이 임명하는 3인, 국회에서 선출하는 3인과 대법원장이 지명하는 3인의 위원으로 구성한다. 위원장은 위원중에서 호선한다.
> ③ 위원의 임기는 6년으로 한다.
> ④ 위원은 정당에 가입하거나 정치에 관여할 수 없다.
> ⑤ 위원은 탄핵 또는 금고 이상의 형의 선고에 의하지 아니하고는 파면되지 아니한다.
> ⑥ 중앙선거관리위원회는 법령의 범위안에서 선거관리·국민투표관리 또는 정당사무에 관한 규칙을 제정할 수 있으며, 법률에 저촉되지 아니하는 범위안에서 내부규율에 관한 규칙을 제정할 수 있다.

③ (O) 헌법 제116조 제2항 참조.

> 헌법 제116조 ① 선거운동은 각급 선거관리위원회의 관리하에 법률이 정하는 범위안에서 하되, 균등한 기회가 보장되어야 한다.
> ② 선거에 관한 경비는 법률이 정하는 경우를 제외하고는 정당 또는 후보자에게 부담시킬 수 없다.

④ (O) 헌법 제115조 제1항 참조.

> 헌법 제115조 ① 각급 선거관리위원회는 선거인명부의 작성등 선거사무와 국민투표사무에 관하여 관계 행정기관에 필요한 지시를 할 수 있다.
> ② 제1항의 지시를 받은 당해 행정기관은 이에 응하여야 한다.

정답 ②

제5절 | 법원

제1관 사법권의 독립

문 62

법관에 관한 다음 설명 중 가장 옳은 것은? [2019년 20번]

① 법관은 징계 또는 금고 이상의 형의 선고에 의하지 아니하고는 파면되지 아니한다.
② 대법관의 수는 대법원장을 포함하여 14명으로 헌법에 규정되어 있으므로, 대법관의 수를 증원하려면 헌법 개정이 필요하다.
③ 법관에 대한 징계사유로 '법관이 그 품위를 손상하거나 법원의 위신을 실추시키는 경우'를 규정한 법관징계법 조항은 명확성원칙에 위배된다.

④ 대법관이 중대한 신체상 또는 정신상의 장해로 직무를 수행할 수 없을 때에는 대법원장의 제청으로 대통령이 퇴직을 명할 수 있다.
⑤ 대법원장이 임기가 끝난 판사를 연임발령할 경우 인사위원회의 심의를 거쳐야 하나, 대법관회의의 동의를 받을 필요는 없다.

MGI Point **법관** ★★

- 법관의 신분보장(헌법 제106조)
  - 법관의 재판상의 독립을 보장하는데 있어서 필수적 전제
  - 탄핵 또는 금고 이상의 형의 선고에 의하지 아니하고는 파면 ×
  - 징계처분에 의하지 아니하고는 정직·감봉 또는 불리한 처분 ×
- 대법관의 수(대법원장을 포함하여 14명)는 법원조직법에 규정 ⇨ 법개정으로 증원 可
- 법관에 대한 징계사유로 '법관이 그 품위를 손상하거나 법원의 위신을 실추시킨 경우'를 규정한 법관징계법 조항 ⇨ 명확성원칙 위배 ×
- 법관의 퇴직 : 중요한 장해로 직무수행할 수 없는 때
  ① 대법관 ⇨ 대법원장의 제청 + 대통령의 명
  ② 판사 ⇨ 인사위원회의 심의 + 대법원장의 명
- 대법원장이 판사를 연임발령할 경우 ⇨ 인사위원회의 심의 + 대법관회의 동의 要

---

① (X) 헌법 제106조 참조.

> 헌법 제106조 ① 법관은 탄핵 또는 금고 이상의 형의 선고에 의하지 아니하고는 파면되지 아니하며, 징계처분에 의하지 아니하고는 정직·감봉 기타 불리한 처분을 받지 아니한다.

② (X) 헌법에 대법관 수의 명문규정은 없으므로 법개정으로 가능하다. 법원조직법 제4조 참조.

> 법원조직법 제4조(대법관) ② 대법관의 수는 대법원장을 포함하여 14명으로 한다.

③ (X) 입법취지, 용어의 사전적 의미, 유사 사례에서의 법원의 법률해석 등을 종합하여 보면, 구 법관징계법 제2조 제2호의 '법관이 그 품위를 손상하거나 법원의 위신을 실추시킨 경우'란 '법관이 주권자인 국민으로부터 수임받은 사법권을 행사함에 손색이 없는 인품에 어울리지 않는 행위를 하거나 법원의 위엄을 훼손하는 행위를 함으로써 법원 및 법관에 대한 국민의 신뢰를 떨어뜨릴 우려가 있는 경우'로 해석할 수 있고, 위 법률조항의 수범자인 평균적인 법관은 구체적으로 어떠한 행위가 여기에 해당하는지를 충분히 예측할 수 있으므로, 구 법관징계법 제2조 제2호는 명확성원칙에 위배되지 아니한다(헌재 2012.02.23. 2009헌바34).

④ (○) 법원조직법 제47조 참조.

> 법원조직법 제47조(심신상의 장해로 인한 퇴직) 법관이 중대한 신체상 또는 정신상의 장해로 직무를 수행할 수 없을 때에는, 대법관인 경우에는 대법원장의 제청으로 대통령이 퇴직을 명할 수 있고, 판사인 경우에는 인사위원회의 심의를 거쳐 대법원장이 퇴직을 명할 수 있다.

⑤ (X) 대법관회의의 동의를 요한다. 법관인사규칙 제15조, 제19조 참조.

> 법관인사규칙 제15조(연임적격 심의 회부) 대법원장은 연임희망원을 제출한 판사의 연임적격에 관한 심의를 법관인사위원회에 요청한다.
> 법관인사규칙 제19조(대법관회의의 동의) ① 대법원장은 연임희망원을 제출한 판사 중 연임적격으로 인정되는 판사에 대하여 연임에 관한 대법관회의의 동의를 구한다.

정답 ④

문 63

법관의 독립에 관한 다음 설명 중 옳지 않은 것은 모두 몇 개인가? [2018년 18번]

ㄱ. 법관은 다른 권력으로부터 독립하여야 하므로 일체의 겸직이 허용되지 않는다.
ㄴ. 법관에 대한 징계처분으로는 정직, 감봉, 견책만이 가능하고, 법관은 탄핵 또는 금고 이상의 형의 선고에 의하지 아니하고는 파면되지 아니하므로, 법관의 임기는 고도로 보장되며, 법관은 임기 중에는 탄핵 또는 금고 이상의 형의 선고에 의하지 아니하고는 그 직을 상실할 가능성이 없다.
ㄷ. 법관에게는 그 양심에 따라 독립하여 재판할 수 있는 권한이 헌법상 보장되므로, 상급법원의 재판에 어떠한 경우에도 기속되지 않으며, 판례변경을 촉구하는 의미에서 대법원 판례에 저촉되는 재판을 하였더라도 징계사유에 해당하지 않는다.
ㄹ. 법관은 징계처분에 의하지 않고는 정직·감봉 기타 불리한 처분을 받지 아니하며, 법관징계위원회의 징계처분에 대하여 불복하는 경우에는 행정법원에 그 징계처분의 취소를 청구할 수 있다.
ㅁ. 법관이 객관적·합리적 이유에서가 아니라 대법원장에게 잘못보여 그 의사에 반하여 불리한 인사처분을 받은 경우에 대법원에 그 처분의 취소를 청구하는 것은 권리구제의 실효성을 기대하기 어려운 경우에 해당하므로 곧바로 헌법재판소에 헌법소원을 청구할 수 있다.

① 1개　　　　② 2개　　　　③ 3개
④ 4개　　　　⑤ 5개

해설 ★★

ㄱ. (X) 대법원장의 허가가 있는 경우 일정한 직무에 종사할 수 있다. 법원조직법 제49조, 제52조 참조.

> 법원조직법 제49조(금지사항) 법관은 재직 중 다음 각 호의 행위를 할 수 없다.
> 1. 국회 또는 지방의회의 의원이 되는 일
> 2. 행정부서의 공무원이 되는 일
> 3. 정치운동에 관여하는 일
> 4. 대법원장의 허가 없이 보수를 받는 직무에 종사하는 일
> 5. 금전상의 이익을 목적으로 하는 업무에 종사하는 일
> 6. 대법원장의 허가를 받지 아니하고 보수의 유무에 상관없이 국가기관 외의 법인·단체 등의 고문, 임원, 직원 등의 직위에 취임하는 일
> 7. 그 밖에 대법원규칙으로 정하는 일
> 법원조직법 제52조(겸임 등) ① 대법원장은 법관을 사건의 심판 외의 직(재판연구관을 포함한다)에 보하거나 그 직을 겸임하게 할 수 있다.

ㄴ. (X) 중대한 심신상의 장해로 직무를 수행할 수 없을 때에는 퇴직하게 할 수 있다. 헌법 제106조, 법관징계법 제3조 참조.

> 헌법 제106조 ① 법관은 탄핵 또는 금고 이상의 형의 선고에 의하지 아니하고는 파면되지 아니하며, 징계처분에 의하지 아니하고는 정직·감봉 기타 불리한 처분을 받지 아니한다.
> ② 법관이 중대한 심신상의 장해로 직무를 수행할 수 없을 때에는 법률이 정하는 바에 의하여 퇴직하게 할 수 있다.
> 법관징계법 제3조(징계처분의 종류) ① 법관에 대한 징계처분은 정직·감봉·견책의 세 종류로 한다.

ㄷ. (X) 원칙적으로 상급심의 판단이 하급심을 기속하진 않지만, 상급법원이 파기·취소·환송의 판결을 내린 경우 그 상급법원의 판결에 담긴 사실상·법률상의 판단이 하급심을 기속한다. 법원조직법 제8조 참조.

> 법원조직법 제8조(상급심 재판의 기속력) 상급법원 재판에서의 판단은 해당 사건에 관하여 하급심을 기속한다.

ㄹ. (X) 법관징계법 제27조 참조.

> 법관징계법 제27조(불복절차) ① 피청구인이 징계등 처분에 대하여 불복하려는 경우에는 징계등 처분이 있음을 안 날부터 14일 이내에 전심절차를 거치지 아니하고 대법원에 징계등 처분의 취소를 청구하여야 한다.

ㅁ. (X) 법관은 헌법 제103조가 "법관은 헌법과 법률에 의하여 그 양심에 따라 독립하여 심판한다"고 규정하여 법관의 독립을 보장하고 있을 뿐만 아니라 헌법과 법률에 의하여 그 신분을 두텁게 보장함으로써 이를 뒷받침하고 있는 터이므로 소청심사위원이나 행정소송의 재판을 담당할 법관에 대한 인사권자와 청구인에 대한 이 사건 인사처분권자가 동일인이라는 이유만으로 소청이나 행정소송절차에 의하여서는 권리구제의 실효성을 기대하기 어렵다고 할 수 없다. 따라서 이 사건 심판의 대상이 대법원장의 인사처분이라는 이유만으로 헌법소원의 보충성의 원칙에 대한 예외로 보아야 한다는 청구인의 주장은 이를 받아들일 수 없다(헌재 1993.12.23. 92헌마247).

정답 ⑤

문 64

헌법에서 명시하고 있는 법원과 법관에 관한 다음 설명 중 가장 옳지 않은 것은? [2018년 8번]

① 법관의 정년은 법률로 정한다고만 규정할 뿐 대법원장, 대법관의 정년도 명시적으로 정하지 않고 있다.
② 재판의 심리와 판결은 공개한다. 다만, 국가의 안전보장 또는 안녕질서를 방해하거나 선량한 풍속을 해할 염려가 있을 때에는 법원의 결정으로 심리와 판결을 공개하지 아니할 수 있다.
③ 대법원장과 대법관의 임기는 각 6년이고, 대법관은 법률이 정하는 바에 의하여 연임할 수 있다.
④ 대법원장과 대법관이 아닌 법관은 대법관회의의 동의를 얻어 대법원장이 임명한다.
⑤ 대법원은 법률에 저촉되지 아니하는 범위안에서 소송에 관한 절차, 법원의 내부규율과 사무처리에 관한 규칙을 제정할 수 있다.

해설 ★★★

① (○), ③ (○) 대법원장 및 대법관, 법관의 임기는 헌법에 규정이 있지만 정년에 관하여는 법원조직법에서 규정하고 있다. 헌법 제105조, 법원조직법 제45조 참조.

> 헌법 제105조 ① 대법원장의 임기는 6년으로 하며, 중임할 수 없다.
> ② 대법관의 임기는 6년으로 하며, 법률이 정하는 바에 의하여 연임할 수 있다.
> ③ 대법원장과 대법관이 아닌 법관의 임기는 10년으로 하며, 법률이 정하는 바에 의하여 연임할 수 있다.
> ④ 법관의 정년은 법률로 정한다.

법원조직법 제45조(임기·연임·정년) ① 대법원장의 임기는 6년으로 하며, 중임(重任)할 수 없다.
② 대법관의 임기는 6년으로 하며, 연임할 수 있다.
③ 판사의 임기는 10년으로 하며, 연임될 수 있다.
④ 대법원장과 대법관의 정년은 각각 70세, 판사의 정년은 65세로 한다.
⑤ 판사는 그 정년에 이른 날이 2월에서 7월 사이에 있는 경우에는 7월 31일에, 8월에서 다음 해 1월 사이에 있는 경우에는 다음 해 1월 31일에 각각 당연히 퇴직한다.

② (X) 심리는 공개하지 않을 수 있지만 판결은 공개하여야 한다. 헌법 제109조 참조.

헌법 제109조 재판의 심리와 판결은 공개한다. 다만, 심리는 국가의 안전보장 또는 안녕질서를 방해하거나 선량한 풍속을 해할 염려가 있을 때에는 법원의 결정으로 공개하지 아니할 수 있다.

④ (○) 헌법 제104조 참조.

헌법 제104조 ③ 대법원장과 대법관이 아닌 법관은 대법관회의의 동의를 얻어 대법원장이 임명한다.

⑤ (○) 헌법 제108조 참조.

헌법 제108조 대법원은 법률에 저촉되지 아니하는 범위안에서 소송에 관한 절차, 법원의 내부규율과 사무처리에 관한 규칙을 제정할 수 있다.

정답 ②

문 65

A는 개업변호사로 활동하다가 만 38세에 대한민국 법원의 판사로 임명되었다. A가 대한민국 법원에서 법관으로 근무할 수 있는 최대기간은 얼마인가?(원하는 대로 승진, 임명 또는 연임이 될 경우를 전제로 함) [2018년 6번]

① 22년 ② 25년 ③ 27년
④ 30년 ⑤ 32년

해설 ★★

① (X), ② (X), ③ (X), ④ (X), ⑤ (○) 대법원장과 대법관의 정년은 각각 70세이며, 판사의 정년은 65세까지이므로 A가 최대로 승진하여 대법원장이나 대법관으로 임명될 경우 70세까지 근무할 수 있다.

법원조직법 제45조(임기·연임·정년) ① 대법원장의 임기는 6년으로 하며, 중임할 수 없다.
② 대법관의 임기는 6년으로 하며, 연임할 수 있다.
③ 판사의 임기는 10년으로 하며, 연임할 수 있다.
④ 대법원장과 대법관의 정년은 각각 70세, 판사의 정년은 65세로 한다.
⑤ 판사는 그 정년에 이른 날이 2월에서 7월 사이에 있는 경우에는 7월 31일에, 8월에서 다음 해 1월 사이에 있는 경우에는 다음 해 1월 31일에 각각 당연히 퇴직한다.

정답 ⑤

문 66

법관의 신분 보장에 관한 다음 설명 중 가장 옳지 않은 것은? [2016년 33번]

① 법관은 헌법과 법률에 의하여 그 양심에 따라 독립하여 심판한다.
② 대법원장과 대법관이 아닌 법관의 임기는 10년으로 하며, 법률이 정하는 바에 따라 연임할 수 있다.
③ 법관은 탄핵 또는 형의 선고에 의하지 아니하고는 파면되지 아니하며, 징계처분에 의하지 아니하고는 해임·정직·감봉 기타 불리한 처분을 받지 아니한다.
④ 법관이 중대한 심신상의 장해로 직무를 수행할 수 없을 때에는 법률이 정하는 바에 의하여 퇴직하게 할 수 있다.
⑤ 헌법은 법관의 정년을 법률로 정하도록 위임하고 있고, 이에 따라 법원조직법은 대법원장과 대법관의 정년을 70세, 그 밖의 법관의 정년을 65세로 규정하고 있는데, 법관의 정년제도는 특별한 사유가 없는 한 법관으로 하여금 정년까지의 재직 여부에 외부의 영향을 미칠 수 없게 하여 법관의 독립을 보장하는 기능도 수행하므로 법관의 신분보장과 배치되지 않는다.

해설 ★

① (○) 법관은 헌법과 법률에 의하여 그 양심에 따라 독립하여 심판한다(헌법 제103조).
② (○) 대법원장과 대법관이 아닌 법관의 임기는 10년으로 하며, 법률이 정하는 바에 의하여 연임할 수 있다(헌법 제105조 제3항).
③ (X) 법관은 탄핵 또는 금고 이상의 형의 선고에 의하지 아니하고는 파면되지 아니하며, 징계처분에 의하지 아니하고는 정직·감봉 기타 불리한 처분을 받지 아니한다(헌법 제106조 제1항).
④ (○) 법관이 중대한 심신상의 장해로 직무를 수행할 수 없을 때에는 법률이 정하는 바에 의하여 퇴직하게 할 수 있다(헌법 제106조 제2항).
⑤ (○) 헌법규정 사이의 우열관계, 헌법규정에 대한 위헌성판단은 인정되지 아니하므로, 그에 따라 헌법 제106조 법관의 신분보장 규정은 헌법 제105조 제4항 법관정년제 규정과 병렬적 관계에 있는 것으로 보아 조화롭게 해석하여야 할 것이고, 따라서, 정년제를 전제로 그 재직 중인 법관은 탄핵 또는 금고 이상의 형의 선고에 의하지 아니하고는 파면되지 아니하며, 징계처분에 의하지 아니하고는 정직, 감봉 기타 불리한 처분을 받지 아니한다고 해석하여야 하고, 그러한 해석하에서는 헌법 제105조 제4항에 따라 입법자가 법관의 정년을 결정한 이 사건 법률조항은 그것이 입법자의 입법재량을 벗어나지 않고 기본권을 침해하지 않는 한 헌법에 위반된다고 할 수 없고, 위에서 본 바와 같이 그 입법 자체가 평등권, 직업선택의 자유나 공무담임권 등 기본권을 침해하였다고 볼 수 없어, 결국 신분보장 규정에도 위배된다고 할 수 없다(헌재 2002.10.31. 2001헌마557).

정답 ③

제2관 법원의 조직

문 39

법원조직법과 관련된 다음 설명 중 가장 옳지 않은 것은?[2023년 26번]

① 법관 외의 법원공무원은 대법원장이 임명하며, 그 수는 대법원규칙으로 정한다.

② 재판연구원은 소속 법원장의 명을 받아 사건의 심리 및 재판에 관한 조사·연구, 그 밖에 필요한 업무를 수행하며, 변호사 자격이 있는 사람 중에서 각급 법원장이 임용한다.
③ 법원장은 필요에 따라 법원 외의 장소에서 개정하게 할 수 있다.
④ 임기가 끝난 판사는 인사위원회의 심의를 거치고 대법관회의의 동의를 받아 대법원장의 연임발령으로 연임한다.
⑤ 지방법원 및 그 지원에 집행관을 두며, 집행관은 법률에서 정하는 바에 따라 소속 지방법원장이 임면한다.

> **MGI Point** **법원조직법** ★★
> - 법관 외의 법원공무원 ⇨ 대법원장이 임명, 수는 대법원규칙으로 정함
> - 재판연구원 ⇨ 변호사 자격이 있는 사람 중에서 대법원장이 임용
> - 법원 외의 장소에서 개정 ⇨ 법원장이 필요에 따라
> - 판사의 연임 ⇨ 인사위원회의 심의를 거치고 대법관회의의 동의를 받아 대법원장의 연임발령
> - 집행관 ⇨ 소속 지방법원장이 임면

① (○)

> 법원조직법
> 제53조(법원직원) 법관 외의 법원공무원은 대법원장이 임명하며, 그 수는 대법원규칙으로 정한다.

② (X)

> 법원조직법
> 제53조의2(재판연구원) ① 각급 법원에 재판연구원을 둘 수 있다.
> ② 재판연구원은 소속 법원장의 명을 받아 사건의 심리 및 재판에 관한 조사·연구, 그 밖에 필요한 업무를 수행한다.
> ③ 재판연구원은 변호사 자격이 있는 사람 중에서 대법원장이 임용한다.

③ (○)

> 법원조직법
> 제56조(개정의 장소) ① 공판(公判)은 법정에서 한다.
> ② 법원장은 필요에 따라 법원 외의 장소에서 개정(開廷)하게 할 수 있다.

④ (○)

> 법원조직법
> 제45조의2(판사의 연임) ① 임기가 끝난 판사는 인사위원회의 심의를 거치고 대법관회의의 동의를 받아 대법원장의 연임발령으로 연임한다.

⑤ (○)

> 법원조직법
> 제55조(집행관) ① 지방법원 및 그 지원에 집행관을 두며, 집행관은 법률에서 정하는 바에 따라 소속 지방법원장이 임면(任免)한다.

정답 ②

문 67

법원에 관한 다음 설명 중 가장 옳은 것은? [2022년 15번]

① 대법관의 임기는 6년으로 하며, 연임할 수 없다.
② 명령·규칙 또는 처분이 헌법이나 법률에 위반되는 여부가 재판의 전제가 된 경우 이를 심사할 권한은 대법원에 있으므로, 각급법원이 이를 심사할 수는 없다.
③ 군사법원은 헌법에 규정된 법관자격을 가지고 있지 아니한 자가 재판을 담당하는 특별법원으로서, 우리 헌법이 명문으로 인정하는 유일한 특별법원이다.
④ 재판의 심리와 합의는 공개한다. 다만, 국가의 안전보장 또는 안녕질서를 방해하거나 선량한 풍속을 해할 염려가 있을 때에는 법원의 결정으로 공개하지 아니할 수 있다.
⑤ 행정심판절차와 사법절차는 구별되므로, 입법자가 행정심판을 필요적 전심절차로 규정하면서 그 절차에 사법절차를 준용하지 않더라도, 헌법에 위배된다고 볼 수 없다.

MGI Point 법원 ★★★

- 대법관의 임기 ⇨ 6년, 연임 可
- 명령·규칙심사권 ⇨ 각급법원이 가짐
- 군사법원 ⇨ 헌법에 명문으로 규정된 유일한 특별법원
- 재판의 심리와 판결은 공개 but 심리는 일정한 경우에 비공개 可
- 행정심판을 필요적 전심절차고 규정 ⇨ 사법절차가 준용되지 않으면 헌법에 위배됨

---

① (X) 헌법 제105조 제2항 참조.

> 헌법 제105조 ② 대법관의 임기는 6년으로 하며, 법률이 정하는 바에 의하여 연임할 수 있다.

② (X) 법원의 명령·규칙심사권의 주체는 각급법원 및 군사법원이다. 대법원은 최종적인 심사권을 가지는 것이지 심사권이 대법원에 전속하는 것은 아니다.

③ (O) 군사법원은 군인 등 신분을 가진 자에 대하여 군형법 등에 따른 재판을 수행하기 위하여 설치된 특별법원이다. 이는 헌법에서 유일하게 규정하고 있는 특별법원이며 관할관이 장교 중에서 임명하는 심판관 1인이 재판에 관여한다.

> 군사법원법 제26조(보통군사법원의 재판관) ① 보통군사법원에서는 군판사 3명을 재판관으로 한다. 다만, 관할관이 지정한 사건에서는 군판사 2명과 심판관 1명을 재판관으로 한다.
> 군사법원법 제24조(심판관의 임명과 자격) ① 심판관은 다음 각 호의 자격을 갖춘 영관급 이상의 장교 중에서 관할관이 임명한다.
> 1. 법에 관한 소양이 있는 사람
> 2. 재판관으로서의 인격과 학식이 충분한 사람

④ (X) 헌법 제109조 참조.

> 헌법 제109조 재판의 심리와 판결은 공개한다. 다만, 심리는 국가의 안전보장 또는 안녕질서를 방해하거나 선량한 풍속을 해할 염려가 있을 때에는 법원의 결정으로 공개하지 아니할 수 있다.

⑤ (X) 헌법 제107조 제3항은 "재판의 전심절차로서 행정심판을 할 수 있다. 행정심판의 절차는 법률로 정하되, 사법절차가 준용되어야 한다"고 규정하고 있으므로, 입법자가 행정심판을 전심절차가 아니라 종심절차로 규

정함으로써 정식재판의 기회를 배제하거나, 어떤 행정심판을 필요적 전심절차로 규정하면서도 그 절차에 사법절차가 준용되지 않는다면 이는 헌법 제107조 제3항 나아가 재판청구권을 보장하고 있는 헌법 제27조에도 위반된다(헌재 2000.06.01. 98헌바8).

정답 ③

문 68

행정심판에 관한 다음 설명 중 옳지 않은 것은 모두 몇 개인가? [2022년 31번]

> ㄱ. 행정심판은 재판의 전심절차로서 그 절차는 법률로 정한다.
> ㄴ. 행정심판제도는 재판의 전심절차로서 인정되는 것이지만, 공정성과 객관성 등 사법절차의 본질적인 요소가 배제되는 경우에는 국민들에게 무의미한 권리구제절차를 밟을 것을 강요하는 것이 되어 국민의 권리구제에 있어서 오히려 장애요인으로 작용할 수 있다.
> ㄷ. 교통관련 행정처분에 대하여 행정심판 전치주의를 규정한 도로교통법 제142조는 국민의 재판청구권에 대한 과도한 제한으로서 헌법에 위반된다.
> ㄹ. 행정심판에 사법절차가 준용되어야 한다는 의미는 심급제에 따른 불복할 권리까지 보장되어야 한다는 요구를 포함한다.
> ㅁ. 행정심판 청구를 인용하는 재결은 피청구인과 그 밖의 관계 행정청을 기속(羈束)한다고 규정한 행정심판법 제49조 제1항을 지방자치단체의 장에게까지 적용하는 것은 중앙행정기관이 지방행정기관을 과도하게 통제하는 상황을 야기하여 지방자치제도의 본질적 부분을 침해한다.

① 1개 ② 2개 ③ 3개 ④ 4개 ⑤ 5개

MGI Point 행정심판 ★★

- 행정심판 ⇨ 재판의 전심절차, 그 절차는 법률로 정함
- 행정심판제도 ⇨ 재판의 전심절차로서 인정되는, 사법절차의 본질적인 요소가 배제되는 경우에는 국민의 권리구제에 있어서 오히려 장애요인으로 작용할 수 있음
- 교통관련 행정처분에 대하여 행정심판 전치주의를 규정한 도로교통법 ⇨ 헌법에 위반 ×
- 행정심판에 사법절차가 준용되어야 한다는 의미 ⇨ 심급제에 따른 불복할 권리까지 보장되어야 한다는 것 ×
- 행정심판 인용재결의 기속력 규정 ⇨ 지방자치제도의 본질적 부분을 침해 ×

ㄱ. (○) 헌법 제107조 제3항 참조.

> 헌법 제107조 ③ 재판의 전심절차로서 행정심판을 할 수 있다. 행정심판의 절차는 법률로 정하되, 사법절차가 준용되어야 한다.

ㄴ. (○) 행정심판제도는 재판의 전심절차로서 인정되는 것이지만, 공정성과 객관성 등 사법절차의 본질적인 요소가 배제되는 경우에는 국민들에게 무의미한 권리구제절차를 밟을 것을 강요하는 것이 되어 국민의 권리구제에 있어서 오히려 장애요인으로 작용할 수 있으므로, 헌법 제107조 제3항은 사법절차에 준하는 객관성과 공정성을 갖춘 행정심판절차의 보장을 통하여 행정심판제도의 실효성을 어느 정도 확보하고자 하는 것이다(헌재 2002.10.31. 2001헌바40).

ㄷ. (X) 도로교통법에 의한 처분으로서 당해 처분에 대한 행정소송은 행정심판의 재결을 거치지 아니하면 이를 제기할 수 없다고 규정한 도로교통법 제101조의 3에 의하여 달성하고자 하는 공익과 한편으로는 전심절차를 밟음으로써 야기되는 국민의 일반적인 수고나 시간의 소모 등을 비교하여 볼 때, 이 사건 법률조항에 의한 재판청구권의 제한은 정당한 공익의 실현을 위하여 필요한 정도의 제한에 해당하는 것으로 헌법 제37조 제2항의 비례의 원칙에 위반되어 국민의 재판청구권을 과도하게 침해하는 위헌적인 규정이라 할 수 없다(헌재 2002.10.31. 2001헌바40).

ㄹ. (X) 헌법 제107조 제3항은 "재판의 전심절차로서 행정심판을 할 수 있다. 행정심판의 절차는 법률로 정하되, 사법절차가 준용되어야 한다"라고 규정하고 있으나, 이는 행정심판제도의 목적이 행정의 자율적 통제기능과 사법 보완적 기능을 통한 국민의 권리구제에 있으므로 행정심판의 심리절차에서도 관계인의 충분한 의견진술 및 자료제출과 당사자의 자유로운 변론 보장 등과 같은 대심구조적 사법절차가 준용되어야 한다는 취지일 뿐, 사법절차의 심급제에 따른 불복할 권리까지 준용되어야 한다는 취지는 아니다(헌재 2014.06.26. 2013헌바122).

ㅁ. (X) 행정심판제도가 행정통제기능을 수행하기 위해서는 중앙정부와 지방정부를 포함하여 행정청 내부에 어느 정도 그 판단기준의 통일성이 갖추어져야 하고, 행정청이 가진 전문성을 활용하고 신속하게 문제를 해결하여 분쟁해결의 효과성과 효율성을 높이기 위해 사안에 따라 국가단위로 행정심판이 이루어지는 것이 더욱 바람직할 수 있다. 행정심판청구를 인용하는 재결이 행정청을 기속하도록 규정한 행정심판법 제49조 제1항은 다층적·다면적으로 설계된 현행 행정심판제도 속에서 각 행정심판기관의 인용재결의 기속력을 인정한 것으로서, 이로 인하여 중앙행정기관이 지방행정기관을 통제하는 상황이 발생한다고 하여 그 자체로 지방자치제도의 본질적 부분을 훼손하는 정도에 이른다고 보기 어렵다. 그러므로 이 사건 법률조항은 지방자치제도의 본질적 부분을 침해하지 아니한다(헌재 2014.06.26. 2013헌바122).

문 69

법원의 조직과 권한, 절차에 관한 다음 설명 중 옳지 않은 것을 모두 고른 것은? [2017년 15번]

> ㉠ 대법관의 수는 대법원장을 포함하여 14명으로 한다. 대법관의 임기는 6년이고, 법률이 정하는 바에 의하여 연임할 수 있다.
> ㉡ 대법원의 심판은 대법관 전원의 2/3 이상으로 구성되고 대법원장이 재판장이 되는 합의체에서 행한다. 다만, 대법관 3인 이상으로 구성하는 부에서 먼저 사건을 심리하여 의견이 일치한 경우에 한정하여 일정한 예외적인 경우들을 제외하고 그 부에서 재판할 수 있다.
> ㉢ 대법원은 상고심, 재항고심의 관할만 가지므로 하급심법원의 판결이나 결정에 대한 불복이 있는 경우에 대하여만 종심으로 재판한다.
> ㉣ 재판은 공개가 원칙이나 일정한 경우에 법원의 결정으로 공개하지 않을 수 있는데, 이때에도 비공개는 심리에 관하여만 가능하고 판결은 공개해야 한다.
> ㉤ 국민의 형사재판 참여에 관한 법률이 제정됨에 따라 국민사법참여제도가 도입되었는데, 사실의 인정, 법령의 적용 및 양형결정에 모두 참여한다는 점에서 독일의 참심제와 유사한 성격이 있고, 한편 배심원의 평결과 의견에 법원이 기속되지 않는다는 점에서 참심제와 구분된다.
> ㉥ 대법원, 고등법원, 특허법원, 지방법원, 가정법원, 행정법원, 군사법원, 회생법원은 법원조직법에 규정된 법원의 종류에 해당한다.

① ㉠, ㉢, ㉥
② ㉠, ㉡, ㉢
③ ㉢, ㉥
④ ㉢, ㉣, ㉥
⑤ ㉠, ㉤

해설

㉠ (○) 대법관의 수는 대법원장을 포함하여 14명으로 한다(법원조직법 제4조 제2항). 대법관의 임기는 6년으로 하며, 법률이 정하는 바에 의하여 연임할 수 있다(헌법 제105조 제2항).

㉡ (○) 대법원의 심판권은 대법관 전원의 3분의 2 이상의 합의체에서 행사하며, 대법원장이 재판장이 된다. 다만, 대법관 3명 이상으로 구성된 부(部)에서 먼저 사건을 심리(審理)하여 의견이 일치한 경우에 한정하여 다음 각 호의 경우를 제외하고 그 부에서 재판할 수 있다(법원조직법 제7조 제1항).

㉢ (X) 법원조직법 제14조 참조.

> 법원조직법 제14조(심판권) 대법원은 다음 각 호의 사건을 종심(終審)으로 심판한다.
> 1. 고등법원 또는 항소법원·특허법원의 판결에 대한 상고사건
> 2. 항고법원·고등법원 또는 항소법원·특허법원의 결정·명령에 대한 재항고사건
> 3. 다른 법률에 따라 대법원의 권한에 속하는 사건

㉣ (○) 재판의 심리와 판결은 공개한다. 다만, 심리는 국가의 안전보장 또는 안녕질서를 방해하거나 선량한 풍속을 해할 염려가 있을 때에는 법원의 결정으로 공개하지 아니할 수 있다(헌법 제109조).

㉤ (○) 우리나라에서 '국민의 형사재판 참여에 관한 법률'이 2007.6.1. 공포되어 2008.1.1.부터 시행됨으로써, 국민이 재판에 참여하는 제도가 본격적으로 도입되었다. 우리의 국민참여 재판은 입법례로서는 독특하게 배심제와 참심제의 요소를 혼합한 특색을 갖게 되었다. '국민의 형사재판 참여에 관한 법률'에 따르면, 배심원은 원칙적으로 법관의 관여없이 평결하지만(배심제적 요소), 만장일치에 이르지 못한 경우 반드시 판사의 의견을 들어야 하고, 배심원의 평결이 법원을 기속하지 않는다(배심제의 수정). 또한 심리에 관여한 판사와 양형에 관하여도 토의하지만(참심제적 요소), 표결은 하지 않고 양형에 관한 의견만을 개진한다(참심제의 수정).

㉥ (X) 헌법 제110조 제1항, 법원조직법 제3조 제1항 참조.

> 헌법 제110조 ① 군사재판을 관할하기 위하여 특별법원으로서 군사법원을 둘 수 있다.
> 법원조직법 제3조(법원의 종류) ① 법원은 다음의 7종류로 한다.
> 1. 대법원
> 2. 고등법원
> 3. 특허법원
> 4. 지방법원
> 5. 가정법원
> 6. 행정법원
> 7. 회생법원

정답 ③

제3관 법원의 권한

문 70

법원에 관한 다음 설명 중 옳은 것은 모두 몇 개인가? [2021년 33번]

> ㄱ. 법원은 등기, 가족관계등록, 공탁, 집행관에 관한 사무를 관장하거나 감독한다.
> ㄴ. 변호사 및 법무사에 관한 사무는 법원이 관장하거나 감독한다.
> ㄷ. 대법관 3명 이상으로 구성된 부(部)는 사건을 심리하여 명령 또는 규칙이 헌법에 위반된다고 인정하는 경우에는 직접 재판할 수 없으나, 명령 또는 규칙이 단지 법률에 위반된다고 인정하는 경우에는 직접 재판할 수 있다.
> ㄹ. 재판의 심리는 국가의 안전보장, 안녕질서 또는 선량한 풍속을 해칠 우려가 있는 경우에는 결정으로 공개하지 아니할 수 있는데, 이 경우 법정 안에 있는 사람은 예외 없이 모두 퇴정하여야 한다.
> ㅁ. 법관 외의 법원공무원은 대법원장이 임명한다.

① 1개   ② 2개   ③ 3개
④ 4개   ⑤ 5개

MGI Point 법원 ★★

- **법원의 권한** ⇨ 등기·가족관계등록·공탁·집행관·법무사에 관한 사무 관장 or 감독
- **변호사의 사무** ⇨ 독립하여 자유롭게 그 직무를 수행 ○
- **대법관 전원의 3분의 2 이상의 합의체 관장 사건**
  - 명령 또는 규칙이 헌법에 위반된다고 인정하는 경우
  - 명령 또는 규칙이 법률에 위반된다고 인정하는 경우
  - 종전에 대법원에서 판시한 헌법·법률·명령 또는 규칙의 해석 적용에 관한 의견을 변경할 필요가 있다고 인정하는 경우
  - 부에서 재판하는 것이 적당하지 아니하다고 인정하는 경우
- **재판 심리의 비공개**
  - 국가의 안전보장·안녕질서 방해·선량한 풍속을 해할 염려가 있을 때
  - 법원의 결정으로 비공개
  - 재판장은 적당하다고 인정되는 사람에 대해서는 법정 안에 있는 것을 허가 可
- **법관 외의 법원공무원의 임명권자** ⇨ 대법원장

ㄱ. (○), ㄴ. (X) 법원조직법 제2조 제3항, 변호사법 제2조 참조.

> 법원조직법 제2조 (법원의 권한) ③ 법원은 등기, 가족관계등록, 공탁, 집행관, 법무사에 관한 사무를 관장하거나 감독한다.
> 변호사법 제2조 (변호사의 지위) 변호사는 공공성을 지닌 법률 전문직으로서 독립하여 자유롭게 그 직무를 수행한다.

ㄷ. (X) 법원조직법 제7조 제1항 제1호, 제2호 참조.

> 법원조직법 제7조 (심판권의 행사) ① 대법원의 심판권은 대법관 전원의 3분의 2 이상의 합의체에서 행사하며, 대법원장이 재판장이 된다. 다만, 대법관 3명 이상으로 구성된 부에서 먼저 사건을 심리하여 의견이 일치한 경우에 한정하여 다음 각 호의 경우를 제외하고 그 부에서 재판할 수 있다.

1. 명령 또는 규칙이 헌법에 위반된다고 인정하는 경우
2. 명령 또는 규칙이 법률에 위반된다고 인정하는 경우
3. 종전에 대법원에서 판시한 헌법·법률·명령 또는 규칙의 해석 적용에 관한 의견을 변경할 필요가 있다고 인정하는 경우
4. 부에서 재판하는 것이 적당하지 아니하다고 인정하는 경우

ㄹ. (X) 헌법 제109조 및 법원조직법 제57조 제1항, 제3항 참조.

> 헌법 제109조 재판의 심리와 판결은 공개한다. 다만, 심리는 국가의 안전보장 또는 안녕질서를 방해하거나 선량한 풍속을 해할 염려가 있을 때에는 법원의 결정으로 공개하지 아니할 수 있다.
> 법원조직법 제57조 (재판의 공개) ① 재판의 심리와 판결은 공개한다. 다만, 심리는 국가의 안전보장, 안녕질서 또는 선량한 풍속을 해칠 우려가 있는 경우에는 결정으로 공개하지 아니할 수 있다.
> ③ 제1항 단서의 결정을 한 경우에도 재판장은 적당하다고 인정되는 사람에 대해서는 법정 안에 있는 것을 허가할 수 있다.

ㅁ. (○) 법원조직법 제53조 참조.

> 법원조직법 제53조 (법원직원) 법관 외의 법원공무원은 대법원장이 임명하며, 그 수는 대법원규칙으로 정한다.

정답 ②

문 71

다음 중 대법원 전원합의체에서 심판하여야 할 사항은 모두 몇 개인가? [2018년 34번]

ㄱ. 명령 또는 규칙이 헌법에 위반함을 인정하는 경우
ㄴ. 명령 또는 규칙이 법률에 위반함을 인정하는 경우
ㄷ. 종전에 대법원에서 판시한 헌법·법률·명령 또는 규칙의 해석적용에 관한 의견을 변경할 필요가 있음을 인정하는 경우
ㄹ. 법률이 헌법에 위반하는 것으로 인정하여 헌법재판소의 심판을 제청하는 결정을 하는 경우
ㅁ. 대법관 3인 이상으로 구성된 부에서 행정처분이 헌법에 위반하는지에 관하여 의견이 일치하지 않는 경우

① 1개 ② 2개 ③ 3개 ④ 4개 ⑤ 5개

해설

ㄱ. (○), ㄴ. (○), ㄷ. (○), ㄹ. (×), ㅁ. (○) 법원조직법 제7조 참조.

> 법원조직법 제7조(심판권의 행사) ① 대법원의 심판권은 대법관 전원의 3분의 2 이상의 합의체에서 행사하며, 대법원장이 재판장이 된다. 다만, 대법관 3명 이상으로 구성된 부에서 먼저 사건을 심리하여 의견이 일치한 경우에 한정하여 다음 각 호의 경우를 제외하고 그 부에서 재판할 수 있다.
> 1. 명령 또는 규칙이 헌법에 위반된다고 인정하는 경우
> 2. 명령 또는 규칙이 법률에 위반된다고 인정하는 경우
> 3. 종전에 대법원에서 판시한 헌법·법률·명령 또는 규칙의 해석 적용에 관한 의견을 변경할 필요가 있다고 인정하는 경우
> 4. 부에서 재판하는 것이 적당하지 아니하다고 인정하는 경우

정답 ④

문 72

대법원장의 권한에 관한 다음 설명 중 옳지 않은 것은 모두 몇 개인가? [2018년 29번]

> ㄱ. 대법원장과 대법관은 국회의 동의를 얻어 대통령이 임명하고, 그 밖의 법관은 대법관회의의 동의를 얻어 대법원장이 임명한다.
> ㄴ. 대법원의 심판권은 대법관 전원의 3분의 2 이상의 합의체에서 행사하는데, 대법원장이 재판장이 되지만, 가부동수이더라도 대법원장이 결정권을 갖지 못한다.
> ㄷ. 대법원장은 사법행정사무를 총괄하며, 사법행정사무에 관하여 관계 공무원을 지휘·감독한다.
> ㄹ. 대법원장은 법원 업무와 관련된 법률의 제정 또는 개정이 필요한 경우에는 국회에 서면으로 의견을 제출할 수 있다.
> ㅁ. 사법행정에 관한 중요사항은 대법관회의의 의결을 거쳐야 하나, 대법원장이 대법관회의의 의장이 되고, 표결에서 가부동수일 때에는 결정권을 가진다.

① 0개 ② 1개 ③ 2개 ④ 3개 ⑤ 4개

해설

ㄱ. (○) 헌법 제104조 참조.

> 헌법 제104조 ① 대법원장은 국회의 동의를 얻어 대통령이 임명한다.
> ② 대법관은 대법원장의 제청으로 국회의 동의를 얻어 대통령이 임명한다.
> ③ 대법원장과 대법관이 아닌 법관은 대법관회의의 동의를 얻어 대법원장이 임명한다.

ㄴ. (○) 법원조직법 제7조 참조.

> 법원조직법 제7조(심판권의 행사) ① 대법원의 심판권은 대법관 전원의 3분의 2 이상의 합의체에서 행사하며, 대법원장이 재판장이 된다. 다만, 대법관 3명 이상으로 구성된 부에서 먼저 사건을 심리하여 의견이 일치한

경우에 한정하여 다음 각 호의 경우를 제외하고 그 부에서 재판할 수 있다.
1. 명령 또는 규칙이 헌법에 위반된다고 인정하는 경우
2. 명령 또는 규칙이 법률에 위반된다고 인정하는 경우

ㄷ. (○), ㄹ. (○) 법원조직법 제9조 참조.

> 법원조직법 제9조(사법행정사무) ① 대법원장은 사법행정사무를 총괄하며, 사법행정사무에 관하여 관계 공무원을 지휘·감독한다.
> ③ 대법원장은 법원의 조직, 인사, 운영, 재판절차, 등기, 가족관계등록, 그 밖의 법원 업무와 관련된 법률의 제정 또는 개정이 필요하다고 인정하는 경우에는 국회에 서면으로 그 의견을 제출할 수 있다.

ㅁ. (○) 법원조직법 제16조, 제17조 참조.

> 법원조직법 제17조(대법관회의의 의결사항) 다음 각 호의 사항은 대법관회의의 의결을 거친다.
> 1. 판사의 임명 및 연임에 대한 동의
> 2. 대법원규칙의 제정과 개정 등에 관한 사항
> 3. 판례의 수집·간행에 관한 사항
> 4. 예산 요구, 예비금 지출과 결산에 관한 사항
> 5. 다른 법령에 따라 대법관회의의 권한에 속하는 사항
> 6. 특히 중요하다고 인정되는 사항으로서 대법원장이 회의에 부친 사항
> 법원조직법 제16조(대법관회의의 구성과 의결방법) ① 대법관회의는 대법관으로 구성되며, 대법원장이 그 의장이 된다.
> ② 대법관회의는 대법관 전원의 3분의 2 이상의 출석과 출석인원 과반수의 찬성으로 의결한다.
> ③ 의장은 의결에서 표결권을 가지며, 가부동수일 때에는 결정권을 가진다.

정답 ①

문 73

대법원장은 국가의 중요기관이 정치적 독립성, 중립성을 확보할 수 있도록 그 구성원의 임명에 관여하고 있다. 다음 중 대법원장이 지명 또는 추천하여 임명절차에 관여하는 직위가 아닌 것은?
[2016년 24번]

① 중앙선거관리위원회 9인의 위원 중 3인
② 국가인권위원회 11인의 위원 중 3인
③ 공정거래위원회 9인의 위원 중 3인
④ 국민권익위원회 8인의 비상임위원 중 3인
⑤ 헌법재판소 9인의 재판관 중 3인

:: 해설 ★★

① (○) 중앙선거관리위원회는 대통령이 임명하는 3인, 국회에서 선출하는 3인과 대법원장이 지명하는 3인의 위원으로 구성하며, 위원장은 위원중에서 호선한다(헌법 제114조 제2항).

② (○) 국가인권위원회는 위원장 1명과 상임위원 3명을 포함한 11명의 인권위원으로 구성하며(국가인권위원회법 제5조 제1항), 인권위원은 국회가 선출하는 4명(상임위원 2명을 포함), 대통령이 지명하는 4명(상임위원 1명을 포함), 대법원장이 지명하는 3명을 대통령이 임명한다(국가인권위원회법 제5조 제2항).

③ (X) 공정거래위원회는 위원장 1인 및 부위원장 1인을 포함한 9인의 위원으로 구성하며, 그중 4인은 비상임위원으로 한다(공정거래법 제37조 제1항). 위원장과 부위원장은 국무총리의 제청으로 대통령이 임명하고 기타 위원은 위원장의 제청으로 대통령이 임명 또는 위촉한다(공정거래법 제37조 제2항). 즉, 공정거래위원회의 구성에는 대법원장이 관여하지 않는다.

④ (○) 국민권익위원회는 위원장 1명을 포함한 15명의 위원(부위원장 3명과 상임위원 3명을 포함한다)으로 구성한다(부패방지권익위법 제13조 제1항). 위원장 및 부위원장은 국무총리의 제청으로 대통령이 임명하고, 상임위원은 위원장의 제청으로 대통령이 임명하며, 상임이 아닌 위원은 대통령이 임명 또는 위촉한다. 이 경우 상임이 아닌 위원 중 3명은 국회가, 3명은 대법원장이 각각 추천하는 자를 임명 또는 위촉한다(부패방지권익위법 제13조 제3항).

⑤ (○) 헌법재판소는 법관의 자격을 가진 9인의 재판관으로 구성하며, 재판관은 대통령이 임명한다. 재판관중 3인은 국회에서 선출하는 자를, 3인은 대법원장이 지명하는 자를 임명한다(헌법 제111조 제2항, 제3항).

정답 ③

제4장 헌법재판소

제❶절 | 헌법재판의 의의 및 유형

문 74

헌법재판 절차에 관한 다음 설명 중 가장 옳지 않은 것은? [2019년 39번]

① 법률의 위헌심판, 헌법소원심판에 관한 인용결정 뿐만 아니라 기각결정을 할 때에도 재판관 6인 이상의 찬성이 있어야 한다.
② 재판부는 재판관 7명 이상의 출석으로 사건을 심리한다.
③ 각종 심판절차에서 당사자인 사인(私人)은 변호사를 대리인으로 선임하지 아니하면 심판청구를 하거나 심판 수행을 하지 못한다. 다만, 그가 변호사의 자격이 있는 경우에는 그러하지 아니하다.
④ 위헌법률의 심판과 헌법소원에 관한 심판은 서면심리에 의한다. 다만, 재판부는 필요하다고 인정하는 경우에는 변론을 열어 당사자, 이해관계인, 그 밖의 참고인의 진술을 들을 수 있다.
⑤ 법원이 법률의 위헌 여부 심판을 헌법재판소에 제청한 때에는 당해 소송사건의 재판은 헌법재판소의 위헌 여부의 결정이 있을 때까지 정지된다. 다만, 법원이 긴급하다고 인정하는 경우에는 종국재판 외의 소송절차를 진행할 수 있다.

MGI Point 헌법재판소 절차 ★★★

- 재판관 6인 이상의 찬성 요하는 경우
  - 법률의 위헌결정, 탄핵의 결정, 정당해산의 결정 또는 헌법소원에 관한 인용결정을 하는 경우 (cf. 권한쟁의결정은 일반정족수)
  - 종전에 헌법재판소가 판시한 헌법 또는 법률의 해석 적용에 관한 의견을 변경하는 경우
- 심판정족수 ⇨ 재판관 7명 이상의 출석
- 헌법소원심판 ⇨ 변호사강제주의 적용
- 심리방식
  - 탄핵심판, 정당해산심판, 권한쟁의심판 : 구두변론
  - 위헌법률심판, 헌법소원심판 : 서면심리가 원칙 / 다만, 재판부가 필요성 인정시 구두변론 가
- 위헌법률심판 제청의 효과
  - 헌법재판소의 위헌여부 결정시까지 당해 사건의 재판이 정지
  - 단, 법원이 긴급하다고 인정하는 경우 종국재판 외의 소송절차 진행 가

---

① (X) 헌법재판소법 제23조 제2항 참조.

> 헌법재판소법 제23조(심판정족수) ② 재판부는 종국심리(終局審理)에 관여한 재판관 과반수의 찬성으로 사건에 관한 결정을 한다. 다만, 다음 각 호의 어느 하나에 해당하는 경우에는 재판관 6명 이상의 찬성이 있어야 한다.
>   1. 법률의 위헌결정, 탄핵의 결정, 정당해산의 결정 또는 헌법소원에 관한 인용결정(認容決定)을 하는 경우
>   2. 종전에 헌법재판소가 판시한 헌법 또는 법률의 해석 적용에 관한 의견을 변경하는 경우

② (○) 헌법재판소법 제23조 제1항 참조.

> 헌법재판소법 제23조(심판정족수) ① 재판부는 재판관 7명 이상의 출석으로 사건을 심리한다.

③ (○) 헌법재판소법 제25조 제3항 참조.

> 헌법재판소법 제25조(대표자 · 대리인) ③ 각종 심판절차에서 당사자인 사인(私人)은 변호사를 대리인으로 선임하지 아니하면 심판청구를 하거나 심판 수행을 하지 못한다. 다만, 그가 변호사의 자격이 있는 경우에는 그러하지 아니하다.

④ (○) 헌법재판소법 제30조 제2항 참조.

> 헌법재판소법 제30조(심리의 방식) ② 위헌법률의 심판과 헌법소원에 관한 심판은 서면심리에 의한다. 다만, 재판부는 필요하다고 인정하는 경우에는 변론을 열어 당사자, 이해관계인, 그 밖의 참고인의 진술을 들을 수 있다.

⑤ (○) 헌법재판소법 제42조 참조.

> 헌법재판소법 제42조(재판의 정지 등) ① 법원이 법률의 위헌 여부 심판을 헌법재판소에 제청한 때에는 당해 소송사건의 재판은 헌법재판소의 위헌 여부의 결정이 있을 때까지 정지된다. 다만, 법원이 긴급하다고 인정하는 경우에는 종국재판 외의 소송절차를 진행할 수 있다.

정답 ①

문 75

헌법재판제도에 관한 다음 설명 중 가장 옳지 않은 것은?(다툼이 있는 경우 헌법재판소 판례에 의함) [2017년 30번]

① 법원이 당사자의 위헌제청신청을 기각하면 그 당사자는 기각결정에 대한 직접적인 불복을 할 수는 없고 헌법재판소에 헌법소원을 제기할 수 있다.
② 위헌법률심판의 대상이 되는 '법률'에는 국회의 의결을 거친 형식적 의미의 법률뿐만 아니라 긴급명령이나 조약 등 형식적 의미의 법률과 동일한 효력을 가지는 법규범들도 포함된다.
③ 폐지된 법률도 그 위헌 여부가 관련 소송사건의 재판의 전제가 되어 있다면 헌법재판소의 위헌심판의 대상이 된다.
④ 법률의 위헌 여부는 향후 다른 사건에도 영향을 미칠 수 있으므로 위헌법률심판에서 재판의 전제성은 항상 법원에 의한 법률의 위헌제청 시에만 충족되면 충분하고 헌법재판소에 의한 위헌법률심판의 결정 시점에는 충족되지 않아도 무방하다.
⑤ 헌법재판소는 위헌법률심판절차에서 제청법원이나 제청신청인이 주장하는 법적 관점과 심판대상 법률의 법적 효과를 고려하여 모든 헌법적 관점에서 법률의 위헌 여부를 심사한다.

:: 해설   ★★★

① (○) 헌법재판소법 제41조, 동법 제68조 제2항 참조.

> 헌법재판소법 제41조(위헌 여부 심판의 제청) ④ 위헌 여부 심판의 제청에 관한 결정에 대하여는 항고할 수 없다.
> 헌법재판소법 제68조(청구 사유) ② 제41조제1항에 따른 법률의 위헌 여부 심판의 제청신청이 기각된 때에는 그 신청을 한 당사자는 헌법재판소에 헌법소원심판을 청구할 수 있다. 이 경우 그 당사자는 당해 사건의 소송절차에서 동일한 사유를 이유로 다시 위헌 여부 심판의 제청을 신청할 수 없다.

② (○) 헌법 제107조 제1항, 제2항은 법원의 재판에 적용되는 규범의 위헌 여부를 심사할 때, '법률'의 위헌 여부는 헌법재판소가, 법률의 하위 규범인 '명령·규칙 또는 처분' 등의 위헌 또는 위법 여부는 대법원이 그 심사권한을 갖는 것으로 권한을 분배하고 있다. 이 조항에 규정된 '법률'인지 여부는 그 제정 형식이나 명칭이 아니라 규범의 효력을 기준으로 판단하여야 하고, '법률'에는 국회의 의결을 거친 이른바 형식적 의미의 법률은 물론이고 그 밖에 조약 등 '형식적 의미의 법률과 동일한 효력'을 갖는 규범들도 모두 포함된다. 따라서 최소한 법률과 동일한 효력을 가지는 이 사건 긴급조치들의 위헌 여부 심사권한도 헌법재판소에 전속한다(헌재 2013.03.21. 2010헌바70).

③ (○) 폐지된 법률에 대한 헌법소원은 원칙적으로 부적법하지만, 그 위헌 여부가 관련 소송사건 재판의 전제가 되어 있다면 위헌심판대상이 된다(헌재 2015.06.05. 2015헌바193).

④ (X) 재판의 전제성은 법률의 위헌여부심판제청시만 아니라 심판시에도 갖추어져야 함이 원칙이다(헌재 1993.12.23. 93헌가2).

⑤ (○) 헌법재판소는 위헌법률심판절차에 있어서 규범의 위헌성을 제청법원이나 제청신청인이 주장하는 법적 관점에서만 아니라 심판대상규범의 법적 효과를 고려하여 모든 헌법적 관점에서 심사한다. 법원의 위헌제청을 통하여 제한되는 것은 오로지 심판의 대상인 법률조항이지 위헌심사의 기준이 아니다(헌재 1996.12.26. 96헌가18).

정답 ④

문 76

헌법재판소의 변형결정에 관한 다음 설명 중 가장 옳지 않은 것은? [2022년 36번]

① 한정합헌, 한정위헌, 헌법불합치결정 등 변형결정은 헌법재판소법에 명문의 규정을 두고 있지 않다.
② 한정합헌결정과 한정위헌결정은 본질적으로는 같은 부분위헌결정에 해당한다.
③ 헌법불합치결정은 위헌인 법률조항을 잠정적으로 적용하는 위헌적인 상태가 위헌결정으로 인한 규율 없는 합헌적인 상태보다 오히려 헌법적으로 바람직하다고 판단되는 경우, 법적 안정성 관점에서 법치국가적으로 용인하기 어려운 법적 공백과 그로 인한 혼란을 방지하기 위해 하는 것이므로, 헌법재판소는 헌법불합치결정을 하는 경우 항상 해당 법률조항의 잠정적용을 아울러 명하고 있다.
④ 헌법재판소가 법률 전부에 대하여 헌법불합치결정을 한 경우도 있다.
⑤ 대법원이 특정 법률조항에 대하여 위헌적 부분의 적용을 배제하는 방향으로 합헌적 법률해석을 한 경우, 헌법재판소는 해당 법률조항에 대하여 단순합헌결정을 한 적도 있으나, 한정위헌결정을 한 적도 있다.

> **MGI Point** 헌법재판소의 변형결정 ★★
>
> - 변형결정은 헌법재판소법에 명문의 규정 ×
> - 한정합헌결정과 한정위헌결정은 본질적으로는 같은 부분위헌결정에 해당함
> - 헌법불합치결정 시 적용중지 또는 잠적적용을 명할 수 있음
> - 헌법재판소가 법률 전부에 대하여 헌법불합치결정을 한 경우 有
> - 헌법재판소는 합헌적 법률해석을 한 경우, 단순합헌결정을 한 적도 있으나, 한정위헌결정을 한 적도 있음

① (○)「헌법재판소법」제45조는 '위헌 여부만'을 결정한다고 규정하고 있다.

> 헌법재판소법 제45조(위헌결정) 헌법재판소는 제청된 법률 또는 법률 조항의 위헌 여부만을 결정한다. 다만, 법률 조항의 위헌결정으로 인하여 해당 법률 전부를 시행할 수 없다고 인정될 때에는 그 전부에 대하여 위헌결정을 할 수 있다.

② (○) 헌법재판소는 법률의 위헌여부가 심판의 대상이 되었을 경우, 재판의 전제가 된 사건과의 관계에서 법률의 문언, 의미, 목적 등을 살펴 한편으로 보면 합헌으로, 다른 한편으로 보면 위헌으로 판단될 수 있는 등 다의적인 해석가능성이 있을 때 일반적인 해석작용이 용인되는 범위내에서 종국적으로 어느 쪽이 가장 헌법에 합치되는가를 가려, 한정축소적 해석을 통하여 합헌적인 일정한 범위내의 의미내용을 확정하여 이것이 그 법률의 본래적인 의미이며 그 의미 범위내에 있어서는 합헌이라고 결정할 수도 있고, 또 하나의 방법으로는 위와 같은 합헌적인 한정축소 해석의 타당영역밖에 있는 경우에까지 법률의 적용범위를 넓히는 것은 위헌이라는 취지로 법률의 문언자체는 그대로 둔 채 위헌의 범위를 정하여 한정위헌의 결정을 선고할 수도 있다. 위 두 가지 방법은 서로 표리관계에 있는 것이어서 실제적으로는 차이가 있는 것이 아니다. 합헌적인 한정축소해석은 위헌적인 해석 가능성과 그에 따른 법적용을 소극적으로 배제한 것이고, 적용범위의 축소에 의한 한정적 위헌선언은 위헌적인 법적용 영역과 그에 상응하는 해석 가능성을 적극적으로 배제한다는 뜻에서 차이가 있을 뿐, 본질적으로는 다 같은 부분위헌결정이다(헌재 1997.12.24. 96헌마172 등).

③ (X) 헌법재판소가 헌법불합치결정을 하는 경우 항상 '잠정적용'을 명하는 것은 아니다.

④ (○) 토초세법 중 일부는 헌법에 위반되고, 일부는 헌법에 합치되지 아니하여 개정입법을 촉구할 대상이지만, 위 각 위헌적 규정들 중 지가에 관한 제11조 제2항과 세율에 관한 제12조는 모두 토초세제도의 기본요소로서 그 중 한 조항이라도 위헌결정으로 인하여 그 효력을 상실한다면 토초세법 전부를 시행할 수 없게 될 것이므로, 이 사건에서는 헌법재판소법 제45조 단서 규정에 따라 토초세법 전부에 대하여 위헌결정을 선고할 수밖에 없다(헌재 1994.07.29. 92헌바49 등).

⑤ (○) 한정위헌결정을 한 예 : '민법 제764조의「명예회복에 적당한 처분」에 사죄광고를 포함시키는 것은 헌법에 위반된다'(헌재 1991.04.01. 89헌마160).
단순합헌결정을 한 예 : 지방공무원법 제29조의3은 "지방자치단체의 장은 다른 지방자치단체의 장의 동의를 얻어 그 소속 공무원을 전입할 수 있다"라고만 규정하고 있어, 이러한 전입에 있어 지방공무원 본인의 동의가 필요한지에 관하여 다툼의 여지없이 명백한 것은 아니나, 위 법률조항을, 해당 지방공무원의 동의없이도 지방자치단체의 장 사이의 동의만으로 지방공무원에 대한 전출 및 전입명령이 가능하다고 풀이하는 것은 헌법적으로 용인되지 아니하며, 헌법 제7조에 규정된 공무원의 신분보장 및 헌법 제15조에서 보장하는 직업선택의 자유의 의미와 효력에 비추어 볼 때 위 법률조항은 해당 지방공무원의 동의가 있을 것을 당연한 전제로 하여 그 공무원이 소속된 지방자치단체의 장의 동의를 얻어서만 그 공무원을 전입할 수 있음을 규정하고 있는 것으로 해석하는 것이 타당하고, 이렇게 본다면 인사교류를 통한 행정의 능률성이라는 입법목적도 적절히 달성할 수 있을 뿐만 아니라 지방공무원의 신분보장이라는 헌법적 요청도 충족할 수 있게 된다. 따라서 위 법률조항은 헌법에 위반되지 아니한다(헌재 2002.11.28. 98헌바101 등).

정답 ③

문 77

헌법재판소 결정의 효력에 관한 다음 설명 중 가장 옳지 않은 것은? [2019년 36번]

① 법률의 위헌결정은 법원과 그 밖의 국가기관 및 지방자치단체를 기속한다.
② 위헌으로 결정된 형벌에 관한 법률 또는 법률의 조항에 대하여 종전에 합헌으로 결정한 사건이 있는 경우, 위헌결정된 그 법률 또는 법률의 조항은 종전의 합헌결정이 있는 날의 이전까지 소급하여 효력을 상실한다.
③ 헌법재판소의 위헌결정으로 형벌에 관한 법률 또는 법률조항이 소급하여 효력을 상실한 경우, 법원은 당해 조항을 적용하여 공소가 제기된 피고사건에 대하여 무죄를 선고하여야 한다.
④ 위헌으로 결정된 법률 또는 법률의 조항에 근거한 유죄의 확정판결에 대하여는 재심을 청구할 수 있지만, 위 유죄의 확정판결이란 헌법재판소의 위헌결정으로 인하여 헌법재판소법 제47조 제3항의 규정에 의하여 소급하여 효력을 상실하는 법률 또는 법률 조항을 적용한 유죄의 확정판결을 의미한다.
⑤ 공권력의 작용에 대한 권리구제형 헌법소원심판절차에 있어서 '헌법재판소의 결정에 영향을 미칠 중대한 사항에 관하여 판단을 유탈한 때'는 재심사유에 해당한다.

MGI Point 헌법재판소 결정의 효력 ★★★

- 법률의 위헌결정 ⇨ 법원과 그 밖의 국가기관 및 지방자치단체를 기속 ○
- 위헌결정 소급효의 시적 범위 ⇨ 종전 합헌결정이 있은 날의 다음 날부터 효력 상실
- 형벌에 관한 법률 또는 법률조항이 위헌으로 선언되는 경우
  • 원칙 : 소급하여 그 효력을 상실 ⇨ 무죄판결
  • 예외 : 종전 합헌결정이 있은 날의 다음 날부터 효력 상실 ⇨ 유죄의 확정판결에 대하여는 재심청구 可
- 헌법재판소의 결정에 영향을 미칠 중대한 사항에 관하여 판단을 유탈한 때 ⇨ 권리구제형 헌법소원심판절차의 재심사유 해당 ○

---

① (○) 헌법재판소법 제47조 제1항 참조.

> 헌법재판소법 제47조(위헌결정의 효력) ① 법률의 위헌결정은 법원과 그 밖의 국가기관 및 지방자치단체를 기속(羈束)한다.

② (X) 헌법재판소법 제47조 제2, 3항 참조.

> 헌법재판소법 제47조(위헌결정의 효력) ② 위헌으로 결정된 법률 또는 법률의 조항은 그 결정이 있는 날부터 효력을 상실한다.
> ③ 제2항에도 불구하고 형벌에 관한 법률 또는 법률의 조항은 소급하여 그 효력을 상실한다. 다만, 해당 법률 또는 법률의 조항에 대하여 종전에 합헌으로 결정한 사건이 있는 경우에는 그 결정이 있는 날의 다음 날로 소급하여 효력을 상실한다.

③ (○) 위헌결정으로 인하여 형벌에 관한 법률 또는 법률조항이 소급하여 그 효력을 상실한 경우에는 당해 법조를 적용하여 기소한 피고사건이 범죄로 되지 아니한 때에 해당한다고 할 것이고, 범죄 후의 법령의 개폐로 형이 폐지 되었을때에 해당한다거나, 혹은 공소장에 기재된 사실이 진실하다 하더라도 범죄가 될 만한 사실이 포함되지 아니하는 때에 해당한다고 할 수 없다(대판 1992.05.08. 91도2825).

④ (○) 헌법재판소법 제47조 제4항에 따라 재심을 청구할 수 있는 '위헌으로 결정된 법률 또는 법률의 조항에 근거한 유죄의 확정판결'이란 헌법재판소의 위헌결정으로 인하여 같은 조 제3항의 규정에 의하여 소급하여 효력을 상실하는 법률 또는 법률의 조항을 적용한 유죄의 확정판결을 의미한다. 따라서 위헌으로 결정된 법률 또는 법률의 조항이 같은 조 제3항 단서에 의하여 종전의 합헌결정이 있는 날의 다음 날로 소급하여 효력을 상실하는 경우 합헌결정이 있는 날의 다음 날 이후에 유죄판결이 선고되어 확정되었다면, 비록 범죄행위가 그 이전에 행하여졌더라도 그 판결은 위헌결정으로 인하여 소급하여 효력을 상실한 법률 또는 법률의 조항을 적용한 것으로서 '위헌으로 결정된 법률 또는 법률의 조항에 근거한 유죄의 확정판결'에 해당하므로 이에 대하여 재심을 청구할 수 있다(대결 2016.11.10. 2015모1475).

⑤ (○) 공권력의 작용에 대한 권리구제형 헌법소원심판절차에 있어서 '헌법재판소의 결정에 영향을 미칠 중대한 사항에 관하여 판단을 유탈한 때'를 재심사유로 허용하는 것이 헌법재판의 성질에 반한다고 볼 수는 없으므로, 민사소송법 제422조 제1항 제9호를 준용하여 "판단유탈"도 재심사유로 허용되어야 한다(헌재 2001.09.27. 2001헌아3).

정답 ②

제❷절 ┃ 헌법재판소의 지위 및 구성과 조직

문 78

헌법재판제도에 관한 다음 설명 중 옳은 것은 모두 몇 개인가? [2017년 10번]

> ㉠ 헌법재판소장은 헌법재판관 중에서 호선한다.
> ㉡ 우리나라에서 헌법재판소는 제2공화국헌법에서 최초로 규정되었다.
> ㉢ 헌법재판소는 법관의 자격을 가진 9인의 재판관으로 구성하며, 재판관은 대통령이 임명한다. 이 중 3인은 국회에서 선출하는 자를, 3인은 대법원장이 지명하는 자를 임명한다.
> ㉣ 헌법재판소의 심판의 변론과 결정의 선고는 공개하고, 서면심리와 평의는 공개하지 않는다.
> ㉤ 헌법소원은 재판관 7인 이상의 출석으로 사건을 심리하고 재판관 6인 이상의 찬성으로 인용결정을 한다.

① 1개 ② 2개 ③ 3개 ④ 4개 ⑤ 5개

해설 ★★★

㉠ (X) 헌법재판소의 장은 국회의 동의를 얻어 재판관 중에서 대통령이 임명한다(헌법 제111조 제4항).

㉡ (○) 헌법재판소는 제2공화국헌법(1960)에서 처음으로 규정되었다. 당시 헌법재판소는 법률의 위헌심판, 헌법에 관한 최종적 해석, 국가기관간의 권한쟁송, 정당의 해산심판, 탄핵심판, 대통령·대법원장·대법관의 선거에 관한 소송 등을 관할하였다. 그러나 1961년 4월 17일 헌법재판소법이 제정된 지 1개월 만에 5·16이 발생하여 실제로 설치되지도 못한 채 비상조치법에 의해 효력이 정지되었고, 「헌법재판소 폐지에 관한 법률」에 의하여 결국 폐지되고 말았다.

㉢ (○) 헌법재판소는 법관의 자격을 가진 9인의 재판관으로 구성하며, 재판관은 대통령이 임명한다(헌법 제111조 제2항). 제2항의 재판관중 3인은 국회에서 선출하는 자를, 3인은 대법원장이 지명하는 자를 임명한다(헌법 제111조 제3항).

ⓔ (O) 심판의 변론과 결정의 선고는 공개한다. 다만, 서면심리와 평의(評議)는 공개하지 아니한다(헌법재판소법 제34조 제1항).

ⓜ (O) 재판부는 재판관 7명 이상의 출석으로 사건을 심리한다(헌법재판소법 제23조 제1항). 재판부는 종국심리(終局審理)에 관여한 재판관 과반수의 찬성으로 사건에 관한 결정을 한다. 다만, 법률의 위헌결정, 탄핵의 결정, 정당해산의 결정 또는 헌법소원에 관한 인용결정(認容決定)을 하는 경우에 해당하는 경우에는 재판관 6명 이상의 찬성이 있어야 한다(헌법재판소법 제23조 제2항 제1호).

정답 ④

제❸절 | 심판절차의 일반원칙

문 79

헌법재판소에 관한 다음 설명 중 옳지 않은 것은 모두 몇 개인가? [2017년 37번]

> ㉠ 헌법소송은 모두 대립적 소송구조를 취하고 있고, 따라서 심리는 항상 구두변론에 의하여야 한다.
> ㉡ 헌법재판소는 당사자의 신청이 없더라도 직권으로 증거를 수집하여 재판의 기초로 삼을 수 있다.
> ㉢ 무분별한 헌법소원심판청구와 권리남용을 방지하기 위하여 헌법재판소는 헌법소원심판의 청구인에 대하여 공탁금의 납부를 명할 수 있고, 헌법소원심판청구가 각하되는 경우 또는 헌법소원심판청구가 기각되고 그 심판청구가 권리남용이라고 인정되는 경우에는 공탁금의 전부 또는 일부의 국고귀속을 명할 수 있다.
> ㉣ 법원의 재판계속 중 당해 사건에 적용될 법률 또는 법률조항이 헌법에 위반된다고 주장하는 당사자가 당해 사건의 담당 법원에 위헌제청 신청을 하였다가 그 신청이 배척된 경우 그 당사자는 항고나 재항고를 할 수 없다.
> ㉤ 탄핵심판, 정당해산심판의 청구는 청구기간의 제한을 받지 않지만, 권한쟁의심판은 청구기간의 제한이 있다.

① 없음   ② 1개   ③ 2개   ④ 3개   ⑤ 4개

해설 ★★

㉠ (X) 헌법 제30조 참조.

> 헌법 제30조(심리의 방식) ① 탄핵의 심판, 정당해산의 심판 및 권한쟁의의 심판은 구두변론에 의한다.
> ② 위헌법률의 심판과 헌법소원에 관한 심판은 서면심리에 의한다. 다만, 재판부는 필요하다고 인정하는 경우에는 변론을 열어 당사자, 이해관계인, 그 밖의 참고인의 진술을 들을 수 있다.

㉡ (O) 재판부는 사건의 심리를 위하여 필요하다고 인정하는 경우에는 직권 또는 당사자의 신청에 의하여 다음 각 호의 증거조사를 할 수 있다(헌법재판소법 제31조 제1항).

ⓒ (○) 헌법재판소법 제37조 참조.

> 헌법재판소법 제37조(심판비용 등) ② 헌법재판소는 헌법소원심판의 청구인에 대하여 헌법재판소규칙으로 정하는 공탁금의 납부를 명할 수 있다.
> ③ 헌법재판소는 다음 각 호의 어느 하나에 해당하는 경우에는 헌법재판소규칙으로 정하는 바에 따라 공탁금의 전부 또는 일부의 국고 귀속을 명할 수 있다.
>   1. 헌법소원의 심판청구를 각하하는 경우
>   2. 헌법소원의 심판청구를 기각하는 경우에 그 심판청구가 권리의 남용이라고 인정되는 경우

ⓔ (○) 위헌 여부 심판의 제청에 관한 결정에 대하여는 항고할 수 없다(헌법재판소법 제41조 제4항).
ⓜ (○) 권한쟁의 심판은 그 사유가 있음을 안 날부터 60일 이내에, 그 사유가 있는 날부터 180일 이내에 청구하여야 한다(헌법재판소법 제63조 제1항). 탄핵심판, 정당해산심판의 청구는 청구기간의 제한이 없다.

정답 ②

문 80

헌법재판의 가처분에 관한 다음 설명 중 가장 옳지 않은 것은? [2021년 35번]

① 가처분심판에는 재판관 7인 이상이 출석하여 종국심리에 관여한 재판관 과반수의 찬성으로 인용결정을 한다.
② 탄핵소추의결을 받은 자의 직무집행을 정지하기 위한 가처분은 인정될 여지가 없다.
③ 법령의 효력을 정지시키는 가처분은 일반적인 보전의 필요성이 인정될 경우 인용되고, 공공복리에 중대한 영향을 미칠 우려가 있는지 여부는 본안심판에서만 고려하여야 한다.
④ 헌법재판소법에서 명문으로 가처분제도를 두고 있는 것은 정당해산심판과 권한쟁의심판이다.
⑤ 입국불허가결정을 받은 외국인이 인천공항출입국관리사무소장을 상대로 난민인정심사불회부결정취소의 소를 제기한 후 그 소송수행을 위하여 변호인 접견신청을 하였으나 거부되자, 변호인접견 거부의 효력정지를 구하는 가처분 신청을 한 사건에서, 헌법재판소는 변호인 접견을 허가하여야 한다는 가처분 인용결정을 하였다.

MGI Point 헌법재판의 가처분

- 가처분인용결정 정족수 ⇨ 재판관 7인 이상 출석 + 종국심리에 관여한 재판관 과반수의 찬성
- 탄핵소추의결을 받은 자 ⇨ 직무집행을 정지하기 위한 가처분 인정 ×
- 법령의 효력정지가처분 인용요건 ⇨ 보전의 필요성 + 공공복리에 중대한 영향을 미칠 우려가 없을 것
- 헌법재판소법상 가처분제도 명문으로 규정 ⇨ 정당해산심판·권한쟁의심판
- 입국불허가결정을 받은 외국인이 인천공항출입국관리사무소장을 상대로 난민인정심사불회부결정취소의 소를 제기한 후 그 소송수행을 위하여 변호인 접견신청을 하였으나 거부되자 변호인접견 거부의 효력정지를 구하는 가처분 신청한 경우 ⇨ 가처분 인용결정 ○

① (○) 헌법재판소법 제23조 제1항, 제2항 참조.

> 헌법재판소법 제23조 (심판정족수) ① 재판부는 재판관 7명 이상의 출석으로 사건을 심리한다.
> ② 재판부는 종국심리에 관여한 재판관 과반수의 찬성으로 사건에 관한 결정을 한다. 다만, 다음 각 호의 어느 하나에 해당하는 경우에는 재판관 6명 이상의 찬성이 있어야 한다.
>   1. 법률의 위헌결정, 탄핵의 결정, 정당해산의 결정 또는 헌법소원에 관한 인용결정을 하는 경우
>   2. 종전에 헌법재판소가 판시한 헌법 또는 법률의 해석 적용에 관한 의견을 변경하는 경우

② (○) 헌법 제65조 제3항, 헌법재판소법 제50조 및 민사집행법 제300조 제1항 참조. ▶ 탄핵소추의 의결을 받은 사람은 당연히 권한행사가 정지되기 때문에 직무집행을 위한 가처분 보전의 필요성 無

> 헌법 제65조 ③ 탄핵소추의 의결을 받은 자는 탄핵심판이 있을 때까지 그 권한행사가 정지된다.
> 헌법재판소법 제50조 (권한 행사의 정지) 탄핵소추의 의결을 받은 사람은 헌법재판소의 심판이 있을 때까지 그 권한 행사가 정지된다.
> 민사집행법 제300조 (가처분의 목적) ① 다툼의 대상에 관한 가처분은 현상이 바뀌면 당사자가 권리를 실행하지 못하거나 이를 실행하는 것이 매우 곤란할 염려가 있을 경우에 한다.

③ (X) 헌법재판소법 제40조 제1항에 따라 준용되는 행정소송법 제23조 제2항의 집행정지규정과 민사소송법 제714조의 가처분규정에 의하면, 법령의 위헌확인을 청구하는 헌법소원심판에서의 가처분은 위헌이라고 다투어지는 법령의 효력을 그대로 유지시킬 경우 회복하기 어려운 손해가 발생할 우려가 있어 가처분에 의하여 임시로 그 법령의 효력을 정지시키지 아니하면 안될 필요가 있을 때 허용되고, 다만 현재 시행되고 있는 법령의 효력을 정지시키는 것일 때에는 그 효력의 정지로 인하여 파급적으로 발생되는 효과가 클 수 있으므로 비록 일반적인 보전의 필요성이 인정된다고 하더라도 공공복리에 중대한 영향을 미칠 우려가 있을 때에는 인용되어서는 안될 것이다(헌재 2002.04.25. 2002헌사129).

④ (○) 헌법 제113조 제3항 및 헌법재판소법 제57조, 제65조 참조.

> 헌법 제113조 ③ 헌법재판소의 조직과 운영 기타 필요한 사항은 법률로 정한다.
> 헌법재판소법 제57조 (가처분) 헌법재판소는 정당해산심판의 청구를 받은 때에는 직권 또는 청구인의 신청에 의하여 종국결정의 선고 시까지 피청구인의 활동을 정지하는 결정을 할 수 있다.
> 헌법재판소법 제65조 (가처분) 헌법재판소가 권한쟁의심판의 청구를 받았을 때에는 직권 또는 청구인의 신청에 의하여 종국결정의 선고 시까지 심판 대상이 된 피청구인의 처분의 효력을 정지하는 결정을 할 수 있다.

⑤ (○) 신청인이 피신청인을 상대로 제기한 인신보호법상 수용임시해제청구의 소는 인용되었고, 인신보호청구의 소 역시 항고심에서 인용된 후 재항고심에 계속 중이며, 난민인정심사불회부결정취소의 소 역시 청구를 인용하는 제1심 판결이 선고되었으나, 두 사건 모두 상급심에서 청구가 기각될 가능성을 배제할 수 없다. 신청인이 위 소송 제기 후 5개월 이상 변호인을 접견하지 못하여 공정한 재판을 받을 권리가 심각한 제한을 받고 있는데, 이러한 상황에서 피신청인의 재항고가 인용될 경우 신청인은 변호인 접견을 하지 못한 채 불복의 기회마저 상실하게 되므로 회복하기 어려운 중대한 손해를 입을 수 있다. 위 인신보호청구의 소는 재항고에 대한 결정이 머지않아 날 것으로 보이므로 손해를 방지할 긴급한 필요 역시 인정되고, 이 사건 신청을 기각한 뒤 본안 청구가 인용 될 경우 발생하게 될 불이익이 크므로 이 사건 신청을 인용함이 상당하다(헌재 2014.06.05. 2014헌사592). ▶ 입국불허결정을 받은 외국인이 인천공항출입국관리사무소장을 상대로 인신보호청구의 소 및 난민인정심사불회부결정취소의 소를 제기한 후 그 소송수행을 위하여 변호인접견신청을 하였으나 피신청인이 이를 거부한 사안에서, 헌법재판소가 피신청인으로 하여금 변호인접견을 허가하도록 임시의 지위를 정하기 위한 가처분을 인용한 사례

정답 ③

제4절 | 위헌법률심판

제1관 위헌법률심판의 요건

문 81

위헌법률심판에 관한 다음 설명 중 옳은 것은 모두 몇 개인가?(다툼이 있는 경우 대법원 판례 및 헌법재판소 결정에 의함. 이하 같음) [2022년 1번]

> ㄱ. 법률의 위헌 여부 심판의 제청에 관한 법원의 기각 결정에 대하여는 항고할 수 없으나, 제청 결정에 대해서는 대법원에 즉시항고할 수 있다.
> ㄴ. 법률의 위헌 여부 심판의 제청신청이 기각된 때 그 신청을 한 당사자는 헌법재판소에 헌법소원심판을 청구할 수 있으나, 당해 사건의 소송절차에서 동일한 사유를 이유로 다시 위헌 여부 심판의 제청을 신청할 수는 없으며, 이 경우 '당해 사건의 소송절차'는 당해 사건의 상소심 소송절차를 포함한다.
> ㄷ. 법률이 헌법에 위반되는지 여부가 재판의 전제가 된 경우에는 군사법원도 직권 또는 당사자의 신청에 의한 결정으로 헌법재판소에 위헌 여부 심판을 제청할 수 있으나, 대법원을 거쳐야 한다.
> ㄹ. 법원이 법률의 위헌 여부 심판을 헌법재판소에 제청한 때에는 원칙적으로 당해 소송사건의 재판은 헌법재판소의 위헌 여부의 결정이 있을 때까지 정지되나, 법원이 긴급하다고 인정하는 경우 소송절차를 진행하여 종국재판까지 선고하였다고 하더라도 법률위반이라고 볼 수 없다.
> ㅁ. 위헌법률심판 사건 역시 대립당사자 사이의 소송절차라는 점에 비추어 보면, 보조참가를 규정하고 있는 민사소송법 제71조는 위헌법률심판절차에도 준용되므로 보조참가가 허용된다.

① 1개   ② 2개   ③ 3개   ④ 4개   ⑤ 5개

MGI Point   위헌법률심판   ★★

- 법원의 위헌제청결정 ⇨ 대법원에 즉시항고 不可
- 위헌제청신청 기각된 때 다시 신청할 수 없는 당해 사건의 소송절차 ⇨ 상소심 소송절차도 포함
- 군사법원의 위헌심판의 제청권 ⇨ 인정
- 법원이 위헌 제청을 한 경우 ⇨ 긴급한 경우 종국재판 외 소송절차 진행 可
- 민사소송법 제71조상의 보조참가 ⇨ 위헌법률심판절차에 준용 ×

ㄱ. (X) 헌법재판소법 제41조 제4항 참조.

> 헌법재판소법 제41조(위헌 여부 심판의 제청) ① 법률이 헌법에 위반되는지 여부가 재판의 전제가 된 경우에는 당해 사건을 담당하는 법원(군사법원을 포함한다. 이하 같다)은 직권 또는 당사자의 신청에 의한 결정으로 헌법재판소에 위헌 여부 심판을 제청한다.
> ② 제1항의 당사자의 신청은 제43조제2호부터 제4호까지의 사항을 적은 서면으로 한다.
> ③ 제2항의 신청서면의 심사에 관하여는 「민사소송법」 제254조를 준용한다.
> ④ 위헌 여부 심판의 제청에 관한 결정에 대하여는 항고할 수 없다.

ㄴ. (○) 헌법재판소법 제68조 제2항은 법률의 위헌여부심판의 제청신청이 기각된 때에는 그 신청을 한 당사자는 헌법재판소에 헌법소원심판을 청구할 수 있으나, 다만 이 경우 그 당사자는 당해 사건의 소송절차에서 동일한 사유를 이유로 다시 위헌여부심판의 제청을 신청할 수 없다고 규정하고 있는바, 이 때 당해 사건의 소송절차란 당해 사건의 상소심 소송절차를 포함한다 할 것이다(헌재 2007.07.26. 2006헌바40).

ㄷ. (○) 헌법재판소법 제41조 제5항 참조.

> 헌법재판소법 제41조(위헌 여부 심판의 제청) ⑤ 대법원 외의 법원이 제1항의 제청을 할 때에는 대법원을 거쳐야 한다.

ㄹ. (×) 헌법재판소법 제42조 참조. 종국재판은 선고할 수 없다.

> 헌법재판소법 제42조(재판의 정지 등) ① 법원이 법률의 위헌 여부 심판을 헌법재판소에 제청한 때에는 당해 소송사건의 재판은 헌법재판소의 위헌 여부의 결정이 있을 때까지 정지된다. 다만, 법원이 긴급하다고 인정하는 경우에는 종국재판 외의 소송절차를 진행할 수 있다.

ㅁ. (×) 규범통제절차인 헌법재판소법 제41조 제1항에 의한 위헌법률심판 사건에서 민사소송과 유사한 대립당사자 개념을 상정하기 어려운 점 등에 비추어보면, 보조참가를 규정하고 있는 민사소송법 제71조는 위헌법률심판의 성질상 준용하기 어렵다. 그렇다면 이 사건 보조참가신청인의 보조참가 신청은 위헌법률심판의 성질에 반하여 준용되지 아니하는 민사소송법 제71조에 근거한 것으로서 허용되지 아니한다(헌재 2020.03.26. 2016헌가17).

 정답 ②

문 82

위헌법률심판 및 헌법재판소법 제68조 제2항의 헌법소원심판에 관한 다음 설명 중 옳지 않은 것은 모두 몇 개인가?(다툼이 있는 경우 헌법재판소 결정에 의함) [2021년 1번]

> ㄱ. 제청법원이 주위적 공소사실이 무죄로 선고될 가능성이 높다는 이유로 예비적 공소사실에 관한 법률 조항이 적용될 가능성을 인정하여 위헌제청을 한 경우에는 재판의 전제성을 인정할 수 있다.
> ㄴ. 재심사유가 없음에도 법원의 재심개시결정이 확정되었다면 그 사건에 적용될 법률 조항은 재판의 전제성을 가진다.
> ㄷ. 위헌법률심판제도는 국회의 입법권을 통제하기 위한 것이므로, 국회가 제정한 형식적 의미의 법률뿐만 아니라 법원 판결에 의하여 법률과 같이 재판규범으로 작용되어 온 관습법도 위헌법률심판의 대상이 된다.
> ㄹ. 당해 사건에 관한 재판에서 승소판결을 받았다고 하더라도 그 판결이 확정되지 아니한 이상 상소절차에서 그 주문이 달라질 수 있으므로, 당해 사건에 적용되는 법률 조항은 재판의 전제성이 인정된다.
> ㅁ. 위헌법률심판절차에서 말하는 당해 법원의 '재판'이란 본안에 관한 재판이거나 소송절차에 관한 재판이거나를 불문하고, 종국재판 뿐만 아니라 중간재판도 이에 포함되나, 법원이 행하는 구속기간갱신결정은 이러한 '재판'에 해당하지 않는다.

① 1개 ② 2개 ③ 3개
④ 4개 ⑤ 5개

> **MGI Point** 위헌법률심판 및 헌법재판소법 제68조 제2항 헌법소원 ★★
>
> - 제청법원이 주위적 공소사실이 무죄로 선고될 가능성이 높다는 이유로 예비적 공소사실에 관한 법률 조항이 적용될 가능성을 인정하여 위헌제청을 한 경우 ⇨ 재판의 전제성 인정 可
> - 재심사유가 없음에도 법원의 재심개시결정이 확정됨으로써 어떤 법률조항이 재판의 전제가 된 경우 ⇨ 재판의 전제성 충족 ○
> - 헌법소원심판의 대상이 되는 '법률' ⇨ 국회의 의결을 거친 형식적 의미의 법률 뿐만 아니라 법률과 같은 효력을 갖는 조약 등도 포함, 법률과 같은 효력을 가지는 관습법도 ○
> - 당해 사건 재판에서 승소판결을 받았으나 그 판결이 확정되지 아니한 경우 ⇨ 재판의 전제성 인정 ○
> - 위헌법률심판절차에서 말하는 당해 법원의 재판 ⇨ 법원이 행하는 구속기간갱신결정도 해당 ○

ㄱ. (○) … 이 사건 조항에 대한 재판의 전제성이 인정되려면 우선 예비적 공소사실의 적용 법조인 이 사건 조항이 당해 사건에 적용되어야 하는바, 이에 대하여 제청법원은 주위적 공소사실이 무죄로 선고될 가능성이 높아 예비적 공소사실이 판단의 대상이 될 수 있기 때문에 이 사건 조항은 재판의 전제성이 있다고 본다(헌재 2007.07.26. 2006헌가4).

ㄴ. (○) 재심개시결정이 확정되면 법원으로서는 비록 재심사유가 없었다 하더라도 그 사건에 대해 다시 심판하여야 하며 이후 재심개시결정의 효력은 상소심에서도 이를 다툴 수 없다. 따라서 이 사건 법률조항의 위헌여부가 재판의 전제가 된 이상 법원의 위헌심판제청은 적법하다 할 것이다(헌재 2000.01.27. 98헌가9).

ㄷ. (○) 헌법 제111조 제1항 제1호, 제5호 및 헌법재판소법 제41조 제1항, 제68조 제2항은 위헌심판의 대상을 '법률'이라고 규정하고 있는데, 여기서 '법률'이라고 함은 국회의 의결을 거친 형식적 의미의 법률뿐만 아니라 법률과 같은 효력을 갖는 조약 등도 포함되므로, 법률과 같은 효력을 가지는 이 사건 관습법도 헌법소원심판의 대상이 되고, 단지 형식적 의미의 법률이 아니라는 이유로 그 예외가 될 수는 없다(헌재 2020.10.29. 2017헌바208).

ㄹ. (○) 당해 사건 재판에서 청구인이 승소판결을 받아 그 판결이 확정된 경우 청구인은 재심을 청구할 법률상 이익이 없고, 심판대상조항에 대하여 위헌결정이 선고되더라도 당해 사건 재판의 결론이나 주문에 영향을 미칠 수 없으므로 그 심판청구는 재판의 전제성이 인정되지 아니하나, 파기환송 전 항소심에서 승소판결을 받았다고 하더라도 그 판결이 확정되지 아니한 이상 상소절차에서 그 주문이 달라질 수 있으므로, 심판대상조항의 위헌 여부에 관한 재판의 전제성이 인정된다(헌재 2013.06.27. 2011헌바247).

ㅁ. (X) 적법성에 관한 판단(재판의 전제성 요건의 구비 여부)헌법재판소법 제41조 제1항은 "법률이 헌법에 위반되는 여부가 재판의 전제가 된 때에는 당해 사건을 담당하는 법원은 직권 또는 당사자의 신청에 의한 결정으로 헌법재판소에 위헌여부의 심판을 제청한다."라고 규정하고 있으므로, 법률에 대한 위헌제청이 적법하기 위해서는 법원에 계속중인 구체적인 사건에 적용할 법률이 헌법에 위반되는 여부가 재판의 전제로 되어야 한다. 여기서 "재판"이라 함은 판결·결정·명령 등 그 형식 여하와 본안에 관한 재판이거나 소송절차에 관한 재판이거나를 불문하며, 심급을 종국적으로 종결시키는 종국재판뿐만 아니라 중간재판도 이에 포함된다. … 그러므로 이 사건 법률조항에 의하여 법원이 행하는 구속기간갱신결정도 당해 소송사건을 종국적으로 종결시키는 재판은 아니라고 하더라도, 그 자체가 소송절차에 관한 재판에 해당하는 법원의 의사결정으로서 헌법 제107조 제1항과 헌법재판소법 제41조 제1항에 규정된 재판에 해당된다고 할 것이다. 그런데 이 사건 법률조항이 합헌이라면 법원은 구속기간갱신결정의 횟수제한에 따라 당해 심급에서 3회 이상의 구속기간갱신결정을 할 수 없다 할 것인데, 만약 이 사건 법률조항이 위헌이라면 법원은 위 횟수제한에 구애됨이 없이 3회 이상의 구속기간갱신결정을 할 수 있게 되므로, 결국 이 사건 법률조항의 위헌 여부에 따라 법원이 3회 이상의 구속기간갱신결정을 할 수 있느냐 없느냐의 결론을 좌우하고 있다고 할 것이다. 그렇다면 이 사건 법률조항을 심판대상으로 이 사건 위헌제청은 재판의 전제성을 갖춘 것으로서 적법하다 할 것이다(헌재 2001.06.28. 99헌가14).

정답 ①

문 83

법률의 위헌여부심판에서 재판의 전제성에 관한 다음 설명 중 가장 옳지 않은 것은? [2019년 2번]

① 당해 사건 재판에서 청구인들이 승소판결을 받아 그 판결이 확정된 이상 관련 법률조항들에 대하여 위헌결정이 선고되더라도 당해 사건 재판의 결론이나 주문에 영향을 미칠 수 없으므로 재판의 전제성이 인정되지 아니한다.
② 당해 사건이 부적법한 것이어서 법률의 위헌 여부를 따져볼 필요조차 없이 각하를 면할 수 없는 것일 때에는 위헌여부심판의 제청신청은 재판의 전제성을 흠결한 것이 된다.
③ 청구인이 유족급여 및 장제비에 관한 법률조항에 대한 위헌결정이 내려질 경우 당해소송의 청구취지를 유족급여 및 장제비에 대한 부분까지 확장할 의사를 밝히고 있더라도, 현재 청구취지가 확장되어 있지 않은 이상 장래에 확장할 것이라는 조건부 의사표시까지 고려하여 전제성 여부를 판단할 것은 아니다.
④ 당해 사건이 재심사건인 경우, 심판대상조항이 '재심청구 자체의 적법 여부에 대한 재판'에 적용되는 법률조항이 아니라 '본안 사건에 대한 재판'에 적용될 법률조항이라면 '재심청구가 적법하고' '재심의 사유가 인정되는 경우에' 한하여 재판의 전제성이 인정될 수 있다.
⑤ 행정처분에 대한 무효확인소송에서 행정처분의 근거 법률이 위헌이 될 경우, 그 행정처분이 무효가 될 가능성이 상존하므로, 그 처분에 대한 취소소송의 제소기간이 지났는지 여부와는 상관없이 행정처분의 근거 법률의 위헌 여부는 재판의 전제가 된다.

MGI Point 재판의 전제성 ★★★

- 당해소송에서 청구인 승소판결이 확정된 경우 ⇨ 재판의 전제성 부정
- 당해 사건이 부적법하여 각하일 때 ⇨ 위헌심판의 제청신청은 적법요건인 재판의 전제성을 흠결, 각하
- 법률조항에 대한 위헌결정이 내려질 경우, 당해소송의 청구취지를 확장할 의사를 표시했어도 현재 청구취지가 확장되어 있지 않다면 장래에 확장할 것이라는 조건부 의사표시까지 고려하여 전제성 여부를 판단 ×
- 심판대상 조항이 '재심청구 자체의 적법 여부에 대한 재판'에 적용되는 법률조항이 아니라 '본안 사건에 대한 재판'에 적용될 법률조항인 경우 ⇨ '재심청구가 적법하고, 재심의 사유가 인정되는 경우'에 한하여 재판의 전제성 인정
- 제소기간이 경과한 뒤 행정처분의 근거 법률이 위헌임을 이유로 무효확인소송 등을 제기
  ⇨ 재판의 전제성 × (∵ 행정처분의 효력에는 영향이 없음이 원칙, 처분의 근거가 된 법률조항의 위헌 여부에 따라 당해 사건 재판의 주문이 달라지거나 재판의 내용과 효력에 관한 법률적 의미가 달라지는 경우 ×)

① (○) 당해소송에서 승소한 당사자인 청구인은 재심을 청구할 수 없고, 당해사건에서 청구인에게 유리한 판결이 확정된 마당에 이 법률조항에 대하여 위헌결정을 한다 하더라도 당해사건 재판의 결론이나 주문에 영향을 미치는 것도 아니므로, 결국 이 사건은 재판의 전제성이 부정되는 부적법한 심판청구이다(헌재 2000.07.20. 99헌바61).
② (○) 헌법재판소법 제68조 제2항에 의한 헌법소원은 법률이 헌법에 위반되는지 여부가 재판의 전제가 되어야 한다. 여기에서 재판의 전제성이 충족되려면 위헌제청신청을 할 때 구체적 사건이 법원에 계속되어야 하고, 나아가 구체적인 사건이 법원에 계속 중일 것이라는 요건은 당해 사건이 법원에 '적법'하게 계속될 것을 요하기 때문에, 만일 당해 사건이 부적법한 것이어서 법률의 위헌 여부를 따져 볼 필요조차 없이 각하를 면할 수 없는 것일 때에는 위헌여부심판의 제청신청은 적법요건인 재판의 전제성을 흠결한 것으로서 각하될 수 밖에 없고 이러한 경우에는 헌법재판소법 제68조 제2항에 의한 헌법소원심판을 청구할 수 없다(헌재 2010.04.27. 2010헌바163).

③ (○) 청구인이 유족급여 및 장제비 부분을 소송물로 삼고 있지 않은 이상 유족급여 및 장제비에 관한 이 사건 법률조항은 위 부당이득금반환청구소송에 적용될 여지가 없다. 그렇다면 이 사건 법률조항의 위헌 여부가 당해사건의 재판에 어떠한 영향도 미친다고 볼 수 없으므로 재판의 전제성을 인정할 수 없다. 비록 청구인은 이 사건 법률조항에 대한 위헌결정이 내려질 경우 당해소송의 청구취지를 유족급여 및 장제비에 대한 부분까지 확장할 의사를 밝히고 있지만, 현재 청구취지가 확장되어 있지 않은 이상 장래에 확장할 것이라는 조건부 의사표시까지 고려하여 전제성 여부를 판단할 것은 아니다(헌재 2008.04.24. 2007헌바33).

④ (○) 당해사건이 재심사건인 경우, 심판대상 조항이 '재심청구 자체의 적법 여부에 대한 재판'에 적용되는 법률조항이 아니라 '본안 사건에 대한 재판'에 적용될 법률조항이라면 '재심청구가 적법하고, 재심의 사유가 인정되는 경우'에 한하여 재판의 전제성이 인정될 수 있다(헌재 2007.12.27. 2006헌바73). 또한, 헌법재판소법 제68조 제2항에 의한 헌법소원은 법률이 헌법에 위반되는지 여부가 당해사건의 재판의 전제가 되어야 한다. 그리고 재판의 전제가 된다고 하려면 그 법률이 당해사건 재판에서 적용되는 법률이어야 하며, 그 법률의 위헌 여부에 따라 재판의 주문이 달라지거나 그 내용과 효력에 관한 법률적 의미가 달라져야 한다(헌재 1995.07.21. 93헌바46). 그러므로 어떤 법률규정이 위헌의 의심이 있다고 하더라도 그것이 당해사건에 적용될 것이 아니라면 재판의 전제성 요건을 갖추었다고 할 수 없다. 살피건대, 이 사건의 당해사건은 재심사건으로서 민사소송법 제451조 제1항의 재심사유가 인정되지 않는다는 이유로 각하되었는바, 이 사건 법률조항은 재심청구 자체의 적법 여부에 대한 재판에 적용되는 조항으로 볼 수 없으므로 이 사건 심판청구는 재판의 전제성을 갖추었다고 볼 수 없다(헌재 2012.01.31. 2012헌바26).

⑤ (X) 행정처분의 근거법률이 헌법에 위반된다는 사정은 헌법재판소의 위헌결정이 있기 전에는 객관적으로 명백한 것이라고 할 수는 없으므로 특별한 사정이 없는 한 그러한 하자는 행정처분의 취소사유에 해당할 뿐 당연무효사유는 아니고, 제소기간이 경과한 뒤에는 행정처분의 근거 법률이 위헌임을 이유로 무효확인소송 등을 제기하더라도 행정처분의 효력에는 영향이 없음이 원칙이다. 따라서 처분의 근거가 된 법률조항의 위헌 여부에 따라 당해 사건 재판의 주문이 달라지거나 재판의 내용과 효력에 관한 법률적 의미가 달라지는 경우로 볼 수 없으므로 재판의 전제성이 인정되지 아니한다(헌재 2014.01.28. 2011헌바38).

정답 ⑤

문 84

헌법재판제도에 관한 다음 설명 중 가장 옳지 않은 것은? [2018년 30번]

① 위헌법률심판이나 헌법재판소법 제68조 제2항의 규정에 의한 헌법소원심판에 있어서 위헌여부가 문제되는 법률이 재판의 전제성 요건을 갖추고 있는지의 여부는 헌법재판소가 별도로 독자적인 심사를 하기보다는 되도록 법원의 이에 관한 법률적 견해를 존중해야 할 것이며, 다만 그 전제성에 관한 법률적 견해가 명백히 유지될 수 없을 때에만 헌법재판소는 이를 직권으로 조사할 수 있다.
② 재판의 전제성과 관련하여, 법원이 '다른 내용의' 재판을 하게 되는 경우라 함은 당해 사건 재판의 결론이나 주문에 영향을 주는 것뿐만이 아니라, 재판의 주문 자체에는 영향을 주지 않는다고 하더라도 재판의 내용과 효력에 관한 법률적 의미가 달라지는 경우도 포함한다.
③ 재판의 전제성은 법률의 위헌여부심판제청시만 갖추어져 있으면 충분하고, 심판시까지 갖추어져 있을 필요는 없다.
④ 위헌여부심판의 제청에 관하여 규정하고 있는 헌법재판소법 제41조 제1항의 '재판'에는 지방법원 판사의 영장발부 여부에 관한 재판도 포함된다.
⑤ 헌법재판소는 위헌법률심판절차에 있어서 규범의 위헌성을 제청법원이나 제청신청인이 주장하는 법적 관점에서만이 아니라, 심판대상규범의 모든 법적 효과를 고려하여 모든 헌법적인 관점에서 심사한다.

:: 해설 ★★

① (O) 위헌법률심판이나 헌법재판소법 제68조 제2항의 규정에 의한 헌법소원심판에 있어서 위헌여부가 문제되는 법률이 재판의 전제성 요건을 갖추고 있는지의 여부는 헌법재판소가 별도로 독자적인 심사를 하기보다는 되도록 법원의 이에 관한 법률적 견해를 존중해야 할 것이며 다만 그 전제성에 관한 법률적 견해가 명백히 유지될 수 없을 때에만 헌법재판소는 이를 직권으로 조사할 수 있다 할 것이다(헌재 1993.05.13. 92헌가10).
② (O) 헌법재판소법 제68조 제2항에 따른 헌법소원심판청구가 적법하기 위해서는 법률이 헌법에 위반되는지의 여부가 재판의 전제가 될 것이 요구된다(헌법 제107조 제1항, 헌법재판소법 제68조 제2항, 제41조 제1항 참조). 그런데 여기에서 법률의 위헌여부가 재판의 전제가 된다고 하려면, 첫째 그 법률이 법원의 재판에 적용되는 것이어야 하고, 둘째 그 법률의 위헌여부에 따라 당해사건 재판의 주문이 달라지거나 재판의 내용과 효력에 관한 법률적 의미가 달라지는 경우이어야 하는 것이다(헌재 1995.07.21. 93헌바46 참조, 헌재 2002.11.28. 2000헌바70).
③ (X) 재판의 전제성은 법률의 위헌여부심판제청시만 아니라 심판시에도 갖추어져야 함이 원칙이다(헌재 1993.12.23. 93헌가2).
④ (O) 위헌여부심판의 제청에 관하여 규정하고 있는 헌법재판소법 제41조 제1항의 "재판"에는 종국판결 뿐만 아니라 형사소송법 제201조에 의한 지방법원판사의 영장발부 여부에 관한 재판도 포함된다고 해석되므로 지방법원판사가 구속영장발부 단계에서 한 위헌여부심판제청은 적법하다(헌재 1993.03.11. 90헌가70).
⑤ (O) 헌법재판소는 위헌법률심판절차에 있어서 규범의 위헌성을 제청법원이나 제청신청인이 주장하는 법적 관점에서만 아니라 심판대상규범의 법적 효과를 고려하여 모든 헌법적 관점에서 심사한다. 법원의 위헌제청을 통하여 제한되는 것은 오로지 심판의 대상인 법률조항이지 위헌심사의 기준이 아니다(헌재 1996.12.26. 96헌가18).

정답 ③

제2관 위헌법률심판의 심리·결정
제3관 위헌법률심판결정의 효력

문 85

위헌결정의 효력에 관한 헌법재판소법 제47조와 관련된 다음 설명 중 가장 옳지 않은 것은?
[2018년 39번]

① 위헌으로 결정된 법률 또는 법률의 조항에 근거한 유죄의 확정판결에 대하여는 재심을 청구할 수 있지만, 위 유죄의 확정판결이란 헌법재판소의 위헌결정으로 인하여 헌법재판소법 제47조 제3항의 규정에 의하여 소급하여 효력을 상실하는 법률 또는 법률의 조항을 적용한 유죄의 확정판결을 의미한다.
② 위헌으로 결정된 법률 또는 법률의 조항이 헌법재판소법 제47조 제3항 단서에 의하여 종전의 합헌결정이 있는 날의 다음 날로 소급하여 효력을 상실하는 경우, 그 합헌결정이 있는 날의 다음 날 이후에 유죄 판결이 선고되어 확정되었더라도 범죄행위가 그 이전에 행하여졌다면 이에 대하여는 재심을 청구할 수 없다.
③ 위헌으로 결정된 법률 또는 법률의 조항은 그 결정일로부터 효력을 상실하지만, 형벌에 관한 법률 또는 법률의 조항은 소급하여 그 효력을 상실한다.

④ 위헌으로 결정된 형벌에 관한 법률 또는 법률의 조항에 대하여 종전에 합헌으로 결정한 사건이 있는 경우에는 그 결정이 있는 날의 다음 날로 소급하여 효력을 상실한다.
⑤ 위와 같은 재심에 대하여는 형사소송법 규정을 준용한다.

해설 ★★

① (○), ② (X) 헌법재판소법 제47조 제4항에 따라 재심을 청구할 수 있는 '위헌으로 결정된 법률 또는 법률의 조항에 근거한 유죄의 확정판결'이란 헌법재판소의 위헌결정으로 인하여 같은 조 제3항의 규정에 의하여 소급하여 효력을 상실하는 법률 또는 법률의 조항을 적용한 유죄의 확정판결을 의미한다. 따라서 위헌으로 결정된 법률 또는 법률의 조항이 같은 조 제3항 단서에 의하여 종전의 합헌결정이 있는 날의 다음 날로 소급하여 효력을 상실하는 경우 합헌결정이 있는 날의 다음 날 이후에 유죄판결이 선고되어 확정되었다면, 비록 범죄행위가 그 이전에 행하여졌더라도 그 판결은 위헌결정으로 인하여 소급하여 효력을 상실한 법률 또는 법률의 조항을 적용한 것으로서 '위헌으로 결정된 법률 또는 법률의 조항에 근거한 유죄의 확정판결'에 해당하므로 이에 대하여 재심을 청구할 수 있다(대판 2016.11.10. 2015모1475).

③ (○), ④ (○) 헌법재판소법 제47조 참조.

> 헌법재판소법 제47조(위헌결정의 효력) ② 위헌으로 결정된 법률 또는 법률의 조항은 그 결정이 있는 날부터 효력을 상실한다.
> ③ 제2항에도 불구하고 형벌에 관한 법률 또는 법률의 조항은 소급하여 그 효력을 상실한다. 다만, 해당 법률 또는 법률의 조항에 대하여 종전에 합헌으로 결정한 사건이 있는 경우에는 그 결정이 있는 날의 다음 날로 소급하여 효력을 상실한다.

⑤ (○) 헌법재판소법 제47조 참조.

> 헌법재판소법 제47조(위헌결정의 효력) ④ 제3항의 경우에 위헌으로 결정된 법률 또는 법률의 조항에 근거한 유죄의 확정판결에 대하여는 재심을 청구할 수 있다.
> ⑤ 제4항의 재심에 대하여는 형사소송법을 준용한다.

정답 ②

제5절 | 헌법소원심판

제1관 권리구제형 헌법소원

문 40

헌법소원의 대상이 되는 공권력의 행사 또는 불행사에 관한 다음 설명 중 가장 옳지 않은 것은?(다툼이 있는 경우 헌법재판소 결정에 따름)[2023년 40번]

① 중앙선거관리위원회가 '선거권이 없는 학생을 대상으로 하더라도 선거가 임박한 시기에 교원이 교육청의 계획 하에 모의투표를 실시하는 것은 행위양태에 따라 선거에 영향을 미치게 하기 위한 행위에 이르러 공직선거법에 위반될 수 있다.'고 결정한 것은 헌법소원의 대상이 되는 '공권력의 행사'에 해당하지 않는다.

② 한정위헌결정 이전에 확정된 청구인들에 대한 유죄판결은 한정위헌결정에 의하여 소급적으로 법률에 대한 위헌결정의 기속력에 반하는 재판이 되므로 헌법소원의 대상이 되는 공권력의 행사에 해당한다.
③ 한정위헌결정의 기속력을 부인하여 청구인들의 재심청구를 기각한 법원의 재판은 '법률에 대한 위헌결정의 기속력에 반하는 재판'으로 이에 대한 헌법소원은 허용된다.
④ 법률에 대한 헌법재판소의 위헌결정에는 단순위헌결정은 물론, 헌법불합치결정도 포함되고, 이들은 모두 당연히 기속력을 갖지만, 헌법불합치결정을 하면서 위헌 법률을 일정 기간 동안 계속 적용을 명하는 경우, 법원은 이러한 예외적인 경우에 위헌법률을 계속 적용하여 재판할 수 있다.
⑤ 법원의 재판을 거쳐 확정된 행정처분(이하 '원행정처분'이라 한다)에 대한 헌법소원 심판청구는 헌법재판소법 제68조 제1항의 입법취지 등에 비추어 원칙적으로 허용되지 않지만, 원행정처분을 심판의 대상으로 삼았던 법원의 재판이 예외적으로 헌법소원심판의 대상이 되어 그 재판 자체가 취소되는 경우에는 예외적으로 원행정처분에 대하여도 헌법소원 심판청구가 허용된다.

> **MGI Point** 헌법소원의 대상(공권력의 행사 또는 불행사) ★★★
>
> ■ 중앙선거관리위원회가 '선거권이 없는 학생을 대상으로 하더라도 선거가 임박한 시기에 교원이 교육청의 계획 하에 모의투표를 실시하는 것은 행위양태에 따라 선거에 영향을 미치게 하기 위한 행위에 이르러 공직선거법에 위반될 수 있다.'고 결정한 것 ⇨ 공권력의 행사×
> ■ 한정위헌결정 이전에 확정된 청구인들에 대한 유죄판결 ⇨ 위헌결정의 기속력에 반하는 재판×
> ■ 한정위헌결정의 기속력을 부인하여 청구인들의 재심청구를 기각한 법원의 재판 ⇨ 헌법소원의 대상
> ■ 헌법불합치결정을 하면서 위헌 법률을 일정 기간 동안 계속 적용을 명하는 경우 ⇨ 법원은 위헌법률을 계속 적용하여 재판가
> ■ 법원의 재판을 거쳐 확정된 원행정처분을 심판의 대상으로 삼았던 법원의 재판이 예외적으로 헌법소원심판의 대상이 되어 그 재판 자체가 취소되는 경우 ⇨ 원행정처분에 대한 헌법소원가

① (O) 이 사건 결정·회신은 '교육청의 계획 하에 교원이 선거권이 없는 학생을 대상으로 하는 모의투표를 실시하는 것이 관련 법령상 허용되는지 여부'라는 법률적 문제에 관한 피청구인의 비권력적인 의견 제시에 불과하다. 피청구인의 위원·직원이 위와 같은 모의투표 실시 행위에 대하여 선거관리위원회법에 따라 중지·경고·시정명령 등의 조치를 하더라도, 이는 이 사건 결정·회신 위반이 아닌 공직선거법 등 법령 위반을 이유로 하는 것이고, 이 사건 결정·회신에서 피청구인이나 피청구인의 위원장이 모의투표 실시 행위에 대하여 위와 같은 조치를 취할 것임을 표명한 바도 없다. 따라서 이 사건 결정·회신은 그 자체만으로 청구인들의 법적 지위에 영향을 준다고 보기 어려운바, 헌법소원심판의 대상이 되는 공권력의 행사에 해당한다고 할 수 없다(헌법재판소 2021. 9. 30. 2020헌마494).

② (X) 형벌 조항은 위헌결정으로 소급하여 그 효력을 상실하지만, 위헌결정이 있기 이전의 단계에서 그 법률을 판사가 적용하는 것은 제도적으로 정당성이 보장되므로 아직 헌법재판소에 의하여 위헌으로 선언된 바가 없는 법률이 적용된 재판을 그 뒤에 위헌결정이 선고되었다는 이유로 위법한 공권력의 행사라고 하여 헌법소원심판의 대상으로 삼을 수는 없다. 따라서 이 사건 한정위헌결정 이전에 확정된 청구인들에 대한 유죄판결은 법률에 대한 위헌결정의 기속력에 반하는 재판이라고 볼 수 없으므로 이에 대한 심판청구는 부적법하다(헌법재판소 2022. 6. 30. 2014헌마760, 2014헌마763(병합)).

③ (O) 헌법은 법률에 대한 위헌심사권을 헌법재판소에 부여하고 있고(헌법 제107조, 제111조) 헌법재판소가 헌법에서 부여받은 위헌심사권을 행사한 결과인 법률에 대한 위헌결정은 법원을 포함한 모든 국가기관과 지방자치단체를 기속한다. 따라서 법률에 대한 위헌결정의 기속력을 부인하는 법원의 재판은 그 자체로 헌법

재판소 결정의 기속력에 반하는 것일 뿐만 아니라 법률에 대한 위헌심사권을 헌법재판소에 부여한 헌법의 결단에 정면으로 위배된다. 이러한 법원의 재판에 대해서는, 법 제68조 제1항 본문이 법원의 재판을 헌법소원심판의 대상에서 제외하고 있다 하더라도, 헌법의 최고규범성을 수호하고 헌법이 헌법재판소에 부여한 법률에 대한 위헌심사권을 회복하기 위하여 헌법재판소가 다시 최종적으로 심사할 필요가 있다. 이를 위해서는 법 제68조 제1항 본문의 '법원의 재판'의 범위에서 '법률에 대한 위헌결정의 기속력에 반하는 재판' 부분을 명시적으로 제외하는 위헌결정을 함으로써 그에 대해 예외적으로 헌법소원심판을 허용하여야 한다( ).

④ (○) 법률에 대한 헌법재판소의 위헌결정에는 단순위헌결정은 물론, 헌법불합치결정도 포함되고, 이들은 모두 당연히 기속력을 가진다. 다만 헌법재판소는 위헌결정을 통하여 위헌법률을 법질서에서 제거하는 것이 오히려 법적 공백이나 혼란을 초래할 우려가 있는 경우, 헌법불합치결정을 하면서 위헌 법률을 일정 기간 동안 계속 적용을 명하는 경우가 있는데, 모든 국가기관은 이에 기속되고, 법원은 이러한 예외적인 경우에 위헌법률을 계속 적용하여 재판할 수 있다(헌법재판소 2013. 9. 26. 2012헌마806).

⑤ (○) 행정처분의 취소를 구하는 행정소송이 확정된 경우에 그 원행정처분의 취소를 구하는 헌법소원심판 청구를 받아들여 이를 취소하는 것은, 원행정처분을 심판의 대상으로 삼았던 법원의 재판이 예외적으로 헌법소원심판의 대상이 되어 그 재판 자체가 취소되는 경우에 한하여 국민의 기본권을 신속하고 효율적으로 구제하기 위하여 가능한 것이고, 이와는 달리 법원의 재판이 취소되지 아니하는 경우에는 확정판결의 기판력으로 인하여 원행정처분은 헌법소원심판의 대상이 되지 아니하며, 뿐만 아니라 원행정처분에 대한 헌법소원심판청구를 허용하는 것은 "명령·규칙 또는 처분이 헌법이나 법률에 위반되는 여부가 재판의 전제가 된 경우에는 대법원은 이를 최종적으로 심사할 권한을 가진다."고 규정한 헌법 제107조 제2항이나, 원칙적으로 헌법소원심판의 대상에서 법원의 재판을 제외하고 있는 헌법재판소법 제68조 제1항의 취지에도 어긋난다(헌법재판소 2001. 2. 22. 선고 99헌마409).

정답 ②

문 86

헌법재판소법 제68조 제1항의 헌법소원에 관한 다음 설명 중 가장 옳지 않은 것은? [2022년 24번]

① 대통령의 법률안 제출행위는 국가기관의 내부적 행위에 불과하고 국민에 대하여 직접적인 법률효과를 발생시키는 행위가 아니므로 헌법소원심판의 대상이 되지 않는다.
② 사법부에서 제정한 규칙이 별도의 집행행위를 기다리지 않고 직접 기본권을 침해하는 것일 때에는 헌법소원심판의 대상이 될 수 있다.
③ 헌법에서 기본권보장을 위해 법령에 명시적으로 입법위임을 하였으나, 입법자의 입법 내용이 불완전, 불충분 또는 불공정하여 헌법 위반에 해당하는 경우에는 그 입법부작위 자체를 헌법소원심판의 대상으로 삼아야 한다.
④ 국회의장의 불법적인 의안처리행위로 국회의원의 심의·표결권이 침해되었다고 하더라도, 그 심의·표결권은 국회의원 개인에게 보장된 기본권이 아니므로 이러한 경우 국회의원은 헌법소원심판을 청구할 수 없다.
⑤ 비구속적 행정계획안이나 행정지침도 헌법소원심판의 대상이 되는 경우가 있다.

| MGI Point | 헌법재판소법 제68조 제1항의 헌법소원 | ★★★ |

- 대통령의 법률안 제출행위 ⇨ 헌법소원심판의 대상 ×
- 사법부에서 제정한 규칙 ⇨ 직접 기본권을 침해하는 것일 때 헌법소원심판의 대상 ○
- 부진정입법부작위 ⇨ 결함이 있는 당해 입법규정 그 자체를 대상으로 하여 헌법소원을 제기하여야 함
- 국회의원이 심의·표결권이 침해를 이유로 헌법소원심판 청구 不可
- 비구속적 행정계획안이나 행정지침 ⇨ 헌법소원심판의 대상이 되는 경우 有

① (○) 공권력의 행사에 대하여 헌법소원심판을 청구하기 위하여는, 공권력의 주체에 의한 공권력의 발동으로서 국민의 권리의무에 대하여 직접적인 법률효과를 발생시키는 행위가 있어야 한다. 그런데 대통령의 법률안 제출행위는 국가기관간의 내부적 행위에 불과하고 국민에 대하여 직접적인 법률효과를 발생시키는 행위가 아니므로 헌법재판소법 제68조에서 말하는 공권력의 행사에 해당되지 않는다. 따라서 청구인들의 이 사건 작위 부분에 대한 심판청구는 부적법하다고 할 것이다(헌재 1994.08.31. 92헌마174).

② (○) 헌법재판소법 제68조 제1항이 규정하고 있는 헌법소원심판의 대상으로서의 "공권력"이란 입법·사법·행정 등 모든 공권력을 말하는 것이므로 입법부에서 제정한 법률, 행정부에서 제정한 시행령이나 시행규칙 및 사법부에서 제정한 규칙 등은 그것들이 별도의 집행행위를 기다리지 않고 직접 기본권을 침해하는 것일 때에는 모두 헌법소원심판의 대상이 될 수 있는 것이다(헌재 1990.10.15. 89헌마178).

③ (X) 이른바 "진정 입법부작위" 즉, 본래의 의미에서의 입법부작위를 대상으로 하는 헌법소원은 원칙적으로 허용되지 아니하고, 다만 예외적으로 헌법에서 기본권보장을 위하여 법령에 명시적인 입법위임을 하였음에도 불구하고 입법자가 상당한 기간 내에 이를 이행하지 아니하거나 또는 헌법 해석상 특정인에게 구체적인 기본권이 생겨 이를 보장하기 위한 국가의 행위의무 내지 보호의무가 발생하였음이 명백함에도 불구하고 입법자가 아무런 입법조치를 취하지 않고 있는 경우에 한하여 허용될 뿐이며, 한편 "부진정 입법부작위"를 대상으로 헌법소원을 제기하려면 그 입법부작위를 헌법소원의 대상으로 삼을 수는 없고, 결함이 있는 당해 입법규정 그 자체를 대상으로 하여 그것이 평등의 원칙에 위배된다는 등 헌법위반을 내세워 적극적인 헌법소원을 제기하여야 하며, 이 경우에는 법령에 의하여 직접 기본권이 침해되는 경우라고 볼 수 있으므로 헌법재판소법 제69조 제1항 소정의 청구기간을 준수하여야 한다(헌재 2009.07.14. 2009헌마349).

④ (○) 국회의원이 국회 내에서 행하는 질의권·토론권 및 표결권 등은 입법권 등 공권력을 행사하는 국가기관인 국회의 구성원의 지위에 있는 국회의원에게 부여된 권한이지 국회의원 개인에게 헌법이 보장하는 권리 즉 기본권으로 인정된 것이라고 할 수 없으므로, 설사 국회의장의 불법적인 의안처리행위로 헌법의 기본원리가 훼손되었다고 하더라도 그로 인하여 헌법상 보장된 구체적 기본권을 침해당한 바 없는 국회의원인 청구인들에게 헌법소원심판청구가 허용된다고 할 수 없다(헌재 1995.02.23. 90헌마125).

⑤ (○) 비구속적 행정계획안이나 행정지침이라도 국민의 기본권에 직접적으로 영향을 끼치고, 앞으로 법령의 뒷받침에 의하여 그대로 실시될 것이 틀림없을 것으로 예상될 수 있을 때에는, 공권력행위로서 예외적으로 헌법소원의 대상이 될 수 있다(헌재 2000.06.01. 99헌마538 등).

정답 ③

문 87

법령에 대한 헌법소원의 요건으로서 직접성에 관한 다음 설명 중 가장 옳지 않은 것은? [2020년 39번]

① 법령 자체가 헌법소원의 대상이 될 수 있으려면 해당 법령으로 인하여 직접, 현재, 자기의 기본권을 침해받아야 한다.

② 기본권 침해의 직접성이란 집행행위에 의하지 아니하고 그 자체에 의하여 자유의 제한, 의무의 부과, 권리 또는 법적 지위의 박탈이 생긴 경우를 뜻하므로, 구체적인 집행행위를 통하여 비로소 기본권 침해의 법률효과가 발생하는 경우에는 직접성의 요건이 결여된다.
③ 직접성이 요구되는 법령에는 형식적인 의미의 법률뿐만 아니라 조약, 명령·규칙, 헌법소원 대상성이 인정되는 행정규칙, 조례 등이 모두 포함된다.
④ 법령에 근거한 구체적인 집행행위가 기속행위인 경우에는 법령은 집행기관에게 기본권 침해의 가능성만 부여할 뿐, 기본권의 침해는 집행기관의 의사에 따른 집행행위에 의하여 비로소 이루어지고 현실화되므로, 법령에 의한 기본권 침해의 직접성이 인정될 여지가 없다.
⑤ 집행행위가 존재하는 경우라도 그 집행행위를 대상으로 하는 구제절차가 없거나, 구제절차가 있다고 하더라도 권리구제의 기대가능성이 없고 다만 기본권 침해를 당한 청구인에게 불필요한 우회절차를 강요하는 것밖에 되지 않는 경우, 법규범이 집행행위를 예정하고 있더라도 법규범의 내용이 집행행위 이전에 이미 국민의 권리관계를 직접 변동시키거나 국민의 법적 지위를 결정적으로 정하는 것이어서 국민의 권리관계나 집행행위의 유무나 내용에 의하여 좌우될 수 없을 정도로 확정된 상태인 경우에는 그 법규범의 기본권 침해의 직접성이 인정된다.

MGI Point **법령 헌법소원의 요건으로서 직접성** ★★★

- 법령이 헌법재판소법 제68조 제1항에 따른 헌법소원의 대상이 되려면 구체적인 집행행위없이 직접 기본권 침해 要
  ⇨ 집행행위에는 입법 및 사법행위 포함 ○
- 직접성이 요구되는 법령 ⇨ 형식적인 의미의 법률 and 조약, 명령·규칙, 헌법소원 대상성이 인정되는 행정규칙, 조례 등이 모두 포함
- 법률의 기본권침해의 직접성
  - 집행행위에 의하지 아니하고 그 자체에 의하여 자유의 제한, 의무의 부과, 권리 또는 법적 지위의 박탈이 생긴 경우를 의미
  - 법률규정이 그 구체화를 위하여 하위규범의 시행을 예정하고 있는 경우 ⇨ 기본권침해의 직접성 ×
  - 법령에 근거한 구체적인 집행행위가 재량행위인 경우 ⇨ 기본권침해의 직접성 ×
- 법규범이 집행행위 예정하고 있어도 직접성이 인정되는 경우
  - 집행행위를 대상으로 하는 구제절차가 없거나 있어도 권리구제 기대가능성이 없는 때
  - 법규범이 집행행위 이전에 권리관계를 직접 변동시키거나 법적 지위를 확정하는 때

---

① (○) 무릇 헌법소원의 청구인은 그가 심판의 대상으로 주장하는 공권력작용으로 인하여 직접적으로 기본권이 침해되어야 한다. 이 직접성의 요건은 법령에 대한 헌법소원에서는 특히 중요한 의미를 가진다. 즉, 법령 자체가 헌법소원의 대상이 될 수 있으려면 그 법령에 의하여 구체적인 집행행위를 기다리지 아니하고 직접·현재·자기의 기본권을 침해받아야 하는 것을 요건으로 하고, 여기서 말하는 기본권침해의 직접성이란 집행행위에 의하지 아니하고 법령 그 자체에 의하여 자유의 제한, 의무의 부과, 권리 또는 법적 지위의 박탈이 생긴 경우를 뜻한다(헌재 2003.07.24. 2003헌마3).

② (○) 기본권 침해의 직접성의 요건은 법령에 대한 헌법소원에서 특히 중요한 의미를 갖는데, 기본권 침해의 직접성은 집행행위에 의하지 아니하고 법률 그 자체에 의하여 자유의 제한, 의무의 부과, 권리 또는 법적 지위의 박탈이 생긴 경우를 의미하므로, 구체적인 집행행위를 통하여 비로소 기본권 침해의 법률효과가 발생하는 경우에는 직접성의 요건이 결여된다(헌재 2005.05.26. 2004헌마671).

③ (○) 직접성이 요구되는 법령에는 형식적인 의미의 법률뿐만 아니라 조약, 명령·규칙, 헌법소원 대상성이 인정되는 행정규칙, 조례 등이 모두 포함된다(헌재 2020.01.07. 2019헌마1403).

④ (X) 법령에 근거한 구체적인 집행행위가 재량행위인 경우에는 법령은 집행관청에게 기본권침해의 가능성만을 부여할 뿐 법령 스스로가 기본권의 침해행위를 규정하고 행정청이 이에 따르도록 구속하는 것이 아니고, 이 때의 기본권의 침해는 집행기관의 의사에 따른 집행행위, 즉 재량권의 행사에 의하여 비로소 이루어지고 현실화되므로 이러한 경우에는 법령에 의한 기본권침해의 직접성이 인정될 여지가 없다(헌재 1998.04.30. 97헌마141).

⑤ (○) 집행행위가 존재하는 경우라도 그 집행행위를 대상으로 하는 구제절차가 없거나, 구제절차가 있다고 하더라도 권리구제의 기대가능성이 없고 다만 기본권 침해를 당한 청구인에게 불필요한 우회절차를 강요하는 것밖에 되지 않는 경우, 법규범이 집행행위를 예정하고 있더라도 법규범의 내용이 집행행위 이전에 이미 국민의 권리관계를 직접 변동시키거나 국민의 법적 지위를 결정적으로 정하는 것이어서 국민의 권리관계나 집행행위의 유무나 내용에 의하여 좌우될 수 없을 정도로 확정된 상태인 경우에는 그 법규범의 기본권 침해의 직접성이 인정된다(헌재 2020.01.07. 2019헌마1403).

정답 ④

문 88

헌법소원에 관한 다음 설명 중 가장 옳지 않은 것은? [2020년 10번]

① 법원의 재판을 거쳐 확정된 행정처분(원행정처분)에 대한 헌법소원심판은 당해 행정처분을 심판의 대상으로 삼았던 법원의 재판이 예외적으로 헌법소원의 심판대상이 되어 그 재판 자체가 취소되는 경우에 한하여 청구할 수 있고, 법원의 재판이 취소될 수 없는 경우에는 당해 행정처분에 대한 헌법소원심판이 허용되지 않는다는 것이 헌법재판소의 입장이다.

② 법인 아닌 사단·재단이라고 하더라도 대표자의 정함이 있고 독립된 사회적 조직체로서 활동하는 때에는 성질상 법인이 누릴 수 있는 기본권을 침해당하게 되면 그의 이름으로 헌법소원심판을 청구할 수 있다. 언론인이 직무관련 여부 및 기부·후원·증여 등 그 명목에 관계없이 동일인으로부터 일정 금액을 초과하는 금품 등을 받거나 요구 또는 약속하는 것을 금지하는 '부정청탁 및 금품등 수수의 금지에 관한 법률' 조항과 관련하여, 사단법인 한국기자협회는 기본권침해의 자기관련성이 인정되므로 그 구성원을 위하여 또는 구성원을 대신하여 헌법소원 청구가 허용된다.

③ 검사의 공소제기처분은 법원에 공소가 제기된 이후에는 법원의 재판절차에 흡수되어 그 적법성에 대하여 충분한 사법적 심사를 받게 되므로 원칙적으로 검사의 공소제기 자체는 독립하여 헌법소원의 청구대상이 될 수 없다.

④ 진정에 대한 국가인권위원회의 각하 및 기각결정은 피해자인 진정인의 권리행사에 중대한 지장을 초래하는 것으로서 항고소송의 대상이 되는 행정처분에 해당한다. 그러므로 이에 대한 다툼은 우선 행정심판이나 행정소송에 의하여야 한다.

⑤ 유치장 수용자에 대한 신체수색은 유치장의 관리주체인 경찰이 우월적 지위에서 피의자 등에게 일방적으로 강제하는 성격을 지닌 것이므로 권력적 사실행위에 해당하고, 이는 헌법소원심판청구의 대상이 되는 헌법재판소법 제68조 제1항의 공권력의 행사에 해당한다.

> **MGI Point** **헌법소원** ★★
>
> ■ 법원의 재판을 거쳐 확정된 행정처분(원행정처분)과 헌법소원
>   • 원칙 : 헌법소원대상 ×
>   • 예외 : 처분을 심판대상으로 한 재판이 예외적으로 헌법소원의 대상이 되어 재판 자체가 취소되는 경우 ○
> ■ 사단법인 한국기자협회 ⇨ 부정청탁 및 금품등 수수의 금지에 관한 법률(일명 김영란법) 자기관련성 ×, 직접성 ×
> ■ 검사의 공소제기처분 ⇨ 헌법소원심판의 청구대상 ×
> ■ 국가인권위원회의 진정 기각·각하결정 : 행정처분 ○
>   • 행정심판이나 행정소송 등의 사전 구제절차를 모두 경료하여야 함
>   • 보충성의 원칙 위반
> ■ 유치장 수용자에 대한 신체수색 ⇨ 권력적 사실행위 ○, 공권력행사 ○

① (○) 헌법재판소법 제68조 제1항의 헌법소원은 행정처분에 대하여도 청구할 수 있는 것이나 그것이 법원의 재판을 거쳐 확정된 행정처분인 경우에는 당해 행정처분을 심판의 대상으로 삼았던 법원의 재판이 예외적으로 헌법소원심판의 대상이 되어 그 재판 자체가 취소되는 경우에 한하여 심판이 가능한 것이고 이와 달리 법원의 재판이 취소될 수 없는 경우에는 당해 행정처분 역시 헌법소원심판의 대상이 되지 아니한다(헌재 1998.07.16. 95헌마77).

② (X) 청구인 사단법인 한국기자협회는 전국의 신문·방송·통신사 소속 현직 기자들을 회원으로 두고 있는 민법상 비영리 사단법인으로서, '언론중재 및 피해구제에 관한 법률' 제2조 제12호에 따른 언론사에는 해당한다. 그런데 심판대상조항은 언론인 등 자연인을 수범자로 하고 있을 뿐이어서 청구인 사단법인 한국기자협회는 심판대상조항으로 인하여 자신의 기본권을 직접 침해당할 가능성이 없다. 또 사단법인 한국기자협회가 그 구성원인 기자들을 대신하여 헌법소원을 청구할 수도 없으므로, 위 청구인의 심판청구는 기본권 침해의 자기관련성을 인정할 수 없어 부적법하다(헌재 2016.07.28. 2015헌마236).

③ (○) 검사의 공소제기처분은 법원에 공소가 제기된 이후에는 법원의 재판절차에 흡수되어 그 적법성에 대하여 충분한 사법적 심사를 받게 되므로 그 독자적 합헌성을 심사할 필요성이 상실된 것이어서, 검사의 공소제기 자체는 독립하여 헌법소원심판의 청구대상이 될 수 없다(헌재 2011.04.26. 2011헌마191).

④ (○) 국가인권위원회는 법률상의 독립된 국가기관이고, 피해자인 진정인에게는 국가인권위원회법이 정하고 있는 구제조치를 신청할 법률상 신청권이 있는데 국가인권위원회가 진정을 각하 및 기각결정을 할 경우 피해자인 진정인으로서는 자신의 인격권 등을 침해하는 인권침해 또는 차별행위 등이 시정되고 그에 따른 구제조치를 받을 권리를 박탈당하게 되므로, 진정에 대한 국가인권위원회의 각하 및 기각결정은 피해자인 진정인의 권리행사에 중대한 지장을 초래하는 것으로서 항고소송의 대상이 되는 행정처분에 해당하므로, 그에 대한 다툼은 우선 행정심판이나 행정소송에 의하여야 할 것이다. 따라서 이 사건 심판청구는 행정심판이나 행정소송 등의 사전 구제절차를 모두 거친 후 청구된 것이 아니므로 보충성 요건을 충족하지 못하였다(헌재 2015.03.26. 2013헌마214).

⑤ (○) 유치장 수용자에 대한 신체수색은 유치장의 관리주체인 경찰이 피의자 등을 유치함에 있어 피의자 등의 생명·신체에 대한 위해를 방지하고, 유치장 내의 안전과 질서유지를 위하여 실시하는 것으로서 그 우월적 지위에서 피의자 등에게 일방적으로 강제하는 성격을 가진 것이므로 권력적 사실행위라 할 것이며, 이는 헌법소원심판청구의 대상이 되는 헌법재판소법 제68조 제1항의 공권력의 행사에 포함된다(헌재 2002.07.18. 2000헌마327).

정답 ②

문 89

헌법소원의 대상성 내지 심판대상에 관한 다음 설명 중 가장 옳지 않은 것은? [2020년 11번]

① 헌법소원심판청구 후에 유효하게 공포·시행되었다 하더라도, 심판청구 당시 공포되기 전의 법률이었다면 헌법소원의 대상성이 부인된다.
② 입법부작위 중 '부진정입법부작위'의 경우에는 결함이 있는 당해 입법규정 그 자체를 대상으로 하여 헌법소원심판을 청구하여야 한다.
③ 행정조직 내부에서만 효력을 가지는 행정규칙은 국민이나 법원을 구속하는 효력이 없으므로 헌법소원의 대상이 되지 않는 것이 원칙이다.
④ 행정청의 사실행위는 '비권력적 사실행위'와 '권력적 사실행위'로 나눌 수 있고, 이 중에서 권력적 사실행위만 헌법소원의 대상이 되는 공권력 행사에 해당한다.
⑤ 헌법재판소는 '구법' 조항에 관하여 위헌결정을 선고하면서, 해당 조항과 자구상의 표현만 다를 뿐 그 실질적 내용이 동일한 '신법' 조항에 대하여까지 심판대상을 확장하여 판단하는 경우가 있다.

MGI Point 헌법소원의 대상성 ★★

■ 공포 전 법률에 대한 헌법소원 ⇨ 심판청구 후 유효하게 공포·시행된 경우 대상성 인정 ○
■ 부진정 입법부작위를 대상으로 헌법소원 제기 ⇨ 결함이 있는 당해 입법규정 그 자체를 대상으로 함
■ 행정규칙은 대외적 구속력 × ⇨ 원칙적으로 헌법소원의 대상이 되는 공권력의 행사 ×
■ 행정청의 사실행위는 비권력적 사실행위와 권력적 사실행위로 나뉨 ⇨ 권력적 사실행위만 헌법소원의 대상이 되는 공권력의 행사 ○
■ 헌법재판소는 구법 조항에 관하여 위헌결정을 선고하면서, 해당 조항과 그 실질적 내용이 동일한 신법 조항에 대하여 심판대상을 확장하여 판단 ○

---

① (X) 법률안이 거부권 행사에 의하여 최종적으로 폐기되었다면 모르되, 그렇지 아니하고 공포되었다면 법률안은 그 동일성을 유지하여 법률로 확정되는 것이라고 보아야 한다. 나아가, 우리 재판소가 위헌제청 당시 존재하지 아니하였던 신법의 경과규정까지 심판대상을 확장하였던 선례(헌재 2000.08.31. 97헌가12)에 비추어 보면, 심판청구 후에 유효하게 공포·시행되었고 그 법률로 인하여 평등권 등 기본권을 침해받게 되었다고 주장하는 이상 청구 당시의 공포 여부를 문제삼아 헌법소원의 대상성을 부인할 수는 없다(헌재 2001.11.29. 99헌마494).

② (○) 우리 헌법재판소의 판례에 의하면, 이른바 "진정 입법부작위" 즉, 본래의 의미에서의 입법부작위를 대상으로 하는 헌법소원은 원칙적으로 허용되지 아니하고, 다만 예외적으로 헌법에서 기본권보장을 위하여 법령에 명시적인 입법위임을 하였음에도 불구하고 입법자가 상당한 기간 내에 이를 이행하지 아니하거나 또는 헌법 해석상 특정인에게 구체적인 기본권이 생겨 이를 보장하기 위한 국가의 행위의무 내지 보호의무가 발생하였음이 명백함에도 불구하고 입법자가 아무런 입법조치를 취하지 않고 있는 경우에 한하여 허용될 뿐이며, 한편 "부진정 입법부작위"를 대상으로 헌법소원을 제기하려면 그 입법부작위를 헌법소원의 대상으로 삼을 수는 없고, 결함이 있는 당해 입법규정 그 자체를 대상으로 하여 그것이 평등의 원칙에 위배된다는 등 헌법위반을 내세워 적극적인 헌법소원을 제기하여야 하며, 이 경우에는 법령에 의하여 직접 기본권이 침해되는 경우라고 볼 수 있으므로 헌법재판소법 제69조 제1항 소정의 청구기간을 준수하여야 한다(헌재 2009.07.14. 2009헌마349).

③ (○) 일반적으로 행정규칙은 행정조직 내부에서만 효력을 가지는 것이고 대외적인 구속력을 가지는 것이 아니어서 원칙적으로 헌법소원의 대상이 되는 '공권력의 행사'에 해당하지 아니한다(헌재 2013.05.28. 2013헌마334).

④ (○) 헌법소원은 공권력의 행사 또는 불행사로 인하여 헌법상 보장된 기본권을 침해받은 자가 제기하는 권리구제수단이므로, 공권력의 행사를 대상으로 하는 헌법소원에 있어서는 적어도 기본권침해의 원인이 되는 행위가 공권력의 행사에 해당하여야 한다. 한편, 행정청의 사실행위는 경고·권고·시사와 같은 정보제공 행위나 단순한 행정지도와 같이 대외적 구속력이 없는 '비권력적 사실행위'와 행정청이 우월적 지위에서 일방적으로 강제하는 '권력적 사실행위'로 나눌 수 있고, 이 중에서 권력적 사실행위만 헌법소원의 대상이 되는 공권력의 행사에 해당하고 비권력적 사실행위는 공권력의 행사에 해당하지 아니한다(헌재 2012.11.06. 2012헌마828).

⑤ (○) 이 사건 현행법 조항은 일부 자구상의 표현만 다를 뿐 실질적 내용에 변함이 없고 위헌 여부에 관하여 이 사건 구법 조항과 결론을 같이 할 것이 명백하므로, 법질서의 정합성과 소송경제의 측면에서 심판대상에 포함하여 함께 판단한다. 그런데 이 사건 현행법 조항을 단순위헌으로 결정하여 당장 효력을 상실시킬 경우, 법적 공백으로 인하여 형의 집행이 종료되거나 면제된 소년범도 자격 제한을 받게 되는 불합리한 결과가 발생하므로 헌법불합치 결정을 선고하여 계속적용을 명하되, 입법자는 늦어도 2018. 12. 31.까지 개선입법을 이행하여야 한다(헌재 2018.01.25. 2017헌가7·12·13(병합)). ▸ 소년범 중 형의 집행이 종료되거나 면제된 자에 한하여 자격에 관한 법령의 적용에 있어 장래에 향하여 형의 선고를 받지 아니한 것으로 본다고 규정한 구 소년법 제67조가 평등원칙에 위반된다고 판단하면서, 소년법 제67조에 대한 심판대상의 확장과 헌법불합치결정의 필요성을 언급했다.

정답 ①

문 90

헌법재판소법 제68조 제1항에 따른 헌법소원심판의 대상에 관한 다음 설명 중 가장 옳지 않은 것은? [2018년 36번]

① 재판장의 소송지휘권 행사에 관한 사항은 종국판결이 선고된 이후에는 종국판결에 흡수·포함되어 그 불복방법은 그 판결에 대한 상소에 의해서만 가능하므로, 재판장의 소송지휘권의 부당한 행사를 대상으로 하는 헌법소원심판청구는 결국 법원의 재판을 그 대상으로 하여 청구한 경우에 해당하여 부적법하다.
② 법원의 소액사건 담당판사가 판결 선고 당시 판결이유의 요지를 구술로 설명하지 아니한 부작위는, 판결의 선고행위를 구성하는 행위로서 결국 법원의 재판에 해당하는 것이어서 이를 대상으로 하는 헌법소원심판청구는 부적법하다.
③ 법원행정처장의 민원인에 대한 법령질의회신은 법규나 행정처분과 같은 법적 구속력을 갖는 것이 아니므로 이에 대한 헌법소원심판청구는 부적법하다.
④ 공정거래위원회의 심사불개시결정이나 무혐의처분에 대하여 곧바로 헌법소원심판을 청구하는 것은 보충성원칙에 위배되어 부적법하다.
⑤ 헌법재판소법 제68조 제1항에서 규정하고 있는 '법원의 재판'에는 군사법원의 재판도 포함된다.

:: 해설   ★★

① (○) 소송당사자의 소송행위 및 재판장의 소송지휘권 행사에 관한 사항은 종국판결이 선고된 이후에는 위 종국판결에 흡수·포함되어 그 불복방법은 그 판결에 대한 상소로만 가능하다 할 것인바, 이 사건 헌법소원심판청구는 결국 헌법소원청구의 대상에서 제외된 법원의 재판을 직접 그 대상으로 하여 헌법소원심판을 청구한 경우에 해당하므로 부적법하다(헌재 2012.02.28. 2012헌마97).

② (○) 이 사건 부작위는 법원의 재판작용에 속하거나 또는 종국판결에 흡수·포함되어 일체를 이루는 것으로서 그에 대한 불복은 종국판결에 대한 상소의 방법으로만 가능하므로, 이 부분 심판청구는 결국 법원의 재판을 대상으로 한 헌법소원에 해당하여 부적법하다. 그 이유는 다음과 같다. 소액사건의 판결을 선고하면서 이유를 설명하는 것이나 그 설명을 다하지 아니한다는 부작위는 그 자체로 독자적인 의미와 기능을 갖고 있다기보다는 판결의 선고행위를 구성하는 행위에 불과하여 이들을 판결로부터 분리하여 독자적으로 헌법소원의 대상이 되는 공권력의 행사 또는 불행사로 취급하기 곤란한 측면이 있다. 이렇게 보면 이 사건 부작위가 청구인의 재판청구권 등 기본권을 침해하여 위헌이라는 주장은 곧 법률에 규정된 방식을 따르지 아니한 판결 선고행위의 하자를 탓하는 것이라고 볼 수 있는바, 이와 같이 헌법소원의 대상을 전체로서 '이유를 설명하지 않은 채 이루어진 판결 선고'로 파악하게 되면 이는 전형적인 '법원의 재판'에 해당하는 것이다. 위와 같은 측면에 비추어 볼 때 이 사건 부작위의 위헌 여부를 다투는 심판청구 부분은 결국 재판소원의 금지규정이 적용되어 부적법하다는 결론에 이르게 될 것이다(헌재 2004.09.23. 2003헌마19).

③ (○) 법원행정처장의 민원인에 대한 법령 질의회신이란 법규나 행정처분과 같은 법적 구속력을 갖는 것이라고는 보여지지 아니하므로 이에 대한 헌법소원심판청구는 부적법하다(헌재 1989.07.28. 89헌마1).

④ (X) 이 사건 민원회신은 실질적으로는 청구인들의 공정거래법 위반행위의 신고에 대한 심사불개시결정의 성격을 가진다고 보아야 한다. 그리고 공정거래위원회의 심사불개시결정은 무혐의처분과 아울러 공권력의 행사에 해당되고, 그것이 자의적일 경우 피해자(신고인)의 평등권을 침해할 수 있으므로, 헌법소원의 대상이 된다(헌재 2012.12.27. 2011헌마280).

⑤ (○) 헌법재판소법 제68조 제1항에서 규정하고 있는 '법원의 재판'이라 함은 사건을 종국적으로 해결하기 위한 종국판결 외에 소송절차의 파생적·부수적인 사항에 대한 공권적 판단도 포함되는 것이다(헌재 2013.03.05. 2013헌마38). ▶ 위 '법원의 재판'에는 군사법원의 재판이 당연히 포함되고, 그렇지 아니하다고 볼 이유가 없다.

정답 ④

문 91

헌법재판소법 제68조 제1항에 따른 헌법소원심판의 사전심사에 관한 다음 설명 중 가장 옳은 것은?
[2018년 27번]

① 헌법소원심판청구에 대하여 아무런 보정명령이 발령되지 않은 채로 심판청구일부터 30일이 지날 때까지 지정재판부의 각하결정이 없는 때에는 심판회부결정이 있는 것으로 본다.
② 지정재판부는 사전심사결과 헌법소원을 각하한 때에는 그 결정일부터 30일 이내에 청구인 또는 그 대리인 및 피청구인에게 그 사실을 통지하여야 한다.
③ 지정재판부의 각하결정에 반대하는 의견을 가진 재판관은 결정문에 반대의견을 밝힐 권한이 있다.
④ 지정재판부에서는 가처분신청에 대한 결정을 할 수 없다.
⑤ 지정재판부의 사전심사에서 본안에 대한 판단도 할 수 있다.

해설 ★★

① (○), ② (X) 헌법재판소법 제72조, 제73조 참조.

> 헌법재판소법 제72조(사전심사) ③ 지정재판부는 다음 각 호의 어느 하나에 해당되는 경우에는 지정재판부 재판관 전원의 일치된 의견에 의한 결정으로 헌법소원의 심판청구를 각하한다. (각 호 생략)
> ④ 지정재판부는 전원의 일치된 의견으로 제3항의 각하결정을 하지 아니하는 경우에는 결정으로 헌법소원을 재판부의 심판에 회부하여야 한다. 헌법소원심판의 청구 후 30일이 지날 때까지 각하결정이 없는 때에는 심판에 회부하는 결정(이하 "심판회부결정"이라 한다)이 있는 것으로 본다.
> 헌법재판소법 제73조(각하 및 심판회부 결정의 통지) ① 지정재판부는 헌법소원을 각하하거나 심판회부결정을 한 때에는 그 결정일부터 14일 이내에 청구인 또는 그 대리인 및 피청구인에게 그 사실을 통지하여야 한다. 제72조 제4항 후단의 경우에도 또한 같다.

③ (X) 지정재판부의 사전심사는 심판청구의 본안에 대한 판단이 아니라 단지 적법요건의 구비여부만을 심사하게 되므로 종국결정에 관여한 법관이 결정서에 의견을 표시하여야 한다는 규정(헌법재판소법 제36조 제3항)은 적용될 여지가 없다고 해야 한다(한수웅, 헌법학 제7판, p.1391). 헌법재판소법 제36조 참조.

> 헌법재판소법 제36조(종국결정) ③ 심판에 관여한 재판관은 결정서에 의견을 표시하여야 한다.

④ (X) 헌법재판소법은 정당해산심판과 권한쟁의심판에 관해서만 가처분에 관한 규정(같은 법 제57조 및 제65조)을 두고 있을 뿐, 다른 헌법재판절차에 있어서도 가처분이 허용되는가에 관하여는 명문의 규정을 두고 있지 아니하다. 그러나 위 두 심판절차 이외에 같은 법 제68조 제1항 헌법소원심판절차에 있어서도 가처분의 필요성은 있을 수 있고, 달리 가처분을 허용하지 아니할 상당한 이유를 찾아볼 수 없으므로 위 헌법소원심판청구사건에서도 가처분이 허용된다고 할 것이다(헌재 2000.12.08. 2000헌사471). 가처분은 본안심판이 헌법재판소에 계속중일 때 신청할 수 있음이 원칙이지만 본안심판이 계속되기 전이라 하더라도 신청할 수 있다(김유향, 기본강의 헌법 전정6판, p.1492).

▶ 가처분은 헌법재판소법 제68조 제1항 헌법소원심판절차에서도 허용되고 가처분의 성질상 본안심판이 계속되기 전이라도 신청할 수 있으므로, 지정재판부에서도 가처분신청에 대한 결정을 할 수 있다고 봄이 타당하다.

⑤ (X) 지정재판부의 사전심사는 심판청구의 본안에 대한 판단이 아니라 단지 청구요건의 구비여부만을 심사하는 것이다(김유향, 기본강의 헌법 전정6판, p.1470).

정답 ①

문 92

헌법소원심판청구에 관한 다음 설명 중 가장 옳지 않은 것은? [2018년 26번]

① 헌법재판소법 제68조 제1항에 따른 헌법소원심판은 그 사유가 있음을 안 날로부터 90일 이내에, 그 사유가 있는 날부터 1년 이내에 청구하여야 한다. 다만, 다른 법률에 따른 구제절차를 거친 헌법소원의 심판은 그 최종결정을 통지받은 날부터 30일 이내에 청구하여야 한다.

② 법원이 국민참여재판 대상사건의 피고인에게 '국민의 형사재판참여에 관한 규칙'에 따른 피고인 의사의 확인을 위한 안내서를 송달하지 않은 부작위는 헌법소원 대상이 되는 공권력의 불행사에 해당한다.

③ 행정권력의 부작위에 대한 헌법소원은 공권력의 주체에게 헌법에서 유래하는 작위의무가 특별히 구체적으로 규정되어 이에 의거하여 기본권의 주체가 행정행위 내지 공권력의 행사를 청구할 수 있음에도 공권력의 주체가 그 의무를 해태하는 경우에 한하여 허용된다.

④ 이른바 제주4·3특별법에 근거한 희생자 결정은 제주4·3사건 진압작전에 참가하였던 군인이나 그 유족들의 명예를 훼손하지 않으므로, 명예권 침해를 주장하는 이들의 헌법소원심판청구는 자기관련성이 없어 부적법하다.
⑤ 국회의원이 국회 내 의안처리 과정에서 질의권·토론권 및 표결권 등이 침해되었음을 이유로 한 헌법소원심판청구는 허용되지 않는다.

해설 ★★

① (○) 헌법재판소법 제69조 제1항 참조.

> 헌법재판소법 제69조(청구기간) ① 제68조 제1항에 따른 헌법소원의 심판은 그 사유가 있음을 안 날부터 90일 이내에, 그 사유가 있는 날부터 1년 이내에 청구하여야 한다. 다만, 다른 법률에 따른 구제절차를 거친 헌법소원의 심판은 그 최종결정을 통지받은 날부터 30일 이내에 청구하여야 한다.

② (X) 법원이 '국민의 형사재판 참여에 관한 규칙' 제3조 제1항에 따른 피고인 의사의 확인을 위한 안내서를 송달하지 않은 부작위(이하 '이 사건 송달 부작위'라 한다)에 대한 심판청구는 법원의 소송행위를 문제 삼는 것으로서 법원의 재판절차를 통해 시정되어야 하고 법원에서 상소의 방법으로 그 판단을 구해야 할 부분이므로, 법원의 재판을 대상으로 한 심판청구에 해당하여 부적법하다(헌재 2012.11.29. 2012헌마53).

③ (○) 행정권력의 부작위에 대한 헌법소원은 공권력의 주체에게 헌법에서 유래하는 작위의무가 특별히 구체적으로 규정되어 이에 의거하여 기본권의 주체가 행정행위 내지 공권력의 행사를 청구할 수 있음에도 공권력의 주체가 그 의무를 해태하는 경우에 한하여 허용된다. 위에서 말하는 "공권력의 주체에게 헌법에서 유래하는 작위의무가 특별히 구체적으로 규정되어 있는 경우"가 의미하는 바는 첫째, 헌법상 명문으로 공권력 주체의 작위의무가 규정되어 있는 경우, 둘째, 헌법의 해석상 공권력 주체의 작위의무가 도출되는 경우, 셋째, 공권력 주체의 작위의무가 법령에 구체적으로 규정되어 있는 경우 등을 포괄하고 있는 것으로 볼 수 있다(헌재 2018.02.27. 2018헌마151).

④ (○) 이 사건 희생자 결정에 대한 청구인들의 지위에 관해 보자면, 청구인들은 시민단체 구성원인 일반국민, 제주4·3사건 진압작전에 직접 참가하였던 군인, 그리고 제주4·3사건 진압작전에 직·간접적으로 관여한 자의 유족 등인바, 청구인들 중 어느 누구도 이 법이 규정하는 희생자에 해당하지 않으며 희생자 신고를 한 바도 없어 청구인들은 모두 이 사건 희생자 결정의 직접 상대방이 아닌 제3자에 해당한다고 할 수 있다. 따라서 이러한 청구인들이 이 사건 희생자 결정에 대해 명예권 침해를 이유로 헌법소원을 제기할 수 있는 자기관련성 요건을 갖추고 있는지가 문제된다. … 헌법 제10조가 보호하는 명예는 사람이나 그 인격에 대한 사회적 평가, 즉 객관적·외부적 가치평가를 가리키며 단순한 주관적·내면적 명예감정은 헌법이 보호하는 명예에 포함되지 않는다. 그런데, 제주4·3특별법은 제주4·3사건의 진상규명과 희생자 명예회복을 통해 인권신장과 민주발전 및 국민화합에 이바지함을 목적으로 제정되었고, 위령사업의 시행과 의료지원금 및 생활지원금의 지급 등 희생자들에 대한 최소한의 시혜적 조치를 부여하는 내용을 가지고 있는바, 그에 근거한 이 사건 희생자 결정이 청구인들의 사회적 평가에 부정적 영향을 미쳐 헌법이 보호하고자 하는 명예가 훼손되는 결과가 발생한다고 할 수는 없다. 따라서 이 사건 심판청구는 명예권 등 기본권침해의 자기관련성을 인정할 수 없어 부적법하다(헌재 2010.11.25. 2009헌마147).

⑤ (○) 입법권은 헌법 제40조에 의하여 국가기관으로서의 국회에 속하는 것이고, 국회의원이 국회내에서 행사하는 질의권·토론권 및 표결권 등은 입법권 등 공권력을 행사하는 국가기관인 국회의 구성원의 지위에 있는 국회의원에게 부여된 권한으로서 국회의원 개인에게 헌법이 보장하는 권리 즉 기본권으로 인정된 것이라고 할 수는 없다. 따라서 국회의 구성원인 지위에서 공권력작용의 주체가 되어 오히려 국민의 기본권을 보호 내지 실현할 책임과 의무를 지는 국회의원이 국회의 의안처리과정에서 위와 같은 권한을 침해당하였다고 하더라도 이는 헌법재판소법 제68조 제1항에서 말하는 "기본권의 침해"에는 해당하지 않으므로, 이러한 경우 국회의원은 개인의 권리 구제수단인 헌법소원을 청구할 수 없다(헌재 1995.02.23. 91헌마231).

정답 ②

문 93

헌법소원에 관한 다음 설명 중 옳은 것을 모두 고른 것은? [2018년 15번]

> 가. 헌법재판소법 제68조 제1항의 헌법소원은 기본권침해를 구제하는 제도이므로 그 헌법소원 심판청구가 적법하려면 심판청구 당시는 물론 그 결정 당시에도 권리보호의 이익이 있어야 함이 원칙이다.
> 나. 헌법재판소가 이미 위헌적인 법률조항에 대하여 헌법불합치결정을 하면서 입법자의 법률 개정 시한을 정하고 그때까지는 잠정적용을 명한 경우, 별건의 헌법소원심판청구에서 동일한 법률조항의 위헌확인을 구하는 것은 권리보호이익이 없다.
> 다. 청구인의 주관적 권리구제에는 도움이 되지 아니한다 하더라도 같은 유형의 기본권제한행위가 앞으로도 반복될 위험이 있고, 헌법질서의 수호·유지를 위하여 그에 대한 헌법적 해명이 긴요한 사항에 대하여는 심판청구의 이익을 인정할 수 있다.
> 라. 헌법소원심판청구 후 심판의 대상이 되었던 법령조항이 개정되어 더 이상 청구인에게 적용될 여지가 없게 된 경우에는, 특별한 사정이 없는 한 심판대상인 구법조항에 대하여 위헌결정을 받을 주관적 권리보호의 이익은 소멸하므로, 그러한 헌법소원 심판청구는 부적법하다.

① 가, 나, 다, 라
② 가, 나, 다
③ 가, 다
④ 나, 라
⑤ 라

해설

가. (○) 헌법소원은 국민의 기본권침해를 구제하는 제도이므로 헌법소원심판청구가 적법하려면 심판청구 당시는 물론 결정 당시에도 권리보호이익이 있어야 함이 원칙이다(헌재 2008.07.31. 2004헌마1010).

나. (○) 헌법재판소는 2015. 7. 30. 2014헌마340등 결정에서 성폭력특례법 제45조 제1항은 2016. 12. 31.을 시한으로 입법자가 개정할 때까지 계속 적용된다는 내용의 헌법불합치결정을 선고하였다. 헌법불합치결정도 위헌결정의 일종이므로, 위 조항은 이미 위헌으로 결정된 것이고, 따라서 위 조항에 대한 심판청구는 이미 위헌으로 결정된 법률조항에 대한 헌법소원심판청구로서 권리보호이익이 없어 부적법하다(헌재 2016.03.31. 2014헌마457).

다. (○) 헌법소원은 주관적인 권리구제뿐만 아니라 객관적인 헌법질서 보장의 기능도 겸하고 있으므로, 가사 청구인의 주관적인 권리구제에는 도움이 되지 아니한다 하더라도 같은 유형의 침해행위가 앞으로 반복될 위험이 있고, 헌법질서의 수호·유지를 위하여 그에 대한 헌법적 해명이 긴요한 사항에 대하여는 심판청구의 이익을 인정하여야 할 것이다(헌재 2002.07.18. 2000헌마327).

라. (○) 헌법소원 심판청구 후 심판의 대상이 되었던 법령조항이 개정되어 더 이상 청구인에게 적용될 여지가 없게 된 경우에는, 특별한 사정이 없는 한 심판대상인 구법조항에 대하여 위헌결정을 받을 주관적 권리보호의 이익은 소멸하므로, 그러한 헌법소원 심판청구는 부적법하다(헌재 2008.12.26. 2007헌마766).

정답 ①

문 94

헌법소원에 관한 다음 설명 중 옳은 것을 모두 고른 것은? [2018년 3번]

> 가. 이른바 진정입법부작위에 대한 헌법소원심판은 그 공권력의 불행사가 계속되는 한 청구기간의 제약이 없이 적법하게 청구할 수 있다.
> 나. 법령조항이 일부 개정되었다 하더라도 자구만 수정되었을 뿐 실질적 내용에 변화가 없다면 청구기간의 기산점은 이전 법령을 기준으로 한다.
> 다. 헌법소원심판을 청구할 수 있는 기간을 제한하는 헌법재판소법 조항의 위헌확인을 구하는 사건에서 바로 그 조항에 근거하여 청구기간이 지났음을 이유로 각하결정을 할 수도 있다.
> 라. 국선대리인선임신청이 인용되어 헌법소원심판청구가 제기된 경우 선임된 국선대리인이 심판청구서를 제출한 날을 기준으로 청구기간 준수여부를 판단한다.

① 가, 나, 다, 라 ② 가, 나, 다 ③ 가, 다
④ 나, 라 ⑤ 라

해설 ★

가. (○) 공권력의 불행사가 계속되는 한 청구인은 청구기간의 제한을 받지 아니하고 언제든지 헌법소원심판을 청구할 수 있다(헌재 1999.11.25. 99헌마198).

나. (○) 심판대상조항이 그 자구만 수정되었을 뿐 이전의 조항과 비교하여 실질적인 내용에 변화가 없어 청구인이 기본권을 침해당하고 있다고 주장하는 내용에 전혀 영향을 주지 않는다면, 법령조항이 일부 개정되었다고 하더라도 청구기간의 기산은 이전의 법령을 기준으로 하여야 한다(헌재 2017.06.20. 2017헌마598).

다. (○) 이 사건 심판청구는 심판대상조항으로 인하여 기본권침해의 사유가 발생하였음을 알게 된 날부터 90일이 지났음이 명백한 시점에 제기되었으므로 적법한 청구기간이 지난 후 제기된 것이다. 심판대상조항의 위헌확인을 구하는 헌법소원심판이 제기되었다는 이유만으로 그 조항의 효력이 자동적으로 정지된다거나 헌법재판소가 심판대상조항을 적용할 수 없게 되는 것은 아니므로, 청구기간을 제한하고 있는 심판대상조항의 위헌확인을 구하고 있다는 이유만으로, 명백하게 청구기간이 지난 후에 제기된 헌법소원심판청구를 각하하지 않고 본안판단으로 나아가는 것은 허용될 수 없다(헌재 2013.02.28. 2011헌마666).

라. (X) 헌법재판소법 제70조 참조.

> 헌법재판소법 제70조(국선대리인) ① 헌법소원심판을 청구하려는 자가 변호사를 대리인으로 선임할 자격(資力)이 없는 경우에는 헌법재판소에 국선대리인을 선임하여 줄 것을 신청할 수 있다. 이 경우 제69조에 따른 청구기간은 국선대리인의 선임신청이 있는 날을 기준으로 정한다.

정답 ②

문 95

검사의 불기소처분에 관한 다음 설명 중 옳지 않은 것은 모두 몇 개인가? [2021년 10번]

ㄱ. 형사피해자가 아닌 단순 고발인은 불기소처분으로 말미암아 자기의 재판절차상 진술권 기타 기본권을 침해받았다고 볼 수 없으므로, 헌법소원의 요건인 자기관련성의 결여로 청구인적격이 없다.
ㄴ. 형사소송법이 2007. 6. 1. 법률 제8496호로 개정된 후에는 재정신청의 대상범죄에 대한 제한이 없어져, 고소인은 검사의 불기소처분에 대하여 불복하는 경우 고등법원에 재정신청을 제기하여야 하므로, 결국 고소인의 헌법소원심판 청구는 허용되지 않게 되었다.
ㄷ. 피해자의 고소가 아닌 수사기관의 인지 등에 의하여 수사가 개시된 피의사건에서 검사의 불기소처분이 이루어진 경우, 피해자가 헌법소원을 제기하는 것은 허용되지 않는다.
ㄹ. 진정에 기하여 이루어진 내사사건의 종결처리는 수사기관의 내부적 사건처리방식에 지나지 아니하므로 진정인의 고소 또는 고발의 권리행사에 아무런 영향을 미치는 것이 아니어서 헌법소원심판의 대상이 되는 공권력의 행사에 해당하지 않는다.
ㅁ. 수사기관이 청구인으로부터 고소장을 제출받고도 부적법하게 진정사건으로 접수하여 내사종결처분을 하였더라도 이는 수사기관의 내부적 사건처리방식에 지나지 아니하므로 헌법소원의 대상인 공권력의 행사에 해당하지 않는다.
ㅂ. 검사가 청구인(피의자)에 대해 '혐의없음' 결정을 하지 않고 '공소권없음' 결정을 한 경우, 이는 청구인의 헌법상 기본권을 침해하는 공권력의 행사에 해당한다.

① 1개　　　　　　② 2개　　　　　　③ 3개
④ 4개　　　　　　⑤ 5개

MGI Point 검사의 불기소처분 ★★

- 범죄피해자가 아닌 고발인 ⇨ 검사의 불기소처분에 대한 헌법소원 자기관련성 인정 ×
- 형사소송법 개정으로 재정신청의 대상범죄에 대한 제한 × ⇨ 고소인은 검사의 불기소처분에 대하여 불복하는 경우 고등법원에 재정신청 제기 要 ∴ 고소인의 헌법소원심판청구 허용 ×
- 피해자의 고소가 아닌 수사기관의 인지 등에 의하여 수사가 개시된 피의사건에서 검사의 불기소처분이 이루어진 경우 ⇨ 불기소처분의 취소를 구하기 위해 제기된 피해자의 헌법소원은 보충성원칙의 예외에 해당, 적법 ○
- 수사기관의 내사사건종결처리 ⇨ 헌법소원의 대상이 되는 공권력의 행사 ×
- 고소장을 제출받고도 부적법하게 진정사건으로 접수하여 내사종결처분을 했다면 수사기관의 내부적 사건처리방식 ×, 헌법소원의 대상인 공권력의 행사 ○ ⇨ 헌법소원심판을 청구하는 것은 적법, 타당한지에 대하여 본안 판단 可
- 피의자에게 '혐의없음' 결정을 하지 않고 '공소권없음' 결정을 한 것 ⇨ 헌법상 기본권을 침해하는 공권력의 행사 ×

ㄱ. (○) 검사의 불기소처분에 대하여 기소처분을 구하는 취지에서 헌법소원을 제기할 수 있는 자는 원칙적으로 헌법상의 평등권 및 재판절차진술권의 주체인 형사피해자에 한하므로, 범죄피해자가 아닌 고발인에게는 개인적·주관적 권리나 재판절차에서의 진술권 등의 기본권이 허용될 수 없고, 이 경우 달리 특별한 사정이 없으면 자기관련성이 없다(헌재 2001.10.25. 2001헌마78).

ㄴ. (○) 형사소송법 제262조 참조.

> 형사소송법 제262조 (심리와 결정) ① 법원은 재정신청서를 송부받은 때에는 송부받은 날부터 10일 이내에 피의자에게 그 사실을 통지하여야 한다.
> ② 법원은 재정신청서를 송부받은 날부터 3개월 이내에 항고의 절차에 준하여 다음 각 호의 구분에 따라 결정한다. 이 경우 필요한 때에는 증거를 조사할 수 있다.
> 1. 신청이 법률상의 방식에 위배되거나 이유 없는 때에는 신청을 기각한다.
> 2. 신청이 이유 있는 때에는 사건에 대한 공소제기를 결정한다.
> [전문개정 2007. 6. 1.] [한정위헌, 2008헌마578, 2009헌마41·98(병합), 2011. 11. 14. 형사소송법 (2007. 6. 1. 법률 제8496호로 개정된 것) 제262조 제4항의 "불복할 수 없다."는 부분은, 재정신청 기각결정에 대한 '불복'에 형사소송법(1963. 12. 13. 법률 제1500호로 개정된 것) 제415조의 '재항고'가 포함되는 것으로 해석하는 한 헌법에 위반된다.]

ㄷ. (X) 피해자의 고소가 아닌 수사기관의 인지등에 의해 수사가 개시된 피의사건에서 검사의 불기소처분이 이루어진 경우, 고소하지 아니한 피해자로 하여금 별도의 고소 및 이에 수반되는 권리구제절차를 거치게 하는 방법으로는 종래의 불기소처분 자체의 취소를 구할 수 없고 당해 수사처분 자체의 위법성도 치유될 수 없다는 점에서 이를 본래 의미의 사전 권리구제절차라고 볼 수 없고, 고소하지 아니한 피해자는 검사의 불기소처분을 다툴 수 있는 통상의 권리구제수단도 경유할 수 없으므로, 그 불기소처분의 취소를 구하는 헌법소원의 사전 권리구제절차라는 것은 형식적·실질적 측면에서 모두 존재하지 않을 뿐만 아니라, 별도의 고소 등은 그에 수반되는 비용과 권리구제가능성 등 현실적인 측면에서 볼 때에도 불필요한 우회절차를 강요함으로써 피해자에게 지나치게 가혹할 수 있으므로, 고소하지 아니한 피해자는 예외적으로 불기소처분의 취소를 구하는 헌법소원심판을 곧바로 청구할 수 있다(헌재 2010.06.24. 2008헌마716).

ㄹ. (○) 진정에 기하여 이루어진 내사사건의 종결처리는 진정사건에 대한 구속력이 없는 수사기관의 내부적 사건처리방식에 지나지 아니하므로 진정인의 고소 또는 고발의 권리행사에 아무런 영향을 미치는 것이 아니어서 헌법소원심판의 대상이 되는 공권력의 행사라고 할 수 없다(헌재 1991.12.02. 91헌마191).

ㅁ. (X) 청구인의 고소사건을 적법한 절차에 따라 고소사건으로 처리하지 아니하고 단순히 진정사건으로 보아 공람종결처분을 한 것은 부적합하다고 보여지나, 위 고소사건은 피청구인이 고소사건으로 수리하여 조사 후 처리하였다 하더라도 공소를 제기할 사건으로 보이지 아니하므로 피청구인의 위 진정종결처분으로 인하여 청구인의 재판절차진술권과 평등권이 침해되었다고 볼 수는 없다(헌재 2000.11.30. 2000헌마356). ▶ 고소장을 제출받고도 부적법하게 진정사건으로 접수하여 내사종결처분을 하였으므로 내사종결처분은 수사기관의 내부적 사건처리방식에 지나지 않는다고 할 수 없고, 헌법소원의 대상인 공권력의 행사에 해당. 이에 대하여 헌법소원심판을 청구하는 것은 적법하고, 타당한지에 대하여 본안 판단을 받아 볼 수 있음

ㅂ. (X) '공소권없음' 결정이나 '혐의없음' 결정은 모두 피의자에 대하여 소추장애사유가 있어 기소할 수 없다는 내용의 처분이므로 두 결정은 기소할 수 없다는 점에서 동일한 처분이라고 할 수 있다. 한편 '공소권없음' 결정은 그 결정이 있다고 하여 청구인에게 범죄혐의가 있음이 확정되는 것이 결코 아니므로 피의사실이 인정됨에도, 즉 소추장애사유가 없어 기소할 수 있음에도 기소하지 않는다는 내용의 결정인 '기소유예' 결정과는 본질적으로 다르다. 설령 청구인의 주장대로 청구인에게는 이 사건 교통사고 발생에 아무런 과실이 없다고 하더라도, 청구인으로서는 '공소권없음' 결정으로 인해 자신이 이 사건 교통사고 발생에 아무런 과실이 없다는 점이 밝혀지지 않은 불이익을 입었다고 할 수 있을 뿐인데, 이는 어디까지나 간접적 또는 사실상의 불이익에 불과한 것이므로 이를 가지고 기본권 침해 문제가 발생하였다고 할 수는 없다. 따라서 피청구인이 '혐의없음' 결정을 하지 않고 '공소권없음' 결정을 한 것을 가리켜 청구인의 헌법상 기본권을 침해하는 공권력의 행사라고 할 수 없으므로 이 사건 심판청구는 부적법하다(헌재 2019.07.09. 2019헌마663).

비교판례 기소유예처분이란 공소제기함에 충분한 혐의가 있고 소송조건도 구비되어 있음에도 검사가 제반사항을 고려하여 공소를 제기하지 않는다는 내용의 처분이므로 범죄혐의가 없음이 명백한 사안을 자의적이고 타협적으로 기소유예처분을 했다면 헌법이 금지하고 있는 차별적인 공권력의 행사가 되어 그 처분을 받은 자는 헌법소원심판을 청구할 수 있다. … 청구인에 대한 범죄혐의를 인정할 만한 아무런 증거가 없어 청구인에 대하여 혐의없음 처분을 하였어야 할 것임에도, 검사가 명백한 증거자료 없이 청구인에 대한 범죄혐의를 인정한 후, 청구인에 대하여 기소유예 처분을 한 것은 청구인의 헌법상의 기본권인 평등권, 행복추구권을 침해하였다고 할 것이다(헌재 1999.12.23. 99헌마403).

정답 ③

문 96

검사의 불기소처분에 관한 다음 설명 중 가장 옳지 않은 것은?(다툼이 있는 경우 헌법재판소 판례에 의함) [2017년 11번]

① 검사의 불기소처분도 공권력의 행사 또는 불행사에 해당하므로 원칙적으로 헌법재판소법 제68조 제1항에 의한 헌법소원심판의 대상이 될 수 있다.
② 다만 검사의 불기소처분의 대상이 된 범죄가 형사소송법상 재정신청의 대상인 경우, 고소인은 다른 법률에 규정된 구제절차를 모두 거친 후가 아니면 헌법소원심판을 청구할 수 없고, 재정신청에 대하여 고등법원의 결정을 받은 경우 법원의 재판은 헌법소원심판의 대상이 될 수 없으므로, 결국 헌법소원심판 청구가 허용되지 않는다.
③ 형사소송법이 2007. 6. 1. 법률 제8496호로 개정되기 전에는 재정신청의 대상범죄가 형법상 공무원의 직무에 관한 죄 중 제123조(직권남용), 제124조(불법체포, 불법감금), 제125조(폭행, 가혹행위)에 의한 범죄로 한정되어 있어, 그 밖의 일반범죄에 대한 검사의 불기소처분에 대해서는 고소인이 검찰청법의 항고·재항고 절차를 거친 후 헌법소원심판을 청구할 수 있었다.
④ 형사소송법이 2007. 6. 1. 법률 제8496호로 개정된 후에는 재정신청의 대상범죄에 대한 제한이 없어져, 고소인은 검사의 불기소처분에 대하여 불복하는 경우 고등법원에 재정신청을 제기하여야 하므로, 결국 헌법소원심판 청구가 허용되지 않게 되었다.
⑤ 결국 형사소송법이 2007. 6. 1. 법률 제8496호로 개정된 후로는 검사의 기소유예처분에 대하여 피의자가 자신은 무죄라고 주장하면서 헌법소원심판을 청구하는 것은 허용되나, 검사의 불기소처분에 대하여 범죄피해자가 헌법소원을 제기하는 것은 허용되지 않는다.

해설 ★★

① (○) 헌법 제107조 제2항은 "명령, 규칙 또는 처분이 헌법이나 법률에 위반되는 여부가 재판의 전제가 된 경우에는 대법원은 이를 최종적으로 심사할 권한을 가진다"라고 규정하고 있고, 같은 제111조 제1항에서는 법률이 정하는 헌법소원에 관한 심판을 헌법재판소가 관장한다고 규정하고 있으며, 헌법재판소법 제68조 제1항은 "공권력의 행사 또는 불행사로 인하여 헌법상 보장된 기본권을 침해받은 자는 법원의 재판을 제외하고는 헌법재판소에 헌법소원 심판을 청구할 수 있다. 다만 다른 법률에 구제절차가 있는 경우에는 그 절차를 모두 거친 후가 아니면 청구할 수 없다."라고 규정하고 있다. 위와같은 헌법과 헌법재판소법의 관계규정을

종합하여 보면, 헌법 제107조 제2항의 규정은 검사의 불기소처분이 헌법재판소법 제68조 제1항에 규정한 공권력의 행사에 포함되는 것이 명백한 이상 이로 인하여 기본권의 침해가 있는 경우에 헌법소원 심판의 대상이 될 수 있음을 방해하는 것은 결코 아니라 할 것이다(헌재 1989.04.17. 88헌마3).

② (O) ③ (O) ④ (O) 검사의 불기소처분에 대해 형사피해자가 다툴 수 있는 방법으로는 종전에는 검찰청에의 항고·재항고제도와 헌법재판소의 헌법소원제도가 있었다. 그리고 공무원의 직무관련범죄(형법 제123조, 제124조, 제125조, 제126조)에 대해서는 고등법원에 재정신청을 제기할 수 있었으므로, 이 경우에는 검찰청에의 항고·재항고, 헌법재판소의 헌법소원, 법원의 재정신청이 모두 가능했다. 다만 헌법재판소에 헌법소원을 제기하기 위해서는 검찰청에의 항고·재항고를 거쳐야 했다. 그런데 2007.4.30. 개정 형사소송법에서는 고등법원에 재정신청을 할 수 있는 범죄를 모든 범죄로 확대했고, 재정신청을 하기 위해서는 검찰청에의 항고를 먼저 거치도록 하였다. 그리고 2007.4.30. 개정 검찰청법에서는 재정신청을 할 수 있는 범죄에 대해서는 재항고제도를 폐지했다. 그 결과 형사상 모든 범죄에 대해서 형사피해자인 고소인은 검찰청에의 항고를 거친 후 고등법원에 재정신청을 제기할 수 있을 뿐, 검찰청에의 재항고 내지 헌법재판소에 헌법소원을 제기할 수 없게 되었다. 검사의 불기소처분에 대해 헌법소원을 제기하려면 보충성의 원칙에 따라 법원의 재정신청을 먼저 거쳐야 하고, 법원의 재정신청을 거친 후에는 재판에 대한 헌법소원과 원행정처분에 대한 헌법소원이 원칙적으로 금지되기 때문에 결국 검사의 불기소처분에 대해서는 헌법소원을 제기할 수 없게 되는 것이다. 결론적으로 검사의 불기소처분에 대한 고소인의 불복방법은 검찰청에의 항고를 거친 후 고등법원에 재정신청을 제기하는 방법으로 일원화되었다고 볼 수 있다. 다만 '고소하지 아니한 형사피해자'는 검찰청의 항고를 거쳐 법원에 재정신청을 할 수 없으므로 보충성의 예외가 적용되어 헌법재판소에 바로 헌법소원을 제기할 수 있다고 할 것이다.

⑤ (X) 검사의 불기소처분에 대한 검찰청법 소정의 항고 및 재항고는 그 피의사건의 고소인 또는 고발인만이 할 수 있을 뿐, 기소유예처분을 받은 피의자가 범죄혐의를 부인하면서 무고함을 주장하는 경우에는 검찰청법이나 다른 법률에 이에 대한 권리구제절차가 마련되어 있지 아니하므로, 검사의 기소유예처분의 취소를 구하는 헌법소원심판을 청구하는 경우에는 보충성원칙의 예외에 해당한다(헌재 2010.06.24. 2008헌마716). 범죄피해자로서 고소한 사실이 없는 청구인은 검찰청법에 의한 항고 및 재항고의 구제절차를 거칠 필요없이 불기소처분에 대하여 바로 헌법소원심판을 청구할 수 있다(헌재 1998.08.27. 97헌마79).

정답 ⑤

문 97

헌법재판소법 제68조 제1항에 따른 헌법소원심판의 권리보호이익에 관한 다음 설명 중 가장 옳지 않은 것은?(다툼이 있는 경우 헌법재판소 판례에 의함) [2017년 20번]

① 법무부장관의 출국금지조치가 심판청구 이전에 해제되었다면 출국금지조치에 대한 헌법소원은 특별한 사정이 없는 한 더 이상 권리보호이익이 없어 부적법하다.

② 헌법소원심판청구 후 심판대상이 되었던 법령조항이 개정되어 더 이상 청구인에게 적용될 여지가 없게 된 경우에는, 특별한 사정이 없는 한 심판대상인 구법 조항에 대하여 위헌결정을 받을 주관적 권리보호이익이 소멸되므로 이러한 헌법소원심판청구는 부적법하다.

③ 이미 헌법불합치결정이 내려진 법률에 대한 헌법소원심판청구는 헌법불합치결정 역시 위헌결정의 일종이므로 권리보호이익이 없어 부적법하다.

④ 헌법소원의 본질은 개인의 권리구제뿐만 아니라 헌법질서의 수호·유지도 겸하고 있으므로, 기본권침해가 종료되어 주관적 권리구제에는 별 도움이 되지 않는다 하더라도 그러한 침해행위가 앞으로

도 반복될 위험이 있거나 당해 분쟁의 해결이 헌법질서의 수호·유지를 위하여 긴요한 사항이어서 헌법적으로 그 해명이 중대한 의미를 지니고 있는 경우에는 심판청구의 이익을 인정할 수 있다.
⑤ 헌법재판소는 사법시험 제1차 시험 시험실 입실제한시간을 시험시작 5분 전으로 한 법무부장관의 사법시험 제1차 시험 실시계획 공고에 대하여는 이미 시험이 종료되었다는 이유로 권리보호이익을 인정하지 않았다.

해설 ★★★

① (○) 법무부장관이 청구인에 대하여 행한 출국금지조치는 이 사건 심판청구 이전에 해제되었으므로 청구인의 이 사건 청구는 권리보호의 이익이 없어 부적법하다(헌재 1990.01.06. 89헌마269).

② (○) 헌법소원 심판청구 후 심판의 대상이 되었던 법령조항이 개정되어 더 이상 청구인에게 적용될 여지가 없게 된 경우에는, 특별한 사정이 없는 한 심판대상인 구법조항에 대하여 위헌결정을 받을 주관적 권리보호의 이익은 소멸하므로, 그러한 헌법소원 심판청구는 부적법하다(헌재 2008.12.26. 2007헌마766).

③ (○) 헌법불합치결정도 위헌결정의 일종이므로, 위 조항은 이미 위헌으로 결정된 것이고, 따라서 위 조항에 대한 심판청구는 이미 위헌으로 결정된 법률조항에 대한 헌법소원심판청구로서 권리보호이익이 없어 부적법하다(헌재 2016.03.31. 2014헌마785).

④ (○) 헌법소원의 본질은 주관적 권리구제 뿐만 아니라 객관적인 헌법질서의 보장도 겸하고 있으므로 침해행위가 이미 종료하여서 이를 취소할 여지가 없기 때문에 헌법소원이 주관적 권리구제에는 별 도움이 안되는 경우라도 그러한 침해행위가 앞으로도 반복될 위험이 있거나 당해 분쟁의 해결이 헌법질서의 수호·유지를 위하여 긴요한 사항이어서 그 해명이 헌법적으로 중대한 의미를 지니고 있는 경우에는 헌법소원의 이익을 인정하여야 한다(헌재 1992.04.14. 90헌마82).

⑤ (X) 이 사건 공고는 오랜 동안 관행으로 되어 있던 시험시작 5분 전이라는 시험실 입실제한시간을 2012년 사법시험에 관해서도 공고한 것으로, 앞으로 2017년까지 시행될 예정인 사법시험에서도 이 사건 공고의 내용과 같은 시험실 입실시간이 공고될 것으로 보이고, 실제로 2014. 2. 3.자 제56회 사법시험 제1차시험 실시계획 공고(법무부공고 제2014-12호)의 내용도 시험시작 5분 전의 시험실 입실시간이 유지되고 있다. 따라서 비록 이 사건 공고에 의한 시험이 종료되었다고 하여도 장래에 이 사건 공고의 내용과 같은 시험실 입실시간 제한에 의한 기본권 침해가 반복될 가능성이 있으므로, 이 부분 심판청구에 관해서는 예외적으로 심판의 이익을 인정할 수 있다(헌재 2014.04.24. 2013헌마341).

정답 ⑤

문 98

헌법소원심판에 관한 다음 설명 중 가장 옳지 않은 것은?(다툼이 있는 경우 헌법재판소 판례에 의함) [2017년 33번]

① 헌법재판소법 제68조 제2항에 의한 이른바 위헌심사형 헌법소원으로 입법부작위를 다툴 수 있다는 것이 판례이다.
② 헌법재판소법 제68조 제2항에 의한 헌법소원의 심판 대상은 재판의 전제가 되는 법률이지 대통령령은 그 대상이 될 수 없다.
③ 단체도 헌법소원의 청구권자가 될 수 있지만, 원칙적으로 단체 자신의 기본권을 직접 침해당한 경우에만 그 이름으로 헌법소원심판을 청구할 수 있을 뿐이다.

④ 헌법소원심판청구의 청구인이 그 심판청구사건의 종국결정에 앞서 중간결정을 하여줄 것을 헌법소원심판의 형식으로 구하는 것은 공권력의 행사 또는 불행사로 인하여 헌법상 보장된 기본권을 침해받은 경우에 해당하지 아니하여 부적법하다.
⑤ 대법원의 확립된 판례에 비추어 패소할 것이 예견된다는 점만으로는 전심절차로 권리가 구제될 가능성이 거의 없어 전심절차이행의 기대가능성이 없는 경우에 해당한다고 볼 수 없으므로 과세처분에 대하여 국세기본법에 따른 이의신청 등의 구제절차와 행정소송에 의한 구제절차를 거치지 아니하고 곧바로 헌법소원을 청구하는 것은 헌법소원의 보충성의 요건을 갖추지 못하여 부적법하다.

해설

① (X) 헌법재판소법 제68조 제2항에 의한 헌법소원은 '법률'의 위헌성을 적극적으로 다투는 제도이므로 '법률의 부존재' 즉, 입법부작위를 다투는 것은 그 자체로 허용되지 아니하고, 다만 법률이 불완전·불충분하게 규정되었음을 근거로 법률 자체의 위헌성을 다투는 취지로 이해될 경우에는 그 법률이 당해 사건의 재판의 전제가 된다는 것을 요건으로 허용될 수 있다(헌재 2008.10.30. 2006헌바80).

② (O) 헌법재판소법 제68조 제2항의 규정에 따른 헌법소원심판청구는 법률이 헌법에 위반되는지 여부가 재판의 전제가 되는 때에 당사자가 위헌제청신청을 하였음에도 불구하고 법원이 이를 배척하였을 경우에 당사자가 직접 헌법재판소에 헌법소원의 형태로써 심판청구를 하는 제도이므로, 재판의 전제가 되는 법률이 아닌 대통령령은 심판대상이 될 수 없다(헌재 2007.04.26. 2005헌바51).

③ (O) 우리 헌법은 법인의 기본권향유능력을 인정하는 명문의 규정을 두고 있지 않지만, 본래 자연인에게 적용되는 기본권규정이라도 언론·출판의 자유, 재산권의 보장 등과 같이 성질상 법인이 누릴 수 있는 기본권을 당연히 법인에게도 적용하여야 할 것으로 본다. 따라서 법인도 사단법인·재단법인 또는 영리법인·비영리법인을 가리지 아니하고 위 한계내에서는 헌법상 보장된 기본권이 침해되었음을 이유로 헌법소원심판을 청구할 수 있다 … 따라서 단체는 특별한 예외적인 경우를 제외하고는 헌법소원심판제도가 가진 기능에 미루어 원칙적으로 단체 자신의 기본권을 직접 침해당한 경우에만 그의 이름으로 헌법소원심판을 청구할 수 있을 뿐이고, 그 구성원을 위하여 또는 구성원을 대신하여 헌법소원심판을 청구할 수 없는 것으로 보아야 할 것이다(헌재 1991.06.03. 90헌마56).

④ (O) 헌법재판소법 제68조 제1항의 헌법소원은 공권력의 행사 또는 불행사로 인하여 헌법상 보장된 기본권을 침해받은 경우에 제기할 수 있는 것인바, 헌법재판소가 종국결정을 하기에 앞서 쟁점사항에 대하여 미리 정리·판단을 하여 종국결정을 용이하게 하고 이를 준비하는 결정인 중간결정을 할 것인지 여부는 전적으로 헌법재판소의 재량에 달려 있는 것이어서 청구인에게는 헌법재판소에 중간결정을 신청할 권리가 인정되지 아니하므로 청구인이 그 심판청구사건의 종국결정에 앞서 중간결정을 하여줄 것을 헌법소원심판의 형식으로 구하는 것은 공권력의 행사 또는 불행사로 인하여 헌법상 보장된 기본권을 침해받은 경우에 해당하지 아니하여 부적법하다(헌재 2007.07.30. 2007헌마837).

⑤ (O) 대법원의 확립된 판례에 비추어 패소할 것이 예견된다는 점만으로는 전심절차로 권리가 구제될 가능성이 거의 없어 전심절차이행의 기대가능성이 없는 경우에 해당한다고 볼 수 없으므로, 과세처분에 대하여 국세기본법에 따른 이의신청 등의 구제절차와 행정소송에 의한 구제절차를 거치지 아니하고 곧바로 헌법소원을 청구하는 것은 헌법소원의 보충성의 요건을 갖추지 못하여 부적법하다(헌재 1998.10.29. 97헌마285).

정답 ①

문 99

다음 중 헌법소원심판청구가 적법하다고 인정한 것은?(다툼이 있는 경우 헌법재판소 판례에 의함) [2016년 7번]

① 금융위원회가 A회사에 대해 내린 한도초과보유주주 승인, 보유주식 처분 명령 및 A회사의 비금융주력자 해당 여부에 대한 심사결과들에 대하여 B은행 주주인 청구인들이 재산권과 평등권 침해를 주장하며 제기한 헌법소원심판청구
② 모집정원의 70%를 임직원 자녀 전형으로 선발하고 10%만을 일반전형으로 선발하는 내용의 충남 C고 입학전형요강을 충청남도 교육감이 승인한 행위에 대하여 인근 중학교 졸업예정자의 학부모들이 제기한 헌법소원심판청구
③ 교육감을 주민의 선거에 따라 선출한다고 규정한 지방교육자치에 관한 법률 제43조에 대하여 교육자 및 교육전문가가 공무담임권 및 교육권 등이 침해된다고 주장하며 제기한 헌법소원심판청구
④ 검사가 정당의 당원에게 검사실로 출석할 것을 요구한 행위에 대하여 정당이 정당활동의 자유와 평등권 침해를 주장하며 제기한 헌법소원심판청구
⑤ 고졸검정고시 또는 고등학교 입학자격 검정고시에 합격했던 자는 해당 검정고시에 다시 응시할 수 없도록 응시자격을 제한한 전라남도 교육청 공고 해당 부분에 대하여 고졸검정고시에 합격한 청구인이 교육을 받을 권리 등을 침해한다고 주장하며 제기한 헌법소원심판청구

해설 ★★★

① (X) 이 사건 심판대상들은 청구인들이 가지고 있는 주식의 배당가치나 의결권 가치를 직접적으로 증가 또는 감소시키거나, 의결권 행사에 제약을 가하는 내용을 포함하지 않는다. 설령 이 사건 심판대상들로 인해 청구인들이 소유한 주식의 가치가 일부 변동하였거나, 청구인들이 행사할 수 있는 의결권의 가치가 비례적으로 감소했다고 하더라도, 이는 이 사건 심판대상들에 의한 간접적·사실적 효과로서 청구인들의 경제적 기대이익이 실현되지 않게 된 것에 불과하므로, 청구인들의 헌법상 기본권이 침해될 가능성이 없으며 기본권침해의 자기관련성 또한 인정되지 않는다. 또한 청구인들은 이 사건 심판대상들로 인해 주주로서 차별취급을 받은 사실이 없으며, 이 사건 심판대상들로 인하여 결과적으로 청구인들의 주식취득 및 처분의 기회가 제한되거나 축소되는 불이익이 발생하였다 하더라도 이는 청구인들에게 보장된 법률상의 이익에 대한 것은 아니며 사실상 기대되던 반사적 이익을 실현하지 못한 것에 불과하므로, 청구인들의 평등권이 침해될 여지가 없다. 그러므로 이 사건 심판청구는 기본권침해 가능성 또는 자기관련성 요건을 갖추지 못하여 부적법하다(헌재 2015.04.30. 2012헌마634).

② (X) 충청남도 교육감은 모집정원의 70%를 임직원 자녀 전형에 배정하고 일반 전형에는 모집정원의 10%만을 배정한 이 사건 입학전형요강을 승인하였는바, 이러한 일반 전형 비율은 사실상 임직원 자녀 이외의 학생들이 충남○○고에 진학할 수 있는 기회를 배제한 것이나 다름없다. 이러한 불이익은 충남○○고에 진학하려는 학생들에게 있어 단순한 사실적·간접적 불이익이 아니며 법적 불이익이 발생한 것이라 봄이 상당하므로, 이 사건 승인처분은 2015학년도 졸업예정자인 청구인들의 기본권을 침해할 가능성이 있다. 다만 위 청구인들의 학부모들은 이 사건 승인처분으로 인해 직접적으로 차별을 받는 위치에 있다고 할 수 없고, 이 사건 승인처분과 관련하여서는 평등권 이외에 다른 기본권이 문제된다고 볼 수도 없으므로, 이 사건 승인처분이 청구인들의 기본권을 침해할 가능성은 인정되지 아니한다(헌재 2015.11.26. 2014헌마145).

③ (X) 심판대상조항은 교육감으로 선출되고자 하는 자들의 공무담임권을 제한하기보다는 오히려 공직취임의 기회를 넓게 보장하여 공무담임권을 보호하는 측면이 강하고, 심판대상조항으로 인하여 교육감으로 선출되고자 하는 교육자 및 교육전문가인 청구인들이 받는 영향은 간접적·사실적인 것에 불과하므로, 이로 인하여 위 청구인들의 공무담임권이 침해될 가능성이 있다거나 기본권침해의 자기관련성이 있다고 보기 어렵다(헌재 2015.11.26. 2014헌마662).

④ (X) 이 사건 출석요구행위는 청구인 통합진보당의 당원인 청구인들의 대리투표 행위가 범죄인지를 판단하기 위한 것이지, 청구인 통합진보당의 정당활동을 방해하고자 하는 목적에서 이루어진 것이 아니고, 당내경선과정의 부정이 있었다고 하더라도 정당은 법적인 책임이 아닌 정치적인 책임만을 부담할 뿐이다. 따라서 청구인 통합진보당은 이 사건 출석요구행위와 단지 간접적, 사실적 이해관계만이 있을 뿐이므로, 자기관련성이 인정되지 않는다(헌재 2014.08.28. 2012헌마776).

⑤ (○) 이 사건 고졸(입)검정고시 시행계획 공고의 근거가 되는 고졸(입) 검정고시 규칙은 고시의 시행 전에 고시의 기일·장소·원서접수 기타 고시시행에 관한 사항을 공고하여야 한다고만 각각 정하고 있을 뿐, 구체적인 고시의 시행에 대하여는 정하고 있지 아니하고, 2010년도 제1회, 제2회 고졸(입)검정고시의 구체적인 시행은 이 사건 공고에 따라 비로소 확정되므로, 이 사건 공고 및 그 일부분인 이 사건 응시제한은 헌법소원의 대상이 되는 공권력의 행사에 해당한다. 나아가, 이 사건 응시 제한은 고졸(입)검정고시에 합격한 자는 다시 검정고시에 응시할 수 없다고 규정함으로써 그 적용을 받는 청구인들의 기본권을 직접적으로 제한하고 있으므로, 자기관련성, 직접성이 인정되고, 청구인들은 심판청구 당시 이 사건 응시제한으로 말미암아 각각 고졸 또는 고입검정고시에 응시할 수 없게 되었으므로 기본권 침해의 현재성을 인정할 수 있으며, 기록에 의하면 청구인들은 모두 법률상 정해진 청구기간 내에 심판을 청구하고 있으므로 청구기간은 준수되었다. 또한, 이 사건 공고의 검정고시 시행계획은 이미 집행되어, 이 사건 응시제한에 의한 청구인의 기본권 침해가 확인된다 하더라도 이 사건 응시제한 자체를 소멸시키는 것은 불가능하다 할 것이어서 이 사건 심판청구의 주관적 권리보호이익이 없다고 볼 수 있으나, 이 사건 상반기 공고(2010. 2.)에서 검정고시 합격자의 재응시 제한이 도입된 이후 이 사건 하반기 공고(2010. 6.), 2011년 제1, 2회 전라남도 검정고시위원회의 검정고시 시행계획에서 같은 내용이 계속 반복적으로 공고되고 있고, 이에 대한 헌법적 해명의 필요성이 있으므로, 주관적 권리구제 뿐만 아니라 객관적 헌법질서 보장의 기능을 겸하고 있는 헌법소원심판의 성질상 심판청구의 이익을 인정할 수 있다 할 것이다(헌재 2012.05.31. 2010헌마139).

정답 ⑤

문 100

헌법소원에 관한 다음 설명 중 가장 옳지 않은 것은?(다툼이 있는 경우 헌법재판소 판례에 의함)
[2016년 11번]

① 국민의 개별적 기본권이 아니라 할지라도 기본권보장의 실질화를 위하여서는, 영토조항만을 근거로 하여 독자적으로는 헌법소원을 청구할 수 없다 할지라도, 모든 국가권능의 정당성의 근원인 국민의 기본권 침해에 대한 권리구제를 위하여 그 전제조건으로서 영토에 관한 권리를, 이를테면 영토권이라 구성하여, 이를 헌법소원의 대상인 기본권의 하나로 간주하는 것은 가능하다.

② 선거구획정위원회 위원 선임 및 선거구획정위원회의 선거구획정안 제출행위를 하지 않은 부작위는, 국가기관의 내부적 의사결정행위에 불과하여 그 자체로 국민에 대하여 직접적인 법률효과를 발생시키는 행위가 아니므로 헌법소원의 대상이 되는 공권력의 불행사에 해당되지 아니한다.

③ 법인은 결사의 자유를 바탕으로 하여 법률에 의해 비로소 창설된 법인격의 주체여서 관념상 결사의 자유에 앞서 존재하는 인간으로서의 존엄과 가치를 가진다 할 수 없고, 그 행동영역도 법률에 의해 형성될 뿐이며, 기본권의 성질상 법인에게 적용될 수 있는 경우에 한하여 해당 기본권의 주체가 될 수 있다. 따라서 인간의 존엄과 가치에서 유래하는 인격권은 자연적 생명체로서 개인의 존재를 전제로 하는 기본권으로서 그 성질상 법인에게는 적용될 수 없다.
④ 국가에게 독도에 대피시설 등의 특정 시설을 설치하여야 할 구체적인 작위의무가 있다고 보기 어려워 독도에 대피시설 등을 설치하지 아니한 부작위가 있다 하더라도 이는 헌법소원의 대상이 될 수 없다.
⑤ 헌법재판소법 제68조 제2항의 헌법소원은 법률의 위헌여부심판의 제청신청을 하여 그 신청이 기각된 때에만 청구할 수 있는 것이므로, 청구인이 특정 법률조항에 대한 위헌여부심판의 제청신청을 하지 않았고 따라서 법원의 기각결정도 없었다면 그 부분 심판청구는 심판청구요건을 갖추지 못하여 부적법하다.

해설 ★★

① (○) 국민의 개별적 기본권이 아니라 할지라도 기본권보장의 실질화를 위하여서는, 영토조항만을 근거로 하여 독자적으로는 헌법소원을 청구할 수 없다 할지라도, 모든 국가권능의 정당성의 근원인 국민의 기본권 침해에 대한 권리구제를 위하여 그 전제조건으로서 영토에 관한 권리를, 이를테면 영토권이라 구성하여, 이를 헌법소원의 대상인 기본권의 하나로 간주하는 것은 가능한 것으로 판단된다(헌재 2001.03.21. 99헌마139).

② (○) 국회의 기관내부의 행위에 불과하여 국민의 권리 의무에 대하여 직접적인 법률효과를 발생시키는 행위가 아닌 선거구획정위원회 위원 선임 및 선거구획정위원회의 선거구획정안 제출행위를 하지 않은 부작위는, 국가기관의 내부적 의사결정행위에 불과하여 그 자체로 국민에 대하여 직접적인 법률효과를 발생시키는 행위가 아니므로 헌법소원의 대상이 되는 헌법재판소법 제68조 제1항 소정의 공권력의 불행사에 해당되지 아니한다(헌재 2004.02.26. 2003헌마285).

③ (X) 법인도 법인의 목적과 사회적 기능에 비추어 볼 때 그 성질에 반하지 않는 범위 내에서 인격권의 한 내용인 사회적 신용이나 명예 등의 주체가 될 수 있고 법인이 이러한 사회적 신용이나 명예 유지 내지 법인격의 자유로운 발현을 위하여 의사결정이나 행동을 어떻게 할 것인지를 자율적으로 결정하는 것도 법인의 인격권의 한 내용을 이룬다고 할 것이다(헌재 2012.08.23. 2009헌가27).

④ (○) 헌법 제10조 및 제12조 제1항 전문의 해석상, 그리고 '독도의 지속가능한 이용에 관한 법률' 등의 법령에 기하여서는 피청구인에게 독도에 대피시설 등의 특정 시설을 설치하여야 할 구체적인 작위의무가 있다고 보기 어려우므로, 독도에 대피시설 등을 설치하지 아니한 피청구인의 부작위가 있다 하더라도 이는 헌법소원의 대상이 될 수 없다(헌재 2016.05.26. 2014헌마1002).

⑤ (○) 헌법재판소법 제68조 제2항의 헌법소원은 법률의 위헌여부심판의 제청신청을 하여 그 신청이 기각된 때에만 청구할 수 있는 것이므로, 청구인이 특정 법률조항에 대한 위헌여부심판의 제청신청을 하지 않았고 따라서 법원의 기각결정도 없었다면 비록 헌법소원심판청구에 이르러 위헌이라고 주장하는 법률조항에 대한 헌법소원은 원칙적으로 심판청구요건을 갖추지 못하여 부적법한 것이나, 예외적으로 위헌제청신청을 기각 또는 각하한 법원이 위 조항을 실질적으로 판단하였거나 위 조항이 명시적으로 위헌제청신청을 한 조항과 필연적 연관관계를 맺고 있어서 법원이 위 조항을 묵시적으로나 위헌제청신청으로 판단을 하였을 경우에는 헌법재판소법 제68조 제2항의 헌법소원으로서 적법한 것이다(헌재 2005.02.24. 2004헌바24).

정답 ③

문 101

헌법소원의 청구기간에 관한 다음 설명 중 가장 옳지 않은 것은? [2021년 40번]

① 유예기간을 두고 있는 법령이 구체적이고 현실적으로 청구인들에게 적용된 것은 유예기간을 경과한 때부터이므로, 그 법령에 대한 헌법소원 청구기간은 그 법령의 시행일이 아니라 유예기간이 경과한 때부터 기산한다.
② 헌법소원심판청구에 대한 청구취지변경이 이루어진 경우, 청구기간의 준수 여부는 변경 전의 청구서가 처음 제출된 시점을 기준으로 판단하여야 한다.
③ 헌법소원심판을 청구하고자 하는 자가 변호사를 대리인으로 선임할 자력이 없어 헌법재판소에 국선대리인을 선임하여 줄 것을 신청하는 경우에는 국선대리인의 선임신청이 있는 날을 기준으로 청구기간을 정한다.
④ 법률 조항에 의한 청구인들의 기본권침해 여부가 문제되는 상황이 장래에 발생할 것이 확실히 예측되어 기본권침해를 예방하기 위해 미리 헌법소원을 제기하는 것을 허용할 필요가 있는 경우, 청구기간의 준수여부는 문제되지 않는다.
⑤ 헌법소원을 청구할 수 있는 기간을 제한하는 헌법재판소법 제69조 제1항의 위헌확인을 구하는 사건에서, 바로 그 조항에 근거하여 청구기간이 지났음을 이유로 각하결정을 하는 것도 가능하다.

MGI Point 헌법소원의 청구기간 ★★★

- 유예기간을 두고 있는 법령에 대한 헌법소원 청구기간의 기산점 ⇨ 유예기간 경과한 때부터 ○
- 헌법소원심판청구에 대한 청구취지변경이 이루어진 경우 ⇨ 변경된 청구서가 제출된 시점이 기준
- 국선대리인 선임에 의한 헌법소원심판을 청구한 경우 청구기간 ⇨ 국선대리인의 선임신청 있는 날이 기준
- 법률 조항에 의한 청구인들의 기본권침해 여부가 문제되는 상황이 장래에 발생할 것이 확실히 예측 되어 미리 헌법소원 제기를 허용하는 경우 ⇨ 청구기간의 준수여부는 문제 안됨
- 헌법소원을 청구할 수 있는 기간을 제한하는 헌법재판소법 제69조 제1항의 위헌확인을 구하는 경우
  ⇨ 헌법재판소법 제69조 제1항에 근거하여 청구기간이 지났음을 이유로 각하결정 可

---

① (○) 유예기간을 경과하기 전까지 청구인들은 이 사건 보호자동승조항에 의한 보호자동승의무를 부담하지 않는다. 이 사건 보호자동승조항이 구체적이고 현실적으로 청구인들에게 적용된 것은 유예기간을 경과한 때부터라 할 것이므로, 이때부터 청구기간을 기산함이 상당하다. 종래 이와 견해를 달리하여, 법령의 시행일 이후 일정한 유예기간을 둔 경우 이에 대한 헌법소원심판 청구기간의 기산점을 법령의 시행일이라고 판시한 우리 재판소 결정들은, 이 결정의 취지와 저촉되는 범위 안에서 변경한다(헌재 2020.04.23. 2017헌마479).

② (X) 헌법소원심판청구의 청구취지 추가 또는 변경이 이루어진 경우, 청구기간의 준수 여부는 헌법재판소법 제40조 제1항 및 민사소송법 제265조에 의하여 추가 또는 변경된 청구서가 제출된 시점을 기준으로 판단하여야 한다(헌재 2012.11.29. 2011헌마140).

③ (○) 헌법 제113조 제3항 및 헌법재판소법 제69조, 제70조 제1항 참조.

> 헌법 제113조 ③ 헌법재판소의 조직과 운영 기타 필요한 사항은 법률로 정한다.
> 헌법재판소법 제69조 (청구기간) ① 제68조제1항에 따른 헌법소원의 심판은 그 사유가 있음을 안 날부터 90일 이내에, 그 사유가 있는 날부터 1년 이내에 청구하여야 한다. 다만, 다른 법률에 따른 구제절차를 거친 헌법소원의 심판은 그 최종결정을 통지받은 날부터 30일 이내에 청구하여야 한다.
> ② 제68조제2항에 따른 헌법소원심판은 위헌 여부 심판의 제청신청을 기각하는 결정을 통지받은 날부터 30일 이내에 청구하여야 한다.

헌법재판소법 제70조 (국선대리인) ① 헌법소원심판을 청구하고자 하는 자가 변호사를 대리인으로 선임할 자력이 없는 경우에는 헌법재판소에 국선대리인을 선임하여 줄 것을 신청할 수 있다. 이 경우 제69조의 규정에 의한 청구기간은 국선대리인의 선임신청이 있는 날을 기준으로 정한다.

④ (○) 청구인들은 2000. 7. 9.에 제1차 시험이 실시되는 제6회 법무사시험을 보려고 준비하던 사람들로서 2000. 2. 2. 이 사건 헌법소원을 제기할 당시에는 이 법무사시험이 아직 시행되지 않은 상황이었다. 그런데 이 사건에서는, 시험을 보지 않고 법무사자격을 취득하는 경력공무원들과의 상관관계하에서 장차 청구인들의 합격여부가 결정될 가능성이 존재하기 때문에 이 사건 법률조항에 의한 청구인들의 기본권침해 여부가 문제되는 상황, 즉 합격 여부의 결정이 장래에 발생할 것이 확실히 예측되고 따라서 기본권침해를 예방하기 위하여 청구인들이 미리 헌법소원을 제기하는 것을 허용할 필요가 있는데 이러한 경우에는 청구기간의 준수 여부는 문제되지 않는다. 왜냐하면 청구기간의 준수여부에 대한 심사는 기본권침해 여부가 문제되는 상황이 과거에 이미 발생한 경우를 전제로 하는 것이므로 기본권침해 여부가 문제되는 상황이 장래에 발생할 것이 확실하여 미리 앞당겨 헌법소원의 제기를 허용하는 경우에는 청구기간은 아직 그 진행이 개시조차 된 것이 아니기 때문이다(헌재 2001.11.29. 2000헌마84).

⑤ (○) 이 사건 심판청구는 심판대상조항으로 인하여 기본권침해의 사유가 발생하였음을 알게 된 날부터 90일이 지났음이 명백한 시점에 제기되었으므로 적법한 청구기간이 지난 후 제기된 것이다. 심판대상조항의 위헌확인을 구하는 헌법소원심판이 제기되었다는 이유만으로 그 조항의 효력이 자동적으로 정지된다거나 헌법재판소가 심판대상조항을 적용할 수 없게 되는 것은 아니므로, 청구기간을 제한하고 있는 심판대상조항의 위헌확인을 구하고 있다는 이유만으로, 명백하게 청구기간이 지난 후에 제기된 헌법소원심판청구를 각하하지 않고 본안판단으로 나아가는 것은 허용될 수 없다(헌재 2013.02.28. 2011헌마666).

정답 ②

문 102

다음 중 헌법재판소 결정이 행정규칙에 대한 헌법소원 대상성을 부정한 것은? [2019년 40번]

① 식품위생법시행령 제7조 제8호 라목의 유흥주점 영업행위 중 "무도장을 갖추고 손님으로 하여금 춤을 추게 하는 행위"를 오전 9시부터 오후 5시까지 제한하는 식품접객업소영업행위제한기준
② 2010년도 교원자격검정 실무편람 중 '교육대학원 초등교육 전공의 교육과정은 초등학교 교사양성과정(전 교과 지도)으로 편성되지 않고, 초등교육 전문과정으로 편성되어 있어, 일반대학 졸업자가 교육대학원에서 초등교육을 전공하여 초등교사 자격증을 취득하는 것은 불가능함' 부분
③ 문화관광부고시 제2004-14호 "게임제공업소의 경품취급기준" 중 '사행성 간주 게임물'의 개념을 설정하고 이에 해당하는 경우 경품제공 등을 금지한 규정
④ 식품이나 식품의 용기·포장에 "음주전후" 또는 "숙취해소"라는 표시를 금지하고 있는 식품등의표시기준(1998. 10. 7.식품의약품안전청고시 제1998-96호로 제정) 제7조 『별지1』 식품등의 세부표시기준 1. 가. 10) 카) 중 "음주전후" 및 "숙취해소" 표시를 금지하는 부분
⑤ 국토해양부 2009. 4. 1.자 '저소득가구 전세자금 지원기준' 2.나. (4)

MGI Point 헌법소원 대상성 ★★★

■ 헌법소원 대상성 인정
- 식품위생법시행령 "무도장을 갖추고 손님으로 하여금 춤을 추게 하는 행위"를 오전 9시부터 오후 5시까지 제한하는 식품접객업소 영업행위제한기준
- 문화관광부고시 "게임제공업소의 경품취급기준" 중 '사행성 간주 게임물'의 개념을 설정하고 이에 해당하는 경우 경품제공 등을 금지한 규정
- 식품이나 식품의 용기·포장에 "음주전후" 또는 "숙취해소"라는 표시를 금지하고 있는 식품등의표시기준(식품의약품안전청고시) 제7조 『별지 1』 식품등의 세부표시기준 중 "음주전후" 및 "숙취해소" 표시를 금지하는 부분
- 국토해양부 '저소득가구 전세자금 지원기준' 2. 나. (4)

■ 헌법소원 대상성 부정
- 2010년도 교원자격검정 실무편람 중 '교육대학원 초등교육 전공의 교육과정은 초등학교 교사양성과정(전 교과 지도)으로 편성되지 않고, 초등교육 전문과정으로 편성되어 있어, 일반대학 졸업자가 교육대학원에서 초등교육을 전공하여 초등교사 자격증을 취득하는 것은 불가능함' 부분

① (X) 이 사건 기준은 그 제정형식이 비록 보건복지부장관의 고시라는 행정규칙이지만, 식품위생법 제30조의 위임에 따라 식품접객업소의 영업행위에 대하여 제한대상 및 제한시간을 정한 것으로서 상위법령과 결합하여 대외적인 구속력을 갖는 법규명령의 성격을 가지고 있다. 따라서 이 사건은 법령 자체에 의한 직접적인 기본권침해 여부가 문제된다고 할 것인데, 이러한 경우 그 법령 자체의 효력을 직접 다투는 것을 소송물로 하여 일반법원에 소송을 제기하는 길이 없어 구제절차가 있는 경우가 아니므로 바로 헌법소원심판을 청구할 수 있다(헌재 2000.07.20. 99헌마455).

② (O) 이 사건 실무편람 부분은 교원자격검정령 관련 규정 및 우리나라 교육대학원등의 초등교육 석사학위과정 운용상 교육대학이나 대학의 초등교육과에서 초등교육을 전공하지 않는 한 교육대학원 등에서의 초등교육 석사학위과정만으로는 초등학교 정교사(2급)의 자격취득이 불가능하다는 사실을 설명 내지 안내해 주고 있는 것에 불과할 뿐, 그 자체로 국민에 대해 어떤 권리를 설정하거나 의무를 부과하고 있지 아니하므로 헌법소원심판의 대상이 되는 공권력의 행사에 해당하지 아니한다(헌재 2013.02.28. 2010헌마438).

③ (X) 이 사건 고시는 게임제공업을 영위하는 자가 게임이용자에게 제공할 수 있는 경품의 종류와 지급방법 등에 관한 기준을 정하고 있는데, 이는 특정인에 대한 개별적·구체적인 처분의 성격을 지닌 것이라기보다는 게임제공업소의 경품제공 일반에 관한 일반적·추상적인 규정의 성격을 지닌 것이라 봄이 상당하고, 나아가 이 사건 고시는 이 사건 모법조항의 위임에 의하여 제정된 것으로서 국민의 기본권을 제한하는 내용을 담고 있어 상위법령과 결합하여 대외적 구속력을 갖는 법규명령으로 기능하고 있는 것이라 볼 수 있으므로 헌법소원의 대상이 된다(헌재 2008.11.27. 2005헌마161).

④ (X) 이 사건 심판의 대상은 식품등의표시기준(1998. 10. 7. 식품의약품안전청고시 제1998-96호로 제정) 제7조 『별지1』 식품등의 세부표시기준 1. 가. 10) 카) 중 "음주전후" 및 "숙취해소" 표시를 금지하는 부분(이하 "이 사건 규정"이라 한다)이 청구인들의 영업의 자유, 표현의 자유 및 재산권을 침해하였는지의 여부인바, 이 사건 규정 및 관련 법률의 규정 내용은 다음과 같다(헌재 2000.03.30. 99헌마143).

⑤ (X) 이 사건 전세자금 지원기준의 직접적인 상대방은 기금수탁자인 농협중앙회와 우리은행이지, 기금의 운용에 따라 지원을 받는 국민은 아니지만, 국민주택기금의 수탁자인 농협중앙회와 우리은행은 실질적으로 이러한 지원기준에 따라 전세자금 지원에 관한 사무를 처리할 수밖에 없고, 이 사건에서도 농협중앙회와 우리은행이 청구인들에게 각 대출자격이 없다고 결정한 것은 이들이 파산면책자로서 이 사건 심판대상 조항에서 정한 신용관리대상자와 여신취급 제한대상자에 해당하기 때문이다. 그렇다면, 이 사건 심판대상 조항은 대외적 구속력이 있는 공권력의 행사로서 헌법소원의 대상이 되는 공권력의 행사라고 보아야 할 것이다(헌재 2011.10.25. 2009헌마588).

정답 ②

문 103

헌법소원의 요건으로서 보충성에 관한 다음 설명 중 가장 옳지 않은 것은? [2019년 26번]

① 다른 법률에 구제절차가 있는 경우라도 헌법소원심판 청구인의 불이익으로 돌릴 수 없는 정당한 이유 있는 착오로 전심절차를 밟지 않은 경우 또는 전심절차로 권리가 구제될 가능성이 거의 없거나 권리구제절차가 허용되는지 여부가 객관적으로 불확실하거나 청구인에게 대단히 우회적 절차를 요구하는 것밖에 되지 않는 등 전심절차이행의 기대가능성이 없는 경우에는, 예외적으로 다른 법률의 구제절차를 거치지 않고 헌법소원심판을 청구하는 것이 허용된다.

② 법률자체에 의한 직접적인 기본권침해가 문제될 때에는 다른 구제절차를 거칠 것 없이 바로 헌법소원을 제기할 수 있다.

③ 원칙적으로 수사기관의 구체적인 수사처분으로 인하여 기본권을 침해받은 경우에는 형사소송법 등 관계법령에 따라 구제절차를 거친 후가 아니면 헌법소원심판을 청구할 수 없다.

④ 법원의 수사서류 열람·등사 허용 결정에도 불구하고 검사가 해당 수사서류의 등사를 거부한 경우 검사의 등사 거부행위에 대하여 청구인들이 별도의 구제절차를 거치지 아니하였다면, 헌법재판소법 제68조 제1항 단서의 보충성원칙에 위배된다.

⑤ 행정청의 처분에 대하여 행정심판을 거쳐 행정소송을 제기하였는데, 행정심판청구가 심판청구기간을 도과하여 제기된 부적법한 것이라는 이유로 행정소송에서 각하판결을 선고받은 후 헌법소원심판을 청구하였다면, 적법한 구제절차를 경유한 것이라고 할 수 없다.

MGI Point 보충성 ★★★

- **보충성의 예외 ○**
  - 정당한 이유 있는 착오로 전심절차 밟지 않은 경우
  - 전심절차이행 기대가능성 ×
  - 법률 자체에 의한 직접적인 기본권침해
  - 법원의 수사서류 열람·등사 허용 결정에 대한 검사의 거부행위
- **보충성의 예외 ×**
  - 수사기관의 구체적인 수사처분으로 기본권 침해받은 경우 ⇨ 형사소송법 등 관계법령에 따라 구제절차를 거칠 것 要
  - 행정소송 제기 ⇨ 각하판결(행정심판 청구기간 도과하여 제기) ⇨ 헌법소원심판 청구는 절차상 부적법

---

① (○) 헌법소원심판은 다른 법률에 구제절차가 있는 경우에는 그 절차를 모두 거친 후가 아니면 청구할 수 없고(헌법재판소법 제68조 제1항 단서), 다만 청구인이 그의 불이익으로 돌릴 수 없는 정당한 이유 있는 착오로 전심절차를 밟지 않은 경우나 전심절차로 권리가 구제될 가능성이 거의 없거나 권리구제절차가 허용되는지의 여부가 객관적으로 불확실하거나 헌법소원심판 청구인에게 대단히 우회적인 절차를 요구하는 것밖에 되지 않는 등 전심절차 이행의 기대 가능성이 없는 경우에는 예외적으로 다른 구제절차를 거침이 없이 직접 헌법소원심판청구를 할 수 있을 뿐이다(헌재 1998.10.29. 97헌마285).

② (○) 법률 자체에 의한 직접적인 기본권침해여부가 문제될 때에는 그 법률 자체의 효력을 직접 다투는 것을 소송물로 하여 일반 법원에 소송을 제기하는 길이 없어 구제절차가 있는 경우가 아니므로 다른 구제절차를 거칠 것 없이 바로 헌법소원을 제기할 수 있는 것이다(헌재 1989.03.17. 88헌마1).

③ (○) 원칙적으로 수사기관의 구체적인 수사처분으로 인하여 기본권을 침해받은 경우에는 형사소송법 등 관계법령에 따라 구제절차를 거친 후가 아니면 헌법소원심판을 청구할 수 없다(헌재 2011.09.29. 2010헌바66).

④ (X) 피청구인의 이 사건 등사 거부행위를 항고소송의 대상이 되는 행정처분으로 보더라도, 청구인들이 형사소송법 제266조의4 소정의 구제절차를 거쳐 법원으로부터 이 사건 열람·등사 허용 결정을 받았음에도 피청구인이 이를 전부 이행하지 아니한 채 이 사건 수사서류에 대한 등사를 거부하고 있는 상황에서, 청구인들로 하여금 재차 행정쟁송 절차를 거치게 하는 것은 권리구제의 실익이 없는 반복적인 절차의 이행을 요구하는 것에 지나지 않는다. 따라서 청구인들이 행정쟁송 절차를 거치지 아니하고 바로 이 사건 헌법소원심판을 청구하였다고 하더라도 이는 보충성원칙의 예외로서 허용된다고 보아야 할 것이다(헌재 2017.12.28. 2015헌마632).

⑤ (○) 행정심판청구가 심판청구기간을 도과하여 제기된 부적법한 것이기 때문에 행정소송에서 적법한 전심절차를 거치지 아니한 것으로 각하판결을 선고받은 후 헌법소원심판을 청구한 것은 적법한 구제절차를 경유한 것이라고 할 수 없으므로 절차상 부적법하다고 한 사례(헌재 1993.05.10. 93헌마92).

정답 ④

문 104

다음 중 헌법재판소 결정이 헌법소원의 적법요건으로서 자기관련성을 부인한 것은? [2019년 11번]

① 법무사가 고용할 수 있는 사무원의 수를 제한하는 법률조항에 대한 헌법소원심판에서 제3자인 사무원
② 방송광고 사전심의를 규정한 법령에 대한 헌법소원심판에서 사전심의의 대상이 되는 광고표현물의 제작에 참여하는 광고인들
③ 안경사에게 안과의사의 업무를 부분적으로 허용하는 법률조항에 대한 헌법소원심판에서 안과의사
④ 대학으로 하여금 국가유공자의 자녀에 대하여 수업료 등을 면제할 수 있게 하고 국가는 그 면제한 수업료 등의 반액을 대학에 보조하도록 정한 법률조항에 대한 헌법소원심판에서 자녀를 국외대학에 취학하게 한 국가유공자
⑤ 백화점 등의 셔틀버스운행을 금지하는 법률조항에 대한 헌법소원심판에서 셔틀버스를 이용하여 온 소비자들

> **MGI Point** 헌법소원의 적법요건으로서의 자기관련성　★★★
>
> ■ 자기관련성
> - 공권력의 행사·불행사로 인하여 직접적·법적 이해관계를 가지는 자만 인정
> - 제3자의 자기관련성 ⇨ 직접적·법적 이해관계 要
> - 권리귀속에 대한 소명만으로 자기관련성 구비여부 판단 可
>
> ■ 자기관련성이 인정되는 경우
> - 법무사가 고용할 수 있는 사무원의 수를 제한하는 법률조항에 대한 헌법소원심판에서 제3자인 사무원
> - 방송광고 사전심의를 규정한 법령에 대한 헌법소원심판에서 사전심의의 대상이 되는 광고표현물의 제작에 참여하는 광고인들
> - 안경사에게 안과의사의 업무를 부분적으로 허용하는 법률 조항에 대한 헌법소원심판에서 안과의사
> - 대학으로 하여금 국가유공자의 자녀에 대하여 수업료 등을 면제할 수 있게 하고 국가는 그 면제한 수업료 등의 반액을 대학에 보조하도록 정한 법률조항에 대한 헌법소원심판에서 자녀를 국외대학에 취학하게 한 국가유공자
>
> ■ 자기관련성이 부정되는 경우
> - 백화점 등의 셔틀버스운행을 금지하는 법률조항에 대한 헌법소원심판에서 셔틀버스를 이용하여 온 소비자들

① (X) 법무사법시행규칙 제35조 제4항에 의하여 법무사가 사무원 중 일정 인원을 해고하여야 하는 법률상 의무를 직접 부담하는 경우에는 위 해고의 대상 중에 포함되어 있어 해고의 위험을 부담하는 것이분명한 사무원들도 위 법령에 의하여 직접적이고 법적인 침해를 받는다고 할 것이다(헌재 1996.04.25. 95헌마331).

> **사실관계** 법무사법시행규칙 제35조 제4항 등 위헌확인사건으로, 법령의 직접 수범의무자가 아님에도 자기관련성을 인정한 예이다.

② (X) 헌법재판소법 제68조 제1항에 의하면, 헌법소원심판은 공권력의 행사 또는 불행사로 인하여 헌법상 보장된 기본권을 침해받은 자가 청구할 수 있는바, 기본권을 침해받은 자라 함은 공권력의 행사 또는 불행사로 인하여 자기의 기본권이 현재 그리고 직접적으로 침해받은 자를 의미하며, 단순히 간접적, 사실적 또는 경제적인 이해관계가 있을 뿐인 제3자는 이에 해당하지 않는다. 다만 공권력 작용의 직접적인 상대방이 아닌 제3자라고 하더라도 공권력 작용이 그 제3자의 기본권을 직접적이고 법적으로 침해하고 있는 경우에는 그 제3자에게도 자기관련성이 있다. 그런데 이 사건 규정들은 방송광고의 사전심의 주체로 방송위원회만을, 이러한 절차를 거친 방송광고물에 대한 방송의 주체로 방송사업자만을 정하여 이 사건 청구인과 같은 광고주를 그 법규 수범자 범위에서 제외하고 있다. 이러한 규정 형식과 관련하여 이 사건 규정들에 대한 청구인의 자기관련성에 의문이 제기될 수 있으나, 청구인과 같이 방송을 통해 광고를 하고자 하는 자는 이 사건 규정들 때문에 반드시 사전에 심의를 거쳐야 하고, 그렇지 않을 경우 자신이 원하는 방송광고를 할 수 없게 되므로 청구인과 같은 광고주의 경우도 이 사건 규정들에 의해 자신의 기본권을 제한 받고 있다고 할 것이다(헌재 2008.06.26. 2005헌마506).

> **사실관계** 방송위원회로부터 위탁을 받은 한국광고자율심의기구로 하여금 텔레비전 방송광고의 사전심의를 담당하도록 한 것이 헌법이 금지하는 사전검열에 해당한다고 판단한 방송법 제32조 제2항 등 위헌확인사건(제3항, 방송법시행령 제21조의2, 방송위원회 규칙 제23호)이다. 구 방송법 규정과 거의 유사한 내용을 담고 있는 개정된 현행 방송법에 대해서도 법질서의 정합성과 소송경제 측면을 고려하여 심판대상에 포함시켜 판단한 사례.

③ (X) 이 사건은 법령에 대한 헌법소원이므로 자기관련성·직접성·현재성을 갖추고 있어야 한다. 일반적으로 눈의 시력검사와 교정은 안과의 영역에 관련되는 업무이고, 자동굴절검사기기를 사용하는 타각적 굴절검사를 안경사에게 허용하고 있는 심판대상규정에 대하여 안과의사인 청구인이 자신의 권리가 침해되었다고 다투고 있는 이 사건 심판청구는 자기관련성을 갖추고 있다고 할 것이며, 현재성과 직접성을 갖추고 있는 점도 의문의 여지가 없다(헌재 1993.11.25. 92헌마87).

> **사실관계** 안경사에게 시력검사행위를 허용한 의료기사법시행령 제2조 제1항 제8호가 안과의사의 직업선택의 자유를 침해하지 않고, 콘택트렌즈의 판매를 안경사에게만 허용하고 있는 의료기사법시행령 제2조 제1항 제8호가 안과의사의 평등권을 침해하지 않는다고 판단한 사례.

④ (X) 대학으로 하여금 국가유공자의 자녀에 대하여 수업료 등을 면제할 수 있게 하고 국가는 그 면제한 수업료 등의 반액을 대학에 보조하도록 규정한 국가유공자등예우및지원에관한법률 제25조 제2항, 제3항의 입법목적에 비추어 볼 때, 국가유공자 본인은 위 법률조항의 실질적인 규율대상에 속한다고 판단되고, 위 법률조항에 의해 국외 대학에 취학한 국가유공자의 자녀가 교육보호를 받을 수 없게 되는 데서 생기는 불이익은 통상적으로 자녀의 학비를 부담하는 국가유공자 본인에게 돌아가게 되는 점 등을 고려할 때, 국가유공자인 청구인에 대해 자기관련성을 인정할 수 있다(헌재 2003.05.15. 2001헌마565).

> **사실관계** 국가유공자등예우및지원에관한법률 제25조 위헌확인사건으로, 위 법률조항이 국외 대학에 취학한 자녀를 둔 국가유공자를 합리적 이유 없이 차별함으로써 평등원칙에 위배되지 않는다고 판단.

⑤ (○) 헌법재판소법 제68조 제1항의 규정에 의하면 헌법소원심판은 공권력의 행사 또는 불행사로 인하여 헌법상 보장된 기본권을 침해받은 자가 청구하여야 한다고 규정하고 있는바, 여기에서 기본권을 침해받은 자라 함은 공권력의 행사 또는 불행사로 인하여 자기의 기본권이 현재 그리고 직접적으로 침해받은 자를 의미하며 단순히 간접적, 사실적 또는 경제적인 이해관계가 있을 뿐인 제3자는 이에 해당하지 않는다. 소비자들이 그동안 백화점 등의 셔틀버스를 이용할 수 있었던 것은 백화점 등의 경영자가 셔틀버스를 운행함으로써 누린 반사적인 이익에 불과한 것이므로, 이 사건 법률조항으로 인하여 더 이상 셔틀버스를 이용할 수 없게

되었다 하더라도 이는 백화점 등에의 접근에 대한 편이성이 감소되었을 뿐이고 이로 인하여 소비자의 상품선택권이 제한을 받는 것은 아니라고 할 것이다. 따라서 청구인 허○영, 같은 문○숙은 이 사건 법률조항의 시행으로 인하여 기본권을 침해받는 것이 아니어서 청구인적격이 인정될 수 없으므로 이들의 심판청구는 부적법하다(헌재 2001.06.28. 2001헌마132).

사실관계 여객자동차운수사업법 제73조의 2 등 위헌확인사건이다. 청구인들 중 백화점 등의 셔틀버스를 이용해 온 소비자들의 경우 이 사건 법률조항에 대한 청구인적격이 부정됐으며, 이 사건 법률조항이 헌법상 정당한 범위를 넘어 백화점 등의 경영자인 청구인들의 영업의 자유와 평등권을 침해하지 않는다고 판단하였다.

정답 ⑤

문 105

헌법소원의 요건으로서 기본권 침해의 직접성에 관한 다음 설명 중 가장 옳지 않은 것은? [2019년 15번]

① 법규범이 집행행위를 예정하고 있더라도 법규범의 내용이 집행행위 이전에 이미 국민의 권리관계를 직접 변동시키거나 국민의 법적 지위를 결정적으로 정하는 것이어서 국민의 권리관계가 집행행위의 유무나 내용에 의하여 좌우될 수 없을 정도로 확정된 상태라면 그 법규범의 권리침해의 직접성이 인정된다.
② 기존의 특정 지방자치단체를 폐지하고, 다른 지방자치단체에 편입시키는 내용의 법률조항은 기본권과 관련이 있어 헌법소원의 대상이 될 수 있다.
③ 조례 자체로 인하여 직접 그리고 현재 자기의 기본권을 침해받은 자는 그 권리구제의 수단으로서 조례에 대한 헌법소원을 제기할 수 있다.
④ 소송기록접수통지를 받은 후 20일 내에 항소이유서를 제출하도록 규정한 형사소송법 조항은 법원의 재판이라는 구체적인 집행행위의 매개를 거쳐 비로소 특정인의 기본권에 영향을 미치게 되는 법규범이므로 기본권 침해의 직접성이 인정되지 아니한다.
⑤ 담배제조업의 허가기준을 대통령령에 위임한다고 규정한 담배사업법 조항은 위임규정으로서 하위규범의 시행을 예정하고 있으므로, 기본권침해의 직접성이 인정되지 아니한다.

MGI Point **기본권 침해의 직접성** ★★

- 법규범이 집행행위를 예정 but 법규범의 내용이 집행행위 이전에 이미 국민의 권리관계를 직접 변동시키거나 국민의 법적 지위를 결정적으로 정하는 것 ⇨ 그 법규범의 권리침해의 직접성 인정 ○
  ex. 구 수산자원보호령 제17조 제1항의 [별표 12] 중 '제5구의 잠수기어업 허가정수를 37건'으로 정한 부분 : 별도의 집행행위의 매개 없이 직접 기본권을 제한 ○
- 지방자치단체의 폐치·분합에 관한 사항 ⇨ 지역 주민들의 기본권 침해 可, 헌법소원의 대상 ○
- 조례 자체로 직접 그리고 현재 자기의 기본권을 침해받은 경우 ⇨ 헌법소원의 대상 ○
- 소송기록접수통지를 받은 후 20일 내에 항소이유서를 제출하도록 규정한 형사소송법 제361조의3 제1항 전문
  ⇨ 기본권 침해의 직접성 요건을 충족 ○
- 담배제조업의 허가기준을 대통령령에 위임한다고 규정한 담배사업법 제11조 제1항
  ⇨ 법률규정이 그 규정의 구체화를 위하여 하위규범의 시행을 예정하고 있는 경우, 직접성 인정 ×

---

① (○) 법규범이 집행행위를 예정하고 있더라도 법규범의 내용이 집행행위 이전에 이미 국민의 권리관계를 직접 변동시키거나 국민의 법적 지위를 결정적으로 정하는 것이어서 국민의 권리관계가 집행행위의 유무나 내용에

의하여 좌우될 수 없을 정도로 확정된 상태라면 그 법규범의 권리침해의 직접성이 인정된다. 이 사건 시행령조항에 의하면 제5구의 잠수기어업 허가정수를 37건으로 규정함으로써 그 허가정수의 범위 안에서 어업허가를 받을 수 있을 뿐 이를 초과하여 어업허가를 받을 수 없는 제한을 받게 된다. 위와 같이 이 사건 시행령조항상의 허가정수에 따른 허가가 모두 이루어졌을 경우 더 이상의 어업허가는 불가능하므로, 이 사건 시행령조항에 의하여 잠수기어업을 영위할 수 없는 기본권 제한을 직접 받게 된다(헌재 2008.06.26. 2005헌마173).

② (O) 지방자치단체의 폐치·분합에 관한 것은 지방자치단체의 자치행정권 중 지역고권의 보장문제이나, 대상 지역 주민들은 그로 인하여 인간다운 생활공간에서 살 권리, 평등권, 정당한 청문권, 거주이전의 자유, 선거권, 공무담임권, 인간다운 생활을 할 권리, 사회보장·사회복지수급권 및 환경권 등을 침해받게 될 수도 있다는 점에서 기본권과도 관련이 있어 헌법소원의 대상이 될 수 있다(헌재 1994.12.29. 94헌마201).

③ (O) 조례는 지방자치단체가 그 자치입법권에 근거하여 자주적으로 지방의회의 의결을 거쳐 제정한 법규이기 때문에 조례 자체로 인하여 직접 그리고 현재 자기의 기본권을 침해받은 자는 그 권리구제의 수단으로서 조례에 대한 헌법소원을 제기할 수 있다(헌재 1995.04.20. 92헌마264,279).

④ (X) 법률 또는 법률조항 자체가 헌법소원의 대상이 될 수 있으려면 그 법률 또는 법률조항에 의하여 구체적인 집행행위를 기다리지 아니하고 직접, 현재 자기의 기본권을 침해받아야 한다. 여기서 말하는 기본권 침해의 직접성이란 집행행위에 의하지 아니하고 법률 그 자체에 의하여 자유의 제한, 의무의 부과, 권리 또는 법적 지위의 박탈이 생긴 경우를 뜻한다. 의무조항은 항소인에게 20일이라는 한정된 기간 내에 항소이유서를 제출하도록 강제하고 있어 법률 그 자체에 의하여 행위의무를 부과하고 있다. 그리고 항소인이 그 의무를 이행하지 않은 경우 직권조사사유가 있거나 항소장에 항소이유의 기재가 있는 예외를 제외하고는 항소법원은 결정으로 항소를 기각하여야 한다. 즉 항고기각결정을 받지 않기 위해서 항소인은 의무적으로 항소이유서를 제출하여야 하므로 국민은 별도의 집행행위를 기다릴 필요 없이 법률의 시행 자체로 행위의무를 직접 부담하게 된다. 따라서 의무조항에 관한 기본권 침해의 직접성은 인정된다(헌재 2016.09.29. 2015헌마165).

⑤ (O) 법률규정이 그 규정의 구체화를 위하여 하위규범의 시행을 예정하고 있는 경우 당해 법률 자체는 기본권 침해의 직접성이 인정되지 아니한다. 청구인은 담배제조업을 하기 위하여 허가를 받아야 한다는 부분에 대해서는 다투지 아니하고 다만 그 허가 기준이 지나치게 높아 허가조항이 헌법에 위반된다고 주장하고 있다. 그런데 허가조항은 담배제조업 허가 기준을 대통령령으로 정하도록 하는 위임규정으로서 하위규범의 시행을 예정하고 있으므로, 이 조항에 대해서는 직접성이 인정되지 아니한다(헌재 2018.02.22. 2017헌마438).

정답 ④

문 106

헌법소원의 적법요건으로서 '기본권 침해의 자기관련성'에 관한 다음 설명 중 옳지 않은 것은 모두 몇 개인가? [2021년 28번]

> ㄱ. 사법시험을 준비하여 왔던 사람들로서 법학전문대학원에 진학한 상태가 아닌 사람은 법학전문대학원의 학위과정 및 학생선발에 관한 규정으로 인한 기본권 침해와 직접적으로 관련이 없어 자기관련성이 인정되지 아니한다.
> ㄴ. 서울시 재난지원금 신청에 있어 공무원에게 자신이 저소득자임을 증명하는 것이 인권침해라는 스스로의 판단에 따라 위 재난지원금을 신청하지 아니한 사람은 서울시 재난지원금의 신청기한이 5월 15일로 정한 것으로 인하여 법적 지위에 영향을 받았다고 볼 수 없으므로 자기관련성이 인정되지 아니한다.

ㄷ. 종교인소득 중 일부에 대하여 소득세를 비과세하고, 종교인소득과 관련하여 세무 공무원의 질문조사권의 범위를 제한하거나 질문조사 전 수정신고를 안내하도록 규정한 소득세법 및 소득세법 시행령 조항에 관하여 일반 국민들은 자기관련성이 인정되지 아니한다.

ㄹ. 단체와 그 구성원은 서로 별개의 독립된 인격체로서 단체의 구성원의 기본권 침해를 주장하여 단체가 헌법소원심판을 청구하는 것은 허용되지 아니하므로 학부모회 또는 학생회가 소속 학부모 또는 학생의 기본권 침해를 주장하는 것이라면 이는 그 자체로 기본권침해의 자기관련성 요건을 갖추지 못한 것이다.

ㅁ. 수혜적 법령의 경우에는 수혜범위에서 제외된 자가 자신이 평등원칙에 반하여 수혜대상에서 제외되었다는 주장을 하거나, 비교집단에게 혜택을 부여하는 법령이 위헌이라고 선고되어 그러한 혜택이 제거된다면 비교집단과의 관계에서 청구인의 법적 지위가 상대적으로 향상된 다고 볼 여지가 있는 때에 그 법령의 직접적인 적용을 받는 자가 아니라고 할지라도 자기관련성을 인정할 수 있다.

ㅂ. 각급학교 학생에게 예비군 교육훈련의 일부를 보류하는 내용의 국방부장관 지침(재학생 방침보류)에 대하여 학생이 아닌 청구인이 학생에게 예비군 교육훈련 일부의 보류혜택을 부여하는 것이 부당하다고 주장할 뿐 자신도 학생과 동일한 보류혜택을 받아야 함에도 평등원칙에 반하여 그 수혜대상에서 제외되었다는 취지의 주장을 하고 있지 않다면, 기본권 침해의 자기관련성이 인정되지 아니한다.

① 없음　　② 1개　　③ 2개
④ 3개　　⑤ 4개

MGI Point 헌법소원의 적법요건 (기본권 침해의 자기관련성) ★★

- 사법시험을 준비하여 왔던 사람들로서 법학전문대학원에 진학한 상태가 아닌 사람 ⇨ 법학전문대학원의 학위과정 및 학생선발에 관한 규정으로 인한 기본권 침해와 직접적으로 관련이 없어 자기관련성 인정 ×
- 공무원에게 자신이 저소득자임을 증명하는 것이 인권침해라는 스스로의 판단에 따라 재난지원금을 신청하지 아니한 사람 ⇨ 재난지원금의 신청기한으로 인하여 법적 지위에 영향을 받았다고 볼 수 없으므로 자기관련성 인정 ×
- 종교인소득 중 일부에 대하여 소득세를 비과세하고, 종교인소득과 관련하여 세무공무원의 질문조사권의 범위를 제한하거나 질문 조사 전 수정신고를 안내하도록 규정한 소득세법 및 시행령 조항 ⇨ 일반 국민들은 자기관련성 인정 ×
- 단체와 그 구성원은 서로 별개의 독립된 인격체로서 단체의 구성원의 기본권 침해를 주장하여 단체가 헌법소원심판을 청구하는 것은 허용 × ⇨ 학부모회 또는 학생회가 소속 학부모 또는 학생의 기본권 침해를 주장한다면 기본권 침해의 자기관련성 인정 ×
- 수혜적 법령의 경우 수혜범위에서 제외된 자가 ① 자신이 평등원칙에 반하여 수혜대상에서 제외되었다는 주장을 하거나, ② 비교집단에게 혜택을 부여하는 법령이 위헌이라고 선고되어 혜택이 제거된다면 비교집단과의 관계에서 법적 지위가 상대적으로 향상된다고 볼 여지가 있는 때 ⇨ 그 법령의 직접적인 적용을 받는 자가 아니라도 자기관련성 有
- 각급학교 학생에게 예비군 교육훈련의 일부를 보류하는 내용의 국방부장관 지침에 대하여 학생이 아닌 청구인이 단순히 학생에 대한 부당한 혜택이라며 평등권 침해를 주장하는 경우 ⇨ 헌법소원심판을 구할 자기관련성 인정 ×

ㄱ. (○) 법학전문대학원법 제18조 제1항, 제23조 제1항은 법학전문대학원(이하 '법전원'이라 약칭한다)에 석사학위과정을 두며, 학칙으로 정하는 바에 따라 박사학위과정을 둘 수 있고, 입학자격이 있는 자 중에서 일반전형 또는 특별전형에 의하여 학생을 선발한다는 규정이다. 이들 조항은 법전원 설치 및 운영자들이 준수할 법전원의 학위과정, 학생선발에 관한 규정일 뿐이어서 청구인들이 주장하는 기본권 침해와 직접적인 관

련이 없다. 따라서 청구인들은 위 조항들로 인한 기본권침해의 자기관련성이 인정되지 않으므로 위 조항들에 대한 심판청구는 부적법하다(헌재 2020.10.29. 2017헌마1128).

ㄴ. (○) 공무원에게 자신이 저소득자임을 증명하는 것이 인권침해라는 스스로의 판단 하에 재난지원금을 신청하지 아니한 사람은 재난지원금의 신청기한으로 인하여 법적 지위에 영향을 받았다고 볼 수 없다. 따라서 헌법소원의 적법요건 중 자기관련성 요건이 충족되지 아니한다.

ㄷ. (○) 일반 국민인 청구인들은 종교인에 대한 수혜적 규정인 소득세법(2015. 12. 15. 법률 제13558호로 개정된 것) 제12조 제5호 아목, 제21조 제1항 제26호 및 같은 조 제3항, 제145조의3, 제155조의6, 구 소득세법(2015. 12. 15. 법률 제13558호로 개정되고, 2018. 12. 31. 법률 제16104호로 개정되기 전의 것) 제170조 단서와 소득세법 시행령(2017. 12. 29. 대통령령 제28511호로 개정된 것) 제12조 제18호, 제19조 제3항 제3호, 제222조 제3항, 구 소득세법 시행령(2017. 12. 29. 대통령령 제28511호로 개정되고, 2019. 2. 12. 대통령령 제29523호로 개정되기 전의 것) 제222조 제2항(이하 위 조항들을 통칭하여 '심판대상조항'이라 한다)에 대하여 자신들도 종교인과 같이 동일한 혜택을 받아야 함에도 평등원칙에 반하여 수혜대상에서 제외되었다는 주장을 하고 있지 않고, 심판대상조항이 종교인에 대하여 부당한 혜택을 주고 있다고 주장할 뿐이다. 또한 종교인들에 대한 위와 같은 혜택이 제거되더라도, 이것이 일반 국민인 청구인들의 납세의무나 세무조사 과정에서 공무원의 질문·조사를 받을 의무의 내용에 영향을 미침으로써 위 청구인들의 법적 지위가 향상될 여지가 있다고 보기 어렵다. 따라서 일반 국민인 청구인들은 심판대상조항에 관한 자기관련성이 인정되지 않는다(헌재 2020.07.16. 2018헌마319).

ㄹ. (○) … 단체와 그 구성원은 서로 별개의 독립된 인격체로서 단체의 구성원의 기본권 침해를 주장하여 단체가 헌법소원심판을 청구하는 것은 허용되지 않는다. 만약 학부모회 또는 학생회인 청구인들이 소속 학부모 또는 학생의 기본권 침해를 주장하는 것이라면 이는 그 자체로 기본권침해의 자기관련성 요건을 갖추지 못한 것이다(헌재 2019.11.28. 2018헌마1153).

ㅁ. (○) 일반적으로 수혜적 법령의 경우에는 수혜범위에서 제외된 자가 자신이 평등원칙에 반하여 수혜대상에서 제외되었다는 주장을 하거나, 비교집단에게 혜택을 부여하는 법령이 위헌이라고 선고되어 그러한 혜택이 제거된다면 비교집단과의 관계에서 자신의 법적 지위가 상대적으로 향상된다고 볼 여지가 있는 때에는 그 법령의 직접적인 적용을 받는 자가 아니라고 할지라도 자기관련성을 인정할 수 있다(헌재 2013.12.26. 2010헌마789).

ㅂ. (○) 이 사건 재학생 방침보류는 예비군 교육훈련에 있어 각급학교 학생에 대한 수혜적 성격의 규정이라 할 수 있는데, 청구인은 학생에게 예비군 교육훈련 일부의 보류혜택을 부여하는 것이 부당하다고 주장할 뿐 자신도 학생과 동일한 보류혜택을 받아야 함에도 평등원칙에 반하여 그 수혜대상에서 제외되었다는 주장은 하지 않고, 나아가 예비군 교육훈련의 대상과 내용 등은 가변적 군사상황, 훈련시설의 수용능력 등을 종합적으로 고려하여 정책적이고 군사과학적인 차원에서 결정되어야 할 문제이므로 청구인에게는 이 사건 재학생 방침보류의 위헌 여부에 관한 헌법소원심판을 구할 자기관련성이 없다(헌재 2013.12.26. 2010헌마789).

정답 ①

문 107

입법부작위에 관한 다음 설명 중 옳지 않은 것을 모두 고른 것은? [2021년 27번]

> ㄱ. 입법부작위는 입법자가 헌법상 입법의무가 있는 어떠한 사항에 관하여 전혀 입법을 하지 아니함으로써 입법행위의 흠결이 있는 이른바 진정입법부작위와 입법자가 어떤 사항에 관

하여 입법을 하였으나 그 내용·범위·절차 등이 불완전·불충분 또는 불공정하여 입법행위에 결함이 있는 부진정입법부작위로 구분된다.
ㄴ. 진정입법부작위를 대상으로 하여 헌법소원을 제기하려면 헌법에서 기본권보장을 위하여 법령에 명시적인 입법위임을 하였음에도 불구하고 입법자가 상당한 기간 내에 이를 이행하지 아니하거나 또는 헌법의 해석상 특정인에게 구체적인 기본권이 생겨 이를 보장하기 위한 국가의 행위의무 내지 보호의무가 발생하였음이 명백함에도 불구하고 입법자가 아무런 조치를 취하지 아니한 경우이어야 한다.
ㄷ. 부진정입법부작위를 이유로 헌법소원을 제기하려면 결함이 있는 당해 입법규정 그 자체를 대상으로 하여 그것이 평등의 원칙에 위배된다는 등 헌법위반을 내세워 적극적인 헌법소원을 제기하여야 한다.
ㄹ. 행정명령의 제정 또는 개정의 지체가 위법하여 그에 대한 법적 통제가 가능하기 위해서는 행정청에게 시행명령을 제정(개정)할 법적 의무가 있어야 하고, 상당한 기간이 지났음에도 불구하고, 명령제정(개정)권이 행사되지 않아야 한다.
ㅁ. 행정입법부작위에 대한 헌법소원에 있어 행정부가 행정입법을 제정(개정)할 법적 의무를 이행하였다면 해당 행정입법이 제정(개정)되었을 것으로 보이는 시점을 기준으로 청구기간을 산정하여야 한다.
ㅂ. 행정입법부작위를 원인으로 하여 국가배상 등의 청구가 가능한 경우 원칙적으로 행정입법부작위에 대한 헌법소원청구는 부적법하다.

① ㄱ, ㄴ
② ㄷ, ㄹ
③ ㅁ, ㅂ
④ ㄱ, ㄹ, ㅁ
⑤ ㄴ, ㅁ, ㅂ

MGI Point **입법부작위** ★★★

■ 입법부작위는 ① 입법자가 헌법상 입법의무 있는 어떠한 사항에 관하여 전혀 입법을 하지 아니함으로써 입법행위에 흠결이 있는 "진정입법부작위" ② 입법자가 어떤 사항에 관하여 입법은 하였으나 그 입법의 내용·범위·절차 등의 사항을 불완전·불충분 또는 불공정하게 규율함으로써 입법행위에 결함이 있는 "부진정입법부작위"로 구분 ○
■ 진정입법부작위에 대한 헌법소원 ⇨ 원칙 : 심판의 대상 ×
  예외적으로 ① 헌법의 입법 위임이 있거나 ② 헌법 해석상 기본권 보장을 위한 국가의 행위의무 내지 보호의무 발생하였음에도 불구하고 입법자가 아무런 입법조치를 취하지 아니한 경우에 한하여 허용
■ 부진정입법부작위에 대한 헌법소원 ⇨ 불완전·불충분한 입법규정 그 자체가 대상 ○
■ 행정입법의 부작위가 헌법소원심판의 대상이 되기 위한 요건
  ㉠ 헌법에서 유래하는 작위의무 ㉡ 상당한 기간 경과 ㉢ 명령제정권 불행사
■ 입법부작위에 대한 헌법소원의 청구기간 기산점
  ▪ 진정입법부작위 ⇨ 청구기간의 제한 ×
  ▪ 부진정입법부작위 ⇨ 법령에 의하여 직접 기본권이 침해되는 경우, 헌재법 제69조 제1항 소정의 청구기간 준수 要 (법령의 시행과 동시에 기본권침해를 받은 경우 ⇨ 그 법령의 시행시 / 법령이 시행된 후에 해당하는 사유가 발생하여 기본권의 침해를 받게 된 경우 ⇨ 그 사유의 발생시)
■ 행정입법부작위를 원인으로 한 국가배상 등의 청구가 가능한 경우라도 이러한 사후적·보충적 권리구제수단은 헌재법 제68조 제1항 단서 소정의 "다른 권리구제절차"에 해당 × ⇨ 보충성 요건 충족하여 헌법소원 可

ㄱ. (○) 입법부작위에는 입법자가 헌법상 입법의무 있는 어떠한 사항에 관하여 전혀 입법을 하지 아니함으로써 입법행위에 흠결이 있는 진정입법부작위와, 입법자가 어떤 사항에 관하여 입법은 하였으나 그 입법의 내용

・범위・절차 등의 사항을 불완전・불충분 또는 불공정하게 규율함으로써 입법행위에 결함이 있는 부진정 입법부작위로 나눌 수 있다. 전자의 입법부작위는 입법부작위로서 헌법소원의 대상이 될 수 있지만, 후자의 경우에는 그 불완전한 법규정 자체를 대상으로 하여 그것이 헌법위반이라는 적극적인 헌법소원을 청구할 수 있을 뿐 이를 입법부작위라 하여 헌법소원을 제기할 수 없다(헌재 2014.09.24. 2014헌마733).

ㄴ. (O), ㄷ. (O) 우리 헌법재판소의 판례에 의하면, 이른바 "진정 입법부작위" 즉, 본래의 의미에서의 입법부작위를 대상으로 하는 헌법소원은 원칙적으로 허용되지 아니하고, 다만 예외적으로 헌법에서 기본권보장을 위하여 법령에 명시적인 입법위임을 하였음에도 불구하고 입법자가 상당한 기간 내에 이를 이행하지 아니하거나 또는 헌법 해석상 특정인에게 구체적인 기본권이 생겨 이를 보장하기 위한 국가의 행위의무 내지 보호의무가 발생하였음이 명백함에도 불구하고 입법자가 아무런 입법조치를 취하지 않고 있는 경우에 한하여 허용될 뿐이며, 한편 "부진정 입법부작위"를 대상으로 헌법소원을 제기하려면 그 입법부작위를 헌법소원의 대상으로 삼을 수는 없고, 결함이 있는 당해 입법규정 그 자체를 대상으로 하여 그것이 평등의 원칙에 위배된다는 등 헌법위반을 내세워 적극적인 헌법소원을 제기하여야 하며, 이 경우에는 법령에 의하여 직접 기본권이 침해되는 경우라고 볼 수 있으므로 헌법재판소법 제69조 제1항 소정의 청구기간을 준수하여야 한다(헌재 2009.07.14. 2009헌마349).

ㄹ. (O) 행정입법의 부작위에 대한 헌법소원은 공권력의 주체에게 헌법에서 유래하는 작위의무가 특별히 구체적으로 규정되어 이에 의거하여 기본권 주체가 행정행위를 청구할 수 있음에도 공권력의 주체가 그 의무를 해태하는 경우에 허용되고, 특히 행정명령의 제정 또는 개정의 지체가 위법으로 되어 그에 대한 법적 통제가 가능하기 위하여는 첫째, 행정청에게 시행명령을 제정(개정)할 법적 의무가 있어야 하고 둘째, 상당한 기간이 지났음에도 불구하고 셋째, 명령제정(개정)권이 행사되지 않아야 한다(헌재 2010.05.04. 2010헌마249).

ㅁ. (X) … 따라서 위 진정입법부작위의 위헌 여부를 다투는 이 사건 헌법소원심판은 청구기간의 제한을 받지 않는다고 할 것이므로 청구기간 경과의 위법은 없다(헌재 2002.07.18. 2000헌마707). 행정입법의 경우에도 "부진정 입법부작위"를 대상으로 헌법소원을 제기하려면 그 입법부작위를 헌법소원의 대상으로 삼을 수는 없고, 결함이 있는 당해 입법규정 그 자체를 대상으로 하여 그것이 평등의 원칙에 위배된다는 등 헌법위반을 내세워 적극적인 헌법소원을 제기하여야 하며, 이 경우에는 법령에 의하여 직접 기본권이 침해되는 경우라고 볼 수 있으므로 헌법재판소법 제69조 제1항 소정의 청구기간을 준수하여야 한다(헌재 2009.07.14. 2009헌마349).

> **판례** … 법령에 대한 헌법소원은 법령의 시행과 동시에 기본권의 침해를 받게 되는 경우에는 그 법령이 시행된 사실을 안 날로부터 90일 이내에, 법령이 시행된 날로부터 1년 이내에 청구하여야 한다(헌재 2011.02.24. 2009헌마94).

> 헌재법 제69조(청구기간) ① 제68조제1항에 따른 헌법소원의 심판은 그 사유가 있음을 안 날부터 90일 이내에, 그 사유가 있는 날부터 1년 이내에 청구하여야 한다. 다만, 다른 법률에 따른 구제절차를 거친 헌법소원의 심판은 그 최종결정을 통지받은 날부터 30일 이내에 청구하여야 한다.

ㅂ. (X) … 행정입법부작위를 원인으로 한 국가배상 등의 청구가 전혀 불가능한 것은 아니지만 이러한 사후적・보충적 권리구제수단은 헌법재판소법 제68조 제1항 단서 소정의 "다른 권리구제절차"에 해당하지 아니한다. 따라서 이 사건 헌법소원 심판청구는 다른 법률에 구제절차가 없는 경우에 해당하므로 보충성의 요건을 흠결하였다고 볼 수 없다(헌재 2002.07.18. 2000헌마707).

정답 ③

제2관 위헌심사형 헌법소원

제6절 | 권한쟁의심판

문 108

권한쟁의심판에 관한 다음 설명 중 옳은 것은 모두 몇 개인가? [2022년 21번]

> ㄱ. 권한쟁의심판은 국가기관 상호간, 국가기관과 지방자치단체간 및 지방자치단체 상호간의 권한에 관한 분쟁이 발생한 경우 이를 해결함으로써 국가기능의 원활한 수행을 도모하고 국가기관 및 지방자치단체 상호간의 견제와 균형을 유지하기 위한 제도이다.
> ㄴ. 권한쟁의심판을 청구할 수 있는 '국가기관'은 헌법재판소법 제62조 제1항 제1호에 규정된 국회, 정부, 법원 및 중앙선거관리위원회에 한정된다.
> ㄷ. 교섭단체의 지위를 가진 정당은 권한쟁의심판의 당사자능력이 있다.
> ㄹ. 권한쟁의심판은 청구인의 권한을 침해하였거나 침해할 현저한 위험성이 없어도 피청구인의 행위가 헌법과 법률을 위반하였을 가능성이 있다면 적법하다.
> ㅁ. 지방자치단체 내의 기관 상호간의 권한쟁의도 헌법재판소의 관할에 속한다.
> ㅂ. 지방자치단체 의원들이 특정 의안에 대한 의장의 가결·선포 행위가 심의·표결권을 침해한다고 주장하는 사안은 권한쟁의심판의 대상에 속한다.

① 1개 ② 2개 ③ 3개 ④ 4개 ⑤ 5개

MGI Point 권한쟁의심판 ★★

- 권한쟁의심판 ⇨ 국가기능의 원활한 수행을 도모하고 국가기관 및 지방자치단체 상호간의 견제와 균형을 유지하기 위한 제도
- 헌법재판소법 제62조 제1항 제1호상의 국가기관 ⇨ 예시적
- 교섭단체의 지위를 가진 정당 ⇨ 권한쟁의심판의 당사자능력 ×
- 권한쟁의심판청구의 요건 ⇨ 권한의 침해 또는 현저한 침해의 위험성 要
- 지방자치단체 내의 기관 상호간의 분쟁에 관한 심판 ⇨ 헌법재판소의 관할 ×
- 지방자치단체 의원들과 의장 간의 분쟁 ⇨ 권한쟁의심판의 대상 ×

ㄱ. (○) 권한쟁의심판은 공권력을 행사하는 국가기관이나 지방자치단체와 다른 국가기관 또는 지방자치단체 사이에 권한의 존부 또는 범위에 관하여 다툼이 있는 경우 독립한 국가기관인 헌법재판소가 이를 심판하여 그 권한과 의무의 한계를 명확히 함으로써 국가기능의 원활한 수행을 도모하고 권력 상호간의 견제와 균형을 유지시켜 헌법질서를 보호하려는 데 그 제도의 목적이 있다고 할 수 있다(헌재 1995.2.23. 90헌라1).

ㄴ. (×) 헌법재판소법 제62조 제1항 제1호가 국가기관 상호간의 권한쟁의심판을 "국회, 정부, 법원 및 중앙선거관리위원회 상호간의 권한쟁의심판"이라고 규정하고 있더라도 이는 한정적, 열거적인 조항이 아니라 예시적인 조항이라고 해석하는 것이 헌법에 합치되므로 이들 기관외에는 권한쟁의심판의 당사자가 될 수 없다고 단정할 수 없다(헌재 1997.07.16. 96헌라2).

ㄷ. (×) 정당은 국민의 자발적 조직으로, 그 법적 성격은 일반적으로 사적·정치적 결사 내지는 법인격 없는 사단으로서 공권력의 행사 주체로서 국가기관의 지위를 갖는다고 볼 수 없다. 정당이 국회 내에서 교섭단체를 구성하고 있다고 하더라도, 헌법은 권한쟁의심판청구의 당사자로서 국회의원들의 모임인 교섭단체에 대해서 규정하고 있지 않고, 교섭단체의 권한 침해는 교섭단체에 속한 국회의원 개개인의 심의·표결권 등 권한

침해로 이어질 가능성이 높아 그 분쟁을 해결할 적당한 기관이나 방법이 없다고 할 수 없다. 따라서 정당은 헌법 제111조 제1항 제4호 및 헌법재판소법 제62조 제1항 제1호의 '국가기관'에 해당한다고 볼 수 없으므로, 권한쟁의심판의 당사자능력이 인정되지 아니한다(헌재 2020.05.27. 2019헌라6 등).

ㄹ. (X) 헌법재판소법 제61조 제2항에 따라 권한쟁의심판을 청구하려면, 피청구인의 처분 또는 부작위로 인해 청구인의 권한이 침해되었거나 현저한 침해의 위험성이 존재하여야 한다. 여기서 '권한의 침해'란 피청구인의 처분 또는 부작위로 인한 청구인의 권한침해가 과거에 발생하였거나 현재까지 지속되는 경우를 의미하며, '현저한 침해의 위험성'이란 아직 침해라고는 할 수 없으나 침해될 개연성이 상당히 높은 상황을 의미한다. 권한쟁의심판청구의 적법요건 단계에서 요구되는 권한침해의 요건은, 청구인의 권한이 구체적으로 관련되어 이에 대한 침해가능성이 존재할 경우 충족되는 것으로 볼 수 있다. 권한의 침해가 실제로 존재하고 위헌 내지 위법한지의 여부는 본안의 결정에서 판단되어야 할 것이다(헌재 2006.05.25. 2005헌라4).

ㅁ. (X) 지방자치단체의 의결기관인 지방의회와 지방자치단체의 집행기관인 지방자치단체장 간의 내부적 분쟁은 지방자치단체 상호간의 권한쟁의심판의 범위에 속하지 아니하고, 달리 국가기관 상호간의 권한쟁의심판이나 국가기관과 지방자치단체 상호간의 권한쟁의심판에 해당한다고 볼 수도 없다. 따라서 지방자치단체의 의결기관과 지방자치단체의 집행기관 사이의 내부적 분쟁과 관련된 심판청구는 헌법재판소가 관장하는 권한쟁의심판에 속하지 아니하여 부적법하다(헌재 2018.07.26. 2018헌라1).

ㅂ. (X) 안산시는 안산 문화복합돔구장 건설을 위하여 안산도시공사를 설립한 후 안산시 소유의 토지를 위 공사에게 현물출자하기 위하여, 안산시장은 피청구인[안산시의회 의장]에게 위와 같은 내용이 포함된 2009년도 공유재산 관리계획 변경안을 제출하였다. 그 후 이 사건 변경안은 안산시의회 소관 상임위원회인 기획행정위원회에서 의결되었고, 피청구인은 안산시의회 본회의에서 이 사건 변경안을 가결된 것으로 선포하였다. 이에 안산시의회 의원인 청구인들은 피청구인이 이 사건 변경안을 가결·선포한 행위는 청구인들의 의안 심의·표결권 등을 침해하여 무효라는 이유로 헌법재판소에 이 사건 권한쟁의심판을 청구하였다. 헌법 제111조 제1항 제4호 및 헌법재판소법 제62조 제1항 제3호에 비추어 보면, 이 사건과 같이 지방자치단체의 의결기관인 지방의회를 구성하는 지방의회 의원과 그 지방의회의 대표자인 지방의회 의장 간의 권한쟁의심판은 헌법 및 헌법재판소법에 의하여 헌법재판소가 관장하는 지방자치단체 상호간의 권한쟁의심판의 범위에 속한다고 볼 수 없다(헌재 2010.04.29. 2009헌라11).

정답 ①

문 109

권한쟁의심판에 관한 다음 설명 중 가장 옳지 않은 것은? [2020년 6번]

① 권한쟁의심판청구는 피청구인의 처분 또는 부작위가 헌법 또는 법률에 의하여 부여받은 청구인의 권한을 침해하였거나 침해할 현저한 위험이 있는 때에 한하여 할 수 있다. 여기서 '처분'이란 법적 중요성을 지닌 것에 한하는 것으로 청구인의 법적 지위에 구체적으로 영향을 미칠 가능성이 있는 행위여야 한다.
② 위 ①항의 '처분'에는 입법행위와 관련된 권한의 존부 및 행사상의 다툼, 행정처분은 물론 행정입법과 같은 모든 행정작용이 포함되나, 법원의 재판 및 사법행정작용은 포함되지 않는다.
③ 헌법재판소가 권한쟁의심판의 청구를 받았을 때에는 청구인의 신청이 없어도 종국결정의 선고 시까지 심판대상이 된 피청구인의 처분의 효력을 정지하는 결정을 할 수 있다.
④ 권한쟁의심판의 결정은 모든 국가기관과 지방자치단체를 기속한다.
⑤ 국가기관 또는 지방자치단체의 처분을 취소하는 결정은 그 처분의 상대방에 대하여 이미 생긴 효력에 영향을 미치지 아니한다.

> **MGI Point** 권한쟁의심판 ★★
>
> - 피청구인의 처분 또는 부작위의 존재 ⇨ 「처분」은 법적 중요성을 지닌 것에 한정
> - 「처분」의 범위 ⇨ 넓은 의미의 공권력처분
>   - 입법행위와 같은 법률의 제정 또는 개정과 관련된 권한의 존부 및 행사상의 다툼, 행정처분은 물론 행정입법과 같은 모든 행정작용
>   - 법원의 재판 및 사법행정작용 등을 포함
> - 가처분에 대한 권한쟁의심판(헌법재판소법 제65조)의 명문규정 有 ⇨ 직권 또는 청구인의 신청
> - 권한쟁의심판 결정의 효력
>   - 모든 국가기관과 지방자치단체를 기속
>   - 국가기관 또는 지방자치단체의 처분을 취소하는 결정 ⇨ 그 처분의 상대방에 대해 이미 생긴 효력에 영향 ×

① (○), ② (X) 헌법재판소법 제61조 제2항에 의하면, 권한쟁의 심판청구는 피청구인의 처분 또는 부작위가 헌법 또는 법률에 의하여 부여받은 청구인의 권한을 침해하였거나 침해할 현저한 위험이 있는 때에 한하여 이를 할 수 있다. 여기서 '처분'이란 법적 중요성을 지닌 것에 한하는 것으로, 청구인의 법적 지위에 구체적으로 영향을 미칠 가능성이 있는 행위여야 한다. 헌법재판소는 위 처분과 관련하여, 처분은 입법행위와 같은 법률의 제정 또는 개정과 관련된 권한의 존부 및 행사상의 다툼, 행정처분은 물론 행정입법과 같은 모든 행정작용 그리고 법원의 재판 및 사법행정작용 등을 포함하는 넓은 의미의 공권력처분을 의미하는 것으로 보아야 한다고 판시하고 있다(헌재 2008.06.26. 2005헌라7).

③ (○) 헌법재판소법 제65조 참조. ▶ 헌법재판소법은 정당해산심판(헌법재판소법 제57조)과 권한쟁의심판(헌법재판소법 제65조)만 명문규정을 두고 있다.

> 헌법재판소법 제65조(가처분) 헌법재판소가 권한쟁의심판의 청구를 받았을 때에는 직권 또는 청구인의 신청에 의하여 종국결정의 선고 시까지 심판 대상이 된 피청구인의 처분의 효력을 정지하는 결정을 할 수 있다.

④ (○), ⑤ (○) 헌법재판소법 제67조 참조.

> 헌법재판소법 제67조(결정의 효력) ① 헌법재판소의 권한쟁의심판의 결정은 모든 국가기관과 지방자치단체를 기속한다.
> ② 국가기관 또는 지방자치단체의 처분을 취소하는 결정은 그 처분의 상대방에 대하여 이미 생긴 효력에 영향을 미치지 아니한다.

정답 ②

문 110

권한쟁의심판에 관한 다음 설명 중 가장 옳지 않은 것은? [2018년 17번]

① 헌법 제111조 제1항 제4호는 국가기관 상호간, 국가기관과 지방자치단체간 및 지방자치단체 상호간의 권한쟁의에 관한 심판을 헌법재판소가 관장하도록 규정하고 있다.

② 헌법재판소법 제62조 제1항 제1호가 국가기관 상호간의 권한쟁의심판을 "국회, 정부, 법원 및 중앙선거관리위원회 상호간의 권한쟁의심판"이라고 규정하고 있더라도 이는 한정적, 열거적인 조항이 아니라 예시적인 조항이라고 해석하는 것이 헌법에 합치된다.

③ 오로지 법률에 설치근거를 둔 국가기관은 국회의 입법행위에 의하여 존폐 및 권한범위가 결정될 수 있으므로, 국가인권위원회법에 의하여 비로소 설립된 국가인권위원회는 권한쟁의심판의 당사자능력이 인정되지 아니한다.

④ 지방자치단체 상호간의 권한쟁의심판을 규정하는 헌법재판소법 제62조 제1항 제3호를 예시적으로 해석할 필요성 및 법적 근거가 없다. 따라서 시·도의 교육·학예에 관한 집행기관인 교육감과 해당 지방자치단체 사이의 내부적 분쟁과 관련된 심판청구는 헌법재판소가 관장하는 권한쟁의심판에 속하지 아니한다.
⑤ 법률의 제·개정행위를 다투는 권한쟁의심판의 경우 국회의장이 피청구인 적격을 가진다.

해설 ★★

① (○) 헌법 제111조 제1항 제4호 참조.

> 헌법 제111조 ① 헌법재판소는 다음 사항을 관장한다.
> 4. 국가기관 상호간, 국가기관과 지방자치단체간 및 지방자치단체 상호간의 권한쟁의에 관한 심판

② (○) 헌법재판소법 제62조 제1항 제1호가 국가기관 상호간의 권한쟁의심판을 "국회, 정부, 법원 및 중앙선거관리위원회 상호간의 권한쟁의심판"이라고 규정하고 있더라도 이는 한정적, 열거적인 조항이 아니라 예시적인 조항이라고 해석하는 것이 헌법에 합치되므로 이들 기관외에는 권한쟁의심판의 당사자가 될 수 없다고 단정할 수 없다(헌재 1997.07.16. 96헌라2).

③ (○) 헌법상 국가에게 부여된 임무 또는 의무를 수행하고 그 독립성이 보장된 국가기관이라고 하더라도 오로지 법률에 설치근거를 둔 국가기관이라면 국회의 입법행위에 의하여 존폐 및 권한범위가 결정될 수 있으므로 이러한 국가기관은 '헌법에 의하여 설치되고 헌법과 법률에 의하여 독자적인 권한을 부여받은 국가기관'이라고 할 수 없다. 즉, 청구인이 수행하는 업무의 헌법적 중요성, 기관의 독립성 등을 고려한다고 하더라도, 국회가 제정한 국가인권위원회법에 의하여 비로소 설립된 청구인은 국회의 위 법률 개정행위에 의하여 존폐 및 권한범위 등이 좌우되므로 헌법 제111조 제1항 제4호 소정의 헌법에 의하여 설치된 국가기관에 해당한다고 할 수 없다(헌재 2010.10.28. 2009헌라6).

④ (○) 지방자치법은 헌법의 위임을 받아 지방자치단체의 종류를 규정하고 있으므로, 지방자치단체 상호간의 권한쟁의심판을 규정하는 헌법재판소법 제62조 제1항 제3호를 예시적으로 해석할 필요성 및 법적 근거가 없다. 따라서 시·도의 교육·학예에 관한 집행기관인 교육감과 해당 지방자치단체 사이의 내부적 분쟁과 관련된 심판청구는 헌법재판소가 관장하는 권한쟁의심판에 속하지 아니한다(헌재 2016.06.30. 2014헌라1).

> 헌법재판소법 제62조(권한쟁의심판의 종류) ① 권한쟁의심판의 종류는 다음 각 호와 같다.
> 1. 국가기관 상호간의 권한쟁의심판
>   국회, 정부, 법원 및 중앙선거관리위원회 상호간의 권한쟁의심판
> 2. 국가기관과 지방자치단체 간의 권한쟁의심판
>   가. 정부와 특별시·광역시·특별자치시·도 또는 특별자치도 간의 권한쟁의심판
>   나. 정부와 시·군 또는 지방자치단체인 구(이하 "자치구"라 한다) 간의 권한쟁의심판
> 3. 지방자치단체 상호간의 권한쟁의심판
>   가. 특별시·광역시·특별자치시·도 또는 특별자치도 상호간의 권한쟁의심판
>   나. 시·군 또는 자치구 상호간의 권한쟁의심판
>   다. 특별시·광역시·특별자치시·도 또는 특별자치도와 시·군 또는 자치구 간의 권한쟁의심판
> 지방자치법 제2조(지방자치단체의 종류) ① 지방자치단체는 다음의 두 가지 종류로 구분한다.
> 1. 특별시, 광역시, 특별자치시, 도, 특별자치도
> 2. 시, 군, 구

⑤ (X) 법률의 제·개정 행위를 다투는 권한쟁의심판의 경우에는 국회가 피청구인적격을 가지므로, 청구인들이 국회의장 및 기재위 위원장에 대하여 제기한 이 사건 국회법 개정행위에 대한 심판청구는 피청구인적격이 없는 자를 상대로 한 청구로서 부적법하다(헌재 2016.05.26. 2015헌라1).

정답 ⑤

문 111

권한쟁의심판에 관한 다음 설명 중 가장 옳지 않은 것은?(다툼이 있는 경우 헌법재판소 판례에 의함)
[2017년 25번]

① 헌법재판소가 관장하는 권한쟁의심판에는 국가기관 상호간의 권한쟁의뿐만 아니라, 상이한 법주체인 국가기관과 지방자치단체간 및 지방자치단체 상호간의 권한쟁의도 포함한다.
② 권한쟁의심판제도는 현행 헌법에 처음 규정되었다.
③ 국회의장과 국회의원은 권한쟁의의 당사자가 될 수 있는 국가기관이다.
④ 오로지 법률에 설치근거를 둔 국가기관은 국회의 입법행위에 의하여 존폐 및 권한범위가 결정될 수 있으므로, 국가인권위원회법에 의하여 비로소 설립된 국가인권위원회는 권한쟁의의 당사자가 될 수 있는 국가기관이 아니다.
⑤ 국가기관과 지방자치단체간에 발생한 권한쟁의사건의 경우, 국토교통부장관은 국가기관으로서 당사자가 될 수 있다.

해설

① (O) 헌법재판소는 국가기관 상호간, 국가기관과 지방자치단체간 및 지방자치단체 상호간의 권한쟁의에 관한 심판을 관장한다(헌법 제111조 제1항 제4호 참조).
② (X) 제2공화국 헌법에서 처음으로 채택하였다.
③ (O) 헌법재판소법 제62조 제1항 제1호가 국가기관 상호간의 권한쟁의심판을 "국회, 정부, 법원 및 중앙선거관리위원회 상호간의 권한쟁의심판"이라고 규정하고 있더라도 이는 한정적, 열거적인 조항이 아니라 예시적인 조항이라고 해석하는 것이 헌법에 합치되므로 이들 기관외에는 권한쟁의심판의 당사자가 될 수 없다고 단정할 수 없다. 헌법 제111조 제1항 제4호 소정의 "국가기관"에 해당하는지 여부는 그 국가기관이 헌법에 의하여 설치되고 헌법과 법률에 의하여 독자적인 권한을 부여받고 있는지, 헌법에 의하여 설치된 국가기관 상호간의 권한쟁의를 해결할 수 있는 적당한 기관이나 방법이 있는지 등을 종합적으로 고려하여야 할 것인바, 이러한 의미에서 국회의원과 국회의장은 위 헌법조항 소정의 "국가기관"에 해당하므로 권한쟁의심판의 당사자가 될 수 있다(헌재 1997.07.16. 96헌라2).
④ (O) 헌법상 국가에게 부여된 임무 또는 의무를 수행하고 그 독립성이 보장된 국가기관이라고 하더라도 오로지 법률에 설치근거를 둔 국가기관이라면 국회의 입법행위에 의하여 존폐 및 권한범위가 결정될 수 있으므로 이러한 국가기관은 '헌법에 의하여 설치되고 헌법과 법률에 의하여 독자적인 권한을 부여받은 국가기관'이라고 할 수 없다. 즉, 청구인이 수행하는 업무의 헌법적 중요성, 기관의 독립성 등을 고려한다고 하더라도, 국회가 제정한 국가인권위원회법에 의하여 비로소 설립된 청구인은 국회의 위 법률 개정행위에 의하여 존폐 및 권한범위 등이 좌우되므로 헌법 제111조 제1항 제4호 소정의 헌법에 의하여 설치된 국가기관에 해당한다고 할 수 없다. 결국, 권한쟁의심판의 당사자능력은 헌법에 의하여 설치된 국가기관에 한정하여 인정하는 것이 타당하므로, 법률에 의하여 설치된 청구인에게는 권한쟁의심판의 당사자능력이 인정되지 아니한다(헌재 2010.10.28. 2009헌라6).
⑤ (O) 헌법재판소법 제62조 제1항 제2호는 국가와 지방자치단체 간의 권한쟁의심판으로서 '가. 정부와 특별시·광역시 또는 도 간의 권한쟁의심판, 나. 정부와 시·군 또는 지방자치단체의 구(이하 "자치구"라 한다) 간의 권한쟁의심판'을 규정하고 있으므로, 지방자치단체인 청구인 경상남도와 청구인 경상남도 진해시 모두 이 사건 권한쟁의심판의 당사자가 될 수 있다. 한편 위 조항에 의하면 권한쟁의의 당사자인 국가기관으로서 '정부'만을 규정하고 있으나, 이는 예시적인 것으로서 정부의 부분기관이나 국회·법원 등 여타 국가기관도 당사자가 될 수 있다. 다만 이에 해당하는지 여부를 판별함에 있어서는 그 국가기관이 헌법에 의하여 설치되고

헌법과 법률에 의하여 독자적인 권한을 부여받고 있는지 여부, 헌법에 의하여 설치된 국가기관 상호간의 권한쟁의를 해결할 수 있는 적당한 기관이나 방법이 있는지 여부 등을 종합적으로 고려하여 판단하여야 한다. 이에 터잡아 피청구인 해양수산부장관의 당사자능력 여부를 살펴보면, 해양수산부장관은 헌법과 정부조직법에 의하여 행정 각 부를 구성하는 국가기관으로서 독자적인 권한을 부여받고 있으므로 권한쟁의심판의 당사자능력이 인정되고, 한편 항만에 관한 사무를 관장하는 권한을 가지고 있고(구 정부조직법 제44조 제1항, 구 항만법 제22조), 항만구역 내외의 항만시설을 지정·고시할 수 있으며(구 항만법 제2조 제6호), 그 소속 중앙항만정책심의회에서 항만구역의 지정 및 조정에 관한 사항 등을 심의하게 할 수 있는 등(구 항만법 제4조 제1항 제2·3호) 이 사건 명칭결정 권한에 관하여 적절한 관련성을 가지고 있으므로 이 사건 권한쟁의심판의 당사자적격도 인정된다고 할 것이다(헌재 2008.03.27. 2006헌라1).

정답 ②

제❼절 ┃ 탄핵심판제도

문 112

탄핵제도에 관한 다음 설명 중 가장 옳지 않은 것은? [2020년 23번]

① 탄핵소추안을 각 소추사유별로 나누어 발의할 것인지 아니면 여러 소추사유를 포함하여 하나의 안으로 발의할 것인지는 소추안을 발의하는 의원들의 자유에 달려 있다. 헌법이나 법률을 위배한 사실이 여러 가지일 때 그 중 한 가지 사실만으로도 충분히 파면 결정을 받을 수 있다고 판단되면 그 한 가지 사유만으로 탄핵소추안을 발의할 수 있고, 여러 가지 소추사유를 종합할 때 파면할 만하다고 판단되면 여러 가지 소추사유를 함께 묶어 하나의 탄핵소추안으로 발의할 수도 있다.
② 대통령을 탄핵하기 위해서는 대통령의 법 위배 행위가 헌법질서에 미치는 부정적 영향과 해악이 중대하여 대통령을 파면함으로써 얻는 헌법 수호의 이익이 대통령 파면에 따르는 국가적 손실을 압도할 정도로 커야 한다. 대통령에 대한 탄핵심판청구가 이유 있는 경우란 대통령의 파면을 정당화할 수 있을 정도로 중대한 헌법이나 법률 위배가 있는 때를 말한다.
③ 헌법재판소는 사법기관으로서 탄핵소추기관인 국회의 탄핵소추의결서에 기재된 소추사유에 의하여 구속을 받는다. 그러므로 헌법재판소는 탄핵소추의결서에 기재되지 아니한 소추사유를 판단의 대상으로 삼을 수 없고, 탄핵소추의결서에 기재된 법규정 외에 다른 관련 법규정에 근거하여 탄핵의 원인이 된 사실관계를 평가·판단하여서도 아니 된다.
④ 피청구인에 대한 탄핵심판 청구와 동일한 사유로 형사소송이 진행되고 있는 경우 재판부는 심판절차를 정지할 수 있다.
⑤ 피청구인이 결정 선고 전에 해당 공직에서 이미 파면되었을 경우에는 헌법재판소로서는 심판의 이익이 없다고 하여 해당 심판청구를 부적법 각하할 것이 아니라 기각하여야 한다.

> **MGI Point** **탄핵제도** ★★
>
> - 대통령이 헌법이나 법률을 위배한 사실이 여러 가지일 때
>   - 한 가지 사실만으로도 충분히 파면 결정을 받을 수 있다면 그 한 가지 사유만으로 탄핵소추안 발의 可
>   - 여러 가지 소추사유를 종합할 때 파면할 만하다고 판단되면 함께 묶어 하나의 탄핵소추안으로 발의 可
> - 대통령에 대한 탄핵심판청구가 이유 있는 경우 ⇨ 대통령의 파면을 정당화할 수 있을 정도로 중대한 헌법이나 법률 위배가 있는 때
> - 탄핵의 원인 판단 ⇨ 탄핵소추의결서에서 주장한 법규정 외에 다른 관련 법규정에 근거하여 판단 可
> - 탄핵심판청구와 동일한 사유로 형사소송이 진행 중인 경우 ⇨ 탄핵심판절차 정지 可
> - 탄핵결정 선고 전에 피청구인이 파면된 경우 ⇨ 헌법재판소는 탄핵심판청구를 기각

① (○) 탄핵소추안을 각 소추사유별로 나누어 발의할 것인지 아니면 여러 소추사유를 포함하여 하나의 안으로 발의할 것인지는 소추안을 발의하는 의원들의 자유로운 의사에 달린 것이다. 대통령이 헌법이나 법률을 위배한 사실이 여러 가지일 때 그 중 한 가지 사실만으로도 충분히 파면 결정을 받을 수 있다고 판단되면 그 한 가지 사유만으로 탄핵소추안을 발의할 수도 있고, 여러 가지 소추사유를 종합할 때 파면할 만하다고 판단되면 여러 가지 소추사유를 함께 묶어 하나의 탄핵소추안으로 발의할 수도 있다(헌재 2017.03.10. 2016헌나1).

② (○) 대통령을 탄핵하기 위해서는 대통령의 법 위배 행위가 헌법질서에 미치는 부정적 영향과 해악이 중대하여 대통령을 파면함으로써 얻는 헌법 수호의 이익이 대통령 파면에 따르는 국가적 손실을 압도할 정도로 커야 한다. 즉, '탄핵심판청구가 이유 있는 경우'란 대통령의 파면을 정당화할 수 있을 정도로 중대한 헌법이나 법률 위배가 있는 때를 말한다(헌재 2017.03.10. 2016헌나1).

③ (X) 헌법재판소는 사법기관으로서 원칙적으로 탄핵소추기관인 국회의 탄핵소추의결서에 기재된 소추사유에 의하여 구속을 받는다. 따라서 헌법재판소는 탄핵소추의결서에 기재되지 아니한 소추사유를 판단의 대상으로 삼을 수 없다. 그러나 탄핵소추의결서에서 그 위반을 주장하는 '법규정의 판단'에 관하여 헌법재판소는 원칙적으로 구속을 받지 않으므로, 청구인이 그 위반을 주장한 법규정 외에 다른 관련 법규정에 근거하여 탄핵의 원인이 된 사실관계를 판단할 수 있다. 또한, 헌법재판소는 소추사유의 판단에 있어서 국회의 탄핵소추의결서에서 분류된 소추사유의 체계에 의하여 구속을 받지 않으므로, 소추사유를 어떠한 연관관계에서 법적으로 고려할 것인가의 문제는 전적으로 헌법재판소의 판단에 달려있다(헌재 2004.05.14. 2004헌나1).

④ (○) 헌법재판소법 제51조 참조.

> 헌법재판소법 제51조(심판절차의 정지) 피청구인에 대한 탄핵심판 청구와 동일한 사유로 형사소송이 진행되고 있는 경우에는 재판부는 심판절차를 정지할 수 있다.

⑤ (○) 헌법재판소법 제53조 제2항 참조.

> 헌법재판소법 제53조(결정의 내용) ① 탄핵심판 청구가 이유 있는 경우에는 헌법재판소는 피청구인을 해당 공직에서 파면하는 결정을 선고한다.
> ② 피청구인이 결정 선고 전에 해당 공직에서 파면되었을 때에는 헌법재판소는 심판청구를 기각하여야 한다.

정답 ③

MEMO

MEMO

MEMO

MEMO

MEMO

MEMO